XML professionell

Richard Anderson, Mark Birbeck,
Michael Kay, Steven Livingstone,
Brian Loesgen, Didier Martin,
Stephen Mohr, Nikola Ozu,
Bruce Peat, Jonathan Pinnock,
Peter Stark, Kevin Williams

XML
professionell

Übersetzung aus dem Amerikanischen von
Eduard Paul, Barbara Jaekel, Uwe Jaekel und Reinhard Engel

mitp

Die Deutsche Bibliothek – CIP-Einheitsaufnahme

Anderson, Richard:
XML professionell / Richard Anderson, Mark Birbeck, Michael Kay, u.a.
Übersetzung aus dem Amerikanischen von
Eduard Paul, Barbara Jaekel, Uwe Jaekel, Reinhard Engel
– 1. Aufl. – Bonn: MITP-Verlag, 2000
    ISBN 3-8266-0633-7
Ne: Birbeck, Mark; Kay, Michael; u.a.

ISBN 3-8266-0633-7
1. Auflage 2000

Übersetzung der amerikanischen Originalausgabe
Richard Anderson, Mark Birbeck, Michael Kay, Steven Livingstone, Brian Loesgen
Didier Martin, Stephen Mohr, Nikola Ozu, Bruce Peat, Jonathan Pinnock
Peter Stark, Kevin Williams
Professional
XML

Printed in Germany
© Copyright 2000 by MITP Verlag GmbH, Bonn

Ein Unternehmen der verlag moderne industrie AG & Co. KG, Landsberg

Lektorat: Volker Bombien
Korrektorat: Petra Heubach-Erdmann
Umschlaggestaltung: Atelier Frings, Bonn
Satz und Layout: G&U, Technische Dokumentation GmbH, Flensburg
Druck: Media-Print, Paderborn

Warenzeichen

Wrox hat sich bemüht, zu allen in diesem Buch erwähnten Unternehmen und Produkten durch die geeignete Verwendung von Gesellschaftsformen Warenzeicheninformationen anzugeben. Allerdings kann Wrox keine Garantie dafür übernehmen, dass diese Informationen absolut korrekt sind.

Mitwirkende

Autoren
Richard Anderson
Mark Birbeck
Michael Kay
Steven Livingstone
Brian Loesgen
Didier Martin
Stephen Mohr
Nikola Ozu
Bruce Peat
Jonathan Pinnock
Peter Stark
Kevin Williams

Co-Autoren
David Baliles
Alex Homer

Technische Redakteure
Jon Duckett
Peter Jones
Karli Watson

Produktionsleiter
Peter Morgan

Lektoratsleiter
Victoria Hudgson

Projektmanager
Chandima Nethisinghe

Technische Gutachter
Richard Anderson
Curt Arnold
Barclay Blair
Robert Chang
Michael Corning
Steven Danielson
Gerry Fillery
Lars Marius Garshol
John Granade
Chris Harris
Paul Houle
Michael Kay
Eve Maler
Bruce Martin
Michael Mason
Craig McQueen
John Montgomery
Paul Spencer
David Thompson
Keith Visco

Design / Layout
Tom Bartlett
Mark Burdett
William Fallon
Jonathan Jones
John McNulty

Index
Andrew Criddle

Umschlaggestaltung
Chris Morris

Die Autoren

Didier Martin

Didier PH Martin arbeitet seit 21 Jahren mit Computern. Trotzdem hat er immer noch Spaß an dem Spiel mit neuen Technologien, und XML-Tools sind wie neue Spielsachen an Weihnachten für ihn. Nachdem er ein Software-Paket für die Buchhaltung entwickelt, Roboter gebaut und sogar ein Video-Spiel geschrieben hatte, machte er die Bekanntschaft mit SGML und später XML. Dies war der Beginn seiner Leidenschaft für Auszeichnungssprachen und den damit verbundenen Technologien. Zur Zeit ist er »CEO« von Talva Corp und arbeitet mit viel Vergnügen zusammen mit seinen Kollegen an der nächsten Generation von XML-Tools. Didier lebt in der Nähe von Bergen, und wenn er nicht gerade ein neues Tool entwickelt oder an einem neuen Standard feilt, trifft man ihn im Winter auf Skiern oder im Sommer auf seinem Mountain-Bike an irgendeinem Hang. Sein liebstes Motto: »Eine andere Sicht der Dinge ist so gut wie tausend IQ-Punkte«.

Mark Birbeck

Mark Birbeck arbeitet seit über 18 Jahren als Programmierer. Er wirbelte mit Bits und Bytes in Assembler auf Prozessoren wie dem Z80 und 6502 und programmierte in C auf den ersten Unix-Systemen. Er erinnert sich gut an die Zeit, als Windows zu einem System wurde, für das es sich lohnte, Programme zu schreiben und an den Tag, als Microsoft seinem C-Compiler C++ beibrachte. Auf keinen Fall wird er den Tag vergessen, an dem er den ersten Web-Server in Aktion sah. Aber für ihn ist keines dieser Ereignisse mit dem Tag vergleichbar, an dem er über XML stolperte – und seither hat er nicht mehr zurückgeblickt. Seine Firma – x-port.net – ist auf die Entwicklung von XML-Tools spezialisiert, die bei der Erstellung von Web-Portalen helfen.

Mark möchte sich bei all den Menschen entschuldigen, die er vernachlässigt hat, während er sein Kapitel schrieb, auch wenn keiner von ihnen versteht, wovon er eigentlich redet.

Michael Kay

Michael Kay arbeitet bei ICL. Er bekleidet dort den Posten eines »ICL Fellow«. Sein Verantwortungsbereich ist Untersuchung und Einschätzung neuer Technologien und die Beratung von Kunden in deren Anwendung. Der Schwerpunkt seiner Tätigkeit liegt im Bereich der Technologien für das Informationsmanagement. In der XML-Gemeinde ist er als Autor von SAXON, einem Open-Source-XSL-Prozessor, bekannt. Michael kommt ursprünglich aus dem Bereich Datenbankmanagement, worüber er auch seinerzeit promovierte. In der Vergangenheit hat er viele Produkte von ICL entwickelt; die Palette reicht von objektorientierten Datenbanken bis hin zu Suchmaschinen. Außerdem hat er in vielen Komitees zur Standardisierung mitgewirkt, darunter auch bei der ANSI X3H2-Gruppe, die den Standard-SQL festgelegt hat. Sein letztes XML-Projekt war die Planung eines Nachrichtennetzwerks für einen TV-Sender. Dieses Netzwerk ermöglicht den Austausch von Daten zwischen vielen verschiedenen Systemen, die sowohl im Sender intern als auch von externen Zulieferern betrieben werden. Privat nutzt Michael XML zur Ahnenforschung. Er propagiert XML als Austauschformat für historische Familiendaten. Michael lebt in Bracknell, England.

Brian Loesgen

Brian Loesgen ist ein leitender Software-Ingenieur bei Stellcom Inc., einer der führenden Firmen für Internet-Lösungen mit Sitz in San Diego. Er arbeitet dort an den fortschrittlichsten Projekten im Bereich Internet-Anwendungen. Brian hat weltweit Vorträge auf zahlreichen Konferenzen gehalten und ist dafür bekannt, jede Gelegenheit wahrzunehmen, um für neue Technologien zu werben. Es macht ihm Spaß, mit den neuesten Programmen und Technologien herumzuspielen und diese dann in etwas für den Alltag Taugliches zu verwandeln.

Wenn er nicht gerade mit etwas anderem beschäftigt ist, dann geht Brian gern in den Bergen wandern oder genießt die Zeit am Strand mit seiner Frau Miriam und seinen Kindern Steven und Melissa.

Brian kann man unter der Adresse `bloesgen@msn.com` anschreiben.

Stephen Mohr

Stephen Mohr ist leitender Systementwickler bei Omicron Consulting. In den letzten zehn Jahren hat er sich auf PCs spezialisiert und entwickelt Software in C++, Java, JavaScript, COM und unter Verwendung vieler Internet-Standards und Protokolle. Zu seinen aktuellen Bemühungen gehört die Anwendung von XML zur Integration von Applicationen. Stephen hat am Rensselaer Polytechnic Institute studiert und dort Bachelor- und Master-Abschlüsse erworben. Zu seinen Forschungsinteressen gehört objektbasiertes verteiltes Rechnen und die praktische Anwendung der KI.

Jonathan Pinnock

Jonathan Pinnock hat zuerst in Pal III Assembler auf der PDP 8/e seiner Schule programmiert. Das war in der Zeit, als 4K-Hauptspeicher noch weit verbreitet waren und Moore's Gesetz noch weitgehend unbekannt war. Nachdem er drei Jahre lang nichts mit Computern zu tun hatte, da er in dieser Zeit Mathematik an der Cambridge University studierte, zwang ihn die Tatsache, seinen Lebensunterhalt verdienen zu müssen, wieder zum Programmieren. Auch heute noch programmiert er gelegentlich. Zurzeit arbeitet er, meistens in London, als selbstständiger Berater und Entwickler. Er ist auch der Autor des Buches »*Professional DCOM Application Development*«, hofft aber, dass ihm das nicht zum Vorwurf gemacht wird.

Jonathan lebt in Hertfordshire, England, mit seiner Frau, seinen zwei Kindern und einer 1961er Ami Continental Jukebox. Seine mäßig interessante Website findet man unter http://www.jpassoc.co.uk and man kann Jonathan unter der Adresse jon@jpassoc.co.uk erreichen.

Steven Livingstone

Steven lebt in Glasgow, Schottland, und ist auf die Entwicklung verteilter Internet-Anwendungen für den Handel spezialisiert. Des Weiteren entwickelt er E-Commerce-Anwendungen unter Verwendung von Site Server und XML. Er betreut außerdem die Web-Sites von citix.com und deltabiz.com. Für die Site deltabiz.com arbeitet er gerade an einem aufregenden Projekt zur Entwicklung einer Reihe von fortschrittlichen E-Commerce-Anwendungen mit BizTalk und SOAP. Sie sollten sich das einmal ansehen.

Ich möchte allen bei Wrox für ihre Hilfe danken und bei meinen Co-Autoren dafür, dass sie mir einen guten Rat gaben, wann immer ich einen brauchte. Mein besonderer Dank gilt Donna für die Geduld, die sie in den letzten Monaten mit mir hatte (ich sagte doch, wir hätten in Urlaub fahren sollen!).

Ich wäre dankbar für Rückmeldungen an die Adresse ceo@citix.com.

Peter Stark

Peter Stark arbeitet als Architekt bei Phone.com. Er arbeitete von Beginn an im WAP-Forum mit, im ersten Jahr in der Protokollgruppe und im letzten Jahr in der Anwendungsgruppe, die WML und WMLScript spezifiziert hat. Er repräsentiert außerdem Phone.com in der HTML-Arbeitsgruppe des W3C für die Spezifikation von XHTML, der XML-Variante von HTML. Peter stammt aus Schweden, lebt aber zur Zeit in San Francisco.

Kevin Williams

Kevin machte erste Erfahrungen mit dem Computer im Alter von zehn Jahren (das war 1980). Damals machte er einen BASIC-Kurs am örtlichen Gemeinde-College auf einer PDP-9. Mit zwölf Jahren blieb er dann schon mal vier Tage lang wach, um seinen Atari 400 in 6502-Assembler zu programmieren. Seine berufliche Karriere konzentrierte sich auf die Entwicklung von Windows-Anwendungen, erst Client-Server-Anwendungen, später Anwendungen für das Internet. Er hat ein bisschen von allem gemacht, von VB und Powerbuilder bis hin zu Delphi, C/C++, MASM, ISAPI, CGI, ASP, HTML, XML und vielen weiteren Akronymen, die Ihnen einfallen. Zurzeit aber konzentriert er seine Arbeit auf XML. Kevin arbeitet im Moment für die Mortgage Bankers' Association of America, wo er mithilft, einen XML-Standard für die Hypotheken-Banken zu schaffen.

Richard Anderson

Richard Anderson ist ein erfahrener Software-Entwickler, der seit ca. zehn Jahren mit Produkten und Technologien von Microsoft arbeitet. Er arbeitet für eine kleine, aber weltweit bekannte Software-Schmiede in Peterborough, England. Er bekleidet dort die Position eines »Research and Development Manager«, was nichts anderes bedeutet, als dass er mit vielen neuen Technologien spielt, um dann anderen Leuten zu erklären, wie sie funktionieren. So stellt er sicher, dass sie korrekt verstanden wurden und erfolgreich in neuen Anwendungen verwandt wurden. Er entwickelt auch selbst und ist für die Leitung und Betreuung von C++- und VB-Entwicklern zuständig. Richard kann man über seine private Adresse `rja@arpsolutions.demon.co.uk` erreichen.

Nikola Ozu

Nikola Ozu ist ein Systementwickler und Berater aus Wyoming. Zur Zeit arbeitet er an einer XML-DTD für Architekten und Designer. Zu seinen letzten Arbeiten gehört unter Anderem die Anwendung von XML als Basis eines Produktions- and Indizierungssystems für einen Verlag (human- und veterinär-)medizinischer Handbücher und Datenbanken. Frühere Arbeiten reichen von Bibliothekssystemen auf Mainframe-Rechnern bis hin zu Embedded-Systemen (Telekommunikation, Robotik, Spielzeug, Videospiele). In den frühen 90er Jahren war er Designer und leitender Entwickler des Health Reference Center und der InfoTrac-CD-ROM-Produktreihe. Wenn er nicht gerade im Web surft, surft er in den Tetons und im Pazifik, macht Rucksack-Touren und/oder klettert, wo immer ein Fels ist; oft in Begleitung seines zwölf Jahre alten Sohnes.

Für Noah: *Mögen wir immer an 2^3 Generationen denken, statt immer nur an uns selbst.*

Bruce Peat

Bruce Peat ist Mitbegründer der XML/edi-Gruppe. Diese Organisation bietet grundlegende Beratung im Bereich XML mit dem Interesse, den elektronischen Handel zu fördern. Die Bemühungen der Gruppe, XML als Lösung für globale E-Commerce-Anwendungen zu propagieren, haben seit Juli 1997 für viel Begeisterung in der Industrie gesorgt. Mehr Informationen zu diesem Thema gibt es unter `http://www.XMLedi.org`. Seine Leidenschaft in der Gruppe in Verbindung mit den positiven Reaktionen auf die Arbeit der Gruppe inspirierten ihn, eProcess Solutions zu gründen. Diese Management- und Beratungsfirma konzentriert sich auf die Entwicklung von XML-basierten Handlungsabläufen (`http://www.eProcessSolutions.com`).

David Baliles

David Baliles arbeitet für Microsoft und ist auf die Beratung und Entwicklung des hauseigenen Site Server und der IIS-Produkte spezialisiert. Außer bei Microsoft hat David auch bei Electronic Data Systems (EDS) im Center for Disease Control & Prevention in Atlanta und bei Equifax E-Business Solutions gearbeitet, wo er die aktuellsten Server und Entwicklungswerkzeuge für Web-Technologien von Microsoft in die existierende Infrastruktur integrierte. Neben seiner Arbeit bei Microsoft arbeitet David gern mit neuen XML-basierten Technologien und außerdem entwickelt er seine eigene Auszeichnungssprache (AUML) für das Radio. In seiner Freizeit versucht er, so viel Zeit wie möglich mit seiner Frau und seinen Freunden zu verbringen. David dankt seiner Frau für ihre ausdauernde Geduld während dieses Projektes und für die Inspiration, weiterhin 110% bei allem zu geben, was er tut.

David freut sich über E-Mails unter der Adresse `dbaliles@dndconsulting.com`.

Inhaltsverzeichnis

Kapitel 11: Kommunikation zwischen Servern   485

Kapitel 13: XML-Formatierung 639

Kapitel 14: Wireless Application Protocol 693

E

Einführung

Die Extensible Markup Language (XML) erblickte erst vor wenigen Jahren das Licht der Welt und hat sich in dieser kurzen Zeit zu einem Phänomen in der Computer-Branche entwickelt. Das Konzept von XML, elegant in seiner Einfachheit, führt zu dramatischen Änderungen in der Art, wie Internet-Anwendungen erstellt werden.

Was wird in diesem Buch behandelt?

In diesem Buch sollen die grundlegenden Techniken zur Erstellung, Anwendung und nicht zuletzt Darstellung von XML-Dokumenten erklärt und demonstriert werden. Die wichtigste und vornehmste Aufgabe dieses Buches ist es jedoch, die Grundlagen von XML, wie sie vom **World Wide Web Consortium** (W3C) festgelegt sind, darzustellen. Das W3C hat nicht nur die Entwicklung von XML initiiert und ist die zuständige Organisation für alle XML-Standards, es werden auch weiterhin XML-Spezifikationen vom W3C entwickelt. Auch wenn immer mehr Vorschläge für neue XML-basierte Techniken aus dem weiteren Umfeld der an XML Interessierten kommen, so spielt doch weiterhin das W3C die zentrale und wichtigste Rolle für die Entwicklung von XML.

Der Schwerpunkt dieses Buches liegt darin, zu lernen, wie man XML als tragende Technologie in echten Alltags-Anwendungen verwendet. Wir wollen Ihnen gute Design-Techniken vorstellen und demonstrieren, wie man XML-fähige Anwendungen mit Applikationen für das WWW oder mit Datenbanksystemen verknüpft. Wir wollen die Grenzen und Möglichkeiten von XML ausloten und eine Vorausschau auf einige "nascent"-Technologien werfen. Egal ob Ihre Anforderungen sich mehr an dem Austausch von Daten orientieren oder bei der visuellen Gestaltung liegen, dieses Buch behandelt alle relevanten Techniken.

Jedes Kapitel enthält ein Anwendungsbeispiel. Da XML eine Plattform-neutrale Technologie ist, werden in den Beispielen eine breite Palette von Sprachen, Parsern und Servern behandelt. Jede der vorgestellten Techniken und Methoden ist auf allen Plattformen und Betriebssystemen relevant. Auf diese Weise erhalten Sie wichtige Einsichten durch diese Beispiele, auch wenn die konkrete Implementierung nicht auf dem von Ihnen bevorzugten System durchgeführt wurde.

An wen wendet sich dieses Buch?

Dieses Buch wendet sich an alle, die Anwendungen auf der Basis von XML entwickeln wollen. Designer von Websites können neue Techniken erlernen, wie sie ihre Sites auf ein neues technisches Niveau heben können. Entwickler komplexerer Software-Systeme und Programmierer können lernen, wie XML in ihr System passt und wie es helfen kann, Anwendungen zu integrieren.

XML-Anwendungen sind von ihrer Natur her verteilt und im Allgemeinen Web-orientiert. Dieses Buch behandelt nicht verteilte Systeme oder die Entwicklung von Web-Anwendungen, sie brauchen also keine tieferen Kenntnisse auf diesen Gebieten. Ein allgemeines Verständnis für verteilte Architekturen und Funktionsweisen des Web wird vollauf genügen.

Die Beispiele in diesem Buch verwenden eine Reihe von Programmiersprachen und Technologien. Ein wichtiger Bestandteil der Attraktivität von XML ist seine Plattformunabhängigkeit und Neutralität gegenüber Programmiersprachen. Sollten Sie schon Web-Anwendungen entwickelt haben, stehen die Chancen gut, dass Sie einige Beispiele in Ihrer bevorzugten Sprache finden werden. Lassen Sie sich nicht entmutigen, wenn Sie kein Beispiel speziell für Ihr System finden sollten. Tools für die Arbeit mit XML gibt es für Perl, C++, Java, JavaScript und jede COM-fähige Sprache. Der Internet Explorer (ab Version 5.0) hat bereits einige Möglichkeiten zur Verarbeitung von XML-Dokumenten eingebaut. Auch der Mozilla-Browser (der Open-Source-Nachfolger des Netscape Navigators) bekommt ähnliche Fähigkeiten. XML-Tools tauchen auch zunehmend in großen relationalen Datenbanksystemen auf, genau wie auf Web- und Applikations-Servern. Sollte Ihr System nicht in diesem Buch behandelt werden, lernen Sie die Grundlagen und machen Sie sich mit den vorgestellten Techniken aus den Beispielen vertraut. Das erworbene Wissen sollte sich dann auch auf jedem anderen Betriebssystem umsetzen lassen.

Wie ist dieses Buch strukturiert?

Jedes einzelne Kapitel wird sich mit einem bestimmten XML-Thema beschäftigen. Kapitel 1 bietet eine Einführung in die Konzepte von XML. Kapitel 2 und 3 sind eng verknüpft, da sie fundamentale Grundlagen behandeln. Kapitel 2 startet mit der Syntax und den grundlegenden Regeln von XML. Kapitel 3 führt dann weiter und stellt Werkzeuge zur Erstellung eigener, problembezogener XML-DTDs vor. Die verbleibenden Kapitel jedoch sind weitestgehend, im Bezug auf die vorgestellten Techniken und Technologien, in sich abgeschlossen.

Die wichtigsten Kapitel werden durch ein verbindendes Beispiel zusammengehalten. Das Beispiel geht davon aus, dass ein Verleger seinen Bücher-Katalog mittels XML präsentieren will. Wir werden damit beginnen, Regeln für die Beschreibung von Büchern in einem Katalog festzulegen. Auf der Grundlage dieser Regeln werden wir dann zeigen, wie jede einzelne Technik uns dabei hilft, XML-Anwendungen zu erstellen. Sie werden sehen, wie dieser Katalog sich in ein Dokument umwandeln lässt, wie solche Dokumente manipuliert werden können und wie man aus Programmen heraus auf sie zugreifen kann. Wir werden auch zeigen, wie man die Inhalte der Dokumente für den Leser aufbereitet. Da solche Anwendungen in der Praxis nicht in einem Vakuum existieren, werden Sie auch sehen, wie XML-Anwendungen mit Datenbanken interagieren.

Es werden sich verschiedene thematische Stränge durch das Buch ziehen, die wir im folgenden Abschnitt vorstellen möchten. Damit sollten Sie in der Lage sein, gezielt für Sie wichtige Themen herauszugreifen und andere Abschnitte auszulassen.

Thematische Übersicht

Die Entwicklung von XML weg von den einfachen Wurzeln einer Auszeichnungssprache hin zu einem großen und breiter gefächerten Anwendungsfeld verläuft rasant. Dieses Wachstum ist die treibende Kraft hinter vielen XML-Anwendungen. Mit zunehmender Verbreitung kommt aber auch größere Vielfalt hinzu. Daher werden Leser dieses Buch mit unterschiedlichen Erwartungen angehen. Die Anwendung von XML kann nun mal für zwei unterschiedliche Menschen etwas völlig anderes bedeuten. Auch wenn wir hoffen, dass Sie dieses Buch von Anfang bis Ende lesen werden, so wird dies keinesfalls nötig sein. Es könnte sogar nicht für jeden der richtige Weg sein, die Sache anzugehen.

Durch dieses Buch ziehen sich drei thematische Stränge, die alle einem gemeinsamen Stamm entspringen. Sicher können Sie mit dem ersten Kapitel beginnen und sich dann bis zum Ende durcharbeiten. Sie können aber auch einen etwas direkteren Weg zu dem benötigten Wissen einschlagen. Wir empfehlen jedem, die ersten Kapitel mit den Grundlagen zu lesen, um ein elementares Verständnis für XML zu gewinnen. Ausgehend von dieser Basis können Sie dann XML als Daten, darstellbare Dokumente oder Gestaltungsmittel für Dokumente betrachten.

Die Basis

Kapitel 2 (wohlgeformtes XML) und 3 (DTDs) behandeln die Grundlagen von XML 1.0. Kapitel 2 erklärt Ihnen die Syntax von XML, während Kapitel 3 zeigt, wie man eigene XML-DTDs erzeugt. Die Erstellung eigener DTDs ist für die Arbeit mit XML fundamental und sollte von jedem, der mit XML arbeitet, verstanden werden. Diese Kapitel stellen das absolute Minimum an nötigem Wissen dar, um mit XML arbeiten zu können. Kapitel 4 (Datenmodellierung) enthält wichtige Hinweise und Übungen, wie man mit XML Daten strukturiert. Es ist schwer, mit einer schlechten DTD zu leben, aber eine gute DTD wird einem manchen Fehler verzeihen. Kapitel 5 wird Ihnen das Document Object Model (DOM) näher bringen. DOM ist unter anderem die API des W3C für den Zugriff auf XML-Dokumente. Damit verlassen wir dann das Feld der reinen Dokumente und betreten die Welt der Programme.

Diese vier Kapitel sollten genügen, damit Sie beginnen können, eigene XML-Anwendungen zu entwickeln. Sie sollten dann wissen, was XML ist, wie man Daten mit XML strukturiert und wie man aus Programmen heraus Daten in XML-Dokumenten manipuliert. Auch wenn es noch viele weitere Techniken zu erlernen gibt, sollten Sie nach diesen Kapiteln eine solide Grundlage haben, auf der Sie aufbauen können.

Der Basis-Strang besteht also aus:

❏ Kapitel 2: wohlgeformtes XML
❏ Kapitel 3: DTDs (Document Type Definitions)
❏ Kapitel 4: Datenmodellierung
❏ Kapitel 5: DOM (Document Object Model)

XML als Daten

Wie Sie in den Grundlagen sehen werden, wird bei XML, anders als bei HTML, eine strikte Trennung von Inhalt und dessen visueller Präsentation eingehalten. Für viele Anwendungsgebiete spielt die visuelle Darstellung von XML-Dokumenten gar keine Rolle. Diese Anwendungen sehen nur die Daten in dem Dokument. Bei solchen Anwendungen liegt der Schwerpunkt auf der Anwendung von XML als Schnittstelle zwischen verschiedenen Programmen und Systemen. Dieses Anwendungsgebiet ist vielleicht auch das aktuell spannendste unter allen Anwendungsmöglichkeiten von XML. Besonders Bereiche wie E-Commerce, wo XML als tragende Technik für Web-Anwendungen geschäftliche Transaktionen ermöglicht, sind aktuell sehr aufregend.

Kapitel 6 leitet diesen Strang (XML als Daten) ein. Hier wird eine ereignisgesteuerte API (SAX) für die Manipulation von XML-Dokumenten vorgestellt. Diese API eignet sich von ihrer Art her besonders für große Mengen an XML-Daten, XML-Streams und für besonders kleine Parser. Kapitel 7 führt dann die Konzepte der Namensräume (Namespaces) und Schemata (Schemas) ein. Diese zwei Konzepte geben dem Anwender bessere und ausdrucksstärkere Möglichkeiten, eigene Ideen und Konzepte umzusetzen, als dies mit DTDs allein der Fall wäre. Diese Konzepte sind die wachsende Grundlage, um überhaupt Daten in XML zu beschreiben.

Kapitel 8 wird Ihnen zeigen, wie Sie Dokumente verknüpfen bzw. auf andere Dokumente verweisen und wie Sie innerhalb eines Dokumentes nach einem bestimmten Element suchen (query). Die in den Beispielen angewandte Technik für die Anfrage nach Elementen entstammt eigentlich dem für die Darstellung zuständigen Zweig von XML. Daher spielt dieses Kapitel eine doppelte Rolle, da es sowohl in dem darstellungsbezogenen Strang auftaucht als auch in diesem. In diesem Zusammenhang ist diese Anfrage nach Elementen ein sinnvolles Mittel, um schnell dringend benötigte Elemente zu finden, und sie zeigt auch, wie man verschiedene Dokumente miteinander verknüpfen kann. Kapitel 9 (Manipulation von XML-Daten) behandelt ebenfalls verschiedene Methoden zur Manipulation von XML-Dokumenten für die unterschiedlichsten Anwendungen. Gerade aus der Daten-Sicht hat dieses Kapitel Relevanz, da es einige mächtige Möglichkeiten zeigt, wie man Daten von einer DTD in eine andere DTD transformiert. Das wird sich als besonders wichtig für den Austausch von Daten erweisen, besonders für die Bereiche E-Commerce und Business-To-Business.

Auch dieses Kapitel spielt eine doppelte Rolle, da das Thema ebenfalls im darstellungsbezogenen Strang auftaucht. Die Idee der Transformation von XML-Dokumenten in andere Sprachen (z.B. HTML) kann sehr hilfreich sein, wenn es darum geht, XML-Dokumente so aufzubereiten, dass sie von Menschen gelesen werden können.

Kapitel 10 (XML und Datenbanken) konzentriert sich voll auf jede Art von Daten. Relationale Datenbanken und XML sind zwei der Möglichkeiten für maschinengerechte Speicherung von Daten, auch wenn sie völlig unterschiedliche Rollen spielen. Dieses Kapitel behandelt, wie man mit XML an die traditionelle Art der Datenspeicherung herangeht. Kapitel 11 (»Von Server zu Server«) zeigt Ihnen, wie Sie mit einem anderen Server kommunizieren, wenn Sie die benötigten Daten nicht lokal vorrätig haben. Dies ist noch eine recht neue Technik, die jedoch immer mehr Anwendung finden wird, da Web-Anwendungen immer mehr in den Vordergrund der EDV-Branche treten. Kapitel 12 bezieht sich dann auf das Wissen aus den beiden vorangegangenen Kapiteln und erörtert die Rolle von XML als Technologie für den Datenaustausch zwischen E-Commerce-Applikationen. In diesem Fall gehört der andere Server dann einem Geschäftspartner. An dieser Stelle wird behandelt, welche Rolle der Datenaustausch spielt, welche Rolle XML in diesem Zusammenhang spielt, und es werden Details der Anwendung von XML vorgestellt.

Den Abschluss dieses Themenstrangs bildet das Kapitel 14 über WAP (Wireless Application Protocol) und der damit verbundenen Anwendung von XML bei der Wireless Markup Language (WML). Bei WAP dreht sich fast alles um die Umwandlung von Daten aus der recht umfangreichen Form von XML in eine kompakte binäre Form für die Anwendung in mobilen Geräten. Dabei möchte man jedoch die Vorteile der ursprünglichen Form nicht verlieren. Dieses Problem vor Augen möchten wir Ihnen die Lösungen von WAP für dieses Problem vorstellen. Dies soll Ihnen ein besseres Verständnis für die Vorteile der Anwendung von XML als Austauschformat demonstrieren. Außerdem, wenn XML schon als Format für den Austausch und die Speicherung von Daten verwandt wird, steigt auch der Bedarf, diese Daten auf möglichst vielen alltäglich genutzten drahtlosen Geräten wie Mobil-Telefonen und Internet-fähigen Geräten verfügbar zu haben.

Der Themenstrang XML als Daten besteht aus:

❑ Kapitel 6: SAX: Simple API for XML
❑ Kapitel 7: Namensräume und Schemata
❑ Kapitel 8: Verknüfen und Suchen (Linking and Querying)
❑ Kapitel 9: Manipulation von XML-Dokumenten
❑ Kapitel 10: XML und Datenbanken
❑ Kapitel 11: Von Server zu Server
❑ Kapitel 12: Elektronischer Handel (eBusiness)
❑ Kapitel 14: WAP und WML

Darstellung von XML-Dokumenten

Die Datensicht auf XML eignet sich hervorragend für den Transfer von Daten zwischen verschiedenen Rechnern, aber wenn Sie XML-Dokumente für den menschlichen Leser entwerfen, wird Sie der darstellungsbezogene Teil (Styling) des Buches interessieren. Im Gegensatz zu klassischen Feldern der Computer-Technik, die sich auf die Handhabung von Daten konzentrieren, wie etwa Datenbank-Systeme, haben sich die Entwickler von XML eine ganze Reihe von Gedanken über die effiziente Darstellung der Daten gemacht. Der Lösungsansatz ist natürlich auch datengesteuert. Wann immer man CSS oder XSL benutzt, wendet man die Daten aus dem Style-Sheet auf die Daten des XML-Dokumentes an. So erhält man eine für den Menschen lesbare Repräsentation der Daten.

Mit Kapitel 8 beginnen wir den darstellungsbezogenen Teil. Wir beginnen damit, weil ein Teil der Querying-Technik einem Programmierer die Möglichkeit gibt, Kriterien für die Auswahl von Elementen eines Dokumentes zu treffen, die dann entsprechend einer Vorlage formatiert werden können. Die Anweisungen für das so genannte Styling können bis auf die Ebene der Spezifikation von einzelnen Verarbeitungsschritten für bestimmte Elemente, je nach dem Kontext, in dem sie auftreten, heruntergehen. Die gleiche Art von Elementen kann, in Abhängigkeit von dem Eltern-Element oder anderen Elementen in seiner Umgebung, unterschiedlich formatiert werden. Kapitel 9 vermittelt dann das nötige Wissen, um XML-Dokumente, wenn nötig, in ein für die Präsentation geeigneteres Format zu transformieren. Die Transformation ist auch das Herzstück der datenbezogenen Gestaltung von Dokumenten.

Kapitel 13 (Styling) baut auf die Kapitel 8 und 9 auf und lehrt, wie man XML-Dokumente formatiert. Wir werden unsere Style-Sheets zu mächtigen Regelwerken ausbauen, mit deren Hilfe wir dann unsere XML-Dokumente darstellen werden. Aus einem einzigen Datenbestand kann man so leicht viele Sichten auf die Daten erzeugen. An dieser Stelle werden wir die Vorteile der strikten Trennung von Inhalt und Form voll genießen können.

Kapitel 14 (WAP) ist ebenfalls diesem Themengebiet zugeordnet, da die Darstellung von Inhalten für kleine Geräte besonders wichtig ist und diese Geräte sich nun mal der drahtlosen Kommunikation bedienen. Hier wird angesprochen, wie man die visuelle Gestaltung so hält, dass die Randbedingungen eines sehr kleinen Displays beachtet werden. Hier sieht man die Parallelen zu der Datensicht, wo man sich ja auch bemühen muss, das Datenaufkommen klein zu halten, um mit der geringen Bandbreite der drahtlosen Kommunikation auszukommen. Da die Darstellung von einer Formatvorlage (Style-Sheet) bestimmt wird und nicht mit dem eigentlichen Inhalt verquickt ist, kann man ein effizientes Format für die Darstellung auf solchen Geräten erzeugen.

Der darstellungsbezogene Themenstrang besteht aus den Kapiteln:

❑ Kapitel 8: Verknüfen und Suchen (Linking and Querying)
❑ Kapitel 9: Manipulation von XML-Dokumenten
❑ Kapitel 13: Styling
❑ Kapitel 14: WAP

Was setzen wir voraus?

Die Autoren gehen davon aus, dass Sie etwas über HTML, JavaScript, Java und ASP wissen. Selbst wenn Sie nichts über Java oder ASP wissen, wird Sie das nicht dabei behindern, etwas über die Konzepte zu lernen, die hinter den einzelnen Themen stehen, bei denen diese Techniken angewandt werden. Wir haben uns bemüht, sparsam damit umzugehen. Wenn Sie jedoch *alle* Beispiele aus dem Buch nachvollziehen wollen, werden Sie einen Webbrowser, einen ASP-fähigen Webserver, wie etwa den Personal Web Server von Microsoft, und das Sun Java Runtime Environment (JRE), die minimale Voraussetzung für die Ausführung von Java-Programmen, installieren müssen.

Den Personal Web Server (für Windows 9x) können Sie umsonst als Teil des NT4 Option pack unter

`http://www.microsoft.com/ntserver/nts/downloads/recommended/NT4OptPk/default.asp`

herunterladen.

Unter derselben Adresse können Sie auch den IIS für Windows NT4 finden. Windows 2000 Professional wird mit einem ASP-fähigen Webserver ausgeliefert. Sie müssen diesen jedoch bei der Installation explizit auswählen, da er bei der typischen Installation nicht mitinstalliert wird.

Das JRE finden Sie unter `http://www.java.sun.com/products/jdk/1.2/jre/index.html`

Der vollständige Quellcode für den überwiegenden Teil der Beispiele findet sich unter

`http://www.wrox.com`

Konventionen

Um das Beste aus dem Text herausholen zu können und um leichter den Überblick behalten zu können, halten wir uns im diesem Buch an eine Reihe von Konventionen.

Als Beispiel:

> **Solche Kästen enthalten wichtige Informationen, die Sie auf keinen Fall vergessen sollten. Sie beziehen sich immer auf den umgebenden Text.**

Anmerkungen zu Texten werden so wie hier dargestellt.

Weitere Konventionen im Text:

Wichtige Begriffe werden bei der ersten Einführung **fett** gedruckt dargestellt.

Tastenkombinationen werden so dargestellt: *Strg-A.*

Dateinamen und Code-Fragmente werden im Text so dargestellt: `doGet()`

Texte in Dialogen, Fenstern und URLs werden so dargestellt: Menü.

Wir werden drei verschiedene Arten für die Repräsentation von Programm-Code verwenden. Definitionen von Methoden und Attributen werden wie folgt dargestellt:

```
protected void doGet(HttpServletRequest req, HttpServletResponse resp)
                    throws ServletException, IOException
```

Code-Beispiele werden so dargestellt:

```
In den Programm-Beispielen werden wichtige und
   neue Programmteile grau hinterlegt dargestellt,
während Programmteile von geringerer Bedeutung oder schon gezeigter Code
   so wie hier dargestellt ist.
```

Wir legen Wert auf Ihre Meinung

Wir haben hart daran gearbeitet, um dieses Buch so gewinnbringend wie möglich für Sie zu gestalten. Daher legen wir großen Wert auf Ihre Meinung und sind stets gespannt zu hören, was Sie interessiert und was Sie wissen möchten.

Wir sind für jede Art von Rückmeldung dankbar und berücksichtigen Kritik und Lob gleichermaßen in unserer Arbeit. Sollten Sie uns etwas zu sagen haben, so wenden Sie sich bitte an:

`mitp@mitp.de`

Besuchen Sie unsere Website unter:

`http://www.mitp.de`

Download-Möglichkeit bei www.mitp.de

Das englische Wrox-Originalbuch verfügt über einen gedruckten Anhang:

- ❏ Appendic A: Extensible Markup Language (XML) 1.0 Specification
- ❏ Appendic B: IE5 XML Document Objekt Model
- ❏ Appendic C: SAX 1.0: The simple API for XML
- ❏ Appendic D: XML Schemas and Data Types
- ❏ Appendic E: IE5 XSL Reference
- ❏ Appendic F: CSS Properties
- ❏ Appendic G: Installing XT
- ❏ Appendic H: Support and Errata

Dieser Anhang (in englischer Originalsprache) steht im PDF-Format auf den Webseiten **www.mitp.de** als Download für Sie bereit.

1

XML, eine Einführung

In diesem Kapitel wollen wir Sie auf dem Weg von den historischen Wurzeln von XML bis hin zum Verständnis für das Zusammenspiel der wichtigsten XML-Aspekte begleiten. Auf unserer Tour werden wir etwas über das Wesen von XML erfahren und die Auswirkungen von XML auf die Gestaltung von Web-Projekten erörtern. Wir hoffen, dass Sie hier alle notwendigen Grundlagen erhalten, um mit dem Rest des Buches zurechtzukommen.

Auszeichnungssprachen

Seit der Erfindung des Buchdruckes haben Autoren ihre Manuskripte mit Notizen mit Anweisungen für den Setzer bzw. Drucker versehen. Solche Markierungen oder **Auszeichnungen** werden im Englischen mit dem Wort **markup** bezeichnet. Eine Sammlung solcher Notizen, die einem festen Schema folgen, also eine Syntax und eine Grammatik haben, kann man als **Sprache** auffassen. Lektoren zum Beispiel wenden eine handschriftliche **Auszeichnungssprache** (markup language **ML**) an, um einem Autor ihre Korrekturen am Manuskript mitzuteilen. Selbst die heutige Form der Interpunktion ist eine Form von eingebetteter Auszeichnung, die dem Leser bei der Interpretation des Textes helfen soll. Die meisten Auszeichnungssprachen unterscheiden sich in ihrem Aussehen deutlich von dem Text, auf den sie sich beziehen. So sind die Markierungen der Lektoren eine Mischung aus Schreibschrift und speziellen Symbolen, die sich deutlich vom maschinengeschriebenen Text des Manuskriptes abheben. Auch bei der Interpunktion finden nur solche Symbole Verwendung, die nicht mit Buchstaben des Alphabetes oder Ziffern, die ja den eigentlichen Inhalt des Textes ausmachen, verwechselt werden können. Einige dieser Symbole sind so fundamental für das Verständnis und die Wiedergabe von geschriebenen Texten (in englischer Sprache), dass sie seinerzeit Eingang in den ASCII-Zeichensatz fanden. Dieser Zeichensatz wird auch heute noch in fast allen modernen Computersystemen verwandt. Auf diesem Wege fanden viele dieser Symbole auch eine Verwendung in Programmiersprachen, und die Standardisierung des ASCII-Zeichensatzes führte dazu, dass diese Symbole heute auch eine andere Bedeutung neben der als Interpunktions-Zeichen haben.

Auch der ASCII-Standard hat einen Satz von Symbolen (die so genannte »C0 control characters« mit den Hexadezimalwerten von 00 bis 1F), die zur Markierung von Strukturen bei der Datenübertragung angewandt werden sollten. Nur wenige dieser Zeichen fanden eine breite Akzeptanz, und ihre Anwendung wurde oft recht inkonsistent gehandhabt. Das bekannteste Beispiel für eines dieser Zeichen (und die inkonsistente Anwendung) ist sicher das bzw. die Zeichen zur Kennzeichnung eines Zeilenendes.

Die alten Teletypes verwendeten die auf die tatsächliche Bewegung des Wagens ausgelegten Zeichen für Wagenrücklauf (carriage-return, CR) und Zeilenvorschub (line-feed, LF), um ein Zeilenende zu markieren. Diese Sequenz wurde später von MS-DOS benutzt und wird auch heute noch bei allen MS-Windows-Varianten als Markierung für das Zeilenende verwendet. Bei Unix-Varianten markiert allein das Zeichen für den Zeilenvorschub (LF) das Ende einer Zeile. Beim MacOS dagegen ist es ein einzelnes Zeichen für den Wagenrücklauf (CR), das ein Zeilenende anzeigt. Wegen solcher Konflikte und der uneinheitlichen Anwendung des ASCII-Standards benötigt der Austausch von Dokumenten zwischen den Systemen oft einen Transformationsschritt. Selbst simple Textdokumente können nicht ohne eine Umwandlung zwischen den Systemen ausgetauscht werden und das ist noch die einfachste Aufgabe, die es zu lösen gilt. Oft ist nicht einmal geklärt, wie überhaupt eine Zeile definiert ist. Die meisten Textverarbeitungsprogramme verwenden gar keine »Zeilen« mehr im engeren Sinn und sind dazu übergegangen, die alten Markierungen für die Zeilenenden als Marken für das Ende eines Absatzes zu verwenden. Als Trennsymbole für die einzelnen Sätze werden von diesen Programmen die Zeichensequenzen Punkt-Leerzeichen (». «) oder Punkt-Leerzeichen-Leerzeichen (».   «) benutzt, auch wenn diese Methode ihre Schwächen hat.

Die verschiedensten Formen der Kennzeichnung von einzelnen Dokumentbestandteilen wurden im Laufe der Jahre für spezielle Zeichen (Glyphen), besondere Formatierungen und viele andere Methoden benutzt. Innerhalb von C- und C++-Quelltexten finden geschweifte Klammern {...} Verwendung als Begrenzer von Code-Abschnitten wie Funktionen und Klassen. Eine Formatierungssprache, die von Menschen geschrieben und gelesen werden soll, wird wahrscheinlich besser lesbare Symbole wie .begin und .end verwenden. Andere Sprachen verwenden andere Marken oder Symbole als Begrenzer. Diese Begrenzer, egal ob sie aus einem Zeichen (Glyph) oder aus einer Zeichenkette bestehen, werden allgemein **Tags** genannt. Natürlich gab es oft Konflikte zwischen verschiedenen Sätzen von Tags und der Art, wie diese zu interpretieren sind. Ohne einen gemeinsamen Standard für Tags oder gar ein standardisiertes Format für allgemeine Daten war es oft sehr schwer, Daten von einem Format in ein anderes zu übersetzen oder gar Daten von verschiedenen Anwendungen gemeinsam zu nutzen.

Im Jahr 1969 betrat zum ersten Mal ein Mensch den Mond. Im selben Jahr wurde die erste moderne Auszeichnungssprache mit dem Namen **Generalized Markup Language (GML)** von Ed Mosher, Ray Lorie und Charles F. Goldfarb in einer Forschungsabteilung von IBM entwickelt. GML sollte eine Sprache zur Beschreibung von Strukturen beliebiger Datenmengen sein und war von Beginn an als Meta-Sprache konzipiert. Mit GML sollte man also in der Lage sein, andere Sprachen, ihre Syntax und Grammatik, zu beschreiben. Aus GML wurde dann später die **Standard Generalized Markup Language (SGML)**. Im Jahr 1986 wurde SGML von der ISO (International Organization for Standardization) als ein internationaler Standard für die Speicherung und den Austausch von Daten festgelegt und bekam die Nummer **ISO 8879** (Näheres unter http://www.iso.ch). Betrachtet man die Auswirkungen, die das World Wide Web (WWW) auf den heutigen Handel und die Kommunikation hat, könnte man meinen, dass die Erfindung von GML bedeutsamer für die Geschichte der Technik war als das große Abenteuer der Reise zu einem anderen Himmelskörper.

> **»Markup« ist eine Methode zur Übermittlung von Metadaten, d.h. Daten über Daten. Auszeichnungssprachen benutzen Literale oder so genannte Tags, um Metadaten zu beschreiben und vom eigentlichen Inhalt zu trennen.**

Nachfolgend ein sehr einfaches Beispiel für ein SGML-Dokument:

```
<!DOCTYPE email [
<!ELEMENT email O O ((to & from & date & subject?), text) >
<!ELEMENT text - O (para+) >
<!ELEMENT para O O (#PCDATA) >
<!ELEMENT (to, from, date, subject) - O (#PCDATA) >
]>
<date>10/12/99
<to>you@yours.com
<from>me@mine.com
<text>I just mailed to say...
```

SGML ist eine sehr mächtige und recht komplizierte Auszeichnungssprache, die breite Anwendung bei den Organen der US-Regierung und ihren Vertragspartnern, großen Firmen und Verlagen für technische Schriften fand. Verlage produzieren oft ihre Druckerzeugnisse wie Bücher, Berichte und Handbücher aus SGML-Dokumenten. Solche SGML-Dokumente werden erst in eine druckbare Form transformiert und dann in den Druck gegeben. SGML wird auch zum Austausch von technischen Informationen für die Fertigung benutzt. Die Komplexität von SGML und die hohen Kosten für eine Implementation eines SGML-fähigen Systems haben verhindert, dass eine breite Schicht von Firmen und Einzelpersonen in den Genuss dieser nützlichen Technologie kam.

Mehr Material zum Thema SGML finden Sie unter `http://www.oasis-open.org/cover`.

Mit der fortschreitenden Entwicklung des World Wide Web gab es verstärkt Bedarf für eine einfachere Lösung.

Ursprung und Ziele von XML

Das **World Wide Web Consortium (W3C,** `http://www.w3.org`) begann 1996 mit der Entwicklung einer erweiterbaren (extensible) Auszeichnungssprache, die die Mächtigkeit und Flexibilität von SGML mit der breiten Akzeptanz von HTML verbinden sollte. Bei der Entwicklung dieser Sprache, die dann später XML genannt wurde, bezog man sich stark auf die Spezifikation von SGML. Tatsächlich wurde XML als eine echte Untermenge von SGML spezifiziert. Da man SGML als Grundlage nahm, konnten sich die Designer nun voll auf die Vereinfachung eines bereits funktionierenden Konzeptes stürzen. SGML bot schon jedem die Möglichkeit, eigene Erweiterungen zu erstellen, war also ein offenes System. Da XML leichter als SGML anzuwenden sein sollte, musste die Sprache aber simpler gestaltet werden. Die Vereinfachungen gegenüber SGML sollten vor allem zwei Bereiche betreffen. Erstens sollte das Erstellen und Bearbeiten von XML-Dokumenten mit einfachen und weit verbreiteten Tools möglich sein und zweitens sollte die maschinelle Verarbeitung und Transformation von Dokumenten und Daten vereinfacht werden. Da SGML viele optionale Bestandteile hat, ist die Erstellung von SGML-Parsern recht aufwendig, XML-Parser sind wesentlich schlanker und daher einfacher zu erstellen. Außerdem bedient sich XML bereits existierender Internet-Protokolle und Anwendungen für die Übermittlung und Verarbeitung von Daten. Da XML eine echte Untermenge von SGML ist, bleibt es aufwärtskompatibel zu bestehenden SGML-Systemen. So können auch XML-Dokumente von bestehenden SGML-Systemen verarbeitet werden, was Unternehmen, die bisher mit SGML gearbeitet haben, Umstellungskosten erspart und obendrein die Vorteile des WWW nutzen lässt.

Das **W3C** erklärte **XML 1.0** im Februar 1998 zu einer Empfehlung. Die formale Spezifikation, einschließlich der Grammatik in erweiterter Backus-Naur-Form (EBNF), finden Sie auf den Seiten des W3C unter `http://www.w3.org/TR/REC-xml`. Es gibt ebenfalls eine hervorragend kommentierte Version von Tim Bray, einem der Mitherausgeber der XML-Spezifikation, unter der Adresse `http://www.xml.com/axml/testaxml.htm`.

*Eine Liste der häufigsten Fragen zu XML, die **XML 1.0 FAQ**, wird von Peter Flynn und einigen Mitarbeitern im Auftrag der XML Special Interest Group des W3C gepflegt. Sie finden Sie unter der Adresse* `http://www.ucc.ie/xml/`*. Dort finden Sie auch viele Links zu verwandten Themen.*

XML bietet einen einfachen Weg, Texte zu gliedern. Man hat es auch schon »ASCII des WWW« genannt. Es ist so, als wären Sie in der Lage, in Ihrer Lieblings-Programmiersprache beliebig strukturierte Daten zu erzeugen und diese dann mit anderen Anwendern, die auf einem anderen System mit einer anderen Programmiersprache arbeiten, auszutauschen. XML-Tags stehen für das beschriebene Konzept, und durch die Attribute kann man die Interpretation der Daten beeinflussen. Auf diese Weise können Sie eine beliebige Syntax beschreiben und anderen mitteilen.

Betrachten wir das folgende, einfache Beispiel:

```
<?xml version="1.0"?>
<books>
    <book category="reference">
        <author>Nigel Rees</author>
        <title>Sayings of the Century</title>
        <price>8.95</price>
    </book>
    <book category="fiction">
        <author>Evelyn Waugh</author>
        <title>Sword of Honour</title>
        <price>12.99</price>
    </book>
</books>
```

Auch ohne auf die Einzelheiten der Syntax einzugehen, sieht man sofort, wie mächtig das Konzept ist, mit Tags die von ihnen eingeschlossenen Informationen zu beschreiben.

Es gibt viele Gründe, warum diese Beschreibung von Daten in XML eine geeignete Methode für den Austausch von Daten über das Internet ist:

❏ Es ist ein offenes System. Mit XML kann man Daten zwischen Benutzern und Programmen Plattformunabhängig austauschen.

❏ XML ist weitestgehend selbstdokumentierend. Das macht es zu einer geeigneten Lösung für Business-to-Business- und Extranet-Lösungen.

❏ Man kann Daten auch ohne vorhergehende Koordination austauschen. Wie wir in Kürze sehen werden, gibt es Möglichkeiten, die Struktur von ganzen Dokumentklassen (DTDs) zu erlernen.

Das W3C hat für die Arbeit mit XML-Dokumenten eine Standard-API (Application Programming Interface) für XML entwickelt, so dass man leicht Programme entwickeln kann, die XML-Daten lesen und schreiben können. Zusätzlich hat die Entwicklergemeinde alternativ eine beliebte, ergänzende, ereignisbasierte API entwickelt. XML wurde auch von vornherein für die Nutzung mit nicht europäischen Sprachen und mit Unterstützung für Internationalisierung entwickelt. Genau wie HTML 4.01 basiert auch XML auf dem Universal Character Set (UCS), der im Standard **ISO/IEC 10646** für Zeichensätze definiert ist. Dieser Standard ist zur Zeit identisch mit dem besser bekannten Standard **Unicode** (http://www.unicode.org). Alle bekannten und beliebten Features von HTML finden sich bei XML wieder.

XML ist jedoch nicht als Ersatz für HTML zu sehen. Sie werden bei der Lektüre der Empfehlung für XML des W3C (XML Recommendation, Empfehlungen sind die Äquivalente für Standards des W3C) kein einziges Wort über die Darstellung von XML-Dokumenten finden. Im Gegensatz zu HTML, das Inhalte und deren Präsentation handhabt, geht es bei XML ausschließlich um die Inhalte bzw. Daten.

Auch wenn XML-Dokumente *im Grunde* Daten sind, hat man die Möglichkeiten zur Darstellung keineswegs vernachlässigt. Entgegen den traditionellen Methoden zur Darstellung, die eine Menge Programmieraufwand erforderten, sind die Methoden zur Darstellung von XML-Dokumenten ebenfalls datengesteuert. Dabei reicht die Spanne von extrem simplen bis hin zur sehr komplexen Methoden. Egal welche Methode Sie wählen, die Formatierung (styling) von XML-Dokumenten wird immer durch ein anderes Dokument, ein so genanntes **Stylesheet**, gesteuert. In diesen Style-Sheets werden Anweisungen zur Formatierung des Dokumentes und Regeln, wann diese Anweisungen ausgeführt werden, festgehalten. Ein und dasselbe Style-Sheet kann auf viele verschiedene Dokumente angewandt werden, um so eine einheitliche Erscheinung der Dokumente zu erzeugen.

Mit Hilfe dieser Stylesheets kann man XML-Dokumente auch in HTML-Dokumente oder ein anderes Dokument-Format transformieren. Einer der Themenstränge in diesem Buch wird sich allein mit den Techniken zur Darstellung von XML-Dokumenten beschäftigen. Diese Techniken sind weitaus mächtiger als die Möglichkeiten von HTML, auch wenn es bei XML nicht ursächlich um die Darstellung von Dokumenten geht.

Auch wenn die ganze Aufregung um XML es einen glauben macht: XML wird nicht alles Bekannte im WWW ablösen. XML wird Programmierern die Möglichkeit geben, viele spannende und interessante Dinge zu tun, auch wenn es keine Programmiersprache ist und auch kein Objekt-basiertes System oder gar ein Betriebssystem. Es ist eine mächtige und elegante Art und Weise, wie man mit Daten umgeht, diese mit anderen austauschen kann und das alles über die Grenzen von unterschiedlichen Betriebssystemen hinweg.

Nun, da wir schon etwas über XML wissen, lassen Sie uns etwas darüber lernen, wie XML in die Struktur von Web-Anwendungen passt.

Vergangenheit und Zukunft von Web-Systemen

Die ersten Web-Anwendungen folgten in ihrem Design der klassischen Client-Server-Architektur. Einige Anwendungen bedienten sich auch relationaler Datenbanken, aber alle Kombinationen von Komponenten wurden durch zufällige und starre Strukturen verbunden. Ironischerweise steht dieses Vorgehen im krassen Gegensatz zum Geist des WWW (und des gesamten Internets), einem losen Verbund von Rechnern, die über ein einfaches Protokoll miteinander kommunizieren. XML hingegen bietet einem Entwickler die Möglichkeiten, wirklich verteilte Systeme zu erstellen, die durch einen offenen Standard für selbstdokumentierende Daten zusammengehalten werden. Im Folgenden werden wir die klassische Architektur einer XML-basierten Architektur gegenüberstellen.

Die klassische Web-Architektur

Betrachten wir die klassische Situation im Web. Der Client ist meist ein Webbrowser, der von einem Menschen bedient wird. Der Browser sendet Anfragen nach einer Seite mit evtl. zusätzlichen Parametern an einen Webserver. Diese zusätzlichen Parameter können an einen URL einer Seite angehängt sein (HTTP GET) oder separat versandt werden (HTTP POST). Genauere Informationen zu HTTP finden Sie unter `http://www.w3.org/Protocols/`. Diese Parameter und ihre Namen hängen von der Anwendung ab und müssen dem Client bekannt gemacht werden, indem diese in die angeforderte HTML-Seite eingebettet werden. Folgerichtig muss der Entwickler der Anwendung auf dem Server auch die entsprechenden HTML-Seiten gestalten. Jeder, der den Server nutzen will, muss entweder die Seiten für den Client auf dem Server nutzen oder die Struktur der Anfragen aus den HTML-Seiten heraus rekonstruieren. Solche Rekonstruktionen funktionieren natürlich nur so lange, wie sich auf den Servern nichts ändert.

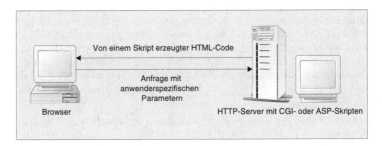

In diesem Beispiel beantwortet der Server die Anfragen, indem er dynamisch HTML-Seiten durch ein CGI-Skript oder mittels ASP erzeugt. Solche Skripte können sich einer Datenbank bedienen oder selbst Daten generieren. Es gibt selten, falls überhaupt, eine Kommunikation zwischen zwei HTTP-Servern, um eine Anfrage abzuwickeln.

Diese Architektur funktioniert natürlich recht gut, hat aber einige wichtige Einschränkungen:

❑ Wir sind auf einen Browser als Client beschränkt.

❑ Niemand erstellt Seiten, die für Software-Agenten oder andere Anwendungen gedacht sind. Die Struktur der Anfragen ist in der Seite enthalten. Sie müssen mit den Entwicklern der Seiten kooperieren oder die Anfragen aus den Seiten rekonstruieren. Daher werden, außer von den Betreibern der Webserver, selten neue Anwendungen entwickelt.

❑ Alle Inhalte werden als HTML ausgeliefert. Das beschränkt die Möglichkeiten des Client, ein Dokument weiterzuverarbeiten. Außerdem ist die Präsentation des Dokumentes bereits zum Zeitpunkt der Generierung auf dem Server festgelegt.

❑ Wenn Sie eine andere Darstellung wünschen, zum Beispiel ein Diagramm statt einer Tabelle oder eine andere Sortierung von Daten, müssen Sie sich erneut an den Server wenden.

❑ Der ganze Ablauf ist sehr empfindlich. Client und Server müssen gut aufeinander abgestimmt sein. Schon kleine Fehler in der Anfrage führen gewöhnlich zu Fehlern auf dem Server und zum Abbruch der Verbindung.

Wie kann nun XML helfen, diese Probleme zu lösen?

Web-Architekturen mit XML

An dieser Stelle werfen wir einen Blick in die Zukunft und sehen uns an, was XML in der Zukunft ermöglichen könnte. Clients, Browser oder andere Programme könnten ihre Anfragen in Form von XML-Dokumenten an einen Server senden. Ein solches Dokument würde natürlich auch die Namen der Parameter und die entsprechenden Werte enthalten müssen, aber im Unterschied zum bisherigen Verfahren würde die Struktur der Anfrage durch ein genormtes Verfahren zur Laufzeit vom Server erfragt werden. Ein solches Verfahren dokumentiert nicht nur die Struktur der Anfragen, die der Server erlaubt, es würde dem Client auch erlauben, seine Anfrage vor der Versendung auf Korrektheit zu prüfen. Der Server könnte nach dem Erhalt der Anfrage auch eine Überprüfung der Anfrage durchführen.

Erhält der Server eine Anfrage, so kann er diese wie bisher abarbeiten oder er könnte sich etwas Hilfe holen. Auch wenn XML die Kommunikation von Server zu Server nicht von sich aus unterstützt, haben innovative Entwickler XML dazu benutzt, diese Kommunikationsart formal zu definieren. Da die von einem Server empfangenen Daten in einem solchen Fall auch XML-Dokumente wären, ist es für den ersten Server recht einfach, mehrere Dokumente miteinander zu verschmelzen oder ein Dokument in ein anderes Format zu transformieren, um so eine Anfrage zu befriedigen. Auf die gleiche Art kann ein Client feststellen, welche Strukturen auf einem Server zur Verfügung stehen. Da XML-Dokumente prinzipiell eine hierarchische Struktur haben, können so auch leicht nicht relationale Daten beschrieben werden. Da jedoch die meisten Datenbestände auf Servern in der Form von relationalen Datenbanken vorliegen, haben Entwickler viele Überlegungen und Anstrengungen unternommen, um relationale Daten in die Struktur eines XML-Dokumentes zu gießen. All diese Punkte sprechen für den Einsatz von XML als Kommunikationsmedium auf Servern und Server-seitigen Anwendungen. Hat man sich erst für XML als Austauschformat entschieden, können Programmierer schnell neue Komponenten erstellen oder bestehende Komponenten und Bibliotheken mit Routinen zur Manipulation von XML-Dokumenten nutzen. Diese können dann auch genutzt werden, um Anfragen von der Client Seite zu bearbeiten (siehe nächste Abbildung).

Welchen Nutzen bringt das? Zunächst einmal ist man nun nicht mehr an einen Browser als Client gebunden. XML-Dokumente sind Daten, die auch leicht von Programmen manipuliert werden können. Dieselben Daten können sowohl für eine Darstellung in einem Browser als auch für eine Bearbeitung durch einen Software-Agenten aufbereitet werden. Das Übertragungsmedium für Informationen, in diesem Fall das XML-Dokument, macht keine Annahmen über die endgültige Verwendung der Daten. Sollte bekannt sein, dass ein Client HTML als Antwort erwartet, kann man ein XML-Dokument entsprechend transformieren. Das Programm, das ursprünglich das XML-Dokument erzeugt hat, muss dafür nicht modifiziert werden.

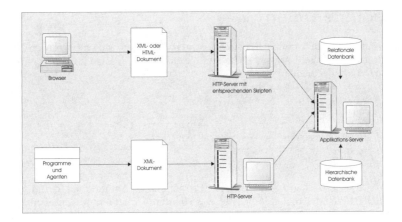

Die Kopplung zwischen dem Server und einem Client ist deutlich lockerer, da der Client die Struktur eines XML-Dokumentes selbst herausfinden kann. So können auch anspruchsvolle Applikationen erstellt werden, bei denen sich die Struktur der Dokumente im Laufe der Entwicklung ändern kann und deren Dokumente auch weiterhin verarbeitet werden können, ohne dass man für jede Änderung der Struktur seine eigene Software anpassen muss. Wahrscheinlicher ist, dass eine Reihe von Standard-Tag-Mengen von der Industrie entwickelt werden und Anwendungen die Struktur der Dokumente untersuchen werden, um sich so vor Fehlern durch Versionsänderungen zu schützen.

In unserer Vision der Zukunft wird jedes Element der Verarbeitungskette in einem Netzwerk aus Servern, Clients und Anwendungen denselben Mechanismus für den Austausch von Daten verwenden. Glücklicherweise ist dieser Mechanismus beliebig erweiterbar und stützt sich auf die Erkennung von Dokumentstrukturen zur Laufzeit. Außerdem ist er auf jeder Plattform verfügbar, relativ leicht anzuwenden und er ist in der Lage, Dokumente aus vielen verschieden Quellen zu verarbeiten. Entwickler von Anwendungen sind so in der Lage, Daten aus beliebigen Quellen oder von den anderen Servern zu holen, um so Anfragen von Clients zu befriedigen. Das verändert das bisherige Client-Server-Modell hin zu einem echten verteilten System.

Diese Vision ist gar nicht mehr so weit davon entfernt, verwirklicht zu werden.

XML-Interna

Nun, da wir eine Vorstellung davon haben, was mit XML alles möglich ist, wollen wir untersuchen, wie XML hilft, unsere Ziele zu erreichen. Wie schon kurz erwähnt, bietet XML eine einfache Möglichkeit, Inhalte durch Tags zu beschreiben und so Informationen zu übermitteln. Tags kapseln einzelne Inhalte und erlauben uns so, Strukturen beliebiger Komplexität zu erzeugen. Da das alles mit einfachem Text möglich ist, ist es eine ideale Lösung für den Austausch von Daten über Betriebssystemgrenzen hinweg. Jedes Betriebssystem, mit Ausnahme von Systemen für Embedded-Geräte, kann in irgendeiner Form Texte handhaben. Diese Tatsache hat schon HTML in sehr kurzer Zeit zu so großer Popularität verholfen. Mit XML begeben wir uns aber auf eine neue Ebene, da wir XML beliebig erweitern können, um so immer neuen Bedürfnissen gerecht zu werden. Da der Mechanismus zur Erweiterung fester Bestandteil von XML ist, kann man seine Erweiterungen automatisch an jeden Empfänger, an jedes Programm und an jeden Menschen weitergeben. Es gibt einige Facetten von XML, die Sie verstehen sollten, um diese voll einschätzen und effektiv anwenden zu können.

Selbsterklärende Daten

Die Tags, die ein Stück Inhalt umfassen, benennen auch die Daten, die sie begrenzen. Tags können auch Attribute mit (aussagekräftigen) Namen enthalten, die zusätzliche Informationen über die beschriebenen Daten liefern. Hier ein Beispiel:

```
<car>
    <tyre_pressures>
        <front_pressure  units="psi">28</front_pressure>
        <back_pressure  units="psi">32</back_pressure>
    </tyre_pressures>
</car>
```

Die Daten sind insofern selbsterklärend, da jedes Element einen Namen trägt, der in Bezug zu seiner Bedeutung in einem Modell der realen Welt steht, das von dem Dokument beschrieben wird. Bisher haben wir also etwas, das sehr stark an HTML erinnert. Die Bedeutung der HTML-Tags ist jedoch vom W3C festgelegt. Wenn Sie etwas beschreiben wollen, das nicht vom HTML-Standard abgedeckt wird, schränkt sich Ihre Zielgruppe drastisch ein. Betrachten Sie bitte das folgende Stück XML-Code und denselben Inhalt in HTML:

```
<Person>
    <Name>
        <First>Thomas</First>
        <Last>Atkins</Last>
    </Name>
    <Age>30</Age>
</Person>
```

```
<TABLE>
    <TR>
        <TD>Thomas</TD><TD>Atkins</TD>
    </TR>
    <TR>
        <TD>age:</TD><TD>30</TD>
    </TR>
</TABLE>
```

Beide Texte beschreiben eine Person in bezug auf Namen und Alter. In der XML-Version können wir jedes Element sofort dem Konzept einer Person in der realen Welt zuordnen. Die einzelnen Bestandteile des Namens sind voneinander getrennt und es ist sofort klar, was der Vor- und Nachname ist. Wenn man etwas über Menschen weiß, ist die Bedeutung der dargebotenen Information klar. In der HTML-Version wird dieselbe Information in Form einer Tabelle angeordnet, es gibt aber keinen formalen Weg, zu wissen, dass es sich um die Daten einer Person handelt. Die Information über das Alter taucht nur als Inhalt, nicht als Struktur auf. Ein menschlicher Leser wird die Information korrekt auswerten, aber ein Computer wird dies nicht tun können, egal wie viel man ihm über die Beschreibung von Personen beibringt.

Der Teil, der für das Wort »eXtensible« in XML steht, beinhaltet einen Mechanismus für die Definition von neuen Tags und deren Anwendung. Weil dieser Mechanismus ein Standard ist, haben wir eine formal festgeschriebene Methode, diese neuen Tags auch anderen Anwendern mitzuteilen. Dasselbe gilt für die Attribute von Tags. Die aktuellsten Vorschläge für Definition von neuen Tag-Mengen (DTDs) verwenden wiederum XML zur Beschreibung von Metadaten über die Struktur der Dokumentklasse, die durch diese DTD definiert wird. Nicht nur dass unsere Dokumente selbsterklärend sind, auch die *Metadaten* können selbstbeschreibend sein.

Betrachten wir nun einige Mengen von Tags für spezifische Anwendungen.

Vokabulare für XML

Wie bereits angedeutet, ist die wichtigste Eigenschaft von XML die fest eingebaute Erweiterbarkeit. HTML begann als recht einfache Auszeichnungssprache für wissenschaftliche Dokumente mit einem festen Satz von Tags, entwickelte sich aber rasant weiter, als die Hersteller von Browsern immer neue Funktionen in ihre Software einbauten. Viele dieser Erweiterungen von HTML dienten der Darstellung von multimedialen Inhalten und farbenfrohen, kommerziellen Web-Seiten. Viele dieser Erweiterungen waren leider proprietär und auf die Browser eines Herstellers beschränkt, was natürlich Probleme mit den Browsern anderer Hersteller mit sich brachte. Einige dieser Erweiterungen sind in den HTML-Standard eingeflossen, viele blieben jedoch Sonderlösungen. Es ist auch bedauerlich, dass diese Erweiterungen nur wenig dazu beigetragen haben, HTML im Hinblick auf die Modellierung von Daten, semantisches Markup oder strukturiertere Protokolle zum Datenaustausch zu verbessern.

Im Gegensatz dazu war XML stets dazu gedacht, dem Anwender zu erlauben, schnell und einfach ein eigenes Vokabular (Tag-Mengen, DTDs) speziell für seinen Bedarf zu schaffen. Obwohl jede Firma oder gar jeder einzelne Anwender sich ein eigenes Vokabular schaffen kann, ist die eigentliche Stärke von XML, dass solche Vokabulare mit anderen Anwendern gemeinsam genutzt werden können. Unabhängig vom verwendeten Vokabular kann man stets dieselben Parser und andere Tools verwenden, da allen Vokabularen eine gemeinsame Syntax zu Grunde liegt. Die gemeinsame Nutzung solcher Vokabulare macht das Durchsuchen von Dokumenten und den Austausch von Daten ebenfalls einfacher.

> **Ein XML-»Vokabular« ist eine Beschreibung von Daten, die als Medium für Austausch von Informationen aus einem bestimmten Anwendungsgebiet wie Handel, Chemie, Recht, Musik o.Ä. dienen.**

Eine sehr gute Quelle für Informationen über dieses Thema ist Robin Cover's »The SGML/XML Web Page« unter `http://www.oasis-open.org/cover/`.

Dies ist der geeignete Zeitpunkt, um Ihnen einige der zurzeit verfügbaren Vokabulare kurz vorzustellen.

Vokabulare für wissenschaftliche Anwendungen

Die erste richtige Anwendung von XML war der Browser »JUMBO« von Peter Murray-Rust. »JUMBO« ist ein Browser für Dokumente in der **Chemical Markup Language (CML)**. Mehr Informationen dazu unter `http://www.xml-cml.org`. CML wurde oft als »HTML mit Molekülen« beschrieben, es bietet aber Möglichkeiten für die Konvertierung von proprietären Dateiformaten und Erstellung von strukturierten Dokumenten für die professionelle Publikation (siehe nächste Abbildung).

Die fundamentalste Sprache der Wissenschaft ist die Mathematik. Daher gibt es auch **MathML** zur Beschreibung von mathematischen Ausdrücken. MathML soll die Darstellung von mathematischen Formeln durch Grafiken und/oder inadäquate Näherungen aus ASCII-Symbolen ablösen und erlaubt eine angemessene Darstellung in passenden Browsern. Außerdem bietet MathML ein Austauschformat für symbolische Algebra, Geometrie, Statistik und bietet weitere Tools rund um die Mathematik. Weitere Informationen zu MathML finden Sie unter `http://www.w3.org/Math/`.

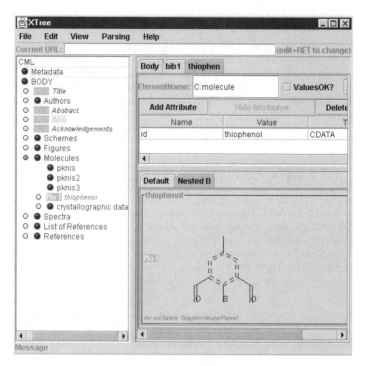

Es gibt noch andere XML-basierte Auszeichnungssprachen für wissenschaftliche Anwendungen, so zum Beispiel die **Bioinformatic Sequence Markup Language (BSML)** , mit deren Hilfe die Wissenschaftler der immensen Datenmengen bei der genetischen Forschung Herr werden wollen. Mehr Informationen zu BSML finden Sie unter `http://www.visualgenomics.com/bsml/index.html`. Die NASA entwikkelte die **Instrument Markup Language (IML)** für die Kontrolle von Laborgeräten und nutzt die erste Implementation, die **Astronomical Instrument Markup Language (AIML)** . Auch zu diesem Thema gibt es mehr Informationen unter `http://pioneer.gsfc.nasa.gov/public/aiml/`. Diese Auszeichnungssprachen sind klassische Beispiele für XML-Vokabulare zur Beschreibung strukturierter technischer Dokumente und die präzise Verbreitung wissenschaftlicher und technischer Informationen. Diese Anwendung von XML verspricht auch einen sinnvollen Einsatz im Bereich der Ausbildung.

Sprachen für den Einsatz im Handel

Für Handel und Wirtschaft werden mehr Computer eingesetzt als für irgendeine andere Anwendung. Die Finanzströme dieser Welt fließen heute in diversen Formaten durch Computernetze. Die meisten dieser Formate sind proprietär, was bestimmt seine guten Gründe hat, denn eine völlige Offenlegung der weltweiten fiskalischen Transfermechanismen ist sicher unerwünscht. Es gibt jedoch eine Menge von (unkritischen) Daten bei Handelsabläufen, die von einem einheitlichen Standard für den Austausch dieser Informationen profitieren würden.

Der Transfer von Geld und Waren zwischen Handelspartnern beinhaltet in den meisten Fällen auch den Austausch von rechtsverbindlichen Dokumenten auf Papier. Oft können solche Dokumente aber auch elektronisch mit Hilfe des **EDI-Standard (Electronic Data Interchange)** ausgetauscht werden. Der EDI-Standard definiert für die meisten Branchen ein Format für die dort üblichen Transaktionen zwischen Handelspartnern. Die Ursprünge von EDI in Nordamerika gehen auf das Transportation Data Coordinating Committee (TDCC) aus den frühen 1970er Jahren zurück. Zu Beginn der 90er Jahre veröffentlichte die ANSI den Standard X12 (allgemein als »ASC X12« bekannt). In den USA wird die Entwicklung solcher Standards von der **Data Interchange Standards Association (DISA)**,einer nicht profitorientierten Organisation, überwacht.

Die bisher vorgestellten Standards finden außerhalb von Nordamerika jedoch kaum Anwendung. Der überwiegende Teil der Welt nutzt den Standard der Vereinten Nationen mit dem langen Namen **United Nations/Electronic Data Interchange for Administration, Commerce and Transport (UN/EDIFACT)**. Informationen zu diesem Standard finden Sie unter `http://www.unece.org`. Dieser Standard wird von der **UN/EDIFACT Working Group (EWG)** gepflegt, weiterentwickelt und gefördert. Über den **Open Information Interchange-Servive (OII)** der europäischen Kommission kann man ebenfalls mehr über UN/EDIFACT erfahren.

Das **Open Buying on the Internet Consortium (OBI)** ist eine nicht kommerzielle Organisation, die sich ebenfalls mit der Entwicklung von Standards für den Handel über das Internet beschäftigt. Der entsprechende URL lautet `http://www.openbuy.org`. Obwohl OBI v2.0 sich auf den Standard ASC X12 stützt, wird er zur Zeit als XML-basierte Auszeichnungssprache reimplementiert. In der Zwischenzeit haben die Firmen Ariba und Microsoft die Sprache **CommerceXML (cXML)** mit ähnlichen Absichten entwickelt. Mehr dazu unter `http://www.cxml.org/home/`. Die Firma CommerceOne (`http://www.commerceone.com`) bietet eine entsprechende Lösung mit dem Namen **Common Business Library (CBL)**. Wir werden den Komplex E-Commerce in Kapitel 12 behandeln.

Microsoft hat mit **BizTalk** noch ein weiteres Eisen im Feuer (`http://www.biztalk.org`), das von Firmen wie SAP, CommerceOne, Boeing und BP/Amoco unterstützt wird. BizTalk ist eine Bibliothek von XML-Schemata und vorgefertigten XML-Dokumenten (message descriptions), die »den elektronischen Handel und die Integration von Applikationen ermöglichen« soll.

Eine weitere Initiative mit breiter Unterstützung nennt sich **RosettaNet** (`http://www.rosettanet.org/`). RosettaNet setzt auf XML, UML und andere verbreitete Standards zur Modellierung von Handelstransaktionen. Dabei arbeitet man mit zwei grundlegenden Beschreibungsmechanismen. Der erste setzt sich aus einer Reihe von technischen Spezifikationen für alle Produktkategorien zusammen und der zweite bietet Beschreibungsmöglichkeiten für Firmenstrukturen und Handelstransaktionen.

Vor einigen Jahren schlossen sich die Firmen Microsoft, Intuit und CheckFree zusammen, um eine offene Spezifikation für die Übertragung von Finanzinformationen zu erstellen. Dieses Projekt trug den Namen **Open Financial Exchange (OFE oder auch OFX)** und basierte auf SGML. OFX selbst war jedoch nie gültiges SGML, es erlaubte, nicht definierte Elemente zu enthalten. Ab 1998 bemühte man sich, die Umstellung auf XML zu vollziehen, und seit dem Frühjahr 1999 wird OFX und die damit verbundenen Standards auf eine neuere Auszeichnungssprache, die so genannte **Interactive Financial Exchange (IFX),** umgestellt. Mehr Informationen dazu finden sich unter `http://www.ifxforum.org/`.

Auszeichnungssprachen für Juristen

Digitale Formulare bleiben für viele Anwendungen in den Bereichen Handel, Recht und Gesundheitswesen ein Problem. Eine mögliche Lösung könnte von UWI.Com kommen und nennt sich **Extensible Forms Description Language (XFDL)**. Diese XML-basierte Sprache unterstützt präzise Formatierungen von Dokumenten, Berechnungen, die Überprüfung von Eingaben auf ihre Gültigkeit, digitale Signaturen und rechtsverbindliche Protokolle von Transaktionen und Prüfungsabläufen. Weitere Informationen finden Sie unter `http://www.uwi.com/xfdl/`.

Auszeichnungssprachen für Mediziner

Die Beschreibung medizinischer Daten umspannt die ganze Palette der möglichen XML-Anwendungen. XML-Dokumente mit medizinischen Daten können leicht für die Darstellung in eine andere Form gebracht werden. Außerdem können sie leichter durch strukturorientierte Suchverfahren durchsucht und gefunden werden als mittels der klassischen Volltextsuche. Der Bedarf am Austausch von klinischen, finanziellen und verwaltungstechnischen Informationen zwischen vielen, voneinander unabhängigen Computer-Systemen von Krankenhäusern, Versicherungen etc. ist sehr groß. In den USA hat 1987 die ANSI im Rahmen der X12-Initiative den **Health Level 7** (**HL7**)-Standard ins Leben gerufen, der auch heute noch von der Mehrzahl der großen Krankenhäuser nicht nur in den USA, sondern auch in Australien, Westeuropa, Israel und Japan benutzt wird. Auch wenn dieser Standard nicht mit XML implementiert ist, macht die XML-Version bereits Fortschritte.

Auszeichnungssprachen für die EDV

Gerade das Internet und das WWW benötigen Mechanismen zur Beschreibung von Daten aus verschiedensten Quellen und vielen Formaten. An dieser Stelle wollen wir nur einige wenige vorstellen.

Eine der ältesten XML-basierten Auszeichnungssprachen ist das **Channel Definition Format** (**CDF**) von Microsoft. CDF sollte es Betreibern von Websites ermöglichen, regelmäßig aktualisierte Zusammenstellungen von Informationen (Channels) automatisch an den Benutzer weiterzuleiten. Leider liegt die Vorlage der CDF-Spezifikation beim W3C mehr als zweieinhalb Jahre zurück und ist nun nicht mehr XML-konform. Die Spezifikation stützte sich auf einen frühen Entwurf von XML und enthält jetzt eine nicht mehr gültige Syntax.

Das **Structured Graph Format** (**SGF**), auch eine XML-basierte Sprache, dient zur Beschreibung der Strukturen ganzer Websites und stützt sich auf das mathematische Konzept der Graphen (`http://www.isl.hiroshima-u.ac.jp/projects/SGF/index.html`).

Das Mozilla-Projekt nutzt die XML-basierte **User Interface Language** (**XUL**) als eine Plattform-übergreifende Methode zur Beschreibung von Benutzerschnittstellen. XUL-Dokumente können Elemente enthalten, die GUI-Objekte repräsentieren, HTML4-Elemente für beliebige Inhalte und JavaScript für die Auswertung von Benutzeraktionen. Mehr dazu unter `http://www.mozilla.org/xpfe/xptoolkit/xulintro.html`.

IBM entwickelte die **Bean Markup Language** (**BML**) als eine Sprache für die Konfiguration von Software-Komponenten, die aber speziell an das Modell der JavaBeans angepasst ist. Mit BML kann man die Erzeugung neuer JavaBeans beschreiben, auf existierende JavaBeans zugreifen und diese manipulieren, die von einem Bean erzeugten Ereignisse (Events) an ein anderes Bean weiterleiten und beliebige Methoden anderer JavaBeans aufrufen. Informationen zu BML finden Sie unter `http://www.alphaworks.ibm.com/formula/bml`.

Die Installation von Software über Netzwerke könnte mittels des Standards **OSD** (**Open Software Description**) kontrolliert werden. Dieser Vorschlag entstammt einer Kooperation von Marimba und Microsoft (`http://www.marimba.com/products/whitepapers/osd-wp.html`).

Das Design moderner Datenbanken folgt einem strikten, auf Datenmodellierung beruhenden Design-Prozess, oft unter der Verwendung von UML, der Unified Modeling Language. Auch wenn UML mit den Buchstaben ML endet, ist es keine (XML-basierte) Auszeichnungssprache (markup language). Die Meta Object Facility (MOF) ist ein Standard von der Object Management Group (OMG) für verteilte Datenbestände und das Management von Metadaten. Die OMG, große Unternehmen wie IBM und Unisys und Datenbankhersteller wie Oracle, Rational oder Sybase sprechen sich für eine Verschmelzung von XML, UML und MOF in der Gestalt der **XML Metadata Interchange** (**XMI**)-Spezifikation aus. Auch wenn XMI nicht mehr als eine Auszeichnungssprache bezeichnet werden kann, da XML nur noch ein Bestandteil ist, zeigt es doch, wie wichtig XML auch außerhalb der Welt von Dokumenten sein kann. Mehr zu diesem Thema unter `http://www-4.ibm.com/software/ad/features/xmi.html`.

Eine der konservativsten technischen Institutionen überhaupt ist das öffentliche Telefonnetz. In den USA arbeitet dieses seit vielen Jahren mit dem recht komplexen Protokoll SS7 (Signaling System 7). In letzter Zeit wurden einige XML-basierte Alternativen vorgeschlagen, darunter die **Call Policy Markup Language** (**CPML**). Diese Vorschläge sind das Nebenprodukt eines generellen Trends zu mehr offenen Standards in der bisher sehr proprietären Telekommunikationsindustrie. Voice-over-IP oder Internet-Telefonie ist ein weiteres Zeichen für das künftige Zusammenwachsen von Signal- und Paket-orientierten Netzwerken. Diese Entwicklung wird stark von Lucent Technologies (ehem. Bell Labs), Nortel Networks und Cisco Systems unterstützt.

Wie Sie vielleicht bemerkt haben, sind diese Sprachen oft gemeinsamen Anstrengungen von Firmen entsprungen, allein zu dem Zweck, einfach Informationen austauschen zu können. Lassen Sie uns nun einen Blick darauf werfen, was das im Einzelnen bedeutet.

Zentrale Merkmale von XML

Bisher haben wir etwas über die Herkunft von XML gelernt und können einschätzen, wie es bei der Entwicklung verteilter Anwendungen für das Web helfen kann. Wir haben auch schon einige XML-basierte Auszeichnungssprachen kurz kennen gelernt. Nun ist es an der Zeit, sich die Merkmale und Spezifikationen der grundlegenden Funktionen, die XML zu bieten hat, etwas näher zu betrachten. Dabei wollen wir uns an die Reihenfolge der entsprechenden Kapitel aus diesem Buch halten.

Wohlgeformtes XML

Die Syntax von XML ist Grundlage für alle möglichen Anwendungsbereiche. Im nächsten Kapitel werden wir Ihnen zeigen, welche Merkmale ein »wohlgeformtes« XML-Dokument hat. Wir werden sehen, was Elemente sind, wie man diese anwendet und wie man mittels Attributen Einfluss auf die Elemente nimmt. Das Konzept der Vokabulare (im Sinne von Elementmengen) bzw. Auszeichnungssprachen wird ebenfalls wieder ein Thema bei den Anwendungsmöglichkeiten von XML sein. Wir werden auch damit beginnen, die Anwendung von **Parsern** zur Manipulation von XML-Dokumenten zu erörtern. Wohlgeformte XML-Dokumente entsprechen in ihrer Syntax den Anforderungen der W3C-Spezifikation von XML 1.0. Die Wohlgeformtheit eines Dokumentes kann durch einen Parser überprüft werden. Nachfolgend ist ein kurzes wohlgeformtes XML-Dokument abgedruckt. An dieser Stelle sollten Sie sich noch keine Gedanken über die Einzelheiten der Syntax machen:

```
<?xml version="1.0" ?>
<pet_store  store_ID="11218976">
    <purchases customer_ID="334343">
        <creature>
            <creature_type>llama</creature_type>
            <species>Vicuna</species>
        </creature>
        <feed>
            <daily_feed>Ruminant grain feed</daily_feed>
            <daily_feed_quantity>2</daily_feed_quantity>
        </feed>
    </purchases>
</pet_store>
```

Die praktischen Beispiele aus dem nächsten Kapitel werden Ihnen hoffentlich die Vorteile der Trennung von Inhalt und Darstellung demonstrieren. Obwohl HTML mit XML verwandt ist, hat es doch viele Einschränkungen. Aus diesem Grund sind Webbrowser auch so ziemlich die einzige Form von HTML-Anwendungen. Bei allen Vorteilen wohnen HTML doch viele Probleme inne, die man mit XML lösen kann, ohne die Einfachheit und die Stärken von HTML aufzugeben. Die Kenntnis der Grundlagen von XML ist der Ausgangspunkt für einen erfolgreichen Schritt hin zur nächsten Generation von Web-Anwendungen.

DTDs (Document Type Definitions)

Wenn man sich hinsetzt, um eine eigene Auszeichnungssprache zu entwickeln, hat man schnell ein großes Problem. Wie definiert man Regeln für die Anwendung der eigenen Sprache? Wie findet man also eine Grammatik für seine Vokabeln? Wenn jeder mit XML seine eigenen Auszeichnungssprachen erstellen kann, stellt sich die Frage, wie man mit Dokumenten in solchen Sprachen umgehen kann. Die Antwort lautet schlicht »DTD« (Document Type Definition). Diese Definitionen enthalten alle Definitionen von neuen Elementen und die Regeln für deren Anwendung. Die Auswertung einer DTD ist die erste Methode, um die Struktur von XML-Dokumenten zu verstehen. Viele der Vorteile der zukünftigen Web-Anwendungen, die wir bisher angesprochen haben, stützen sich auf diesen Mechanismus. DTDs erlauben es, Dokumente auf ihre Gültigkeit hin zu überprüfen und die Struktur von XML-Dokumenten zur Laufzeit zu erkennen. Später werden wir noch andere Möglichkeiten kennen lernen, Aussagen über die Struktur von XML-Dokumenten zu machen, aber zur Zeit sind DTDs der einzige offizielle Weg zur Beschreibung von Dokumentklassen.

Wir greifen das Beispiel einer Tierhandlung von oben auf und wiederholen das Beispiel. Dieses Mal enthält das Dokument eine DTD. Auch hier sollten Sie sich nicht mit Einzelheiten der Syntax aufhalten.

```
<?xml version="1.0" ?>
<!DOCTYPE pet_store [
<!ELEMENT pet_store  (purchases?) >
<!ATTLIST    pet_store storeID CDATA  #IMPLIED >
<!ELEMENT purchases  (creature*, feed*) >
<!ATTLIST    purchases customer_ID  CDATA  #IMPLIED >
<!ELEMENT creature  (creature_type, species)+  >
<!ELEMENT creature_type  (#PCDATA) >
<!ELEMENT species  (#PCDATA) >
<!ELEMENT feed          (daily_feed, daily_feed_quantity)+ >
<!ELEMENT daily_feed  (#PCDATA) >
<!ELEMENT daily_feed_quantity  (#PCDATA) >
]>
<pet_store  store_ID="11218976">
    <purchases customer_ID="334343">
        <creature>
            <creature_type>llama</creature_type>
            <species>Vicuna</species>
        </creature>
        <feed>
            <daily_feed>Ruminant Grain Feed</daily_feed>
            <daily_feed_quantity>2</daily_feed_quantity>
        </feed>
    </purchases>
</pet_store>
```

Wie Sie vielleicht erkennen, haben DTDs eine eigene Syntax. Mit dieser Syntax kann man genau definieren, wie ein gültiges Dokument der durch diese DTD definierten Klasse von Dokumenten auszusehen hat. An dieser Stelle sollten wir ein Wort über validierende und nichtvalidierende Parser verlieren. Ein nicht-validierender Parser überprüft ein Dokument nur auf Wohlgeformtheit, wie sie in der XML-Spezifikation festgelegt ist. Ein validierender Parser ist dagegen in der Lage, ein Dokument auf Gültigkeit im Hinblick auf die DTD zu überprüfen. Warum sollte man sich also mit einem nichtvalidierenden Parser begnügen? Wie teilt man einem validierenden Parser mit, auf welche DTD hin ein Dokument überprüft werden soll? Wie erstellt man überhaupt eine eigene DTD? Die Fragen werden wir im Kapitel 3 klären.

Datenmodellierung

Ein wichtiger Schlüssel zum Erfolg einer XML-Anwendung ist die Wahl des richtigen Vokabulars. Unter dem bisher verwendeten Begriff Vokabular verstehen wir eine Menge aus Elementen, ihren Attributen und die Regeln für die Anwendung der Elemente. Genauso wenig, wie man eine gute Datenbankanwendung mit einem schlechten Datenmodell erstellen kann, kann man auch mit einem schlechten Vokabular (definiert in der DTD) eine gelungene XML-Applikation entwickeln.

Eine gelungene Sprache gibt Ihnen die Möglichkeit, Probleme effizient zu beschreiben und leicht auf Daten zuzugreifen. Es genügt nicht, nur das Wesen einer Problemstellung gut einzufangen, die Beschreibung muss auch dem angestrebten Verarbeitungsprozess entgegenkommen. Eine geeignete Auszeichnungssprache zu entwerfen, ist eine Problemstellung aus dem Bereich Datenmodellierung. Hier gibt es leider keine festen Regeln und keine Standard-Algorithmen, die man anwenden könnte. Es gibt aber geeignete Vorgehensweisen. Einige dieser Techniken werden wir in Kapitel 4 vorstellen und Sie erhalten die Möglichkeit, die Erstellung eigener DTDs zu üben. Wenn Sie dieses Kapitel durcharbeiten, werden Sie auch etwas über gute Programmiertechniken und den Software-Entwurf lernen. Sie werden dieses Wissen nicht brauchen, um damit eine Anwendung zu entwickeln, aber Ihre Anwendungen werden besser, wenn Sie dieses Wissen haben.

Das Document Object Model (DOM)

Haben Sie erst eine für Ihre Problemstellung geeignete Sprache erstellt, gibt es weitere Aspekte, die es zu beachten gilt. In der neuen Architektur von Web-Anwendungen ist man darauf angewiesen, XML-Dokumente, oder zumindest Teile von diesen, manipulieren zu können. Ein Client wird Anfragen generieren müssen. Server ihrerseits werden diese Anfragen auswerten müssen und eventuell neue Anfragen und Antworten erzeugen müssen. Eine API für die Manipulation von XML-Dokumenten ist das **Document Object Model**. Diese API bietet Objekte und Schnittstellen für die Manipulation von HTML- und XML-Dokumenten. Das W3C pflegt die Spezifikation des **Document Object Model** (DOM) selbst und es ist eine der zwei verbreitetsten APIs für die Arbeit mit XML-Dokumenten. Die andere API nennt sich SAX und wird im nächsten Abschnitt behandelt.

DOM bietet eine baumartige Sicht auf ein Dokument. Ein DOM-Parser liest ein komplettes Dokument ein und erzeugt dann einen Baum aus Objekten, die die Elemente des Dokumentes repräsentieren, im Speicher. Der Baum besteht aus Knoten und Blättern, die die Struktur des Dokumentes wiedergeben. DOM stellt die entsprechenden Schnittstellen für den Zugriff und die Manipulation dieser Elemente bereit. In Kapitel 5 wird DOM näher behandelt und wir werden lernen, wie man XML-Dokumente aus Programmen heraus mittels einer DOM-Implementierung manipuliert.

Die Simple API for XML (SAX)

Die andere, neben DOM, verbreitete API für die Arbeit mit XML nennt sich SAX. Im Gegensatz zu DOM ist SAX kein Produkt einer Organisation für Standards. Es ist eine spontane Entwicklung vieler XML-Entwickler, die bereits früh in der Entwicklungsgeschichte von XML eine API für die Bearbeitung von Dokumenten brauchten. SAX genießt eine anhaltende Popularität, da es eine alternative Herangehensweise an die Bearbeitung von Dokumenten bietet. Anstatt eine baumartige Sicht auf das ganze Dokument zu präsentieren, erzeugt SAX verschiedene Arten von Ereignissen (Events) während der Abarbeitung eines Dokumentes. Diese Ereignisse haben die Form »hier ist ein Start-Tag; hier beginnt der Inhalt eines Elementes; hier ist ein End-Tag« und so weiter. Ein SAX-Parser bearbeitet nicht erst ein ganzes Dokument, sondern benachrichtigt eine andere Anwendung, sobald ein Teil eines Dokumentes abgearbeitet ist. Was bei dem Eintritt eines Ereignisses passiert, hängt von dem Programm ab, das den Parser steuert. Das steuernde Programm hat die volle Verantwortung für den Bearbeitungsprozess. Es braucht nur so viele Informationen wie nötig vorzuhalten, nicht das ganze Dokument.

Sie können sich vielleicht vorstellen, dass ein solcher Parser sehr kompakt ist und nur recht geringe Anforderungen an das ausführende System stellt. Das macht SAX zu einer idealen Lösung für sehr große Dokumente. Wenn Sie zum Beispiel eine Stückliste als XML-Datei von 16 Megabyte vorliegen haben, wäre es sicher ungünstig, diese stets komplett im Speicher zu halten. Auch wenn das DOM weiter verbreitet ist, findet man dennoch auch SAX-Parser. In Kapitel 6 werden wir sehen, was das SAX eigentlich ist und wie und wann man SAX anwenden sollte. Sie erhalten dann eine praktische Einführung in die Arbeit mit einem SAX-Parser.

Namensräume und Schemata

Wir hoffen, das Sie mit wachsendem Wissen über XML und seine Vorteile auch immer fortschrittlichere Anwendungen erstellen werden. Sie werden vielleicht mehr mit der automatischen Erkennung von Dokument-Strukturen arbeiten wollen. Wenn Sie das allein mit DTDs erreichen wollen, werden Sie an Grenzen stoßen. Die Möglichkeiten zur Überwindung solcher Probleme sind gerade in der Entwicklung und nennen sich **Schemata** (**Schemas**) und **Namensräume** (**Namespaces**).

Mit der wachsenden Popularität von XML werden auch mehr XML-basierte Auszeichnungssprachen erstellt. Eine Folge dieser Entwicklung ist, dass Entwickler gern bereits bestehende Sprachen nutzen wollen, weil diese schon einen Teilaspekt ihrer Arbeit abdecken. Wenn man an einer Lösung für ein allgemeines Problem arbeitet, stehen die Chancen gut, dass sich jemand mit einer entsprechenden Auszeichnungssprache beschäftigt hat. Auch wenn Sie nicht alles brauchen können, möchten Sie vielleicht doch auf dieser Lösung aufbauen, indem Sie sich die benötigten Teile herausgreifen. Wenn Sie gänzlich allein arbeiten, werden Sie sicher Teillösungen erarbeiten wollen, um so das große Problem in eine Reihe von kleinen Teilproblemen zu zerlegen.

Die XML-Entwicklergemeinde hat dieses Problem erkannt und als Lösung die Namensräume ersonnen. Unter einem Namensraum versteht man eine benannte Menge von Bezeichnern, auf die sich ein Entwickler beziehen kann. Durch die Angabe der Quelle kann man Teile anderer Sprachen nutzen, ohne Namenskonflikte durch Mehrdeutigkeiten befürchten zu müssen. Schlägt man sich mit einem umfangreichen Problem herum, kann man für jedes Teilproblem eine geeignete Auszeichnungssprache entwickeln und dann Teile der verschiedenen Sprachen miteinander vermischt anwenden.

Das Problem ist jedoch, dass DTDs in der Spezifikation von XML 1.0 die Anwendung von Namensräumen nicht erlauben. Es gibt noch ein weiteres Problem mit DTDs, wie wir in Kapitel 7 sehen werden. Die sich abzeichnende Lösung nennt sich Schemata, verwendet ebenfalls die XML-Syntax und soll langfristig DTDs ersetzen. Kapitel 7 wird verschiedene Herangehensweisen an dieses Thema vorstellen und die Vorteile der Schemata anhand des Bücher-Katalog-Beispieles demonstrieren. Wir werden auch die in Kapitel 3 entwikkelte DTD in die Form eines Schemas bringen, um so die Vorteile der Schemata gegenüber DTDs herauszustellen. Schließlich werden wir praktisch mit Schemata arbeiten, indem wir ein einfaches Tool zur Überprüfung von Elementen in JavaScript entwickeln werden.

Verknüpfen und Durchsuchen von Dokumenten

Eine der bestimmenden Eigenschaften von HTML ist die Möglichkeit, Dokumente über so genannte Links miteinander zu verknüpfen. Die Eigenschaft ist vermutlich sogar die bekannteste. Wenn man es genau betrachtet, gibt es auch in relationalen Datenbanken so etwas wie Verknüpfungen. Man benutzt so genannte Fremdschlüssel (**foreign keys**), um Daten aus anderen Tabellen zu benutzen. Jeder Mechanismus einer robusten Applikation muss in irgendeiner Form die Möglichkeit zur Verknüpfung von Daten vorsehen. Auch XML liebäugelt mit den Möglichkeiten, die die Verknüpfung von Dokumenten bietet. Viele Entwickler möchten XML-Dokumente miteinander verknüpfen oder gar andere Inhalte als XML, wie Grafiken oder binäre Daten, mit XML-Dokumenten verknüpfen. Die Möglichkeiten zur Verknüpfung von Dokumenten ist ein wichtiger Forschungsgegenstand in der XML-Gemeinde. Es gibt einige Vorschläge, die beim W3C eingereicht wurden. Darunter auch zwei mit den Namen **XLink** und **XPointer**. Kapitel 8 wird Sie mit diesen Vorschlägen vertraut machen. Sie werden lernen, wie Sie die Verknüpfungsmöglichkeiten von XML in eigenen Anwendungen nutzen können. Da XML-Parser von Hause aus keine Unterstützung für das Linking mitbringen, werden wir sehen, wie man gängige Formen des Linking implementieren könnte.

Das Durchsuchen von Dokumenten ist ebenfalls ein Thema von großem Interesse. Es sollte möglich sein, Suchkriterien an einen Parser zu übergeben, der dann das Dokument nach Elementen, die diese Kriterien erfüllen, durchsucht und diese zurückliefert. Durch diese Möglichkeit kann man große XML-Dokumente als eine Art Datenbank nutzen. Ein weiterer Aspekt des Suchens, der nichts mit Datenbanken zu tun hat, ist bei der Transformation von Dokumenten von zentraler Bedeutung. In Kapitel 8 werden wir uns mit den Suchmöglichkeiten in XML-Dokumenten (query), wie sie von wichtigsten Vorschlägen definiert werden, beschäftigen.

Transformation von XML-Dokumenten

Die Transformation von XML-Dokumenten ist eine sehr mächtige Technik. Sie erlaubt die Überführung von Dokumenten von einer Form in eine andere anhand eines festen Regelsatzes. Die Transformation wird angewandt, um Dokumente zwischen zwei verwandten XML-Dialekten zu übersetzen oder aber Dokumente in ein anderes Textformat, wie die so genannten Komma-separierten Werte, zu transformieren. Diese Möglichkeit ist für Entwickler von Web-Anwendungen besonders wichtig. Wenn man verschiedene vorhandene Ressourcen miteinander kombinieren muss, könnte man gezwungen sein, einige Transformationen vorzunehmen, um ein gemeinsames Format zu schaffen. Auch wenn man mit Geschäftspartnern arbeitet, wird man mit an Sicherheit grenzender Wahrscheinlichkeit gezwungen sein, zwischen unterschiedlichen Formaten hin- und herzuwandeln. Kapitel 9 zeigt, wie so etwas funktioniert. Das Interessante an der Transformation ist, dass die Regeln für die Transformation (mapping) ebenfalls in einem Dokument stehen und nicht programmiert werden. Sollten Sie gezwungen sein, zwischen einer Reihe von verwandten Formaten transformieren zu müssen, so können Sie eine Reihe von Dokumenten mit Umwandlungsregeln erstellen. Dann können Sie zur Laufzeit bestimmen, welche Transformation nötig ist, und einfach das entsprechende Regelwerk anwenden. Diese Vorgehensweise ist für Business-To-Business-Anwendungen und Anwendungen, die Verarbeitungsketten bedienen, besonders wichtig.

In der aktuellsten Form ist die Transformation von Dokumenten Bestandteil einer Styling-Sprache für XML, die sich **Extensible Style Language** (**XSL**) nennt. Diese Transformationssprache nennt sich **XSL Transformations** (**XSLT**). XSLT dient hauptsächlich dazu, Dokumente auf die Formatierung (Styling) durch XSL vorzubereiten. Auch wenn sie nicht als allgemein anwendbare Transformationssprache konzipiert wurde, ist XSLT doch recht flexibel und erlaubt viele Transformations-Operationen, das Sortieren von Daten und die Ausführung organisatorischer Aufgaben in XML ohne eine einzige Zeile herkömmlichen Programmcodes. Stattdessen formulieren Sie Regeln für die Transformation von Elementen in Abhängigkeit vom Kontext des Auftretens eines Elementes. In Kapitel 9 werfen wir einen Blick auf die Syntax von XSLT. Wir werden lernen, wie man ein Element anhand von bestimmten Kriterien in einem Dokument ausfindig macht. Dann werden wir sehen, wie man die Transformationsoperationen spezifiziert. Wenn Sie das Kapitel durchgearbeitet haben, werden Sie eine konkrete Vorstellung davon haben, wie man XML-Dokumente mittels XSLT transformiert.

XML und Datenbanken

Web-Anwendungen, die ihre Daten von relationalen Datenbanken beziehen, sind weit verbreitet. XML organisiert Daten naturgemäß hierarchisch, was einige Probleme im Zusammenspiel mit dem relationalen Datenmodell mit sich bringt. Auch wenn die Verbindung von XML und relationalen Datenbanken keinen Gebrauch von den einmaligen Fähigkeiten von XML macht, erlaubt es doch, bestehende Daten in neue Architekturen zu übernehmen. Da XML eine beliebte und Plattform-unabhängige Methode für die Verbindung unterschiedlicher Systeme ist, benötigen Programmierer eine Schnittstelle zwischen XML und Datenbanken. Viele Datenbankhersteller haben diesen Bedarf erkannt und bieten entsprechende Schnittstellen für ihre Produkte an.

Kapitel 10 untersucht effiziente Strategien zur Überführung von Daten aus XML-Dokumenten in das Modell von relationalen Tabellen und wieder zurück. Nachdem die verschiedenen Methoden, wie XML helfen kann, den Austausch von Informationen zwischen Datenbanken und Anwendungen zu regeln, behandelt wurden, wird in dem Kapitel ein Skript entwickelt, mit dem man Tabellen erzeugen kann, die eigenen XML-Schemata entsprechen. Ausgerüstet mit diesen Werkzeugen werden Sie in der Lage sein, den Teil Ihrer Anwendung zu erstellen, der die Kommunikation zwischen Datenbanken und Anwendungen regelt.

Von Server zu Server

XML-fähige Web-Anwendungen können zu komplexen Systemen verbunden werden. Bis vor kurzem wurden Web-Anwendungen von Entwicklern immer als Client-Server-Modell realisiert. Ein Web-Client bezieht in diesem Fall seine Informationen vom Server. Dieser befriedigt Anfragen aus eigener Kraft oder kommuniziert mit einer Datenbank, aber er fragt keinen anderen Server. Mit der Zunahme von Anwendungen, die von Webservern realisiert werden, wird die Idee, verschiedene Server zur Lösung einer Aufgabe kooperieren zu lassen, immer interessanter. Durch die Kommunikation zwischen Servern wird es möglich, bessere und fortschrittlichere Systeme aus bestehenden Systemen zusammenzubauen. Da in solchen Systemen oft die unterschiedlichsten Methoden zusammenarbeiten müssen, benötigt man XML als eine Abstraktionsschicht, um die Systeme zu integrieren. Anfragen könnten durch die Möglichkeit, XML-Dokumente mit anderen Servern auszutauschen, diese zu transformieren und das Ergebnis an einen Client weiterzuleiten, befriedigt werden. Eine Reihe von effizienten Methoden für ein solches Vorgehen wird bereits entwickelt. Einige dieser Methoden sind XML-RPC, das Simple Object Access Protocol (SOAP) und Web Distributed Data Exchange (WDDX).

XML-RPC ist eine Konvention zur Ausführung entfernter Prozeduren auf einem Server. Es ist an den von Betriebssystemen bekannten RPC-Mechanismus angelehnt und erlaubt, den Namen der aufzurufenden Prozedur und deren Parameter zu spezifizieren. Da XML als Format benutzt wird, werden Plattform-spezifische Probleme umgangen. Durch die Anwendung von XML ist es für Programmierer auch besonders einfach, lokale Ressourcen für die entfernte Ausführung zur Verfügung zu stellen. Es gibt bereits Implementierungen von XML-RPC für eine Reihe von Systemen.

SOAP ist XML-RPC recht ähnlich. Es verwendet auch XML, um den Zugriff auf Methoden lokaler Objekte über HTTP zu erlauben. XML dient hier der Beschreibung der aufzurufenden Methoden und der zu übergebenden Parameter. So werden Abhängigkeiten von irgendwelchen Techniken für verteilte Objekte vermieden.

WDDX verwendet XML, um serialisierte Datenstrukturen zu übertragen. Es bietet sich etwa als Low-Level-Technik für die Rückgabe von Datenbankabfragen für das Internet an.

Kapitel 11 wird Sie mit dem nötigen Wissen über diese und andere Methoden der Server-zu-Server-Kommunikation versorgen. XML-RPC, SOAP und WDDX machen von XML geschickt Gebrauch, um Probleme der Kommunikation über Netzwerke zu lösen. Mit dem Wissen über diese Techniken werden Sie in einer guten Ausgangslage sein, um vielschichtige, verteilte Systeme aus bestehenden und zukünftigen Web-Anwendungen zu kreieren.

Nach der Lektüre von Kapitel 11 werden Sie ein gutes Gespür dafür haben, wann der Einsatz einer bestimmten Technik besonders effektiv ist. Sie werden ein praktisches Beispiel für Server-zu-Server-Kommunikation sehen, wenn ein Server sich Katalog-Informationen über ein Buch, von dem er keine Daten hat, von einem anderen Server holt.

Elektronischer Handel und XML

XML wird allenthalben als Lösung für den Austausch von Daten zwischen Applikationen angepriesen. Der Bereich E-Commerce, besonders der Handel zwischen Unternehmen, steht an der Spitze der Anwendung von XML. Für viele Jahre war EDI (Electronic Data Interchange) der Standard für den Austausch von Daten zwischen Unternehmen, mehr dazu unter http://www.geocities.com/WallStreet/ Floor/5815/. EDI hat jedoch einige Nachteile, die die Eignung für große Unternehmen und sehr umfangreiche Transaktionen entscheidend beeinträchtigen. Es verwendet proprietäre Netzwerke und Formate für den Austausch von Daten. Daher war die Implementierung von EDI-Systemen zeitaufwendig und teuer. Kleinere Unternehmen konnten sich gewöhnlich solche Ausgaben nicht leisten. Die Anwendung von XML über das öffentliche Internet ändert diese Tatsache. Es werden auch XML-basierende Auszeichnungssprachen entwickelt, die den ursprünglichen EDI-Strukturen entsprechen. Das ermöglicht XML-basierten EDI-Implementationen, die Funktionen der Tools und Parser von Drittanbietern zu nutzen.

Kapitel 12 zeigt, wie die Anwendung von XML auf EDI eine kostengünstige Infrastruktur für den elektronischen Handel entstehen lässt. Das ist ein recht großer Sprung im Vergleich zur Server-zu-Server-Kommunikation, die in Kapitel 11 vorgestellt wird. Indem wir von einem Handelspartner zu einem anderen Partner wechseln, bewegen wir uns nicht nur zwischen unterschiedlichen Formaten, sondern auch zwischen physikalisch getrennten Servern. Die Werkzeuge zur Erkennung von Dokumentstrukturen werden von nun an immer wichtiger und Tools zur Transformation von Daten werden zur Hauptsache. Kapitel 12 gibt einen Überblick über diese Themen.

Seine Beliebtheit und Stärke verschafft XML auch eine gute Position im Bereich des Datenaustausches, auch jenseits von EDI. Die Einfachheit von XML erweist sich in diesem Fall als Tugend. Egal, ob Sie sich für XML, für EDI, einen anderen Standard oder einfach nur den Austausch von Daten zwischen proprietären Systemen interessieren, Übungen aus Kapitel 12 werden Ihnen helfen, Ihre Probleme auf diesem Feld zu lösen. Denken Sie noch einmal an unser Beispiel mit dem Bücherkatalog. Was machen wir, wenn wir diesen Katalog einem Händler zeigen wollen? Wir können nicht davon ausgehen, dass sich ein Händler ausschließlich an unser Markup halten wird. Wir brauchen also einen Mechanismus zur Abwicklung des Handels, wenn ein Händler mit uns Geschäfte machen will. Die Antwort liegt in standardisierten Auszeichnungssprachen für den Austausch solcher Daten.

Formatierung von Dokumenten (Styling)

Auch wenn wir die Bedeutung der strikten Trennung von Inhalt und Form betont und die Vorteile der Kommunikation zwischen Anwendungen herausgestellt haben, wird man am Ende XML-Dokumente auch einem menschlichen Leser präsentieren wollen. Die Browser werden auch in den neuen Strukturen des Web ihre Bedeutung nicht verlieren, und in der näheren Zukunft werden die Browser immer noch die vorherrschende Anwendung sein. Einige Anwendungen werden sich vielleicht ausschließlich auf die Darstellung von XML-Daten konzentrieren. Sollte das Ihren Anforderungen entsprechen, so müssen Sie etwas über die Formatierung, das so genannte Styling, von XML-Dokumenten wissen. Wie schon gesagt, hat die XML-Gemeinde verschiedene, datengesteuerte Mechanismen für die Wandlung von XML in formatierte Dokumente ersonnen. Dieser datengesteuerte Ansatz steht in Gegensatz zu dem herkömmlichen Vorgehen der fest eingefügten Formatierungsanweisungen im Dokument. XML-Styling ist ein wichtiges Werkzeug für Web-Entwickler. XML-Styling sorgt dafür, dass man XML-Daten schnell für Benutzer aufbereiten kann und dass viele verschiedene Arten der Präsentation aus ein und demselben Datensatz generiert werden können. Es ermöglicht einem Server, HTML an einen darauf beschränkten Client auszuliefern, ohne den Code, der die Daten generiert, ändern zu müssen. Webbrowser könnten nun dem Benutzer alternative Präsentationen der Daten zeigen, ohne die Informationen erneut vom Server holen zu müssen.

Die Techniken zur Formatierung von Dokumenten variieren in ihrer Komplexität und Effizienz. Wir werden die wichtigsten Methoden in Kapitel 13 behandeln. Die einfachste Möglichkeit sind die **Cascading Style Sheets** (CSS). Diese Methode ist keine reine XML-Entwicklung, sondern verbreitete sich, als sie von XML-Entwicklern aus der HTML-Umgebung entliehen wurde. Es ist eine einfache, aber ausreichende Methode, um spezifische Informationen zur Darstellung an bestimmte XML-Elemente zuzuweisen. Das funktioniert in vielerlei Hinsicht genau so, wie bei einer Textverarbeitung, die Schriftart, Schriftgrad, Farbe und andere Gestaltungsinformationen an Dokumentelemente zuweist.

Ein anderer Weg, Gestaltungsinformationen zu beschreiben, ist die **Extensible Stylesheet Language** (XSL). Dieser XML-Sprössling vereint die Möglichkeiten von CSS mit der Ausdrucksstärke von XML. Programmierer können mit XSL die Zuordnung von XML-Daten zu visuellen Gestaltungsinformationen beschreiben. Im Gegensatz zu CSS erlaubt XSL die Zuweisung von Gestaltungsinformationen in Abhängigkeit vom Kontext der Daten. Außerdem erlaubt es das Einbetten von Programmcode in XSL-Style-Sheets.

Das Wireless Application Protocol (WAP) und WML

Daten in der Form eines XML-Dokumentes verbrauchen mehr Platz als in einer binären Repräsentation. Das ist für die meisten Anwendungen im Web kein Problem, da die Bandbreite, selbst bei einer Modemverbindung, für durchschnittliche Datenmengen ausreichend ist. Geräte, die drahtlos arbeiten, verfügen meist nur über eine deutlich geringere Bandbreite. Solche Geräte bilden den ersten Schritt weg von einem homogenen Web aus Browsern hin zu einem heterogenen Web mit vielen traditionellen und neuen Arten von Web-Clients. Diese Clients werden sehr unterschiedliche Fähigkeiten besitzen, erfordern also unterschiedliche Techniken für die Bereitstellung von Inhalten. Wie kann man XML in Verbindung mit Mobil-Telefonen und PDAs verwenden?

Ein aktueller Ansatz für dieses Problem ist das **Wireless Application Protocol** (WAP). Es nutzt geschickt eine binäre Repräsentation von XML, um die Vorteile eines kompakten binären Formates mit denen von XML zu vereinen. Im Gegensatz zu XML arbeitet WAP auf einer Reihe von Ebenen. WAP spezifiziert Komponenten für verschiedene Schichten von Netzwerkprotokollen und für die Anwendungsschicht. Eine Industrie-Vereinigung mit dem Namen WAP Forum ist die treibende Kraft hinter der Entwicklung von WAP. Es koordiniert seine Bemühungen mit dem W3C, IETF und anderen Standardisierungsorganisationen, um für WAP zu werben.

Kapitel 14 wird Programmierern zeigen, was WAP und die **Wireless Markup Language** (WML) eigentlich ausmacht und wie die einzelnen Komponenten zusammenarbeiten, um selbsterklärende Daten über drahtlose Netze mit geringer Bandbreite zu transportieren.

Eine Beispielanwendung für XML

Die kommenden zwei Kapitel werden die XML-Version eines Bücher-Kataloges entwickeln. Dieses Beispiel wird im weiteren Verlauf des Buches helfen, die verschiedenen Aspekte der vorgestellten Technologien zu demonstrieren. Die einzelnen Demonstrationen der Anwendungen von XML sind oft voneinander unabhängig und auf das aktuelle Thema des Kapitels beschränkt. Jedoch bauen die Themen auf das Wissen aus den vorhergehenden Kapiteln auf. Für umfassende Studien über die Anwendung von XML möchten wir Sie auf die Fallstudien am Ende des Buches verweisen. Das Beispiel mit dem Bücher-Katalog ist ein recht einfaches Beispiel für die Anwendung von klassischem Markup und der Modellierung von Daten. Dafür werden wir eine Auszeichnungssprache entwerfen, die für das Verlagswesen typische Metadaten enthält. Solch eine Sprache kann als Basis für strukturierten Informationsaustausch über Transaktionen zwischen Verleger und Kunden, die Suche von Titeln, Erstellung von Preislisten, die Abwicklung von Bestellungen, Überwachung von Lagerbeständen in Buchhandlungen und noch vieles mehr dienen. Das resultierende XML-Dokument hält Informationen, die an jeder Stelle des Geschäftsablaufes relevant sein können, in einem Plattform-unabhängigen Format bereit.

Zusammenfassung

In diesem Kapitel haben wir etwas über die Gründe für die Entwicklung von Auszeichnungssprachen im Allgemeinen und der Motivation hinter XML im Besonderen gelernt. Anschließend haben wir die Auswirkungen von XML auf die Architektur von Web-Anwendungen betrachtet. Einige dieser Effekte sind noch Vermutungen, andere sind bereits eingetreten, aber der allgemeine Trend zur Nutzung offener Standards für Datenaustausch und die Entwicklung verteilter Anwendungen auf der Basis lose gekoppelter Komponenten ist unübersehbar.

Danach betrachteten wir einige der XML-Merkmale, die diese Entwicklung erst in Gang gebracht haben. Die entscheidende Tatsache ist, dass XML eine standardisierte Meta-Sprache ist, die es erlaubt, problemorientierte Sprachen zu erzeugen und sich dennoch durch allgemeine APIs programmieren lässt. Wir haben dann einige der wichtigsten XML-basierten Sprachen vorgestellt, die bereits von vernetzten Kommunikationssystemen genutzt werden oder gerade dafür entwickelt werden.

Zuletzt haben wir die wichtigsten Technologien rund um die XML-Spezifikation betrachtet.

Werfen wir nun einen Blick auf die Syntax von XML.

2

Die XML-Syntax

In diesem Kapitel werden wir die Grundlagen der Syntax von XML genau untersuchen. Ziel dieser Betrachtungen ist es, Sie in die Lage zu versetzen, eigene XML-Dokumente nach Ihren Bedürfnissen zu gestalten. Wir werden auch damit beginnen, die Grundlagen für den bereits angesprochenen **Bücherkatalog** zu entwickeln. Mit Hilfe von XML wollen wir die Möglichkeit haben, einerseits eine bibliografische Beschreibung von Büchern angeben zu können und andererseits eine dynamische Datenbank zu haben, die wie ein klassischer, gedruckter Katalog funktioniert. Diese Grundlage könnte man nutzen, um eine E-Commerce-Anwendung fürs Internet zu entwickeln.

Sie finden die XML-1.0-Spezifikation und andere wichtige Informationen unter `http://www.w3.org/XML`*. Es gibt auch eine kommentierte Version der Spezifikation unter* `http://www.xml.com/axml/axml.html`

Die Syntax von Auszeichnungen (Markup Syntax)

Die Auszeichnungen (im Folgenden mit Markup bezeichnet) in XML dienen der Beschreibung und Strukturierung des Inhaltes eines beliebigen XML-Dokumentes. Allgemein werden solche Dokumente auch als **XML Entity** bezeichnet. Das Markup oder die Auszeichnung findet mittels der Tags statt. Diese Tags grenzen einzelne Abschnitte des Inhaltes voneinander ab, dienen als Referenzen auf Teile des Inhalts, können spezielle Anweisungen enthalten oder dienen als Kommentare für Autoren.

Wir hoffen an dieser Stelle, dass Sie mit den Tags von HTML-Elementen vertraut sind:

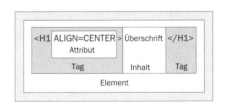

Die Struktur von XML-Elementen ist analog zu den Elementen von HTML. Auch die Tags von XML beginnen mit einer öffnenden spitzen Klammer (<) und enden mit einer schließenden spitzen Klammer (>), aber da hören die Gemeinsamkeiten auch schon langsam auf.

Im Gegensatz zu HTML spielt bei XML die Groß- und Kleinschreibung fast immer eine Rolle, unter anderem bei Namen von Tags und den Werten von Attributen. Hier ein Beispiel:

```
Buch ≠ BUCH ≠ buch ≠ bUch
```

Der Grund für die Beachtung der Groß- und Kleinschreibung (case sensitivity) ist, dass bei der Entwicklung von XML großer Wert auf Internationalisierung und einfache Verarbeitung gelegt wurde. Die meisten nicht romanischen Sprachen teilen ihr Alphabet nicht strikt in Groß- und Kleinbuchstaben auf, viele Buchstaben (auch bei romanischen Sprachen) haben gar kein Äquivalent als Groß- bzw. Kleinbuchstabe. Im Französischen zum Beispiel ist das Äquivalent von »ç« nicht zwingend ein »Ç« (es könnte auch nur »C« sein). Der griechische Buchstabe »sigma« hat eine eindeutige Darstellung als Großbuchstabe, aber zwei Formen als Kleinbuchstabe. Arabische Sprachen verwenden verschiedene Varianten eines »Buchstabens« und es gibt noch viele weitere Ausnahmen wie diese. Das Ignorieren der Groß-/Kleinschreibung beinhaltet viele Tücken, besonders wenn ein Nicht-ASCII-Zeichensatz verwendet wird. Die Entwickler von XML haben in weiser Voraussicht diese Probleme vermieden.

Sehen wir uns nun an, wie XML die Internationalisierung unterstützt.

Zeichen

Da XML für den weltweiten Einsatz gedacht ist, beschränkt man sich nicht auf den 7-Bit-ASCII-Zeichensatz. Die XML-Spezifikation legt fest, dass Zeichen den Codes des 16-Bit+-Unicode-2.1-Zeichensatzes entsprechen müssen. Unicode 2.1 (http://www.unicode.org) ist zurzeit mit dem Standard ISO/IEC 10646 identisch (siehe auch http://www.iso.ch). Diese Standards sind noch recht neu und viele der bestehenden Texte liegen noch nicht in Unicode vor. Da Unicode als Obermenge vieler bestehender Zeichensätze spezifiziert wurde, stellt die Konvertierung von Texten nach Unicode kein Problem dar. Will man einen ASCII-Text nach Unicode transformieren, so genügt es, das höherwertige Byte der 16 Bit des neuen Unicode-Zeichens auf null zu setzen und die unteren 8 Bit einfach zu kopieren.

Andere Hinterlassenschaften der Computer-Zeichensätze sind unter anderem die Ligaturen, also die Kombinationen von Buchstaben wie etwa »fi« oder »ff«, die man aus dem Buchdruck übernommen hat, oder das so genannte »half-width katakana«, ein Problem aus frühen Versuchen, mit japanischen Texten klar zu kommen. Auch wenn diese Relikte Bestandteil von Unicode sind, sollte man von deren Gebrauch absehen. Ligaturen sind nicht Zeichen im eigentlichen Sinne. Sie sind ein Bestandteil der visuellen Präsentation und sollten erst dort erzeugt werden, nicht schon im Text codiert sein.

Eine gute Einführung in die Materie der Zeichensätze hat Jukka Korpela unter http://www.hut.fi/u/ jkorpela/chars.html *zusammengetragen.*

Gültige XML-Zeichen beinhalten drei der ASCII-C0-Control-Characters, alle druckbaren ASCII-Zeichen und fast alle anderen Zeichen aus dem Unicode-Zeichenvorrat (hexadezimal dargestellt):

Zeichen (Hexadezimal)	Beschreibung
09	horizontaler Tabulator (HT)
0A	Zeilenvorschub (LF)
0D	Wagenrücklauf (CR)
20..7E	Druckbare ASCII-Zeichen
80..D7FF	Unicode-Zeichen (einschließlich »Latin-1«)
E000..F8FF	Bereich für eigene Zeichen (»Private Use Area«)
F900..FFFD	CJK (Chinese-Japanese-Korean) Symbole
10000..10FFFF	Ersatzsymbole und »High Private Use Area«

Unicode bietet Blöcke mit über 137.000 Zeichen, die als »Private Use Areas« für anwendungsspezifische Zeichen dienen können. Natürlich bedarf der Austausch von XML-Daten, die diese speziellen Zeichen nutzen, eigener Konventionen über die Interpretation dieser Zeichen. Daher sollten diese Symbole nicht in XML-Dokumenten verwendet werden, die eine allgemeine Verbreitung finden sollen.

Namen und Bezeichner

Fast alle Strukturen in XML-Dokumenten tragen Namen. Alle XML-Namen oder **Bezeichner** müssen mit einem Buchstaben, einem Unterstrich (_) oder einem Doppelpunkt (:) beginnen und dürfen danach nur gültige Zeichen für Namen (**name characters**) enthalten. Zu diesen Zeichen gehören die schon genannten Ziffern, der Bindestrich (–) und der Punkt. In der Praxis sollte der Doppelpunkt nicht benutzt werden, außer als Trennsymbol bei Namensräumen (siehe Kapitel 7). Sie sollten sich merken, dass Zeichen nun nicht mehr auf den ASCII-Zeichensatz beschränkt sind, so dass Sie jetzt auch andere Sprachen als Englisch und zum Beispiel Umlaute für Ihr Markup verwenden können.

*Die XML-Spezifikation definiert daneben ein verwandtes Konzept mit dem Namen **name token** (oft zu **nmtoken** abgekürzt). Es erlaubt die Verwendung beliebiger name characters ohne die Einschränkungen für das erste Zeichen. Wir werden in diesem Kapitel nicht näher auf name tokens eingehen. Wir zeigen jedoch etwas später, wie man diese bei Werten von Attributen anwendet. Die name tokens werden jedoch wichtig, wenn wir im nächsten Kapitel die Gültigkeit von XML-Dokumenten behandeln.*

Die einzige andere Einschränkung für Namen ist, dass diese nicht mit den Zeichenketten »xml«, »XML« oder einer anderen Variation dieser drei Zeichen (»xMl«, »Xml« etc.) beginnen darf. Namen, die mit diesen Zeichen beginnen, sind ausschließlich für das W3C reserviert.

Die folgenden Namen sind erlaubt:

```
Buch
BUCH
MITP:Katalog
AΓΔ
Conseil_Européen_pour_la_Recherche_Nucléaire_(CERN)
```

Beachten Sie, dass die ersten beiden Namen nicht identisch sind, da XML, anders als HTML, auf die Groß-/Kleinschreibung achtet. Der dritte Bezeichner ist ein Beispiel für die Verwendung des Doppelpunkts als Trennsymbol für die Namensräume (Kapitel 7). Die letzten beiden Bezeichner sollen demonstrieren, dass auch andere Sprachen als Englisch oder Deutsch für Bezeichner verwendet werden können.

Folgende Bezeichner sind *nicht* gültig:

```
-Buch
42buch
Betrag_In_$
E=mc²
XmlData
XML_mit_Windows
```

Die ersten beiden Beispiele für Bezeichner verwenden als erstes Zeichen ein dort nicht erlaubtes Zeichen, auch wenn diese Zeichen an anderer Stelle im Namen erlaubt wären (»-« und »4«). Die nächsten beiden Namen enthalten Zeichen, die überhaupt nicht in Namen auftauchen dürfen (»$« und die hochgestellte »2«). Die letzten beiden Namen verletzen die Regel, weil sie die reservierte Zeichenkette »xml« in irgendeiner Form enthalten. Stammten diese Namen vom W3C selbst, wären sie wiederum gültige Namen. Die letzten beiden und die ersten beiden Namen könnten leicht in gültige Namen geändert werden, wenn das erste Zeichen zum Beispiel ein Unterstrich wäre (»_42buch«, »_xml«, oder »_XML«).

Nun, da wir wissen, wie wir gültige Bezeichner in XML erstellen, wollen wir sehen, wie man diese anwendet.

Anatomie eines Dokumentes

Ein **wohlgeformtes** XML-Dokument besteht aus drei Teilen:

- Dem **Prolog** (optional)
- Dem **Rumpf**, der aus einem oder mehreren **Elementen** besteht. Diese Elemente sind ineinander (baumartig) verschachtelt und können beliebige Zeichen (**character data**) enthalten.
- Einem optionalen **Epilog**, der aus Kommentaren, Verarbeitungsanweisungen (processing instructions oder PIs) und/oder Leerstellenn (white space) besteht.

In Kürze werden wir das Ganze genauer betrachten.

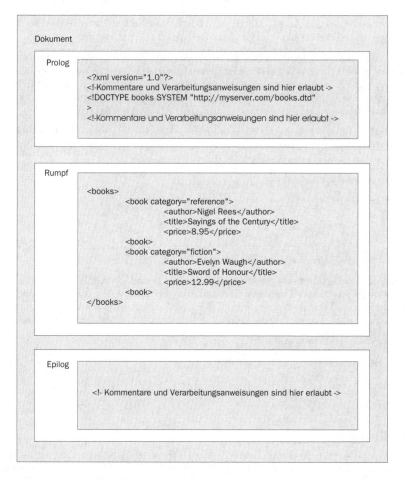

Da Dokumente wohlgeformt sein können, ohne einen Prolog oder Epilog zu haben, werden wir uns erst mit dem Rumpf beschäftigen. Erst später werden wir uns dann mit Prolog und Epilog auseinander setzen.

Elemente

Elemente sind die Grundbausteine eines Dokumentes. Sie können andere Elemente, Zeichen (**character data**), Zeichen-Referenzen, Entity-Referenzen, Verarbeitungsanweisungen (PIs), Kommentare und/oder CDATA-Abschnitte enthalten. Alle diese Dinge werden allgemein mit **Element-Inhalt** (**element content**) bezeichnet. Machen Sie sich keine Gedanken über die Bedeutung der Begriffe, wir werden sie später erklären. Sie sollten sich aber mit dem Konzept des Elementes als eine Art von Container anfreunden. Alle Daten bzw. Inhalte müssen in XML innerhalb von Elementen auftauchen. Ausnahmen sind Kommentare, PIs und Leerstellen (white space).

Elemente werden durch Tags begrenzt. Ein Tag besteht aus dem Namen des **Elementtyps** (**element type name**), also einer Zeichenkette, der von öffnenden und schließenden spitzen Klammern (»< >«) umschlossen wird. Jedes Element beginnt mit einem **Start-Tag** und endet mit einem **End-Tag**. Anders als bei HTML **dürfen End-Tags nicht** entfallen. Die einzige Ausnahme bilden leere Elemente (**empty elements**), die sowohl mit einem Start- und End-Tag-Paar oder einer abkürzenden Misch-Form, dem **Leeres-Element-Tag** (**empty-element tag**) dargestellt werden können. Wir werden Beispiele für Tags in den folgenden Abschnitten sehen.

> **Ein »Element« ist eine Art Container für beliebige Inhalte. Ein Element kann beliebige Zeichen, andere Elemente und/oder andere Informationen (Kommentare, PIs, Referenzen etc.) enthalten. Da Elemente diskrete Objekte darstellen, kann man sie sich als die »Substantive« von XML vorstellen.**

Sehen wir uns die Tags etwas genauer an.

Das Start-Tag

Elemente werden durch ein **Start-Tag** eingeleitet. Das Start-Tag besteht aus dem Namen des Elementtyps, der innerhalb von spitzen Klammern steht.

Folgende Tags sind gültige Start-Tags:

```
<Buch>
<BUCH>
<MITP:Katalog>
<ΑΓΔ>
```

Bitte vergessen Sie nicht, dass XML auf Groß-/Kleinschreibung achtet. Die ersten beiden Tags sind *nicht* äquivalent. Die Namen der Elementtypen dürfen außerdem auch andere Zeichen als nur ASCII-Zeichen enthalten.

Das End-Tag

Das Ende eines Elements wird durch das **End-Tag** markiert. Das End-Tag besteht aus einem Querstrich (forward slash, »/«), gefolgt von dem Namen des Elementtyps. Auch dies steht wieder innerhalb von spitzen Klammern. Jedes End-Tag muss mit einem Start-Tag korrespondieren.

Die folgenden End-Tags sind gültige Beispiele und bilden die Entsprechungen zum vorherigen Beispiel:

```
</Buch>
</BUCH>
</MITP:Katalog>
</ΑΓΔ>
```

Ein vollständiges Element mit Start- und End-Tag sähe dann so aus:

```
<beliebiges_tag> Hier steht der Inhalt </beliebiges_tag>
```

Nun sehen wir uns noch die Tags zu leeren Elementen an.

Das Leeres-Element-Tag

Leere Elemente haben keinerlei Inhalt. Nehmen wir an, wir möchten gewisse Stellen in unserem Dokument besonders hervorheben, dann können wir ein leeres Element benutzen. Wir werden das im nächsten Beispiel sehen. Zum Beispiel könnten wir einfach ein Start- und ein End-Tag ohne irgendwelchen Inhalt einfügen:

```
<Punkt_1></Punkt_1>
```

Wenn wir diesen Punkt nur andeuten wollen, aber nicht unbedingt einen Element-Container brauchen, wäre es schön, keinen Platz zu verschwenden. Die XML-Spezifikation erlaubt, dass leere Elemente auch in einer abkürzenden Misch-Form aus Start- und End-Tag geschrieben werden dürfen. Das hat den großen Vorteil, kurz und prägnant zu sein, und es deutet auch an, dass Inhalte weder zu erwarten noch erlaubt sind.

Das Leeres-Element-Tag besteht aus dem Namen des Elementtyps gefolgt von einem Querstrich (»/«). Beides steht innerhalb von spitzen Klammern:

```
<Punkt_1/>
```

Es ist möglich, dass ein XML-Dokument aus nichts weiter als einem Dokument-Element und einigen leeren Elementen, möglicherweise mit Attributen, besteht! Solche Dokumente können zum Beispiel als Konfigurationsdateien oder als Templates für C++-Objekte dienen.

Tags: Ein einfaches Beispiel

Jede Text-Datei ist für sich ein einzelner Container, der kleinere Container, die Zeilen, enthält. Die Datei selbst steckt auch in einem Container, dem Dateisystem des Betriebssystems. Obwohl es kein explizites Symbol für den Beginn einer Datei gibt, wird das Ende einer Datei oft mit einem Symbol (»end-of-file«, »Ctrl-Z« oder hexadezimal »1A« gekennzeichnet. Die erste Zeile beginnt implizit mit der Datei, aber das Ende einer Zeile wird durch entsprechende Symbole gekennzeichnet.

Hier ein Beispiel für eine einfache Text-Datei. Die Zeilennummern sind *nicht* Bestandteil des Inhalts.

```
1:    Ein einfaches Beispiel
2:        beliebiger Text
3:    Das ist die 3. Zeile eines Beispiels mit fünf Zeilen.
4:    ...Das ist Zeile 4...
5:    Die letzte Zeile Text.
```

Würde man denselben Inhalt in XML präsentieren, würde man die implizite Struktur explizit machen. Auch hier gehören die Zeilennummern nicht zum Inhalt.

```
1:    <TextDatei>
2:        <Zeile> Ein einfaches Beispiel </Zeile>
3:        <Zeile> beliebiger Text </Zeile>
4:        <Zeile> Das ist die 3. Zeile eines Beispiels mit fünf Zeilen.</Zeile>
5:        <Zeile>...Das ist Zeile 4...</Zeile>
6:        <Zeile> Die letzte Zeile Text.</Zeile>
```

```
7:      <EOF/>
8:    </TextDatei>
```

In dem vorangegangenen Beispiel haben wir explizit den Beginn und das Ende des Datei-Inhalts (Zeilen 1 und 8), den Anfang und das Ende jeder Zeile (Zeilen 2 bis 6) markiert. Außerdem haben wir das Ende der Datei explizit mit einer Datei-Ende-Kennung versehen (Zeile 7). Die Struktur der Datei ist somit explizit beschrieben und überprüfbar. Die Struktur setzt sich aus sieben Elementen zusammen, wobei ein Element alle anderen enthält. Insgesamt haben wir unsere Datei mit Hilfe von drei verschiedenen Elementtypen beschrieben (`<TextDatei>`, `<Zeile>` und `<EOF/>`).

Nun, da wir wissen, was bei Namen von Elementtypen zu beachten ist und uns mit der Anwendung von Tags auskennen, sollten wir einen genaueren Blick auf die Struktur von XML-Dokumenten werfen.

Das Dokument-Element

Wohlgeformte XML-Dokumente müssen laut Definition eine baumartige Struktur haben. Jedes Dokument darf nur genau einen Baum haben, dessen Ursprungsknoten auch **document entity** oder **document root** (Wurzel) genannt wird. Dieser Wurzelknoten darf Verarbeitungsanweisungen, so genante PIs, und/oder Kommentare enthalten. Außerdem muss dieser Knoten einen Teilbaum enthalten, dessen Wurzel das **Dokument-Element** ist. Dieses Element ist das Eltern-Element aller anderen Elemente im Dokument und darf in keinem anderen Element auftreten. Da die Dokumentwurzel (document root) und das Dokument-Element *nicht* dasselbe sind, sollte man vom Dokument-Element nicht als »Wurzel« sprechen, auch wenn es die eigentliche Wurzel des Element-Baumes ist.

Anfangs-Schema des umfangreichsten Dokumentbaums für ein beliebiges XML-Dokument:

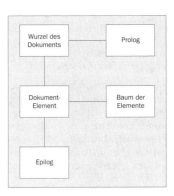

Der Dokumentbaum aus unserem Beispiel mit der Text-Datei:

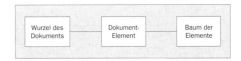

An der Dokumentwurzel eines XML-Dokuments hängen auch Teile für die Dokumentbeschreibung, wie etwa die DTD oder Schemata (siehe auch Kapitel 3 und 7).

> **Jedes wohlgeformte XML-Dokument besteht aus einem einzigen Baum von Elementen. Dieser Baum hat nur eine Wurzel, die Dokumentwurzel (»*document root*«). An dieser Wurzel hängt ein Teilbaum von Elementen, dessen Wurzel das Dokument-Element (»*document element*«) ist.**

Im Folgenden sehen wir uns an, wie die Elemente im Dokumentrumpf angeordnet werden.

Kind-Elemente

Alle anderen Elemente in einem Dokument sind Nachfahren (»Kinder«) des Dokument-Elementes. In dem vorhergehenden Beispiel mit der Text-Datei war das Element <TextDatei> das Dokument-Element und die Elemente <line> und <EOF> waren dessen Nachfahren oder Kind-Elemente.

Der Element-Baum zu unserem Beispiel mit der Text-Datei:

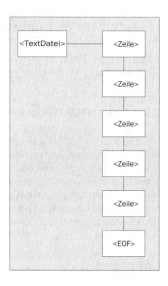

Die baumartige Strukturierung der Elemente und die daraus resultierende Eltern-Kind-Beziehung ist ein wichtiges Merkmal von XML.

Jeder Elementtyp kann eine von vier Inhaltstypen haben. Kann ein Element als Inhalt nur andere Elemente, aber keinen Text, im Sinne von beliebigen Zeichen, enthalten, spricht man von **element content**. Darf ein Element sowohl andere Elemente als auch beliebige Zeichenketten enthalten, spricht man von **mixed content**. Eine Untermenge der letzten Art von Elementen sind Elemente, die nur beliebige Zeichenketten, aber keine Elemente mehr enthalten dürfen. In diesem Fall spricht man von »character content«. Schließlich gibt es noch die leeren Elemente (»empty element«), die keinerlei Inhalt haben dürfen, wohl aber dürfen im Tag Attribute enthalten sein. Zu den Attributen kommen wir in Kürze.

Die Schachtelung von Elementen

XML fordert strikt, dass Elemente korrekt geschachtelt sein müssen. Eine Analogie aus dem täglichen Leben soll helfen zu verstehen, was mit »korrekt geschachtelt« gemeint ist. Man könnte sogar behaupten, dass Elemente in XML wie reale Gegenstände (»Substantive«) bestimmten Gesetzen unterliegen. Stellen Sie sich vor, auf welchem Wege dieses Buch zu Ihnen gelangt sein mag. Nach dem Druck ist dieses Buch und einige andere Exemplare der Auflage in einen Karton gepackt worden. Einige dieser Kartons wurden auf Paletten geladen und diese wiederum wurden dann auf einen Lastwagen geladen, der die Bücher dann zu einem Händler gefahren hat. Diese Transportkette könnte man auch in XML beschreiben:

```
<WagenLieferung>
    <Palette>
        <Karton>
            <Buch>...</Buch>
            <Buch>...</Buch>
```

```
             <Buch>...</Buch>
             ...
             <Buch>...</Buch>
        </Karton>
        <Karton>
             <Buch>...</Buch>
             ...
             <Buch>...</Buch>
        </Karton>
     </Palette>
     <Palette>
     ...
     </Palette>
     ...
     <Palette>
     ...
     </Palette>
</WagenLieferung>
```

In dem vorhergehenden Beispiel dienen die Einrückungen nur der Verdeutlichung der hierarchischen Struktur der Elemente. Wir haben natürlich viele Details des Transportes ausgelassen, um das Beispiel kurz zu halten, aber es sollte klar sein, wie die Schachtelung der Elemente die Schachtelung (sogar wörtlich) der Bücher wiedergibt.

Ein echter Karton kann ein Buch nicht nur zum Teil enthalten. Wir lassen dabei den Moment, in dem das Buch gerade in den Karton gelegt wird und quantenmechanische Betrachtungen einmal außen vor. Auch kann ein und dasselbe Buch immer nur in einem Karton sein (bitte reißen Sie das Buch nicht auseinander). Alle Kartons werden auf Paletten gesammelt, die ihrerseits immer auf einen Lieferwagen verladen werden. Auch hier wollen wir von offenen Türen und Schlaglöchern auf der Straße absehen. Analog müssen also auch die Elemente eines Dokumentes den realen Gesetzen der Verpackungshierarchie folgen.

Diese Baumstruktur entspricht unserem Beispiel mit der Bücherlieferung:

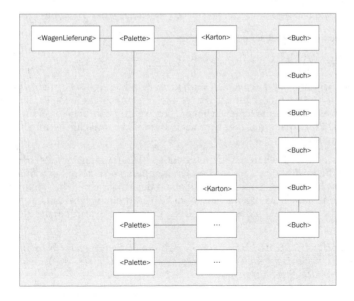

Falsche Schachtelung

HTML und viele andere Dokument-Formate sind nicht annähernd so streng wie XML, wenn es um die Struktur von Elementen in einem Dokument geht. Das folgende Beispiel für sich überlappende HTML-Elemente kommt in der Praxis sehr häufig vor. Es funktioniert mit den meisten Browsern, wäre in XML aber *verboten!*

```
<B>...diese Worte sind fett gedruckt und <I>diese fett und kursiv</B>, gefolgt
von normaler, kursiver Schrift...</I>
```

Gängige Browser haben kein Problem, diesen Text dazustellen. Jedoch machen unterschiedliche Browser dies auch oft unterschiedlich (Hier das Beispiel aus dem Originalbuch):

Das mag in Ordnung sein, wenn es nur um die bloße Darstellung von Text geht, aber wenn wichtige Sachen wie Anschriften beschrieben werden sollen, kann es im günstigsten Fall zu Mehrdeutigkeiten kommen. Versuchen Sie doch mal, das folgende (illegale) Konstrukt zu interpretieren:

```
<Name>Hans Schmidt<Anschrift>Musterweg 6</Name>Musterstadt</Anschrift>
```

Der »Baum« zu diesem Beispiel sähe dann so aus:

```
Name --- {Name ∩ Anschrift} --- Anschrift
```

Da die Elemente nicht korrekt geschachtelt sind, kann kein hierarchischer Baum konstruiert werden. Das mittlere Element ist nicht definiert, und es gibt es auch eigentlich gar nicht, es ist nur ein Symbol, das die Überschneidung zweier Elemente kennzeichnet. Auch wenn man solche Strukturen mit Hilfe der Mengentheorie und nicht hierarchischer Bäume nutzen könnte, die tatsächliche Implementation wäre ein schrecklicher Alptraum.

Da man nicht zwischen darstellbaren und mehrdeutigen Überlappungen unterscheiden kann und die Manipulation von Baumstrukturen aus solchen Überlappungen zu komplex wäre, verbietet XML schlicht und einfach, dass sich Tags überlappen dürfen. Sobald der Parser eine Überlappung entdeckt, wird gemeldet, dass das Dokument nicht wohlgeformt ist und die Verarbeitung wird mit einem schweren Fehler abgebrochen. Später gibt es einen Abschnitt über Parser, in dem Sie mehr über die Fehlermeldungen lernen werden.

> ***Anmerkung zu HTML/SGML****: HTML-Browser werden in der Regel auch fehlerhafte Passagen darstellen und SGML-Tools versuchen oft, auch nach dem Auftreten von Fehlern die Verarbeitung fortzusetzen. XML erlaubt dieses Verhalten grundsätzlich nicht.*

Bevor wir uns den Attributen von Elementtypen zuwenden, müssen wir noch einige Worte über Text-Literale verlieren.

Text-Literale

Text-Literale diesen als Werte für Attribute, interne Entities und externe Bezeichner. Alle Text-Literale in XML müssen von Begrenzern umschlossen sein. Begrenzer sind das Apostroph (') oder die oberen Anführungsstriche ("). Die einzige Einschränkung für Literale ist, dass innerhalb des Literals keines der Begrenzungszeichen auftauchen darf. Benötigt man im Text ein Apostroph, müssen die Anführungszeichen als Begrenzer dienen und umgekehrt. Sollte man beide Zeichen im Text-Literal benötigen, also ein und dasselbe Zeichen als Begrenzer und Inhalt, so muss man das Zeichen im Text schützen (quoting), indem man eine Entity-Referenz (**entity reference**) (' oder ") verwendet. Diesen Komplex greifen wir später noch einmal in einem eigenen Abschnitt auf.

Die folgenden Zeichenketten sind gültige Text-Literale:

```
"Zeichenkette"
'Zeichenkette'
'...his friend&apos;s cow said "moo"'
```

Die folgenden Zeichenketten sind ungültige Text-Literale:

```
"Zeichenkette'
'...his friend's cow said "moo"'
```

Technisch gesehen ist der Text in dem Literal laut XML-Spezifikation Teil des **character data** eines Dokumentes. Wir sollten also klären, was man unter *character data* versteht, bevor wir uns Attributen zuwenden.

Character Data

Character Data ist zunächst jeder Text, der nicht zum Markup gehört, der Inhalt von Elementen oder die Werte von Attributen.

Das Ampersand oder Kaufmanns-Und (&) und die öffnende spitze Klammer oder das Symbol für die Relation kleiner (<) dienen als Begrenzungssymbole für das Markup. Daher dürfen diese Zeichen nicht ungeschützt in Texten auftauchen (Ausnahme sind CDATA-Blöcke, die wir später behandeln). Müssen diese Zeichen im Text auftauchen, so muss man die Entities für diese Zeichen verwenden (& oder <). Diese zwei Entities sind ein Teil von fünf solcher Referenzen, die von der XML-Spezifikation vorgegeben sind und von allen XML-Parsern implementiert werden (siehe dazu den Abschnitt zu Entity-Referenzen).

Vergessen Sie nicht: Im Zusammenhang mit XML bedeutet Text immer Unicode, nicht nur der ASCII-Zeichensatz.

Nun wollen wir uns endlich den Attributen zuwenden.

Attribute

Wenn die Elemente die »Substantive« von XML sind, dann kann man die Attribute als »Adjektive« betrachten.

Oft gibt es Informationen, die etwas über den Inhalt von Elementen aussagen, statt selbst Teil des Inhaltes zu sein. Solche Informationen sagen also etwas über die Eigenschaften des Inhaltes aus und werden durch

Attribute angegeben. Jedes Attribut besteht aus einem Paar aus Attribut-Name und Attribut-Wert. Attribute können eine der beiden folgenden Formen annehmen:

```
Attribut_Name="Attribut_Wert"
Attribut_Name='Attribut_Wert'
```

Die Werte von Attributen müssen in jedem Fall Text-Literale sein und den schon besprochenen Regeln gehorchen. Weiterhin dürfen Meta-Zeichen aus dem Markup wie < und & nicht in ihrer literalen Form auftauchen, sondern müssen stets als < oder & geschrieben werden.

> *Eine Anmerkung zu HTML*: *HTML erlaubt als Werte auch numerische Werte, wie zum Beispiel bei* <IMG WIDTH=300...>, *oder Werte, die nicht klar begrenzt sind, wie* <P ALIGN=LEFT>. *Keine dieser Formen ist bei XML erlaubt.*

Innerhalb eines Start-Tags oder Leeres-Element-Tags ist jeweils nur eine Instanz eines Attribut-Namens erlaubt. Ein Beispiel wie das folgende ist in XML *nicht* erlaubt, da das Attribut src zwei Mal im Tag auftaucht:

```
<img src="Bild1.jpg" src="AlternativesBild.jpg">
```

Diese Einschränkung vereinfacht die Handhabung von Attributen für XML-Parser erheblich.

Wie schon angedeutet, dürfen Attribute sowohl in Start-Tags als auch in Leeres-Element-Tags auftauchen. Betrachten wir noch einmal unser Beispiel mit den Büchern. Wollten wir jeder Palette einer Lieferung eine Nummer mitgeben, so könnten wir das durch Attribute tun:

```
<palette Nummer="0-666-42-1">
   ...
</palette>
<palette Nummer='0-666-42-2'>
   ...
</palette>
```

In diesem Beispiel ist der Attribut-Name einfach "Nummer". Die Attribut-Werte sind "0-666-42-1" und '0-666-42-2' für die beiden Paletten. Beachten Sie, dass beide Formen für Begrenzer (" und ') in diesem Beispiel verwendet wurden.

Auch das Leeres-Element-Tag »<EOF/>« aus unserem Beispiel mit der Text-Datei könnte zum Beispiel den hexadezimalen Wert der Dateiende-Markierung enthalten:

```
<EOF char="1A"/>
```

In diesem Beispiel ist der Attribut-Name "char" und der Wert ist "1A" (das berüchtigte *Ctrl-Z* von MS-DOS).

Zusätzlich zu den Attributen, die Sie selbst definieren können, gibt es einige spezielle Attribute, die eine festgelegte Bedeutung in XML haben.

Spezielle Attribute

Zwei Attribute in der Spezifikation von XML 1.0 haben eine besondere Bedeutung: xml:space und xml:lang.

Diese Attribute können Autoren (oder Programme) nutzen, um Mitteilungen an XML-Applikationen (z.B. einen Browser) weiterzuleiten. Beide Attribute nutzen die Syntax der XML-Namensräume, hier ein Namensraum-Präfix (»xml«), gefolgt von einem Doppelpunkt (:) und schließlich folgt der eigentliche Name (»space« oder »lang«). In Kapitel 7 werden Namensräume ausführlich behandelt.

Das Attribut xml:space

Dieses Attribut gibt es aufgrund der weiten Verbreitung des HTML-Elementes `<pre>`. Dieses Element dient der Beibehaltung von Text-Formatierungen einschließlich aller Sonder- und Trennzeichen (Leerräume). Eine XML-Anwendung wird aber möglicherweise nicht von sich aus Trennzeichen in Elementen erhalten..

Anstatt sich auf das vorgegebene Verhalten der Anwendung zu verlassen, kann der Autor eines Dokumentes mit Hilfe des Attributes `xml:space` der Anwendung mitteilen, Trennsymbole zu erhalten. Was die Anwendung dann tatsächlich tut, hängt allein vom Programmierer ab. Die XML-Spezifikation macht in dieser Hinsicht keine verbindlichen Vorschriften.

Der Wert des Attributs wird auf das Element und alle seine Kinder angewendet, nicht nur auf das Element selbst. Dieses Verhalten stimmt nicht mit dem sonstigen Verhalten von Attributen in XML überein. Diese Abweichung ist aber formal spezifiziert.

Wird ein validierender Parser verwendet, darf das Attribut `xml:space` *nur die beiden Werte: »preserve«* *oder »default« annehmen. Mehr zu diesem Thema im Kapitel über DTDs.*

Wenden wir uns nun dem anderen besonderen Attribut zu.

Das Attribut xml:lang

Die Existenz dieses Attributes geht auf die Bemühungen zur Internationalisierung in XML zurück. Durch die Verwendung von Unicode wird lediglich die Methode der *Codierung* von Zeichen in einer beliebigen Sprache festgelegt, über die *Darstellung* dieser Zeichen wird wenig gesagt. Es gibt einige besondere Zeichen und den »BIDI«-Algorithmus zur Darstellung von bi-direktionalem, semitischem Text sowie einige Hinweise zur Komposition von asiatischen Schriftzeichen. Es gibt einige andere sprachspezifische Aspekte, die man zu beachten hat, so etwa: Welche lexikalische Sortierreihenfolge haben die Zeichen, wie erkennt man einzelne Worte zur Indizierung von Texten, wie prüft man die Rechtschreibung von Texten und erledigt die Silbentrennung.

Wird ein validierender Parser verwendet, muss das Attribut `xml:lang` (wie alle anderen Attribute auch) in der DTD deklariert werden. Außerdem ist in diesem Fall der Wert des Attributes auf eine der folgenden Möglichkeiten beschränkt:

Einen der drei folgenden Typen von Sprachen-Codes:

❑ ISO 639 (`http://sunsite.berkeley.edu/amher/iso_639.html`)
❑ Den RFC 1766 des IETF (`http://www.ietf.org/rfc/rfc1766.txt`)
❑ Benutzerdefinierte Sprachen-Codes

Die ISO-3166-Sprachen-Codes (`http://sunsite.berkeley.edu/amher/iso_3166.html`).

Schließlich können noch folgende grundlegende ASCII-Formate benutzt werden:

❑ Eine Codierung mit zwei Buchstaben nach ISO 639. Als Beispiel die Codes für Französisch und Japanisch:

```
fr
ja
```

❑ Ein ISO-639-Sprachen-Code gefolgt von einem oder mehreren Sub-Codes. Gibt es einen ersten Sub-Code und besteht dieser aus zwei Zeichen, dann *müssen* diese Zeichen wieder ein ISO-3166-Code sein. Dieser Fall wird in den ersten beiden Fällen des nächsten Beispieles demonstriert. Anderenfalls kann der oder die Sub-Code(s) verschiedene Aspekte einer Sprache beschreiben, so zum Beispiel einen Dialekt, eine regionale Variation etc. Dieser Fall ist in den anderen Zeilen des Beispieles dargestellt. Nachfolgend sind Varianten der Sprachen Englisch (»en«), Norwegisch (»no«) und Varianten der Schrift wie etwa für Aserbaidschanisch (»az«):

```
en-US
en-GB
en-cockney
no-bokmaal
no-nynorsk
az-arabic
az-cyrillic
```

❏ Das Text-Literal »i-« oder »I-« gefolgt von einem drei bis acht Zeichen langen IANA-Zeichen-Code (`http://www.isi.edu/in-notes/iana/assignments/languages`). Als Beispiel die Sprache der Cherokee-Indianer:

```
I-cherokee
```

❏ Dem Text-Literal »x-« oder »X-« gefolgt von einem selbst definierten Sprachen-Code, zum Beispiel die frei erfundene und fiktive Sprache der Klingonen aus dem Star-Trek-Universum, etwa so codiert:

```
X-klingon
```

Benutzerdefinierte Sprachen-Codes müssen mit »x-« oder »X-« beginnen, um mögliche Konflikte mit den Sprachen-Codes IANA zu vermeiden.

In der Internet-Gemeinde hat sich die Nutzung von Kleinbuchstaben für Sprachen-Codes und die Nutzung von Großbuchstaben für Länder-Codes durchgesetzt. Auch wenn es bei diesen Attributen *nicht* auf die Groß-/Kleinschreibung (ausnahmsweise) ankommt, wäre es dennoch gut, wenn Sie die Konvention auch in Ihren Dokumenten einhalten würden. Bedenken Sie dabei, dass eines der Entwicklungsziele für XML die einfache Nutzung bestehender Internet-Protokolle war.

Das folgende Stück eines Dokumentes zeigt einige weitere Möglichkeiten:

```
<Beispiel>
    <Lied xml:lang="de">Sagt mir wo die Blumen sind</Lied>
    <Frage xml:lang="en-GB">
        What is your favourite colour of flower?
    </Frage>
    <Frage xml:lang="en-US">
        What is your favorite color of flower?
    </Frage>
    <Frage xml:lang="X-INVERSE">
        What flower is your color?
    </Frage>
</Beispiel>
```

Eine Anwendung (oder ein Style Sheet) könnte anhand des Attributes xml:lang festlegen, welches der <Frage>-Elemente dargestellt werden soll, je nach der Sprach-Einstellung der Umgebung.

Genau wie bei dem Attribut xml:space wird der Wert des Attributes xml:lang nicht nur auf das Element, in dessen Start-Tag es auftaucht, angewendet, sondern auch auf alle Kind-Elemente. Die Anwendung ist jedoch nicht verpflichtet, das Attribut xml:lang auszuwerten und darauf zu reagieren. Das Attribut xml:space spielt dort eine Rolle, wo es um die Darstellung von Dokumenten geht, wohingegen das Attribut xml:lang bei internationalen XML-Dokumenten eine zentrale Rolle spielen dürfte.

Eine Randbemerkung zu den beschriebenen Möglichkeiten: Autoren mehrsprachiger Texte pflegen die vorgenannte Kennzeichnung von Inhalten als »language tagging«, also die Auszeichnung von Sprachen, zu bezeichnen. Diese Terminologie kollidiert natürlich mit der XML-Terminologie, da xml:lang ein Attribut und kein »Tag« ist. Sie werden also gelegentlich umdenken bzw. sich über den Kontext der Begriffe klar werden müssen, wenn es um mehrsprachige Texte geht.

Bisher haben wir uns mit der Syntax von Elementen und Attributen, den Grundbausteinen von XML beschäftigt, und Sie sollten nun in der Lage sein, eigene XML-Dokumente zu erstellen. Bevor wir uns nun mit einem weiteren wichtigen Thema, den Entities, etwas genauer beschäftigen, wollen wir uns kurz zwei Themen zuwenden, die für die Bearbeitung von Dokumenten durch Anwendungen wichtig sind: Leerräume (white spaces) und die Behandlung von Zeilen-Ende-Markierungen.

Leerstellen und Trennzeichen (white space)

Als wir das Attribut `xml:space` erörtert haben, wurde oft von Trennsymbolen und Leerräumen (white spaces) gesprochen, ohne genau zu definieren, was wir damit meinen. Leerräume und Trennzeichen sind ein wichtiges linguistisches Konzept, sowohl für natürliche Sprachen als auch für formale Sprachen. In XML-Dokumenten gelten nur vier Zeichen als Leerstellen bzw. Trennzeichen:

Zeichencodes (hexadezimal)	Beschreibung
09	Horizontaler Tabulator (HT)
0A	Zeilenvorschub (LF)
0D	Wagenrücklauf (CR)
20	Leerzeichen (ASCII)

Tabulatoren werden *nicht* zu mehreren Leerzeichen expandiert, also wird jedes dieser Zeichen wirklich als ein Zeichen behandelt. Auch die Behandlung jeder Art von Formatierung, die durch Zeilenvorschübe (LF) und/oder Wagenrückläufe (CR) impliziert wird, bleibt einer Anwendung oder einem Style Sheet überlassen.

Außerdem sind in dem Unicode-Zeichensatz eine Reihe weiterer Leerstellen definiert, die jedoch im Kontext von XML-Dokumenten nicht als Leerraum gelten.

Die XML-Spezifikation verlangt, dass ein XML-Parser alle Zeichen, einschließlich aller Leerstellen und Trennsymbole, an die Anwendung weitergibt. Die Spezifikation verlangt von einem validierenden Parser, dass er die Information, ob Leerräume innerhalb von Elementen (und so, implizit, auch Leerräume in Character Data) auftreten, an die Anwendung weitergibt. Es bleibt also immer der bearbeitenden Anwendung überlassen, diese Zeichen zu bearbeiten.

> **Die Regeln für die Handhabung von Leerstellen in XML sind simpel. Alle Leerräume innerhalb von Dokumentinhalten werden vom Parser beachtet und an die Anwendung unverändert weitergegeben. Leerräume innerhalb von Tags und Werten von Attributen können dagegen entfernt werden.**

Einrückungen von Tags sind gängige Praxis innerhalb von SGML- und HTML-Dokumenten. Sobald ein HTML-Dokument von einem Browser interpretiert wird, werden oft alle Leerzeichen bis auf einzelne Leerzeichen zwischen Wörtern und anderen erkennbaren Einheiten im Text entfernt. Der Autor kann also beim Schreiben beliebig viele Leerzeichen hinzufügen, sei es zur besseren Lesbarkeit oder zur Herausstellung bestimmter Dokumentstrukturen. Diese Informationen gehen jedoch bei der Bearbeitung durch den Browser verloren. Zusätzlich können verschiedene Browser voneinander abweichende Regeln für die Handhabung von Leerzeichen implementieren. Daher verwenden viele Autoren von HTML-Dokumenten das Element `<pre>`, das ` `-Entity (non-breaking space) oder sogar Tabellen, um die Browser zu einem einheitlichen Verhalten in dieser Beziehung zu zwingen. Die Entwickler von XML wollten daher das manchmal widersprüchliche und rigorose Verhalten von HTML-Browsern einerseits und die komplexen Regeln von SGML andererseits vermeiden und eine klare und einfache Regelung finden.

> *Anmerkung zu HTML/SGML: Leerzeichen im Markup (innerhalb von Tags) werden von HTML-Browsern gewöhnlich völlig ignoriert. Bei SGML gibt es eine Menge komplexer Regeln, nach denen entschieden wird, ob Leerzeichen, die durch das Markup bedingt sind (»caused by markup«), erhalten bleiben oder nicht. Diese Regeln waren jedoch nie besonders verständlich oder aussagekräftig.*

Betrachten wir nun, wie das Zeilenende innerhalb von Dokumenten behandelt wird.

Behandlung von Zeilenenden

XML-Daten oder XML-Dokumente ganz allgemein werden oft in der Form einzelner Dateien gespeichert. Solche Dateien bestehen für gewöhnlich aus einzelnen »Zeilen« Text. Zwei der vier Leerräume von XML sind auch Markierungen für das Ende einer Zeile, wie sie im ASCII-Zeichensatz verwendet werden. Wie bereits erwähnt, gibt es drei gängige Kombinationen dieser zwei Zeichen zur Markierung von Zeilenenden innerhalb von Dateien: CR und LF (DOS, Windows), ein LF allein (UNIX) und ein CR allein (MacOS).

Da sich die Entwickler von XML bemüht haben, die Erstellung von XML-Applikationen zu erleichtern, wandeln alle XML-Parser jede der Kombinationen in ein einfaches LF (line-feed) um. Naturgemäß freut diese Tatsache alle Unix-Programmierer und befremdet manchen MS-Windows-Programmierer. Die Benutzer von MacOS leben schon sehr lange damit, dass sie verschiedene Markierungen für das Zeilenende handhaben müssen. Tim Bray gab zu, dass es einige Bedenken angesichts des Marktanteiles von Windows ob dieser Definition gab. Tatsache bleibt jedoch, dass XML ein Zeilenende, wie es bei UNIX gängig ist, erzwingt.

Nachdem wir uns mit Leerzeichen und der Behandlung von Zeilenenden beschäftigt haben, sind wir nun in der Lage, uns mit Zeichen- und Entity-Referenzen zu beschäftigen.

Zeichen- und Entity-Referenzen

Genau wie schon SGML und HTML, bietet auch XML zwei einfache Methoden zur Codierung von Zeichen, die nicht im ASCII-Zeichensatz enthalten sind:

❏ Zeichen-Referenzen (character references)
❏ Entity-Referenzen (entity references)

Beschäftigen wir uns zunächst mit Zeichen-Referenzen.

Zeichen-Referenzen

Zeichen-Referenzen werden in XML typischerweise als Ersatz für die literale Form der Zeichen verwendet, wenn diese Form eine Verletzung der Spezifikation bedeuten würde. Diesen Aspekt werden wir noch einmal in dem Abschnitt über »wohlgeformte Dokumente« etwas später aufgreifen.

Zeichen-Referenzen repräsentieren druckbare Zeichen und bestehen aus einer dezimalen oder hexadezimalen Zahl, der ein »&#« bzw. »&#x« Text-Literal vorangestellt und ein Semikolon (;) angehängt ist:

```
&#NNNNN;
&#xXXXX;
```

Die Zeichenketten »NNNNN« und »XXXX« können aus einem oder mehreren Ziffernzeichen des Unicode-Zeichensatzes bestehen. Auch wenn die dezimale Notation in HTML weit verbreitet ist, wird bei XML die hexadezimale Form bevorzugt, da die Zeichencodierung in Unicode auch die hexadezimale Notation verwendet.

Zum Beispiel würde

```
&#169;
```

oder

```
&#xA9;
```

in einem HTML-Browser wie folgt dargestellt:

```
©
```

oder

```
&#174;
```

bzw.

```
&#xAD;
```

würde als

```
®
```

dargestellt.

Wie sehen im Vergleich dazu Entity-Referenzen aus?

Entity-Referenzen

Entity-Referenzen erlauben es, beliebige Text-Literale in Elemente oder Attribut-Werte einzufügen, oder bieten die Möglichkeit, symbolische Namen (mnemonics) für Zeichen-Referenzen zu definieren. Entity-Referenzen bestehen aus gültigen XML-Namen, die ein Ampersand (&) vorangestellt haben und von einem Semikolon (;) abgeschlossen werden:

```
&Name;
```

Fünf Entities sind als integraler Bestandteil von XML definiert und dienen dazu, Symbole aus dem XML-Markup zu schützen (escape):

Entity	Anwendung
&	Damit schützt man das Zeichen & (außer in CDATA-Blöcken, später mehr dazu).
<	Damit schützt man das Zeichen < (außer in CDATA-Blöcken).
>	Schützt das Zeichen > innerhalb von CDATA-Blöcken muss das Entity benutzt werden, wenn das Zeichen > einem »]]«-Text-Literal nachfolgt.
'	Schützt das Zeichen ' in Text-Literalen.
"	Schützt das Zeichen " in Text-Literalen.

Außer den fünf erwähnten Referenzen müssen alle Entity-Referenzen definiert werden, bevor man sie nutzen kann. Entities werden in der DTD eines Dokumentes definiert. Dabei kann eine DTD in einer separaten Datei gespeichert sein und wird dann als externe Teilmenge (»external subset«) bezeichnet, oder sie kann im Dokument selbst stehen (als Teil der <!DOCTYPE...>–Deklaration) und wird dann als interne Teilmenge (»internal subset«) bezeichnet. Trifft ein XML-Parser bei der Bearbeitung auf eine nicht definierte Referenz, so wird die Verarbeitung mit der Meldung eines schweren Fehlers abgebrochen.

Beispiele:

```
AT&amp;T
```

Diese Zeichenkette würde in einem XML-fähigen Browser wie folgt dargestellt:

```
AT&T
```

und

```
&quot;Jack&apos;s Auto&quot;
```

würde so dargestellt:

```
"Jack's Auto"
```

Entity-Referenzen können aber auch die Aufgabe von Makros, wie man sie aus Programmiersprachen wie C kennt, übernehmen. Der folgende Text enthält zwei Entity-Referenzen:

```
Anmerkung: &Warnung; [&Autor;]
```

Dieser Text könnte nach der Auflösung der Referenzen, also sobald die Werte eingesetzt sind, so aussehen:

```
Anmerkung: Bitte beachten Sie die folgenden Hinweise! [Heinz Mustermann]
```

In diesem Beispiel gehen wir davon aus, dass die entsprechende Definition vorher getroffen wurde.

Sollte die Definition eines Entity wiederum Entity-Referenzen enthalten, werden diese dann so lange aufgelöst, bis alle Referenzen ersetzt wurden. Die einzige Ausnahme von dieser Regel wären rekursiv definierte Entities, also Entities, die direkt oder indirekt Referenzen auf sich selbst enthalten. Wir werden sehen, wie solche Fälle zustande kommen können, wenn wir uns mit der Definition von Entities in DTDs etwas später in diesem Kapitel beschäftigen.

Wenden wir uns aber zunächst den Verarbeitungsanweisungen zu.

Verarbeitungsanweisungen

Da XML, genau wie SGML auch, eine beschreibende Sprache ist, wird erst gar nicht der Versuch unternommen, Aussagen über die Bearbeitung von Elementen oder Inhalten zu machen. Das ist ein großer Vorteil, da so große Flexibilität in der Darstellung möglich ist und die Plattform- und Anwendungsunabhängigkeit gewährleistet wird. Es kann jedoch vorkommen, dass man, zusammen mit dem Dokument, einige Hinweise an die bearbeitende Anwendung weitergeben möchte. Die **Verarbeitungsanweisungen** (**Processing Instructions, PI**) bieten einen Mechanismus, der genau das leistet.

Verarbeitungsanweisungen (PIs) nutzen eine Variation der Syntax von XML-Elementen:

```
<?Ziel ...Anweisungen... ?>
```

Das Ziel einer Verarbeitungsanweisung ist zwingend anzugeben. Der Name muss ein gültiger XML-Name sein und dient der Bezeichnung einer Anwendung (oder eines anderen Objektes), an die sich die Anweisungen richten. Der Teil mit den ...Anweisungen... ist einfach ein Text-Literal, der alle Zeichen außer der Kombination »?>« enthalten darf. Diese Zeichenkette dient als Ende-Markierung einer Verarbeitungsanweisung. Das ist auch schon alles, was in XML 1.0 für die Syntax von Verarbeitungsanweisungen definiert ist.

Ein anderes Beispiel für eine Verarbeitungsanweisung ist die allgegenwärtige PI zur Verknüpfung eines Style Sheet mit einem beliebigen XML-Objekt:

```
<?xml-stylesheet ... ?>
```

Diese PI ist nicht Bestandteil der XML-1.0-Spezifikation, sondern ist in einer eigenen Empfehlung des W3C festgelegt: »Associating Style Sheets with XML Documents, Version 1.0« vom 29. Juni 1999. Diese können Sie selbst unter `http://www.w3.org/TR/xml-stylesheet` nachlesen. In Kapitel 13 werden wir uns dieser Anwendung von Verarbeitungsanweisungen genauer zuwenden.

Beachten Sie bitte, dass diese PI einen Namen hat, der mit der Zeichenkette »xml« beginnt. Wie wir wissen, wäre ein solcher Name für nicht vom W3C definierte Verarbeitungsanweisungen illegal.

Es gab einige Diskussionen in der XML-Entwicklergemeinde über die Frage, ob Verarbeitungsanweisungen wirklich nützlich sind oder nur eine Sonderfunktion sind, die sogar die Akzeptanz von XML behindern könnte. Argumente gegen die Verarbeitungsanweisungen waren unter anderem die fehlende Unterstützung durch Browser oder die Möglichkeit zur Bildung von inkompatiblen Anweisungen durch einen Mangel an Regeln für die Definition von Verarbeitungsanweisungen. Ein weiteres Argument gegen die PIs war, dass viele der Dinge, die man durch Verarbeitungsanweisungen lösen würde, besser durch ein Style Sheet erledigt werden sollten.

Andererseits haben die Verarbeitungsanweisungen viele potenzielle Vorteile. So könnten diese dazu dienen, Skripts oder Server-Side Includes einzubetten, ohne Konstrukte wie die Kommentare in HTML(»<!-- -->«) zu missbrauchen. Man könnte sie auch dazu nutzen, Schemata zu erweitern, die anders nicht manipuliert werden könnten. Dokumente könnten durch Verarbeitungsanweisungen erweitert werden, ohne den Mechanismus zur Überprüfung der Gültigkeit bezüglich einer DTD ändern zu müssen. Schließlich könnten so auch Anweisungen über die Darstellung des Dokumentes in das Dokument eingebettet werden, ohne die Struktur eines Dokumentes zu verändern.

Wir haben vorhin, quasi im Vorbeigehen, die Syntax von Kommentaren in HTML erwähnt. Natürlich kennt auch XML Kommentare und an dieser Stelle wollen wir uns die Syntax in XML ansehen.

Kommentare

Der Nutzen von Anmerkungen und **Kommentaren** in Dokumenten ist unbestritten. Solche Kommentare können die Entwicklung protokollieren oder jede andere Art von Metadaten enthalten, die für einen Autor oder andere Leser von Bedeutung sein können, aber nicht wirklich zum Inhalt des Dokumentes gehören. Kommentare dürfen überall im Dokument, außer innerhalb des Markup (Tags), auftauchen.

Die grundlegende Syntax eines Kommentares in XML sieht so aus:

```
<!--...Text des Kommentars...-->
```

Der Teil »...Text des Kommentars...« aus dem Beispiel kann beliebige Zeichen außer der Zeichenkette »--« enthalten. Diese Einschränkung hat man aus Gründen der Kompatibilität zu SGML beibehalten. Der Kommentartext darf auch nicht mit einem einzelnen Bindestrich (»-«) enden, da dieses zu Missinterpretation mit der Ende-Markierung führen könnte.

Kommentare sind nicht Bestandteil des eigentlichen Dokumentinhaltes! Innerhalb von Kommentaren werden weder Entities expandiert noch werden irgendwelche Tags interpretiert.

Die XML-1.0-Spezifikation erlaubt, *verlangt aber nicht*, dass ein XML-Prozessor einer Anwendung ermöglicht, auf den Text von Kommentaren zuzugreifen. Daher darf sich eine XML-Anwendung auf keinen Fall darauf verlassen, dass Anweisungen in Kommentaren enthalten sein können. Diese Methode ist in HTML bekanntermaßen weidlich genutzt worden.

Betrachten wir mal folgendes Beispiel für gültige Kommentare:

```
<tag> ...Inhalt... </tag> <!-das ist ein gültiger Kommentar -->
<!--======= Noch mehr Anmerkungen =======-->
```

```
<!--
    dieser Kommentar enthält ein <tag> und eine &Entity_Referenz;, diese
    werden nicht expandiert werden.
-->
<!--======= Ende der Anmerkungen =======-->
```

Das folgende Beispiel enthält ungültige Kommentare, da einer innerhalb eines Element-Tags auftritt und der andere das Literal »--« enthält:

```
<tag> ...Inhalt... </tag <!--das ist ein ungültiger Kommentar --> >
<!--auch dieser Kommentar ist ungültig -- da mittendrin zwei Bindestriche vorkommen
-->
```

Wenden wir uns nun dem Problem zu, große Passagen von Texten zu schützen (quoten).

CDATA-Blöcke

CDATA-Blöcke sind eine Methode zur Einbettung von Texten, die Zeichen enthalten, die sonst als Markup interpretiert werden würden. Dieses Feature ist vor allem für Autoren gedacht, die Teile von XML-Code, etwa als Beispiele für XML, in ihre XML-Dokumente einfügen wollen. So wie die Beispiele in diesem Buch. Das Einfügen von Beispielen ist vielleicht auch der einzige wirklich gute Grund, CDATA-Blöcke in einem Dokument zu haben, da in diesen Blöcken so ziemlich alle Vorteile von XML verloren gehen.

CDATA-Blöcke sind jedoch *kein* guter Weg, um binäre Daten innerhalb eines Dokumentes zu speichern! Die Daten, die man in ein Dokument einbringen wollte, dürften nie die Bytefolge »5D 5D 3E« (hexadezimale Form der Zeichenkette »]]>«) enthalten, da diese Sequenz stets das Ende eines CDATA-Blockes markiert. Man könnte die binären Daten natürlich irgendwie codieren, zum Beispiel mittels **Base64** oder einem anderen Verfahren, das sicherstellt, dass die codierten Daten keine Zeichen enthalten, deren Zeichencode größer als der des Zeichens (>) ist. Derartig codierte Daten könnten aber auch in einem beliebigen Element gespeichert werden, was wiederum einen CDATA-Block überflüssig machen würde.

CDATA-Blöcke dürfen überall dort auftreten, wo auch normaler Text im Dokument auftauchen darf. Diese Blöcke dürfen jedoch nicht ineinander geschachtelt sein. Die einzige Zeichenkette, die innerhalb eines CDATA-Blocks interpretiert wird, also zum Markup zählt, ist die Ende-Markierung (»]]>«). Alle anderen Zeichen, wie die öffnende spitze Klammer (<), und das Ampersand (&) dürfen und müssen sogar in der literalen Form auftreten.

Die Syntax eines CDATA-Blocks sieht so aus:

```
<![CDATA[...]]>
```

wobei die Auslassungspunkte (»...«) beliebige Zeichenketten, außer dem Text-Literal »]]>«, sein dürfen.

Will man ein Stück XML-Code, das Entity-Referenzen enthält, in ein XML-Dokument so einfügen, dass dieses Stück Code nicht interpretiert wird, so kann man eine der zwei folgenden Methoden verwenden:

```
<![CDATA[
<Katalog>
    <Urheberrecht> &copy; 2000 MITP &reg;</Urheberrecht>
</Katalog>
]]>
```

oder:

```
&lt;Katalog>
    &lt;Urheberrecht> &amp;copy; 2000 MITP.
    &amp;reg;&lt;/Urheberrecht>
&lt;/Katalog>
```

Der Parser würde in beiden Fällen die folgende Zeichenkette an eine Anwendung zurückgeben:

```
"<Katalog><Urheberrecht> © 2000 MITP ® </Urheberrecht></Katalog>"
```

Sicher ist die erste Methode leichter zu lesen und zu schreiben und bietet zusätzlich den Vorteil, dass Code-Stücke einfach durch Kopieren eingefügt werden können. Die zweite Methode arbeitet einfach mit der Ersetzung der literalen Form von Markup-Zeichen durch die entsprechende Entity-Referenz. Dadurch wird der Text nicht als Start-Tag eines Elementes missinterpretiert. Mehr zum Thema Parsing und Parser gibt es in einem kommenden Abschnitt.

Dokument-Strukturen

Nun sind wir mit dem Wissen über die Syntax der verschiedenen Bestandteile von XML-Dokumenten ausgerüstet. Wir wissen, wie wir bestimmte Teilziele erreichen können. Jetzt sollten wir uns der logischen Struktur eines Dokumentes in seiner Gänze zuwenden.

Der Prolog

Jedes XML-Dokument beginnt mit einem Prolog. Der Prolog zeigt den Beginn der XML-Daten an, beschreibt, welche Zeichencodierung im Dokument verwendet wird und beinhaltet andere Informationen über das Dokument, die für einen Parser oder eine Anwendung wichtig sind.

Ein Prolog besteht aus einer optionalen XML-Deklaration (diese betrachten wir als Nächstes), gefolgt von Kommentaren (diese können auch entfallen), Verarbeitungsanweisungen und Leerzeichen. Danach kann eine Deklaration des Dokumenttyps folgen, die wiederum von weiteren optionalen Kommentaren, PIs und Leerzeichen gefolgt sein kann. Wie Sie vielleicht bemerkt haben, ist so ziemlich alles im Prolog optional. Daraus folgt, dass der ganze Prolog entfallen darf, ohne dass damit die Bedingung der Wohlgeformtheit verletzt wird (siehe Abschnitt 2.8 der XML-1.0-Empfehlung).

Betrachten wir nun die erste Komponente des Prologs etwas näher.

Die XML-Deklaration

Jedes XML-Dokument darf (und sollte!) mit einer einzelnen **XML-Deklaration** beginnen. Auch wenn die XML-Deklaration eine ähnliche Syntax wie eine Verarbeitungsanweisung benutzt, ist es streng genommen keine, da die Deklaration eine besondere Rolle spielt.

```
<?xml version="1.0" ?>
```

Wird diese Deklaration benutzt, so muss diese als Erstes im Dokument auftauchen, es dürfen keine Leerzeichen oder Kommentare vorangestellt sein. Streng genommen ist diese Deklaration für Dokumente nicht zwingend notwendig, aber die Verwendung der Deklaration erlaubt, wie wir noch sehen werden, die Anwendung einiger Optimierungen während der Verarbeitung.

Frühe Fassungen der XML-Spezifikation forderten nicht die Unterscheidung zwischen Groß- und Kleinbuchstaben für Namen in XML. Daher haben damals viele Entwickler, so auch Microsoft, die großgeschriebene Form der Deklaration benutzt (»<?XML...?>«). Die endgültige Fassung des W3C spezifiziert jedoch die Unterscheidung zwischen Groß- und Kleinbuchstaben und definiert außerdem den Namen »xml« in Kleinbuchstaben. Daher sind einige so genannte XML-Dokumente keine gültigen Dokumente in Sinne von XML 1.0.

Das folgende Beispiel zeigt die Syntax einer vollständigen XML-Deklaration, einschließlich der optionalen Attribute encoding und standalone:

```
<?xml version="1.0" encoding="UTF-8" standalone="yes"?>
```

Diese Attribute sind in der XML-1.0-Spezifikation definiert:

❏ version – obligatorisches Attribut, der Wert muss "1.0" lauten. Dieses Attribut ermöglicht die Unterstützung zukünftiger Versionen von XML.

❏ encoding – optionales Attribut. Der Wert muss eine gültige Zeichencodierung wie "UTF-8", "UTF-16" oder "ISO-8859-1" (der ISO-Latin-1-Zeichensatz) sein. Jeder XML-Parser muss zumindest UTF-8 und UTF-16 unterstützen. Wird dieses Attribut weggelassen, so wird angenommen, das Dokument sei "UTF-8" oder "UTF-16" codiert, je nach Format des Strings »<?xml«. Mehr dazu im Abschnitt über Zeichencodierung etwas später in diesem Kapitel.

❏ standalone – optionales Attribut. Der Wert muss entweder "yes" oder "no" sein. Der Wert "yes" bedeutet, dass alle verwendeten Entity-Referenzen im Dokument selbst definiert sind. Der Wert "no" besagt, dass eine externe DTD benötigt wird. Mehr dazu im Kapitel 3 über DTDs.

Im Gegensatz zu vielen anderen Attributen müssen diese Attribute in der oben aufgeführten Reihenfolge auftreten. Außerdem, aber auch im Gegensatz zur Konvention, spielt bei dem Wert des Attributs encoding die Groß-/Kleinschreibung keine Rolle. Diese Inkonsistenz ergibt sich aus der Tatsache, dass XML sich auf bestehende Standards der ISO und IANA (Internet Assigned Numbers Authority) stützt.

Die verbreitetsten Zeichencodierungen in XML sind:

❏ Unicode: "UTF-8", "UTF-16"

❏ ISO 10646: "ISO-10646-UCS-2", "ISO-10646-UCS-4"

❏ ISO 8859: "ISO-8859-n" (wobei »n« eine Ziffer von »1« bis »9« ist)

❏ JIS X-0208-1997: "ISO-2022-JP", "Shift_JIS", and "EUC-JP"

Auch wenn HTTP eine Methode anbietet, wie ein Server einem Client (Browser) mitteilen kann, welche Zeichencodierung verwendet wurde, so gibt es doch Fälle, in denen gar kein Server beteiligt ist, so zum Beispiel, wenn man sich eine Datei direkt von der lokalen Festplatte ansieht. Die Verwendung des Attributes encoding ist auch viel zuverlässiger, als sich auf die automatische Erkennung der Codierung zu verlassen. Methoden zur automatischen Erkennung können nicht zwischen UTF-8 und ISO-8859-1 unterscheiden oder die Codierung UTF-7 zuverlässig erkennen.

Betrachten wir nun genauer, was mit der Codierung von Zeichen bzw. Zeichensätzen gemeint ist.

Zeichencodierungen

Unicode war ursprünglich als ein einfacher Satz von 16-Bit-Werten konzipiert. Dieser Satz hätte die meisten der benötigten Sonderzeichen und Symbole aller modernen Sprachen abgedeckt. Aber auch wenn nicht alle der 65.535 Zeichen sofort voll genutzt wurden, wurde jedoch recht schnell klar, dass es Bedarf für mehr Zeichen geben würde. Daher wurde Unicode um den Mechanismus des **surrogate block** (Ersatzblock) erweitert, so dass weitere 1.048.576 Zeichen zur Verfügung stehen. Diesen Mechanismus werden wir etwas später betrachten.

Auch wenn Unicode einzelne Zeichen durch einen skalaren Wert identifiziert, gibt es andere akzeptierte Methoden, Zeichen zu speichern. Das XML-Entwicklungsziel einer breiten Nutzung im Internet verlangt danach, dass verschiedene Codierungsarten zugelassen sein müssen.

UTF-8 behandelt den 7-Bit-ASCII-Code ganz normal, verlangt aber für alle anderen Zeichen 2 bis 5 Bytes, jedes davon im Bereich von hexadezimal 80 bis FF. Diese Konvention ist für ASCII-Texte gut, aber für den Rest der Welt nicht so gut geeignet. Betrachtet man die Ineffizienz von UTF-8 für Nicht-ASCII-Texte und die Tatsache, dass Java auf den 16-Bit-Unicode-Zeichensatz baut, ist UTF-8 sicher keine gute Wahl für internationale Texte. Zufällig bedeutet »UTF«, im Zusammenhang mit Unicode, »Unicode Transformation Format« (Unicode-Dokumentation) oder »UCS Transformation Format« in dem ISO Standard 10646.

UTF-16 ist die einfachste der Codierungen. Hier werden die Zeichen als 16-Bit-Werte gespeichert. Dabei können die Werte entweder mit dem höchstwertigen Bit zuerst (big-endian) oder mit dem niedrigstwertigen Bit zuerst (little-endian) gespeichert werden, je nach Prozessorarchitektur des Computers.

Bei Big-endian-Architekturen, die seit ca. 1996 unüblich sind, hat das höchstwertige Byte eines Multi-Byte-Wertes die niedrigste Adresse im Hauptspeicher.

Zusätzliche Zeichen können durch die Benutzung von Ersatzblocks (surrogate blocks) codiert werden. Die meisten Bedenken gegen UTF-16 kommen aus Ost-Asien. Bei diesen Sprachen kann es vorkommen, dass zwei Codierungs-Einheiten verwendet werden müssen, um ein einziges Symbol einer Sprache auszudrükken. Die breite Mehrheit der Symbole benötigt jedoch nur eine Codierungs-Einheit. Laut der Unicode-FAQ beträgt der Anteil von solchen Ersatz-Paaren unter 1% in allen gespeicherten Texten. Daher benutzen die meisten Unicode-kompatiblen Anwendungen die Zeichencodierung UTF-16.

UTF-32 ist fast identisch mit der **UCS**-4-Codierung des ISO Standard 10646 und hat den Vorteil, dass man ihn einfach programmieren kann. Jedes Unicode-Zeichen (und ungefähr 4 Billionen weitere Zeichen) können mit dieser Codierung ausgedrückt werden. Auch wenn man mit UTF-32 leichter Programme entwickeln kann (zumindest auf manchen Systemen und Sprachen), ist es nicht die ideale Wahl, da sich der Aufwand für die Speicherung jedes Zeichens verdoppelt (im Vergleich zu ASCII sogar vervierfacht).

Das Verhältnis zwischen ISO 10646 und Unicode ist unter `http://consult.cern.ch/cnl/215/` `node47.html` *beschrieben. Der ISO Standard 8859 wird in einem Text unter* `http://` `ppewww.ph.gla.ac.uk/~flavell/iso8859/iso8859-pointers.html` *erörtert.*

Ersatzblöcke (Surrogate Blocks)

Es wurde recht schnell klar, dass, obwohl 65.535 Zeichen sicher für die meisten Sprachen ausreichen würden, die Bedürfnisse von Wissenschaftlern, Historikern und die dynamische Natur der ideografischen Sprachen (z.B. Chinesisch) schnell einen größeren Zeichenvorrat verlangen würde. Allein 14.500 Zeichen wurden aus Gründen der Kompatibilität mit bestehenden Zeichensätzen hinzugefügt. Außerdem gibt es eine ganze Reihe von mathematischen Symbolen, asiatischen Ideogrammen und historischen Zeichen, die noch nicht in den Unicode-Zeichensatz Eingang gefunden haben. Daher wurde Unicode um die Ersatzblöcke (**surrogate blocks**) erweitert.

Ersatzblöcke bieten die Möglichkeit, den Zeichenvorrat über den Bereich der 16-Bit-Werte hinaus zu erweitern. Zwei Blöcke von je 1.024 Zeichen (hexadezimal von D800 bis DBFF und von DC00 bis DFFF) erlauben insgesamt 1.048.576 zusätzliche Zeichen. Ein 16-Bit-Wert aus dem ersten Block stellt den höher wertigen Teil einer 32-Bit-Zahl dar, während die Zahl aus dem zweiten Block den niedriger wertigen Teil bildet. Diese Vorgehensweise erlaubt Programmen, die diese Regelung nicht implementieren, einfach einen oder zwei Platzhalter anzuzeigen. Diese Erweiterungen können für moderne ideografische Sprachen, etwa Chinesisch oder Japanisch, oder altertümliche Sprachen, wie ägyptische Hieroglyphen etc., genutzt werden. Anhänger des Fantastischen werden sich über Sprachen wie Klingonisch oder die Dwarvish-Runen aus Tolkiens Sagenwelt freuen.

Leider sind diese Zeichenaus den Ersatzblöcken *keine gültigen* XML-Zeichen.

Byte-Orde-Markierungen (BOMs)

Unicode-Texte können in Markierungen so genannte BOMs verwenden, um die Reihenfolge der Bytes (byte-order) bei der verwendeten Codierung zu gebrauchen. Ein Beispiel:

Bytes	Codierung
00 00 FE FF	UTF-32/UCS-4, big-endian
FF FE 00 00	UTF-32/UCS-4, little-endian
FE FF 00 ##	UTF-16, big-endian
FF FE ## 00	UTF-16, little-endian
EF BB BF	UTF-8

Auch wenn diese Zeichen in XML-Dokumenten nicht erlaubt sind, so können solche Zeichen gültigen XML-Daten innerhalb einer Übertragung vorausgehen und können so wertvolle, wenn auch oft redundante, Informationen über die Codierung an den Parser oder die Anwendung weitergeben. Ein XML-Parser muss in der Lage sein, mit BOMs umzugehen, da diese XML-Daten vorangehen können und die Spezifikation die Unterstützung von UTF-8 und UTF-16 verlangt.

Wenden wir uns nun der nächsten optionalen Komponente des Prologs zu.

Deklaration des Dokumenttyps

Die Deklaration des Dokumenttyps sollte *auf keinen Fall* mit der Document Type Definition (DTD) verwechselt werden. Die Deklaration des Dokumenttyps enthält vielmehr die interne Teilmenge (internal subset) und/oder referenziert eine externe Teilmenge (external subset) einer Document Type Definition (DTD).

Jedes *gültige* XML-Dokument muss eine Deklaration des Dokumenttyps enthalten. Einfache, lediglich wohlgeformte Dokumente brauchen keine Deklaration zu enthalten, solange im Dokument keine Entity-Referenzen (außer den fünf Standard-Entities) auftauchen. Werden in einem wohlgeformtem aber ungültigen Dokument zusätzliche Zeichen-Referenzen benutzt und wird dieses Dokument mit einem nicht validierenden Parser bearbeitet, können diese Referenzen auch in der internen Teilmenge definiert werden. In diesem Fall benötigt man keine DTD oder ein Schema.

Referenzen auf externe Teilmengen

Es gibt zwei Typen von Dokumenttyp-Deklarationen, die sich auf die externe Teilmenge einer DTD beziehen:

```
<!DOCTYPE Name_des_Wurzel-Elements SYSTEM "System-Identifier">
<!DOCTYPE Name_des_Wurzel-Elements PUBLIC "Public-Identifier" "System-Identifier">
```

Name_des_Wurzel-Elements dient quasi als Einstiegspunkt in die DTD. Alle Kind-Elemente des bezeichneten Elementes (einschließlich der Wurzel) werden aus der DTD übernommen.

Sowohl der **System-Identifier** ("System-Identifier" im Beispiel), als auch der **Public-Identifier** ("Public-Identifier") müssen als **URIs** (**Uniform Resource Identifiers**) angegeben werden. Zur Zeit können Sie annehmen, dass URIs und URLs in fast allen Anwendungsaspekten als äquivalent angesehen werden. Ein URI könnte zum Beispiel "http://www.mitp.de/Eine_DTD.dtd" sein, oder aber auch ein eindeutiger Name, der von einer Anwendung ausgewertet wird.

Ein Public-Identifier dient ebenfalls als Referenz auf eine DTD. Eine so referenzierte DTD ist aber in jedem Fall entweder in einem Verzeichnis erfasst oder wird auf eine speziell innerhalb einer Personengruppe vereinbarte Art und Weise angesprochen. Diese Methode hat den Vorteil, dass man sich nicht auf eine blinde Referenz, wie einen URL verlassen muss, hat aber den Nachteil, dass der Standard der Referenzierung einer DTD auf eine kleine Gruppe beschränkt ist und sich nicht einfach auf andere Bedingungen übertragen lässt.

Ein XML-Parser kann versuchen, aus einem Public-Identifier einen URI zu generieren. Kann der Parser keinen URI erzeugen, muss ein System-Identifier-URI verwendet werden. Ein Nachteil dieser Methode ist, dass ein URI leicht veralten kann, wenn sich z.B. der Name der Domain oder der Datei-Pfad ändert. In diesem Fall wäre die DTD nicht mehr lesbar.

Da das Trennsymbol für Dokument-Abschnitte (das #-Zeichen) nicht Bestandteil eines URI ist, kann ein Parser einen Fehler melden, wenn dieses Symbol in einem System-Identifier auftaucht. Jeder URI, der Zeichen außerhalb des ASCII-Zeichensatzes enthält, muss diese Zeichen als UTF-8-Zeichen darstellen. Dabei müssen die einzelnen Bytes innerhalb des URI mittels des »%« geschützt werden. Ein Beispiel wäre etwas `http://www.wrox.com/DTDs/PubCatalog.dtd`.

Ein Beispiel für die Referenz auf eine externe DTD:

```
<?xml version="1.0" standalone="no"?>
<!DOCTYPE Katalog SYSTEM "http://www.mitp.de/DTDs/Katalog.dtd">
<Katalog>
   ...
</Katalog>
```

oder:

```
<?xml version="1.0" standalone="no"?>
<!DOCTYPE Katalog PUBLIC "-//Katalog"
   "http://www.mitp.de/DTDs/Katalog.dtd">
<Katalog>
   ...
</Katalog>
```

Diese »Identifier« sind ebenfalls ein Erbe aus der Abstammung von SGML.

Anmerkung zu SGML: Die Public-Identifier von SGML bieten die Möglichkeit, in einem Dokument Referenzen aus einem lokalen Verzeichnis (oder mittels einer anderen Methode) zu verwenden, um DTDs anzusprechen. Dieser Mechanismus ist sehr nützlich, aber bei der Entwicklung von XML konnte man sich nicht auf eine einheitliche Methode zur Auflösung solcher Referenzen einigen. Daher erlaubt XML die Verwendung von Public-Identifiern, verlangt aber einen System-Identifier als Referenz für den Notfall.

Referenzen auf interne Teilmengen

Auch wenn es keine externe DTD gibt, können in einem Dokument Entity-Referenzen verwendet werden. Diese müssen dann in der internen Teilmenge der DTD deklariert werden. Diese Deklaration von Entities geschieht mittels einer erweiterten Form der Deklaration des Dokumenttyps (`<!DOCTYPE...>`). Mit der Syntax von DTDs beschäftigen wir uns im nächsten Kapitel ausführlich. Für unser folgendes Beispiel genügt es, zu wissen, dass diese Definitionen innerhalb der Deklaration des Dokumenttyps stehen und von eckigen Klammern (»[...]«) begrenzt sein müssen. Die Deklaration von eigenen Entities geschieht mittels `<!ENTITY...>`.

Im Folgenden zeigen wir Ihnen ein einfaches Beispiel für die Deklaration von drei Zeichen-Entities und zwei Entities, die als Makro fungieren sollen:

```
<?xml version="1.0" encoding="utf-8" standalone="yes"?>
<!DOCTYPE Katalog [
   <!ENTITY copy "&#169;">
   <!ENTITY nbsp " ">
   <!ENTITY reg "&#174;">
   <!ENTITY COPYDATE "2000">
   <!ENTITY MITP "MITP-Verlag">
]>
<Katalog>
   <Hinweis> &copy; &COPYDATE; &MITP; &reg;</Hinweis>
</Katalog>
```

Das obige Beispiel würde im Internet Explorer 5 (ohne Style Sheet) so dargestellt (Original-Screenshot):

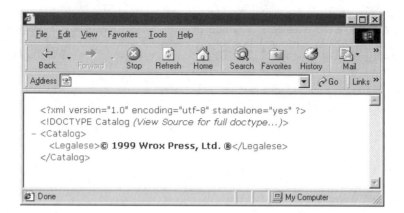

XML-Dokumente können eine DTD mit einer internen und externen Teilmenge verwenden. Werden tatsächlich beide Teilmengen benutzt und es kommt vor, dass es zwei verschiedene Definitionen für ein Element oder ein Entity gibt, dann hat die Definition aus der internen Teilmenge Vorrang.

Nun haben wir uns mit dem Prolog und den Grundlagen der Syntax einfacher, wohlgeformter Dokumente beschäftigt. Wenden wir uns nun kurz dem dritten Bestandteil eines Dokuments zu.

Der Epilog

Der Epilog eines XML-Dokumentes kann Kommentare, Verarbeitungsanweisungen und/oder Leerzeichen enthalten. Dabei ist nicht definiert, ob sich die Verarbeitungsanweisungen auf die Elemente vor dem Epilog beziehen oder auf die nachfolgenden Daten, falls es diese gibt.

Diese Unklarheit ist ein wenig problematisch. Da es in XML kein spezielles Kennzeichen für das Ende eines Dokumentes gibt, werden viele Anwendungen das End-Tag des Dokument-Elements als Kennzeichen für das Ende nehmen. Daher könnte eine Anwendung nach dem Lesen dieses Tags eine Netzwerkverbindung einfach schließen, ohne irgendeine Behandlung des Epilogs vorzunehmen. Außerdem ist die Angabe von Verarbeitungsanweisungen zwischen zwei Dokumenten bestenfalls nur mehrdeutig.

Der Epilog wird von Tim Bray, einem der Autoren der XML-Spezifikation, als »echter Design-Fehler« (»real design error«) bezeichnet. Es ist nicht ratsam, den Epilog ohne triftigen Grund zu nutzen und Sie sollten sich darüber im Klaren sein, dass die Nutzung des Epilog nicht mit anderen Applikationen kompatibel ist.

Jetzt sind wir an einer Stelle angekommen, an der wir das bisher Gelernte rekapitulieren sollten.

Zusammenfassung zur XML-Syntax

Die Form von Tags in XML:

Syntax	Konstrukt
<TagName>	Start-Tag
<TagName Attribut="Wert" >	Start-Tag mit einem Attribut
</TagName>	End-Tag

Syntax	Konstrukt
`<TagName/>`	Leeres-Element-Tag
`<TagName Attr1="Wert1" Attr2="Wert2"/>`	Leeres-Element-Tag mit zwei Attributen

Besondere Anweisungen und Deklarationen in XML:

Syntax	Konstrukt
`<?xml version="1.0" encoding="UTF-8" standalone="yes" ?>`	Die XML-Deklaration
`<? Namenstext ?>`	Verarbeitungsanweisung (PI), für eine XML-Anwendung
`<!-- Text -->`	Kommentar
`<![CDATA[ Text... ]]>`	CDATA-Block
`<!DOCTYPE Text... >`	Dokumenttyp Deklaration (*nicht* die »DTD«)

Referenzen auf XML-Entities:

Syntax	Konstrukt
`&#dezimal;` Example: `&#174;`	Referenz auf einen Zeichencode, dezimale Angabe des Wertes.
`&#xHEX;` Example: `&#xAF4;`	Referenz auf einen Zeichencode, hexadezimale Angabe des Wertes.
`&ref;`	Referenz auf ein vordefiniertes XML-Entity (z.B. ein Text-Makro).

Nun kennen wir alle Bestandteile eines wohlgeformten XML-Dokuments. Wenden wir uns nun der eigentlichen Bedeutung des Begriffes **wohlgeformt** zu.

Wohlgeformte XML-Dokumente

Jedes XML-Dokument, das der Spezifikation und der darin festgelegten Syntax entspricht, wird als **wohlgeformtes XML-Dokument** bezeichnet. Solche Dokumente können auch ohne eine DTD oder ein Schema, das seine Struktur beschreibt, angewandt werden. Solche Dokumente werden als **Standalone-Dokumente** bezeichnet. Solche Dokumente können sich nicht auf externe Deklarationen stützen und Attribut-Werte werden nicht besonders behandelt und bekommen keine Default-Werte zugewiesen.

Ein wohlgeformtes XML-Dokument besteht aus einem oder mehreren Elementen, die korrekt ineinander geschachtelt sein müssen. Das Dokument-Element enthält alle anderen Elemente in einem Dokument. Alle Elemente bilden zusammen einen einzigen einfachen Element-Baum. Die einzige direkte Beziehung zwischen zwei Elementen ist eine Eltern-Kind-Beziehung. Geschwister-Beziehungen, also die Elemente, die auf einer Ebene liegen, können oft aus der internen Struktur einer XML-Applikation ausgewertet werden. Diese Beziehung ist aber keine direkte Beziehung im eigentlichen Sinne und man kann sich auch nicht voll darauf verlassen, dass alle Elemente, die auf einer Ebene liegen, Geschwister sind. Dies ist nicht möglich, da stets die Möglichkeit besteht, dass beliebige Elemente, die nicht direkt Kind-Elemente sind, zwischen den eigentlichen Kind-Elementen auftauchen dürfen. Dokumente können beliebige Zeichen und Markup enthalten.

XML-Dateien sind wohlgeformte XML-Dokumente, wenn:

❏ die Syntax der Spezifikation entspricht

❏ die Elemente einen hierarchischen Baum bilden

❏ im Dokument keine Referenzen auf externe Entities vorkommen, es sei denn, eine DTD wird angegeben

Jeder XML-Parser, der in einem Dokument ein Konstrukt entdeckt, das die Bedingung der Wohlgeformtheit verletzt, muss einen schweren Fehler (»fatal« error) an eine Anwendung melden. Ein schwerer Fehler muss nicht immer dazu führen, dass die Verarbeitung abgebrochen wird. Es kann sein, dass die Verarbeitung fortgesetzt wird, um andere Fehler zu finden, ohne jedoch weiterhin Text- oder Markup-Informationen an die Anwendung weiterzugeben.

Dieses Vorgehen erklärt sich aus dem Wunsch, dass XML-Anwendungen kompakt sein sollen und XML nicht primär zur Darstellung von Texten dient. Es sollte jedoch nicht allzu schwer sein, ein wohlgeformtes Dokument zu erstellen. Eine der Hoffnungen, die sich aus dieser rigorosen Behandlung von Fehlern ergibt, ist, dass aufgeblasene Programme wie der Internet Explorer oder Navigator, die beide massenweise Code nur wegen der Mehrdeutigkeiten in HTML enthalten, nicht mehr entstehen können.

Anmerkung zu HTML/SGML: Tools für HTML und SGML sind im Allgemeinen oft viel toleranter als XML. Ein HTML-Browser kann oft immer noch den größten Teil einer fehlerhaften Webseite darstellen. Das ist einer der Gründe für die hohe Akzeptanz von HTML. Dennoch weicht die konkrete Darstellung in einem solchen Fall von Browser zu Browser voneinander ab. Auch bei SGML versuchen viele Tools gewöhnlich die Verarbeitung fortzusetzen, nachdem Fehler entdeckt wurden.

Wohlgeformte Dokumente erlauben es, Daten in XML-Dokumenten zu verwenden, ohne den Aufwand einer Beschreibung der Struktur dieser Daten abgeben zu müssen. Der Begriff »wohlgeformt« hat in der Logik eine ähnliche Bedeutung. Eine logische Aussage ist wohlgeformt, wenn sie bestimmten Regeln entspricht, unabhängig davon, ob die Aussage »wahr« ist.

XML-Parser

Neben der Spezifikation der XML-Syntax hat das W3C in seiner Empfehlung einiges an Vorschriften für das Verhalten und die Architektur des **XML-Prozessors** oder **Parsers** vorgeschrieben. Es gibt zwei Typen von Parsern:

❏ **nicht validierend:** Der Parser prüft lediglich, ob ein Dokument wohlgeformt ist.

❏ **validierend:** Der Parser verwendet auch eine DTD, um zu prüfen, ob ein Dokument in Form und Inhalt gültig ist.

Einige Parser unterstützen auch beide Arten der Bearbeitung, die sich je nach Bedarf einstellen lässt.

Einige Vorschriften für das Verhalten von XML-Parsern dienen der Intention, die Handhabung von XML-Daten aus Anwendungen heraus zu erleichtern. Wie wir schon vorher in einem Beispiel gesehen haben, sind Symbole, die das Ende einer Zeile oder einer Datei markieren, abhängig vom Betriebssystem. XML-Anwendungen brauchen sich mit solchen Details nicht zu belasten, da ein XML-Parser alle Markierungen für das Ende einer Zeile stets auf ein einzelnes LF (hexadezimal 0A) reduziert. Die Behandlung von Leerzeichen ist ein weiteres Feld, bei dem Parser sich an Konventionen halten müssen. Im Gegensatz zu HTML oder SGML müssen bei XML alle Leerzeichen an eine Anwendung weitergegeben werden. Ebenso werden alle Zeichen-Referenzen aufgelöst, so wie sie in einer internen oder externen Deklaration definiert sind.

Ein XML-Parser muss alle Attribut-Werte normalisieren, bevor er diese an die Anwendung weitergibt. Das bedeutet konkret, dass ein Parser Referenzen und Zeichen wie folgt behandelt:

❏ Zeichen-Referenzen: Die referenzierten Zeichen werden an den Attribut-Wert angehangen.

❏ Entity-Referenzen: Alle Referenzen werden rekursiv aufgelöst und an den Attribut-Wert angehangen.

❑ Leerzeichen: Alle Kombinationen von CR/LF, die Teil eines externen Entity sind, der literale Wert eines internen Entity oder jeder einzelne Leerraum (white space) wird durch ein einzelnes Leerzeichen (hexadezimal 20) ersetzt und an den Attribut-Wert angehangen.

❑ Alle anderen Zeichen: Das Zeichen wird an den Attribut-Wert angehangen.

Der Attribut-Wert wird anschließend von allen führenden und nachfolgenden Leerzeichen bereinigt, und Sequenzen von mehreren Leerzeichen werden in ein einzelnes Leerzeichen umgewandelt. Die einzige Ausnahme zu der letzten Regel tritt dann ein, wenn der Wert eines Attributes in der DTD als CDATA definiert wurde und ein validierender Parser verwendet wird. Mehr dazu in Kapitel 3.

Es gibt zwei Ansätze, einen Parser zu implementieren. Die Vertreter beider Lager argumentieren fast schon mit religiösem Eifer über diese Dichotomie. Tatsächlich haben beide Ansätze ihre Vorteile. Genau wie viele andere reale Anwendungen hat auch die Verarbeitung von XML-Dokumenten viele verschiedene Anforderungen. Daher können auch verschiedene Ansätze, je nach Anforderung, unterschiedlich gut geeignet sein.

Ereignisgesteuerte Parser

Einer der Ansätze für der Verarbeitung von XML-Dokumenten ist der ereignisgesteuerte Ansatz. Dieses Modell dürfte vielen von Ihnen aus der Programmierung moderner Benutzeroberflächen (Graphical User Interfaces) bekannt sein. In diesem Fall ruft ein Parser immer eine Methode oder Funktion (call-back) für jede Art von XML-Objekten: Elemente (mit Attributen), Texte, Verarbeitungsanweisungen oder Kommentare. Es obliegt dann der Anwendung, mit den gelieferten Daten umzugehen. Der Parser verwaltet nicht die Baumstruktur der Dokument-Elemente oder behält irgendwelche Daten im Speicher, die bereits geparst worden sind. Diese Methode erfordert nur geringe Ressourcen vom ausführenden System, selbst bei sehr großen Dokumenten. Außerdem bietet der einfache Zugriff auf die Daten eines Dokumentes große Flexibilität im Umgang mit diesen Daten innerhalb der eigenen Anwendung.

Eines der frühesten, bekanntesten und elegantesten Beispiele für diesen Parsertyp stammt von James Clark und heißt **expat**. Der Parser wurde in ANSI-C implementiert, es gibt aber auch Schnittstellen für C++ (**expatpp**), Perl (**XML::Parser**) und Python (**Pyexpat**). James Clark hatte die technische Leitung bei der Spezifikation von XML 1.0 und ist auch der Autor eines in Java implementierten Parsers mit dem Namen **xp**.

Teilnehmer der Mailing-Liste XML-DEV, unter der Leitung von David Megginson (der Autor des Parsers **AElfred** von Microsoft), haben eine standardisierte Schnittstelle für diese Klasse von Parsern entwickelt, die sich **SAX 1.0: The Simple API for XML** oder kurz **SAX** nennt. Zur Zeit existieren Implementierungen in Java, Perl und Python, die mehr als ein Dutzend verschiedener Parser unterstützen. SAX war auch das Ergebnis der Bemühungen von Peter Murray-Rust, drei verschiedene Parser (mit jeweils einer eigenen API) in sein Projekt JUMBO zu integrieren. Er schlug vor, eine gemeinsame Java-API (Java für ereignisgesteuerte Parser) zu schaffen. Er initiierte auch die ursprüngliche Entwicklungsdiskussion zusammen mit Tim Bray und David Megginson, die dann zur Gänze über die Mailing-Liste XML-DEV geführt wurde. David Megginson schrieb auch 1998 die erste Implementation in Java innerhalb eines Monats. Seitdem wurde SAX mit Hilfe vieler Entwickler erweitert und bietet eine sehr mächtige Methode zur Verarbeitung von XML-Daten. SAX wird in Kapitel 6 im Detail behandelt.

Baum-orientierte Parser

Eine der meistgenutzten Datenstrukturen in der Software-Entwicklung ist ein Baum von Objekten. Jedes wohlgeformte Dokument bildet mit seinen Elementen einen solchen Baum. Daher kann man weit verbreitete und ausgereifte Algorithmen nutzen, um solche Baumstrukturen zu bearbeiten. Egal, ob man suchen oder den Baum in seiner Gestalt manipulieren will, fast alles ist einfach machbar. Die entsprechenden Algorithmen haben den Vorteil, dass sie seit vielen Jahren in Industrie und Wissenschaft gereift sind. Parser, die diesem Paradigma folgen, halten sich gewöhnlich an das **Document Object Model (DOM)** des W3C. DOM ist eine Plattform- und Sprachen-neutrale Schnittstelle zur Manipulation des Dokumentbaumes. Dieser Baum muss jedoch vollständig im Speicher aufgebaut werden, bevor das Dokument gelesen oder verändert werden kann. Daher ist eine effiziente und schnelle Speicherverwaltung und vor allem viel virtueller Speicher sehr entscheidend! Ist der Baum dann aufgebaut, kann eine Anwendung die DOM-Struktur durch eine API manipulieren. Mit DOM werden wir uns in Kapitel 5 ausführlich beschäftigen. Viele solcher »Parser« arbeiten tatsächlich mit einem ereignisgesteuerten Parser und konstruieren lediglich aus den gelieferten Informationen einen Baum.

Microsoft hat recht früh einen XML-Parser mit dem Namen **MSXML** entwickelt. Später wurde der XML-Support als Teil des **Internet Explorer 5 (IE5)** realisiert und es wurde ein anderer Parser verwendet. Microsoft empfiehlt die Nutzung des **XJParser** von DataChannel in Zusammenarbeit mit dem älteren **IE4**, da dieser Parser in seinen Funktionen dem Parser des IE5 ähnelt. Auch das Paket **Office 2000** von Microsoft nutzt XML als Format zum Austausch von Daten, was der Akzeptanz von XML einen weiteren Schub gibt. Sie sollten sich aber auch klar machen, dass viele Aspekte von XML noch lange nicht den Status einer Empfehlung oder Spezifikation haben. Daher greift Microsoft in seiner Arbeit dieser Entwicklung vor, was dazu führen kann, dass sich später gravierende Unterschiede zwischen der Implementierung von Microsoft und dem Standard des W3C ergeben können.

Netscape hat ebenfalls zugesagt, XML 1.0 und XSL in der nächsten Browser-Generation voll zu unterstützen. Diese wird gerade als Open-Source-Projekt im Rahmen des **Mozilla**-Projektes entwickelt. Der aktuelle Code-Name für den Browser ist »**SeaMonkey**« und man nutzt bereits die neue Layout-Engine **NGLayout/Gecko**. Der Browser steckt immer noch in der Entwicklung und die Entwicklung der Firma verursacht immer noch einiges an Konfusion über die Zukunft des Browsers von AOL/Netscape.

Die Fujitsu Laboratories haben mit **HyBrick** ebenfalls einen fortschrittlichen SGML/XML-Browser entwickelt. Der Browser unterstützt die fortschrittlichen Möglichkeiten zur Formatierung und zum Linking, da ein DSSSL (ISO 10179) -Renderer zur Darstellung und eine XLink/Xpointer-Engine verwendet wird. Der Browser basiert auf den Programmen Jade und SP von James Clark und unterstützt gültige und wohlgeformte XML-Dokumente. Wie man vielleicht vermuten kann, funktioniert dieser Browser gut für japanische und englische Texte.

Benchmarks für Parser

Zwei XML-Entwickler haben vor einiger Zeit einen Vergleich zwischen verschiedenen XML-Parsern auf Systemen unter Linux und Solaris durchgeführt. Die (nicht ganz unerwarteten) Ergebnisse zeigen, dass die in C implementierten Parser (besonders James Clark's expat) immer noch die schnellsten sind. Es folgen Parser, die in Java geschrieben sind, und danach kommen die Parser in den verschiedenen Skript-Sprachen (Perl und Python), die aber eigentlich nur Wrapper für expat sind.

Der Benchmark unter Linux wurde von Clark Cooper durchgeführt und zusammengestellt. Er hat diese sechs Parser getestet:

❏ Expat (geschrieben in C, von James Clark)
❏ RXP (geschrieben in C, von Richard Tobin)
❏ XP (geschrieben in Java, von James Clark)
❏ XML4J (geschrieben in Java, von IBM)
❏ XML::Parser (geschrieben in Perl, von Clark Cooper)
❏ Pyexpat (geschrieben in Python, von Jack Jansen)

Der Benchmark unter Solaris wurde von Steven Marcus durchgeführt. In seinem Test fehlte der Parser RXP, stattdessen war der Parser »xml-tr2« von Javasoft, der in Java implementiert wurde, dabei. Die genauen Tests können Sie unter folgenden URLs nachlesen:

❏ **Linux:** http://www.xml.com/pub/Benchmark/exec.html
❏ **Solaris:** http://www.awaretechnologies.com/XML/xmlbench/solaris.html

Wenden wir uns nun der Anwendung von XML bei einem spezifischen Problem zu.

Ein Katalog für Bücher

Unser Beispiel eines Katalogs für Bücher soll zeigen, wie man XML nutzen kann, um einerseits eher traditionell Dokumente zu erstellen und andererseits auf eine sehr allgemeine und mächtige Art Daten modellieren kann. Unser Beispiel wird Elemente für die Beschreibung klassischer, bibliografischer Metadaten enthalten, wird aber auch die Möglichkeit bieten, einer Suchanwendung zum Beispiel Preis-Informationen zu liefern oder als Grundlage für den Internet-Handel zu dienen. Auch andere Abläufe des Buchhandels werden von unserem XML-Dokument unterstützt werden. So werden wir in der Lage sein, Stücklisten und Versandetiketten für den Transport zu erstellen oder den Austausch von Konten-Informationen oder anderen Daten zwischen Verleger und Buchhändler abzuwickeln. Wir werden diese Anwendung im nächsten Kapitel genauer analysieren und wir werden dort auch eine DTD entwickeln, die den Bedürfnissen der Anwendung besser gerecht wird. Zunächst gehen wir die Aufgabe recht simpel an.

Lassen Sie uns mit einer recht atomaren Einheit unserer Anwendung beginnen – dem Buch. Für den Zweck unseres Beispiels ist der Inhalt eines Buches zunächst nicht von Bedeutung. Allen Büchern sind aber bestimmte bibliografische Metadaten gemeinsam. So zum Beispiel hat jedes Buch (mindestens) einen Autor, einen Verleger, ein Erscheinungsdatum etc.

Haben wir erst eine sinnvolle Struktur für ein Buch gefunden, können wir diese dann in eine höhere Schicht, den Katalog, einfügen. Die Katalog-Schicht ist eigentlich mehr eine Datenbank als ein klassisches Text-Dokument und wird so einige der Möglichkeiten zur Datenmodellierung illustrieren. Um international zu bleiben, werden wir englische Begriffe für die Elemente in dem Beispiel verwenden.

Das Element <Book>

Zunächst werden wir also das Element <Book> festlegen, das lediglich einfache Kind-Elemente enthalten darf:

```
<?xml version="1.0" encoding="utf-8" standalone="yes"?>
<!--======= The Wrox Press Book Catalog Application =======-->
<Book>
    <Title>XML Professionell</Title>

    <Author>Mark Birbeck, Steven Livingstone, Didier Martin,
        Stephen Mohr, Nikola Ozu, et al.
    </Author>
    <Publisher>Wrox Press, Ltd.</Publisher>
    <PubDate>November 1999</PubDate>
    <Abstract>XML 0-500kmh in 3 seconds</Abstract>
    <Pages>750</Pages>
    <ISBN>1-861003-11-0</ISBN>
    <RecSubjCategories>
        <Category>Internet</Category>
        <Category>Web Publishing</Category>
        <Category>XML</Category>
    </RecSubjCategories>
</Book>
```

Das obige Beispiel enthält einen offensichtlichen Fehler: Alle Co-Autoren wurden in einem einzigen Element zusammengepfercht.

Wir wollen daher unsere Struktur etwas ausweiten:

```
<?xml version="1.0" encoding="utf-8" standalone="yes"?>
<!--======= The Wrox Press Book Catalog Application =======-->
<Book>
    <Title>Professional XML</Title>
    <Authors>
        <Author>Mark Birbeck</Author>
        <Author>Peter Stark</Author>
        <Author>Steven Livingstone</Author>
        <Author>Didier Martin</Author>
        <Author>Stephen Mohr</Author>
        <Author>Michael Kay</Author>
        <Author>Nikola Ozu</Author>
    </Authors>
    <Publisher>Wrox Press, Ltd.</Publisher>
    <PubDate>November 1999</PubDate>
    <Abstract>XML 0-500kmh in 3 seconds</Abstract>
    <Pages>750</Pages>
    <ISBN>1-861003-11-0</ISBN>
    <RecSubjCategories>
        <Category>Internet</Category>
        <Category>Web Publishing</Category>
        <Category>XML</Category>
    </RecSubjCategories>
</Book>
```

Nun haben wir alle Autoren fein säuberlich einzeln aufgeführt. Werfen wir nun einen Blick auf die Einzelheiten der Darstellung unserer bibliografischen Metadaten. Zum Beispiel könnte man argumentieren, dass der Titel, die ISBN etc. besser Attribute des Elementes <book> sein sollten, statt Teile des Element-Inhaltes zu sein.

Nur um zu demonstrieren, wie das aussehen würde, werden wir einige der Elemente in Attribute umwandeln, auch wenn das bisherige Vorgehen durchaus korrekt ist. Außerdem führen wir das Element <Price> ein, um die Anwendung von Elementen mit Attributen zu demonstrieren (und weil Geld immer wichtig ist):

```
<?xml version="1.0" encoding="utf-8" standalone="yes"?>
<!--======= The Wrox Press Book Catalog Application =======-->
<Book title="Professional XML"
    publisher="Wrox Press, Ltd."
    pubdate="November 1999"
    pages="750"
    isbn="1-861003-11-0">

    <Authors>
        <!--Autoren zur besseren Lesbarkeit ausgelassen-->
    </Authors>
    <Price currency="USD">49.99</Price>
</Book>
```

Dieses Beispiel lässt sicher noch vieles vermissen. Die Verwendung von String-Literalen für das Attribut publisher und das Element <Author> ist noch nicht ganz befriedigend. Diese und andere Probleme werden wir im nächsten Kapitel aufgreifen, sobald wir dort unser Beispiel mit dem Katalog stark erweitern werden.

Die bisherigen Beispiele zeigen alle eine verbreitete Konvention für die Beantwortung der Frage Attribut oder Element. Elemente sollten »Substantive« sein, die Objekte repräsentieren. Dagegen sollten Attribute die »Adjektive« darstellen, die die Eigenschaften eines Objekts beschreiben.

Sie werden vielleicht außerdem bemerkt haben, dass wir eine weitere Konvention pflegen, die uns hilft, leichter zwischen Namen von Elementen und Attributen zu unterscheiden. Namen für Element-Typen sind immer Substantive, bei Komposita wird jeweils der erste Buchstabe großgeschrieben. Die Namen von Attributen werden immer in Kleinbuchstaben geschrieben. Das hilft, die Namen in normalen Texten leichter zu unterscheiden.

Die Entscheidung zwischen Attribut und Element ist nicht immer ganz einfach. Es gab einige Diskussionen und Streitgespräche über dieses Thema in den Mailing-Listen XML-L und XML-DEV. Einige argumentieren, dass Attribute generell nicht verwendet werden sollten, da sie den Verarbeitungsaufwand erhöhen und da man Informationen statt in Attribute lieber in Kind-Elemente stecken sollte. Andere rühmen den Vorteil, in der Lage zu sein, Werte von Attributen prüfen zu können und möglicherweise Default-Werte mittels einer DTD zuweisen zu können. Kürzlich durchgeführte Experimente haben gezeigt, dass trotz des ersten Anscheins keine der beiden Methoden einen Vorteil für die Speicherung oder Übertragung von Daten hat, wenn man ein Komprimierungsverfahren (gzip, LZW, oder zlib) benutzt. Die komprimierten Daten waren in etwa gleich groß.

Zwei der Herausgeber der XML-1.0-Empfehlung und einige andere SGML/XML-Experten haben sich zu diesem Thema geäußert. Unter den folgenden Links haben wir einige interessante Artikel zusammengestellt.

Die meisten Links finden sich auf den Seiten von Robin Cover.

- ❑ **»XML Syntax Recommendation for Serializing Graphs of Data«** von Andrew Layman – http://www.w3.org/TandS/QL/QL98/pp/microsoft-serializing.html
- ❑ **»Elements or attributes?«** von Eliot Kimber – http://www.oasis-open.org/cover/attrKimber9711.html
- ❑ **»Elements vs. Attributes«** von Michael Sperberg-McQueen – http://www.oasis-open.org/cover/attrSperberg92.html
- ❑ **»SGML/XML: Using Elements and Attributes«** von Robin Cover – http://www.oasis-open.org/cover/elementsAndAttrs.html
- ❑ **»When is an attribute an attribute?«** von Tim Bray – http://www.oasis-open.org/cover/brayAttr980409.html
- ❑ **»When to use attributes as opposed to elements«** von G. Ken Holman – http://www.oasis-open.org/cover/holmanElementsAttrs.html

Zusammenfassung

In diesem Kapitel haben wir die Syntax vorgestellt, die allen XML-Dokumenten zugrunde liegt. Wir können einfache wohlgeformte Dokumente erstellen, auch wenn wir noch keine weiteren Informationen über XML oder wichtige Tools haben. Bislang können wir also noch nicht die volle Palette der Fähigkeiten von XML nutzen.

Nichts von dem, was wir bisher kennen gelernt haben, entspricht dem »HT« in HTML. Wir haben also den Aspekt des Hypertext völlig weggelassen. Die verbesserten Möglichkeiten des Linking sind ein wichtiger Aspekt einiger noch in der Entwicklung befindlicher Erweiterungen von XML (XLink und XPath). Diese werden wir in Kapitel 8 besprechen.

Wohlgeformte Dokumente allein mögen für viele Anwendungen ausreichen. Aber das bedeutet auch, dass alle Interpretationen oder Überprüfungen in der jeweiligen Anwendung fest codiert sein müssen. Eine flexiblere Herangehensweise ist es, ein zweites Dokument zur Überprüfung zu verwenden. Ein solches Dokument zur Überprüfung könnte die Form einer DTD (siehe Kapitel 3) oder eines Schemas (siehe Kapitel 7) haben.

In seiner simpelsten Form ist XML ein mächtiges Medium für den Austausch von Daten. Nimmt man DTDs oder Schemata, Namensräume, Linking und Style Sheets hinzu, ist XML der Beginn einer neuen Ära eines viel mächtigeren Internets. Koppelt man XML mit Java oder einer anderen Plattform-unabhängigen Sprache, bietet sich die Möglichkeit zur Erstellung vieler portabler Applikationen.

3

Die DTD (Document Type Definition)

Im letztem Kapitel haben wir gelernt, wie man wohlgeformte XML-Dokumente erstellt. Sobald man aber eigene Dokument-Strukturen entwickelt, die der XML-Spezifikation entsprechen, taucht die Frage auf, wie man diese Strukturen anderen Benutzern zugänglich machen kann. Die wichtigsten Browser-Hersteller arbeiten an dem XML-Support für ihre Browser oder haben bereits große Teile davon umgesetzt, aber diese Unterstützung bezieht sich lediglich auf die Darstellung von Dokumenten. Wenn man aber Programme entwickelt, die Dokumente nicht nur lesen, sondern auch erstellen, muss man als Entwickler wissen, welche Regeln man wie umzusetzen hat und was die Elemente für eine Bedeutung haben. Man braucht also eine allgemein bekannte Methode, die es einem erlaubt, die Regeln der eigenen Dokumentstruktur bzw. Auszeichnungssprache anderen XML-Anwendern und Programmierern mitzuteilen. XML 1.0 bietet einen solchen Mechanismus als Teil seiner Spezifikation. Dieser Mechanismus nennt sich **DocumentType Definition** oder kurz **DTD**. Eine DTD legt mittels einer formalen Grammatik fest, welche Elemente definiert sind, in welchen Strukturen diese Elemente angeordnet sein dürfen und welche Attribute die einzelnen Elemente haben. Alle Dokumente, die Sie in dem letzten Kapitel kennen gelernt haben, waren **wohlgeformt**. Diese Dokumente entsprachen den grundsätzlichsten Regeln der XML-Spezifikation, enthalten aber keine anderen Garantien über Syntax und Grammatik. In diesem Kapitel werden wir uns mit der Erstellung von **gültigen** XML-Dokumenten beschäftigen. Diese Dokumente werden dann nicht nur den Regeln der XML-Spezifikation entsprechen, sondern auch einem beliebigen Satz an syntaktischen und semantischen Regeln, den Sie selbst erstellen können.

Die Nutzung einer DTD bringt mehrere Vorteile. Mit einer DTD legen Sie sehr genau und formal den Sprachumfang einer Klasse von Dokumenten fest. Alle Regeln Ihrer Dokument-Sprache sind dann in der DTD enthalten. Viele Parser können mit Hilfe einer DTD die **Gültigkeit** eines Dokumentes überprüfen. Es genügt eine einfache Deklaration in der jeweiligen Instanz eines Dokumentes, damit der Parser die entsprechende DTD sucht und die Dokument-Instanz auf die Korrektheit hin überprüft. Aber auch Editoren für die Erstellung von XML-Dokumenten können eine DTD für ähnliche Zwecke nutzen. Hat der Autor eine DTD gewählt, kann ein Editor auf die Einhaltung der Regeln aus der DTD achten. Ein Autor müsste dann nur noch die an der jeweiligen Stelle erlaubten Elemente einfügen oder einem Element nur erlaubte Attribute mitgeben. So könnten syntaktische und vor allem semantische Regelverstöße schon bei der Erstellung eines Dokumentes verhindert werden.

Die XML-1.0-Empfehlung legt sehr genau fest, wie man eine DTD zu erstellen hat und diese dann mit einem Dokument verknüpft, das dieser DTD entspricht. Es wird auch spezifiziert, wie ein Parser mit einer DTD umzugehen hat. In diesem Kapitel werden wir uns damit beschäftigen, warum man mit einer DTD arbeiten sollte. Sie werden etwas über die Regeln für DTDs lernen und sehen, wie man eine Dokument-Instanz mit einer DTD verknüpft. Ausgerüstet mit diesem Wissen werden wir uns auf den Weg machen, eine DTD für unseren Bücher-Katalog zu erstellen.

Warum braucht man formale Strukturen?

Jedes Mal, wenn Sie ein Programm schreiben, das mit strukturierten Daten oder Dokumenten arbeitet, dann erstellen Sie implizit auch immer eine Art Dokumentation. Der Quellcode Ihres Programms enthält immer auch die Regeln, der die behandelten Dokumente gehorchen. Sie haben also die Strukturen und Regeln fest in Ihrem Code eingebrannt. Jedes Mal, wenn sich die Struktur ändert, muss man auch den Quellcode entsprechend anpassen. Oft ist diese Vorgehensweise aber durchaus akzeptabel, da ein Entwickler seine Änderungen einer kleinen Gruppe von Programmierern leicht mitteilen kann, die dann die entsprechenden Passagen überarbeitet. Schließlich ist es recht schwierig, Programme zu schreiben, die völlig datengesteuert arbeiten.

Schwierig wird es auch, wenn man keine explizite Dokumentation als Grundlage hat. Dann ist man nicht in der Lage, Fehler in Dokumenten zuverlässig zu erkennen. Die einzige Möglichkeit, Fehler zu entdecken, ist, das Programm laufen zu lassen und zu sehen, was passiert. Ist Ihr Programm zu tolerant oder weicht das Dokument in einer unerwarteten Art und Weise ab, können Fehler unentdeckt bleiben. In einem solchen Fall könnte Ihr Programm sich in einigen Fällen unvorhersehbar verhalten.

Die Lösung für dieses Problem ist recht einfach. Man benötigt einen Satz an festen syntaktischen Regeln, die genau festlegen, was in einem Dokument erlaubt ist und was nicht. Mit einem solchen Regelsatz braucht ein Programmierer nicht persönlich mit dem Entwickler einer Sprache zu reden, um alle Regeln einer Sprache zu verstehen. Wird dieser Regelsatz selbst mit Hilfe einer formalen Grammatik spezifiziert, kann ein Parser diese Regeln lesen und auswerten. Auf diese Weise können Sie einen universellen Mechanismus zur Aufdeckung von Fehlern nutzen. Ein Parser kann leicht Fehler im Dokument finden, und Ihre Anwendung kann dann entsprechend reagieren.

Beschreiben Sie eine Problemstellung

XML-Dokumente sind so etwas wie Momentaufnahmen der Datenstrukturen eines Programms. Mit ihrer Hilfe können Sie Informationen zwischen verschiedenen Programmen austauschen. Diese Informationen sind stets Teil des Problemfeldes der Anwendung. Stellt Ihre Auszeichnungssprache ein gutes Modell des behandelten Problems dar, wird es einfacher, ein entsprechendes Programm zu erstellen und zu pflegen. Im Verlauf der Entwicklung einer geeigneten Auszeichnungssprache werden Sie eine Menge über die zu bearbeitende Aufgabenstellung lernen. Sind Ihre Dokumente lediglich wohlgeformt, wird die Beschreibung des Problemfeldes nur unzureichend sein. Sie können nicht davon ausgehen, dass Sie dann alle möglichen Fälle mit Ihren Dokumenten abdecken können. Selbst wenn Sie doch eine umfassende Beschreibung finden, ist dieser Weg nicht gerade der effizienteste, um eine Problembeschreibung abzugeben.

Mit einer DTD dagegen können Sie den gesamten Informationsgehalt Ihrer Sprache in einer definierten Art und Weise festhalten. Alles Wissen, das Sie im Entwicklungsprozess einer Auszeichnungssprache über das Problem gelernt haben, steckt in einer DTD. Eine Konsequenz daraus ist, dass auch jemand anderes Ihre DTD nutzen kann, um Ihr Wissen (zumindest den Teil, den Sie festgehalten haben) über ein Problem zu nutzen. Eine DTD erfüllt zwei Aufgaben gleichzeitig, man erhält etwas, das man aus einer Anwendung heraus nutzen kann, und man erhält eine Art Dokumentation.

Überprüfung von Dokumenten

Ein wohlgeformtes Dokument, das nach impliziten Regeln erstellt wurde, kann nicht auf Fehler überprüft werden. Bei wohlgeformten Dokumenten müssen Sie sich auf die Korrektheit der erzeugenden und auswertenden Anwendungen verlassen und machen daher die Stabilität des Gesamtsystems von der Zuverlässigkeit dieser Anwendungen abhängig. Mögliche Fehler werden aber nicht entdeckt und so können Programme abstürzen oder es schleichen sich falsche Daten in Ihr System ein. Die XML-1.0-Spezifikation legt jedoch sehr genau fest, welches Verhalten von einem validierenden Parser erwartet wird. Sollte in einem XML-Dokument eine DTD referenziert sein, muss der Parser sich die DTD beschaffen und prüfen, ob das

Dokument den Regeln in der DTD entspricht. Wenn Ihnen eine zuverlässige Fehlerprüfung wichtig ist, sollten Sie einfach DTDs und einen validierenden Parser verwenden. Der Parser wird alle Fehler in der Syntax oder Semantik zuverlässig finden. Hat ein Dokument einen Parser erfolgreich durchlaufen, kann man dieses Dokument beruhigt einer Anwendung zur Bearbeitung übergeben. Dieses Vorgehen wird Sie nicht vor Fehlern in Ihrer Anwendung schützen, aber es hilft Ihnen, alle fehlerhaften Daten herauszufiltern, ohne dafür großen Aufwand in Ihrer Anwendung treiben zu müssen.

Diese Sicherheit ist für Internet-Anwendungen besonders wichtig. Sie können sich nie darauf verlassen, dass die anderen Anwendungen, mit denen Sie es zu tun haben, genau so gut gepflegt sind wie Ihre eigene Anwendung. Andere Programmierer, die für andere Firmen arbeiten, können ebenfalls Anwendungen für eine bestimmte Auszeichnungssprache entwickeln. Deren Interpretation der Sprache könnte aber von Ihrer abweichen oder die anderen Entwickler haben vielleicht ihre Anwendung nicht so gründlich getestet. Mit einer DTD und einem validierenden Parser haben Sie eine schnelle und wasserdichte Antwort auf die Frage, ob ein Dokument korrekt ist. Natürlich ist eine Überprüfung nur genau so gut wie die DTD, mit der die Überprüfung stattfindet. Mit dieser Mahnung im Hinterkopf sollten wir uns aufmachen, um zu sehen, was wir benötigen, um effektive DTDs zu erstellen.

Allgemeine Prinzipien der Arbeit mit DTDs

XML-Dokumente bestehen, stark vereinfacht ausgedrückt, aus Elementen und deren Attributen. Es gibt natürlich noch andere Dinge, die man definieren können muss, aber Dokumente bestehen im Wesentlichen aus diesen Bestandteilen. Zusätzlich muss der Inhalt von Elementen definiert werden. Dies können andere Elemente sein oder andere elementare Datentypen, die im Standard definiert sind. Eine DTD muss also alle Elemente, deren Attribute und das Verhältnis der Elemente zueinander beschreiben können.

Verknüpfung von DTD und Dokument

Eine DTD muss immer mit einem Dokument verknüpft sein. Liest ein validierender Parser die Anweisung, mit der eine DTD mit einem Dokument verknüpft wird, so muss der Parser die DTD lesen und auswerten, um das Dokument überprüfen zu können. Sehen wir uns nun an, wie man eine DTD mit einem Dokument verknüpft.

Das DOCTYPE-Tag

Dieses Tag haben wir bereits in Kapitel 2 kurz kennen gelernt. XML bietet die Möglichkeit, mittels der DOCTYPE-Deklaration eine DTD mit einer Dokument-Instanz zu verknüpfen. Die Deklaration des DOC-TYPE muss unmittelbar nach der XML-Deklaration und vor dem ersten Element des Dokumentes auftauchen. Nur Kommentare und Verarbeitungsanweisungen dürfen zwischen der XML-Deklaration und der DOCTYPE-Deklaration auftauchen.

Die DOCTYPE -Deklaration enthält das Schlüsselwort DOCTYPE, gefolgt von dem Element-Namen des Wurzel-Elements des Dokumentes, dann gefolgt von einem Konstrukt, das den Inhalt deklariert. Bevor wir diese etwas kryptische Anweisung genauer erklären, sollten wir uns ein Beispiel für eine DOCTYPE-Deklaration innerhalb eines Dokuments ansehen. Hier also die ersten drei Zeilen eines XML-Dokuments:

```
<?xml version="1.0"?>
<!DOCTYPE Katalog ...>
<Katalog>...
```

Zunächst legen wir fest, dass dieses Dokument der Syntax der XML-1.0-Spezifikation entspricht. Dazu benutzen wir die XML-Deklaration in der ersten Zeile. Dann legen wir fest, dass dieses Dokument den Sprachumfang Katalog besitzen soll, also den Dokumenttyp »Katalog« hat. Das bedeutet konkret, das erste Element unseres Dokumentes (die **Wurzel**) muss von Elementtyp Katalog sein, oder der Parser wird einen Fehler melden. In diesem Fall beginnt das Dokument korrekt.

Die vielen Auslassungen in der DOCTYPE-Deklaration aus dem Beispiel sind etwas unbefriedigend. Wie sieht der Rest der Deklaration aus? Es gibt zwei Methoden der Deklaration des Dokumenttyps. Sie können eine externe Teilmenge (**external subset**) von Deklarationen in einer eigenen DTD-Datei angeben oder eine interne Teilmenge (**internal subset**) innerhalb der DOCTYPE-Deklaration angeben. Es ist auch möglich, beides zu tun. Im letzteren Fall (einer Mischung aus internen und externen DTDs) kann die interne DTD Ergänzungen definieren oder Deklarationen aus der externen DTD überlagern. Parser lesen zunächst die interne Teilmenge und räumen den dort gemachten Deklarationen eine höhere Priorität ein.

Es gibt noch eine weitere Variante, die wir betrachten sollten, bevor wir uns die Deklaration genauer ansehen. Die XML-Deklaration kann das Attribut standalone enthalten. Dieses Attribut kann die beiden Werte yes oder no annehmen. Hat das Attribut den Wert yes, dann gibt es keine Deklarationen, die extern zu der Dokumentinstanz sind und von einem Parser an die bearbeitende Anwendung weitergegeben würden. Der Wert no besagt, dass es externe Deklarationen gibt, die für das Dokument maßgeblich sind.

Nachfolgend eine Variation des letzten Beispiels, in der alle benötigten Deklarationen innerhalb des Dokumentes zu finden sind:

```
<?xml version="1.0" standalone="yes" ?>
<!DOCTYPE Katalog ...
```

Das optionale Attribut standalone *findet in der Praxis selten Anwendung. Das Auftreten des Attributes mit dem Wert* yes *garantiert nicht, dass ein Dokument keine externen Abhängigkeiten irgendeiner Art hat, sondern nur, dass keine externen Deklaration existieren, die, wenn sie nicht in den Verarbeitungsprozess eingebunden werden, das Dokument fehlerhaft werden ließen. Das Attribut dient hauptsächlich als Flag für Parser und andere Anwendungen als Indikator dafür, ob externe Daten geholt werden müssen oder nicht.*

Nun wird es Zeit, die Auslassungen aus dem Beispiel aufzuarbeiten. Die DOCTYPE-Deklaration besteht formal aus dem Schlüsselwort, gefolgt von dem Element-Namen des Wurzel-Elements (in diesem Fall Katalog), gefolgt von einem optionalen externen Bezeichner, gefolgt von einem optionalen Block von Markup-Deklarationen. Der externe Bezeichner identifiziert eine externe DTD (die externe Teilmenge), während der optionale Block von Markup-Deklarationen direkt die interne Teilmenge enthält. Betrachten wir zunächst den internen Block von Markup-Deklarationen.

Die interne Teilmenge (einer DTD)

Wie wir im letzten Kapitel bereits kurz gezeigt haben, kann man alle wichtigen Deklarationen innerhalb des Dokumentes selbst bündeln. Der entsprechende Block von Markup-Deklaration innerhalb des DOCTYPE-Tag besteht aus einer öffnenden eckigen Klammer, gefolgt von einer Liste von Deklarationen und einer schließenden eckigen Klammer. Hier ein simples Beispiel:

```
<!DOCTYPE Katalog [ ...Deklarationen der internen Teilmenge... ]>
```

Interne DTDs sind sehr nützlich. So stellt sich in diesem Fall nie die Frage, wie man an die DTD für das Dokument kommt. Außer für sehr einfache Sprachen bringt eine interne DTD immer eine enorme Vergrößerung des Dokumentes mit sich. Obendrein muss jede Instanz der Dokumentklasse die DTD enthalten. Auch wenn der Empfänger das Dokument nicht prüfen will, muss die interne DTD zusammen mit dem Dokument übermittelt werden. Wir werden interne DTDs nicht sehr oft nutzen, aber dieses Vorgehen kann für einfache Sprachen nützlich sein, besonders wenn man Prototypen einer Sprache testet.

In einigen Fällen wird ein Autor sowohl eine interne als auch eine externe DTD nutzen. Die interne DTD fügt oft Deklarationen hinzu. Wird innerhalb einer internen DTD ein Element deklariert, das auch in der externen DTD vorkommt, überdeckt die interne Deklaration die externe Deklaration. Damit kann man für bestimmte Dokumente die Elemente entsprechend spezieller Bedürfnisse umdefinieren. Muss man die externe DTD sehr häufig durch interne Definitionen überdecken, so ist das ein Zeichen für ein schlechtes Design der DTD.

Externe DTDs

Eine externe DTD ist in einigen Aspekten etwas flexibler als interne DTDs. Im letzten Kapitel haben wir uns mit der Referenzierung externer DTDs beschäftigt. In diesem Abschnitt werden wir einiges wiederholen und unser Wissen ausweiten. In unserem Fall enthält die DOCTYPE-Deklaration das übliche Schlüsselwort und den Namen des Wurzel-Elements, gefolgt von einem anderen Schlüsselwort, das anzeigt, wo die DTD zu suchen ist, und schließlich den Pfad zur DTD. Die Deklaration der Quelle für eine DTD hat einige Tücken. Das entsprechende Schlüsselwort lautet entweder SYSTEM oder PUBLIC. Ist es SYSTEM, sollte der Parser in der Lage sein, die DTD allein anhand des gegebenen URL zu finden. Die DTD ist dann eindeutig und explizit durch den URL identifiziert. In dem folgenden Fall folgt auf »SYSTEM« der URL für die DTD-Datei.

URLs, die eine DTD referenzieren, sollten nie Bezeichner für Dokument-Abschnitte (das Zeichen # gefolgt von einem Namen) enthalten. Die XML-Spezifikation besagt, dass Parser einen Fehler melden können, wenn ein URL diese Bezeichner enthält.

Hier kommen zwei Beispiele:

```
<!DOCTYPE Katalog SYSTEM "http://MeinServer/decs/Katalog.dtd">
```

und:

```
<!DOCTYPE Katalog SYSTEM
    "http://www.universalbibliothek.org/publishing/Katalog.dtd">
```

Alle Informationen, die man benötigt, um das Dokument aus dem ersten Beispiel zu prüfen, findet man in der Datei Katalog.dtd. Im zweiten Fall befindet sich die Datei mit der DTD auf einem Webserver, der von einer fiktiven Universalbibliothek betrieben wird. In beiden Fällen befinden sich die Element-Deklarationen für das Element Katalog in der Datei Katalog.dtd.

Ist die Quelle als PUBLIC gekennzeichnet, wird die Sache etwas komplexer. Das Schlüsselwort PUBLIC dient der Benennung verbreiteter und bekannter Auszeichnungssprachen. Stellen Sie sich als Beispiel vor, das Verlagswesen habe sich in einer überwältigenden Mehrheit auf einen Standard für Bücher-Kataloge geeinigt. Eine Anwendung, die ein Dokument dieser Dokumentklasse auswertet, wird vielleicht verschiedene Strategien nutzen, um an diese DTD zu kommen. Sollte diese DTD sehr verbreitet sein, könnte eine lokale Kopie verfügbar sein. In diesem Fall wäre es leichter, die lokale Kopie zu nehmen statt einen Webserver bemühen zu müssen. Die Deklarationen könnten auch in einer Datenbank enthalten sein oder von einem anderen Programm irgendwie bereitgestellt werden. Durch die Verwendung des Schlüsselwortes PUBLIC in Verbindung mit einem URI erhalten XML-Applikationen eine Möglichkeit, eigene Strategien für die Suche nach einer DTD zu verwenden.

Ein Uniform Resource Identifier (URI) kann ein URL sein oder auch einfach nur ein eindeutiger Bezeichner (Name).

Ein Beispiel:

```
<!DOCTYPE Katalog PUBLIC "universal/Publishing/Book">
```

Ist der URI universal/Publishing/Book der bearbeitenden Anwendung bekannt, kann diese Anwendung eigene effektivere Methoden verwenden, um die DTD zu finden. Nehmen wir an, dass ein XML-Parser benutzt wird, um Bücher-Kataloge zu prüfen. Dieser Parser könnte eine lokale Kopie der DTD besitzen oder er könnte sich an eine lokale Datenbank wenden, um die Datei mit der DTD zu erhalten. Der entscheidende Punkt ist, dass das Auffinden einer DTD der bearbeitenden Anwendung überlassen bleibt.

Die Aussage, es handelt sich um eine bekannte DTD, ist natürlich sehr vage. Als Konsequenz erlaubt die XML-1.0-Spezifikation, dass in einer PUBLIC-Deklaration sowohl ein Public-Identifier als auch ein System-Identifier vorkommen darf. Sollte eine Anwendung oder ein Parser, der das Dokument bearbeitet, nicht in der Lage sein, die DTD anhand des URI zu identifizieren, muss der System-Identifier verwendet werden.

```
<!DOCTYPE Katalog PUBLIC "universal/Publishing/Book"
    "http://www.universalbibliothek.org/publishing/Katalog.dtd">
```

In dem obigen Beispiel hat der Autor des Dokumentes der Anwendung die Chance gelassen, die DTD aufgrund des öffentlichen URI zu finden. Sollte das schief gehen, wie man bei einem allgemeinen Parser erwarten würde, der keine genaueren Daten über die DTD haben kann, würde sich die Anwendung an den Webserver der Universitätsbibliothek unter www.universalbibliothek.org richten.

Grundlegende Markup-Deklarationen

Der mögliche Inhalt eines XML-Dokuments wird durch vier Typen von Markup-Deklarationen festgelegt. Die Schlüsselworte für diese Deklarationen und deren Bedeutung sind in der folgenden Tabelle aufgeführt. Die ersten beiden Deklarationen behandeln die Information, die wir in einem XML-Dokument erwarten (Elemente und Attribute):

DTD-Konstrukt	Bedeutung
ELEMENT	Deklaration eines Elementtyps
ATTLIST	Deklaration der Attribute (Namen und Werte), die ein Elementtyp haben kann

DTD- Konstrukt	Bedeutung
ENTITY	Deklarationen von beliebigen Inhalten
NOTATION	Deklarationen von Formaten für externe Inhalte, die nicht geparst werden sollen (z.B. binäre Daten) und Angabe der externen Anwendungen, die diese Inhalte behandeln

Die letzten beiden Typen von Deklarationen dienen eher als unterstützende Konstrukte. Besonders Entities dienen dazu, das Leben von XML-Anwendern zu erleichtern. Diese bestehen normalerweise aus Dokumentteilen, die sich recht häufig wiederholen, so dass sich eine eigene Deklaration lohnt. Diese Deklaration kann dann wie eine include-Anweisung in C/C++ verwendet werden.

Die Notationen behandeln Inhalte, die nicht XML sind. Eine Notation wird zur Deklaration von Daten-Klassen und der Verbindung mit externen Programmen benutzt. Ein so deklariertes Programm ist dann immer für entsprechende Klassen von Daten zuständig. Wenn Sie zum Beispiel eine JPEG-Bilddatei mit einem Dokument verknüpfen, brauchen Sie vielleicht einen Viewer, der das JPEG-Bild darstellt. In diesem Fall verlässt sich das Dokument darauf, dass der Viewer auf jedem empfangenden System vorhanden ist. Einige Autoren werden im Interesse der Portabilität die Referenz auf eine Anwendung weglassen. In diesem Fall verkommt eine Notation zu einem bloßen Typisierungsmechanismus.

Wir beschäftigen uns mit Entities und Notationen im folgenden Abschnitt etwas ausführlicher.

Formale Struktur einer DTD

Nun wissen Sie, was eine DTD ist und wie man Dokumente und DTDs verknüpft. Ich hoffe, die Beispiele haben in Ihnen den Wunsch geweckt, zu erfahren, wie man eigene Dokumentstrukturen definiert. Zusätzlich zu den bisher genannten vier Konstrukten gibt es noch einige andere Konstrukte, die in DTDs Verwendung finden, aber zunächst beschäftigen wir uns mit **Entities**.

*Die Syntax, mit der wir uns im Folgenden beschäftigen, ist sehr genau in der XML-1.0-Empfehlung (`http:/`
`/www.w3.org/TR/REC-xml/`) spezifiziert. Jene, denen diese Fassung etwas zu kryptisch ist, sollten einen
Blick auf die kommentierte Fassung von Tim Bray werfen, einem der Co-Autoren der Empfehlung. Dieses
Dokument finden Sie unter `http://www.xml.com/axml/testaxml.htm`. Dieses Dokument wurde
ursprünglich in XML geschrieben, es ist somit auch ein interessantes Beispiel für eine Anwendung von XML.*

Entities

XML bietet Ihnen die Möglichkeit, Textpassagen zu definieren und diese zu referenzieren, wann immer
diese im Dokument auftauchen sollen. Mit der Deklaration eines Entity in einer DTD wird ein Name und
der dazu gehörende Inhalt definiert. Jedes Mal, wenn Sie den Inhalt im Dokument brauchen, können Sie
die entsprechende Passage mit einem Namen und einer speziellen Syntax referenzieren. Wie schon gesagt,
lassen sich Entities wie die `define`-Anweisung in C/C++ oder wie beliebige andere Text-Makros anwenden. Ein Entity, das im Inhalt eines Dokumentes auftaucht, wird ein **general entity** genannt. Diese Definition kann man verfeinern, indem man danach unterscheidet, ob der Inhalt eines Entity geparst wird
oder nicht. Ein **parsed entity** besteht wiederum aus XML-Daten. Der Wert der Entity-Referenz wird als
Ersetzungs-Text benutzt. Bei einem **unparsed entity** dagegen muss der Wert oder Inhalt nicht einmal aus
Text bestehen.

Sollte es dennoch Text sein, so muss es nicht zwingend XML sein. Daher kommen auch die Begriffe für
die Entities. Wenn man von vornherein annehmen kann, dass der Inhalt keine XML-Daten sind oder vielleicht überhaupt kein Text ist, ist es nicht sinnvoll, den Inhalt durch einen Parser zu schicken. Auf der anderen Seite kann ein *parsed entity* XML-Daten enthalten, die Sie einfach in Ihr Dokument kopieren. Daher
muss auch dieser Teil des Dokuments durch einen Parser geprüft werden.

An dieser Stelle werfen wir einen genaueren Blick auf die verschiedenen Typen von Entities. Auch hier
werden wir wieder unser Wissen aus dem letzten Kapitel wiederholen und erweitern.

Vordefinierte Entities

XML reserviert für das eigene Markup einige Zeichen, so wie etwa die öffnende spitze Klammer, als
Metazeichen. Zusätzlich gibt es einige Zeichen, die nicht gedruckt oder auf dem Bildschirm ausgegeben
werden können. Daher bietet XML einige vordefinierte Entities, damit Autoren diese Zeichen dennoch in
ihren Dokumenten verwenden können. So können innerhalb von Elementen auch Zeichen verwendet
werden, die sonst als Teil des Markup betrachtet würden.

Jedes Zeichen kann durch einen numerischen Wert referenziert werden. Dazu stellt man dem numerischen Wert die Zeichen `&#` unmittelbar voran (kein Leerzeichen) und die Referenz wird mit einem Semikolon abgeschlossen. Das Zeichen für die Relation größer als (>) könnte zum Beispiel als `&#62;` geschrieben werden. Einige Zeichen sind so verbreitet und wichtig, dass in XML schon die entsprechenden
Entities definiert sind:

Zeichen	Entity-Referenz
<	`&lt;`
>	`&gt;`
&	`&amp;`
' (Apostroph)	`&apos;`
" (Anführungszeichen)	`&quot;`

Hier ein Beispiel:

```
<etwas_Mathe>Karl&apos;s Variable x, mit 10 &lt; x &gt; 46 </etwas_Mathe>
```

General Entities

Die einfachste Form von Entities sind die **general entities**. Damit können wir Textpassagen, die geparst werden, mit einem Namen verknüpfen. Die Definition eines solchen Entity wird mit dem Schlüsselwort ENTITY eingeleitet, gefolgt von einem Namen und dem Text, der durch diesen Namen angesprochen werden soll. Hier ein einfaches Beispiel:

```
<!ENTITY copyright "© MegaTrouble Toys, Inc., 1999">
```

Mit dieser Deklaration können wir diesen (nicht ganz ernst gemeinten) Hinweis auf das Urheberrecht an jeder benötigten Stelle in einem Dokument einfügen, indem wir uns auf den Namen »copyright« beziehen. Natürlich müssen wir dem Parser irgendwie mitteilen, dass wir ein Entity referenzieren wollen und nicht einfach das Wort »copyright« schreiben wollen. Um diese Absicht auszudrücken, stellen wir dem Namen ein Ampersand (&) voran und schließen den Namen mit einem Semikolon ab. Innerhalb der Referenz, also zwischen Name und den Symbolen (&) und (;) dürfen keine Leerzeichen (white space) auftauchen.

Hier ein Beispiel:

```
&copyright;
```

Beachten Sie bitte, dass das Ampersand in diesem Fall ein Metazeichen ist und eine besondere Rolle spielt. Sollten Sie das Zeichen als solches in Ihrem Dokument benötigen, müssen Sie das vordefinierte Entity für dieses Zeichen verwenden.

> **Wird der Ersatz-Text für eine Entity-Referenz während des Parsens expandiert, muss das Ergebnis wohlgeformtes XML sein.**

General Entities können auch anders definiert werden. Dabei ist der Ersatz-Text in einer externen Datei gegeben. Die Deklaration hat dann folgende Form:

```
<!ENTITY MeinEntity SYSTEM "http://www.mitp.de/template/copyrighttext.txt" >
```

Das Schlüsselwort SYSTEM wird benutzt, um anzuzeigen, dass die Quelle ein externes Dokument ist, und ihm folgt stets der URL für die Datei. Auch die Kombination aus dem Schlüsselwort PUBLIC, gefolgt von einem URI und einem Ersatz-URL, kann verwendet werden. Es gibt jedoch eine Einschränkung für die Anwendung von externen Entities in Dokumenten. Diese Einschränkung betrifft Referenzen ge*parster* externer Entities. Diese dürfen *nicht* innerhalb von Attribut-Werten auftreten, wenn die Zeichencodierung des entsprechenden Entity sich von der Zeichencodierung des Haupt-Dokuments unterscheidet.

Beachten Sie bitte auch, dass nicht validierende Parser nicht verpflichtet sind, den Inhalt von externen Entities zu lesen und zu expandieren.

Schließlich dürfen Entities auf keinen Fall Referenzen auf sich selbst enthalten, weder direkt noch indirekt. Die folgenden Beispiele sind illegale Deklarationen:

```
<!ENTITY selfRef  "Dancing with my &selfRef;" >
<!ENTITY HinRef   "Hier wird etwas eingefügt &RueckRef;" >
<!ENTITY RueckRef "Auch hier wird etwas eingefügt &HinRef; >
```

Betrachten wir nun einen anderen Typ von Entities: die Parameter-Entities.

Parameter-Entities

Wenn *parsed entities* ausschließlich innerhalb von DTDs auftauchen, nennt man diese **Parameter-Entities**. Diese Entities erlauben es auf einfache Art und Weise, oft benutzte Konstrukte innerhalb einer DTD zu referenzieren und/oder zu ändern, indem man sie an einem Ort versammelt. Dieses Vorgehen ist einfacher, als jedes Konstrukt einzeln an jedem Vorkommen in der DTD zu ändern. Dennoch muss man immer noch die DTD editieren, wenn man ein Konstrukt erweitern möchte. Die Deklaration von Parameter-Entities wird ebenfalls durch das Schlüsselwort ENTITY eingeleitet, dann folgt ein Prozent-Zeichen (%), gefolgt von einem Namen und dem Ersatz-Text. Das kann dann so aussehen:

```
<!ENTITY % PersonenParameter "Alter  CDATA #IMPLIED Gewicht CDATA #IMPLIED Größe
CDATA #REQUIRED">
```

Das Schlüsselwort CDATA bezieht sich auf character data, also beliebige Zeichen. Mehr dazu in dem Abschnitt über Attribute.

Der Ersetzungs-Text aus dem obigen Beispiel ist Teil der Deklaration einer Attribut-Liste mit drei Attributen. Dieser Text wird so behandelt, als wäre er an der jeweiligen Stelle in die DTD geschrieben worden. Wann immer diese drei Attribute in Ihrer DTD auftauchen sollen, können Sie diese durch die Referenz PersonenParameter ansprechen.

Jedes Parameter-Entity muss erst deklariert werden, bevor man es zum ersten Mal innerhalb einer DTD anwenden kann. Das bedeutet insbesondere, dass ein Parameter-Entity aus einer externen DTD nicht in einer internen Teilmenge der DTD benutzt werden kann, da Letztere, wie wir wissen, als Erste gelesen und bearbeitet wird.

Eine Referenz auf ein Parameter-Entity besteht aus dem Namen der Referenz, dem ein Prozentzeichen (%) vorangestellt ist und der von einem Semikolon (;) abgeschlossen wird. Auch hier dürfen keine Leerzeichen zwischen dem Namen und den Metazeichen auftauchen. Die Deklaration aus dem obigen Beispiel würde man also wie folgt referenzieren:

```
<!ATTLIST  VersichertePerson
    %PersonenParameter;
    Beruf   CDATA  #REQUIRED >
```

Das soeben definierte Element VersichertePerson hat also tatsächlich vier Attribute. Das Attribut Beruf haben wir explizit definiert, die anderen drei Attribute (Alter, Gewicht und Größe) stammen aus dem Parameter-Entity und werden eingefügt, sobald die Referenz von dem Parser expandiert wird. Das letzte Beispiel ist also äquivalent zu der folgenden Deklaration:

```
<!ATTLIST  VersichertePerson
       Alter  CDATA #IMPLIED
       Gewicht CDATA #IMPLIED
       Größe CDATA #REQUIRED
       Beruf  CDATA  #REQUIRED >
```

Dieser Typ von Substitutionen, also Ersetzungen *innerhalb* von Deklarationen, funktioniert nur innerhalb von externen Teilmengen einer DTD. In der internen Teilmenge können Referenzen auf Parameter-Entities nur zwischen anderen Deklarationen benutzt werden. Daher muss der Ersatz-Text für eine solche Entity-Referenz eine vollständige Deklaration enthalten, ansonsten wäre eine DTD nicht mehr wohlgeformt.

Alle Regeln, die wir für wohlgeformte Dokumente kennen gelernt haben, gelten auch für Parameter-Entities. Ein Dokument muss, auch nachdem der Parser die Ersetzungen für eine Referenz vorgenommen hat, noch wohlgeformt sein. Lassen Sie diese Tatsache bei der Definition von Parameter-Entities auf keinen Fall außer Acht. Generell sollten Sie sehr vorsichtig mit der Verwendung von Markup innerhalb von Parameter-Entities umgehen. Das folgende Beispiel verletzt die Bedingung der Wohlgeformtheit:

```
<!ENTITY % EinParmEnt  "<!ENTITY genEnt 'der Ersatztext'  ">
%EinParmEnt;
```

Der Ersatztext für %EinParmEnt; ist eine unvollständige Deklaration, da eine abschließende spitze Klammer (>)fehlt. Nach der Expansion von %EinParmEnt; innerhalb der DTD wäre diese nicht mehr wohlgeformt.

Wie schon bei den *general entities*, kann auch bei Parameter-Entities der Ersatztext in einer externen Datei enthalten sein:

```
<!ENTITY % EinParamEnt SYSTEM "http://www.mitp.de/deklarationen/MITPDec1A.ent">
```

Die bisherigen Ausführungen sollten gezeigt haben, dass Entities eine große Hilfe bei der Definition eigener Auszeichnungssprachen sein können. Sehen wir uns nun an, wie man eigene Elementtypen definiert.

Elemente

Elemente sind das Herz und die Seele von XML. Elementtypen werden in einer DTD mittels des ELE-MENT-Tags definiert. Mit dem Tag wird der Name des deklarierten Elementtyps und der Inhalt des Elementes definiert. Die Namen von Elementtypen unterliegen den Restriktionen für Namen in XML, die wir schon im letzten Kapitel kennen gelernt haben. Namen dürfen Buchstaben, Ziffern und die Zeichen Doppelpunkt (:), Unterstrich (_), Bindestrich (–) und Punkt (.) enthalten. Namen dürfen jedoch auf keinen Fall mit einer Ziffer beginnen. Zu Beginn eines Namens dürfen nur Buchstaben, der Unterstrich oder der Doppelpunkt auftauchen.

Auch wenn der Doppelpunkt in einem Namen auftauchen darf, werden wir eine spezielle Bedeutung dieses Zeichens innerhalb von Namen kennen lernen, wenn wir uns später mit dem Thema Namensräume befassen werden. Aus diesem Grund ist es besser, auf die Verwendung von Doppelpunkten in einfachen Namen zu verzichten.

Es gibt drei Klassen von Element-Inhalten: **leere Elemente**, Elemente mit **gemischtem Inhalt** und Elemente mit **beliebigem Inhalt**. Ein leeres Element enthält weder Text noch irgendwelche Kind-Elemente, es darf jedoch Attribute haben. Die Definition legt dies durch das Schlüsselwort EMPTY fest. Elemente, die ausschließlich andere Elemente enthalten dürfen, werden durch den Begriff **element content** beschrieben. Die Bezeichnung gemischter Inhalt deutet an, dass Elemente nicht nur andere Elemente, sondern auch vom Parser bearbeitete Zeichen (parsed character data oder #PCDATA) oder beliebige Texte enthalten dürfen. Diese Elementtypen erlauben es uns, durch Strukturen etwas auszudrücken. Elemente, die gemischten Inhalt oder nur Elemente enthalten dürfen, werden durch ein Inhaltsmodell (**content model**) definiert. Ein Inhaltsmodell ist eine Spezifikation der internen Struktur des Element-Inhaltes. Wollen Sie keine konkrete Aussage über den Inhalt eines Elementes machen und somit alle Möglichkeiten offen lassen, die nicht die Syntax von XML und die Wohlgeformtheit verletzen, dann können Sie das durch das Schlüsselwort ANY ausdrücken.

```
<!ELEMENT KeineDaten  EMPTY>
<!ELEMENT BeliebigerInhalt  ANY>
```

Der Elementtyp KeineDaten hat keinen Inhalt. Hier ein Beispiel für eine Instanz:

```
<KeineDaten/>
```

Es gibt verschiedene Gründe, warum man mit leeren Elementen arbeiten sollte. So kann zum Beispiel das bloße Auftauchen eines Elements in einem Dokument einer Anwendung als Signal für eine bestimmte Aktion dienen. In HTML dient das Element <BR/> einem ähnlichen Zweck. Mit dieser Methode können Sie einer Anwendung zum Beispiel signalisieren, die Art der Bearbeitung zu verändern. Leere Elemente können auch dazu dienen, Gruppen von Parametern an ein Dokument zu übergeben, die zu einfach strukturiert sind, um eine komplexe Element-Struktur zu rechtfertigen. Eine verwandte Art der Anwendung ist das Ausdrücken von Beziehungen oder Relationen. Wenn wir uns später den Attributen zuwenden, werden wir sehen, dass es in XML Attributtypen gibt, die dazu dienen Eins-zu-eins (1:1)- und Eins-zu-viele (1:n)-Beziehungen auszudrücken. Wenn man nur an der Beziehung, nicht aber an dem Inhalt interessiert ist, kann sich ein leeres Element mit Attributen als sehr nützlich erweisen.

Die Deklaration von BeliebigerInhalt zeigt an, dass dieses Element beliebigen Inhalt (ANY) haben kann. Es können also beliebige Kombinationen von Elementen und Text auftreten. Sie sollten aber mit der Anwendung des Schlüsselwortes ANY sehr vorsichtig sein, da ein Parser dann nur noch sehr wenige Überprüfungen für Sie durchführen kann.

Die Definition von strukturierten Element-Inhalten geschieht über die so genannten Inhaltsmodelle. Ein **Inhaltsmodell (content model)** besteht aus einer Gruppe von Klammern, die eine Kombination von Namen der Kind-Elemente enthält. Außerdem dürfen dort auch Operatoren und das Schlüsselwort #PCDATA auftreten. Die Operatoren dienen der Angabe der Kardinalität und beschreiben, auf welche Weise Elemente und Texte kombiniert werden dürfen.

Operator	Bedeutung
,	Sequenz (Komma)
|	Alternative (senkrechter Strich)

Durch Kommata können Elemente in Sequenzen angeordnet werden. Hier eine Deklaration für ein Element mit dem Namen PersonenName:

```
<!ELEMENT PersonenName (Vorname, Mittelname, Nachname)>
```

Die Elemente Vorname, Mittelname und Nachname müssen in der definierten Reihenfolge innerhalb des Eltern-Elements auftauchen. Nehmen wir an, Sie wollten dem Autor eines Dokuments einige Wahlmöglichkeiten lassen. Wir definieren ein Element mit dem Namen FruchtKorb, das die Elemente Apfel oder Orange enthalten darf:

```
<!ELEMENT FruchtKorb (Apfel | Orange)>
```

Sie können Inhaltsmodelle auch ineinander schachteln, um so eine größere Aussagekraft zu erhalten. Hier noch einmal ein abgewandelter FruchtKorb, der auf jeden Fall eine Kirsche enthalten muss, dann aber hat man wieder die Wahl zwischen einem Apfel oder einer Orange:

```
<!ELEMENT FruchtKorb (Kirsche, (Apfel | Orange))>
```

Wie gesagt, ist in diesem Fruchtkorb eine Kirsche vorgeschrieben, man hat aber die freie Wahl zwischen einem Apfel und einer Orange. Die Elemente müssen auf jeden Fall in dieser Reihenfolge auftreten. Daher sind die beiden folgenden Beispiele auch die einzigen möglichen Permutationen:

```
<FruchtKorb>
    <Kirsche>...</Kirsche>
    <Orange>...</Orange>
</FruchtKorb>
```

```
<FruchtKorb>
    <Kirsche>...</Kirsche>
    <Apfel>...</Apfel>
</FruchtKorb>
```

Die bisher kennen gelernten Operatoren haben keine Möglichkeit, die **Kardinalität** auszudrücken. Wie viele Instanzen eines Elementtyps sind in einem Element erlaubt? Hier also die Operatoren für die Kardinalität:

Operatoren	Bedeutung
?	Drückt Optionalität eines Elements aus
*	Kein Mal oder beliebig oft
+	Ein Mal oder beliebig oft

Wird kein Kardinalitäts-Operator verwendet, so beträgt die Kardinalität eins. Diese Operatoren können auf Elemente und Gruppen von Inhaltsmodellen angewandt werden, um so komplexe Strukturen zu schaffen. Wir wollen unseren FruchtKorb noch etwas weiter variieren:

```
<!ELEMENT FruchtKorb (Kirsche+, (Apfel| Orange)*)>
```

Dieses Inhaltsmodell besagt, dass unser Korb mindestens eine Kirsche enthalten muss, es können aber noch beliebig viele weitere Kirschen folgen. Auf die Kirschen dürfen entweder gar keine oder beliebig viele Kombinationen aus Apfel und Orange folgen. Beachten Sie bitte, dass alle Elemente vom Typ Kirsche zusammen auftauchen müssen. Hier ist ein Beispiel für einen gültigen FruchtKorb:

```
<FruchtKorb>
    <Kirsche>...</Kirsche>
    <Kirsche>...</Kirsche>
    <Apfel>...</Apfel>
    <Orange>...</Orange>
    <Orange>...</Orange>
</FruchtKorb>
```

Wenn Sie gemischten Inhalt ausdrücken wollen, können Sie auch mit #PCDATA in Ihrem Inhaltsmodell arbeiten. Die Elemente in dem Inhaltsmodell müssen dann durch den |-Operator getrennt werden und die ganze Gruppe muss durch den *-Operator abgeschlossen werden:

```
<!ELEMENT GrabbelSack (#PCDATA | Teil_A | Teil_B)*>
```

Wenn Sie gemischte Inhaltsmodelle verwenden, muss das Schlüsselwort #PCDATA als erstes im Inhaltsmodell vorkommen. Dies ist in der Syntax von XML 1.0 im Absatz 3.2.2 festgelegt.

Das obige Inhaltsmodell bietet einem die Möglichkeit zwischen keiner und beliebig vielen Kombinationen aus den Elementen Teil_A, Teil_B und #PCDATA. Das könnte zu einer Instanz wie der nächsten führen:

```
<GrabbelSack>
    <Teil_A>...</Teil_A>
    Hier nur Text, des als PCDATA eingefügt ist
    <Teil_A>...</Teil_A>
    <Teil_B>...</Teil_B>
</GrabbelSack>
```

Sehen Sie sich bitte das folgende Inhaltsmodell an und versuchen Sie herauszufinden, was gemeint ist:

```
<!ELEMENT foo (A, (B | C)>
```

Das Element foo hat zwei Kind-Elemente, wobei das erste Kind-Element immer A sein muss. Dann darf eine Auswahl aus B oder C folgen.

```
<!ELEMENT foo (A, B?, C)>
```

Nun darf foo zwei oder drei Kind-Elemente in der angegebenen Reihenfolge haben, wobei B optional ist.

```
<!ELEMENT foo (A?, ((B, C) | D), E?)>
```

Nun wird unser Element foo um einiges komplexer. Das erste Kind-Element kann nun A, B oder D sein. Insgesamt können bis zu vier Kind-Elemente auftreten, je nach den gewählten Möglichkeiten. A ist optional, dann muss eine Auswahl aus der Sequenz von B und C oder dem Element D auftreten. E ist wieder optional.

```
<!ELEMENT foo ((A, B) | (C | D))>
```

Hier hat `foo` entweder zwei oder auch nur ein Kind-Element. Entweder tauchen `A` und `B` in dieser Reihenfolge auf oder man hat die Wahl zwischen `C` und `D` allein. Wandeln wir das Beispiel weiter ab:

```
<!ELEMENT foo ((A, B)+ | (C | D))>
```

In dem obigen Beispiel kann das Element-Paar `A` und `B` beliebig oft wiederholt werden oder aber es taucht nur eines der Elemente `C` oder `D` auf. Inhaltsmodelle können erstaunlich unterschiedliche Instanzen hervorbringen. Betrachten Sie das folgende Beispiel:

```
<!ELEMENT foo (A, (B, C)*, D+)>
```

Nun kann ein `A`, gefolgt von beliebig vielen oder auch keiner Folgen der Elemente `B` *und* `C`, gefolgt von mindestens einem `D`, auftauchen.

Ich hoffe, die obigen Beispiele regen Sie dazu an, mit komplexeren Modellen zu experimentieren. Selbst mit diesen recht einfachen Regeln lassen sich aussagekräftige und flexible Strukturen erzeugen. Sie sollten versuchen, einige Dokumente, die den obigen Regeln gehorchen, zu erstellen, und diese dann mit einem validierenden Parser prüfen. Vergessen Sie nicht, eine DTD zu verwenden, die eines der obigen Fragmente enthält.

> *Es gibt einige Parser, die durch Webseiten im Internet verfügbar sind. Ich benutze oft den validierenden Parser unter* http://www.stg.brown.edu/service/xmlvalid/, *um meine DTD-Strukturen zu prüfen.*

Wenden wir uns nun den Attributen zu.

Attribute

Attribute ergänzen und modifizieren Elemente, indem sie die Möglichkeit bieten, Attribute mit Elementen zu verknüpfen. Mit Hilfe von Attributen kann man eine Menge Informationen ausdrücken, was sie zu einem wirklich wichtigen Feature von XML macht. In dem `IMG`-Tag von HTML gibt es zum Beispiel das Attribut `SRC`. Attribute werden in XML natürlich auch innerhalb von DTDs definiert. Diese Definition geschieht mittels des `ATTLIST`-Tags. Jedes Element, für das Attribute deklariert sind, wird mindestens ein `ATTLIST`-Tag enthalten, das eine Liste von Attributen deklariert. Eine `ATTLIST`-Deklaration besteht aus dem Schlüsselwort `ATTLIST` gefolgt von dem Elementnamen, für den die Liste gelten soll. Danach folgt die (evtl. leere) Liste der Attribut-Definitionen. Zur besseren Lesbarkeit werden wir oft jedes Attribut in eine eigene Zeile schreiben.

Jede Attribut-Definition besteht aus dem Namen eines Attributs, dessen Typ und einem Vorgabewert (default):

```
<!ATTLIST MeinElement AttributName CDATA #REQUIRED >
```

In diesem Fall wird ein einziges Attribut `AttributeName` deklariert. Dieses Attribut muss auch (`#REQUIRED` – das ist auch die Vorgabe) in dem Start-Tag jeder Instanz von `MeinElement` auftreten. Der Wert des Attributs ist eine Zeichenkette aus gültigen XML-Zeichen (`CDATA`).

Eine Attribut-Deklaration kann einen von diversen Vorgabewerten enthalten, die festlegen, wie Attribute in einem Dokument auftreten müssen. Bevor wir uns der Deklaration von *Attributtypen* zuwenden, sehen wir uns an, wie sich diese Vorgabewerte auf die Deklaration von Attributen auswirken.

Vorgabewerte

Es gibt vier Vorgabewerte für Attribut-Deklarationen:

Vorgabewerte	Bedeutung
#REQUIRED	Das Attribut muss in jeder Instanz des Elements auftauchen.
#IMPLIED	Das Attribut kann optional in einer Instanz eines Elements auftauchen.
#FIXED plus Vorgabewert	Das Attribut muss immer den Vorgabewert haben. Sollte das Attribut nicht auftreten, wird dieser Wert automatisch von Parser eingefügt.
Nur ein Vorgabewert	Taucht das Attribut nicht auf, so nimmt der Parser den Vorgabewert an. Taucht das Attribut auf, kann es auch einen anderen Wert annehmen.

Wird ein Vorgabewert in der ATTLIST-Deklaration vorgegeben und das Attribut wird in einigen Instanzen des Elementes weggelassen, kann ein Parser sich so verhalten, als ob das Attribut doch mit dem gewünschten Wert im Dokument aufgetaucht wäre. Daher sind nach der Attribut-Deklaration, die unten steht, die beiden Element-Instanzen aus dem Beispiel äquivalent:

```
<!ATTLIST EinElement farbe "blau">

<EinElement farbe="blau">...</EinElement>
<EinElement>...</EinElement>
```

Wie Sie an dem Beispiel sehen können, wurde in der Deklaration des Attributs farbe ein Vorgabewert angegeben (blau). In der ersten Instanz des Elementes haben wir das Attribut explizit deklariert, haben aber in der zweiten Instanz des Elements das Attribut weggelassen. Ein Parser würde jedoch beide Elemente so behandeln, als hätten diese den Wert blau für das Attribut farbe definiert.

Nehmen wir als weiteres Beispiel ein Element Buch mit einem Attribut anspruch. Nehmen wir weiterhin an, wir wollten den Vorgabewert für das Attribut auf den Wert »professionell« setzen:

```
<!ATTLIST Buch
    anspruch   CDATA "professionell"
    >
```

Tritt das Element Buch in einem Dokument ohne das Attribut anspuch auf, so wird jede Anwendung annehmen, der Wert sei »professionell«. Dies ist immer dann nützlich, wenn der Vorgabewert besonders häufig auftritt. In solchen Fällen deklariert man einfach den Vorgabewert und lässt das Attribut bei jedem Element, das diesen Wert haben sollte, einfach weg.

Diese Vorgehensweise kann aber auch ein Problem darstellen. Wählen Sie einen Vorgabewert, der im Bezug auf die Verarbeitung in Ihrer Anwendung sicher ist. Es ist recht schnell passiert, dass man vergisst, ein Attribut anzugeben. In diesem Fall werden die Vorgabewerte aus der DTD wirksam. Wenn Sie Code schreiben, der sich auf die korrekte Angabe von Werten verlässt, sollten Sie stets das Schlüsselwort #REQUIRED verwenden oder eine Liste von Vorgaben angeben, worauf wir später eingehen, und so die explizite Angabe von Werten erzwingen.

Sehen Sie sich das folgende Beispiel an, ohne auf die Einzelheiten der Elemente zu achten. Wir definieren eine Attribut-Liste für ein Element mit den Namen Buch:

```
<!ATTLIST Buch
    ISBN            ID     #REQUIRED
    anspruch        CDATA  #IMPLIED
    veröffentlicht  CDATA  #REQUIRED
    anzSeiten       CDATA  #REQUIRED
    autoren         IDREFS #IMPLIED
    themen          IDREFS #IMPLIED
    drucklegung     IDREF  #IMPLIED >
```

Beachten Sie, wie wir den Elementnamen, Buch spezifiziert haben. Dem Namen folgt eine Liste von Attributnamen, deren Typen und die Angabe, ob das Attribut zwingend auftreten muss oder nicht. Optionale Attribute werden durch das Schlüsselwort #IMPLIED deklariert. Attribute, die zwingend in jeder Instanz des Elements Buch auftauchen müssen, werden durch das Schlüsselwort #REQUIRED definiert.

Die folgende Tabelle enthält verschiedene XML-Typen zur Kategorisierung von Attributen:

Attributtyp	Bedeutung
CDATA	Texte (character data)
ID	Ein innerhalb eines Dokuments eindeutiger Bezeichner
IDREF	Referenz auf ein Element mit einem ID-Attribut, das denselben Wert hat wie das IDREF-Attribut
IDREFS	Eine Reihe von IDREFs, die durch Leerzeichen getrennt sind
ENTITY	Name eines vordefiniertes externen Entity
ENTITIES	Eine Reihe von ENTITY-Namen, die durch Leerzeichen getrennt sind
NMTOKEN	Ein Name bzw. Bezeichner
NMTOKENS	Eine Reihe von NMTOKENs, die durch Leerzeichen getrennt sind
NOTATION	Akzeptiert einen Wert aus einer Reihe Namen, die Notations-Typen aus einer DTD bezeichnen
[Wert aus einer Aufzählung]	Akzeptiert einen Wert aus einer Reihe von benutzerdefinierten Werten für das Attribut

Wenden wir uns nun diesen Typen für Attribute im Einzelnen zu.

CDATA

Letzten Endes ist jede Art von Inhalt, mit der wir uns beschäftigen, ein Text. Wenn Sie ein Attribut definieren wollen, dessen Wert ausschließlich aus Text besteht, können Sie den Attributtyp als CDATA deklarieren:

```
<!ATTLIST EinElt EtwasText CDATA #IMPLIED>
```

Der Wert dieses Attributs darf aus Texten beliebiger Länge bestehen. Die einzige Beschränkung ist, dass der Text kein Markup (Tags etc.) enthalten darf. Die obige Deklaration würde dann folgende Element-Instanz erlauben:

```
<EinElt EtwasText="Dieser Wert ist ok!">...</EinElt>
```

Solange der Attribut-Wert aus einfachem Text besteht, wird der Parser ihn für gültig erklären.

ID, IDREF, IDREFS: Relationen in Dokumenten

Ein Attribut vom Typ ID dient dazu, einen eindeutigen Bezeichner als Wert zu haben. Die Werte dieses Attributs müssen den Konventionen für Namen in XML gehorchen. Der Wert eines ID-Attributs in jedem einzelnen Element muss im gesamten Dokument eindeutig sein. Das erlaubt eine eindeutige Identifikation von Elementen. Kein Element darf mehr als ein Attribut von Typ ID haben. Schließlich gilt die Einschränkung, dass ein Attribut vom Typ ID entweder als #IMPLIED oder als #REQUIRED definiert sein muss. Unter keinen Umständen darf ein solches Attribut als #FIXED *oder* durch einen Vorgabewert deklariert sein. Es macht auch keinen Sinn, einen Vorgabewert anzugeben, schon gar nicht einen festen Vorgabewert, da man in der DTD keine Aussage über später vorkommende Werte in einem Dokument machen kann. Außerdem würde dieses Vorgehen auch die Bedingung der Eindeutigkeit verletzen.

Nachfolgend ein Beispiel zum Attribut ID. In dieser Deklaration wird die Rentenversicherungsnummer einer Person als eindeutiger Bezeichner verwendet:

```
<!ATTLIST Person
   RVNr ID  #REQUIRED>
```

Wie können wir Attribute von Typ ID sinnvoll nutzen? Wir können sie nutzen, um Elemente anzuspre-
chen. Wir können mit solchen Attributen eine Eins-zu-eins-Beziehung zwischen Elementen ausdrücken.
Der Typ IDREF erlaubt uns, Verknüpfungen und Referenzen innerhalb von Dokumenten zu erstellen. Die
Werte von Attributen des Typs IDREF unterliegen denselben Beschränkungen wie die Attribute vom Typ
ID. Ein Wert eines IDREF-Attributs muss immer auch einem der Werte eines ID-Attributs in dem Dokument entsprechen. Sie können ein IDREF-Attribut nicht dazu benutzen, um auf eine ID außerhalb des Dokuments zu verweisen. Dafür gibt es andere Mechanismen, die wir im Kapitel 8 kennen lernen. Innerhalb
von Anwendungen können die Attribute ID und IDREF dazu benutzt werden, um auf Informationen zuzugreifen, anstatt diese an der jeweiligen Stelle zu wiederholen. Würde eine DTD die obige Deklaration enthalten, könnten wir die folgende Deklaration an einer anderen Stelle in der DTD treffen:

```
<!ELEMENT Kunde EMPTY>
<!ATTLIST Kunde
   id IDREF  #REQUIRED>
```

Diese Definition impliziert natürlich, dass wir uns mit dem Attribut id auf das Attribut RVNr, also die Rentenversicherungsnummer, des Elements Person beziehen. In einem Dokument könnte dann so etwas stehen:

```
<Person RVNr="1114-121270-Z-3333">
   <Name>...</Name>
   ...
</Person>
...
<Kunde id="1114-121270-Z-3333"/>
```

Dann könnte man, anstatt das ganze Element Person innerhalb von Kunde zu wiederholen, einfach ein
leeres Element mit einer Referenz (IDREF-Attribut) verwenden. Wenn wir also die Daten einer Person
brauchen, kann unsere Anwendung die Instanz von Person mit der entsprechenden Rentenversicherungsnummer im Attribut RVNr suchen, die zur Nummer im Attribut id des Elements Kunde passt.

Es kann vorkommen, dass man ein Element mit vielen anderen in Relation setzen möchte. Das kann man
mittels des Attributtyps IDREFS erreichen. Mit diesem Attribut kann man eine Eins-zu-viele (1:n)-Bezie-
hung ausdrücken. Der Wert dieses Attributtyps ist eine Reihe von Werten anderer ID-Attribute, die durch
Leerzeichen voneinander getrennt sind. Jede einzelne ID muss den Einschränkungen für Attribute von
Typ ID gehorchen. Diese Forderung ist natürlich logisch, da man sonst keine gültigen und existierenden
Elemente im Dokument ansprechen könnte.

```
<!ELEMENT  Team  EMPTY>
<!ATTLIST  Team
   mitglieder IDREFS #REQUIRED>
```

Hier haben wir nun ein leeres Element deklariert, das eine Beziehung zwischen den einzelnen Mitgliedern
eines Projekt-Teams modelliert. Das mitglieder-Attribut wird uns mit den nötigen Bezeichnern versorgen, die wir brauchen, um uns auf die Elemente vom Typ Person zu beziehen. Hier ein Beispiel:

```
<Team mitglieder="1114-121270-Z-3333 5614-121265-F-3273 5114-121275-D-4233"/>
```

Dieses Team besteht also aus den Personen mit den Rentenversicherungsnummern 1114-121270-Z-3333,
5614-121265-F-3273 und 5114-121275-D-4233.

Die Attributtypen ID, IDREF und IDREFS geben uns also die Möglichkeit, Beziehungen zwischen Daten
auszudrücken, wie man sie gewöhnlich aus relationalen Datenbanken her kennt. Dies ist besonders nützlich, wenn man XML als Austauschformat zwischen einer lokalen Datenbank mit einem eigenen Format
und einer relationalen Datenbank benutzt.

ENTITY, ENTITIES: Ersatztexte

Entities innerhalb von Attribut-Deklarationen dienen oft der Bequemlichkeit und der Wiederverwendung von gemeinsam nutzbaren Konstrukten. Taucht ein Konstrukt in einem Dokument immer wieder auf, lohnt es sich, ein entsprechendes Entity dafür zu definieren. Dann kann man jeweils mit einem kurzen Namen auf den gewünschten Inhalt zugreifen, statt alles neu eingeben zu müssen. Entities können auch dazu dienen, andere nicht (vom Parser) überprüfte Entities als gültige Attribut-Werte einzufügen. Mit dieser Methode kann man auch andere Daten als XML-Elemente referenzieren. Will man zum Beispiel ein Bild zusammen mit anderen XML-Daten verwenden, zum Beispiel ein Diagramm, können wir das mit einem Entity erledigen. Dazu deklarieren wir ein Attribut von Typ ENTITY:

```
<!ATTLIST  EndBericht
     diagramm  ENTITY  #IMPLIED>
```

An anderer Stelle in der DTD treffen wir dann noch folgende Deklaration:

```
<!ENTITY  verkaufs_chart  SYSTEM  "verkaufs_chart.gif"  NDATA  gif>
```

Das Schlüsselwort NDATA (notation data) zeigt an, dass die Daten für dieses Entity eine entsprechende Notation besitzen (mehr dazu in dem Abschnitt über Attribute vom Typ NOTATION).

Dann können wir in einem XML-Dokument wie folgt auf unser Diagramm im Attribut zugreifen:

```
<EndBericht diagramm="verkaufs_chart">...</EndBericht>
```

In diesem Fall würde die GIF-Datei verkaufs_chart.gif mit den Element EndBericht verknüpft.

Diese Methode funktioniert gut für eine kleine Zahl von Entities, die häufig gebraucht werden. In unserem Beispiel könnte man die Datei sales_chart.gif wiederholt verwenden, indem man die Datei z.B. jeden Monat mit den aktuellen Daten überschreibt. Dieses Vorgehen ist nicht anwendbar, wenn sich die Werte eines Entity laufend ändern müssen.

Die Anwendung von Attributen vom Typ ENTITY erfordert vier Dinge. Drei davon sind Deklarationen in der DTD. Dies kann sowohl eine interne als auch eine externe DTD sein. Als Viertes braucht man dann noch eine spezifische Dokument-Instanz. Hier noch einmal eine Zusammenfassung der Schritte:

❏ Deklarieren Sie eine Notation (das zeigen wir später)
❏ Deklarieren Sie mindestens ein Entity, das als Wert für Attribute dienen kann
❏ Deklarieren Sie ein Attribut vom Typ ENTITY für ein beliebiges Element
❏ Erzeugen Sie eine Instanz des Elementtyps in einem Dokument und geben Sie dort das entsprechende Attribut mit einem Entity als Wert ein

So wie wir in der Lage waren, mehrere IDREF–Attribut-Werte als einen einzigen Wert für ein Attribut zu verwenden (IDREFS), so können wir das auch mit Entities tun. Der entsprechende Attributtyp heißt ENTITIES und funktioniert analog zu IDREFS. Jeder Name im Attribut-Wert muss den Einschränkungen für Namen des Typs ENTITY entsprechen und die einzelnen Entity-Namen müssen durch Leerzeichen getrennt werden. Daraus ergibt sich folgendes Beispiel (die Deklaration von Notationen haben wir noch ausgelassen):

```
<!ELEMENT  UnfallBericht (#PCDATA)>
<!ATTLIST  UnfallBericht
   photos  ENTITIES  #IMPLIED>
<!ENTITY  ort  SYSTEM  "http://unfallserver/photos/ort.jpg"  NDATA  JPEG>
<!ENTITY  pkw  SYSTEM  "http://unfallserver/photos/auto145.jpg"  NDATA JPEG>
<!ENTITY  opfer  SYSTEM  "http://unfallserver/photos/opfer.jpg"  NDATA JPEG>
...
<UnfallBericht photos="ort pkw opfer">Unfallbericht vom ...
</UnfallBericht>
```

Auf diese Weise könnte ein Unfallbericht an die Versicherung auch Bilder des Unfallortes, des Wagens und der Verletzten enthalten.

NMTOKEN und NMTOKENS

Bei einigen Gelegenheiten ist es unter Umständen sinnvoll, den Wert eines Attributes nicht wie einen Text, sondern eher als ein Symbol (token) zu behandeln. Man könnte zwar eine Aufzählung benutzen (zu diesem Thema kommen wir bald), was wäre aber, wenn wir diese Aufzählung gern in der Form einer offenen Liste hätten? XML bietet für diesen Zweck einen eigenen Typ, **Nmtoken (name token)** an. Attribute vom Typ NMTOKEN müssen dieselben Regeln für Namen beachten, die wir schon für die Namen von Elementen erörtert haben. Einer Beschränkung unterliegen sie jedoch nicht. Im Gegensatz zu Element- und Attributnamen können selbst Ziffern an erster Stelle im Namen eines NMTOKEN auftauchen. Hier ein Beispiel für die Deklaration eines Attributs vom Typ NMTOKEN:

```
<!ATTLIST Angestellter
    sicherheitsstufe NMTOKEN  #REQUIRED>

<Angestellter sicherheitsstufe="Geheimnisträger">...
```

Diese Deklaration besagt, dass ein Element Angestellter ein Attribut mit den Namen sicherheitsstufe haben kann, dessen Wert den Regeln für Nmtokens entspricht. Diese Deklaration könnten wir nutzen, um den Zugriff auf geheime Dokumente zu kontrollieren. Durch die Anwendung von NMTOKEN statt einer einfachen Aufzählung können Autoren von Dokumenten jederzeit neue benötigte Sicherheitsstufen einführen, ohne jedes Mal die DTD anpassen zu müssen. Jeder Wert, der mit den Regeln für NMTOKEN übereinstimmt, wird dann als gültiger Wert für ein Attribut von diesem Typ akzeptiert.

Dieses Vorgehen verlagert natürlich einen großen Teil der Verantwortung hinsichtlich der Überprüfung von Attributwerten auf die eigene Anwendung. Mit einer reinen Aufzählung bliebe die Verantwortung der Prüfung beim Parser.

Analog zu IDREFS und ENTITIES können wir auch Attribute vom Typ NMTOKENS deklarieren, die dann als Wert eine Liste von Nmtoken aufnimmt. Jeder Name muss ein gültiger Name für Nmtoken sein und die einzelnen Namen müssen durch Leerzeichen getrennt werden:

```
<!ATTLIST Angestellter
    sicherheits_bereich NMTOKENS  #IMPLIED>

<Angestellter sicherheits_bereich="rot grün mega ultra">...
```

Dieser Angestellter hat also Zugang zu den gesicherten Abteilungen mit den Namen rot, grün, mega und ultra. Diese Namen sind gültige NMTOKEN, und diese Tatsache ist das einzig Entscheidende in diesem Fall. Im Gegensatz zu einer Aufzählung findet keinerlei Überprüfung der Werte statt. Es bleibt einzig dem Autor eines Dokumentes überlassen, gültige Namen zu verwenden.

NOTATIONEN: nicht XML-Daten

Wir haben uns schon kurz mit Notationen beschäftigt, als wir den Attributtyp ENTITY erörtert haben. In unseren Beispielen spielten Bilder im Format GIF und JPEG eine Rolle, da wir diese Bilder mit Elementen verknüpft haben, indem wir Entities als Werte für Attribute verwendet haben. Ein XML-Parser ist jedoch nicht in der Lage, mit binären Daten umzugehen. Was soll ein Parser also tun? Notationen dienen dazu, das Format externer Daten mit einem Dokument zu verknüpfen. Wir benötigen Notationen, um Namen für Formate und die entsprechenden externen Programme zur Behandlung dieser Daten zu deklarieren. Der Parser gibt dann die ihm fremden Daten an die entsprechende Anwendung weiter. Die Deklaration einer Notation funktioniert genau wie eine DOCTYPE-Deklaration. Die Angabe kann wiederum die Schlüsselwörter PUBLIC oder SYSTEM enthalten und muss natürlich auch den Namen des Programms zur Behandlung der Daten angeben:

```
<!NOTATION  jpg  SYSTEM "jpgviewer.exe">
<!NOTATION  gif  SYSTEM "gifviewer.exe" >
```

Diese Deklaration sagt aus, dass jedes Mal, wenn der Parser auf den Namen jpg für eine Notation stößt, er die Daten unter diesem Namen an eine Anwendung mit dem Namen jpgviewer.exe zur Bearbeitung weitergeben soll. Mit Hilfe von Notationen können XML-Dokumente als integrierende Dokumente für eine Ansammlung unterschiedlichster Datentypen fungieren. Diese Tatsache kann für Berichte, medizinische Akten, juristische oder wissenschaftliche Texte und multimediale Präsentationen gut geeignet sein. XML bietet jedoch wirklich nur die minimale Grundausstattung für diesen Zweck. Es ist erheblicher Aufwand nötig, um die benötigten Erweiterungen zur Präsentation solcher Daten in eine Anwendung einzubauen.

Auch ein Attribut kann als Notation definiert werden. Das geschieht mittels des Schlüsselworts NOTATION. Hier ein Beispiel:

```
<!ATTLIST  Bild  typ  NOTATION  (gif|jpg) "gif" >

<Bild typ="jpg">...
```

Die obige Deklaration besagt, dass ein Element Bild ein Attribut mit dem Namen typ haben kann und dieses Attribut den Typ Notation hat. Gültige Werte für dieses Attribut sind gif und jpg. Wird das Attribut nicht angegeben, so gilt der Vorgabewert gif. In dem dargestellten Beispiel wird die Vorgabe jedoch von dem Wert jpg überschrieben.

Aufzählungen

Wie wir gesehen haben, bieten die Nmtokens einen offenen Wertebereich. Der Wertebereich ist lediglich durch die Regeln für die Namensbildung beschränkt. In vielen Fällen hat man jedoch nur eine kleine Menge an (kurzen) Texten, die man als Werte zulassen möchte: ja und nein sind sinnvolle Werte für Entscheidungsprozesse, rot, gelb und grün sind zum Beispiel wichtige Farben im weltweiten Verkehrswesen. In solchen Fällen kann man also eine Aufzählung von Attribut-Werten verwenden.

Ein Attribut wird als Aufzählungstyp deklariert, indem man eine Reihe von Werten da angibt, wo sonst das Schlüsselwort für den Attributtyp auftaucht. Dabei werden die möglichen Werte durch runde Klammern begrenzt und durch den senkrechten Strich (|) voneinander getrennt. Die einzelnen Werte müssen nicht zwischen Hochkommata stehen, es muss aber bei den Werten auf die Groß-/Kleinschreibung geachtet werden. Eine Instanz eines Attributs in einem Dokument muss dann einen und nur einen der erlaubten Werte annehmen. Genau wie jeder andere Wert eines Attributs muss dieser dann aber innerhalb von Hochkommata stehen. Hier noch ein Beispiel:

```
<!ATTLIST Angestellter
    Manager (ja | nein) #REQUIRED>

<!ATTLIST GeheimesDokument
    sicherheitsstufe (unkritisch | geheim | Top_Secret) #REQUIRED>
```

Im ersten Fall sind nur die Werte ja oder nein erlaubt. Werte wie JA, NEIN oder vielleicht werden alle als ungültig abgelehnt. Es ist genauso wichtig, die Groß-/Kleinschreibung zu beachten, wie darauf zu achten, dass man nur die erlaubten Werte der Aufzählung verwendet. Wenn Sie eine Liste von erlaubten Werten zusammenstellen und davon ausgehen, dass die Werte von Menschen eingegeben werden, sollten Sie erwägen, auch die möglichen Variationen durch Groß-/Kleinschreibung in die Liste aufzunehmen.

Werfen wir noch einen Blick auf eine weitere Technik, die man in DTDs anwenden kann.

Bedingte Abschnitte

In vielen Programmiersprachen haben Programmierer die Möglichkeit, Code-Abschnitte festzulegen, die nur dann von einem Compiler bearbeitet werden, wenn bestimmte Bedingungen eintreten. In DTDs gibt es ein ähnliches Konstrukt, wenn dessen Anwendung auch nicht ganz so freizügig möglich ist, wie man es aus diversen Programmiersprachen kennt. Es gibt keine bedingten Anweisungen, die zur Laufzeit ausgewertet werden. DTD dürfen bedingte Abschnitte enthalten, die dem Parser mitteilen, ob ein bestimmter Abschnitt von Deklarationen beachtet werden soll oder nicht. Solche Abschnitte sind nützlich, wenn man Blöcke mit ähnlichen Deklarationen innerhalb einer DTD gegeneinander testen möchte. Innerhalb von internen Teilmengen sind bedingte Abschnitte *nicht* erlaubt.

Ein bedingter Abschnitt wird mit einem Ausrufezeichen, gefolgt von einer öffnenden eckigen Klammer und einem Schlüsselwort eingeleitet. Danach folgt ein Block mit Deklarationen, der von einer schließenden eckigen Klammer abgeschlossen wird. Lautet das Schlüsselwort INCLUDE, dann werden die Deklarationen in dem Block als Bestandteil der DTD angesehen. Ist das Schlüsselwort IGNORE, dann werden die Deklarationen zwar gelesen, aber nicht beachtet:

```
<![INCLUDE
   [<!ELEMENT EinElement   (#PCDATA)>
   <!ATTLIST EinElement
      zeitstempel CDATA #REQUIRED
      ID   IDREF #REQUIRED>
   ]]>

<![IGNORE
   [<!ELEMENT DebugElement   (#PCDATA)>
   <!ATTLIST DebugElement
      seriennummer ID #REQUIRED
      seitennr  CDATA #IMPLIED>
   ]]>
```

Bitte beachten Sie, dass beide Klammern jeweils geschlossen wurden. In diesem Beispiel wird das Element EinElement mit seinen Attributen Bestandteil der DTD sein, während das Element DebugElement mit seinen Attributen nicht Bestandteil der DTD sein wird. Ein Dokument, das nach dieser DTD erstellt wird, darf das Element EinElement verwenden, würde aber ungültig werden, sobald eine Instanz von DebugElement auftaucht.

Auf den ersten Blick sieht das Ganze nicht besonders nützlich aus. Warum sollte man Blöcke von Deklarationen in eine DTD schreiben, wenn man nicht beabsichtigt, diese in einem Dokument zu verwenden? Warum sollte man mittels INCLUDE etwas explizit in eine DTD hineinnehmen, was ohnehin schon enthalten ist. Der praktische Nutzen von bedingten Abschnitten liegt in der kombinierten Anwendung mit Parameter-Entities. Sehen wir uns das letzte Beispiel mit einigen Ergänzungen an. Stellen Sie sich bitte vor, wir schreiben bei der Erstellung eines Dokuments einige Entity-Deklarationen in die DOCTYPE-Deklaration:

```
<!DOCTYPE Durcheinander SYSTEM "TestBedingteAbschnitte.dtd" [
<!ELEMENT Durcheinander (foo)>
<!ELEMENT foo (A, B?, Krempel)>
...
<!ELEMENT Krempel (#PCDATA|EinElement|DebugElement)*>
<!ENTITY % buchhaltung "INCLUDE">
<!ENTITY % entwicklung  "IGNORE">
]>
```

Nun könnte ein Dokument entweder Debug- oder Element-Daten enthalten, so wie es in der DTD gefordert wird. Nehmen wir an, es stünde folgender Abschnitt in der externen DTD:

```
<?xml encoding="UTF-8" ?>
<![%buchhaltung;
    [<!ELEMENT EinElement  (#PCDATA)>
    <!ATTLIST EinElement
       zeitstempel CDATA #REQUIRED
       ID   IDREF #REQUIRED>
    ]]>

<![%entwicklung;
    [<!ELEMENT DebugElement  (#PCDATA)>
    <!ATTLIST DebugElement
       seriennummer ID #REQUIRED
       seitennr  CDATA #IMPLIED>
    ]]>
```

Angenommen, das folgende Stück sei aus einem Dokument für die Buchhaltung:

```
...
<Krempel>Im folgenden Abschnitt geht es um Steuern .....
<EinElement zeitstempel="29-11-1999" ID="ref222">blah blah Steuern
blah blah</EinElement>
</Krempel>
...
```

Dieses Dokument ist gültig.

Wir erinnern uns, dass die interne Teilmenge einer DTD als erste gelesen wird. Daher tauchen die Deklarationen der Parameter-Entities auf, bevor diese zum ersten Mal in der externen DTD referenziert werden.

Dieses Beispiel geht davon aus, dass man einige Elemente im Dokument für einen bestimmten Zweck einsetzen möchte und einen anderen Satz an Elementen für die Suche nach Fehlern verwenden möchte. Daher werden die Deklarationen rund um das Element EinElement eingefügt und alles rund um Debug-Element ignoriert. Es ist nun ganz leicht, die Ersatz-Texte für die Parameter-Entities gegeneinander zu vertauschen, um so die Deklaration von DebugElement gültig werden zu lassen. Vorsichtig angewendet, können bedingte Abschnitte also einen Zugewinn an Flexibilität bedeuten und die Wiederverwendung von Code unterstützen.

Was bleibt zu wünschen?

Die DTDs sind und waren gut genug, um die Akzeptanz von XML zu fördern. Sie unterliegen aber auch einigen wichtigen Beschränkungen. Einer der Nachteile von DTDs ist die eigene Syntax, die sich von der Syntax für Dokument-Instanzen unterscheidet. Es wäre außerdem wichtig und wünschenswert, wenn ein XML-Parser einer Anwendung auf einfache Weise gestatten würde, auf die Deklarationen innerhalb einer DTD zuzugreifen. Nur wenige Parser sind dazu im Moment in der Lage. Das beschränkt die Anwendung von DTDs hauptsächlich auf die Bereiche Überprüfung von Dokumenten und die Kodierung von Wissen über ein bestimmtes Aufgabengebiet für menschliche Leser. Bisher haben wir keine Möglichkeit, eine Anwendung diese Struktur lesen und lernen zu lassen.

Wir können auch nicht mit Hilfe eines Parsers dynamisch eine DTD erzeugen. Das sieht vielleicht nicht nach einer so großen Beschränkung aus, zumal eine DTD vornehmlich aus einem Satz fester Regeln besteht, die der Überprüfung von Dokumenten dient. Es kann vorkommen, dass man einige Regeln in Abhängigkeit von bestimmten Werten dynamisch deklarieren möchte. Man könnte zum Beispiel diese Werte aus einer Datenbank lesen und die DTD entsprechend zur Laufzeit konstruieren. Mit dieser DTD könnte man dann eine Reihe von Dokumenten erzeugen, die dann nach dem aktuellen Stand der Dinge gültig sind. Die DTD würde dann zusammen mit den Dokumenten ausgeliefert und würde so den Empfänger in die Lage versetzen, die Dokumente auf ihre Gültigkeit hin zu prüfen. Auch die bedingten Abschnitte würden so etwas nicht erlauben, daher müsste man tatsächlich DTDs dynamisch erzeugen. Ohne die Unterstützung durch einen Parser müsste man die Erzeugung von DTDs vollständig selbst implementieren.

Eine DTD ist immer ein abgeschlossenes Konstrukt. Alle Regeln einer XML-basierten Sprache sind vollständig in der DTD enthalten. Das sieht zunächst auch nicht nach einer großen Einschränkung aus. Was ist aber, wenn man nützliche Teile einer anderen DTD nutzen will? Der einzige Mechanismus, der ansatzweise Erweiterbarkeit von DTDs erlaubt, sind Parameter-Entities. Dieser Mechanismus ist jedoch auf einer recht niedrigen Abstraktionsebene angesiedelt. Es gibt keinen klaren und einfachen Weg, DTDs erweiterbar zu gestalten. Die Zusammenarbeit von erweiterbaren Markup-Tools und DTDs gestaltet sich nicht immer ganz leicht. Es gibt keine Möglichkeit, Deklarationen so zu segmentieren, dass jede Deklaration ein abgeschlossenes Ganzes darstellt und sich nur auf eng gekoppelte Objekte und Konzepte bezieht. Hätten wir eine Möglichkeit, Deklarationen so zu gestalten, so könnten wir eine Reihe von DTDs entwerfen, die ein Problemfeld beschreiben und diese dann durch Referenzen koppeln. So könnte man den tatsächlichen Bedürfnissen einer Anwendung gerechter werden. Wenn wir zu den Kapiteln über Namensräume und Schemata kommen, werden wir die verschiedensten Möglichkeiten kennen lernen, Informationen zu borgen. Wir müssen uns jedoch von den DTDs entfernen, um diese Möglichkeiten nutzen zu können.

Es fehlt DTDs auch die Möglichkeit, etwas über den Datentyp von Informationen auszusagen. Die einzige Möglichkeit, etwas über Datentypen auszusagen, sind Notationen. Damit können wir aber zum Beispiel keine eigenen Datentypen aus bestehenden Typen zusammensetzen. Notationen erlauben es uns, einen Namen als Marke für Daten, die nicht analysierter Text (parsed text) sind, zu vergeben. Das entspricht jedoch in keiner Weise einem robusten Typen-Konzept, wie man es aus Programmiersprachen kennt. Wir wollen zum Beispiel in der Lage sein, anzugeben, dass einige Werte einen einfachen Datentyp wie etwa einen numerischen Wert haben sollen. Diesen Wert sollten wir dann auch noch entsprechend behandeln können.

In Kapitel 7 werden wir zunächst einige andere Vorschläge für Schemata kennen lernen, die den Mängeln der DTDs Abhilfe schaffen wollen, bevor wir uns dem Vorschlag des W3C zuwenden. Trotz aller Beschränkungen sind DTDs zurzeit noch die einzige formal anerkannte Methode zur Spezifikation eigener XML-basierter Auszeichnungssprachen. Das Verständnis von DTDs ist grundlegend für das Verständnis der Vorschläge für Schemata oder für die Anwendung von XML für den standardisierten Austausch von Dokumenten.

Eine DTD für unseren Bücher-Katalog

Es ist nun an der Zeit, unser Wissen für die Definition einer eigenen XML-Sprache zu nutzen. Genauer gesagt, wollen wir im folgenden Beispiel eine Syntax für die Beschreibung von Bücher-Katalogen definieren. Im allgemeinsten Fall werden wir in der Lage sein, einen Katalog mit vielen Büchern zu beschreiben. Unsere Sprache wird aber auch konkret genug sein, die wichtigsten Daten eines Buches zusammenfassen zu können. Es soll jedoch nicht erlaubt sein, den tatsächlichen Inhalt eines Buches in den Katalog aufzunehmen. Das liegt weit jenseits dessen, was unser Beispiel leisten soll. Sollte es nötig sein, die Lücke zwischen Katalog und Buch etwas enger zu halten, können wir es zulassen, dass eine Art Verweis auf den Inhalt eines Buches zugelassen wird. Andererseits besteht kein echter Bedarf, den Inhalt eines Buches in einem Katalog festzuhalten.

Eine formale Definition der Aufgabenstellung

Nehmen wir uns etwas Zeit, um den Vorgang, den wir modellieren wollen, zu beschreiben. Um die konkrete DTD kümmern wir uns erst später. Erst wenn man einen Prozess verstanden hat, kann man ein gutes Modell erstellen. Sofort irgendwelche Regeln abzuleiten, führt selten zu einem tieferen Verständnis des Problems. Wir beginnen damit, die Hauptbestandteile unserer Aufgabenstellung und deren Beziehung zueinander zu identifizieren.

Das Domain-Modell

Zunächst müssen wir uns mit einem Katalog beschäftigen, was immer das auch konkret sein mag. Wir wissen jedoch, dass wir es nur mit einem Katalog zu tun haben, der alle anderen Dinge enthält. Wir werden uns also nicht mit der Beziehung von Katalogen untereinander beschäftigen müssen, sondern nur mit dem, was sich darin abspielt. Damit wissen wir, worauf wir uns konzentrieren müssen. Zu wissen, worauf man sich zu konzentrieren hat, ist meiner Meinung nach einer der Schlüssel zu einer guten XML-Sprache.

Bisher haben wir also einen Katalog mit einem oder mehreren Büchern. Das könnte also schon unsere ganze Sprache sein. Was würden wir vernachlässigen, wenn wir hier aufhören? Bücher werden von Verlegern vermarktet. Es sollten also auch Verleger oder Verlage in unserer Sprache berücksichtigt werden. Reicht es, einen Verleger oder Verlag zu haben? Die offensichtliche Antwort ist ja. Das führt uns zu einem Modell mit mindestens einem Katalog-Dokument pro Verlag. Es kann jedoch auch mehr als einen Katalog geben, da Verlage oft mehr als ein Thema oder Spezialgebiet abdecken. Ändert das etwas für uns und wie sind solche Kataloge organisiert? Kataloge behandeln meist ein bestimmtes Thema. Grundsätzlich gehört alles zum Inhalt des Katalogs, was der entsprechende Verlag herausgibt. Ein Verlag mit vielen Titeln mag verschiedene, thematisch enger gefasste Kataloge benötigen.

Alle bisherigen Feststellungen zwingen uns noch nicht, mehr als einen Verlag zu berücksichtigen. Da aber das Thema schon angesprochen wurde, können wir uns überlegen, welche Gruppen oder Personen ebenfalls mit Büchern arbeiten. Eine Bibliothek oder ein Sammler wird ebenfalls Bücher thematisch angeordnet haben wollen. Dasselbe gilt auch für Buchhändler. Diese drei letzten Anwender eines Katalogs haben also den Bedarf, mehr als einen Verlag pro Katalog zuzulassen. Diese Änderung bietet einige neue Möglichkeiten, auch wenn solche radikalen Änderungen normalerweise bedeuten, dass man ein Problem hat. Drastische Änderungen im Konzept deuten oft an, dass man ein anderes Problem als das Ursprüngliche beleuchtet. In diesem Fall ist dies jedoch nicht so. Wir können immer noch die Anforderungen eines einzelnen Verlages erfüllen. Der Inhalt des Dokuments bleibt derselbe: eine Reihe von Büchern. Wir ändern lediglich die Regel von »genau ein Verlag« in »mindestens ein Verlag«. Das macht unser Modell viel flexibler, ohne jedoch unser ursprüngliches Ziel, die Beschreibung eines Bücherkatalogs, zu vernachlässigen.

Was verstehen wir unter einem Themenfeld? Wir verstehen darunter eine organisierte Form von Wissen oder Diskussion in irgendeiner Form. Oft ist der Inhalt eines Themengebietes aus seinem Namen ersichtlich, man sollte jedoch nicht immer davon ausgehen. Wir wollen also auch einem Themenfeld eine Beschreibung hinzufügen. Hier also ein Diagramm von dem, was wir bisher überlegt haben:

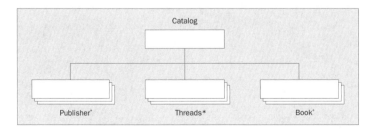

Unser Katalog berücksichtigt in dem bisherigen Modell mindestens einen Verlag, kann verschiedene Themengebiete umfassen und enthält mindestens ein Buch. An diesem Punkt möchte ich auf zwei Annahmen eingehen, die ich über unsere Aufgabenstellung treffe. Zunächst möchte ich die quantitativen Annahmen besprechen. Wieso enthält unser Katalog *mindestens* einen Verleger, während die Angabe eines oder mehrerer Themengebiete optional ist? Ein Katalog ohne Bücher ist ein Konstrukt, an dem bestenfalls Mathematiker Gefallen finden könnten. Die meisten anderen von uns sind an leeren Mengen nicht besonders interessiert. Wir wollen eine praxisnahe Sprache schaffen, nicht alle möglichen Theorien abdecken. Es kann jedoch durchaus vorkommen, dass in einem Katalog Bücher ohne einen gemeinsamen thematischen Hintergrund zusammengefasst sind.

Bei den Verlegern sieht die Sache nicht mehr so eindeutig aus. In einigen Fällen könnte es durchaus ausreichend sein, allein etwas über Bücher aussagen zu wollen. Sollten wir also die Angabe eines Verlages auch optional gestalten? Sie haben zu diesem Thema vielleicht eine abweichende Meinung. Schließlich gibt es keine ehernen Gesetze für die Erstellung von DTDs. Wir gehen jedoch davon aus, dass jedes Buch in Relation zu einem Verlag steht. Daher sollte auch im einfachsten Fall, ein Katalogs eines einzigen Verlages, diese Beziehung festgehalten werden. Man kann in einem solchen Fall die Informationen über den Verlag zunächst übergehen, wir werden diese Daten aber später für den Bereich E-Commerce noch benötigen. Hiermit lege ich mich also fest und sage, dass unser Katalog immer mindestens einen Verlag enthalten muss.

Das andere wichtige Thema ist, wie man Bücher einem Thema zuordnet. Betrachtet man eine Analogie zu den Newsgruppen im Internet, so sollten Bücher immer Kind-Elemente eines Themengebietes sein, so wie die einzelnen Postings immer zu einem Thema gehören. Diese Zuordnung bringt jedoch starke Einschränkungen mit sich. Ein Buch könnte durchaus verschiedenen Themengebieten zugeordnet werden, je nach Themengebiet und Inhalt des Buches. Außerdem könnten einige Benutzer des Katalogs nicht an einer thematischen Anordnung der Bücher interessiert sein. Viele Anwendungen werden daran ebenfalls kein Interesse haben, so zum Beispiel eine einfache Lagerverwaltung. Eine solche Anwendung ist stets an allen Büchern interessiert und diese sollten zum Beispiel alphabetisch sortiert sein oder nach irgendeinem anderen Kriterium. Würde man Bücher als Kind-Elemente von Themengebieten anordnen, wären Anwendungen gezwungen, einzelnen Themensträngen zu folgen, um an die Informationen über die Bücher zu kommen. Wir werden die Themengebiete als separate Struktur realisieren und müssen dann sehen, wie wir die Beziehung zwischen Thema und Buch realisieren. Behalten Sie diesen Punkt bitte im Kopf.

Wenden wir uns nun noch der Struktur unserer Objekte zu, bevor wir uns daran begeben, eine DTD zu schreiben. Da es sich um einen Bücher-Katalog handelt und uns Verlage und Themengebiete nur im Zusammenhang mit Büchern interessieren, wollen wir mit der Betrachtung der Struktur eines Buches beginnen.

Bücher

Die nebenstehende Abbildung zeigt die Komponenten eines Buches, die für das Beispiel relevant sind, und ihre Beziehung zueinander. Dabei kommt es uns darauf an, zu sehen, welche Elemente (Komponenten) andere Elemente enthalten. Welche Teile interessieren uns also im Bezug auf einen Katalog?

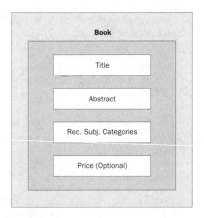

Ein Buch hat natürlich immer einen Titel. Außerdem gehe ich davon aus, dass eine Zusammenfassung (engl. abstract) enthalten ist. Diese Zusammenfassungen sind vor allem in wissenschaftlichen Publikationen üblich und sind kurze Beschreibungen (oft nur ein Absatz) des Inhalts. Kataloge haben oft auch eine eigene Zusammenfassung des Inhalts eines Buches, diese ist aber oft kürzer und oberflächlicher als in einer akademischen Zusammenfassung. Eine Zusammenfassung ist also in jedem Fall nützlich, zumal eine kompakte Zusammenfassung von Inhalten. Ein Abstract enthält oft auch alle einschlägigen Schlagwörter, eine ideale Quelle für Suchende. Treffen Sie bei einer Suche auf ein Schlagwort in der Zusammenfassung, ist die Wahrscheinlichkeit eines Treffers höher als bei einem Vorkommen dieses Wortes irgendwo im Text eines Buches. In einem allgemeinen Text bleibt Raum für Ausschweifungen und Mehrdeutigkeiten. Eine Zusammenfassung dagegen ist streng auf die wichtigsten Themen eines Buches beschränkt. Es scheint also eine gute Idee, eine Zusammenfassung in unseren Katalog aufzunehmen.

Betrachtet man die Umschläge vieler Bücher, findet man oft Empfehlungen für die angesprochene Zielgruppe oder ähnliche Hinweise. Verleger geben solche Informationen mit, damit die Buchhandlungen diese Bücher leichter in ihr Sortiment einsortieren können. Wenn unser Katalog kommerziellen Ansprüchen genügen soll, dann sollten wir auch solche Informationen berücksichtigen.

Jedes Buch, das in einem Katalog auftaucht, soll verkauft werden. Es gibt nur wenige Ausnahmen von dieser Regel. Ein Sammler zum Beispiel ist sicher nicht primär an einer Preisinformation für jedes Buch in seiner Sammlung interessiert. Ein Museum oder eine Bibliothek hat sicher ein Interesse, den Wert eines Buches festzuhalten, diese Information ist dann aber nicht als Preis zu sehen, da die Bücher nicht für den Verkauf bestimmt sind. Ein Verlag wird vielleicht schon vorab einen Katalog herausbringen und so könnten einige Preise noch nicht feststehen. Daher sollte diese Information optional sein.

Das ist bisher recht kurz. Vier Kind-Elemente. Ist das alles? Bedenken Sie, dass wir beschlossen haben, den konkreten Inhalt eines Buches aus unserer Sprache auszulassen. Wir müssten schon viel weiter gehen, bis wir in einen Bereich vordringen, bei dem Inhalt eine Rolle spielen würde. Halten wir also an dieser Stelle an und wenden uns einem anderen zentralen Punkt zu, dem Verlag.

Verlage

Hier unser Element-Modell für einen Verlag:

Ein Verlag ist eine Firma, die dafür sorgt, dass Bücher geschrieben, gedruckt und vertrieben werden. Unser Modell sollte diese kommerzielle Natur ausdrücken. Offensichtlich werden wir auf jeden Fall einen Namen brauchen. Da es sich immer um ein Unternehmen handelt, gibt es oft verschiedene Zweigstellen. Es ist durchaus üblich, dass ein großer Verlag auf allen Kontinenten oder in vielen Regionen, in denen er Handel treibt, auch eine Niederlassung hat. Der Internethandel könnte das ändern, aber dennoch ist es bisher nötig, eine Reihe von Adressen anzugeben. Verlage geben oft auch verschiedene Buchreihen heraus. Buchreihen sind so etwas wie Markennamen und tragen oft einen eigenen Namen und ein eigenes Logo. Wenn wir also einen Verlag korrekt beschreiben wollen, brauchen wir die Möglichkeit, Buchreihen zu beschreiben.

Der letzte Punkt des Diagramms ist etwas kniffliger. Es ist unbestritten, dass Autoren Bücher schreiben. Daher sollte diese Information zu einem Buch gehören. Aber Autoren schreiben oft mehr als ein Buch. Es könnte also auch sinnvoll sein, Autoren nicht als Kind-Element zu realisieren, sondern als eigenes Element und dann später eine Beziehung zwischen Autor und Buch herzustellen. Dies wäre also wieder ein Fall für irgendeine Form von Linking. Wir waren schon an einem ähnlichen Punkt, als wir uns mit der Zuordnung von Büchern zu Themen beschäftigt haben. Wir sollten uns also einen noch größeren Knoten ins sprichwörtliche Taschentuch machen. Sollten Autoren nicht als Kind-Element eines Verlages realisiert werden? Auch wenn Autoren den Verlag wechseln, so ist dies doch eher die Ausnahme als die Regel. Der Autorenstamm eines Verlages ist ein wichtiger Teil seines intellektuellen Kapitals, daher tendiere ich dazu, die Autoren-Informationen hier als Kind-Element zu realisieren.

Die Themengebiete

Dieses Konzept ist etwas schwammig. Es hat keine Parallele in der physischen Realität, die wir beschreiben wollen. Es ist vielmehr eine nützliche Kategorisierung, die wir getroffen haben. Es ist daher etwas schwierig, eine formale Struktur, die für alle Kataloge gilt, zu definieren. Ich nehme daher an, dass ein kurzer beschreibender Text (#PCDATA) als Inhalt ausreichend sein wird.

Die Website von MITP (http://www.mitp.de) ist ebenfalls nach Themen geordnet. Auch andere Verlage verfolgen ähnliche Konzepte, die sich nach Zielgruppen oder Buchreihen richten. Gerade im Bereich der Bücher über Themen der EDV-Branche ist der Gedanke, Bücher thematisch zu sortieren, besonders wichtig. Gerde hier werden Bücher oft nach einer bestimmten Technologie, Sprache oder Produkt-Familie klassifiziert.

Die DTD unseres Katalogs

Nun, da wir eine recht genaue Vorstellung davon haben, was wir modellieren wollen, können wir uns daran machen, tatsächlich etwas Konkretes zu formulieren. Objekte werden in XML durch Elemente dargestellt. Informationen, die diese Objekte enthalten, werden im Allgemeinen durch Kind-Elemente dargestellt. Wir werden aber auch einige einfache Informationen oder Eigenschaften als Attribute darstellen.

Das Element Catalog

Da wir nur einen Katalog pro Dokument zugelassen haben, ist klar, dass das Dokument-Element, also die Wurzel des Elementbaums, das Katalog-Element sein soll. Im Folgenden werden wir durchgehend die englischen Begriffe für die Elemente der DTD verwenden. Nach dem obigen Diagramm könnten wir unseren Katalog also wie folgt definieren:

```
<!ELEMENT Catalog (Publisher+ , Thread* , Book+ )>
```

Dieses Inhaltsmodell ist noch recht einfach. Wir haben eine Sequenz aus Verlag (publisher), dem Themengebiet (thread) und den Büchern (books). Die Kardinalität der einzelnen Elemente ist wie folgt spezifiziert. Wir haben mindestens einen Publisher, keinen oder beliebig viele Thread(s) und mindestens ein Book. Das zeigt uns, dass ein Thread nützlich, aber keinesfalls vorgeschrieben ist. Da das Themengebiet also optional ist, können die Liste der Verlage und die Liste der Bücher direkt aufeinander folgen.

Unser Wurzel-Element hat keine Attribute. Da es ohnehin nur einmal pro Dokument auftaucht und alles andere beinhaltet, macht es wenig Sinn, irgendwelche Attribute einzufügen.

Das Element Publisher

Wenden wir uns nun der Definition des Elements Publisher zu:

```
<!ELEMENT Publisher (CorporateName , Address+ , Imprints , Author* )>
```

Das entspricht dem Diagramm von oben. Wir haben also einen Firmennamen (CorporateName), mindestens eine Anschrift (Address), einige Buchreihen (Imprints) und schließlich optional beliebig viele Autoren (Author). Sicher werden sich einige Verlage gelegentlich wünschen, sie hätten keine Autoren, wenn sie sich gerade mit einem besonders lästigen Vertreter dieser Zunft herumschlagen, aber die optionale Deklaration der Autoren hat einen anderen Grund. Es kann sein, dass ein Katalog nur Bücher enthält, die anonym erstellt wurden, so zum Beispiel Monographien von Konferenzen.

Ihnen ist vielleicht aufgefallen, dass wir keine Kardinalität für Imprints definiert haben. Das ist keine Nachlässigkeit, sondern eine Design-Entscheidung. Statt alle Buchreihen auf dieser Ebene aufzulisten, haben wir ein Sammelelement eingeführt, dass alle einzelnen Reihen enthält. Dieses Sammelelement enthält also eine Liste von Elementen des Typs Imprint als Kind-Elemente. Diese Entscheidung verändert die Semantik überhaupt nicht, sondern soll als Hilfe für Programm-Entwickler dienen. Man kann dieses Element leicht vernachlässigen, wenn der Inhalt nicht von Interesse ist. Man kann aber auch leicht mit Hilfe eines Parsers an alle gewünschten Informationen kommen, wenn es im eigenen Interesse liegt.

Bevor wir weitermachen, definieren wir noch ein Attribut isbn für das Element Publisher:

```
<!ATTLIST Publisher isbn CDATA #REQUIRED >
```

Wir benötigen einen eindeutigen Bezeichner oder eine Referenz für das Element Publisher und können uns leider nicht auf den Namen des Verlags für diesen Zweck verlassen. Die ISBN eines Buches enthält auch immer eine eindeutige Nummer, die den Verlag bezeichnet. Zum Beispiel haben alle Bücher von Wrox Press eine ISBN, die die Sequenz 1861 enthält. Dieses Fragment einer ISBN soll in dem Attribut als Wert dienen.

Wenden wir uns nun den Kind-Elementen von Publisher zu:

```
<!ELEMENT CorporateName (#PCDATA )>
<!ELEMENT Address (Street+ , City , PoliticalDivision , Country , PostalCode )>
<!ELEMENT Imprints (Imprint+ )>
<!ELEMENT Imprint (#PCDATA )>
<!ELEMENT Author (FirstName , MI? , LastName , Biographical , Portrait )>
```

Diese Elmente entsprechen dem, was wir vorher definiert haben. Die Definition der Adresse ist so gehalten, dass sie auch internationalen Anforderungen gerecht wird. Die meisten dieser Elemente haben als Inhalt #PCDATA.

Die vollständige DTD ist am Ende dieses Abschnitts abgedruckt.

Das Element Imprints besteht aus einem oder mehreren Elementen von Typ Imprint. Letzterer Elementtyp ist ebenfalls als #PCDATA definiert. Das Element Author sieht dagegen schon etwas interessanter aus. Aber bevor wir uns dem Inhaltsmodell zuwenden, möchte ich auf einige Neuerungen eingehen, die durch die Definition der Attribute Address und Imprint eingeführt werden:

```
<!ATTLIST Address headquarters (yes | no ) #IMPLIED >
<!ATTLIST Imprint shortImprintName ID #IMPLIED >
```

Da ein Verlag mehr als einen Sitz haben kann, könnte es nützlich sein, zwischen dem Hauptsitz und den Filialen zu unterscheiden. Zu diesem Zweck verwende ich eine einfache Aufzählung, schreibe jedoch nicht vor, dass dieses Element auftauchen muss. Das Schlüsselwort #IMPLIED erlaubt, wie Sie sich erinnern werden, das Attribut wegzulassen, ohne die Gültigkeit des Dokuments zu verlassen. Wird das Element angegeben, so muss der Wert entweder yes oder no lauten.

Betrachten wir nun die Attribut-Liste für das Element Imprint. Da der Inhalt des Elements als #PCDATA deklariert wurde, gibt es keine Längenbeschränkung für den Inhalt von Imprint. Da man Bücher mit Buchreihen verknüpfen muss, wäre es schön, wenn man einen kurzen Namen hätte, den man dafür verwenden könnte. Dafür steht der Name shortImprintName des Attributs. Daher könnte aus Unsere absolut wundervolle Kinderbuch-Reihe so etwas wie WunderKind werden. Damit haben wir aber immer noch keine Längenbeschränkung eingeführt, nur eine Beschränkung durch den Namen angedeutet. Es gibt jedoch keinen Mechanismus in der DTD-Grammatik, der vorsieht, die Länge von Strings zu beschränken.

Noch wichtiger als das Problem der Längenbeschränkung von Strings ist das Problem des Typs ID für dieses Attribut. Wird das Attribut verwendet, sollte es einen eindeutigen Schlüssel enthalten, der an anderer Stelle im Dokument referenziert werden darf. In unserem Fall wissen wir, dass dies auf jeden Fall bei dem Element Book passieren wird, haben aber keine Möglichkeit, diese Tatsache explizit auszudrücken.

Wenden wir uns nun dem Element Author zu. Hier die Deklaration des Elements und dessen Kind-Elemente:

```
<!ELEMENT Author (FirstName , MI? , LastName , Biographical , Portrait )>
<!ATTLIST Author authorCiteID ID #REQUIRED>

<!ELEMENT FirstName (#PCDATA )>
<!ELEMENT MI (#PCDATA )>
<!ELEMENT LastName (#PCDATA )>
<!ELEMENT Biographical (#PCDATA )>
<!ELEMENT Portrait EMPTY>
<!ATTLIST Portrait picLink CDATA #IMPLIED >
```

Die Kind-Elemente von Author sind nicht besonders spannend und enthalten genau die Informationen, die man erwarten würde. Die echte Arbeit steckt in den Attributen des Elements. Das Attribut authorCiteID des Elements dient als eine Art Kurz-Referenz für den Autor, ähnlich wie vorhin das Attribut shortImprintName für das Element Imprint. Der Attributtyp ist ID und er dient der Verknüpfung von Autor und Büchern.

Das Element Portrait dient der Assoziation von Bildern eines Autors mit Textinformationen über den Autor. Wie wir schon gesehen haben, können wir nicht einfach die binären Daten in das Markup stecken und müssen daher auf diesen Verknüpfungsmechanismus zurückgreifen. Ein Entity allein reicht hier nicht, da wir es mit einer Menge von Bildern in einem langen Katalog zu tun haben werden. Viele dieser Bilder werden dynamisch benannt werden, während das Dokument generiert wird. Die XML-Entwicklergemeinde arbeitet zurzeit an vielen Vorschlägen für das Linking, es gibt aber noch keine Empfehlung von W3C und nur wenig Unterstützung von Parser-Herstellern. Anstatt jetzt schon mit der Syntax von XLink oder XPointer zu arbeiten, werden wir einfach einen URL als Wert des Attributs picLink angeben. Wir werden ohnehin gezwungen sein, jede Art von Linking selbst in unserer Anwendung zu implementieren. Sollte ein Browser unseren Katalog darstellen, so können wir ein HTML-Dokument generieren, dass das IMG-Tag an entsprechender Stelle enthält. Der Wert von picLink würde dann als Wert für das Attribut SRC des Tags IMG übernommen. Ein anderes Programm, das nichts darstellt, kann das Attribut einfach ignorieren.

> *Hier bietet sich die Anwendung von Notationen von selbst an. Ich habe mich an dieser Stelle jedoch dagegen entschieden, da dieses Vorgehen das Verhalten der entsprechenden Anwendung reglementieren würde. Ohne die Angabe eines bearbeitenden Programms ist eine Notation nur ein Name für einen Datentyp. Spezifiziert man eine bearbeitende Anwendung, erlegt man jeder Anwendung, die unsere DTD nutzt, ein bestimmtes Verhalten auf. So würde man zum Beispiel stets die Anzeige von Bildern erzwingen, auch wenn man das gar nicht möchte. Unsere DTD soll für Anwendungen, die etwas darstellen, genauso nützlich sein, wie für Anwendungen ohne jegliche Darstellungskomponente.*

Das Element Thread

Das Element Publisher haben wir jetzt von oben nach unten durchleuchtet. Wenden wir uns nun der nächsten Komponente des Inhaltsmodells des Elements Catalog zu. Das nächste Element ist Thread und es ist wie folgt definiert:

```
<!ELEMENT Thread (#PCDATA )>
<!ATTLIST Thread threadID ID #IMPLIED >
```

Der Inhalt des Elements ist ein beliebiger Text, der das Themengebiet umreißt. Es kann sich dabei um eine Reihe von Schlagwörtern handeln (zum Beispiel ASP, XML und Datenbanken) oder auch eine umfangreichere Erläuterung. Das Attribut threadID erlaubt uns, ein Buch an ein Themengebiet zu binden.

Das Element Book

Das letzte Kind-Element von `Catalog`, das wir noch nicht behandelt haben, ist das Element `Book`. Die Deklaration können wir fast direkt dem Diagramm entnehmen:

```
<!ELEMENT Book (Title , Abstract , RecSubjCategories , Price? )>
```

Wie erwartet haben `Title` und `Abstract` einen Inhalt vom Typ #PCDATA. Das Element `RecSubjCategories` ist etwas komplexer:

```
<!ELEMENT RecSubjCategories (Category , Category , Category )>
```

Das Element `Category` hat als Inhalt #PCDATA. In unserem Fall hat jedes Buch genau drei empfohlene Teil-Kategorien. Die einfachste Art und Weise, dieses auszudrücken, ist, schlicht und einfach im Inhaltsmodell alle drei Instanzen aufzuzählen.

Wie wir noch in Kapitel 7 sehen werden, erlauben uns die geplanten XML-Schemata eine präzisere Kontrolle solcher Aspekte. Wir könnten mit Hilfe der Schema-Syntax etwa angeben, dass Instanzen von `Category` *genau drei Mal auftauchen müssen, ohne tatsächlich alle drei Instanzen anzugeben.*

Das Element `Price` hat das Attribut `currency`, um die Währung der Preisangabe festzulegen. In dieser DTD beschränken wir die Wahlmöglichkeiten auf den US- und den kanadischen Dollar, das britische Pfund und den Euro:

```
<!ATTLIST Price currency (USD | GBP | CD | EURO ) #REQUIRED>
```

Es stellt kein Problem dar, diese Liste und die Bearbeitungsmöglichkeiten zu erweitern. Das ist auch der Grund, warum der Preis selbst ein Element ist. So können wir die Währung als Attribut des Preises realisieren. Normalerweise könnte man den Preis auch als Attribut definieren, da wir aber explizit verschiedene Währungen behandeln wollen, soll auch immer klar sein, dass die Währung sich auf den Preis bezieht.

Da wir schon bei Attributen sind, sollten wir uns die Attribut-Liste des Elements `Book` näher ansehen:

```
<!ATTLIST Book ISBN    ID   #REQUIRED
    level   CDATA #IMPLIED
    pubDate CDATA #REQUIRED
    pageCount CDATA #REQUIRED
    authors IDREFS #IMPLIED
    threads IDREFS #IMPLIED
    imprint IDREF #IMPLIED >
```

Die obige Deklaration ist um einiges komplexer als alles, was wir bisher hatten. Viele der Attribute sind wie erwartet definiert. Das Attribut ISBN beschreibt natürlich die eindeutige ISBN eines Buches und wir geben diesem Attribut den Typ ID, damit wir es später für Assoziationen verwenden können. Das Attribut LEVEL erlaubt es einem Verleger, einem Buch einen gewissen Anspruchsgrad zuzuweisen. Das Buch, das Sie gerade lesen, erhebt den Anspruch `professionell` zu sein. Der Wert dieses Attributs wird lediglich von dem Verlag abhängen. Auch wenn viele Verlage eine Klassifizierung nach Anspruch an den Leser haben, so ist es doch kein universelles Konzept und aus diesem Grund ist dieses Attribut optional. Sollte es verwendet werden, kann das Attribut eine wichtige Rolle als Filter oder bei der Sortierung spielen. Die Attribute pubDate und pageCount bilden das Erscheinungsdatum und die Seitenzahl eines Buches nach.

Die DTD-Syntax erlaubt es uns nicht, ein Datum oder einen numerischen Wert als Datentyp zu definieren. So etwas könnte an dieser Stelle sehr nützlich sein. Eine Anwendung könnte zum Beispiel leicht errechnen, wie alt ein Buch ist oder wie viele Seiten eine mehrbändige Ausgabe insgesamt hat. DTDs erlauben es jedoch nicht, Informationen, die so etwas ermöglichen, festzulegen, da diese Informationen nur implizit in der DTD enthalten sind. Die XML-Schemata sprechen genau diesen Punkt an.

Wir haben auch eine Reihe von Attributen des Typs `ID` in der DTD spezifiziert. Hier machen wir schließlich Gebrauch von diesen Attributen. Das Attribut `authors` hat als Wert eine oder mehrere Referenzen auf Instanzen vom Attribut `authorCiteID`, die uns als `ID` für einen bestimmten Autor dienen. Hier ein Beispiel:

```
<Book authors="smohr mkay mbirbeck" ...>
```

Dies würde bedeuten, dass die Autoren mit den Werten `smohr`, `mkay` und `mbirbeck` für das Attribut `authorCiteID` die Autoren dieses Buches sind. Das Attribut `threads` funktioniert ganz ähnlich, es verknüpft ein Buch mit mehreren Themengebieten:

```
<Book threads="COM Datenbanken XML" ...>
```

Da wir mehrere Referenzen auf Threads erlauben, ist es möglich, ein Dokument auf verschiedenen Pfaden zu bearbeiten. Ein Anwender könnte ein Katalog-Dokument so bearbeiten, dass er nur für sich interessante Themen herausfiltert. Ein Verlag hingegen könnte auf der Basis des Katalogs speziell angefertigte Bücherlisten herausgeben, die nach Anspruch oder Thema sortiert sind.

Schließlich bleibt noch das Attribut `imprint`. Ein Buch kann immer nur zu einer Buchreihe gehören, also ist das Attribut vom Typ `IDREF`. Warum verwenden wir nicht einfach ein Attribut für den Verleger eines Buches? Die ISBN eines Buches enthält bereits die Kennnummer des Verlages, daher könnten wir leicht die Kennzahl extrahieren und die Liste der Verlage durchsuchen, bis wir den entsprechenden Verlag finden. Um die Sache einfacher zu machen, könnten wir auch einfach nach dem Wert von `imprint` suchen. Das liefert uns den Verlag, ohne etwas extrahieren und suchen zu müssen. Keine der Methoden ist völlig offensichtlich, beide stellen aber einen geeigneten Kompromiss dar.

Bei jedem Gestaltungsprozess sind verschiedene Ergebnisse möglich. Sie sind hiermit herausgefordert, sich selbst Gedanken über den beschriebenen Themenkomplex zu machen und Ihre eigenen Erfahrungen und Anforderungen einzubringen. Versuchen Sie, eine eigene DTD zu entwickeln, und sehen Sie, was passiert. Versuchen Sie, herauszufinden, ob ich etwas vergessen habe, oder versuchen Sie, dieselben Ideen anders auszudrücken, und entscheiden Sie, welche Version sich besser für Sie eignet. Eine häufige Streitfrage ist, ob ein bestimmtes Objekt als Element oder als Attribut modelliert wird. Ändern Sie einige der Entscheidungen, die ich hier getroffen habe, und sehen Sie, was passiert. Ein gutes DTD-Design entwickelt sich aus Erfahrungen und Experimenten.

Die vollständige DTD

Hier ist also das Listing der vollständigen DTD `PubCatalog.dtd`. Diese werden wir auch im weiteren Verlauf des Buches verwenden:

```
<!ELEMENT Catalog (Publisher+ , Thread* , Book+ )>

<!-- Publisher section -->
<!ELEMENT Publisher (CorporateName , Address+ , Imprints , Author* )>
<!ATTLIST Publisher isbn CDATA #REQUIRED >
<!ELEMENT CorporateName (#PCDATA )>

<!ELEMENT Address (Street+ , City , PoliticalDivision , Country , PostalCode )>
<!ATTLIST Address headquarters (yes | no ) #IMPLIED >
<!ELEMENT Street (#PCDATA )>
<!ELEMENT City (#PCDATA )>

<!--State, province, canton, etc.-->
<!ELEMENT PoliticalDivision (#PCDATA )>
<!ELEMENT Country (#PCDATA )>
<!ELEMENT PostalCode (#PCDATA )>
```

```
<!ELEMENT Imprints (Imprint+ )>

<!ELEMENT Imprint (#PCDATA )>
<!ATTLIST Imprint shortImprintName ID #IMPLIED >

<!-- Author section -->

<!ELEMENT Author (FirstName , MI? , LastName , Biographical , Portrait )>
<!ATTLIST Author authorCiteID ID #REQUIRED>

<!ELEMENT FirstName (#PCDATA )>
<!ELEMENT MI (#PCDATA )>
<!ELEMENT LastName (#PCDATA )>

<!ELEMENT Biographical (#PCDATA )>

<!ELEMENT Portrait EMPTY>
<!ATTLIST Portrait picLink CDATA #IMPLIED >

<!-- Organization of the catalog -->
<!ELEMENT Thread (#PCDATA )>
<!ATTLIST Thread threadID ID #IMPLIED >

<!-- Book summary information (no content) -->

<!ELEMENT Book (Title , Abstract , RecSubjCategories , Price? )>
<!ATTLIST Book ISBN    ID   #REQUIRED
        level   CDATA  #IMPLIED
        pubDate CDATA  #REQUIRED
        pageCount CDATA  #REQUIRED
        authors IDREFS #IMPLIED
        threads IDREFS #IMPLIED
        imprint IDREF  #IMPLIED >
<!ELEMENT Title (#PCDATA )>
<!ELEMENT Abstract (#PCDATA )>
<!ELEMENT RecSubjCategories (Category , Category , Category )>
<!ELEMENT Category (#PCDATA )>
<!ELEMENT Price (#PCDATA )>
<!ATTLIST Price currency (USD | GBP | CD | EURO ) #REQUIRED>
```

Das Ausdrücken von Beziehungen und Relationen

Beachten Sie bitte, wie wir Attribute der Typen ID, IDREF und IDREFS verwendet haben, um Beziehungen zwischen den Objekten unseres Modells auszudrücken. Diese Typen sind recht simpel, dennoch erlauben sie uns, ein mächtiges Problem zu behandeln. Dieser Mechanismus ist simpel, da XML 1.0 nichts zu dem Thema sagt, nur dass IDs innerhalb eines Dokuments eindeutig sein sollen. Die Spezifikation macht keinerlei Vorschläge zur Implementierung von Linking. Wir müssen also unsere eigenen Funktionen programmieren, wenn wir Linking benutzen wollen. Wir können von einem Parser, der der Spezifikation von XML 1.0 entspricht, nicht erwarten, dass er das Linking für uns handhabt.

Zur Zeit bieten einige Parser, die eine vorläufige Unterstützung von XSL bieten, uns die Möglichkeit, eigenes Linking ohne großen Aufwand zu implementieren. Da dies jedoch Teil von XSL und nicht von XML selbst ist, werden nicht viele Parser auf dem Markt dieses Feature bieten.

Trotzdem sind ID und IDREF wichtige Konstrukte in XML. Es ermöglicht uns, Beziehungen auszudrükken, wie man sie aus relationalen Datenbanken kennt. Das ist besonders wichtig, wenn man eine Auszeichnungssprache entwickelt, deren volles Anwendungsspektrum noch nicht ganz klar ist. Wann immer
klar ist, dass eine Beziehung zwischen Objekten existiert, sollten Sie erwägen, eine entsprechende Liste an
Attributen zu definieren, um diese Information festzuhalten. Innerhalb einer Anwendung kann man dann
diese Informationen gut nutzen.

Noch nicht ganz komplett

Es gibt einige Beschränkungen in der DTD-Grammatik, die wir nicht unerwähnt lassen sollten. Diese
umfassen drei Bereiche:

❑ Alle Regeln müssen in einer DTD stehen: DTDs dürfen nicht segmentiert werden. Eine DTD kann so
gestaltet werden, dass Sub-DTDs durch geeignete Deklarationen und Parameter-Entities inkludiert
werden können. Deklarationen, die man zur Überprüfung eines Dokuments benötigt, können jedoch
nicht zur Laufzeit aus anderen Quellen bezogen werden, sondern müssen vollständig in einer Datei
enthalten sein.

❑ Die DTD-Syntax unterscheidet sich von der Syntax von XML-Dokumenten, daher braucht man einen
anderen Parser für die Bearbeitung von DTDs aus Anwendungen heraus.

❑ Einige Zusammenhänge können nicht vernünftig ausgedrückt werden: Datentypen und Kardinalitäten.

Unsere Katalog-DTD ist nicht besonders lang oder komplex, dennoch enthält sie zwei Konzepte (Autoren
und Verlage), die auch für andere Anwendungen nützlich sein könnten. Wir müssten also Container-
DTDs definieren, wenn wir Teile verschiedener DTDs zusammenfügen wollten. Dies könnte sich bei
umfangreichen Problemfeldern als sehr schwierig erweisen. Alle Regeln einer Sprache müssen sich in
einer einzigen logischen Einheit, sprich Datei, befinden, wenn man Dokumente auf ihre Gültigkeit prüfen
möchte. Das macht es sehr schwierig, Inhalte und die entsprechenden Regeln dynamisch zusammenzusetzen.

Die Syntax und Grammatik, nach der DTDs erstellt werden, unterscheidet sich völlig von der Syntax für
XML-Dokumente. Ein validierender Parser kann mit dieser Tatsache umgehen, bietet aber im Allgemeinen nur Zugriff auf das Dokument, nicht aber auf die DTD selbst. Das ist kein Problem, solange wir DTDs
nur zur Prüfung von Dokumenten nutzen wollen. Möchten wir dagegen eine DTD aus unserer Anwendung heraus lesen oder bearbeiten, brauchen wir einen anderen Parser, der uns Zugriff auf die DTD
gewährt. Nehmen wir an, wir möchten das Inhaltsmodell des Elements Catalog untersuchen. Dies wäre
sehr nützlich, wenn wir ein übergreifendes Tool schreiben möchten, das uns eine Vorlage (Template) für
eine DTD erstellt, so dass ein Autor dann nur noch die Lücken füllen müsste. Wir könnten aber auch versuchen, einem Autor mögliche Optionen aufzuzeigen, wenn an einer Stelle im Dokument ein ungültiges
Tag auftritt. Wir könnten auch ohne eine entsprechende API keine dynamischen Änderungen an einer
DTD vornehmen, um so auf Bedingungen, die zur Laufzeit einer Anwendung auftreten, zu reagieren. Bisher sind DTDs ausschließlich zum Auslesen gedacht, zumindest was XML-Parser betrifft. Diese Ansprü-
che könnten etwas weit hergeholt wirken, bedenken Sie jedoch, dass die Anforderungen mit immer neuen
Anwendungen immer mehr wachsen. In kurzer Zeit werden wir automatisierte Tools benötigen, die den
Inhalt einer DTD untersuchen sollen, um dann etwas für uns Nützliches mit diesen Informationen anzu-
stellen.

Wir haben bereits einen Fall erlebt, in dem uns die Grammatik für DTDs etwas im Stich gelassen hat. Das
Inhaltsmodell des Elements RecSubjCategories zwang uns dazu, explizit drei Instanzen des Elementtyps Category anzugeben, weil die Regeln zur Definition von Kardinalitäten in DTDs nicht gerade
besonders mächtig sind. Schon früher in diesem Kapitel haben wir einige recht hoch entwickelte Inhaltsmodelle kennen gelernt, die jedoch einiges an Kreativität von deren Entwickler verlangten. Oft sind komplexe Inhaltsmodelle ein Produkt der Versuche, die Mängel der DTD-Grammatik auszugleichen. In unserem Beispiel mit dem Bücher-Katalog haben wir auch erfahren, dass ein strenges Typenkonzept, wie man
es aus Programmiersprachen kennt, wichtig wäre. Gerade die Attribute pubDate und pageCount hätten

davon profitieren können. Das Element Price könnte ebenfalls so etwas wie einen Datentyp sinnvoll einsetzen, wenn es so etwas gäbe. Diese Punkte werden noch sehr wichtig, wenn wir damit beginnen, Anwendungen zu schreiben, die mit den Daten aus XML-Dokumenten wirklich arbeiten müssen, statt diese nur einfach anzuzeigen. Das sind einige der Probleme, denen man mit Hilfe von DTDs allein nicht wirklich gut beikommen kann.

Zusammenfassung

Definitionen von Dokumenttypen ergänzen wohlgeformte Dokumente um strikte und präzise Regeln. Diese Regeln haben wir im Verlauf dieses Kapitels kennen gelernt. Einige einfache Markup-Deklarationen erlauben es uns, festzulegen, welche Struktur und welchen Typ der Inhalt von XML-Dokumenten haben muss. DTDs bringen im Wesentlichen drei wichtige Vorteile für XML-Anwendungen:

❏ Präzise und eindeutige Beschreibung des behandelten Problemfeldes

❏ Eine genormte Schnittstelle, um das eigene Modell einem XML-Parser zugänglich zu machen

❏ Eine einheitliche Methode zur Erkennung von Fehlern in XML-Dokumenten

Der erste Punkt streicht die Bedeutung einer DTD als Hilfe zur Planung und Gestaltung hervor. Sie benötigen eine DTD, um XML-Dokumente zu überprüfen, und eine DTD zwingt den Entwickler einer Sprache, genaue und eindeutige Entscheidungen zu treffen. Eine XML-Anwendung kann dann auf dieser Basis mit ihrer Umgebung kommunizieren und die DTD gibt Programmierern und Anwendern die nötige Auskunft über die Ausdrucksmöglichkeiten der Sprache.

Interne und externe DTDs bieten Anwendungen genormte Möglichkeiten an, die entsprechenden Daten zu lesen. Möchte eine Anwendung etwas überprüfen, kann ein Parser sich die internen Deklarationen ansehen oder eine externe DTD zu diesem Zweck heranziehen.

Validierende XML-Parser können in vielen Anwendungen als bequeme Methode zur Aufdeckung von Fehlern dienen. Strukturelle und inhaltliche Fehler können von einem Parser leicht entdeckt werden und nehmen so den eigenen Programmteilen viel von der nötigen Überprüfungsarbeit ab. Sie sollten stets so viel an Präzision und Liebe zum Detail wie möglich in die Deklaration Ihrer DTDs einfließen lassen. Die Mühe und Sorgfalt, die Sie in Ihre DTD stecken, kann Ihnen an anderer Stelle in der Anwendung eine Menge Arbeit sparen.

4

Datenmodellierung in XML

Der Erfolg einer XML-Applikation wird davon abhängen, wie gut Ihre XML-Dokumente sind. Diese sollten nicht nur interessante oder wichtige Informationen enthalten, sie müssen auch flexibel genug sein, um auch möglichen Anforderungen in der Zukunft gerecht zu werden. In diesem Kapitel beschäftigen wir uns mit den Faktoren, die es beim Entwurf von Dokumentstrukturen zu beachten gilt.

Wir werden uns mit drei Aspekten des Entwurfsprozesses beschäftigen:

❏ Bei der **Datenmodellierung** geht es um das Verständnis für die Strukturen und die Bedeutung der Informationen in einem Dokument.

❏ Beim **Dokument-Entwurf** geht es darum, die gewonnenen Erkenntnisse in Regeln (innerhalb einer DTD oder eines Schemas) umzusetzen.

❏ Schemata bieten die Möglichkeit, das eigene Dokumentdesign so niederzulegen, dass es für menschliche Leser und Programme gleichermaßen gut lesbar ist.

Datenmodellierung

Wir haben bereits im letzten Kapitel ein wenig Datenmodellierung betrieben, als wir eine eigene DTD für einen Bücher-Katalog entwarfen. In diesem Kapitel werden wir uns mit der Modellierung etwas genauer beschäftigen und einige praktische Beispiele für deren Bedeutung für den Entwurf von XML-basierten Informationssystemen geben.

Die erste Regel, die wir bei der Modellierung von Informationen beachten sollten, besagt, dass man die »reale Welt oder Umgebung« immer als Vorbild nehmen sollte, nicht die Technologie. Ein Modell für Daten oder Informationen bildet immer eine Beschreibung der Abläufe und Informationsflüsse in einer realen Organisation ab. Die Beschreibung ist unabhängig von konkreten informationstechnischen Systemen.

❏ Wie ist etwas strukturiert?

❏ Welche Bedeutung hat etwas?

❏ Wem ist etwas zugeordnet oder »gehört« etwas?

❏ Wer trägt Verantwortung für Termine und Qualität?

❏ Woher kommt etwas und was wird aus dem Objekt?

Die Frage nach der Modellierung von Informationen hat also nicht ursächlich etwas mit XML zu tun. Daher werden wir uns mit den Besonderheiten von XML auch erst später im Kapitel beschäftigen.

Beschäftigen wir uns zu Recht mit der Modellierung von Daten in diesem Buch? Wir meinen ja, denn die Arbeit an einem XML-Projekt setzt auch Kenntnisse über Datenmodellierung voraus. Auch wenn die Datenmodellierung an sich technologieunabhängig ist, wird sie in Büchern oft im Zusammenhang mit dem Entwurf relationaler Datenbanken beschrieben. Diese Verknüpfung verzerrt ein wenig die Perspektive. In einem Buch über XML können wir Ihnen eine alternative, vielleicht sogar komplementäre Sicht der Dinge anbieten.

Warum ist Datenmodellierung so wichtig? Ohne ein Modell hat man nur Daten, keine echten Informationen. Die Informationen im Modell spiegeln die Bedeutung der Daten wider. Tatsächlich hat man immer ein Modell der Daten, es bleibt nur die Wahl zwischen einem Modell, auf das sich alle Beteiligten verständigt haben und das auch schriftlich fixiert ist, und dem Risiko, dass sich jeder selbst implizit ein Modell in seinem Kopf schafft. Letztere Vorgehensweise ist sicher nicht empfehlenswert, da sie unausweichlich zu Missverständnissen führen muss. Hat man ein gemeinsames Datenmodell, bieten sich viele Möglichkeiten. Hierzu ein Zitat aus einem Artikel vom Adam Bosworth, Andrew Layman und Michael Rys von Microsoft (`http://biztalk.org/Resources/canonical.asp`):

> *...wir haben schon ein gutes Stück eines Weges beschritten, der einst als futuristische Möglichkeit galt: eine Welt, in der ein Konsument von Daten die Werkzeuge hat, um mit einem Produzenten von Daten, wo immer dieser sich auch befinden mag, so zu kommunizieren, dass die Kommunikation auf der Bedeutung der Daten basiert, nicht aber auf den äußeren Umständen der Präsentation.*

Wir werden uns hier mehr auf allgemeine Prinzipien denn auf besondere Formalismen konzentrieren. Wenn Sie etwas über spezielle Methoden wie UML (Unified Modeling Language) erfahren möchten, so können Sie eines der vielen Bücher zu diesem Thema zu Rate ziehen oder sich die gesamte Spezifikation auf der Website von Rational unter `http://www.rational.com/` ansehen. Es gibt zwei Ziele bei der Datenmodellierung, die sich nicht immer ganz leicht vereinbaren lassen:

❑ Man möchte absolut präzise Definitionen formulieren
❑ Man möchte eine effiziente Kommunikation mit dem Anwender

Formale Methoden haben ihre Stärken eher in der Schaffung technisch präziser Modelle, als in der Interaktion mit Menschen. Wir werden daher versuchen, die Gewichtung etwas ausgeglichener zu gestalten, indem wir eine aussagekräftige und sprechende Terminologie und eine vereinfachte Diagrammnotation verwenden.

Hier noch ein Wort der Warnung im Bezug auf Terminologien: In der Praxis der Datenmodellierung haben die Begriffe *Entity* und *Attribut* eine andere Bedeutung als im Zusammenhang mit XML. Wir werden versuchen, mögliche Konfusionen zu vermeiden, indem wir andere Begriffe verwenden. Im Besonderen werden wir Dinge bzw. Gegenstände im Modell als **Objekte** bezeichnen, statt wie sonst üblich **Entities** zu sagen. Wir werden die Charakteristika der Objekte als **Eigenschaften** bezeichnen und nicht als **Attribute**. Auf diese Weise wollen wir eine klare Trennung zwischen technischen Begriffen in XML und den Konzepten für XML schaffen.

Statische und dynamische Modelle

Es gibt zwei Haupttypen von Datenmodellen: **statische** Modelle und **dynamische** Modelle. Statische Modelle konzentrieren sich auf die Beschreibung der zulässigen Zustände eines Systems. Sie machen oft Aussagen wie »Ein Kunde kann mehrere Konten unterhalten«, »In einem Kapitel müssen keine Fußnoten auftauchen, es dürfen aber auch beliebig viele darin vorkommen« oder »Jedes Buch hat eine ISBN«. Solche Modelle beschreiben, welche Typen von Objekten in dem System vorkommen, welche Eigenschaften diese Objekte haben und wie die Beziehungen untereinander aussehen. Neben der bloßen Beschreibung werden natürlich auch verbindliche Namen für Objekte definiert. Oben haben wir solche Bezeichner bereits gesehen (*Kunde, Konto, Kapitel* und *Fußnote*). Hat man alles benannt, so ist die halbe Schlacht bereits geschlagen. Das ist auch der Grund, warum Inhaltsmodelle in XML manchmal auch als **Vokabulare** bezeichnet werden.

Die dynamischen Modelle dienen der Beschreibung des Datenflusses im System. Beispiele für solche Modelle sind Prozessmodelle, Workflow-Diagramme und Historisierungen von Objekt-Lebenszyklen. Dynamische Modelle enthalten Aussagen wie: »Die Pathologie sendet ihre Testergebnisse an den zuständigen Arzt«. Sie beschreiben auch, welche Austauschvorgänge stattfinden, also welche Daten von welchem Ort an einen anderen Ort gelangen und welchen Zweck dieser Transfer hat.

Allgemein gesagt, sind statische Modelle von unmittelbarer Bedeutung für den Entwurf einer Datenbank, in der Informationen für einen langen Zeitraum gespeichert werden und für die unterschiedlichsten Zwecke ausgewertet werden. Dynamische Modelle dagegen sind von unmittelbarer Bedeutung für den Entwurf von Nachrichten oder Meldungen, die nur einem sehr speziellen Zweck dienen und eine sehr kurze Lebensdauer haben.

Mit XML kann man natürlich beide Arten von Daten in einem System beschreiben, Dokumente und Nachrichten. Bei dem Entwurf eines Systems muss man jedoch beide Arten von Modellen berücksichtigen, da beide gleich wichtig sind. Viele Entwickler tendieren dazu, mit einem der beiden Modelle zu beginnen, es wäre jedoch ein Fehler zu sagen, dass eines der Modelle abgeschlossen sein sollte, bevor man mit dem anderen beginnt. Ich ziehe es vor, mit dem statischen Modell zu beginnen. Das liegt zum Teil daran, dass hier die Grundlagen der Terminologie liegen, und sicher auch daran, dass ein statisches Modell fast immer der stabilste und langlebigste Teil eines Systems ist. Es ist oft noch unverändert, wenn Jahre später bereits sämtlicher Code viele Male umgeschrieben worden ist.

In der Praxis sind die Grenzen zwischen statischen und langlebigen Informationen einerseits und flüchtigen Informationen in Nachrichten andererseits oft etwas verwischt. Viele Objekte in einem statischen Modell sind in Wahrheit Ereignisse (zum Beispiel der Verkauf eines Produktes) und viele Dokumente, die als kurzlebige Nachricht beginnen (zum Beispiel die Beschwerde eines Kunden), werden oft sehr lange gespeichert. Ob Sie solche Objekte als statisch oder dynamisch modellieren, ist eine Frage der persönlichen Ansichten und hängt oft von verschiedenen Umständen ab.

Dokumente und Daten

Die Welt der Dokumente und die Welt der Daten sind traditionell stark getrennt. Die kommerzielle Datenverarbeitung beschäftigte sich stets mit stark strukturierten und formalisierten Informationen und verwaltete die Hauptbücher eines Unternehmens. Das Ziel bestand darin, Informationen so zu codieren, dass diese automatisch verarbeitet und leichter gesammelt und zusammengefasst werden konnten, um sie dann leitenden Angestellten so zu präsentieren, dass diese erkennen können, ob sie Gewinn oder Verlust erwirtschaften. Die Dokumentverarbeitung beschäftigte sich dagegen mit der Organisation der Erstellung und Produktion von Texten für menschliche Leser. Man versuchte, die Effizienz des gedruckten Wortes als Kommunikationsmedium zu emulieren und wenn möglich sogar zu erhöhen.

Man könnte also sagen, dass die treibenden Kräfte in der Datenverarbeitung Automatisierung, Analyse, Codierung und Angleichung von Systemen sind, während die Dokumentverarbeitung sich darum bemühte, die Flexibilität der Autoren zu erhöhen, damit diese mit ihren Lesern so kreativ wie möglich kommunizieren konnten.

Das WWW zwang die beiden Welten, sich einander anzunähern. XML ist wahrscheinlich die erste Technologie, die in beiden Welten gleichermaßen beheimatet ist. Diese Annäherung ist auch auf beiden Seiten gleichermaßen willkommen. Die Entwickler von Informationssystemen suchten schon seit einiger Zeit nach Möglichkeiten, ihre Systeme flexibler zu gestalten, während die Designer von Dokumentformaten nach Mitteln und Wegen suchten, die Struktur von Dokumenten besser zu beschreiben. Das gemeinsame Ziel ist die Verwaltung von Wissen (knowledge management), wobei man möglichst das kollektive Wissen einer Organisation erfassen möchte, angefangen von hoch strukturierten und gut organisierten Informationen, bis hin zu spontan formulierten und informellen Informationen. Außerdem überschreiten viele moderne »multimediale« Anwendungen die Grenze zwischen der Welt der Dokumente und der Welt der Daten. Ein solches Beispiel, das wir in diesem Kapitel verwenden werden, ist die Produktion eines Urlaubs-Katalogs.

Ein anderer Berührungspunkt zwischen diesen Welten sind Dokumente, die gewisse Transaktionen in einem Informationsverarbeitungsprozess begleiten. Zu diesem Dokumenten gehören Bestellungen, Rechnungen, Spesenrechnungen, Unfallberichte oder Briefe, in denen man zum Beispiel ein geschäftliches Treffen vereinbart.

Die Traditionen und Methoden bleiben jedoch getrennt. Man kann leicht unterscheiden, ob jemand sein Wissen über Datenmodellierung in dem Bereich der Datenbanken erworben hat oder ob diese Person ihren Hintergrund in der Dokumentenverarbeitung hat. Wir werden versuchen, einen neutralen Weg zu beschreiten, da wir wissen, dass beide Seiten voneinander lernen können.

Wo soll man beginnen?

Es gibt eine alte Anekdote über einen Reisenden in London, der jemanden nach dem Weg zum Trafalgar Square fragt und als Antwort Folgendes zu hören bekommt: »Wenn ich Sie wäre, würde ich nicht von hier losgehen«. Ähnliches trifft für die Datenmodellierung zu. Da man in der Praxis oft nicht die Wahl hat, wo man anfangen soll, ist die obige Frage rein rhetorisch.

In der Praxis ist man gezwungen, da zu beginnen, wo man sich gerade befindet. Also ist die erste Aufgabe, herauszufinden, wo man sich denn nun konkret befindet. Ist der Umfang und das Aufgabengebiet des Systems bereits definiert? Sind bereits eine Reihe von bekannten Handelsprozessen etabliert oder sollen neue Vorgänge entwickelt werden? Ist die Architektur des Systems schon beschlossen? Wie viel Einfluss haben Sie selbst auf den Ausgang des Entwurfsprozesses? Wer sind die Entscheidungsträger? Gibt es vielleicht konkurrierende Gruppen mit divergierenden Ansichten?

Die klassische Vorgehensweise in beiden Welten ist es, sich mit bestehenden Dokumenten zu beschäftigen. Man sucht nach den relevanten Dokumenten, bestimmt ihre Struktur durch Generalisierung und Abstraktion und spricht mit vielen Anwendern darüber, wo die Informationen in den Dokumenten herkommen. Man versucht herauszufinden, wie die Informationen von einem Dokument in ein anderes gelangen und wie diese dann schließlich angewendet werden. Schließlich versucht man, alle gewonnenen Informationen zu einem Modell zu vereinen.

Dieser Ansatz ist heute oft nicht mehr ausreichend, da viele Menschen von einem System mehr erwarten als die bloße Reproduktion bestehender Vorgänge. Ein System für den elektronischen Handel muss nicht zwangsweise den klassischen Kaufvorgang widerspiegeln und ein elektronischer Reisekatalog muss nicht eine exakte Nachbildung der gedruckten Form sein. Dafür benötigt man jedoch ein hohes Maß an Verständnis für die Ziele eines Unternehmens und die Motivation der Kunden. Sie müssen nicht nur verstehen, welche Informationen existieren, sondern auch, warum diese existieren, und Sie müssen kreative und innovative Vorstellungen entwickeln, die Ziele des Unternehmens zu erreichen. Ob Sie das alles leisten können, hängt natürlich von der Aufgabe ab, die Sie erledigen sollen, und davon, wie viel Einfluss Sie auf die Entscheidungsträger haben.

Das statische Modell

In diesem Abschnitt werden wir uns Schritt für Schritt daran begeben, ein statisches Datenmodell zu definieren. Das sind die Schritte, in denen wir vorgehen werden:

❏ Schritt 1 – Identifizieren, benennen und definieren Sie Objekte
❏ Schritt 2 – Organisieren Sie die Objekte in einer Klassenhierarchie
❏ Schritt 3 – Definieren Sie Relationen, Kardinalitäten und Einschränkungen
❏ Schritt 4 – Fügen Sie Eigenschaften hinzu, um die mit Objekten verbundenen Werte auszudrücken

Schritt 1: Die Dinge benennen

Ein guter Start für ein Datenmodell ist es, die Dinge in einem System zu benennen. Diese »Dinge« werden für gewöhnlich mit den Begriffen Entities, Objekte, Klassen oder Datenelemente bezeichnet, aber das ist nicht wirklich wichtig. Wir werden die Dinge **Objekttypen** nennen.

Beginnen Sie damit, eine Liste der relevanten Objekte im System anzulegen, so zum Beispiel: Kunden, Konten, Hotel, Land, Urlaub, Reservierung oder Zahlungsmethode. Einige Leute werden Ihnen empfehlen, einen beschreibenden Text über das System durchzuarbeiten und alle Substantive hervorzuheben. Welche Vorgehensweise Sie auch wählen, diese Phase ist nicht besonders kompliziert und sollte recht zügig zu erledigen sein.

Die nächste Phase dagegen kann viel mehr Zeit in Anspruch nehmen. Man benötigt nämlich noch Definitionen für die gefundenen Objekttypen. Die Definition von Objekten wie »Urlaub« muss sicherstellen, dass ein Objekt dieses Typs auch immer eindeutig als ein solches Objekt identifiziert werden kann. Beispiele für wichtige Fragen wären etwa:

❏ Wenn zwei Personen zusammen verreisen, ist es dann ein Urlaub oder sind es zwei?

❏ Ist eine nicht verkaufte Urlaubsreise immer noch eine Urlaubsreise oder ist etwas anderes?

❏ Wenn ein Kunde seine Reservierung auf ein anderes Datum ändert, ist es dann immer noch derselbe Urlaub oder schon ein anderes Objekt?

Es gibt zwei Arten von Fragen, die ich sehr nützlich finde, um Definitionen zu etablieren. Die erste Form ist folgende:

❏ Ist X ein Urlaub?

Mit solchen Fragen testen wir die Definition, indem wir verschiedene zweifelhafte Beispiele angeben und grenzen das Konzept damit immer enger ein. Die zweite Art von Frage ist:

❏ Sind X und Y dasselbe Urlaubs-Objekt oder sind es verschiedene Objekte?

In diesem Fall fragen wir nicht mehr, ob X und Y wirklich Objekte vom Typ Urlaub sind; wir suchen vielmehr nach Regeln, die uns helfen, Objekte gleichen Typs eindeutig voneinander zu unterscheiden. Diese Art von Fragen ist besonders wichtig im Zusammenhang mit immateriellen Objekten wie einem Flug oder eine bestimmte Dienstleistung.

Es kann vorkommen, dass man auf die obigen Fragen von unterschiedlichen Menschen sehr unterschiedliche Antworten erhält. Daher ist die Modellierung von Daten auch so wertvoll, weil dadurch mögliche Quellen von Missverständnissen ausgeschlossen werden. In einer Firma, für die ich gearbeitet habe, entstanden Datenverluste, weil eine Abteilung der Ansicht war, ein Händler sei ein einzelnes Unternehmen an einem Ort, während eine andere Abteilung der Ansicht war, ein Händler sei ein Unternehmen mit beliebig vielen Zweigstellen an verschiedenen Orten. Hätte man gefragt, ob »QuickFood in Dallas derselbe Händler wie QuickFood in Pittsburgh ist?«, wäre das Missverständnis sofort aufgefallen.

Nach dieser Phase werden Sie eine vermutlich recht lange Liste von Objekttypen haben und vermutlich werden einige Objekte auch sehr lange Namen haben. Wenn es irgendwie möglich ist, dann sollten Namen so gewählt werden, dass Menschen aus dem entsprechenden Gebiet die Objekte korrekt identifizieren und interpretieren können, da sich diese Menschen oft nicht die Mühe machen werden, Ihre sorgfältig aufgeschriebenen Definitionen zu lesen.

Neben der reinen Benennung der Objekttypen ist es in dieser Phase auch wichtig, sich zu fragen, wie man individuelle Instanzen eines Typs unterscheidet. Wie identifiziert man eine individuelle Urlaubsinstanz? Es kann sein, dass es bereits bestehende Kriterien im Unternehmen gibt. Es kann sein, dass Sie selbst Kriterien finden müssen, oder Sie setzen eine Kombination von Eigenschaften ein. So könnte zum Beispiel eine Urlaubsreise anhand einer Kundennummer und des Antrittsdatums definiert werden. In dieser Phase kommt es oft vor, dass man Probleme in bestehenden Codierungsschemata eines Unternehmens findet. Zum Beispiel könnte ein Reiseunternehmen alle Angestellten eines anderen Unternehmens unter einer einzigen Kundennummer verwalten, während die Service-Abteilung des Reiseunternehmens jeden einzelnen Reisenden unter einer eigenen Kundennummer führt.

Am Ende dieser Phase haben wir also eine Liste von Objekttypen mit allgemein anerkannten Namen und Definitionen.

Schritt 2: Taxonomie

Taxonomie ist ein Begriff aus der Biologie, der ein System aus Klassifizierungen bezeichnet. In der Datenmodellierung spricht man auch von einer Typenhierarchie (einige sagen auch *Ontologie*). Neben der reinen Benennung wollen wir nun auch eine hierarchische Klassifikation unserer Objekte haben. Oft ergeben sich die hierarchischen Beziehungen schon, während man die Objekttypen definiert. Oft findet man Definitionen wie diese:

❏ Ein `Urlaubsflug` ist ein Urlaub ohne Buchungen für Unterbringungen

❏ Es gibt drei Arten von Unterbringungen: `Hotel-Unterbringung`, `Unterbringung mit Selbstversorgung` und `Unterbringung auf einem Camping-Platz`

Die wichtige Formulierung ist hier »ist ein(e)« (oder »ist vom Typ«). Eine Gruppen-Reise ist eine Urlaubsreise, eine Stornierung ist eine Transaktion, eine Einzahlung ist ein Zahlungsvorgang, die Wahl eines vegetarischen Menüs ist eine kostenlose Option. Wenn wir einen Satz wie »A ist von Typ B« oder »Jedes A ist ein B« formulieren können, dann haben wir eine Subtypen-Beziehung in unserer Taxonomie entdeckt.

Dieses Vorgehen nennt man auch einen *ist-ein*-Test. Seien Sie jedoch vorsichtig damit, da die Formulierung *ist-ein* auch die Beziehung zwischen einer einzelnen **Instanz** und deren **Typ** beschreibt: »Mallorca ist ein Urlaubsort«. Es ist sicherer, die Formulierung *ist-vom-Typ* zu benutzen.

Die Identifizierung von Subtypen ist besonders nützlich, wenn es um das Dokumentdesign geht. Noch wichtiger ist jedoch, dass es eine große Hilfe bei dem Verständnis von Definitionen der einzelnen Objekttypen ist. Wenn zum Beispiel Ihre Klassenhierarchie fälschlicherweise den Typ Kunde als Subtyp von Reisender klassifiziert, wird dieser Fehler hoffentlich jemanden schnell auffallen und er wird den Fehler ansprechen. Schließlich könnte die Firma IBM auch ein Kunde sein, aber es dürfe recht schwierig werden, das gesamte Unternehmen in ein Flugzeug zu verfrachten.

Wenn Sie bereits Erfahrungen mit objektorientierter Programmierung haben, verfügen Sie über einen Wissensvorsprung, was die Definition von Typhierarchien betrifft. Dieses Wissen birgt aber auch potenzielle Gefahren, da Programmierer Klassen oft als bloße Ansammlung von Funktionen ansehen und nicht so sehr als Modelle der realen Welt. Wenn Sie selbst bemerken, dass Sie oft Verben statt Substantive für die Namen Ihrer Objekte verwenden, dann sind Sie vermutlich dieser alten Gewohnheit erlegen.

Hier ein Beispiel für einen Teil der möglichen Objekt-Hierarchie für ein fiktives Reiseunternehmen. Dieses Diagramm verwendet die Notation von UML, in der ein Pfeil von einem Sub-Typ immer hin zum Super-Typ zeigt:

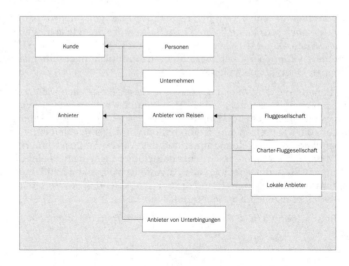

Mehr Informationen zum Thema UML und der Notation von Diagrammen finden Sie in dem Buch Instant UML (ISBN: 1-86100-087-1).

Man kann natürlich noch viele weitere Details zu Diagrammen wie dem obigen hinzufügen. In dieser Phase genügt es jedoch, diese einfach zu halten, um so die wichtigsten Aussagen festzuhalten und von den Benutzern eine Rückmeldung zu erhalten, ob man die Konzepte richtig verstanden hat. Es kann nützlich sein, zur Erstellung solcher Diagramme ein Tool wie Visio zu benutzen, da es gestattet, verschiedene Detailstufen zu verwenden. So kann man ein Diagramm unterschiedlichen Gruppen auf unterschiedliche Arten präsentieren.

Der zweite Schritt besteht also im Wesentlichen darin, die Objekte in eine Hierarchie einzufügen.

Schritt 3: Beziehungen feststellen

Nach der Benennung und Einordnung der Objekttypen folgt nun der nächste Schritt. Man versucht, festzustellen, welche Beziehungen oder Relationen zwischen den einzelnen Objekttypen bestehen.

Auch hier gibt die schriftliche Formulierung einige Hinweise:

- ❏ Ein Kunde bucht eine oder sogar mehrere Urlaubsreisen
- ❏ An einer Urlaubsreise können auch mehrere Reisende teilnehmen
- ❏ Jede Urlaubsreise besteht aus einer oder mehreren Reisen
- ❏ Zu jedem Urlaub gehört mindestens eine Buchung einer Unterbringung
- ❏ Zu jeder Buchung einer Unterbringung gehört auch ein Hotel

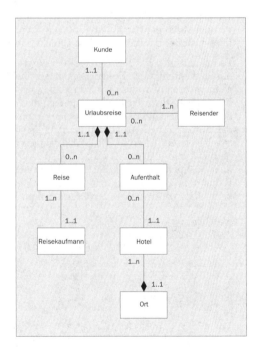

Die Beziehungen (oder Assoziationen, wie es in UML heißt) können auch in einem Diagramm wie dem nebenstehenden ausgedrückt werden. Es gibt viele verschiedene Notationen für Diagramme von Objekt-Beziehungen, von denen jede ihre Stärken hat. Wir werden hier UML verwenden, weil es eine breite Akzeptanz in der Industrie genießt, obwohl man manchmal das Gefühl hat, wenn man mit Benutzern spricht, dass es einfachere Methoden geben muss, Objekt-Beziehungen auszudrücken. Ich ziehe es vor, Diagramme einfach und intuitiv zu halten, um so den Blick auf die zentrale Aussage nicht zu verstellen. Die Details formuliere ich dann in anderen Dokumenten, die ohnehin einfacher zu pflegen sind als Diagramme. In jedem Fall hängt das Ausmaß an notwendiger Detaillierung immer von dem jeweiligen Projekt ab. Wenn Sie nur drei Monate Zeit haben, eine Website in Betrieb zu nehmen, dann haben Sie vermutlich kaum Zeit für den Luxus, stets detaillierte Diagramme anzufertigen. Selbst wenn Sie es versuchen, wird wahrscheinlich niemand die Zeit finden, Ihre Diagramme zu lesen oder gar zu aktualisieren.

Für jede Relation müssen wir verschiedene Dinge abklären.

Die **Kardinalität** einer Relation beschreibt, wie viele Objekte an dieser Relation beteiligt sind:

- ❏ Die verbreitetste Beziehung ist die Eins-zu-viele- (1:n-) Beziehung: Ein Kapitel enthält viele Abschnitte, eine Person kann oft Urlaub machen, ein Buch hat viele Herausgeber, eine Bestellung kann viele Artikel enthalten etc. In unserem Diagramm haben die meisten Relationen genau ein Objekt auf der einen Seite (»1..1« bedeutet mindestens eins, höchstens eins) und keines oder beliebig viele (»0..n«) Objekte auf der anderen Seite. Oft macht es nur Sinn, Relationen vom Typ »1..n« zuzulassen, da zum Beispiel eine Hotelanlage ohne ein einziges Hotel keine Hotelanlage ist.

❑ Es treten auch Viele-zu-viele-Beziehungen auf: Ein Autor kann viele Bücher schreiben, aber ein Buch kann auch viele Autoren haben. In dem obigen Diagramm ist eine solche Beziehung aufgeführt: Viele Reisende können zusammen eine Reise unternehmen, aber auch ein einzelner Reisender kann viele Reisen unternehmen. In solchen Fällen ist es sinnvoll, solche Paarungen als eigene Objekte darzustellen. Ein Beispiel ist die Paarung aus einer Urlaubsreise und einem Hotel zu einem Objekt `Aufenthalt`. Der Grund für dieses Vorgehen ist, dass man so die Möglichkeit erhält, die Eigenschaften einer solchen Beziehung als Objekt-Attribute eines Objektes auszudrücken. Zum Beispiel hat jeder `Aufenthalt` ein Datum und eine Raumnummer als Attribut.

❑ Die reinen Eins-zu-eins-Beziehungen sind eher selten. Ein Beispiel dafür ist die Beziehung zwischen einer Person und einer Arbeitsstelle. Schließlich kann eine Person (unter normalen Umständen) nur einen Arbeitsplatz einnehmen und umgekehrt kann ein Arbeitsplatz nur von einer Person besetzt werden.

Bei der Datenmodellierung für potenzielle XML-Anwendungen ist eine Relation besonders wichtig, es ist die Relation des **Enthaltenseins**. Diese Beziehung fällt auch in die Kategorie Eins-zu-viele. Es gibt keine einfache und klare Regel, was genau eine Enthaltensein-Relation ausmacht. Aber auch hier hilft die Analyse der Definitionen: ein Kapitel *enthält* Ansätze, eine Urlaubsanlage *besteht* aus vielen Hotels, in einem Hotel *gibt es* viele Gäste. In UML gibt es zwei Formen des Enthaltenseins von Objekten. Erstens die **Aggregation**, lose ausgedrückt ein Verbund von Objekten, die für die Zeit der Aggregation nach außen als ein Objekt wirken. Ein Beispiel wären Personen, die zu einer Reisegruppe gehören. Zweitens **Komposition**, eine viel stärkere Beziehung als die Aggregation, bei der die einzelnen Teile keine unabhängige Existenz haben. Ein Beispiel für eine Komposition wären Räume in einem Hotel. Diese können auch nicht unabhängig von einem Hotel existieren. In UML wird eine Aggregation durch eine Raute ausgedrückt, wobei die Raute an dem Objekt hängt, das ein anderes Objekt enthält.

Es ist auch möglich, das Konzept der Aggregation auszuweiten. Ein Urlaub besteht aus mehreren Flügen, ein Plan enthält viele Ereignisse, ein Service-Vertrag enthält viele Dienstleistungen. Wenn wir so etwas machen, müssen wir etwas Vorsicht walten lassen, weil wir sonst leicht den Blick dafür verlieren, dass diese Form der Beziehungen in Wirklichkeit eine Viele-zu-viele-Beziehung ist, statt einer Eins-zu-viele-Beziehung. Ein Beispiel ist etwa, dass viele Ablaufpläne dasselbe Ereignis enthalten können. Auch wenn man das Konzept durchaus ausweiten kann, ist es am sichersten, wenn jedes Objekt nur einmal in einem anderen Objekt enthalten ist. Das entspricht auch dem intuitiven Verständnis der Idee und deckt sich auch mit dem Datenmodell von XML, wo man zwar auch beliebige Verknüpfungen haben darf, aber der Aufbau hauptsächlich hierarchisch ist. Konkret kann man sagen, dass überall da, wo in einem Diagramm eine Raute steht, diese Relation in XML durch ein Eltern-Element und Kind-Elemente dargestellt werden kann. Also würde unsere Struktur aus dem Diagramm in XML vielleicht so aussehen:

```
<Urlaub>
   <Reise>
      <VON>London Gatwick</VON>
      <NACH>Orlando, Florida</NACH>
      <DATUM>2000-02-15 11:40</DATUM>
      <Flug>BA1234</Flug>
   </Reise>
   <Reise>
      <VON>Orlando, Florida</VON >
      <NACH>London Gatwick</NACH>
      <DATUM>2000-03-01 18:20</DATUM>
      <Flug>BA1235</Flug>
   </Reise>
   <Aufenthalt>
      <HOTEL>Orlando Hyatt Regency</HOTEL>
      <Ankunft>2000-02-15</Ankunft>
      <Abreise>2000-03-01</Abreise>
   </Aufenthalt>
</Urlaub>
```

Geeignete Namen für eine Relation zu finden, ist nicht immer einfach. Oft sind Wörter wie enthält oder verwendet enthalten und das macht die Sache nicht immer elegant. Oft hängt der Name auch davon ab, von welcher Seite man die Relation betrachtet. Das macht die Sache auch nicht gerade objektiv. Oft ist es sinnvoll, einen ganzen Satz als Namen zu verwenden: Hotel-A-liegt_in Anlage-B oder Person-A-ist-Autor-von-Buch-B. Glücklicherweise brauchen wir solche Namen nicht für XML-Tags zu verwenden, diese tauchen oft nur in der Dokumentation des Systems auf. Aus diesem Grund haben wir auch die Namen nicht ins Diagramm aufgenommen.

Nach dem dritten Schritt haben wir also die Relationen zwischen den Objekten unseres Systems definiert.

Schritt 4: Definition von Eigenschaften

Objekttypen und Relationen bilden gleichsam das Skelett eines Datenmodells, aber erst die Eigenschaften bringen die Muskelmasse in den Gesamtkörper ein. Eigenschaften sind einfach Werte, die mit Objekten verknüpft sind. Eine Person hat etwa die Eigenschaften Größe, Gewicht, Staatsangehörigkeit oder Beruf. Ein Hotel könnte die Eigenschaften Sterne, Anzahl von Räumen und Preiskategorie haben.

Bei der Auflistung der Objekteigenschaften müssen wir die Relationen nicht erneut aufgreifen. Wenn man die Lage eines Hotels als Relation zu einer Hotelanlage ausgedrückt hat, braucht man nicht noch eine Eigenschaft »Lage« einzuführen

Das Wichtigste, was wir über Eigenschaften wissen müssen, ist deren Datentyp. Uns interessieren dabei im Wesentlichen folgende Fragen. Liegen die Werte in einem festen Intervall? Ist der Wert numerisch? Welche Maßeinheit hat ein Wert? Ist der Wert optional oder vorgeschrieben? Gibt es einen Vorgabewert?

Wenn Sie schon einmal relationale Datenbanken entworfen haben, dann kennen Sie den Prozess der Normalisierung von Werten. Sie werden dann wissen, dass eine Tabelle dann in der ersten Normalform ist, wenn alle Werte atomar sind. Finden Sie Werte, die nicht atomar sind, dann werden Sie versuchen, eine zusätzliche Tabelle einzufügen, wo Sie diese Werte eintragen können. Für XML-Entwickler ist es besser, dieses Wissen zu vergessen. Kompositionen von Werten sind in XML kein Problem, das einer besonderen Behandlung bedarf. Ein Beispiel für einen zusammengesetzten Wert könnte jede Wertangabe sein, die auch eine Maßeinheit enthält. In diesem Fall bestünde der Gesamtwert aus einem numerischen Wert und der Maßeinheit (Meter oder Liter) oder einem Geldbetrag und der Währung. Weitere Beispiele wären etwa Adressen oder Ortsangaben. Irgendwann werden Sie Teile dieser Werte auswerten wollen; der Vorteil einer hierarchischen Struktur jedoch ist, dass Sie die einzelnen Teile dafür zusammenlassen können. Das bedeutet auch, dass Sie die Einzelheiten der internen Struktur auf eine spätere Entwurfsphase verschieben können. Das hilft dabei, ein Modell auf einer höheren Abstraktionsebene von Einzelheiten frei zu halten und es so verständlicher zu machen.

In UML werden die Eigenschaften eines Objektes in einem Kasten, der das Objekt beschreibt, angezeigt. Das nebenstehende Diagramm zeigt ein Beispiel. Ich habe die Erfahrung gemacht, dass man solche Listen oft besser in der Form eines Textdokuments verwalten sollte oder vielleicht in einer Tabelle. Es kann aber auch manchmal nützlich sein, einige Eigenschaften im Diagramm aufzuführen, um etwas zu illustrieren.

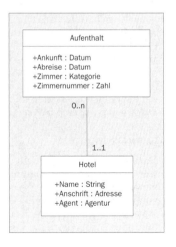

Am Ende des vierten Schrittes haben wir also das statische Modell fertig gestellt. Wir haben nun eine vollständige Definition aller Objekttypen im System, kennen alle Relationen zwischen den Objekten und haben allen Objekten Eigenschaften zugeordnet

Nun wenden wir uns dem anderen wichtigen Modell zu, dem dynamischen Datenmodell. Hier geht es darum, was mit den Daten passiert, wenn das System seine Arbeit aufnimmt.

Dynamische Modelle

Bisher haben wir uns ausschließlich dem statischen Datenmodell gewidmet. Wenn wir mittels XML den Datenfluss in einem System darstellen wollen, müssen wir verstehen, was innerhalb des Systems passiert. Wir müssen wissen, wo Daten entstehen und wohin sie dann geleitet werden.

Es gibt verschiedene Möglichkeiten, ein dynamisches Modell anzugehen. Es ist aber unwahrscheinlich, dass man alle Methoden innerhalb eines einzigen Projektes anwenden wird. Aus diesem Grund wollen wir hier nicht eine einfache Folge von Schritten angeben, die zu einem fertigen Modell führen, so wie wir es für statische Modelle getan haben. Wir werden stattdessen eine Reihe von möglichen Techniken vorstellen und Ihnen die Wahl der geeigneten Methode überlassen. Im Folgenden sehen wir uns an:

❑ Prozess- und Workflow-Modelle
❑ Datenfluss-Modelle
❑ Objekt-Modelle
❑ Object life histories
❑ Use Cases
❑ Objekt-Interaktions-Diagramme

Behalten Sie stets das Ziel im Auge. Ziel ist es, eine gemeinsame Basis für Verständigung und Wissen zu schaffen. Ihre Modelle sollten allen Beteiligten helfen, zu verstehen, was in dem System passiert. Oft genügt es, die problematischen Bereiche des Systems zu modellieren, es muss nicht immer das ganze System betrachtet werden.

Prozess- und Workflow-Modelle

Prozess-Modelle und **Workflow-Modelle** behandeln vornehmlich die Rolle von Personen und Personengruppen bei der Bearbeitung von Aufgaben. Ein Prozess-Modell beschreibt zum Beispiel, was passiert, wenn ein Reisender in seinem Urlaub verunglückt. Dabei werden Verantwortlichkeiten von Personen definiert, wie zum Beispiel die Aufgaben der Verantwortlichen in einer Hotelanlage, der Kontaktpersonen einer Versicherung vor Ort und in der Zentrale. Es wird beschrieben, wer die Verantwortung dafür trägt, dass geeignete Behandlungsmaßnahmen angefordert werden und wer für den Transport ins Heimatland und die Benachrichtigung der Angehörigen verantwortlich ist. In einem solchen Modell werden zum Beispiel auch die Formulare beschrieben, die von einer Station zur nächsten gehen müssen, um einen geordneten Ablauf zu garantieren. Es kann sein, dass in dem ganzen Prozess nicht ein einziger Computer beteiligt ist. Prozess-Modelle konzentrieren sich also auf die Aufgaben, Verantwortlichkeiten und Funktionen der handelnden Personen in einem System, während Workflow-Modelle sich mehr auf den Fluss von Dokumenten in einem System konzentrieren.

Datenfluss-Modelle

Datenfluss-Modelle ähneln den letzten beiden Modellen, eignen sich aber besser für Informationssysteme als für die Modellierung von geschäftlichen Vorgängen. Datenfluss-Modelle beschreiben die Komponenten *Datenspeicher*, *Prozessoren* und *Datenflüsse*. Datenspeicher dienen der dauerhaften Aufbewahrung von Informationen (Datenbanken oder Aktenschränke). Prozessoren sind die Komponenten zur Manipulation von Daten, und die Datenflüsse dienen dem Transfer der Daten zwischen einzelnen Prozessoren und/oder Datenspeichern. Diese Art von Modellen bezieht sich stark auf das statische Modell eines Systems, das die einzelnen Komponenten und Konzepte eines Systems definiert, aber nichts darüber sagt, wo die Daten der entsprechenden Objekte liegen. Ein Datenfluss-Modell dagegen beschreibt zum Beispiel, dass die Informationen über Urlaubsreisen immer in einer Buchungs-Datenbank verbleiben, bis eine Reise beendet ist und alle Zahlungen erfolgt sind.

Objekt-Modelle

Objekt-Modelle besitzen sowohl eine statische als auch eine dynamische Komponente. Der dynamische Teil einer Objekt-Definition beschreibt, was ein Objekt tut oder was ihm widerfährt, durch eine Menge von entsprechenden Methoden.

Ich persönlich finde diesen Ansatz in der Modellierungsphase nicht besonders nützlich. Eine solche Beschreibung von Objekten ist dagegen als Design-Werkzeug sehr viel sinnvoller. Das liegt daran, dass viele Ereignisse, die in einem System auftreten, mit vielen Objekten verbunden sein können. Die Entscheidung, mit welchen Objekten konkret eine Beziehung herzustellen ist, ist eine Design-Entscheidung, bei der Objekt-Modelle nützlich sein können.

Object Life Histories

Object life histories (oder object lifelines, wie UML sie nennt) konzentrieren sich ebenfalls auf einzelne Objekte, gehen jedoch etwas umfassender vor. Sie beschreiben alle Aktionen eines Objektes im Verlauf seiner Existenz. Das umfasst die Erzeugung des Objektes, alle aktiven Aktionen des Objektes in der Folge von Ereignissen und welche Umstände zur Löschung des Objektes führen können.

Solche Modelle können sehr nützlich sein, wenn es darum geht, ein Modell auf Vollständigkeit zu prüfen. Oft entwickelt sich in einem Projekt die Tendenz, auf bestimmte Ereignisse mehr zu achten als auf andere. Das führt dazu, dass bestimmte Vorgänge vernachlässigt werden. Ein Beispiel wäre etwa, dass man besonders gründlich behandelt, wie eine Buchung abläuft, aber vernachlässigt, wie man eine Stornierung oder Rückzahlungen behandelt. Solange man nicht definiert, wie jedes Objekt entsteht und gelöscht wird, gibt es Lücken im Verständnis des Systems und vermutlich gibt es Implementierungsaufwand, den Sie nicht beachtet haben.

Use Cases

Use Cases analysieren, wie bestimmte Benutzeraufgaben erledigt werden. Ein Beispiel wäre die Betrachtung, wie ein Kunde seine Urlaubsbuchung storniert. Daher können Use Cases Prozess-Modellen sehr ähnlich sein, dennoch liegt hier der Schwerpunkt mehr auf den Aktionen eines einzelnen Benutzers.

Use Cases können sowohl für die Modellierung geschäftlicher Vorgänge als auch für die Beschreibung von internen Vorgängen in Informationssystemen nützlich sein. Eine der möglichen Gefahren ist, dass man diese beiden Phasen vermischen könnte. Es ist am besten, diese Phasen zu trennen, da sie sich an verschiedene Adressaten richten. Die Anwendung von Use Cases kann variieren, aber die nützlichste Anwendung habe ich bisher hauptsächlich auf der Ebene von der Beschreibung der Interaktion eines Benutzers mit dem System gesehen. Dabei werden Aktionen und Dialoge mit dem System festgehalten. Ein Beispiel für eine mögliche Beschreibung wäre etwa folgende Schilderung: »Der Benutzer klickt mit der Maus auf eine Karte, um das gewünschte Urlaubziel anzuzeigen. Das System antwortet mit einer Liste von Hotels, wobei es zu jedem Hotel ein Foto und Informationen zur Preiskategorie gibt. Der Benutzer kann dann auf ein beliebiges Hotel klicken und erhält dann weitere Informationen über das Hotel. In der Bildschirmmaske mit den Detail-Informationen besteht die Möglichkeit, eine Reservierung zu tätigen ...«.

UML bietet eine grafische Notation für die Beschreibung von Use Cases, aber die beste Möglichkeit, Benutzern zu zeigen, was man plant, ist ein interaktiver Prototyp oder ein **Storyboard**, wie es Medienfachleute benutzen.

Die Beschreibung eines Dialogs in einer grafischen Benutzeroberfläche in der Form eines Use Cases wird sich mehr damit befassen, welche Informationen zwischen Benutzer und System ausgetauscht werden, als mit der Frage, wie die Fenster der Dialoge aussehen. Damit liegt eine Implementation mit Hilfe von XML recht nahe, da auch hier Inhalt und Darstellung strikt getrennt sind.

Objekt-Interaktions-Diagramme

Objekt-Interaktions-Diagramme analysieren den Nachrichtenaustausch zwischen den Objekten sehr viel genauer als Datenfluss-Modelle. Wo in einem Datenfluss-Diagramm einfach nur berücksichtigt wird, dass ein Buchungssystem Buchungsdaten an ein Kredit-Institut sendet und im Gegenzug eine Autorisierung erhält, wird ein Interaktions-Diagramm die einzelnen Nachrichten in dieser Kommunikation sehr genau betrachten.

Objekt-Interaktions-Diagramme sind von unschätzbarem Wert, wenn es darum geht, die Interaktionen getrennter Systeme zu betrachten. Ein Beispiel wäre die Zusammenarbeit zwischen einem Reiseunternehmen und einer Fluggesellschaft. Diese Diagramme schlüsseln genau auf, welche Informationen mit welchen Nachrichten in das System gelangen. Da solche Nachrichten oft XML-Dokumente sein werden, bieten Interaktions-Diagramme uns den benötigten Inhalt, an dem wir die Strukturen für unsere XML-Dokumente ablesen können.

Die Wahl der geeigneten Vorgehensweise

Einige Methoden für den Entwurf von Systemen, die schon seit den 1980er Jahren entwickelt wurden, besagen, dass man erst das ganze System in allen Modellen voll beschrieben haben muss, bevor man eine Zeile Code schreibt. Das ist so heute nicht mehr möglich. Die Entwicklung des Internets diktiert ein Tempo, bei dem so etwas einfach zu lange dauern würde. Es ist aber sehr nützlich, über eine Sammlung von geeigneten Methoden zu verfügen, die man immer dann einsetzen kann, wenn die Situation es erfordert. Daher haben wir Ihnen einige Methoden und deren bevorzugte Einsatzgebiete vorgestellt.

Sie sollten diese Methoden nicht so begreifen, dass man sich sklavisch an jedes Detail halten sollte und jede Änderung strengstens überwachen muss. Vielmehr sind diese Methoden nützliche Werkzeuge zur besseren Kommunikation mit Benutzern und Kollegen. Wie bereits erwähnt, können diese Methoden alle einzeln eine Anwendung in einem XML-Projekt finden, zum Beispiel, wenn es darum geht, den Datenaustausch zwischen Sub-Systemen zu modellieren, oder wenn es darum geht, die Zusammenarbeit zwischen verschiedenen Systemen abzustimmen.

Der Entwurf von XML-Dokumenten

In dem ersten Abschnitt dieses Kapitels ging es um die Analyse und Repräsentation von Informationen aus der realen Welt. Die so gefundenen Modelle sollten eine Basis für ein einheitliches Verständnis der Daten bilden. Nun ist es Zeit, sich wieder XML zuzuwenden, und wir werden uns im nächsten Abschnitt ansehen, wie man XML-Dokumente gestaltet, die uns helfen, unsere Modelle mit Leben zu erfüllen. Wir beginnen damit, uns anzusehen, welche verschiedenen Rollen XML in der Architektur von Systemen spielen kann.

Die zwei Rollen von XML

Bei der Betrachtung von Datenfluss-Modellen haben wir zwei Arten von Daten in einem System kennen gelernt. Erstens die Datenspeicher mit Informationen, die über einen langen Zeitraum gespeichert werden, und zweitens Ströme von Nachrichten, die flüchtige Informationen zwischen Objekten im System hin und her transferieren.

XML ist für beide Arten von Daten einsetzbar, aber die Entwicklungsschritte sind in beiden Fällen stark unterschiedlich. Wir werden sie uns also der Reihe nach ansehen.

XML und Nachrichten

Die Anwendung von XML für den Nachrichtenaustausch innerhalb eines Systems bringt weniger Design-Probleme mit sich als die Anwendung von XML für persistente Daten. Das liegt unter anderem daran, dass jede Nachricht für gewöhnlich ein abgeschlossenes Objekt ist und die Frage nach dem Inhalt sich leicht anhand des Prozess-Modells beantworten lässt.

Der Begriff *Nachricht* wird von uns sehr weit gefasst. Eine Nachricht könnte etwa ein Dokument sein, dass den EDI-Richtlinien entspricht und eine Transaktion wie etwa eine Hotel-Reservierung beschreibt. Es könnte sich aber auch um Daten handeln, die an ein Sub-System übergeben werden, sobald dieses aufgerufen wird. Es könnte sich natürlich auch um Daten handeln, die für einen menschlichen Leser bestimmt sind. Ein Beispiel für den letzteren Fall könnte etwa ein Wetterbericht für ein Urlaubsziel sein, der dann in einem Browser dargestellt werden soll. In diesem Fall könnte die Antwort auf Ihre Anfrage (der Wetterbericht) von einer Datenbank als XML-Dokument kommen und müsste dann für Ihren Client (Browser) zum Beispiel durch ein Stylesheet aufgearbeitet werden. Es könnte sich aber auch um ein Dokument handeln, das von einem Menschen erstellt wurde, zum Beispiel eine Anfrage, die durch ein Formular auf Ihrer Website erstellt wurde.

Es gibt einige allgemeine Entwurfsprinzipien, die für alle XML-Nachrichten, unabhängig von der konkreten Anwendung, gelten:

❏ Das Design sollte den Inhalt wiedergeben, nicht die beabsichtigte Verwendung der Nachricht. Der Verwendungszweck der Informationen in einer Nachricht kann sich im Laufe der Zeit ändern, wohingegen der Informationsgehalt in einer Nachricht sich nicht so häufig ändert. Das gilt besonders dann, wenn es um die Darstellung von Nachrichten geht. Ist eine Nachricht für menschliche Leser gedacht, so sollte man es auf jeden Fall vermeiden, Details der Darstellung (Schriftart, Schriftgröße etc.) mit in den Inhalt aufzunehmen.

❏ Das Design sollte Änderungsmöglichkeiten berücksichtigen. XML selbst hilft uns natürlich dabei, flexibel für Änderungen zu sein, da keine Regeln für feste Zeilenlängen etc. existieren, die uns unnötig einschränken. Aber auch die Entwickler eigener Dokumentstrukturen tragen die Verantwortung für die Flexibilität Ihrer DTDs.

❏ Gibt es einen Standardtyp für eine Nachrichtenart, dann sollte dieser Standard einer eigenen Kreation vorgezogen werden. Es gibt eine wachsende Palette von standardisierten Nachrichtentypen im WWW. So können Sie sich die Website von BizTalk, einer Initiative von Microsoft (`http://www.biztalk.org/`), ansehen oder die Site des unabhängigen OASIS-Konsortiums (`http://www.oasisopen.org`) besuchen. Andere nützliche Sites finden Sie unter `http://www.ontology.org/`, `http://www.rosettanet.org/` und `http://www.commercenet.org/`. Einige der Initiativen aus der Industrie zur Entwicklung von XML-basierten Auszeichnungssprachen und Nachrichtentypen für bestimmte Anwendungsgebiete haben wir bereits in Kapitel 1 beschrieben. Selbst wenn Sie diese Vorschläge nicht unverändert übernehmen können, so erhalten Sie doch viele Anregungen oder Sie können diese Sprachen doch mit Hilfe von Namensräumen und Schemata in Ihre Anwendung einbinden. Wie so etwas geht, werden wir in Kapitel 7 sehen.

❏ Die Codierung von Informationen sollte so nahe wie möglich an der Realität sein, sofern es der Leistungsfähigkeit des Systems keinen Abbruch tut. Vermeiden Sie auf jeden Fall Kürzel wie S für Stornierung, es sei denn, eine Abkürzung ist so tief in dem Aufgabengebiet verwurzelt, dass sie immer von jedem Anwender eindeutig interpretiert wird. Benutzen Sie Bezeichner und Codierungen, die bereits in einem Unternehmen verwendet werden (zum Beispiel Kreditkartennummern), statt eigene neue Bezeichner zu erfinden. Achten Sie besonders darauf, keine Bezeichner zu verwenden, die eine enge Abhängigkeit zwischen Nachrichten und existierenden Datenbanken erzeugen. Eine einzelne Nachricht sollte immer für sich allein bestehen können.

Zu den schwierigsten Design-Entscheidungen gehört die Entscheidung, ob auch manche überflüssige Informationen Teil einer Nachricht sein sollen, da diese sich in Zukunft als nützlich erweisen könnten. Auf diese Frage gibt es keine allgemeingültige Antwort. Ist es einfacher, alle Eigenschaften eines Objektes aufzulisten, als zu entscheiden, welche der Eigenschaften für den Empfänger völlig bedeutungslos sind, dann sollte man alle Eigenschaften in den Inhalt der Nachricht aufnehmen. Der Empfänger kann dann immer noch die unwesentlichen Informationen ignorieren. Andererseits ist es nicht sehr schlau, deutlich mehr

Informationen zu versenden, als benötigt werden. Außerdem kann es nötig sein, bestimmte Informationen aus Gründen der Sicherheit oder des Datenschutzes geheim zu halten. Sie sollten also eine pragmatische Entscheidung im Rahmen der Randbedingungen treffen.

Oft ist es sinnvoll, gewisse Informationen mit einer verwaltenden Funktion in einer Nachricht zu haben, auch wenn dies bedeutet, eine gewisse Redundanz zu haben, weil man solche Informationen auch von dem verwendeten Nachrichtensystem bekommen könnte. So sollten Datum und Uhrzeit, der Name oder Identität des Absenders und des Empfängers offensichtlich zum Inhalt einer Nachricht gehören. Es könnte auch so etwas wie eine Seriennummer nützlich sein, da man so leichter feststellen kann, ob Nachrichten verloren gegangen sind oder doppelt gesendet wurden. Es gibt einige Gründe, warum man alles Wichtige in eine XML-Nachricht stecken sollte. Zum einen könnte es ein Empfänger als angenehmer empfinden, wenn er alle Informationen aus einem Dokument beziehen kann, statt eine separate API für einzelne Informationen benutzen zu müssen. Noch wichtiger kann es sein, alles in einer Nachricht zu haben, wenn Nachrichten für spätere Überprüfungen aufgehoben werden müssen. In einem solchen Fall ist es sicher angenehmer, alles an einem Ort zu haben.

XML für persistente Daten

Das Design von Nachrichten wird also im wesentlichen vom dynamischen Datenmodell bestimmt. Nutzt man XML zur Speicherung von persistenten Daten, dann ist das statische Modell wichtig.

Wie umfangreich ist ein Dokument?

Der schwierigste Teil des Designs ist die Frage, wie fein die Daten gegliedert werden sollten oder welche Daten in einem Dokument zusammenstehen müssen?

Es gibt sicher einige wenige Anwendungsfälle, in denen es sinnvoll ist, ein einziges XML-Dokument mit Gigabytes an Daten zu haben, aber diese Fälle sind wirklich eher die Ausnahme. Da XML sich nicht so gut für den direkten Zugriff auf Daten eignet, könnte der Zugriff auf Teile eines riesigen Dokuments mit den bisherigen Mitteln einige Stunden dauern. Schließlich muss das ganze Dokument durch einen Parser laufen.

Das andere Extrem, eine Vielzahl von einzelnen, sehr kleinen Dokumenten, ist sicher auch kein erstrebenswerter Zustand. Mit vielen kleinen Dokumenten kann man die Vorteile einer guten Struktur zum Ausdruck von Beziehungen innerhalb eines Systems nicht mehr nutzen.

Es gibt Fälle, in denen Objekte eines Systems eine beträchtliche Größe und Komplexität haben, so dass sich eine natürliche Entsprechung zwischen einem Objekt und einem XML-Dokument ergibt. Ein Beispiel wäre die Verwendung eines einzelnen XML-Dokuments für die Akte eines einzelnen Angestellten in einer Firma oder ein Arzt könnte auch ein Dokument pro Patienten-Akte verwenden.

Wenn XML-Dokumente für die Speicherung von persistenten Daten verwendet werden, dann wird die Suche nach Informationen immer in einem zweistufigen Prozess ablaufen: Zunächst muss man das richtige Dokument finden, dann sucht man im Dokument die benötigten Informationen. Die verfügbaren Werkzeuge und Techniken für die beiden Stufen sind recht unterschiedlich. Daher ist die Entscheidung, welche Informationen in einem Dokument enthalten sein sollen, von entscheidender Bedeutung.

Man hat vier wesentliche Möglichkeiten zur Bestimmung des richtigen Dokuments:

❏ Benutzen Sie die Möglichkeiten des Dateisystems, um Dokumente anhand ihrer Namen zu finden. Der Name einer Datei könnte sich von dem Namen eines Objektes ableiten, so könnte der Dateiname einer Datei mit den persönlichen Daten eines Angestellten aus der Personalnummer bestehen.

❏ Indizieren Sie Ihre Dokumente, so wie es viele Websites und Suchmaschinen auch tun. Wenn Sie zum Beispiel eine Sammlung von Spielberichten vieler Fußballspiele verwalten, wobei jeder Bericht aus einem einzigen XML-Dokument besteht, kann man ein weiteres Dokument als Index aller anderen Dokumente verwenden. Dieser Index könnte Daten wie Datum und Ort der Begegnung, die Mannschaften etc. enthalten. So ein Index muss natürlich nicht von Hand gepflegt werden. Man sollte dafür sorgen, dass jeder neue Spielbericht analysiert und der Index automatisch erweitert wird. XSLT eignet sich ideal für die Erstellung solcher Anwendungen.

❏ Indizieren Sie Ihre Dokumente durch eine relationale Datenbank. In diesem Fall haben Sie die Wahl, Ihre Dokumente weiterhin in Dateien aufzubewahren, die aus der Datenbank referenziert werden oder Sie bewahren die Dokumente gleich in der Datenbank auf. Eine wachsende Zahl von relationalen Datenbanken unterstützt Letzteres sogar explizit und wenn es nötig sein sollte, kann man immer noch ein so genanntes »blob«-Feld (binary large object) verwenden. Die Verwendung von relationalen Datenbanken erlaubt dann die Anwendung beliebiger SQL-Abfragen zur Suche nach Dokumenten. Natürlich beschränken sich die Suchmöglichkeiten dann auf die Daten, die Sie explizit in die Datenbank aufgenommen haben. Mehr zu dem Thema Datenbanken und XML gibt es in Kapitel 10.

❏ Sie können auch eine Suchmaschine zur Indizierung von Dokumenten verwenden. Es gibt eine wachsende Zahl von Suchmaschinen, die XML explizit unterstützen. Diese Methode erlaubt Ihnen die Suche nach Dokumenten anhand von beliebigen Wörtern aus dem Inhalt. Oft wird die kontextfreie Suche in Texten als Mittel zur Suche in unstrukturierten Texten gesehen und durch wachsende Strukturen in Texten wird dieses Mittel eher noch mächtiger. Für Anwendungsgebiete mit mäßigen Änderungsintervallen ist diese Methode eine gute Alternative zur Indizierung durch relationale Datenbanken.

Eine weitere Möglichkeit ist die Verwendung eines so genannten »XML-Servers«. Ein XML-Server hält Daten von XML-Dokumenten in der Form eines persistenten DOM vor. Dabei werden alle Knoten des Objekt-Baums als Objekte in einer Objekt-Datenbank gespeichert. Diese Methode bietet die Möglichkeit, die Daten über eine DOM-Schnittstelle anzusprechen, ohne vorher das gesamte Dokument selbst parsen zu müssen. Ein großer Vorteil dieser Methode ist, dass es den Zugriff auf Daten viel einfacher macht. Man muss nicht mehr eine API verwenden, um ein Dokument zu finden, und eine andere API, um die Informationen aus dem Dokument zu holen. Die Verwendung eines XML-Servers, der jedes Element als ein eigenes Objekt in einer Datenbank speichert, kann sehr ineffizient sein, besonders wenn es gilt, große Datenmengen neu in die Datenbank zu bringen oder diese zu aktualisieren. Außerdem bietet die Standard-DOM-Schnittstelle keine andere Möglichkeit, Daten zu finden, als durch Navigieren im Dokument. Weiterhin sind die Suchmöglichkeiten je nach Hersteller der DOM-Implementierung recht unterschiedlich.

Man kann den Aufwand, der durch das Parsen von Dokumenten entsteht, minimieren, indem man Dokumente in einem Cache vorhält. Zum Beispiel bietet Microsofts ASP oder die Java Server Pages die Möglichkeit, Daten im Zuge einer Anwendung zu speichern. Das bedeutet konkret, dass man Daten nach dem Start eines Webservers in den Speicher lädt und diese so lange dort lässt, bis der Server beendet wird. Will man ein Dokument von einem Gigabyte Größe im Speicher halten, kann dies sehr aufwendig werden, da die meisten DOM-Implementierungen ungefähr zehn Bytes für jedes Byte im Dokument verwenden. Für Dokumente in der Größe von einigen Megabytes ist das aber sicher praktikabel, zumal Speicher immer noch billiger ist als ein aufwendiger XML-Server.

Ich habe eine Regel, die besagt, dass ein Dokument über den Daumen gepeilt nicht mehr enthält, als man auf dem Bildschirm lesen kann. Diese Regel ist nach allem, was wir bisher über Design-Entscheidungen gesagt haben, intellektuell recht unbefriedigend. In der Praxis erweist sie sich aber als erstaunlich gut. Enthält ein XML-Dokument viel mehr Daten, als ein einzelner Benutzer je auf dem Schirm sehen möchte, dann werden Sie viele Daten bearbeiten, die kein Benutzer je lesen wird. Auf der anderen Seite machen Sie sicher etwas falsch, wenn Sie Hunderte von Dokumenten bearbeiten müssen, um eine einzige Seite an Informationen auf den Bildschirm zu bringen.

Was macht man, wenn der Benutzer immer einen anderen kleinen Abschnitt der gesamten Daten sehen will? Eine mögliche Technik ist es, das DOM-Modell komplett im Speicher des Servers zu halten. Dann kann man auf der Serverseite die Anfragen filtern und auf die Anfrage antworten, indem man den entsprechenden Teil des Dokuments zurückschickt.

Wie schon gesagt, werden wir uns mit XML und Datenbanken in Kapitel 10 beschäftigen.

Wie viele Dokumenttypen braucht man?

Diese Frage ist nicht so einfach, wie sie klingt. Das liegt daran, dass ein Dokumenttyp in XML nicht besonders strikt definiert ist. Im Besonderen gibt es zwei verschiedene Konzepte, die nicht miteinander übereinstimmen müssen. Das ist zum einen die DTD und zum anderen das Dokument-Element.

Wenn Ihr Konzept mehrere Dokumenttypen vorsieht, dann haben Sie verschiedene Möglichkeiten, diese in XML zu realisieren:

❏ Man kann je eine DTD für jeden Dokumenttyp haben. Sollten verschiedene Dokumenttypen gemeinsame Anteile besitzen, so kann man diese durch externe Parameter-Entities darstellen und so allen DTDs zur Verfügung stellen.

❏ Sie können eine einzige DTD für alle Dokumenttypen verwenden, müssen dann aber jeweils ein anderes Dokument-Element für jeden Typ verwenden. Da es keinen Mechanismus gibt, der innerhalb einer DTD bestimmt, welches Element das Dokument-Element sein soll, kann man so ganz verschiedene Dokumenttypen in einer DTD definieren. So können gemeinsame Teile ganz ohne Aufwand in jedem Dokumenttyp verwendet werden.

Eine DTD muss keine monolithische Gestalt sein. Wie wir wissen, kann man in einer DTD Teile anderer DTDs durch externe Parameter-Entities importieren und man kann parametrisiert bedingte Abschnitte verwenden. Mit diesen Mitteln können wir also schon sehr flexibel arbeiten. Leider geht mit der steigenden Flexibilität oft auch eine Steigerung der Komplexität einher. Es kommt nicht selten vor, dass innerhalb einer Firma oder Organisation niemand mehr eine DTD versteht oder voll durchblickt, weil diese zu komplex geworden ist.

Ganz gleich, welchen Weg Sie beschreiten, Sie sollten dafür sorgen, dass Ihre Dokumenttypen so viel wie möglich gemeinsam haben. Das bedeutet konkret, dass man gemeinsame Teile standardisieren sollte. Das gilt sowohl für Elemente wie Namen und Adressen als auch für feste Regeln zur Namenskonventionen von Elementnamen und Attributnamen. Wie schon angesprochen, sollten auch wichtige Informationen in Nachrichten (Zeitstempel, Seriennummern etc.) genormt sein.

Wir werden über das Design von DTDs etwas später mehr sagen.

Wie übersetzt man das Datenmodell in XML?

In diesem Abschnitt werden wir uns damit beschäftigen, wie man die verschiedenen Teile des Datenmodells in die Strukturen eines XML-Dokuments übersetzt.

Repräsentation von Objekttypen

Generell sollten Objekttypen aus Ihrem Datenmodell in Elementtypen von XML übersetzt werden.

Der Name des Elementtyps kann dem Namen des Objekttyps entsprechen. Wenn Sie sich jedoch Sorgen um den verbrauchten Platz machen, können Sie den Namen auch geeignet abkürzen. Viele Entwickler benutzen kurze Namen für Element-Tags, nicht nur um Platz zu sparen, sondern auch, weil XML-Dokumente dann etwas besser zu lesen sein sollen. Es ist möglich, dass kurze Tags nicht so stark vom Inhalt des Dokuments ablenken.

Während Objekttypen Teil einer Typenhierarchie sind, haben Sie auf der Ebene der XML-Elemente die freie Auswahl, auf welcher Basis Sie die Elementhierarchie aufbauen möchten. Wenn zum Beispiel der Objekttyp Einzahlung ein Subtyp des Typs Überweisung ist, dann können Sie <Einzahlung> als Element-Tag verwenden oder Sie benutzen <Überweisung> und benutzen eine andere Methode, um anzuzeigen, dass es sich um eine Einzahlung handelt. So etwas könnte man zum Beispiel durch ein Attribut erledigen: <Überweisung typ="Einzahlung">.

Der Vorteil einer Verwendung von sehr spezifischen Typen (Einzahlung) ist, dass man dann in einer DTD sehr genau definieren kann, welche Kind-Elemente und Attribute ein Element haben darf. Die Verwendung von allgemeineren Typen (Überweisung) bringt den Vorteil, dass es etwas einfacher ist, Programme zu schreiben, die sich nicht darum kümmern, was es im Einzelnen für Typen von Überweisungen geben mag.

Sie sollten es jedoch stets vermeiden, Datenstrukturen zu definieren, die allein der Bequemlichkeit von Programmierern dienen, die gerade die erste Anwendung entwickeln. Die Datenstrukturen werden vermutlich noch gültig sein, wenn das erste Programm schon längst vergessen ist.

Repräsentation von Beziehungen

Einige der Beziehungen oder Relationen aus einem Modell können durch die Schachtelung von Elementen repräsentiert werden. Der Typ von Beziehungen »A enthält B« eignet sich offensichtlich perfekt dazu. So können zum Beispiel Elemente vom Typ <Fußnote> innerhalb von Elementen vom Typ <Kapitel> auftauchen oder Elemente vom Typ <Hotel> sollten innerhalb von <Urlaubsort> auftauchen.

Es ist klar, dass ein Element immer nur innerhalb eines Eltern-Elements enthalten sein darf. Daher müssen die anderen Beziehungstypen auf eine andere Art behandelt werden. In der Praxis kommt also nur irgendeine Art von Link in Frage.

Es gibt verschiedene Möglichkeiten, eine Verknüpfung eines Elements mit einem anderen Element innerhalb eines Dokuments auszudrücken:

❏ Sie können die Attribute ID und IDREF verwenden. Dabei enthält ein Attribut vom Typ ID einen Wert, der ein Element eindeutig bezeichnet, und ein Attribut vom Typ IDREF muss dann als Wert einen der Bezeichner aus einer der ID-Attribute enthalten. Eine ID funktioniert also wie ein Schlüssel in einer Datenbank, während ein Attribut IDREF wie ein Fremdschlüssel agiert. Schließlich bleiben noch die Attribute von Typ IDREFS, die keine direkte Entsprechung in der Welt der Datenbanken haben, aber dennoch sehr nützlich sind. Ein Attribut von Typ IDREFS enthält eine Liste von IDREF-Werten, so dass man so leicht eine Eins-zu-viele- oder Viele-zu-viele-Beziehung ausdrücken kann.

❏ Man kann XPointer-Referenzen einsetzen. Diese Referenzen sind das XML-Äquivalent des bekannten Attributs HREF in HTML. Man kann mit Hilfe von XPointer-Elementen innerhalb eines Dokuments oder auch in anderen Dokumenten referenzieren.

❏ Sie können eigene Schlüssel und Fremdschlüssel definieren und diese in Ihren XML-Dokumenten nutzen, ohne diese als etwas Besonderes zu deklarieren. Ihre eigene Anwendung wird dann diese Daten richtig als Ausdruck einer Beziehung interpretieren, während andere XML-Applikationen diese Schlüssel als beliebige Daten ansehen werden.

Alle diese Methoden haben ihre Berechtigung. Der große Vorteil der Anwendung von ID/IDREF ist, dass sich ein Parser mit der Überprüfung für Sie abmühen kann. Leider bietet die Standard-DOM-Schnittstelle nicht die Möglichkeit, ein Element anhand einer ID zu suchen, aber viele DOM-Implementierungen haben diese Lücke durch eigene Erweiterungen geschlossen. So bietet das Produkt von Microsoft eine Methode nodeFromID() für diesen Zweck an. XSLT bietet ebenfalls viele Möglichkeiten, den Wert von ID-Attributen zu nutzen, aber man kann auch genauso gut andere Schlüssel für die Identifikation verwenden. Es gibt aber auch Beschränkungen für die Anwendung von Attributen von Typ ID. Eine Einschränkung ist, dass diese Werte eindeutig im gesamten Dokument sein müssen und nur ein ID-Attribut pro Element verwendet werden darf. Außerdem müssen die Werte den Namenskonventionen von XML entsprechen, was bedeutet, dass »234«, »I18/296« und »ABC 123« keine gültigen Werte sind. Die Anwendungsmöglichkeiten sind also nicht besonders ausufernd.

Nachfolgend noch ein Beispiel für eine sinnvolle Anwendung von Attributen vom Typ ID. Nehmen wir als Beispiel das Freizeitangebot für Familienreisen. Das Gesamtangebot umfasst verschiedene Veranstaltungen und Ausflüge, die alle optional sind und auch nicht von allen Reisenden gleichermaßen wahrgenommen werden müssen. So ist es möglich, dass die Eltern einen Abend in einem Casino verbringen, während die Kinder lieber einen Zoo besuchen würden. Man könnte also in einem Urlaubsplan jeden Reisenden durch einen eindeutigen Wert im Attribut ID identifizieren und jede Veranstaltung bekommt dann über ein Attribut vom Typ IDREFS Reisende zugewiesen. Das könnte dann so aussehen:

```
<Urlaubsplan>
    <Reisender id="t01">
        <Name>Frau Marta Meyer</Name>
    </Reisender>
    <Reisender id="t02">
        <Name>Herr Karl Meyer</Name>
    </Reisender>
    <Reisender id="t03">
        <Name>Sven Meyer</Name>
```

```
      <Alter>12</Alter>
   </Reisender>
   <Reisender id="t03">
      <Name>Susanne Meyer</Name>
      <Alter>9</Alter>
   </Reisender>
   <Exkursion Teilnehmer="t01 t02">
      <Ort>Casino</Ort>
      <Datum>2000-06-15</Datum>
   </Exkursion>
   <Exkursion Teilnehmer="t03 t04">
      <Ort>Zoo</Ort>
      <Datum>2000-06-15</Datum>
   </Exkursion>
</Urlaubsplan>
```

Hier haben wir uns für einen einseitigen Link von der Veranstaltung oder Exkursion zum Reisenden hin entschieden. Man hätte die ganze Sache natürlich auch andersherum mit einem Attribut Exkursion im Element <Reisender> machen können oder man hätte auch beides zusammen machen können. Ich ziehe es vor, doppelte Verkettungen zu vermeiden, da dies immer bedeutet, sich darum kümmern zu müssen, dass alle Verknüpfungen konsistent sind. Wenn dies nicht der Fall ist, braucht man noch eine geeignete Strategie zur Behandlung solcher Fälle. Wenn man Beziehungen von einem Objekt zu vielen anderen Objekten darstellen will, scheint es eine instinktiv richtige Wahl zu sein, sich eines Attributs von Typ IDREFS zu bedienen, denn genau so würde man auch einen Fremdschlüssel in einer Datenbank verwenden. Es kann aber auch sinnvoll sein, Attribute von Typ IDREFS auf der Seite des einzelnen Objekts zu verwenden.

Die Referenzen von XPointer sind deutlich flexibler als der Mechanismus von ID/IDREF, doch leider ist XPointer noch nicht vollständig standardisiert und es gibt auch noch nicht viele Implementierungen. Es besteht die Hoffnung, dass sich das bald ändert. Der Standard XPath wurde als Ersatz für die frühere XPointer-Syntax geschaffen und hat nun schon den Status einer Empfehlung des W3C erreicht. Das bedeutet, dass die meiste Arbeit bereits getan wurde. Es ist ein großer Vorteil, dass XPointer Verweise von einem Dokument zu einem anderen Dokument erlaubt, auch wenn man dafür die Struktur des Zieldokuments genau kennen muss. Da ein Parser XPointer-Links nicht als solche in einer DTD deklariert, wird ein Parser diese auch nicht erkennen und überprüfen. Sollten Sie sich für eine XML-Software entschieden haben, die XPointer direkt unterstützt, ist deren Einsatz eine Überlegung wert. Zurzeit ist es jedoch eher eine Technologie, deren Anwendung noch in der Zukunft liegt, als eine Technologie, die man sofort nutzen könnte.

Die einfachste Art von Referenz in XPointer ist ein URL. Schon diese Möglichkeit, Beziehungen auszudrücken ist von großem Wert, wenn es gute Gründe gibt, Daten in getrennten Dokumenten aufzubewahren.Nehmen wir an, ein Reiseunternehmen will sein Angebot erweitern und organisiert nun auch Reisen zu Konferenzen. Zu der Organisation einer Konferenz-Reise gehört auch ein individueller Plan für jeden Konferenzteilnehmer. Daher könnte man für jede Konferenz und jeden Teilnehmer ein XML-Dokument anlegen. Das könnte dann so aussehen:

```
<Konferenz>
   <Titel>Tagung deutscher XML-Entwickler</Titel>
   <Ort>Honolulu</Ort>
   <Teilnehmerliste>
      <Teilnehmer>
         <Name>Julia Sander</Name>
         <Konferenzplan>http://high-speed.com/Planung/JS0002.xml</itinerary>
      </Teilnehmer>
      <Teilnehmer>
         <Name>Jens Petermann</Name>
         <Konferenzplan>http://high-speed.com/Planung/JP0008.xml</itinerary>
```

```
        </Teilnehmer>
    </ Teilnehmerliste>
</Konferenz>
```

In diesem Fall haben wir immer ein ganzes Dokument angesprochen, doch wenn die XPointer-Spezifikation fertig gestellt sein wird, bekommt man auch die Möglichkeit, individuelle Elemente in einem Dokument anzusprechen. Zum Beispiel könnten alle Gerichte auf dem Speiseplan eines Hotels in einem einzigen XML-Dokument abgelegt sein und die Wahl eines Konferenzteilnehmers könnte dann als XPointer-Referenz auf ein bestimmtes Menü realisiert werden.

In der Zwischenzeit ist die Handhabung von Beziehungen durch eigene Schlüssel ein sehr brauchbarer und flexibler Mechanismus. Der einzige Nachteil dieser Methode ist, dass ein XML-Parser nicht bei der Prüfung von Verknüpfungen helfen kann. Doch die Verwendung der Funktion key() innerhalb von XSLT-Stylesheets kann einem ebenfalls helfen, Beziehungen in Dokumenten leichter zu implementieren.

In Kapitel 8 beschäftigen wir uns ausführlich mit dem Thema Linking.

Repräsentation von Eigenschaften

Wann immer man eine Eigenschaft in dem Datenmodell findet, entsteht ein klassisches Dilemma. Soll diese Eigenschaft im XML-Dokument durch ein Attribut oder durch ein Kind-Element dargestellt werden? Hat man sich für eine der Möglichkeiten entschieden, bleiben noch andere Probleme, die gelöst werden müssen.

Elemente oder Attribute?

Nachfolgend ein Beispiel dafür, wie man die Eigenschaften eines Buches als Attribute darstellen kann:

```
<Buch
    Autor="Nelson Mandela"
    Titel="Long Walk to Freedom"
    Verlag="Abacus"
    ISBN="0-349-10653-3" />
```

Das folgende Beispiel enthält dieselben Informationen, dieses Mal jedoch sind die Daten als Kind-Elemente realisiert:

```
<Buch>
    <Autor>Nelson Mandela</Autor>
    <Titel>Long Walk to Freedom</Titel>
    <Verlag>Abacus</Verlag>
    <ISBN>0-349-10653-3</ISBN>
</Buch>
```

Welche Beschreibung der Daten ist nun die beste? Diese Frage wird laufend von XML-Anfängern gestellt und manche würden antworten: »Beide Alternativen sind etwa gleichwertig, es macht also keinen Unterschied, welche man wählt.« Dennoch verdient es diese Frage, etwas genauer betrachtet zu werden, damit Sie die Vor- und Nachteile selbst abwägen können. Bevor wir beginnen, sollten Sie wissen, dass selbst Experten in dieser Frage unterschiedlicher Meinung sind und ihre konträren Standpunkte leidenschaftlich vertreten.

Zunächst möchte ich das Argument ausräumen, es gäbe philosophische Gründe für die Wahl der einen oder anderen Methode. Einige Leute argumentieren, dass Kind-Elemente nur in einem Objekt enthaltene Objekte repräsentieren können, also nur für Objekte stehen, die eine Existenz unabhängig von einem Container haben. Attribute dagegen repräsentieren Werte eines Objektes, die keine Existenz unabhängig von Objekt besitzen. Wenn Sie sich selbst auf dieses argumentative Schlachtfeld begeben und auf der einen oder anderen Seite kämpfen wollen, sollten Sie Ihr Wissen über die antike Philosophie auffrischen. Folgt man der oben dargestellten Logik bis zum bitteren Ende, dann wird man entscheiden müssen, dass so etwas wie `Alter` als Attribut gestaltet werden muss, der `Geburtsort` dagegen ein Kind-Element sein muss, da ein Ort unabhängig von so etwas wie einer Geburt existiert. Dieses Ergebnis ist nicht gerade intuitiv oder nützlich und führt zu unnützen Debatten über jede einzelne Eigenschaft in einem Datenmodell.

Eine andere Argumentationskette berücksichtigt die ursprünglichen Absichten der Entwickler von XML/SGML. Die Trennung in Elemente und Attribute geht auf die frühen Tage von SGML zurück und so stellt sich die Frage, wie die Urväter von SGML die Aufgaben dieser beiden Konstrukte sahen. Die Wurzeln von SGML liegen in der Aufbereitung von Texten für die Veröffentlichung. Die anderen Anwendungsgebiete, zum Beispiel als allgemeines Format für den Austausch von Daten, kamen erst viel später hinzu. In seiner ursprünglichen Aufgabe als Auszeichnungssprache gab es eine strikte Trennung von **Inhalt** (der Text, den ein Leser tatsächlich später lesen sollte) und **Metadaten** (Informationen über den Inhalt, die als Daten für die verarbeitenden Programme dienen). Einfach gesagt, wurde der Inhalt durch Texte innerhalb der Element-Tags repräsentiert und die Metadaten durch Attribute. Diese Trennung wurde in HTML beibehalten und hat zu vielen Problemen geführt, als HTML sich weiterentwickelte. Ein Programm in JavaScript zum Beispiel lässt sich schlecht in einem Attribut unterbringen, also wurden solche Teile in das `<script>`-Element ausgelagert. Da der Quellcode natürlich nicht vom Browser dargestellt werden sollte, musste das Element zusätzlich noch auskommentiert werden; ein krasser Missbrauch von Kommentaren.

Die Trennung von Elementen und Attributen in SGML geht also wesentlich darauf zurück, dass eine Trennung von Informationen für den menschlichen Leser einerseits und eine Anwendung anderseits beabsichtigt war. Sobald man jedoch SGML oder XML für den Austausch von Daten zwischen Computer-Systemen verwendet, verliert diese Trennung jegliche Bedeutung. Selbst wenn es in einem Prozess menschliche Leser gibt, ist die Trennung von Daten für Menschen und Daten für Programme nicht immer so einfach einzuhalten.

Daher bietet uns der historische Rückblick auch keine Möglichkeit, eine *richtige* Antwort auf die ursprüngliche Frage zu geben. Daher können wir aus dem bisher Gesagten schließen, dass wir uns frei entscheiden können, je nachdem, welche Methode uns geeigneter erscheint.

Lassen Sie uns einen Blick auf die praktischen Vor- und Nachteile der jeweiligen Methode werfen.

	Vorteile	Nachteile
XML-Attribute	Mit einer DTD kann der Wertebereich eingeschränkt werden. Das ist sinnvoll, wenn es einen kleinen Wertebereich gültiger Werte gibt (zum Beispiel »ja« und »nein«).	Nur Texte als Wert zulässig.
	In der DTD kann ein Vorgabewert definiert werden.	Keine Metadaten erlaubt (»Attribute von Attributen«).
	ID und IDREF können überprüft werden.	Keine Reihenfolge vorgegeben
	Geringerer Platzverbrauch als bei Elementen (wichtig, wenn man große Datenmengen über ein Netzwerk senden muss)	
	Normalisierung von Leerstellen bei einigen Datenarten (NMTOKENS). Das spart Arbeit beim Parsing in der eigenen Anwendung.	
	Einfache Verarbeitung durch DOM und SAX	
	Zugriff auf nicht analysierte (durch den Parser) externe Entities, zum Beispiel binäre Daten	

	Vorteile	Nachteile
Kind-Elemente	Unterstützung von beliebig komplexen Werten und sich oft wiederholenden Werten	Leicht höherer Platzverbrauch
		Aufwendigere Programmierung
	Man kann eine Reihenfolge vorgeben.	
	Man kann beliebige Metadaten einsetzen »Attribute von Attributen«.	
	Immer noch erweiterbar, falls sich das Datenmodell ändert	

Wie entscheidend diese Faktoren sind, hängt im Wesentlichen von der gestellten Aufgabe ab. Für viele erfahrene Entwickler ist der wichtigste Faktor die *Zukunftsfähigkeit.* Das Format eines Dokuments muss sich mit der Entwicklung eines Systems erweitern lassen. Diese Forderung führt tendenziell zur Verwendung von Kind-Elementen, da die häufigsten Änderungen in der Praxis so aussehen, dass eine einfache Eigenschaft wie »Autor« durch eine komplexere Struktur wie eine Liste von Autoren ersetzt wird. Ob diese Vorgehensweise jedoch auch für Sie richtig ist, können nur Sie selbst entscheiden. Man sollte vielleicht erwähnen, dass BizTalk, eine einflussreiche und von Microsoft gesponserte Initiative, genau das Gegenteil (die Verwendung von Attributen) empfiehlt. Sie befinden sich immer in guter Gesellschaft, egal welche Entscheidung Sie treffen.

Die Codierung von Attributwerten

Ganz gleich, ob Sie die Eigenschaften eines Objekttyps als Element oder Attribute darstellen, Sie müssen eine Entscheidung darüber treffen, wie Sie die Werte codieren wollen.

Einige der häufigsten Situationen wollen wir im Folgenden behandeln:

Quantitative Angaben

Die erste Frage ist, ob man einheitliche Maßeinheiten verwendet, zum Beispiel alle Längenangaben in Metern, oder ob man verschiedene Maßeinheiten zulässt. Ist die Einheit in den Daten enthalten, dann besteht die Möglichkeit, die Einheit auch als Teil des Wertes festzulegen (`höhe="1.86m"`) oder man modelliert die Einheit als eigenes Attribut (`<höhe einheit="m">1.86</höhe>`). Schließlich muss man eventuell noch ein Format für numerische Werte definieren (welches Zeichen darf als Dezimalpunkt dienen). Sobald XML-Schemata sich etablieren, sollte es einfach möglich sein, einen Standard für numerische Werte zu referenzieren, ohne sich Gedanken über die lexikalische Codierung machen zu müssen. Für den Augenblick hängt diese Aufgabe noch an uns.

Informationen über Schemata finden Sie in Kapitel 7.

Ja/Nein-Werte

Der Verwendung von `ja` und `nein` als Werte von Attributen ist im englischen Sprachraum viel verbreiteter als im Deutschen, dennoch kann es sinnvoll sein, bei manchen Entscheidungen diese Werte zu verwenden. Man kann auch eine alternative Konvention für Attribute aus SGML verwenden, die auch heute noch in HTML fortlebt. Wenn eine Entscheidung ansteht, dann kann man Attribute auch so wie das Attribut `border` in HTML verwenden. Da bedeutet `border="border"`, dass es einen Rahmen gibt, also wird dieser Fall als ein »ja« interpretiert, und das Fehlen eines Attributes wird als »nein« interpretiert. Diese Konvention brachte einige Vorteile in SGML, ist aber für XML nur von historischem Interesse. Wenn man mit SGML kompatibel bleiben möchte, ist es in XML verpönt, in einem Element zwei Attribute zu haben, die einen gemeinsamen Wertebereich haben. Sie sollen es also vermeiden, zwei Attribute in einem Element zu haben, die beide `ja` und `nein` als mögliche Werte haben.

Kleine Wertebereiche

Eine der grundlegenden Entscheidungen ist es, ob man Codierungen für Namen und Werte verwendet oder alles direkt im Klartext schreibt, also zum Beispiel R oder Rückerstattung. Die Verwendung der vollen Namen kostet zwar mehr Platz, hilft jedoch dabei, Missverständnisse zu vermeiden. Es kommt erstaunlich häufig vor, dass Anwender sich auch unter einer Abkürzung oder einem Code etwas völlig anderes vorstellen als die Entwickler. Daher entstehen oft Missverständnisse über die Interpretation und Bedeutung von Daten.

Datums- und Zeitangaben

Viele Experten raten dazu, für die Angabe eines Datums das Standard-ISO-8601-Format zu verwenden (JJJJ-MM-TT). Dieser Standard erlaubt es ebenfalls, Zeitangaben, inklusive der Zeitzone, geeignet darzustellen.

Es gibt in der Tat eine Reihe von Standards für unterschiedliche Typen. Die ISO (International Organization for Standardization) hat einen großen Teil von diesen selbst veröffentlicht, unter anderem auch die folgenden:

Standard	Gegenstand	Beschreibung
ISO 2955	Das metrische System (Système Internationale)	Bietet eine Methode zur Beschreibung von SI-Einheiten und anderen Maßen in Computersystemen. Dabei wird ein fest beschränkter Zeichensatz verwendet (ohne griechische Buchstaben).
ISO 3166	Ländercodes oder Länderkennungen	Spezifikation für die Kennzeichnung von Landesnamen. Die Codes bestehen alle aus zwei bis drei Buchstaben. Die Codes mit zwei Buchstaben sind besonders bekannt, da sie auch als Kennzeichnungen für Länder-Domänen verwendet werden (de für Deutschland, jp für Japan).
ISO 4217	Kürzel für Währungen	Liste von Codes für nationale Währungen.
ISO 5218	Kennzeichnungen für das Geschlecht	Codes zur Angabe des Geschlechts (das könnte sehr wahrscheinlich der kürzeste internationale Standard überhaupt sein).
ISO 6093	Angabe für numerische Werte	Der Standard umfasst drei Präsentationsformen für numerische Werte. In Form von Zeichenketten (Texten), in einer maschinenlesbaren Form und schließlich eine für Menschen gut lesbare Form.
ISO 6709	Ortsangaben	Ein Format zur eindeutigen Identifikation von Ortskoordinaten auf, unter oder über der Erdoberfläche (Längengrad, Breitengrad und Höhe).
ISO 8601	Datum und Zeit	Format für Datumsangaben einschließlich Kalender-Daten und Wochennummern. Außerdem wird auch die Angabe von Zeiten eindeutig geregelt.

Es besteht natürlich keinerlei Verpflichtung, einen dieser Standards zu verwenden, es gibt jedoch zwei gute Gründe, dies doch zu tun. Zunächst haben sich offensichtlich viele Menschen gründlich Gedanken über ein Thema gemacht und haben darauf sicher mehr Zeit verwendet, als das einem selbst möglich ist. Daher ist es unwahrscheinlich, dass man selbst in kürzerer Zeit auf eine bessere Lösung kommt. Zweitens unterbindet die Aussage, man verwende einen internationalen Standard, oft unproduktive Debatten.

Es gibt viele weitere Quellen für Standards. Zum einen gibt es da den Internet RFC 1766, der eine weit verbreitete Codierung für die Namen natürlicher Sprachen definiert. Der X.500/LDAP-Standard ist sehr sorgfältig entwickelt worden und definiert ein Schema für die weltweite Repräsentation von Personennamen (es ist schon etwas komplexer als Vor- und Nachname). Außerdem gibt es eine Fülle ganz spezifischer Normen und Standards wie zum Beispiel die ISBN im Verlagswesen.

In der Zukunft steht zu erwarten, dass einige der verbreiteten Datentypen im Zuge der XML-Schemata auch standardisiert werden. Ist es einmal so weit, dann ist es auch wahrscheinlich, dass XML-Parser die Überprüfung von Daten eines genormten Typs ebenfalls übernehmen werden. Das würde dann viele Anwendungen stark entlasten.

Namen für Eigenschaften

Verwendet man Elemente zur Repräsentation der Eigenschaften eines Objekttyps, stellt sich die Frage, welche Namen man verwendet. Diese Frage taucht natürlich auch im Zusammenhang mit Attributen auf, ist da jedoch nicht ganz so wichtig. Zunächst klingt die Antwort offensichtlich, man hat jedoch immer zwei Alternativen. Man kann den Datentyp benennen oder seine Funktion im Eltern-Objekt bzw. Eltern-Element. Nehmen wir einige einfache Beispiele. Das Erstellungsdatum eines Dokuments könnte entweder `Datum_der_Erstellung` oder schlicht `Datum` heißen. Die Kundenanschrift könnte man einfach `Adresse` nennen oder aber auch `Kundenadresse`.

Natürlich hat man oft mehr als eine Adresse oder nur ein Datum, dann hat man erst gar keine andere Wahl, als längere Namen zu verwenden. Dennoch hilft dieses Vorgehen, Mehrdeutigkeit zu vermeiden, und sollte deshalb immer angewendet werden. Die Sache hat natürlich auch einen gewissen Nachteil. Leider hat die Benennung nach der Funktion auch oft die Folge, dass jegliche impliziten Informationen über den Datentyp entfernt werden. Wie kann eine Anwendung wissen, dass für eine Kundenanschrift dieselben Regeln gelten wie für eine andere Form von Adressen? Außerdem werden DTDs viel komplexer, wenn alle Elementtypen so differenziert definiert werden.

Eine ähnliche Fragestellung taucht im Zusammenhang mit Eigenschaften von Objekttypen auf. Soll man in allen Elementen für den gleichen Typ von Eigenschaft auch den gleichen Namen verwenden? So haben zum Beispiel ein Urlaubsort, ein Hotel und auch ein Kunde immer die Eigenschaft Name. Ist es angebracht, immer den Elementtyp `<Name>` zu verwenden, um alle drei Arten von Namen darzustellen? Grundsätzlich sollten in XML alle Elementnamen global sein, d.h. sie bedeuten immer dasselbe, egal in welchem Kontext. Dagegen sind Attributnamen immer lokal zu einem bestimmten Elementtyp. Diese Regel ist jedoch auch nicht in Stein gemeißelt, denn es ist möglich, Elementnamen neu zu definieren, besonders dann, wenn der Inhalt ein Text ist. Es gibt aber auch Fälle, in denen Attribute (besonders XSLT-Stylesheets) so interpretiert werden können, als hätten sie eine globale Bedeutung. Ein genereller Hinweis zum Design von Dokumenten ist sicher, nie den gleichen Namen für völlig verschiedene Dinge zu verwenden. So sollte zum Beispiel der Name `STATUS` nicht gleichzeitig für die Kreditwürdigkeit eines Kunden stehen und als Kennzeichnung für eine bestätigte Buchung dienen. Auch wenn der Name im engeren Kontext sicher keine schlechte Wahl wäre.

Es gibt einige Dinge, die Sie bei der Benennung berücksichtigen sollten:

❏ Verwenden Sie systematische Konventionen für Namen, zum Beispiel `<Datum.der.Geburt>` und `<Ort.der.Geburt>`. So eine Systematik sorgt für Ordnung und man kann solche Regelmäßigkeiten in der Struktur vielleicht sogar in der eigenen Anwendung ausnutzen. Natürlich hat die Nützlichkeit solcher Konventionen auch ihre Grenzen. So kann man auf keinen Fall in XSLT von solchen Strukturen profitieren. Oft werden auch Unterstriche benutzt, um Namensteile abzugrenzen oder man beginnt jedes neue Wort mit einem Großbuchstaben.

❏ Benutzen Sie den vollen Namen als Elementnamen und verwenden Sie ein Attribut für den Datentyp. Ein Beispiel wäre etwa `<KundenAdresse Typ="Adresse">`. So könnte auch eine beliebige Anwendung den Typ eines Elements leicht ermitteln. Da jede `KundenAdresse` eine `Adresse` ist, muss man das Attribut `Typ` gar nicht explizit in jede Instanz schreiben; es kann als ein Attribut von Typ `FIXED`, also mit einem festen Wert (Adresse), in der DTD definiert werden. Diese Vorgehensweise erlaubt es jedoch nicht, automatisch Regeln über die Strukturen von Elementen zu definieren. Wir können also nicht in einer DTD festlegen, dass alle Elemente mit dem Attribut `Typ="Adresse"` nach einem bestimmten Muster aufgebaut sind.

❏ Gehen Sie genau umgekehrt vor. Verwenden Sie den Datentyp als Elementnamen und ein Attribut für die Funktion. So können Sie so etwas wie `<Adresse funktion="Rechnung">` schreiben. Wenn man eine DTD entwirft, könnte einem diese Vorgehensweise sogar sehr entgegen kommen, obwohl es da noch andere Einschränkungen gibt. Nun wäre es möglich, Regeln für eine Adresse zu definieren, aber man kann nun nicht mehr festlegen, dass jeder Kunde auch eine Anschrift hat, an die die Rechnung geht. Das war mit der ersten Methode noch möglich.

❏ Verwenden Sie eine zusätzliche Schachtelungsebene von Elementen:

```
<Kunde>
    <Rechnung>
        <Adresse>
        </Adresse>
    </Rechnung>
</Kunde>
```

Rein theoretisch ist diese Lösung sogar die bisher Beste. Man kann nun definieren, dass ein Kunde eine Anschrift für die Rechnung haben muss und dass diese Anschrift eine Adresse ist und denselben Regeln entspricht, wie alle anderen Adressen auch. Der einzige Nachteil ist, dass eine konsequente Anwendung dieses Prinzips eine enorme Menge an Tags produzieren kann. Bedenkt man, wie gering die Möglichkeiten zur Überprüfung von Datentypen in DTDs ist, so scheint es eine Menge Aufwand für einen bescheidenen Gewinn zu sein.

Binäre Daten

Nicht alle Eigenschaften von Objekten können durch konventionelle Texte dargestellt werden. Besonders Daten von Multimedia-Anwendungen sind oft binäre Daten. Wie können Daten wie Bilder in Ihrem Dokument dargestellt werden?

Es gibt zwei Methoden, binäre Daten darzustellen, als **interne** oder **externe** Objekte. In diesem Zusammenhang bedeutet intern, dass die Objekte als Teil des XML-Datenstroms übermittelt werden. Externe Objekte liegen in einer eigenen Datei.

Wenn es darum geht, binäre Daten in einem Dokument zu speichern, werden diese Daten oft mittels Base64 codiert. Diese Codierung dient der Darstellung von binären Daten durch einfache ASCII-Zeichen. Dieses Vorgehen harmoniert gut mit XML, da die verwendeten ASCII-Zeichen nicht mit XML-Metazeichen wie »<« und »]]>« kollidieren. Daher kann man beliebige Daten codieren, ohne befürchten zu müssen, zufällig eine Sequenz mit besonderer Bedeutung im Text zu haben. Natürlich müssen Sie dann in Ihrer Anwendung selbst dafür sorgen, dass die binären Daten nach Base64 codiert werden und auch wieder decodiert werden.

Sollen die Daten extern gespeichert werden, dann gebietet die »reine Lehre« die Verwendung von nicht geparsten externen Entities und Notationen. Will man zum Beispiel eine Referenz auf die Datei Bild1.gif anlegen, dann könnte man in der DTD (oft in der internen Teilmenge) Folgendes schreiben:

```
<!NOTATION gif SYSTEM "gifviewer.exe">
<!ENTITY bild SYSTEM "Bild1.gif" NDATA gif>
```

In diesem Beispiel ist gifviewer.exe der Name einer Anwendung, die Daten (Bilder) des Formates gif bearbeiten kann. In der Praxis dient diese Definition der eindeutigen Identifikation eines Formates. Die Referenz auf ein nicht vom Parser analysiertes Entity dient als Wert eines Attributes von Typ ENTITY. Daher muss eine DTD auch Deklarationen wie die folgenden enthalten:

```
<!ELEMENT Abbildung EMPTY>
<!ATTLIST Abbildung Name ENTITY #REQUIRED>
```

Dann können Sie schließlich an der Stelle im Dokument, an der die Daten benötigt werden, das Bild über eine nicht analysierte Entity-Referenz ansprechen:

```
<Abbildung Name="Bild1"/>
```

Beachten Sie bitte, dass kein »&« im Namen der Referenz auftaucht. Der Parser erkennt die Referenz als solche durch die Deklaration in der Attributliste (ATTLIST) in der DTD.

Als letzte Möglichkeit, wenn alles andere zu aufwendig erscheint, kann man ähnlich wie in HTML einen URL benutzen:

```
<IMG SRC="Bild1.gif"/>
```

Soweit es den XML-Parser angeht, ist die obige Zeile ein gewöhnliches CDATA-Attribut, aber auf der Ebene Ihrer eigenen Anwendung können Sie das Attribut als URL einer GIF-Datei interpretieren.

An dieser Stelle möchte ich betonen, dass zwar nur eine der vorgestellten Techniken (nicht analysierte Entities und Notationen) von den XML-eigenen Möglichkeiten zur Behandlung von binären Daten Gebrauch macht, dies aber nicht unbedingt der einzige mögliche Weg ist. Auch die anderen vorgestellten Techniken sind genau so korrektes XML.

Sollte Ihr Hauptziel sein, Ihre XML-Dokumente in HTML umzuwandeln, um diese so in einem Browser darzustellen, ist die Methode mit dem URL als Link sicher die einfachste. Wenn Sie flüchtige Daten zwischen Anwendungen übertragen, ist die Verwendung von internen Objekten und einer Base64-Codierung sicher eine geeignete Methode, da so weniger Probleme bezüglich der Konsistenz von Referenzen auftreten. Zum Beispiel muss man sich nicht mehr darum kümmern, was passiert, wenn sich referenzierte Objekte ändern.

Sobald XLink ein Standard ist und voll unterstützt wird, wird es möglich sein, einige Arten von binären Daten, so wie zum Beispiel Bilder, in ein Dokument einzubetten. Wir werden uns mit XLink ausführlich in Kapitel 8 beschäftigen.

Die Verwendung von XML-Entities

In unserer bisherigen Betrachtung der Methoden zur Umsetzung eines Datenmodells in eine XML-Struktur haben wir bisher wenig Gebrauch von den XML-Entities gemacht.

Diese Tatsache ist auch nicht weiter verwunderlich, da Entities ein Bestandteil von realen Dokumenten sein sollen und nicht schon Teil der logischen Struktur sind. Eine Entity-Referenz soll schließlich dieselbe Bedeutung haben, als würde man die Definition des Entities jedes Mal direkt in das Dokument schreiben.

Es ist also logisch, Entities als Teil der physischen Dokumente anzusehen und sich somit erst später bei dem tatsächlichen Entwurf von Dokumenten darum zu kümmern. Die spätere Phase des Entwurfs von konkreten Dokumenten in XML entspricht im Bereich Datenbanken der Phase, in der man sich um Indizes und die Partitionierung kümmert.

Es gibt jedoch einige Anwendungen von Entities, die sich auch jetzt schon anbieten. Wenn man etwas aus einem Dokument herauslöst und diesen Teil dann als externes Entity einbindet, genießt man den großen Vorteil, dass dieser Teil unabhängig von dem Hauptdokument geändert und aktualisiert werden kann. Das ist besonders dann nützlich, wenn bestimmte Teile eines Dokuments (Bilder oder Textpassagen) deutlich häufiger oder von anderen Personen als der Rest des Dokuments bearbeitet werden müssen. Dieser Aspekt der Kontrolle über bestimmte Teile ist viel wichtiger als der Aspekt der Platzersparnis durch gemeinsam genutzte Dokumentteile. Das gilt auch für sehr komplexe DTDs, wobei verschiedene Teile der DTD durch verschiedene Menschen bearbeitet werden.

Vorhin haben wir erwähnt, dass es wichtig ist, die Frage der Lebensdauer bzw. Gültigkeitsdauer von Informationen und deren Herkunft zu behandeln. Diesen Aspekt haben wir dann aber aus Gründen der Bequemlichkeit einfach vernachlässigt. Gerade diese Aspekte könnten aber zu Design-Entscheidungen darüber führen, wie einzelne Dokumente und Dokumentteile aufzugliedern sind.

Schema-Sprachen und -Notationen

In dem letzten Teil dieses Kapitels soll es darum gehen, wie man das eigene Dokument-Design auf dem Papier oder in elektronischer Form so festhält, dass es für Menschen und Programme gleichermaßen zugänglich ist. Dazu werden wir uns zwei Schema-Notationen ansehen, zum einen DTDs und zum anderen die verschiedenen Vorschläge für XML-Schemata.

Dabei werden wir uns zunächst die Ziele ansehen. Was versucht man mittels Schemata zu erreichen?

Die Aufgabe eines Schemas

Das Konzept eines Schemas ist seit einigen Jahren sowohl in der Welt der Datenbanken als auch im Bereich der Dokumentverarbeitung bekannt. Es ist vielleicht eines der wenigen Dinge, die beiden Bereichen überhaupt gemeinsam ist! Die formale Aufgabe eines Schemas ist die Definition der Menge aller erlaubten, gültigen Dokumente. Will man es negativ ausdrücken, dann geht es um die Definition von Randbedingungen über die Möglichkeiten von XML hinaus, die von Dokumenten erfüllt sein müssen, damit diese Dokumente gültig sind.

In diesem Zusammenhang muss man mit dem Wort **Gültigkeit** etwas vorsichtig umgehen. Im Zusammenhang mit der XML-Spezifikation hat das Wort gültig (valid) eine ganz spezifische Bedeutung. Lose gesprochen bedeutet es, dass ein Dokument den Regeln der verwendeten DTD entspricht. Wir haben aber oft ein Interesse an Randbedingungen, die wir mittels einer DTD gar nicht ausdrücken können. Selbst mittels eines XML-Schemas kann man einige Dinge nicht formulieren. So zum Beispiel eine Regel, nach der die Seriennummer zu Beginn einer Nachricht entweder die Zahl 1 sein muss oder größer als die Zahl zu Beginn der letzten Nachricht. Für den Rest dieses Kapitels werden wir das Wort »Gültig« immer dann verwenden, wenn ein Dokument allen Randbedingungen des Datenmodells genügt, und nicht im strengen Sinn der XML-Spezifikation.

Wozu dienen Schemata?

Zu dieser Frage hat der aktuelle Entwurf des W3C für die XML-Schemata Folgendes zu sagen:

Der Zweck eines ... Schemas ist die Definition und Beschreibung einer Klasse von XML-Dokumenten durch die Verwendung dieser [Markup-] Konstrukte zur Beschränkung und Dokumentation der Bedeutung, Anwendung und des Zusammenwirkens der einzelnen Teile: Datentypen, Elemente (und deren Inhalt), Attribute (und deren Inhalt), Entities (und deren Inhalte) und Notationen. Die Konstrukte der Schemata können auch dazu dienen, zusätzliche Informationen wie etwa Vorgabewerte zu spezifizieren. Schemata sollen ihre eigene Bedeutung, Anwendung und Funktion durch eine gemeinsame Sprache dokumentieren. Daher dienen die Strukturen der XML-Schemata der Definition, Beschreibung und Katalogisierung von XML-basierten Sprachen für Klassen von XML-Dokumenten.

Dieses Zitat erklärt, was Schemata tun sollen, sagt aber nicht, warum das nötig ist. Es gibt zwei unabhängige Gründe, ein Schema zu verwenden, die wir in der obigen Beschreibung finden können. Diese Gründe sind **Beschränkung** und **Dokumentation**.

Schemata als Randbedingungen

Eine Aufgabe eines Schemas ist die Definition des Unterschieds zwischen gültigen und ungültigen Dokumenten. So weit wie möglich sollen die Regeln so formuliert werden, dass auch Programme entscheiden können, ob ein Dokument gültig ist oder nicht. Es gibt aber immer auch Raum für Regeln, die in der Praxis nur von Menschen interpretiert werden können. So zum Beispiel eine Regel für ein wissenschaftliches Magazin, die besagt, dass die Adresse eines Autoren nur die Stadt und das Land enthalten soll oder dass die Zusammenfassung in Französisch geschrieben sein muss.Solche Randbedingungen werden aus zwei Gründen benötigt. Zum einen gibt es stilistische Gründe (jede Publikation wird ihr eigenes Layout behalten wollen) und zum anderen sind solche Beschränkungen für die Verarbeitung von Dokumenten wichtig.

In der Verarbeitung von Dokumenten sind Informationen für die nächste Phase der Verarbeitungskette eines Dokuments interessant. Ganz gleich, ob es sich um geschäftliche Vorgänge handelt, etwas die Bearbeitung von Formularen, oder einen typografischen Prozess, die Definition von Randbedingungen kann in solchen Fällen als eine Art Qualitätskontrolle dienen.

Natürlich sind solche Randbedingungen nicht immer eine gute Sache. Es liegt eine große Versuchung darin, Regeln definieren zu dürfen. Diese Versuchung kann dazu führen, dass man zu viele Regeln definiert und ein System unnötig unflexibel macht. Informationssysteme haben oft den Ruf, unflexibel zu sein, und das Ziel sollte sein, die Randbedingungen sinnvoll einzusetzen, damit die Menschen in dem Prozess die Möglichkeit bekommen, ihre Intelligenz möglichst optimal einzubringen. Die naive Definition von Randbedingungen kann sich auch negativ auswirken. Oft ist man gezwungen, auf Webseiten unsinnige Informationen zu erzeugen, da ein System darauf besteht, dass zur Anschrift auch immer die Angabe des Bundeslandes gehört.

Die Tatsache, dass man eindeutige Regeln definieren kann und deren Einhaltung durch Programme prüfen kann, bedeutet nicht, dass man auch unbedingt in jeder Stufe der Bearbeitung das Dokument auf seine Gültigkeit prüfen muss. Zum Beispiel ist die Überprüfung des Dokuments bei der Auslieferung durch Ihren eigenen Webserver absolut sinnlos. Das Dokument sollte überhaupt nur dann auf dem Webserver landen, wenn es vorher als gültig eingestuft worden ist. Dennoch werden viele Anwender blind einen validierenden Parser verwenden. Die Situation ist ähnlich, wenn Dokumente zwischen Programmen eines Systems ausgetauscht werden. In der Testphase ist der Einsatz eines validierenden Parsers absolut sinnvoll, doch wenn erst einmal alles gut läuft, kann das Programme die Dokumente korrekt erzeugen bzw. verarbeiten.

Schemata als Dokumentation

Die zweite wichtige Anwendung von Schemata dient der Dokumentation der Anwendung und Interpretation der angebotenen Konstrukte. Auf diese Weise können Sender und Empfänger eine gemeinsame Basis für die Bedeutung der ausgetauschten Nachrichten definieren.

Bisher spielte diese Rolle von Schemata in beiden Welten (Datenbanken und Dokumentverarbeitung) eher die zweite Geige, auch wenn es möglicherweise sogar die wichtigere Anwendung ist. Ein Teil des Problems ist, dass ein Schema oft nicht die richtige Person erreicht, nämlich die Person, die für die Eingabe der Daten am Bildschirm zuständig ist. Daher leiden viele Systeme unter einem Phänomen, das als **semantic drift** bekannt ist. Darunter versteht man die Tendenz der Benutzer, ein System mit der Zeit für andere Zwecke zu verwenden, als dies ursprünglich geplant war. Die Benutzer weisen dann Datenfeldern andere Bedeutungen zu, auch wenn die Struktur der Software unverändert bleibt. Mit ist einmal ein Fall untergekommen, bei dem die Anwender bewusst Daten eingaben, von denen sie wussten, das System würde diese Daten ablehnen. Das wurde gemacht, weil die Datei mit den zu korrigierenden Einträgen ein bequemer Ort zur Speicherung von Notizen für den nächsten Tag war. Bei einem anderen System wurden in einer Nachrichtenagentur die Rechnungen in der Form von Nachrichten an die Kunden geschickt.

Solche Dinge kann man genauso wenig abstellen, wie ein Architekt verhindern kann, dass die Bewohner eines Hauses auch in der Küche fernsehen. Was man jedoch tun kann, ist, zu erklären, welchen Zweck die erarbeiteten Strukturen haben, und man kann versuchen, diese Strukturen so flexibel zu gestalten, dass Anwender ihre Arbeit erledigen können, ohne das Design zu missbrauchen. Die Strukturen sollten so weit wie möglich intuitiv sein, damit niemand auf die Idee kommt, bewusst einen anderen Weg zu seinem Ziel zu beschreiten.

Die Tatsache, dass End-Anwender die Schemata nicht direkt lesen werden, zeigt den Bedarf für Schemata, die von Anwendungen gelesen werden können. Als Beispiel sollte es dann möglich sein, die Erläuterungen für einzelne Datenfelder zu extrahieren und diese als Hilfstext auf dem Bildschirm anzuzeigen. Dieses Konzept der Schemata war besonders in den 1970er und 1980er Jahren unter dem Namen **data dictionary** (Datenverzeichnis) populär. Auch diese Bezeichnung betont die Rolle der Definition der Bedeutung von Namen in einem System. Der Name **data dictionary** verlor jedoch seinen guten Klang durch den Missbrauch durch viele Software-Unternehmen, deren Datenverzeichnisse kaum mehr als interne Verzeichnisse waren.

Eine DTD als Schema

Wenn der Zweck eines Schemas die Definition von Randbedingungen und Erläuterungen ist, dann werden die Mängel von XML-DTDs sehr schnell deutlich. Werfen wir einen Blick auf einige der Probleme.

Welche Randbedingungen können durch DTDs ausgedrückt werden?

Wenn es darum geht, Randbedingungen zu definieren, bieten DTDs nur wenige Möglichkeiten. DTDs bieten Kontrolle darüber, welche Elemente wie ineinander geschachtelt sein dürfen, sagen aber nichts darüber, welche Texte in den Elementen auftauchen dürfen. Über Attribute hat man sogar noch etwas mehr Kontrolle, aber selbst hier gibt es Beschränkungen, da man zum Beispiel keine Möglichkeit hat, festzulegen, dass ein Attributwert numerisch sein muss. Das bedeutet unausweichlich, dass viel von der Überprüfung in der eigenen Anwendung geschehen muss. Ich habe oft festgestellt, dass die Validierung durch eine DTD so wenig bringt, dass es sich nicht lohnt, diesen Schritt überhaupt auszuführen.

Ist die Validierung durch eine DTD zuverlässig?

Selbst in den Grenzen der Regeln einer DTD bietet XML Dokumenten die Möglichkeit, einiges selbst zu entscheiden. So bleibt es dem Autor überlassen, ob er eine DTD verwendet und wenn ja, welche DTD dies sein soll. Selbst wenn eine DTD verwendet wird, können Deklarationen aus der DTD durch eigene Deklarationen überlagert werden. Auch wenn eine Anwendung einen validierenden Parser verwendet, kann die Anwendung nur Randbedingung durchsetzen, die ein Dokument auch einhalten will, nicht aber Randbedingungen, die ein Dokument ignorieren möchte.

Nehmen wir als Beispiel an, wir hätten eine DTD für Urlaubspläne und der Name der DTD sei `Urlaubs-Plan.dtd`. Wir haben eine Anwendung, die solche Urlaubspläne ausdruckt, damit diese an Kunden versendet werden können. Wenn die Anwendung es vermeiden will, die Überprüfung selbst vorzunehmen, dann muss die Anwendung sicherstellen, dass alle eingelesenen Dokumente bezüglich der oben genannten DTD gültig sind. Um das sicherzustellen, muss Folgendes getan werden:

❑ Es muss ein validierender Perser verwendet werden. Dazu müssen Sie wissen, ob die Anwendung in SAX, DOM oder XSLT geschrieben wurde.

❑ Das Dokument muss eine Referenz in der `<!DOCTYPE>`-Deklaration auf die `UrlaubsPlan.dtd` besitzen. Leider bieten die meisten Standard-APIs darüber keine Information.

❑ Der Parser muss die Version der DTD zur Prüfung verwenden, die auch von der Applikation erwartet wird. Dieser Punkt ist komplexer, als er erscheint.

❑ Das Dokument-Element in der bearbeiteten Datei muss den richtigen Elementtyp haben. Die DTD besagt nicht, welches Element das Wurzel-Element ist, aber man kann diesen Punkt leicht innerhalb der Applikation prüfen.

❑ Das bearbeitete Element darf keine interne Teilmenge der DTD enthalten, die irgendeine der für die Überprüfung wichtigen Regeln der externen Teilmenge überlagert. Wenn zum Beispiel die externe DTD folgende Definitionen enthält,

```
<!ELEMENT Zahlung EMPTY>
<!ATTLIST Zahlung Art (Bar | Kredit-Karte) #REQUIRED>
```

dann darf die Anwendung erwarten, dass ein Element <Zahlung> in einem gültigen Dokument das Attribut Art enthält, das als Wert entweder »Bar« oder »Kredit-Karte« enthält. Enthält das Dokument jedoch eine interne Teilmenge mit folgenden Deklarationen, ändert sich die Sache:

```
<!ATTLIST Zahlung Art (Bar | Kredit-Karte | Scheck ) #IMPLIED>
```

Diese Deklaration überlagert die Definition aus der externen DTD. Daher kann das Attribut Art nun entfallen oder auch den Wert »Scheck« annehmen, ohne dass ein Dokument von einem Parser als ungültig abgelehnt würde.

DTDs erstellen

Die Syntax für DTDs entspricht nicht der Syntax von XML und ist schwer zu lesen und oft noch schwerer zu schreiben. Mit der Wahl fast jedes Metazeichens hat man ein Stück des Erbes von SGML aus den späten 1960er Jahren verraten. Eine DTD ist als Erklärung für die Bedeutung von Elementen und Attributen ungefähr genau so nützlich wie die Präsentation von kompiliertem Java-Byte-Code als Erklärung für die Prozesse in einem Betrieb. Es gibt sogar Stellen in einer DTD, an der Kommentare gar nicht erlaubt sind.

Es gibt Werkzeuge (Programme) auf dem Markt, die die Erstellung von DTDs einfacher machen sollen. Dennoch wird jemand, der eine DTD voll verstehen will, nicht umhinkommen, die Syntax zu erlernen. Dies ist nicht nur unbequem, sondern auch konzeptionell nicht sehr elegant, da man keine Möglichkeit hat, DTDs genauso wie XML-Dokumente zu parsen.

DTDs und Namensräume

Der letzte Nagel für den Sarg ist die Tatsache, dass es fast unmöglich ist, DTDs zusammen mit den XML-Namensräumen zu verwenden. Die Namensräume sollen es dem Anwender erlauben, Teile aus verschiedenen Quellen miteinander innerhalb eines Dokuments zu mischen. So könnte man zum Beispiel in einem Dokument über die Ausbreitung von Verunreinigungen sowohl chemische Formeln als auch geografische Angaben verwenden. Die Absicht besteht darin, dass man sich ein eigenes Präfix für seine Namen aussuchen kann, ohne die Bedeutung der Namen zu verändern. So könnte man zum Beispiel `<GEO:LI>` für die Stadt Lima verwenden und `<CHEM:LI>` für das chemische Element Lithium.

Dabei gibt es zwei Probleme. Zunächst darf in einem Dokument nur eine externe DTD referenziert werden und zweitens wird die Umbenennung von Elementen durch das Voranstellen von Präfixen nicht von der DTD erkannt. Wenn man so etwas tun möchte, muss man jedes Mal eine neue Version der DTD erzeugen.

Trotz aller Beschränkungen und Mängel der DTDs: Zurzeit sind die DTDs der einzige Standard, den man hat. Daher müssen wir uns damit beschäftigen, wie wir eine DTD aus einem Datenmodell gewinnen.

Entwicklung einer DTD aus einem Datenmodell

Wir haben uns schon mit der Frage beschäftigt, wie man Konzepte aus dem Datenmodell in Strukturen eines XML-Dokuments überträgt. Einige dieser Entscheidungen werden sich direkt in die DTD übertragen. Zum Beispiel die Entscheidung, ob eine Eigenschaft eines Objekttyps als Element oder Attribut dargestellt wird.

Einige andere Fragen tauchen erst auf, wenn man tatsächlich versucht, eine DTD zu erstellen. Einige dieser Probleme werden wir jetzt beleuchten.

Auch wenn die Modellierungsmöglichkeiten einer DTD beschränkt sind, kann man einiges erreichen, wenn man den sehr flexiblen Mechanismus der Parameter-Entities ausnutzt. Auch wenn die Parameter-Entities auf dem Papier nur erlauben, Texte in verschiedenen Definitionen zu verwenden, können sie in der Praxis dennoch als eigenständige Definitionen angesehen werden. Ein großer Teil der Kunst, wirklich effektive DTDs zu erstellen, hängt davon ab, wie kreativ die Parameter-Entities eingesetzt werden.

Der größte Teil einer DTD besteht aus zwei Arten von Definitionen: **Element-Definitionen**, die den Inhalt der Elemente festlegen, und **Attribut-Definitionen**, die alle Attribute jedes einzelnen Elements definieren. Daher werden wir uns der Reihe nach mit diesen Definitionen beschäftigen.

Definition von Element-Inhalten

Eine DTD erlaubt die Definition von fünf möglichen Element-Strukturen:

Inhaltsmodell	Beispiel
EMPTY	`<!ELEMENT Bestätigung EMPTY >`
ANY	`<!ELEMENT Beschreibung ANY >`

Inhaltsmodell	Beispiel
Element-Inhalt	`<!ELEMENT Zahlung (Währung?, Betrag, Datum, Art-der-Zahlung?)>`
gemischter Inhalt (mixed content)	`<!ELEMENT Geschätzte-Kosten (#PCDATA | Anmerkung)* >`
PCDATA	`<!ELEMENT Farbe (#PCDATA) >`

Die XML-Spezifikation definiert tatsächlich nur vier Strukturen, da syntaktisch PCDATA einfach ein Spezialfall der Form »gemischter Inhalt« ist. Vom Standpunkt der Modellierung ist es jedoch schon ein Unterschied. Sehen wir uns an, wie jeder dieser Fälle angewendet werden kann.

Leere Elemente

Ein Element vom Typ EMPTY repräsentiert im Wesentlichen boolesche Werte. Es ist also nur wichtig, ob ein solches Element im Dokument auftaucht. Will man zum Beispiel anzeigen, dass eine bestimmte Buchung bestätigt wurde, dann könnte man das über ein leeres Kind-Element <Bestätigt/> sinnvoll modellieren.

Leere Elemente sind aber auch nützlich, wenn man Eigenschaften von Objekttypen lieber als Attribute denn als Kind-Elemente realisieren will. Bedenken Sie, dass EMPTY nur bedeutet, dass es keine Kind-Elemente oder Texte als Inhalt gibt. Es bedeutet nicht, dass es keine Attribute gibt. Wenn man diese Vorgehensweise wählt, wird man feststellen, dass fast alle Elemente in einem Dokument leer sind. Ein Dokument könnte dann Tausende von Elementen der folgenden Form enthalten:

```
<Zahlung von="1234" an="5678" betrag="230.45" datum="1999-10-15"/>
```

Wenn man wollte, könnte man ein Dokument konstruieren, das aus einem einzigen Element ohne Kind-Elemente und sehr vielen Attributen besteht. Diese Struktur könnte durchaus sinnvoll für bestimmte Arten von Nachrichten sein.

Eine andere (zugegeben ungewöhnliche) Art der Verwendung von leeren Elementen ist die Repräsentation von Werten in einem Datentyp für Aufzählungen. So könnte man zum Beispiel schreiben:

```
<Reisender>
   <Geschlecht><Weiblich/></Geschlecht>
</Reisender>
```

Damit könnte die Deklaration für das Element Geschlecht als Liste von gültigen Werten in der Form eines Elements mit folgenden Kind-Elementen so aussehen:

```
<!ELEMENT Geschlecht ( Männlich | Weiblich ) >
```

Elemente mit beliebigem Inhalt (ANY Content)

Die Möglichkeit, beliebigen Inhalt (ANY) in einem Element zu haben, tritt in einer DTD, die aus einem Datenmodell abgeleitet wurde, sehr selten auf. Ganz im Gegenteil: Dieses Inhaltsmodell wird oft verwendet, wenn das Datenmodell noch nicht voll ausgearbeitet ist. Diese Deklaration erlaubt nicht wirklich völlig beliebige Elemente als Kind-Elemente, sondern nur Elemente aus der DTD. Diese Deklaration ist also äquivalent zur Angabe aller Elemente der DTD im Inhaltsmodell des Elements. Da einige der Elemente als Kind-Elemente auf gar keinen Fall sinnvoll sind, kann man eine solche Deklaration nur als sehr fahrlässig bezeichnen. Es ist in solchen Fällen besser, ein Element mit gemischtem Inhalt oder nur mit Elementen als Inhalt zuzulassen und die in diesem Kontext sinnvollen Elemente aufzulisten.

Elemente mit Element-Inhalt

Der Element-Inhalt definiert, welche Elemente als Kind-Elemente eines Elementtyps erlaubt sind. Darüber hinaus wird auch die Reihenfolge festgelegt und es wird gesagt, ob ein Element vorgeschrieben ist und wie oft es auftreten darf. Von allen bisher vorgestellten Möglichkeiten gibt uns diese Möglichkeit die präziseste Kontrolle über die Gültigkeit von Dokumenten. Betrachten wir die folgende Definition:

```
<!ELEMENT Urlaubsort (
    Name,
    Land,
    Region?,
    Hotel+)>
```

Diese Definition besagt, dass ein `Urlaubsort` einen Namen hat und sich in einem bestimmten Land befinden muss. Weiterhin kann sich der Ort innerhalb einer bestimmten Region befinden und sollte mindestens ein Hotel haben. Die Syntax schreibt vor, dass alle Kind-Elemente durch Leerstellen getrennt werden müssen, welche Leerstelle (Leerzeichen, Tabulator, CR) man verwendet, ist dabei nicht wichtig.

Der größte Nachteil dieser Deklaration ist, dass nicht nur genau vorgeschrieben wird, welche Elemente auftreten dürfen, sondern auch, in welcher Reihenfolge dies zu geschehen hat. Nach der obigen Definition in einer DTD wäre ein Dokument ungültig, wenn zum Beispiel das Land vor dem Namen des Urlaubsortes auftreten würde. Man hat keine Möglichkeit, zwanzig optionale und einmalig auftretende Elemente zu definieren, ohne die Reihenfolge vorzuschreiben, in der diese Elemente auftreten müssen. Ob diese Tatsache ein Problem darstellt, hängt ganz wesentlich davon ab, wie ein Dokument erstellt wird. Dokumente, die von Menschen geschrieben werden, sollten nicht solch rigiden Einschränkungen unterliegen, nur damit die Überprüfung der Gültigkeit durch einen Parser vorgenommen werden kann.

Elemente mit gemischtem Inhalt

Elemente mit gemischtem Inhalt entstehen oft da, wo man Tags dazu verwendet, bestimmte Wörter in einem Text zu markieren. Diese Tags können dabei durchaus die semantische Bedeutung eines Wortes festlegen und nicht nur der Darstellung dienen. Hier ein Beispiel:

```
<Lebenslauf>
    <Sprachkenntnisse>
        Ich spreche fließend <Sprache>Englisch</Sprache>, <Sprache>Spanisch
        </Sprache> und auch einwenig <Sprache>Chinesisch</Sprache>.
    </Sprachkenntnisse>
</Lebenslauf>
```

Solche Strukturen entstehen kaum aus formalen Datenmodellen, wie wir sie in diesem Kapitel beschrieben haben. Das heißt jedoch nicht, dieser Elementtyp sei schlecht zu gebrauchen. Das Gegenteil ist der Fall, denn dieser Typ bietet eine gute Möglichkeit, besonders heikle Informationen zu repräsentieren, bei denen es darauf ankommt, die Subtilitäten und Mehrdeutigkeiten der menschlichen Sprache festzuhalten. Es ist nicht immer eine gute Idee, alles zu formalisieren und codieren zu wollen.

Elemente mit gemischtem Inhalt treten auch dann auf, wenn man nicht nur bloße Fakten, sondern auch Eigenschaften von Fakten beschreiben möchte. Auch dieses Konzept findet man nicht oft in den gängigen Methoden der Datenmodellierung, auch wenn es viele praktische Anwendungen gibt. Besonders im Bereich der Medizin, der historischen Forschung oder der Kriminologie will man oft nicht nur bloße Aussagen festhalten, sondern auch Beobachtungen zu den Fakten notieren. So würde man nicht nur die Aussage »Thomas Werner litt an einer Bleivergiftung« festhalten, sondern auch, wer diese Aussage zuerst geäußert hatte. Welche Beweise hatte die Person für diese Aussage? Wie sicher war die Person? Hatte jemand eine andere Meinung? Dann könnte sich eine Struktur wie diese entwickeln:

```
<Gewicht>182.3
    <plus-oder-minus>0.5</plus-oder-minus>
    <gemessen-von>Karl Schmidt</gemessen-von>
```

```
    <Datum-der-Messung>1991-10-15</Datum-der-Messung>
    <Instrument>567421</Instrument>
    <Alternativer-Wert>186.1
        <gemessen-von>Maria Schmidt</gemessen-von>
        <Datum-der-Messung>1993-01-21</Datum-der-Messung>
    </Alternativer-Wert>
</Gewicht>
```

Elemente mit gemischtem Inhalt sind nicht gerade ideal für diesen Zweck geeignet, da jedes der Kind-Elemente beliebig oft und in beliebiger Reihenfolge auftreten darf. Es gibt einige Alternativen, die vielleicht besser geeignet sind. Eine der Möglichkeit ist, die Tatsachen oder Fakten als Elemente und deren Eigenschaften als Attribute darzustellen. Eine andere Möglichkeit ist, eine zusätzliche Schicht von Elementen um einen Wert zu legen. Danach würde das obige Beispiel so aussehen:

```
<Gewicht>
    <Wert>182</Wert>
    <plus-oder-minus>0.5</plus-oder-minus>
    <gemessen-von>John Smith</gemessen-von>
    <Datum-der-Messung>1991-10-15</Datum-der-Messung>
    <Instrument>567421</Instrument>
    <Alternativer-Wert>
        <Wert>186.1</Wert>
        <gemessen-von>Mary Jackson</measured-by>
        <Datum-der-Messung>1993-01-21</Datum-der-Messung>
    </Alternativer-Wert>
</Gewicht>
```

Dieses Vorgehen ist jedoch sehr schwerfällig und umständlich, wenn die Mehrheit der zu beschreibenden Tatsachen nur einen Wert ohne zusätzliche Kommentare hat.

Elemente mit PCDATA-Inhalt

Schließlich kommen wir zu den Elementen mit dem Inhalt PCDATA. PCDATA-Elemente bilden die Atome eines Dokuments, aus denen die komplexen Strukturen eines Dokuments entstehen. Auch wenn Sie Eigenschaften durch Elemente repräsentieren, werden die Elemente als Inhalt PCDATA haben.

Modellierung der Objekttyp-Hierarchie

Es gibt kein Konzept in XML, mit dem man explizit Hierarchien von Objekttypen ausdrücken kann. Es ist jedoch möglich, durch die Anwendung von Parameter-Entities solche Methoden zu simulieren. Tatsächlich setzen viele erfahrene Entwickler von DTDs diese Technik instinktiv ein.

Ein spezialisierter Typ wird stets dadurch definiert, dass zu einem Grundtyp zusätzliche Eigenschaften hinzugefügt werden. Zum Beispiel könnte der Objekttyp <Rückzahlung> als Spezialisierung des Typs <Zahlung> betrachtet werden, der durch die zusätzlichen Eigenschaften <Grund> und <genehmigt-von> definiert wird. Benutzt man in einer DTD Parameter-Entities, dann kann eine solche Erweiterung von Objekttypen ganz einfach realisiert werden.

Das folgende Beispiel verwendet Kind-Elemente, um Eigenschaften darzustellen:

```
<!ENTITY % Zahlung "Betrag, Datum, Konto, Anmerkung?" >
<!ELEMENT Zahlung ( %Zahlung; ) >
<!ENTITY % Rückzahlung "%Zahlung;, Grund?, genehmigt-von" >
<!ELEMENT Rückzahlung ( %refund; )
```

Viele Eigenschaften mit demselben Datentyp

In unseren Überlegungen zur Modellierung tauchte die Frage auf, wie man die Elemente mit demselben Datentyp, aber in anderer Funktion, benennen sollte. Dabei betrachteten wir eine Adresse, die verschiedene Rollen spielt und zum Beispiel als KundenAdresse fungiert. Oft hat man am Ende des Prozesses eine Reihe von verschiedenen Elementtypen, die denselben Datentyp haben, also denselben Regeln für die Überprüfung gehorchen. Auch diese Tatsache kann man in der DTD durch Parameter-Entities leicht ausdrücken:

```
<!ENTITY % Adresse "Strasse, Nummer, PLZ, Stadt" >
<!ELEMENT Kunden-Adresse ( %Adresse; ) >
<!ELEMENT Serive-Adresse ( %Adresse; ) >
```

Definition von Attributen in der DTD

Wenn es darum geht, Attribute zu definieren, hat man weniger Wahlmöglichkeiten als bei Elementen und man kann die Definitionen meist direkt aus dem Datenmodell übernehmen.

Die Entscheidung, ob Attribute optional oder verbindlich sind, ist meist einfach zu treffen. Die Entscheidung, ob man einen Vorgabewert für ein Attribut benötigt, ist oft pragmatisch zu treffen. Sie sollten sich fragen, ob Sie als Designer entscheiden wollen, welche Werte benutzt werden sollen, wenn ein Dokument-Autor keine Angaben zu einem Attribut macht. Vorgabewerte können dann sehr nützlich sein, wenn es darum geht, die DTD um neue Attribute zu erweitern.

Die Definition von Attributen mit dem Typ FIXED (alle Attribut-Instanzen haben denselben Wert) wirkt auf Menschen, die aus der Welt der Datenbanken kommen, sehr seltsam. Dieser Typ kann sich jedoch unter Umständen als sehr mächtiges Hilfsmittel erweisen. Einige der möglichen Anwendungen sind:

❏ Man kann solche Attribute wie Variablen mit dem Speichertyp static in Java verwenden. Damit können Attribute des Objekttyps von Attributen der einzelnen Instanzen getrennt werden. So könnte ein solches Attribut genutzt werden, um den Datentyp eines Elements anzugeben. Daher könnte ein Element Datum-der-Geburt ein festes Attribut Datentyp="Datum" enthalten. Man könnte auch ein festes Attribut haben, dass als Wert den Namen der Java-Klasse enthält, die für die Überprüfung der Instanzen dieses Elementtyps zuständig ist.

❏ Verwenden Sie feste Attribute zur Identifikation des Super-Typs eines Objekttyps. Wenn zum Beispiel viele verschiedene Element-Tags viele verschiedene Ereignisse aus dem Leben eines Kunden beschreiben (zum Beispiel Konto-eröffnen, Konto-schließen, Order-absetzen, Zahlung-vornehmen), dann verfügen Sie vermutlich auch über Programme, die all diese Ereignisse für einen bestimmten Kunden auswerten. Statt die Liste von Elementen für die einzelnen Ereignisse fest zu codieren, könnte jedes dieser Elemente ein festes Attribut Ist-Ereignis="ja" haben, so dass ein Programm ein Ereignis an diesem Attribut erkennen könnte. In einer DTD könnte dann Folgendes stehen:

```
<!ELEMENT Konto-schließen ...>
<!ATTLIST Konto-schließen Ist-Ereignis FIXED "ja">
```

In einer Anwendung, die sich XSLT bedient, könnte man dann zum Beispiel Folgendes schreiben, um alle Elementtypen zu bearbeiten, die als Ereignisse gekennzeichnet sind:

```
<xsl:for-each select="*/@Ist-Ereignis='ja'">
```

❏ Verwenden Sie feste Attribute für Werte, die aktuell konstant sind, sich in der Zukunft aber ändern könnten (zum Beispiel Versionsnummern).

❏ Benutzen Sie feste Attribute in Verbindung mit bedingten Abschnitten und Parameter-Entities, um so Attribute zu definieren, die nur für bestimmte Programmläufe fest sind. Als Beispiel könnte man ein Attribut mit dem Namen Zugriffsrecht in einem externen Parameter-Entity definieren, das je nach Benutzer einen anderen Wert annimmt. Dieses könnte dann in einer XSLT-Anwendung dazu benutzt werden, nur die Daten herauszufiltern, die dieser Benutzer sehen darf. Dies könnte durch ein Konstrukt wie das folgende erreicht werden:

```
<xsl:for-each select="data[@Zugriffsrecht &gt;= @Sicherheitsstufe]">
```

Die Wahl eines Attributtyps

Es gibt eine Tendenz, CDATA als Standard-Typ für alle Attribute zu definieren, weil dieser Typ es erlaubt, beliebige Werte zu haben. Tatsächlich aber wird die Mehrheit der Attributwerte wahrscheinlich den Normen der Typen NMTOKEN oder NMTOKENS entsprechen. Ein NMTOKEN ist eine Sequenz aus einem oder mehreren Buchstaben, Ziffern und einigen Interpunktionssymbolen, einschließlich des Punkts (.) und des Bindestrichs (-), während NMTOKENS schlicht Listen von NMTOKEN-Werten sind, die durch Leerstellen getrennt sind. Daher ist Folgendes:

```
1999-10-31
```

ein gültiger NMTOKEN-Wert und:

```
Definition von Attributen in einer DTD
```

ist ein gültiger Wert für ein NMTOKENS. Das zusätzliche Maß an Überprüfung durch diese Typen mag nur einen geringen Nutzen bringen, aber die Normalisierung von Leerstellen durch den Parser kann für eine Anwendung sehr nützlich sein. Besonders, wenn die Anwendung mit XSLT arbeitet.

Genau wie bei den Element-Strukturen können Parameter-Entities in der DTD sehr nützlich sein, wenn es darum geht, Gemeinsamkeiten von Attributen auszudrücken oder die Verwendung von vielen Attributen in vielen verschiedenen Elementen zu erleichtern.

Der Vorschlag für die XML-Schemata

Die Beschränkungen von DTDs sind im W3C schon lange zur Kenntnis genommen worden. Es hat jedoch einige Zeit gedauert, bis man eine Antwort auf die Probleme gefunden hatte. Das lag auch daran, dass es viele konkurrierende Vorschläge gab, die nie das Problem in seiner Gesamtheit behandelt haben. Einer der ersten Vorschläge war die proprietäre XML-Data-Spezifikation von Microsoft. Diese findet man unter http://biztalk.org/Resources/schemasguide.asp.

Die aktuellen Ideen der Arbeitsgruppe für XML-Schemata sind in zwei Arbeitsentwürfen, die beide auf den 5. November 1999 datieren, festgehalten:

❏ Teil 1, Strukturen (http://www.w3.org/TR/xmlschema-1) behandelt die Möglichkeiten zur Kontrolle und Beschreibung der strukturellen Regeln eines Dokuments
❏ Teil 2, Datentypen (http://www.w3.org/TR/xmlschema-2) behandelt die Definition von Datentypen für Teile des Dokument-Inhalts

Diese Vorschläge sind noch unvollendet, und viele Abschnitte sind als »noch in Arbeit« markiert und enthalten strenge Warnungen, die davon abraten, die Spezifikationen in der aktuellen Form zu verwenden. Dennoch bekommt man eine gute Vorstellung von den Konzepten, die sich in der tatsächlichen Spezifikation wiederfinden könnten. Es lohnt sich, einen Blick auf diese Vorschläge zu werfen, da man so mit den Ideen vertraut wird, und auch ohne Software für XML-Schemata können diese Ideen für Sie als Designer von Dokumentstrukturen von Bedeutung sein.

Die Grundidee von XML-Schemata ist, dass ein Schema ein Dokument zur Beschreibung und Definition von XML-Dokument-Klassen ist. Dabei ist ein XML-Schema selbst ein XML-Dokument. Diese Tatsache ist wichtig, da so eine XML-Anwendung (zum Beispiel ein XSLT-Stylesheet) ganz leicht ein Schema auswerten kann. SQL-Programmierer werden mit diesem Konzept keine Probleme haben, denn es ist dieselbe Idee, die auch hinter den SQL-Schemata in Tabellen steckt, auf die man mittels SQL zugreifen kann.

Des Weiteren kann man ein Schema mit Informationen ausschmücken, die nur für eine Anwendung gedacht sind. Zum Beispiel könnte man zu jeder Element-Definition Informationen bezüglich der Zugriffsrechte angeben. So könnte eine Anwendung diese Informationen nutzen, um zu entscheiden, welche Informationen an welche Benutzer gehen dürfen.

Die XML-Schemata sind zurzeit in dem Stadium eines Entwurfs und sind in zwei Teilbereiche getrennt: Der erste Teil, die Strukturen, behandelt im Wesentlichen die Reglementierung von Element-Strukturen. Hier wird auch das Konzept von **Archetypen** eingeführt. Archetypen sind im Grunde nur zusammengesetzte Datentypen. Ein Elementtyp kann so definiert werden, dass er einem Archetyp gehorcht. In diesem Fall bestimmt der Archetyp alle Bedingungen, denen das Element gehorchen muss, so zum Beispiel welche Kind-Elemente oder Attribute ein Element enthalten darf. Der Vorteil der Trennung von Archetyp-Definitionen und Elementtyp-Definitionen liegt darin, dass so nun viele verschiedene Elementtypen einem einzigen Archetyp gehorchen können. So könnten die Elemente `Kunden.Adresse` und `Service.Adresse` beide dem Archetyp `Adresse` gehorchen. Das entspricht einer der Hauptanwendungen von Parameter-Entities in DTDs.

Die Arbeitsgruppe für XML-Schemata beabsichtigt ebenfalls, einen Mechanismus bereitzustellen, mit dem ein Archetyp einen anderen spezialisieren kann. Dies ist notwendig, um vernünftig Hierarchien von Typen erzeugen zu können. In den aktuellen Arbeitsfassungen ist die Syntax für diesen Mechanismus noch nicht definiert.

Der zweite Teil der Spezifikation beschäftigt sich mit Datentypen. Dabei geht es hauptsächlich um primitive Datentypen wie Strings, Zahlen, boolesche Werte, Datumsangaben und die Mechanismen zur Definition neuer Datentypen durch die Kombination und Beschränkung bestehender Typen oder schlicht durch die Aufzählung der erlaubten Werte. Diese Datentypen können dann dazu dienen, die Wertebereiche von Attributtypen oder die Texte innerhalb von Elementen zu reglementieren. Die bereits definierten Datentypen entsprechen den Datentypen, die man aus modernen Programmiersprachen oder auch aus SQL kennt. Die Möglichkeiten zur Definition von Einschränkungen, wie zum Beispiel die Definition von Minimal- und Maximal-Werten, sind jedoch viel mächtiger als in den meisten anderen Sprachen. Die Spezifikation setzt auch die Tradition der XML-Datentypen, wie der `NMTOKENS`, fort. Man hat eine klare Trennung zwischen der Definition der Werte eines Datentyps und deren lexikalischer Darstellung in einem XML-Dokument. Daher ist es möglich, viele verschiedene Darstellungen für einen Wert zu haben (zum Beispiel `3`, `3.0` und `03.00`). Wie auch im ersten Teil ist die Definition von Datentypen streng von der Definition der Elemente und Attribute getrennt, damit viele verschiedene Elemente und Attribute denselben Datentyp haben dürfen.

In dem gegenwärtigen Zustand sind die XML-Schemata immer noch nicht in der Lage, viele Integritätsbedingungen auszudrücken. Diese müssen immer noch von der eigenen Anwendung überprüft und durchgesetzt werden. Zum Beispiel gibt es zurzeit keine Möglichkeit zur Definition von Abhängigkeiten zwischen Attributen (der Todestag muss nach dem Geburtstag liegen). Auch lassen sich keine strukturellen Bedingungen für ein Element, über die Definition von Kind-Elementen hinaus, definieren. Diese Einschränkung könnte sogar immer erhalten bleiben, da einige Überprüfungen nur auf der Ebene der eigenen Anwendung stattfinden können.

Wir werden in Kapitel 7 die XML-Schemata genauer betrachten.

Zusammenfassung

Wir haben damit begonnen, einige grundlegende Prinzipien der Datenmodellierung, so wie sie in typischen XML-Projekten auftauchen, zu erörtern. Dabei haben wir zwischen den Aufgaben von statischen Modellen (Verstehen der Objekte und deren Beziehungen) und dynamischen Modellen (Verstehen, wie die Informationen sich im System bewegen) unterschieden. Beide Arten von Modellen sind für XML relevant und es ist sinnvoll, die XML-Dokumente danach zu klassifizieren, ob sie statische Daten oder flüchtige (dynamische) Daten enthalten.

Dann haben wir betrachtet, wie man die Daten aus den Konzepten in das Design von XML-Dokumenten überträgt. Wir haben einige wichtige Design-Entscheidungen angesprochen. Wie stellt man eine Typenhierarchie dar? Sollte man Elemente oder Attribute benutzen? Wie codiert man binäre Daten von Objekt-Eigenschaften?

Schließlich haben wir betrachtet, wie man das Design in einer XML-DTD oder einem Schema ausdrückt. Beide dienen der Spezifikation von formalen Bedingungen für die automatische Überprüfung von Dokumenten und der Dokumentation der Bedeutung von Dokumenten für Autoren und Anwender von Dokumenten.

5

Das Document Object Model (DOM)

Zu diesem Zeitpunkt sollten Sie ein Gefühl für die Struktur von XML-Dokumenten haben und wie diese Strukturen verwendet werden können, um hierarchische Informationen zu beschreiben. Nun müssen wir uns darum kümmern, wie man auf ein Dokument aus der eigenen Anwendung heraus zugreift. Eine dieser Möglichkeiten ist das **Document Object Model** (DOM). In diesem Kapitel werden wir das Document Object Model vorstellen und seine Anwendung durch einige simple Programme demonstrieren.

Was ist DOM?

Der Begriff Document Object Model existiert seit einiger Zeit im Bereich der Web-Browser. Objekte wie Fenster, Dokument und die Browser-History sind Teile des Objekt-Modells eines Browsers. Jeder, der sich schon einmal mit der Entwicklung von Web-Anwendungen beschäftigt hat, musste die Erfahrung machen, dass diese Objekt-Modelle von verschiedenen Herstellern recht unterschiedlich implementiert worden sind. Das W3C hat DOM entwickelt, um einen einheitlichen Standard für den Zugriff und die Manipulation von Web-Dokumenten zu schaffen.

Dabei ist DOM eine **Sprach-neutrale** und **Plattform-neutrale** Definition. Dabei werden Schnittstellen für die verschiedenen Objekte, die in ihrer Gesamtheit DOM ausmachen, definiert, es wird jedoch nichts Spezifisches über die Implementation gesagt. Die Implementation der Schnittstellen könnte in jeder beliebigen Sprache vorgenommen werden. Diese Konstruktion erlaubt es auch, bestehende Daten weiterhin zu verwenden und über DOM zu manipulieren, indem man DOM als zusätzliche Schicht um die bestehenden Funktionen zur Datenmanipulation implementiert. Die Objekte im DOM erlauben einem Entwickler, ein Dokument zu lesen, es zu durchsuchen oder es zu verändern, indem er Daten hinzufügt oder löscht. DOM bietet also Standard-Funktionen zur Navigation und Manipulation des Inhalts und der Struktur von HTML- und XML-Dokumenten.

Die XML-Dokumentstruktur

Entwickler, die noch neu im Bereich XML sind, gehen oft davon aus, der Hauptzweck von XML sei es, Teile von Dokumenten mit Namen zu versehen, damit andere Anwender diese Informationen leichter verstehen. Ein Ergebnis dieses Missverständnisses sind Anfänger-Dokumente, die einer Tag-Suppe ähneln - eine chaotische Mischung von Tags mit aussagekräftigen Namen, aber kaum mehr Informationen als eine ganz normale Textdatei:

```
<Rechnung>
   <Kunde>Homer J. Simpson</Kunde>
   <Anschrift>142 Evergreen Terrace</Anschrift>
   <Ort>Springfield</Ort>
   <Bundesstaat>VA</Bundesstaat>
   <ZIP-Code>00000</ZIP-Code>
   <Ware1>Plutonium</Ware1>
   <Stück1>10</Stück1>
   <Ware2>Donuts</Ware2>
   <Stück2>937</Stück2>
   <Ware3>Bier</Ware3>
   <Stück3>1028</Stück3>
   <Ware4>Erdnüsse</Ware4>
   <Stück4>1</Stück4>
</Rechnung>
```

Eine der Möglichkeiten von XML, die oft übersehen wird, ist die Fähigkeit, Beziehungen zwischen Elementen auszudrücken, besonders die Darstellung einer Eltern-Kind-Beziehung. Das obige Beispiel könnte in XML besser so dargestellt werden:

```
<Rechnung>
   <Kunde Name="Homer J. Simpson"
          Adresse="142 Evergreen Terrace"
          Stadt="Springfield"
          Bundesstaat="??"
          ZIP-Code="00000">
   <Posten Ware="Plutonium"
           Einheiten="10"/>
   <Posten Ware="Donuts"
           Einheiten="937"/>
   <Posten Ware="Bier"
           Einheiten="1028"/>
   <Posten Ware="Erdnüsse"
           Einheiten="1"/>
</Rechnung>
```

In dieser Form des Dokuments wird sofort klar, dass hier das Element Rechnung vier Kind-Elemente hat, die vier Posten der Rechnung. In dieser Form ist das Dokument auch leichter zu durchsuchen. Sucht man zum Beispiel alle Bestellungen von Plutonium, so kann man dies tun, indem man alle Posten-Elemente nach dem Wert des Attributs Ware durchsucht und alle Elemente mit dem Attributwert "Plutonium" einsammelt. In der ersten Form müsste man viele verschiedene Elemente durchsuchen (Ware1, Ware2 etc.).

*Die obige Dokumentstruktur könnte durch einen **Knoten-Baum dargestellt werden,** der alle Elemente und ihre Beziehung zueinander ausdrückt:*

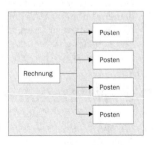

Um der Rechnung einen weiteren Posten hinzuzufügen, muss man lediglich das Dokument durchsuchen, bis man den letzten Posten im Dokument gefunden hat, einen neuen Posten an dieser Stelle einfügen und das Dokument bis zum Ende durchlaufen. Die Anwendung dieser Technik wird mit zunehmender Tiefe des Element-Baumes immer komplexer. Wenn man jedoch direkt auf dem Baum der Elemente operieren könnte, wäre es ein Leichtes, einen neuen Posten in eine Rechnung einzufügen. Dazu bräuchte man nur einen neuen Knoten vom Typ `Posten` zu erzeugen und diesen als Kind des Knotens `Rechnung` in den Baum einzufügen.

Genau auf diese Weise funktioniert auch DOM.

Verwendet man DOM zur Manipulation von XML-Dokumenten, dann wird das Dokument zunächst von einem Parser analysiert und in die einzelnen Bestandteile wie Elemente, Attribute und Kommentare zerlegt. Dann wird im Speicher eine Repräsentation der XML-Datei als ein Baum von Element-Konten aufgebaut. Ein Entwickler kann dann die Teile des Dokuments mittels des Baumes wie gewünscht manipulieren.

Tatsächlich geht DOM noch einen Schritt weiter und behandelt jeden Bestandteil eines Dokuments als einen Knoten. Knoten sind also Elemente, Attribute, Kommentare und Verarbeitungsanweisungen. Die DOM-Darstellung unseres obigen Beispiels könnte also so aussehen:

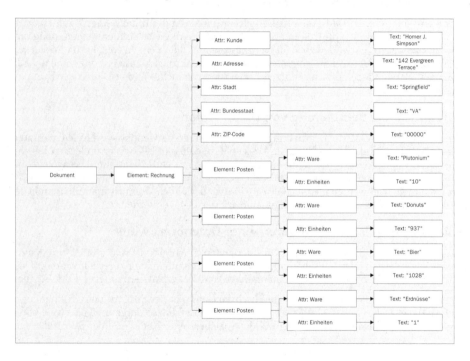

DOM bietet also eine robuste Menge von Schnittstellen zur Manipulation der Knoten im DOM-Baum.

Warum sollte man DOM verwenden?

Will man XML-Dateien bearbeiten, ist DOM fast immer das geeignete Mittel. Die Anwendung von DOM hat einige Vorteile gegenüber anderen verfügbaren Mechanismen, wenn es darum geht, XML-Dokumente zu erzeugen. So kann zum Beispiel ein Daten-Strom direkt geschrieben werden:

❏ DOM garantiert eine korrekte Grammatik und die Wohlgeformtheit von Dokumenten
❏ DOM abstrahiert den Inhalt von der Grammatik
❏ DOM vereinfacht die Bearbeitung von Dokumenten

❑ DOM spiegelt eng die typischen hierarchischen Strukturen und die Strukturen relationaler Datenbanken wider

Betrachten wir die einzelnen Vorteile etwas näher.

DOM garantiert eine korrekte Grammatik und Wohlgeformtheit

Weil DOM eine Text-Datei in eine abstrakte Repräsentation eines Baumes umwandelt, können Probleme wie offene Elemente und falsch geschachtelte Tags völlig vermieden werden. Bei der Arbeit an XML-Dokumenten mit DOM braucht sich ein Entwickler nicht um die textuelle Form seines Dokuments zu sorgen. Er muss sich lediglich um die Eltern-Kind-Beziehungen der Information kümmern. Die Arbeit mit DOM verhindert außerdem den Aufbau syntaktisch falscher Eltern-Kind-Beziehungen in einem Dokument. So könnte ein `Attr`-Objekt (Attribut-Objekt) niemals der Vater/die Mutter eines anderen `Attr`-Objekts sein.

DOM abstrahiert den Inhalt von der Grammatik

Der Knoten-Baum von DOM ist eine logische Repräsentation des Inhalts einer XML-Datei. Der Baum zeigt, welche Informationen im Dokument stecken und wie diese zusammenhängen, ohne direkt an die Grammatik von XML gebunden zu sein. Die Information, die in einem solchen Baum steckt, kann zum Beispiel dazu verwendet werden, eine relationale Datenbank zu aktualisieren oder eine neue HTML-Seite zu erzeugen. Dabei müssen die zuständigen Entwickler sich nicht mit den Details der Syntax von XML abgeben.

DOM vereinfacht die Bearbeitung von Dokumenten

Ein Entwickler, der DOM zur Bearbeitung von Dokumenten verwendet, wird es leichter haben als einer, der eine XML-Datei auf eher traditionelle Weise bearbeiten will. Wie wir es im letzten Beispiel gesehen haben, ist das Einfügen neuer Elemente in ein Dokument mit DOM eine simple Angelegenheit. Zusätzlich sind globale Operationen (zum Beispiel die Löschung aller Elemente eines bestimmten Typs aus einem Dokument) mit wenigen, einfachen Anweisungen möglich. So muss man nicht mehr selbst eine Datei durchsuchen und alle störenden Elemente aus der Datei entfernen.

DOM spiegelt die typischen Strukturen einer Datenbank wider

Die Art, auf die DOM die Beziehungen von Elementen beschreibt, ist sehr ähnlich mit der Art, wie Informationen in modernen hierarchischen und relationalen Datenbanken dargestellt werden. Das macht es sehr einfach, Informationen zwischen Datenbanken und XML-Dateien mittels DOM auszutauschen.

Die meisten Datenbanken stellen hierarchische Information in der Struktur einer Schneeflocke (**snowflake**) dar. Dabei werden Informationen in der Datenbank so dargestellt, als ob sie von einer zentralen Ur-Tabelle (»top-level«) ausgehen, so wie die Speichen eines Rades von der Rad-Nabe ausgehen:

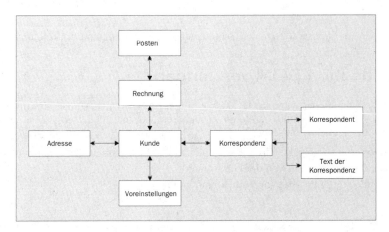

Beachten Sie bitte, dass es für jeden Kunden mehrere Rechnungen geben kann, von denen wiederum jede viele Posten enthalten kann. XML erlaubt es natürlich, verschiedene Instanzen eines Kind-Elements in einem Dokument zu haben, um dieses Verhalten nachzuahmen. Jedes der obigen Elemente entspricht in etwa einer Tabelle in einer Datenbank. Den Spalten einer Tabelle entsprechen die Attribute in XML.

Das XML-Äquivalent der obigen Struktur wäre dann:

```
<Kunde>
    <Rechnung>
        <Posten/>
    </Rechnung>
    <Adresse/>
    <Korrespondenz>
        <Korrespondent/>
        <Text_der_Korrespondenz/>
    </Korrespondenz>
    <Voreinstellungen/>
</Kunde>
```

Die Verwendung von DOM-Strukturen für Dokumente erlaubt den einfachen Austausch von Informationen zwischen Systemen.

Die DOM-Spezifikation

Genau wie bei anderen Internet-Standards wird auch die Spezifikation von DOM vom W3C gepflegt und verwaltet. Zurzeit hat das W3C zwei Dokumente zu DOM veröffentlicht: die Level-1- und Level-2-Dokumente.

DOM Level 1

Das W3C-Dokument zur ersten Stufe von DOM (DOM Level 1) hat den Status einer Empfehlung (recommendation). Das bedeutet, dieses Dokument wurde vom W3C geprüft, es wurden die Anmerkungen der Mitglieder angenommen und eingearbeitet, schließlich wurde das Dokument erneut überarbeitet und wird nun als Standard für das World Wide Web empfohlen. Der vollständige Text der Empfehlung findet sich unter http://www.w3.org/TR/REC-DOM-Level-1/.

Dieses Dokument besteht aus zwei Hauptabschnitten. Der erste Abschnitt, **Document Object Model (Core) Level 1**, enthält die Spezifikationen der Schnittstellen für den Zugriff auf beliebige strukturierte Dokumente und einige spezifische Erweiterungen, die den Zugriff auf XML-Dokumente erlauben. Der zweite Abschnitt beschreibt die HTML-spezifischen Erweiterungen von DOM und ist nicht Thema dieses Buches.

Die DOM-Spezifikation beschreibt, wie Zeichenketten (Strings) durch DOM manipuliert werden, indem es den Datentyp DOMString definiert. Der Datentyp wird als ein String von Sechzehn-Bit-Zeichen definiert, die nach UTF-16 codiert sind. Für spezifische Implementationen verwenden die Schnittstellen gewöhnlich Datentypen, die das Zielsystem anbietet und die ebenfalls UTF-16-codiert sind. Eine Möglichkeit wäre zum Beispiel der Datentyp String von Java.

Werfen wir nun einen Blick auf die Objekte, Methoden und Attribute, aus denen die Spezifikation von DOM Level 1 besteht. Beachten Sie bitte, dass wir nur das Verhalten von DOM für XML-Dokumente beschreiben. Die Handhabung von DOM kann für den Zugriff auf HTML-Dokumente anders aussehen.

Das folgende Diagramm zeigt die Klassen-Hierarchie der DOM-Objekte:

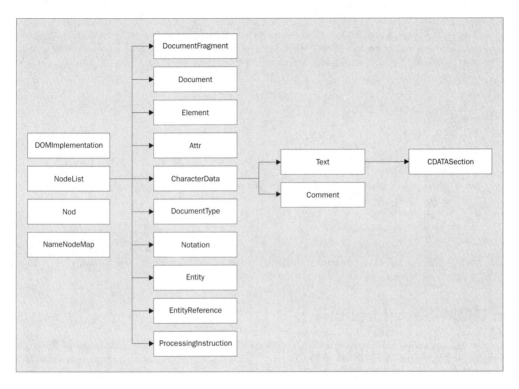

Die vollständige Dokumentation der DOM-Objekte findet sich in Anhang B.

DOM Level 2

Zurzeit hat die Spezifikation von DOM Level 2 den Status einer Candidate Recommendation. Zurzeit ist das Dokument von vielen direkt zuständigen Fachleuten geprüft worden und nun müssen Implementationen und Rückmeldungen von Teilen außerhalb des W3C folgen. Die Spezifikation der zweiten Stufe enthält alle obigen Objekte und fügt folgende Merkmale hinzu:

❑ **Unterstützung von Namensräumen.** Wie wir in Kapitel 7 noch sehen werden, dienen Namensräume dazu, zwischen verschiedenen Elementen mit dem gleichen Namen zu unterscheiden. Die Namensräume bieten oft einen Bezug zur ursprünglichen Quelle der Definition dieser Elemente. Die zweite Stufe von DOM wird Mechanismen anbieten, die es erlauben, die Namensräume eines Dokuments abzufragen und zu verändern.

❑ **Stylesheets**. Die zweite Stufe von DOM wird auch ein Objekt-Modell für Stylesheets enthalten. Damit wird es möglich sein, ein Stylesheet zu durchsuchen und zu bearbeiten.

❑ **Filterung von Dokumenten**. Die nächste Stufe wird auch Methoden zur Filterung von Inhalten eines Dokuments bieten.

❑ **Ein Ereignis-Modell (event model)**. Die zweite Stufe von DOM soll auch für XML ein eigenes Ereignis-Modell erhalten.

❑ **Ranges**. DOM soll auch Funktionen zur Manipulation von großen Textblöcken bieten, die das Arbeiten mit eher traditionellen Dokumenten erleichtern soll.

Die Candidate Recommendation für die zweite Stufe von DOM findet man unter `http://www.w3.org/TR/DOM-Level-2/`.

Was sind IDL und Sprach-Bindungen

Bei der Lektüre der DOM-Spezifikation werden viele Entwickler feststellen, dass sie mit der Art, wie die Schnittstellen definiert sind, nicht vertraut sind. Wie Sie sich erinnern, wurde DOM als eine plattformunabhängige Spezifikation realisiert. Das bedeutet im Besonderen, dass dort die Methoden und Attribute definiert sind, die eine systemspezifische Implementation bieten muss, nicht aber, wie diese konkret implementiert werden müssen. Daher hat das W3C beschlossen, die Schnittstellen von DOM auf verschiedene Arten zu definieren. Zum einen mittels OMG IDL, das ein Teil der Spezifikation von CORBA 2.2 ist, und zum anderen durch Bindungen an Java und ECMAScript. Wenn man eine Anwendung, die DOM nutzt, implementiert, dann sollte man eher zu der konkreten Dokumentation der jeweiligen Implementierung greifen, statt zur Spezifikation des W3C. Zum Beispiel bietet Microsoft eine Dokumentation zur eigenen Implementation von XML DOM unter `http://msdn.microsoft.com/xml/reference/xmldom/start.asp`.

DOM und die reale Welt

Bisher haben wir DOM eher theoretisch betrachtet, nämlich anhand der Begriffe aus der Empfehlung des W3C. Als Nächstes sollten wir uns ansehen, wie DOM in der realen Welt implementiert wurde.

DOM in aktuellen Web-Browsern

Zum Zeitpunkt der Drucklegung dieses Buches bietet nur der Internet Explorer 5 eigene DOM-Bibliotheken und unterstützt XSL. Programme, die Client-seitig ausgeführt werden, können so genannte Dateninseln über ein entsprechendes Objekt ansprechen. Dateninseln sind XML-Dokumente, die in HTML-Dokumenten mittels des Attributs `XMLDokument` eingebettet sind. Dieses Dateninsel-Objekt bietet dann alle Funktionen, die in den XML-Bibliotheken von Microsoft stecken. Diese Bibliotheken unterstützen alle Funktionen, die von DOM Level 1 gefordert werden, und darüber hinaus noch einige weitere Funktionen, die es erleichtern, auf XML-Daten zuzugreifen und die Manipulation von XSL-Stylesheets erlauben.

Die Browser von Netscape bieten bis jetzt (Version 4.7) noch keine eingebaute Unterstützung für XML-DOM, aber mit der Hilfe einiger ActiveX- oder Java-DOM-Bibliotheken können auch in diesen Browsern XML-Dokumente durch Java- oder JavaScript-Programme manipuliert werden. Beachten Sie bitte, dass Sie diese Bibliotheken erst herunterladen und installieren müssen, bevor Sie versuchen können, XML-Dokumente zu bearbeiten. Die nächste Version von Netscape, die zurzeit schon als Beta-Version verfügbar ist, soll eine eingebaute Unterstützung von XML und XSL mitbringen.

Die DOM-Implementationen in Microsoft in der Form von ActiveX- oder Java-Bibliotheken kann man umsonst unter folgender Adresse herunterladen: `http://msdn.microsoft.com/downloads/tools/xmlparser/xmlparser.asp`.

Die Kunst der Schlichtheit

Solange Sie nicht die völlige Kontrolle darüber haben, welcher Browser Ihren Code ausführen wird (zum Beispiel, wenn Sie für Ihre Firma eine Intranet-Anwendung entwickeln und davon ausgehen können, dass alle Benutzer den Internet Explorer verwenden), ist es absolut wichtig, Ihren Code unabhängig von einem Browser zu gestalten. Eine andere Möglichkeit, die ohne die Opferung spezifischer Funktionen auskommt, besteht darin, den Browsertyp zu ermitteln, bevor man Browser-spezifische Funktionen ausführt.

Betrachten wir ein Beispiel, das in JavaScript geschrieben ist. Sie können dieses Code-Fragment gerne in Ihren Webseiten verwenden:

```
<SCRIPT>
    var agent = window.navigator.userAgent;
    var explorer = agent.indexOf ("MSIE 5");
    if (explorer > 0)
    {
```

```
        window.location.href = "http://www.MeineSite.com/explorer.htm";
   }
   else
   {
        window.location.href = "http://www.MeineSite.com/netscape.htm";
   }
</SCRIPT>
```

Dieser Code überprüft den Wert des Attributs `userAgent` des Objekts `navigator`, um so festzustellen, in welchem Browser die Seite dargestellt wird. Nur der Internet Explorer 5.X wird den String `MSIE 5` im Attribut `userAgent` haben. Indem man prüft, ob das Attribut diesen Text enthält, kann das Skript feststellen, ob der Explorer oder ein anderer Browser verwendet wird und so den Benutzer entsprechend umleiten. Die Seite `explorer.htm` (für IE 5) könnte dann JScript-Code enthalten, der die besonderen (Clientseitigen) XML-DOM-Fähigkeiten des IE 5 nutzt. Die Seite `netscape.htm` (für alle anderen Browser) könnte dagegen mit Server-seitigen Programmen zusammenarbeiten, um so denselben Effekt zu erreichen. Beachten Sie bitte, dass der obige Code angepasst werden muss, sobald neuere Versionen der Browser erscheinen und der Identifikations-Text des Browsers sich verändert.

HTML-DOM als Sonderfall von XML-DOM

Um die Unterschiede zwischen HTML und XML zu verstehen, ist es wichtig, die Entwicklung der beiden Sprachen von der gemeinsamen Wurzel SGML her zu kennen.

HTML ist nicht XML

SGML steht für **Standard Generalized Markup Language** und wurde die erste Auszeichnungssprache, die eine breite Anwendung erfuhr. SGML wird auch heute noch in vielen Unternehmen stark genutzt, besonders in Unternehmen, die viele Dokumente bearbeiten (zum Beispiel Verlage). SGML ist eigentlich mehr eine Sprache zur Definition von Auszeichnungssprachen und nicht selbst eine Auszeichnungssprache wie HTML. Das ist genau wie bei XML, aber man hat mehr Freiheiten, was die Schachtelung von Elementen und die Spezifikation von Informationen angeht. HTML ist eine konkrete Anwendung von SGML, da es die grammatikalischen Regeln von SGML achtet, aber spezifische Definitionen für Elemente und Attribute von HTML-Dokumenten enthält. Tatsächlich gibt es eine SGML-DTD von HTML, die alle Elemente und Regeln definiert. Sie finden diese DTD unter `http://www.w3.org/TR/html40/sgml/dtd.html`

XML dagegen ist eine echte Untermenge von SGML. Eines der wichtigsten Ziele der Entwicklung von XML war es, eine Sprache zur Definition von Auszeichnungssprachen zu schaffen, die so flexibel wie SGML ist, aber einfacher zu handhaben ist. Daher sind viele Konstrukte aus SGML, und folglich auch von HTML, in XML ungültig.

Probleme mit HTML-DOM

HTML-DOM ist nicht besonders flexibel, wenn es darum geht, Entwicklern Zugriff auf den Inhalt von HTML-Dokumenten zu gewähren. Eine der Schwierigkeiten ist die Notwendigkeit, Funktionen zu unterstützen, die informell als »DOM Level 0« bezeichnet werden. Das waren Funktionen, die in der Version 3.0 des Internet Explorers und Netscape Navigators unterstützt wurden, lange bevor irgendwelche Anstrengungen zur Standardisierung eines Objekt-Modells für HTML-Seiten unternommen wurden. Daher müssen für HTML-DOM einige Funktionen implementiert werden, nur um zu älteren Versionen von Browsern kompatibel zu sein. Außerdem unterstützt HTML-DOM eine besondere Implementation von SGML, die sich darauf verlässt, dass eine vordefinierte DTD existiert, die das mögliche Layout eines Dokuments regelt.

Die Zukunft des Internets: XHTML

Das W3C arbeitet zurzeit an dem Vorschlag für eine konkrete Anwendung von XML, die unter dem Namen XHTML bekannt wurde. XHTML gehorcht allen grammatikalischen Regeln von XML (sauber geschachtelte Elemente, Attributwerte in Anführungszeichen etc.) und unterstützt weiterhin alle bisherigen Elemente von HTML. Obwohl es noch keine Browser gibt, die XHTML unterstützen, können HTML- und XML-Parser schon jetzt korrekte XHTML-Dokumente verarbeiten. Bei der Erstellung von HTML-Dokumenten ist es sinnvoll, die folgenden Regeln einzuhalten, damit ein HTML-Dokument auch nach den Regeln von XHTML gültig bleibt:

- ❏ Dokumente müssen wohlgeformt sein. Jedes Element muss korrekt durch ein End-Tag abgeschlossen werden. Zu jedem Start-Tag `<TAG>` muss also ein entsprechendes End-Tag `</TAG>` existieren. Im Falle eines leeren Elements muss das Tag durch ein »/« abgeschlossen werden.
- ❏ Elemente müssen korrekt geschachtelt sein. Sich überlappende Elemente sind nicht erlaubt.
- ❏ Element- und Attributnamen müssen in Kleinbuchstaben gehalten sein.
- ❏ Leere Elemente müssen durch ein End-Tag abgeschlossen werden oder das Start-Tag muss mit einem »/« enden.
- ❏ Paare aus Attributnamen und Werten müssen explizit definiert werden.
- ❏ Skript-Elemente und Styling-Elemente sollten innerhalb von CDATA-Blöcken stehen, um Fehler während des Parsens zu vermeiden.
- ❏ Das Attribut `id` sollte verwendet werden, um Bezeichner für Elemente zu speichern.

Sehen wir uns diese Regeln näher an.

Dokumente müssen wohlgeformt sein

In HTML gibt es Elemente, die nicht explizit geschlossen werden müssen. Eines dieser Elemente ist das Element für einen **Abschnitt** `<P>`. Der Parser bestimmt, wo das Element aufhören soll, indem er die folgenden Elemente betrachtet. Das folgende HTML-Fragment wäre in XHTML nicht mehr gültig:

```
<p>Das ist Abschnitt 1.
<p>Das ist Anschnitt 2.
```

Stattdessen sollte der folgende Code, der übrigens äquivalent zum obigen HTML-Code ist, verwendet werden:

```
<p>Das ist Abschnitt 1.</p>
<p>Das ist Abschnitt 2.</p>
```

Element- und Attributnamen müssen in Kleinbuchstaben geschrieben werden

XML unterscheidet zwischen Groß- und Kleinschreibung. Da in der DTD für XHTML entschieden wurde, für Element- und Attributnamen nur Kleinbuchstaben zu verwenden, müssen alle XHTML-Dokumente dieser Regel entsprechen.

Daher sollte man statt:

```
<INPUT TYPE="button" ID="Button1" VALUE="Drück mich!" >
```

lieber Folgendes schreiben:

```
<input type="button" id="Button1" value="Drück mich!" />
```

Beachten Sie bitte, dass die zweite Versionen einen Querstrich (Slash) am Ende des Tags enthält. Das bringt uns auch schon zu der nächsten Regel.

Leere Elemente müssen ein End-Tag besitzen oder das Start-Tag muss mit einem »/« enden

Bei XML müssen alle Elemente korrekt abgeschlossen sein. Sind es leere Elemente, so müssen diese durch ein eigenes End-Tag oder durch einen Querstrich (Slash) am Ende des Start-Tags abgeschlossen werden. In HTML ist das Weglassen eines End-Tags für einige Elemente wie <P> erlaubt. Für eine maximale Kompatibilität mit älteren Browsern sollte für leere Elemente ein eigenes End-Tag verwendet werden, da diese Browser Probleme haben, den abschließenden Querstrich zu erkennen.

Attribut-Wert-Paare müssen explizit definiert werden

Gibt es ein festes Attribut für ein Element, dann ist es nicht mehr erlaubt, dieses allein durch die Angabe des Attributnamens zu spezifizieren.

Statt nur:

```
<dl compact>
```

sollte man Folgendes schreiben:

```
<dl compact="compact">
```

Skript-Elemente und Styling- Elemente sollten nur innerhalb von CDATA-Blöcken auftauchen

Da die `script`- und `style`-Elemente als Elemente vom Typ `#PCDATA` in der XHTML-DTD deklariert sind, werden Parser die Zeichen < und & als Metazeichen interpretieren. Dies kann man verhindern, indem man die Elemente `script` und `style` in CDATA-Blöcke steckt, damit diese solche Zeichen in der literalen Form enthalten dürfen.

Statt nur:

```
<script>
    ...
</script>
```

sollte man Folgendes schreiben:

```
<script>
    <![CDATA[
        ...
    ]]>
```

Das Attribut id sollte nur Bezeichner für Elemente enthalten

In der XHTML-DTD wurde dem Attribut `id` der Typ `ID` zugewiesen und daher sollte lieber dieses Attribut zur Identifizierung von Elementen verwendet werden statt des Attributs `name`. In kommenden Versionen von XHTML wird das Attribut `name` vermutlich völlig verschwinden.

Da XHTML noch ein Standard in der Entwicklung ist, unterstützen nicht sehr viele HTML-Werkzeuge die neuen Regeln und können sogar XHTML-Dokumente zerstören, wenn man versucht, diese zu bearbeiten. Diese Tatsache kann wichtig sein, wenn Sie eigene XHTML-Dokumente erstellen wollen. Bestehen Zweifel, ob ein Tool XHTML unterstützt, dann sollte lieber ein einfacher Text-Editor verwendet werden statt eines Tools wie FrontPage oder Microsofts Visual InterDev.

Wenn Sie die obigen Regeln beachten, dann stellen Sie die größtmögliche Kompatibilität zu zukünftigen Browser-Generationen sicher. Außerdem könnten die XHTML-Dokumente mit dem `Mime-Typ` HTML oder aber XML ausgeliefert werden, um so dem Client die größte Flexibilität bei der Darstellung zu erlauben. So könnte man mittels XML-DOM den Inhalt von XHTML-Dokumenten manipulieren.

Die Arbeit mit DOM

Bisher wissen wir, wie DOM strukturiert ist. Es erstellt aus einem XML-Dokument einen Baum von Objekten, die durch Programme bearbeitet werden können. Wir haben auch erörtert, dass die Spezifikation des W3C nur eine Beschreibung der Mechanismen, nicht aber Implementierung liefert. Wie können wir aber eine solche Beschreibung auf ein konkretes Problem anwenden? Für die konkrete Anwendung benötigen wir die DOM-API.

APIs für DOM

Will man ein Programm schreiben, das DOM für den Zugriff auf XML-Dokumente verwendet, benötigt man eine Implementation von DOM. Diese Implementation ist immer eine Bibliothek irgendeiner Art, die auf ein konkretes System (Hard- und Software) abgestimmt ist und auf eine bestimmte Art von Daten-Speicher (Dateien, Datenbanken) zugreift.

Was ist eine API?

Das Akronym **API** steht für **Application Programming Interface**. Lassen Sie sich nicht von dem Wort *Interface* (Schnittstelle) täuschen. Eine API ist eine Sammlung von Bibliotheken, die von Programmen benutzt wird, um andere Programmteile in die Lage zu versetzen, niedere Aufgaben zu erledigen. Daher ist eine API immer eine ganz konkrete *Implementation* einer Schnittstelle, die wirklich Programmcode enthält, der alle definierten Funktionen implementiert.

DOM ist keine API

Wie wir schon gesehen haben, ist die DOM-Spezifikation nur eine Definition der Schnittstellen, sagt aber gar nichts über deren Implementation aus. Die Aufgabe der Implementation fällt also Dritten zu. Will man mit DOM arbeiten, wird man eine Implementation von DOM für jede Plattform, auf der das eigene System laufen soll, benötigen. In vielen Fällen wird man die entsprechenden Bibliotheken zusammen mit der eigenen Anwendung ausliefern müssen.

Sie sollten sich darüber im Klaren sein, dass alle Implementationen von DOM, genau wie Implementationen von HTML-Parsern, den Spezifikationen des W3C genügen müssen. Betrachtet man den Stand der W3C-Spezifikationen, so sollten alle Implementationen von DOM zumindest die Funktionen von DOM Level 1 erfüllen. Viele Implementationen von DOM werden zusätzliche Funktionen bieten. Dazu können Funktionen aus der Spezifikation von Level 2 gehören oder Funktionen, die die Entwickler der Implementation für sinnvoll erachtet haben. Die DOM-Implementierung von Microsoft enthält neben den Funktionen aus Level 1 Methoden zur Navigation und Methoden und Attribute zur Unterstützung von Stylesheets und einiges mehr. Wie auch bei vielen anderen Projekten sollten Sie genau abschätzen, auf welchen Plattformen Ihre Software laufen soll, bevor Sie sich dazu entscheiden, zusätzliche Funktionen zu nutzen.

Programmierung von XML-Datenstrukturen

Wenn man DOM verwendet, ist es hilfreich, das eigene System um die Zugriffsmechanismen von DOM herum zu gestalten. Verwendet man zum Beispiel eine objektorientierte Datenbank, ist es sinnvoll, die eigenen Objekte so zu gestalten, dass diese XML-Elementen entsprechen. Ist bekannt, welche Elemente zu erwarten sind, kann man Objekte erzeugen, die andere Objekte kapseln. Dadurch schafft man eine Kopie des XML-Baums im Speicher, die man sofort anwenden kann. Wir haben ein solches Beispiel schon mit dem Schneeflocken-Design einer Datenbank kennen gelernt.

Sie sollten aber auch im Hinterkopf behalten, dass XML-Dateien sehr groß werden können, so dass eine vernünftige Speicherverwaltung sehr wichtig werden kann. Eine gute Implementation wird eine Just-in-time-Bearbeitung von Elementen erlauben, was jedoch zu einem zusätzlichen Aufwand für das Suchen und Auffinden von Informationen von führt. Es ist jedoch absolut notwendig, dass Ihr Programm effizient mit dem Speicher umgeht, da sonst viel Zeit für das Aus- und Einlagern von Daten verloren geht oder gar

Fehler auftreten. Es ist sinnvoll, die System-Ressourcen zu überwachen und bestimmte Grenzwerte zu setzen, über die hinaus keine DOM-Zugriffe auf weitere Dateien erlaubt sein sollten, bis wieder genügend Ressourcen frei sind. Sollte die Datei schlicht und einfach zu groß sein, um mit einer DOM-Implementation zu arbeiten, müssen Sie auf einen ereignisgesteuerten (SAX-)Parser zurückgreifen. Mehr dazu in Kapitel 6.

Die Client-Seite und die Server-Seite

Die vielen Anwendungen für DOM und XML können grob in zwei Kategorien eingeteilt werden. Zum einen sind das Anwendungen, die auf einem Server oder in einer kontrollierten Umgebung ablaufen, und zum anderen Anwendungen, die von einem Client ausgeführt werden. Wir werden einige der möglichen Anwendungen von DOM für jede dieser Kategorien beleuchten.

DOM auf der Server-Seite

Da Entwickler von Internet-Software eine viel größere Kontrolle über die Software haben, die auf ihren Servern läuft, wurden auch die ersten Anwendungen von DOM auf der Server-Seite betrieben. Mit Hilfe von DOM kann der Austausch von Daten zuwischen unterschiedlichen Systemen stark vereinfacht werden. Außerdem erleichtert DOM das Speichern und Suchen von Daten.

Austausch von Dokumenten

Eine der wichtigsten Anwendungen von XML in Unternehmen ist der Austausch von Daten zwischen einzelnen Prozessen oder Handelspartnern. XML bietet gegenüber anderen Datenformaten wie einfachen Dateien oder Datenbank-Dumps einige Vorteile:

❏ XML-Dateien sind **plattformunabhängig**. Im Gegensatz zu Access-Datenbanken oder einem Dump eines SQL-Servers können XML-Dateien von fast jedem System bearbeitet werden. Dazu benötigt man im Wesentlichen nur einen (DOM-)Parser.

❏ XML-Dateien sind **selbstbeschreibend**. Im Gegensatz zu einer einfachen Datei benötigt ein XML-Dokument nur wenige Zusatzinformationen, um verstanden zu werden. Bei einer normalen Datei benötigt man oft eine Beschreibung des Formats und oft muss jemand einige Arbeit in die Transformation stecken.

❏ XML-Dateien beschreiben **hierarchische Informationen**. Im Gegensatz zu einfachen Dateien, die auch sich wiederholende Gruppen von Kind-Elementen enthalten können, beschreiben XML-Dateien auf eine sehr natürliche Art hierarchische Informationen, nämlich in der Form eines Baums von Knoten. Enthält eine XML-Datei zum Beispiel sieben Autoren und zweiundzwanzig Bücher, ist sofort klar, welche Bücher zu welchem Autor gehören. Dazu muss man nur im Baum der DOM-Objekte navigieren.

Es gibt zurzeit einen starken Trend in der Software-Industrie hin zur Standardisierung von XML-Formaten für den Transfer von Daten in Business-to-Business-Anwendungen. Gruppen wie BizTalk (`www.biztalk.org`) und die XML Mortgage Partners (`www.xmlmortgage.org`) arbeiten an DTDs, Schemata und Data Dictionaries, die Unternehmen dabei helfen sollen, sehr viel effizienter miteinander zu kommunizieren.

Archivierung von Daten

XML ist ein ideales Speichermedium für Informationen, besonders wenn diese Daten aus einer objektorientierten Datenbank stammen. Auch relationale Datenbanken können oft, leider nicht immer, leicht als ein Baum von XML-Elementen dargestellt werden. XML-Dateien lassen sich auch hervorragend komprimieren, da es einfache Text-Dateien sind. Eine durchschnittliche, sehr große Datei lässt sich ohne weiteres auf ein Zehntel oder Zwanzigstel ihrer ursprünglichen Größe komprimieren. Durch die Traversion der hierarchischen oder relationalen Strukturen einer Datenbank und die Verwendung von DOM kann sehr einfach eine entsprechende Element-Struktur erzeugt werden und so können ganze Datenbanken leicht in XML-Dokumenten gespeichert werden.

Eine typische Anwendung wäre ein System zur Bearbeitung von Rechnungen, das alle Rechnungen löscht, die älter als ein Jahr sind. So könnte ein automatisch gestarteter Prozess jede Nacht die Datenbank nach Rechnungen durchsuchen, die archiviert werden können. Mit Hilfe von DOM könnte der Prozess dann den Baum mit den Informationen zu einer Rechnung durchlaufen. Die Informationen über den Kunden, den Versand der Ware, die einzelnen Posten und alle anderen Informationen könnten zusammen in einer XML-Datei gespeichert werden, die dann die Rechnung ausmacht. Diese Datei könnte dann komprimiert und anschließend auf Band oder einem anderen Medium archiviert werden. Tauchen Fragen zu einer bestimmten Rechnung auf, kann die entsprechende Datei aus dem Archiv geholt und entpackt werden. Diese Datei könnte dann von einem Menschen bearbeitet werden oder die Daten könnten mittels DOM wieder in die Datenbank gelesen werden.

DOM auf der Client-Seite

Zurzeit unterstützt nur der Internet Explorer von Microsoft das DOM, aber die anderen Hersteller wie Netscape arbeiten daran, die erste Stufe von DOM in ihre Produkte zu integrieren. Sobald DOM-fähige Browser eine allgemeine Verbreitung finden, können Entwickler von Internet-Anwendungen die Möglichkeiten von DOM nutzen, um die Darstellung von Informationen zu verbessern oder die Server-Anfragen zu minimieren.

Flexible Darstellung durch den Client

Es wird zunehmend wichtiger, dass Dokumente auf einer Reihe von verschiedenen Clients dargestellt werden können. Diese Clients müssen dasselbe Dokument vielleicht auf sehr unterschiedliche Arten darstellen, je nach Art des Clients oder des Verwendungszwecks der Datei. Zum Beispiel beginnen viele Mobilfunk-Anbieter damit, Informationen anzubieten, die auch auf dem kleinen Bildschirm eines Mobiltelefons dargestellt werden können. HTML eignet sich für diesen Zweck überhaupt nicht, da keine Informationen über die Bedeutung der Element-Inhalte geliefert wird, nur über deren Darstellung. Daher wird ein Mobiltelefon nicht entscheiden können, ob es wichtig ist, etwas über die Farbe einer Schlange mitzuteilen oder ob diese Art giftig ist oder nicht. XML löst dieses Problem, indem Information über den Inhalt ein Teil des Markup bilden. Ein speziell angepasster Browser könnte dann mit der Hilfe von DOM den Element-Baum des Dokuments auf dem Gerät durchlaufen und Informationen selektieren, die unwichtig sind.

Client-seitig Daten sammeln

Durch die Integration von DOM in die großen Browser wird die Client-seitige Anwendung von DOM zur Manipulation von XML-Dokumenten eine bessere Interaktion mit dem Benutzer erlauben. Strukturierte Informationen könnten von einem Client gesammelt werden und zum Server und in einem Rutsch zurückgeschickt werden, statt wie bisher eine Reihe von Verbindungen zu haben, die auf mehrere HTML-Seiten verteilt sind.

Mögliche Anwendungen von DOM im Bereich Publishing

Betrachten wir einige Fälle, in denen DOM zur Erzeugung und Bearbeitung von XML-Dokumenten verwendet werden kann.

DOM und Datenbanken

XML bietet einen idealen Mechanismus für den Transfer von Daten zwischen verschiedenen Datenbanken. Datenbanken sind von Natur aus proprietär, d.h., jede Datenbank hat eine andere Namensstruktur für Elemente, eine eigene Ebene, auf der normalisiert wird, und sogar verschiedene Methoden zur Beschreibung von aufzählbaren Informationen. Die Anwendung von DOM kann uns helfen, den Austausch von Informationen zwischen solchen Datenbanken zu vereinfachen.

Gewöhnlich muss für den Transfer von Informationen zwischen Datenbanken ein eigener Transformationsschritt für jeden Transfer implementiert werden.

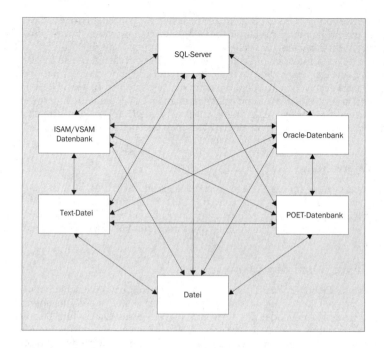

Die Anwendung von XML als allgemeinen Transfermechanismus vermindert die Anzahl der benötigten Konverter ganz erheblich. Jede Datenbank muss nur in der Lage sein, Daten in ein gemeinsames Format zu konvertieren und aus diesen Daten zu lesen:

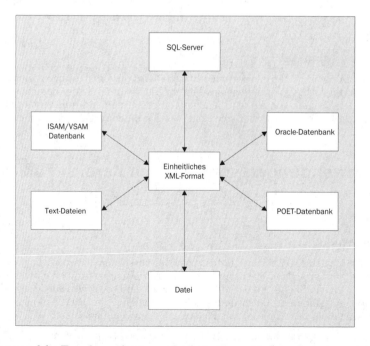

Mit DOM können solche Transfermechanismen leicht implementiert werden.

Anwendung von DOM zur Erzeugung komplexer XML-Dokumente

Eine der guten Seiten an der Bearbeitung von XML-Dokumenten mit DOM ist der wahlfreie Zugriff (**random-access**) auf die Baumstruktur. Beliebige Knoten können erzeugt und an beliebiger Stelle im Baum eingefügt werden. Dieses kann sehr nützlich sein, wenn es darum geht, XML-Dokumente aus den Informationen in einer Datenbank zu konstruieren. Ein Beispiel soll die Situation demonstrieren.

Nehmen wir an, wir hätten folgende Datenbank:

```
CREATE TABLE customer(
    customerid int,
    customername varchar(100),
    city varchar(50),
    state char(2),
    zip varchar(10))

CREATE TABLE invoice(
    invoiceid int,
    customerid int,
    invoicedate datetime)

CREATE TABLE lineitem(
    lineitemid int,
    invoiceid int,
    product varchar(50),
    units int)
```

Wir möchten nun eine XML-Datei für eine bestimmte Customer-ID aus den Informationen in den Tabellen erzeugen. Das könnte dann so aussehen:

```
<customer id="customer1"
          customername="Homer J. Simpson"
          address="142 Evergreen Terrace"
          city="Springfield"
          state="VA"
          zip="00000">
    <invoice id="invoice1"
          invoicedate="11/7/1999">
        <lineitem id="lineitem1"
              product="Plutonium"
              units="17"/>
        <lineitem id="lineitem2"
              product="Donuts"
              units="8726"/>
    </invoice>
    <invoice id="invoice2"
          invoicedate="11/9/1999">
        <lineitem id="lineitem3"
              product="Beer"
              units="37816"/>
        <lineitem id="lineitem4"
              product="Peanuts"
              units="1"/>
    </invoice>
</customer>
```

Wollte man aus diesen Daten manuell eine XML-Datei erstellen, dann müssten wir folgende Schritte ausführen:

❏ Alle Informationen über einen Kunden aus der Kunden-Tabelle holen

❏ Die gesammelten Kunden-Informationen in die XML-Datei schreiben

❏ Alle Rechnungen für diesen Kunden aus der Tabelle mit den Rechnungen holen

❏ Für jede der Rechnungen:

    ❏ Die Daten der Rechnung in die XML-Datei schreiben

    ❏ Alle Posten der Rechnung aus der entsprechenden Tabelle holen

    ❏ Für jeden gefundenen Posten:

        ❏ Die Daten des Postens in die XML-Datei schreiben

    ❏ Das End-Tag der Rechnung schreiben

❏ Das End-Tag für den Kunden schreiben

Durch die Verwendung von DOM könnte die Sache so aussehen:

❏ Erzeugen eines Wurzelknotens für einen Kunden

❏ Alle Rechnungen für den Kunden suchen

❏ Für jede Rechnung einen Knoten erzeugen und diesen an den Kunden-Knoten hängen

❏ Alle Posten für die Rechnungen suchen

❏ Einen Knoten für jeden Posten erzeugen und diesen Knoten an die jeweilige Rechnung hängen

Dieses Beispiel ist sehr simpel, sollte jedoch klarmachen, dass die Erstellung von XML-Dokumenten mittels DOM viel leichter ist, als die Informationen selbst in eine Text-Datei zu schreiben. Statt zwischen verschiedenen Tabellen hin und her zu springen, um die nötigen Informationen zu bekommen, können die Informationen aus den Tabellen in einem Zug geschrieben werden. Mit zunehmender Tiefe und Komplexität des Element-Baums wird die erste Methode immer schwieriger zu beherrschen, während die Methode mit DOM keine zunehmenden Probleme bereitet. Außerdem ist ein mittels DOM erzeugtes Dokument auf jeden Fall wohlgeformt. Bei der Erstellung eigener Programme kann man schon mal leicht vergessen, ein Tag zu schreiben.

Ein Beispiel für die Anwendung von DOM und XML

Als Nächstes sehen wir uns einige Anwendungsmöglichkeiten von DOM in der realen Welt an:

Beispiel einer Client-seitigen Anwendung

In diesem Abschnitt werden wir JScript und DOM-Objekte verwenden, um ein XML-Dokument zu erstellen, das ein Buch repräsentiert. Da wir die DOM-Objekte Client-seitig verwenden, muss dieses Beispiel im Internet Explorer ab Version 5 ausgeführt werden. In diesem Beispiel kann ein Benutzer Informationen über ein Buch eingeben und es wird dann sofort mittels DOM ein XML-Dokument aus den Informationen erstellt. Diese Informationen werden dann durch XSL-Stylesheets dargestellt. Die Benutzeroberfläche für das Beispiel ist in der untenstehenden Abbildung dargestellt:

Fügt ein Benutzer Informationen hinzu und drückt dann einen der entsprechenden Knöpfe, werden die Informationen wie folgt dargestellt:

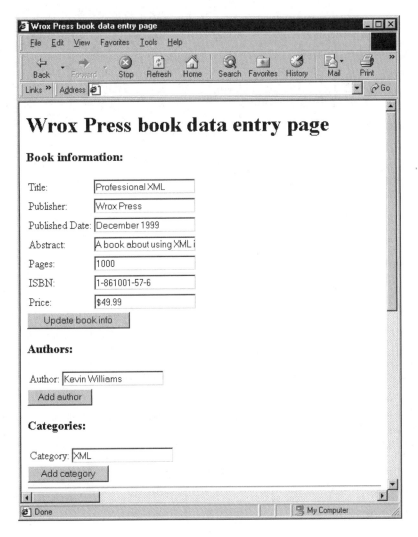

Sie sehen eine HTML-Darstellung der Buch-Informationen, so wie sie in der obigen Abbildung gezeigt werden.

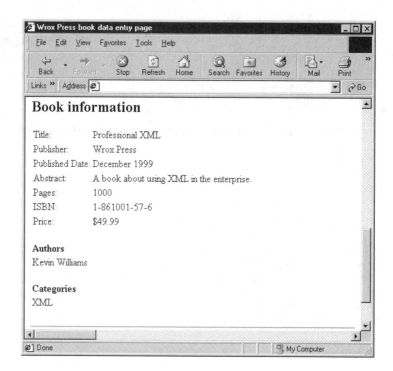

Die Anwendung von DOM zur Manipulation der Webseite

Die Beispiele für diesen Abschnitt finden sich zusammen mit den anderen Quellen auf der CD zum Buch.

Zunächst benötigen wir eine HTML-Seite, die wir als Eingabemaske für die Bücherdaten benötigen. Diese Datei nennen wir BuchClient.htm. Wir beginnen die Seite mit einem Formular für die Eingabe der allgemeinen Informationen eines Buches:

```
<HTML>
<HEAD>
    <TITLE>Wrox Press book data entry page</TITLE>
</HEAD>
<BODY onload="initializeBook()">
    <H1>Wrox Press book data entry page</H1>
    <H3>Book information:</H3>
    <TABLE>
        <TR>
            <TD>Title:</TD><TD><INPUT id=txtTitle></TD>
        </TR>
        <TR>

            <TD>Publisher:</TD><TD><INPUT id=txtPublisher></TD>
        </TR>
        <TR>
            <TD>Published Date:</TD><TD><INPUT id=txtPubDate></TD>
        </TR>
        <TR>
            <TD>Abstract:</TD><TD><INPUT id=txtAbstract></TD>
        </TR>
        <TR>
```

```
            <TD>Pages:</TD><TD><INPUT id=txtPages></TD>
        </TR>
        <TR>
            <TD>ISBN:</TD><TD><INPUT id=txtISBN></TD>
        </TR>
        <TR>
            <TD>Price:</TD><TD><INPUT id=txtPrice></TD>
        </TR>
    </TABLE>
    <INPUT id=btnUpdate type=button value="Update book info"
        onclick="updateBookInfo()">

    <H3>Authors:</H3>
    <TABLE>
        <TR>
            <TD>Author:</TD><TD><INPUT id=txtAuthor></TD>
        </TR>
    </TABLE>
    <INPUT id=btnAddAuthor type=button value="Add author"
        onclick="addAuthor()">
    <H3>Categories:</H3>
    <TABLE>
        <TR>
            <TD>Category:</TD><TD><INPUT id=txtCategory></TD>
        </TR>
    </TABLE>
    <INPUT id=btnAddCategory type=button value="Add category"
        onclick="addCategory()">
```

Der obige Code enthält vier Aufrufe von JScript-Funktionen: `initializeBook()`, `updateBookInfo()`, `addAuthor()` und `addCategory()`. Diese Funktionen dienen dazu, die Buchinformationen im Dokument zu initialisieren und zu modifizieren. Es gibt drei Gruppen von Kontroll-Elementen. Zunächst haben wir Eingabefelder für die allgemeinen Informationen über ein Buch und einen Button für die Aktualisierung dieser Eingaben. Als Nächstes haben wir ein Eingabefeld, mit dem Autoren zu einem Buch hinzugefügt werden können. Schließlich haben wir noch ein Feld, in dem man dem Buch eine Kategorie zuordnen kann.

Als Nächstes werden wir eine XML-**Dateninsel** erzeugen, die unser fertiges Buch enthalten wird:

```
<XML id=docBook>
    <Book>
    </Book>
</XML>
```

In diesem Fall verwenden wir die Dateninsel als ein Signal für den Internet Explorer, um anzuzeigen, dass wir ein XML-Dokument mit dem Namen `docBook` aus unserem Code heraus bearbeiten wollen. Beachten Sie bitte, dass wir als Wurzelobjekt des XML-Dokuments ein leeres Element mit dem Namen `Book` verwenden. Wir hätten die Dateninsel auch völlig leer lassen oder einige grundlegende Informationen (wie eine Buch-ID) hineinschreiben können, bevor wir die Daten zu dem Client senden.

Der nächste Code-Abschnitt enthält den Teil für die Manipulation des Buchs:

```
<SCRIPT>

var docBook;
```

Die Variable docBook wird hier global definiert, damit wir das XML-Dokument nicht ständig über den vollen Namen Dokument.all("docBook").XMLDokument ansprechen müssen. Diese Syntax ist neu im Internet Explorer und erlaubt den Client-seitigen Zugriff auf die XML-DOM-Funktion aus JScript-Programmen heraus. Alle Funktionen werden über das Objekt XMLDOMDokument zur Verfügung gestellt. Wir werden den Wert in der Funktion initializeBook() initialisieren, die über das Ereignis onload im <BODY>-Tag aufgerufen wird:

```
function initializeBook()
{
    docBook = Dokument.all("docBook").XMLDokument;
    docBook.async = false;
    renderElements();
}
```

Hier wird die Variable docBook so initialisiert, dass sie auf das Dokument docBook verweist. Außerdem setzen wir das Attribut async auf den Wert false. Das erzwingt, dass alle Zugriffe auf das Dokument **synchron** erfolgen müssen. Das verhindert Zugriffe auf ein Dokument, das gerade aktualisiert wird. Alternativ kann man den Code auch so gestalten, dass man auf das Ereignis ondataavailable reagiert, aber wenn das Programm nichts anderes zu tun hat, kann man es auch genau so gut warten lassen. Schließlich rufen wir eine Funktion auf, die für uns den Inhalt des DOM-Baums darstellt. Dabei können die rohen Daten angezeigt werden oder man kann ein XSL-Stylesheet verwenden.

Als Nächstes brauchen wir noch eine Hilfsfunktion. Diese Funktion erwartet den Namen eines Elements und erzeugt oder ersetzt dieses Element für ein angegebenes Eltern-Element. Auf diese Art kann ein Benutzer den Namen eines Buches ändern, ohne dass es zwei verschiedene <Title>-Elemente in einem <Book>-Element gibt.

Diese Funktion führt einige neue Methoden und Attribute von DOM ein. Werfen wir einen Blick auf die neuen Methoden, bevor wir weitermachen.

Die Methode createElement() erzeugt ein neues Element-Objekt für ein Dokument. Der einzige Parameter ist der Name des neuen Elements. Der Rückgabewert der Methode ist das erzeugte Element-Objekt. Wird ein Element-Objektauf diese Weise erzeugt, so hat es noch kein Eltern-Element, dem es zugeordnet ist. Erst mit einem zusätzlichen Aufruf der Methode appendChild() wird ein Objekt mit einem Eltern-Objekt aus dem XML-Baum verknüpft.Die Methode createText()erzeugt ein neues Text-Objekt. Der einzige Parameter dieser Methode ist der eigentliche Inhalt des Text-Objekts. Die Methode gibt dann das neu erzeugte Text-Objekt zurück. Genau wie bei createElement(), so ist auch das von createText() erzeugte Objekt eine Waise und muss eigens in dem DOM-Baum eingefügt werden. Ein Text-Objekt repräsentiert den unformatierten Text in einem Dokument und diese Objekte sind oft Kinder eines Element-Objekts. Hier ein kleines Stück Code:

```
<Book>
    <Title>XML Professionell</Title>
</Book>
```

Wir haben ein <Book>-Element, das als Kind-Element ein Element <Title> hat. Das Element <Title> hat ein Objekt vom Typ <Text> als Kind-Element und es enthält den Text »XML Professionell«.

Die Methode appendChild() verknüpft zwei Objekte in einer Eltern-Kind-Beziehung. Als Parameter erwartet die Methode das Kind-Element.

Die Methode getElementsByTagName(), die für jeden Knoten aufgerufen werden kann, dient dazu, alle Kind-Elemente eines Objekt-Knotens, deren Namen dem übergebenen Text entsprechen, herauszusuchen. Als Rückgabewert liefert die Methode ein Objekt vom Typ NodeList zurück. Dieses Objekt ist eine unsortierte Liste aller Knoten, die dem Suchkriterium entsprechen.

Die Methode replaceChild() kann ebenfalls für jeden Knoten aufgerufen werden und dient dazu, ein Kind-Element durch ein anderes zu ersetzen. Als Parameter müssen das alte und neue Kind-Element übergeben werden und es gibt das alte (gelöschte) Element zurück.

```
function createOrReplaceElement(sElementName, sElementValue, elementParent)
{
    var elementItem;
    var textValue;
    var nodelistOldItem;

    elementItem = docBook.createElement(sElementName);
    textValue = docBook.createTextNode(sElementValue);
    elementItem.appendChild(textValue);

    nodelistOldItem = elementParent.getElementsByTagName(sElementName);
    if (nodelistOldItem.length > 0)
    {
        elementParent.replaceChild(elementItem, nodelistOldItem.item(0));
    }
    else
    {
        elementParent.appendChild(elementItem);
    }
}
```

In dem obigen Stück Code erzeugten wir ein neues Element-Objekt und ein Text-Objekt, das später dort eingefügt werden soll. Danach machten wir das Text-Objekt zum Kind-Element des Element-Objekts. Dann überprüfen wir noch, ob das Eltern-Element Kinder hat, die denselben Namen haben. Ist dies der Fall, dann wird der neue Knoten den alten Knoten ersetzen, ansonsten wird der neue Knoten einfach hinzugefügt.

Als Nächstes implementieren wir eine Funktion, die uns erlaubt, die allgemeinen Bücherinformationen in dem Dokument zu aktualisieren :

```
function updateBookInfo()
{
    createOrReplaceElement("Title",
                            txtTitle.value,
                            docBook.DokumentElement);
    createOrReplaceElement("Publisher",
                            txtPublisher.value,
                            docBook.DokumentElement);
    createOrReplaceElement("PubDate",
                            txtPubDate.value,
                            docBook.DokumentElement);
    createOrReplaceElement("Abstract",
                            txtAbstract.value,
                            docBook.DokumentElement);
    createOrReplaceElement("Pages",
                            txtPages.value,
                            docBook.DokumentElement);
    createOrReplaceElement("ISBN",
                            txtISBN.value,
                            docBook.DokumentElement);
    createOrReplaceElement("Price",
                            txtPrice.value,
                            docBook.DokumentElement);

    renderElements();
}
```

Dieser Code holt sich die Werte aus den Eingabefeldern und verwendet diese dazu, neue Elemente zu erzeugen oder bestehende durch die neuen Werte zu ersetzen .

Die nächste Funktion fügt einen Autor zum Buch hinzu:

```
function addAuthor()
{
    var elementAuthor;
    var textAuthor;
    var nodelistAuthors;
    var elementAuthors;

    elementAuthor = docBook.createElement("Author");
    textAuthor = docBook.createTextNode(txtAuthor.value);
    elementAuthor.appendChild(textAuthor);
    nodelistAuthors = docBook.getElementsByTagName("Authors");
    if (nodelistAuthors.length == 0)
    {
        elementAuthors = docBook.createElement("Authors");
        docBook.DokumentElement.appendChild(elementAuthors);
    }
    else
    {
        elementAuthors = nodelistAuthors.item(0);
    }

    elementAuthors.appendChild(elementAuthor);

    renderElements();
}
```

Diese Funktion erzeugt ein Element- und ein Text-Objekt wie schon zuvor und verknüpft diese durch eine Eltern-Kind-Beziehung. Dann wird überprüft, ob das Dokument das Container-Element <Authors> bereits enthält, gegebenenfalls wird es erzeugt. Zuletzt wird das Element mit den Daten des Autors als Kind-Element an das <Authors>-Objekt gehängt. Schließlich wird das Dokument aktualisiert, um so die Darstellung (Stylesheet und die reine XML-Darstellung) auf den neuesten Stand zu bringen.

Schließlich brauchen wir noch eine analoge Funktion, um einem Buch eine Kategorie zuordnen zu können:

```
function addCategory()
{
    var elementCategory;
    var textCategory;
    var nodelistRecSubjCategories;
    var elementRecSubjCategories;

    elementCategory = docBook.createElement("Category");
    textCategory = docBook.createTextNode(txtCategory.value);
    elementCategory.appendChild(textCategory);
    nodelistRecSubjCategories =
        docBook.getElementsByTagName("RecSubjCategories");
    if (nodelistRecSubjCategories.length == 0)
    {
        elementRecSubjCategories = docBook.createElement("RecSubjCategories");
        docBook.DokumentElement.appendChild(elementRecSubjCategories);
    }
```

```
        else
        {
            elementRecSubjCategories = nodelistRecSubjCategories.item(0);
        }


        elementRecSubjCategories.appendChild(elementCategory);

        renderElements();
    }
```

Zu diesem Zeitpunkt existiert das XML-Dokument nur als Baum von Objekt-Knoten im Speicher. Damit der Benutzer die Änderungen sieht, müssen wir dafür sorgen, dass unser Dokument **dargestellt** wird. Die nächste Funktion macht genau das. Dabei wird sowohl ein Stylesheet als auch die unformatierte Form gezeigt:

```
function renderElements()
{
    Dokument.all("divRawXML").innerText = docBook.xml;
    bookInfo.innerHTML = docBook.transformNode(bookXSL.DokumentElement);
    authorTable.innerHTML = docBook.transformNode(authorXSL.DokumentElement);
    categoryTable.innerHTML =
        docBook.transformNode(categoryXSL.DokumentElement);
}


</SCRIPT>
```

Unter Verwendung des Attributs xml eines Dokuments können wir den gesamten (unformatierten) Text eines Dokuments auslesen. Beachten Sie bitte, dass das Attribut xml eine eigene Erweiterung des DOM von Microsoft ist. Das W3C plant ähnliche Ein- und Ausgabefunktionen für die dritte Stufe von DOM (Level 3). Wenn wir über die Server-seitige Anwendung von DOM sprechen werden, werden wir ein Beispiel kennen lernen, in dem eine XML-Datei mit den Möglichkeiten von DOM Level 1 erstellt wird.

Hier weisen wir dem Element divRawXML (am Ende des Quelltextes) den unformatierten Ausgabetext zu. Als Nächstes transformieren wir das XML-Dokument mit Hilfe eines Stylesheets in eine Form, die für Menschen geeigneter ist. Mehr Informationen zu XSL finden Sie in Kapitel 9.

Schließlich haben wir drei kleine, direkt eingebettete Stylesheets und den Rest der HTML-Seite. Dieser Rest enthält die DIV-Elemente, die wiederum die renderElements()-Funktionen enthalten:

```
<XML id=bookXSL>
    <DIV xmlns:xsl="http://www.w3.org/TR/WD-xsl">
        <xsl:choose>
            <xsl:when test="/Book/Title[. $ne$ '']">
                <TABLE BORDER="0" CELLPADDING="1">
                    <TR>
                        <TD>Title:</TD>
                        <TD><xsl:value-of select="/Book/Title"/></TD>
                    </TR>
                    <TR>
                        <TD>Publisher:</TD>
                        <TD><xsl:value-of select="/Book/Publisher"/></TD>
                    </TR>
                    <TR>
                        <TD>Published Date:</TD>
                        <TD><xsl:value-of select="/Book/PubDate"/></TD>
                    </TR>
                    <TR>
```

```
                        <TD>Abstract:</TD>
                        <TD><xsl:value-of select="/Book/Abstract"/></TD>
                </TR>
                <TR>
                        <TD>Pages:</TD>
                        <TD><xsl:value-of select="/Book/Pages"/></TD>
                </TR>
                <TR>
                        <TD>ISBN:</TD>
                        <TD><xsl:value-of select="/Book/ISBN"/></TD>
                </TR>
                <TR>
                        <TD>Price:</TD>
                        <TD><xsl:value-of select="/Book/Price"/></TD>
                </TR>
            </TABLE>
        </xsl:when>
        <xsl:otherwise>
            Book information not yet specified.
        </xsl:otherwise>
      </xsl:choose>
   </DIV>
</XML>


<XML id=authorXSL>
   <DIV xmlns:xsl="http://www.w3.org/TR/WD-xsl">
      <TABLE BORDER="0" CELLSPACING="1">
         <TR>
            <TD><STRONG>Authors</STRONG></TD>
         </TR>
         <xsl:for-each select="/Book/Authors/Author">
            <TR>
                <TD><xsl:value-of select="text()"/></TD>
            </TR>
         </xsl:for-each>
      </TABLE>
   </DIV>
</XML>


<XML id=categoryXSL>
   <DIV xmlns:xsl="http://www.w3.org/TR/WD-xsl">
      <TABLE BORDER="0" CELLSPACING="1">
         <TR>
            <TD><STRONG>Categories</STRONG></TD>
         </TR>
         <xsl:for-each select="/Book/RecSubjCategories/Category">
            <TR>
                <TD><xsl:value-of select="text()"/></TD>
            </TR>
         </xsl:for-each>
      </TABLE>
   </DIV>
</XML>


<HR>
<H2>Book information</H2>
```

```
       <P><DIV id=bookInfo></DIV></P>
       <P><DIV id=authorTable></DIV></P>
       <P><DIV id=categoryTable></DIV></P>
       <HR>
       The text expression of the current contents of the DOM tree is:
       <PRE><DIV id=divRawXML></DIV></PRE>
    </BODY>
    </HTML>
```

Auch wenn es den Umfang dieses Beispiels sprengen würde, so könnte man das Client-seitig erzeugte XML-Dokument auch wieder zum Server zurückschicken, um dort bearbeitet zu werden. Der einfachste Weg, dies zu erreichen, ist die Verwendung eines (versteckten) Input-Elements, dessen Wert man auf das xml-Attribut eines Dokuments setzt. Wird dann das Formular abgeschickt, wird das Dokument Teil der übermittelten Elemente sein. XML-Dokumente, die schon bei einem Client vorliegen, aber zu groß sind, um als Teil eines Formular-Elements versendet zu werden, können per FTP, HTTP oder per Microsofts SOAP-Protokoll versendet werden.

Ein etwas komplexeres Beispiel

Wenden wir uns nun der Server-seitigen Anwendung von DOM zu. Wir werden eine ASP-Seite erstellen, die eine Textdatei mit fester Spaltenbreite von einem Client annimmt (mittels eines Posting Acceptor), diese Datei analysiert, eine Dateninsel mittels DOM erzeugt und schließlich das Ergebnis an den Client zurücksendet.

XML-Dokumente aus einfachen Texten erzeugen

In diesem Beispiel werden wir die Daten nicht per HTML-Formular einlesen, da die Daten eines Buches in einer Datei mit einem bestimmten Format stehen. Wir nehmen an, eine solche Datei wird an einen Server über einen der gängigen Mechanismen (FTP etc.) an das /uploads-Verzeichnis gesendet. Die ASP-Seite analysiert die gesendete Datei, generiert eine Dateninsel innerhalb einer HTML-Seite und sendet es an den Benutzer zurück.

Die Bücherdaten, die in diesem Beispiel verwendet werden sollen, sehen so aus:

```
Professional XML              Wrox Press            December 1999
800      1861001576    49.99
This book is a definitive, practical guide to XML.
AMichael Kay
ASteven Livingston
ABrian Loesgen
ADidier Martin
AStephen Mohr
ANikola Ozu
AMark Seabourne
APeter Stark
AKevin Williams
CXML
CInternet Development
CClient-server Development
```

Dies ist eine Textdatei, wie sie von vielen alten Systemen exportiert wird. Wir sehen, dass der Titel, Verleger und das Datum der Veröffentlichung sich in der ersten Zeile befinden. Der Peis und die ISBN-Nummer stehen in der zweiten Zeile und eine Zusammenfassung findet sich in der dritten Zeile. Die restlichen Zeilen listen die Autoren (allen Namen geht der Buchstabe A voraus) und die Kategorien (allen geht der Buchstabe C voraus) auf. In einem realen System gäbe es natürlich eine Dokumentation des Formats und des Inhalts solcher Dateien.

Wir werden das Formular `BookForm.htm` verwenden, um die Analyse der Datei anzufordern:

```
<HTML>
   <BODY>
      <FORM action="/DisplayBook.asp"
            method="post">
         <INPUT type="submit" value="Parse the uploaded file">
      </FORM>
   </BODY>
</HTML>
```

Die Seite `DisplayBook.asp` sieht dann so aus:

```
<%@ Language=VBScript %>
<HTML>
<HEAD>
   <TITLE>Thank you for submitting your book information!</TITLE>
```

Wir können die Funktion `renderElements()` aus dem Code des Client-seitigen Beispiels übernehmen, damit wir das Ergebnis auf einem Client ansehen können. Es ist jedoch sehr wichtig, wie die Datei in diesem Beispiel bearbeitet wird. Ist die Datei erst einmal analysiert, können die Daten leicht in einer relationalen Datenbank oder einem anderen Verbund gespeichert werden.

```
<SCRIPT>
function renderElements()
{
   bookInfo.innerHTML =
      docBook.transformNode(bookXSL.DokumentElement);
   authorTable.innerHTML =
      docBook.transformNode(authorXSL.DokumentElement);
   categoryTable.innerHTML =
      docBook.transformNode(categoryXSL.DokumentElement);
}
</SCRIPT>
```

Als Nächstes implementieren wir einige hilfreiche Sub-Routinen. Die erste, `AddElementToParent()`, fügt ein gegebenes Element als Kind-Element einem anderen Element hinzu:

```
<%
   Sub AddElementToParent (domBook, elemParent, sChild, sValue)
      Dim elemSubelement
      Dim textSubelement

      Set elemSubelement = domBook.CreateElement(sChild)
      Set textSubelement = domBook.CreateTextNode(sValue)
      elemSubelement.appendChild(textSubelement)
      elemParent.appendChild(elemSubelement)

      Set elemSubelement = Nothing
      Set textSubelement = Nothing
   End Sub
```

Das nächste Helferlein konstruiert einen XML-Strom aus der DOM-Struktur. Beachten Sie bitte, dass einige Implementationen von DOM (wie die von Microsoft) schon eigene Methoden enthalten, die Ihnen diese Arbeit abnehmen. Hat man keinen Zugriff auf solche nichtspezifizierten Methoden, dann können Sie eine Routine wie die folgende verwenden. Beachten Sie auch, dass einige Knotentypen, wie Attribute, Kommentare und so weiter, nicht von diesem Beispiel erfasst werden. Später werden wir diesen Code wieder aufgreifen, um zu sehen, wie man ihn erweitern kann, so dass auch andere Knotentypen behandelt werden. Zurzeit wird diese Routine nur Knoten vom Typ element oder text behandeln:

```
Sub WriteNodeXML (nodeTarget)
    Dim i

    If nodeTarget.NodeType = 1 Then
        ' Element
        Response.Write "<" & nodeTarget.tagName & ">"
        For i = 0 to nodeTarget.childNodes.Length - 1
            WriteNodeXML nodeTarget.childNodes.item(i)
        Next
        Response.Write "</" & nodeTarget.tagName & ">"
    ElseIf nodeTarget.NodeType = 3 Then
        ' Text Node
        Response.Write nodeTarget.data
    End If

End Sub
%>
```

In diesem Beispiel wird Rekursion verwendet, um die geschachtelten Elemente elegant zu erzeugen. Wie immer, wenn Rekursion verwendet wird, sollte man auf Stack-Probleme achten. Für die meisten XML-Dokumente sollte diese Technik aber gut funktionieren.

Die eigentliche Analyse der Textdatei findet innerhalb der Dateninsel, die auch die XML-Daten enthalten wird, statt. Ist die Analyse abgeschlossen, können wir die Methode Response.Write dazu verwenden, um die generierten XML-Daten (aus der WriteNodeXML()-Methode) in der Dateninsel des HTML-Dokuments anzulegen:

```
<XML id=docBook>
    <%
    Dim fileInvoice
    Dim tsInvoice
    Dim domInvoice
    Dim elemInvoice
    Dim elemLineItem

    Dim sFilename
    Dim sPath
    Dim sLine
    Dim sWork

    Const ForReading = 1
```

Beachten Sie, dass wir der Einfachheit halber den Namen fest in dem Code verankert haben. In einer realen Anwendung müsste der Name aus einer anderen Quelle stammen:

```
sFilename = "e:\web\book.txt"
```

Als Nächstes erzeugen wir eine Instanz eines Microsoft-XML-DOM-Objekts und erzwingen eine synchrone Bearbeitung:

```
' create the instance of the DOM and the root Book element
Set domBook = CreateObject("Microsoft.XMLDOM")
domBook.async = false
```

Anschließend erzeugen wir das Element Book und fügen es in unser neues Dokument ein:

```
Set elemBook = domBook.CreateElement("Book")
domBook.appendChild elemBook
```

Nun öffnen wir unsere Textdatei und beginnen die Bearbeitung:

```
' open the file
Set fileBook = CreateObject("Scripting.FileSystemObject")
Set tsBook = fileBook.OpenTextFile(sFilename, ForReading)
```

Für jeden Teil der allgemeinen Informationen über ein Buch verwenden wir die Prozedur AddElement-ToParent(), um ein Kind-Element zum Element Book hinzuzufügen. Diese Prozedur erzeugt einen Element-Knoten und einen Text-Knoten mit dem richtigen Tag-Namen und den dazu passenden Daten. Anschließend werden die Elemente dem angegebenen Eltern-Element hinzugefügt:

```
' process the title and publisher line
sLine = tsBook.ReadLine

sWork = Trim(Mid(sLine, 1, 30)) ' Title
AddElementToParent domBook, elemBook, "Title", sWork

sWork = Trim(Mid(sLine, 31, 20)) ' Publisher
AddElementToParent domBook, elemBook, "Publisher", sWork

sWork = Trim(Mid(sLine, 51, 20)) ' PubDate
AddElementToParent domBook, elemBook, "PubDate", sWork

' process the number of pages, ISBN, and price line
sLine = tsBook.ReadLine

sWork = Trim(Mid(sLine, 1, 10)) ' Number of pages
AddElementToParent domBook, elemBook, "Pages", sWork

sWork = Trim(Mid(sLine, 11, 13)) ' ISBN
AddElementToParent domBook, elemBook, "ISBN", sWork

sWork = Trim(Mid(sLine, 24, 10)) ' Price
AddElementToParent domBook, elemBook, "Price", sWork

' process the abstract line
sLine = tsBook.ReadLine

AddElementToParent domBook, elemBook, "Abstract", sLine
```

Jede weitere Zeile in der Datei entspricht entweder einem Autor (Author) oder einer Kategorie (Category). Anhand der erste Spalte kann entschieden werden, welches Element erzeugt werden muss. Ein A steht für einen Autor und ein C zeigt an, dass es sich um eine Kategorie handelt. Zunächst müssen wir die Container-Elemente RecSubjCategories und Authors erzeugen und diese als Kind-Elemente von Book eintragen:

```
Set elemRecSubjCategories = domBook.CreateElement("RecSubjCategories")
Set elemAuthors = domBook.CreateElement("Authors")

elemBook.appendChild(elemRecSubjCategories)
elemBook.appendChild(elemAuthors)
```

Schließlich lesen wir alle verbleibenden Zeilen der Datei ein. Für jede einzelne entscheiden wir, ob es sich um eine Kategorie oder einen Autor handelt, und fügen die Informationen in das entsprechende Container-Element ein:

```
While Not tsBook.AtEndOfStream
    sLine = tsBook.ReadLine
    If Left(sLine, 1) = "A" Then
        AddElementToParent domBook, elemAuthors, "Author", Mid(sLine, 2)
    Else
        AddElementToParent domBook, elemRecSubjCategories, "Category", _
            Mid(sLine, 2)
    End If
Wend
tsBook.Close
```

Nun können wir die XML-Datei, die als Antwort dienen soll, erzeugen. Da unser Code innerhalb der Dateninsel ausgeführt wird, werden auch die erzeugten Daten in die Dateninsel eingefügt:

```
WriteNodeXML elemBook

' and clear our objects
Set fileBook = Nothing
Set tsBook = Nothing
Set domBook = Nothing
Set elemBook = Nothing
Set elemAuthor = Nothing
Set elemRecSubjCategories = Nothing
Set elemAuthors = Nothing
%>
</XML>
```

Die drei Stylesheets und das Body-Fragment entnehmen wir unserem letzten Beispiel. Der Unterschied ist nun, dass im BODY-Element ein onload-Ereignis steht, das die XML-Daten mittels der drei Stylesheets darstellt:

```
<XML id=bookXSL>
    <DIV xmlns:xsl="http://www.w3.org/TR/WD-xsl">
        <xsl:choose>
            <xsl:when test="/Book/Title[. $ne$ '']">
                <TABLE BORDER="0" CELLPADDING="1">
                    <TR>
                        <TD>Title:</TD>
                        <TD><xsl:value-of select="/Book/Title"/></TD>
                    </TR>
                    <TR>
                        <TD>Publisher:</TD>
                        <TD><xsl:value-of select="/Book/Publisher"/></TD>
                    </TR>
                    <TR>
                        <TD>Published Date:</TD>
                        <TD><xsl:value-of select="/Book/PubDate"/></TD>
                    </TR>
                    <TR>
                        <TD>Abstract:</TD>
                        <TD><xsl:value-of select="/Book/Abstract"/></TD>
                    </TR>
                    <TR>
```

```
                          <TD>Pages:</TD>
                          <TD><xsl:value-of select="/Book/Pages"/></TD>
                      </TR>
                      <TR>
                          <TD>ISBN:</TD>
                          <TD><xsl:value-of select="/Book/ISBN"/></TD>
                      </TR>
                      <TR>
                          <TD>Price:</TD>
                          <TD><xsl:value-of select="/Book/Price"/></TD>
                      </TR>
                  </TABLE>
              </xsl:when>
              <xsl:otherwise>
                  Book information not yet specified.
              </xsl:otherwise>
          </xsl:choose>
      </DIV>
</XML>


<XML id=authorXSL>
   <DIV xmlns:xsl="http://www.w3.org/TR/WD-xsl">
      <TABLE BORDER="0" CELLSPACING="1">
          <TR>
              <TD><STRONG>Authors</STRONG></TD>
          </TR>
          <xsl:for-each select="/Book/Authors/Author">
              <TR>
                  <TD><xsl:value-of select="text()"/></TD>
              </TR>
          </xsl:for-each>
      </TABLE>
   </DIV>
</XML>
<XML id=categoryXSL>
   <DIV xmlns:xsl="http://www.w3.org/TR/WD-xsl">
      <TABLE BORDER="0" CELLSPACING="1">
          <TR>
              <TD><STRONG>Categories</STRONG></TD>
          </TR>
          <xsl:for-each select="/Book/RecSubjCategories/Category">
              <TR>
                  <TD><xsl:value-of select="text()"/></TD>
              </TR>
          </xsl:for-each>
      </TABLE>
   </DIV>
</XML>


</HEAD>
<BODY onload="renderElements()">
<H2>Book information</H2>
<P><DIV id=bookInfo></DIV></P>
<P><DIV id=authorTable></DIV></P>
```

```
    <P><DIV id=categoryTable></DIV></P>

    </BODY>
</HTML>
```

Die Ausgabe von `DisplayBook.asp` sieht dann so aus:

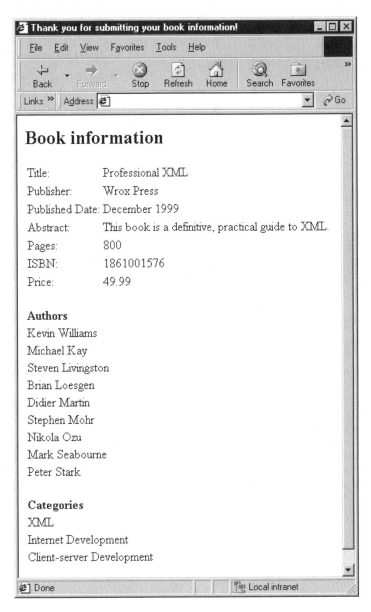

Dieses einfache Beispiel zeigt, wie leicht DOM Server-seitig eingesetzt werden kann, um Informationen zu verarbeiten. Zum Beispiel könnte ein Online-Rechnungssystem Rechnungsdateien per FTP in einem bestimmten Verzeichnis annehmen und ein automatisierter Prozess könnte dann zu einem beliebigen Zeitpunkt diese Dateien in XML-Dateien umwandeln und für eine spätere Nutzung archivieren. Man könnte aber auch dynamische Anfragen nach Informationen über Rechnungen aus einer Datenbank heraus befriedigen, indem man die Informationen aus der Datenbank holt, in XML umwandelt und zur Bearbeitung an den Client sendet.

Manipulation von Daten mittels DOM

Sie haben vielleicht bemerkt, dass im obigen Beispiel die ISBN schlecht formatiert war. Gewöhnlich hat eine ISBN Bindestriche an verschiedenen Stellen:

```
1-861001-57-6
```

In der Datei haben wir aber nur die unformatierten Ziffern:

```
1861001576
```

Wir können unseren Code um einige Zeilen erweitern, die dieses Problem lösen. Fügen wir also die entsprechenden Zeilen hinzu, um die ISBN zu formatieren.

Nachdem die Textdatei geschlossen und der XML-DOM-Baum erzeugt worden ist, fügen wir folgenden Code ein:

```
Dim nodelistISBN
Dim i

Set nodelistISBN = elemBook.getElementsByTagName("ISBN")
For i = 0 to nodelistISBN.length - 1
    sWork = nodelistISBN.item(i).childnodes(0).data
    sWork = Left(sWork, 1) & "-" & Mid(sWork, 2, 6) & "-" & _
            Mid(sWork, 8, 2) & "-" & Mid(sWork, 10, 1)
    nodelistISBN.item(i).childnodes(0).data = sWork
Next

Set nodelistISBN = Nothing
```

Dieser Code durchsucht die Kind-Elemente des Elements Book nach einem Element mit dem Namen ISBN. Wir wissen, dass jedes ISBN-Element nur einen Kind-Knoten hat, den Text-Knoten mit der unformatierten ISBN. Daher können wir diesen Text nehmen und die Bindestriche an den passenden Stellen einfügen. Schließlich aktualisieren wir das Element mit der richtig formatierten ISBN. Beachten Sie, dass wir alle Elemente in der Liste NodeList betrachtet haben. Wenn es also mehr als ein ISBN-Element geben sollte, würde dieser Code trotzdem alle erfassen. Diese Technik ist auch für tief verschachtelte Elemente innerhalb von großen Dateien nützlich.

Die Ausgabe von DisplayBook.asp sähe nun so aus:

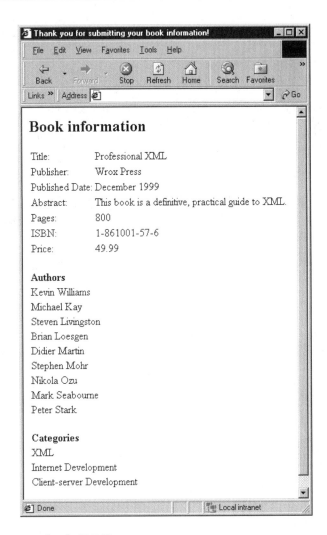

Löschen von Elementen mittels DOM

DOM kann auch zum Löschen von Elementen aus dem DOM-Baum dienen. Nehmen wir an, der Autor Kevin Williams sei nicht mehr länger Autor des Buches, aber er steht als solcher noch in den Dateien. Wir können DOM verwenden, um alle Autoren mit dem Namen Kevin Williams zu löschen.

Auch hier beziehen wir uns auf das aktuelle Beispiel.

Nach dem Code zur Formatierung der ISBN fügen wir noch die folgenden Zeilen hinzu:

```
Dim nodelistAuthors

Set nodelistAuthors = elemBook.getElementsByTagName("Author")
For i = 0 to nodelistAuthors.length - 1
   If nodelistAuthors.item(i).childnodes(0).data = "Kevin Williams" Then
      ' we'll delete this node

      nodelistAuthors.item(i).parentnode. removeChild( _
```

```
                                              nodelistAuthors.item(i))
        End If
    Next

    Set nodelistAuthors = Nothing
```

Im wesentlichen suchen wir alle `Author`-Elemente des Elements `Book` und entfernen alle Kinder mit dem Namen Kevin Williams. Beachten Sie, dass man keinen zusätzlichen Aufwand für das Aufräumen benötigt, obwohl der Knoten immer noch existiert, aber nicht mehr mit anderen Knoten verbunden ist. Daher wird dieser Knoten auch nicht in der generierten XML-Datei auftauchen.

Die Ausgabe von `DisplayBook.asp` würde nun so aussehen:

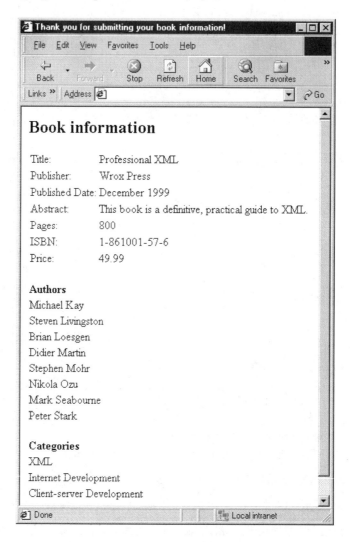

Die Erzeugung von XML-Strömen

Erinnern Sie sich bitte an die rekursive Routine `WriteNodeXML()`, die wir benutzten, um den XML-Code für einen Knoten zu erzeugen:

```
Sub WriteNodeXML (nodeTarget)
    Dim i

    If nodeTarget.NodeType = 1 Then
        ' Element
        Response.Write "<" & nodeTarget.tagName & ">"
        For i = 0 to nodeTarget.childNodes.Length - 1
            WriteNodeXML nodeTarget.childNodes.item(i)
        Next
        Response.Write "</" & nodeTarget.tagName & ">"
    ElseIf nodeTarget.NodeType = 3 Then
        ' Text Node
        Response.Write nodeTarget.data
    End If

End Sub
```

Dieser Code funktioniert gut für unser Beispiel mit dem Buch, funktioniert aber nicht mit beliebigen DOM-Strukturen. Auch wenn eine korrekte Behandlung alle Knotentypen den Rahmen dieses Kapitels sprengen würde, wollen wir uns ansehen, wie man Attribute korrekt behandeln könnte.

Da Attribute besondere Knoten sind, sind sie auch nicht Kind-Knoten der Elemente, zu denen sie gehören, sondern sie finden sich in der Eigenschaft `attributes` des entsprechenden Elements. Diese Eigenschaft liefert ein Objekt vom Typ `NamedNodeMap`, das man nach den Informationen über die Attribute des Elements absuchen kann. Die entsprechenden Ergänzungen von `WriteNodeXML()` ergeben dann diesen Code:

```
Select Case nodeTarget.NodeType
    Case 1
        ' Element node
        Response.Write "<" & nodeTarget.tagName
        For i = 0 to nodeTarget.attributes.Length - 1
            Response.Write " " & nodeTarget.attributes.item(i).Name & "="
            Response.Write chr(34) & _
                nodeTarget.attributes.item(i).nodeValue & chr(34)
        Next
        Response.Write ">"
        For i = 0 to nodeTarget.childNodes.Length - 1
            WriteNodeXML nodeTarget.childNodes.item(i)
        Next
        Response.Write "</" & nodeTarget.tagName & ">"
    Case 3
        ' Text node
        Response.Write nodeTarget.data
    Case Else
End Select
```

Die Attribute und ihre Werte werden nun in das Start-Tag ihres Elements eingefügt. Wenn wir den Inhalt einer DOM-Struktur vollständig in einer Datei wiedergeben wollten, müssten wir auch Kommentare, Verarbeitungsanweisungen, CDATA-Blöcke und einiges mehr handhaben können.

Zu diesem Zeitpunkt sollte klar sein, dass DOM eine einfache und flexible Methode zur Bearbeitung von XML-Dokumenten ist. Dabei kann DOM sowohl auf der Seite des Clients als auch auf dem Server eingesetzt werden.

Die Zukunft von DOM und XML

XML befindet sich immer noch in der Entwicklung. Wenn Sie mit HTML schon zur Zeit der HTML-1.0-Spezifikation gearbeitet haben, wissen Sie, wie stark sich diese Sprache seit dieser Zeit verändert hat. Wir können für XML eine ähnliche Entwicklung erwarten. In diesem Abschnitt wollen wir uns ansehen, wie DOM und XML sich vermutlich entwickeln werden und wie sich diese Entwicklungen auf unser Geschäft auswirken werden.

Die Arbeit des W3C

Das W3C arbeitet immer noch an der Definition von XML und DOM. Zurzeit ist die erste Stufe von DOM (Level 1) eine Empfehlung und die zweite Stufe hat den Status eines Kandidaten. Auch die dritte Stufe (Level 3) wird schon im W3C diskutiert. Diese dritte Stufe wird unter anderem Mechanismen zum Laden und Speichern von XML-Strukturen anbieten (solche Mechanismen sind heute schon oft in Implementationen von DOM Level 1 vorhanden) und auch Mechanismen zur Prüfung von Dokumenten enthalten. Auch Mechanismen zur Anzeige und Formatierung von Dokumenten sollen formalisiert werden. Jenseits der dritten Stufe plant das W3C, Mechanismen zur Benutzer-Interaktion und zur Suche in Dokumenten festzulegen.

Applikationen

Es gibt eine Vielzahl von Drittanbietern, die an Tools zur Bearbeitung von XML-Dateien arbeiten. Diese Entwickler werden sehr wahrscheinlich auch die Vorteile von DOM nutzen wollen. In vielen Fällen werden solche Tools als eine Schicht um DOM herum realisiert werden, die den Zugriff auf Informationen auf einer höheren Abstraktionsebene erlauben. Eine solche Anwendung wäre XPath, eine Abfragesprache, die die Traversion von Element-Strukturen erleichtert. Mit der Entwicklung von DOM über die nächsten Jahre werden sich auch die Werkzeuge verändern.

Datenbanken, Schemata und DOM

Die Grenzen zwischen Datenbanken und XML-Dokumenten verwischen zunehmend. Mit der Verfügbarkeit von Suchmechanismen für XML-Dokumente und der Anwendung von XML-Schemata zur strengen Typisierung von Dokument-Inhalten wird der Transfer zwischen Datenbanken und DOM immer einfacher und sicherer. Microsoft and Oracle arbeiten an der Unterstützung von XML seitens ihrer Datenbank-Server.

Zusammenfassung

Wir haben gelernt, dass DOM einen neutralen, objektorientierten Mechanismus für die Bearbeitung von XML-Dokumenten bietet. Dabei können Dokumente leicht durchsucht und Informationen extrahiert werden. Im Besonderen haben wir Folgendes gelernt:

❏ DOM bietet eine API zur Bearbeitung von XML-Dokumenten

❏ DOM ermöglicht die Modifikation von XML-Daten sowohl auf einem Client als auch auf einem Server

❏ DOM eignet sich ideal für den Austausch von Daten zwischen Datenbanken

❏ DOM kann auf unterschiedlichen Systemen sehr unterschiedlich implementiert sein

❏ DOM ist sehr speicherintensiv und eignet sich nicht sehr gut zur Manipulation von großen XML-Dateien

Kurz gesagt, die Arbeit mit DOM garantiert eine maximale Kompatibilität zwischen verschiedenen Systemen. Die Anwendung von DOM ist jedoch nicht sinnvoll, wenn man mit sehr großen Dateien arbeitet. Um den großen Speicheraufwand für ein komplettes Dokument im Speicher zu sparen, kann man einen ereignisgesteuerten Parser, der SAX-kompatibel ist, nutzen.

6

SAX 1.0: Die Simple API für XML

In Kapitel 5 haben wir gesehen, wie man mit dem Document Object Model Applikationen erstellt. In diesem Kapitel werden wir uns mit einer Alternative für die Verarbeitung von XML-Dokumenten beschäftigen, die sich SAX nennt. Anfangen werden wir damit, dass wir uns überlegen, welche Vorteile SAX im Vergleich zu DOM bietet. Dann werden wir uns mit dieser Schnittstelle besser vertraut machen, indem wir einige einfache Anwendungen selbst schreiben werden. Zudem werden wir uns mit Design-Mustern beschäftigen, die hilfreich sind, sobald die zu erstellenden SAX-Applikationen komplexer werden. Zuletzt werden wir die zukünftige Entwicklung von SAX betrachten.

Wenn Sie DOM verwenden, erfährt Ihre Applikation, was in Ihrem Dokument steht, indem sie Referenzen auf Objekte, die sich im Speicher befinden, verfolgt. Bei der Verwendung von SAX teilt der Parser der Applikation mit, was sie zu tun hat, indem er das Dokument als einen Strom von **Ereignissen** interpretiert.

SAX steht für »Simple API for XML«. Oder ganz ausführlich: »the Simple Application Programming Interface for Extensible Markup Language«.

Wie der Name schon sagt, ermöglicht SAX das Schreiben von Applikationen, die die Inhalte von XML-Dokumenten lesen können. Da SAX in Java implementiert ist, werden auch alle Beispiele in Java gefasst sein. (Da wir keinen Platz für die Beschreibung von Java in diesem Kapitel haben, setzen wir Kenntnisse über Java im Folgenden voraus. Wir verweisen auf Beginning Java 2, Wrox Press ISBN, 1861002238. Weitere Information rund um das Thema Java finden Sie unter http://www.java.sun.com.

SAX wird von fast allen Java-XML-Parsern unterstützt und die Kompatibilität ist ganz ausgezeichnet. Beispiele für Implementationen sind unter http://www.xmlsoftware.com oder auf David Megginsons Seite unter: http://www.megginson.com/SAX/ zu finden.

Um eine SAX-Applikation in Java zu schreiben, ist die Installation der SAX-Klassen notwendig (zusätzlich zum Java JDK natürlich). In den meisten Fällen wird dies vom XML-Parser automatisch getan (wo man Parser findet, wird in Kürze verraten). Zur Kontrolle kann man nachschauen, ob etwa die Klasse org.xml.sax.Parser irgendwo im Classpath auftaucht. Falls nicht, sind diese unter http://www.megginson.com/SAX/ erhältlich.

Später werden wir ein paar Worte über die Vergangenheit und die Zukunft von SAX verlieren. Im Moment sollte erwähnt werden, dass SAX weder Eigentum eines Konsortiums noch einer Firma oder einer Person ist, es existiert nur im Cyberspace und kann von jedem frei implementiert und benutzt werden. Besonders zu erwähnen ist, dass es, anders als die anderen Mitglieder der XML-Familie, nichts mit dem W3C zu tun hat.

Die Entwicklung von SAX wird von David Megginson koordiniert und die Spezifikation ist auf seiner Homepage unter `http://www.megginson.com/SAX/` zu finden. Die Spezifikation ist, mit einigen trivialen redaktionellen Änderungen, auf den Webseiten `http://www.mitp.de` zu finden.

Eine Ereignis-basierte Schnittstelle

Es gibt hauptsächlich drei Wege, um XML-Dokumente mit anderen Programmen zu bearbeiten:

1. Sie können die Datei als solche lesen und sich die Tags selbst herausfiltern. So würde es ein Hacker angehen, was von uns nicht empfohlen wird. Sie werden schnell herausfinden, dass die zahlreichen Ausnahmefälle (unterschiedliche Kodierungen für Zeichensätze, Konventionen für geschützte Zeichen (escaped characters), interne und externe Entities, Standard-Attribute usw.) es ihnen viel schwerer machen werden, als Sie gedacht haben. Sie werden wahrscheinlich früher oder später all diese Ausnahmen richtig behandeln, und die entstehenden XML-Dokumente werden dann wohlgeformt sein und von Ihren Programmen problemlos verarbeitet werden können. Trotz allem sollten Sie dieser Versuchung nicht erliegen, schließlich sind XML-Parser nicht teuer (die meisten sind sogar kostenlos zu haben).

2. Sie können einen Parser benutzen, um ein Dokument zu analysieren und eine Baumdarstellung von dessen Inhalt zu konstruieren. Die Ausgabe des Parsers würde dann dem Document Object Model (DOM) entsprechen. Ihr Programm kann dann an der Wurzel des Baumes beginnen, durch diesen navigieren, indem es den Referenzen auf die einzelnen Elemente folgt, und so die benötigten Informationen finden.

3. Sie können einen Parser benutzen, der das Dokument ausliest und ihrem Programm mitteilt, wenn er ein Symbol findet. Zum Beispiel wird der Parser ihnen mitteilen, wenn er ein Start-Tag gefunden hat, wenn er normalen Inhalt findet oder ein End-Tag gefunden hat. Dies nennt man eine Ereignis-basierte Schnittstelle, da der Parser das betreffende Programm über signifikante Ereignisse bei deren Auftreten informiert. Falls dies genau die Art von Zugang zur Arbeit mit XML-Dokumenten ist, die Sie benötigen, dann sollten Sie SAX benutzen.

Lassen Sie uns den Vorgang des Ereignis-basierten Parsens im Detail betrachten.

Sie sind wahrscheinlich bereits auf den Begriff »Ereignis-basiert« im Zusammenhang mit der Programmierung von Benutzer-Schnittstellen gestoßen: Applikationen, die auf das Klicken einer Maus als ein Ereignis warten und bei dessen Auftreten geeignet reagieren. Ein Ereignis-basierter Parser verhält sich ähnlich. Das bedeutet konkret, dass Ihrer Anwendung nicht die Kontrolle obliegt. Wenn der Vorgang beginnt, dann ruft Ihr Programm nicht den Parser auf, vielmehr ruft der Parser Ihr Programm auf. Dies mag zuerst seltsam klingen, wird aber nach kurzer Zeit für den Benutzer zur Routine. Tatsächlich ist dies viel simpler als die Programmierung von Benutzerschnittstellen, da es keinen Benutzer gibt, auf dessen (möglicherweise) irrationales Verhalten man reagieren muss, sondern nur XML-Dokumente, bei denen Ereignisse in vorhersagbarer Abfolge auftreten werden. Da XML-Elemente korrekt verschachtelt sein müssen, werden alle geöffneten Elemente auch früher oder später wieder geschlossen werden.

Betrachten Sie dieses simple XML Beispiel:

```
<?xml version="1.0"?>
<buch>
    <buch>XML Professionell</buch>
</buch>
```

Während der Parser dies abarbeitet, wird er eine Folge von Methoden so wie im Folgenden aufrufen (die eigentliche Beschreibung der Methodennamen und deren Parameter folgt später, im Moment dienen diese nur zur Illustration):

```
startDocument()
startElement( "buch" )
startElement( "buch" )
characters( "XML Professionell" )
endElement( "buch" )
endElement( "buch" )
endDocument()
```

Alles, was Ihr Programm zu enthalten hat, sind die Methoden, die aufgerufen werden sollen, wenn ein bestimmtes Ereignis, wie `startElement` und `endElement` auftritt.

Warum eine Ereignis-basierte Schnittstelle benutzen?

Da man die Wahl zwischen einer Ereignis-basierten Schnittstelle wie SAX und einer baumartig strukturierten Repräsentation wie DOM hat, ist es wichtig für Sie, zu verstehen, wann man welche Schnittstelle einsetzen sollte.

Beide Schnittstellen sind standardisiert und werden in einem weitreichenden Maß unterstützt, so dass, egal welches Sie wählen, Ihnen eine Fülle von guten Parsern zur Verfügung steht, die zumeist kostenlos sind. Zum größten Teil unterstützen diese Parser sogar beide Schnittstellen.

Die Vorteile von SAX

Die folgenden Abschnitte unterstreichen die offensichtlichsten Vorteile von SAX.

Es kann Dateien beliebiger Größe parsen

Da nicht die gesamte Datei auf einmal in den Speicher geladen werden muss, ist der Speicherverbrauch viel niedriger als bei DOM. Der Verbrauch an Ressourcen ist konstant. Natürlich ist der Speicherverbrauch auch bei DOM von Parser zu Parser unterschiedlich, aber in vielen Fällen beansprucht ein 100 KB großes Dokument wenigstens 1 MB Speicher.

Eine Warnung an dieser Stelle! Wenn Sie mit Ihrer SAX-Applikation eine eigene Repräsentation des Dokumentes im Speicher aufbauen, dann wird diese wahrscheinlich genau so viel Speicher verbrauchen, wie die von einem DOM-Parser konstruierte Darstellung.

SAX ist hilfreich, wenn Sie eigene Datenstrukturen aufbauen möchten

Vielleicht soll Ihr Programm seine eigene Datenstruktur konstruieren, indem es Objekte wie Bücher, Autoren und Verleger verwendet, anstatt Elemente, Attribute und Verarbeitungsanweisungen. Diese »Business Objects« ähneln dann vielleicht nur entfernt dem Inhalt eines XML-Dokumentes. Zum Beispiel könnten diese Objekte nicht nur aus dem Inhalt einer XML-Datei, sondern auch aus anderen Quellen bestehen. Wenn Sie eine Applikations-orientierte Datenstruktur erzeugen möchten, dann hat es nur wenige Vorteile, wenn Sie diese erst mühsam aus kleinen DOM-Elementen konstruieren und anschließend den Rest der DOM-Struktur aus dem Speicher entfernen. Sinnvoller wäre es, wenn Sie jedes Ereignis, sobald es auftritt, so bearbeiten, dass eine angemessene Erweiterung Ihrer »Business Objects« stattfindet.

SAX ist nützlich, wenn nur spezielle Informationen von Interesse sind

Nehmen wir mal an, Sie wollten zählen, wie viele Bücher in einer Bücherei innerhalb einer Woche angekommen sind oder wie hoch der durchschnittliche Preis für ein Buch war. Es wäre sehr ineffizient, wenn Sie all die anderen Informationen, die anfallen, zusätzlich zu der geringen Menge an Informationen, die für Sie interessant ist, speichern müssten. Eine der schönsten Seiten an SAX ist, dass es dem Benutzer erlaubt, für ihn uninteressante Informationen zu ignorieren

Es ist einfach

Wie der Name schon verspricht, ist SAX recht einfach zu benutzen.

Es ist schnell

Falls es genügt, ein Dokument nur einmal zu durchlaufen, um an die vom Benutzer benötigten Informationen zu gelangen, dann ist SAX sicherlich eines der schnellsten Tools für diese Aufgabe.

Die Nachteile von SAX

Bisher haben wir uns nur mit den offensichtlichen Vorteilen von SAX beschäftigt, an diesem Punkt sollten aber auch die potenziellen Nachteile, die mit der Verwendung von SAX einhergehen, erwähnt werden.

Kein freier Zugriff auf beliebige Teile eines Dokumentes

Da niemals das gesamte Dokument auf einmal im Speicher vorhanden ist, sondern immer nur die Teile, die vom Parser gerade abgearbeitet werden, kann die Benutzung sehr schwierig werden, wenn ein Dokument viele Verweise auf verschiedene Teile desselben Dokumentes aufweist, wie etwa Attribute vom Typ `ID` und `IDREF`.

Komplexe Suchoperationen können nur schwer implementiert werden

Komplexe Suchoperationen können sehr schwierig umgesetzt werden, da der Programmierer auch immer für die Speicherung von Informationen, die den Kontext zwischen einzelnen Elementen beschreiben, verantwortlich ist. Zum Beispiel könnte das vom Parser derzeitig bearbeitete Element auf die Attribute eines seiner Eltern-Elemente zurückgreifen müssen, das unter Umständen bereits nicht mehr im Speicher sein könnte.

DTD stehen nicht zur Verfügung

SAX 1.0 sagt dem Benutzer nichts über den Inhalt der DTD. Genau genommen tut DOM dies mit einigen Ausnahmen auch nicht, bei diesen Ausnahmen handelt es sich um entsprechend erweiterte Versionen von DOM. Dies ist für die meisten Anwendungen auch kein Problem. Die DTD ist hauptsächlich für den Parser interessant.Wenn wir gegen Ende des Kapitels auf SAX 2.0 zu sprechen kommen, werden wir sehen, dass dieses Problem gelöst worden ist.

Lexikale Informationen stehen nicht zur Verfügung

Das Design von SAX ist darauf ausgelegt, dem Benutzer mitzuteilen, was der Autor eines Dokumentes sagen wollte. Es will ihn nicht mit einer Beschreibung über die Art und Weise, wie der Autor dies zu tut versucht hat, belasten. Zum Beispiel:

❏ Der Benutzer weiß nicht, ob das Original-Dokument »
« oder »
« oder aber ein echtes Newline-Zeichen enthielt. Alle drei Ausdrücke werden auf dieselbe Art und Weise an die Applikation weitergegeben.

❏ Man erfährt nichts über eventuelle Kommentare, die vom Autor in sein Dokument eingebaut worden sind. SAX geht davon aus, dass Kommentare immer nur für den Autor des Dokumentes bestimmt sind und nur für ihn interessant sind.

❏ Man erfährt nichts über die Reihenfolge, in der Attribute angeordnet sind. Dies sollte für den Benutzer offensichtlich keine Bedeutung haben.

Diese Beschränkungen sind nur dann ein Problem, wenn der Benutzer genau die Struktur eines Dokumentes reproduzieren will, um diese vielleicht in der Zukunft für eigene Dokumente abändern zu können. Als Beispiel könnte man anführen, dass ein Benutzer ein Programm schreiben könnte, das ein bestehendes Dokument unverändert lässt und zusätzliche Informationen aus anderen Quellen hinzufügt. Dies könnte dazu führen, dass der Autor des Original-Dokumentes über die Änderungen an seinem Dokument nicht gerade erbaut ist, da sich die Reihenfolge von Attributen geändert haben kann oder Kommentare entfernt würden. Die meisten dieser Beschränkungen gelten auch genauso für DOM, mit der Ausnahme, dass DOM dem Benutzer in einigen Bereichen etwas mehr Informationen gibt. Bei DOM bleiben zum Beispiel Kommentare erhalten. Auch hier gilt, dass viele dieser Beschränkungen unter SAX 2.0 aufgehoben worden sind, obwohl es auch hier noch Restriktionen gibt, die aus Sicherheitsgründen erhalten bleiben. So bleibt die Reihenfolge von Attributen oder die Wahl von Begrenzungssymbolen (Hochkommata oder Anführungszeichen) immer noch ein gut gehütetes Geheimnis.

SAX ist auf lesende (Read-Only) Zugriffe beschränkt

Das DOM erlaubt es dem Benutzer, Dokumente zu lesen und gelesene Dokumente im Speicher zu modifizieren. SAX dient nur dem Lesen von XML-Dokumenten. Es können keine Dokumente geschrieben werden.

Genau genommen ist diese Beschränkung nicht ganz so rigoros, wie sie klingt. SAX lässt sich ebenso gut zum Schreiben von XML-Dokumenten verwenden, wie es sich zum Lesen eben dieser verwenden lässt. Wie wir später sehen werden, lässt sich der Strom von Ereignissen, der vom Parser an Applikationen gesendet wird, von dort aus auch an einen XML-Generator weiterleiten, der das gewünschte Dokument dann erstellt.

SAX wird noch nicht von Browsern unterstützt

Obwohl es viele XML-Parser gibt, die SAX unterstützen, gibt es, während dieses Buch entsteht, noch keinen SAX-Parser, der auch in einen gebräuchlichen Webbrowser integriert ist. Natürlich könnte man einen SAX-fähigen Parser in ein Java-Applet integrieren, aber dieses Applet herunterzuladen würde wahrscheinlich die Geduld von Benutzern mit langsamen Internetverbindungen überstrapazieren. In der Praxis ist die Auswahl von Schnittstellen, die klientenseitig XML-Programmierung unterstützen, stark begrenzt.

Die Ursprünge von SAX

Die Geschichte von SAX ist ungewöhnlich gut dokumentiert, da die gesamte Diskussion über die Entwicklung von SAX auf der öffentlichen Mailing-Liste XML-DEV stattfand. Das Archiv der Liste steht unter http://www.lists.ic.ac.uk/hypermail/xml-dev/zur Verfügung. David Megginson hat ebenfalls eine Zusammenfassung der Geschichte von SAX zusammengetragen, die unter http://www.megginson.com/SAX/history.html zu finden ist.

Die Entwicklung begann Ende 1997 als ein Ergebnis des Drängens von XML-Entwicklern wie Peter Murray-Rust. Dieser entwickelte XML-Applikationen und hatte ständig mit der unnötigen Inkompatibilität zwischen den verschiedenen Parsern zu kämpfen. Die Entwickler von frühen XML-Parsern, einschließlich Tim Bray, David Megginson und James Clark, beteiligten sich an dieser Diskussion, und viele andere Mitglieder der Mailing-Liste kommentierten die diversen Vorschläge. David Megginson gestaltete einen Entwicklungsprozess, der der eigentlichen Idee der »Request for Comments« (Bitte um Kommentare) nahe kam, damit Kommentare und Vorschläge umgehend und vollständig behandelt werden konnten. Am 11. Mai 1998 wurde der Entwicklungsstand eingefroren und so SAX 1.0 festgeschrieben.

Einer der Hauptgründe für den Erfolg von SAX war, dass Megginson zusätzlich zur eigentlichen Spezifikation auch noch Schnittstellen für mehrere beliebte XML-Parser, wie etwa seinen eigenem Ælfred, Tim Brays Lark und Microsofts MSXML, anbot. Als SAX sich erst einmal auf diese Weise etabliert hatte, begannen auch andere Entwickler von Parsern wie etwa IBM, Sun und ORACLE sehr schnell damit, SAX in ihre eigenen Parser zu integrieren, damit bereits bestehende Applikationen weiterhin mit ihren Produkten zusammenarbeiten konnten.

Die maßgebliche SAX-Spezifikation ist in der Gestalt von Java-Interfaces beschrieben. Sie wurde zudem an andere Sprachen angepasst, allerdings ist die einzige bekannte und aktiv unterstützte Adaption eine Schnittstelle für die Sprache Python, die von Lars Marius Garshol stammt (http://www.stud.ifi.uio.no/~larsga/download/python/xml/saxlib.html). Natürlich lassen sich die

Java-Interfaces von anderen Sprachen aus nutzen, wenn diese mit Java zusammenarbeiten, wie etwa Microsofts Java VM, die eine Schnittstelle zwischen Java und COM anbietet. In diesem Kapitel werden wir uns aber nur mit Java beschäftigen.

Die Struktur von SAX

SAX besteht aus einer Anzahl von Java-**Interfaces**. Es ist sehr wichtig, den Unterschied zwischen einem Interface und einer Klasse zu verstehen:

❏ Ein Interface legt fest, welche Methoden vorhanden sein müssen und wie die dazugehörigen Parameter aussehen. Es ist ausschließlich eine Spezifikation; es enthält keinen ausführbaren Code, der bei Aufruf der Methode ausgeführt würde. Aber es ist eine konkrete und verbindliche Spezifikation, nicht nur eine lose Absichtserklärung. Der Java-Compiler wird jede Klasse, die dieses Interface implementiert, auf die Korrektheit der Implementation hin prüfen.

❏ Eine Klasse enthält ausführbare Methoden, einschließlich öffentlicher Methoden (public methods), die von anderen Klassen aufgerufen werden können.

❏ Eine Klasse kann eines oder mehr als ein Interface implementieren. In vielen Fällen kann SAX mehrere Interfaces spezifizieren, die dann theoretisch von verschiedenen Klassen implementiert werden können. In der Praxis aber werden verschiedene Interfaces oft in Kombination von einer einzigen Klasse implementiert werden. Um ein Interface zu implementieren, muss eine Klasse den Code für jede der im Interface festgeschriebenen Methoden definieren.

❏ Mehrere Klassen können dasselbe Interface implementieren. Natürlich ist dies der Sinn der ganzen Übung im Zusammenhang mit SAX. Es gibt eine Vielzahl von Implementierungen der SAX-Schnittstelle zum Parser, die Ihnen zur Auswahl stehen, und da diese alle dasselbe Interface implementieren, ist die Wahl der Implementierung für die betreffende Applikation unwichtig.

Einige der SAX-Interfaces werden von Klassen, die zum Parser gehören, implementiert, während andere von Klassen innerhalb der Applikation implementiert werden müssen. SAX selbst liefert einige Klassen, die aber nicht zwingend benutzt werden müssen. Weiterhin gibt es einige Klassen, so wie die Klassen zur Fehlerbehandlung (Error-Handling), die vom Parser bereitgestellt werden müssen, welche aber von der Applikation überschrieben werden dürfen, falls dies nötig sein sollte.

Die Grundstruktur

Die Komponenten einer einfachen SAX-Anwendung werden im folgenden Diagramm dargestellt:

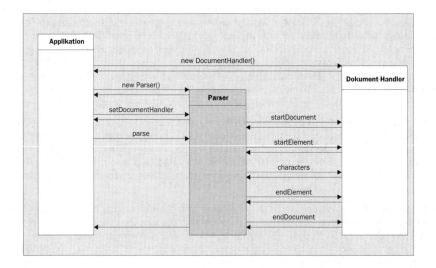

In diesem Diagramm:

❏ Die **Applikation** ist das »Hauptprogramm«: Der Code stammt von Ihnen und das Programm startet den gesamten Prozess.

❏ Der **Dokument-Handler** ist Programmcode, der ebenfalls von Ihnen geschrieben werden muss. Dieser Code behandelt den Inhalt des Dokumentes in der gewünschten Art.

❏ Der **Parser** ist ein XML-Parser, der dem SAX-Standard entspricht.

Die Aufgabe der Anwendung ist es, einen Parser zu erzeugen (oder genauer gesagt, eine Klasse zu instanziieren, die das `org.xml.sax.Parser`-Interface implementiert) und einen Dokument-Handler zu erzeugen, indem eine Klasse instanziiert wird, die das Interface `org.xml.sax.DocumentHandler` implementiert. Außerdem muss dem Parser mitgeteilt werden, welchen Dokument-Handler er benutzen soll, indem die Methode `setDocumentHandler()` aufgerufen wird. Schließlich muss der Verarbeitungsprozess angestoßen werden, indem die Methode `parse()` des Parsers aufgerufen wird.

Die Aufgabe des Parsers ist es, den Dokument-Handler über alle für ihn interessanten Ereignisse zu informieren, die während der Verarbeitung auftreten. So zum Beispiel das Auftreten des Start-Tags oder End-Tags eines Elementes.

Die Aufgabe des Dokument-Handlers ist es, alle ihm mitgeteilten Informationen zu verarbeiten, die für den Betrieb der Anwendung notwendig sind.

Ein einfaches Beispiel

Lassen Sie uns eine einfache Anwendung näher betrachten. Diese Anwendung soll einfach nur zählen, wie oft das Element `<buch>...</buch>` in einem XML-Dokument vorkommt.

Dieses Beispiel soll einfach nur die zuvor in dem Diagramm beschriebene Struktur verdeutlichen. Wir verwenden jedoch nur eine Klasse, die sowohl als Anwendung als auch als Dokument-Handler fungiert. Dies ist möglich, da eine Java-Klasse mehr als ein Interface implementieren kann, so dass sie mehr als nur eine Aufgabe erfüllen kann.

Als Erstes muss die Anwendung einen Parser generieren:

```
import org.xml.sax.*;

...

Parser p = new com.jclark.xml.sax.Driver();
```

Dies ist die einzige Stelle, an der Sie angeben müssen, welchen SAX-Parser Sie verwenden wollen. Wir haben uns den Parser xp von James Clark ausgesucht, der unter `http://www.jclark.com` erhältlich ist. So wie jede von Ihnen benutzte Klasse muss auch diese im Suchpfad für Klassen (classpath) stehen.

Der ausgesuchte Parser muss einen SAX-Parser und damit das Interface `org.xml.sax.Parser` implementieren. Falls er dies nicht tut, wird sich der Java-Compiler lauthals beschweren. Aufgrund der import-Anweisung oben ist `Parser` eigentlich eine Abkürzung für `org.xml.sax.Parser`.

Nun brauchen Sie noch den Klassennamen des Parsers, um arbeiten zu können. Seltsamerweise gehen viele beliebte SAX-Parser nicht gerade mit ihrem Klassennamen hausieren. Deshalb folgt hier eine Liste mit einigen beliebten Parsern, inklusive ihrer Klassennamen. Die Angaben können sich im Laufe der Entwicklung auch noch ändern.

Produkt	Details
Ælfred	**Quelle:** `http://www.microstar.com/aelfred.html` **Parserklasse:** `com.microstar.xml.SAXDriver`
Datachannel DXP	**Quelle:** `http://www.datachannel.com/products/xjparser.html` **Parserklasse:** `com.datachannel.xml.sax.SAXDriver`

Produkt	Details

IBM xml4j	**Quelle:** `http://alphaworks.ibm.com/tech/xml4j`
	 Parserklasse (nicht validierend):
	 `com.ibm.xml.parsers.SAXParser`
	 Parserklasse (validierend):
	 `com.ibm.xml.parsers.ValidatingSAXParser`

Oracle	**Quelle:** `http://www.oracle.com` (erfordert eine TechNet Registrierung) **Parserklasse:** `oracle.xml.parser.v2.SAXParser`

Sun Project X	**Quelle:** `http://java.sun.com/products/xml/`
	 Parserklasse (nicht validierend):
	 `com.sun.xml.parser.Parser`
	 Parserklasse (validierend):
	 `com.sun.xml.parser.ValidatingParser`

Xp	**Quelle:** `http://www.jclark.com/xp` **Parserklasse:** `com.jclark.xml.sax.Driver`

Nun haben Sie also einen Parser generiert und können damit anfangen, ihm zu sagen, was er tun soll.

Als Erstes müssen Sie dem Parser mitteilen, welchen Dokument-Handler er aufrufen soll, sobald Ereignisse eintreten. Dies kann jede beliebige Klasse sein, die das SAX-Interface `org.xml.sax.Document-Handler` implementiert. Die einfachste und am weitesten verbreitete Vorgehensweise ist es, die eigene Anwendung als Dokument-Handler fungieren zu lassen.

`DocumentHandler` selbst ist ein Interface, das in SAX definiert ist. Sie könnten Ihre Anwendung dieses Interface selbst implementieren lassen, was dazu führen würde, dass Sie in Ihrer Anwendung alle Methoden, die in diesem Interface auftauchen, implementieren müssten. In unserem Beispiel werden wir jedoch die meisten Ereignisse ignorieren, so dass es überflüssige Arbeit wäre, eine Vielzahl von Methoden zu definieren, die dann letzten Endes nichts täten. Glücklicherweise besitzt SAX eine Implementation des Interfaces `DocumentHandler`, die selbst nichts tut und `HandlerBase` heißt. Unsere Beispielanwendung wird von `HandlerBase` erben, damit wir alle Methoden, die nichts tun sollen, geschenkt bekommen und nur noch das wirklich Nötige tun müssen. Das sieht dann so aus:

```
import org.xml.sax.*;

...


public class BookCounter extends HandlerBase
{
    public void countBooks()
    {
        Parser p = new com.jclark.xml.sax.Driver();
        p.setDocumentHandler(this);
    }
}
```

Der Aufruf von `setDocumentHandler()` teilt dem Parser mit, dass »this«, also diese Klasse (Ihre Anwendung), über auftretende Ereignisse zu informieren ist. Diese Klasse ist eine Implementation von `org.xml.sax.DocumentHandler`, da sie von der Klasse `org.xml.sax.HandlerBase` erbt, die `DocumentHandler` implementiert.

Der Parser ist nun fast bereit, seine Aufgabe zu erfüllen. Alles, was er nun noch braucht, ist ein Dokument, das er parsen kann. Die Methode `main()` lässt unsere Klasse als eigenständiges Programm arbeiten. Also geben wir unserer Anwendung eine Datei, die sie parsen soll:

```
import org.xml.sax.*;
...

public class BookCounter extends HandlerBase
```

```
{

    public void countBooks() throws Exception
    {

        Parser p = new com.jclark.xml.sax.Driver();
        p.setDocumentHandler(this);
        p.parse("file:///C:/data/books.xml");
    }
}
```

An dieser Stelle sollten Sie zur Kenntnis nehmen, dass die Methode parse() einen URL als Argument erwartet, der in der Form eines Strings zu übergeben ist. Später werden wir noch darauf zu sprechen kommen, wie man einen Dateinamen anstatt eines URLs übergibt. Da unser Programm nun auch Daten ein- und ausliest, müssen wir auch Ausnahmen behandeln, die beim Lesen und Schreiben von Dateien auftreten können. Daher ergänzen wir die Methode countBooks() um die Anweisung »throws Exception«, um eventuell auftretende Fehler behandeln zu können.

Wir müssen nun noch eine weitere Ergänzung vornehmen, um die Anwendung als selbstständig lauffähiges Programm vorliegen zu haben. Wir fügen die Methode main() ein. In der main()-Methode erzeugen wir mit new BookCounter() eine Instanz der Klasse und rufen dann die Methode countBooks() auf. Wir fangen zudem nun auch noch eine Exception für das neue Objekt als Ganzes. Unser Code sollte nun etwa so aussehen:

```
import org.xml.sax.*;
...

public class BookCounter extends HandlerBase
{

    public static void main (String args[]) throws Exception
    {
        (new BookCounter()).countBooks();
    }

    public void countBooks() throws Exception
    {
        Parser p = new com.jclark.xml.sax.Driver();
        p.setDocumentHandler(this);
        p.parse("file:///C:/data/books.xml");
    }
}
```

Das Programm ist nun lauffähig. Es wird nach dem Start das angegebene Dokument parsen und sich beenden, vorausgesetzt, das Dokument befindet sich an der angegebenen Stelle.

Der einzige Nachteil ist, dass unser Programm bisher keine Ausgabe erzeugt. Um dies zu ändern und das Programm etwas nützlicher zu machen, müssen wir eine Methode einführen, die die Start-Tags <buch> zählt, sobald diese auftreten, und eine weitere, die die Gesamtanzahl der gezählten Tags am Ende des Dokumentes ausgibt. Diese Methoden benutzen die globale Variable count.

Die fertige Version des Programms ist unten aufgeführt.

```
import org.xml.sax.*;

public class BookCounter extends HandlerBase
{

    private int count = 0;
```

```
public static void main (String args[]) throws Exception
{
    (new BookCounter()).countBooks();
}

public void countBooks() throws Exception
{
    Parser p = new com.jclark.xml.sax.Driver();
    p.setDocumentHandler(this);
    p.parse("file:///c:/data/books.xml");
}

public void startElement(String name, AttributeList atts) throws SAXException
{
    if (name.equals("buch"))
        count++;
}

public void endDocument() throws SAXException
{
    System.out.println("Es waren " + count + " Bücher.");
}

}
```

Sie können nun diese Anwendung von der Kommandozeile aus starten:

```
java BookCounter
```

Das Programm wird die Anzahl der <buch>-Elemente, die in der angegebenen XML-Datei vorkommen, ausgeben. Angenommen, die unter der Position C:/data/books.xml angegebene Datei enthält den folgenden Inhalt:

```
<?xml version="1.0"?>
<buch>
    <buch kategorie="referenz">
        <autor>Nigel Rees</autor>
        <title>Sayings of the Century</title>
        <preis>8.95</preis>
    </buch>
    <buch kategorie="roman">
        <autor>Evelyn Waugh</autor>
        <title>Sword of Honour</title>
        <preis>12.99</preis>
    </buch>
    <buch kategorie="roman">
        <autor>Herman Melville</autor>
        <title>Moby Dick</title>
        <preis>8.99</preis>
    </buch>
</buch>
```

Dann wird die Ausgabe auf dem Bildschirm etwa so aussehen:

```
>java BookCounter
Es waren 3 Bücher.
```

Das DocumentHandler-Interface

Wie das Beispiel zeigt, liegt der Hauptteil der Arbeit für eine SAX-Anwendung in der Implementation des `DocumentHandler`-Interfaces. Für gewöhnlich interessiert man sich aber mehr für die Behandlung von Ereignissen, als es in dem einfachen Beispiel vorhin der Fall war. Also sollten wir uns die anderen Methoden des Interfaces anschauen.

Dokumentbezogene Ereignisse

Als Erstes haben wir ein Paar von Methoden, die den Anfang und das Ende der Dokumentenverarbeitung markieren:

❑ `startDocument()`
❑ `endDocument()`

Diese beiden Methoden haben keine Parameter und liefern auch kein Ergebnis zurück. Genau genommen sind diese beiden Methoden überflüssig, da alle Aktionen, die zu Beginn oder am Ende des Dokumentes geschehen sollen, vor und nach dem Aufruf von `parse()` durchgeführt werden können. Bei komplexeren Anwendungen kann es empfehlenswert sein, wenn man den Aufruf von `parse()` aus einer anderen Klasse als der Klasse des `DocumentHandler` ausführt. Für solche Fälle sind die beiden Methoden nützlich, da sie Variablen initialisieren können und am Ende des Dokumentes den belegten Arbeitsspeicher aufräumen.

Grundsätzlich gilt, dass ein SAX-Parser (eine Instanz der `Parser`-Klasse) immer nur ein XML-Dokument zur selben Zeit parsen sollte. Erst, wenn er einmal durchgelaufen ist, sollten Sie mit dem nächsten Dokument weitermachen. Falls Sie mehrere Dokumente gleichzeitig parsen wollen, müssen Sie dazu mehrere Instanzen der `Parser`-Klasse erzeugen, wobei auch hier ein Parser immer nur ein Dokument bearbeiten sollte. Diese Ein-Dokument-pro-Parser-Regel sollte natürlich auch für den `DocumentHandler` gelten, da dieser nicht in der Lage ist, Ereignisse bestimmten Dokumenten zuzuordnen.

Elementbezogene Ereignisse

Genauso wie es ein Paar von Methoden gibt, die den Anfang und das Ende eines Dokumentes markieren, gibt es auch ein Paar von Methoden, die den Anfang und das Ende eines Elementes markieren:

❑ `startElement(String Name, AttributeList attList)`
❑ `endElement(String Name)`

Die Variable `Name` ist der Name des Elementes, der in den Start- und End-Tags auftaucht.

Falls ein Dokument die abgekürzte Syntax eines leeren Elementes benutzt (»`<tag/>`«), wird der Parser Anfang und Ende des Elementes genau so markieren. wie er es bei der Benutzung von »`<tag>...</tag>`« getan hätte. Dies ist möglich, weil XML diese beiden Konstrukte als äquivalent einstuft, also sollte eine Applikation nicht wissen müssen, welche Form benutzt wurde.

Die im Start-Tag auftauchenden Attribute werden zu einem Objekt der Klasse `AttributeList` zusammengefasst und der Anwendung auf einmal übergeben. Dies entspricht eigentlich nicht dem Ereignisbasierten Modell, bei dem Ereignisse an die Anwendung weitergegeben werden, wenn diese auftreten. `AttributeList` ist ein weiteres Interface, das von SAX definiert wird. Es bleibt dem Parser überlassen, eine Klasse zu definieren, die dieses Interface implementiert. Die Anwendung muss nur wissen, welche Methode sie aufrufen muss, um Details und individuelle Attribute zu erhalten. Die nützlichste Methode trägt den Namen:

❑ `getValue(String Name)`

Die Methode gibt den Wert des genannten Attributes als `String` zurück, falls es gesetzt wurde, oder den Wert `null`, falls es nicht gesetzt wurde.

Sie sollten im Hinterkopf behalten, dass die `AttributeList` nur so lange gültig ist, wie die Methode `startElement()` ausgeführt wird. Sobald die Methode die Kontrolle an den Parser zurückgibt, kann der Parser (was er auch oft tut) die `AttributeList` mit anderen Informationen überschreiben. Falls Sie die

Attribut-Informationen für eine spätere Weiterverwendung behalten wollen, müssen Sie diese kopieren. Dies lässt sich bequem mit einer Methode der »Hilfsklasse« `AttributeListImpl` erreichen. Diese Klasse ermöglicht es dem Benutzer, eine Kopie der `AttributeList` zu erzeugen, die dem Original entspricht.

Behandlung von Text

Die in einem XML-Dokument enthaltenen Text-Informationen werden normalerweise mit dieser Methode an die Anwendung weitergegeben:

❑ `characters(char[] chars, int start, int len)`

Dieses Interface ist eher auf Effizienz als auf Benutzerfreundlichkeit ausgelegt. Falls Sie die Zeichen lieber in der Form eines Strings verarbeiten wollen, können Sie dies sehr einfach durch folgende Anweisung erreichen:

```
String s = new String(chars, start, len);
```

Der Parser hätte diesen `String` ebenfalls für Sie konstruieren können, aber das Erzeugen von neuen Objekten kann in Java sehr Ressourcen-intensiv sein. Statt also ein neues Objekt zu erzeugen, erhalten Sie eine Referenz auf einen internen Puffer, der die Zeichen bereits enthält.

Einer der Vorteile der Anwendung von Java für die Verarbeitung von XML-Dateien ist, dass beide von Hause aus Unicode verwenden. Die Zeichen, die im Array `chars` zwischengelagert werden, sind immer Zeichen aus dem Unicode-Zeichensatz, unabhängig davon, welcher Zeichensatz im XML-Dokument verwendet wurde. Daher müssen Sie sich nicht darum kümmern, welchen Zeichenvorrat das Ausgangsdokument verwendet hat.

Erwähnenswert ist, dass der Parser Zeicheninformationen nach Belieben in einzelne Stücke zertrennen und diese dann Stück für Stück weiterleiten darf. Dies bedeutet, dass, wenn Sie in einem Dokument nach einem Begriff wie »Gold« suchen, der folgende Programmcode falsch wäre:

```
public void characters(char[] chars, int start, int len) throws SAXException
{
    String s = new String(chars, start, len);
    if (s.indexOf("Gold") >= 0) ...
}
```

Warum ist das falsch? Es ist falsch, da der String »Gold« zwar in Ihrem Dokument auftauchen mag, aber in mehreren Aufrufen der Methode `characters()` an Ihre Anwendung übergeben werden könnte. Theoretisch könnte es so aussehen, dass es einen Aufruf der Methode jeweils für »G«, »o«, »l« und »d« geben könnte.

Das Schlimmste an diesem Problem ist, dass der Fehler während des Testens wahrscheinlich gar nicht auffallen würde, da Parser in der Praxis nur selten solche Auftrennungen vornehmen. Ein Fall, in dem der Parser eine solche Trennung machen würde, wäre etwa, wenn der Text die 4096-Byte-Grenze (falls der Speicher aus irgendeinem Grund auf diese Größe beschränkt sein sollte) überschreiten würde. Dieser Fall könnte erst nach Monaten auftreten, in denen der Parser fehlerfrei arbeitet. Dieses Beispiel sollte als Warnung für die Benutzung des Parsers verstanden werden.

Es gibt einen Fall, in dem der Parser verpflichtet ist, den Text aufzuspalten. Dieser Fall tritt ein, wenn externe Entities verwendet werden. Die SAX-Spezifikation ist in diesem Punkt recht deutlich. Ein Aufruf von `characters()` darf keinen Text von zwei verschiedenen externen Entities enthalten.

Falls Sie mit Text-Informationen mehr machen möchten, als sie nur in eine Ausgabe-Datei zu übertragen, interessiert es Sie sicherlich, zu welchem Element ein Text gehört. Leider gibt Ihnen SAX diese Information nicht direkt. Falls Sie solche Kontext-Informationen brauchen, müssen Sie die Datenstruktur Ihrer Anwendung so wählen, dass vorhergegangene Ereignisse gespeichert werden. Die üblichste Struktur für diesen Zweck ist der Stack (Stapel). Im nächsten Abschnitt werden wir Ihnen zeigen, wie Sie mit einigen einfachen Datenstrukturen Text-Informationen, die vom Parser stückchenweise geliefert werden, sammeln können und wie Sie dann bestimmen können, zu welchem Element diese Informationen gehören.

Es gibt eine zweite Methode, mit der man Text-Informationen weiterleiten kann, ihr Name ist:

❏ `ignorableWhitespace(char[] chars, int start, int len)`

Dieses Interface kann dazu benutzt werden, um auf Zeichen, die in der SAX-Spezifikation eher schwammig als »vernachlässigbare Zeichen« (ignorable white space) bezeichnet werden, zu reagieren. Falls die DTD für ein Element den Inhalt als »element content« (Elementinhalt) definiert, bedeutet das, dass dieses Element Kind-Elemente haben kann, aber keine beliebigen Zeichen (PCDATA) direkt enthält. In diesem Fall erlaubt XML den Kind-Elementen durch Leerzeichen, Tabulatoren und Freiraum (white spaces) getrennt zu sein, obwohl diese auch beliebige Zeichen sind und eigentlich nicht erlaubt sind. Solche Freiräume sind meistens unwichtig, so dass SAX-Anwendungen diese fast immer ignorieren werden. Dies können Sie für Ihre Anwendung erreichen, indem Sie eine `ignorableWhitespace()`-Methode deklarieren, die nichts tut. Der einzige Fall, in dem Sie dies wahrscheinlich nicht wollen, ist, wenn eine Anwendung Informationen unverändert in die Ausgabe kopieren will.

Die XML-Spezifikation erlaubt es dem Parser jedoch, Informationen aus einer externen DTD zu ignorieren. Ein nichtvalidierender Parser würde keinen Unterschied zwischen Elementen mit normalem Inhalt und Elementen mit einem gemischten Inhalt machen. In solchen Fällen würden die zu vernachlässigenden Zeichen wahrscheinlich über die Methode `characters()` an die Anwendung weitergeleitet werden. Leider ist es aus einer SAX-Anwendung heraus unmöglich festzustellen, ob der Parser validierend ist oder nicht, so dass eine portable Anwendung beiden Arten von Parsern entsprechen muss. Dies ist eine weitere Einschränkung, die unter SAX 2.0 aufgehoben wurde.

Verarbeitungsanweisungen

Es gibt noch eine weitere Art von Ereignissen, die vom Parser gemeldet werden, dies sind die so genannten Verarbeitungsanweisungen. Diese werden Ihnen wahrscheinlich nicht allzu oft über den Weg laufen. Diese Anweisungen können überall innerhalb eines XML-Dokumentes zwischen Zeichen wie »<?« und »?>« auftauchen. Eine Verarbeitungsanweisung besitzt einen Namen, der **target** (Ziel) genannt wird, und kann beliebige Texte als Anweisungen für die vom `target` beschriebene Anwendung enthalten.

Verarbeitungsanweisungen werden dem `DocumentHandler` über folgende Methode mitgeteilt:

❏ `processingInstruction(String Name, String Daten)`

Gemäß der Konvention sollten Sie alle Verarbeitungsanweisungen ignorieren oder diese unverändert kopieren, falls Sie deren Namen nicht kennen.

Beachten Sie, dass die XML-Deklaration am Anfang eines Dokumentes wie eine Verarbeitungsanweisung aussehen kann, dies aber keine eigentliche Verarbeitungsanweisung ist und der Anwendung auch nicht über die Methode mitgeteilt wird. Tatsächlich wird diese Information überhaupt nicht weitergegeben.

Verarbeitungsanweisungen sehen oft aus wie das Start-Tag eines Elementes mit einer Folge von `Schlüsselwort="Wert"`-Attributen. Diese Syntax ist aber keine Definition des XML-Standards, sondern eine Konvention, die sich im Umgang als praktisch erweist. Dies bedeutet, dass SAX diese Informationen nicht als solche erkennt und diese als einen formlosen Strom weiterleitet.

Fehlerbehandlung

Wir haben die Fehlerbehandlung bisher nur kurz erwähnt, aber wie immer, wenn es um produktreife Anwendungen geht, spielt sie eine wichtige Rolle.

Es gibt drei Hauptarten von Fehlern, die auftreten können:

❏ Die angegebene XML-Datei, oder eine Datei, auf die innerhalb eines Dokumentes verwiesen wird, zum Beispiel die DTD oder ein anderes externes Dokument, lässt sich nicht öffnen. In diesem Fall wird der Parser eine `IOException` (Ein-/Ausgabe-Exception) erzeugen, was dazu führt, dass die Anwendung die Fehlerbehandlung übernehmen muss.

❏ XML-Fehler, die vom Parser entdeckt werden, inklusive mangelnde Wohlgeformtheit und ungültiges XML. Diese Fehler werden durch den Aufruf eines Error-Handlers behandelt, der von Ihrer Applikation gestellt werden kann und der weiter unten beschrieben wird.

❏ Fehler, die von der Anwendung entdeckt werden, zum Beispiel ein ungültiges Datum oder eine ungültige Zahl in einem der Attribute. Diese Fehler werden behandelt, indem man eine Exception innerhalb der entsprechenden Methode im `DocumentHandler` erzeugt.

Die Behandlung von XML-Fehlern

Die SAX-Spezifikation definiert drei Ebenen der Fehlerbrisanz, basierend auf der Terminologie, die von dem XML-Standard selbst benutzt wird. Diese Ebenen sind:

Fehler	Beschreibung
Schwere Fehler (Fatal Errors)	Dies bedeutet für gewöhnlich, dass ein vorliegendes Dokument nicht wohlgeformt ist. Der Parser wird den angegebenen Error-Handler aufrufen, falls einer angegeben wurde. Falls keiner angegeben wurde, wird eine `SAXParseException` erzeugt. In den meisten Fällen wird der Parser stoppen, sobald der erste schwere Fehler auftritt.
Fehler (Errors)	Dies bedeutet für gewöhnlich, dass ein Dokument wohlgeformt, aber nicht gültig ist. Der Parser wird dann versuchen, den betreffenden Error-Handler aufzurufen, falls einer vorhanden ist. Falls nicht, wird er den Fehler ignorieren.
Warnungen (Warnings)	Dies bedeutet, dass ein Dokument korrekt ist, aber dass es bestimmte Umstände gibt, die der Parser für erwähnenswert hält. Zum Beispiel eine Verletzung der Aufwärtskompatibilität: Eingaben, die korrektes XML, aber kein korrektes SGML darstellen. Der Parser wird den Error-Handler aufrufen, falls dieser vorhanden ist, und ansonsten solche Umstände ignorieren.

Die Anwendung kann einen Error-Handler angeben, indem sie die Methode `setErrorHandler()` des Parsers benutzt. Ein Error-Handler enthält drei Methoden, `fatalError()`, `error()` und `warning()`, die den Ernst der auftretenden Fehler reflektieren. Falls Sie nicht alle drei Methoden selbst definieren wollen, können Sie einen Error-Handler erzeugen, der von der Klasse `HandlerBase` erbt. Diese Klasse enthält Versionen der drei Methoden, die sich so verhalten, als wären keine Error-Handler definiert.

Der Parameter für die Fehlerbehandlungs-Methode ist in allen drei Fällen ein Objekt vom Typ `SAXParseException`. Sie verstehen wahrscheinlich Exceptions als etwas, das erzeugt und behandelt wird, sobald Fehler auftreten. Tatsächlich ist eine Exception ein reguläres Objekt, das als Parameter an eine Methode weitergegeben werden kann, sie muss dafür noch nicht einmal mittels `throw` geworfen werden. Die `SAXParseException` enthält Informationen über den Fehler, inklusive der Information, wo im XML-Dokument der Fehler aufgetreten ist. Die grundlegende Vorgehensweise einer Fehlerbehandlungsmethode ist es, diese Informationen dazu zu verwenden, eine Fehlermeldung zu konstruieren, die dann an eine geeignete Stelle geschrieben wird, zum Beispiel eine Log-Datei eines Webservers.

Die andere nützliche Funktion des Error-Handlers ist es, selbst eine Exception zu werfen. Normalerweise entspricht diese Exception dem Typ, der als Parameter vom Parser mitgeliefert wurde. Falls dies geschieht, wird das Parsen abgebrochen und die oberste Anwendung wird die Exception von der `parse()`-Methode erhalten. An diesem Punkt gibt es zwei Alternativen für die weitere Fehlerbehandlung. Die eine ist die Erzeugung einer Fatal-Error-Meldung, die vom Error-Handler erzeugt wird, die andere ist, dass die oberste Anwendung die Exception fängt und diese entsprechend behandelt.

Fehler, die von der Anwendung entdeckt werden

Wenn Ihre Anwendung einen Fehler innerhalb der `DocumentHandler`-Methode entdeckt, zum Beispiel ein falsches Datumsformat, sollte die Methode eine `SAXException` erzeugen, die eine angemessene Meldung über die Art des Problems enthält. Danach befasst sich der Parser mit der Situation so, als ob er den Fehler entdeckt hätte. Der Parser versucht nicht, diese Exception zu fangen, sondern unterbricht die `parse()`-Methode mit derselben Art von Exception, die dann von der aufrufenden Anwendung zu bearbeiten ist.

Feststellen, wo der Fehler auftrat

Wenn der Parser einen Syntax-Fehler feststellt, wird er Details über den Fehler in einem Objekt vom Typ SAXParseException speichern. Dieses Objekt enthält den URL, die Zeile und Spalte, in welcher der Fehler auftrat. Eine Zeilenangabe allein wäre nicht besonders aussagekräftig, da der Fehler auch in einem externen Dokument entstanden sein könnte. Wenn man die SAXParseException in einer Anwendung fängt, lassen sich die Informationen anzeigen und der Benutzer ist in der Lage, den Fehler leichter zu finden und zu beheben.

Falls ein Problem in der XML-Datei auf der Ebene der Anwendung gefunden wurde, zum Beispiel eine ungültige Datumsangabe, ist es wichtig, dem Benutzer mitzuteilen, wo das Problem gefunden wurde. Allerdings kann man sich in diesem Fall bei der Fehlersuche nicht auf die SAXParseException verlassen. Für diesen Fall besitzt SAX ein Interface namens Locator. Die SAX-Spezifikation schreibt allerdings nicht vor, dass der Parser ein Locator-Interface besitzen muss, die meisten tun dies aber.

Eine der Methoden, die in einem Dokument-Handler implementiert sein müssen, ist setLocator(). Falls der Parser Informationen über die Position im Dokument verwaltet, wird er diese Methode aufrufen, um dem Dokument-Handler mitzuteilen, wo er das Locator-Objekt findet. Während der Dokument-Handler ein Ereignis bearbeitet, kann er jederzeit das Locator-Objekt um mehr Details zur aktuellen Position im Dokument bitten. Es gibt drei Koordinaten innerhalb eines Dokumentes:

❑ Den URL des Dokumentes, das derzeitig bearbeitet wird
❑ Die Zeile innerhalb dieses URLs
❑ Die Spalte innerhalb der Zeile

Dies ist natürlich genau die Information, die man auch vom SAXParseException-Objekt bekommen kann, und tatsächlich ist das Werfen einer SAXParseException eines der Dinge, mit der man am einfachsten zum Ziel kommt. Dieses Objekt erhält die Koordinaten direkt von dem Locator-Objekt. Alles, was man noch zu tun hat, ist Folgendes:

```
if ( [Daten sind nicht gültig] )
{
    throw new SAXParseException("Ungültige Daten", locator);
}
```

Warum wurden die Koordinaten nicht einfach zusammen mit den Ereignissen an den Dokument-Handler weitergegeben, so wie bei startElement()? Der Grund dafür ist Effizienz. Die meisten Anwendungen wollen nur dann Angaben über Koordinaten, wenn etwas danebengeht, also sollte der zusätzliche Aufwand so klein wie möglich sein. Das Übergeben von Koordinaten vom Parser zum Dokument-Handler bei jedem Aufruf wäre unnötig teuer.

Ein weiteres Beispiel: Die Benutzung von Zeichen und Attributen

Nach diesem Abstecher in die Welt der Fehlerbehandlung können wir nun eine etwas kompliziertere SAX-Anwendung entwerfen.

Diesmal soll die Anwendung den durchschnittlichen Preis eines Buches aus dem Katalog ausgeben. Wir werden dieselbe Datei (books.xml) wie im vorherigen Beispiel verwenden.

Wir interessieren uns nur für solche <book> Elemente, die das Attribut kategorie="roman" haben, und an diesen interessiert uns nur der Inhalt des Kind-Elementes <preis>. Wir fügen die Preise hinzu, zählen die Anzahl der Bücher und teilen am Ende den Endpreis durch die Anzahl der Bücher.

Hier ist unsere erste Version der Anwendung:

```
import org.xml.sax.*;

public class AveragePrice extends HandlerBase
{
```

```
private int count = 0;
private boolean isFiction = false;
private double totalPrice = 0.0;
private StringBuffer content = new StringBuffer();

public void determineAveragePrice() throws Exception
{
   Parser p = new com.jclark.xml.sax.Driver();
   p.setDocumentHandler(this);
   p.parse("file:///c:/data/books.xml");
}

public void startElement(String name, AttributeList atts) throws SAXException
{
   if (name.equals("book"))
   {
     String category = atts.getValue("kategorie");
     isFiction = (category!=null && category.equals("roman"));
     if (isFiction) count++;
   }
   content.setLength(0);
}

public void characters(char[] chars, int start, int len) throws SAXException
{
   content.append(chars, start, len);
}

public void endElement(String name) throws SAXException
{
   if (name.equals("preis") && isFiction)
   {
     try
     {
        double price = new Double(content.toString()).doubleValue();
        totalPrice += price;
     }
     catch (java.lang.NumberFormatException err)
     {
        throw new SAXException("Preisangabe nicht nummerisch!");
     }
   }
   content.setLength(0);
}

public void endDocument() throws SAXException
{
   System.out.println("Der durchschnittliche Preis aller Romane ist:" +
      totalPrice / count);
}

public static void main (String args[]) throws java.lang.Exception
{
   try
   {
     (new AveragePrice()).determineAveragePrice();
```

```
    }
    catch (SAXException err)
    {
        System.err.println("Parsing schlug fehl: " + err.getMessage());
    }
  }
}
```

Es gibt zu diesem Programm drei zu erwähnende Punkte:

❏ Die Anwendung muss sich immer merken, ob ein Buch ein Roman ist oder nicht. Dazu benutzt es die Instanz der Variable `isFiction`, die es für das Start-Tag eines Romans auf true und für den aus einer anderen Kategorie auf false setzt.

❏ Die nötigen Angaben werden in einem Java-`StringBuffer` akkumuliert und erst verarbeitet, wenn das `endElement()` erreicht ist. Damit erschlagen wir gleich zwei Fliegen mit einer Klappe: Wir sorgen dafür, dass der Inhalt eines Elementes nicht in Teile zerbricht und dass die zu bearbeitenden Daten nicht den Bezug zu ihrem Element verlieren. Der `StringBuffer` wird geleert, wenn ein Start- oder End-Tag gelesen wird. Dadurch wird der Puffer die Zeicheninformationen des Elementes nicht löschen, wenn die Anwendung zum Ende eines Tags, das zu einem Element mit PCDATA (ein Element, das nur Zeicheninformationen enthält) gehört, kommt.

❏ Die Anwendung muss etwas Sinnvolles tun, falls der Preis eines Buches keine gültige Zahl ist. (Bis die XML-Schemata standardisiert werden, können wir uns nicht darauf verlassen, dass der Parser solche Unterschiede erkennt, und eine DTD bietet keine Möglichkeit, die Art einer Zeicheninformation innerhalb eines Elementes zu beschränken.) Diese Bedingung kann unter Umständen nicht erfüllt werden, wenn der Java-Konstruktor `Double(String s)` aufgerufen wird, der einen String in eine Zahl umwandeln kann: Wenn dieser keine gültige Eingabe erhält, wirft er eine Exception. Der zuständige Programmcode fängt diese Exception und erstellt eine `SAXException`, die das Problem näher beschreibt. Dies wird dazu führen, dass das Parsen mit einer angemessenen Fehlermeldung stoppt.

Wenn das Programm unsere XML-Datei durchläuft, sollte es den folgenden Output produzieren:

```
>java AveragePrice
Der durchschnittliche Preis aller Romane ist: 10.99
```

Allerdings ist das Programm noch nicht perfekt.

Zuerst einmal kann es versagen, falls die Struktur des XML-Dokumentes nicht den Erwartungen entspricht. Zum Beispiel wird es falsche Ausgaben liefern, falls das `<preis>`-Element an einer anderen Stelle als innerhalb des `<buch>`-Elementes steht oder wenn es ein `<buch>`-Element ohne `<preis>` gibt oder ein `<preis>`-Element seine eigenen Kind-Elemente hat. Solche Dinge können passieren, wenn es keine DTD gibt oder wenn ein Parser benutzt wird, der die DTD nicht überprüft, oder wenn ein Dokument benutzt wird, das eine andere DTD benutzt als die erwartete, beziehungsweise wenn die DTD seit dem Schreiben des Programms erweitert wurde.

Zweitens ist die Diagnose von Fehlern eher unfreundlich und ungenügend. Dem Benutzer wird nur mitgeteilt, dass einer der Preise keine Zahl ist, da es aber Hunderte von Büchern in der Liste geben kann, ist diese Auskunft unzureichend. Zudem wäre es hilfreicher, wenn der Benutzer alle Fehler mitgeteilt bekommen würde, so dass er das Programm nicht mehrmals fahren muss, um alle Fehler zu finden. (Die meisten XML-Parser melden immer nur einen Fehler pro Durchlauf, so dass unsere Möglichkeiten sowieso beschränkt sind.)

Im nächsten Abschnitt werden wir uns ansehen, wie man mehr Informationen über den Kontext eines Elementes bekommt, was nötig ist, um Gültigkeiten besser zu überprüfen. Bevor wir dies tun, werden wir noch eine Verbesserung an der Fehlerbehandlung vornehmen. Wir werden das `Locator`-Objekt benutzen, um festzustellen, wo genau der Fehler im Dokument auftrat, und werden den Fehler entsprechend ausgeben. Um zu zeigen, was genau passiert, werden wir nun von James Clarks xp-Parser zu IBMs Alphaworks-xml4j-Parser wechseln, der klarere Fehlermeldungen erstellt. Hier ist das verbesserte Programm:

```java
import org.xml.sax.*;

public class  AveragePrice extends HandlerBase
{

    private int count = 0;
    private boolean isFiction = false;
    private double totalPrice = 0.0;
    private StringBuffer content = new StringBuffer();
    private Locator locator;

    public void determineAveragePrice() throws Exception
    {
        Parser p = new com.ibm.xml.parsers.SAXParser();
        p.setDocumentHandler(this);
        p.parse("file:///c:/data/books.xml");
    }

    public void setDocumentLocator(Locator loc)
    {
        locator = loc;
    }

    public void startElement(String name, AttributeList atts) throws SAXException
    {
        if (name.equals("buch"))
        {
            String category = atts.getValue("kategorie");
            isFiction = (category!=null && category.equals("roman"));
            if (isFiction) count++;
        }
        content.setLength(0);
    }

    public void characters(char[] chars, int start, int len) throws SAXException
    {
        content.append(chars, start, len);
    }

    public void endElement(String name) throws SAXException
    {
        if (name.equals("preis") && isFiction)
        {
            try
            {
                double price = new Double(content.toString()).doubleValue();
                totalPrice += price;
            }
            catch (java.lang.NumberFormatException err)
            {
                if (locator!=null)
                {
                    System.err.println("Fehler in " + locator.getSystemId() +
                            " in Zeile " + locator.getLineNumber() +
                            " Spalte " + locator.getColumnNumber());
                }
                throw new SAXException("Preisangabe nicht nummerisch!", err);
            }
```

```
        }
        content.setLength(0);
    }

    public void endDocument() throws SAXException
    {
        System.out.println("Der durchschnittliche Preis aller Romane ist: " +
            totalPrice / count);
    }

    public static void main (String args[]) throws java.lang.Exception
    {
        try
        {
            (new AveragePrice()).determineAveragePrice();
        }
        catch (SAXException err)
        {
            System.err.println("Parsing schlug fehl: " + err.getMessage());
        }
    }

}
```

Diese Version des Programms verbessert die Diagnostik ohne große Anstrengung. Die verbesserte Anwendung tut drei Dinge:

❏ Sie behält eine Aufzeichnung über das `Locator`-Objekt, das vom Parser stammt.

❏ Wenn ein Fehler auftritt, benutzt es das `Locator`-Objekt, um den Ort, an dem der Fehler aufgetreten ist, auszugeben, bevor es die `SAXException` erzeugt. Dabei ist festzuhalten, dass die Anwendung auch für den Fall, dass kein `Locator`-Objekt vorhanden ist, zurechtkommen muss, da SAX auch ohne das vom Parser geliefert Objekt auskommt.

❏ Es beinhaltet außerdem Details über die ursprüngliche »root cause Exception« (die `NumberFormatException`), die eingekapselt innerhalb der `SAXParseException` vorliegt, was zur Genauigkeit der Fehlermeldungen beiträgt.

Dies ist der Output, den wir vom xml4j-Parser bekommen, nachdem wir den Preis von *Moby Dick* von »8.99« zu »A.99« abgeändert hatten:

```
>java AveragePrice
Fehler in file:///c:/data/books.xml in Zeile 16 Spalte 22
Parsing schlug felh: Preisangabe nicht nummerisch!
```

In diesem Beispiel erzeugt die Anwendung eine Nachricht, die Informationen über den Ort des Fehlers enthält, und wirft dann eine Exception, die eine richtige Fehlermeldung erzeugt, wenn die Exception vom Oberprogramm aufgefangen wird. Eine Alternative wäre es, die Informationen, die den Ort des Fehlers betreffen, als Teil einer Exception, wie etwa der `SAXParseException` anstatt der gewöhnlichen `SAXException` mit zu übergeben. Trotz allem muss die Anwendung noch mit dem Fall, in dem kein `Locator` zur Verfügung steht, fertig werden, in diesem Fall wäre das Werfen einer `SAXParseException` nicht sehr sinnvoll. Eine Alternative wäre hier die Definition eines eigenen standardmäßigen Locators, der keine nützlichen Daten beinhaltet und einspringt, wenn der Parser keinen Locator zur Verfügung stellt.

Erhalt des Kontextes

Wir haben bisher in beiden Beispielen gesehen, dass der `DocumentHandler` generell einen Zusammenhang zu den verarbeiteten Daten erhalten muss, während das Parsen abläuft. Im ersten Fall zählt er nur eine Anzahl von Elementen hoch; im zweiten Beispiel verfolgt der `DocumentHandler`, ob wir uns innerhalb eines `<buch>`-Elementes befinden, das zur `kategorie="roman"` gehört.

Fast alle realistischen SAX-Anwendungen müssen irgendeine Form von Kontext-Information speichern. Sehr oft ist es angemessen, die Kapselung von Elementen zu verfolgen, und in manchen Fällen ist es nützlich, die Attribute der vorangegangenen Elemente und der derzeitig zu verarbeitenden Daten zu kennen.

Die intuitivste Struktur, um diese Informationen zu erhalten, ist der Stack, da es logisch erscheint, Informationen hinzuzufügen, wenn man das Start-Tag eines Elementes erreicht, und diese Informationen wieder zu löschen, wenn das End-Tag erreicht ist. Ein Stapel beansprucht zudem viel weniger Speicher als das Dokument als Ganzes, da die maximale Anzahl der Einträge des Stacks von der Anzahl der gekapselten Elemente abhängt, von denen selbst in komplexeren Dokumenten selten mehr als zehn vorkommen.

Wie nützlich ein Stack sein kann, können wir sehen, wenn wir die Anforderungen für das vorherige Beispiel verändern. Diesmal werden wir unserem Buchkatalog erlauben, mehrere Bände eines Romans zu einer Werksausgabe zusammenzufassen mit einem Preis für die Werksausgabe und einem Preis für jeden einzelnen Band. Für die Berechnung des Durchschnittspreises werden wir nun nicht mehr den Preis eines einzelnen Bandes berücksichtigen, sondern den Preis der Werksausgabe berücksichtigen.

Das Quelldokument könnte nun so aussehen:

```
<?xml version="1.0"?>
<bücher>
    <buch kategorie="referenz">
        <autor>Nigel Rees</autor>
        <titel>Sayings of the Century</titel>
        <preis>8.95</preis>
    </buch>
    <buch kategorie="roman">
        <autor>Evelyn Waugh</autor>
        <titel>Sword of Honour</titel>
        <preis>12.99</preis>
    </buch>
    <buch kategorie="roman">
        <autor>Herman Melville</autor>
        <titel>Moby Dick</titel>
        <preis>8.99</preis>
    </buch>
    <buch kategorie="roman">
        <autor>J. R. R. Tolkien</autor>
        <titel>The Lord of the Rings</titel>
        <preis>22.99</preis>
        <band number="1">
            <titel>The Fellowship of the Ring</titel>
            <preis>8.95</preis>
        </band>
        <band number="2">
            <titel>The Two Towers</titel>
            <preis>8.95</preis>
        </band>
        <band number="3">
            <titel>The Return of the King</titel>
            <preis>8.95</preis>
        </band>
    </buch>
</bücher>
```

Eine Möglichkeit, dies zu regeln, wäre es, einen Flag in Form des <band>-Start-Tags und des </band>-End-Tags einzuführen; wir könnten das <preis>-Element ignorieren, wenn diese Flags gesetzt sind. Allerdings führt dieser Programmierstil schnell zu einer stark anwachsenden Anzahl von Flags und zu komplizierten Kapselungen mit Falls-dann-sonst-Bedingungen. Ein besserer Ansatz ist es, alle verfügbaren Informationen auf einen Stack zu tun, der dann nach den gesuchten Informationen durchforstet werden kann.

Hier ist die neue Version der Anwendung:

```java
import org.xml.sax.*;
import org.xml.sax.helpers.AttributeListImpl;
import java.util.Stack;

public class AveragePrice1 extends HandlerBase
{

    private int count = 0;
    private double totalPrice = 0.0;
    private StringBuffer content = new StringBuffer();
    private Locator locator;
    private Stack context = new Stack();

    public void determineAveragePrice() throws Exception
    {
        Parser p = new com.jclark.xml.sax.Driver();
        p.setDocumentHandler(this);
        p.parse("file:///c:/data/books1.xml");
    }

    public void setDocumentLocator(Locator loc)
    {
        locator = loc;
    }

    public void startElement(String name, AttributeList atts) throws SAXException
    {
        ElementDetails details = new ElementDetails(name, atts);
        context.push(details);
        if (name.equals("buch"))
        {
            if (isFiction()) count++;
        }
        content.setLength(0);
    }
    public void characters(char[] chars, int start, int len) throws SAXException
    {
        content.append(chars, start, len);
    }

    public void endElement(String name) throws SAXException
    {
        if (name.equals("preis") && isFiction() && !isVolume())
        {
            try
            {
                double price = new Double(content.toString()).doubleValue();
                totalPrice += price;
            }
            catch (java.lang.NumberFormatException err)
            {
                if (locator!=null)
                {
```

```
                    System.err.println("Fehler in " + locator.getSystemId() +
                              " in Zeile " + locator.getLineNumber() +
                              " Spalte " + locator.getColumnNumber());
            }
            throw new SAXException("Preisangabe nicht nummerisch!", err);
        }
    }
    content.setLength(0);
    context.pop();
}

public void endDocument() throws SAXException
{
    System.out.println("Der durchschnittliche Preis aller Romane ist: " +
        totalPrice / count );
}

public static void main (String args[]) throws java.lang.Exception
{
    (new AveragePrice1()).determineAveragePrice();
}

private boolean isFiction()
{
    boolean test = false;
    for (int p=context.size()-1; p>=0; p--) {
        ElementDetails elem = (ElementDetails)context.elementAt(p);
        if (elem.name.equals("buch") &&
            elem.attributes.getValue("kategorie")!=null &&
            elem.attributes.getValue("kategorie").equals("roman"))
        {
            return true;
        }
    }
    return false;
}
private boolean isVolume()
{
    boolean test = false;
    for (int p=context.size()-1; p>=0; p--) {
        ElementDetails elem = (ElementDetails)context.elementAt(p);
        if (elem.name.equals("band"))
        {
            return true;
        }
    }
    return false;
}

private class ElementDetails
{
    public String name;
    public AttributeList attributes;
    public ElementDetails(String name, AttributeList atts)
    {
        this.name = name;
```

```
                    this.attributes = new AttributeListImpl(atts); // Kopie anlegen!
            }
        }

    }
```

Hier ist der zu erwartende Output:

```
>java AveragePrice1
Der durchschnittliche Preis aller Romane ist: 14.99
```

Es mag so aussehen, als ob ein solcher Stack viel Arbeit für einen so geringen Nutzen macht, allerdings ist der Aufwand gerechtfertigt. Alle praxisnahen Anwendungen werden mit der Zeit komplex, daher ist es die Anstrengung wert, eine Struktur zu erzeugen, die es erlaubt, logische Anpassungen vorzunehmen, ohne die Struktur des Programms selbst zu zerstören oder zu verkomplizieren. Bemerkenswert ist die Art und Weise, wie das Testen abläuft: Flags wie isFiction() und isVolume() sind nun vielmehr im Kontext der Datenstruktur zu Methoden geworden, anstatt nur beibehalten zu werden, wenn bestimmte Ereignisse auftreten. Mit zunehmender Anzahl von Testkriterien können wir einfach weitere Methoden schreiben, die die Komplexität der startElement()- und endElement()-Methoden nicht erhöhen.

Erweiterte SAX-Features

Die Features, die wir bisher behandelt haben, würden etwa 90 % der SAX-Applikationen abdecken. Es ist aber hilfreich, etwas über den Rest der Features zu wissen, für den Fall, dass sie gebraucht werden. Dieser Abschnitt des Kapitels gibt einen Überblick über diese Features und deren Verwendungszweck.

Aktive Eingabequellen

In unseren bisherigen Beispielen wurden die Quellen immer über einen URL beschrieben, dies reicht normalerweise angesichts der Ressourcen, die ein URL beschreiben kann, aus. Es ermöglicht einem Dokument, lokal oder entfernt aufgehoben zu werden oder dynamisch von einem Webserver erzeugt zu werden.

Input, der aus einem Byte-Strom oder Zeichenstrom kommt

Manchmal will man den Parser mit einem XML-Strom versorgen, der nicht in einer Datei abgelegt ist, sondern von einem anderen Programm erzeugt wird. Zu Beispiel könnte die XML-Quelle in einer relationalen Datenbank liegen oder der Output eines EDI-Nachrichtenübersetzungsprogrammes sein, es könnte aber auch ein aus XML bestehender Abschnitt sein, der in eine Nachricht oder ein Nicht-XML-Format eingebettet ist. Daher möchten Sie sicher nicht erst die XML-Quelle in das nötige Format bringen müssen (oder einen Webserver installieren), nur um es dem Parser zu ermöglichen, das Dokument zu lesen.

Um solche Probleme zu lösen, erlaubt SAX es Ihnen, XML in der Form von Zeichenströmen oder Byte-Strömen zu verarbeiten. Es besitzt die InputSource-Klasse, die es Ihnen erlaubt, all diese Eingabequellen zu generalisieren.

Nehmen wir einmal an, Ihr Programm will XML, das in der Form eines Zeichenstromes aus einer relationalen Datenbank mit JDBC ausgelesen wurde, verarbeiten. Dann könnte das wie folgt aussehen:

```
public void parseString(String s) throws SAXException, IOException
{
    StringReader Reader = new StringReader(s);
```

```
    InputSource Quelle = new InputSource(Reader);
    parser.parse(Quelle);
}
```

InputSource ist eine Klasse (kein Interface), die mit zur SAX-Distribution gehört. Die Applikation kann verschiedene Details der Eingabequelle beeinflussen, einige davon sind restriktiv in Bezug auf die Wahl anderer Quellen. Dies schließt URLs als Quelle, einen Reader (so wie hier), einen Eingabestrom (Input-Stream), einen encoding-Namen oder einen »Public Identifier« ein. (Public Identifier sind etwa so rätselhaft für SAX, wie sie es in der XML-Spezifikation selbst sind: Es gibt keine Hinweise, was der Parser eigentlich mit Public Identifiers anfangen soll. Aber wie wir noch sehen werden, kann die Applikation sie benutzen.)

Warum muss SAX zwei Optionen für im Speicher befindliche Daten wie Inputstreams und Reader anbieten?

Ein Inputstream ist ein Strom von Bytes. Der XML-Standard bietet viele Regeln für die Übersetzung eines Byte-Stromes in einen Strom von Unicode-Zeichen an, einschließlich des Encoding-Attributes (das Teil der XML-Deklaration am Anfang des Dokumentes ist). Um Bytes in Zeichen umzuwandeln, reicht es nicht aus, diesen Strom an Bytes den Standard-Java-Bibliotheken zu überlassen, da diese die Regeln für die Übersetzung nicht kennen und auch das Attribut encoding nicht auswerten können. Wenn die XML-Daten aus einer binären Quelle stammen, die die encoding-Attribute mitliefert, übergeben wir diese direkt an den Parser, der den Strom dann interpretiert.

Im Gegensatz dazu ist ein Reader ein Strom von Unicode-Zeichen. Wenn wir die Daten bereits in der Form von Zeichen vorliegen haben, wollen wir diese nicht erst noch in einen Strom von Bytes umwandeln müssen (zum Beispiel die UTF-8-Verschlüsselung), nur damit der Parser diesen dann dekodieren kann. Also wäre es besser, wenn man den Zeichenstrom direkt an den Parser weiter gibt. (Genau genommen war dies ein Punkt, der in Verbindung mit SAX ausführlich diskutiert worden ist. So sinnvoll dies für SAX auch ist, im Sinne der XML-Spezifikation ist es nicht, da XML-Dokumente aus einer Sequenz von Bytes bestehen sollen. Vielleicht ist es deshalb am besten, den Input-Zeichenstrom nicht als XML-Dokument zu verstehen, sondern als eine Vorstufe eines XML-Dokumentes, die bereits in Byte-Sequenzen übersetzt worden ist.)

Egal, ob Sie einen Byte-Strom oder einen Zeichenstrom benutzen, es gibt einen Haken an der Sache, den Sie beachten müssen: Der Parser hat keine Möglichkeit, URLs, die im Quellcode auftauchen, aufzulösen. Angenommen, ein Dokument enthält eine solche Zeile.

```
<!DOCTYPE books SYSTEM "books.dtd">
```

Wo befindet sich diese Datei books.dtd? Die XML-Spezifikation schreibt in solchen Fällen vor, dass sich diese Datei im selben Verzeichnis wie das Quelldokument zu befinden hat, aber natürlich gibt es kein Verzeichnis, in dem sich die Quelle befindet, da sie sich im Arbeitsspeicher befand, als sie vom Parser bearbeitet wurde.

SAX umgeht solche Probleme, indem es einen System-Identifier (mit anderen Worten: einen URL) zulässt, der *zusätzlich* zu einem Byte-Strom oder Zeichenstrom verwendet werden darf. Dieser URL ist nicht zum Lesen des Quelldokumentes gedacht, sondern dient als Basis zur Auflösung von relativen URLs, die sich im Quelldokument befinden können.

Bevorzugte Verwendung von Namen anstelle von URLs

Eine weitere Quelle für Input sind Dateinamen, z.B. benutzen Kommandozeilen-Interfaces Dateinamen als Argumente statt URLs, daher kann man auch diese als Argumente für Applikationen verwenden.

Die SAX-InputSource-Klasse erlaubt es dem Benutzer nicht, direkt einen bestimmten Dateinamen als Input-Quelle anzugeben. Der Dateiname muss zuerst in einen URL umgewandelt werden, damit der Parser ihn verarbeiten kann. Falls Sie Java 2 benutzen, dann können Sie die Java-File-Klasse verwenden, die eine passende Methode besitzt. Um also die Datei c:\beispiel.xml umzuwandeln, schreiben Sie Folgendes:

```
parser.parse((new File("c:\beispiel.xml")).toURL().toString());
```

(Beachten Sie, dass die Methode parse() den URL bei der Übergabe in Form eines Strings erwartet und nicht etwa als ein Java-URL-Objekt, darum benötigt man den Aufruf von toString(), um diesen String zu erhalten.)

Unter Java 1.1 ist die Umwandlung eines Dateinamens in einen URL etwas komplizierter, falls das Programm später sowohl auf Windows-Rechnern als auch auf UNIX-Maschinen funktionieren soll, da es eine Vielzahl von Formaten für Dateinamen gibt. Hier ist eine Methode, die die meisten Fälle abdeckt, obwohl die Fehlerbehandlung etwas zu wünschen übrig lässt:

```java
public String CreateURL(Datei datei)
{
    String path = datei.getAbsolutePath();
    try
    {
        return (new URL(path)).toString();
    }
    catch (MalformedURLException ex)
    {
        String fs = System.getProperty("datei.separator");
        char sep = fs.charAt(0);
        if (sep != '/') path = path.replace(sep, '/');
        if (path.charAt(0) != '/') path = '/' + path;
        return "datei://" + path;
    }
}
```

Eingaben aus Nicht-XML-Quellen

Eine der überraschendsten Arten, auf die SAX benutzt worden ist, ist die Verknüpfung von XML-Anwendungen mit Nicht-XML-Daten. Solange die vorliegenden Daten in einem hierarchisch geordnetem Format vorliegen, das vernünftig in ein XML-Modell umgewandelt werden kann, reicht es, einen Treiber zu schreiben, der sich wie ein Parser verhält. Ihr Treiber sendet Ereignisse sowie ein startElement() und endElement() an den DocumentHandler der Applikation, so als ob die Daten aus einem XML-Dokument stammten, obwohl es kein XML-Dokument gibt, das bearbeitet werden müsste.

Warum sollte man so etwas tun? Es ermöglicht Ihnen die Benutzung von Programmen, die XML-Daten akzeptieren, ohne dass Sie Ihre Daten in das XML-Format übertragen müssen, um diese parsen zu können. Angenommen, Sie haben ein Programm, das eintreffende XML-EDI-Nachrichten für Electronic-Commerce-Transaktionen verarbeitet. Dann möchten Sie vielleicht, dass dieses Programm auch Nachrichten, die in einem älteren Standard verfasst sind, lesen kann und schreiben daher einen Übersetzer für diese Applikation. Eine Möglichkeit wäre, dass Ihr Übersetzer ein XML-Dokument anlegt und dieses an Ihr Programm weitergibt. Ein besserer Weg wäre es, die Anwendung in SAX zu schreiben, die dann von Ihrem Übersetzer direkt aufgerufen wird und vorgibt, ein XML-Parser zu sein.

Der folgende Abschnitt beschäftigt sich mit SAX-Filtern und den damit verbundenen Lösungswegen.

Behandlung externer Entities

Wir betrachten XML-Entities oft als Marker, wie &aumlaut;, die im Text eines Dokuments auftauchen. Dies ist nicht ganz exakt: &aumlaut; ist genau genommen kein XML-Entity, sondern eine *Referenz auf eine Instanz*. Die XML-Entity ist das Objekt, auf das &aumlaut; verweist und ist die Definition in der DTD, die »aumlaut« mit dem Zeichen »ä« assoziiert.

Es gibt viele verschiedene Instanzen oder Zeichen unter XML und wir sollten uns bewusst sein, dass es Unterschiede zwischen ihnen gibt. In Kapitel 3 haben wir gesehen, was sie alles beinhalten:

Entity	Beschreibung
Zeichen-Referenzen	Zeichen, die auf der Basis eines numerischen Systems definiert sind (Dezimal oder Hexadezimal), zum Beispiel
 oder
 (Dies sind zwar eigentlich keine Zeichen, die zu den Entities zählen, werden hier aber aus Gründen der Vollständigkeit aufgeführt).
Vordefinierte XML-Entities	Die speziellen Zeichenreferenzen, die schon im XML-Standard definiert sind, wie etwa < und & Dies sind die einzigen Referenzen auf Zeichen, die Sie ohne eine entsprechende Deklaration in einer DTD (intern oder extern) verwenden dürfen.
Interne Entities	Entity, dessen Ersatztext in der DTD definiert ist (und nicht als Referenz auf ein extern gespeichertes Objekt dient).
Externe analysierte Entities	Ein Entity, dessen Ersatztext wohlgeformt und in einer externen Datei gespeichert ist. Es wird vom einem zentralen XML-Dokument aus über einen System-Identifier oder einen URL referenziert.
Nicht analysierte Entities	Entities, die Nicht-XML-Daten enthalten (zum Beispiel binäre Daten für Bilder). Diese Zeichen sind immer extern. Das eigentliche Format kann durch eine Markierung identifiziert werden.
Parameter-Entities	Entities, deren Ersatztexte eher Teile einer DTD enthalten als Teile eines Dokumentkörpers.
Document-Entity	Das XML-Quelldokument ist selbst eine Entity-Instanz.
Externe Teilmenge der DTD	Falls das Dokument auf eine externe DTD verweist, ist diese DTD auch eine Entity-Instanz

Die SAX-Einrichtungen, die sich mit der Behandlung von Entities beschäftigen, haben die Aufgabe, Referenzen auf externe Entities aufzulösen, das bedeutet, Referenzen auf Daten, die in getrennten Dateien gelagert sind oder um genauer zu sein: in Containern, die durch ein System von Public Identifier beschrieben werden. Internal Entities, Character References und Predefined Entities werden automatisch vom Parser verarbeitet, so dass Anwendungen keine Möglichkeit haben, in die Verarbeitung einzugreifen.

External Entities werden unter XML immer durch ein System von Identifiern beschrieben (was einem URI entspricht, der wiederum in der Praxis einem URL entspricht) und optional durch ein Public-Identifier. Public-Identifier sind eine Errungenschaft von SGML: dem XML-Standard (und Grund für SAX). Dieser sagt nicht wirklich, was Public Identifier sind oder wie sie benutzt werden sollen, allerdings gibt es Konventionen für die Benutzung von Public Identifiern, die auf der Praxis von SGML basieren.

Es gibt eine Vielzahl von Situationen, wo die Standard-Regeln für die Auflösung von externen Entity-Referenzen durch die Interpretation seiner System Identifier oder URLs nicht wirklich angemessen sind. Diese beinhalten:

❏ Entities, die Teil einer Datenbank sind (oder an einem anderen Ort sind, der nicht direkt über einen URL adressierbar ist, wie zum Beispiel eine Textbausteinsammlung in einem Textverarbeitungsprogramm).

❏ Entity-Referenzen, die abhängig vom Kontext unterschiedlich interpretiert werden können. Zum Beispiel die Entity-Referenz &currentUser; könnte sich auf den Namen des derzeitig eingeloggten Benutzers beziehen.

❏ Systeme, auf denen mehr als eine Versionsnummer derselben Entity existieren und wo die Entscheidung, welche Version benutzt wird, von den Umständen abhängt.

❏ Systeme, auf denen es viele Kopien einer Liste mit Standard-Entities gibt und auf denen das System aus Performance-Gründen die am nächsten gelegene Version aussucht.

❏ Systeme, auf denen Entities eher über Public Identifier als über URLs identifiziert werden. Public Identifier sind in der SGML-Welt populär geworden und viele Verlagshäuser wollen diese auch weiterhin unter XML benutzen. Traditionell werden Public Identifier unter SGML mit realen Dateien über eine Suchtabelle, die als Katalog bekannt ist, assoziiert. Unter XML gibt es einen solchen Mechanismus nicht, SAX allerdings erlaubt Programmen den Gebrauch solcher Mechanismen.

Wo External Entities nicht einfach über URLs gefunden werden können, sollte eine SAX-Applikation einen Entity-Resolver beinhalten: Dies ist eine Klasse, die das Interface org.xml.sax.EntityResolver implementiert. Die Anwendung kann einen Entity-Resolver über den Parser registrieren, indem sie die setEntityResolver()-Methode des Parsers aufruft.

Ein Entity-Resolver braucht nur eine Methode zu implementieren, nämlich resolveEntity(). Diese wird vom Parser mit zwei Parametern, einem System Identifier (oder URL) und einem Public Identifier aufgerufen. Der Public Identifier wäre null, falls kein Public Identifier in der Entity-Beschreibung spezifiziert wäre. Die Aufgabe der resolveEntity()-Methode ist es, ein InputSource-Objekt zurückzugeben, das der Parser zum Lesen der externen Entity benutzt.

Im Anhang C ist ein einfaches Beispiel für einen Entity-Resolver in der SAX-Spezifikation enthalten.

Nichtgeparste Entities und Notationen

Im Allgemeinen gibt SAX keine Informationen über die DTD an die Anwendung weiter. Als SAX definiert wurde, wurde entschieden, dass die meisten Anwendungen dies nicht benötigen und es wurde deshalb auf Eis gelegt. (Wie wir sehen werden, besitzt SAX 2.0 einige Erweiterungen auf diesem Gebiet.)

Ein totales Zugriffverbot auf den Inhalt einer DTD allerdings hätte es SAX-Anwendungen unmöglich gemacht, Dokumente zu verarbeiten, die Referenzen auf ungeparste (nicht analysierte) Entities und Notationen beinhalten. Es gibt einige andere Features von XML, die nur wenig benutzt wurden und werden, was seinerzeit keiner hat vorhersagen können, zudem haben auch diese Features ihre Anhänger. Ungeparste Entities erlauben es einem XML-Dokument, Referenzen auf Nicht-XML-Dokumente zu besitzen, wie etwa binäre Sound- oder Bilddateien, Notationen ermöglichen es, die Formate dieser Dateien zu registrieren und genau zu identifizieren. Wenn eine ungeparste Entity gefunden wird, würde der Parser, per Definition, diese nicht interpretieren, da dies nicht in seinen, sondern in den Zuständigkeitsbereich der Anwendung fiele. Die Anwendung aber kann diese nur bearbeiten, wenn sie die externe Entity und Notation identifizieren kann, und dafür braucht die Anwendung Zugriff auf für sie relevante Deklarationen aus der DTD.

Hierfür gibt es das SAX-Interface DTDHandler, das, wie sein Name schon verspricht, Zugriffe auf die Inhalte der DTD gewährt. Genau genommen stehen dem Interface nur sehr spezialisierte Informationen über die DTD zur Verfügung, nämlich Informationen über ungeparste Entities und Notationen. Wenn Sie diese Informationen brauchen, benutzen Sie den DTDHandler genauso wie jedes andere Event-Handling-Interface auch: Sie schreiben eine Klasse, die das Interface org.xml.sax.DTDHandler implementiert und registrieren diese mit der Methode setDTDHandler() des Parsers. Der Parser wird dann Informationen über ungeparste Entities und Notationen aus der DTD an die Anwendung weiterleiten. Diese Informationen können Sie später dafür benutzen, um Referenzen auf die Objekte (in der Form von Attributen des Typs ENTITY, ENTITIES oder NOTATION) im Körper des Dokumentes zu entdecken.

Sie sollten nicht enttäuscht darüber sein, dass der DTDHandler Ihnen weniger anbietet, als sein Name verspricht!

Wahl des Parsers

Unter dieser Überschrift können wir zwei getrennte Fragen stellen:

❑ Welches Produkt sollte man als Designer benutzen?
❑ Wie sorgt man als Programmierer dafür, dass die geschriebenen Anwendungen mit beliebigen Parsern funktionieren?

Die erste Frage befindet sich wirklich außerhalb des Blickfeldes dieses Buches. Wir haben bereits einige SAX-Parser aufgelistet und, um ehrlich zu sein, die Auswahl zwischen diesen Parsern ist sehr gering. Sie sind alle frei erhältlich, und obwohl sich das Kleingedruckte der Lizenzbedingungen von einem Hersteller zum anderen unterscheidet, probieren Sie am besten alle aus und entscheiden Sie sich dann, welcher Ihnen am besten gefällt.

Die Parser zerfallen grob in zwei Kategorien: Parser, die von einzelnen Personen, und Parser, die von Firmen produziert werden. Die Produkte aus beiden Kategorien sind von gleicher Zuverlässigkeit. Parser, die von Firmen stammen, sind meist besser dokumentiert und haben einen besseren Support, zudem besitzen sie oft mehr untergeordnete Features (wie die Unterstützung von Mandarin-Zeichen oder ein COBOL/CICS-Interface-Modul). Sicherlich gut für den Benutzer, der diese Features braucht, aber eine Verschwendung von Plattenplatz und Downloadzeit für Benutzer, die solche Features nicht benötigen.

Wenn Sie einen Parser brauchen, der nur SAX parsen soll und nichts anderes, der schnell und komfortabel ist und sich streng an den Standard hält, und falls technischer Support uninteressant für Sie ist, dann gibt es nur wenige Produkte, die James Clarks xp-Parser schlagen können. Der xp ist unter `http://www.jclark.com/xp` erhältlich. Ælfred (unter `http://www.microstar.com/aelfred.html`) ist kleiner, was ihn zu einer guten Wahl für das Einbetten in eigene Anwendungen macht, besonders bei Applets, wo die Downloadzeit eine wichtige Rolle spielt. Die Sun- oder IBM-Parser produzieren wahrscheinlich die hilfreicheren Fehlerbeschreibungen zu inkorrekten XML-Dateien, so dass sie sehr hilfreich für die Autoren von XML-Dokumenten sind. Bei den anderen Parsern ist das Entscheidungskriterium die Umgebung, in der sie laufen sollen: Der Oracle-Parser, zum Beispiel, ist die offensichtlichste Wahl für eine Anwendung, die oft Gebrauch von Oracle-Produkten macht.

In der Praxis ist es gut, wenn man sich seine Optionen offen hält; man kann nie wissen, was für Parser in Zukunft kommen werden, und es ist gut möglich, dass ihre potenziellen Kunden etwas gegen Software haben, die nicht von allen Systemen unterstützt wird oder die zum Beispiel nicht die französische Sprache unterstützen. Dies bedeutet, dass Sie Ihre Anwendungen ohne solche Statements wie dieses schreiben sollten,

```
Parser p = new com.jclark.xml.sax.Driver();
```

was Sie und Ihre Kunden an ein bestimmtes Produkt binden würde.

Falls Sie eine Umgebung wie CORBA benutzen, ein »distributed object environment« (Common Object Request Broker Architecture – unter `http://www.omg.org`), dann wäre von der Architektur her gesehen der richtige Lösungsansatz, wenn Sie die Verantwortung an den Händler delegieren. Der Händler könnte wahrscheinlich alle möglichen Regeln anwenden, um einen Parser zu finden, der Ihren Laufzeitanforderungen am ehesten genügt. Die Designer von SAX haben verständlicherweise versucht, von solchen Laufzeitumgebungen unabhängig zu werden. Stattdessen stellen sie den Benutzer vor eine Reihe von Entscheidungen:

❑ Sie können die einfache Hilfsklasse `ParserFactory` benutzen, die der SAX-Distribution beiliegt. Ihre Anwendung ruft dann die statische Methode `ParserFactory.makeParser()` auf. Diese liest die Systemeigenschaften mit Hilfe von `org.xml.sax.parser` aus und interpretiert diese als Klassennamen. Sie können die Systemeigenschaften selbst setzen, indem Sie die −D-Option auf der Java-Kommandozeile benutzen oder indem Sie ein Kommandoskript schreiben, in dem Sie Umgebungsvariablen setzen.

❑ Sie können Ihre eigenen Mechanismen zur Instanziierung einer Parser-Klasse, die zur Laufzeit bestimmt wird, entwerfen. Sie können den Klassennamen in einer Konfigurationsdatei oder der Windows Registrier-Datenbank speichern. Wenn Sie dies tun, können Sie den Namen als String einlesen und die folgende Java-Sequenz dazu benutzen, einen Parser zu instanziieren. In der Praxis werden Sie noch einige Fehlerbehandlungsroutinen einfügen müssen, um die verschiedenen Exceptions zu fangen.

```
String parserName = [***lese Namen des Parsers***];
Parser p = (Parser)(Class.forName(parserName).newInstance());
```

❑ Sie sollten zudem eine Liste mit den Namen von bekannten Parsern in Ihre Applikation einbauen und diese Parser dann nacheinander aus der Liste zu laden versuchen, bis sie einen gefunden haben, der erfolgreich geladen wurde. Dies erlaubt Ihren Benutzern, einen beliebigen von Ihnen unterstützten Parser in ihren Classpath aufzunehmen, es erlaubt ihnen jedoch nicht, einen anderen, von Ihnen nicht aufgeführten, Parser zu benutzen.

Ein Beispiel für die zweite Technik kann in der `ParserManager`-Klasse von Michael Kays SAXON Paket gefunden werden (unter `http://users.iclway.co.uk/mhkay/saxon/`). Diese Klasse instanziiert einen Parser aus den Informationen, die sie aus einer Konfigurationsdatei mit dem Namen `ParserManager.properties` erhält (die in dem SAXON-Paket enthalten ist). Alles, was Sie brauchen, um diese Applikation mit verschiedenen Parsern laufen zu lassen, ist ein geänderter Eintrag in der Konfigurationsdatei (Anweisungen dafür sind in der Datei enthalten). `ParserManager` ist eine frei stehende Klasse, die unabhängig vom Rest des SAXON-Paketes benutzt werden kann, und ist frei verteilbar. Wenn Sie die Klasse `ParserManager` installiert haben und dessen Konfigurationsdatei im Classpath steht, können Sie einen SAX-Parser ganz einfach durch diese Zeile erzeugen:

```
Parser = ParserManager.makeParser();
```

Wir werden dies in dem nachfolgenden Beispiel tun.

Einige Entwurfsmuster für SAX

Unsere Beispielanwendungen haben bisher immer nur einen oder zwei unterschiedliche Elementtypen verarbeitet und die Verarbeitung dieser Elemente war sehr einfach gehalten. Bei wirklichkeitsnahen Anwendungen, die viele verschiedene Typen von Elementen verarbeiten, können solche Programme sehr schnell sehr unübersichtlich und unstrukturiert werden. Dies passiert aus zwei Gründen: Erstens, die Interaktionen von verschiedenen Ereignissen, die alle im selben globalen Kontext verarbeitet werden, sind nur schwer zu entwirren, und zweitens, jede der Ereignis-verarbeitenden Methoden erfüllt eine Reihe von miteinander nicht zusammenhängenden Aufgaben.

Also sollte man viel Vorsicht beim Entwurf von SAX-Anwendungen walten lassen, um die oben genannten Probleme zu vermeiden. Dieser Abschnitt präsentiert einige der Möglichkeiten, um solche Probleme zu vermeiden: das Filtermuster und das regelbasierte Muster.

Das Filter-Muster

Beim Filterdesign-Muster, das manchmal auch das Pipeline-Muster genannt wird, kann jede Verarbeitungsstufe als ein Abschnitt einer Pipeline beschrieben werden; die Daten fließen durch die Röhre und jeder Abschnitt der Röhre filtert die ihn durchfließenden Informationen. Dies soll durch das Diagramm verdeutlicht werden:

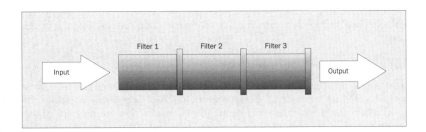

Ein Filter kann eine Reihe von Dingen tun:

❏ Elemente aus dem Quelldokument entfernen, die nicht erwünscht sind
❏ Tags oder Attribut-Namen verändern
❏ Gültigkeitsprüfungen durchführen
❏ Datenwerte normalisieren

Die hervorstechendste Eigenschaft dieses Designs ist, dass jeder Filter einen Input und Output hat und dass beide an dasselbe Interface passen. Der Filter implementiert das Interface an einer Seite und agiert als Klient desselben Interfaces an der anderen Seite. Wenn wir also angrenzende Filterpaare betrachten, dann ist der linke Filter der Parser und der rechte der Dokument-Handler. Und tatsächlich wird der Filter in dieser Struktur sowohl den SAX-`Parser` als auch das `DocumentHandler`-Interface implementieren. (»Parser« ist hier natürlich die falsche Bezeichnung. Das Interessante an dem SAX- Parser ist nicht, dass er die lexikalen und syntaktischen Regeln von XML versteht, sondern dass er Ereignisse an den Dokument-Handler weiterleitet. Jedes Programm, das solche Mitteilungen machen kann, kann als SAX-Parser-Interface benutzt werden, auch wenn es eigentlich kein Parser ist.)

Ein Filter kann zudem mehr als einen Output haben und damit Ereignisse an mehr als nur einen Empfänger weiterleiten, oder (was nicht so oft der Fall ist) ein Filter kann mehr als einen Input haben und verschmilzt damit Ereignisse von mehr als einer Quelle.

Die Stärke des Filterdesigns liegt in der hohen Verwendbarkeit der Filter, genauso wie bei echten Rohren können Filter auf viele verschiedene Arten verbunden werden.

Die Klasse ParserFilter

Es gibt einige Werkzeuge, die zur Konstruktion einer solchen Pipeline verwendet werden können. Das einfachste stammt von John Cowan und ist eine Klasse namens `ParserFilter`, erhältlich unter `http://.ccil.org/~cowan/XML/`. Dies ist eine abstrakte Klasse: Sie kann alles, was ein echter Filter können muss, überlässt es aber darüber hinaus Ihnen, eine Subklasse für jeden spezifischen Filter, den Sie für Ihre Pipeline brauchen, zu entwerfen.

Wie Sie vielleicht erwartet haben, implementiert `ParserFilter` das SAX `Parser`- und das `Document-Handler`-Interface; tatsächlich implementiert es die anderen SAX-Event-Handler-Interfaces gleich mit (`DTDHandler`, `ErrorHandler` und `EntityResolver`). Die Event-handling-Methoden in dieser Klasse leiten lediglich die Ereignisse an den nächsten Filter innerhalb der Pipeline weiter: Es bleibt Ihren Unterklassen überlassen, Methoden zu überschreiben, die andere nützlichere Aufgaben erfüllen sollen.

Die `ParserFilter`-Klasse hat einen Konstruktor, der einen `Parser` als Parameter übernimmt: Der Effekt ist, dass ein Stück Pipeline entsteht und mit einem anderen Stück, das sich weiter links befindet, verbunden wird. Um die im Diagramm gezeigte dreiteilige Pipeline zu konstruieren, könnte man diesen Programmcode verwenden:

```
ParserFilter pipeline = new Filter3(
                new Filter2 (
                    new Filter1 (
                        new com.jclark.xml.sax.Driver())));
pipeline.setDocumentHandler(outputHandler);
```

Die Ersteingabe in die Pipeline ist natürlich ein SAX-`Parser` und die Endausgabe ist ein SAX-`DocumentHandler`.

Ein Beispiel für einen ParserFilter: ein Indenter

Hier ist ein komplettes und funktionsfähiges Beispiel für einen `ParserFilter`, der `Indenter` genannt wird. Dieser Filter verändert einen SAX-Ereignisstrom und fügt Leerräume vor Start- und End-Tags ein, um die Kapselung und die Struktur eines Dokumentes übersichtlicher zu machen. Anschließend gibt er die Daten an den nächsten `DocumentHandler` weiter (welcher natürlich ein weiterer Filter ist).

Der Programmcode sollte eigentlich selbsterklärend sein, bemerkenswert an diesem Beispiel ist, dass diese Klasse von den Methoden ihrer Superklasse abhängig ist, sie könnte ohne diese keine Ereignisse an den `DocumentHandler` weitergeben:

```
import java.util.*;
import org.xml.sax.*;
import org.ccil.cowan.sax.ParserFilter;
```

```java
/**
 * Indenter: Dieser ParserFilter rückt Elemente ein.
 * Es werden jeweils vier Leerzeichen je Element-Ebene eingefügt.
 */
public class Indenter extends ParserFilter {

    private final static String indentChars = "    ";    // soviel wird eingerückt
    private int level = 0;                                // Element-Ebene
    private boolean sameline = false;                     // true, falls keine
                                                          // Zeilensprünge im Element
    private StringBuffer buffer = new StringBuffer();// Puffer für Zeichen

    /**
     * Konstruktor: legt den verwendeten Parser für den Filter fest
     */

    public Indenter(Parser p) {
        super(p);
    }

    /**
     * Ausgabe eines Start-Tags.
     */

    public void startElement(String tag, AttributeList atts) throws SAXException
    {
        flush();                        // vorhandene Zeichen löschen
        indent();                       // Leerzeichen einfügen (einrücken)
        super.startElement(tag, atts);  // Start-Tag und Attribute ausgeben
        level++;                        // eine Element-Ebene tiefer gehen
        sameline = true;                // nehme an, der Inhalt sei eine lange Zeile
    }

    /**
     * Ausgabe eines End-Tags
     */

    public void endElement(String tag) throws SAXException
    {
        flush();                        // vorhandene Zeichen löschen
        level--;                        // eine Element-Ebene aufwärts
        if (!sameline) indent();        // falls Zeilensprung vorlag, einrücken
        super.endElement(tag);          // End-Tag ausgeben
        sameline = false;               // der nächste Tag soll in einer eigenen
                                        // Zeile stehen
    }

    /**
     * Ausgabe einer PI
     */

    public void processingInstruction(String target, String data) throws
                                                        SAXException
    {
        flush();                        // vorhandene Zeichen löschen
        indent();                       // einrücken
```

```
                super.processingInstruction(     // PI ausgeben
                             target, data);
    }
    /**
     * Ausgabe von Text
     */

    public void characters(char[] chars, int start, int len) throws SAXException
    {
        buffer.append(chars,         // alle Zeichen in den Puffer lesen
            start, len);
    }

    /**
     * Ausgabe von vernachlässigbaren Leerzeichen
     */

    public void ignorableWhitespace(char[] ch, int start, int len) throws
                                             SAXException
    {
        // Ignoranz ist der Schlüssel zum Glück!
    }

    /**
     * Ausgabe von Leerzeichen entsprechend der Element-Ebene
     */

    private void indent() throws SAXException
    {
                            // Array mit einem Zeilensprung und
                            // der richtigen Anzahl von
                            // Leerzeichen erstellen
        int len = indentChars.length();
        char[] array = new char[level*len + 1];
        array[0] = '\n';
        for (int i=0; i<level; i++)
        {
            indentChars.getChars(0, len, array, len*i + 1);
        }
                            // das Array als Zeichenkette ausgeben
        super.characters(array, 0, level*len+1);
    }

    /**
     * Den Puffer von Zeichen leeren.
     * Leerzeichen im Markup werden entfernt.
     */

    public void flush() throws SAXException
    {
                            // Puffer in ein Array von Zeichen kopieren
        int end = buffer.length();
        if (end==0) return;
        char[] array = new char[end];
        buffer.getChars(0, end, array, 0);
                            // Leerzeichen an den Enden entfernen
```

```
            int start=0;
            while (start<end && Character.isWhitespace(array[start])) start++;
            while (start<end && Character.isWhitespace(array[end-1])) end--;
                                // Prüfen ob ein newline-Zeichen im Puffer ist
            for (int i=start; i<end; i++)
            {
                if (array[i]=='\n') {
                    sameline = false;
                    break;
                }
            }
                                // Ausgabe der restlichen Zeichen
            super.characters(array, start, end-start);
                                // Puffer leeren
            buffer.setLength(0);
        }

    }
```

Um dieses Beispiel wirklich laufen zu lassen, brauchen wir einen DocumentHandler, der XML ausgibt; lassen Sie uns annehmen, dieser sei vorhanden und heißt XMLOutputter (der Programmcode des XMLOutputter wird im nächsten Abschnitt aufgeführt). Dann können wir ein Hauptprogramm wie das folgende schreiben:

```
public static void main(String[] args) throws Exception
{
    Indenter app = new Indenter(ParserManager.makeParser());
    app.setDocumentHandler(new XMLOutputter());
    app.parse(args[0]);
}
```

Zudem müssen wir noch einige wichtige Bemerkungen an den Beginn der Klasse ParserManager einfügen:

```
import java.util.*;
import org.xml.sax.*;
import com.icl.saxon.ParserManager;
import org.ccil.cowan.sax.ParserFilter;
```

Wir haben das Programm etwas realistischer gestaltet, indem wir aus der Quelldatei ein Argument gemacht haben, das auf der Kommandozeile spezifiziert werden kann (durch args[0]) und indem wir einen SAX-Parser durch Verwendung der ParserManager-Klasse generiert haben. Trotz allem ist es noch kein ausgereiftes Programm, da es schon zusammenbricht, wenn es ohne die Übergabe eines Input-Argumentes aufgerufen wird, was sich aber ändern lässt. Sobald Sie den Classpath richtig gesetzt haben (vergessen Sie nicht, den ParserManager zu benutzen, die Datei ParserManager.properties muss ebenfalls im Classpath stehen), können Sie das Programm von der Kommandozeile wie folgt aufrufen:

```
java Indenter file:///c:/data/books.xml
```

Der Output sollte bereits eine angemessene Form haben. Da das übergebene Argument ein URL ist, und da die Angabe eines URLs ausreicht, können Sie jede beliebige XML-Datei über das Netz formatieren.

Das Ende der Pipeline: Erzeugung von XML

Oft, so wie in den vorangegangenen Beispielen, wird das Ergebnis am Ende der Pipeline ein XML-Dokument sein. Also werden Sie des Öfteren einen DocumentHandler brauchen, der aus den Ereignissen, die durch die Pipeline kommen, ein XML-Dokument formt: eine Art von umgedrehtem Parser.

Überraschenderweise fanden wir einen DocumentHandler im Netz, der diese Eigenschaften besitzt, so dass wir einen solchen Parser geschrieben haben und den DocumentHandler eingefügt haben.

Hier haben wir die Klasse. Sie ist recht intuitiv zugänglich, mit Ausnahme der Programmteile, die Entities und Character-References für Spezialzeichen erzeugen, da diese weniger intuitive Java-Klassen verwenden, um Strings und Arrays zu manipulieren:

```java
import org.xml.sax.*;
import java.io.*;

/**
 * XMLOutputter ist ein DocumentHandler, der ihm
   mitgeteilte Ereignisse verwendet, um
 * ein XML-Dokument ueber die Standard-Ausgabe zu
   erzeugen
 */

public class XMLOutputter implements DocumentHandler
{

    private Writer writer = null;

    /**
     * Setzt den DocumentLocator. Wird hier nur
       erwähnt, um dem Interface zu genügen.
     */

    public void setDocumentLocator(Locator locator) {}


    /**
     * Beginn des Dokumentes. Generiert den Writer
       und schreibt die XML-Deklaration.
     */

    public void startDocument () throws SAXException
    {
        try
        {
            writer = new BufferedWriter(new PrintWriter(System.out));
            writer.write("<?xml version='1.0' ?>\n");
        }
        catch (java.io.IOException err)
        {
            throw new SAXException(err);
        }
    }

    /**
     * Ende des Dokumentes, der Output-Stream wird geschlossen.
     */
    public void endDocument () throws SAXException
    {
        try
        {
            writer.close();
```

```
        }
    catch (java.io.IOException err)
    {
        throw new SAXException(err);
    }
}


/**
 * Beginn eines Elementes. Ausgabe des Start-Tags
   inklusive der Escape-Zeichen.
 */

public void startElement (String name, AttributeList attributes)
                                            throws SAXException
{
    try
    {
        writer.write("<");
        writer.write(name);

        // Ausgabe der Attribute

        for (int i=0; i<attributes.getLength(); i++)
        {
            writer.write(" ");
            writeAttribute(attributes.getName(i), attributes.getValue(i));
        }
        writer.write(">");
    }
    catch (java.io.IOException err)
    {
        throw new SAXException(err);
    }
}


/**
 * Setze attribute name=value pair
 */

protected void writeAttribute(String attname, String value) throws
                                                SAXException
{
    try
    {
        writer.write(attname);
        writer.write("='");
        char[] attval = value.toCharArray();
        char[] attesc = new char[value.length()*8];  // Worst-Case-Szenario
        int newlen = escape(attval, 0, value.length(), attesc);
        writer.write(attesc, 0, newlen);
        writer.write("'");
    }
    catch (java.io.IOException err)
    {
        throw new SAXException(err);
    }
```

```
    }

    /**
     * Ende eines Elementes. Ausgabe des End-Tags.
     */

    public void endElement (String name) throws SAXException
    {
        try
        {
            writer.write("</" + name + ">");
        }
        catch (java.io.IOException err)
        {
            throw new SAXException(err);
        }
    }

    /**
     * Zeichen.
     */

    public void characters (char[] ch, int start, int length) throws SAXException
    {
        try
        {
            char[] dest = new char[length*8];
            int newlen = escape(ch, start, length, dest);
            writer.write(dest, 0, newlen);
        }
        catch (java.io.IOException err)
        {
            throw new SAXException(err);
        }
    }

    /**
     * vernachlässigbare Leerzeichen: werden wie Zeichen
       behandelt
     */

    public void ignorableWhitespace(char[] ch, int start, int length)
    throws SAXException
    {
        characters(ch, start, length);
    }

    /**
     * Vorschrift für eine Verarbeitungsanweisung.
     */
    public void processingInstruction (String target, String data)
                                            throws SAXException
    {
        try
        {
            writer.write("<?" + target + ' ' + data + "?>");
```

```
            }
        catch (java.io.IOException err)
        {
            throw new SAXException(err);
        }
    }

/**
    * Metazeichen müssen für die Ausgabe geschützt werden.
    * @param ch Das Array mit dem Eingabe-String
    * @param start Die Startposition des Input-Strings im Array
    * @param length Die Länge des Eingabe-Strings im Array
    * @param out Array für die Ausgabe. Im schlimmsten Fall wird dieses
    * das 8-fache der Länge des Input-Arrays haben.
    * @return Anzahl der Zeichen im Output-Array
    */

private int escape(char ch[], int start, int length, char[] out)
{
    int o = 0;
    for (int i = start; i < start+length; i++)
    {
        if (ch[i]=='<')
        {
            ("&lt;").getChars(0, 4, out, o); o+=4;
        }
        else if (ch[i]=='>')
        {
            ("&gt;").getChars(0, 4, out, o); o+=4;
        }
        else if (ch[i]=='&')
        {
            ("&amp;").getChars(0, 5, out, o); o+=5;
        }
        else if (ch[i]=='\"')
        {
            ("&#34;").getChars(0, 5, out, o); o+=5;
        }
        else if (ch[i]=='\'')
        {
            ("&#39;").getChars(0, 5, out, o); o+=5;
        }
        else if (ch[i]<127)
        {
            out[o++]=ch[i];
        }
        else
        {
            // Referenz zu den Augabezeichen
            out[o++]='&';
            out[o++]='#';
            String code = Integer.toString(ch[i]);
            int len = code.length();
            code.getChars(0, len, out, o); o+=len;
            out[o++]=';';
        }
```

```
        }

    return o;
}

}
```

Nun sollten Sie verstehen, wie man SAX dazu benutzen kann, XML-Dokumente zu lesen und zu schreiben. Genau genommen können Sie SAX nun rückwärts laufen lassen; anstelle eines Parsers, der eigentlich Standardsoftware ist und von jemand anders geschrieben wurde, und dem `DocumentHandler`, der eigentlich von Ihnen stammen sollte, können Sie eine Implementation des `org.xml.sax.Parser`-Interfaces schreiben, die Ihre Anwendungslogik für die Erzeugung von XML-Dokumenten enthält, und sie mit dem `DocumentHandler` verbinden, um XML zu erzeugen!

Andere ParserFilter

Lassen Sie uns einen Blick auf andere nützliche ParserFilter werfen.

NamespaceFilter

Dieser `ParserFilter` implementiert die W3C-Empfehlung für XML Namensräume, die in Kapitel 7 beschrieben wird. Er findet sich auf der Website von John Cowan unter `http://www.ccil.org/~cowan/XML/`.

Der SAX-Standard wurde definiert, bevor die Empfehlung für XML-Namensräume veröffentlicht worden war, so dass er keinen Gebrauch davon macht. Wenn ein Elementname so wie `<html:table>` im Quellcode steht, dann sieht der Elementname, der an die `startDocument()`-Methode weitergegeben wird, so aus »`html:table`«. Für die Anwendung gibt es keinen Anhaltspunkt, um festzustellen, welcher Namensraum mit »`html`« gemeint ist.

Der `NamespaceFilter` löst dieses Problem. Es behält alle Namensraum-Deklarationen im Auge, die innerhalb des Dokumentes vorkommen (das bedeutet, alle »`xmlns:xxx`«-Attribute). Falls ein Präfixname oder der Name eines Attributs an den SAX-Parser weitergegeben wird, ersetzt es den ganzen Namensraum-URI des Präfixes, bevor es dieses an die Pipeline weitergibt. Wenn zum Beispiel das Start-Tag eines Elementes so aussieht: `<html:table xmlns:html="http://www.w3.org/TR/REC-html40">`, wird der Name des Elementes, das an den nächsten Dokument-Handler weitergegeben wird, so aussehen: `http://www.w3.org/TR/REC-html40^table`. Das dem französischen »accent circonflex« ähnelnde Zeichen wurde als Trennzeichen für den Namespace-URI und den lokalen Teil des Elementnamens gewählt, da es weder Teil eines URIs noch eines XML-Namens sein kann.

Manchmal möchten Anwendungen zusätzlich zum URI des Namensraums auch das Präfix genannt bekommen (zum Beispiel für die Erzeugung von Fehlermeldungen). `NamespaceFilter` besitzt zwar keine Routine dafür, ließe sich aber ohne Aufwand erweitern.

InheritanceFilter

Dieser Filter ist ebenfalls auf der Website von John Cowan erhältlich und behandelt vererbbare Attribute.

Viele XML-Dokumente benutzen das Konzept von **vererbbaren Attributen**. Die Idee ist, dass, wenn ein bestimmtes Attribut eines Elementes nicht gesetzt ist, der Wert dieses Attributs von einem anderen vorhandenen Attribut eines anderen Elementes übernommen wird. Der XML-Standard benutzt diese Methode für spezielle Attribute wie `xml:space`. Es wird ebenfalls häufig in einigen anderen Standards wie etwa für die *XSL Formatting Objects* benutzt.

`InheritanceFilter` ist ein `ParserFilter`, der die Attribut-Liste der `startElement()`-Methode erweitert, damit Attribute, die bei einem bestimmten Element eigentlich nicht vorhanden sind, von einem Eltern-Element geerbt werden können. Der `InheritanceFilter` muss dafür mit einer Liste von Attribut-Namen versorgt werden, die als ererbte Attribute behandelt werden sollen.

Der XLinkFilter

Dieser Parser-Filter unterstützt die XLink-Spezifikation, die für die Erstellung von Links zwischen XML-Dokumenten verwendet wird. Entwickelt wird der XLink von Simon St. Laurent, der eine Website unter `http://www.simonstl.com/projects/xlinkfilter/` hat.

Anders als die meisten Parser-Filter lässt ein `XLinkFilter` alle Ereignisse unverändert passieren. Während er dies tut, erzeugt er eine Datenstruktur, die die von ihm entdeckten und aus dem jeweiligen Dokument stammenden XLink-Attribute enthält. Diese Datenstruktur kann dann von den weiteren Filtern der Pipeline mitbenutzt werden.

Eine der XLink-Arten, die in der Spezifikation vorkommen, heißt »Inclusion Link«, bei dem der verlinkte Text innerhalb des Hauptdokumentes auftaucht. Dies entspricht eher einer Präprozessor-Anweisung wie zum Beispiel `#include`, die man von C kennt. Die XLink-Syntax hierfür ist `show="parsed"`. Dies entspricht eher einer External Entity Reference, mit dem Unterschied, dass die Anwendung noch Kontrolle darüber hat, ob und wann der Text eingefügt wird: Zum Beispiel könnte der Benutzer entscheiden, ob er die lange oder die kurze Version eines Dokumentes angezeigt bekommen möchte. Es wäre natürlich auch möglich, einen Filter zu entwerfen, der solche Links direkt mit einbezieht und damit ein eingefügtes Dokument als eingebetteten Teil des Original-Dokumentes an die nachfolgenden Filter weitergibt.

Pipelines mit gemeinsamem Kontext

Ein potenzielles Problem einer Pipeline ist, das jeder Filter Dinge herausfinden muss, die andere Filter bereits wissen. Ein einfaches Beispiel dafür ist die Kenntnis über die Eltern des aktuellen Elementes. Wenn ein Filter bereits einen Stack von Elementen verwaltet, wäre es Verschwendung, wenn andere Filter dies ebenfalls täten.

Dies können wir vermeiden, indem wir es den Filtern erlauben, auf die Datenstrukturen von vorherigen Filtern zuzugreifen, entweder direkt oder über öffentliche Methoden. Dafür müssen sich die einzelnen Filter der Pipeline allerdings kennen, was über das bisherige Modell der Pipeline hinausgeht und die Möglichkeit, Filter in beliebiger Reihenfolge hintereinander zu stecken, einschränkt. Wenn die Verarbeitung von Ereignissen diesen Grad an Komplexität erreicht, könnte man damit argumentieren, dass Ereignisbasierte Verarbeitung von Dokumenten umständlich ist, und lieber wieder zu DOM (das Navigationsmuster besitzt) übergehen.

Das regelbasierte Entwurfsmuster

Eine Alternative, SAX-Anwendungen zu strukturieren, die die Aufgabe haben, Funktionen zu trennen und die Struktur modular und einfach zu erhalten, ist der **regelbasierte** Ansatz.

Im Allgemeinen benutzen regelbasierte Programme ein »Event-Condition-Action«-Modell, das eine Sammlung von Regeln mit »falls dieses Ereignis unter diesen Bedingungen auftritt, dann tue dies«-Charakter haben. Daher kann man regelbasierte Programmierung als eine Art natürlicher Erweiterung des Ereignis-basierten Programmierens betrachten.

Das Verarbeitungsmodell von XSL (wird in Kapitel 9 behandelt werden), kann als ein Beispiel für regelbasiertes Programmieren betrachtet werden. Jedes XSL-Template stellt eine Regel dar. Ein Ereignis stellt dabei die Verarbeitung eines Knotens im Quelldokument dar. Die Bedingung ist das Muster, nach dem entschieden wird, welches Template aktiviert wird, und der Rumpf des Templates ist die Aktion, die ausgeführt wird. Dasselbe Konzept lässt sich auch auf eine SAX-Anwendung übertragen.

Das folgende Diagramm spiegelt die Struktur einer regelbasierten SAX-Anwendung wieder. Der Input des XML-Parsers wird in einen Switch geleitet, der die Ereignisse mit den vorliegenden Bedingungen abgleicht und entscheidet, welche davon in Kraft tritt. Die Aktionen werden dann an Verarbeitungsmodule weitergeleitet, wobei jedes nur eine spezielle Aufgabe erfüllt.

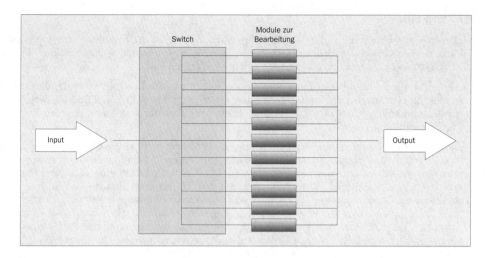

Es gibt viele Wege, auf denen Bedingungen und Aktionen implementiert werden können. Wir werden allerdings eine sehr einfache Implementation wählen, die das Eintreten einer Bedingung an das Erscheinen nur einer bestimmten Art von Element bindet.

Zuerst sollten wir den Dokument-Handler entwerfen. Wir werden ihn Switcher nennen, da er die Aufgabe hat, andere Programmteile mit der Verarbeitung von einzelnen Elementen zu beauftragen.

Der Switcher erfüllt seine Aufgabe, indem er einen Satz von Regeln in einer Hashtable verwaltet. Dieser Regelsatz ist durch den Elementtyp indiziert. Die Anwendung kann eine Klasse namens Element-Handler mit der Verarbeitung von bestimmten Elementen beauftragen. Wenn der Parser das Start-Tag eines Elementes lokalisiert, wird der zuständige Element-Handler aus dem Regelsatz ausgewählt und zur Verarbeitung des Start-Tags aufgerufen. Zur selben Zeit wird eine Referenz auf diesen Element-Handler auf einem Stapel abgelegt, damit dieser später das End-Tag und alles, was zwischen Beginn und Ende des Elementes steht, verarbeiten kann.

Dies ist der Code des Switcher:

```java
import org.xml.sax.*;
import java.util.*;

/**
 * Der Switcher ist ein DocumentHandler, Events an den richtigen Element-
 * Handler weiterleitet.
 */
public class Switcher extends HandlerBase
{

    private Hashtable rules = new Hashtable();
    private Stack stack = new Stack();

    /**
     * Definiert die Verarbeitung eines Elementtyps.
     */

    public void setElementHandler(String name, ElementHandler handler)
    {
        rules.put(name, handler);
    }
```

```
/**
 * Start eines Elements. Entscheiden, welcher Handler zu verwenden ist.
 * Rufe den Handler auf.
 */

public void startElement (String name, AttributeList atts) throws
                                        SAXException
{
    ElementHandler handler = (ElementHandler)rules.get(name);
    stack.push(handler);
    if (handler!=null)
    {
        handler.startElement(name, atts);
    }
}

/**
 * Ende eines Elements.
 */

public void endElement (String name) throws SAXException
{
    ElementHandler handler = (ElementHandler)stack.pop();
    if (handler!=null)
    {
        handler.endElement(name);
    }
}

/**
 * Texte.
 */

public void characters (char[] ch, int start, int length) throws SAXException
{
    ElementHandler handler = (ElementHandler)stack.peek();
    if (handler!=null)
    {
        handler.characters(ch, start, length);
    }
}
}
```

Ein Element-Handler entspricht in etwa einem Dokument-Handler, mit dem Unterschied, dass er immer nur einen Teil der Informationen eines Elementes, nämlich Anfang, Ende und Zeicheninformationen, verarbeitet. Somit haben wir, obwohl wir auch einen Dokument-Handler hätten verwenden können, eine spezielle Klasse definiert. Diese dient zum einen als Definition eines Interfaces und zum anderen als Superklasse für einen wirklichen Element-Handler. Jemand, der viel Praxis in der Anwendung von Java-Code hat, könnte vorschlagen, ein getrenntes Interface zu verwenden, aber für unsere Zwecke sollte diese Lösung ausreichen:

```
import org.xml.sax.*;

/**
 * Ein ElementHandler ist eine Klasse, die Start- und End-Tags und
```

```
 * Zeichen für einen Elementtyp behandelt. Diese Klasse sollte jedoch nichts
 * selbst tun, sondern die Bearbeitung einer Sub-Klasse überlassen.
 */

public class ElementHandler {

    /**
     * Start eines Elements
     */

    public void startElement (String name, AttributeList atts) throws
                                                    SAXException {}

    /**
     * Ende eines Elements
     */

    public void endElement (String name) throws SAXException {}

    /**
     * Zeichen
     */

    public void characters (char[] ch, int start, int length) throws
                                                    SAXException {}

}
```

Bisher ist die Definition noch sehr generell gehalten. Damit könnten wir die Switcher- und Element-Handler-Klasse mit jeder Art von Dokument benutzen, um jede beliebige Verarbeitung zu ermöglichen. Lassen Sie uns diese Klassen nun für eine echte Anwendung benutzen: Wir werden XML-Seiten erzeugen, die ausgesuchte Daten aus unserer Buchliste enthalten.

Hier ist ein Beispiel für eine Anwendung, die dies tut. Wir beginnen damit, die Kontrollstruktur festzulegen. Wir erzeugen also einen Switcher und registrieren einige ElementHandler-Klassen, die bestimmte Elemente aus dem XML-Dokument verarbeiten. Dann wird ein Parser erzeugt, der den Switcher als DocumentHandler festlegt und das Parsen startet:

```
import org.xml.sax.*;
import com.icl.saxon.ParserManager;

public class DisplayBookList
{

    public static void main (String args[]) throws Exception
    {
        (new DisplayBookList()).go(args[0]);
    }

    public void go(String input) throws Exception
    {
        Switcher s = new Switcher();
        s.setElementHandler("bücher", new BooklistHandler());
        s.setElementHandler("buch", new BookHandler());
        s.setElementHandler("autor", new AuthorHandler());
        s.setElementHandler("titel", new TitleHandler());
        s.setElementHandler("preis", new PriceHandler());
```

```
        s.setElementHandler("band", new VolumeHandler());
        Parser p = ParserManager.makeParser();
        p.setDocumentHandler(s);
        p.parse(input);
    }

    //...hier steht der Rest...
}
```

Die eigentlichen Element-Handler könnten auch als innere Klasse der Klasse `DisplayBookList` realisiert werden, dies wäre nützlich, da sie sich damit den Zugriff auf gemeinsame Daten teilten.

Der Element-Handler für das äußerste Element, »bücher«, erzeugt das Skelett einer HTML-Seite dieser Form:

```
private class BooklistHandler extends ElementHandler
{

    public void startElement(String name, AttributeList atts)
    {
        System.out.println("<html>");
        System.out.println("<head><title>Bücherliste</title></head>");
        System.out.println("<body><h1>Eine Liste von Büchern</h1>");
        System.out.println("<table>");
        System.out.println("<tr><th>Autor</th>");
        System.out.println("<th>Titel</th><th>Preis</th></tr>");
    }

    public void endElement(String name)
    {
        System.out.println("</table></body></html>");
    }

}
```

Der Element-Handler für mehrfach auftauchende »buch«-Elemente beginnt und beendet eine Zeile in der generierten HTML-Tabelle und initialisiert einige Variablen, die Daten enthalten:

```
private String author;
private String title;
private String price;
private boolean inVolume;

private class BookHandler extends ElementHandler
{

    public void startElement(String name, AttributeList atts)
    {
        author = "";
        title = "";
        price = "";
        inVolume = false;
    }

    public void endElement(String name)
    {
        System.out.println("<tr><td>" + author + "</td>");
```

```
            System.out.println("<td>" + title + "</td>");
            System.out.println("<td>" + price + "</td></tr>");
        }
    }
```

Schlussendlich erneuern die Element-Handler den Inhalt der Variablen innerhalb der <buch>-Elemente. Da für uns Leistung nicht so wichtig wie die Verständlichkeit dieses Beispiels ist, verwenden wir keine Variablen vom Typ Stringbuffer anstelle von Strings.

```
    private class AuthorHandler extends ElementHandler
    {

        public void characters (char[] chars, int start, int len)
        {
            author = author + new String(chars, start, len);
        }
    }

    private class TitleHandler extends ElementHandler
    {

        public void characters (char[] chars, int start, int len)
        {
            if (!inVolume)
            {
                title = title + new String(chars, start, len);
            }
        }
    }
    private class PriceHandler extends ElementHandler
    {

        public void characters (char[] chars, int start, int len)
        {
            if (!inVolume)
            {
                price = price + new String(chars, start, len);
            }
        }
    }

    private class VolumeHandler extends ElementHandler
    {

        public void startElement(String name, AttributeList atts)
        {
            inVolume = true;
        }

        public void endElement(String name)
        {
            inVolume = false;
        }
    }
```

Das Flag `inVolume` wird benutzt, um festzustellen, ob das aktuelle Element innerhalb eines `<band>`-Elementes steht oder nicht. Falls es in einem Element von Typ `<band>` steht, wird es ignoriert. Wenn Sie all diese Programmteile zusammenfügen (der ganze Programmcode kann unter `http://www.wrox.com` gefunden werden), können Sie das Programm mit diesem Befehl auf der Kommandozeile über ein XML-Beispiel laufen lassen:

```
>java java DisplayBookList file:///c:/data/books2.xml
```

Die folgende Ausgabe sollte erscheinen:

```
<html>
<head><title>Bücherliste</title></head>
<body><h1>Eine Liste von Büchern</h1>
<table>
<tr><th>Autor</th><th>Titel</th><th>Preis</th></tr>
<tr><td>Nigel Rees</td>
<td>Sayings of the Century</td>
<td>8.95</td></tr>
<tr><td>Evelyn Waugh</td>
<td>Sword of Honour</td>
<td>12.99</td></tr>
<tr><td>Herman Melville</td>
<td>Moby Dick</td>
<td>8.99</td></tr>
<tr><td>J. R. R. Tolkien</td>
<td>The Lord of the Rings</td>
<td>22.99</td></tr>
</table></body></html>
```

Dieses Beispiel ließe sich beliebig erweitern. Mögliche Erweiterungen wären:

❏ Element-Handler, die Zugriff auf Stacks haben, die Details über den Kontext von Elementen besitzen

❏ Die Wahl von Element-Handler auf der Basis von Bedingungen oder den Namen von Elementen

❏ Die Benutzung von Element-Handler als Teil einer Pipeline, die in der Lage sind, Ereignisse an den `DocumentHandler` eines anderen Element-Handlers zu schicken

Der Vorteil dieses Designmusters liegt darin, dass es einen großen Teil der Falls-dann-sonst-Programmierung überflüssig macht. Es sorgt dafür, dass der `DocumentHandler` nicht gewechselt werden muss, wenn eine neue Bedingung ergänzt wird. Sie brauchen stattdessen nur einen weiteren Element-Handler zu registrieren.

SAX 2.0

SAX 1.0 wurde weitreichend implementiert und fand auch schon fast seit seinem ersten Erscheinen am 12. Januar 1998 in weiten Kreisen Benutzung – einen Monat vor dem Erscheinen der endgültigen XML-1.0-Version. Die Bedürfnisse der Benutzer wurden weitestgehend befriedigt, mit der Ausnahme einiger Kritikpunkte, die in diesem Kapitel bereits angesprochen wurden.

So ist es wahrscheinlich nicht überraschend, dass die Entwicklung eines Nachfolgers, SAX 2.0, eher gemächlich voranging. Während des Frühjahres 1999 wurden Anforderungen an einen Nachfolger per XML-DEV-Mailingliste diskutiert, was dazu führte, dass eine Alphaversion der revidierten Spezifikation von David Megginson am 1. Juni 1999 veröffentlicht wurde (obwohl dies nicht weitreichend angekündigt wurde). An dieser Version wurde nur wenig Kritik geübt, so dass es wahrscheinlich ist, dass die endgültige Spezifikation von SAX 2.0 nahe an dieser Version liegen wird. Die Alphaversion kann unter `http://www.megginson.com/SAX/SAX2/` gefunden werden.

Ob diese Spezifikation weitreichend implementiert wird, ist eine ganz andere Frage, man wird sehen, was die Zukunft bringt.

Die Art und Weise, wie die Original-SAX-Spezifikation erweitert worden ist, ist bereits für sich eine interessante Sache. Es wurde ein Standardmechanismus definiert, der es einer Anwendung erlaubt, den Parser um die Unterstützung bestimmter Features zu bitten oder bestimmte Eigenschaften zu beeinflussen. Der Parser hat aber in allen Fällen das Recht, diese Wünsche zu verweigern. Das Set an Features und Eigenschaften, die nachgefragt werden können, ist dabei völlig offen. SAX2 bietet dafür einen Standardsatz an Features und Eigenschaften an, der aber jederzeit durch eigene Ideen ergänzt werden kann. Um dies zu ermöglichen, werden die Features und Eigenschaften über URIs identifiziert, was der Identifikation von Namespaces unter XML ähnelt.

Das konfigurierbare Interface

Das dafür eingeführte Interface unter SAX2 heißt `Configurable`. Ein SAX2-Parser muss sowohl das `org.xml.sax.Configurable`-Interface als auch das `org.xml.sax.Parser`-Interface implementieren. Das `Configurable`-Interface enthält vier Methoden:

Methode	Beschreibung
`getFeature(featureName)`	Erlaubt es der Applikation, den Parser zu fragen, ob er ein bestimmtes Feature unterstützt.
`setFeature(featureName, boolean)`	Ermöglicht es der Applikation, den Parser dazu aufzufordern, ein bestimmtes Feature zu aktivieren oder es zu deaktivieren.
`getProperty(featureName)`	Erlaubt es der Applikation, den Wert bestimmter Eigenschaften abzufragen.
`setProperty(featureName, object)`	Ermöglicht es einer Applikation, die Werte bestimmter Eigenschaften auf einen diskreten Wert zu setzen.

Wenn der Parser ein Feature oder eine Eigenschaft nicht erkennt, muss er eine `SAXNotRecognizedException` werfen. Dies bedeutet generell, dass die Anwendung nicht mitgeteilt bekommt, ob ein Feature unterstützt wird oder nicht. Falls der Parser ein Feature oder eine Eigenschaft erkennt, aber diese nicht auf den gewünschten Wert setzen kann, wirft er eine `SAXNotSupportedException`.

Um es klarer zu machen, betrachten wir eines der neuen Kern-Features von SAX2, dessen Name `http://xml.org/sax/features/validation` ist. Es hat die Aufgabe, das unter SAX 1.0 existierende Problem zu beheben, das verhindert, dass eine Anwendung bemerkt oder kontrolliert, ob der Parser ein Dokument auf Gültigkeit prüft oder nicht. Unter SAX 2.0 existiert dieses Feature. Der Parser muss das XML-Dokument auf seine Gültigkeit prüfen, falls dieses Feature aktiviert ist: Falls es nicht aktiviert ist, muss er dies nicht (mit anderen Worten, der Parser muss ein Dokument so lange abarbeiten, wie dieses wohlgeformt ist).

Eine Anwendung, die einen prüfenden Parser explizit benötigt, könnte diesen Aufruf enthalten:

```
parser.setFeature("http://xml.org/sax/features/validation", true);
```

Dies ist ein Kern-Feature, also sollte jeder SAX2-Parser diesen Aufruf akzeptieren. Ein Parser, der eine Gültigkeitsprüfung durchführt, wird eine normale Ausgabe erzeugen, während ein Parser, der keine durchführt, eine `SAXNotSupportedException` werfen wird.

Genauso könnte eine Anwendung, die explizit keine Prüfung verlangt, einen solchen Aufruf enthalten:

```
parser.setFeature("http://xml.org/sax/features/validation", false);
```

Diesmal muss ein Parser, der auf einer Prüfung besteht, auf diese Anfrage mit einer SAXNotSupportedException antworten.

Zudem kann eine Applikation, die einfach nur wissen will, ob der Parser eine Gültigkeitsprüfung durchführt oder nicht, einen Aufruf wie den folgenden enthalten:

```
if (parser.getFeature("http://xml.org/sax/features/validation")) ...
```

Kernfeatures und Kerneigenschaften

Die folgenden Features und Eigenschaften sind unter SAX2 definiert. Wobei ein Feature als eine andere Bezeichnung für eine Eigenschaft mit einem Wert vom Typ boolean ist.

Name (Präfix: http://xml.org/sax)	Wert	Bedeutung
/features/validation	boolean	Führt eine Prüfung auf Gültigkeit durch.
/features/external-general-entities	boolean	Bezieht generell (geparste) externe Entities mit ein.
/features/external-parameter-entities	boolean	Bezieht die externe Teilenge der DTD und externen Parameter-Entities mit ein.
/features/namespaces	boolean	Verarbeitet Namensraum-Dellarationen. Element- und Attributnamen mit einem Präfix erhalten statt des Präfixes den URI des Namensraums.
/features/normalize-text	boolean	Normalisiert Zeicheninformationen und stellt sicher, dass alle zusammengehörenden Teile eines Zeichens in einem einzigen Aufruf der Methode characters() übergeben werden.
/features/use-locator	boolean	Versorgt die Anwendung mit einem Objekt vom Typ Locator, indem die Methode setDocumentLocator() aufgerufen wird.
/properties/namespace-sep	String	Trennzeichen, das zwischen einem URI und dem lokalen Teil eines Namens steht, wenn Namensräume verwendet werden.
/properties/dom-node	org.w3c.dom.Node	Read-only-Eigenschaft: Falls das DOM für das Quelldokument im Speicher vorhanden ist, identifiziert diese Eigenschaft den zum aktuellen Ereignis gehörenden DOM-Knoten.
/properties/xml-string	String	Read-only-Eigenschaft: Ein String von Zeichen, der die XML Repräsentation des aktuellen Ereignisses darstellt.
/handlers/DeclHandler	org.xml.sax.misc. DeclHandler	Setzt einen Handler fest, der Element- und Attribut-Deklarationen aus der DTD verarbeiten kann.
/handlers/LexicalHandler	org.xml.sax.misc. LexicalHandler	Setzt einen Handler fest, der lexikalische Ereignisse verarbeitet. Dies schließt CDATA-Blöcke, Entities und Kommentare ein.
/handlers/NamespaceHandler	org.xml.sax.misc. NamespaceHandler	Setzt einen Handler fest, der Namensraum-Deklarationen verarbeitet.

Die Kerneigenschaften von SAX2 enthalten drei neue Event-Handling-Interfaces: features, proper-ties und handlers. (Vergessen Sie aber nicht, dass »Kern« nur bedeutet, dass jeder Parser eine Anfrage nach diesen Features erkennen muss, er hat dann immer noch das Recht, diese Anfragen abzulehnen.)

Der **Deklarationen-Handler**, DeclHandler, ermöglicht den Zugriff auf die Struktur-gebenden Definitio-nen der DTD. Es gewährt Zugriff auf Element-Deklarationen auf die einfachste Art und Weise: als String, den die Applikation selbst analysieren muss.

Der **lexikalische Handler**, LexicalHandler, ermöglicht Anwendungen Zugriffe auf Informationen, die unter SAX 1.0 nicht gestattet waren, da man glaubte, dass diese Informationen für die Applikation nicht von Interesse wären. Dies beinhaltet die Beschränkung für interne Entities, CDATA-Blöcke und die Exi-stenz von Kommentaren. Viele Autoren von Applikationen verlangten nach diesem Feature, da es einer Applikation erlaubt, die Veränderungen an einem Dokument während des Kopiervorganges zu minimie-ren. Kommentare werden zudem noch aus anderen Gründen benötigt. XSLT erlaubt es einem Stylesheet zum Beispiel, zu entscheiden, was mit Kommentaren aus einem Quelldokument geschehen soll, also braucht ein XSLT-Interpreter, der mittels SAX implementiert wurde, Zugriff auf diese Information.

Der **Namespace-Handler**, NamespaceHandler, erfüllt alle fortgeschrittenen Anforderungen des Behandlung von Namensräumen, die über die normalen Features hinausgehen. Während das normale Feature einfach nur Element- und Attribut-Präfixe durch die Benutzung der jeweiligen Namensraum-Deklaration expandiert, erlaubt es ein Namespace-Handler, dass Namensraum-Deklarationen als eigene Ereignisse verarbeitet werden. Das ist unter einigen Umständen sehr nützlich:

❏ Wenn Anwendungen Präfixe in anderen Zusammenhängen als Element- und Attributnamen verwen-den (zum Beispiel könnten sie diese für die Werte von Attributen verwenden)

❏ Wenn die Applikation das benutzte Präfix kennen muss (wie zum Beispiel bei der Erzeugung von Feh-lermeldungen oder wenn man versucht, bestimmte Teile des Original-Dokumentes zu kopieren)

Wie bereits schon bemerkt wurde, ist die SAX-2.0-Spezifikation noch nicht stabil, so dass Parser, die diese Spezifikation unterstützen, nur mit Vorsicht zu genießen sind.

Zusammenfassung

Wir haben einiges über den Ursprung des SAX erfahren und wissen, dass viele Parser SAX implementiert haben.

Der Unterschied der SAX-Schnittstelle zur DOM-Schnittstelle ist, dass es Ereignis-basiert ist. Wir haben einige Gesichtspunkte, die Sie zur Wahl einer Ereignis-basierten Schnittstelle anstelle von DOM bewegen könnten, bereits genannt.

Wir haben uns mit der Struktur einer einfachen SAX-Anwendung befasst und die Beziehung der drei Hauptklassen, der eigentlichen Anwendung, dem Parser und dem DocumentHandler beleuchtet. Zudem wurden einige Beispiele für den Entwurf von SAX-Applikationen unter der Anwendung dieser Klassen gegeben.

Wir betrachteten einige der wichtigsten Entwurfsmuster für SAX-Anwendungen, im besonderen das Fil-ter- oder Pipelinemuster und das regelbasierte Muster.

Zu Schluss haben wir eine Vorschau auf die für SAX 2.0 zu erwarteten Features gegeben.

Wir sollten dieses Kapitel mit einem Wort der Warnung beenden. Die in diesem Kapitel dargebotenen Beispiele könnten mit XSLT viel leichter umgesetzt werden. XSLT werden wir in Kapitel 9 behandeln. Dies bedeutet natürlich nicht, dass SAX überflüssig ist. Java-Programme können vieles, was XSL-Style-Sheets nicht können, zum Beispiel Daten in eine relationale Datenbank einspeisen. Außerdem sind sie normalerweise viel schneller. Allerdings lohnt es sich, zweimal nachzudenken, bevor man eine SAX-Anwendung schreibt, da in vielen Fällen eine XSL-Lösung oder eine Hybridlösung aus XSL und SAX vorzuziehen wäre.

7

Namensräume und Schemata

Bisher haben wir die Syntax von XML und die DTDs als Mittel zur Definition eigener XML-basierter Auszeichnungssprachen kennen gelernt. Diese Mittel stellt die Spezifikation des W3C für XML 1.0 zur Verfügung und sie sind die fundamentalen Bestandteile der XML-Welt. Durch sie werden die wesentlichen Möglichkeiten definiert, die einem Entwickler erlauben, Auszeichnungssprachen zu erstellen, die ein bestimmtes Problemfeld behandeln. Mit zunehmender Vertrautheit kommt jedoch der Wunsch auf, besonders bei umfangreichen Aufgaben und realen Problemstellungen, mehr und mächtigere Mittel zur Hand zu haben.

Bevor wir richtig einsteigen, sollten wir noch einmal einen Blick auf die Probleme werfen, die wir mit den bisherigen Möglichkeiten haben. Lassen Sie sich jedoch nicht verunsichern. Sobald die Probleme auf den ersten Seiten angesprochen wurden, widmen wir den Rest des Kapitels den möglichen Lösungen aller angesprochenen Probleme. Einige der Probleme werden Ihnen schon begegnet sein und die frühzeitige Auseinandersetzung mit neuen Problemen kann Ihnen einige Stunden sinnloser Arbeit ersparen.

In Kapitel 3 haben wir bereits einige Unzulänglichkeiten von DTDs kennen gelernt. Diese Probleme ergaben sich meist aus der eigenen Syntax für DTDs (erweitertes Backus-Naur-Format), die sich von der XML-Syntax stark unterscheidet. Außerdem ist diese Syntax für einige Anwendungen nicht ausdrucksstark genug. Also werden wir zu der Liste unserer Probleme die Unzulänglichkeiten von DTDs hinzufügen und uns einige Lösungsversuche ansehen. Diese Betrachtungen werden uns dabei helfen, einige andere Probleme im Zusammenhang mit der Definition eigener Auszeichnungssprachen besser zu verstehen.

Ein weiteres, auch schon angesprochenes Problem ist die Tatsache, dass jeder seine eigenen Elementtypen (Tags) definieren kann. Es braucht wenig Phantasie, um sich vorzustellen, dass unterschiedliche Leute denselben Namen für unterschiedliche Dinge verwenden können. Nehmen wir an, Sie verwenden ein Element mit dem Namen `Monitor`. Dieser Name könnte je nach Kontext eine andere Bedeutung haben. Verwendet man eine DTD zur Beschreibung von Computerzubehör, dann beschreibt Monitor vermutlich einen Bildschirm, während ein Tontechniker auch Lautsprecher als Monitore bezeichnet. In einem Atomkraftwerk könnte man unter einem Monitor zum Beispiel auch eine Überwachungsstation verstehen. Aber selbst wenn die Bedeutung ungefähr immer dieselbe ist, so unterscheiden sich die möglichen Element-Inhalte je nach Definition schon sehr. Mit all diesen verschiedenen Verwendungsmöglichkeiten für ein Element benötigt man eine Methode, um die Bedeutung eines Elements genau festzulegen. Dies ist besonders wichtig, wenn man verschiedene Sprachen parallel zueinander verwenden möchte. Um dieses Problem zu lösen, gibt es vom W3C eine Spezifikation für Namensräume in XML, die es erlaubt, den Kontext eines Elements in einem Namensraum zu bestimmen.

Außerdem gibt es Fälle, in denen man gezwungen ist, XML-Dokumente miteinander zu mischen, die aus verschiedenen Quellen stammen und die unterschiedlichen DTDs gehorchen. Das kann passieren, wenn man ein umfangreiches Problemfeld mit vielen Informationen beschreiben muss und eine einzige große

DTD umständlich und sehr komplex werden würde. Auch bei E-Commerce-Anwendungen müssen oft die Daten eines anderen Unternehmens mit den eigenen Daten verknüpft werden. Leider bietet die XML-Spezifikation keine Möglichkeit, mehrere DTDs zusammen in einem Dokument zu verwenden, ohne dass man vorher eine neue DTD (aus den einzelnen bestehenden DTDs) erzeugen muss.

Dieser Gedanke lässt sich einfach fortsetzen. Da immer mehr DTDs als Standards für ganze Industrie-zweige definiert werden, steigen die Chancen dafür, dass es schon eine DTD gibt, die sich mit einem für Sie aktuellen Problem beschäftigt. Auch wenn sich die DTD nicht perfekt für Ihre Zwecke eignet, so könnte es doch helfen, eigene Ergänzungen oder Änderungen in einer getrennten DTD definieren zu können, statt eine völlig neue DTD entwerfen zu müssen. Somit wären Sie immer noch in der Lage, eine Teil-menge Ihrer Informationen nach einem Standard ausliefern zu können. Wie bereits angedeutet, ist dies mit DTDs nicht so leicht möglich.

Dieses Thema wird besonders wichtig, wenn man sich das Potenzial von XML für den Bereich des elek-tronischen Handels ansieht. Gerade dort ist man darauf angewiesen, Daten untereinander auszutauschen, die für alle eine klare und eindeutige Bedeutung haben. Auch wenn es *möglich* ist, DTDs aus einer Anwen-dung heraus zu lesen und Dokumente aneinander anzugleichen, so ist dies doch auf keinen Fall einfach. Man benötigt also eine Methode, mit der man die Unterschiede und Gemeinsamkeiten konkurrierender Sprachen herausfinden kann, um eine Verständigung zu ermöglichen. Zu diesem Zweck arbeitet das W3C an einer alternativen Methode zur Definition von Dokumenttypen. Diese Alternative zu DTDs wird die Syntax von XML verwenden und nennt sich **XML-Schemata**.

Dieser alternative Ansatz wird neben den angesprochenen Problemen auch andere Mängel von DTDs angehen, die wir uns erst später in diesem Kapitel ansehen werden. Wir beginnen jedoch mit den Proble-men, die entstehen, wenn versucht wird, ein einziges XML-Dokument aus verschiedenen Quellen zu kon-struieren.

Das Problem mit der Erzeugung von XML-Dokumenten aus verschiedenen Quellen und nach mehreren DTDs, wobei die gleichen Elementnamen verwendet werden, hängt mit der Definition der einzelnen Sprachen selbst zusammen. Die XML-Entwicklergemeinde arbeitet seit einiger Zeit an diesen Problemen und die ersten Lösungen kommen gerade rechtzeitig, um die erste Generation von XML-basierten E-Commerce-Anwendungen besser zu ermöglichen. Wenn Sie daran interessiert sind, XML einzusetzen, um heterogene Systeme (die von unterschiedlichen Entwicklern erstellt wurden) miteinander zu verbinden, müssen Sie sich mit den neuen Erweiterungen von XML auskennen.

Dieses Kapitel wird die Ergebnisse einiger Bemühungen der XML-Gemeinde zur Lösung der Probleme darstellen. Dieses Kapitel gibt Ihnen das Wissen über zwei wichtige Werkzeuge: **Namensräume** und **XML-Schemata**. Namensräume bieten einem Entwickler von Auszeichnungssprachen die Möglichkeit, komplexe Probleme in kleinere Happen zu zerlegen und so verschiedene Sprachen miteinander in einem Dokument zu mischen. Schemata erlauben es, genauere Definitionen von Sprachen anzugeben, als das mit DTDs möglich ist.

Diese beiden Werkzeuge bilden die Antworten auf einige der Probleme, die entstehen, wenn man ambi-tionierte Projekte mit XML angeht. Im Besonderen erlauben Namensräume und Schemata einem XML-Entwickler Folgendes:

❏ Bessere Organisation der Sprachen für komplexe Probleme

❏ Beibehaltung der strengen Typisierung für Daten, auch nach der Konvertierung in ein XML-Doku-ment

❏ Präzisere und flexiblere Definitionen von Sprachen als bei DTDs

❏ Die Grammatik einer Sprache hat nun die gleiche Syntax wie die Sprache selbst. Daher können auch Grammatiken ohne komplexere Parser ausgewertet werden.

Die Namensräume haben am 14.01.1999 den Status einer Empfehlung des W3C erreicht. Die Schemata sind gerade auf dem Weg durch den Standardisierungsprozess und sollten bald den Status einer Empfeh-lung erreichen. Der Bedarf für Schemata ist seitens der Entwicklergemeinde jedoch so groß, dass selbst Technologie-Studien für die Unterstützung von Schemata bereits mit gängigen Parsern ausgeliefert wer-den. Aus diesem Grund ist es sinnvoll, den Entwurf für die XML-Schemata zu studieren, damit man auf die Umstellung vorbereitet ist, sobald die Empfehlung fertig gestellt ist.

Das Mischen von Sprachen

Erinnern Sie sich an die DTD für den Bücherkatalog aus dem dritten Kapitel? Nachdem man eine Website hat, die solche Kataloge nach der `PubCatalog.dtd` darstellt, könnte man auf die Idee kommen, diese Bücher auch online zu verkaufen. Das bedeutet im Besonderen, dass man Bestellungen annehmen können muss. Daher wird man auch eine DTD benötigen, die Bestellungen beschreibt.

Wenn Sie in der Tradition des dritten Kapitels weitermachen möchten, dann könnten Sie damit beginnen, die Datei `PubCatalog.dtd` zu erweitern, denn im Grunde handelt es sich nur um einen weiteren Aspekt desselben Problems. Man kann jedoch auch den Katalog und eine Bestellung als völlig verschiedene Aufgaben betrachten, weil es sich einmal um die Details eines Katalogs handelt und es im anderen Fall um den Verkauf von Dingen aus dem Katalog geht. Auch wenn sich die Informationen überschneiden, könnte eine gemeinsame DTD für beide Probleme sehr groß und verwirrend werden.

DTDs, die sehr groß sind und mehrere Problemfelder behandeln, sind für Entwickler oft nur schwer zu verstehen. Noch wichtiger ist, dass, falls die DTD für den Katalog bereits aktiv verwendet wird, sich Änderungen auf die verwendeten Programme auswirken können. Namensräume bieten jedoch eine bessere Lösung, um XML-Daten, die verschiedenen DTDs gehorchen, in einem einzigen Dokument zu vereinen. Daher sollten wir die Möglichkeiten der Namensräume etwas genauer beleuchten. Aber zunächst sehen wir uns die naheliegenden Probleme genauer an.

Ein Problem zerlegen

Warum sollte man die Details einer Bestellung in die DTD für einen Katalog einfügen? Schließlich sind es mindestens zwei getrennte Problemfelder, die behandelt werden wollen. Zum einen die Daten aus dem Bücherkatalog und zum anderen der Verkauf von Büchern aus dem Katalog. Wenn Sie ein umfangreiches Programm erstellen, dann zerlegen Sie das Problem auch in kleine Stücke. In der Programmierung sind diese Stücke auch als Module, Klassen, Komponenten, Prozeduren oder Funktionen bekannt. Der Entwurf von Auszeichnungssprachen ähnelt oft dem Problem, ein Programm zu schreiben. Man benötigt eine Möglichkeit, umfangreiche Probleme in verschiedene Sprachen zu zerlegen. Das wirkliche Problem besteht nicht darin, einzelne DTDs für einzelne Sprachen zu erstellen, denn wie so etwas geht, wissen wir spätestens seit Kapitel 3. Das wirkliche Problem liegt in der Integration aller einzelnen DTDs in einem einzigen Dokument.

Wiederverwendung

In der DTD für den Bücherkatalog (`PubCatalog.dtd`) haben wir das Element `book` verwendet, da sich der Name für den beschriebenen Inhalt geradezu aufgedrängt hat. Da wir nun aber die Bestellung von Büchern behandeln wollen, ist es auch hier nicht unwahrscheinlich, dass wir den Namen erneut verwenden wollen. Nur meinen wir dieses Mal damit ein bestelltes Buch. Es ist sogar sehr gut möglich, dass wir die beiden Elemente durchaus unterschiedlich in den einzelnen DTDs definieren würden. Schließlich könnte das Element `book` im letzteren Fall ein Kind-Element des Elements `order` (Bestellung) sein, während es im ersten Fall ein Kind-Element von `catalog` ist.

Wie bereits angedeutet, taucht dieses Problem in vielen Formen immer wieder auf, wenn man XML-basierte Auszeichnungssprachen definiert. Wenn man die reale Welt für ein System modelliert, dann kommen viele Konstrukte immer wieder vor. Komplexe Systeme bestehen nun mal aus vielen einfachen Komponenten. Daher sind Konzepte wie Farbe, Form, Kosten oder räumliche Ausmaße und andere einfache Dinge schnell mit Bedeutungen belegt und diese Elementnamen erhalten eine bestimmte Definition und ein Inhaltsmodell.

Wenn Sie bereits eine DTD haben, in der diese Elemente definiert sind, oder jemand anders hat eine solche DTD, dann können Sie sich das Leben erleichtern, indem Sie diese bereits erprobten DTDs verwenden. Es existieren vielleicht schon Programme zur Bearbeitung von Dokumenten, deren Quelltexte Ihnen weiterhelfen können. Dieses Konzept ist nicht gerade neu und ist allgemein als **Wiederverwendung** bekannt.

Wenn Sie für ein Unternehmen arbeiten, dann sind Sie oft mit einer Menge bestehender DTDs konfrontiert, auf die Sie aufbauen können. Die Verwendung bestehender DTDs kann Ihre Arbeit deutlich leichter machen, während Sie allen anderen das Leben schwer machen können, wenn Sie diese DTDs ignorieren. Schließlich repräsentieren solche DTDs das intellektuelle Kapital eines Unternehmens, das von den beteiligten Personen erarbeitet wurde, und beschreiben die Aufgaben des Unternehmens, so wie sie von den Entwicklern gesehen wurden. Für unser Beispiel mit den Büchern bedeutet dies konkret, dass wir die Katalog-DTD entsprechend den bereits aus der DTD bekannten Konzepten erweitern müssen.

Wenn man eine Anwendung entwickelt, die mit anderen Anwendungen von externen Partner zusammenarbeiten muss, dann hat man keine andere Wahl, als bestehende Konzepte wieder zu verwenden. Die bestehenden DTDs bilden in ihrer Summe eine »Sprache«, die man sprechen muss, um verstanden zu werden. Wenn es also bereits existierende Konzepte oder Methoden gibt, sollten Sie so arbeiten, dass Ihre Ergebnisse diesen Konzepten Rechnung tragen. Die Entwickler dieser bestehenden Konzepte haben viel Arbeit in ihre Entwicklung und Durchsetzung gesteckt und es könnte sich als extrem schwierig erwiesen, sie von einem eigenen, neuen Konzept zu überzeugen. Selbst wenn Sie es schaffen, einige völlig neue Konzepte durchzusetzen, so erzeugt dies doch zusätzliche Kosten, weil man unter anderem neuen Code schreiben muss und Daten von der alten DTD auf Ihre neue DTD umstellen muss. Die Wiederverwendung von DTDs spart Zeit, Aufwand und Kosten.

Mehrdeutigkeiten und Namenskonflikte

Wenn man bestehende Definitionen aus fremden DTDs übernimmt oder segmentierte DTDs zusammenfügt, um so ein komplexes Problem zu beschreiben, läuft man Gefahr, **Mehrdeutigkeiten** und **Namenskonflikte** in der neuen DTD zu haben. Das passiert immer dann, wenn die einzelnen Teile dieselben Elementnamen verwenden. Bücher zum Beispiel sind ein sehr verbreitetes Konzept und man kann fast sicher sein, dass es mehrere DTDs gibt, die ein Element Book definieren, besonders wenn man Verleger, Drucker, Buchhändler oder Bibliothekar ist. Die Verwendung des Namens Book innerhalb eines Dokuments erfordert eine eindeutige Zuordnung des Namens zur »richtigen« Definition von Book. In unserem Fall würde die Verwendung von Book zu einem Namenskonflikt führen, da es den Namen in der DTD für den Katalog und für die Bestellung eines Buches gibt.

Ein Dokument nach der DTD PubCatalog.dtd könnte das Element <Book> so anwenden:

```
<Book>
    <Title>Professional XML</Title>
    <Abstract>        </Abstract>
    <RecSubjCategories>
        <Category>XML</Category>
        <Category>Programming</Category>
        <Category>Internet</Category>
    </RecSubjCategories>
</Book>
```

Bei einer Bestellung dagegen könnte man <Book> auch so verwenden:

```
<Order>
...
    Versand- und Zahlungsart
...
    <Item>
        <Book>
            <Title>Professional XML</Title>
            <ISBN>1-861003-11-0</ISBN>
```

```
        </Book>
        <Quantity>3</Quantity>
        <Price US$="49.99" />
        <Discount US$="10.00" />
        <SubTotal US$="119.97" />
    </Item>
</Order>
```

Hat man ein Dokument mit Daten, die beiden DTDs entsprechen, dann kann man nicht entscheiden, welche Definition die richtige ist.

Das Problem wird besonders akut, wenn man Elementnamen verwendet, die sich aus mehreren DTDs ergeben. Stellen Sie sich ein Programm für Raumplaner vor, die sich mit Städteplanung beschäftigen. Wenn es um die Frage der Beleuchtung geht, möchten wir bereits bekannte DTDs verwenden, die sich um die Komplexe Straßenbeleuchtung und Ampelanlagen kümmern. Da die Entwicklergruppen für die jeweiligen DTDs unabhängig voneinander gearbeitet haben, will es der Zufall, dass beide das Wort <Lampe> als Elementname genommen haben. Hätten die Entwickler die spätere Verwendung ihrer DTDs gekannt, dann hätten sie möglicherweise Namen wie <AmpelSignal> and <LaternenLampe> verwendet. Leider war diese Verwendung zum Zeitpunkt der Erstellung nicht bekannt und so hat man nun eine Fülle von Dokumenten mit dem mehrdeutigen Element Lampe.

Die beiden Definitionen für das Element <Lampe> unterscheiden sich stark. Die erste Definition behandelt die Leuchtelemente einer Ampel und enthält eine Attributliste mit der Definition des Attributs farbe und einer Aufzählung der gültigen Werte. Die Aufzählung der gültigen Werte ist sehr wichtig, da es nur drei gültige Farben für eine Ampelanlage gibt. Daher kann man annehmen, dass eine Anwendung mögliche Fehler auf der Basis dieser Definition überprüft:

```
<!ELEMENT Lampe EMPTY>
<!ATTLIST Lampe farbe (rot | gelb | grün) #REQUIRED>
```

Die zweite Definition dagegen hat keinerlei Beschränkungen für das Attribut farbe. Tatsächlich werden solche Leuchten eher nach Kosten, denn nach Farbe angeschafft und dennoch soll die Farbe angegeben werden:

```
<!ELEMENT Lampe EMPTY>
<!ATTLIST Lampe farbe CDATA    #REQUIRED>
```

Betrachten Sie nun den folgenden Ausschnitt aus einem XML-Dokument, dass von einer Anwendung erzeugt wurde, die beide DTDs zusammen verwendet:

```
<Inventar>
  <Lampe farbe="rot"/>
  . . .
  <Lampe farbe="weiss"/>
  ...
</Inventar>
```

Aus diesem Ausschnitt lässt sich nicht sagen, ob Lampe nun eine Ampelleuchte meint oder sich auf die Leuchte einer Straßenlaterne bezieht. Um so etwas zu entscheiden, müsste man die Werte für Farbe anhand einer DTD überprüfen. Wie soll nun eine Anwendung, die ein solches Dokument bekommt, damit umgehen? Wie kann man entscheiden, ob das Attribut farbe einen gültigen Wert besitzt? Wir wissen nicht, welches Element zu welcher DTD gehört, und der Wert für die Farbe des zweiten Lampe-Elements eignet sich nicht für eine Ampellampe. Dieses Problem ist als **Mehrdeutigkeit** wohlgeformter Dokumente bekannt. Sollten die Namen Lampe und farbe in einem Dokument stehen, dass durch einen Parser überprüft wird, könnte eine Anwendung ganz schön durcheinander kommen. Dieses Problem bezeichnet man dann als Namenskonflikt (**name collisions**).

Namensräume

XML-**Namensräume** bieten eine Lösung für diese beiden Probleme. Die Empfehlung des W3C für »Namespaces in XML« (vom 14. Januar 1999) sagt dazu Folgendes:

> *...eine Menge von Namen, durch einen URI referenziert, die in einem XML-Dokument für die Namen von Elementtypen und Attributen verwendet werden können.*

Man hat also eine Menge von Namen und eine Struktur auf dieser Menge. Das hört sich nach einer DTD an und eine DTD kann auch tatsächlich einen eigenen Namensraum bilden. In diesem Fall könnte der URI die »Adresse« einer DTD auf Ihrem eigenen Server sein. Zum Beispiel:

```
http://www.wrox.com/xmldtds/PubCatalog.dtd
```

Ein URI muss nicht immer ein URL sein. Wenn Ihnen der Unterschied zwischen beiden nicht klar ist, lassen Sie sich nicht verwirren. Wir werden den Unterschied in Kürze genau darstellen. In diesem Fall bezieht sich der Namensraum auf die Namen der DTD in der Datei PubCatalog.dtd. Würde man, wie auch immer, also die Verwendung des Elements Book mit diesem Namensraum verknüpfen, so wäre immer eindeutig klar, dass ein Element Book in diesem Namensraum immer das Element aus der DTD PubCatalog.dtd ist.

Eine DTD legt nicht nur die Namen, sondern auch die gesamte Struktur für ein Dokument fest. Ein Namensraum ist dagegen nur eine Menge von Namen (und deren Definitionen), auf die wir zugreifen können. Ein Namensraum benötigt keine formale Struktur wie eine DTD. Der begrenzte Geltungsbereich dieser Namensräume sorgt für eine breite Akzeptanz in der XML-Gemeinde. Wären Namensräume so etwas wie eine DTD oder ein Schema, dann müssten die verwendeten Definitionen mit dem ganzen Umfeld, in dem sie definiert worden sind, konsistent bleiben. Namensräume geben einem Autor die Freiheit, nur die gewünschten Definitionen zu verwenden, und dienen zur Trennung der verschiedenen Verwendungen eines Namens.

Um die Namensräume sinnvoll in einem Dokument anzuwenden, das Elemente aus verschiedenen DTDs kombiniert, benötigen wir zweierlei:

❑ Eine Referenz auf den URI, der die Verwendung eines Element definiert

❑ Einen Alias zur Benennung des Namensraums, aus dem wir ein Element verwenden wollen. Dieser Alias hat die Form eines Präfixes für den Elementnamen. Ein Beispiel wäre <catalog:Book>, wobei catalog der Alias ist und Book das Element.

Anwendung und Deklaration von Namensräumen

Da wir nun die Vorteile der Anwendung von Namensräumen in XML kennen, müssen wir uns nun noch genauer ansehen, wie Namensräume angewendet werden. Wir sehen uns zuerst an, wie ein Namensraum in einem Dokument deklariert wird, und betrachten dann die Anwendung anhand einiger Beispiele.

Wir haben schon gesehen, dass einfache beschreibende Eigenschaften in XML oft als Attribute modelliert werden. Namensräume werden im Prinzip genau so deklariert, es gibt nur einige Haken und Ösen, die zu beachten sind. Wir werden uns der Sache also Schritt für Schritt annähern und betrachten, was wir alles festlegen können, wenn wir einen Namensraum für ein Dokument definieren.

Deklaration eines Namensraums

Wenn jedermann einfach eine Deklaration für einen Namensraum erkennen soll, dann benötigen wir ein Schlüsselwort dafür. Die Empfehlung des W3C für Namensräume empfiehlt uns dafür xmlns. Der Wert dieses Attributs ist ein URI, der eindeutig den verwendeten Namensraum definiert. Dieser URI ist oft ein

URL, der auf eine DTD verweist. Es muss jedoch nicht zwingend ein URL sein. Hier einige Beispiele für einfache Deklarationen von Namensräumen:

```
xmlns="http://www.wrox.com/bookdefs/book.dtd"
xmlns="urn:wrox-publishing-orderdefs"
```

Die Nomenklatur der vielen Web-Ressourcen ist etwas verwirrend. Ein Uniform Resource Identifier (URI) ist ein eindeutiger Name für eine beliebige Ressource. Ein Uniform Resource Locator (URL) bezeichnet eine Ressource im Hinblick auf das zugreifende Protokoll und die Position in einem Netzwerk. Das erste Beispiel ist ein URL, da diese Angabe einem Browser ermöglicht, diese Ressource per HTTP von der angegebenen Adresse zu beziehen. Das zweite Beispiel benennt eine Ressource, macht aber keine Aussage darüber, wo sich das Objekt befindet. Das Literal urn leitet sich aus einem Standard für permanente URIs ab.

Da unsere ursprüngliche Motivation für die Anwendung von Namensräumen darin bestand, Namen aus vielen verschiedenen Quellen vermischen zu können, wäre es sinnvoll, einen Bezeichner oder Alias für einen Namensraum zu haben. Dieser Alias würde dann im ganzen Dokument auf die Deklaration des Namensraumes verweisen. Man definiert einen solchen Alias, indem man einen Doppelpunkt und den Alias selbst an das Attribut `xmlns` anhängt. Daher würde sich das obige Beispiel wie folgt ändern:

```
xmlns:catalog="http://www.wrox.com/bookdefs/PubCatalog.dtd"
xmlns:order="urn:wrox-publishing-sales-orderdefs"
```

In diesem Fall wird das Präfix `catalog` sich immer auf die Elemente aus der DTD `PubCatalog.dtd` beziehen, während das Präfix `order` immer Elemente der DTD `order.dtd` bezeichnet. Nach diesen Deklarationen können wir das Element `catalog` benutzen, um die erste Deklaration anzusprechen, und `order` wird sich immer auf die zweite Deklaration beziehen. Man kann diese Deklarationen noch effektiver nutzen.

Die nächsten Abbildungen stellen noch einmal die Bestandteile einer Deklaration für Namensräume dar:

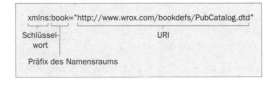

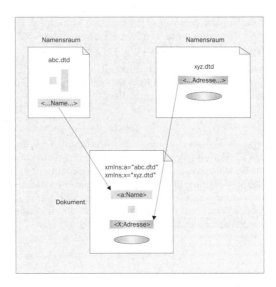

Qualifizierte Namen

Eine Deklaration allein macht natürlich noch nicht glücklich. Man muss den Namensraum auch immer auf ein bestimmtes Element beziehen können. Dies geschieht durch die Anwendung von **qualifizierten Namen**. Diese Namen sind genau das, was man an dieser Stelle erwarten würde. Der Name eines Elements wird immer durch den verwendeten Namensraum qualifiziert. Ein qualifizierter Name setzt sich aus dem Präfix für den Namensraum, einem Doppelpunkt und dem Namen des Elements zusammen. Gehen wir also auf das Ausgangsproblem zurück und versuchen, das Element Book aus den DTDs für den Katalog und die Bestellung in einem Dokument zu verwenden. Dabei gehen wir davon aus, wir hätten das Präfix catalog wie folgt definiert:

```
xmlns:catalog="http://www.wrox.com/bookdefs/PubCatalog.dtd"
```

Ab sofort steht das Präfix catalog für Elemente aus der referenzierten DTD. Daher besagt folgender Text,

```
<catalog:Book />
```

dass der Name Book sich auf die Deklaration des Namensraumes catalog bezieht. Auch wenn es ebenfalls ein Element Book im Namensraum order gibt, verhindert der qualifizierte Name jede Mehrdeutigkeit und mögliche Namenskonflikte. Das Präfix für Namensräume wird oft nur als Präfix und der Name des Elements selbst nur als Basisname (**base name**) bezeichnet.

Qualifizierte Namen können Namen von Elementen und Attributen sein. Hier ein Beispiel, das mehrere Namensräume gemischt verwendet:

```
<catalog:Book order:ISBN="1-861003-11-0">
```

Das Element <Book> ist hier dem ersten Namensraum entnommen, während das Attribut ISBN aus den Namensraum order entnommen wurde.

Geltungsbereich

Deklarationen von Namensräumen haben einen Geltungsbereich, ähnlich den Variablen in vielen Programmiersprachen. Das ist besonders wichtig, da Namensräume nicht immer zu Beginn eines Dokuments deklariert werden müssen, sie können auch in einem beliebigen Abschnitt eines Dokuments deklariert werden. Die Deklaration eines Namensraums bezieht sich also immer auf das Element, in dem die Deklaration auftaucht, und alle seine Kind-Elemente. Ein Name kann nur dann auf einen Namensraum bezogen werden, wenn er im Gültigkeitsbereich der Deklaration verwendet wird.

Es wird aber auch oft nötig sein, Namensräume zu mischen, wenn Elemente sonst den Gültigkeitsbereich des Namensraums übernehmen würden. Der Gültigkeitsbereich von Namensräumen kann auf zwei verschiedene Arten deklariert werden: **default** und **qualified**.

Default

Wie Sie sich sicher leicht vorstellen können, kann es sehr ermüdend sein, immer ein Präfix für jeden Namen in einem Dokument verwenden zu müssen. Indem wir das Konzept der Gültigkeitsbereiche von Namensräumen nutzen, können wir auf viele Präfixe in einem Dokument verzichten. Wenn man einen so genannten Default-Namensraum definiert, kann man davon ausgehen, dass alle unqualifizierten Namen im Gültigkeitsbereich der Deklaration zu diesem Namensraum gehören. Hat man einen Default-Namensraum im Wurzel-Element eines Dokuments deklariert, dann gilt dieser Namensraum für das ganze Dokument. Diese Vorgabe kann nur durch eine spezifischere Deklaration eines Namensraumes im Dokument überlagert werden.

> **Ein Namensraum gilt als Vorgabe (default) für seinen Gültigkeitsbereich, indem man das Präfix bei der Deklaration weglässt.**

Hier ein Beispiel dafür, wie man einfach ein Stück HTML-Code in ein XML-Dokument einfügt, das nach einer DTD mit dem Namen `BookContent.dtd` erstellt wurde:

```
<Chapter xmlns="http://www.wrox.com/bookdefs/BookContent.dtd">
    <Title number="7">Namensräume und Schemata</Title>
    <Author>I. M. Named</Author>
    <Content>
        <Paragraph>
            Wir wollen eine HTML-Tabelle:
            <table xmlns="http://www.w3.org/TR/REC/REC-html40">
                <tr>
                    <td>Spalte 1</td><td>Spalte 2</td>
                </tr>
                <tr>
                    <td>ein Fisch</td><td>noch ein Fisch</td>
                </tr>
            </table>
        </Paragraph>
        <Paragraph>Ein sehr kurzer Abschnitt</Paragraph>
    </Content>
</Chapter>
```

Die Elemente `<Title>`, `<Author>`, `<Content>` und `<Paragraph>` und das Attribut `number` stammen aus dem vorgegebenen Namensraum, der im Element `<Chapter>` deklariert wurde. Innerhalb des Elements `Chapter` sieht man das Element `table` und dessen Kind-Elemente `tr` und `td`. Diese Elemente stammen aus dem Namensraum HTML, der im Element `table` deklariert wurde. Beachten Sie, dass der Gültigkeitsbereich des Namensraums HTML endet, sobald das Element `table` geschlossen wird.

Wird ein Präfix explizit deklariert und innerhalb des Elements verwendet, dann wird der Namensraum ausdrücklich festgelegt, ganz gleich wie der Default-Namensraum auch sein mag. Ein unqualifizierter Name bezieht sich nur auf einen Namensraum, wenn er innerhalb des Gültigkeitsbereichs eines Namensraums auftaucht.

Qualifizierte Namen

Mit solchen Vorgaben kann man gut leben, solange sich die Namensräume strikt trennen lassen. Es kann aber auch vorkommen, dass man Elemente aus verschiedenen Namensräumen im gesamten Dokument verwenden möchte. Für diesen Zweck benötigt man eine feinere Gliederung als bisher beschrieben. Statt immer neue Namensräume im gesamten Dokument zu definieren, kann man sich auch der qualifizierten Namen bedienen. Deklarieren Sie dazu alle benötigten Namensräume zu Beginn eines Dokuments und verwenden Sie dann den qualifizierten Namen, wann immer es nötig ist.

```
<Messungen xmlns="urn:mydecs-science-measurements"
    xmlns:units="urn:mydecs-science-unitsofmeasure"
    xmlns:prop="urn:mydecs-science-thingsmeasured">
    <LuftTemperatur units:units="Fahrenheit">86</LuftTemperatur>
    <Tank>
        <prop:Volumen units:units="liters">120</prop:Volumen>
        <prop:Temperatur units:units="Celsius">20</prop:Temperatur>
    </Tank>
</Messungen>
```

In dem Wurzel-Element Measurements haben wir hier drei Namensräume deklariert. Der Default-Namensraum umfasst dabei die Elemente <LuftTemperatur>, <Tank> und <Messungen>. Einige der Messungen sollen jedoch in Maßeinheiten angegeben werden, die in dem Namensraum units definiert wurden. Außerdem wird noch das Attribut units:units aus diesem Namensraum verwendet. Da das Attribut immer wieder an verschiedenen Stellen im Dokument auftaucht, ist es sehr nützlich, den qualifizierten Namen zu verwenden. Schließlich soll noch zwischen der Messung des Volumens prop:Volumen und der prop:Temperatur unterschieden werden. In diesem Fall hätte man den Namensraum prop auch im Element <Tank> deklarieren können, aber in einem längeren Dokument ist es sicher besser, den Namensraum zu Beginn zu deklarieren und dann später qualifizierte Namen zu verwenden.

Sehen Sie sich diese Deklaration des Namensraums etwas genauer an und vergleichen Sie sie mit der Deklaration in dem Element <Chapter> aus dem letzten Abschnitt. Diese letzte Deklaration war an eine DTD gebunden und hätte es so ermöglicht, die Namen anhand der DTD zu überprüfen. In diesem Beispiel hatten wir nur eindeutige Namen, aber keinen URL für eine DTD. Namensräume dienen hauptsächlich der Gruppierung von Namen und sollen Namenskonflikte vermeiden. Die Empfehlung zu den Namensräumen des W3C sagt nichts über deren Nutzen für die Überprüfung von Elementen und auch die Spezifikation von XML 1.0 kennt keine Namensräume. Erst die XML-Schemata, die wir gleich noch behandeln werden, berücksichtigen Namensräume, aber zurzeit ist die Nutzung der Namensräume zur Überprüfung von Dokumenten Sache des jeweiligen Parsers. Das wird auch noch so lange der Fall bleiben, bis die XML-Schemata den Status einer offiziellen Empfehlung des W3C erreichen.

Anwendung der Namensräume für wohlgeformte Dokumente

Lassen Sie uns den Inhalt dieses Buches als XML-Dokument festhalten und sehen, ob wir die Namensräume dabei sinnvoll einsetzen können. Wir nehmen dabei an, es existiert eine DTD für den Inhalt. Wir werden dabei auch Namen aus der bestehenden DTD für den Katalog entleihen. Statt Elemente, die es schon in HTML gibt, neu zu definieren, werden wir auch hier die benötigten Elemente aus dem Namensraum von HTML borgen. Für dieses Beispiel lassen wir dabei den Aspekt der Gültigkeit außer Acht und nehmen an, es genüge, ein wohlgeformtes Dokument zu haben. Achten Sie bitte genau auf die Gültigkeitsbereiche für die einzelnen Namensräume. Hier also ein Beispiel für das Markup dieses Buches, wobei wir den ersten Teil dieses Kapitel als Inhalt hernehmen:

```
<Book xmlns="urn:wrox-pubdecs-content"
      xmlns:cat="urn:wrox-pubdecs-catalog"
      cat:ISBN="1-861003-11-0"
      cat:level="Professional"
      cat:pubdate="1999-11-01"
      cat:thread="WebDev"
      cat:pagecount="450">
 <cat:Title>Professional XML</cat:Title>
 <cat:Abstract>The W3C positions on Namensräume and Schemata are
  presented, together with a review of commercial support.</cat:Abstract>
 <Author>
  <FirstName>Iye</FirstName>
  <MI>M</MI>
  <LastName>Named</LastName>
  <Biographical>
     Iye M. Named is a researcher with the Adaptive Content
     division of Wrox Press. He has many good ideas, which he
     is too shy to mention.
  </Biographical>
```

```
    <Portrait piclink="inamed.jpg"/>
  </Author>
  <Chapter>
   <Title>Namensräume and Schemata</Title>
   <Section SectionAuthor="inamed">
    <Paragraph> The tools for defining XML vocabularies that you've seen so far
in this book - the basic rules of well-formed XML as well as DTDs - are the ones
provided in the W3C XML 1.0 Recommendation...
    </Paragraph>
    <Paragraph>Both problems ...</Paragraph>
    <Paragraph>This chapter ...</Paragraph>
    <Paragraph>The two ...
     <UL xmlns="http://www.w3.org/TR/REC/REC-html40">
      <LI>Better organize...</LI>
      <LI>Provide...</LI>
      <LI>Describe vocabularies...</LI>
      <LI>"Read" vocabulary rules...</LI>
     </UL>
    </Paragraph>
    <Paragraph>XML-Namensräume...</Paragraph>
   </Section>
   <Section SectionAuthor="imnamed">
    <Title>Mixing Vocabularies</Title>
    <Paragraph>Recall the Book Catalog DTD...</Paragraph>
    ...
   </Section>
   ...
  </Chapter>
  ...
</Book>
```

In diesem Fall gibt es zwei Namensräume, die schon in der Dokument-Wurzel definiert wurden. Der Namensraum für den Inhalt (wrox-pubdecs-content) dient dabei als Default-Namensraum. Da die Elemente aus diesem Namensraum am häufigsten verwendet werden, sollten so wenige Namen wie möglich voll qualifizierte Namen sein. Außerdem sollen Elemente der Katalog-DTD verwendet werden, also wird auch diese mit dem Präfix cat eingebunden. Dadurch werden einige der Attribute aus der Katalog-DTD sofort nutzbar, die ich gleich in dem Start-Tag des Dokument-Elements verwendet habe. Das Dokument-Element selbst entstammt dem Default-Namensraum. Später in dem Dokument benötige ich noch eine Liste von Stichpunkten, wie es sie in HTML gibt, also habe ich sie diesem Namensraum entliehen:

```
<UL xmlns="http://www.w3.org/TR/REC/REC-html40">
```

Da hier kein Präfix angegeben wurde, wird HTML der Default-Namensraum, jedoch nur für das Element UL und seine Kind-Elemente (LI). Wir verlassen diesen Gültigkeitsbereich sofort, nachdem das Element UL geschlossen wird, und es gilt dann die Vorgabe des Namensraumes aus dem Dokument-Element.

Ich habe dieses Beispiel mit der Bemerkung eingeleitet, es handle sich um ein wohlgeformtes Dokument. Dies ist tatsächlich so. Selbst wenn ich URLs für die einzelnen DTDs bei der Deklaration angegeben hätte und Sie dieses Dokument durch einen validierenden Parser hätten prüfen lassen, wäre das Dokument nicht gültig. Die Spezifikation von XML 1.0 sieht nicht vor, dass es mehr als eine DTD pro Dokument gibt. In diesem Fall dienen die DTDs als eindeutige Bezeichner, sie werden nicht zur Prüfung des Dokuments herangezogen. Die eigentliche DTD sieht nicht vor, zum Beispiel Namen von HTML-Elementen zu verwenden, und so wird der Parser melden, das Dokument sei ungültig, sobald ein Name auftaucht, der nicht in der ersten DTD steht. Ich hoffe, es ist klar geworden, dass Namensräume eine sinnvolle Sache sind. Auch die Überprüfung von Dokumenten durch einen Parser ist sehr sinnvoll und daher ist es nur einer der Vorteile der XML-Schemata, dass sie beides miteinander vereinen.

XML-Schemata

Als Erstes sollten wir feststellen, dass eine DTD auch eine Art von Schema ist. Wenn jedoch die XML-Gemeinde von Schemata spricht, dann meint man einen Ersatz für DTDs, der die XML-Syntax verwendet. Im Folgenden soll es um diese Art von Schemata gehen. Es gab bereits eine Reihe von Vorschlägen für mögliche Alternativen von DTDs und das W3C arbeitet zurzeit an der Fertigstellung eines Standards, der von vielen dieser Vorschläge inspiriert ist. Man kann sich die XML-Schemata als einen Mechanismus zur Formulierung von Bedingungen vorstellen. Neben der einen Definition von Elementen, Attributen und anderen Objekten hat man die Möglichkeit, die Freiheiten im Umgang mit diesen Dingen zu beschränken.

Im Grunde sind Schemata **Metadaten**, also Daten über Daten, und wir werden in Kürze sehen, dass es bei den Schemata nicht nur um die Definition einer Sprache geht, sondern auch um die Beziehungen zwischen einzelnen Datentypen.

Wenn man die DTDs ablösen will, muss man Möglichkeiten bieten, die zumindest genau so mächtig sind wie die der DTDs. Genau wie eine DTD ist ein Schema eine Beschreibung der Bestandteile und Regeln einer Auszeichnungssprache. Schemata verfeinern die Möglichkeiten von DTDs, da sie es erlauben, einige Dinge präziser zu formulieren, als man das mit DTDs könnte. Schemata bringen aber auch einige radikale Änderungen mit sich. Sie verwenden eine völlig andere Syntax, als man sie von DTDs kennt. Schemata erlauben es auch, Teile von anderen Schemata zu borgen, und lösen so auch das Problem der Überprüfung von Dokumenten, die mehrere Schemata verwenden. Schemata bieten auch ein Typenkonzept für Elemente und Attribute. Betrachtet man die Gesamtsituation, dann bieten Schemata die besseren Möglichkeiten zur Definition von Auszeichnungssprachen.

XML ist mit den DTDs bisher sehr gut gefahren und dennoch gibt es zur selben Zeit ein großes Interesse daran, die DTDs zu verbessern. Dieses Interesse hat viele Formen angenommen und es gab viele Vorschläge, von denen einige auf der Website des W3C nachzulesen sind. Die Fülle der Vorschläge dokumentiert die Anstrengungen, hat aber auch die Einigung auf eine Empfehlung für die Schemata verzögert. Im Besonderen wollten viele Entwickler seit langer Zeit ein strenges Typenkonzept, die Möglichkeit Dokumente über die Grenzen von Namensräumen hinweg zu prüfen und die Verwendung der XML-Syntax für die Schemata. Glücklicherweise wird die Situation gerade bereinigt, denn zurzeit ist die entsprechende Arbeitsgruppe des W3C dabei, die vielen Vorschläge zu einer einzigen Spezifikation zu vereinen. Die Vorteile der Schemata sind von großem Wert, wenn es darum geht, den Austausch von XML-Dokumenten zu automatisieren.

Die Mängel von DTDs

Sie haben vielleicht eine Menge Zeit zum Erlernen der Syntax von DTDs verwendet und es fehlt noch eine Spezifikation für die Schemata, dennoch sollten Sie sich nicht entmutigen lassen, die vielen Möglichkeiten von XML zu erforschen, arbeiten Sie ruhig mit interessanten Beispielen. Sie werden sich vielleicht fragen, was an den DTDs denn so schlecht ist, dass Sie eine neue Methode erlernen sollten. Zunächst ist es keine Verschwendung, etwas über DTDs zu wissen, da DTDs bis jetzt der einzige Standard zur Erstellung eigener Sprachen sind. Außerdem existiert eine Fülle von Sprachen, die durch eine DTD definiert sind, und es kann nicht schaden, diese lesen zu können, um die Sprachen besser anwenden zu können.

Wie schon in Kapitel 3 angesprochen, haben DTDs einige offensichtliche Mängel, wenn man anspruchsvolle Dinge mit XML realisieren will:

❑ DTDs sind schwer zu lesen und zu verstehen

❑ Die automatische Bearbeitung der Metadaten durch Programme ist schwer

❑ DTDs sind nicht erweiterbar

❏ Keine Unterstützung für Namensräume
❏ Keine Unterstützung für Datentypen
❏ Keine Möglichkeit der Vererbung

Betrachten wir diese Probleme nacheinander.

DTDs sind schwer zu lesen und zu verstehen

DTDs verwenden die Syntax des erweiterten Backus-Naur-Formats (EBNF), das sich deutlich von der XML-Syntax unterscheidet. Da viele Menschen diese Syntax als schwer lesbar einordnen, verwenden alle Vorschläge für die XML-Schemata die Syntax von XML. Durch die Verwendung einer einfachen Syntax beseitigt man die Hürde, erst die EBNF-Syntax erlernen zu müssen, bevor man eine DTD lesen oder selbst schreiben kann.

Bearbeitung von Metadaten durch Programme ist schwierig

Die Verwendung von EBNF macht auch die automatische Verarbeitung von Metadaten komplexer. Es gibt natürlich auch Parser für DTDs und Sie kennen sogar bestimmt einen, denn Ihr bevorzugter validierender Parser kann DTDs lesen und auswerten. Es ist jedoch nicht möglich, zum Beispiel aus DOM heraus auf eine DTD zuzugreifen, denn die Spezifikation von DOM sieht nicht vor, auf die Metadaten einer DTD zuzugreifen. Ein validierender Parser liest eine DTD und behält alle gewonnenen Informationen für sich. Es wäre doch angenehm, wenn auch eine DTD in XML formuliert wäre, denn dann könnte man eine DTD genau wie ein gewöhnliches Dokument analysieren. In diesem Fall könnte man auch zum Beispiel DOM verwenden, um die Regeln einer unbekannten Auszeichnungssprache zu ermitteln oder sogar die Regeln einer Auszeichnungssprache in Abhängigkeit von bestimmten Ereignissen zur Laufzeit ändern.

DTDs sind nicht erweiterbar und bieten keine Unterstützung für Namensräume

Wir haben schon bei der Betrachtung der Namensräume gesehen, dass eine DTD das *Maß* der Dinge ist. Sämtliche Regeln einer Auszeichnungssprache müssen in einer DTD zusammengetragen sein. Man muss alle Regeln in eine DTD stecken und ist fortan an diese DTD gebunden. Man darf nicht Teile anderer DTDs verwenden, ohne externe Entities definieren zu müssen.

Erinnern Sie sich an den Entwurf unserer DTD `catalog.dtd`? Nehmen wir an, wir wollen einen neuen Abschnitt, zum Beispiel die Definition eines neuen Elements `<releaseDate>`, anfügen. Dazu müsste die DTD geändert werden, auch wenn man den größten Teil aus der bestehenden DTD übernehmen könnte. Dennoch sollten Sie darauf achten, dass trotz der vielen übernommenen Daten aus der alten DTD Ihre bestehenden Dokumente dennoch gültig bleiben.

Auch wenn die obigen Argumente etwas schwach klingen, so ist es doch viel schwerer, viele eigene Teilmengen von DTDs zu verwalten, als einfach auf bestehende Teile von DTDs zuzugreifen. So ist es Autoren von Dokumenten nicht gestattet, später etwas Interessantes neu in ihr Dokument aufzunehmen, wenn es nicht in der DTD definiert ist. Natürlich will man Autoren von Dokumenten nicht immer beliebig viel Freiheit lassen, aber es wäre schön, wenn man bei der Definition neuer Auszeichnungssprachen auf bestehende Teile zurückgreifen könnte.

Da alle Elemente und Regeln einer Sprache in der DTD definiert sein müssen, sind wir nicht in der Lage, verschiedene Namensräume zu mischen und ein Dokument dann noch auf Gültigkeit zu prüfen. Man kann Namensräume dazu nutzen, um neue Elementtypen in einem Dokument zu verwenden. Man kann mit Namensräumen jedoch nicht auf die Definition eines Elements in einer DTD verweisen. Wenn ein Namensraum verwendet wird, dann müssen alle Dokumente aus den Namensraum auch in der DTD definiert sein, oder das Dokument ist nur noch wohlgeformt, aber nicht mehr gültig.

DTDs unterstützen keine Datentypen

Eine der Stärken von XML ist, dass alle Dokumente aus dem gleichen Datentyp, nämlich Text, bestehen. Wenn man jedoch ein Programm entwickelt, dann hat man es sehr oft auch mit anderen Datentypen als Text zu tun. DTDs bieten nur einige wenige andere Datentypen als reinen Text an, was ein ernster Mangel sein kann, wenn man XML für bestimmte Anwendungsgebiete verwenden möchte.

Da DTDs keinen Standard-Mechanismus bieten, um andere Daten als Text in einem Dokument zu verwenden, ist man gezwungen, diese Informationen implizit in einem Dokument anzugeben und die Konvertierung von Daten selbst vorzunehmen. Will man zum Beispiel die numerischen Inhalten eines Elements addieren, dann müsste man den Text erst in einen geeigneten Datentyp für Zahlen umwandeln, bevor man in der eigenen Anwendung mit den Zahlen arbeiten kann.

DTDs unterstützen keine Vererbung

DTDs bieten keinerlei Möglichkeit, Vererbungen auszudrücken. Geht man als Beispiel davon aus, man hätte eine Klasse mit dem Namen Buch, dann hätte man keine Möglichkeit auszudrücken, dass Buch eine Sub-Klasse von Publikation ist und könnte Buch nicht alle Eigenschaften von Publikation erben lassen.

Man könnte auch die Bücher nicht in drei Kategorien teilen, zum Beispiel: für Profis, Referenzen für Programmierer und für Anfänger, um dann diese Klassen alle von der Klasse Buch erben zu lassen.

Zusammengefasst lässt sich sagen, dass DTDs sich gut eignen, um Dokumentstrukturen zu definieren, und die Wahl für diesen Mechanismus ist verständlich, da XML 1.0 als Untermenge von SGML entwickelt wurde. Da XML aber auch für immer mehr Aufgaben genutzt wird, die mit allgemeinen Daten und nicht nur mit Texten zu tun haben, spielen die Mängel auf diesem Gebiet eine immer stärkere Rolle.

Diese Probleme zu beseitigen, ist das wichtigste Ziel der XML-Schemata. Bevor wir uns den aktuellen Stand des Entwurfs für die XML-Schemata ansehen, betrachten wir einige andere Initiativen der XML-Gemeinde im Bezug auf Metadaten in XML. Diese Betrachtungen sollen uns helfen, besser zu verstehen, in welche Richtung die Anstrengungen gehen.

Hilfe bei der Erstellung von Schemata

Die akademische Welt hat nicht erst auf die Entwicklung von XML gewartet, um sich mit Metadaten zu beschäftigen. Metadaten, also Daten über andere Daten, dienen der Beschreibung von allgemeinen Informationen. Dabei kann es sich um die Beschreibung einer Datenbankstruktur handeln oder aber um die etwas anspruchsvollere Aufgabe, ein solches Design zu erklären.

Die akademische Gemeinde und einige der XML-bezogenen Vorschläge für die Behandlung von Metadaten behandeln eher den ambitionierten Teil des gesamten Spektrums. Ein Beispiel für ein solches Projekt ist das **Resource Description Framework** (RDF), eine vom W3C unterstützte Initiative zur Beschreibung von Ressourcen. Andere Vorschläge gingen eher in die Richtung von Ersatzmechanismen für DTDs oder dienten der Darstellung von Daten in der Form von Datenbankmodellen.

Da man eine XML-basierte Sprache für Schemata haben wollte, um die DTDs ersetzen und erweitern zu können, wurden einige Vorschläge erstellt. Zu diesen Vorschlägen gehören:

❏ XML Data
❏ Document Content Description (DCD)
❏ Schema for Object-Oriented XML (SOX)
❏ Document Definition Markup Language (DDML früher als Xschema bekannt)

Keiner dieser Vorschläge wurde direkt vom W3C unterstützt, aber jeder dieser Vorschläge floss in die Arbeit des W3C an den XML-Schemata ein.

Unsere Bedürfnisse liegen irgendwo in der Mitte zwischen den Möglichkeiten von RDF und einer einfachen XML-Version der DTDs. Wir benötigen einen einfachen und ausdrucksstarken Mechanismus zur Beschreibung von Strukturen und Inhalten. Auch wenn man gerne so viel Aussagekraft wie möglich hat, sollte man nicht vergessen, dass Einfachheit ein wichtiger Faktor ist, wenn es darum geht, einen Vorschlag in Software umzusetzen und eine schnelle Akzeptanz zu erreichen. Schließlich ist XML selbst eine vereinfachte Version von SGML. Durch die Reduzierung der Möglichkeiten von SGML auf einen Grundstock von einfachen und mächtigen Features haben die Entwickler von XML einen einfachen Standard geschaffen, der schnell breite Akzeptanz fand.

In diesem Abschnitt über XML-Schemata werfen wir also zunächst einen Blick auf XML-basierte Vorschläge für die Behandlung von Metadaten. Zunächst sehen wir uns den ambitionierten Vorschlag für das RDF an, bevor wir uns zwei anderen Vorschlägen, XML Data und DCD, zuwenden. Damit schaffen wir uns den nötigen Hintergrund, um mit den Schemata des W3C zu arbeiten. Während unserer Betrachtungen der anderen Vorschläge versuchen wir, einige der zentralen Themen der XML-basierten Schemata herauszustellen. Die Schemata-Arbeitsgruppe des W3C hat diese Vorschläge begutachtet, und alle Vorschläge haben ihre besonderen Reize. Daher dienen diese Vorschläge als Basis für die Arbeit der Gruppe, aus der sie ihre Inspirationen ziehen und nützliche Entwürfe in das endgültige Konzept übernehmen können.

Nach der Betrachtung dieser Vorschläge werden wir uns ansehen, wie die laufende Arbeit des W3C an den XML-Schemata bisher aussieht, und beenden das Kapitel mit einen Blick auf die noch rudimentäre Unterstützung von Namensräumen und Schemata in dem Parser MSXML.

Die drei Vorschläge, die wir hier betrachten wollen, sind auf keinen Fall die einzigen Einflüsse auf die Arbeit an den XML-Schemata des W3C. Sie sind auch nicht die einzigen Bemühungen zur Beschreibung von Metadaten. Wir möchten Sie ermutigen, sich einige der anderen Vorschläge unter `http://www.w3.org/Metadata/` *und* `http://www.w3.org/TR.anzusehen.Einige` *der Bemühungen außerhalb des W3C finden sich auf der Website von Robin Cover unter* `http://www.oasis-open.org/cover/siteIndex.html`. *Die drei Vorschläge, die ich hier vorstellen möchte, liegen alle in der Hauptstoßrichtung aller Bemühungen um die XML-Schemata und sollten genügen, einige der wichtigen Beiträge darzustellen. Einige andere bemerkenswerte Vorschläge sind die Schema for Object Oriented XML (SOX) und die Document Definition Markup Language, (DDML, früher als Xschema bekannt).*

Wir wollen diese Vorschläge nicht in aller Breite behandeln, sondern Ihnen nur die wichtigsten Konzepte dieser Entwürfe vorstellen. Da der Vorschlag für die XML-Schemata noch nicht voll bestätigt ist, gibt es auch noch keine Anwendungen, die man für Beispiele heranziehen könnte. Wir werden uns aber eine bestimmte Syntax ansehen, für die es eine Implementierung von Microsoft in der Form des Parsers MSXML gibt. Dieser Parser ist auch Teil des IE5, steht aber auch als eigenständige Anwendung zur Verfügung. MSXML verwendet eine Teilmenge der XML Data, der sich auch XML Data – Reduced nennt. Diese Beispiele kommen jedoch erst am Ende des Kapitels. Wenden wir uns nun aber dem ersten Vorschlag zu, den ich Ihnen vorstellen möchte.

Resource Description Framework (RDF)

Das Resource Description Framework (RDF) ist einer der ambitioniertesten Vorschläge aus dem Bereich der Metadaten. RDF erlaubt Entwicklern, Objekte zu beschreiben, Objekten neue Eigenschaften zu geben, um diese zu definieren oder zu beschreiben, und komplexe Aussagen über Objekte zu machen. Zum Beispiel kann man Beziehungen zwischen Objekten ausdrücken. Einige der möglichen Anwendungen für RDF sind Sitemaps, Bewertungen für Inhalte, Definitionen für Stream Channel, Datenbestände für Suchmaschinen (web crawling), digitale Bibliotheken und verteiltes Arbeiten an Dokumenten. Die Spezifikation besteht aus zwei Abschnitten:

❏ Modell und Syntax
❏ RDF-Schemata

Das grundlegende RDF-Modell hat den Status einer Empfehlung (22. Februar 1999) und umfasst das beschreibende Datenmodell, das man in XML, aber auch in einer anderen Syntax beschreiben kann. RDF-Schemata haben den Status einer vorgeschlagenen Empfehlung (3. März 1999) und umfassten eine

XML-basierte Auszeichnungssprache zur Beschreibung des RDF-Datenmodells. RDF basiert auf den Erfahrungen aus der Entwicklung der Platform for Internet Content Selection (PICS), einer Methode zur Definition von Inhalten im Web und der Implementierung eines Bewertungssystems für diese Inhalte. Außerdem kommen Einflüsse und Erfahrungen aus früheren akademischen Bemühungen aus dem Bereich Metadaten hinzu.

Mit RDF erstellte Schemata definieren nicht nur Namen und Strukturen, sondern können auch Aussagen über die Beziehungen zwischen den beschriebenen Objekten machen. RDF kann sehr komplex sein, bietet aber enorme Ausdrucksstärke. Daher ist eine gewisse Komplexität notwendig, um so eine Ausdrucksstärke zu erreichen.

RDF basiert auf drei grundlegenden Konzepten: **Ressourcen**, **Eigenschaften** und **Aussagen**.

Ressourcen

Ressourcen können in RDF so ziemlich alles sein. Jedes greifbare Objekt innerhalb einer Domäne, dass durch einen URI beschrieben werden kann, sei es eine ganze Website oder ein Element in einem HTML- oder XML-Dokument, kann eine Ressource sein. Es könnte sogar etwas sein, dass man nicht über das Web erreichen kann, zum Beispiel ein gedrucktes Buch.

Ressourcen haben stets einen Typ. Es gibt ein System von Klassen, mit dem Kategorien definiert werden können, denen jede einzelne Ressource zugeordnet werden kann. Es gibt die Möglichkeit, von Klassen zu erben, damit Designer verschiedene Ebenen von Definitionen erstellen können. So ist es möglich, auf der einen Seite ganz allgemeine Definitionen zu haben und auf der anderen Seite sehr spezifische. Hier einige einfache Definitionen von Klassen. Die erste Definition beschreibt eine Klasse `Rakete` und die zweite Klasse spezifiziert die erste Klasse durch Vererbung und definiert die Klasse `ChemischeRakete`. Die Namensräume `rdfs` and `rdf` sind Teil der RDF-Empfehlung:

```
<rdfs:Class rdf:ID="Rakete">
    <rdfs:subClassOf
        rdf:resource="http://www.w3.org/TR/WD-rdf-schema#Resource"/>
</rdfs:Class>

<rdfs:Class rdf:ID="ChemischeRakete">
    rdfs:ClassOf rdf:resource="#Rakete" />
</rdfs:Class>
```

Eigenschaften

Ressourcen haben Eigenschaften, durch die sie definiert und beschrieben werden. Diese Eigenschaften können durch Randbedingungen genauer ausgestaltet werden. Diese Randbedingungen beschränken den Datentyp und den Wertebereich der möglichen Werte einer Eigenschaft. Geben wir unserer chemisch angetriebenen Rakete die benötigten Treibstoffe:

```
<rdfs:Class rdf:ID="Treibstoffe">
    <rdfs:subClassOf rdf:resource="http://www.w3.org/TR/
                                WD-rdf-schema#Resource"/>
</rdfs:Class>

<rdf:Property ID="Treibstoff">
    <rdfs:range rdf:resource="#Treibstoffe" />
    <rdfs:domain rdf:resource="#ChemischeRakete" />
</rdf:Property>
```

Die Eigenschaft `Treibstoff` hat den Typ der Klasse `Treibstoffe` und die Eigenschaft kann Werte aus diesem Bereich annehmen. Dazu müssten wir eine ähnliche Klassendeklaration vornehmen, wie schon bei den beiden Klassen vorhin. Diese Klassen könnten dann zum Beispiel diskrete Werte für Raketentreibstoffe definieren. Die Eigenschaft Treibstoff bezieht sich auf ihre Domäne, die Klasse `ChemischeRakete`.

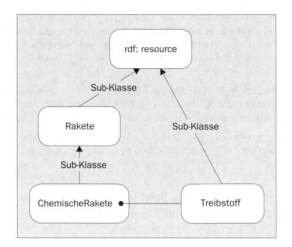

Aussagen

Sobald alle Namen und Strukturen durch Ressourcen und Strukturen definiert sind, können Aussagen über die Domäne gemacht werden. Dies geschieht, indem man Tripel aus **Subjekt**-Ressourcen, Prädikaten von **Eigenschaften** und **Werte-Objekten** bildet. Die möglichen Werte können Literale für spezifische Aussagen sein oder Ressourcen für mächtige Aussagen für ganze Klassen. Lassen Sie uns eine Aussage über eine bestimmte Rakete in einem Dokument machen. Zunächst deklarieren wir eine Instanz einer `ChemischeRakete` und geben ihr einen Namen:

```
<?xml version="1.0" ?>
<rdf:RDF xmlns="http://www.w3.org/1999/02/22-rdf-syntax-ns#">
   <ChemischeRakete ID="Luna" xmlns="urn:my-rdf-rocket-schema"/>
   <rdf:Description about="Luna">
      <fuel>Wasserstoff</fuel>
   </rdf:Description>
</rdf:RDF>
```

Nach der Deklaration einer Instanz mit dem Namen `Luna` durch das Attribut `ID` der Ressource fahren wir mit einer Beschreibung durch das RDF-Element `rdf:Description` fort. In diesem Fall habe ich einen Wert, `Wasserstoff`, für die Eigenschaft Treibstoff angegeben. Schließlich ist `Luna` eine Instanz der Klasse `ChemischeRakete` und diese Klasse verwendet die Eigenschaft `Treibstoff`. Bis jetzt sieht das alles nach einer Menge Arbeit aus, nur um etwas Einfaches auszusagen. Aber wir können dieselbe Syntax verwenden, um auch Aussagen über Klassen zu machen. Je mehr Aussagen man innerhalb eines Schemas macht, desto mehr explizites Wissen über eine Problemstellung wird gespeichert.

RDF ist sehr mächtig und erlaubt es, sehr ausdrucksstarke Aussagen zu machen. Es bietet eine Antwort auf die Probleme mit den Datentypen, die wir schon von den DTDs kennen. Das strenge Typenkonzept ist sogar immer ein zentraler Punkt in einem RDF-Schema. Leider ist die Erstellung eines RDF-Schemas ein arbeitsreicher Prozess der Deklaration von vielen Klassen und Eigenschaften. Die Möglichkeit, semantisch starke Aussagen zu machen, ist in dieser Form sicher willkommen, aber vermutlich auch viel mächtiger, als es für die Definition von XML-basierten Auszeichnungssprachen nötig wäre.

Das soll jedoch nicht bedeuten, dass solche mächtigen Möglichkeiten in anderen Anwendungsgebieten nicht sinnvoll wären. Die Aussagen in RDF erlauben uns, formale Beschreibungen in einem maschinenlesbaren Format anzugeben. Die Auszeichnungssprachen, die wir gewöhnlich erstellen, verlassen sich oft implizit auf ein allgemein verfügbares Verständnis der Konzepte aus der realen Welt. Durch RDF-Aussagen könnte man theoretisch genügend Informationen liefern, damit eine Anwendung zusätzliche Informationen über eine Auszeichnungssprache selbst ermitteln kann. Dies könnte die Anwendung neuer Auszeichnungssprachen erleichtern und man könnte auch leichter entscheiden, ob sich eine Sprache für ein aktuelles Problem eignet. RDF erlaubt es einer Anwendung, bis auf die Grundlagen eines Problems vorzudringen, zumindest bis zu dem Punkt, an dem man eine metaphysische Diskussion beginnen müsste, ob eine Maschine überhaupt etwas »verstehen« kann. Kurz gesagt bietet RDF die Möglichkeit, die »Umgebung« einer Auszeichnungssprache so zu beschreiben, dass auch eine andere Anwendung die Sprache korrekt anwenden kann.

Für einen Designer, der sich mit der Definition von Namen, Strukturen und Beziehungen herumschlagen muss, könnte der Aufwand etwas zu hoch sein. Der nächste Vorschlag, den wir behandeln wollen, ist nicht annähernd so mächtig im Bezug auf die Aussagekraft und Allgemeinheit in der Anwendung.

> *Mehr Informationen zu RDF finden Sie unter* `http://www.w3.org/TR/REC-rdf-syntax` *(Basismodell) und* `http://www.w3.org/TR/PR-rdf-schema` *(RDF-Schemata).*

XML Data

XML Data strebt bescheidenere Ziele an als RDF. Dieser Vorschlag wurde von den Firmen ArborText, DataChannel, Inso und Microsoft beim W3C eingereicht und konzentriert sich auf automatisierte Dokumente und deren Verarbeitung, ist aber dennoch ambitionierter als die DTDs.

XML Data trennt zwischen **syntaktischen** und **konzeptionellen** Schemata. Beide verwenden dieselbe Syntax, bieten jedoch verschiedene Sichtweisen auf die Daten, die man beschreiben will .

Ein syntaktisches Modell ist eine Menge von Regeln, die beschreiben, wie man ein Dokument zu erstellen hat. Daher ist eine DTD auch ein Beispiel für ein syntaktisches Schema. In einem XML-Dokument, dass entsprechend unserer Katalog-DTD erstellt wurde, darf ein Element `<Book>` die Elemente `<Title>`, `<Abstract>`, `<RecSubjCategories>` und `<Price>` enthalten. Ein syntaktisches XML-Data-Schema für denselben Themenkomplex würde ähnliche Beschränkungen für die Struktur der Sprache definieren.

Ein konzeptionelles Modell dagegen beschreibt die Beziehung zwischen Konzepten oder Objekten und eignet sich als solches gut zur Modellierung relationaler Datenbanken. Man kann mit einem XML-Data-Schema unabhängig von der Syntax eines XML-Dokuments ausdrücken, dass Bücher einen Titel und einen Preis haben. In dieser Beziehung sollte XML Data dazu dienen, die Möglichkeiten zur Nutzung von Daten aus relationalen Datenbanken in XML zu verbessern. Die grundlegenden Beziehungen, die in einer relationalen Datenbank durch Schlüssel ausgedrückt werden, können auch in einem Schema formal festgehalten werden. Durch Namensräume kann man auch Ad-hoc-Beziehungen darstellen, die durch eine Join-Operation entstehen, indem man Namensräume für die verknüpften Tabellen definiert und die Spalten in einer Abfrage entsprechend der Tabelle setzt, aus der diese stammen. Wir erörtern die Anwendung von Schemata in Verbindung mit Datenbanken in Kapitel 10.

XML Data bietet einige nützliche Werkzeuge, die diesen Vorschlag mächtiger als DTD werden lassen. Diese Werkzeuge behandeln einige der Probleme, die wir im Zusammenhang mit DTDs kennen gelernt haben, also wird es Zeit, sich diese Werkzeuge und ihre Anwendung näher anzusehen:

Die Syntax von XML

XML Data verwendet die Syntax von XML zur Erstellung der Schemata, so können Anwender Schemata erstellen, ohne eine neue Syntax zu erlernen. Es bedeutet auch, dass man zum Beispiel DOM und existierende Parser verwenden kann, um ein Schema zu bearbeiten oder ein neues dynamisch zu erzeugen.

Spinnt man die Metapher der konzeptionellen Schemata fort, so könnte man für jede SQL-Abfrage ein eigenes Schema dynamisch erzeugen, allein auf der Grundlage der Anfrage. Der Empfänger der Daten hätte dann sowohl die Daten als auch die formale Struktur und würde gar nicht bemerken, dass beides dynamisch erzeugt wurde.

Datentypen

XML Data verfügt über ein strenges Typenkonzept für Elemente und Attribute und behebt so einen der großen Mängel der DTDs. Diese Typen können zum einen durch den Namensraum datatypes definiert sein oder es können komplexere, benutzerdefinierte Typen sein, die in einem Schema definiert wurden. Anwendungen müssen nicht länger implizites »Wissen« über Datentypen besitzen und einen Text entsprechend konvertieren, bevor die Daten genutzt werden können. Solche Informationen können in einem Schema explizit angegeben werden und ein Parser kann die Konvertierung für die Anwendung übernehmen.

Beschränkungen für Wertebereiche

XML Data erlaubt es, den Wertebereich für die Werte von Elementen und Attributen einzuschränken. So können zum Beispiel Minimal- und Maximalwerte definiert werden. Solche Beschränkungen können in vielen Situationen sehr nützlich sein, wenn man XML-Dokumente überprüft. Man stelle sich nur eine Situation vor, in der man Bestellungen annehmen will, die mindestens einen Wert von einhundert Euro haben, aber einen Wert von eintausend Euro nicht übersteigen dürfen. Solche Randbedingungen könnten in einem eigenen Schema festgelegt werden. Eine alternative Anwendung solcher Randbedingungen wäre zum Beispiel, Kunden davon abzuhalten, etwas zu kaufen, wenn ihr Konto kein Guthaben hat, oder ungültige Werte in ein Formular einzutragen.

Vererbung von Typen

XML Data bietet einen sehr interessanten Mechanismus zur Vererbung von Typen. Dieser Mechanismus erlaubt die Erweiterung von Elementen im Zuge der Beschreibung eines Problems, das man mit Hilfe von XML lösen will. Man kann mit einigen sehr allgemeinen und wenig aussagekräftigen Typen beginnen und diese dann immer weiter spezifizieren, indem man Daten zum Super-Typ hinzufügt oder Eigenschaften ersetzt. Man kann etwas Ähnliches mit Entities innerhalb von DTDs machen, aber die Vererbung von Typen formalisiert diesen Prozess. Ohne eine feste Semantik können Entities so stark missbraucht werden, dass sie mehr verwirren als dem Nutzer helfen. Ein formaler Vererbungsmechanismus erlaubt die kontrollierte Anwendung der Vererbung und verhindert einen Missbrauch des Mechanismus, so wie es mit den Entities in einer DTD möglich wäre.

Offene und geschlossene Inhaltsmodelle

Der Vorschlag für XML Data bietet noch eine weitere sehr interessante Möglichkeit: die **offenen** und **geschlossenen Inhaltsmodelle**. Eine klassische DTD ist ein geschlossenes Modell. Dokumente, die einer DTD gehorchen sollen, müssen alle Regeln der DTD befolgen, da diese allein den Umfang einer Auszeichnungssprache festlegt.

Bei einem offenen Schema dürfen Dokumente, die diesem Schema gehorchen, auch andere Teile enthalten, die nicht in der DTD deklariert sind. Teile eines Dokuments, die entsprechend des Schemas erstellt wurden, müssen alle Regeln des Schemas befolgen, man darf aber beliebige Teile in ein Dokument einfügen, ohne das Schema dabei zu verletzen. Diese zusätzlichen Teile können durch ein anderes Schema definiert sein oder dürfen völlig ohne formale Definition sein. So könnte man zum Beispiel dynamisch anfallende Daten direkt in ein Dokument übernehmen. Noch wichtiger ist aber, dass man in Dokumenten mit offenem Inhaltsmodell Namensräume beliebig mischen darf. Man kann also völlig legal Teile eines Dokuments, die nach einem Schema erstellt wurden, in ein Dokument einfügen, das nach einem völlig anderen Schema erstellt wurde. Genauer ausgedrückt heißt das, man kann für einzelne Elemente festlegen, welches Inhaltsmodell, offen oder geschlossen, diese Elemente haben sollen. Diese Deklaration erfolgt über das Attribut content. Der Vorgabewert für dieses Attribut ist open. Man könnte also ein Element zum Beispiel so deklarieren:

```
<elementType id="Person" content="closed">
    <element type="#Name"/>
    <element type="#Adresse"/>
</elementType>

<!-- Dieses Dokument-Fragment ist ungültig, weil es ein Element Telephon gibt -->
<Person>
    <Name>Otto Mustermann</Name>
    <Adresse>Musterstrasse 123, 99999 Musterhausen</Adresse>
    <Telephon>555-1212</Telephon>
</Person>
```

Hätte das Attribut content in dem obigen Beispiel den Wert open gehabt, dann wäre das Dokument-Fragment gültig gewesen.

Erweiterte ID- und IDREF-Konstrukte

XML Data erweitert die Möglichkeiten der bekannten Attribute ID und IDREF um das Konzept der Relationen. In einer **Relation** dient ein Element als Schlüssel oder Index für den Inhalt eines anderen Elements. Diese Mimik entspricht direkt dem Konzept der Schlüssel und Fremdschlüssel aus den relationalen Datenbanken. Dieses Konzept ist auch sehr nützlich in zweisprachigen Dokumenten. Zwei der Relationen sind besonders interessant: Alias-Namen und Korrelationen.

Ein **Alias** dient zur Definition von äquivalenten Elementen. So könnte man zum Beispiel ein Element <Book> in englischen Dokumenten haben und könnte für eine rein deutsche Version des Dokuments das Element <Buch> als äquivalentes Element zu <Book> definieren.

Es kann auch vorkommen, dass zwei Elemente identische Dinge beschreiben. Diese Tatsache lässt sich durch die **Korrelationen** ausdrücken.

Man kann sich so etwas anhand eines Dokuments für Bestellungen vorstellen. Nehmen wir an, wir hätten ein Element <Bestellender>. Dieses Element entspricht aber dem Element <Kunde>, das wir in anderen Bereichen bereits verwenden. Also korrelieren die Elemente <Bestellender> und <Kunde>, was bedeutet, dass <Bestellender> nur ein anderer Name für <Kunde> ist. Solche Dinge werden den Entwicklern von Datenbanken aus ihrer Arbeit an den so genannten Entity-Relationship-Diagrammen bekannt sein.

Wie wir gesehen haben, adressiert XML Data sehr direkt alles, was wir an den DTDs bemängelt haben. Im Moment werden wir keine weiteren praktischen Beispiele zu XML Data bringen, da ein Teil dieser Möglichkeiten von dem XML-Parser des Internet Explorers 5.0 bereits unterstützt wird. Wie schon angekündigt werden wir diese Möglichkeiten später genauer kennen lernen.

Mehr Informationen zu dem Thema XML Data finden Sie unter http://www.w3.org/TR/1998/ NOTE-XML-data/.

Document Content Description

Der Vorschlag für die Document Content Description (DCD) folgte den Spuren von XML Data. Dieser Vorschlag geht auf die Firmen IBM, Microsoft und Textuality zurück und ist eine RDF-basierte Auszeichnungssprache, die ausdrücklich dem Design von XML-basierten Sprachen dienen soll. Die Entwickler nutzten die ungeheure Ausdruckskraft eines Standards für Metadaten in XML – RDF –, um einen anderen Standard, mit bescheideneren Zielen, zu kreieren. Diese Idee steht ganz im Geiste der Idee von XML als einer einfacheren Teilmenge von SGML.

DCD ähnelt von der Syntax XML Data, aber einige der fortschrittlicheren Möglichkeiten von XML Data fehlen gänzlich. DCD kennt keinerlei Relationen und konzentriert sich gänzlich auf die Definition von XML-basierten Sprachen. Einige Dinge sind jedoch geblieben. So kennt man weiterhin das strenge Typenkonzept von XML Data, genau wie die Vererbung unter Elementen. Genau wie XML Data, so erlaubt auch DCD dem Entwickler einer Sprache, offene und geschlossene Inhaltsmodelle zu verwenden. Im Unterschied zu XML Data verwendet DCD aber auch denselben Mechanismus für Schemata und Elemente. Auch die Beschränkungen für den Wertebereich von Elementen ist genau wie bei XML Data gehandhabt. So könnte zum Beispiel das Element <KleineInvestition> so deklariert sein, dass es einen numerischen Wert haben muss, der auf einen bestimmten Wertebereich begrenzt ist. Zum Beispiel mehr als null Euro und höchstens zehntausend Euro.

```
<ElementDef Type="KleineInvestition" Datatype="fixed14.4" MinExclusive="0.00"
  Max="10000.00">
```

Obwohl DCD sich auf das mächtige RDF stützt und viel mehr leisten könnte, geht es direkt die Mängel von DTDs an. Statt auf eine mächtige Vielfalt von Möglichkeiten hat man sich auf die Einfachheit konzentriert. Da DCD sowohl XML Data als auch der Schema-Unterstützung des Internet Explorer ähnelt, werden wir das Thema nicht weiter vertiefen. Sie sollten jedoch im Hinterkopf behalten, dass DCD eher am einfachen Ende des Spektrums der Behandlung von Metadaten steht. Man hat sich bewusst für die Behandlung der akuten Probleme mit DTDs entschieden und die weiter gehenden Möglichkeiten ausgelassen, um schnell einen fertig implementierten Standard für XML-Schemata zu haben.

Die W3C-Note für die Document Content Description finden Sie unter `http://www.w3c.org/TR/` `NOTE-dcd/`.

Die richtige Balance finden

Diese Vorschläge decken in etwa das gesamte Spektrum der Diskussion um Metadaten ab, es sind jedoch auf keinen Fall die einzigen Einflüsse für die Entwicklung der XML-Schemata.

In dem Kontext dieses Buchs sollen diese Vorschläge jedoch als die wesentlichen Einflüsse gelten. Fragen Sie sich selbst »Was benötigt man wirklich, um XML in vernetzten Anwendungen nutzen zu können?« Die möglichen Antworten auf unsere bisherigen Bedenken bilden da die minimalen Anforderungen. Bei Intranet-Anwendungen könnte man sogar gut ohne eine XML-Syntax für Schemata auskommen. Ich würde sogar für eine andere Forderung plädieren: Einfachheit. Die Integration von Anwendungen, besonders über das öffentliche Internet, schreit geradezu nach einfachen und zuverlässigen Methoden. Komplexität erhöht die Möglichkeit von Fehlern und bringt Verzögerungen mit sich. Genau wie das einfachere XML sehr schnell das viel komplexere SGML überflügelte, könnte meiner Meinung nach ein einfacher Standard für Metadaten die Antwort auf alle bisherigen Wünsche sein.

RDF hat eine bewundernswerte Zielsetzung und wird sicher in sehr speziellen Anwendungsgebieten, die einer solchen Mächtigkeit bedürfen, auch genutzt werden. Es ist jedoch kaum anzunehmen, dass ein so komplexer Standard schnell ein integraler Bestandteil der Entwicklerwerkzeuge für Web-Applikationen werden wird. XML Data und DCD kommen dem Ziel wesentlich näher, da sie die Komplexität zu Gunsten der wirklich wichtigen Dinge (aus der Sicht ihrer Entwickler) aufgegeben haben. Die Grenzlinie zwischen wichtigen und unwichtigen Dingen ist sehr schmal. Sind die Relationen von XML Data wichtig oder nicht? Viele dieser Antworten hängen von der Art der zukünftigen XML-basierten Anwendungen ab.

Der Bedarf für schnelle Lösungen ist groß. Die Aktivitäten des W3C im Bereich Metadaten haben an Bewegung gewonnen, vielleicht wegen der vielen konkurrierenden Vorschläge aus allen möglichen Quellen. Eine eigene Arbeitsgruppe für XML-Schemata hat bisher hart gearbeitet, um eine Empfehlung noch im Laufe des Jahres 2000 auf den Weg zu bringen. Die XML-Schemata verdanken viel den Vorschlägen für RDF, XML Data, DCD und vielen anderen. Die bisherigen Anstrengungen tendieren eher zum einfachen Ende des Spektrums, was ein gutes Zeichen für eine schnelle Fertigstellung der ersten Bemühungen sein sollte, leider aber keinesfalls sein muss. Da wir hoffen, das diese Empfehlung des W3C kurz nach dem Erscheinen des Buchs fertig gestellt sein wird, werden wir diesen Entwurf ausführlich behandeln.

Die Arbeit des W3C an den XML-Schemata

Die Arbeitsgruppe des W3C für die XML-Schemata hat einen zweiteiligen Entwurf für die XML-Schemata erarbeitet (17. Dezember 1999). Wie bei allen Entwürfen, die noch bearbeitet werden, können bestimmte Merkmale und die Syntax sich in späteren Fassungen ändern. Dieser Entwurf für Schemata behandelt die zentralen Probleme der DTDs, die wir bisher in diesem Kapitel angesprochen haben. Die Schemata verwenden die XML-Syntax und erlauben die Verwendung von mehreren Namensräumen und bieten auch ein strenges Typenkonzept für Element-Inhalte. Noch wichtiger ist, dass diese Schemata eine Obermenge der DTDs von XML 1.0 sind. Die Ausdrucksmöglichkeiten übersteigen die von DCD, aber die Schemata des W3C sind längst nicht so abstrakt wie RDF. Kurz gesagt ist dieser Entwurf sehr viel versprechend.

Der Arbeits-Entwurf vom 17. Dezember 1999 ist in zwei Teile gegliedert: **Strukturen** und **Datentypen**.

Der Abschnitt über Strukturen, `XML Schema Part 1: Structures`, behandelt die Beschreibung und Deklaration von Elementen und Attributen. Die dort beschriebenen Mechanismen bieten XML-Designern die Möglichkeit, komplexe Elementstrukturen und Einschränkungen für die Elementinhalte zu definieren. Dieser Teil der Spezifikation findet sich unter dem URL `http://www.w3.org/TR/xmlschema-1/`.

Der zweite Teil, `XML Schema Part 2: Datatypes`, setzt Standards für vordefinierte Datentypen und die Regeln zur Definition eigener Datentypen aus den bestehenden Typen. Dieser Teil der Spezifikation findet sich unter `http://www.w3.org/TR/xmlschema-2/`.

DTDs und XML-Schemata: eine Gegenüberstellung

Ich hoffe, dass Sie nun begierig sind, etwas über die Syntax der XML-Schemata zu lernen. Nur um sicherzugehen, lassen Sie mich eine einfache DTD vorstellen und diese dann in die Form eines XML-Schemas transformieren. Schließlich haben wir bisher viel über Schemata geredet, aber noch kein konkretes Beispiel gesehen. Der Kontrast zwischen der bisherigen Praxis – DTDs – und der hoffentlich zukünftigen Praxis – Schemata – wird Ihnen zeigen, wie einschneidend sich die Dinge ändern werden. Außerdem werden Sie einen besseren Einblick bekommen, worüber wir bisher gesprochen haben. Machen Sie sich bitte keine großen Sorgen um die Syntax des Schemas, diese werden wir noch in späteren Abschnitten ausführlich behandeln. Versuchen Sie lediglich das Gesamtbild zu erfassen, es wird sich im Verlauf des Kapitels noch ergänzen.

Wir nehmen die folgende DTD zur Benennung von Personen:

```
<!ELEMENT    Name       (Titel?, Vorname, MI?, Nachname, Suffix?)>
<!ELEMENT    Titel      (#PCDATA)>
<!ELEMENT    Vorname    (#PCDATA)>
<!ELEMENT    MI         (#PCDATA)>
<!ELEMENT    Nachname   (#PCDATA)>
<!ELEMENT    Suffix     (#PCDATA)>
```

Es ist also mindestens ein Vor- und Nachname vorgeschrieben und es können optional Initialen der Mittelnamen (MI), Titel (Dr., Prof. etc.) und Suffixe (Jr., III etc.) angegeben werden. So sieht das entsprechende Schema aus:

```
<Schema ...>
   <element name="Name">
      <type>
         <element name="Titel"
                   type="string" minOccurs="0" maxOccurs="1"/>
         <element name="Vorname" type="string"/>
         <element name="MI"
                   type="string" minOccurs="0" maxOccurs="1"/>
         <element name="Nachname" type="string"/>
         <element name="Suffix"
                   type="string" minOccurs="0" maxOccurs="1"/>
      </type>
   </element>
</Schema>
```

Das Schema ist erkennbar länger, aber dafür haben wir auch etwas mehr Informationen spezifiziert. Zu Beginn haben wir das Element `<Schema>` als Wurzel-Element für das Schema. Dann folgt ein Element Name, dessen Name durch das Attribut name des Tags `<element>` gesetzt ist:

```
<element name="Name">
```

Diese Zeile deklariert das Element <name>. Wozu dient das? Hier habe ich die einfachste Form verwendet, Sie sollten jedoch wissen, dass man auch Namen und Kind-Elemente deklarieren kann. In dieser Form kann die Definition überall wiederverwendet werden und spezifiziert das Inhaltsmodell des Elements <Name>. Beachten Sie bitte, wie die Kind-Elemente von <Name> deklariert werden. Da diese Elemente aus elementaren Datentypen besteht (Strings oder PCDATA), können wir sie im Rumpf des Elements <Name> ohne weiteren Aufwand deklarieren. Sie werden sehen, dass die XML-Schemata eine längere Liste elementarer Datentypen anbietet, als man es von DTDs gewohnt ist.

Beachten Sie bitte, wie die optionalen Elemente deklariert worden sind. Schemata erlauben uns anzugeben, wie oft ein Element mindestens und wie oft es höchstens auftauchen darf. Diese Möglichkeit kann zu komplexeren Inhaltsmodellen führen, als man es von DTDs her kennt.

Die offensichtlichste Tatsache ist jedoch, dass unser Schema in XML geschrieben ist. Man könnte also die Möglichkeiten von DOM zur Manipulation von Dokumenten nutzen, ein solches Schema aus einem Programm heraus zu durchlaufen. Dasselbe kann man für die DTD-Form nicht behaupten.

Strukturen

Alles, was man durch eine DTD ausdrücken kann, wird auch in dem Teil über die Strukturen für XML-Schemata definiert. Da man die XML-Syntax verwendet, beziehen sich die definierten Strukturen auf die XML-Konstrukte, mit denen man sie definiert. Das bedeutet auch, dass XML-Schemata nichts anderes sind als eine weitere Anwendung von XML, und als solche könnte ein Schema auch sich selbst beschreiben. Tatsächlich wird sowohl ein Schema als auch eine DTD im Anhang des Abschnitts über die Strukturen für XML-Schemata angegeben.

Der Abschnitt über die Strukturen spezifiziert die Elemente und Attribute für die Definition von Schemata. Noch wichtiger ist, dass das **Inhaltsmodell** für Elemente in diesem Teil beschrieben wird. Inhaltsmodelle beschreiben die erlaubten Strukturen von Element-Inhalten. Die Strukturen sind das Herzstück der XML-Schemata und daher werden wir diese nun genauer betrachten.

Eigene Schemata erstellen

Ein Schema besteht aus einer **Präambel** und optionalen Definitionen und Deklarationen. Die nächsten Abschnitte werden diese Begriffe erläutern. Wir beginnen aber mit der Präambel.

Präambel

Die Präambel steht im Wurzel-Element schema. Diese muss dann zumindest drei Attribute enthalten:

❑ targetNS: Namensraum und URI des verwendeten Schemas
❑ version: Versionsnummer eines Schemas
❑ xmlns: Namensraum der XML-Schemata-Spezifikation

Optional können noch die Attribute finalDefault und/oder exactDefault angegeben werden, Vorgabewerte für Erweiterungen, die wir erst viel später behandeln werden.

Es können auch Konstrukte zum Export, Import und der Inklusion verwendet werden, die wir aber auch erst später behandeln werden. Hier ein einfaches Schema mit einer Präambel:

```
<?xml version="1.0"?>
<schema targetNS="http://MeinServer/MeinSchema.xsd"
        version="1.0"
        xmlns="http://www.w3.org/1999/XMLSchema">
   ...
</schema>
```

In diesem Fall liegt unser fiktives Schema auf dem Rechner MeinServer und trägt den Namen Mein-Schema.xsd. Die Dateiendung ».xsd« ist die vorgesehene Endung für XML-Schemata. Unser Schema liegt in der Version 1.0 vor. Der vorgegebene Namensraum bezieht sich auf *XML Schemas: Structures.* Dieses Schema entspricht einem geschlossenen Inhaltsmodell und bedeutet daher, dass alle Regeln für Dokumente nach diesem Schema in dem Schema selbst enthalten sein müssen.

Definitionen einfacher Typen

Die Strukturen aus den XML-Schemata sind stark auf die Definition von Datentypen angewiesen. Diese Definition von Datentypen erlaubt den Entwicklern von Schemata, erweiterte Datentypen zu schaffen, die im ganzen Schema verwendet werden können. Mit diesen Definitionen kann man den Typ der Inhalte von Elementen und Attributen festlegen. Wir wollen jedoch mit den einfachen Datentypen beginnen. Eine **elementare Typdefinition** definiert einen Typ von Informationen, die nicht Elemente sind. Eine solche Definition besteht aus einem Namen und einer Spezifikation, die entweder aus einer Referenz auf eine andere Typdefinition oder eine Reihe von **Facetten** besteht. Facetten werden wir in dem Abschnitt über Datentypen ausführlich beschreiben. Eine eigenständige elementare Typdefinition findet sich in dem Element datatype:

```
<datatype name="smallInt" source="integer"/>
    <minExclusive value="0"/>
    <maxExclusive value="10"/>
</datatype>
```

Wir werden solche Beispiele noch ausführlich im Zusammenhang mit den Datentypen besprechen. Man kann aber auch eine elementare Typdefinition an anderen Stellen finden, zum Beispiel bei der Deklaration von Attributen. Das kann man etwa mit dem Attribut type erreichen. So legt die Deklaration type="smallInt" den Typ des definierten Konstrukts dar.

Komplexe Typedefinitionen

Diese Definitionen sind ein zentraler Punkt für die XML-Schemata. Ohne diese Definitionen wäre es nicht möglich, nichttriviale Inhaltsmodelle für Elemente zu erstellen. Das Element <type> dient dabei immer der Definition komplexer Typen. In diesem Element eingebettet liegen die Deklarationen für Elemente und Attribute oder aber Referenzen auf Modellgruppen. Hier ein Beispiel:

```
<type name="beliebigerInhalt">
    <element .../>
    <attribute .../>
</type>
```

Die komplexen Typdefinitionen können noch um einiges schwieriger werden. Dies wird nicht ganz einfach zu verstehen sein, solange wir noch nicht wissen, wie man Attribute und Elemente deklariert. Achten Sie bitte einfach auf das Element <type> in den kommenden Beispielen und Sie werden sehen, was gemeint ist.

Attribute und Attribut-Gruppen

Attribut-Deklarationen bestehen aus dem Element <attribute>, das mindestens das Attribut name enthalten muss. Das Element <attribute> besitzt ebenfalls optionale Attribute zur Festlegung von Kardinalitäten. Diese Attribute sind minOccurs und maxOccurs und dienen dazu festzulegen, ob, und wenn ja, wie oft ein Element auftauchen darf. Das Attribut type spezifiziert den Datentyp des Attributs, so zum Beispiel, ob es ein String oder Integer ist. Eine Attribut-Deklaration darf auch die Attribute default und fixed enthalten. Diese arbeiten genau wie die Schlüsselworte IMPLIED und FIXED bei den DTDs. Der Wert des Attributes fixed legt fest, welchen Wert eine Instanz immer annehmen muss. Der Wert des Attributs default dient als Vorgabewert, falls das Attribut in einem Element nicht auftaucht. Hier einige Beispiele für Attribut-Deklarationen:

```
<attribute name="einfachesAttr"/>

<attribute name="SequenzNo" type="integer" default="0"/>
```

Oft begegnen wir einer Gruppe von Attributen, die sogar bei vielen Element-Deklarationen angewendet werden kann. Die Strukturen der XML-Schemata tragen dem Rechnung, indem sie Attribut-Gruppen unterstützen. Eine solche Attribut-Gruppe ist eine benannte Sammlung von Attribut-Deklarationen:

```
<attributeGroup name="PKWParameter">
    <attribute name="Seriennummer" type="string"/>
    <attribute name="Marke" type="string"/>
</attributeGroup>

<type name="TaxiParameter">
    <attributeGroup ref="PKWParameter"/>
</type>
```

In diesem Fall haben wir eine Attributgruppe PKWParameter definiert und diese dann in der Definition des Typs TaxiParameter verwendet.

Inhaltsmodelle

Ohne Inhaltsmodelle kämen wir nicht besonders weit bei der Definition von Sprachen. Die XML-Schemata bieten uns einen Mechanismus zur Beschreibung von Inhaltsmodellen, der viel präzisere Aussagen erlaubt, als wir das von DTDs kennen. Dieser Mechanismus verwendet komplexe Typdefinitionen und eine neue Struktur, das Element <group>, um so den Inhalt von Elementen zu definieren.

Wir benötigen nun noch ein anderes Attribut, mit dem wir den Inhalt definieren wollen. Dieses Attribut heißt content und besagt, welche Inhalte ein Element haben darf (es wird jedoch nichts über die erlaubten Attribute ausgesagt):

Werte des Attributs content	Bedeutung
unconstrained	Inhalt beliebiger Art
empty	leeres Element
mixed	Elemente und Character Data

Hier ein Beispiel:

```
<type name="Offen" content="unconstrained"/>

<type name="NichtsDrin" content="empty"/>

<type content="Mixed">
    <element ... />
</type>
```

Die ganze Sache wird noch interessanter, sobald wir zu reinen Element-Inhalten kommen. Nun benötigen wir noch einige Operatoren für die Inhalte. Diese Operatoren werden in der Spezifikation als **compositors** bezeichnet. Sie zeigen an, auf welche Art und Weise Elemente angeordnet werden dürfen. Diese Compositors sind stets Werte des Attributs order in dem Element <group>. Dieses neue Element bietet uns eine Möglichkeit, geordnete Verbände von Elementen zu deklarieren. Die Compositors sind in der folgenden Tabelle angegeben:

Compositor-Schlüsselwort	Bedeutung	DTD-Äquivalent
seq	Die Elemente müssen in der angegebenen Reihenfolge auftreten	, (Komma)
Choice	Genau eines der Elemente aus dem Modell darf auftauchen	| (senkrechter Strich)

Element-Deklarationen

Hier sehen wir sofort, wie die XML-Syntax verwendet wird, um Elemente zu deklarieren. Wo wir in einer DTD die <!ELEMENT-Syntax verwenden mussten, um ein Element zu deklarieren, müssen wir nun nur noch eine Deklaration in einem normalen XML-Element vornehmen. Wir können also einfach Folgendes schreiben:

```
<element name="Book" />
```

Hier verwenden wir das Element <element />, um ein neues Element zu erzeugen. Das Element beschreibt seinen Inhalt selbst, bleibt also der XML-Tradition der selbstbeschreibenden Daten treu. Das Attribut name bekommt den Namen des neu erzeugten Elements.

Einfache Elemente bestehen aus einer Referenz auf einen Datentyp und eine Reihe von Attribut-Deklarationen oder eine Referenz auf eine Attribut-Gruppe. Das ist der analoge Fall zu einer Deklaration in einer DTD, wobei das Element nur Daten vom Typ PCDATA enthalten darf. Nur in diesem Fall ist der Inhalt von einem bestimmten Typ. Hier einige Beispiele für einfache Elemente:

```
<element name="PLZ" type="string"/>
<element name="Guthaben" type="float"/>
```

Die obige Definition entspricht in etwa:

```
<!ELEMENT PLZ #PCDATA>
<!ELEMENT Guthaben #PCDATA>
```

Natürlich kennt eine DTD keine Datentypen wie string und float. Will man ein Element mit einer komplexeren Struktur definieren, dann ersetzt man einfach die Referenz auf den Datentyp durch ein Inhaltsmodell. Diesen Punkt lassen wir aber zunächst außer Acht und sehen uns an, wie wir Elemente deklarieren können, indem wir Referenzen zu anderen Deklarationen hinzufügen. Lassen Sie uns ein Schema für das folgende kleine XML-Dokument definieren:

```
<Name>
    <Vorname>Otto</Vorname>
    <MI>M.</MI>
    <Nachname>Mustermann</Nachname>
</Name>
```

Hier sind die benötigten Element-Deklarationen:

```
<element name="Vorname" type="string"/>

<element name="MI" type="string"/>

<element name="Nachname" type="string"/>
<element name="Name">
   <type>
      <group order="seq">
         <element type="Vorname" type="string" minOccurs="1"/>
         <element type="MI" type="string" minOccurs="0"/>
         <element type="Nachname" type="string" minOccurs="1"/>
      </group>
   </type>
</element>
```

Der Anfang war nicht besonders kompliziert. Die Elemente Vorname, MI und Nachname sind vom Typ string. Das Element MI ist ebenfalls vom Typ string, damit längere Initialen berücksichtigt werden können. Nun fassen wir alles zu einem Verbund von Elementen mit dem Namen <Name> zusammen.

Da man aus Beispielen am besten lernt, folgen nun ein Schema und seine DTD-Äquivalente:

```
<element name="ListeVonNamen">
    <type>
        <group order="seq">
            <element type="KundenName"/>
            <element type="VerkäuferName"/>
            <element type="ProduktName"/>
        </group>
    </type>
</element>


<!ELEMENT  (KundenName, VerkäuferName, ProduktName)>
```

```
<element name="NimmEins">
    <type order="choice">
        <group order="choice">
            <element type="SpalteEins"/>
            <element type="SpalteZwei"/>
        </group>
    </type>
</element>


<!ELEMENT  NimmEins  (SpalteEins | SpalteZwei)>
```

Nun sollten wir noch in der Lage sein, ein mehrfaches Auftreten von Elementen auszudrücken. Das können wir durch die Attribute minOccurs und maxOccurs in den Element-Referenzen ausdrücken. Sobald wir die Modell-Gruppen behandeln, werden wir sehen, wie diese Attribute auch dort verwendet werden können, um so komplexere Modelle schaffen zu können.

Modell-Gruppen

Einige andere Konstrukte der Schemata erlauben es uns, komplexere Blöcke von Definitionen und Deklarationen zu erzeugen. Wie wir schon gesehen haben, können wir eine **Modell-Gruppe** innerhalb eines Typs haben, der wir dann einen Namen geben können. Solch ein Konstrukt erlaubt es uns, komplexe Inhaltsmodelle zu erstellen, da wir die **benannten Modell-Gruppen** dazu verwenden können, Teile von Inhaltsmodellen zu definieren, die wir dann für die Definition von Typen und Element-Deklarationen wiederverwenden können. Hier einige Beispiele:

```
<type minOccurs="1" maxOccurs="2">
    <group order="seq">
        <element type="A"/>
        <element type="B"/>
    </group>
    <group order="choice" minOccurs="3" maxOccurs="7">
        <element type="C"/>
        <element type="D"/>
    </group>
</type>
```

In diesem Modell wird jedes Dokument mit der Sequenz AB starten. Diese Sequenz wird mindestens einmal auftreten und höchstens zweimal vorkommen. Als Nächstes haben wir die Wahl zwischen den Elementen C und D. Diese Wahl haben wir mindestens dreimal und höchstens siebenmal. Die folgenden Fragmente wären gültige Elemente nach dem obigen Inhaltsmodell.

```
<A/><B/><A/><B/>   <!-- Sequenz -->
<C/><C/><D/><C/>   <!-- Auswahl -->
```

Man kann Gruppen auch schachteln, um so komplexe Inhaltsmodelle zu schaffen. Hier ein Beispiel:

```
<group order="seq">
    <group order="choice">
        <element type="A"/>
        <element type="B"/>
    </group>
    <group order="choice">
        <group order="choice">
            <element type="A"/>
            <element type="B"/>
        </group>
        <group order="seq">
            <element type="B"/>
            <element type="C"/>
            <element type="D"/>
        </group>
    </group>
</group>
```

Das entsprechende Inhaltsmodell in einer DTD sähe dann so aus:

```
<!ELEMENT foo ((A | B), ((A | B) | (B, C, D)))>
```

Nun wollen wir betrachten, wie wir solche Gruppen nutzen können, indem wir Modell-Gruppen durch Namen ansprechen:

```
<group name="Gruppe1" order="seq">
    <element type="GroßeTeile"/>
    <element type="KleineTeile"/>
</group>

<element name="TeileundihreAbmessungen">
    <type>
        <group ref="Gruppe1"/>
        <attribute name="Anzahl" type="integer"/>
        <attribute name="Dimension" type="integer"/>
    </type>
</element>
```

In dem vorangegangenen Beispiel wurde ein Inhaltsmodell definiert und dann in einer Element-Deklaration verwendet. Die Kombination dieser Konstrukte erlaubt es Designern, Teile elegant wiederzuverwenden und macht die Definition neuer Auszeichnungssprachen sehr ökonomisch.

```
<attributeGroup name="Dimensionen">
    <attribute name="Anzahl" type="integer"/>
    <attribute name="Länge" type="integer"/>
</attributeGroup>

<element name="TeileundihreAbmessungen">
    <type>
        <group ref="Gruppe1"/>
        <attributeGroup ref="Dimensionen"/>
    </type>
</element>
```

Dieses Beispiel ist nur eine Variation des letzten Beispiels. Statt die Attribut-Deklarationen in das Element `<element>` hineinzustecken, habe ich eine Attribut-Gruppe deklariert. Das eigentliche Element wurde mit Hilfe der Referenzen auf die Element-Gruppe und die Attribut-Gruppe deklariert. Hier noch eine weitere Anwendung der Attribut-Gruppen:

```
<element name="Paare">
    <type>
        <group order="seq">
            <element type="Mutter"/>
            <element type="Schraube"/>
        </group>
    </type>
    <attributeGroup ref="Dimensionen"/>
</element>
```

Dieses Mal wird die Attribut-Gruppe in einer anderen Element-Deklaration verwendet. Dies wurde möglich, weil das Inhaltsmodell explizit angegeben wurde und dann erst die Referenz auf die Attribut-Gruppe folgte. Dieses Inhaltsmodell verwendet die Elemente vom Typ `Mutter` und `Schraube`. Diese Typen müssten natürlich an anderer Stelle im Schema deklariert worden sein.

Joker

XML-Schemata verfügen über das Element `any`, mit dem man eine Art Joker an jeder Stelle in einem Schema setzen kann. Schemata erlauben dann vier Konstellationen in Dokumenten, in denen Inhalte von den Regeln in dem Schema abweichen dürfen:

❏ Es dürfen beliebige wohlgeformte XML-Konstrukte auftreten.

❏ Beliebige wohlgeformte Element-Konstrukte dürfen auftreten, solange sie einem anderen Namensraum angehören als dem, in dem der Joker gesetzt worden ist.

❏ Beliebige wohlgeformte Element-Konstrukte dürfen auftreten, solange diese aus einem bestimmten Namensraum stammen.

❏ Beliebige wohlgeformte Element-Konstrukte dürfen auftreten, solange sie dem aktuellen Namensraum entstammen.

Joker dürfen auch in Verbindung mit Attributen verwendet werden, wobei Sie dann das Element `anyAttribute` verwenden können. Hier die Beispiele für die oben angesprochenen vier Fälle:

```
<any/>

<any namespace="##other"/>

<any namespace=http://www.MeinServer.com/AnderesSchema/>

<any namespace="##targetNamespace"/>
```

Beachten Sie, dass `other` und `targetNamespace` reservierte Schlüsselworte sind. Hier noch ein Beispiel der Verwendung von Jokern in Verbindung von Attributen innerhalb einer Element-Deklaration:

```
<element name="EinElement">
    <type>
        <anyAttribute namespace=http://www.w3.org/1999?XMLSchema/>
        <element name="EineNummer" type="integer"/>
    </type>
</element>
```

Dieses Element hat nur ein Kind-Element mit dem Namen `<EineNummer>` und darf jedes Attribut haben, dass in dem Schema für die XML-Schemata des W3C definiert wurde.

Ableiten von Typdefinitionen

Wenn man das Attribut source in dem Element type verwendet, leitet man aus einem bestehenden Typ einen neuen Typ ab. XML-Schemata bieten einige formale Regeln für die Ableitung von Typen, die wir uns nun etwas näher ansehen. Im Besonderen kann man Typen erweitern oder einschränken. Welche Methode verwendet wird, bestimmt der Wert des Attributs derivedBy.

Ableitung

Ein neuer Typ erweitert einen bestehenden Typ, wenn neue Eigenschaften zum alten Typ hinzugefügt werden. In diesem Fall wird der gesamte Inhalt des ursprünglichen Typs auch in dem neu abgeleiteten Typ auftauchen. Zum Beispiel können wir den Typ PersonenName erweitern, indem wir das Element <Titel> dem bestehenden Inhalt hinzufügen:

```
<type name="PersonenName">
    <element name="Vorname" type="string"/>
    <element name="MI" type="string"/>
    <element name="nachname" type="string"/>
</type>

<type name="FormalerPersonenName" source="PersonenName" derivedBy="extension">
    <element name="Titel" type="string"/>
</type>
```

Will man einen Typ einschränken, wenn man einen neuen Typ ableitet, dann können wir dem Attribut derivedBy den Wert »restriction« geben und fügen <restrictions>-Elemente hinzu:

```
<type name="KurzName" source="PersonenName" derivedBy="restriction">
    <restrictions>
        <element name="MI" maxOccurs="0"/>
    </restrictions>
</type>
```

Hier haben wir den ursprünglichen Typ so eingeschränkt, dass das Element <MI> nicht länger in dem neuen Typ auftaucht. Bei der Ableitung von Typen sollte man darauf achten, dass die Restriktionen von Elementen und Attributen auch wirklich strenger ausfallen als in der ursprünglichen Definition.

Ein Typ kann die eigene Ableitung und das Erscheinen von Instanzen des eigenen Typs durch die drei Attribute abstract, exact und final kontrollieren. Hat das Attribut abstract den Wert true, dann darf keine Instanz dieses Typs in einem Dokument auftreten. Der Vorgabewert für dieses implizite Attribut ist auf false gesetzt. Hat das Attribut exact den Wert true, dann darf keine Instanz eines abgeleiteten Typs in einem Dokument auftreten, sondern nur Instanzen des ursprünglichen Typs. Bekommt das Attribut final den Wert true, dann darf der so gekennzeichnete Typ nicht mehr abgeleitet werden.

Komposition von Schemata

Wir können Schemata und Namensräume kombinieren, um so Dokumente zu erstellen, die mehreren Schemata gehorchen. Schemata erlauben es Entwicklern, auch andere Schemata zu verwenden, um so eigene zu erzeugen. Diese Vorgänge bezeichnet man als **Komposition**.

Import

Man kann Teile anderer Schemata in einem eigenen Schema verwenden, vorausgesetzt der Namensraum des anderen Schemas wird in dem <import>-Element angegeben. Dieses Element hat ein Attribut namespace, dessen Wert der URI des verwendeten Schemas ist. Man kann auch das Attribut schemaLocation verwenden, um die Lage einer Datei mit dem Schema anzugeben. Hat man dann einen Namensraum importiert, darf man die Konstrukte des anderen Schemas im eigenen verwenden:

```
<schema name="EinAnderesSchema.xsd"
        xmlns:other="http://www.OtherOrg.org/Schemata/Useful.xsd" >
    <import namespace="http://www.OtherOrg.org/SomeUsefulSchema"
            schemaLocation="http://www.OtherOrg.org/Schemata/Useful.xsd"/>
    ...
    <element ref="other:stuff" name="EinName"/>
</schema>
```

Auch wenn ein Konstrukt in ein Schema importiert wird, verbleibt es eine externe Ressource. Ein neues Schema wird dann effektiv durch die Verknüpfungen der Teile anderer Schemata gebildet, statt diese Teile ganz zu übernehmen. Wenn ein validierender Parser ein solches Dokument überprüft, dann muss er auch das andere Schema zur Überprüfung heranziehen.

Inklusion

Die Inklusion wird durch das Element <include> gekennzeichnet. Dieses Element darf in einem Schema auch nach den Element <import> und vor dem Element <export> auftauchen. Das Element <include> ist ein leeres Element mit einem verbindlichen Attribut schemaLocation, dessen Wert ein URI auf das entsprechende Schema ist. Taucht dieses Element in einem Schema auf, dann besteht das eigene Schema aus den eigenen Deklarationen und den Deklarationen des eingefügten Schemas, sofern einige Kriterien erfüllt sind. Zum einen muss der URI wirklich auf ein anderes Schema verweisen. Das so angesprochene Schema muss ein Attribut targetNamespace haben, dessen Wert identisch mit dem Wert des Attributs targetNamespace aus dem inkludierenden Schema ist.

Anmerkungen in Schemata

Keine maschinenlesbare Definition und kein Programmcode ist ohne entsprechende Kommentare vollständig. Man benötigt immer einen Mechanismus zur Formulierung von Kommentaren. Schemata bieten einen solchen Mechanismus durch das Element <annotation>. Dieses Element darf die Elemente <info> und <appinfo> enthalten. Das Element <info> enthält Texte, die für menschliche Leser gedacht sind, während das Element <appinfo> Informationen für Anwendungen, die mit dem Schema arbeiten, enthält. Jedes der beiden Elemente darf das Attribut infoSource enthalten, dessen Wert ein URI ist, der auf zusätzliche Informationen verweist.

```
<element name="SchwerZuMerken">
    <annotation>
        <info>
            Ich will mir folgende Dinge über dieses Element merken....
        </info>
    </annotation>
    ...
</element>
```

Datentypen

Viele Vorstellungen und Konzepte aus der realen Welt basieren auf Zahlen, Texten und Mengen, daher unterstützen Programme, die in modernen Programmiersprachen geschrieben wurden, ausgefeilte Systeme von vordefinierten Datentypen und Methoden zur Definition neuer Typen. Daher wird die Erweiterung der Schemata um das Konzept der Datentypen eine große Hilfe für Programmierer, die XML dazu verwenden, Daten in ihren Anwendungen zu verwalten. Die Unterstützung von Datentypen umfasst auch die Überprüfung von Werten in einem Dokument oder Hilfe bei der Konvertierung von Texten in einen gewünschten Typ. Wir müssen also die Informationen über die Datentypen festhalten, wenn wir Informationen in XML- Dokumenten speichern.

Diesen Komplex behandelt der zweite Teil der Spezifikation für die XML-Schemata, *XML Schemas: Datatypes*. Diese Spezifikation bietet nicht nur Mittel, Informationen über den Typ von Daten festzuhalten, sondern gibt uns auch die Möglichkeit, die Beschränkungen für einen Datentyp festzulegen. Wir können Obergrenzen für Werte festlegen, Mengen und Ordnungen definieren. Man hat sogar die Möglichkeit, Masken für mögliche Textdarstellungen von Daten anzugeben.

Die Datentypen der Schemata haben immer einen Wertebereich (**value space**), der alle gültigen Werte dieses Typs umfasst. Zum Beispiel umfasst ein Teil der ganzen Zahlen den Wertebereich des Typs integer. Man charakterisiert den Wertebereich, indem man Operationen und Eigenschaften auf einen Wertebereich einschränkt . Will man einen Datentyp für Benutzer anwendbar machen, benötigt man eine **lexikalische Darstellung** des Datentyps. Einfacher ausgedrückt, braucht man ein Text-Literal, dass Werte dieses Typs darstellt. Eine reelle Zahl könnte zum Beispiel durch eine Reihe von Ziffern, einen Dezimalpunkt und weitere Ziffern nach dem Dezimalpunkt dargestellt werden. Ein Datum kann durch eine Zeichenkette der Form `JJJJ-MM-TT` dargestellt werden. Dieses Format entspricht der Norm ISO 8601 und wird in XML für die Darstellung von Datums- und Zeitangaben verwendet.

XML Schemas: Datatypes behandelt hauptsächlich die Definition von Wertebereichen und behandelt nachrangig die einschränkenden Eigenschaften dieser Typen. Die Spezifikation definiert eine Reihe primitiver Datentypen und bietet einen Mechanismus zur Erzeugung neuer Datentypen aus diesen primitiven Typen. Der erste Entwurf enthält auch eine Reihe von zusammengesetzten Typen, die oft benötigt werden. Diese Tatsache sollte Entwickler jedoch nicht davon abhalten, eigene Typen für ihre Bedürfnisse zu definieren.

Einige Eigenschaften, die als **Facetten** bezeichnet werden, ermöglichen uns, Datentypen näher zu bestimmen. Facetten dienen dazu, Wertebereiche feiner zu fassen, um so die erlaubten Werte für einen neuen Datentyp festzulegen. Facetten können entweder **fundamental** oder **constraining** sein. Fundamentale Facetten definieren die grundlegenden Eigenschaften eines Datentyps. Beschränkende (constraining) Facetten legen Beschränkungen für einen Wertebereich fest, ohne grundlegende Aussagen über den Typ zu machen. So haben alle Strings eine Länge. Diese Einschränkung sagt aber nichts über die eigentliche Natur von Strings aus, wohl aber etwas über die erlaubten Werte. Jeder Datentyp, der in der Spezifikation definiert ist, listet auch spezifische Facetten des Typs auf. Eine sehr wichtige Facette ist immer die lexikalische Darstellung. Da es sich bei XML um ein rein Text-basiertes System handelt, benötigt man auch immer eine textuelle Darstellung von nicht textuellen Datentypen. Die konkrete Bedeutung einer Facette hängt immer von dem jeweiligen Datentyp ab. Die wichtigsten Facetten sind in der folgenden Tabelle aufgeführt.

Primitive Typen

Primitive Datentypen sind Typen, die nicht aus anderen Datentypen zusammengesetzt sind. Ihre Definition ist axiomatisch, muss also als solche hingenommen werden. Es ist ganz natürlich, dass die XML-Schemata alle klassischen Datentypen von XML 1.0 beinhaltet, aber es werden auch einige neue Typen eingeführt.

Hier also eine Liste der primitiven Datentypen aus der Spezifikation der XML-Schemata:

Primitive Datentypen	Definition
string	Endliche Folge von ISO-10646- oder Unicode-Zeichen, so zum Beispiel »dasisteintext«.
boolean	Die Menge {true, false}.
float	Näherung des Konzepts der reellen Zahlen. Entspricht einer 32-Bit-Fließkomma-Zahl mit einfacher Genauigkeit.
double	Näherung des Konzepts der reellen Zahlen. Entspricht einer 64-Bit-Fließkomma-Zahl mit doppelter Genauigkeit. Dieser Typ besteht aus einer dezimalen Mantisse, optional gefolgt von dem Buchstaben E und einem ganzzahligen Exponenten. Beispiel: 6.02E23.

Primitive Datentypen	Definition
decimal	Näherung des Konzepts der reellen Zahlen. Es wird ein kleinerer Wertebereich als bei double abgedeckt und die Darstellung besteht aus einer Sequenz von Ziffern, die durch einen Dezimalpunkt getrennt sind. Beispiel: `9.06`.
timeInstant	Eine Kombination aus Datum und Zeit zur Definition eines bestimmten Zeitpunkts. Die Darstellung besteht aus einer Zeichenkette wie `2000-01-01T08:12:00.000`, die den Zeitpunkt 1. Januar 2000, 08:12 Uhr repräsentiert. Dabei besteht das Muster im Einzelnen aus `JJJJ-MM-TTThh:mm:ss.sss` und darf unmittelbar von einem `Z` gefolgt sein, um auszudrücken, dass es sich um eine Angabe in der Coordinated Universal Time handelt. Alternativ kann auch eine Zeitzone durch die Differenz zur CUT spezifiziert werden (durch ein + oder – gefolgt von `hh:mm`). So könnte der obige Zeichenkette auch noch `-04:00` folgen.
timeDuration	Eine Kombination aus Datum und Zeit zur Beschreibung von Zeitintervallen. Zum Beispiel könnte die Dauer »ein Monat« so dargestellt werden: `P0Y1M0DT0H0M0S`. Das Muster steht für `PnJnMnTTnHnMnS` und kann ein + oder – vorangestellt haben. Die Darstellung kann auf der rechten Seite gekürzt werden, wenn die kleineren Zeitangaben nicht benötigt werden. Zum Beispiel steht `P2Y3M` für zwei Jahre und drei Monate. Beachten Sie, dass die Zahl vor dem Buchstaben steht, der das Intervall bezeichnet. Sekunden können durch eine Zahl dargestellt werden, die auch einen Dezimalpunkt enthalten darf, um Sekundenbruchteile auszudrücken. Ein vorangestelltes Minuszeichen zeigt ein negatives Intervall an.
recurringInstant	Ein periodisch wiederkehrender Zeitpunkt, wie etwa jeder neue Tag. Dargestellt durch ein Muster für `timeInstant`, wobei für jedes ausgelassene Detail ein Bindestich gesetzt werden muss. Ein wiederkehrendes Ereignis, dass jeden Tag um 08:00 auftritt, kann wie folgt dargestellt werden: `----T08:00:00.000`.
binary	Binäre Daten beliebiger Länge.
uri	URI

Generierte und benutzerdefinierte Typen

Ein generierter Typ ist, wie der Name schon sagt, ein aus vorhandenen Typen zusammengesetzter Typ. Der Typ, auf den man aufbaut, nennt sich **Basistyp**. Die Spezifikation der XML-Schemata spezifiziert bereits einige generierte Datentypen, die oft benötigt werden und sehr nützlich sind. Diese Datentypen sind in der folgenden Tabelle aufgeführt:

Generierter Datentyp	Basistyp	Bedeutung
language	string	Bezeichner; ein Token, das den Werten des Attributs `LanguageID` entspricht, zum Beispiel die Zeichenkette »de«
NMTOKEN	NMTOKENS	XML 1.0 NMTOKEN
NMTOKENS	string	XML 1.0 NMTOKENS
Name	NMTOKEN	XML 1.0 Name
Qname	Name	XML 1.0 qualifizierter Name
NCNAME	Name	XML 1.0 »non-colonized« Name
ID	NCName	XML 1.0 Attributtyp ID
IDREF	IDREFS	XML 1.0 Attributtyp IDREF
IDREFS	string	XML 1.0 Attributtyp IDREFS
ENTITY	ENTITIES	XML 1.0 ENTITY
ENTITIES	string	XML 1.0 ENTITIES

Generierter Datentyp	Basistyp	Bedeutung
NOTATION	NCName	XML 1.0 NOTATION
integer	decimal	ganze Zahlen
non-negative-integer	integer	nicht negative ganze Zahlen
positive-integer	integer	positive ganze Zahlen
non-positive-integer	integer	nicht positive ganze Zahlen
negative-integer	integer	negative ganze Zahlen
date	recurringInstant	Ein Intervall von einem Tag, beginnend um Mitternacht.
time	recurringInstant	timeInstant, hh:mm:ss.sss.

Neue Datentypen werden durch das Element `datatype` definiert. Dieses Element hat die Attribute `name` und `source`. Das Attribut `source` bezeichnet den Typ, von dem man den aktuellen Typ ableiten möchte. Nachfolgend ein kleines Beispiel:

```
<datatype name="höhe" source="decimal"/>
```

Nun wollen wir einen neuen Typ durch Facetten spezifizieren. Die Facetten müssen sich nach dem Basistyp richten, von dem man ableitet, und daher können geordnete Facetten nur auf Datentypen angewendet werden, die von einem geordneten Basistyp abgeleitet worden sind. Für einen neuen Datentyp würde man typischerweise beschränkende Facetten definieren, die den ursprünglichen Wertebereich spezifizieren. Als Beispiel wollen wir Datentypen generieren, um große und kleine Bestellungen zu handhaben:

```
<datatype name="grosseBestellung" source="integer">
    <minExclusive value="1000"/>
</datatype>

<datatype name="kleineBestellung" source="integer">
    <minExclusive value="0"/>
    <maxInclusive value="1000"/>
</datatype>
```

Der Datentyp `integer` hat beschränkende Facetten, die Grenzwerte beschreiben und `minInclusive`, `minExclusive`, `maxInclusive` und `maxExclusive` heißen. Das obige Beispiel nutzt diese Facetten, um festzulegen, dass eine kleine Bestellung zwischen 1 und 1000 Einheiten umfasst und eine große Bestellung mehr als 1000 Einheiten umfassen muss.

XML Data – Reduced

XML-Schemata sind zurzeit (Juni 2000) noch keine Empfehlung des W3C, daher können wir an dieser Stelle keine praktischen Beispiele bringen. Wir können uns jedoch die Vorteile und Möglichkeiten der XML-Schemata ansehen, indem wir uns eine andere Implementation von Schemata mit XML-Syntax ansehen. Wir werden uns konkret einen Standard ansehen, der sich XML Data – Reduced nennt und eine Teilmenge von XML Data ist. Es existiert eine Implementierung von XML Data - Reduced in der Form von Microsofts MSXML-Parser, den man zusammen mit dem IE5 oder als eigenständige Anwendung verwenden kann. Auch wenn sich die Syntax von XML Data – Reduced von der Syntax der XML-Schemata unterscheidet, so hilft sie uns dennoch, die Vorteile der Anwendung von XML-Schemata in eigenen Programmen besser zu sehen.

MSXML ist nicht nur einer der meistgenutzten Parser, Microsoft verwendet die Spezifikation von XML Data – Reduced für eine Reihe eigener Initiativen, unter anderem auch BizTalk. Bei BizTalk geht es unter anderem darum, gemeinsame Auszeichnungssprachen für E-Commerce-Anwendungen zur Verfügung zu stellen. Microsoft verspricht zwar, auf XML-Schemata umzustellen, sobald diese den Status einer Empfehlung erreichen, aber in der Zwischenzeit arbeiten viele Entwickler an Prototypen und sogar Produkten, die XML Data – Reduced verwenden. Diese Übergangslösung wird wohl noch so lange verwendet werden, bis das W3C eine Empfehlung fertig gestellt hat.

Da diese Implementation bereits jetzt verfügbar ist und in einigen Bereichen zur Entwicklung von Prototypen dient, werden wir uns die Syntax of XML Data – Reduced genauer ansehen. Sobald wir mit der Syntax vertraut sind, werden wir einige Beispiele entwickeln, um die Möglichkeiten dieser neuen Schemata zu demonstrieren.

IBM hat eine teilweise Unterstützung für XML-Schemata in einer Beta-Version des XML4J-Parsers eingebaut. Da jedoch MSXML eine bessere Unterstützung für Schemata bietet und bereits ausgeliefert wird, beschäftigen wir uns mit XML Data – Reduced.

Was ist XML Data – Reduced?

Wie schon gesagt ist XML Data – Reduced (XML-DR) eine Teilmenge von XML Data. Diese Teilmenge deckt ungefähr den Funktionsumfang der Spezifikation der Document Content Description ab. Damit hat man alle Konstrukte, um die Aufgaben einer DTD zu übernehmen. Man hat aber auch einige Funktionen, die über die Möglichkeiten von DTDs hinausgehen. Es existiert eine Implementierung dieser Spezifikation als **technology preview** in dem XML-Parser des Internet Explorers 5.0. XML-DR wird auch von einigen kommerziellen Werkzeugen unterstützt, unter anderem auch von Editoren für DTDs/Schemata wie Extensibility's XML Authority. Es lohnt sich also, XML-DR näher zu betrachten, da Implementierungen existieren und es für einige Projekte eingesetzt wird.

Unterstützung für Schemata

Rein konzeptionell ähnelt XML Data – Reduced den grundlegenden Konstrukten der XML-Schemata, auch wenn die Syntax sich leicht unterscheidet. Die komplexeren Konstrukte, wie zum Beispiel Typen, werden nicht reproduziert, aber alles Notwendige zur Definition einer Auszeichnungssprache ist vorhanden, auch wenn die Syntax oft etwas anders ist. Die folgenden Elemente sind für XML Data – Reduced spezifiziert und sind zusammmen mit ihren XML-Schemata-Äquivalenten in der Tabelle aufgeführt:

> **Beachten Sie bitte die Groß-/Kleinschreibung von Namen, da es subtile Unterschiede zwischen Namen von XML-Schemata und Namen von XML-DR Schemata gibt:**

XML-Schema-Konstrukt	XML-DR-Konstrukt
schema	Schema
element	ElementType
elementRef	element
attribute	AttributeType
none	attribute
datatype	datatype
none	description
ModelGroup, group	group

Die vollständige Beschreibung der XML-DR-Schemata finden Sie unter `http://msdn.microsoft.com/ xml/reference/schema/start.asp`.

Schema

Das Element `Schema` von XML-DR ähnelt dem Element `schema` aus der XML-Schemata-Spezifikation. Dieses Element erfüllt die folgenden Funktionen:

❏ Es enthält Element- und Attribut-Deklarationen

❏ Benennt das Schema

❏ Deklariert verwendete Namensräume

Anders als die XML-Schemata enthalten die Schemata bei XML-DR keine Präambel und auch nicht die Elemente `import`, `export` und `include`, sondern verwenden stattdessen Deklarationen von Namensräumen. Jedes Schema muss in XML-DR die beiden Namensräume »XML Data« und »Microsoft data types« deklarieren. Man ist sogar in der Lage, externe Informationen aus anderen Namensräumen zu verwenden und diese auch prüfen zu lassen, wenn man bestimmte Namenskonventionen einhält. Diese Konventionen stellen wir im Zusammenhang mit den praktischen Beispielen etwas später dar. Nachfolgend ein minimales Schema ohne eigentlichen Inhalt:

```
<Schema name="ShortSchema.xml" xmlns="urn:Schemata-microsoft-com:xml-data"
        xmlns:dt="urn:Schemata-microsoft-com:datatypes">
   ... <!-- Declarations here -->
</Schema>
```

Elemente und Attribute

Elemente und Attribute werden bei XML-DR durch die Elemente `ElementType` und `AttributeType` deklariert.

```
<ElementType name="MeinElement" />
```

Das Element `<ElementType>` besitzt fünf wichtige Attribute.

Die Attribute von Element-Type	Bedeutung
name	Name des Elements
content	Beschreibt den möglichen Inhalt eines Elements: empty, textOnly (nur PCDATA), eltOnly (nur Elemente), mixed (PCDATA und Element)
dt:type	Verweist auf den Typ eines Elements. Dieses Attribut entspricht dem Element `<datatype>` der XML-Schemata. Gültige Werte können der vorläufigen Implementierung der XML-Data-Typen entnommen werden.
model	Offenes oder geschlossenes Inhaltsmodell
order	Grundlegende Anordnung der Kind-Elemente: one (eines aus der Liste von Elementen), seq (eine feste Sequenz von Elementen), many (die angegebenen Elemente dürfen in beliebiger Reihenfolge auftauchen oder ganz entfallen)

Auch hier können Elemente einen von vier Inhaltstypen haben. Welcher Inhaltstyp für ein Element gilt, bestimmt der Wert des Attributs `content` im `<ElementType>`-Element:

❏ Kein Inhalt: `empty`

❏ Nur Text: `textOnly`

❏ Nur Kind-Elemente: `eltOnly`

❏ Mischung aus Text und Kind-Elementen: `mixed`

Mit den Elementen `<element>` und `<attribute>` kann man die Inhalte der deklarierten Elemente einschränken, da diese Elemente festlegen, welche Kind-Elemente und Attribute ein Element enthalten darf.

Das Element `<element>` besitzt drei Attribute, die in der folgenden Tabelle aufgeführt sind:

Attribut	Beschreibung
type	Muss mit dem Wert des Attributs name einer Instanz von `<ElementType>` aus dem Schema übereinstimmen.
minOccurs	Gibt an, wie oft eine Instanz des referenzierten Elementtyps mindestens in dem Element auftauchen muss. Das Attribut kann die Werte 0 und 1 annehmen. Der Wert 0 zeigt an, dass ein Element optional ist, während die 1 (Vorgabewert) mindestens ein Vorkommen erzwingt.
maxOccurs	Gibt an, wie oft eine Instanz des referenzierten Elementtyps höchstens auftauchen darf. Der Wert 1 (Vorgabe) erzwingt, dass ein Element höchstens einmal auftauchen darf, während der Wert * beliebig viele Vorkommen erlaubt.

Das Element `<attribute>` besitzt ebenfalls drei Attribute :

Attribut	Beschreibung
default	Definiert einen Vorgabewert für ein Attribut und überdeckt mögliche andere Vorgaben aus der Definition im `<AttributeType>`-Element.
type	Muss dem Wert des Attributs name aus einer Instanz von `<AttributeType>` in dem Schema entsprechen.
required	Gibt an, ob ein Attribut für das Element verbindlich ist. Soll ein Attribut verbindlich sein, dann muss das Attribut den Wert yes haben. Das Element muss nicht vorkommen, wenn es schon im Element `<AttributeType>` spezifiziert wurde.

Werfen wir einen Blick auf einige einfache Element-Deklarationen und ihre DTD-Äquivalente. Zunächst definieren wir ein Element `<Fex>`, das ein Kind-Element `<Tex>` enthält.

```
<ElementType name="Fex" content="mixed" order="many">
    <element type="Tex"/>
</ElementType>
```

Die Deklaration für das Element `<Tex>` müssen Sie sich in diesem Fall an einer anderen Stelle im Schema vorstellen. In einer DTD würde die bisherige Deklaration so aussehen:

```
<!ELEMENT Fex (#PCDATA | Tex)*>
```

Als Nächstes haben wir das Element `<Person>`, dass die Kind-Elemente `<Vorname>`, `<MI>` und `<Nachname>` enthält:

```
<!ELEMENT Person (FirstName, MI, LastName)>
```

In der Syntax von XML-DR sieht das so aus:

```
<ElementType name="Person" content="eltOnly" order="seq">
    <element type="Vorname"/>
    <element type="MI"/>
    <element type="Nachname/>
</ElementType>
```

Bei XML-DR werden Inhaltsmodelle mit Hilfe des Attributs order und des Elements group zusammengestellt. Wenn wir also etwas Komplexeres definieren möchten, müssen wir uns die Attribute des Elements `<group>` genauer ansehen. Die Attribute des Elements `<element>` kennen wir ja schon:

Wenn wir das folgende Inhaltsmodell in XML-DR darstellen wollten,

Attribute von `<group>`	Bedeutung
maxOccurs	Gibt an, wie oft eine Gruppe höchstens auftauchen darf. Mögliche Werte sind 0 oder *.
minOccurs	Gibt an, wie oft eine Gruppe mindestens auftauchen muss. Mögliche Werte sind 0 (Gruppe ist optional) oder 1.
order	Regelt die Anordnung der enthaltenen Elemente und Gruppen. Mögliche Werte sind one (ein Element aus der Gruppe), seq (jedes Element aus der Sequenz) oder many (beliebige Elemente aus der Gruppe dürfen in beliebiger Reihenfolge auftreten).

```
<!ELEMENT Foo ((X | Y) | (A, B?, C))>
```

dann würde das so aussehen:

```
<ElementType name="Foo" content="eltOnly" order="one">
    <group order="one">
        <element type="X"/>
        <element type="Y"/>
    </group>
    <group order="seq">
        <element type="A"/>
        <element type="B" minOccurs="0"/>
        <element type="C"/>
    </group>
</ElementType>
```

Um Attribute deklarieren zu können, benötigen wir das Element `<AttributeType>`, das ein verbindliches Attribut und vier optionale Attribute besitzt. Ein Attribut wird mit einem Element assoziiert, indem man ein `<attribute>`-Element als Kind-Element einer `<ElementType>`-Instanz verwendet. Das Attribut type des Elements `<attribute>` bezieht sich stets auf eine Instanz des Elements `<AttributeType>`, durch die der Attributtyp definiert wurde.

Attribute von `<Attribute-Type>`	Bedeutung
Name	Der Name des Attributs. Dieses Attribut ist verbindlich.
Default	Vorgabewert eines Attributs. Muss mit der Deklaration von dt:type konsistent sein.
dt:type	Datentyp des Attributs.
dt:values	Eine Liste von möglichen Werten, falls dt:type eine Aufzählung ist.
Required	Gibt an, ob ein Attribut verbindlich ist. Mögliche Werte sind true und false.

Die älteren Versionen des IE5-Parsers (vor dem Erscheinen von Windows 2000) erlaubten nur die von XML 1.0 bekannten Typen für das Attribut dt:type. Daher ist man bei älteren Versionen auf die Typen: entity, entities, enumeration, id, idref, idrefs, nmtoken, nmtokens, notation und string beschränkt. Die volle Palette der unten aufgeführten Datentypen wird nur von der aktuellen Version des Parsers (mit Windows 2000 ausgeliefert) unterstützt.

In einer DTD würden wir dem Element `<Person>`, das wir bereits vorher definiert hatten, ein verbindliches Attribut alter wie folgt hinzufügen:

```
<!ELEMENT Person (Vorname, MI, Nachname)>
<!ATTLIST Person alter CDATA #REQUIRED>
```

In XML-DR sieht das Ganze so aus:

```
<AttributeType name="alter" required="yes"/>

<ElementType name="Person" content="eltOnly" order="seq">
   <attribute type="alter">
   <element type="Vorname"/>
   <element type="MI"/>
   <element type="Nachname/>
</ElementType>
```

Das Element <attribute> kann auch dazu verwendet werden, Vorgabewerte zu definieren oder festzulegen, ob ein Attribut verbindlich sein soll oder nicht. Wird in dem Element <AttributeType> das Attribut required bereits benutzt, muss man diese Definition nicht mehr in dem Element <attribute> wiederholen.

Das Element <AttributeType> darf sogar als Kind-Element des Elements <ElementType> auftreten. Das ist lediglich eine Variation der bisherigen Strategie, Attribute zu definieren, aber in diesem Fall ist das definierte Attribut nur innerhalb des Elements <ElementType> gültig und darf nicht an anderer Stelle im Schema referenziert werden. Hier noch einmal die Deklaration von <Person> und alter, wobei die Deklaration von alter ausschließlich im Zusammenhang mit <Person> verwendet werden darf:

```
<ElementType name="Person" content="eltOnly" order="seq">
   <AttributeType name="alter" required="yes"/>
   <element type="Vorname"/>
   <element type="MI"/>
   <element type="Nachname"/>
</ElementType>
```

Gruppen

Wir haben schon die Anwendung des Elements <group> im Zusammenhang mit dem Element <ElementType> gesehen. Die Anwendung des Elements ist intuitiv, aber die erlaubten Werte für die Attribute des Elements unterscheiden sich von den Werten, die für die XML-Schemata gelten. Daher ist die Definition von Kardinalitäten nicht so flexibel, wie wir es von den XML-Schemata kennen, weil der Typ all für die Anordnung von Elementen nicht unterstützt wird. Das Element <Group> hat aber die Attribute maxOccurs, minOccurs und order, die wir schon im letzten Abschnitt kennen gelernt haben.

Kommentare

XML-DR unterstützt auch die Möglichkeit, Kommentare in Schemata zu verwenden. Für diesen Zweck existiert das Element <description>.

```
<description>So verwendet man das Element description</description>
```

Natürlich können auch die aus XML bekannten Kommentare (<!-- Kommentar -->) weiterhin verwendet werden. Die Informationen aus dem Element <description> können auch dazu verwendet werden, um Schema-bezogene Informationen festzuhalten, die dann von Anwendungen ausgewertet können. XML-DR selbst unterscheidet nicht zwischen den beiden Formen von Kommentaren.

Datentypen

XML-DR verwendet das Datentyp-Modell des Internet Explorers 5.0 und unterstützt so ein strenges Typenkonzept für Elemente und Attribute. Dieses Datentyp-Modell ergänzt die Möglichkeiten des Attributs dt:type des Elements <AttributeType>. Das Element <datatype> besitzt ein einziges Attribut mit dem Namen dt:type, um den Datentyp des Eltern-Elements festzulegen.

```
<ElementType name="Alter">
   <datatype dt:type="int"/>
</ElementType>
```

Das strenge Typenkonzept des Internet Explorers 5.0 bietet nicht nur die aus XML 1.0 bekannten Typen, sondern eine Fülle von Typen, die man von vielen PC-Anwendungen kennt. Hier eine Liste der unterstützten Typen:

Datentyp	Bedeutung
bin.base64	base64-codierte binäre Daten (nach MIME-Standard)
bin.hex	hexadezimale Ziffern
boolean	0 (false) oder 1 (true)
char	einzelnes Zeichen
date	Datum (ohne Zeitangabe) nach ISO 8601
dateTime	Datum mit optionaler Zeitangabe (auf eine Nanosekunde genau) nach ISO 8601
dateTime.tz	DateTime mit der Angabe einer Zeitzone
fixed.14.4	numerischer Typ mit höchstens 14 Ziffern vor dem Dezimalpunkt und höchstens vier Ziffern nach dem Dezimalpunkt
float	Reelle Zahl mit optionalem Vorzeichen, Nachkommastellen und Exponent
int	ganze Zahlen
number	Allgemeiner Typ für Zahlen ohne eine Beschränkung der Ziffernstellen. Kann optional ein Vorzeichen, Nachkommastellen und einen Exponenten haben.
time	Zeitangaben nach ISO 8601
time.tz	Wie time, aber mit Zeitzone
i1	1 Byte langer int mit Vorzeichen
i2	2 Byte langer int mit Vorzeichen
i4	4 Byte langer int mit Vorzeichen
r4	4 Byte lange reelle Zahl
r8	8 Byte lange reelle Zahl
ui1	1 Byte langer int ohne Vorzeichen
ui2	2 Byte langer int ohne Vorzeichen
ui4	4 Byte langer int ohne Vorzeichen
uri	URI
uuid	Hexadezimale Ziffern, die eine COM-typische UUID bilden. Bindestriche sind optional und werden ignoriert, falls welche angegeben werden.

Wenn man eine ältere Version des MSXML-Parsers verwendet (vor Windows 2000), dürfen die eben beschriebenen Datentypen nur in wohlgeformten Dokumenten verwendet werden. Diese Versionen unterstützen die Überprüfung von Dokumenten anhand von XML-DR-Schemata nicht.

Namensräume und Schemata in MSXML

MSXML bietet einen Ausblick auf die Anwendung von Namensräumen und die Schemata von XML Data – Reduced. MSXML ist ein COM-basierter Parser von Microsoft, der zusammen mit dem Internet Explorer 5.0 und neueren Versionen ausgeliefert wird oder direkt von der Microsoft-Website heruntergeladen werden kann. Es ist wichtig, noch einmal anzumerken, dass XML-DR eine Technologie von Microsoft und nicht ein Standard des W3C ist. *Diese Implementierung wird allein von Microsoft unterstützt.* Da es jedoch einer der ersten Versuche ist, Schemata zu unterstützen, können die Möglichkeiten von MSXML für Programmierer von Nutzen sein, wenn diese jetzt schon mit Metadaten in XML arbeiten wollen.

> **MSXML unterstützt XML-DR und Namensräume durch eine Erweiterung von XML-DOM.**
>
> *Eine frühe Version (EA2) des Parsers XML4J von IBM unterstützt Teile des Entwurfs für XML-Schemata vom September 1999. IBM hat angedeutet, dass diese Unterstützung für Schemata auch in späteren Versionen des Parsers vorhanden sein wird. Betrachtet man den fließenden Zustand, in dem sich die Entwicklung der XML-Schemata befindet, dann ist es schwer, funktionierende Beispiele anzugeben, die auch noch gültig sind, wenn Sie dieses Buch lesen.*

Namensräume

Die Unterstützung der Namensräume ist in MSXML schon recht robust. Greift man auf einen Knoten im DOM-Baum zu, der durch einen Namensraum qualifiziert ist, dann kann man über die Attribute `basename` oder `prefix` und `namespaceURI` alle Informationen über den Namensraum einholen.

Attribut	Bedeutung
`basename`	Gibt einen String zurück, dessen Wert der unqualifizierte Name des Knotens ist
`prefix`	Gibt einen String mit dem Präfix des Namensraumes zurück
`namespaceURI`	Gibt einen String mit dem URI des Namensraums zurück, der dem Präfix zugeordnet ist

Für Programmierer sind zwei Methoden im Zusammenhang mit Namensräumen von Interesse. Will man einen neuen Knoten erzeugen, der durch einen Namensraum qualifiziert werden soll, dann kann man nicht die Methode `createElement()` verwenden und den Knoten direkt erzeugen. Stattdessen muss man die DOM-Erweiterungen von Microsoft verwenden und die Methode `createNode()` eines Dokument-Objekts verwenden. Die Methode erwartet als Parameter einen numerischen Wert (gibt den Knotentyp an), den qualifizierten Namen und den entsprechenden URI:

```
qualifiedNode = doc.createNode(1, "pub:Book", "urn:mySchemata-pub");
```

Alternativ kann man auch einen allgemeinen Namensraum durch die Methode `createElement()` erzeugen und anschließend das Attribut `xmlns` entsprechend setzen:

```
qualifiedNode = doc.createElement("Book");
qualifiedNode.setAttribute("xmlns", "urn:mySchemata-pub");
```

Die zweite Methode hat jedoch einen entscheidenden Nachteil. Ist das Attribut xmlns gesetzt, verliert man die Möglichkeit, andere Namen aus dem deklarierten Namensraum zu qualifizieren.

Die Zeile JavaScript-Code aus dem ersten Beispiel erzeugt den qualifizierten Namen <pub:Book> in dem Namensraum `mySchemata-pub`. Nachfolgend der Teil der Liste aller Knotentypen und ihrer Codierung, die von MSXML unterstützt werden und für die Arbeit mit Namensräumen interessant sind:

Name	Wert
NODE_ELEMENT	1
NODE_ATTRIBUTE	2
NODE_ENTITY_REFERENCE	5
NODE_ENTITY	6
NODE_NOTATION	12

Die Collection `attributes` eines Knotens bietet die Methode `getQualifiedItem()`, mit der man nach Attributen anhand ihrer qualifizierten Namen suchen kann. Diese Methode erwartet als Parameter den Basisnamen und das Präfix des gesuchten Attributs und gibt ein Knotenobjekt zurück, falls das Attribut gefunden wurde. Würde man zum Beispiel das Attribut `pub:isbn` suchen, dann könnte man das so tun:

```
FoundAttr = nodeAttrs.getQualifiedItem("isbn", "pub");
```

Überprüfung von Dokumenten

Mit MSXML kann man ein Dokument anhand einer DTD überprüfen, genau wie mit jedem anderen validierenden Parser auch. Wird jedoch das Präfix `x-schema` verwendet, nimmt MSXML an, dass der Name, der dem Doppelpunkt folgt, ein XML-DR-Schema benennt. Der Parser wird versuchen, das Schema zu laden, und das Dokument dann prüfen.

```
<Book xmlns="x-schema:PubCatalog.xml">
           <!-- PubCatalog soll ein Schema sein -->
```

Hat man ein Dokument anhand eines XML-DR-Schemas überprüft, dann kann man auch auf die Elemente des Schemas zugreifen, die die Elemente in dem Dokument definieren. Diese Zugriffe erfolgen über die Methode `definition`. Ruft man diese Methode von einem Koten aus auf, der einem Element oder Attribut entspricht, dann erhält man einen Knoten mit dem entsprechenden `<ElementType>`- oder `<AttributeType>`-Element:

Datentypen

Die Unterstützung für Datentypen in MSXML ist von den XML-DR-bezogenen Teilen getrennt, ergänzt diese aber. Auch wenn man keine Schemata verwenden will, kann man das strenge Typenkonzept für Elemente und Attribute in wohlgeformten Dokumenten verwenden. Dazu muss man lediglich den Namensraum »Microsoft data type« in dem eigenen Dokument definieren:

```
<MyRootElement xmlns:dt="urn:Schemata-microsoft-com:datatypes">
```

Hat man diese Deklaration in das eigene Dokument aufgenommen, kann man die unterstützten Typen in dem eigenen Dokument verwenden. Nun sollte man jedoch statt der Methode `nodeValue()` die Methode `nodeTypedValue()` verwenden, um den Typ des Werts eines Elements oder Attributs zu erhalten. Nehmen wir an, folgende Zeile taucht in einem Ihrer Dokumente auf:

```
<PageCount dt:dt="int">350</PageCount>
```

Dann könnte man folgenden JavaScript-Code verwenden:

```
sCount = node.nodeValue;       <!- gibt den String "350" zurück -->
Count = node.nodeTypedValue;   <!-gibt den numerischen Wert 350 zurück -->
```

Nehmen wir an, wir hätten die Knoten `<node1>` und `<node2>`, die jeweils das Element `<PageCount>` in zwei verschiedenen Dokumenten repräsentieren. Dann könnte man die Summe der Seitenzahlen beider Dokumente so ermitteln:

```
TotalCount = node1.nodeTypedValue + node2.nodeTypedValue;
```

Die Methode `nodeTypeString` gibt einen String zurück, der den Datentyp eines Objekts bezeichnet. Für das Element `<PageCount>` würde man den Wert `"int"` erhalten.

Eine neue Variation des Bücher-Katalogs

Ich hoffe, Sie freuen sich darauf, das Wissen über Namensräume und Schemata auf unser Beispiel mit dem Bücher-Katalog anzuwenden. Auch wenn wir dieses Schema im Verlaufe des Buchs nicht weiter verfolgen, hoffe ich doch, dass die Informationen aus diesem Kapitel dabei helfen, Ihr Verständnis um die Organisation der Katalog-Daten zu verbessern.

Was soll der Aufwand?

Was ist falsch an unserer Katalog-DTD? Nichts, aber sie beginnt etwas groß zu werden. Alles, was wir über den Katalog sagen wollen, muss in dieser einen DTD Platz finden, wenn wir Katalog-Dokumente überprüfen wollen. Natürlich sprechen auch alle generellen Nachteile von DTDs, die schon zu Beginn dieses Kapitels erwähnt wurden, gegen unsere Katalog-DTD.

Die erste Aktion wird sein, unsere DTD in zwei Teile zu trennen. Dabei wird ein Schema einen Namensraum definieren, der sich mit Autoren beschäftigt, und das andere Schema wird sich mit den restlichen Katalog-Informationen beschäftigen. Zusätzlich werden wir einigen Elementen und Attributen einen geeigneten Typ zuweisen. So erleichtern wir uns das Leben, wenn wir später eine Anwendung schreiben müssen, die unsere Katalog-Dokumente verarbeitet. Da sich die XML-Schemata auch immer noch in einem fließenden Zustand befinden, werden wir die XML-DR-Schemata verwenden, so wie sie durch MSXML implementiert sind.

Die DTD aufsplitten

Unsere DTD `catalog.dtd` aus Kapitel 3 führt eine Reihe verschiedener Konzepte ein. Unser Katalog benötigt auf jeden Fall Bücher, aber müssen die Autoren auch immer Bestandteil des Katalogs sein? Wenn wir später ein Schema erstellen, um den eigentlichen Inhalt einzelner Bücher zu beschreiben, werden wir dort natürlich auch Informationen über den Autor benötigen. Das ist einer der Hauptgründe für die Aufspaltung unserer DTD in die Schemata: `Catalog` und `Author`. Wenn wir ein Katalog-Dokument erstellen wollen, deklarieren wir einen Default-Namensraum für das `Catalog`-Schema und verwenden qualifizierte Namen, um Elemente aus dem `Author`-Schema zu verwenden.

Zusätzliche Ausdruckskraft

In unserer DTD hatten wir einige Attribute, die von einem strengen Typenkonzept hätten profitieren können. Wenn wir Datentypen verwenden würden, könnten wir leichter die Gesamtseitenanzahl ermitteln und wir wären auch eher in der Lage, den Gesamtwert einer Bestellung leicht zu ermitteln. Daher sollten wir unser Katalog-Schema nach Attributen durchforsten, die mit einem Datentyp versehen werden sollten.

Auswerten von Metadaten

Ein Schema mit XML-Syntax ist nützlich für Programmierer, da es ihnen mehr Informationen und Unterstützung bei der Erstellung von Programmen für Katalog-Dokumente gibt als eine DTD. Die größte Hilfe leisten wir dem Programmierer, indem wir die DTD in ein Schema übersetzen. Durch die XML-Syntax können Programmierer denselben Parser wie für Dokumente und Schemata verwenden, um die Bedeutung der Metadaten in dem Schema zu analysieren.

Nehmen wir an, unser Schema sei uns noch nicht vertraut. Dann könnte man einzelne Elemente des Schemas mit dem Element `<definition>` näher betrachten. So etwas könnte in einem Dokument-Browser sehr nützlich sein. Ein Benutzer könnte dann auf ein Element klicken, um sich zusätzliche Informationen zu holen, und sähe die mit dem Element verbundenen Metadaten. Man würde in dem Fall sicher nicht einfach die ganze Definition anzeigen, aber man könnte den Typ eines Elements oder Attributs anzeigen. Im Falle von Aufzählungen könnte man die möglichen Werte auflisten. Es wäre auch sinnvoll, Informationen über die Kardinalität von Elementen anzuzeigen oder anzugeben, ob ein Attribut vorgeschrieben ist. Alle diese Informationen könnten ermittelt werden, während das Dokument gelesen wird. Natürlich nur, wenn wir ein Schema in XML-Syntax mitliefern. Nachdem wir unsere DTD in ein Schema verwandelt und verbessert haben, werde ich demonstrieren, wie wir mittels DOM einen Index aller Elemente in einem Schema erzeugen. Dazu werden wir ein Schema hernehmen und einen Index mit allen Elementen und ihrer Anwendung anlegen.

Umwandlung der DTD

Nehmen wir unsere DTD genau unter die Lupe und übersetzen diese in ein XML-DR-Schema. Dabei werden wir die einzelnen Verbesserungen bei der Umsetzung darstellen.

> *Es gibt keinen Konsens darüber, welche Dateiendung für eine Schema-Datei verwendet werden soll. Microsoft-Quellen tendieren dazu, die Endung* xml *zu verwenden, während ein kommerzielles Werkzeug die Endung* xdr *verwendet. Die Arbeitsgruppe für W3C-Schemata bevorzugt die Endung* xsd *für ihre Schemata. Ich werde die Endung* xmlin *in allen Beispielen verwenden. In jedem Fall ist ein Schema immer noch ein XML-Dokument, also hat es weiterhin den MIME-Typ* text/xml.

Unser Katalog bestand aus drei Teilen, wie Sie sich vielleicht erinnern:

❏ Informationen über den Verlag
❏ Informationen über Themengebiete des Katalogs
❏ Informationen über die Bücher im Katalog

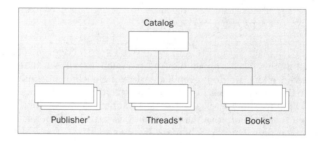

Der Abschnitt über den Verlag enthielt auch die Informationen über die Autoren, die wir nun ausgliedern werden. Auf diese Weise können wir die Informationen über Autoren nicht nur in dem Katalog-Schema verwenden, sondern auch in anderen Bereichen. Daher beginnen wir auch mit dem Schema für die Autoren und kommen erst später zum Rest des Kataloges.

Das Schema für Autorendaten

Wir entwickeln dieses Schema zuerst, da wir es später in dem Schema für den eigentlichen Katalog benötigen. Zunächst müssen wir die Definition des Elements `<Author>` ermitteln und alle damit verbundenen Definitionen ausmachen. Diese übertragen wir dann in die Datei `authors.xml`. Zu Beginn der Datei erscheint die XML-Deklaration und sorgt dafür, dass unser Schema XML-1.0-konform ist. Dann geben wir dem Schema einen Namen und deklarieren die Namensräume »XML-DR« und »datatypes«:

```
<?xml version ="1.0"?>
<Schema name = "authors.xml"
        xmlns = "urn:Schemata-microsoft-com:xml-data"
        xmlns:dt = "urn:Schemata-microsoft-com:datatypes">
```

Beachten Sie bitte, dass unser Default-Namensraum »XML-DR« ist und wir den Namensraum »datatypes« über das Präfix `dt` ansprechen. Das Element `Author` ist unser Ausgangspunkt. Das Element enthält nur eine Sequenz aus verschiedenen Kind-Elementen, die sich auf den Namen des Autors beziehen, und die Elemente `<Biographical>` und `<Portrait>`:

```
<!ELEMENT Author  ((FirstName, MI?, LastName, Biographical, Portrait)>
<!ATTLIST Author authorCiteID ID  #REQUIRED>
```

In unserem neuen Schema sieht das so aus:

```
<AttributeType name = "authorCiteID" dt:type = "ID" required = "yes"/>
<ElementType name = "Author" content = "eltOnly" order = "seq">
   <attribute type = "authorCiteID"/>
   <element type = "FirstName"/>
   <element type = "MI" minOccurs = "0" maxOccurs = "1"/>
   <element type = "LastName"/>
   <element type = "Biographical"/>
   <element type = "Portrait"/>
</ElementType>
```

Wir behalten den XML-Typ ID für das Attribut authorCiteID bei, um so die Verknüpfung von Autor und Buch zu bilden. Beachten Sie bitte auch die Kardinalität des Elements MI. Es darf kein Mal oder höchstens einmal auftauchen, d.h., es ist optional. Nun deklarieren wir noch die Kind-Elemente von <Author>:

```
<ElementType name = "FirstName" content = "textOnly"/>
<ElementType name = "MI" content = "textOnly"/>
<ElementType name = "LastName" content = "textOnly"/>
<ElementType name = "Biographical" content = "textOnly"/>
<AttributeType name = "picLink"/>
<ElementType name = "Portrait" content = "empty">
  <attribute type = "picLink"/>
</ElementType>
```

Nun schließen wir noch das Element <Schema> und sind somit fertig. Jetzt haben wir ein Schema, das wir überall verwenden können, wo wir etwas über Autoren ausdrücken wollen.

Das Katalog-Schema

Bisher haben wir die Elemente rund um einen Autor aus unserer DTD entfernt und in einem eigenen Schema untergebracht. Nun wenden wir uns dem eigentlichen Katalog zu. Wir werden unser Schema wieder PubCatalog.xml nennen und als Erstes neben den elementaren Deklarationen auch das Autoren-Schema einbinden. Also sieht der Beginn unseres Schemas so aus:

```
<?xml version ="1.0"?>
<Schema name = "PubCatalog.xml"
        xmlns = "urn:Schemata-microsoft-com:xml-data"
        xmlns:dt = "urn:Schemata-microsoft-com:datatypes"
        xmlns:athr = "x-schema:authors.xml">
```

Beachten Sie die zusätzliche Deklaration für den Namensraum des Schemas authors.xml. Wir werden dafür das Präfix athr verwenden.

Lassen Sie uns direkt einsteigen. Wir beginnen mit dem Element <Catalog> und seinen Kind-Elementen. Diese Kind-Elemente sind <Publisher>, <Thread> und <Book>, genau wie in der bisherigen DTD auch. Jedes dieser Elemente darf beliebig oft auftauchen.

```
<ElementType name = "Catalog" content = "eltOnly" order = "seq">
    <element type = "Publisher" minOccurs = "1" maxOccurs = "*"/>
    <element type = "Thread" minOccurs = "0" maxOccurs = "*"/>
    <element type = "Book" minOccurs = "1" maxOccurs = "*"/>
</ElementType>
```

Nun müssen wir noch das Attribut isbn deklarieren, das wir sowohl für das Element <Publisher> als auch für das Element <Book> benötigen werden:

```
<AttributeType name = "isbn" required = "yes"/>
```

Das Element Publisher

Als Nächstes müssen wir uns um das Element <Publisher> kümmern, das wir gerade als Kind-Element des Katalogs festgelegt haben. Dieses Element enthält immer noch die gleichen drei Kind-Elemente, die wir schon aus der DTD kennen, aber haben nun ein eigenes Schema für die Autorendaten. Also müssen wir nun den entsprechenden Namensraum verwenden, um die Elemente zu verwenden.

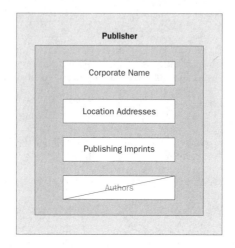

Wie bereits erwähnt, können wir über das Element <description> Informationen über das Schema an eine Anwendung weitergeben. Genau das machen wir auch, wenn wir in diesem Element beschreiben, wofür das Element <Publisher> verwendet wird.

```
<ElementType name = "Publisher" content = "eltOnly" order = "seq">
    <description> Abschnitt über den Verlag </description>
    <attribute type = "isbn"/>
    <element type = "CorporateName"/>
    <element type = "Address" minOccurs = "1" maxOccurs = "*"/>
    <element type = "Imprints"/>
    <element type = "athr:Author" minOccurs = "0" maxOccurs = "*"/>
</ElementType>
```

Nun begeben wir uns in die Tiefen unseres Schemas hinein. Das Element <CorporateName> ist ein einfaches Element, das ursprünglich als Inhalt PCDATA hatte. Daher definieren wir auch jetzt den Inhaltstyp als reinen Text:

```
<ElementType name = "CorporateName" content = "textOnly"/>
```

Als Nächstes müssen wir die Adress-Information behandeln. Das Element <Address> hatte für das Attribut headquarters ein Wertebereich von yes und no und daher werden wir uns zunächst um das Attribut und dann um das Element kümmern:

```
<AttributeType name = "headquarters"
                dt:type = "enumeration" dt:values = "yes no"/>
<ElementType name = "Address" content = "eltOnly" order = "seq">
```

```
        <attribute type = "headquarters"/>
        <element type = "Street" minOccurs = "1" maxOccurs = "*"/>
        <element type = "City"/>
        <element type = "PoliticalDivision"/>
        <element type = "Country"/>
        <element type = "PostalCode"/>
    </ElementType>
```

Beachten Sie bitte das Format für den Datentyp enumeration in XML-DR. Anschließend fahren wir mit der Deklaration der Kind-Elemente fort:

```
<ElementType name = "Street" content = "textOnly"/>
<ElementType name = "City" content = "textOnly"/>
<ElementType name = "PoliticalDivision" content = "textOnly">
    <description>State, province, canton, etc.</description>
</ElementType>
<ElementType name = "Country" content = "textOnly"/>
<ElementType name = "PostalCode" content = "textOnly"/>
```

Das dritte Kind-Element von <Publisher> behandelt die Buchreihen eines Verlags:

```
<ElementType name = "Imprints" content = "eltOnly" order = "seq">
    <element type = "Imprint" minOccurs = "1" maxOccurs = "*"/>
</ElementType>

<AttributeType name = "shortImprintName" dt:type = "ID"/>
<ElementType name = "Imprint" content = "textOnly">
    <attribute type = "shortImprintName"/>
</ElementType>
```

Das vierte Kind-Element von <Publisher> war in der alten DTD das Element <Authors>. Da wir dieses Element entfernt haben, können wir mit dem Element <Thread> fortfahren.

Das Element Thread

Das Element <Thread> wurde benutzt, um die Kategorie zu beschreiben, in die ein Buch fällt. Wenn Sie auf der Rückseite dieses Buches über dem Barcode nachsehen, werden Sie drei Themengebiete sehen, nach denen dieses Buch klassifiziert wird. Solche Kategorien werden zum Beispiel von Buchhandlungen verwendet, um die Bücher in bestimmte Regale einzuordnen.

```
<AttributeType name = "threadID" dt:type = "ID"/>
<ElementType name = "Thread" content = "textOnly">
    <description>
        Ein Thread besteht aus mehreren Büchern zu
        einem bestimmten Thema
    </description>
<attribute type = "threadID"/>
</ElementType>
```

Auch hier haben wir das Element <description> verwendet, um eine kleine Beschreibung des Elements abzugeben.

Das Element Book

Der letzte Abschnitt beschäftigt sich mit den Büchern selbst. Wie bereits in dem Kapitel über DTD beschrieben, wird unser Buch einen Titel, eine Zusammenfassung (abstract), empfohlene Kategorien und einen Preis haben:

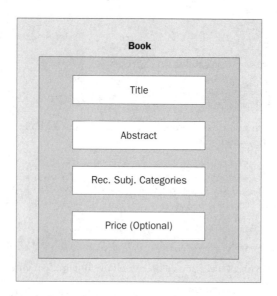

Bevor wir die Elemente deklarieren können, benötigen wir noch einige Attribute:

```
<AttributeType name = "ISBN" dt:type = "ID" required = "yes"/>
<AttributeType name = "level"/>
<AttributeType name = "pubdate" required = "yes"/>
```

Als Nächstes deklarieren wir das Attribut pageCount. Das Attribut war eine der Stellen, an der wir ein strenges Typenkonzept gut verwenden konnten. Daher werden wir diesem Element sinnvollerweise den Typ einer ganzen Zahl (integer) geben:

```
<AttributeType name = "pageCount" dt:type="int" required = "yes"/>
```

Dann können wir mit den verschiedenen Referenzen fortfahren:

```
<AttributeType name = "authors" dt:type = "IDREFS"/>
<AttributeType name = "threads" dt:type = "IDREFS"/>
<AttributeType name = "imprint" dt:type = "IDREF"/>

<AttributeType name = "shortImprintName" dt:type = "ID"/>
```

Nun haben wir alle Attribute, die wir benötigen, definiert und können uns daran begeben, den Inhalt des Elements <Book> zu definieren:

```
<ElementType name = "Book" content - "eltOnly" order = "seq">
    <description> Book summary information (no content) </description>
    <attribute type = "ISBN"/>
    <attribute type = "level"/>
    <attribute type = "pubdate"/>
    <attribute type = "pageCount"/>
    <attribute type = "authors"/>
    <attribute type = "threads"/>
    <attribute type = "imprint"/>
    <element type = "Title"/>
    <element type = "Abstract"/>
    <element type = "RecSubjCategories"/>
```

```
        <element type = "Price" minOccurs = "0" maxOccurs = "1"/>
    </ElementType>
```

Nun benötigen wir noch die Deklarationen der Inhalte aller Kind-Elemente:

```
<ElementType name = "Title" content = "textOnly"/>
<ElementType name = "Abstract" content = "textOnly"/>
<ElementType name = "RecSubjCategories" content = "eltOnly" order = "seq">
    <element type = "Category"/>
    <element type = "Category"/>
    <element type = "Category"/>
</ElementType>
<ElementType name = "Category" content = "textOnly"/>
```

Das Element `<Price>` bringt wieder die Verwendung von Datentypen ins Spiel. Das Attribut `currency` benötigt eine Aufzählung möglicher Werte, während der Element-Inhalt selbst einen numerischen Typ haben sollte, um einen Betrag in einer bestimmten Währung darzustellen:

```
<AttributeType name = "currency" dt:type = "enumeration"
               dt:values = "USD GBF DM CD" required = "yes"/>
<ElementType name = "Price" dt:type="fixed.14.4" content = "textOnly">
    <attribute type = "currency"/>
</ElementType>
</Schema>
```

Damit sind wir auch schon am Ende. Ein wenig Übersetzungsarbeit von der DTD-Syntax in die Syntax von XML-DR und die Ergänzung einiger Datentypen haben uns ein neues Schema für unseren Katalog beschert. Unser neues Schema nutzt außerdem einen externen Namensraum, um die Informationen über Autoren zu beschreiben. Dieses Schema gibt uns die Möglichkeit, unsere Dokumente auf Gültigkeit zu prüfen, genau so wie es mit einer DTD möglich wäre. Dazu müssten wir den Beginn einer Katalog-Datei nur so ändern, dass unser Schema auch verwendet wird:

```
<?xml version ="1.0"?>
<Catalog xmlns = "x-schema:PubCatalog.xml">
```

Beachten Sie bitte, dass die Deklaration eines Namensraums die DOCTYPE-Deklaration überflüssig macht.

Index für Schemata

Wäre es nicht schön, für jedes Schema eine einfache Liste aller Elemente und deren Inhalte zu haben? Für jede Element-Deklaration sollte eine Liste der erlaubten Kind-Elemente und Attribute vorhanden sein. Auf diese Weise könnte man leichter abschätzen, wie sich Änderungen an einem Element oder Attribut auswirken. Da die XML-DR-Schemata die XML-Syntax verwenden, können wir mit der Hilfe von MSXML und einigen Zeilen JavaScript ein Tool basteln, das uns eine solche Liste erstellt. So sollte der Index unseres Schemas `PubCatalog.xml` fertig aussehen:

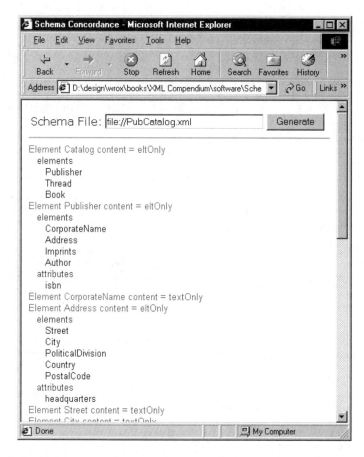

Der Quelltext für das Tool (SchemaConcordance.html) findet sich auf der Website von WROX unter http://www.wrox.com. Sie müssen nichts weiter machen, als einen URL für das Schema anzugeben, von dem Sie einen Index wünschen.

Die Elemente suchen

Wir wissen, dass ein Schema-Dokument mit dem Element <Schema> beginnen muss. Dieses Element hat dann die Kind-Elemente <ElementType> und <AttributeType>. Die Elemente eines Schemas werden durch das Element <ElementType> deklariert und jedes dieser Elemente enthält eine Liste von Kind-Elementen und Attributen für das deklarierte Element. Diese Struktur macht unsere Aufgabe um einiges leichter. Wir müssen nur noch die Liste der Kind-Elemente von <Schema> abarbeiten und alle Vorkommen des Elements <ElementType> bearbeiten. Hier ist das Herzstück unseres Codes für das Tool:

```
if (parser.DokumentElement.nodeName == "Schema")
{
    for (var ni=0; ni < parser.DokumentElement.childNodes.length; ni++)
    {
        if (parser.DokumentElement.childNodes(ni).nodeName == "ElementType")
            CrossRefElement(parser.DokumentElement.childNodes(ni));
    }
}
```

Wir kennen die Anzahl der Kind-Elemente des Elements <Schema> und können daher das gesamte Dokument in einer einzigen Schleife abarbeiten. Über die Methode nodeName eines Element-Knotens können wir die Deklaration eines Elements finden, indem wir einfach nach dem Namen <ElementType> suchen.

Verarbeitung einer Element-Deklaration

Die Funktion CrossRefElement() erwartet einen Element-Knoten <ElementType> und listet dann den Inhalt dieses Elements auf. An dieser Stelle tritt eine kleine Komplikation auf. Wir haben keine Garantie dafür, dass die Elemente <element> und <attribute> nacheinander auftreten. In einem Schema könnten zuerst die Attribute definiert werden, bevor die Elemente deklariert werden. Bei der nächsten Instanz von ElementType könnte das Ganze umgekehrt aussehen. Es könnte auch sein, dass Elemente und Attribute wild durcheinander deklariert werden. Wir benötigen eine konsistente Struktur, damit wir die entsprechenden Namen in der Ausgabe auflisten können. Wir werden zwei Felder definieren, eines für Elementnamen und eins für die Namen der Attribute. Sobald wir mit der Element-Deklaration fertig sind, können wir die Namen ausgeben. Hier der Teil des Codes der Funktion CrossRefElement(), der die Informationen aus der Element-Deklaration herausholt:

```
var rChildElements = new Array();
var rAttributes = new Array();
var WorkNode;
var nEltCount = 0;
var nAttrCount = 0;

for (ni = 0; ni < eltNode.childNodes.length; ni++)
{
   WorkNode = eltNode.childNodes(ni);
   switch (WorkNode.nodeName)
   {
      case "element":
         rChildElements[nEltCount++] =
                     WorkNode.attributes.getNamedItem("type").text;
         break;

      case "attribute":
         rAttributes[nAttrCount++] =
                     WorkNode.attributes.getNamedItem("type").text;
         break;

      case "group":
         SqueezeGroup(WorkNode, rChildElements, rAttributes);
         nEltCount = rChildElements.length;
         nAttrCount = rAttributes.length;
         break;
   }
}
...
```

Wenn wir auf ein Element <element> oder <attribute> treffen, holen wir uns den Wert des Attributs type, von dem wir wissen, dass es den Namen eines Elements von Typ <ElementType> oder <AttributeType> enthält. Dazu verwenden wir die Funktion getNamedItem(), die Teil der Erweiterungen von Microsoft sind, um ein Attribut anhand seines Namens auszuwerten. Da Schemata auch Gruppen enthalten können, ist unsere Arbeit leider noch nicht getan. Da Gruppen Elemente und Attribute enthalten dürfen, brauchen wir eine weitere Funktion; SqueezeGroup(), um an die Informationen in der Gruppe zu gelangen. Diese Funktion sieht fast genau so aus wie der Code oben:

```
function SqueezeGroup(node, rElts, rAttrs)
{
    var nEltCt = rElts.length;
    var nAttrCt = rAttrs.length;
    var childNode;

    // Fix up indices for empty arrays
    if (nEltCt < 0)
        nEltCt = 0;
    if (nAttrCt < 0)
        nEltCt = 0;

    for (var nj = 0; nj < node.childNodes.length; nj++)
    {
        childNode = node.childNodes(nj);

        switch (childNode.nodeName)
        {
            case "element":
                rElts[nEltCt++] = childNode.attributes.getNamedItem("type").text;
                break;

            case "attribute";
                rAttrs[nAttrCt++] =
                            childNode.attributes.getNamedItem("type").text;
                break;

            case "group":
                SqueezeGroup(childNode, rElts, rAttrs);
                nEltCt = rElts.length;
                nAttrCt = rAttrs.length;
                break;
        }
    }
}
```

SqueezeGroup() bekommt einen group-Knoten und die Felder mit den Element- und Attributnamen als Parameter übergeben. Da diese Felder bereits Namen enthalten können, müssen wir die Feld-Indizes relativ zur aktuellen Länge des Felds angeben:

```
var nEltCt = rElts.length;
var nAttrCt = rAttrs.length;
```

Da die Funktion SqueezeGroup() Namen in die Felder eintragen darf und somit die Zähler verändert, müssen diese von CrossRefElement() wieder aktualisiert werden, sobald die Funktion Squeeze-Group() abgearbeitet ist:

```
case "group":
    SqueezeGroup(WorkNode, rChildElements, rAttributes);
    nEltCount = rChildElements.length;
    nAttrCount = rAttributes.length;
    break;
```

Da Gruppen wiederum Gruppen enthalten dürfen, rufen wir SqueezeGroup() rekursiv auf, damit wir alle Informationen aus einer Gruppe holen:

```
case "group":
    SqueezeGroup(childNode, rElts, rAttrs);
    nEltCt = rElts.length;
    nAttrCt = rAttrs.length;
    break;
```

Anzeigen der Ergebnisse

Haben wie ein Element vom Typ <ElementType> vollständig abgearbeitet, können wir die Ergebnisse unserer Suche mit Hilfe von DHTML in einem HTML-Element DIV darstellen. Für diese Aufgabe ist das letzte Stück Code in der Funktion CrossRefElement() verantwortlich. Nachfolgend sind die Zeilen abgedruckt:

```
sEltHeader = "Element " + eltNode.attributes.getNamedItem("name").text +
             " content = " + eltNode.attributes.getNamedItem("content").text;
ListLine(sEltHeader , "green");
tabsize += 12;
// List all child elements
if (rChildElements.length > 0)
{
    ListLine("elements", "blue");
    tabsize += 12;
    for (ni = 0; ni < rChildElements.length; ni++)
        ListLine(rChildElements[ni], "black");
    tabsize -= 12;
}
// List all attributes
if (rAttributes.length > 0)
{
    ListLine("attributes", "blue");
    tabsize += 12;
    for (ni = 0; ni < rAttributes.length; ni++)
        ListLine(rAttributes[ni], "black");
    tabsize -= 12;
}
tabsize -= 12;
```

ListLine() ist eine Hilfsfunktion, die als Argumente einen Text und ein Text-Literal für eine Farbe erwarten. Der so übergebene Text wird dann mit der entsprechenden Farbe in das Element DIV eingefügt. Die Variablen tabsize und listline sind globale Variablen zur Kontrolle der relativen Positionierung des eingefügten Textes.

Zusammenfassung

Wir haben gesehen, wie Namensräume und Schemata uns mit einigen neuen und ausdrucksstarken XML-Werkzeugen versorgen. Wir haben gesehen, wie wir ein Dokument erstellen können, das Teile verschiedener Schemata nutzt. Diese Fähigkeit erlaubt uns, Schemata, wenn nötig, zu erweitern oder große und komplexe Schemata in kleinere und handlichere Schemata zu zerlegen. Schemata erlauben uns auch, einige Probleme, die wir mit DTDs hatten, zu umgehen.

RDF ist ein sehr mächtiges Werkzeug, ist aber für die alltägliche Anwendung etwas zu komplex. Die XML-Schemata des W3C eigenen sich für die praktische Arbeit besser, sind aber noch kein fertiger Standard. In der Zwischenzeit bietet XML-DR und das damit verbundene strenge Typenkonzept eine Implementierung, die den XML-Schemata des W3C recht nahe kommt und uns erlaubt, einige Mängel sofort anzugehen. Auch wenn XML-DR nicht die volle Palette der Möglichkeiten bietet, die uns die XML-Schemata versprechen, so konnten wir doch unser Katalog-Beispiel in einigen Punkten entscheidend verbessern. Im Einzelnen hat unser Katalog folgende Verbesserungen erhalten:

❏ Durch die Segmentierung der DTD haben wir das Problem besser organisiert und können Teile der Problembeschreibung wiederverwenden.

❏ Wir haben ein strenges Typenkonzept für Daten. Der Typ bleibt erhalten, wenn man Daten von und nach XML umwandelt.

❏ Wir haben die Regeln in ihrer Aussagekraft beibehalten. XML-Schemata versprechen größere Flexibilität bei der Angabe von Kardinalitäten.

❏ Wir haben unsere Problembeschreibung in eine XML-Syntax übersetzt. Damit haben wir nun die Möglichkeit, ein Schema mit einem XML-Parser zu lesen und zu bearbeiten

Die Handhabung von Metadaten und das Wissen um deren Bedeutung ist also nicht länger nur auf akademische Kreise beschränkt, sondern wird auch immer mehr zum alltäglichen Werkzeug von XML-Entwicklern. Die vielen Forschungsbemühungen im Bereich der Metadaten helfen bei der Entstehung eines anwendbaren Standards unter der Leitung des W3C. Die XML-Schemata werden für viele Entwickler genau so wichtig sein, wenn sie in Zukunft voll unterstützt werden, wie es DOM heute schon ist. Die Implementierung von XML-DR im MSXML-Parser deutet bereits heute die vielen Möglichkeiten an. Mit einigem Glück wird das W3C bereits eine Empfehlung für die XML-Schemata herausgegeben haben, wenn Sie dieses Buch lesen.

8

Linking und Querying

Die XML-1.0-Spezifikation ist schon eine ganze Zeit lang fertig und stabil. Es gibt aber eine Reihe anderer Spezifikationen, die das W3C entwickelt, um die Fähigkeiten von XML zu erweitern. In dem letzten Kapitel haben wir zwei dieser Entwicklungen genauer betrachtet. Damit XML sein Potenzial voll ausspielen kann, benötigt man die Möglichkeit, Dokumente zu verknüpfen, auf Dokumente oder Dokumentteile zu verweisen und Dokumente zu durchsuchen.

Wenn man immer mehr Informationen in XML-Dokumenten speichert, dann benötigt man auch eine definierte Methode, um auf die Daten strukturiert zugreifen zu können. Man benötigt einen Mechanismus, um Beziehungen zwischen Dokumentteilen auszudrücken und eine Methode, um auf diese Teile (oder *Ressourcen*) in einem Dokument zuzugreifen. Dabei kann es sich um Ressourcen in dem gleichen Dokument oder um Teile anderer Dokumente handeln. Es kann auch sein, dass diese Ressourcen überhaupt keine XML-Daten sind!

In diesem Kapitel werden wir uns mit sechs der wichtigsten Themen rund um die Verknüpfung und Suche in XML-Dokumenten beschäftigen:

Das XML Information Set: Dieses W3C-Dokument definiert die verschiedenen Arten von Informationen, aus denen ein XML-Dokument besteht. Ein grundlegendes Verständnis des Infoset ist absolut notwendig, um sich den anderen Themen in diesem Kapitel angemessen widmen zu können.

❏ **XLink**: Dieser Vorschlag stammt vom W3C und dient der Verknüpfung von Ressourcen mit XML-Dokumenten. Man kann sich einen XLink in etwa wie einen Hyperlink aus HTML vorstellen, aber XLink erlaubt auch die Verknüpfung von anderen Daten als nur XML-Dokumenten.

❏ **XPath**: Diese Sprache dient der Beschreibung, wie Teile von XML-Dokumenten anzusprechen sind.

❏ **XPointer**: Diesen Mechanismus sieht das W3C vor, um auf bestimmte Punkte in einem Dokument oder auf Teile anderer XML-Dokumente zu verweisen. XPointer verwendet XPath. XPath dient dazu, den Linking-Mechanismus zu beschreiben, während XPointer dann eine einheitliche Methode bietet, den beschriebenen Mechanismus innerhalb von Referenzen zu verwenden. XPointer können auch dazu dienen, aus Nicht-XML-Dokumenten, etwas HTML, auf XML-Dokumente zu verweisen.

❏ **XML Fragment Interchange**: Diese W3C-Spezifikation definiert die Übertragung von XML-Dokumentteilen. Die Spezifikation ermöglicht die Beschreibung des Kontexts eines Dokument-Fragments, ohne das gesamte Dokument übertragen zu müssen.

❏ **Durchsuchen von XML-Dokumenten**: Wir werden einen Blick auf XSLT werfen, das wir ausführlich im nächsten Kapitel behandeln werden, um uns die Möglichkeiten der Suche in XML-Dokumenten näher anzusehen.

Das XML Information Set

Das **XML Information Set**, oder kurz **Infoset**, ist ein Entwurf des W3C, der genau beschreibt, welche Informationen im Einzelnen zusammengetragen werden können, um ein wohlgeformtes XML-Dokument zu ergeben. Die aktuellste Version des Dokuments über das Infoset finden Sie unter `http:// www.w3.org/TR/xml-infoset`.

Lassen Sie sich nicht von dem Fach-Jargon der Spezifikation verwirren. Es geht im Wesentlichen darum, eine gemeinsame Spreche (Verwendung von Begriffen) für die Beschreibung von Dokumentinhalten zu definieren. Jede Anwendung (XML-Prozessor), die Informationen über den Inhalt eines Dokuments zurückgibt, beschreibt die Inhalte durch die Begriffe aus dem Infoset. Diese Sammlung von Begriffen bildet die Basis für alle anderen W3C-Spezifikationen, die sich gerade in der Entwicklung befinden und mit der automatischen Bearbeitung von Dokumenten beschäftigen. Ältere Spezifikationen müssen die Sprachregelungen aus dem Infoset in ihren kommenden Versionen berücksichtigen. Wie wir noch sehen werden, manipuliert auch das Dokument Object Model (siehe Kapitel 5) die Inhalte von XML-Dokumenten nach den Definitionen der Informationstypen aus dem Infoset.

Informationstypen

Es gibt insgesamt fünfzehn verschiedene Informationstypen, die zusammen ein wohlgeformtes XML-Dokument bilden können. Einige dieser Typen müssen auch in einer analysierten (geparsten) Darstellung des Dokuments vorhanden sein, damit diese (nach den Standards des W3C) als mit dem Original-Dokument übereinstimmend gilt. Andere Typen sind optional und können völlig entfallen. Ein dritter Typ ist nur dann zwingend vorgeschrieben (»required«), wenn dieser Typ von Information in dem Original-Dokument überhaupt vorhanden war (darauf kommen wir gleich noch zurück). Diese insgesamt fünfzehn Informationstypen sind:

❑ Dokument-Informationstyp (genau eine Instanz pro Dokument, zwingend)
❑ Element-Informationstyp (mindestens eine Instanz, zwingend)
❑ Attribut- Informationstyp (zwingend)
❑ Informationstyp für Verarbeitungsanweisungen (zwingend)
❑ Zeichen- Informationstyp (zwingend)
❑ Referenzen auf Instanzen ausgelassener Entity-Informationstypen (zwingend)
❑ Kommentar-Informationstyp (optional)
❑ Informationstyp für Dokumenttyp-Deklaration (optional)
❑ Entity-Informationstyp (zwingend vorgeschrieben für nicht analysierte Entities, optional für analysierte Entities)
❑ Notations-Informationstyp (zwingend)
❑ Informationstyp für die Anfangsmarkierung eines Entitys (optional)
❑ Informationstyp für die Endmarkierung eines Entitys (optional)
❑ Informationstyp für die Anfangsmarkierung eines CDATA-Blocks (optional)
❑ Informationstyp für die Endmarkierung eines CDATA-Blocks (optional)
❑ Informationstyp für Namensraum-Deklarationen (zwingend)

Jedes wohlgeformte XML-Dokument muss genau eine Instanz eines Dokument-Informationstyps beinhalten und mindestens eine Instanz eines Element- Informationstyps besitzen, das das Wurzel-Element des Dokuments darstellen muss. Betrachten wir zum Beispiel das folgende kleinstmögliche wohlgeformte XML-Dokument:

```
<Catalog/>
```

Dieses Dokument besitzt eine Instanz eines Dokument-Informationstyps, die die Informationen über das Dokument als Ganzes enthält (da jedes XML-Dokument genau einen Dokument-Informationstyp besitzt) und außerdem eine Instanz eines Element-Informationstyps mit den Informationen über das <Catalog>-Element.

Alle Typen, die in der Liste oben als optional beschrieben wurden, sind in dem Sinne optional, dass diese Typen nicht in einer geparsten Darstellung des Dokuments enthalten sein müssen, damit diese Darstellung mit der Definition für ein Dokument aus den Infosets übereinstimmt. Gehen wir als Beispiel von dem nächsten XML-Dokument aus:

```
<Catalog>
    <Book>
        <Title>XML Professionell</Title>
        <!--In diesem Dokument fehlen einige Informationstypen! -->
    </Book>
</Catalog>
```

Nach einer Bearbeitung durch einen Parser entsteht eine Darstellung, die eine Instanz eines Dokument-Informationstyps, drei Instanzen des Element-Informationstyps (Catalog, Book und Title) und eine Instanz eines Kommentar-Informationstyps enthält. Nach der Spezifikation für die Infosets dürfen alle Instanzen von Kommentar-Informationstypen entfallen, ohne dass ein Informationsverlust im Vergleich zum Original-Dokument entsteht. Die Instanz des Dokument-Informationstyps und die drei Instanzen des Element- Informationstyps müssen jedoch erhalten bleiben.

An dieser Stelle werfen wir einen kurzen Blick auf alle Informationstypen, die in der Spezifikation definiert sind und betrachten, welche Eigenschaften diese Typen im Einzelnen besitzen.

Dokument-Informationstyp

Es muss immer genau eine Instanz eines **Dokument-Informationstyps** für jedes wohlgeformte Dokument vorhanden sein. Eine solche Instanz enthält alle Informationen über das gesamte Dokument und hat folgende Eigenschaften:

❏ Eine Liste von Instanzen mit Informationen über die Kind-Elemente, in der Reihenfolge des Auftretens der Elemente im Original-Dokument. Diese Liste besteht mindestens aus einer einzigen Instanz eines Element-Informationstyps. Diese Liste muss außerdem alle Informationen über Verarbeitungsanweisungen enthalten, die außerhalb des Wurzel-Elements eines Dokuments definiert wurden. Je nachdem, wie ausführlich ein Entwickler diese Darstellung gestalten will, kann diese Liste dann auch die optionalen Informationstypen enthalten. So könnte die Liste auch Instanzen von Kommentartypen enthalten, die Informationen über Kommentare außerhalb des Wurzel-Elements enthalten. Die Liste könnte auch Informationen über die **Dokumenttyp-Deklaration** enthalten, falls eine Deklaration im Original-Dokument enthalten war.

❏ Eine ungeordnete Menge mit Instanzen des **Notation-Informationstyps** für alle definierten Notationen in einem Dokument.

❏ Eine ungeordnete Liste mit Instanzen des Entity-Informationstyps für alle ungeparsten Entities innerhalb des Dokuments. Diese Liste darf auch Informationen über geparste Entities, das Dokument-Entity und die externe Teilmenge der DTD enthalten, wenn ein Entwickler das wünscht.

❏ Ein Entwickler darf auch einen URI für das bearbeitete Dokument angeben.

Element-Informationstyp

Es muss für jedes Element eines XML-Dokuments eine Instanz des **Element-Informationstyps** vorhanden sein. Die beiden syntaktischen Variationen für ein Element sollten inzwischen hinreichend bekannt sein:

```
<Book/>
```

und

```
<Book>
    ...
</Book>
```

Instanzen des Element-Informationstyps haben die folgenden Eigenschaften:

❏ Eine geordnete Liste mit Informationen zu allen **Elementen, Verarbeitungsanweisungen, Referenzen auf ausgelassene Entities** und **Zeichen**, die in dem jeweiligen Element aufgetreten sind. Die Instanzen der einzelnen Informationstypen müssen in der Reihenfolge ihres Auftretens innerhalb des Elements angeordnet sein. Diese Liste kann auch leer sein. Der Entwickler kann entscheiden, ob er Informationen über **Kommentare** ebenfalls in diese Liste aufnimmt. Außerdem darf diese Liste Informationen über die Start- und Endmarkierungen von **Entities** und **CDATA-Blöcken** enthalten. Falls solche Informationen abgegeben werden, müssen sie immer in zusammenhängenden Paaren angeordnet sein. Es darf keine Startmarkierung ohne eine dazugehörige Endmarkierung geben und natürlich umgekehrt.

❏ Eine ungeordnete Liste mit Instanzen von **Attribut-Informationstypen** für jedes Attribut eines Elements. Auch Informationen über die Default-Attribute eines Elements müssen in dieser Liste auftauchen. Beachten Sie bitte, dass ein Attribut für die Namensraum-Deklaration in die Liste eingetragen wird, falls ein Namensraum-Attribut für das Element angegeben wurde und der Parser Namensräume nicht unterstützt. Anderenfalls wird kein Eintrag in die Liste gemacht. Diese Liste kann leer sein.

❏ Der URI-Teil des Element-Namens, wie ihn ein Parser zurückliefert. Ist der Parser nicht in der Lage, mit Namensräumen umzugehen, oder wenn kein Namensraum für ein Element angegeben wurde, sollte der URI leer sein.

❏ Der lokale Teil des Elementnamens. Wenn der Parser nicht in der Lage ist, Namensräume zu verarbeiten, ist das der Name für das ganze Element (einschließlich des Präfixes und des Doppelpunkts, falls ein Namensraum angegeben wurde). Anderenfalls wird das allein der lokale Teil des Namens sein (alles, was nach dem Doppelpunkt folgt).

❏ Eine ungeordnete Liste von Referenzen auf Informationstypen für **Deklarationen** von **Namensräumen**. Diese Referenzen verweisen auf alle Namensraum-Deklarationen des Elements.

❏ Der Entwickler kann auch eine ungeordnete Liste mit Referenzen auf **Namensraum-Deklarationen**, die im Geltungsbereich des Elements liegen, angeben. Das sind Deklarationen, die im Element selbst oder in einem seiner Vorfahren gemacht wurden.

Die Behandlung von Namensräumen ist ein etwas heikles Thema. Deshalb folgen hier einige erläuternde Beispiele:

Zunächst ein XML-Dokument ohne Namensräume:

```
<Catalog>
    <Book>
        ...
    </Book>
</Catalog>
```

Sowohl ein Parser, der Namensräume beherrscht, als auch ein Parser, der keine Namensräume beherrscht, würde das Element <Book> wie folgt analysieren:

```
URI = (null)
Local name = Book
```

Würde man in dem Dokument Namensräume verwenden, dann könnte das Dokument so aussehen:

```
<Catalog xmlns:wrox='http://www.wrox.com/Catalog'>
    <wrox:Book>
        ...
```

```
    </wrox:Book>
  </Catalog>
```

Ein Parser, der Namensräume beherrscht, würde für das Element `<Book>` folgende Eigenschaften festlegen:

```
URI = http://www.wrox.com/Catalog
Local name = Book
```

Bei einem Parser, der keine Unterstützung für Namensräume hat, sieht das Ganze so aus:

```
URI = (null)
Local name = wrox:Book
```

Mehr über Namensräume finden Sie in Kapitel 7.

Attribut-Informationstyp

Für jedes Attribut in einem Dokument muss eine Instanz eines **Attribut-Informationstyps** vorhanden sein. Besitzt der Parser die Fähigkeit, mit Namensräumen umzugehen, dann werden die Attribute für die Deklaration von Namenräumen nicht in der Liste aller Attribute auftauchen. Für das folgende Dokument sähe die Sache wie folgt aus:

```
<Book color='red'>
  ...
</Book>
```

In diesem Fall ist `color` natürlich ein Attribut.

Der Attribut-Informationstyp hat folgende Eigenschaften:

❏ Der URI-Teil des Attribut-Namens. Dieser Teil ist analog zu dem URI-Teil eines Elementnamens und der Wert hängt davon ab, ob ein Parser Namensräume unterstützt oder nicht.

❏ Der lokale Teil des Attributnamens. Auch hier ist die Definition analog zur Definition des lokalen Teils eines Elementnamens.

❏ Eine geordnete Liste von Instanzen des **Zeichen-Informationstyps** für jedes Zeichen, das in dem (normalisierten) Attributwert auftaucht. Optional können Informationen über Start- und Endmarkierungen von **Entities** für jede Entity-Referenz in dem Attributwert in der Liste enthalten sein.

❏ Ein Entwickler kann entscheiden, ob er ein Flag angibt, das anzeigt, ob ein Attributwert explizit gesetzt wurde oder ein Vorgabewert aus der DTD oder einem Schema ist.

❏ Optional kann die Liste auch für jedes Attribut zusätzlich noch den Vorgabewert für ein Attribut aus der DTD oder einem Schema enthalten.

❏ Optional kann die Liste für jedes Attribut den Attributtyp aus der DTD auflisten (`ID`, `IDREF`, `IDREFS`, `ENTITY`, `ENTITIES`, `NMTOKEN`, `NMTOKENS`, `NOTATION`, `CDATA` oder `ENUMERATED`).

Verarbeitungsanweisungen

Für jede Verarbeitungsanweisung in einem Dokument muss eine Instanz des entsprechenden **Informationstyps** vorhanden sein. Im Zusammenhang mit dem Infoset wird die XML-Deklaration und alle Deklarationen von analysierten externen Entities nicht *per se* als Verarbeitungsanweisungen betrachtet. Die Syntax für eine Verarbeitungsanweisung sieht wie folgt aus:

```
<?operation foo?>
```

Ein Informationstyp für eine Verarbeitungsanweisung hat die folgenden Eigenschaften:

❏ Das Zielobjekt einer Verarbeitungsanweisung. Das ist das erste Text-Literal unmittelbar nach dem Beginn (»`<?`«) einer Verarbeitungsanweisung.

❏ Der Inhalt einer Verarbeitungsanweisung. Das ist der restliche Text innerhalb des Tags, also alles bin hin zur Abschlussmarkierung (»?>«). Dieser Teil kann auch leer sein.

❏ Optional kann ein Entwickler auch den URI des Objektes angeben, das die Verarbeitungsanweisung ursprünglich enthielt. Wurde eine Verarbeitungsanweisung innerhalb des Dokuments deklariert, dann wird der URI des Dokuments verwendet, falls dieser bekannt ist.

Referenzen auf ausgelassene Entities

Für jede Referenz auf ein Entity, das von einem nicht validierenden Parser nicht aufgelöst wurde, muss eine Instanz des entsprechenden Informationstyps eingefügt werden. Solche Auslassungen kommen zustande, wenn die Deklaration eines unbekannten Entity nicht gelesen wurde, weil diese aus irgendeinem Grund nicht verfügbar war oder weil der Parser schlicht keine extern analysierten Entities einfügt.

Gehen wir zum Beispiel von der folgenden Referenz aus:

```
&Book;
```

Wir nehmen an, diese sei bereits von einem nicht validierenden Parser gelesen worden, aber dieser Parser hätte das extern analysierte Entity nicht expandiert. Diese Information würde dann durch einen Informationstyp für eine **Referenz auf ein unbekanntes Entity** ausgedrückt.

Dieser Informationstyp für solche Referenzen auf unbekannte oder ausgelassene Entities hat folgende Eigenschaften:

❏ Der Name des referenzierten Entitys.

❏ Optional kann ein Entwickler auch noch Informationen über nicht expandierte externe Entities einfügen, falls der Parser die entsprechende Deklaration gelesen hat.

Zeichen-Informationstyp

Für jedes Zeichen in einem Dokument, das nicht zum Markup gehört, also kein Metazeichen ist, muss eine Instanz eines **Zeichen-Informationstyps** existieren. Sie haben richtig gelesen, für *jedes Zeichen* eine eigene Instanz des Informationstyps.

Nehmen wir als Beispiel folgendes Fragment eines XML-Dokuments:

```
<Book>
    <Title>ABC</Title>
</Book>
```

Für diesen Fall gäbe es drei Instanzen des **Zeichen-Informationstyps**. Eine Instanz für den Buchstaben A, eine für den Buchstaben B und eine für C. In der Praxis jedoch werden Implementierungen benachbarte Zeichen zu Text-Konstrukten (Strings etc.) zusammenfassen, statt wirklich jedes einzelne Zeichen getrennt zu behandeln. Ein solches Vorgehen ist nach der Spezifikation für die Infosets erlaubt.

Der Informationstyp für ein Zeichen hat folgende Eigenschaften:

❏ Den Zeichencode des Zeichens nach ISO 10646 (Unicode).

❏ Ein Flag, das anzeigt, ob ein Zeichen eine Leerstelle innerhalb eines Textes ist oder nicht. Alle validierenden Parser müssen dieses Flag immer setzen, während für nicht validierende Parser dieses Verhalten optional ist.

❏ Optional kann angezeigt werden, ob ein Zeichen als Teil eines vordefinierten XML-Entitys eingefügt wurde oder nicht.

Kommentar-Informationstyp

Für jeden Kommentar im Dokument kann ein **Kommentar-Informationstyp** eingefügt werden. Hier ein Beispiel für einen Kommentar:

```
<!–Hier müssten noch mehr Informationen stehen! -->
```

Dieser Informationstyp hat nur eine Eigenschaft:

❏ Den Inhalt des Kommentars.

Dokumenttyp-Deklaration

Es kann eine Instanz eines Informationstyps für die **Dokumenttyp-Deklaration** pro Dokument geben. Das hängt davon ab, ob ein Entwickler diese Information überhaupt angeben will und ob ein Dokument überhaupt eine Dokumenttyp-Deklaration besitzt. Eine Deklaration könnte dann so aussehen:

```
<!DOCTYPE catalog SYSTEM "http://www.wrox.com/Catalog/Catalog.dtd">
```

Der Informationstyp für eine Dokumenttyp-Deklaration hat folgende Eigenschaften:

❏ Eine Referenz auf einen **Entity-Informationstyp** für die externe Teilmenge der DTD.
❏ Eine geordnete Liste mit Referenzen auf alle Instanzen von **Kommentar-Informationstypen** und Informationstypen für **Verarbeitungsanweisungen**, die in der DTD auftreten.

Entity-Informationstyp

Alle nicht analysierten externen Entities müssen durch einen **Entity-Informationstyp** repräsentiert werden. Optional können auch alle anderen Entities in dem Dokument durch eine Instanz eines Entity-Informationstyps repräsentiert werden. Existieren für ein Entity mehrere Deklarationen, dann wird nur die erste Deklaration dazu verwendet, um die Instanz des Informationstyps zu erzeugen.

Hier ein Beispiel für eine interne Entity-Deklaration:

```
<!Entity Version "1.0">
```

Das nächste Beispiel zeigt eine externe Entity-Deklaration:

```
<!Entity ProXMLBook SYSTEM "http://www.wrox.com/Catalog/ProXMLBook.xml">
```

Dieses Beispiel zeigt eine externe Entity-Deklaration, die einen in XML unbekannten Datentyp definiert:

```
<!Entity ProXMLCover SYSTEM "http://www.wrox.com/Catalog/ProXMLCover.gif"
    NDATA gif>
```

Ein Informationstyp für ein **Entity** hat folgende Eigenschaften:

❏ Den Typ des Entitys (internes Parameter-Entity, externes Parameter-Entity, internes Entity, externes Entity, ungeparstes Entity, Dokument-Entity oder externe DTD-Teilmenge).
❏ Der Name des Entitys. Dieser Name kann auch leer sein, wenn der **Entity-Informationstyp** ein Dokument-Entity ist oder das Entity Teil der externen DTD ist. In den obigen Beispielen würde der Name des jeweiligen Entitys `Version`, `ProXMLBook` und `ProXMLCover` lauten.
❏ Den System-Identifier des Entitys. Für alle internen Entities ist dieser Wert leer. Für das Dokument-Entity kann der Wert ebenfalls leer sein oder kann den System-Identifier des Dokuments enthalten. Für die drei obigen Beispiele wäre der jeweilige System-Identifier im ersten Fall leer, für die anderen Beispiele wäre der Wert `http://www.wrox.com/Catalog/ProXMLBook.xml` und `http://www.wrox.com/Catalog/ProXMLCover.gif`.
❏ Der Public-Identifier eines Entitys, falls einer existiert. Für interne Entities ist der Wert leer.
❏ Eine Referenz auf den mit dem Entity verbundenen **Notation-Informationstyp**, falls das Entity ungeparst ist. Für alle anderen Entitytypen ist dieser Wert leer.
❏ Der Basis-URI für das Entity. Ist es ein internes Entity, bleibt der Wert leer.
❏ Für interne Entities kann optional auch der Ersatztext des Entitys aufgeführt werden.
❏ Optional kann auch der Name des verwendeten Zeichensatzes angegeben werden.
❏ Optional kann der Standalone-Status des Entity angegeben werden. Gültige Werte sind `"yes"`, `"no"` und `"not present"`.

Notation-Informationstyp

Für jede Deklaration einer Notation innerhalb der DTD muss eine Instanz des **Notation-Informations-typs** vorhanden sein. Eine Deklaration einer Notation könnte so aussehen:

```
<!NOTATION gif SYSTEM "gifviewer.exe">
```

Der Notation-Informationstyp hat folgende Eigenschaften:

❏ Der Name der Notation.
❏ Der System-Identifier der Notation. Der Wert ist leer, wenn kein System-Identifier angegeben wurde.
❏ Der Public-Identifier der Notation. Der Wert ist leer, wenn kein Public-Identifier angegeben wurde.
❏ Der Basis-URI für die Notation.

Startmarkierung für Entities

Es gibt eine Startmarkierung, die den Beginn des Ersatztextes eines analysierten Entitys anzeigt. Diese Startmarkierung wird nicht für Parameter-Entities verwendet.

Der Informationstyp für diese Startmarkierung hat folgende Eigenschaften:

❏ Eine Referenz auf die Instanz eines **Entity**-Informationstyps für den eingefügten Text.

Endmarkierung für Entities

Analog zur Startmarkierung für ein Entity gibt es auch eine Endmarkierung, die das Ende eines Ersatztextes anzeigt. Auch hier wird die Endmarkierung nicht für Parameter-Entities verwendet.

Der Informationstyp für diese Endmarkierung hat die folgenden Eigenschaften:

❏ Eine Referenz auf die Instanz des **Entity-Informationstyps** für den eingefügten Text.

Startmarkierung für CDATA-Blöcke

Analog zu der Startmarkierung für Entities gibt es auch für CDATA-Blöcke eine Startmarkierung, die den Beginn des eingefügten Textes anzeigt.

Der Informationstyp für diese Startmarkierung hat keine Eigenschaften.

Endmarkierung für CDATA-Blöcke

Auch hier gibt es passend zur Startmarkierung eine Endmarkierung, die das Ende des eingefügten Textes anzeigt.

Auch der Informationstyp für die Endmarkierung eines CDATA-Blocks hat keine Eigenschaften.

Namensraum-Deklarationen

Auch für jede Deklaration eines Namensraumes in einem Element muss ein entsprechender Informationstyp vorhanden sein.

Dieser Informationstyp hat folgende Eigenschaften:

❏ Der Name des deklarierten Namensraums. Das ist der Teil des Attributs, der nach dem Präfix xmlns: folgt.
❏ Der absolute URI des deklarierten Namensraums. Diese Eigenschaft oder die als Nächstes beschriebene Eigenschaft oder aber beide Eigenschaften müssen angegeben werden.

❑ Eine geordnete Liste von Referenzen auf Instanzen des Zeichen-Informationstyps. Diese Referenzen repräsentieren den Text, der den Attributwert ausmacht. In dieser Liste können auch Instanzen der Informationstypen für Start- und Endmarkierungen vorkommen, um so die Lage von Entity-Referenzen anzuzeigen. Entweder diese Eigenschaft oder die vorher beschriebene Eigenschaft (oder alle beide) müssen angegeben werden. Das W3C hat diese Eigenschaft definiert, um auch Namensraum-Deklarationen ohne Angabe eines URI in der Zukunft zu ermöglichen.

Die Bedeutung des XML Information Set

Wenn Ihnen die vielen »Informationstypen« und »Eigenschaften« recht bekannt vorkommen, dann hat das einen guten Grund. Diese Informationstypen sind fast identisch mit den Objekten, die wir schon von DOM (Kapitel 5) kennen. Daher haben wir auch von Instanzen von Informationstypen gesprochen, da diese Typen im Grunde Klassen von Informationsobjekten definieren. Tatsächlich basieren auch alle Technologien, die das W3C spezifiziert hat, um XML-Dokumente zu manipulieren (XML DOM, XLink, XPath, XPointer und XSLT), auf den grundlegenden Strukturen, die durch die Spezifikation des XML Information Set definiert sind. Wenn Sie die Funktionen diese Technologien voll nutzen wollen, dann sollten Sie XML-Dokumente nicht länger als Datenströme betrachten. Stattdessen sollten Sie sich XML-Dokumente als Ansammlungen von Objekten, wie sie in der Spezifikation beschrieben werden, vorstellen.

Beachten Sie bitte auch, dass die Spezifikation des XML Information Set zwar genau festlegt, wie die Objekte miteinander zusammenhängen, aber nichts über die Implementierung aussagt. Auch wenn die verschiedenen Technologien, die wir besprechen werden, immer von einer Baumstruktur der Objekte ausgehen, ist es aber auch völlig akzeptabel, sich ein Dokument als einen Objektstrom mit Referenzen zwischen den Objekten vorzustellen. Fast alle ereignisgesteuerten Parser und Tools arbeiten auf einem Strom von Objekten. Sehen wir uns ein Beispiel etwas näher an.

Gehen wir von dem folgenden Dokument aus. Im Wesentlichen kennen wir dieses Dokument schon, nur das Attribut `color` ist neu.

```
<Catalog>
    <Book color="rot">
        <Title>XML mit dem IE5 - Eine Referenz für Programmierer</Title>
        <Pages>480</Pages>
        <ISBN>1-861001-57-6</ISBN>
        <RecSubjCategories>
            <Category>Internet</Category>
            <Category>Web Publishing</Category>
            <Category>XML</Category>
        </RecSubjCategories>
        <Price>49.99</Price>
    </Book>
</Catalog>
```

Eine Baumstruktur für dieses Dokument würde dann so aussehen:

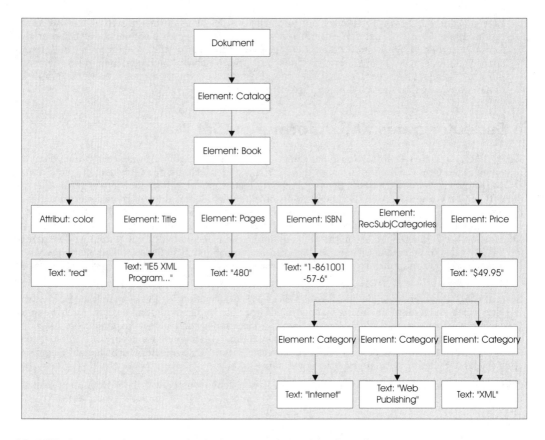

Mit Hilfe des Infoset könnte man das Dokument auch wie folgt darstellen:

ID des Informations-typs	Informationstyp	Eigenschaften
1	Dokument	Liste der Kind-Elemente: 2
2	Element	URI: leer; lokaler Name: Catalog; Liste mit Kind-Elementen: 3; Liste der Attribute: leer
3	Element	URI: leer; lokaler Name: Book; Liste der Kind-Elemente: 6, 8, 10, 12, 19; Liste der Attribute: 4
4	Attribut	URI: leer; lokaler Name: color; Text des Attributs: 5
5	Text	Wert: `"rot"`
6	Element	URI: leer; lokaler Name: Title; Liste der Kind-Elemente: 7; Liste der Attribute: leer
7	Text	Wert: `"XML mit dem IE5 - Eine Referenz für Programmierer"`
8	Element	URI: leer; lokaler Name: Pages; Liste der Kind-Elemente: 9; Liste der Attribute: leer
9	Text	Wert: `"480"`
10	Element	URI: leer; lokaler Name: ISBN; Liste der Kind-Elemente: 11; Liste der Attribute: leer

ID des Informations-typs	Informationstyp	Eigenschaften
11	Text	Wert: `"1-861001-57-6"`
12	Element	URI: leer; lokaler Name: RecSubjCategories; Liste der Kind-Elemente: 13, 15, 17; Liste der Attribute: Empty
13	Element	URI: leer; lokaler Name: Category; Liste der Kind-Elemente: 14; Liste der Attribute: leer
14	Text	Wert: `"Internet"`
15	Element	URI: leer; lokaler Name: Category; Liste der Kind-Elemente: 16; Liste der Attribute: leer
16	Text	Wert: `"Web Publishing"`
17	Element	URI: leer; lokaler Name: Category; Liste der Kind-Elemente: 18; Liste der Attribute: leer
18	Text	Wert: `"XML"`
19	Element	URI: leer; lokaler Name: Price; Liste der Kind-Elemente: 20; Liste der Attribute: leer
20	Text	Wert: `"49.99"`

Zusammenfassung

Will man die verschiedenen Technologien des W3C zur Bearbeitung von XML-Dokumenten verwenden, dann muss man die Komposition eines Dokuments aus den einzelnen Bestandteilen begreifen. Diese Bestandteile eines XML-Dokuments sind in der Spezifikation des Infoset definiert worden. Wenn man erst den Schritt vollzogen hat und von Dokumenten nicht mehr als reinen Texten denkt, sondern diese als verknüpfte Objekte begreift, dann wird man die Mechanismen zur Verknüpfung von Dokumenten und zur Suche in Dokumenten sehr schnell und intuitiv anwenden können. Diese Technologien verwenden Objekte, die durch die Informationstypen aus dem Infoset beschrieben sind, um XML-Dokumente anzusprechen und zu bearbeiten. Dabei arbeiten alle Mechanismen mit den Informationen über die Beziehungen zwischen den Objekten, um in einem Dokument zu navigieren.

Linking

Werfen wir nun einen Blick darauf, wie wir die Möglichkeiten von XML erweitern können, indem wir Verweise (Links) auf externe Ressourcen (XML-Dokumente, HTML-Dokumente oder Bilder) ermöglichen. Wie Sie noch sehen werden, können Links unter anderem dazu dienen, Beziehungen zwischen verwandten Dokumenten auszudrücken, die Navigation durch XML-Dokumente zu regeln oder dazu verwendet werden, um Nicht-XML-Daten in ein Dokument zu integrieren .

Was ist Linking überhaupt?

Wenn Sie HTML kennen, dann kennen Sie auch ganz sicher das Konzept der **Hyperlinks**. In HTML können Sie einen Anker angeben, der als Verknüpfungspunkt mit einem anderen Dokument dient:

```
<A HREF="www.wrox.com/Catalog/Catalog.html">Katalog</A>
```

Eine solche Deklaration sagt zwei Dinge aus. Zunächst besagt diese Deklaration, dass der Text »Katalog« der Startpunkt einer Verbindung zwischen zwei Ressourcen ist, weil der Text in dem Element A steht und dieses Element ein Attribut HREF besitzt. Als Zweites erfahren wir, dass der URL www.wrox.com/Catalog/Catalog.html das Ziel dieser Verbindung darstellt. Eine solche Deklaration ist ein einfaches Beispiel für einen Link, in diesem Fall eine Verbindung zwischen zwei Ressourcen. Das XML-Linking ähnelt dem Linking von HTML, bietet aber mehr Möglichkeiten und ist viel flexibler, wie wir noch sehen werden.

Linking: Konzept und Darstellung

Sie wissen sicher, dass der Inhalt des Elements A in HTML immer bei der Darstellung hervorgehoben wird (durch Unterstreichung, andere Farbe als der umgebende Text etc.) und ein Anklicken des Textes zur Darstellung des Ziel-Dokuments führt. Dieses Verhalten des Browsers ist jedoch nicht explizit in der HTML-Spezifikation definiert. Ein Browser oder irgendein anderes Programm zur Darstellung von HTML kann sich auch anders verhalten und kann eine andere Art der Darstellung wählen. Denken Sie nur an einen Browser für sehbehinderte oder blinde Menschen. Für ein solches Programm ist eine eigene Art der Darstellung von Link und Zieldokument notwendig. Es ist wichtig, den Unterschied zwischen einem Link und seiner Darstellung zu begreifen, wenn man verstehen will, wie Linking in XML funktioniert. Auch die Spezifikation für das Linking in XML bietet nur ein Konzept, schreibt aber nicht die Implementierung vor.

Die Probleme mit dem HTML-Linking

Wir haben bereits angedeutet, dass die Links von HTML etwas unflexibel sind im Vergleich zu den Möglichkeiten von XLink. Im Einzelnen haben die Links von HTML folgende Schwächen:

HTML-Links sind fest in dem Quelldokument eingebunden

Diese Einschränkung verhindert, dass man einen Link aus einem Dokument heraus setzt, das man nicht bearbeiten darf oder kann. Man kann so auch keinen Link aus einem Dokument heraus setzen, das keine eigenen Möglichkeiten zum Auszeichnen von Dokumentteilen besitzt, so zum Beispiel eine Bild-Datei. Hätte man die Möglichkeit, den Link und das Dokument zu trennen, dann könnte man alle Links zentral speichern (in einer Datenbank oder Datei) und verwalten. Wir werden uns dem Thema Datenbanken von Links etwas später zuwenden.

HTML-Links verweisen nur in eine Richtung

Wenn man eine Reihe von Seiten anbieten will, durch die ein Benutzer frei navigieren soll, dann müssen wir explizit alle Dokumente miteinander verknüpfen. Gehen wir davon aus, wir hätten eine HTML-Seite mit dem Namen Seite1.htm, die einen Link »nächste Seite« auf die Datei Seite2.htm enthielte. Wollten wir nun einen Link haben, der uns wieder zurückbringt, dann müssten wir explizit einen Link auf die Datei Seite1.htm setzen. Wäre es nicht viel einfacher, schlicht festzulegen, dass die beiden Dokumente miteinander verknüpft sind, ohne sich Sorgen um die Richtung zu machen?

HTML-Links verknüpfen lediglich zwei Ressourcen

Sie alle kennen sicher Webseiten im Internet, bei denen viele verschiedene Seiten durch ganze Listen von Links verknüpft sind oder aber Serien von Seiten durch Links wie vorherige Seite und nächste Seite verbunden sind:

```
<H3>Joe's Grill - Menü</H3>

Frühstück:
    Eier.......................1.95
    Schinken...................2.25
    Würstchen..................3.25
    Pfannkuchen................3.00
```

```
<P><A HREF="http://www.joesgrill.com/getraenke.htm">Getränke</A></P>
<P><A HREF="http://www.joesgrill.com/vorspeisen.htm">Vorspeisen</A></P>
<P><A HREF="http://www.joesgrill.com/baguettes.htm">Baguettes</A></P>
<P><A HREF="http://www.joesgrill.com/grill.htm">Vom Grill</A></P>
<P><A HREF="http://www.joesgrill.com/dessert.htm">Desserts</A></P>
<P><A HREF="http://www.joesgrill.com/start.htm">Zurück zur Startseite</A></P>
```

Natürlich hätte auch jede andere Seite des Menüs ähnliche Seiten, mit ähnlich vielen Links. Eine solche Struktur von Seiten zu pflegen und immer aktuell zu halten, ist ein echter Alptraum. Würde sich Joe entschließen, in seinem Grill-Restaurant auch Pasta zu servieren, dann müsste jede Seite mit einem Link zur Seite mit den entsprechenden Gerichten versehen werden. Es wäre sehr viel einfacher, festzulegen, dass alle einzelnen Seiten mit einer einzigen (Start-)Seite verknüpft sind und den Rest einfach einem Browser zu überlassen.

HTML-Links legen nicht das Verhalten des darstellenden Browsers fest

Es wäre schön, in der Lage zu sein, zusätzliche Verhaltensweisen für einen darstellenden Browser oder ein anderes darstellendes Programm festzuschreiben. Sollte ein Browser einem Link automatisch folgen oder sollte der Browser auf eine Aktion eines Benutzers warten? Sollte die darstellende Anwendung ein neues Objekt für den referenzierten Inhalt erzeugen (im Falle eines Browsers ein Fenster) oder sollte der angesprochene Inhalt in die aktuelle Darstellung eingefügt werden? Bei den Links von HTML kann als Zielobjekt für den Inhalt nur der Name eines Fensters angegeben werden und der Browser wird sich dann je nach dem aktuellen Zustand anders verhalten. Sollte ein Fenster mit dem angegebenen Namen bereits existieren, dann wird dessen bisherigen Inhalt durch den Inhalt, auf den der Link verweist, ersetzt. Existiert kein Fenster mit den angegebenen Namen, dann wird einfach ein Fenster mit dem angegebenen Namen erzeugt.

Die W3C-Spezifikation für das Linking in XML und alle angesprochenen Probleme, heißt XLink und wir werden gleich sehen, was es damit auf sich hat.

Die W3C-Spezifikation für XLink

Die Spezifikation für das XML-Linking trägt den Namen XLink. Zurzeit hat die Spezifikation den Status eines Entwurfs (working draft) und daher können sich die Details der Implementierung noch ändern, bis die Spezifikation den Status einer Empfehlung erreicht. Die aktuellste Version der Spezifikation findet sich stets unter `http://www.w3.org/TR/WD-xlink`.

Da die XLink-Spezifikation immer noch den Status eines Entwurfs hat, gibt es zur Zeit kaum ernsthafte Implementierungen der Funktionen von XLink. Dennoch sollte man die Konzepte von XLink schon jetzt verstehen, damit man alle Vorteile dieser Technik voll nutzen kann, sobald diese zum Standard wird.

XLink-Deklarationen

Der Namensraum für die XLink-Spezifikation des W3C vom Dezember 1999 findet sich unter folgendem URL:

`http://www.w3.org/1999/xlink/namespace/`

Um einen XLink auf ein XML-Dokument zu setzen, muss dieser Namensraum für den Teilbaum der Elemente deklariert werden, in dem der Link gesetzt werden soll. Es gibt zwei Möglichkeiten, einen Link zu deklarieren:

❑ Sie können ein XLink-Element erzeugen.

❑ Sie können ein XLink-Attribut in einem Element verwenden.

Ein Link-Element sieht in XML dann etwa so aus `<xlink:typ>`. Es gibt zwei verschiedene Werte für den Namen anstelle von `typ`, die wir in Kürze kennen lernen werden:

```
<xlink:simple href="Autoren.xml" role="Autorenliste" title="Autorenliste"
          show="replace" actuate="onRequest">
   Liste der Autoren
</xlink:simple>
```

Ein Element mit einem XLink-Attribut würde dann etwa so aussehen:

```
<Authors xmlns:xlink="http://www.w3.org/XML/XLink/0.9" xlink:type="simple"
        xlink:href="authors.xml" xlink:role="Autorenliste"
          xlink:title="Auternliste" xlink:show="replace" xlink:actuate="onRequest"/
>
```

Auch hier gelten die normalen Regeln für Namensräume. Wenn man einen Namensraum in einem Eltern-Element deklariert, muss man diesen Namensraum für das Element mit dem Link nicht erneut deklarieren.

Beachten Sie bitte, dass Sie diese Attribute in der Attributliste für Ihr Element (`<!ATTLIST>`) auch deklarieren müssen, wenn Sie die XLink-Attribute in einem Ihrer eigenen Elemente anwenden wollen und Sie mit einer DTD arbeiten. Sollten diese Attribute nicht deklariert sein, dann würde sich ein validierender Parser darüber beklagen, dass er die Attribute mit dem Präfix `xlink` nicht erkennt! Für das obige Beispiel würde die folgende Element-Deklaration in einer DTD notwendig sein:

```
<!ELEMENT Authors EMPTY>
<!ATTLIST Authors
    xmlns:xlink    CDATA #FIXED "http://www.w3.org/1999/xlink/namespace/"
    xlink:type     (simple|extended|locator|arc) #FIXED "simple"
    xlink:href     CDATA #REQUIRED
    xlink:role     CDATA #IMPLIED
    xlink:title    CDATA #IMPLIED
    xlink:show     (new|embedded|replace) "replace"
    xlink:actuate  (onLoad|onRequest) "onRequest" >
```

Mögliche Linktypen

Wie bereits gesagt, kann ein XLink-Element und das XLink-Attribut zwei verschiedene Werte annehmen, die den Typ der Verknüpfung angeben. Die Werte sind `simple` und `extended`. Der Wert `simple` beschreibt einen Typ von Links, wie man sie aus HTML kennt. Der Typ `extended` bietet einige weitere Funktionen für die Verknüpfung von Dokumenten. Wir werden noch sehen, dass die einfachen Links im Grunde nur eine Teilmenge der erweiterten Links sind, auch wenn man für die einfachen Links eine ganz andere Syntax verwendet. Wir werden uns diese Typen noch genauer ansehen und beginnen gleich mit den einfachen Links.

Einfache Links (simple Links)

Einfache Links sind den Links aus HTML (`<A HREF=...>`) sehr ähnlich. Bei der Deklaration von einfachen Links werden die folgenden Attribute verwendet:

xlink:typ

Für einfache Links muss der Wert des Attributs immer `simple` lauten. Wird ein Link-Element für einen einfachen Link deklariert, dann muss der Name des Elements `xlink:simple` heißen.

xlink:href

Der Wert ist die Ziel-URI des Links.

xlink:role

Dieser Wert ist ein Text, der die Funktion des angesprochenen Inhalts beschreibt. Während das W3C nichts über die Aufgabe des Attributs role aussagt, verwenden einige Implementierungen von XLink den Wert von role zur Steuerung der Darstellung des Ziel-Dokuments.

xlink:title

Dieser Wert dient als Beschreibung des Links für menschliche Leser. Auch hier hat das W3C nicht vorgeschrieben, wie das Attribut von einer XLink-fähigen Anwendung genutzt werden muss. Es könnte jedoch dazu verwendet werden, einem Anwender anzuzeigen, dass es sich um einen Link handelt.

xlink:show

Dieses Attribut regelt, wie der referenzierte Inhalt darzustellen ist. Es kann einen von drei möglichen Werten annehmen:

❏ new: Der angesprochene Inhalt wird in einem eigenen Kontext dargestellt. Für einen Browser könnte dies bedeuten, ein eigenes Fenster neu zu öffnen.

❏ replace: Der angesprochene Inhalt wird den ursprünglichen Inhalt in seinem Kontext ersetzen. Dieses Verhalten kennen Sie schon von einem HTML-Browser.

❏ embedded: Der angesprochene Inhalt wird an der Stelle des Links in das ursprüngliche Dokument eingefügt.

xlink:actuate

Dieses Attribut definiert, wann ein Link aktiv werden soll. Es sind zwei Werte möglich:

❏ onRequest: In diesem Fall muss ein Benutzer etwas tun, um den Link zu aktivieren. Dieses Verhalten kennen Sie schon aus HTML, wo ein Benutzer auch erst einen Link anklicken muss, damit etwas passiert.

❏ onLoad: In diesem Fall wird der Link automatisch aktiv, sobald das Quell-Dokument geladen wird. Dieses Verhalten ist besonders nützlich, wenn das Attribut xlink:show den Wert embedded hat. Es könnte aber auch Anwendungen für den Wert new haben, wenn zum Beispiel automatisch ein neues Fenster geöffnet wird, um Informationen über das Ziel eines Links anzuzeigen, sobald das Quell-Dokument geladen wird.

Die einfachen Links sind von den Funktionen in etwa äquivalent zu den Hyperlinks von HTML. Sie verbinden zwei Ressourcen in einer Richtung miteinander und der Ausgangspunkt des Links ist immer die Deklaration des Links selbst:

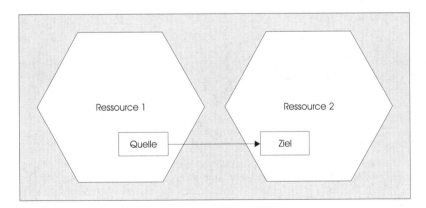

Beachten Sie bitte, dass ein Link nicht nur von einer Ressource zu einer anderen Ressource gehen muss. Es ist absolut möglich, dass ein Link seine Quelle in derselben Ressource hat:

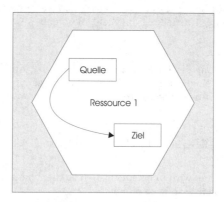

Letztere Möglichkeit wird noch eine Rolle spielen, wenn wir die eingebetteten Links betrachten werden. XLink arbeitet mit Positionen (locations), nicht mit Ressourcen. Dabei ist die vorgegebene Position für eine Ressource »top« und das ist auch der Typ einer Ressource.

Beispiele für einfache Links

Lassen Sie uns einige kurze und einfache Beispiele für einfache Links betrachten, bevor wir mit dem Thema fortfahren:

```
<xlink:simple xmlns:xlink="http://www.w3.org/1999/xlink/namespace/"
              xlink:href="Autoren.xml"
              xlink:role="Autorenliste"
              xlink:title="Autorenliste"
              xlink:show="new"
              xlink:actuate="onRequest"/>
```

Dieses Beispiel erzeugt einen Link mit dem Titel Autorenliste und sorgt dafür, dass ein Benutzer den Link als solchen wahrnimmt. Sobald ein Benutzer den Link aktiviert, wird das Dokument Autoren.xml geöffnet und in einem neuen Kontext dargestellt.

```
<authors xmlns:xlink="http://www.w3.org/1999/xlink/namespace/"
              xlink:type="simple"
              xlink:href="Autoren.xml"
              xlink:role="Autorenliste"
              xlink:title="Autorenliste"
              xlink:show="embedded"
              xlink:actuate="onLoad"/>
```

Dieses Beispiel legt fest, dass die Autorenliste aus der Datei Autoren.xml an der Position des Links in dem Quell-Dokument selbst dargestellt werden soll, sobald das Quell-Dokument dargestellt wird. Dabei liegt die Behandlung des Links bei der bearbeitenden Anwendung, also kann sich die Art der Darstellung von Anwendung zu Anwendung unterscheiden.

Beachten Sie bitte auch, dass es Kombinationen von show und actuate gibt, die nicht wirklich sinnvoll sind. So zum Beispiel xlink:show = "replace" und xlink:actuate = "onLoad". Diese Kombination könnte bestenfalls als Umleitung von einem Dokument auf ein anderes Dokument fungieren. Wie sieht jedoch das Verhalten einer Anwendung aus, wenn es im Quell-Dokument zwei solcher Links geben sollte? Wie bei fast allen spezifischen Verhaltensweisen bei der Darstellung, gibt es keine Vorschriften seitens des W3C. Es gibt keine Aussagen vom W3C, die klarstellen, wie eine darstellende Anwendung sich in solchen

Fällen zu verhalten hat. Allein die Zeit wird zeigen, wie die konkreten Anwendungen die einzelnen Probleme bei der Darstellung lösen werden.

Erweiterte Links

Die andere Möglichkeit, Links zu definieren, ist es, erweiterte Links zu definieren. Die erweiterten Links von XLink erlauben es, mehr als eine Ressourcen miteinander zu verknüpfen. Außerdem dürfen diese Links auch außerhalb des Quell-Dokuments spezifiziert werden. Sehen wir uns nun die Syntax für erweiterte Links an.

Ein erweiterter Link wird wie folgt definiert:

```
<!ELEMENT xlink:extended
    (xlink:title*, xlink:arc*, xlink:locator, (xlink:arc | xlink:locator)*,
    xlink:resource*)>
<!ATTLIST xlink:extended
    role            NMTOKEN             #IMPLIED
    title           CDATA               #IMPLIED>
```

Wir haben nun vier Arten von Kind-Elementen: `<xlink:title>`, `<xlink:arc>`, `<xlink:locator>` und `<xlink:resource>`. Was diese Typen im Einzelnen leisten, sehen wir uns gleich an. Die folgenden Attribute können im Zusammenhang mit erweiterten Links verwendet werden:

xlink:typ

Für einen erweiterten Link muss der Wert immer `extended` sein. Definiert man ein Link-Element, dann muss der Name des Elements `<xlink:extended>` lauten.

xlink:role

Dieses Attribut hat dieselbe Funktion wie bei einem einfachen Link.

xlink:title

Auch dieses Attribut hat dieselbe Funktion wie bei einem einfachen Link.

Beachten Sie bitte, dass es hier keine Angabe für das Ziel eines Links gibt. Hier fehlt nämlich das Attribut `href`. Tatsächlich ist auch der Startpunkt des Links nicht definiert. Bei erweiterten Links impliziert die Position der Deklaration nicht, dass auch der Link von diesem Dokument ausgeht. Um die verschiedenen Positionen, die an einem erweiterten Link beteiligt sind, zu definieren und alle Verbindungen zwischen den Positionen anzugeben, muss man die beiden Kind-Elemente `<xlink:location>` und `<xlink:arc>` verwenden.

Das Element <xlink:title>

Dieses Element dient dazu, semantische Informationen mit einem erweiterten Link zu verbinden. Wenn ein Link zwei verschiedene Seiten einer Speisekarte miteinander verbindet, dann könnte man mit einem Element vom Typ `<xlink:title>` diese Verbindung als »Menü« beschriften. Wie diese Information dann ausgewertet wird, hängt von der Anwendung ab und wird nicht von der Spezifikation vorgeschrieben. Es können auch viele verschiedene Titel angegeben werden, zum Beispiel, wenn ein Dokument internationalisiert wird.

Das Element `<xlink:title>` ist wie folgt definiert:

```
<!ELEMENT xlink:title ANY>
<!ATTLIST xlink:title
    xml:lang            CDATA               #IMPLIED
>
```

Das einzige Attribut `xml:lang` dient zur Angabe einer Sprache für die Zwecke der Internationalisierung.

Das Element <xlink:locator>

Elemente dieses Typs sind immer Kind-Elemente eines erweiterten Link-Elements. Diese Elemente dienen dazu, die Positionen zu beschreiben, die an einem erweiterten Link beteiligt sind. Würde man zum Beispiel einen erweiterten Link zwischen fünf verschiedenen Ressourcen (etwa fünf Seiten einer Speisekarte) definieren, dann hätte man je eine Instanz des Elements für jede Ressource des Links.

Das Element <xlink:locator> ist wie folgt definiert:

```
<!ELEMENT xlink:locator ANY>
<!ATTLIST xlink:locator
   href   CDATA   #REQUIRED
   role   NMTOKEN #IMPLIED
   title  CDATA   #IMPLIED >
```

Wie Sie sehen können, darf man hier einen URI für die Position angeben und auch einen Namen und die Beschreibung der Funktion angeben. Diese Attribute haben dieselbe Funktion wie schon für einfache Links.

Es ist wichtig festzustellen, dass dieses Element allein noch keinen Link definiert. Es definiert lediglich die Positionen, die an einem erweiterten Link beteiligt sein können. Um explizit eine Verbindung zwischen zwei Positionen zu definieren, muss man sich des Elements <xlink:arc> bedienen.

Das Element <xlink:arc>

Auch dieses Element kann nur als Kind-Element eines erweiterten Links auftreten und dient, wie schon angedeutet, der Definition einer Verbindung zwischen zwei Positionen in einem erweiterten Link.

Das Element <xlink:arc> ist wie folgt definiert:

```
<!ELEMENT xlink:arc ANY>
<!ATTLIST xlink:arc
   from     NMTOKEN                    #REQUIRED
   to       NMTOKEN                    #REQUIRED
   show     (new|embedded|replace)     "replace"
   actuate  (onRequest|onLoad)         "onRequest" >
```

Die Attribute show und actuate haben dieselbe Rolle wie in einem einfachen Link, sie legen fest, wie Links aktiviert und dargestellt werden. Werden diese Attribute nicht spezifiziert, liegt es bei der konkreten Implementierung einer Anwendung, wie die Links abgearbeitet werden. Neben den schon bekannten Attributen gibt es noch die beiden folgenden Attribute:

xlink:from

Dieses Attribut sollte den Wert des Attributs role einer Instanz von <xlink:locator> oder <xlink:resource> haben, die dann den Startpunkt des Links festlegt. Da man in der Lage ist, den Startpunkt konkret anzugeben, kann man so auch Links erzeugen, die nicht in dem eigentlichen Quell- oder Ziel-Dokument liegen und so eine Link-Datenbank erzeugen, wie wir später noch in diesem Kapitel sehen werden.

xlink:to

Der Wert dieses Attributs sollte dem Wert eines role-Attributs einer anderen Instanz von <xlink:locator> oder <xlink:resource> entsprechen. Auf diese Weise definiert man den Endpunkt eines Links.

Wenn mehr als ein Element vom Typ locator oder resource in einem erweiterten Link präsent ist und diese Elemente alle denselben Wert für das Attribut role haben, dann wird ein Element arc für diesen Wert von role alle Elemente vom Typ locator miteinander verknüpfen. Diese etwas komplexe Situation ist auch in dem folgenden Beispiel dargestellt:

```
<xlink:extended xmlns:xlink="http://www.w3.org/1999/xlink/namespace/"
                role="Familie"
                title="Eine Familie">
    <xlink:locator href="OttoMustermann.xml"
                role="Elternteil"
                title="Otto Mustermann"/>
    <xlink:locator href="KlaraMustermann.xml"
                role="Elternteil"
                title="Klara Mustermann"/>
    <xlink:locator href="JensMustermann.xml"
                role="Kind"
                title="Jens Mustermann"/>
    <xlink:locator href="KatjaMustermann.xml"
                role="Kind"
                title="Katja Mustermann"/>
    <xlink:locator href="RainerMustermann.xml"
                role="Kind"
                title="Rainer Mustermann"/>
    <xlink:arc from="Elternteil"
                to="Kind"
                show="replace"
                actuate="onRequest"/>
</xlink:extended>
```

Dieser erweiterte Link definiert folgende Verknüpfungen:

```
Von Otto Mustermann zu Jens Mustermann
Von Otto Mustermann zu Katja Mustermann
Von Otto Mustermann zu Rainer Mustermann
Von Klara Mustermann zu Jens Mustermann
Von Klara Mustermann zu Katja Mustermann
Von Klara Mustermann zu Rainer Mustermann
```

Das Element <xlink:resource>

Dieser Elementtyp darf nur als Kind-Element eines erweiterten Links auftreten und dient der Definition einer lokalen Position, die an einem Link beteiligt ist. Dieses Element funktioniert analog zum Elementtyp <xlink:locator>, das jedoch externe Positionen definiert. Dieses Element hat die Attribute role und title und hat den Inhaltstyp ANY. Die Anwendung des Inhalts ist nicht von der Spezifikation vorgeschrieben.

Das Element <xlink:resource> ist wie folgt definiert:

```
<!ELEMENT xlink:resource ANY>
<!ATTLIST xlink:resource
    role         NMTOKEN        #IMPLIED
    title        CDATA          #IMPLIED
>
```

Implizite und explizite Links

Einige Informationen über die einzelnen Verknüpfungen können bereits aus der Liste der an einem erweiterten Link beteiligten Positionen entnommen werden. Gehen wir von der Definition eines erweiterten Links aus, wie wir ihn in dem folgenden Fragment vorfinden:

```
<xlink:extended xmlns:xlink="http://www.w3.org/1999/xlink/namespace/"
                role="Speisekarte"
                title="Joe's Menü">
   <xlink:locator href="menu1.xml"
                role="menu page 1"
                title="Getränke"/>
   <xlink:locator href="menu2.xml"
                role="menu page 2"
                title="Vorspeisen"/>
   <xlink:locator href="menu3.xml"
                role="menu page 3"
                title="Baguettes"/>
   <xlink:locator href="menu4.xml"
                role="menu page 4"
                title="Desserts"/>
   <xlink:arc from="menu page 1"
                to="menu page 2"
                show="replace"
                actuate="onRequest"/>
   <xlink:arc from="menu page 2"
                to="menu page 3"
                show="replace"
                actuate="onRequest"/>
   <xlink:arc from="menu page 3"
                to="menu page 4"
                show="replace"
                actuate="onRequest"/>
</xlink:extended>
```

In diesem Fall haben wir drei explizite Links in dieser Deklaration, die durch die <xlink:arc>-Elemente definiert wurden:

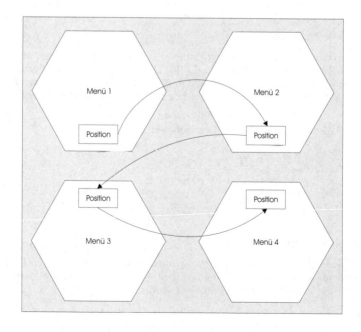

Hätte es in der obigen Deklaration keine <xlink:arc>-Elemente gegeben, so hätte es zwischen allen beteiligten Positionen (locator-Elemente) einen impliziten Link gegeben:

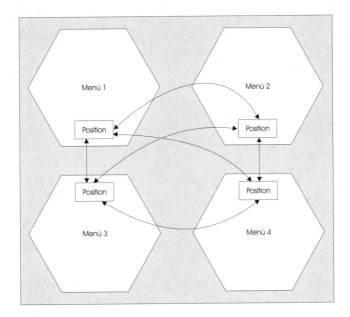

Auch hier schweigt sich die Spezifikation des W3C darüber aus, ob ein XLink-fähiger Parser implizite Links überhaupt bearbeiten muss oder ob diese anders als explizite Links behandelt werden müssen. Es bleibt auch hier nichts anderes zu tun, als abzuwarten, wie die kommenden Implementierungen von XLink dieses Problem lösen werden.

Durch die Definition eines erweiterten Links mit Hilfe der Elemente <xlink:locator> und <xlink:arc> können so viele Ressourcen wie nötig auf eine angemessene Art und Weise miteinander verknüpft werden. Wir werden uns einige Anwendungsfälle für erweiterte Links etwas später noch näher ansehen, aber zuerst wollen wir noch einen Blick auf die Unterschiede zwischen eingebetteten (**inline**) und externen (**out-of-line**) erweiterten Links ansehen.

Eingebettete erweiterte Links versus externe erweiterte Links

Ein erweiterter Link kann auch innerhalb einer der an diesem Link beteiligten Ressourcen liegen. Das geht natürlich nur, wenn diese Ressource selbst ein XML-Dokument ist. Die Definition selbst enthält keine impliziten Angaben über die Positionen in diesem Link. Die Definition wird von einer XLink-fähigen Anwendung ausgewertet und dazu verwendet, die Informationen zur Darstellung der Verknüpfungen zwischen den Positionen.

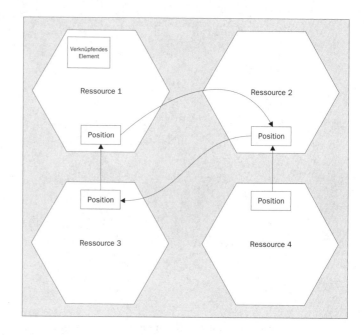

Auch wenn die Definition eines erweiterten Links innerhalb einer der beteiligten Ressourcen sicher funktioniert, so hat diese Methode doch einige Nachteile:

❏ Eine XLink-fähige Anwendung wird in der Lage sein, anhand dieser Links durch die Dokumente zu navigieren, wenn die Ressource mit der Definition zuerst gelesen und ausgewertet wird. Was passiert aber, wenn zuerst eine andere Ressource gelesen wird? Die Anwendung kann dann nicht wissen, welche erlaubten Links es zu weiteren Ressourcen gibt. Dieses Problem könnte man beheben, indem man die Definition eines erweiterten Links in jeder der beteiligten Ressourcen wiederholen würde, aber dies wäre ein Zustand, der sich nur schwer aktuell halten ließe.

❏ Die Ressource mit den Informationen über einen erweiterten Link muss eine XML-Ressource sein. Was ist, wenn man nur verschiedene Bilder miteinander verknüpfen will? Wo soll dann die Definition des Links stehen?

Externe erweiterte Links und Linksammlungen

Es gibt eine spezielle Form des Elements `<xlink:extended>`, die einer XLink fähigen Anwendung signalisiert, dass es einen externen Link für ein bestimmtes Dokument gibt. Bei dieser Form muss das Attribut `role` den Wert `"xlink:external-linkset"` haben. In einem solchen Fall definieren dann alle Kind-Elemente externe XML-Dokumente mit XLink-Informationen über das bearbeitete Dokument:

```
<xlink:extended
    xmlns:xlink="http://www.w3.org/1999/xlink/namespace/"
    role="xlink:external-linkset">
    <xlink:locator
        href="http://www.wrox.com/Catalog/linkdb.xml"
        role="linkdatenbank"
        title="Externe Links" />
</xlink:extended>
```

Stößt eine XLink-fähige Anwendung auf die Definition eines erweiterten Links mit dem Wert `xlink:external-linkset` für das Attribut `role`, dann werden zunächst alle Dokumente aus den Kind-Elementen eingelesen und nach externen Links auf das aktuelle Dokument abgesucht. Diese Informationen »merkt« sich die Anwendung dann und verhält sich so, als wären diese Informationen in dem Dokument selbst enthalten. Diese Methode macht es viel einfacher, Verknüpfungen zwischen verschiedenen Objekten zu pflegen. Es hilft uns dabei, das Problem mit der zusätzlichen Seite der Speisekarte zu lösen, das wir vor kurzem noch hatten.

Hier die Situation mit einem externen Dokument, das die Daten der externen Verknüpfung enthält:

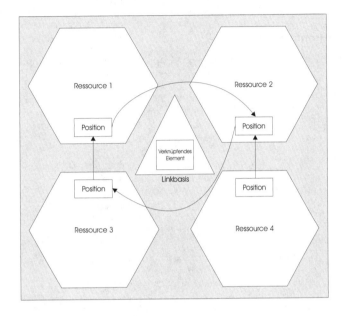

Fügt man in jedes der vier Dokumente ein Element mit dem Hinweis auf die externe Linksammlung (`xlink:external-linkset`) hinzu, dann wird die gesamte Information über alle Verknüpfungen verfügbar sein, sobald eines der Dokumente bearbeitet wird:

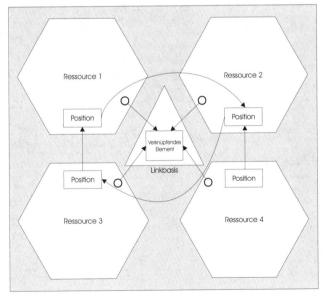

Einige Beispiel für erweiterte XLinks

Sehen wir uns an, wie einige der Probleme, die wir im Zusammenhang mit HTML angesprochen haben, zu lösen sind:

❑ HTML-Links müssen im Quell-Dokument eingebettet sein.

❑ HTML-Links erlauben, nur in eine Richtung zu verweisen.

❑ HTML-Links verbinden nur zwei Ressourcen.

❑ HTML-Links beeinflussen das Verhalten der darstellenden Anwendung nicht.

Datenbanken für Links

Durch die Verwendung von Gruppen erweiterter Links kann man ganze Listen von Links zwischen Dokumenten verwalten. Gehen wir zum Beispiel von dem folgenden Dokument, menulink.xml, aus:

```
<xlink:extended xmlns:xlink="http://www.w3.org/1999/xlink/namespace/"
                role="menu links"
                title="Weitere Teile unseres Sortiments">
    <xlink:locator href="menu1.xml"
                role="menu page 1"
                title="Getränke"/>
    <xlink:locator href="menu2.xml"
                role="menu page 2"
                title="Vorspeisen"/>
    <xlink:locator href="menu3.xml"
                role="menu page 3"
                title="Baguettes"/>
    <xlink:locator href="menu4.xml"
                role="menu page 4"
                title="Desserts"/>
    <xlink:arc from="menu page 1"
                to="menu page 2"
                show="replace"
                actuate="onRequest"/>
    <xlink:arc from="menu page 2"
                to="menu page 3"
                show="replace"
                actuate="onRequest"/>
    <xlink:arc from="menu page 3"
                to="menu page 4"
                show="replace"
                actuate="onRequest"/>
</xlink:extended>
```

Dann könnte unsere Datei menu1.xml so aussehen (das Format ist auch für die anderen Seiten der Speisekarte gültig):

```
<menupage xmlns:xlink="http://www.w3.org/1999/xlink/namespace/">
    <xlink:extended role="xlink:external-linkset">
        <xlink:locator href="menulink.xml"/>
    </xlink:extended>
    <menuitem>
        <name>Kaffee</name>
        <price>$1.30</price>
    </menuitem>
    <menuitem>
        <name>Tee</name>
```

```
      <price>$1.50</price>
   </menuitem>
   <menuitem>
      <name>Wasser</name>
      <price>1.00</price>
   </menuitem>
</menupage>
```

Sobald die Datei menu1.xml gelesen wird, holt sich eine XLink-fähige Anwendung die Informationen über den erweiterten Link aus der Datei menulink.xml und stellt diese dann so dar, dass es in dieser Datei eine Verknüpfung zur Datei menu2.xml gibt. Ein Browser könnte die Informationen wie folgt darstellen (dieses Bild ist natürlich eine Montage, da zurzeit kein Browser XLink-fähig ist):

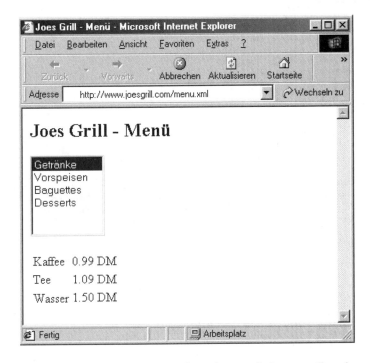

Sollte der gute Joe nun noch Nudelgerichte in seine Speisekarte aufnehmen wollen, dann müsste lediglich die Linkdatenbank aktualisiert werden:

```
<xlink:extended xmlns:xlink="http://www.w3.org/1999/xlink/namespace/"
                role="menu links"
                title="Weitere Teile unseres Sortiments">
   <xlink:locator href="menu1.xml"
                role="menu page 1"
                title="Getränke"/>
   <xlink:locator href="menu2.xml"
                role="menu page 2"
                title="Vorspeisen"/>
   <xlink:locator href="menu3.xml"
                role="menu page 3"
                title="Baguettes"/>
   <xlink:locator href="menu4.xml"
                role="menu page 4"
```

```
                    title="Desserts"/>
        <xlink:locator href="menu5.xml"
                    role="menu page 5"
                    title="Pasta"/>
        <xlink:arc from="menu page 1"
                    to="menu page 2"
                    show="replace"
                    actuate="onRequest"/>
        <xlink:arc from="menu page 2"
                    to="menu page 3"
                    show="replace"
                    actuate="onRequest"/>
        <xlink:arc from="menu page 3"
                    to="menu page 4"
                    show="replace"
                    actuate="onRequest"/>
        <xlink:arc from="menu page 3"
                    to="menu page 5"
                    show="replace"
                    actuate="onRequest"/>
        <xlink:arc from="menu page 5"
                    to="menu page 4"
                    show="replace"
                    actuate="onRequest"/>
    </xlink:extended>
```

Nun muss noch die Datei menu5.xml *erstellt werden, die dann die Seite mit den Nudelgerichten enthält. Man muss keines der anderen Dokumente der Speisekarte mehr aktualisieren! Ein XLink-fähiger Browser würde die Änderungen sofort darstellen:*

Wenn wir die Reihenfolge ändern wollten, in der die Links bearbeitet werden, dann könnten wir das durch Änderungen in der Linkdatenbank erreichen. In einem Verbund von HTML-Seiten müsste man dafür tatsächlich alle beteiligten Dokumente ändern. Wie Sie sehen können, ist die Abstraktion von Link-Informationen von dem konkreten Inhalt ein sehr mächtiges Mittel zur Verwaltung von Verknüpfungen zwischen einzelnen Dokumenten. Außerdem erlaubt diese Methode anderen Anwendern, die keine Kontrolle über die Inhalte haben, auf und aus den eigenen Dokumenten heraus Verknüpfungen aufzubauen. Wie das funktioniert, sehen wir im kommenden Abschnitt.

Dokumente ohne Schreibberechtigung bearbeiten

Die externen Links bieten auch eine hervorragende Möglichkeit, Dokumente, auf die man keinen schreibenden Zugriff hat, mit den eigenen Dokumenten zu verknüpfen. Das folgende kleine Beispiel soll zeigen, wie dieses Vorgehen aussehen könnte.

Nehmen wir an, das fremde Dokument mit dem `quotelist.xml` sei für uns nicht änderbar. Dieses Dokument enthält eine Liste mit Zitaten, die wir in einem Text näher erläutern möchten:

```
<quotelist>
   <quote>
      Now is the time for all good men to come to the aid of their country.
   </quote>
</quotelist>
```

Das obige Dokument soll nun zu dem Dokument `comments.xml` hinzugefügt werden:

```
<comment>
   Mit »men«, meint der Autor alle Bürger des Landes, nicht nur die männliche
   Bevölkerung.
</comment>
```

Nun können wir zu diesem Zweck ein Link-Dokument erstellen, `commentlink.xml`, das die Verknüpfung von `comments.xml` und dem für uns nicht änderbaren Dokument `quotelist.xml` erstellt:

```
<xlink:extended xmlns:xlink="http://www.w3.org/1999/xlink/namespace/"
                role="quote comments"
                title="Comments">
   <xlink:locator href="quotelist.xml"
                  role="quotes"
                  title="Berühmte Zitate"/>
   <xlink:locator href="comments.xml"
                  role="comments"
                  title="Commentary"/>
   <xlink:arc from="quotes"
              to="Kommentare"
              show="new"
              actuate="onRequest"/>
</xlink:extended>
```

Eine XLink-fähige Anwendung würde dann nach dem Öffnen des Link-Dokuments die Definition des externen Links analysieren und eine Verknüpfung zwischen dem Dokument mit dem Zitat und dem Dokument mit dem Kommentar feststellen. Daraufhin könnte der Inhalt des Dokuments mit den Zitaten dargestellt werden und ein Link würde dann erlauben, den Kommentar zu sehen:

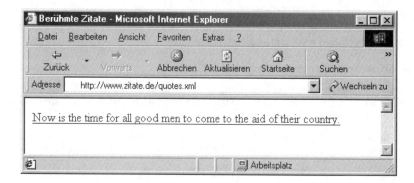

Nach dem Anklicken des Links würde dann das Dokument mit dem Kommentar dargestellt:

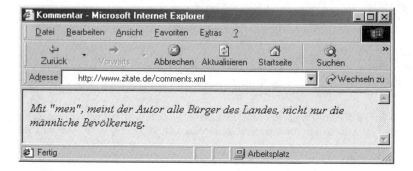

Es wäre natürlich noch besser, wenn wir auf eine konkrete Stelle im Dokument `quotelist.xml` hin einen Link setzen könnten. So bezieht sich der Kommentar auf das Wort `"men"` aus dem Zitat, also wäre es schön, wenn genau dieses Wort den Link darstellen würde. Diese Aufgabe erledigt man mit **XPointer**, was auch unser nächstes Thema sein wird.

XLink: eine Zusammenfassung

XLink bietet einen flexiblen Mechanismus zur Definition von Links zwischen XML-Dokumenten und anderen Ressourcen. Diese Ressourcen müssen nicht einmal selbst in der Lage sein, eine Link-Definition in sich zu tragen, so wie zum Beispiel Dateien mit Bilddaten. Mit XLink kann man zwei verschiedene Dokumente miteinander verknüpfen, so wie man es schon aus HTML kennt, oder man kann viele verschiedene Ressourcen miteinander verknüpfen. Mit XLink erreicht man auch eine Abstraktion der Verknüpfung von dem konkreten Inhalt, was eine einfachere Pflege der Verknüpfungen zwischen Dokumenten zur Folge hat. Leider gibt es noch keine ernsthafte Implementierung von XLink in den wichtigsten Tools für die tägliche Arbeit mit XML. Aber es gibt keinen Zweifel daran, dass es bald erste Implementierungen von XLink für XML-Entwickler geben wird.

XPointer

Wie bereits erwähnt, wäre es wünschenswert, nicht nur ein ganzes Dokument per Link ansprechen zu können, sondern auch Teilbäume, Attribute oder sogar einzelne Zeichen aus dem Inhalt durch einen Link zu referenzieren. Das W3C hat zu diesem Zweck einen Mechanismus entworfen, der uns genau das erlaubt.

HTML-Pointers

Auch das Konzept der XML-Pointer hat eine Entsprechung in HTML, nämlich das Element A in der Form: <A NAME=...>. Dieses Element besagt, dass die Stelle im Dokument, die durch das Element <A> markiert ist, durch einen Hyperlink referenziert werden darf. Nehmen wir als Beispiel das folgende HTML-Dokument mit dem Namen content.htm:

```
<HTML>
   <BODY>
      <A NAME="Satz1">Das ist der erste Satz.</BR></A>
      <A NAME="Satz2">Das ist der zweite Satz.</BR></A>
      <A NAME="Satz3">Das ist der dritte Satz.</BR></A>
   </BODY>
</HTML>
```

Wir können auf dieses Dokument nun aus einem anderen Dokument heraus verweisen. Nehmen wir an, wir hätten das Dokument index.htm, aus dem heraus wir unsere Sätze ansprechen wollten:

```
<HTML>
   <BODY>
      <A HREF="content.htm#sentence1">Zum ersten Satz</BR></A>
      <A HREF="content.htm#sentence2">Zum zweiten Satz</BR></A>
      <A HREF="content.htm#sentence3">Zum dritten Satz</BR></A>
   </BODY>
</HTML>
```

HTML verwendet das Zeichen #, um anzuzeigen, das alles, was diesem Zeichen folgt, der Name eines Ankers ist. Dieser Anker verweist dann auf eine bestimmte Stelle im Dokument. Ein Browser wird den Inhalt so darstellen, dass der markierte Text in dem Zieldokument sofort sichtbar ist. Beachten Sie bitte, dass genau wie bei HTML-Ankern auch bei den XPointern das Ziel-Dokument nicht explizit angegeben werden muss. Wird keine Angabe über das Dokument gemacht, dann sind alle XPointer-Angaben relativ zum Basis-URI des aktuellen Dokuments. Ausdrücke mit XPointer-Angaben dürfen überall da verwendet werden, wo auch ein URI verwendet werden darf. Eine XPointer-fähige Anwendung sollte diese dann immer korrekt bearbeiten können. Ein XPointer könnte zum Beispiel dazu dienen, einen URI für ein <xlink:locator>-Element in einem XLink näher zu spezifizieren.

Die Probleme mit Ankern in HTML

Genau wie die Hyperlinks von HTML haben auch die Anker ihre Probleme und Mängel.

HTML-Anker müssen deklariert werden

Um auf eine bestimmte Stelle in einem HTML-Dokument verweisen zu können, muss dieses Dokument einen Anker der Form <A NAME=...> enthalten. Ein Hyperlink in HTML darf nicht auf eine Stelle in einem anderen HTML-Dokument verweisen, die keine solche Deklaration besitzt. Somit kann man wieder nicht auf schreibgeschützte Dokumente verweisen, die keine passenden Anker definieren.

HTML-Hyperlinks dürfen nur auf ganze Dokumente verweisen

Es gibt keine Möglichkeit, einen Hyperlink in HTML nur auf einen Teil eines Dokuments verweisen zu lassen. Es ist lediglich möglich, einen Anker in einem ganzen Dokument anzusprechen. Es wäre wünschenswert, wenn man lediglich auf einen Teil eines Ziel-Dokuments verweisen könnte, so dass die Anwendung dann nur den angesprochenen Teil darstellen müsste, nicht aber das ganze Dokument.

Der Pointer-Mechanismus von XML behandelt diese beiden Problemfelder, wie wir gleich noch sehen werden.

Die XPointer-Spezifikation

Die Spezifikation des W3C für die XML-Pointer trägt den Namen XPointer und kann unter folgendem URL nachgelesen werden: `http://www.w3.org/TR/xptr`.

Zurzeit hat die Spezifikation für die XPointer-Spezifikation den Status eines Empfehlungskandidaten (Candidate Recommendation). Es ist also nur noch eine Frage der Zeit, bis XPointer den Status einer Empfehlung erreicht und es ist unwahrscheinlich, dass sich noch viel an der Spezifikation ändern wird.

XPointer ist im Wesentlichen eine Erweiterung einer anderen Spezifikation, die den Namen XPath trägt. XPath ist vom W3C als allgemeiner Mechanismus zur Adressierung von individuellen Teilen von XML-Dokumenten entwickelt worden und ist auch eine der großen Komponenten von XSLT. XPointer bietet eine Syntax zur Formulierung von Adressinformationen innerhalb eines Links zu einem anderen XML-Dokument. Darüber hinaus werden einige Möglichkeiten von XPath um weitere Funktionen ergänzt. Wir werden auf XPath etwas später kurz eingehen.

Spezifikation eines XPointer in einem URI

XPointer werden so ähnlich wie die Anker in HTML angesprochen. Wenn man mit einer XPointer-fähigen Anwendung arbeitet, dann dürfen URIs Informationen enthalten, die einen Teil eines Dokuments identifizieren. Diese XPointer-Informationen werden als Fragment an den URI des angesprochenen Dokuments angehangen. Anders als bei den Ankern in HTML muss der verwendete Mechanismus zur Referenzierung eines Dokumentteils angegeben werden und der Anker eines XPointer muss in runden Klammern stehen. Für XPointer-Links sieht das Ganze dann immer so aus: `xpointer()`.

Hier ein konkretes Beispiel für einen XPointer:

```
http://www.wrox.com/Catalog/catalog.xml#xpointer(book1)
```

Dieser XPointer zeigt auf ein Element mit der ID `book1` in dem Dokument `catalog.xml`. Wir werden uns noch später im Einzelnen ansehen, wie Bezeichner für Fragmente definiert werden.

In dem letzten Beispiel wurde der Teil des anderen Dokuments so angesprochen, wie wir es schon von HTML kennen. Der XPointer spezifiziert die Position eines Dokumentteils, an die eine Anwendung bei der Darstellung des Dokuments springen soll. Es wird aber immer noch das gesamte Dokument dargestellt. Will man nur das eigentliche Fragment eines Dokuments anzeigen lassen, dann muss man als Fragment-Identifier das Zeichen »|« anstatt des Zeichens »#« verwenden:

```
http://www.wrox.com/Catalog/catalog.xml|xpointer(book1)
```

Gibt man einen solchen URI an, so würde lediglich der Inhalt des Elements mit der ID `book1` (mit allen Kind-Elementen) dargestellt werden, während der Rest des Dokuments einfach vernachlässigt würde. Diese Möglichkeit ist sehr gut geeignet, um sich durch große XML-Dokumente zu wühlen. Man gibt nicht immer das ganze Dokument zurück, sondern nur die in einer Situation wirklich relevanten Informationen.

Wie werden Fragment-Identifier spezifiziert?

Es gibt drei Möglichkeiten, Fragment-Identifier in XPointer anzugeben. Die volle Spezifikation ist recht komplex und erlaubt viele verschiedene Möglichkeiten auf und in ein XML-Dokument zu verweisen. Diese Möglichkeit stützt sich auf die Empfehlung für XPath, die wir dann etwas später im Zusammenhang mit der vollen Spezifikation behandeln werden. Zunächst wenden wir uns aber den beiden anderen Methoden zu, mit denen man Dokument-Fragmente in XPointer identifizieren kann.

Identifikation anhand von einfachen Namen

Um einen Mechanismus zu haben, der an HTML erinnert, gibt es eine kurze Notation für die Benennung von Elementen mit einer besonderen ID. Gehen wir zum Beispiel davon aus, wir hätten das folgende Dokument mit dem Namen `catalog.xml`:

```
<Catalog>
    <Book color="red" ID="book1">
        <Title>IE5 - Eine Referenz für XML-Programmierer</Title>
        <Pages>480</Pages>
        <ISBN>1-861001-57-6</ISBN>
        <RecSubjCategories>
            <Category>Internet</Category>
            <Category>Web Publishing</Category>
            <Category>XML</Category>
        </RecSubjCategories>
        <Price>49.99</Price>
    </Book>
</Catalog>
```

Wir könnten dann dieses konkrete Element Book mit der ID book1 durch folgendes Konstrukt ansprechen:

```
#book1
```

Wenn das Fragment lediglich aus dem Wert eines Attributs ID besteht, dann zeigt der XPointer auf das Element mit dem angegebenen Wert in dem Attribut ID. Beachten Sie bitte, dass diese Notation nur funktioniert, wenn das angesprochene Dokument in seiner DTD oder seinem Schema ein Attribut ID für das referenzierte Element definiert.

Identifikation anhand von Kind-Elementen

Man kann ein Dokument-Fragment auch anhand seiner Kind-Elemente identifizieren. Bei dieser Methode navigiert man durch ein Fragment eines Dokuments bis hin zum gewünschten Kind-Element. Diese Methode wird im Englischen auch als **tumbler fragment identifier** bezeichnet. An einem Beispiel kann man sich das etwas besser vorstellen. Also gehen wir wieder von unserer Datei catalog.xml aus:

```
<Catalog>
    <Book color="red" ID="book1">
        <Title>IE5 - Eine Referenz für XML-Programmierer</Title>
        <Pages>480</Pages>
        <ISBN>1-861001-57-6</ISBN>
        <RecSubjCategories>
            <Category>Internet</Category>
            <Category>Web Publishing</Category>
            <Category>XML</Category>
        </RecSubjCategories>
        <Price>49.99</Price>
    </Book>
</Catalog>
```

Wir können das zweite Element vom Elementtyp Category durch folgenden URI beschreiben:

```
#/1/1/4/2
```

Diese Sequenz hat folgende Bedeutung:

❑ Gehe zum ersten Element im Dokument (Element Catalog)

❑ Gehe dann zu dessen erstem Kind-Element (das Element <Book> mit der ID book1)

❑ Gehe zu dem vierten Kind-Element dieses Elements (das Element <RecSubjCategories>)

❑ Gehe zu dem zweiten Kind-Element dieses Elements (das Element <Category> mit dem Inhalt Web Publishing)

Eine solche Sequenz von Kind-Elementen (Tumbler) darf auch von einem benannten Knoten aus starten, der als einfacher Name wie in der ersten Methode auch angegeben werden darf. Der folgende URI ist äquivalent zu der obigen Sequenz:

```
http://www.wrox.com/catalog/catalog.xml#xpointer(book1/4/2)
```

Die vollständige Spezifikation eines XPointer

Die vollständige Spezifikation eines XPointer baut auf der Empfehlung XPath des W3C auf. XPath bietet eine universelle Methode an, um auf Teile von XML-Dokumenten zuzugreifen. Es ist somit die Basistechnologie für XPointer und XSLT. Auf XSLT gehen wir im nächsten Kapitel näher ein. Der nächste Abschnitt in diesem Kapitel beschäftigt sich mit der Konstruktion von XPath-Ausdrücken und wie man diese verwenden kann, um auf andere XML-Dokumente zu verweisen.

Die XPath-Spezifikation

XPath ist eine Spezifikation, an der die Arbeitsgruppen für XSL und XPointer gemeinsam gearbeitet haben, da beide Gruppen gleichermaßen den Bedarf für die Adressierung von Dokumentteilen in ihrer Arbeit hatten. Beide Gruppen bauen auf die Funktionen von XPath auf. Die Spezifikation von XPath hat bereits den Status einer Empfehlung, was bedeutet, dass die Spezifikation implementiert werden kann und sich an dieser Version nichts mehr ändern wird. Die Spezifikation können Sie unter http://www.w3.org/TR/xpath nachlesen. In diesem Abschnitt werden wir uns mit XPath beschäftigen, damit Sie auch in der Lage sein werden, komplexere XPointer zu formulieren.

Location steps

Die so genannten **location steps** sind das meistgenutzte Konstrukt bei der Definition von XPointern. Sie bieten eine Methode an, mit der man einzelne Elemente oder Knoten aus einem Dokument selektieren kann. Alle location steps arbeiten bezüglich des so genannten **Kontext-Knoten**, was einfach der aktuelle Knoten (Element) in einem XML-Dokument ist, während ein location step ausgewertet wird. Wenn kein anderer Knoten explizit angegeben wurde, dann ist der aktuelle Knoten das Wurzel-Element des Dokuments. Verwendet man mehr als einen location step in einem XPointer, dann werden auch mehrere aktuelle Knoten ausgewertet. Diese bisher gemachten Aussagen ergeben erst richtig Sinn, wenn wir zu dem Beispiel kommen werden.

Ein Knoten besteht aus drei Informationen: der **Achse**, dem **Knoten-Test** und optional beliebig vielen **Prädikaten**. Betrachten wir die Rolle der einzelnen Bestandteile bei der Identifikation vom Dokumentteilen.

Die Achse

Die Achse unterteilt ein Dokument bezüglich des Kontext-Knotens. Diese Achse dient der Definition einer Start-Umgebung für den Knoten-Test und die Prädikate bei der Auswertung von XPath-Ausdrücken. Die möglichen Acshen sind:

Achse	Definition
Child	Enthält alle Kind-Elemente (direkte Nachfahren) des Kontext-Knotens.
Descendant	Enthält alle Nachfahren des Kontext-Knotens.
Parent	Das Eltern-Element des Kontext-Knotens.
Ancestor	Enthält alle Vorfahren des Kontext-Knotens.

Achse	Definition
Following-sibling	Alle nachfolgenden Geschwister-Elemente des Kontext-Knotens.
Preceding-sibling	All vorhergehenden Geschwister-Elemente des Kontext-Knotens.
Following	Alle Knoten, die dem Kontext-Knoten im Dokument nachfolgen. Diese Achse enthält weder die Nachfahren des Kontext-Knotens noch Attribut- und Namensraum-Knoten.
Preceding	Alle Knoten, die dem Kontext-Knoten im Dokument vorangegangen sind. Diese Achse enthält weder die Nachfahren des Kontext-Knotens noch Attribut- und Namensraum-Knoten.
Attribute	Die Attribut-Knoten des Kontext-Knotens.
Namespace	Die Namensraum-Knoten des Kontext-Knotens.
Self	Allein der Kontext-Knoten.
Descendant-or-self	Die Vereinigungsmenge aus den Knoten der Nachfahren und dem Knoten selbst.
ancestor-or-self	Die Vereinigungsmenge aus den Knoten der Vorfahren und dem Knoten selbst.

Sobald man einen Teil des Dokuments zur Analyse spezifiziert hat, können wir die restlichen Elemente durch einen Knoten-Test weiter einschränken.

Knoten-Tests

Durch so genannte Knoten-Tests lassen sich spezifische Elemente der Knotentypen innerhalb der angegebenen Achse spezifizieren. Es gibt dabei verschiedene Arten von Knoten-Tests:

❏ Die Angabe eines Elementnamens sucht alle Knoten mit dem entsprechenden Namen heraus. Ein Knoten-Test für »Book« würde alle Elemente vom Typ <Book> innerhalb der angegebenen Achse zurückliefern.

❏ Das Metazeichen »*« fungiert als Joker und trifft auf alle Elemente innerhalb der Achse zu.

❏ Der Knoten-Test node() sucht alle Knoten in der Achse heraus.

❏ Der Knoten-Test text() sucht alle Elemente mit dem reinem Text als Inhalt innerhalb der Achse heraus.

❏ Der Knoten-Test comment() sucht alle Kommentar-Elemente innerhalb der Achse heraus.

❏ Der Knoten-Test processing-instruction() sucht alle Verarbeitungsanweisungen in der angegebenen Achse heraus. Zusätzlich kann ein Name innerhalb der Klammern angegeben werden, der dann die Suche auf die Verarbeitungsanweisungen mit dem entsprechenden Namen beschränkt.

Prädikate

Prädikate erlauben eine noch feinere Filterung der Suche nach Knoten. Ein Prädikat ist ein boolescher Ausdruck, der für jeden Knoten der Ergebnismenge aus dem Knoten-Test ausgewertet wird.

XPath bietet eine Reihe von Funktionen, die bei einem Test für diese Knoten angewendet werden können. Diese Funktionen geben verschiedene Wertetypen zurück, darunter Strings und Zahlen, die man mit den Operatoren =, !=, <=, <, >= und > auswerten kann. Umfangreichere Ausdrücke können auch durch die booleschen Operatoren and und or aufgespaltet werden. In diesem Fall werden beide Seiten des Ausdrucks (rechts und links des Operators) an die Funktion Boolean() übergeben, die dann den Ausdruck auf die folgende Art bearbeitet:

❏ **Zahlen**: nur wahr, wenn nicht null, positiv null oder NaN (Not-A-Number)

❏ **Knoten-Mengen**: nur wahr, wenn die Menge nicht leer ist

❏ **Strings**: nur wahr, wenn die Länge größer als null ist

❏ **Objekte**: wenn ein Objekt nicht von einem der vier Grundtypen (Zahl, Knoten-Menge, boolescher Wert und String) ist, dann wird er in einen booleschen Wert konvertiert. Die Art der Konvertierung hängt von dem ursprünglichen Objekttyp ab.

Zahlenwerte werden immer in dem 64-Bit-Format IEEE 754 mit doppelter Genauigkeit angegeben. Jeder Zahlenwert fällt in eine der folgenden Kategorien:

- positive Zahlen
- negative Zahlen
- positiv null
- negativ null
- positiv unendlich ("Infinity")
- negativ unendlich ("-Infinity")
- Not-a-Number ("NaN")

Die Operatoren +, -, *, div und mod können zusammen mit Klammern auf alle Zahlen angewandt werden.

Die einfachste Funktion von XPath ist Position(). Diese Funktion wertet die Position eines Elements aus. Man könnte diese Funktion nutzen, um zum Beispiel nur das erste Kind-Element vom Typ <Book> des Kontext-Knotens herauszusuchen. Dazu verwendet man ein Prädikat wie das folgende:

```
position() = 1
```

Wie die Prädikate genau in einem XPath-Ausdruck auftauchen, sehen wir noch etwas später.

Da diese Funktion sehr oft verwendet wird - unter anderem wird sie implizit verwendet, wenn Funktionen zu Zahlen ausgewertet werden oder wenn numerische Konstanten verwendet werden - kann das obige Prädikat auch wie folgt geschrieben werden:

```
1
```

Die Menge aller Prädikat-Funktionen wird von der XPath-Spezifikation in die folgenden Kategorien eingeteilt:

- Funktionen für **Knoten-Mengen**
- Funktionen für die Handhabung von **Strings**
- **boolesche** Funktionen
- Funktionen für die Behandlung von **Zahlen**

Wir werden uns die einzelnen Typen nacheinander ansehen, aber bevor wir die Funktionen auflisten, sollten wir uns einige fundamentale Definitionen für diese Funktionen ansehen.

Definitionen

Viele Funktionen arbeiten in dem Kontext eines ausgewerteten Ausdrucks (**expression evaluation context**). Dieser Kontext besteht aus dem Kontext-Knoten (der entweder der gerade bearbeitete Knoten oder der Wurzel-Knoten ist, falls kein anderer spezifiziert wurde) und den folgenden Bestandteilen:

- **Kontextumfang**: die Anzahl aller Knoten in dem Kontext, bestimmt durch den Kontext-Knoten und die Achse
- **Position im Kontext**: die aktuelle Position auf einem der Knoten in dem Kontext. Die Position darf den Umfang des Kontexts nicht überschreiten.
- **Variablen**: Zuordnung von Variablennamen und deren Werten, wobei die Werte Objekte darstellen
- **Funktionenbibliothek**: Zuordnung von Funktionsnamen zu Funktionen
- **Namensraum-Deklarationen**: Zuordnung von Namensraumpräfixen zu den URIs der Namensräume

Jeder Knoten hat einen **String-Wert** (string-value). String-Werte existieren für jeden Typ von Knoten und ergeben sich zum Teil aus dem Knoten selbst oder aus den String-Werten der Vorfahren.

Einige Knotentypen haben einen erweiterten Namen (**expanded-name**) in der Form `Namensraum:Name`. Der Teil `Namensraum` entspricht dem **Namensraum-URI**, während `Name` dem lokalen Namen entspricht.

Wenden wir uns nun den einzelnen Prädikat-Funktionen zu.

Funktionen für Knoten-Mengen

Diese Funktionen beziehen sich immer auf eine Menge von Knoten und sind mit Name und Funktion in der folgenden Tabelle aufgeführt:

Funktion (Typ des Rückgabewerts, Name und Parameter)	Beschreibung
`Zahl last()`	Gibt den Kontextumfang des ausgewerteten Ausdrucks zurück.
`Zahl position()`	Gibt die Position im Kontext des ausgewerteten Ausdrucks zurück.
`Zahl count( Knoten-Menge)`	Gibt die Anzahl der Knoten in der angegebenen Knoten-Menge zurück.
`Knoten-Menge id( Objekt)`	Gibt eine Knoten-Menge zurück, die Knoten enthält, deren ID mit der angegebenen ID des `Objekt`-Parameters übereinstimmt. `Objekt` kann auch eine durch Leerzeichen getrennte Liste von `Id`s sein oder aber eine eigene Knoten-Menge. Im letzteren Fall wird die Menge der `ID`s aus den **String-Werten** der Knoten konstruiert.
`String local-name( Knoten-Menge?)`	Gibt den lokalen Teil des erweiterten Namens für den ersten Knoten in der angegebenen Menge zurück (nach der Reihenfolge im Dokument) oder den lokalen Namen des Kontext-Knotens, falls kein Parameter angegeben wurde. Für leere Knoten-Mengen und Knoten ohne erweiterten Namen wird ein leerer String zurückgegeben.
`String namespace-uri( Knoten-Menge?)`	Analog zur letzten Funktion, nur dass hier der Namensteil für den Namensraum zurückgegeben wird. Für leere Knoten-Mengen und Knoten ohne Namensraum wird ein leerer String zurückgegeben.
`String name( Knoten-Menge?)`	Gibt den `QName` für den ersten Knoten in der angegebenen Menge zurück (nach der Reihenfolge im Dokument) oder den `QName` des Kontext-Knotens, falls kein Parameter angegeben wurde. Der `QName` repräsentiert den erweiterten Namen eines Knotens.

Funktionen für Strings

Diese Klasse von Funktionen arbeitet entweder auf Strings oder geben einen String als Wert zurück:

Funktion (Typ des Rückgabewerts, Name und Parameter)	Beschreibung
`String string( Objekt?)`	Der Rückgabewert ist eine String-Darstellung des Objekts oder der String-Wert des Kontext-Knotens, falls kein Objekt angegeben wurde. Ist das Objekt eine Knoten-Menge, dann wird der String-Wert des ersten Knotens (nach der Reihenfolge im Dokument) zurückgegeben. Bei Zahlen wird eine entsprechende Zeichenkette zurückgegeben und für boolesche Werte die Werte »true« oder »false«. Bei anderen Objekttypen hängt der Rückgabewert vom Typ ab.
`String concat( String, String, String*)`	Gibt die Verkettung der Argumente zurück.
`Boolean starts-with( String, String)`	Gibt den Wert »true« zurück, falls der erste String mit dem zweiten String beginnt.

Funktion (Typ des Rück gabewerts, Name und Parameter)	Beschreibung
Boolean contains(String, String)	Gibt den Wert »true« zurück, falls der erste String den zweiten String enthält.
String substring-before(String, String)	Falls der erste String den zweiten String enthält, wird der Teil des ersten Strings zurückgeliefert, der vor dem Beginn des zweiten Strings liegt. Ist der zweite String nicht im ersten String enthalten, wird ein leerer String zurückgeliefert.
String substring-after(String, String)	Analog zur letzten Funktion, nur dass hier der Teil nach dem zweiten String zurückgegeben wird.
String substring(String, Zahl, Zahl?)	Gibt den Teilstring zurück, der ab der Position beginnt, die durch die erste Zahl angegeben wird und eine Länge hat, die durch die zweite Zahl gegeben ist. Wird die zweite Zahl, also die Länge des Teilstrings, nicht explizit angegeben, dann besteht der Teilstring aus dem Stück ab der Startposition bis zum Ende des ursprünglichen Strings. Das erste Zeichen im ursprünglichen String beginnt an der Position 1.
Zahl string-length(String?)	Gibt zurück, wie viele Zeichen der angegebene String enthält. Falls kein Argument angegeben wurde, wird die Länge des String-Werts des Kontext-Knotens zurückgegeben.
String normalize-space(String?)	Entfernt alle führenden und anhängenden Leerstellen (white space) und ersetzt alle Vorkommen von mehreren Leerstellen durch einzelne Leerzeichen. Falls kein Argument angegeben wurde, wird auf dem String-Wert des Kontext-Knotens gearbeitet.
String translate(String, String, String)	Diese Funktion ersetzt Zeichen aus dem ersten String gemäß den Informationen aus dem zweiten und dritten String. Jedes Zeichen aus dem ersten String wird mit allen Zeichen aus dem zweiten String verglichen und bei einer Übereinstimmung ersetzt. Das Ersatzzeichen steht im dritten String und muss mit der Position des zu ersetzenden Zeichens in zweiten String übereinstimmen. Ist kein Ersatzzeichen angegeben, dann wird das zu ersetzende Zeichen einfach entfernt.

Funktionen mit booleschen Rückgabewerten

Diese Klasse von Funktionen gibt ausschließlich die Werte »true« und »false« zurück:

Funktion (Typ des Rück- gabewerts, Name und Parameter)	Beschreibung
boolean boolean(Objekt)	Der Rückgabewert hängt von dem übergebenen Objekt ab. Die Regeln für diese Transformation haben wir schon vorher besprochen.
boolean not(boolean)	Aussagelogische Negation.
boolean true()	Gibt stets den Wert »true« zurück.
Boolean false()	Gibt stets den Wert »true« zurück.
Boolean lang(string)	Gibt den Wert »true« zurück, falls die verwendete Sprache für den Kontext-Knoten (spezifiziert durch das Attribut xml:lang) mit der angegebenen Sprache übereinstimmt oder eine Sub-Sprache ist. Die Funktion gibt den Wert »false« zurück, falls die Sprachen sich unterscheiden oder keine Sprache für den Kontext-Knoten spezifiziert wurde.

Numerische Funktionen

Die Klasse von Funktionen gibt stets numerische Werte zurück:

Funktion (Typ des Rück-gabewerts, Name und Parameter)	Beschreibung
Zahl number(Objekt?)	Konvertiert einen String in einen numerischen Wert (nach dem Standard-IEEE-754-round-to-nearest-Verfahren) oder zu NaN. Boolesche Werte werden zu 1 (true) oder 0 (false) konvertiert. Falls das Objekt eine Knoten-Menge ist, dann wird der erste Konten (nach der Reihenfolge im Dokument) verwendet. Dieser Knoten wird dann in eine numerische Darstellung umgewandelt.
Zahl sum(Knoten-Menge)	Errechnet die Summe der Zahlen, die aus String-Werten der Knoten ermittelt werden.
Zahl floor(Zahl)	Ermittelt die größte ganze Zahl, die echt kleiner als das Argument ist.
Zahl ceiling(Zahl)	Ermittelt die kleinste ganze Zahl, die größer als das Argument oder gleich dem Argument ist.
Zahl round(Zahl)	Gibt eine ganze Zahl zurück, die dem angegebenen Wert am nächsten ist. Gibt es zwei Werte, die dem Argument nach gleich sind, wird die größere der beiden Zahlen genommen.

Wir werden später noch einige Beispiele sehen, in denen die Verwendung der Prädikate deutlicher wird.

Nun verwenden wir alles zusammen

Ein location set wird also insgesamt wie folgt spezifiziert:

```
Achse::Knoten-Test[Prädikate]
```

Will man zum Beispiel die ersten drei Kind-Elemente von `<Book>` in einem Kontext-Knoten ermitteln, dann sähe das so aus:

```
child::Book[position() <= 3]
```

Würde dieser Ausdruck in einem Tag stehen, wie zum Beispiel bei einem XLink, der auf einen XPointer zeigt, dann müssten die Zeichen < und & geschützt werden. Das sähe dann so aus:

```
child::Book[position() &lt;= 3]
```

Ein Fragment-Identifier in XPointer kann auch als eine Sequenz von location sets definiert werden. Dabei werden die einzelnen location sets durch einen Slash (/) getrennt. So ein Ausdruck sollte mit der Angabe des Kontext-Knotens beginnen. Dazu kann man einen einfachen Slash (/) verwenden, um anzuzeigen, dass man mit dem Dokument-Element beginnen möchte, oder man verwendet eine abgekürzte Form einer location, die wir später noch kennen lernen werden. Man kann auch anhand einer ID den Kontext-Knoten festlegen.

Gehen wir noch einmal zu unserem Buch-Beispiel zurück. Wollte man das zweite Element von Typ `<Category>` innerhalb des Elements `<RecSubjCategories>` im ersten Buch ansprechen, dann könnte man folgenden Locator verwenden:

```
Catalog.xml#/
    child::Book[position() = 1]/
    child::RecSubjCategories/
    child::Category[position() = 2]
```

Geschafft! Diese Form der Identifikation von Elementen ist recht ausführlich. Werfen wir daher einen Blick auf die Möglichkeiten, solche Ausdrücke etwas zu verkürzen.

Abkürzungen

Es gibt einige Abkürzungen für oft verwendete Konstrukte in XPath. Diese sollte man nutzen, wenn man Fragment-Identifier für XPointer definiert.

Wird die Achse nicht angegeben, dann wird automatisch die Achse child verwendet. Die beiden folgenden Fragment-Identifier sind äquivalent:

```
Catalog.xml#/child::Book[position() = 1]
Catalog.xml#/Book[position() = 1]
```

Auch die Achse attribute kann abgekürzt werden. Statt »attribute::« zu schreiben, können wir auch das Zeichen »@« verwenden. Daher werden die beiden folgenden Fragment-Identifier auch beide das Attribut color des ersten Elements <Book> selektieren:

```
Catalog.xml#Book[position() = 1]/attribute::color
Catalog.xml#Book[position() = 1]/@color
```

Ein sehr häufig genutztes Konstrukt hat die Form /descendant-or-self::node()/ und dient der Selektion jedes Nachfahrens des Kontext-Knotens. Dieses Konstrukt kann durch zwei aufeinander folgende Slashes (//) abgekürzt werden. Die beiden folgenden Ausdrücke selektieren jedes Element <Title> im gesamten Dokument:

```
Catalog.xml#/descendant-or-self::node()/Title
Catalog.xml#//Title
```

Der Punkt ».« steht für self::node(). Die beiden folgenden Ausdrücke selektieren alle Nachfahren des Kontext-Knotens vom Elementtyp <Title>:

```
self::node()//Title
.//Title
```

Die Abkürzung »..« steht für parent::node(). Daher beschreiben beide Ausdrücke alle Kind-Elemente des Kontext-Knotens von Typ <Title>:

```
parent::node()/Title
../Title
```

Schließlich kommt noch in den Prädikaten oft vor, dass man position() = X spezifizieren muss. Daher kann der gesamte Vergleich durch X ersetzt werden. Beide Ausdrücke beschreiben also das zweite Kind-Element des Kontext-Knotens von Typ <Title>:

```
Title[position() - 2]
Title[2]
```

Erinnern Sie sich noch an das längere Beispiel von vorhin:

```
Catalog.xml#/
    child::Book[position() = 1]/
    child::RecSubjCategories/
    child::Category[position() = 2]
```

Mit allen Abkürzungen, die wir kennen gelernt haben, könnten wir das Ganze nun so formulieren:

```
Catalog.xml#/Book[1]/RecSubjCategories/Category[2]
```

XPath bietet also einen sehr flexiblen Mechanismus, um individuelle Abschnitte von XML-Dokumenten anzusprechen. Dabei können Sie sogar einzelne Zeichen in einem Element ansprechen. XPointer nutzt diese Möglichkeiten, um gezielt auf Teile von XML-Dokumenten durch einen URI verweisen zu können. Außerdem erweitert XPointer einige der Möglichkeiten von XPath an einigen entscheidenden Stellen.

XPointer-Erweiterungen von XPath

XPointer erweitert XPath um zusätzliche Funktionen. XPointer führt die Konzepte Punkt und Bereich (Point und Rang) als zusätzliche Positionsmarkierungen (zu den Knoten von XPath) in Dokumenten ein. Außerdem bietet XPointer auch Funktionen an, um diese neuen Positionsmarkierungen zu bearbeiten.

Punkte

XPointer definiert einen Punkt in einem Dokument anders als einen Knoten. Ein Punkt kann sowohl ein Knoten sein als auch eine Position innerhalb eines Elements. So könnte ein Punkt zum Beispiel das dritte Zeichen des Inhalts eines `<Title>`–Elements sein. Punkte dienen der Definition von Bereichen (**ranges**), die wir als nächste betrachten.

Ranges

XPointer definiert neben den Punkten auch das Konzept eines Bereiches (**range**). Ein Bereich ist eine XML-Struktur, die durch zwei Punkte beschrieben wird. Da Punkte an beliebigen Stellen im Dokument liegen können und ein Bereich durch zwei Punkte definiert wird, können sich so Konstrukte ergeben, die nicht mehr wohlgeformt sind. Die Möglichkeit, Bereiche zu definieren, erlaubt es zum Beispiel, auf alle Vorkommen eines bestimmten Wortes in einem Dokument zu verweisen. So könnte man auch die Ergebnisse einer Suchmaschine an eine Anwendung zurückliefern. Ein Bereich kann auf folgende Art definiert werden:

```
#xpointer(<locator> to <locator>)
```

Ein Bereich, der mit dem Element mit der ID `book1` beginnt und mit dem Element mit der ID `book3` endet und alle Elemente dazwischen enthält, könnte wie folgt definiert werden:

```
#xpointer(book1 to book3)
```

Zusätzliche Funktionen

Die XPointer-Spezifikation definiert noch einige weitere Funktionen, die zur Definition von Punkten und Bereichen verwendet werden können. Sehen wir uns die wichtigsten drei Funktionen unter diesen genauer an: `string-range()`, `here()` und `unique()`.

Die Funktion `string-range()` durchsucht den Text eines Dokuments und gibt die Positionen der Bereiche für jedes Vorkommen eines übergebenen Suchtextes zurück. Zum Beispiel würde der folgende XPointer auf alle Vorkommen des Suchtextes »`XML`« im Dokument `catalog.xml` verweisen:

```
catalog.xml#xpointer(string-range(/, "XML"))
```

Diese Funktion könnte gut in einer Suchmaschine verwendet werden, da jedes Vorkommen eines Schlagwortes ein eigener Bereich in einem XPointer sein würde und einer Anwendung so ermöglichen würde, auch den umgebenden Text eines Schlagwortes anzuzeigen. Ein Anwender könnte so auch direkt per XLink an die entsprechende Stelle im Dokument springen.

Die Funktion `here()` gibt das Element zurück, das den XPointer selbst enthält. Diese Funktion erlaubt es einem XPointer, auf andere Stellen relativ zur eigenen Position zu verweisen. Der folgende XPointer würde zum Beispiel auf das Eltern-Element des XPointer-Elements selbst verweisen:

```
#xpointer(here()/..)
```

Die Funktion unique() ist eine Funktion, die einen booleschen Wert zurückliefert, der anzeigt, ob eine XPointer-Location nur auf eine Stelle verweist. Dies ist wichtig, wenn man sicherstellen möchte, dass ein XPointer-Ausdruck wirklich nur auf eine Position in einem Dokument zeigt. Die beiden folgenden Prädikate sind synonym:

```
[unique()]
[count() = 1]
```

Fehler durch XPointer

Durch einen falschen oder ungültigen XPointer können drei Arten von Fehlern erzeugt werden. Jeder XPointer-fähige Parser wird diese Fehler auf eine angemessene Art und Weise behandeln müssen. Die XPointer-Spezifikation überlässt die Details der Fehlerbehandlung jedoch dem Entwickler einer XPointer-fähigen Anwendung.

Syntax-Fehler

Ein Fragment-Identifier, der sich nicht an die syntaktischen Beschränkungen von XPointer hält, führt zu einem Syntax-Fehler (**syntax error**).

Ressource-Fehler

Ein Fragment-Identifier, der syntaktisch korrekt ist, aber auf eine fehlerhafte Ressource verweist, wie etwa ein nicht wohlgeformtes Dokument, erzeugt einen Ressource-Fehler (**resource error**).

Teil-Ressource-Fehler

Ein Fragment-Identifier, der syntaktisch korrekt ist und auch in ein wohlgeformtes Dokument verweist, aber auf keine gültige Position in einem Dokument zeigt, erzeugt einen Teil-Ressource-Fehler (**sub-resource error**).

Jede XPointer-fähige Anwendung sollte diese drei Klassen von Fehlern erkennen und auf eine angemessene Art behandeln.

Zusammenfassung

XPointer bieten einen Mechanismus, mit dem man durch einen URI Teile eines XML-Dokuments ansprechen kann. Obwohl es noch keine ernsthaften Implementierungen für XPointer gibt, wird die Spezifikation bald den Status einer Empfehlung erhalten. Es ist also absehbar, dass es in naher Zukunft einige XPointer-fähige Werkzeuge geben wird.

Austausch von XML-Fragmenten

Wenn die Menge an XML-Dokumenten wächst und die durchschnittliche Dokumentgröße zunimmt, wird die Bearbeitung von Dokumenten zunehmend unhandlicher. Es wäre oft angenehmer, wenn man nur mit einem Teil eines Dokuments arbeiten könnte, statt für jede Änderung das gesamte Dokument laden zu müssen. Für genau diesen Problemkomplex hat das W3C die Spezifikation für den Austausch von XML-Fragmenten (**XML Fragment Interchange**) in Leben gerufen. Diese Spezifikation werden wir auch kurz als XFI bezeichnen, auch wenn dieses Akronym nicht in der aktuellen Fassung des Entwurfs verwendet wird. Die Spezifikation definiert Mechanismen für die Erstellung und den Transfer von Teilen beliebiger XML-Dokumente. Zurzeit hat die Spezifikation noch den Status eines Entwurfs in der Bearbeitung (Working Draft), auch wenn die zuständige Arbeitsgruppe ihre Arbeit bereits abgeschlossen hat. Das W3C hat sich jedoch entschlossen, die weitere Bearbeitung dieser Spezifikation auszusetzen, bis einige andere XML-Spezifikationen in ihrer Entwicklung weiter fortgeschritten sind.

Die W3C-Spezifikation findet sich unter `http://www.w3.org/TR/WD-xml-fragment`.

Was sind Dokument-Fragmente?

Ein **Dokument-Fragment** ist in dieser Spezifikation als eine wohlbalancierte (**well-balanced**) Teilmenge des Original-Dokuments definiert. Eine wohlbalancierte Teilmenge eines Dokuments muss ganze Informationseinheiten enthalten, muss jedoch nicht notwendigerweise in dem Sinne wohlgeformt sein, wie es ein XML-Dokument sein muss. Im Besonderen müssen wohlbalancierte Teilmengen vollständige Tag-Paare enthalten. Wir werden noch einige Beispiele etwas später kennen lernen.

Es obliegt der Anwendung, die die Fragmente von Dokumenten ausliefert, zu entscheiden, welche Informationen konkret für einen Empfänger wichtig sind. Das einfachste Beispiel wäre sicher, nur Elemente auszuliefern, die für das Funktionieren eines Empfängers wichtig sind, aber auch andere Arten von Fragmenten sind möglich. Um zu verstehen, welche Teile eines Dokuments als Fragmente dienen können, sollten wir uns das folgende Diagramm, das wir schon kennen, noch einmal ansehen:

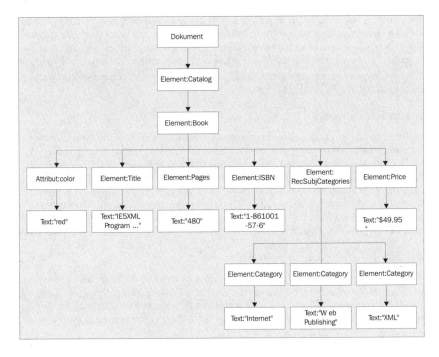

In der Baumdarstellung könnte jeder Teilbaum, der mit der Wurzel verbunden ist, als Fragment betrachtet werden, weil jeder dieser Teile kontinuierlich in dem Dokument definiert ist. Attribute können nicht als Fragmente dienen, da diese innerhalb von Tags eingebettet sind und daher nicht als wohlbalanciert gelten können. Zusätzlich können direkte Geschwister-Elemente (und ihre Kind-Elemente) zusammen als ein Fragment definiert werden, da diese auch in einem Dokument zusammen auftreten. Um sich ein Fragment vorzustellen, hilft es, sich das Dokument wieder als (seriellen) Text vorzustellen, nicht nur als Baum von Objekten. Ein gültiges Fragment besteht immer aus einem zusammenhängenden Block aus dem Original-Dokument. Nicht zusammenhängende Teile eines Dokuments können niemals gültige Fragmente sein. Beachten Sie jedoch bitte, dass natürlich nicht beliebige zusammenhängende Teile gültige Fragmente sind. Die obige Regel ist lediglich eine notwendige Bedingung, noch keine hinreichende Bedingung.

Gültige Fragmente aus dem obigen Diagramm wären zum Beispiel:

❏ Das <RecSubjCategories>-Element und alle seine Kinder
❏ Das Textstück "480"
❏ Die ersten beiden Elemente vom Typ <Category> und ihre Kinder

Die folgenden Teile wären jedoch keine gültigen Fragmente:

❏ Das erste und dritte Element von Typ <Category>
❏ Das Attribut <color>
❏ Das Start-Tag <Price> ohne das </Price> End-Tag
❏ Das Element <Book> ohne die Kind-Elemente, die Texte enthalten

Anwendungen für Dokument-Fragmente

Nun wissen wir, was Dokument-Fragmente sind, was können wir aber damit so anstellen? Sehen wir uns einige Anwendungsmöglichkeiten von Fragmenten an:

❏ Die Verwendung von Fragmenten kann helfen, den Verbrauch von System-Ressourcen (Rechenzeit, Speicherverbrauch, Netzwerk-Ressourcen, Speicherplatz etc.) zu minimieren.
❏ Die Verwendung von Fragmenten kann helfen, relevante Teilemengen von Informationen aus Dokumenten zu isolieren, solange diese Informationen zusammenhängend sind. Nicht zusammenhängende Informationen können nicht in einem einzelnen Fragment übermittelt werden, was die Anwendung von Fragmenten weniger optimal für die Extraktion von einigen Informationstypen macht.
❏ Die Anwendung von Fragmenten ermöglicht die Erstellung von verteilten und parallelen Bearbeitungssystemen für große XML-Dokumente.

Einsparung von Ressourcen

Die offensichtlichste Anwendung von Fragmenten ist die Einsparung von Informationsmengen, die zum Beispiel über ein Netzwerk zu einer Anwendung transferiert werden müssen. Nehmen wir an, ein Benutzer möchte bestimmte Daten über ein Buch aus einem Katalog haben. Statt den gesamten Katalog zu übertragen, (mit allen Informationen über ein Buch) und somit den Empfänger zu zwingen, selbst die relevanten Informationen zu suchen, könnte man nur die relevanten Informationen an eine Anwendung übertragen. Dadurch würde man natürlich erheblich Bandbreite sparen und die Übertragung deutlich beschleunigen. Außerdem würde die Verarbeitung der Informationen auf der Seite des Empfängers beschleunigt werden, da der Zugriff auf die gewünschten Daten viel direkter geschehen kann.

Teilemengen von Informationen sammeln

Lassen Sie uns unser vorheriges Beispiel aus dem Kapitel etwas erweitern. Nehmen wir an, ein Verlag fügt auch Informationen über Honorare, Auflagestärken etc. in dem XML-Katalog ein. Leider kann man diese Informationen nicht mittels XFI extrahieren, wenn die Daten nicht an einem Stück vorliegen. Daher sind Fragmente keine angemessene Lösung für das Problem. Sehen wir uns dazu ein Beispiel an:

```
<Catalog>
    <Book color="red" ID="book1">
        <Title>IE5 - Eine Referenz für XML-Programmierer</Title>
        <Pages>480</Pages>
        <ISBN>1-861001-57-6</ISBN>
        <RecSubjCategories>
            <Category>Internet</Category>
            <Category>Web Publishing</Category>
            <Category>XML</Category>
        </RecSubjCategories>
        <Price>49.99</Price>
```

```
    </Book>
  </Catalog>
```

Nehmen wir an, ein Benutzer möchte mehr Informationen über das Buch *IE5 – Eine Referenz für XML-Programmierer* haben. In diesem Fall könnte ein Fragment erzeugt werden, dass nur die Kind-Elemente mit den relevanten Informationen beinhaltet:

```
<Title>IE5 - Eine Referenz für XML-Programmierer</Title>
<Pages>480</Pages>
<ISBN>1-861001-57-6</ISBN>
<RecSubjCategories>
    <Category>Internet</Category>
    <Category>Web Publishing</Category>
    <Category>XML</Category>
</RecSubjCategories>
<Price>49.99</Price>
```

Leider sind Fragmente nicht immer eine geeignete Wahl, wenn es darum geht, Information zu editieren, da nur zusammenhängende Elemente als Fragmente dienen können. Wollte man den gesamten Katalog in einer Version versenden, bei der alle Informationen eines bestimmten Typs entfernt worden sind, könnte man dafür keine Fragmente verwenden. Für einen solchen Zweck würden sich XPath und XSLT viel besser eignen, wie wir später noch sehen werden.

Parallele Bearbeitung und Versionskontrolle

Nehmen wir unser obiges Beispiel noch einmal auf und nehmen an, unser Katalog sei etwas ausführlicher und enthielte tatsächlich den gesamten Text eines Buches:

```
<Catalog>
    <Book color="red">
        <Title> IE5 - Eine Referenz für XML-Programmierer </Title>
        <Pages>480</Pages>
        <ISBN>1-861001-57-6</ISBN>
        <RecSubjCategories>
            <Category>Internet</Category>
            <Category>Web Publishing</Category>
            <Category>XML</Category>
        </RecSubjCategories>
        <Price>49.99</Price>
        <Chapter id="chap1">...</Chapter>
        <Chapter id="chap2">...</Chapter>
        <Chapter id="chap3">...</Chapter>
        <Chapter id="chap4">...</Chapter>
        ...
    </Book>
</Catalog>
```

Sehen wir uns an, wie man eine sehr elementare Form von paralleler Bearbeitung und Versionskontrolle für die verschiedenen Kapitel eines Buches implementieren könnte.

Wir werden irgendeine Form von Datenbank benötigen, um den Status eines jeden Kapitels aus dem Buch festzuhalten:

Buch	Kapitel	Status
IE5 – Eine Referenz für XML-Programmierer	1	Nicht in Bearbeitung
IE5 – Eine Referenz für XML-Programmierer	2	In Bearbeitung durch Anwender »jond«
IE5 – Eine Referenz für XML-Programmierer	3	In Bearbeitung durch Anwender «kevinw»
IE5 – Eine Referenz für XML-Programmierer	4	Nicht in Bearbeitung

Hätte man Kontrolle über den Inhalt, so könnte man so etwas leicht über ein Status-Attribut des Elements `<Chapter>` lösen.

Wir könnten dann eine Applikation erstellen, die es den verschiedenen Autoren erlauben würde, einzelne Kapitel zur Bearbeitung aus dem System herauszunehmen. Jedes Mal, wenn ein Kapitel zur Bearbeitung aus dem System entnommen wird, dann bekommt ein Autor dieses Kapitel als Fragment übermittelt:

```
<Chapter id="chap3">...</Chapter>
```

Ein Autor könnte dann ein Kapitel bearbeiten, während zur selben Zeit ein anderer Autor ein anderes Kapitel bearbeitet. Sobald ein Autor mit der Arbeit an dem Kapitel fertig ist, dann sendet er das modifizierte Fragment an einen Verlag oder Lektor, der dieses Stück wieder in das ganze Dokument einarbeitet. Bisher wäre es ein Leichtes, die Versionstabelle in der Datenbank zu aktualisieren, um anzuzeigen, wer ein Dokument wann bearbeitet hat. Es existieren schon kommerzielle XML-Server, die solche Funktionen implementieren.

Dokument-Fragmente allein genügen oft nicht

Auch wenn wir mit XFI Teile von XML-Dokumenten extrahieren können, so gibt es oft Fälle, in denen ein Empfänger mehr Informationen benötigt als in dem Fragment enthalten sind. Man benötigt oft auch Informationen über den Kontext des Fragments. Wir sehen uns einige Situationen an, in denen das bloße Dokument-Fragment nicht genug Informationen liefert und sehen uns dann an, welche Lösungen das W3C für dieses Problem anbietet.

Was wird beschrieben?

Oft wird in einem gut entworfenen XML-Dokument ein Element mit unterschiedlichen Bedeutungen belegt, je nach dem Kontext, in dem es auftritt. Nehmen wir das folgende Beispiel :

```
<Bookstore>
    <Book>
        <Title> IE5 - Eine Referenz für XML-Programmierer</Title>
        <Price>49.95</Price>
    </Book>
    <Coffee>
        <CoffeeType>Milch-Kaffee</CoffeeType>
        <Price>4.99</Price>
    </Coffee>
</Bookstore>
```

Nehmen wir weiter an, wir hätten das folgende Fragment des Dokuments erhalten:

```
<Price>4.99</Price>
```

Ist dies der Preis eines Buches oder für einen Milch-Kaffee? Ohne weitere Informationen können wir die Frage nicht entscheiden. Man könnte das gesamte Eltern-Element versenden:

```
<Coffee>
    <CoffeeType>Milch-Kaffee</CoffeeType>
    <Price>4.99</Price>
</Coffee>
```

Nun haben wir aber Information erhalten, die wir nicht unbedingt wollten oder brauchten. Es wäre schön, wenn wir kontextbezogene Informationen für unser Fragment hätten, ohne den gesamten Inhalt des Kontextes zu erhalten.

Die Verwendung von IDREF und IDREFS

Gehen wir davon aus, ein Verlag hätte die Software zur Versionskontrolle implementiert, die wir in dem vorherigen Beispiel skizziert haben. Eine Autorin schreibt gerade an Kapitel 4, als sie bemerkt, dass sie eine Referenz auf einen Text aus dem ersten Kapitel anlegen möchte. Die Autorin erinnert sich sogar, eine ID für den entsprechenden Abschnitt vergeben zu haben, kann sich aber nicht mehr an den Namen erinnern. Da sie nur das Fragment für das vierte Kapitel zur Bearbeitung hat, kann sie auch keine Referenz mittels IDREF auf die ID aus Kapitel 1 anlegen. Für diesen Fall wäre es vorteilhaft, gewisse Informationen über den Inhalt von Kapitel 1 zu haben, so zum Beispiel die Überschriften der einzelnen Abschnitte und die dazugehörigen ID- und IDREFS-Attribute. Natürlich sollte man für diese Informationen nicht das ganze Kapitel herunterladen müssen.

Validierende Prozessoren

Stellen Sie sich vor, Sie verwenden eine DTD, um den Inhalt eines Katalogs wie in unserem Beispiel zu beschreiben:

```
<!DOCTYPE catalog SYSTEM "www.wrox.com/XML/Catalog.dtd">
<Catalog>
    <Book color="red">
        <Title>IE5 - Eine Referenz für XML-Programmierer</Title>
        <Pages>480</Pages>
        <ISBN>1-861001-57-6</ISBN>
        <RecSubjCategories>
            <Category>Internet</Category>
            <Category>Web Publishing</Category>
            <Category>XML</Category>
        </RecSubjCategories>
        <Price>49.99</Price>
        <Chapter id="chap1">...</Chapter>
        <Chapter id="chap2">...</Chapter>
        <Chapter id="chap3">...</Chapter>
        <Chapter id="chap4">...</Chapter>
        ...
    </Book>
</Catalog>
```

Auch hier möchte ein Autor ein Kapitel zur Bearbeitung aus dem System herausnehmen und bekommt ein Fragment. Verwendet dieser Autor einen validierenden Prozessor (Parser etc.), um die Struktur seines Kapitels zu überprüfen, dann hat man ein Problem mit der DTD. Die DTD erwartet die Elemente `<Catalog>`, `<Book>` etc. vor dem Beginn eines Kapitels. Eine ideale Version des Dokuments würde die Platzhalter für diese Elemente enthalten, um die Anforderungen der DTD abzudecken, nicht jedoch den Inhalt.

Die Lösung: Informationen über den Kontext

Glücklicherweise hat das W3C solche Probleme im Vorfeld erkannt und bietet einen Mechanismus zur Übermittlung von **Kontextinformationen** zu einem Fragment.

Was sind Kontextinformationen?

Kontextinformationen werden an den Empfänger eines Fragments gesendet und dienen der Beschreibung der Position des Fragments in der Struktur des ursprünglichen Dokuments. Die XFI-Spezifikation ist recht flexibel, wenn es darum geht, welche Informationen über den Kontext genau an einen Benutzer gehen sollen. Die Informationen sollen sich nach den Bedürfnissen eines Benutzers richten. Dabei kann es sich lediglich um die Angabe der Vorfahren, bis hin zur Wurzel, handeln oder aber um die Angabe aller anderen Elemente in dem Original-Dokument. Es liegt jeweils bei dem XML-Server, zu entscheiden, welche Kontextinformationen für einen Empfänger wichtig sind.

Auch wenn die Spezifikation nicht genau festlegt, wie diese Informationen ausgeliefert werden sollen, so macht sie dennoch zwei Vorschläge. Der erste Vorschlag empfiehlt, dem Empfänger zwei getrennte Dateien zu senden:

❏ Eine Spezifikation des Fragmentinhaltes. Diese Datei enthält alle notwendigen Informationen rund um die Elemente und enthält eine Referenz auf die Datei mit dem Fragment

❏ Das eigentliche Fragment in einer eigenen Datei

Dieser Ansatz erzwingt die Erzeugung von zwei Dateien und dass eine von diesen Dateien in irgendeiner Weise zwischengespeichert werden muss. Allerdings kann so eine verarbeitende Anwendung Informationen rund um das Fragment zur Verfügung stellen.

Der andere Vorschlag sieht die Verwendung von Namensräumen vor, um die Kontextinformationen von dem tatsächlichen Fragment zu trennen. Um den Austausch von Fragmenten anhand eines Beispiels zu illustrieren, werden wir den ersten Vorschlag verwenden (wir werden den zweiten Vorschlag in Kürze behandeln).

Was darf Teil der Kontextinformationen sein?

Das W3C gibt an, dass folgende Informationen zur Beschreibung des Fragmentkontexts dienen können:

❏ Der URI der DTD des Original-Dokuments

❏ Der URI der internen Teilmenge eines DTD für ein Dokument

❏ Der URI des Original-Dokuments, aus dem das Fragment stammt

❏ Eine Spezifikation der Position des Fragments in dem Original-Dokument

❏ Informationen über die Vorfahren des Fragment-Rumpfs

❏ Informationen über Geschwister-Elemente des Fragment-Rumpfs

❏ Informationen über die Geschwister-Elemente für beliebige Vorfahren

❏ Informationen über die Nachfahren eines Vorfahren oder Geschwister-Elements

❏ Attribut-Informationen für eines der oben beschriebenen Elemente

Beachten Sie bitte, dass diese Beschreibung alle Knoten in einer Baumdarstellung umfasst, außer den Knoten in einem Fragment selbst. Der Entwickler eines XML-Servers kann einen Fragment-Generator so programmieren, dass alle möglichen Teile dieser Informationen an einen Empfänger gesendet werden können, je nachdem, welche Informationen für die Bearbeitung des Fragments wichtig sind.

Wie werden Fragmente repräsentiert?

Das W3C hat den folgenden Namensraum für die Deklaration von Fragmenten erstellt:

```
http://www.w3.org/XML/Fragment/1.0
```

Das Element `<fcs>` (Kürzel für Fragment Context Specifier) ist ein Element zur Kapselung von Spezifikationen des Fragmentkontexts. Alle Kontextinformationen für ein Fragment sollten in einem `<fcs>`-Element stehen. Dieses Element hat die folgenden Attribute:

- `extref`: der URI der DTD des Original-Dokuments
- `intref`: der URI der »extrahierten« internen Teilmenge der DTD
- `parentref`: der URI des Original-Dokuments selbst
- `sourcelocn`: eine Spezifikation der Position des Fragments innerhalb des Original-Dokuments

> *Beachten Sie, dass kein Format für die Angabe der Position vom W3C vorgeschrieben ist (zurzeit). Es ist jedoch anzunehmen, dass das W3C XPointer für die Definition solcher Positionen verwenden wird.*

Die Kind-Elemente des `<fcs>`-Elements sollten Teile des Original-Dokuments (möglicherweise mit Attributen) sein. Auch hier muss die sendende Anwendung selbst entscheiden, welcher Teil des Original-Dokuments verwendet wird. Dieser Teil sollte sich auf jeden Fall an den Bedürfnissen der Empfänger-Anwendung orientieren. An der Position des eigentlichen Fragments muss das Element `<fragbody>` stehen. Dieses Element hat nur ein Attribut `fragbodyref`, das den URI auf das tatsächliche Fragment als Wert hat.

Nehmen wir an, wir hätten folgende Katalog-Datei:

```
<Catalog>
    <Book color="red">
        <Title> IE5 - Eine Referenz für XML-Programmierer </Title>
        <Pages>480</Pages>
        <ISBN>1-861001-57-6</ISBN>
        <RecSubjCategories>
            <Category>Internet</Category>
            <Category>Web Publishing</Category>
            <Category>XML</Category>
        </RecSubjCategories>
        <Price>49.99</Price>
        <Chapter id="chap1">...</Chapter>
        <Chapter id="chap2">...</Chapter>
        <Chapter id="chap3">...</Chapter>
        <Chapter id="chap4">...</Chapter>
        ...
    </Book>
</Catalog>
```

Wenn wir die ISBN eines Buchs an eine Anwendung senden wollten, dann könnten wir etwa folgende Spezifikation für den Fragmentkontext erstellen:

```
<f:fcs xmlns:f="http://www.w3.org/XML/Fragment/1.0"
       parentref="http://www.wrox.com/Catalog/Catalog.XML"
       xmlns="http://www.wrox.com/Catalog/">
    <Catalog>
        <Book>
            <f:fragbody fragbodyref="http://www.wrox.com/Catalog/ISBN.XML"/>
        </Book>
    </Catalog>
</f:fcs>
```

Sie sehen, dass diese Spezifikation die Elemente `<Catalog>` und `<Book>` enthält, um den Kontext für das Fragment selbst bereitzustellen. Außerdem wird eine Referenz auf die zweite Datei mit dem eigentlichen Fragment angegeben. Die Datei mit dem Fragment selbst hätte folgenden Inhalt:

```
<ISBN>1-861001-57-6</ISBN>
```

Aktualisierte Beispiele

Lassen Sie uns die drei Beispiele von vorhin noch einmal aufgreifen und sehen, wie wir die Fragmente und deren Kontext nutzen können, um Information an einen Empfänger zu senden.

Was wird beschrieben?

Vorhin haben wir darüber nachgedacht, wie man entscheiden kann, welche Preisinformationen man übermittelt bekommen hat. Die Frage war, ob man den Preis für einen Milchkaffee oder für ein Buch erhalten hat. Wenn man das folgende Fragment und die dazugehörigen Kontextinformationen versenden würde:

```
<f:fcs xmlns:f="http://www.w3.org/XML/Fragment/1.0"
       parentref="http://www.wrox.com/Bookstore/Bookstore.XML"
       xmlns="http://www.wrox.com/Bookstore/">
    <Bookstore>
        <Coffee>
            <f:fragbody fragbodyref="http://www.wrox.com/Bookstore/Price.XML"/>
        </Coffee>
    </Bookstore>
</f:fcs>
```

könnte eine Anwendung sehen, dass das Fragment ein Kind-Element von `<Coffee>` und ein Nachfahre von `<Bookstore>` ist. Das Fragment selbst sieht vielleicht so aus:

```
<Price>4.99</Price>
```

Auf diese Weise ist immer eindeutig, was das Element `<Price>` in der Datei `Price.xml` für eine Bedeutung hat.

Die Verwendung von IDREF und IDREFS

Wie sieht es aber mit unserer Autorin aus, die eine `ID` aus einem früheren Kapitel referenzieren will, aber nur das vierte Kapitel als Fragment hat? Wenn wir das Fragment mit folgendem Kontext versehen:

```
<f:fcs xmlns:f="http://www.w3.org/XML/Fragment/1.0"
       parentref="http://www.wrox.com/FullText/FullText.XML"
       xmlns="http://www.wrox.com/FullText/">
<Catalog>
    <Book>
        <Chapter id="chap1">
            <para ID="IntroXML">
            <para ID="IntroChap1">
            <para ID="IntroChap2">
            <para ID="IntroChap3">
            <para ID="IntroChap4">
            ...
        </Chapter>
        <Chapter id="chap2">
            <para ID="XMLKeywords">
            ...
        </Chapter>
        <Chapter id="chap3">
            <para ID="XMLDTDs">
            ...
        </Chapter>
        <f:fragbody fragbodyref="http://www.wrox.com/FullText/IE5XMLChapter4.xml"/>
    </Book>
```

```
    </Catalog>
  </f:fcs>
```

hätte die Autorin nicht nur das Fragment auf das eigene Kapitel, sondern auch die IDs für die anderen Kapitel. Das eigentliche Fragment steht zum Beispiel in der Datei IE5XMLChapter4.xml:

```
<Chapter id="chap4">
   ...
</Chapter>
```

Nun könnte die Autorin die IDs für die Teile anderer Kapitel in dem Fragment verwenden, da die Spezifikation des Fragmentkontexts alle Informationen enthält.

Validierende Prozessoren

Um einen validieren Parser zufrieden zu stellen, könnte man die benötigten Elemente ohne Inhalte als Kopie einfügen und optionale Elemente können weggelassen werden. Für unser Beispiel könnten wir dann folgenden Fragmentkontext übermitteln:

```
<f:fcs xmlns:f="http://www.w3.org/XML/Fragment/1.0"
       extref="http://www.wrox.com/XML/Catalog.dtd"
       parentref="http://www.wrox.com/FullText/FullText.XML"
       xmlns="http://www.wrox.com/FullText/">
<Catalog>
   <Book>
      <Title></Title>
      <Pages></Pages>
      <ISBN></ISBN>
      <RecSubjCategories>
      </RecSubjCategories>
      <Price></Price>
      <f:fragbody fragbodyref="http://www.wrox.com/FullText/IE5XMLChapter4.XML"/>
   </Book>
</Catalog>
</f:fcs>
```

Das würde einen Parser zum Beispiel ermöglichen, das folgende Fragment als gültig anzuerkennen:

```
<Chapter id="chap4">
   ...
</Chapter>
```

Beachten Sie, dass hier die Elemente von Typ <Category> entfallen sind, da wir annehmen, dass <Category> als optional in der DTD deklariert wurde. Die zusätzlichen Elemente vom Typ <Chapter> stehen da nur, weil <Chapter> laut DTD mehr als ein Mal vorkommen muss. Mit den zwei Dateien wäre ein Parser in der Lage, den Rumpf des Fragments zu parsen, als wäre er ein externes (analysiertes) Entity, wobei das kapselnde Element entfernt würde, und wäre so in der Lage, das Dokument anhand der DTD zu prüfen.

Wie werden Fragmente übertragen?

Nun da wir einige Fragmente und deren Kontext definiert haben, stellt sich die Frage, wie wir diese an eine Anwendung weiterleiten. Das W3C legt die Mechanismen zur Übertragung von Fragmenten in der XFI-Spezifikation nicht fest, macht aber Vorschläge, wie entsprechende Anwendungen Transmissionen annehmen könnten.

Getrennte Dateien

Wir haben bereits gesehen, wie Fragmente mit zwei getrennten Dateien arbeiten. Eine Datei enthält dabei das eigentliche Fragment, während die andere Datei den Kontext enthält. Um diese Informationen an eine Anwendung zu senden, wird zunächst der Kontext übermittelt. Eine Fragment-fähige Anwendung untersucht diese Kontextspezifikation und holt sich das Fragment selbst anhand der Informationen aus den Attribut `fragbodyref`:

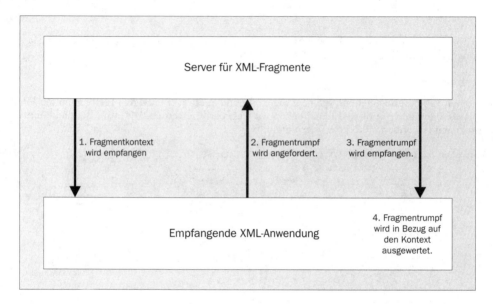

Leider muss eine generierende Anwendung so zwei Dateien erzeugen und eine davon (das Fragment) auch noch dauerhaft speichern. Außerdem muss man so von der Client-Seite noch einen Netzwerk-Zugriff tätigen, den man eigentlich vermeiden wollte.

Ein Paket-Mechanismus

Auch wenn das W3C erklärt, die Transmission der Fragmente liege nicht im Bereich der XFI-Spezifikation, bietet es einen nicht normativen (**non-normative**) Vorschlag für einen Transmissionsmechanismus. Die Formulierung »nicht normativ« soll ausdrücken, dass der Vorschlag nicht verbindlich ist. Im Grunde wird nur ein neuer Namensraum definiert, der ein Element für den Rumpf eines Fragments definiert. So würde ein Fragment nicht in zwei Dateien, sondern zusammen mit dem Kontext übermittelt werden. Das sieht dann nicht mehr so aus, dass Kontext:

```
<f:fcs xmlns:f="http://www.w3.org/XML/Fragment/1.0"
       parentref="http://www.wrox.com/Bookstore/Bookstore.XML"
       xmlns="http://www.wrox.com/Bookstore/">
   <Bookstore>
      <Coffee>
         <f:fragbody fragbodyref="http://www.wrox.com/Bookstore/Price.XML"/>
      </Coffee>
   </Bookstore>
</f:fcs>
```

und Rumpf:

```
<Price>$5.99</Price>
```

getrennt übertragen werden, sondern nur noch eine solche Datei gesendet wird:

```
<p:package xmlns:p=http://www.w3.org/XML/Package/1.0
            xmlns:f="http://www.w3.org/XML/Fragment/1.0"
            xmlns="http://www.wrox.com/Bookstore/">
    <f:fcs parentref="http://www.wrox.com/Bookstore/Bookstore.XML">
        <Bookstore>
            <Coffee>
                <f:fragbody/>
            </Coffee>
        </Bookstore>
    </f:fcs>
    <p:body>
        <Price>$5.99</Price>
    </p:body>
</p:package>
```

Die Position des Fragments wird nicht mehr spezifiziert, sondern das Fragment steht im <p:body>-Element. In diesem Fall wäre nur ein Zugriff über ein Netz notwendig:

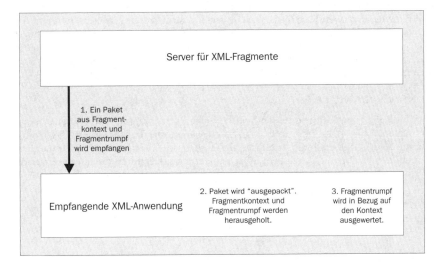

Diese Technik würde die Anzahl der so genannten Round-Trips zum Server minimieren und die Komplexität des Servers selbst verringern.

Zusammenfassung

Die Spezifikation für den Austausch von Fragmenten (XML Fragment Interchange) bietet eine elegante Möglichkeit, Teile von XML-Dokumenten an einen Empfänger zu versenden. Dabei bekommt eine Anwendung genug Informationen über den Kontext, um mit den Teilen auch sinnvoll umgehen zu können. Wir haben einige Anwendungen für Fragmente kennen gelernt, wie etwa die parallele Bearbeitung von Dokumenten durch mehrere Autoren oder die Minimierung von sinnlos übermittelten Informationen bei der Verarbeitung von XML-Daten. Fragmente müssen jedoch zusammenhängenden Teilen eines Dokuments entsprechen, was einer wirklich fortschrittlichen Bearbeitung von Dokumenten etwas im Wege steht. Auch wenn Fragment-fähige Anwendungen noch keine weite Verbreitung haben, wird Ihnen die Kenntnis über diese Konzepte einen wichtigen Vorsprung geben, sobald diese Technologie sich auf breiter Front durchsetzt. Im Zusammenhang mit den anderen behandelten XML-Technologien ist es wahrscheinlich, dass XFI die Methode zur Übermittlung von Teildokumenten sein wird, die durch Anfragen generiert wurden. Fragmente könnten auch im Zusammenhang mit XLink eine Anwendung finden.

Querying

Bisher haben wir erfahren, wie wir aus einem Dokument heraus verweisen können und so ganze Dokumente, Teile von anderen Dokumenten oder andere Ressourcen ansprechen können. Es wäre aber auch sehr nützlich, wenn man ein Dokument ähnlich einer Datenbank durchsuchen könnte, um so Teile von Dokumenten herauszusuchen, die man dann bearbeiten könnte. Der folgende Abschnitt des Kapitels wird sich mit einigen Mechanismen zur Suche in Dokumenten (Querying) beschäftigen.

Was ist eine Query-Sprache?

Wenn Sie schon mit relationalen Datenbanken gearbeitet haben, dann kennen Sie schon eine Form der Formulierung von Suchanfragen. Zur Suche in relationalen Datenbaken wird die Sprache SQL (Structured Query Language) verwendet. Diese Sprache regelt den Zugriff auf Informationen in der Datenbank und bietet vielfältige Bearbeitungsmöglichkeiten für die Daten. Bevor wir uns in die Details der Suche und Bearbeitung von XML-Dokumenten stürzen, sollten wir einen Blick auf die Anforderungen an eine solche Sprache werfen. Sehen wir uns zunächst einige der in SQL möglichen Operationen an und betrachten, was unsere Query-Suchsprache für XML im Idealfall können sollte.

Selektion von relevanten Zeilen

Eine der grundlegendsten Anforderungen bei der Suche nach Daten in einer Datenbank ist die Beschränkung von Suchergebnissen auf relevante Teile. So muss man zum Beispiel in der Lage sein, nur die Zeilen mit relevanten Informationen herauszufiltern. Man muss also Kriterien angeben können, denen eine Zeile von Informationen entsprechen muss. Im SQL erreicht man dies durch die einschränkende Klausel WHERE in einem SELECT-Ausdruck:

```
SELECT *
    FROM Book
    WHERE Title = "XML Professionell"
```

Selektion von relevanten Spalten

Man sollte bei einer relationalen Datenbank auch in der Lage sein, die zurückgelieferten Spalten selektieren zu können. Schließlich will man nicht die gesamte Tabelle, sondern oft nur Teile davon haben. Mit SQL kann man das durch die Angabe der Spalten in einem SELECT-Ausdruck erreichen:

```
SELECT Title, Price
    FROM Book
```

Informationen zusammenfassen

Oft ist es nötig, die gefundenen Informationen zusammengefasst zurückzugeben, da man nicht an den einzelnen Informationen interessiert ist, sondern an einer Aggregation verschiedener Spalten oder Zeilen. SQL bietet auch für diesen Zweck einige hilfreiche Funktionen:

```
SELECT AVG(Price)
    FROM Book
```

Sortieren von Suchergebnissen

Auch die Möglichkeit, alle zurückgelieferten Daten neu zu sortieren, ist sehr wichtig. SQL bietet dafür die Klausel ORDER BY an, mit der Sortierungen vorgenommen werden können:

```
SELECT Book
    ORDER BY Price
```

Innere Vereinigung

Da alle Tabellen in relationalen Datenbanken normalisiert sind, muss man oft Informationen aus mehr als einer Tabelle zurückliefern, um wirklich sinnvolle Daten zu erhalten. In SQL ist dies durch die innere Vereinigung (inner join, equijoin) implementiert:

```
SELECT Book.Title, RecSubjCategories.Category
    FROM Book INNER JOIN RecSubjCategories ON Book.BookID =
        RecSubjCategories.BookID
    WHERE Book.Author = "Kevin Williams"
```

Äußere Vereinigung

Sammelt man Informationen aus mehreren Tabellen mit SQL, kann es vorkommen, dass man Informationen auch dann zurückliefern will, wenn es in der anderen Tabelle keine Daten zu einer bestimmten Spalte gibt. Nehmen wir zum Beispiel an, wir wollten alle Bücher und deren Kategorien heraussuchen. Wir würden in einem solchen Fall sicher auch alle Bücher haben wollen, die keiner Kategorie zugeordnet sind. In SQL kann man eine solche Suche durch eine äußere Vereinigung erreichen:

```
SELECT Book.Title, RecSubjCategories.Category
    FROM Book
    LEFT OUTER JOIN RecSubjCategories
    ON Book.BookID = RecSubjCategories.BookID
    WHERE Book.Author = "Kevin Williams"
```

Tabellen bearbeiten

Durch SQL-Kommandos kann man auch den Inhalt von Tabellen verändern. Informationen können in eine Tabelle eingefügt, entfernt oder schlicht geändert werden. Die entsprechenden Kommandos heißen INSERT, UPDATE und DELETE:

```
INSERT RecSubjCategories (BookID, Category)
    VALUES (1, "XML")

UPDATE Book
    SET Title = "Pro XML"
    WHERE BookID = 1

DELETE Book
    WHERE BookID = 1
```

Diese Funktionen gehören sicher nicht mehr zum Umfang einer potenziellen XML-Query-Sprache, solche Operationen können in XML zum Beispiel durch DOM gut gelöst werden. Sicher sind solche Operationen für eine Query-Sprache von Vorteil, aber für eine gute Query-Sprache nicht notwendig.

Informationen aus verschiedenen Quellen sammeln

Viele SQL-Implementierungen erlauben es, Informationen aus verschiedenen Quellen zu beziehen. Oft handelt es sich dabei um verschiedene Datenbanken auf demselben Rechner. Bei einem SQL-Server könnte man so zum Beispiel einem Tabellennamen ein Präfix für die Datenbank voranstellen:

```
SELECT WorkDB.Book.*
    FROM WorkDB.Book, PublishedDB.Book
    WHERE WorkDB.Book.BookID = PublishedDB.Book.BookID
```

Prozedurale Bearbeitung

Die meisten Implementierungen von SQL bieten die Möglichkeit, Anfragen und Bearbeitungsschritte zu speichern, um diese später wie Programme zu verwenden. Diese Stücke müssen sich an die SQL-Syntax halten, werden aber wie Prozeduren oder Funktionen einer Programmiersprache abgearbeitet. Nehmen wir zum Beispiel das folgende Stück einer solchen Prozedur:

```
CREATE PROC DefaultCategories (@BookID integer)
AS
BEGIN
    DELETE RecSubjCategories
        FROM RecSubjCategories INNER JOIN Book ON RecSubjCategories.BookID =
            Book.BookID
        WHERE Book.BookID = @BookID

    INSERT RecSubjCategories (BookID, Category)
        VALUES (@BookID, "No category specified")
END
```

Diese Prozedur führt zwei Aktionen aus. Zunächst werden alle Kategorien für ein angegebenes Buch gelöscht und dann wird eine vorgegebene Kategorie für das Buch neu gesetzt. Es gibt natürlich noch weitere Konstrukte, die man verwenden könnte, so zum Beispiel temporäre Tabellen, Variablen, Cursor. Diese Mittel machen aus solchen Prozeduren ein sehr mächtiges Mittel zur Manipulation von relationalen Datenbanken.

Wir werden später noch sehen, wie heute schon für XML verfügbare Technologien genutzt werden können, um viele der obigen Funktionen zu erfüllen. Bevor wir jedoch einen Blick auf diese Technologien werfen, müssen wir uns darüber klar werden, wie sich XML-Dokumente von relationalen Datenbanken unterscheiden.

Relationale Datenbanken versus XML-Dokumente

Um die Probleme zu verstehen, die bei der Suche in XML-Dokumenten auftreten, müssen wir uns noch einmal kurz mit der Struktur von XML-Dokumenten beschäftigen. Sehen wir uns im Kontrast zu XML zunächst einige SQL-Strukturen an.

SQL-Daten sind in Tabellen strukturiert. Jede Tabelle muss mindestens eine Spalte enthalten. Das folgende Beispiel-Skript in SQL erzeugt die Tabellen Book und RecSubjCategories, die den Elementen aus der Katalog-DTD entsprechen:

```
CREATE TABLE Book (
    BookID int,
    Title varchar(100),
    Pages integer,
    ISBN varchar(15),
    Price varchar(15) )
```

```
CREATE TABLE RecSubjCategories (
    RecSubjCategoriesID int,
    BookID int,
    Category varchar(100) )
```

Die nächsten zwei Tabellen zeigen einige Beispiele für Daten in solchen Tabellen. Zunächst die Tabelle Book:

BookID	Titel	Pages	ISBN	Price
1	IE5 – Eine Referenz für XML-Programmierer	480	1-861001-57-6	49.99

Nun die Tabelle RecSubjCategories:

RecSubjCategoriesID	BookID	Category
1	1	XML
2	1	Web Publishing
3	1	Internet

Es gibt einige wichtige Anmerkungen zu diesen Strukturen.

Spalten haben eindeutige Bezeichner

Das erste Element (Spalte) in jeder unserer Tabellen ist der Schlüssel (**primary key**) für diese Tabelle. Eine gut entworfene SQL-Datenbank wird einen Schlüssel für jede Tabelle haben, der jeden Eintrag in der Tabelle eindeutig identifiziert. Oft kann dieser Schlüssel eine beliebige, vom System generierte Zahl sein. Im Gegensatz dazu haben XML-Elemente, die einer Tabelle (Tabellen-Zeile) in SQL entsprechen, nicht unbedingt so etwas wie einen eindeutigen Schlüssel. Zwar könnte man einen ähnlichen Mechanismus anhand des Attributs ID realisieren, es ist aber oft nicht nötig. So könnte folgendes Dokument absolut sinnvoll sein:

```
<Diätplan>
    <Tag>
        <Datum>7. Januar 2000</Datum>
        <Getränk>Wasser</Getränk>
        <Getränk>Wasser</Getränk>
        <Getränk>Wasser</Getränk>
        ...
    </Tag>
</Diätplan>
```

Die drei Elemente vom Typ <Getränk> haben genau den gleichen Inhalt und XML kann dennoch diese Elemente anhand ihrer Position im Dokument unterscheiden. Das bringt uns auch schon zum nächsten wichtigen Unterschied zwischen XML und relationalen Datenbanken:

SQL-Spalten haben keine feste Reihenfolge

Relationale Datenbanken sagen nichts über die Anordnung der Daten in den Tabellen aus. In dem vorangegangenen Beispiel für Tabellen haben wir die Tabelle mit den Kategorien RecSubjCategories und darin drei Kategorien für ein Buch: Internet, Web Publishing und XML. Diese Kategorien finden sich auf der Rückseite eines Buches und sollen einem Buchhändler helfen, das Buch in sein Sortiment einzusortieren. In einem XML-Dokument kann die Reihenfolge, in der Elemente auftreten, deren Bedeutung implizieren. So könnte das Buch zum Beispiel primär ein Buch über XML sein und sich nur am Rande mit dem Thema Web-Publishing beschäftigen. Falls der Händler zu diesen Thema gar kein Buch hat, könnte er es immer noch zu den anderen Büchern über das Thema Internet stellen. Diese Anordnung der Kategorien geht verloren, wenn man die Daten in eine SQL-Datenbank steckt. Wenn man diese Informationen also auswerten will, sollte es eine Spalte geben, die die Priorität der Kategorien in RecSubjCategories regelt.

Eine Query-Sprache für XML sollte also die sequenzielle Natur der Informationen in einem XML-Dokument berücksichtigen und bei der Präsentation der Suchergebnisse entsprechend ausdrücken. Zusätzlich sollte eine solche Suchmaschine die Positionen der Elemente kennen, um diese Informationen zur Filterung von Ergebnissen zu nutzen. So sollte eine solche XML-Suchmaschine in der Lage sein, das zweite Element vom Typ <Category> in einem Element <Book> herauszusuchen.

SQL-Strukturen bieten keine hierarchische Schachtelung

Relationale Strukturen sind per Definition nicht hierarchisch. Sie bieten keine Möglichkeit, zum Beispiel das Element <RecSubjCategories> in dem Element <Book> zu schachteln. Stattdessen muss ein Element vom Typ <RecSubjCategories> eine Referenz auf das enthaltende Element besitzen. In unserem Tabellen-Beispiel wäre es die Spalte BookID in der Tabelle RecSubjCategories, die auf das Buch verweist, das diese Kategorie-Daten »enthält«. Dieser Mechanismus erlaubt es, Eins-zu-eins- und Eins-zu-viele-Beziehungen auszudrücken, so wie wir das auch in XML tun können. Aber dieser Mechanismus ist viel weitreichender, da man damit auf jedes beliebige andere Element einer Datenbank verweisen könnte.

Die Ausführungen über Referenzieren von Daten-Elementen sollten Sie an die Möglichkeiten von XML erinnern. Hier kann man durch die Attribute IDREF oder IDREFS auch auf Elemente mit einer besonderen ID zurückverweisen. Man könnte sich für die Elemente <Book> und <RecSubjCategories> etwa folgendes DTD-Fragment vorstellen:

```
<!ELEMENT Catalog (Book*, RecSubjCategories*)>

<!ELEMENT Book (ID, Title, Pages, ISBN, Price)>
<!ELEMENT ID ID>
<!ELEMENT Title #PCDATA>
<!ELEMENT Pages #PCDATA>
<!ELEMENT ISBN #PCDATA>
<!ELEMENT PRICE #PCDATA>

<!ELEMENT RecSubjCategories (ID, BookID, Category)>
<!ELEMENT BookID IDREFS>
<!ELEMENT Category #PCDATA>
```

Nach dieser DTD würde das obige Buch-Beispiel dann so aussehen:

```
<Catalog>
    <Book ID="B1">
        <Title>IE5 - Eine Referenz für XML-Programmierer</Title>
        <Pages>480</Pages>
        <ISBN>1-861001-57-6</ISBN>
        <Price>49.99</Price>
    </Book>
    <RecSubjCategories ID="R1" BookIDs="B1">
        <Category>XML</Category>
        <Category>Web Publishing</Category>
        <Category>Internet</Category>
    </RecSubjCategories>
</Catalog>
```

Um nun die Liste aller Kategorien für ein Buch zu ermitteln, muss man nach dem Element <RecSubjCategories> suchen, dessen Attribut BookID mit dem Wert des fraglichen Buches übereinstimmt. Der umgekehrte Weg, ein Buch zu suchen, das bestimmte Kategorien erfüllt, ist analog. Wir suchen nach einem Buch (oder Büchern), dessen `ID` mit dem Wert von `BookIDs` des Elements `<RecSubjCatego-ries>` übereinstimmt. Relationale Datenbanken lösen so etwas durch Vereinigungen (joins) und machen so die Verknüpfung zwischen den Elementen transparent, während die Behandlung solcher Verknüpfungen mit XML-Tools (mit DOM oder SAX) einiges an zusätzlicher Arbeit verlangt.

Wie wir wissen, erlaubt es XML, auch Informationen direkt als Kind-Elemente zu realisieren. So werden in XML oft Eins-zu-eins- der Eins-zu-viele-Beziehungen ausgedrückt. Dasselbe Kind in mehreren Eltern-Elementen unterzubringen, kostet jedoch nur unnötig Platz. Daher sollte in solchen Fällen lieber der Mechanismus mit den Attributen `ID`/`IDREFS` verwendet werden. Das ursprüngliche Beispiel nutzte die Verschachtelung von Elementen zur Kennzeichnung der Kategorie eines Buches. XML-Technologien wie DOM, SAX, XLink, XPointer, XPath und XSLT sind entworfen worden, um mit Bäumen von Koten zu arbeiten, die aus Eltern-Kind-Beziehungen entstanden sind. Eine XML-Query-Sprache sollte dagegen in der Lage sein, sowohl anhand von Eltern-Kind-Beziehungen als auch von `ID`/`IDREF`–Beziehungen durch ein Dokument zu navigieren. Solche Informationen sollten dann auch in der zurückgelieferten Antwort erhalten bleiben.

XML unterscheidet nicht zwischen Attributen und Text-Inhalten

In einem XML-Dokument kann man Attribute in einem Element haben, die ausschließlich Texte als Wert haben oder aber man hat Elemente, die selbst nur Text als Inhalt haben dürfen. Also kann man die die beiden unten aufgeführten Möglichkeiten:

```
<Catalog>
    <Book Title="IE5 - Eine Referenz für XML-Programmierer"
        Pages="480"
        ISBN="1-861001-57-6"
        Price="49.99"/>
</Catalog>
```

```
<Catalog>
    <Book ID="B1">
        <Title>IE5 - Eine Referenz für XML-Programmierer</Title>
        <Pages>480</Pages>
        <ISBN>1-861001-57-6</ISBN>
        <Price>49.99</Price>
    </Book>
</Catalog>
```

Diese beiden Fragmente sind syntaktisch verschieden, aber semantisch identisch. Bücher haben Titel, egal ob sie als Attribute oder als Kind-Elemente mit Text-Inhalt ausgedrückt werden. Die Informationen aus jedem der beiden Fragmente könnten in folgender Tabelle gespeichert werden:

```
CREATE TABLE Book (
    BookID int,
    Title varchar(100),
    Pages integer,
    ISBN varchar(15),
    Price varchar(15) )
```

Die Debatte, ob nun Kind-Elemente oder Attribute verwendet werden sollen, geht immer weiter. Es gibt Bemühungen, eine kanonische Form für XML-Inhalte zu erarbeiten (Microsofts BizTalk-Objekte sind so ein Beispiel, `http://www.biztalk.org/resources/canonical.asp`), aber die W3C-Spezifikation beschränkt Dokumente auf keine der beiden möglichen Formen. Eine XML-Suchmaschine sollte daher auch beide Fälle abdecken können.

XML erlaubt, Elemente mit gemischtem Inhalt zu haben

XML erlaubt die Definition von Elementen mit gemischtem Inhalt. Solche Elemente können sowohl Kind-Elemente als auch Text als Inhalt haben. Hier ein Beispiel für so ein Inhaltsmodell:

```
<!ELEMENT Book(#PCDATA, Title, Pages, #PCDATA, ISBN, #PCDATA)>
```

Ein Element `<Book>`, das diesem Inhaltsmodell gehorcht, könnte so aussehen:

```
<Book>
    Beliebiger Text zu Beginn.
    <Title>XML Professionell</Title>
    <Pages>480</Pages>
    Noch mehr Text hier.
    <ISBN>1-861001-57-6</ISBN>
    Zum Abschluss noch mehr Text.
</Book>
```

Solche Inhaltsmodelle sind sinnvoll, wenn man zum Beispiel den Absatz eines Dokuments mit Auszeichnungen versehen möchte. So sollen vielleicht Überschriften und andere Text-Elemente ausgezeichnet werden, aber der größte Teil des Absatzes besteht aus Text, nicht aus Markup-Informationen. Solche Strukturen sind ungewöhnlich für Menschen, die hauptsächlich mit Daten-Objekten arbeiten. Um die obige Struktur in einer relationalen Datenbank darzustellen, müsste man vielleicht andere semantische Konstrukte in eine Datenbank einfügen. Das Problem wird mit zunehmender Flexibilität der XML-Strukturen immer größer:

```
<!ELEMENT Book((#PCDATA | Title | Pages | ISBN)*)>
```

In diesem Fall sind beliebig viele Textblöcke innerhalb eines `<Book>`-Elements möglich. Daher sollte auch jede Query-Sprache, die man für die Suche in XML-Dokumenten verwendet, solche Inhaltsmodelle verarbeiten können.

Nachdem wir nun analysiert haben, welche Möglichkeiten eine Query-Sprache bieten muss, werfen wir einen Blick auf den aktuellen Stand der Bemühungen in dieser Richtung.

Query-Sprachen für XML

Schon die ersten Anwender von XML bemerkten schnell den Bedarf für eine Sprache, mit der XML-Dokumente durchsucht werden könnten. So begannen 1998 einige Gruppen damit, Vorschläge für Query-Sprachen zu erarbeiten, die an das W3C gerichtet wurden. Bevor wir uns dem aktuellen Stand der Querying-Technologie zuwenden, sollten wir einen Blick auf die Geschichte solcher Sprachen für XML werfen.

XML-QL

Einer der Vorschläge an das W3C war eine Sprache mit dem Namen XML-QL. Die Autoren dieses Vorschlags gingen das Problem aus der Sicht von Datenbank-Entwicklern an und übernahmen viele Konzepte, die auch schon in hierarchischen und relationalen Datenbanken Verwendung finden. XML-QL spezifiziert ein Beispiel-Fragment eines XML-Dokuments und stellt Mechanismen zur Verfügung, mit denen diese Informationen so ausgegeben werden können, wie ein Entwickler sich das wünscht. Sehen wir uns dazu ein Beispiel an, bevor wir fortfahren.

Stellen Sie sich vor, wir wollten ein Dokument erzeugen, das alle Bücher-Titel in einem Katalog auflistet. Die Ausgabe sollte dann wie folgt formatiert sein:

```
<Titles>
    <Title>XML-Professionell</Title>
    <Title>Entwurf verteilter Anwendungen</Title>
```

```
    ...
</Titles>
```

Die entsprechende Anfrage in XML-QL würde dann so aussehen:

```
CONSTRUCT <Titles> {
    WHERE
        <Book>
            <Title>$t</Title>
        </Book> IN "http://www.wrox.com/XML/catalog.xml"
    CONSTRUCT
        <Title>$t</Title>
} </Titles>
```

Hier sieht man die Parallelen zu SQL deutlich. Auch hier gibt es eine WHERE–Klausel, mit der Informationen gefiltert werden können. Die Anweisung CONSTRUCT (ähnlich dem SELECT in SQL) erlaubt die Erzeugung neuer Ausgaben. Diese Anweisungen können auch verschachtelt werden, um so eine größere Flexibilität bei der Suche und Präsentation von Informationen zu haben.

Auch wenn XML-QL sehr flexibel ist, so gibt es doch einige Einschränkungen:

❏ **XML-QL hält keine Informationen über die Sequenz von Elementen bereit.** Die von XML-QL zurückgelieferten Daten müssen nicht in derselben Reihenfolge stehen wie in dem Original-Dokument. Für reine Daten-Dokumente mag das kein entscheidender Nachteil sein, aber für Texte mit Auszeichnungen, also eher klassische Dokumente, ist dies ein ernstes Problem. Stellen Sie sich vor, Sie lesen ein Buch, bei dem alle Absätze durcheinander gewürfelt wurden.

❏ **XML-QL erhält die Struktur nicht.** Sie haben vielleicht bei dem Beispiel bemerkt, dass wir eine eigene Struktur für das Ergebnis-Dokument erzeugen mussten, indem wir die verwendeten Tags angaben. So haben wir die Struktur des Dokuments bei der Anfrage neu erzeugt. Wenn man große Dokumente nur auf einen kleinen Teil reduzieren will, wäre es nützlich, die ursprüngliche Struktur des Dokuments zu erhalten. Es macht keinen Sinn, die ganze Teilstruktur eines Buches zu wiederholen, nur um einen Teil des Katalogs lesen zu können!

Etwa zur selben Zeit wie der Vorschlag für XML-QL ging auch ein anderer Vorschlag für eine Sprache mit dem Namen XQL beim W3C ein.

XQL

Bei XQL gingen die Entwickler mehr aus der Sicht eines strukturierten Dokuments an das Problem heran. XQL erhält die Struktur und Reihenfolge aller Elemente im Original-Dokument so gut wie möglich, während so viel überflüssiger Inhalt wie möglich eingespart wird. Betrachten wir das Beispiel aus dem letzten Abschnitt noch einmal in neuem Licht. Alle, die Microsofts Implementierung von XSL kennen, bedenken bitte, dass wir hier nur den ursprünglichen Stand von XQL diskutieren. Zu dem aktuellsten Stand kommen wir in Kürze.

Eine XQL-Anfrage nach der Liste aller Titel in einem Katalog würde so aussehen:

```
//Title
```

Das Ergebnis sähe dann so aus:

```
<xql:result>
    <Title>XML-Professionell</Title>
    <Title>Entwurf verteilter Anwendungen</Title>
    ...
</xql:result>
```

Beachten Sie bitte, dass die Reihenfolge der Elemente im Original-Dokument von XQL beibehalten wird. Auch wenn das oben gezeigte Dokument das Ergebnis in ein <xql:result>-Element gehüllt hat, würde ein XQL-Prozessor schlicht eine geordnete Liste von <Title>-Elementen zurückliefern.

XQL erhält auch die hierarchischen Informationen. Nehmen wir an, wir wollten lediglich das Buch mit dem Titel »IE5 XML Programmer's Reference«, heraussuchen wollen. Die Anfrage sähe so aus:

```
//Book[Book.Title="IE5 - Eine Referenz für XML-Programmierer"]
```

Die Ausgabe sähe dann wie folgt aus:

```
<xql:result>
<Book>
    <Title>IE5 - Eine Referenz für XML-Programmierer</Title>
    <Authors>
        <Author>Alex Homer</Author>
    </Authors>
    <Publisher>Wrox Press, Ltd.</Publisher>
    <PubDate>August 1999</PubDate>
    <Abstract>Referenz der XML-Fähigkeiten des IE5</Abstract>
    <Pages>480</Pages>
    <ISBN>1-861001-57-6</ISBN>
    <RecSubjCategories>
        <Category>Internet</Category>
        <Category>Web Publishing</Category>
        <Category>XML</Category>
    </RecSubjCategories>
    <Price>49.99</Price>
</Book>
</xql:result>
```

Alle Kind-Elemente von Book sind Teil des Suchergebnisses. Bei einer XML-QL-Anfrage hätten wir alle Kind-Elemente in der CONSTRUCT-Klausel angeben müssen.

Auch wenn XQL einige der Probleme von XML-QL löst, so hat es doch seine Grenzen:

❏ **XQL kann Informationen nicht vergleichen.** Da XQL nur auf Knoten arbeitet, nicht aber auf den Informationen darin, kann XQL nicht erkennen, wenn zwei Knoten denselben Inhalt haben. Man hat zum Beispiel keine Möglichkeit, eine Liste mit den Namen aller Autoren in einem Katalog zu erstellen, in dem sich kein Name wiederholt. XQL wird für jedes <Author>-Element im Original ein <Author>-Element in der Liste generieren, auch wenn der Name schon in der Liste ist.

❏ **XQL kann Beziehungen nicht auswerten.** Eine übliche Technik im Zusammenhang mit relationalen Daten ist es, Relationen auszuwerten. Nehmen wir an, wir wollten eine Liste mit allen Autoren und deren Büchern erstellen. Da XQL die hierarchische Struktur erhält, ist es unmöglich, diese Anfrage durchzuführen. XQL kann also nicht immer so verwendet werden, wie es möglich sein sollte.

Auch wenn XQL eine sehr intuitive Möglichkeit für den Zugriff auf hierarchische Information in einem XML-Dokument bietet, können damit Daten nicht so flexibel bearbeitet werden, wie mit XML-QL. Eine ideale Query-Sprache würde die Flexibilität von XML-QL mit dem strukturierten Zugriff von XQL kombinieren.

XSLT und XPath

Auch wenn es an einem Standard für die Suche in XML-Dokumenten mangelt, so kann man doch bestehende Empfehlungen des W3C nutzen, um Lösungen zu erstellen: Mit Hilfe von XSLT und XPath. Sie werden ohne Zweifel die Muster erkannt haben, nach denen Anfragen in XQL formuliert werden. XQL ist ein direkter Vorgänger von XPath. XPath dient dazu, einzelne Elemente in einem XML-Dokument anzusprechen, ohne etwas an der Hierarchie und Struktur des Original-Dokuments zu verändern. XSLT (mehr dazu im nächsten Kapitel) dient dann der Bearbeitung von Suchergebnissen. Mit XSLT können neue Elemente erzeugt und bestehende Elemente neu angeordnet werden, falls das nötig sein sollte. Wie wir noch sehen werden, erlaubt die Kombination von XSLT und XPath einem Entwickler eine einfache Bearbeitung von Dokumenten .

Mit XPath und XSLT in Dokumenten suchen

Die beste zurzeit verfügbare Möglichkeit, in XML-Dokumenten zu suchen, ist XSLT. XSLT verwendet XPath, um Teile aus Dokumenten zu filtern, während XSLT selbst der Präsentation der Suchergebnisse dient. Auch wenn Sie XSLT anwenden, um XML-nach-HTML-Transformationen auszuführen, kann man XSLT auch zur Transformation in andere Formen, auch nach XML, verwenden. In diesem Abschnitt behandeln wir, wie man XSLT nutzen kann, um ein XML-Dokument in ein anderes XML-Dokument zu transformieren. Auf diese Weise löst sich auch eine weitere Beschränkung, die wir vorher angesprochen haben.

Testen von XSLT- und XPath-Queries mit XT

Zur Zeit unterstützt noch keine der weit verbreiteten XML-Bibliotheken wie die von Microsoft und Sun XSLT und XPath in vollem Umfang, da diese Entwürfe erst kürzlich zu Empfehlungen erklärt wurden. Microsoft verspricht volle Unterstützung für XSLT und XPath für die nächste Version von MSXML. Die Preview-Version vom März 2000 enthält schon viele Features, aber eben noch nicht alle. Bis dahin kann man mit den Java-Klassen von James Clark (der Redakteur der XSLT-Spezifikation und einer der Redakteure für die XPath-Spezifikation) arbeiten, der diese Klassen freundlicherweise in der Form eines Windows-Programms bereitgestellt hat. Diese XSLT-Implementierung finden Sie unter:

```
http://www.jclark.com/xml/xt.html
```

Alle Beispiele aus diesem Kapitel wurden mit XT getestet. Eine Einleitung zur Installation und Anwendung von XT befindet sich auf der CD zum Buch. Alle Beispiele aus dem Buch arbeiten auf der Datei catalog.xml mit unserem fiktiven Katalog:

```
<?xml version="1.0" encoding="utf-8" standalone="yes"?>
<!--======= The Wrox Press Book Catalog Application ========-->

<Catalog>
<Book>
    <Title>IE5 - Eine Referenz für XML-Programmierer</Title>
    <Authors>
        <Author>Alex Homer</Author>
    </Authors>
    <Publisher>Wrox Press, Ltd.</Publisher>
    <PubDate>August 1999</PubDate>
    <Abstract>Referenz der XML-Fähigkeiten des IE5</Abstract>
    <Pages>480</Pages>
    <ISBN>1-861001-57-6</ISBN>
    <RecSubjCategories>
        <Category>Internet</Category>
        <Category>Web Publishing</Category>
        <Category>XML</Category>
    </RecSubjCategories>
    <Price>49.99</Price>
</Book>
...
<Book>
    ...
</Book>
</Catalog>
```

Zeilenweise Selektion von Informationen

Das XML-Äquivalent von Zeilen einer Tabelle sind die einzelnen Elemente eines Elementtyps. Wir wollen also sehen, wie sich Elemente anhand ihres Inhalts selektieren lassen. Wie wir schon wissen, kann ein XPath-Ausdruck dazu verwendet werden, um nach Werten in einem Element zu suchen.

Wenn wir also alle Bücher aus dem Katalog mit dem Autor »Alex Homer« heraussuchen möchten, dann könnten wir das folgende Stylesheet verwenden:

```
<xsl:stylesheet xmlns:xsl="http://www.w3.org/1999/XSL/Transform" version="1.0">
    <xsl:template match="/Catalog">
        <xsl:copy>
            <xsl:for-each select="//Book[Authors/Author='Alex Homer']">
                <xsl:copy>
                    <xsl:apply-templates name="childnodes"/>
                </xsl:copy>
            </xsl:for-each>
        </xsl:copy>
    </xsl:template>
    <xsl:template name="childnodes" match="*">
        <xsl:copy>
            <xsl:apply-templates name="childnodes"/>
        </xsl:copy>
    </xsl:template>
</xsl:stylesheet>
```

In diesem Stylesheet wird zwei Mal ein Template verwendet. Das Template mit dem Namen »childnodes« dient dazu, rekursiv alle Nachfahren eines Knotens zu ermitteln und in die Ausgabe zu schreiben. Das Element <xsl:copy> legt eine Kopie des aktuellen Knotens an und »childnodes« wird auf die Kopie angesetzt, um auch alle Kinder in das Ziel-Dokument zu bekommen. Wir werden diesen Trick auch in den folgenden Beispielen verwenden.

Die eigentliche Selektion der Zeilen (Elemente) nimmt der Block <xsl:for-each> in dem ersten Template vor. Dieser Block selektiert nur Bücher im Dokument für die Ausgabe, die durch den XPath-Ausdruck in dem eckigen Klammern beschrieben werden. Lässt man dieses Skript gegen die Datei catalog.xml laufen, dann erhält man alle drei Bücher, die Alex bisher geschrieben hat:

```
<?xml version="1.0" encoding="utf-8"?>
<Catalog>
<Book>
    <Title>IE5 - Eine Referenz für XML-Programmierer</Title>
    <Authors>
        <Author>Alex Homer</Author>
    </Authors>
    <Publisher>Wrox Press, Ltd.</Publisher>
    <PubDate>August 1999</PubDate>
    <Abstract>Referenz der XML-Fähigkeiten des IE5</Abstract>
    <Pages>480</Pages>
    <ISBN>1-861001-57-6</ISBN>
    <RecSubjCategories>
        <Category>Internet</Category>
        <Category>Web Publishing</Category>
        <Category>XML</Category>
    </RecSubjCategories>
    <Price>49.99</Price>
</Book>
<Book>
    <Title>Professional ASP 3.0</Title>
```

```
    ...
</Book>
<Book>
    <Title>Beginning Components for ASP</Title>
    ...
</Book>
</Catalog>
```

Spaltenweise Selektion von Informationen

In XML gibt es ja keine Spalten wie in einer Tabelle. Die Operation, die in einer Datenbank der Selektion von Spalten entspricht, ist die Selektion von Elementen mit Text-Inhalt oder von Attributen. Nehmen wir an, wir wollten die Titel aller Bücher ermitteln, an denen Alex Homer mitgeschrieben hat. Wir wollen nur den Titel, nicht alle Informationen über das Buch wie vorhin. Dazu könnten wir folgendes Stylesheet verwenden:

```
<xsl:stylesheet xmlns:xsl="http://www.w3.org/1999/XSL/Transform" version="1.0">
    <xsl:template match="/Catalog">
        <xsl:copy>
            <xsl:for-each select="//Book[./Authors/Author='Alex Homer']">
                <xsl:copy>
                    <xsl:apply-templates select="Title" name="childnodes"/>
                </xsl:copy>
            </xsl:for-each>
        </xsl:copy>
    </xsl:template>
    <xsl:template name="childnodes" match="*">
        <xsl:copy>
            <xsl:apply-templates name="childnodes"/>
        </xsl:copy>
    </xsl:template>
</xsl:stylesheet>
```

In diesem Fall haben wir lediglich einen XPath-Ausdruck ergänzt, der alle Titel aus allen gefundenen Büchern selektiert. Natürlich kann der XPath-Ausdruck in der zweiten select-Anweisung so geändert werden, dass andere Elemente zurückgegeben werden.

Die obige Anfrage würde folgende Ausgabe erzeugen:

```
<?xml version="1.0" encoding="utf-8"?>
<Catalog>
    <Book>
        <Title>IE5 - Eine Referenz für XML-Programmierer</Title>
    </Book>
    <Book>
        <Title>Professional ASP 3.0</Title>
    </Book>
    <Book>
        <Title>Beginning Components for ASP</Title>
    </Book>
</Catalog>
```

Wir haben die Zeilenumbrüche und Leerstellen selbst eingefügt, um die Ausgabe von XT etwas leserlicher zu machen.

Zusammenfassen von Ergebnissen

XML-Informationen können mit den XPath-eigenen Funktionen zusammengefasst werden. Wenn wir zum Beispiel alle Seitenzahlen der Bücher von Alex Homer aufsummieren wollten, könnten wir das folgende Stylesheet verwenden:

```
<xsl:stylesheet xmlns:xsl="http://www.w3.org/1999/XSL/Transform" version="1.0">
    <xsl:template match="/Catalog">
        <xsl:copy>
            <xsl:element name="totalPages">
                <xsl:value-of select=
                    "sum(//Book[./Authors/Author='Alex Homer']/Pages)"/>
            </xsl:element>
        </xsl:copy>
    </xsl:template>
</xsl:stylesheet>
```

Hier verwenden wir nur die Funktion sum(), um alle numerischen Werte der <Pages>-Element(e), die durch den XPath-Ausdruck selektiert wurden, zu summieren. Mit dem Preis können wir leider nicht analog verfahren, da dieser durch das Element <Price> in der DTD so definiert ist, dass noch die Angabe einer Währung vorangestellt sein darf (z.B. $). Während XPath einige Möglichkeiten zur Bearbeitung von Strings bietet, kann man mit XPath nicht so gut auf Mengen operieren, wie man das mit SQL kann. So werden verschachtelte Operationen wie das Entfernen eines führenden Dollar-Zeichens sehr komplex.

Nach der Anwendung des Stylesheets auf die Datei catalog.xml bekommen wir folgende Ausgabe:

```
<?xml version="1.0" encoding="utf-8"?>
<Catalog>
    <totalPages>3036</totalPages>
</Catalog>
```

Sortieren

Nun weiten wir die Suche nach Titeln aus, bei denen Alex Homer auch ein Co-Autor ist. Außerdem soll die Liste der Titel alphabetisch sortiert sein:

```
<xsl:stylesheet xmlns:xsl="http://www.w3.org/1999/XSL/Transform" version="1.0">
    <xsl:template match="/Catalog">
        <xsl:copy>
            <xsl:for-each select="//Book[./Authors/Author='Alex Homer']">
                <xsl:sort select="Title"/>
                <xsl:copy>
                    <xsl:apply-templates select="Title" name="childnodes"/>
                </xsl:copy>
            </xsl:for-each>
        </xsl:copy>
    </xsl:template>
    <xsl:template name="childnodes" match="*">
        <xsl:copy>
            <xsl:apply-templates name="childnodes"/>
        </xsl:copy>
    </xsl:template>
</xsl:stylesheet>
```

Hier fügen wir lediglich das Element <xsl:sort> in das Element <xsl:for-each> ein. Es besagt, dass die zurückgelieferte Knotenmenge, selektiert durch das Attribut select im Element <xsl:for-each>, nach dem Element Title sortiert werden soll.

So sieht dann die transformierte Ausgabe aus:

```
<?xml version="1.0" encoding="utf-8"?>
<Catalog>
    <Book>
        <Title>Beginning Components for ASP</Title>
    </Book>
    <Book>
        <Title>IE5 - Eine Referenz für XML-Programmierer</Title>
    </Book>
    <Book>
        <Title>Professional ASP 3.0</Title>
    </Book>
</Catalog>
```

Innere Vereinigung

Da XML-Dokumente sowohl Verweise als auch hierarchische Beziehungen haben, ist das Konzept der inneren Vereinigungen (inner joins) nicht direkt anwendbar. Es besteht kein Grund, nach einer Information zu suchen, die bereits in einem Teil enthalten ist, den man schon hat. Wenn man aber die Elemente in einem Dokument mittels ID- und IDREF-Attribute verknüpft, dann kann man innere Vereinigungen gut gebrauchen. XPath erlaubt, ein Dokument in beliebiger Richtung zu durchsuchen. Daher kann man ein Verhalten erzeugen, das den inneren Verknüpfungen von SQL recht nahe kommt. Wir können zum Beispiel das folgende Stylesheet verwenden, um alle Paare aus Büchern und Autoren herauszusuchen, wobei der Autor Alex Homer sein muss:

```
<xsl:stylesheet xmlns:xsl="http://www.w3.org/1999/XSL/Transform" version="1.0">
    <xsl:template match="/Catalog">
        <xsl:copy>
            <xsl:for-each select="//Book[Authors/Author='Alex Homer']">
                <xsl:for-each select="Authors/Author">
                    <xsl:element name="BookAuthor">
                        <xsl:element name="Title">
                            <xsl:value-of select="../../Title"/>
                        </xsl:element>
                        <xsl:element name="Author">
                            <xsl:value-of select="."/>
                        </xsl:element>
                    </xsl:element>
                </xsl:for-each>
            </xsl:for-each>
        </xsl:copy>
    </xsl:template>
</xsl:stylesheet>
```

In diesem Fall gibt es zwei <xsl:for-each>-Blöcke. Der erste Block behandelt die Filterung der Informationen nach den Büchern, die uns wirklich interessieren. Der zweite Block geht im Baum so weit zurück, dass wir alle <Author>-Elemente absuchen können. Schließlich gehen wir im Baum noch weiter nach oben (durch die Anwendung von »..«), um an den Titel des Buches zu kommen. Die Ausgabe sieht dann etwa so aus:

```
<?xml version="1.0" encoding="utf-8"?>
<Catalog>
    <BookAuthor>
        <Title>IE5 - Eine Referenz für XML-Programmierer</Title>
        <Author>Alex Homer</Author>
    </BookAuthor>
```

```
    <BookAuthor>
        <Title>Professional ASP 3.0</Title>
        <Author>Alex Homer</Author>
    </BookAuthor>
    <BookAuthor>
        <Title>Professional ASP 3.0</Title>
        <Author>Brian Francis</Author>
    </BookAuthor>
    <BookAuthor>
        <Title>Professional ASP 3.0</Title>
        <Author>David Sussman</Author>
    </BookAuthor>
    <BookAuthor>
        <Title>Beginning Components for ASP</Title>
        <Author>Alex Homer</Author>
    </BookAuthor>
    <BookAuthor>
        <Title>Beginning Components for ASP</Title>
        <Author>Richard Anderson</Author>
    </BookAuthor>
    <BookAuthor>
        <Title>Beginning Components for ASP</Title>
        <Author>Simon Robinson</Author>
    </BookAuthor>
</Catalog>
```

Äußere Vereinigung

Auch hier gilt, dass die äußere Vereinigung keine so große Rolle spielt, da XML-Dokumente hierarchisch sind. Eine Anwendung kann sich einfach alle Kind-Elemente ansehen, um herauszufinden, ob die gewünschten Informationen da sind. Aber auch hier kann man einiges von dem Verhalten nachahmen, indem man durch den Baum der Elemente navigiert. Nehmen wir an, wir wollen eine Liste alle Bücher haben, die anzeigt, ob Alex Homer an dem Buch mitgeschrieben hat oder nicht. In SQL könnte man dafür einfach eine äußere Vereinigung verwenden, die NULL zurückgibt, wenn Alex Homer kein Co-Autor ist. In XSLT können wir die Funktion count() und das Element <xsl:choose> verwenden, um dasselbe Verhalten zu erhalten:

```
<xsl:stylesheet xmlns:xsl="http://www.w3.org/1999/XSL/Transform" version="1.0">
    <xsl:template match="/Catalog">
        <xsl:copy>
            <xsl:for-each select="Book">
                <xsl:choose>
                    <xsl:when test="count(./Authors[Author='Alex Homer']) > 0">
                        <xsl:element name="BookAuthor">
                            <xsl:element name="Title">
                                <xsl:value-of select="Title"/>
                            </xsl:element>
                            <xsl:element name="CowrittenByAlexHomer">Yes</xsl:element>
                        </xsl:element>
                    </xsl:when>
                    <xsl:otherwise>
                        <xsl:element name="BookAuthor">
                            <xsl:element name="Title">
                                <xsl:value-of select="Title"/>
                            </xsl:element>
                            <xsl:element name="CowrittenByAlexHomer">No</xsl:element>
```

```
            </xsl:element>
          </xsl:otherwise>
        </xsl:choose>
      </xsl:for-each>
    </xsl:copy>
  </xsl:template>
</xsl:stylesheet>
```

Hier prüfen wir, ob Alex Homer ein Co-Autor ist (die Funktion count() führt diese Prüfung aus). Wir erzeugen dann ein neues Element, je nachdem, wie das Element <xsl:choose> sich verhält. Die Ausgabe des Stylesheets könnte so aussehen:

```
<?xml version="1.0" encoding="utf-8"?>
<Catalog>
    <BookAuthor>
        <Title>IE5 - Eine Referenz für XML-Programmierer</Title>
        <CowrittenByAlexHomer>Yes</CowrittenByAlexHomer>
    </BookAuthor>
    <BookAuthor>
        <Title>Designing Distributed Applications</Title>
        <CowrittenByAlexHomer>No</CowrittenByAlexHomer>
    </BookAuthor>
    <BookAuthor>
        <Title>Professional Java XML</Title>
        <CowrittenByAlexHomer>No</CowrittenByAlexHomer>
    </BookAuthor>
    <BookAuthor>
        <Title>XML Design and Implementation</Title>
        <CowrittenByAlexHomer>No</CowrittenByAlexHomer>
    </BookAuthor>
    <BookAuthor>
        <Title>Beginning ASP 3.0</Title>
        <CowrittenByAlexHomer>No</CowrittenByAlexHomer>
    </BookAuthor>
    <BookAuthor>
        <Title>Professional ASP 3.0</Title>
        <CowrittenByAlexHomer>Yes</CowrittenByAlexHomer>
    </BookAuthor>
    <BookAuthor>
        <Title>Professional Site Server 3.0</Title>
        <CowrittenByAlexHomer>No</CowrittenByAlexHomer>
    </BookAuthor>
    <BookAuthor>
        <Title>Professional ADSI Programming</Title>
        <CowrittenByAlexHomer>No</CowrittenByAlexHomer>
    </BookAuthor>
    <BookAuthor>
        <Title>Beginning Components for ASP</Title>
        <CowrittenByAlexHomer>Yes</CowrittenByAlexHomer>
    </BookAuthor>
</Catalog>
```

Bearbeiten von Tabellen-Inhalten

Da XSLT-Operationen auf einer Kopie des Quell-Dokument arbeiten und nicht auf dem Dokument selbst, kann man natürlich auch das Original-Dokument so nicht bearbeiten. Wie schon erwähnt wurde, gibt es für diesen Zweck andere Tools, die besser für die Bearbeitung von XML-Dokumenten geeignet sind.

Informationen aus verschiedenen Quellen sammeln

XSLT bietet die Funktion xsl:Dokument(), um externe Dokumente zur selben Zeit wie das Basis-Dokument zu bearbeiten. Somit können aus verschiedenen Quellen Informationen in einem Ergebnis zusammengefasst werden. Nehmen wir zum Beispiel an, wir hätten in einem Verzeichnis ein Dokument mit dem Namen status.xml und ein Stylesheet. Dieses Dokument beschreibt den Status der Informationen in der Datei catalog.xml:

```
<CatalogStatus>
    <GeneratedDate>17. Dezember  1999</GeneratedDate>
    <LastModifiedDate>12. Dezember 1999</LastModifiedDate>
    <LastUpdatedBy>Jon Duckett</LastUpdatedBy>
</CatalogStatus>
```

Sehen wir uns nun an, wie man das Element <GeneratedDate> aus diesem Dokument in das Ergebnis einer Suche nach allen Büchern von Alex Homer einfügen kann:

```
<xsl:stylesheet xmlns:xsl="http://www.w3.org/1999/XSL/Transform" version="1.0">
    <xsl:template match="/Catalog">
        <xsl:copy>
            <xsl:copy-of select="Dokument('status.xml')//GeneratedDate"/>
            <xsl:for-each select="//Book[./Authors/Author='Alex Homer']">
                <xsl:copy>
                    <xsl:apply-templates select="Title" name="childnodes"/>
                </xsl:copy>
            </xsl:for-each>
        </xsl:copy>
    </xsl:template>
    <xsl:template name="childnodes" match="*">
        <xsl:copy>
            <xsl:apply-templates name="childnodes"/>
        </xsl:copy>
    </xsl:template>
</xsl:stylesheet>
```

Wir können den XSLT-Prozessor anweisen, das Dokument status.xml zu öffnen und jedes Element von Typ <GeneratedDate> in das transformierte Dokument in das Element <Catalog> einzufügen. Beachten Sie, dass man normale XPath-Ausdrücke verwenden kann, um die durch die Dokument()-Funktion erzeugte Knoten zu filtern.

Das generierte XML-Dokument ist:

```
<?xml version="1.0" encoding="utf-8"?>
<Catalog>
    <GeneratedDate>17. Dezember 1999</GeneratedDate>
    <Book>
        <Title>IE5 - Eine Referenz für XML-Programmierer</Title>
    </Book>
    <Book>
        <Title>Professional ASP 3.0</Title>
    </Book>
    <Book>
        <Title>Beginning Components for ASP</Title>
    </Book>
</Catalog>
```

Prozedurale Bearbeitung

Auch wenn mit XSLT so etwas wie prozedurale Bearbeitung möglich ist, so kommt es jedoch bei weitem nicht an die Möglichkeiten von SQL-Server oder Oracle heran. Auch wenn zum Beispiel eine begrenzte Form von Cursoring durch das Element `<xsl:for-each>` möglich ist, so kann man doch den Cursor nicht völlig frei vor und zurück bewegen. Sehen wir uns noch ein letztes Beispiel an. Wir wollen eine Liste aller Autoren und Titel in `catalog.xml` produzieren, an denen jeder Autor mitgearbeitet hat.

Zur Erinnerung, in SQL könnten wir das so erreichen:

```
SELECT a.author, b.title
    FROM author INNER JOIN book ON author.bookID = book.bookID
    ORDER BY a.author
```

Das Ergebnis wäre folgende Struktur:

Autor	Titel
Alex Homer	IE5 – Eine Referenz für XML-Programmierer
Alex Homer	Professional ASP 3.0
Alex Homer	Beginning Components for ASP
Brian Francis	Professional ASP 3.0
...	

Die empfangende Anwendung müsste diese flache Struktur so aufbereiten, dass die mehrfachen Vorkommen von Namen ausgelöscht würden. Eine andere Möglichkeit wäre es, das Schlüsselwort DISTINCT in der SELECT-Anweisung zu verwenden, um zunächst alle Autoren zu suchen und erst anschließend die Bücher für jeden einzelnen Autor.

Wir hätten gerne, dass die Ausgabe unseres XSLT-Stylesheets wie folgt aussieht:

```
<?xml version="1.0" encoding="utf-8"?>
<Catalog>
    <Author>
        <Name>Alexander Nakhimovsky</Name>
        <Title>Professional Java XML</Title>
    </Author>
    <Author>
        <Name>Alex Homer</Name>
        <Title>IE5 - Eine Referenz für XML-Programmierer</Title>
        <Title>Professional ASP 3.0</Title>
        <Title>Beginning Components for ASP</Title>
    </Author>
    ...
</Catalog>
```

Damit das möglich wird, benötigen wir einen neuen Elementtyp von XSLT– eine Variable – damit wir auf eine andere Stelle im Dokument zurückgreifen können. Sehen wir uns an, wie das Ganze funktioniert. Das komplette Stylesheet sieht so aus:

```
<xsl:stylesheet xmlns:xsl="http://www.w3.org/1999/XSL/Transform" version="1.0">
    <xsl:template match="/Catalog">
        <xsl:copy>
            <xsl:for-each select="//Author/text()">
                <xsl:sort select="."/>
                <xsl:variable name="thisAuthor" select="."/>
```

```
            <xsl:if test="count(preceding::Author[text()=$thisAuthor]) = 0">
                <xsl:element name="Author">
                    <xsl:element name="Name">
                        <xsl:value-of select="$thisAuthor"/>
                    </xsl:element>
                    <xsl:for-each select="//Book[./Authors/Author=$thisAuthor]">
                        <xsl:copy-of select="Title"/>
                    </xsl:for-each>
                </xsl:element>
            </xsl:if>
        </xsl:for-each>
    </xsl:copy>
  </xsl:template>
</xsl:stylesheet>
```

Sehen wir uns das im Einzelnen an. Zunächst den Anfang:

```
<xsl:stylesheet xmlns:xsl="http://www.w3.org/1999/XSL/Transform" version="1.0">
    <xsl:template match="/Catalog">
        <xsl:copy>
            <xsl:for-each select="//Author/text()">
```

Hier erzeugen wir so etwas wie einen Cursor auf alle Namen von Autoren durch das Element <xsl:for-each>. Hier werden wir noch mehrfache Vorkommen von Namen haben, da jedes Mal, wenn ein Name bei einem Buch angegeben wird, dieser Name auch in die Liste kommt. Wie wir diese Liste von Dopplungen bereinigen, sehen wir in Kürze.

```
                <xsl:sort select="."/>
```

Nun werden die Namen nach Vornamen in alphabetischer Reihenfolge sortiert.

```
                <xsl:variable name="thisAuthor" select="."/>
```

Diese Anweisung speichert den aktuellen Autor in einer Variable. So können wir leicht auf Informationen zurückgreifen, auch wenn der Kontext sich inzwischen geändert hat. Wir werden das gleich noch genauer sehen.

```
                <xsl:if test="count(preceding::Author[text()=$thisAuthor]) = 0">
```

Auf diese etwas trickreiche Art umgehen wir das Problem der doppelten Namen. Die Knoten, die durch das select-Attribut des Elements <xsl:for-each> selektiert werden, tauchen für jedes Buch, an dem dieser Autor mitgeschrieben hat, immer wieder auf. Um sicherzustellen, dass wir jeden Autor nur einmal bearbeiten, führen wir diesen Test durch. Übersetzt bedeutet dieser Test: »Gehe nur weiter, wenn es kein Element <Author> mit demselben Inhalt im Original-Dokument an einer früheren Position gibt.« Diese Bedingung wird für jeden Autor nur einmal wahr sein und so bekommen wir keine Verdopplungen in der Liste. Eine Randbemerkung an dieser Stelle: Die »traditionelle« Methode, den Namen des letzten Autors zu speichern und mit dem aktuellen zu vergleichen, um zu sehen, ob er sich ändert, funktioniert hier durch die Gültigkeitsbereiche von Variablen in XSLT nicht.

```
                <xsl:element name="Author">
                    <xsl:element name="Name">
                        <xsl:value-of select="$thisAuthor"/>
                    </xsl:element>
```

Nun erzeugen wir die Elemente <Author> und <Name> und holen den Namen des Autors aus der Variable.

```
                    <xsl:for-each select="//Book[./Authors/Author=$thisAuthor]">
```

An dieser Stelle erzeugen wir einen neuen Cursor für alle Bücher in dem Dokument, an dem der aktuelle Autor mitgeschrieben hat. An dieser Stelle hätten wir ».« nicht anstelle von $thisAuthor anwenden können, da der Kontext aus den eckigen Klammern der Kontext des aktuellen <Book>-Elements ist. An dieser Stelle ist es nicht mehr der Kontext des ersten Elements <xsl:for-each>. Man sollte immer den Kontext beachten, da man sonst zu unerwarteten (und falschen) Ergebnissen mit XSLT kommt.

```
<xsl:copy-of select="Title"/>
```

Wir schreiben das Element <Title> in die Ausgabe und setzen die Schleife fort:

```
            </xsl:for-each>
          </xsl:element>
        </xsl:if>
      </xsl:for-each>
    </xsl:copy>
  </xsl:template>
</xsl:stylesheet>
```

Das Stylesheet würde diese Ausgabe produzieren:

```
<?xml version="1.0" encoding="utf-8"?>
<Catalog>
    <Author>
        <Name>Alexander Nakhimovsky</Name>
        <Title>Professional Java XML</Title>
    </Author>
    <Author>
        <Name>Alex Homer</Name>
        <Title>IE5 - Eine Referenz für XML-Programmierer</Title>
        <Title>Professional ASP 3.0</Title>
        <Title>Beginning Components for ASP</Title>
    </Author>
    <Author>
        <Name>Brian Francis</Name>
        <Title>Beginning ASP 3.0</Title>
        <Title>Professional ASP 3.0</Title>
    </Author>
    <Author>
        <Name>Chris Ullman</Name>
        <Title>Beginning ASP 3.0</Title>
    </Author>
    ...
</Catalog>
```

Die Zukunft von Such-Sprachen

XSLT und XPath bieten einem Entwickler schon eine große Menge an Einfluss über die Suche in XML-Dokumenten und die Präsentation von Inhalten. Aber das W3C hat erkannt, dass diese beiden Möglichkeiten noch nicht die ultimative Antwort auf die Probleme bei der Suche in XML-Dokumenten liefern. Einige Suchanfragen (wie unsere Bücher-pro-Autor-Anfrage) lassen sich in XSLT und XPath nur schwer realisieren und auch die zusätzlichen Funktionen von Such-Sprachen wie SQL (insert, update) existieren hier noch nicht. Das W3C hat eine eigene **XML Query Working Group** gegründet, die sich damit beschäftigt, »flexible Suchmöglichkeiten für die Extraktion von Daten aus realen und virtuellen Dokumenten im Web« bereitzustellen. Diese Gruppe hat gerade erst begonnen, erste Ergebnisse zu produzieren und wir können in der näheren Zukunft einen weiteren Vorschlag für eine Such- und Abfrage-Technologie erwarten.

Zusammenfassung

In diesem Kapitel haben wir einen Blick auf die aktuellsten Technologien für die Bearbeitung von XML-Dokumenten kennen gelernt:

❏ Wir haben uns die **Infosets** des W3C angesehen und wissen nun, aus welchen Informationsteilen ein XML-Dokument formal besteht.

❏ Wir haben die Spezifikation von **XLink** betrachtet und wissen nun, wie wir in XML-Dokumenten Links zwischen verschiedenen Ressourcen erzeugen können.

❏ Wir haben die Spezifikation von **XPointer** untersucht und wissen nun, wie man auf eine bestimmte Stelle oder eine ganze Reihe von Positionen in einem Dokument verweisen kann.

❏ Die Spezifikation für **XML Fragment Interchange** legt fest, wie Teile einzelner XML-Dokumente zusammen mit Kontext-Informationen übermittelt werden können.

❏ Schließlich haben wir uns noch einige Vorschläge für die Suche in XML-Dokumenten angesehen und uns einige Beispiele in **XSLT** und **XPath** angesehen.

Auch wenn vieles von dem, was dieses Kapitel vorgestellt hat, noch nicht weithin genutzt werden kann, so werden diese Technologien in naher Zukunft doch alltäglicher Bestandteil der Arbeit mit XML sein. Jetzt schon das nötige Wissen über die Möglichkeiten diese Technologien zu haben, kann den wichtigen Vorsprung bringen, sobald diese Mittel allgemein verfügbar sind.

9

Transformation von XML-Dokumenten

Einige Menschen sehen XML primär als Dokument-Format, andere dagegen als eine grundlegende hierarchische Struktur zur Speicherung von Daten. Auf einer anderen Ebene können XML-Dokumente auch als Ausgabe oder Produkt von Agenten-Software irgendeiner Form über ein Netzwerk bezogen werden. Jeder Knoten in einem solchen Netzwerk speichert und bearbeitet Daten, die er bekommt, und gibt das Ergebnis seiner Arbeit an den nächsten Knoten im Netz weiter. In einem solchen Szenario sind XML-Dokumente nichts anderes als Daten, die zwischen verschiedenen Anwendungen in einem Netzwerk hin und her fließen. Wie auch immer man ein XML-Dokument betrachtet, im Wesentlichen ist es immer eine Ansammlung von Elementen, die nach einem bestimmten Schema hierarchisch angeordnet sind. Dabei kann die Anordnung explizit durch eine DTD oder ein Schema vorgeschrieben sein, es genügt aber auch ein wohlgeformtes Dokument, mit einer impliziten Anordnung. Man kann das XML-Dokument auch als serialisierte Fassung einer hierarchischen Struktur ansehen, als ein einfaches Text-Dokument für den Austausch von Informationen zwischen Anwendungen. Intern muss eine Anwendung dann nicht mehr auf der reinen Text-Datei arbeiten, sondern kann eine geeignete interne Repräsentation verwenden.

Soll XML wirklich dabei helfen, flexible Anwendungen zu erstellen, die miteinander über Systemgrenzen hinweg kommunizieren, und wollen wir dabei schon in XML vorliegende Datenbestände verwenden, dann müssen wir darauf gefasst sein, dass andere Anwendungen auch andere Strukturen verwenden. In diesem Kapitel sehen wir uns die Möglichkeiten an, mit denen man XML-Strukturen transformieren und reorganisieren kann.

In diesem Kapitel konzentrieren wir uns auf den Aspekt der Transformation bei der Bearbeitung von XML-Daten. Es gibt viele Gründe für die Transformation von XML-Daten und daher beginnen wir dieses Kapitel damit, uns anzusehen, wie und warum man XML-Dokumente in eine andere Form transformieren sollte. Wir werden dabei zum größten Teil XSL-Transformationen verwenden, auch wenn wir am Ende des Kapitels andere Methoden der Transformation erörtern werden.

Die verschiedenen Transformationsmethoden haben in der XML-Gemeinde zu hitzigen Diskussionen geführt. Verschiedene Programmierer bevorzugen auch jeweils andere Methoden der Transformation. Wir werden uns daher einige der grundlegenden Standpunkte der einzelnen Methoden ansehen, damit Sie entscheiden können, welche der Methoden für Sie die geeignetste ist. Wir nehmen dabei an, dass Sie mit DOM vertraut sind, weil Sie das Kapitel 5 gelesen haben oder bereits aktiv mit DOM arbeiten.

Nachdem wir uns die Gründe für die Transformation von XML-Dokumenten angesehen haben, werden wir uns ansehen, wie man XSLT konkret anwendet. Wir werden Ihnen dann die Grundlagen der XSLT-Syntax näher bringen, damit Sie sich daran gewöhnen können, XSL für die Bearbeitung Ihrer Dokumente zu verwenden. Wir werden zum Beispiel auch unsere Liste von Büchern in eine andere Struktur überführen. Dabei werden wir für diese Transformation unser Wissen über XPath benötigen. XSLT verwendet

XPath-Ausdrücke, um Teile von XML-Dokumenten anzusprechen. Nachdem wir uns XSLT angesehen haben, werden wir uns DOM zuwenden und sehen, wie man unsere Liste von Büchern mittels DOM-Programmen bearbeiten kann. Danach wenden wir uns sehr dynamischen Dokumenten zu. Wir werden unser Wissen über XSL und DOM verwenden, um ein Dokument zu erstellen, das den Inhalt einer Tabelle in Abhängigkeit von Aktionen eines Benutzers verändert. Schließlich werden wir die beiden Methoden der Transformation miteinander vergleichen. Um das Thema abzuschließen, werden wir noch Fälle betrachten, in denen andere Alternativen der Transformation angemessen sein können. Insgesamt wird dieses Kapitel die folgenden Themen behandeln:

❑ Warum sind XML-Transformationen überhaupt nötig?

❑ Eine Einführung in die XSLT-Syntax

❑ Ein Beispiel für die Anwendung von XSLT zur Transformation von statischen Dokumenten

❑ Die Anwendung von XSLT zur Transformation von dynamischen XML-Dokumenten

Dieses Wissen wird Sie in die Lage versetzen, eine geeignete Wahl für die Methode der Transformation für Ihre eigenen XML-Dokumente zu treffen. Damit erwerben Sie das nötige Wissen über die grundlegenden Konzepte hinter den verschiedenen Transformations-Methoden.

Warum benötigt man XML-Transformationen?

Wenn man Daten in einer XML-Datei speichert oder man XML-Dokumente erhält, die von anderen Programmen generiert wurden, liegen diese Daten stets in einem festen Format vor. Obwohl XML plattformneutral ist und XML-Daten zwischen verschiedenen Anwendungen ausgetauscht werden können, gibt es doch Fälle, in denen andere Benutzer diese Daten in einem anderen Format benötigen. Zusätzlich kann es vorkommen, dass man die Struktur eines Dokuments in Abhängigkeit von Benutzer-Aktionen verändern muss. Transformationen fallen im Allgemeinen in drei Kategorien:

❑ **Strukturelle Transformationen**. In solchen Fällen wird von einer XML-basierten Auszeichnungssprache in eine andere Auszeichnungssprache übersetzt. Ein Beispiel für eine solche Transformation wäre die Wandlung zwischen zwei Auszeichnungssprachen wie FPML und finML.

❑ **Erzeugung dynamischer Dokumente**. In diesem Fall werden Teile von Dokumenten reorganisiert, gefiltert oder neu sortiert. Solche Aktionen können zum Beispiel durch einen Klick auf Spaltenköpfe einer Tabelle oder Ähnlichem ausgelöst werden. In einem solchen Fall würde dann vielleicht der Inhalt einer Tabelle neu sortiert werden

❑ **Transformation in eine Sprache zur Darstellung**. In solchen Fällen wird das Dokument zurDarstellung in einem Browser aufbereitet. Solche Sprachen, die zur Darstellung geeignet sind, könnten HTML, VOXML oder SVG (Scalable Vector Graphics) sein.

Werfen wir nun einen Blick auf die einzelnen Transformationstypen.

Übersetzungen zwischen verschiedenen Sprachen

Wenn wir noch einmal an den Katalog von Büchern aus dem zweiten Kapitel zurückdenken, dann gibt es viele verschiedene Anwendungen für die Daten in dem Katalog. Zum Beispiel könnte ein Verlag diese Daten nutzen, um den Katalog auf der eigenen Website oder im eigenen Intranet zu veröffentlichen. Auch viele Buchläden haben einen Bedarf für fast genau dieselben Daten. Diese Anwendungsfälle sind ideal für die Verwendung von XML. Wenn jedoch verschiedene Buchläden alle eine andere DTD verwenden, um die gleichen Daten zu beschreiben, benötigt man einen Mechanismus zur Transformation der eigenen Daten in das Format des einzelnen Buchladens.

Auf der Website www.wrox.com könnten die Daten der Bücher zum Beispiel nach der DTD aus der Datei pubCatalog.dtd ausgezeichnet sein, die wir schon aus Kapitel 3 kennen:

```
<Book ISBN="1-861003-11-0" level="Professional" pubdate="11-21-99"
    pageCount="500" authors="multi">
  <Title>XML Professionell</Title>
  <Abstract>XML ist ein wichtiges Thema!</Abstract>
  <RecSubjCategories>
    <Category>XML</Category>
    <Category>Programming</Category>
    <Category>Internet Programming</Category>
  </RecSubjCategories>
  <Price>49.99</Price>
</Book>
```

Der fiktive Verlag XYZBooks will die gleichen Informationen in einem anderen Format haben:

```
<Book>
  <Title>XML Professionell</Title>
  <ISBN>1-861003-11-0</ISBN>
  <Abstract>XML ist ein wichtiges Thema!</Abstract>
  <Pubdate>11-21-99</Pubdate>
  <RecSubjCategories>
    <Category>XML</Category>
    <Category>Programming</Category>
    <Category>Internet Programming</Category>
  </RecSubjCategories>
  <Price>49.99</Price>
</Book>
```

Wie Sie sicher sofort gesehen haben, sind die zwei Attribute des Elements <Book> in der zweiten Version nun die Elemente <ISBN> und <Pubdate>. Statt nun beide Versionen der Daten vorzuhalten, wäre es doch besser, das eine Format in das andere Format zu überführen.

Das ist nur ein Fall, in dem eine XML-basierte Sprache in eine andere XML-basierte Sprache überführt werden muss, Sie können sich bestimmt weitere Fälle vorstellen. Eines der wichtigen Anwendungsgebiete für diese Art von Transformationen ist der elektronische Handel, da viele verschiedene Unternehmen ihre Daten in diversen Formaten benötigen. Es kann auch sein, dass man sich entschließt, eine Anwendung völlig neu zu erstellen, und dann in der Zwangslage ist, bestehende XML-Daten in ein anderes, aktuelleres XML-Format zu überführen.

Transformationen sind ein wichtiger Teil der Arbeit mit XML, besonders wenn man bedenkt, dass man in der Lage sein sollte, bestehende XML-Daten auch in einem anderen Kontext zu verwenden. Schließlich muss man dafür oft nur eine Transformation von einem Format in ein anderes Format vornehmen und daher ist es nicht nötig, Informationen doppelt vorzuhalten. Die Möglichkeiten von XSL sind geradezu ideal für diese Art von Transformationen.

Dynamische Transformationen

Der letzte Abschnitt behandelte die Präsentation derselben Daten in unterschiedlichen Formaten, wobei alle beteiligten Parteien spezifische Versionen eines statischen XML-Dokuments benötigen. Es gibt aber auch Gelegenheiten, bei denen wir etwas dynamischere Änderungen an einem Dokument vornehmen müssen. Denken Sie zum Beispiel an Tabellenkalkulationen, die zweifelsohne den Einsatz von PCs vor fast zwanzig Jahren revolutionierten. Benutzer benötigen die Daten einer Tabelle in einer anderen Form, je nach den Aktionen des Benutzers. Solche Daten benötigen dynamische Transformationen.

Jede Art von Transformation, die Eingaben von Benutzern erfordert oder interaktive Dokumente erzeugt, ist im Vergleich zur Transformation statischer Dokumente recht komplex. Dynamische Transformationen bedürfen oft der Behandlung von Events, was fast immer die Verwendung einer Programmiersprache erfordert.

Da Skript-Sprachen und die DOM-API Transformationen auch ohne XSL ermöglichen und man DOM auch durch die JavaScript-Anbindung in einem Browser nutzen kann, bevorzugen einige Entwickler diese Methoden zur Durchführung dynamischer Transformationen. Außerdem gibt es weitere Sprachanbindungen für DOM, unter anderem für Java, C++, Perl, Visual Basic und Python, so dass jeder Entwickler seine bevorzugte Sprache weiter verwenden kann. Wir werden später in dem Kapitel noch Beispiele für beide Methoden und Gründe für die Anwendung der einen oder anderen Methode kennen lernen.

Unterschiedliche Browser

Viele Entwickler kennen die Sorgen, wenn es darum geht, ganze Websites oder Teile davon für inkompatible Browser-Versionen zu erstellen. Die Idee, dass XML nur an Webbrowser ausgeliefert werden kann, die ebenfalls XML beherrschen, scheint dieses Problem der Inkompatibilität nur zu verstärken. Tatsächlich liegt die Sache völlig anders. Wenn man den Inhalt von Websites als XML-Dokument erstellt, dann könnte man diese Dokumente in die verschiedenen Versionen bzw. Sprachen transformieren und so verschiedene HTML-Dokumente aus einem einzigen XML-Dokument erstellen. Wie könnte so etwas funktionieren:

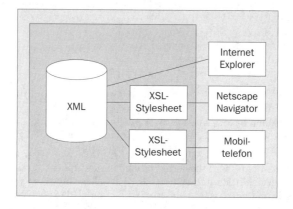

Hier werden drei unterschiedliche Stylesheets verwendet, um so drei Versionen der XML-Daten zu erstellen. Die Version für den Internet Explorer 5 kann ein XML-Dokument bleiben, während die anderen beiden Stylesheets andere Dokument-Formate erzeugen. Dieser Ansatz verhindert die redundante Speicherung von Daten, nur weil verschiedene Browser verwendet werden. Durch die Transformation von XML-Daten könnten unterschiedliche Seiten denselben XML-Inhalt zur Darstellung von Daten in einem für den Browser verständlichen Format nutzen. In diesem Beispiel werden die XSL-Stylesheets als Schablonen benutzt, die festlegen, wie die Daten auf dem jeweiligen Browser dargestellt werden. Diese Stylesheets funktionieren wie Templates für die eigentlichen Daten und daher kann man dasselbe Stylesheet für die Transformation der Daten für mehrere Seiten nutzen.

> *Die Transformation von XML nach HTML ist besonders beliebt, wo ein Webbrowser zur Darstellung von Daten dient, besonders da die XML-Linking-Spezifikation des W3C noch nicht implementiert ist.*

Diese Vorgehensweise wird immer mehr an Bedeutung gewinnen, besonders da auch neue Typen von Browsern den Weg in den Internet-Markt finden. Es gibt inzwischen schon Dienste für digitales Fernsehen, Spielekonsolen und eine Reihe von mobilen Geräten – von PDAs bis hin zum Mobiltelefon –, die einen Zugang ins Internet bieten. Wenn diese Clients ihren Marktanteil am Gesamtmarkt der Browser steigern, entsteht ein zunehmender Druck, auch Seiten für diese Geräte anzubieten. Wie wir noch in Kapitel 14 sehen werden, sind die Möglichkeiten zum Beispiel von Mobiltelefonen durch die geringe Größe des Displays, die geringe Bandbreite und die geringe Rechenleistung beschränkt und bringen besondere Anforderungen mit sich. Zu diesen Anforderungen könnte es zählen, XML-Dokumente in andere Auszeichnungssprachen zu überführen, so wie zum Beispiel die Wireless Markup Language (WML). WML ist eine Sprache für mobile Geräte wie PDAs und Mobiltelefone. Die Transformation von XML-Daten wird also zu einer immer häufiger benötigten Aufgabe werden.

XSL

Die **eXtensible Stylesheet Language** ist eine XML-basierte Sprache für die Transformation von XML-Dokumenten in andere XML-Dokumente oder zur Transformation von XML-Dokumenten in darstellbare Objekte. Die ursprüngliche Fassung von XSL wurde in drei separate Sprachen aufgeteilt:

- ❏ Transformation (XSLT)
- ❏ Darstellung (XSLF – unter Einsatz von XSLT)
- ❏ Zugriff auf die XML-Strukturen (XPath)

XSL hat seine Wurzeln bei den Cascading Style Sheets (CSS) und einer Sprache mit dem Namen DSSSL (Document Style Semantics and Specification Language (DSSSL – gesprochen »dissel«)). Mit der laufenden Entwicklung bekommen die Styling-Aspekte von XSL zunehmend Ähnlichkeiten mit CSS und entfernen sich immer mehr von DSSSL. Das Styling von Dokumenten wird in Kapitel 13 behandelt.

Wie Sie sich sicher denken können, werden wir uns in diesem Kapitel vor allem mit dem Aspekt der Transformation in XSL beschäftigen. Die XSLT-Spezifikation wurde am 16. November 1999 zu einer Empfehlung des W3C erklärt und verwendet die XPath-Spezifikation, die am selben Tag zu einer Empfehlung erklärt wurde. Mit XPath werden die Teile eines Dokuments zur Transformation selektiert. XPath wurde im letzten Kapitel ausführlich behandelt.

XSLT

Dieser Abschnitt behandelt, wie man mit XSLT XML-Dokumente transformiert, und wir werden auch sehen, wie XPath in XSLT verwendet wird. Der erste Satz der XSLT-Spezifikation besagt ausdrücklich: »*[XSLT] ist eine Sprache für die Transformation von XML-Dokumenten in andere XML-Dokumente*«. Wie schon angesprochen, kann es viele Gründe geben, warum man ein XML-Dokument in eine andere Struktur überführen sollte. Um ein Dokument zu transformieren, benötigt man einen XSLT-Prozessor. Wir werden die beiden weit verbreiteten Prozessoren besprechen, sobald wir wissen, was ein XSLT-Prozessor eigentlich wirklich tut.

XSLT ist eine Sprache, die in XML formuliert ist. Das bedeutet nichts anderes, als dass ein XSLT-Stylesheet zur Transformation von XML-Dokumenten tatsächlich ein wohlgeformtes XML-Dokument ist. Wir werden also als Nächstes die Syntax von XSLT erlernen und sehen, was wir damit ausdrücken können.

Zunächst müssen wir aber einen wichtigen Punkt klarstellen:

XSLT-Prozessoren bearbeiten keine Dokumente, sie verändern Strukturen.

Damit ein XSLT-Prozessor ein XML-Dokument transformieren kann, muss das Dokument zunächst in eine **Struktur** oder ein **internes Modell** übergeführt werden. Dieses interne Modell ist ein Baum. Das Modell selbst ist auch unabhängig von einer API, die den Zugriff auf den Baum regelt. In der SGML-Welt nennt man dieses abstrakte Modell »**grove**«. Da XML eine Teilmenge von SGML ist, besitzt es einige der grundlegenden Konzepte von SGML. Daher ist ein »grove« eine abstrakte Baumstruktur, die unabhängig von irgendeiner API zur Bearbeitung der Knoten im Baum ist. Zum Beispiel ist DOM die vom W3C empfohlene API zur Bearbeitung des »grove«. DOM ist wirklich nur die API, der »grove« ist die abstrakte Struktur. Daher kann ein »grove« mehr als eine API besitzen oder verschiedene APIs, je nach Sprache, verwenden. In diesem Kapitel werden wir den »grove« meinen, wenn wir von der abstrakten Baumstruktur reden.

Das folgende XML-Dokument:

```
<?xml version="1.0" ?>
<Book ISBN="1-861003-11-0" level="Professional" pubdate="11-21-99"
      pageCount="500" authors="multi">
    <Title>XML Professionell</Title>
    <Abstract>XML ist ein wichtiges Thema!</Abstract>
    <RecSubjCategories>
        <Category>XML</Category>
        <Category>Programming</Category>
        <Category>Internet Programming</Category>
    </RecSubjCategories>
    <Price>49.99</Price>
</Book>
```

kann in einer abstrakten Form so dargestellt werden:

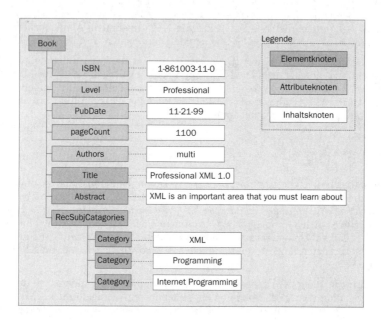

Es macht keinen Unterschied, wie wir die Datei betrachten oder bearbeiten, <Title>, <Abstract>, <RecSubjCategories> und <Price> sind immer Kind-Elemente von <Book>, und <Category> ist ein Nachfahre von <Book> und Kind von <RecSubjCategories>. Das ist auch der Grund, warum die abstrakte Baumstruktur ein unabhängiges Modell ist und nicht mit einer API (wie DOM) direkt verbunden ist. Diese **Struktur** wird von einem XSL-Prozessor verwendet. XPath dient als Sprache zur Selektion der Elemente in der Baumstruktur.

Wie bearbeitet ein XSL-Prozessor ein Quell-Dokument?

Wie schon erwähnt, arbeitet XSLT nicht auf dem Modell der Datei selbst. Sowohl das Quell- als auch das Ziel-Format sind Anwendungen von XML und basieren beide auf einem Baum. Außerdem ist ein XSL-Stylesheet auch ein XML-Dokument, das ebenfalls durch einen Baum dargestellt werden kann. Ein XSLT-Prozessor arbeitet also mit drei Bäumen.

XSLT ist eine **deklarative** Sprache, man beschreibt also, wie ein Ergebnis aussehen soll, man sagt nicht, wie es durch Transformation erzeugt werden soll. Daher erledigt der XSL-Prozessor die eigentliche Arbeit. Ein XSL-Stylesheet besteht aus **Templates**, die beschreiben, wie jeder Knoten in dem Quell-Baum in dem Ziel-Baum aussehen soll.

Das folgende Diagramm illustriert, wie ein XSL-Prozessor arbeitet:

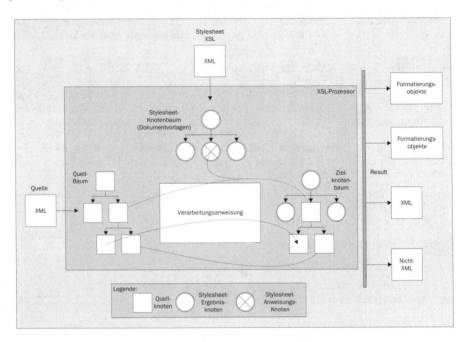

Hier sehen wir auch die drei Baumstrukturen. Vergessen Sie nicht, dass die Quell- und Ziel-Struktur die abstrakte Repräsentation der Dokumente sind. Der Prozessor bearbeitet den Quell-»grove«, beginnend mit der Wurzel und sucht nach einem passenden Template in dem Stylesheet-Baum. Wird ein Template gefunden, werden die Regeln im Template verwendet, um eine abstrakte Repräsentation des Ergebnisses in den Ziel-Baum zu schreiben. Dann wird das Quell-Dokument Knoten für Knoten abgearbeitet, immer angeführt von der Anweisung `<xsl:apply-template>`, und es wird nach einem passenden Template im Stylesheet gesucht. Gibt es kein passendes Template, geht es zum nächsten Knoten weiter. Im Grunde wird in diesem Fall ein vorgegebenes Template ausgeführt, das keine Ausgabe erzeugt. Schließlich wird der Ziel-Baum in ein XML-Dokument, einen Text, ein HTML-Dokument oder ein anderes Ergebnis überführt.

Die obige Schilderung entspricht zumindest der Theorie. Es gibt aber verschiedene Varianten, wie XSLT-Prozessoren implementiert werden. XSLT-Anwendungen können verschiedene Optimierungen erfahren haben und das Stylesheet muss nicht immer in einem »grove« oder einer Baumstruktur gehalten werden. Aber die obige Schilderung gibt eine Idee der generellen Vorgehensweise wider.

Nun wissen wir in etwa, wie ein XSL-Prozessor eine Transformation ausführt, und Sie benötigen nur noch einen Prozessor für Ihr System, um alle Beispiele selbst auszuprobieren. Es gibt natürlich verschiedene Implementierungen von XSL-Prozessoren und wir wollen uns zwei ansehen:

❑ **MSXML** – Der XML-Parser von Microsoft hat eine DOM-Schnittstelle und auch einen XSLT-Prozessor in Form einer COM-Komponente. Die MSXML-Version im IE5 ist im Vergleich zu den Empfehlungen recht alt, aber die »technology preview«-Version ist aktuell genug.

❑ **XT** – Die XSLT-Maschine von James Clark. Dieser Prozessor ist in Java implementiert und daher auf verschiedenen Systemen lauffähig. XT ist recht aktuell, was den Stand der XSLT-Spezifikation angeht.

Der MSXML-XSL-Prozessor

MSXML ist nicht nur ein Parser, er enthält auch einen XSL-Prozessor. MSXML ist eng an den Internet Explorer 5 gekoppelt, ist aber auch als eigenständige COM-Komponente unter http://msdn.micro-soft.com/xml/ erhältlich. Diese Version kann auch in eigene Anwendungen integriert werden. Diese Komponente verwendet DOM zur Bearbeitung der Baumstruktur eines XML-Dokuments. Aus diesem Grund kann man diese Komponente auch an Sprachen wie JavaScript, Delphi, Visual Basic, VisualCO-BOL, VBScript, PerlScript, PythonScript, C++ etc. anbinden. Diese Komponente benötigt zumindest den Internet Explorer 4, da der XSLT-Prozessor einige Abhängigkeiten von Bibliotheken (DLLs) dieses Browsers hat.

Die Original-Definition der DOM-Schnittstelle wurde in der CORBA Interface Definition Language (IDL) vorgenommen, aber Microsofts Komponenten-Technologie COM verwendet eine andere IDL. Daher ist auch die Schnittstelle der MSXML-Komponente in der Sprache COM IDL definiert. Die DOM-Implementierung von Microsoft respektiert jedoch den Geist der Empfehlung und verwendet die gleichen Namen für Methoden in den Objekt-Schnittstellen. Die Schnittstelle IXMLDokument ist äquivalent zur Schnittstelle Dokument der DOM-Level-1-Schnittstelle des W3C. Die W3C Dokument-Schnittstelle erbt von der Knoten-Schnittstelle und so erbt auch die Schnittstelle IXMLDokument von der Schnittstelle IXMLNode. Die Schnittstelle IXMLDokument wurde auch um zusätzliche Methoden zur Analyse und Transformation von Dokumenten erweitert.

Das folgende ASP-Skript zum Beispiel verwendet die Schnittstelle IXMLDokument der MSXML-Komponente, um das zu transformierende XML-Dokument und das XSL-Stylesheet zu parsen. Anschließend wird das Quell-Dokument anhand des XSL-Stylesheets transformiert:

```
<%@ LANGUAGE = VBScript %>
<%
    ' Quell-Dokument und Stylesheet angeben
    sourceFile = Server.MapPath("catalog.xml")
    styleFile = Server.MapPath("catalog.xsl")

    ' Dokument lesen und parsen
    Set source = CreateObject("Microsoft.XMLDOM")
    source.async = false
    source.load(sourceFile)

    ' XSLT-Stylesheet laden und parsen
    Set style = CreateObject("Microsoft.XMLDOM")
    style.async = false
    style.load(styleFile)

    ' Transformation des Dokuments.
    Response.Write(source.transformNode(style))
%>
```

Generell werden XML-Dokumente mit MSXML auf die folgende Art transformiert:

❏ Man lädt das Original-Dokument. Die Methode load() analysiert das Dokument, also liegt das Dokument schon in einer abstrakten Struktur vor.

❏ Man lädt das XSLT-Dokument. Auch hier analysiert die load()-Methode das Dokument und transformiert das Dokument in einen Baum.

❏ Man startet die Transformation durch die Funktion transformNode(). Diese Funktion gibt einen String (einen BSTR) zurück. Dieser String enthält das transformierte Dokument. Falls das XSLT-Stylesheet eine XML-nach-HTML-Transformation enthält, ist das Dokument in dem zurückgegebenen String ein HTML-Dokument.

Die MSXML-Komponente integriert folgende Konzepte:

❏ Einen XML-Parser

❏ Eine erweiterte DOM-Level-1-Schnittstelle zum abstrakten Baum

❏ Einen XSLT-Prozessor

Der XT-XSL-Prozessor

XT ist ein anderer sehr beliebter XSLT-Prozessor. XT wurde von James Clark geschrieben und ist einfach anzuwenden. Man findet den Prozessor auf der Website des Autors unter `http://www.jclark.com/xml/xt.html`. XT ist in Java implementiert und wurde mit einigen Java-Implementierungen erfolgreich getestet. Für Win32-Systeme gibt es ein ausführbares Programm, auch wenn dieses eine Java-VM auf dem System benötigt. Dieser Prozessor ist gut für Experimente mit den verschiedenen Transformationen in diesem Kapitel geeignet.

Im Gegensatz zu MSXML, der einen eigenen XML-Parser enthält, arbeitet XT mit jedem SAX-konformen Parser zusammen (Näheres zum Thema SAX finden Sie in Kapitel 6). Solange der SAX-Parser in Java geschrieben wurde, wird er problemlos mit XT zusammenarbeiten. Das XT-Paket enthält ebenfalls einen schnellen Parser (in Java geschrieben) mit dem Namen XP.

❏ XT wird auf der Kommandozeile bedient. Unter Windows ist die Anwendung von XT vermutlich am einfachsten. Die folgende Kommandozeile transformiert ein XML-Dokument mit einem XSLT-Stylesheet in ein HTML-Dokument:

```
Xt booklist.xml booklist.xsl booklist.htm
```

XT akzeptiert auch XSLT-Parameter:

```
Xt booklist.xml booklist.xsl booklist.htm result=HTML
```

In dem obigen Beispiel ist der `result`-Parameter in dem XSLT-Stylesheet als XSLT-Variable angegeben. Diese Variable kann dann in den XSLT-Templates verwendet werden.

Der große Vorteil von XT ist, dass man den Prozessor auch unter anderen Systemen als Windows anwenden kann. Jedoch erlauben nicht alle Plattformen, dass Java-Applikationen als eigenständig ausführbare Programme gestartet werden, sondern erwarten, dass die entsprechende Klasse als Parameter für die Java-Laufzeitumgebung angegeben wird. Die folgende Kommandozeile würde XT auf einem Linux-System starten:

```
java -Dcom.jclark.xsl.sax.parser=xp.jar com.jclark.xsl.sax.Driver booklist.xml
booklist.xsl booklist.htm result=HTML
```

Die Geschwindigkeit von XT hängt natürlich von der Rechenleistung des ausführenden Systems ab und der verfügbaren Java-Implementierung ab.

XSLT anwenden

Wir beginnen gleich mit einem einfachen Beispiel, um zu sehen, wie XSLT funktioniert. Wir beginnen mit den Daten eines Buchs, die in XML beschrieben sind und transformieren dieses Dokument nach XHTML, damit die Daten in einem Browser angezeigt werden können.

XHTML ist eine erweiterte Version von HTML 4.0, die als Anwendung von XML definiert wurde. Mehr Informationen zur aktuellsten Version der W3C-Empfehlung finden Sie unter `http://www.w3.org/TR/xhtml1`.

Hier also wieder ein Stück eines Katalogs in XML mit dem bekannten Markup der DTD aus Kapitel 3:

```
<?xml version="1.0" encoding="utf-8" standalone="yes"?>
<!--======= The Wrox Press Book Catalog Application =======-->
<Catalog>
<Book>
```

```
    <Title>Designing Distributed Applications</Title>
    <Authors>
        <Author>Stephen Mohr</Author>
    </Authors>
    <Publisher>Wrox Press, Ltd.</Publisher>
    <PubDate>May 1999</PubDate>
    <Abstract>5 principles that will make your web applications more flexible
            and live longer</Abstract>
    <Pages>460</Pages>
    <ISBN>1-861002-27-0</ISBN>
    <RecSubjCategories>
        <Category>Internet</Category>
        <Category>Programming</Category>
        <Category>XML</Category>
    </RecSubjCategories>
</Book>
<Book>
    <Title>Professional Java XML</Title>
    <Authors>
        <Author>Alexander Nakhimovsky</Author>
        <Author>Tom Myers</Author>
    </Authors>
    <Publisher>Wrox Press, Ltd.</Publisher>
    <PubDate>August 1999</PubDate>
    <Abstract>Learn to utilize the powerful combination of Java and
            XML</Abstract>
    <Pages>600</Pages>
    <ISBN>1-861002-85-8</ISBN>
    <RecSubjCategories>
        <Category>Java</Category>
        <Category>Programming</Category>
        <Category>XML</Category>
    </RecSubjCategories>
</Book>
</Catalog>
```

Werfen wir einen Blick auf ein XSLT-Stylesheet, das wir für die Transformation des XML-Dokuments in ein XHTML-Dokument verwenden werden:

```
<?xml version="1.0"?>
<xsl:stylesheet version="1.0"
                xmlns:xsl="http://www.w3.org/1999/XSL/Transform">

<xsl:output method="html"/>

<xsl:template match="/">
    <html>
        <head>
            <title>The book catalog</title>
        </head>
        <body>
            <xsl:apply-templates select="//Book" />
        </body>
    </html>
</xsl:template>
```

```
<xsl:template match="Book">
   <DIV style="margin-left: 40pt;
       margin-bottom: 15pt;
       text-align: left;
       line-height: 12pt;
       text-indent: 0pt;" >
     <xsl:apply-templates select="Title" />
   </DIV>
</xsl:template>

<xsl:template match="Title">
   <DIV style="margin-left: 40pt;
       font-family: Arial;
       font-weight: 700;
       font-size: 14pt;" >
     <SPAN>
        <xsl:value-of select="."/>
     </SPAN>
   </DIV>
</xsl:template>

</xsl:stylesheet>
```

Achtung! So wie dieses Beispiel da steht, kann es nur mit einem XSLT-Prozessor verwendet werden, der konform zur Spezifikation von XSLT Version 1 ist. SAXON und XT sind zwei solche Prozessoren, der Internet Explorer 5.0 gehört nicht dazu, da er XPath and einige XSLT-Konstrukte nicht unterstützt. In diesem besonderen Fall ist es jedoch möglich, das Stylesheet so zu modifizieren, dass es mit dem Internet Explorer 5.0 funktioniert. Dazu muss man den Namensraum von http://www.w3.org/1999/XSL/Transform *auf* http://www.w3.org/TR/WD-xsl *ändern und das Element* <xsl:output method="html"/> *entfernen. Beachten Sie jedoch bitte, dass diese Änderungen nicht für alle Beispiele in dem Kapitel funktionieren werden. Bis es also einen aktuelleren Parser für den Internet Explorer gibt, sollten Sie besser XT verwenden.*

Das resultierende XHTML-Dokument sieht dann so aus:

```
<!DOCTYPE html PUBLIC "-//W3C//DTD HTML 4.0 Transitional//EN">
<html>
<head>
   <title>The book catalog</title>
</head>
<body>
   <DIV style="margin-left: 40pt;
               margin-bottom: 15pt;
               text-align: left;
               line-height: 12pt;
               text-indent: 0pt;">
     <DIV style="margin-left: 40pt;
                 font-family: Arial;
                 font-weight: 700;
                 font-size: 14pt;">
        <SPAN>Designing Distributed Applications</SPAN>
     </DIV>
   </DIV>
   <DIV style="margin-left: 40pt;
               margin-bottom: 15pt;
               text-align: left;
               line-height: 12pt;
               text-indent: 0pt;">
```

```
        <DIV style="margin-left: 40pt;
                    font-family: Arial;
                    font-weight: 700;
                    font-size: 14pt;">
            <SPAN>Professional Java XML</SPAN>
        </DIV>
      </DIV>
  </body>
  </html>
```

Das Ergebnis sieht in einem Browser so aus:

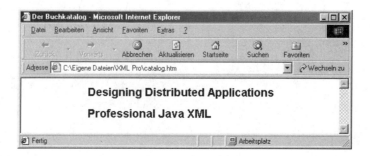

Hilfe bei der Transformation

Um besser zu verstehen, was in diesem Beispiel vorgeht, wollen wir so tun, als seien wir ein XSLT-Prozessor und betrachten die Welt mit den Augen des Prozessors. Zunächst erinnern wir uns, dass wir als XSLT-Prozessor eine abstrakte Struktur, nicht das Dokument selbst benötigen, da wir nur den Baum bearbeiten können, nicht aber den Text. Also muss jemand für uns den Text in eine Baumstruktur, den »grove«, überführen. Als ein XSLT-Prozessor können Sie einen der folgenden Freunde um Hilfe bitten:

❑ Ein Parser mit einer DOM-Schnittstelle

❑ Ein Parser, der für jedes Element ein Event generiert

Nutzt man die Dienste eines Parsers mit DOM-Schnittstelle, dann kapselt der Parser für Sie die Baumstruktur und Sie können die Objekte im »grove« über die DOM-Schnittstelle erreichen.

Wenn Sie mit einem Parser arbeiten, der Events für die Elemente generiert, dann müssen Sie den »grove« selbst verwalten und die Baumstruktur selbst aufbauen und speichern. So kann man zum Beispiel mit Java und einer SAX-Schnittstelle arbeiten.

Daher hat man als XSLT-Prozessor nur die Wahl zwischen einem Parser mit DOM-Schnittstelle, an den man die Verwaltung des »grove« delegieren kann, oder man macht die Arbeit selbst.

Die interne Struktur kann ganz verschieden implementiert werden. Aber egal, ob Sie assoziative Arrays oder verkettete Listen verwenden, die modellierte Struktur bleibt ein Baum. DOM ist eine Empfehlung des W3C für den Zugriff auf diese Struktur.

Wenn Sie sich an das letzte Diagramm erinnern, dann wissen Sie, dass Sie drei Bäume verwalten müssen. Ein Baum ist die Repräsentation des Quell-Dokuments, der nächste repräsentiert das Ziel-Dokument, aber was macht der dritte Baum noch? War das nicht der Baum mit dem XSLT-Dokument, also auch ein Baum für ein XML-Dokument? So ist es! Sie wissen also, was zu tun ist. Der dritte Baum kann das Stylesheet enthalten, es muss aber nicht immer sinnvoll sein, auch das Stylesheet in eine Baumstruktur zu überführen, oft kann man auch eine optimalere Darstellung für die XSLT-Verarbeitung finden.

Das Quell-Dokument wird als Erstes analysiert und in eine abstrakte Baumstruktur überführt. Mit DOM hat man Zugriff auf diese interne Struktur. Das XSLT-Dokument kann ebenfalls in eine interne Struktur überführt werden, es muss aber keine abstrakte Baumstruktur sein, sondern es kann auch eine andere Struktur sein, die sich besser für die Verarbeitung von Templates und die Suche nach Elementen eignet.

Die Datei `Catalog.xml`:

```
<Catalog>
<Book>
    <Title>IE5 XML Programmer's Reference</Title>
    <Authors>
        <Author>Alex Homer</Author>
    </Authors>
    <Publisher>Wrox Press, Ltd.</Publisher>
    <PubDate>August 1999</PubDate>
    <Abstract>Reference of XML capabilities in IE5</Abstract>
    <Pages>480</Pages>
    <ISBN>1-861001-57-6</ISBN>
    <RecSubjCategories>
        <Category>Internet</Category>
        <Category>Web Publishing</Category>
        <Category>XML</Category>
    </RecSubjCategories>
</Book>
</Catalog>
```

könnte als abstrakte Baumstruktur in einem XSL-Prozessor so aussehen:

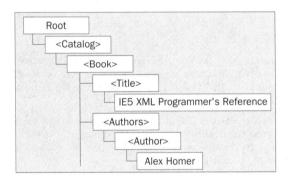

Wie ein Stylesheet ein Dokument transformiert

Wie gesagt, ist XSL eine Anwendung von XML und daher ist das Stylesheet ein echtes XML-Dokument. Da es ein XML-Dokument ist, kann es auch mit einer XML-Deklaration beginnen, die einem XML-Parser anzeigt, welche XML-Version dieses Dokument verwendet.

Das Wurzel-Element des Stylesheets ist das Element `<xsl:stylesheet>`:

```
<xsl:stylesheet version="1.0"
            xmlns:xsl="http://www.w3.org/1999/XSL/Transform">
```

Das erste Attribut von `<xsl:stylesheet>` zeigt die XSLT-Version an. Das zweite Attribute `xmlns:xsl` benennt den Namensraum für die Spezifikation von XSLT.

Wie Sie noch aus dem Kapitel 7 über Namensräume und Schemata wissen, deklariert dieses Element so den Namensraum für XSLT. Wie Sie sehen, wird das Präfix `xsl` mit dem Namensraum assoziiert und das Wurzel-Element heißt tatsächlich `<stylesheet>` und wurde hier nur durch das Präfix `xsl:`qualifiziert. Durch die Deklaration des Namensraums ist jedes Element, das mit dem Präfix `xsl:` beginnt, Teil des Sprachumfangs von XSL.

Das `<stylesheet>`-Element enthält drei **Templates**, die alle in einem Element `<template>` stehen, das mit vollen Namen `<xsl:template>` heißt, da wir den Namensraum für das Stylesheet deklariert haben. Sie werden bemerken, dass das Element `<template>` ein Attribut mit dem Namen `match` hat. Der Wert dieses Attributs ist ein Suchmuster für die Knoten im Baum, auf die das Template angewandt werden soll. Das Muster muss die Form eines XPath-Ausdrucks haben.

Die erste Aufgabe besteht darin, dem XSLT-Prozessor die gewünschte Form der Ausgabe anzugeben. In dem Beispiel wird ein HTML-Dokument als Ergebnis erwartet, was man so formulieren kann:

```
<xsl:output method="html"/>
```

Nun, da man das Format der Ausgabe kennt, kann man als Prozessor mit der Bearbeitung des Quell-Dokuments an der Wurzel beginnen. Man sucht in dem Stylesheet nach einem Template, das zum Wurzel-Knoten passt. Der Wurzel-Knoten ist der Dokument-Knoten, nicht das erste Element. In dem Beispiel ist der Wurzel-Knoten nicht das Element `<Catalog>`, sondern das XML-Dokument selbst. Haben wir also ein Template, das auf das Wurzel-Element passt? Die Antwort lautet »Ja«. Wenn Sie sich an den Abschnitt über XPath aus dem letzten Kapitel erinnern, kann das Wurzel-Element eines Dokuments auch durch einen Slash (/) repräsentiert werden. So ist es auch in dem ersten Template formuliert:

```
<xsl:template match="/">
    <html xmlns="http://www.w3.org/TR/xhtml1/strict">
        <head>
            <title>The book catalog</title>
        </head>
        <body>
            <xsl:apply-templates select="//Book" />
        </body>
    </html>
</xsl:template>
```

Nun haben wir also ein Template für das Wurzel-Element des Quell-Dokuments. Was ist nun zu erledigen? Um besser zu verstehen, was in einem XSLT-Prozessor vorgeht, können Sie sich einen Cursor vorstellen, der auf dem Baum des Original-Dokuments navigiert. Die Position ist der **aktuelle Knoten** und zurzeit ist der aktuelle Knoten das Wurzel-Element.

Schritt 1: Der Cursor ist auf dem Wurzel-Element positioniert und man hat das passende Template in dem XSLT-Stylesheet gefunden. Das Template hat das Suchmuster "/". Also wird das folgende Ergebnis ausgegeben. Bedenken Sie, dass wir auf der abstrakten Baumstruktur arbeiten, die in dem Diagramm auf der linken Seite der Abbildung dargestellt ist:

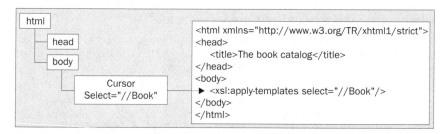

In der Mitte des Templates, verschachtelt im Element `<Body>`, steht ein `<xml:apply-templates />`-Konstrukt. An dieser Stelle werden wir den Inhalt der Seite einfügen. Das Element hat das Attribut `select`, dessen Wert auch ein XPath-Ausdruck ist. Das Konstrukt hat folgende Bedeutung:

❏ »Hole die Knotenliste der XPath-Anfrage "//Book". Suche für jeden Knoten in der Liste ein passendes Template. Gibt es ein passendes Template, wende das Template an.«

Welche Bedeutung hat "//Book"? Es besagt »Selektiere alle <Book>-Elemente, die Nachfahren des Wurzel-Knotens sind«.

Schritt 2: Etwas weiter unten in der XSL-Datei finden wir ein Template für das Element <Book> (<xsl:template match="Book">) und können daher als Nächstes dieses Template auf das erste Element <Book> in der Liste anwenden. Der Cursor steht auf dem Knoten für das Element <Book>.

Schritt 3: Wir fügen dann den Inhalt des Templates für <Book> an der Stelle des <apply-templates select="//Book" />-Konstrukts ein. Zunächst werden die vorgegebenen CSS-Styling-Informationen für die Buch-Daten eingefügt. Alle weiteren Elemente, die keine spezifischeren CSS-Styling-Informationen enthalten, werden diese Eigenschaften erben. Als Nächstes finden wir wieder ein <apply-templates />, dieses Mal mit dem Wert "Title" für das Attribut select. Nach der Regel aus Schritt 1 wissen wir, dass dies eine Konstruktion einer Liste von Knoten von <Title>-Elementen erfordert. Dieses Mal ist der aktuelle Knoten aber der erste <Book>-Knoten und der XPath-Ausdruck erzwingt, dass die Liste nur Knoten vom Typ <Title> enthält, die Kinder des aktuellen Knotens sind. Daher wird unsere Liste aus dem Element <Title> des ersten <Book>-Knotens bestehen.

An dieser Stelle sehen wir die universale Verwendbarkeit unserer XPath-Audrücke. Wenn wir <xsl:apply-templates select="//Title" /> in dem aktuellen Element ersetzen würden, dann würde die Knotenliste alle Nachfahren der Wurzel vom Typ <Title> (der Eltern-Knoten von <Book>) enthalten. Das wären dann alle <Title>-Knoten in dem »grove«.

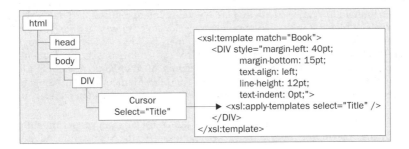

Schritt 4: Als Nächstes versuchen wir, ein Template auf den Knoten vom Typ <Title> anzuwenden. Auch hier finden wir wieder ein passendes Template: das Template <xsl:template match="Title">. Auch hier fügen wir wieder den Inhalt des Templates an der Stelle des <xsl:apply-templates select="Title" />-Konstrukts ein.

Schritt 5: Der Inhalt des Templates für <Title> enthält einige weitere CSS-Styling-Informationen und ein <xsl:value-of select="."/>-Element. Dieses Konstrukt selektiert die Werte aller Knoten, die durch das select-Attribut und den enthaltenen XPath-Ausdruck beschrieben werden. In diesem Fall bedeutet der XPath-Ausdruck ".", dass der <Title>-Knoten selbst gemeint ist, und so schreiben wir den Inhalt des Elements <Title> in die Ausgabe.

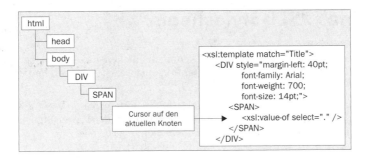

Schritt 6: Nun haben wir alle Templates auf die Knoten in der Knotenliste angewandt, die wir im Template für <Book> erzeugt haben. Nun können wir beim nächsten Knoten in der ersten Knotenliste fortfahren. Dieser Knoten ist der zweite Knoten vom Typ <Book>. Dieser Knoten wird genauso behandelt wie der erste <Book>-Knoten, also wiederholen wir die Schritte 4 und 5 erneut. Dieses Vorgehen wird so lange wiederholt, bis alle <Book>-Elemente abgearbeitet sind.

In diesem Prozess haben wir nicht nur ein XML-Dokument aus einem Format in einen anderen Dokumenttyp transformiert, sondern haben auch einige Änderungen in dem Prozess vorgenommen. Nur die Elemente <Book> und <Title> wurden transformiert. Die Transformation ist auch nicht eine Eins-zu-eins-Transformation. Für jedes Element in dem Original-Dokument kann auch mehr als ein Element in dem Ergebnis-Dokument auftreten.

An dieser Stelle sollte noch Folgendes bemerkt werden: Das Template für das Element <Title> fügt keine Elemente in den Ergebnis-Baum ein, sondern nur Text-Knoten. Wie schon oft gesagt, ist ein »grove« nur eine interne Struktur. Wenn ein XML-Dokument in diese Struktur konvertiert wird, dann wird aus einem Text-Dokument eine baumartige Struktur. In diesem Baum sind die Kind-Elemente auch Kind-Knoten in dem Baum. Auch der Inhalt der Elemente wird als Kind-Knoten repräsentiert. Zum Beispiel enthält das Element <Book> nur ein Element <Title>. Dieses Element <Title> enthält keine Elemente, sondern enthält Daten (Text) als Inhalt, der ebenfalls als Knoten repräsentiert wird.

Was haben wir also gelernt, als wir uns in einen XSL-Prozessor versetzt haben?

❑ Zunächst wird ein »grove« erstellt, der eine interne Repräsentation des Dokuments darstellt. Dieser »grove« hat immer ein Wurzel-Element. Das Wurzel-Element repräsentiert das XML-Dokument, es ist nicht das oberste Element in der Dokumenthierarchie. Unter diesem Wurzel-Knoten beginnt die Knoten-Hierarchie des Dokuments. Jeder Knoten hat einen Typ. Ein Knoten kann zum Beispiel ein DTD-Knoten sein, ein Schema repräsentieren oder eine Verarbeitungsanweisung. Hat ein Element Attribute, dann hat jedes Element auch eine Sammlung von Attribut-Knoten. Hat ein Element Daten als Inhalt, dann wird der Knoten für diese Daten als Kind des Element-Knotens eingefügt. Daher kann ein Element-Knoten eine Sammlung von Attribut-Knoten sein und einen Daten-Knoten als Kinder haben.

❑ Dann erzeugt man eine Struktur für das XSLT-Dokument. Das kann wiederum ein »grove« sein, es kann aber auch eine andere Struktur sein, die sich besser für die Verarbeitung eignet.

❑ Jedes Mal, wenn man auf ein <xsl:apply-templates>-Element trifft, erzeugt man eine Knotenliste und setzt die Verarbeitung bei dieser Liste fort. Wenn das <xsl:apply-templates>-Element ein select-Attribut enthält, dann holt man die Knotenliste, die durch einen XPath-Ausdruck spezifiziert wird. Anderenfalls besteht die Knotenliste aus allen Kind-Elementen des Knotens.

❑ Jedes Mal, wenn man auf ein <xsl:value-of>-Konstrukt trifft, extrahiert man die Werte aus dem Quell-Baum, die durch den XPath-Ausdruck in dem select-Attribut bestimmt werden.

❑ Transformationen sind nicht ausschließlich auf Eins-zu-eins-Übersetzungen beschränkt, sondern man kann auch neue Informationen hinzufügen, ein Element durch viele Elemente ersetzen, Elemente hinzufügen und löschen.

Struktur eines XSLT-Stylesheets

Nun haben wir ein erstes Beispiel für ein XSLT-Dokument gesehen, mit dem man ein XML-Dokument in eine andere Struktur überführen kann. Nach diesem pragmatischen Ausflug sehen wir uns genau an, wie XSLT-Dokumente (Stylesheets) strukturiert sind.

Durch das erste Beispiel haben wir schon viel gelernt. Wir wissen nicht nur, wie ein XSLT-Prozessor ein zu transformierendes Dokument bearbeitet, was uns später noch bei der Erzeugung neuer Elemente nutzen wird, wir kennen auch schon vier wichtige XSLT-Elemente:

- ❏ `<xsl:stylesheet>`
- ❏ `<xsl:template>`
- ❏ `<xsl:apply-templates>`
- ❏ `<xsl:value-of>`

Wir haben unser erstes Stylesheet mit einer XML-Deklaration begonnen, da ein Stylesheet ein XML-Dokument ist. Das Präfix `xsl:` dient zur qualifizierten Angabe von Elementnamen, die Teil des XSLT-Namensraums sind. Das Element `<stylesheet>` ist das Dokument-Element eines Stylesheets und enthält alle anderen Elemente des Stylesheets. In diesem Element wurde auch der Namensraum deklariert. In dem Element waren drei `<template>`-Elemente enthalten, die dazu dienten, anzugeben, wie die selektierten Elemente oder Knoten transformiert werden sollten. Die Selektion findet durch das Attribut `match` statt. Diese Elemente sind die wesentlichen Bestandteile der meisten Transformationen. Das `<xsl:apply-templates>`-Element wird verwendet, um alle Kind-Knoten des aktuellen Knotens zu bearbeiten, falls kein `select`-Attribut spezifiziert wurde. Ist das Attribut angegeben worden, werden nur die Knoten bearbeitet, die durch den Wert des `select`-Attributs beschrieben werden. Das Element `<xsl:value-of>` dient schließlich dazu, den Wert von Knoten in die Ausgabe zu übernehmen.

Somit sind auch die zwei Arten von Elementen, die in der XSLT-Spezifikation definiert sind, charakterisiert. Abgesehen von dem Wurzel-Element gibt es **Templates** und **Anweisungen**. Das Element `<xsl:template>` ist offensichtlich ein Template, während die Elemente `<xsl:apply-templates>` und `<xsl:value-of>` Anweisungen darstellen, die als Kind-Elemente eines `<template>`-Elements auftreten.

Das folgende Diagramm zeigt die wichtigsten Elemente, die als Kinder von `<xsl:stylesheet>` auftreten dürfen:

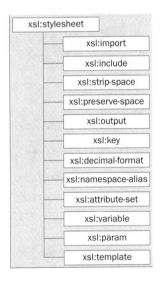

Das Diagramm verdeutlicht, dass `<xsl:stylesheet>` immer das Wurzel-Element jedes XSLT-Stylesheets sein muss und die anderen Elemente dann als Kinder folgen müssen. Die abstrakte Baumstruktur, auf der der XSLT-Prozessor arbeitet, würde so wie in dem obigen Diagramm aussehen, wenn die Wurzel und alle zentralen Elemente auftreten würden. Sehen wir uns einige der wichtigen Elemente an.

Templates erstellen

Das wichtigste Konstrukt in einem XSLT-Stylesheet ist das `<template>`-Element in Verbindung mit einem `match`-Attribut, dessen Wert ein Suchmuster oder XPath-Ausdruck ist. Dieser Wert bestimmt die Knoten, auf die das Template angewendet wird. Genauer gesagt ist jeder XPath-Ausdruck, der eine Liste von Knoten zurückliefert, als Wert eines `match`-Attributs möglich. Merken Sie sich einfach, dass das Suchmuster ein XPath-Ausdruck ist, der die Knoten festlegt, auf die das Stylesheet angewendet wird. In einem Template können andere Elemente und Inhalte stehen.

Behandlung von Leerstellen

Den Umgang mit Leerstellen (white space) regeln in XSL die folgenden Elemente:

❑ `xsl:strip-space` entfernt selektierte Knoten, die nur Leerstellen enthalten
❑ `xsl:preserve-space` behält alle Leerstellen im Inhalt bei

xsl:strip-space

Das Element `<xsl:strip-space>` entfernt Text-Knoten, die nur aus Leerstellen bestehen Elemente aus dem Baum, wenn der Typname eines solchen Elements in dem Attribut `elements` steht. Das Element `<xsl:strip-space>` aus dem Beispiel unten wird alle Knoten der Elemente von Typ `<BOOKLIST>` oder `<ITEM>` entfernen, deren Text-Knoten nur aus Leerstellen bestehen:

```
<xsl:strip-space elements="BOOKLIST ITEM" />
```

Das obige Element besagt also, dass ein XSLT-Prozessor alle Text-Knoten der Knoten von Typ `<BOOKLIST>` und `<ITEM>` entfernen soll, wenn deren Inhalt aus Leerstellen besteht. Auch wenn der Text-Knoten entfernt wird, bleibt der Element-Knoten bestehen.

xsl:preserve-space

Will man die Leerstellen für einige Inhalte von Elementen erhalten, dann sollte man die Namen dieser Elementtypen in dem Element `<xsl:preserve-space>` angeben. Auch hier gibt es wieder ein Attribut `elements`, dass als Wert eine Liste der Elemente enthält, die ihre Leerstellen behalten dürfen. In dem folgenden Beispiel werden die Leerstellen für die Elemente `<CATALOG>` und `<PRICE>` unberührt belassen.

```
<xsl:preserve-space elements="CATALOG PRICE"/>
```

Format der Ausgabe

Das Element `<xsl:output />` dient zur Spezifikation des Formats, in das der Ziel-Baum überführt werden soll. Es ist jedoch nicht vorgeschrieben, dass ein XSL-Prozessor diese Funktion implementiert.

Auch dieses Element gehört zu den direkten Nachfahren des Wurzel-Elements und sollte dem Element `<xsl:stylesheet>` direkt nachfolgen. Dieses Element ist nicht vorgeschrieben und ein XSLT-Prozessor wird in vielen Fällen den Vorgabewert »HTML« gesetzt haben, wenn dazu auch einige Bedingungen erfüllt sein müssen:

❑ Der Wurzel-Knoten des Ziel-Baums sollte ein Kind haben
❑ Das erste Kind des Wurzel-Knotens sollte das `html`-Element sein
❑ Alle Knoten, die einem HTML-Knoten vorangehen, sollten nur Leerstellen enthalten

Es ist auch möglich, für den Ziel-Baum verschiedene Formate wie `xml`, `html` oder `text` anzugeben. Ein besonders interessantes Attribut des Elements `<xsl:output>` ist das Attribut `encoding`. Mit diesem Attribut kann man auch eine Transformation der Zeichencodierung vornehmen, wenn der XLST-Prozessor den Ziel-Zeichensatz unterstützt. So kann ein ASCII-codiertes XML-Dokument in ein XML-Dokument transformiert werden, dass Unicode-Zeichen enthält. Wenn Sie also XML-Dokumente in andere XML-Dokumente mit einer anderen Zeichencodierung umwandeln wollen, sollten Sie das Element `<xsl:output>` gleich nach dem Element `<xsl:stylesheet>` angeben:

```
<?xml version="1.0"?>
<xsl:stylesheet version="1.0"
              xmlns:xsl="http://www.w3.org/1999/XSL/Transform">
<xsl:output method="xml" encoding="UTF-16"/>
```

Kombination von Stylesheets

Eine bequeme Möglichkeit, Teile von Stylesheets wiederzuverwenden, ist es, einzelne Module zu erzeugen. Diese Module können dann auch in anderen Modulen wiederverwendet werden. XSLT kann externe Stylesheets importieren oder inkludieren. Es gibt zwei Kombinationen, die externe Module behandeln:

❑ Das Element `<xsl:include>`
❑ Das Element `<xsl:import>`

xsl:include

Das Element `<xsl:include>` erlaubt es einfach, ein externes Stylesheet dort einzufügen, wo das Element `<xsl:include>` auftritt. Ein XSLT-Dokument, das durch den URI beschrieben ist, wird zuerst analysiert und die Kind-Elemente des Elements `<stylesheet>` aus dem eingefügten Stylesheet werden an der Stelle von `<xsl:include>` eingesetzt und ersetzen das Element. Das Element `<xsl:include>` muss ein Kind-Element von `<stylesheet>` sein:

```
<?xml version="1.0"?>
<xsl:stylesheet version="1.0"
              xmlns:xsl="http://www.w3.org/1999/XSL/Transform">
<xsl:include href="Commontemplates.xsl">
```

xsl:import

`<xsl:import>` verhält sich deutlich anders als `<xsl:include>`. Das Element `<xsl:include>` führt lediglich eine Dateiersetzung aus, während `<xsl:import>` den Baum des Stylesheets selbst ändert. Tatsächlich modifiziert das Element `<xsl:import>` die Reihenfolge der Templates und ändert die Rangfolge der Bearbeitung.

Dieses Element sollte auf jeden Fall als erstes Element nach dem Element `<xsl:stylesheet>` auftreten.

Alle importierten Stylesheets werden als Texte eingefügt. Sind alle importierten Stylesheets eingesammelt, bilden sie einen **Import-Baum**. Auf diese Weise wird jedes importierte Stylesheet in dem Baum des importierenden Stylesheets eingefügt. Es ist auch möglich, dass importierte Stylesheets selbst wiederum Stylesheets importieren.

Das Stylesheet `booklist.xsl` könnte zum Beispiel ein weiteres Stylesheet importieren:

```
<?xml version="1.0"?>
<xsl:stylesheet version="1.0"
              xmlns:xsl="http://www.w3.org/1999/XSL/Transform">
<xsl:import href="NewBooks.xsl">
```

Dabei könnte `newBooks.xsl` selbst ein weiteres Stylesheet importieren:

```
<?xml version="1.0"?>
<xsl:stylesheet version="1.0"
                xmlns:xsl="http://www.w3.org/1999/XSL/Transform">
<xsl:import href="recentXML.xsl">
```

Der resultierende **Import-Baum** würde dann so aussehen:

So ergibt sich eine Struktur, in der Anweisungen aus einem Stylesheet eine höhere Priorität haben können als Anweisungen aus anderen Stylesheets. In dem Beispiel haben die Anweisungen von `Booklist.xsl` eine höhere Priorität als alle anderen Anweisungen. Wenn Templates nach passenden Elementen suchen, wird `Booklist.xsl` zuerst abgearbeitet. Anschließend wird in `NewBooks.xsl` nach passenden Elementen gesucht und zuletzt in `recent.xsl`. Das Element `<xsl:import>` hat also direkten Einfluss auf die Abarbeitung des Stylesheets. Der XSL-Dokumentbaum wird durch dieses Element stark beeinflusst und alle beteiligten Stylesheets werden zu einer einzigen Struktur, dem Import-Baum, zusammengefügt.

Einbetten von Stylesheets

Ein Stylesheet muss nicht notwendigerweise ein separates Dokument sein. Es kann auch Teil eines anderen XML-Dokuments sein. Zum Beispiel kann ein dynamisch erzeugtes XML-Dokument das eigene Stylesheet eingebettet bekommen, bevor es an eine Anwendung ausgeliefert wird. In dem folgenden Beispiel wird ein XSL-Stylesheet in das XML-Dokument eingebettet:

```
<?xml version="1.0"?>
<?xml-stylesheet href="#BooklistStyle" type="text/xsl" media="screen"?>
<xsl:stylesheet version="1.0"
                id= "BooklistStyle"
                xmlns:xsl="http://www.w3.org/1999/XSL/Transform">
   ...
</stylesheet>
<BOOKLIST>
   ...
</BOOKLIST>
```

In diesem Fall wird das Stylesheet direkt eingebettet und durch eine XML-`id` (angezeigt durch das Symbol #) referenziert. Ein XSL-Prozessor erkennt dann, dass das Stylesheet in einem Dokument-Fragment eingebettet ist und durch ein `id`-Attribut in einem Element markiert ist. Der XSL-Prozessor extrahiert dann das Stylesheet-Fragment aus dem Dokument, analysiert es und erzeugt eine interne Struktur für die Bearbeitung. Das XML-Dokument selbst wird auch analysiert, aber das resultierende Dokument enthält in seinem Baum nicht den Teilbaum für das Stylesheet. Aus dem einzigen XML-Dokument werden also auf der Seite des Clients zwei separate Strukturen:

❑ Ein »grove« für das XML-Dokument ohne das Element `<xsl:stylesheet>` und dessen Kind-Elemente. Diese Struktur kann zum Beispiel mittels DOM bearbeitet werden.

❑ Eine Struktur für das XSL-Dokument, einschließlich des `<xsl:stylesheet>`-Elements und dessen Nachfahren. Die Struktur muss kein »grove« sein und muss auch nicht per DOM zugreifbar sein.

Beispiele für die Anwendung von XSLT

Wie Sie sicher schon bemerkt haben, ist XSLT ein mächtiges Werkzeug zur Transformation von XML-Dokumenten. Dabei kann nur die Struktur eines Dokuments geändert werden oder man transformiert von einer Sprache in eine andere, zum Beispiel von XML nach XHTML. Wir haben auch schon ein Beispiel gesehen, das uns verdeutlicht hat, wie ein XSLT-Prozessor arbeitet, und kennen schon die häufig vorkommenden Elemente für XSLT-Stylesheets. Der zweite Teil dieses Kapitels wird sich mit weiteren Anwendungen von XSLT in diversen Situationen beschäftigen. Unter anderem werden wir folgende Themen behandeln:

❑ Strukturelle Transformationen zwischen verschiedenen Auszeichnungssprachen

❑ Wiederholte Bearbeitung von Elementen mittels eines Schleifen-Konstrukts: xsl:for-each

❑ Sortieren der Elemente, die bearbeitet werden sollen

❑ Bedingte Bearbeitung mittels xsl:if und xsl:choose

❑ Erstellung dynamischer Dokumente

Strukturelle Transformationen

Betrachten wir ein Beispiel für eine Transformation von einer XML-Struktur in eine andere XML-Struktur als XHTML. Sagen wir mal, es ist notwendig, die Elemente eines XML-Dokuments neu anzuordnen, das Sie von einem Kollegen in der folgenden Form bekommen haben:

```
<?xml version="1.0"?>
<BOOKLIST>
    <ITEM>
        <CODE>16-048</CODE>
        <CATEGORY>Scripting</CATEGORY>
        <RELEASE_DATE>1998-04-21</RELEASE_DATE>
        <TITLE>Instant JavaScript</TITLE>
        <PRICE>$49.34</PRICE>
    </ITEM>
    <ITEM>
        <CODE>16-105</CODE>
        <CATEGORY>ASP</CATEGORY>
        <RELEASE_DATE>1998-05-10</RELEASE_DATE>
        <TITLE>Instant Active Server Pages</TITLE>
        <PRICE>$23.45</PRICE>
    </ITEM>
    <ITEM>
        <CODE>16-041</CODE>
        <CATEGORY>HTML</CATEGORY>
        <RELEASE_DATE>1998-03-07</RELEASE_DATE>
        <TITLE>Instant HTML</TITLE>
        <PRICE>$34.23</PRICE>
    </ITEM>
</BOOKLIST>
```

So weit so gut, aber es gibt noch einige erschwerende Anforderungen an das Dokument:

❑ Das Dokument muss in einem Browser dargestellt werden können, der XML-Dokumente und CSS-Stylesheets verarbeiten kann.

❑ Jedes Buch muss in einem Block dargestellt werden.

❑ In jedem Block muss der Titel zuerst genannt werden.

❑ Die Kategorie und der Bücher-Code müssen in derselben Zeile dargestellt werden, wobei die Kategorie zuerst angegeben wird.

❑ Die letzte Zeile eines Blocks sollte erst das Datum der Veröffentlichung und dann den Preis enthalten.

Als ob das alles noch nicht genügen würde, muss der Inhalt des Elements <CATEGORY> durch die Zeichenkette "Kategorie:" eingeleitet werden und der Buch-Code sollte in Klammern stehen. Jetzt sollte es allmählich reichen, oder? Nun, das Datum der Veröffentlichung und der Preis sollen durch einen Bundestrich »-« getrennt werden. Als Krönung der ganzen Sache müssen Sie sich auf die Verwendung von CSS1-Stylesheets beschränken. An dieser Stelle sieht die Aufgabe nicht mehr ganz so einfach aus, aber keine Sorge! Mit XSLT naht Hilfe!

Das Erste, was man tun muss, um ein Dokument mittels CSS formatieren zu können, ist, das Dokument in eine Struktur wie die folgende zu bringen:

```xml
<?xml version="1.0"?>
<?xml-stylesheet
    type="text/css"
    href="catalog.css"
    media="screen"?>
<BOOKLIST>
    <ITEM>
        <TITLE>Instant JavaScript</TITLE>
        <DESCRIPTION>
            <CATEGORY>Category: Scripting</CATEGORY>
            <CODE>(16-048)</CODE>
        </DESCRIPTION>
        <LISTING>
            <RELEASE_DATE>Release date: 1998-04-21</RELEASE_DATE>
            <PRICE>Price: $49.34</PRICE>
        </LISTING>
    </ITEM>
    <ITEM>
        <TITLE>Instant Active Server Pages</TITLE>
        <DESCRIPTION>
            <CATEGORY>Category: ASP</CATEGORY>
            <CODE>(16-105)</CODE>
        </DESCRIPTION>
        <LISTING>
            <RELEASE_DATE>release date: 1998-05-10</RELEASE_DATE>
            <PRICE>Price: $23.45</PRICE>
        </LISTING>
    </ITEM>
    <ITEM>
        <TITLE>Instant HTML</TITLE>
        <DESCRIPTION>
            <CATEGORY>Category: HTML</CATEGORY>
            <CODE>(16-041)</CODE>
        </DESCRIPTION>
        <LISTING>
            <RELEASE_DATE>release date: 1998-03-07</RELEASE_DATE>
            <PRICE>Price: $34.23</PRICE>
        </LISTING>
    </ITEM>
</BOOKLIST>
```

Dafür verwenden wir das folgende Stylesheet, das wir uns gleich noch genauer ansehen werden. Das Stylesheet enthält nur zwei Templates.

Beachten Sie bitte: Dieses Beispiel funktioniert nur mit XT oder SAXON. Um dieses Stylesheet mit dem Internet Explorer verwenden zu können, benötigen Sie eine sehr aktuelle Version des Parsers MSXML.

```
<?xml version="1.0"?>
<xsl:stylesheet version="1.0"
                xmlns:xsl="http://www.w3.org/1999/XSL/Transform">

<xsl:output method="xml"/>

<xsl:template match="/">
    <xsl:processing-instruction name="xml-stylesheet">
        href="catalog.css" type"text/css" media="screen"
    </xsl:processing-instruction>
    <BOOKLIST>
        <xsl:apply-templates/>
    </BOOKLIST>
</xsl:template>

<xsl:template match="ITEM">
    <ITEM>
        <TITLE>
            <xsl:apply-templates select="TITLE/text()" />
        </TITLE>
        <DESCRIPTION>
            <CATEGORY>
                Category:
                <xsl:apply-templates select="CATEGORY/text()" />
            </CATEGORY>
            <CODE>
                (<xsl:apply-templates select="CODE/text()" />)
            </CODE>
        </DESCRIPTION>
        <LISTING>
            <RELEASE_DATE >
                Release date:
                <xsl:apply-templates select="RELEASE_DATE/text()" />
            </RELEASE_DATE>
            <PRICE>
                - Price:
                <xsl:apply-templates select="PRICE/text()"/>
            </PRICE>
        </LISTING>
    </ITEM>
</xsl:template>

</xsl:stylesheet>
```

Wie schon in den früheren Beispielen muss das Quell-Dokument zunächst in einen »grove« überführt werden. Die Elemente werden dann mit den passenden Templates bearbeitet, falls es welche gibt, nachdem das XSLT-Dokument selbst in eine interne Struktur überführt worden ist.

Das erste Template passt zur Dokument-Wurzel:

```
<xsl:template match="/">
   <xsl:processing-instruction name="xml-stylesheet">
      href="catalog.css" type"text/css" media="screen"
   </xsl:processing-instruction>
   <BOOKLIST>
      <xsl:apply-templates/>
   </BOOKLIST>
</xsl:template>
```

XML-Dokumente können mit Stylesheets durch die Verarbeitungsanweisung `<?xml-stylesheet ... ?>` assoziiert werden. Wir wollen, dass unser Ziel-Dokument mit einem CSS-Stylesheet assoziiert ist, daher müssen wir diese Anweisung ins Template schreiben, damit diese auch im Ziel-Dokument landet.

Damit wir die Verarbeitungsanweisung im Ziel-Dokument erzeugen können, verwenden wir ein besonderes XSL-Konstrukt, das Element `<xsl:processing-intruction>`. Das Attribut name legt den Namen der Anweisung fest und der Element-Inhalt besorgt den Rest der Verarbeitungsanweisung. Daher erzeugt das folgende XSL-Element:

```
<xsl:processing-instruction name="xml-stylesheet">
   href="catalog.css" type"text/css" media="screen"
</xsl:processing-instruction>
```

im Ziel-Dokument den nachstehenden Code:

```
<?xml-stylesheet href="catalog.css" type"text/css" media="screen"?>
```

Die anderen Elemente von Typ `<BOOKLIST>` aus dem Template werden ebenfalls in den Ziel-Baum übertragen. Das bekannte Element `<apply-templates>` sagt dem XSLT-Prozessor, dass alle Kind-Elemente ohne Ausnahme bearbeitet werden sollen. Diese Kinder sind alle Kinder des aktuellen Knotens. Für alle diese Kinder werden passende Templates gesucht. Falls eines der Kinder Daten wie Text enthält und kein passendes Template existiert, wird der Inhalt in den Ziel-Baum übertragen. Ansonsten wird auch ein passendes Template für dieses Element abgearbeitet und der Inhalt dann in den Ziel-Baum kopiert.

Wie Sie sehen, gibt es für `<BOOKLIST>` kein passendes Template. XSLT-Prozessoren haben ein implizites Template, das auf alle Elemente angewendet wird, für die es kein passendes Template in einem Stylesheet gibt. Dieses vorgegebene Template sorgt für eine erfolgreiche rekursive Verarbeitung, auch wenn kein passendes Template angegeben wurde. Dieses implizite Template ist wie folgt definiert:

```
<xsl:template match="*|/">
   <xsl:apply-templates/>
</xsl:template>
```

Daher wird auf das Element `<BOOKLIST>` das implizite Template angewandt. Dieses Template wird auch das **Default-Template** genannt.

Das Element `<BOOKLIST>` enthält Elemente vom Typ `<ITEM>`, für die es jedoch ein Template gibt. Diese Elemente wollen wir ja auch reorganisieren. Die Umgestaltung der `<ITEM>`-Elemente ist recht einfach, wir fügen die Elemente einfach in der Reihenfolge ein, die wir benötigen. Falls neue Elemente eingefügt werden müssen, werden diese auch einfach ins Template geschrieben.

Wir werden das Konstrukt `<xsl:apply-templates>` dieses Mal anders verwenden als in dem ersten Template. Früher haben wir das Attribut select verwendet, um anzuzeigen, dass nur die selektierten Elemente mit einem passenden Stylesheet oder dem Default-Stylesheet bearbeitet werden sollen.

Der folgende Ausdruck fügt den Inhalt von `<TITLE>` aus dem Original-Dokument in das neu erzeugte `<TITLE>`-Element in dem Ziel-Baum.

```
<TITLE><xsl:apply-templates select="TITLE/text()"/></TITLE>
```

Der XPath-Ausdruck des Attributs `select` sagt dem XSLT-Prozessor, dass der Inhalt des Text-Knotens von `<TITLE>` an der Stelle des `<xsl:apply-templates>`-Konstrukts eingefügt werden soll.

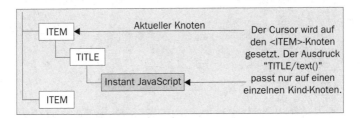

Beachten Sie bitte, dass das Template auf das Element `<ITEM>` passt. Da das Element `<TITLE>` ein Kind von `<ITEM>` ist, benötigen wir den XPath-Ausdruck »`TITLE/text()`«. Hätten wir »`//TITLE/text()`« verwendet, dann wären die Inhalte aller `<TITLE>`-Elemente an dieser Stelle eingefügt worden und das Ergebnis sähe dann so aus:

```
<TITLE>Instant JavaScriptInstant Active Server PagesInstant HTML</TITLE>
```

Der Ausdruck »`//TITLE`« bedeutet »Bearbeite alle Knoten des Wurzel-Knotens mit dem Namen `<TITLE>`«. Der XPath –Ausdruck ».`//TITLE/text()`« bedeutet dagegen »Bearbeite alle Nachfahren des aktuellen Knotens, mit dem Namen `<TITLE>`. Der ».« vor den beiden Slashes `//` macht den ganzen Unterschied.

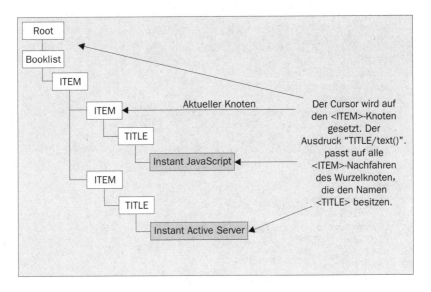

Daher beziehen sich alle `<xsl:apply-template select...>`-Konstrukte in dem Template für `<ITEM>` auf den aktuellen Knoten. In unserem Fall ist es der `<ITEM>`-Knoten. Der Cursor auf den aktuellen Knoten wurde durch das Attribut `match` im Template auf ein `<ITEM>`-Element bewegt:

```
<xsl:template match="ITEM">
    <ITEM>
        <TITLE>
            <xsl:apply-templates select="TITLE/text()" />
        </TITLE>
        <DESCRIPTION>
```

```
        <CATEGORY>
           Category:
           <xsl:apply-templates select="CATEGORY/text()" />
        </CATEGORY>
        <CODE>
           (<xsl:apply-templates select="CODE/text()" />)
        </CODE>
      </DESCRIPTION>
      <LISTING>
        <RELEASE_DATE >
           Release date:
           <xsl:apply-templates select="RELEASE_DATE/text()" />
        </RELEASE_DATE>
        <PRICE>
           - Price:
           <xsl:apply-templates select="PRICE/text()"/>
        </PRICE>
      </LISTING>
    </ITEM>
  </xsl:template>
```

Wie wir schon gesehen haben, gibt es einen alternativen Weg, die gesuchten Informationen aus dem Original-Dokument zu extrahieren. Das folgende Beispiel illustriert das, indem alle Vorkommen von `<xsl:apply-templates.../>` durch das Konstrukt `<xsl:value of .../>` ersetzt werden:

```
<xsl:template match="ITEM">
    <ITEM>
      <TITLE>
         <xsl:value-of select=".//TITLE"/>
      </TITLE>
        <DESCRIPTION>
        <CATEGORY>
           Category:
           <xsl:value-of select=".//CATEGORY"/>
        </CATEGORY>
        <CODE>
           (<xsl:value-of select=".//CODE"/>)
        </CODE>
      </DESCRIPTION>
      <LISTING>
        <RELEASE_DATE >
           Release date:
           <xsl:value-of select=".//RELEASE_DATE"/>
        </RELEASE_DATE>
        <PRICE>
           - Price:
           <xsl:value-of select=".//PRICE"/>
        </PRICE>
      </LISTING>
    </ITEM>
  </xsl:template>
```

Sie sehen, es gibt also zwei Methoden, um die Daten an die richtige Stelle zu bringen:

❏ mittels `<xsl:apply-templates>`
❏ mittels `<xsl:value-of>`

Ich empfehle das zweite Konstrukt – `<xsl:value-of>` –, das explizit mitteilt, dass nur der Wert eines Knotens in die Ausgabe übernommen wird. Sie haben sicher auch bemerkt, dass wir die Funktion `"text()"` nicht mehr in dem XPath-Ausdruck verwenden, da der Inhalt eines Elements in diesem Fall direkt der Text ist.

Es können auch neue Daten zum Inhalt des Original-Dokuments hinzugefügt werden. Wir wollten ja den Text »`Kategorie:`« vor den Text des entsprechenden Elements hängen, damit das in dem Ziel-Dokument etwa so aussieht:

```
<CATEGORY>Kategorie: Scripting</CATEGORY>
```

Auch hierfür verwenden wir das `<xsl:value-of ... />`-Konstrukt. Wieder wird es durch den Inhalt des Elements `<CATEGORY>` ersetzt, nur haben wir dieses Mal den Text »`Kategorie:`« vorangestellt.

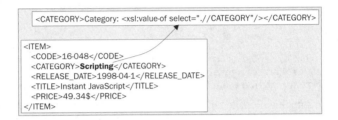

Die Anwendung von XSLT-Transformationen ist für viele Aufgaben sehr wichtig. Hier haben wir wieder die Struktur eines XML-Dokuments in eine andere Struktur überführt, damit das Dokument dargestellt werden kann. Auch wenn wir im Ziel-Dokument fast die gleichen Tags verwenden wie im Original-Dokument, so holen wir doch den Inhalt aus dem Dokument mittels der Elemente `<value-of>` der `<apply-templates>` und fügen diese in das Ergebnis-Dokument ein. Wir könnten fast genau so gut auch neue Tags definieren, damit unsere Daten in einer neuen Sprache beschrieben werden können. Man könnte dieses Dokument aber auch in andere Auszeichnungssprachen übersetzen

Diese Art von Transformation eignet sich also besonders gut für die Übersetzung in Präsentationssprachen wie HTML und WML (Wireless Markup Language). Aber auch die Vermittlung zwischen verschiedenen Formaten kann mit diesen Transformationen gut gelöst werden. Wenn man zum Beispiel Daten zwischen einer Firma, die FPML verwendet, und einer, die FinXML verwendet, austauschen möchte, dann muss man zwischen diesen beiden Sprachen wandeln. Die beiden erwähnten Sprachen findet man im Bereich Handel und Finanzen.

Schleifen

Schleifen sind ein Konstrukt, das man aus prozeduralen Programmiersprachen kennt. XSLT bietet ebenfalls ein Schleifen-Konstrukt, das `<xsl:for-each ... />`-Element. Der Inhalt des Elements wird so lange wiederholt ausgeführt, wie es Elemente im Original-Dokument gibt, die durch den Wert des Attributs `select` selektiert werden. Zum Beispiel können wir das `for-each`-Konstrukt zur Transformation der Liste mit Büchern in ein XHTML-Dokument nutzen, bei dem die einzelnen Punkte in einer Tabelle stehen. Dazu genügt das folgende XSLT-Stylesheet. Sie werden vielleicht einige interessante Dinge bemerken:

```
<?xml version="1.0"?>

<html xmlns="http://www.w3.org/TR/xhtml1/strict"
      xsl:version="1.0"
      xmlns:xsl="http://www.w3.org/1999/XSL/Transform">
   <head>
      <title>The book catalog listed in a table</title>
```

```
        </head>
        <body>
            <table border="1" cellspacing="0" cellpadding="5">
                <tbody>
                    <xsl:for-each select="BOOKLIST/ITEM">
                        <tr>
                            <th align="left"><xsl:value-of select=".//TITLE"/></th>
                            <td><xsl:value-of select=".//CATEGORY" /></td>
                            <td><xsl:value-of select=".//RELEASE_DATE" /></td>
                            <td><xsl:value-of select=".//PRICE" /></td>
                        </tr>
                    </xsl:for-each>
                </tbody>
            </table>
        </body>
    </html>
```

Zunächst ist Ihnen sicher das andere Format aufgefallen. Dieses Dokument enthält nur ein einziges Template, das *implizit* auf das Wurzel-Element passt. Tatsächlich besteht kein Bedarf für die Verwendung des `<xsl:template>`-Konstrukts. In diesem Fall ist das implizite Template: `<xsl:template match="/">`.

Die erzeugte Tabelle enthält eine Zeile für jedes `<ITEM>`-Element (oder Buch). In diesem Beispiel verwenden wir nicht den Matching-Mechanismus, wir iterieren durch das Dokument mittels des `for-each`-Konstrukts. Dabei extrahieren wir Element-Inhalte mit dem `value-of`-Konstrukt:

```
<xsl:for-each select="BOOKLIST/ITEM">
    <tr>
        <th align="left"><xsl:value-of select=".//TITLE"/></th>
        <td><xsl:value-of select=".//CATEGORY" /></td>
        <td><xsl:value-of select=".//RELEASE_DATE" /></td>
        <td><xsl:value-of select=".//PRICE" /></td>
    </tr>
</xsl:for-each>
```

Wir teilen hier dem Prozessor Folgendes mit: »Schreibe für jedes Element `<ITEM>` in dem Element `<BOO-KLIST>` den Inhalt von `<TITLE>`, `<CATEGORY>`, `<RELEASE_DATE>` und `<PRICE>` in die Tabelle«. Das Selektions-Kriterium für die Schleife ist ein XPath-Ausdruck, der an der Wurzel startet. So müssen wir explizit alle Elemente in dem Dokument bis hin zu den `<ITEM>`-Elementen bearbeiten. Die Schleife endet, wenn keine unbearbeiteten Elemente existieren, die auf das Selektions-Kriterium passen.

An die Werte für die einzelnen Spalten der Tabelle kommen wir mittels des Elements `<xsl:value-of ... />`. Wie Sie sich denken können, wird auch hier der Inhalt des selektierten Knotens, der durch das Attribut `select` beschrieben wird, kopiert.

Die Ausgabe sieht dann so aus:

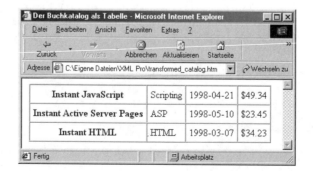

Sortieren

Bisher haben wir Elemente in der Liste von Büchern bewegt, wir haben sogar neue Elemente und neue Daten in ein Ziel-Dokument geschrieben. Wir haben auch ein CSS-Stylesheet mit einem Dokument assoziiert. Nun ist es an der Zeit, mit der Sortierung zu beginnen. Das Ziel ist die Sortierung der Bücher in der Liste. Zunächst werden wir nach der Kategorie und anschließend nach dem Titel sortieren.

Wir werden das XSL-Element `<xsl:sort>` für diesen Zweck verwenden. Wir teilen dem XSLT-Prozessor mit, welche Elemente zu sortieren sind, indem wir dem `select`-Attribut einen entsprechenden XPath-Ausdruck als Wert geben. Würden wir alle Elemente vom Typ `<ITEM>` nach dem Titel sortieren wollten, dann könnten wir folgendes Konstrukt verwenden:

```
<xsl:sort select=".//TITLE"/>
```

Es bleibt allein die Frage, wo das Element zu platzieren ist. Das Element ist ein Instruktions-Element und kann nur innerhalb der Elemente `<xsl:apply-templates ... />` oder `<xsl:for-each ... >` verwendet werden. Das nächste Stylesheet illustriert die Anwendung und ist eine Modifikation des Stylesheets aus dem Abschnitt über *Schleifen*:

```
<?xml version="1.0"?>

<html xmlns="http://www.w3.org/TR/xhtml1/strict"
      xsl:version="1.0"
      xmlns:xsl="http://www.w3.org/1999/XSL/Transform">
    <head>
        <title>The book catalog listed in a table</title>
    </head>
    <body>
        <table border="1" cellspacing="0" cellpadding="5">
            <tbody>
                <xsl:for-each select="BOOKLIST/ITEM">
                    <xsl:sort select=".//CATEGORY"/>
                    <xsl:sort select=".//TITLE"/>
                    <tr>
                        <th align="left"><xsl:value-of select=".//TITLE"/></th>
                        <td><xsl:value-of select=".//CATEGORY" /></td>
                        <td><xsl:value-of select=".//RELEASE_DATE" /></td>
                        <td><xsl:value-of select=".//PRICE" /></td>
                    </tr>
                </xsl:for-each>
            </tbody>
        </table>
    </body>
</html>
```

In diesem Fall enthält das Element `<xsl:for-each ... >` neue Anweisungen, wie die selektierten Knoten bearbeitet werden sollen. Der Prozessor wird nun die Knoten sortieren, bevor die passenden Templates angewandt werden. In dem obigen Beispiel werden die Knoten zuerst nach der Kategorie und dann nach dem Titel sortiert, so wie unten angegeben:

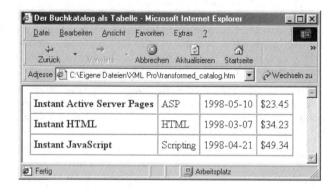

Die Reihenfolge der Sortierung hängt von dem Element `<xsl:sort .../>` a b. Das folgende Konstrukt würde zum Beispiel die Knoten nach dem Inhalt der Elemente `<TITLE>` und `<RELEAE_DATE>` sortieren:

```
<xsl:sort select=".//TITLE"/>
<xsl:sort select=".//RELEASE_DATE"/>
```

Bedenken Sie stets, dass ein `<sort>`-Konstrukt die Knoten zunächst sortiert und dann erst die Knoten bearbeitet.

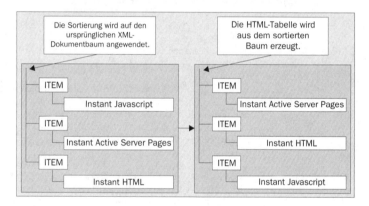

Bedingte Verarbeitung

Ein anderes Konstrukt, das man in vielen Programmiersprachen findet, ist eine Form von Bedingung:

❏ Das `if`-Konstrukt heißt in XSLT `<xsl:if>`

❏ Das `if/elseif`-Konstrukt heißt in XSLT `<xsl:choose>`

An dieser Stelle werden Sie vielleicht denken, dass XSLT für eine deklarative Sprache doch recht viele prozedurale Konstrukte enthält. Das ist sicher wahr. Was XSLT zu einer deklarativen Sprache macht, ist, dass man dem Prozessor nicht explizit sagen muss, dass er Inhalte in die Ausgabe übernehmen muss. Man muss nur einen Inhalt oder ein Template angeben und diese Objekte werden dann in den Inhalt des Ziel-Dokuments übernommen. Dennoch hat XSLT sicher zu einem gewissen Grad auch prozeduralen Charakter.

Gehen wir nun davon aus, wir wollten nur die `<ITEMS>` der Kategorie `Scripting` im Ergebnis haben wollen. Für so etwas benötigen wir einen Filter oder ein `if`-Konstrukt, um Folgendes auszudrücken: »Wenn man auf ein *Muster* trifft, dann soll Folgendes *getan* werden.« Wir verwenden hier also das Element `<xsl:if>` in dem Template, so wie in dem nächsten Beispiel:

```
<?xml version="1.0"?>

<html xmlns="http://www.w3.org/TR/xhtml1/strict"
      xsl:version="1.0"
      xmlns:xsl="http://www.w3.org/1999/XSL/Transform">
   <head>
      <title>The book catalog listed in a table</title>
   </head>
   <body>
      <table border="1" cellspacing="0" cellpadding="5">
         <tbody>
            <xsl:for-each select="BOOKLIST/ITEM">
               <xsl:if test="contains(CATEGORY/text(), 'Scripting')">
                  <tr>
                     <th align="left"><xsl:value-of select=".//TITLE"/></th>
                     <td><xsl:value-of select=".//CATEGORY" /></td>
                     <td><xsl:value-of select=".//RELEASE_DATE" /></td>
                     <td><xsl:value-of select=".//PRICE" /></td>
                  </tr>
               </xsl:if>
            </xsl:for-each>
         </tbody>
      </table>
   </body>
</html>
```

Nun haben wir in der Schleife eine Bedingung formuliert, die erfüllt werden muss. Ist die Bedingung erfüllt, wird das Template in dem `<xsl:if>`-Element abgearbeitet, ansonsten wird das Template ignoriert.

Durch das Attribut `test` vergleichen wir den String »`Scripting`« mit dem Inhalt des Elements `<CATE-GORY>`. Tatsächlich verwenden wir die Funktion `contains()`, um zu prüfen, ob ein Element `<CATEGORY>` in seinem Text-Knoten den Text »`Scripting`« enthält. Die Funktion `contains(string1, string2)` gibt den Wert »true« zurück, falls `string1` `string2` enthält. Der erste String (`string1`) kommt aus dem XPath-Ausdruck »`CATEGORY/text()`«, der den Inhalt des Elements `<CATEGORY>` beschreibt.

Sie haben vielleicht bemerkt, dass wir für den Wert des Attributs den String `'Scripting'` statt des Strings `"Scripting"` verwendet haben. Das ist der Fall, da nur Attributwerte als Ganzes doppelte Anführungszeichen haben dürfen, daher müssen alle anderen Zeichenketten in solchen Fällen durch einfache Anführungszeichen gruppiert werden:

```
<xsl:if test="contains(CATEGORY/text(), 'Scripting')">
```

Die Ausgabe des HTML-Dokuments sieht dann so aus:

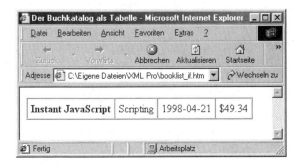

Manchmal braucht man ein Konstrukt, das in Abhängigkeit von einem Element eine Aktion ausführt. In dem vorherigen Beispiel haben wir Elemente aus dem Baum gefiltert, um nur Elemente vom Typ <ITEMS> mit der Kategorie »Scripting« zu bearbeiten. Im nächsten Beispiel werden wir eine andere Transformation durchführen, die aber auch von der Kategorie eines Buchs abhängen wird.

In dem folgenden Beispiel wollen wir die Zeilen der Tabelle farblich markieren, je mit einer anderen Farbe für jede Kategorie. Wir werden ein if/elseif-Konstrukt nutzen und verwenden das Element <xsl:choose>. Dieses Element wird immer zusammen mit dem Element <xsl:when> angewandt. Jede Bedingung wird von dem <xsl:when>-Konstrukt geprüft, genauer gesagt, werden die Tests von dem Attribut test durchgeführt:

```xml
<?xml version="1.0"?>

<xsl:stylesheet xsl:version="1.0"
                xmlns:xsl="http://www.w3.org/1999/XSL/Transform">


<xsl:template name="DoTableBody">
   <th align="left"><xsl:apply-templates select="./TITLE"/></th>
   <td><xsl:apply-templates select="./CATEGORY" /></td>
   <td><xsl:apply-templates select="./RELEASE_DATE" /></td>
   <td><xsl:apply-templates select="./PRICE" /></td>
</xsl:template>

<xsl:template match="/">
   <html xmlns="http://www.w3.org/TR/xhtml1/strict">
      <head>
         <title>The book catalog listed in a table</title>
      </head>
      <body>
         <table border="1" cellspacing="0" cellpadding="5">
            <tbody>
               <xsl:for-each select="/BOOKLIST/ITEM">
                  <xsl:choose>
                     <xsl:when test="contains(CATEGORY/text(),'HTML')">
                        <tr style="color:red">
                           <xsl:call-template name="DoTableBody"/>
                        </tr>
                     </xsl:when>
                     <xsl:when test="contains(CATEGORY/text(),'Scripting')">
                        <tr style="color:green">
                           <xsl:call-template name="DoTableBody"/>
                        </tr>
                     </xsl:when>
                     <xsl:when test="contains(CATEGORY/text(),'ASP')">
                        <tr style="color:blue">
                           <xsl:call-template name="DoTableBody"/>
                        </tr>
                     </xsl:when>
                     <xsl:when test="contains(CATEGORY/text(),'JavaScript')">
                        <tr style="color:yellow">
                           <xsl:call-template name="DoTableBody"/>
                        </tr>
                     </xsl:when>
                  </xsl:choose>
               </xsl:for-each>
            </tbody>
```

```
        </table>
      </body>
   </html>
</xsl:template>


</xsl:stylesheet>
```

In dem obigen Beispiel verwenden wir das `if/elseif`-Konstrukt in der Form des Elements `<xsl:choose>`. Jede der einzelnen Bedingungen wird durch das Element `<xsl:when>` geprüft. Sie haben vielleicht auch bemerkt, dass wir denselben Ausdruck schon im letzten Beispiel verwendet haben. Dieses Mal prüfen wir jedoch jeden Fall einzeln. Im ersten Fall prüfen wir, ob die `<CATEGORY>` Elemente den String `'HTML'` enthalten. Ist das der Fall, dann verwenden wir für eine Zeile der Tabelle die Farbe `red`. Danach setzen wir die Arbeit nach gleichem Muster fort und prüfen die anderen Kategorietypen ab. In diesem Fall prüfen wir also mehrere Bedingungen ab, nicht nur eine wie im letzten Beispiel. Die Ausgabe sehen Sie in der folgenden Abbildung:

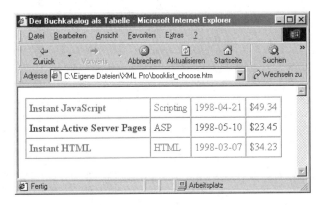

Da wir in diesem Fall das Template als eine Art Subroutine oder Unterprogramm verwendet haben, kann die simplifizierte Form nicht mehr verwendet werden. Daher verwenden wir wieder das Element `<xsl:stylesheet>`.

Benannte Templates

In dem letzten Beispiel haben wir auch ein benanntes Template verwendet, dass keine Parameter hatte:

```
<xsl:template name="DoTableBody">
   <th align="left"><xsl:apply-templates select="./TITLE"/></th>
   <td><xsl:apply-templates select="./CATEGORY" /></td>
   <td><xsl:apply-templates select="./RELEASE_DATE" /></td>
   <td><xsl:apply-templates select="./PRICE" /></td>
</xsl:template>
```

Ein benanntes Template kann aber auch Parameter übergeben bekommen. Sagen wir mal, wir möchten in dem Beispiel die Ausrichtung der Zeile als Parameter übergeben. Mögliche Werte für den Parameter wären `left`, `right` oder `center`. Für diesen Zweck fügen wir das Element `<xsl:param ... >` zum benannten Template hinzu, so wie in dem folgenden Fragment:

```
<xsl:template name="DoTableBody">
   <xsl:param name="alignment">left</xsl:param>
   <xsl:param name="color">green</xsl:param>
   <tr style="color:{$color}">
```

```
        <th align="{$alignment}">
           <xsl:apply-templates select="./TITLE"/>
        </th>
        <td><xsl:apply-templates select="./CATEGORY" /></td>
        <td><xsl:apply-templates select="./RELEASE_DATE" /></td>
        <td><xsl:apply-templates select="./PRICE" /></td>
     </tr>
  </xsl:template>
```

Ein Parameter heißt `alignment` und hat als Vorgabewert `left`. Der andere Parameter heißt `color` und der Vorgabewert ist `green`. Diese Vorgaben können natürlich durch das Element `<call-template>` mit entsprechenden Werten für die Parameter an das Template übergeben werden:

```
            <xsl:call-template name="DoTableBody">
               <xsl:with-param name="alignment">
                  center
               </xsl:with-param>
               <xsl:with-param name="color">
                  red
               </xsl:with-param>
            </xsl:call-template>
```

Die beiden folgenden Abbildungen zeigen die zwei verschiedenen HTML-Dokumente, die durch das `call-template`-Konstrukt erzeugt wurden. Die erste Abbildung zeigt den Aufruf von `call-templates` ohne irgendeinen Parameter. Daher haben die Attribute die Vorgabewerte `left` und `green`. Die andere Abbildung zeigt einen Aufruf von `call-templates`, wobei die Kategorie ASP die Werte `center` und `red` bekommen hat.

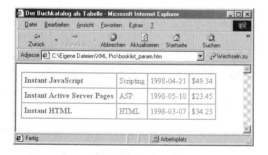
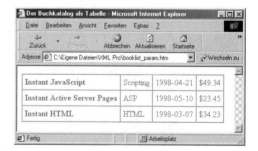

Umgang mit Zahlen

Nun wollen wir Zeilennummern in die Ausgabe des XSLT-Stylesheets einbauen, so dass wir das folgende Ergebnis erhalten:

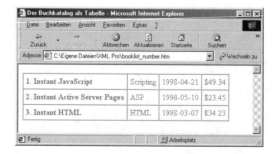

Für dieses Ergebnis müssen wir das Stylesheet aus dem letzten Beispiel nur etwas ändern. Dieses Mal fügen wir das Element `<xsl:number ...>` hinzu. Die Attribute `value` und `format` legen den Wert und das Format der Zahl fest, die in die Ausgabe geschrieben werden sollen. In diesem Fall setzen wir das Attribut `value` auf die Position des aktuellen Knotens in dem Element `<ITEM>`. Das folgende Fragment zeigt ein Beispiel für die Anwendung:

```
<xsl:template name="DoTableBody">
    <xsl:param name="alignment">left</xsl:param>
    <xsl:param name="color">green</xsl:param>
    <tr style="color:{$color}">
        <th align="{$alignment}">
            <xsl:number value="position()" format="1. "/>
            <xsl:apply-templates select="./TITLE"/>
        </th>
        <td><xsl:apply-templates select="./CATEGORY" /></td>
        <td><xsl:apply-templates select="./RELEASE_DATE" /></td>
        <td><xsl:apply-templates select="./PRICE" /></td>
    </tr>
</xsl:template>
```

Das `<xsl:number ... >`-Element hat noch weitere Attribute, die seine Flexibilität erhöhen. Mehr Details finden Sie in der XSLT-Empfehlung unter `http://www.w3.org/TR/xslt`.

Das folgende Listing ist eine Kombination der letzten fünf Beispiele. Hier werden die folgenden XSLT-Konstrukte auf das Element `Booklist` angewandt:

❑ **Schleifen**: in der Form des `<xsl:for-each ...>`-Elements

❑ **Sortierung**: durch das Element `<xsl:sort ...>`

❑ **Bedingte Verarbeitung:** mittels der Elemente `<xsl:if ...>` und `<xsl:choose ...>`

❑ **Benannte Templates:** durch die Elemente `<xsl:template name ...>`, `<xsl:param ...>`, `<xsl:with-param ...>` und `<xsl:call-template ...>`

❑ **Zahlen:** durch das Element `<xsl:number ...>`

```
<?xml version="1.0"?>

<xsl:stylesheet xsl:version="1.0"
    xmlns:xsl="http://www.w3.org/1999/XSL/Transform"
    xmlns="http://www.w3.org/TR/xhtml1/strict">

<xsl:output method="html"/>

<xsl:template name="DoTableBody">
    <xsl:param name="alignment">left</xsl:param>
    <xsl:param name="color">green</xsl:param>
    <tr style="color:{$color}">
        <th align="{$alignment}">
            <xsl:number value="position()" format="1. "/>
            <xsl:apply-templates select="./TITLE"/>
        </th>
        <td><xsl:apply-templates select="./CATEGORY" /></td>
        <td><xsl:apply-templates select="./RELEASE_DATE" /></td>
        <td><xsl:apply-templates select="./PRICE" /></td>
    </tr>
</xsl:template>
<xsl:template match="/">
    <html xmlns="http://www.w3.org/TR/xhtml1/strict">
        <head>
```

```
            <title>The book catalog listed in a table</title>
        </head>
        <body>
            <table border="1" cellspacing="0" cellpadding="5">
                <tbody>
                    <xsl:for-each select="/BOOKLIST/ITEM">
                        <xsl:sort select=".//CATEGORY"/>
                        <xsl:sort select=".//TITLE"/>
                        <xsl:choose>
                            <xsl:when test="contains(CATEGORY/text(),'HTML')">
                                <xsl:call-template name="DoTableBody"/>
                            </xsl:when>
                            <xsl:when test="contains(CATEGORY/text(),'Scripting')">
                                <xsl:call-template name="DoTableBody">
                                    <xsl:with-param name="color">
                                        blue
                                    </xsl:with-param>
                                </xsl:call-template>
                            </xsl:when>
                            <xsl:when test="contains(CATEGORY/text(),'ASP')">
                                <xsl:call-template name="DoTableBody">
                                    <xsl:with-param name="alignment">
                                        center
                                    </xsl:with-param>
                                    <xsl:with-param name="color">
                                        red
                                    </xsl:with-param>
                                </xsl:call-template>
                            </xsl:when>
                        </xsl:choose>
                    </xsl:for-each>
                </tbody>
            </table>
        </body>
    </html>
</xsl:template>

</xsl:stylesheet>
```

Die folgende Abbildung wurde so erzeugt:

❑ Transformation des Original-Dokuments durch XT

❑ Darstellung des Ergebnisses (ein HTML-Dokument) im Internet Explorer

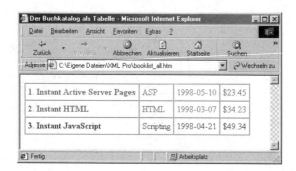

Jeder XML-Browser, der voll der Empfehlung des W3C entspricht, wird ein Dokument transformieren und darstellen, wenn ein Dokument ein `<xsl:stylesheet ...>`-Element enthält.

Kopieren von Daten

Nun werden wir eine weitere Form der Bearbeitung des Dokuments `Booklist` kennen lernen. Wir werden die Struktur des Original-Dokuments in dem Ziel-Dokument behalten und auch das Ausgabeformat wird wieder XML sein. Wir werden lediglich die `<ITEM>`-Elemente nach dem Wert des Elements `<CODE>` sortieren. Das folgende Stylesheet leistet das Gewünschte:

```
<?xml version="1.0"?>

<xsl:stylesheet xsl:version="1.0"
    xmlns:xsl="http://www.w3.org/1999/XSL/Transform">

<xsl:output method="xml"/>

<xsl:template match="*">
    <xsl:copy>
        <xsl:apply-templates>
            <xsl:sort select=".//CODE"/>
        </xsl:apply-templates>
    </xsl:copy>
</xsl:template>

</xsl:stylesheet>
```

Zunächst wird das einzige Template auf alle Element-Knoten angewandt. Das Element `<xsl:copy>` erzwingt ein Kopieren der Element-Knoten in den Ziel-Baum. Schließlich soll der XSLT-Prozessor noch die Elemente nach dem Wert von `<CODE>` sortieren. Das Ergebnis zeigt das nachstehende XML-Dokument. Das Dokument behält seine Struktur, aber die `<ITEM>`-Elemente sind nun nach den Werten des Elements `<CODE>` sortiert:

```
<BOOKLIST>
    <ITEM>
        <CODE>16-041</CODE>
        <CATEGORY>HTML</CATEGORY>
        <RELEASE_DATE>1998-03-07</RELEASE_DATE>
        <TITLE>Instant HTML</TITLE>
        <PRICE>$34.23</PRICE>
    </ITEM>
    <ITEM>
        <CODE>16-048</CODE>
        <CATEGORY>Scripting</CATEGORY>
        <RELEASE_DATE>1998-04-21</RELEASE_DATE>
        <TITLE>Instant JavaScript</TITLE>
        <PRICE>$49.34</PRICE>
    </ITEM>
    <ITEM>
        <CODE>16-105</CODE>
        <CATEGORY>ASP</CATEGORY>
        <RELEASE_DATE>1998-05-10</RELEASE_DATE>
        <TITLE>Instant Active Server Pages</TITLE>
        <PRICE>$23.45</PRICE>
    </ITEM>
</BOOKLIST>
```

Transformation von XML-Dokumenten mit DOM

Ein XML-Dokument kann auch unter der Verwendung von DOM transformiert werden, da DOM eine Schnittstelle zum »grove« ist. Die Transformation mit DOM kann ein recht schwieriger Weg sein. Viele der Implementierungen von DOM enthalten eine Menge proprietärer Konstrukte. Einige dieser Abweichungen ergeben sich aber auch aus den Mängeln der DOM-Spezifikation und daher sind die Entwickler der Implementierungen zum Teil entschuldigt. Ein Beispiel dafür ist, dass die DOM2-Spezifikation nicht festlegt, wie ein XML-Dokument geladen oder gespeichert werden soll. In diesem Fall muss ein Entwickler solche wichtigen Methoden selbst entwerfen. Aus diesem Grund sind viele Skripts, die XML-Transformationen realisieren, nicht portabel.

Strukturelle Transformationen mit DOM

Wir wollen die strukturelle Transformation mit XSLT und DOM vergleichen und verwenden dafür dasselbe Beispiel, wie in dem Abschnitt über die *strukturelle Transformation* mit XSLT.

Nur zu Erinnerung, wir wollen ein XML-Dokument der folgenden Form transformieren:

```
<?xml version="1.0"?>
<BOOKLIST>
   <ITEM>
      <CODE>16-048</CODE>
      <CATEGORY>Scripting</CATEGORY>
      <RELEASE_DATE>1998-04-21</RELEASE_DATE>
      <TITLE>Instant JavaScript</TITLE>
      <PRICE>$49.34</PRICE>
   </ITEM>
   <ITEM>
      <CODE>16-105</CODE>
      <CATEGORY>ASP</CATEGORY>
      <RELEASE_DATE>1998-05-10</RELEASE_DATE>
      <TITLE>Instant Active Server Pages</TITLE>
      <PRICE>$23.45</PRICE>
   </ITEM>
   <ITEM>
      <CODE>16-041</CODE>
      <CATEGORY>HTML</CATEGORY>
      <RELEASE_DATE>1998-03-07</RELEASE_DATE>
      <TITLE>Instant HTML</TITLE>
      <PRICE>$34.23</PRICE>
   </ITEM>
</BOOKLIST>
```

Ergebnis soll ein XML-Dokument der folgenden Form sein:

```
<?xml version="1.0"?>
<BOOKLIST>
   <ITEM>
      <TITLE>Instant JavaScript</TITLE>
      <DESCRIPTION>
         <CATEGORY>Category: Scripting</CATEGORY>
         <CODE>(16-048)</CODE>
      </DESCRIPTION>
      <LISTING>
         <RELEASE_DATE>Release date: 1998-04-21</RELEASE_DATE>
```

```
            <PRICE>Price: $49.34</PRICE>
        </LISTING>
    </ITEM>
    <ITEM>
        <TITLE>Instant Active Server Pages</TITLE>
        <DESCRIPTION>
            <CATEGORY>Category: ASP</CATEGORY>
            <CODE>(16-105)</CODE>
        </DESCRIPTION>
        <LISTING>
            <RELEASE_DATE>release date: 1998-05-10</RELEASE_DATE>
            <PRICE>Price: $23.45</PRICE>
        </LISTING>
    </ITEM>
    <ITEM>
        <TITLE>Instant HTML</TITLE>
        <DESCRIPTION>
            <CATEGORY>Category: HTML</CATEGORY>
            <CODE>(16-041)</CODE>
        </DESCRIPTION>
        <LISTING>
            <RELEASE_DATE>release date: 1998-03-07</RELEASE_DATE>
            <PRICE>Price: $34.23</PRICE>
        </LISTING>
    </ITEM>
</BOOKLIST>
```

Der nächste Abschnitt zeigt, wie man mit VBScript die Struktur des Booklist-XML-Dokuments modifizieren kann.

VBScript-Beispiel

Mit VBScript kann man dasselbe Ergebnis erzielen wie schon mit XSLT. Das Skript in diesem Beispiel ist nicht portabel (aus den schon angesprochenen Gründen) und läuft nur unter Windows. Das ist auch der große Unterschied zur Anwendung von XSLT. Wieso also mit VBScript arbeiten? Der Grund ist, dass ca. 3 Millionen Entwickler schon damit arbeiten.

Das folgende Skript läuft unter dem Windows Script Host (WSH). Wenn Sie den WSH installiert haben, dann können Sie dieses Skript einfach in einer Datei Transform.vbs speichern und mit einem Doppel-Klick starten:

```
Set xmldoc = CreateObject("Microsoft.XMLDOM")
XMLDoc.load("C:\My Dokuments\XML Pro\Booklist.xml")

Set oItem = xmlDoc.getElementsByTagName("ITEM")
Set oTitle = xmlDoc.getElementsByTagName("TITLE")
Set oCode = xmlDoc.getElementsByTagName("CODE")
Set oPrice = xmlDoc.getElementsByTagName("PRICE")
Set oRelease_Date = xmlDoc.getElementsByTagName("RELEASE_DATE")
Set oCategory = xmlDoc.getElementsByTagName("CATEGORY")

For i=0 To (oItem.length -1)
   Set oDescription = XMLDoc.createElement("DESCRIPTION")
   Set oTempDescription = oItem.item(i).appendChild(oDescription)
   oTempdescription.appendChild(oTitle.item(i))
   oTempDescription.appendChild(oCode.item(i))
   oTempDescription.appendChild(oCategory.item(i))
```

```
      Set oListing= XMLDoc.createElement("LISTING")
      Set oTempListing = oItem.item(i).appendChild(oListing)
      oTempListing.appendChild(oRelease_Date.item(i))
      oTempListing.appendChild(oPrice.item(i))
   Next


   XMLDoc.Save("sample.xml")
```

Sehen wir uns das Skript etwas genauer an. Die erste Aufgabe besteht darin, ein DOM-Objekt durch die Methode `CreateObject()` zu erzeugen. Dann laden wir das Quell-Dokument in den Speicher, analysieren es und erzeugen die interne Baumstruktur – all das nur durch die Methode `load()`:

```
Set xmldoc = CreateObject("Microsoft.XMLDOM")
XMLDoc.load("C:\My Dokuments\XML Pro\Booklist.xml")
```

Diese beiden Zeilen haben nicht direkt mit DOM zu tun, sondern sind spezifisch für die VBScript-Umgebung.

Da wir keine sehr komplexe Dokumentstruktur haben, können wir die benötigten Elemente recht einfach mit der `getElementsByTagName()`-Methode erreichen. Die ganze Sache wird kompliziert, wenn ein Dokument Elemente mit dem gleichen Namen an verschiedenen Stellen im Dokument hat. Als Nächstes müssen wir also alle benötigten Element-Objekte für die Transformation beschaffen:

```
Set oItem = xmlDoc.getElementsByTagName("ITEM")
Set oTitle = xmlDoc.getElementsByTagName("TITLE")
Set oCode = xmlDoc.getElementsByTagName("CODE")
Set oPrice = xmlDoc.getElementsByTagName("PRICE")
Set oRelease_Date = xmlDoc.getElementsByTagName("RELEASE_DATE")
Set oCategory = xmlDoc.getElementsByTagName("CATEGORY")
```

Nun müssen alle <ITEM>-Objekte für diese Element-Knoten in der Liste bearbeitet werden. Zunächst ermitteln wir die Anzahl der <ITEM>-Elemente in der DOM-Struktur durch die `length()`-Methode. Man könnte auch vermuten, dass es die `count()`-Methode sein könnte, aber das W3C verwendet `length()`, um die Anzahl von Instanzen zu zählen. Der Indexbereich für die Kind-Knoten geht von 0 bis `length`−1 einschließlich:

```
For i=0 To (oItem.length -1)
```

Da wir ein neues Element als Kind-Element von <ITEM> einfügen wollen, erzeugen wir einfach ein neues Objekt:

```
      Set oDescription = XMLDoc.createElement("DESCRIPTION")
```

Dieses neue Element hängen wir an den aktuell bearbeiteten <ITEM>-Knoten, als Kind-Element. Ein Objekt für einen Element-Knoten wird zurückgeliefert und repräsentiert den Element-Knoten für <DESCRIPTION>:

```
      Set oTempDescription = oItem.item(i).appendChild(oDescription)
```

Zu diesem Zeitpunkt haben wir die Struktur bereits verändert, da wir ein neues Element vom Typ <DESCRIPTION> in ein <ITEM>-Element eingefügt haben:

Dann fügen wir die Element-Knoten <TITLE>, <CODE> und <CATEGORY> als Kind-Elemente des Element-Knotens <DESCRIPTION> ein:

```
oTempdescription.appendChild(oTitle.item(i))
oTempDescription.appendChild(oCode.item(i))
oTempDescription.appendChild(oCategory.item(i))
```

Tatsächlich verschieben wir die Knoten aus ihrer bisherigen Position an ihre neue Position. Die folgende Abbildung illustriert das:

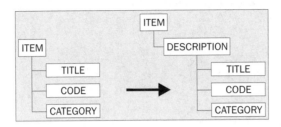

Wir wenden dieselben Operationen auf das neue <LISTING>-Element an. Wir erzeugen ein neues Element, fügen es als Kind von <ITEM> ein und verschieben die Elemente <RELEASE_DATE> und <PRICE> aus ihrer alten Position an die neue Position als Kinder von <LISTING>:

```
Set oListing= XMLDoc.createElement("LISTING")
Set oTempListing = oItem.item(i).appendChild(oListing)
oTempListing.appendChild(oRelease_Date.item(i))
oTempListing.appendChild(oPrice.item(i))
Next
```

Schließlich speichern wir die transformierte Struktur als XML-Dokument:

```
XMLDoc.Save("sample.xml")
```

Modifikation eines XSLT-Dokuments zur Laufzeit

Bisher sind wir immer in den Grenzen der Standards geblieben und die bisherigen Beispiele können mit jedem XSLT-Prozessor verwendet werden, der zur Empfehlung des W3C konform ist. In diesem Abschnitt jedoch werden wir einige von Microsofts Erweiterungen verwenden, um zu zeigen, wie XSLT für eine Steigerung der Interaktivität genutzt werden kann.

Ein XSL-Stylesheet wird durch eine <xsl-stylesheet>-Verarbeitungsanweisung in einem XML-Dokument aktiviert oder aber durch eine proprietäre Erweiterung von DOM. In den bisherigen Beispielen haben wir stets eine Verarbeitungsanweisung als Link zu einem Stylesheet verwendet, hier jedoch werden wir die von Microsoft erweiterte DOM-Schnittstelle zum XSLT-Prozessor nutzen. Wir werden wieder mit XSLT unsere Bücher sortieren.

Einige der Konstrukte in diesem Beispiel sind spezifisch für den Internet Explorer in der Version 5. Einige der Konstrukte sind lediglich veraltete XSLT-Konstrukte, andere dagegen sind nur in dieser besonderen Implementation verfügbar und nicht Teil des W3C-Standards. Daher wird das folgende Beispiel nur mit dem Microsoft Internet Explorer Version 5 funktionieren.

Das folgende XSLT-Skript kann zur Darstellung des Dokuments Booklist verwendet werden:

```
<xsl:stylesheet xmlns:xsl="http://www.w3.org/TR/WD-xsl">
<xsl:template match="/">
   <html>
      <head>
         <title>The book catalog</title>
         <script>
```

```
            <xsl:comment>
                <![CDATA[
                    var xslStylesheet = null;
                    var xmlSource = null;
                    var attribNode = null;
                    function sort(field)
                    {
                        attribNode.value = field;
                        Booklist.innerHTML =
                            xmlSource.DokumentElement.transformNode(xslStylesheet);
                    }
                ]]>
            </xsl:comment>
        </script>
        <script for="window" event="onload">
            <xsl:comment>
                <![CDATA[
                    xslStylesheet = Dokument.XSLDokument;
                    xmlSource = Dokument.XMLDokument;
                    attribNode =
                        Dokument.XSLDokument.selectSingleNode("//@order-by");
                    sort('TITLE');
                ]]>
            </xsl:comment>
        </script>
    </head>
    <body>
        <div id="Booklist"></div>
    </body>
</html>
</xsl:template>

<xsl:template match="BOOKLIST">
    <table border="0" frame="border" cellspacing="0" width="100%">
        <thead title="Alt-click sorts in descending order.">
            <tr style="background: brown;
                       color: white;
                       font-family: MS Sans Serif;
                       font-size:10pt">
                <th onclick="sort('TITLE')" width="33%" style="cursor:hand;">
                    <div>Title</div>
                </th>
                <th onclick="sort('CATEGORY')" width="20%" style="cursor:hand;">
                    <div>Category</div>
                </th>
                <th onclick="sort('CODE')" width="10%" style="cursor:hand;">
                    <div>Code</div>
                </th>
                <th onclick="sort('RELEASE_DATE')" style="cursor:hand;">
                    <div id="RELEASE_DATE">Release Date</div>
                </th>
                <th onclick="sort('PRICE')" width="10%" style="cursor:hand;">
                    <div>Price</div>
                </th>
            </tr>
        </thead>
```

```
            <tbody id="BOOKLIST_TABLE_BODY">
                <xsl:for-each select="//ITEM" order-by="//TITLE" >
                    <tr>
                        <td><xsl:value-of select="TITLE"/></td>
                        <td><xsl:value-of select="CATEGORY"/></td>
                        <td><xsl:value-of select="CODE"/></td>
                        <td align="center"><xsl:value-of select="RELEASE_DATE"/></td>
                        <td><xsl:value-of select="PRICE"/></td>
                    </tr>
                </xsl:for-each>
            </tbody>
        </table>
    </xsl:template>

</xsl:stylesheet>
```

Als Erstes wird der Internet Explorer das XML- und das XSL-Dokument analysieren. Der Parser erstellt je ein Dokument-Modell für beide Dokumente. Diese Modelle können dann mittels der DOM-Erweiterungen modifiziert werden. Microsoft implementierte DOM mit einer COM-Schnittstelle und fügte neue Funktionen hinzu. In gewisser Hinsicht erbt die Microsoft-Implementierung alle Eigenschaften des W3C-Standards und fügt neue Eigenschaften und Methoden hinzu. Diese neuen Methoden werden wir in dem folgenden Beispiel nutzen.

Die Elemente, die das dynamische Verhalten zur Laufzeit erzeugen, sind Elemente vom Typ <script>. Zur Laufzeit wird das erste Skript, das gelesen und ausgewertet wird, das Skript ohne besondere Zuordnung an ein Objekt sein. Dieses Skript enthält weder das Attribut for noch das Attribut event.

```
        <script>
            <xsl:comment>
                <![CDATA[
                    var xslStylesheet = null;
                    var xmlSource = null;
                    var attribNode = null;
```

Das Skript selbst ist in dem Element <xsl:comment> enthalten, das in der Ausgabe als XML-Kommentar erscheint. Das Skript ist in JavaScript geschrieben und Ihnen ist sicher aufgefallen, dass wir schon drei Objekte deklariert haben und allen den Wert null gaben.

Eines der ersten Events, das zur Laufzeit auftreten wird, ist das window.onload-Event. Wir binden ein Skript an dieses Event:

```
        <script for="window" event="onload">
            <xsl:comment>
                <![CDATA[
                    xslStylesheet = Dokument.XSLDokument;
                    xmlSource = Dokument.XMLDokument;
                    attribNode=
                        Dokument.XSLDokument.selectSingleNode("//@order-by");
                    sort('TITLE');
                ]]>
            </xsl:comment>
        </script>
```

Zunächst holen wir das XSL-Stylesheet-Dokument aus dem Dokument-Objekt. Dann holen wir das XML-Dokument aus dem Dokument-Objekt. In der Hierarchie der XML-Objekte enthält das Dokument-Objekt zwei erweiterte DOM-Strukturen: eine erweiterte Struktur für XML-DOM und eine für XSL-DOM:

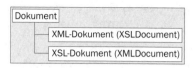

Diese beiden Objekte werden in Kürze sehr nützlich bei der Transformation und Darstellung des XML-Dokuments im Internet Explorer sein.

Wir holen uns außerdem das Sortier-Objekt aus dem XSL-Baum. Um dieses Objekt zu erhalten, lassen wir uns von der erweiterten DOM-Schnittstelle das erste Objekt mit dem Attribut `order-by` zurückgeben. Es gibt nur ein Element, das dieses Attribut enthält. Es ist das Attribut `<xsl:for-each>`.

```
<xsl:for-each select="//ITEM" order-by="//TITLE" >
   <tr>
      <td><xsl:value-of select="TITLE"/></td>
      <td><xsl:value-of select="CATEGORY"/></td>
      <td><xsl:value-of select="CODE"/></td>
      <td><xsl:value-of select="RELEASE_DATE"/></td>
      <td><xsl:value-of select="PRICE"/></td>
   </tr>
</xsl:for-each>
```

Als dieses Kapitel geschrieben wurde, änderte sich der Sortier-Mechanismus in der Spezifikation, und dieses Konstrukt gehört nun nicht mehr zum Standard. Das Sortier-Konstrukt arbeitet nun so, wie wir es in den vorherigen Abschnitten bereits beschrieben hatten. Sobald der Explorer also kompatibel zur Spezifikation sein wird, muss die Sortierung so definiert werden:

```
<xsl:for-each select="//ITEM">
   <xsl:sort select="TITLE"/>
   <tr>
      <td><xsl:value-of select="TITLE"/></td>
      <td><xsl:value-of select="CATEGORY"/></td>
      <td><xsl:value-of select="CODE"/></td>
      <td><xsl:value-of select="RELEASE_DATE"/></td>
      <td><xsl:value-of select="PRICE"/></td>
   </tr>
</xsl:for-each>
```

Daher ändert sich auch die Zeile JavaScript, mit der wir das Sortier-Objekt geholt haben:

```
attribNode=
   Dokument.XSLDokument.selectSingleNode("xsl:sort/@select");
```

Die Methode `selectSingleNode()` gibt den Attribut-Knoten zurück, nicht den Element-Knoten. Jedes Element mit Attributen in dem Dokument wird in dem Dokumentbaum zu einem Knoten mit Attribut-Knoten. Daher enthält die Variable `attribNode` das Knoten-Objekt für das Attribut.

Als Nächstes sortieren wir die Bücher nach dem Titel:

```
sort('TITLE');
```

Das geschieht durch die Funktion `sort()`:

```
function sort(field)
{
   attribNode.value = field;
   Booklist.innerHTML =
      xmlSource.DokumentElement.transformNode(xslStylesheet);
}
```

Als Erstes wird der Wert für das Objekt des Attribut-Knotens auf den Wert 'TITLE' gesetzt. Dieser Schritt modifiziert die DOM-Struktur. Auf diese Weise haben wir das Stylesheet zur Laufzeit verändert. Ganz ohne XSL. So kann also ein Dokument durch ein erweitertes DOM und ein Skript zur Laufzeit verändert werden.

Die nächsten Zeilen benötigen etwas mehr Erklärung. Sie werden sich fragen, wo das Objekt Booklist herkommt. Dieses Objekt haben wir in dem XSL-Skript durch das folgende Konstrukt erzeugt:

```
<body>
    <div id="Booklist"></div>
</body>
```

So haben wir ein eindeutig identifizierbares Objekt mit dem Namen Booklist erzeugt, als wir das Element <DIV> erzeugten. Dieses HTML-Element dient zur Aufnahme der nach HTML transformierten XML-Elemente. Nach der Abarbeitung der folgenden Zeilen:

```
Booklist.innerHTML =
    xmlSource.DokumentElement.transformNode(xslStylesheet);
```

rufen wir die Methode transformNode() des DokumentElement-Objekts für das Original-Dokument auf. Das ist eine erweiterte DOM-Methode zur Transformation eines XML-Dokuments nach HTML. Diese Methode bekommt einen Parameter, das Objekt für XSL-DOM, das wir in der Variable xsl-Stylesheet gespeichert haben. Das Ergebnis legen wir in dem Attribut innerHTML des Booklist-Objekts ab. Das erzwingt eine Aktualisierung des HTML-Dokuments und daher auch eine Aktualisierung der Darstellung. Die sortierte Tabelle erscheint dann auf dem Bildschirm:

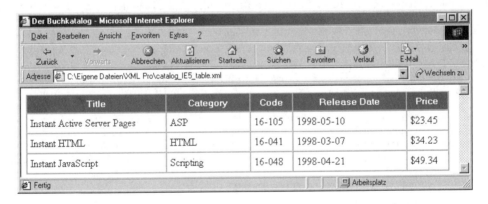

Die Tabellenköpfe wurden mittels eines CSS-Stylesheets formatiert und veranlassen den Browser, einen Mauszeiger in der Form einer kleinen Hand darzustellen, sobald sich der Zeiger über dem Tabellenkopf befindet. Benutzer sind daran gewöhnt, dass man mit diesem Typ von Mauszeiger Aktionen auslösen kann. Jeder Spaltenkopf ist mit einer sort()-Funktion verknüpft, die in diesem Fall wie ein Event-Handler für das Ereignis onclick arbeitet. Wenn der Benutzer auf die Spalte Price klickt, wird die Sortier-Funktion über das Element <onclick="sort('PRICE')" ...> aufgerufen. Sobald die sort()-Funktion den String 'PRICE' als Parameter erhält, setzt es diesen String als Wert für die Variable attribNode. Diese Operation verändert das XSL-Stylesheet. Diese Modifikation ist äquivalent zu der Änderung des folgenden XST-Elements:

```
<xsl:for-each select="//ITEM" order-by="//PRICE" >
```

Statt des bisherigen Elements steht nun:

```
<xsl:for-each select="//ITEM" order-by="//TITLE" >
```

in dem XSL-Stylesheet. Nach der Modifikation des erweiterten XSL-DOM transformieren wir das Original-Dokument erneut mit Hilfe des modifizierten XSL-Stylesheets. Das Ergebnis dieser Transformation geht wieder an das `innerHTML`-Attribut des HTML-`Booklist`-Objekts.

Da XSL-Dokumente in Baumstrukturen transformiert werden können und das erweiterte DOM eine Schnittstelle zu dieser Struktur bietet, können wir ein Stylesheet durch DOM verändern. Das modifizierte XSL-Stylesheet kann dann verschiedene Transformation auf dem Original-Dokument durchführen. Ein Skript kann dann ein Stylesheet in Abhängigkeit von Benutzer-Aktionen verändern.

XSL-Transformation versus DOM-Transformation

Einer der wichtigsten Unterschiede zwischen der Transformation mit XSL und der Transformation mit DOM ist, dass XSL eine **deklarative** statt einer **prozeduralen** Sprache ist. XSL beschreibt den Zustand des transformierten Dokuments in Relation zu dem Original-Dokument, während DOM eine API bietet, die eine direkte Veränderung von Baumstrukturen erlaubt.

Das VBScript für den WSH, das wir oben kennen gelernt haben, verwendete DOM, um die gleiche Transformation zu erreichen, die wir mit einem XSLT-Stylesheet vorgenommen hatten. Dennoch können wir danach sagen, dass auch ausgereiftere Transformations-Prozessoren, die zu DOM1 oder sogar DOM2 konform sind, weniger leisten können als ein XSLT-Prozessor. Ein Grund dafür ist sicher, dass DOM1 und DOM2 noch keine Unterstützung für XPath-Ausdrücke bieten und daher nicht auf einzelne Teile eines Baums so geschickt zugreifen können. Unter gewissen Umständen kann die Transformation mit DOM viel komplexer sein als dies mit XSLT der Fall wäre. In zukünftigen Fassungen der DOM-Empfehlung sollten die Möglichkeiten von XPath enthalten sein, dann erst könnte die Anwendung von DOM genau so einfach und effektiv sein wie die Anwendung von XSLT.

Wie wir in dem anderen DOM-Beispiel gesehen haben, kann ein XSLT-Stylesheet ein XML-Dokument leicht in HTML-Code transformieren. Das resultierende HTML-Dokument kann dann wiederum Skripts enthalten, die weitere Manipulationen an der Baumstruktur vornehmen. Prozeduren von Skripts können durch Aktionen von Benutzern ausgelöst werden und dadurch die DOM-API nutzen, um ein XSLT-Dokument zu bearbeiten, das mit dem Original-XML-Dokument assoziiert ist. Genau das haben wir getan, als wir die Werte einiger XSLT-Elemente (die Sortierungs-Werte) geändert haben, nachdem ein Benutzer auf den Spaltenkopf einer Tabelle geklickt hat, um eine Spalte neu zu sortieren. In diesem Beispiel wird DOM verwendet, um die Werte der Attribute von XML-Elementen zu ändern. Das ist nur möglich, da ein XSLT-Stylesheet selbst ein XML-Dokument ist und per DOM bearbeitet werden kann. In diesem Fall ergänzt DOM die XSLT-Transformation um eine wertvolle Funktion, da wir sortieren können, ohne Code für die Sortierung in dem Skript selbst zu verwenden.

Generell kann man zurzeit sagen, dass auf dem aktuellen Stand der Technik ein XSLT-Stylesheet sich leichter portabel gestalten lässt als ein Programm, das die DOM-API nutzt. Wir haben auch schon zu Beginn gesehen, dass die Spezifikation von DOM1 und DOM2 keine Möglichkeit vorsieht, XML-Dokumente zu laden oder zu speichern. Aus all diesen Gründen ist es besser, XSLT-Stylesheets zur Transformation zu verwenden, als entsprechende Programme mit DOM-Konstrukten zu verwenden.

Zusammenfassung

In diesem Kapitel haben wir gesehen, wie man Strukturen von XML-Dokumenten in andere Strukturen transformieren kann. Im Besonderen haben wir viel mit XSLT (XSL Transformations) gearbeitet. Für die Anwendung von XSLT benötigten wir das Wissen über XPath und XPointer aus dem Kapitel 8.

Wir haben einige der Gründe für die Transformation von XML-Dokumenten kennen gelernt. Einige der Gründe waren:

❏ Die Transformation von XML in eine Sprache zur Darstellung (HTML)
❏ Übersetzung zwischen verschiedenen XML-basierten Auszeichnungssprachen
❏ Erstellung dynamischer Dokumente

XSLT ist ein sehr umfangreiches Thema und wir hoffen, dass Sie im Verlauf dieses Kapitels mit der Syntax dieser Spezifikation vertraut geworden sind. Es wäre ohne weiteres möglich, ein ganzes Buch über dieses Thema zu schreiben, dieses Kapitel jedoch sollte Ihnen nur die vorhandenen Funktionen aufzeigen und Ihnen eine Grundlage für die Erstellung eigener Transformations-Stylesheets geben.

Die XSLT-Implementation im Internet Explorer 5 wurde fertig gestellt, bevor die XSLT-Spezifization fertig war und enthält daher einige andere Funktionen und einige Erweiterungen. Es gibt jedoch zwei weitere XSLT-Prozessoren, die Sie für eigene Anwendungen nutzen können:

❏ XT – `http://www.jclark.com/xml/xt.html`
❏ SAXON – `http://users.iclway.co.uk/mhkay/saxon`

10

XML und Datenbanken

Die Zukunft von XML ist untrennbar mit der Datenbank-Technologie verbunden. Die Möglichkeit, XML-Dokumente automatisch aus Daten von verschiedensten Medien zu erzeugen und die Möglichkeit, Daten zwischen verschiedenen Systemen (Datenbanken und andere Anwendungen) auszutauschen, sind wichtige Aspekte der Zukunft des Internets. Dynamische generierte XML-Dokumente werden immer mehr zur Regel, wenn XML als Format für Dokumente wie Rechnungen, Berichte und Filmkritiken benutzt wird, aber auch Bilder und Töne unterstützt.

In diesem Kapitel wollen wir auf das Verhältnis von XML und Datenbanken eingehen. Wir werden uns die Sache von zwei Standpunkten aus ansehen. Zunächst werden wir uns ansehen, wie Datenbanken XML-Daten speichern und anschließend schauen wir, wie XML als Vermittler zwischen verschiedenen Datenbanksystemen dienen kann. Die Grenze zwischen diesen beiden Bereichen ist fließend, aber der erste Punkt ist sehr wichtig für neue Systeme, in denen man seine XML-Daten speichern möchte, während der zweite Punkt eher für bestehende Systeme und Datenbestände interessant ist. Anschließend sehen wir uns ein Beispiel näher an. Das Kapitel ist grob in drei Abschnitte unterteilt:

❏ Speicherung von XML-Daten
❏ XML für den Datenaustausch
❏ Katalog-Beispiel

In dem Abschnitt über die Speicherung von XML-Daten werden wir eine Reihe von Alternativen kennen lernen, wie man XML-Daten speichert, und werden sehen, warum nur das Dateisystem allein keine geeignete Lösung für fortschrittliche Systeme ist, wie wir sie bauen möchten. Wir werden sehen, wo die Grenzen des Dateisystems liegen und warum wir auch über die Grenzen von XML-Dokumenten hinaus denken müssen. Wir werden außerdem sehen, welche Software für die Speicherung von XML-Daten geeignet sein könnte.

Wenn wir nach der idealen Software für die Speicherung von XML-Daten suchen, dann werden wir sehen, dass noch nicht alles möglich ist, aber wir werden eine Liste von Anforderungen haben, die wir für die Bewertung einer Software verwenden können.

In dem Abschnitt über Datenaustausch werden wir sehen, wie Informationen zwischen verschiedenen Speicher-Mechanismen mit XML als Zwischenformat ausgetauscht werden können. Auch wenn es ein entscheidender Schritt ist, XML als Format für den Austausch von Daten zwischen Datenbank-Servern zu nehmen, zum Beispiel zwischen einem **relationalen Datenbank-Managementsystem** (**RDBMS**) und einem **objektorientierten Datenbank-Managementsystem** (**OODBMS**), werden wir sehen, welche Gedanken wir uns zur Struktur dieser XML-Daten machen müssen.

Nachdem wir den Königsweg zur Aufbewahrung unserer XML-Daten betrachtet haben und wissen, wie wir am besten vorhandene Daten in XML transformieren, werden wir einige der Ideen anhand des Katalogs für unsere Bücher illustrieren.

Gehen wir doch gleich einige der Probleme rund um die Speicherung von XML-Daten an.

Speichern von XML-Daten

Betrachten wir, wie XML-Daten gespeichert werden und welche Alternativen es für die Speicherung von XML-Daten gibt. Zunächst gehen wir das Thema recht allgemein an und bewegen uns dann mehr zu der Frage, warum eine Datenbank schlichten Dateien vorzuziehen ist.

Das Problem der Persistenz

Will man die XML-Dokumente aus diesem Buch wiederverwenden, dann müssen diese irgendwo gespeichert werden. Gewöhnlich speichert man Daten auf einem Speichermedium über ein Dateisystem. Informationen, die für eine spätere Verwendung festgehalten werden, nennt man auch **persistente Daten**. Der Begriff rührt daher, dass die Daten erhalten bleiben, auch wenn ein Programm längst beendet wurde. Wenn Sie einen Brief mit einer Textverarbeitung bearbeiten und das Programm beenden (ohne zu speichern) oder den Rechner ausschalten, ist Ihr Brief unwiderruflich verloren. Ihren Brief persistent zu machen, heißt den Brief immer wieder bearbeiten zu können .

Unsere Erfahrungen mit XML beschränken sich bisher auf Dokumente, die man einfach in Dateien ablegen kann. Dabei unterscheiden sich diese Dateien nicht von Word-Dokumenten oder anderen Dateien. Da es sich um XML-Daten handelt, kann man diese Dateien auch mit einem der vielen XML-Tools bearbeiten. Im Gegensatz zu einem Microsoft-Word-Dokument oder einer Musik-Datei, sind XML-Dokumente Textdateien und lassen sich mit jedem beliebigen Editor bearbeiten.

Für viele Anwendungsfälle ist dieses Vorgehen auch absolut ausreichend. Wenn wir zum Beispiel unseren Katalog ansehen, dann gibt es dort nur wenige Verlage und auch nur wenige Bücher und Autoren. Das Dokument ist also nicht sehr groß. Wenn die Daten zudem nur von wenigen Anwendern genutzt werden, so wie eine private CD-Datenbank in XML, wird eine XML-Datei genügen.

Grenzen des Dateisystems

Für einige Zwecke ist die Arbeit mit Dateien ausreichend. Für wirklich ernsthafte Anwendungen jedoch ist dieser Ansatz nicht ausreichend. Wir werden hier einige der Grenzen aufzeigen, die eine Arbeit nur mit dem Dateisystem mit sich bringt und werden gleichzeitig eine Wunschliste von Eigenschaften für den idealen Speicher aufbauen.

Größe der Daten

Die erste Grenze ist oft die schiere Größe von Dateien. Was wäre, wenn wir 20 Verlage in dem Katalog hätten und jeder Verlag 200 Bücher und 50 Autoren hätte? Das Dokument nun einfach überall herumzureichen, wäre etwas unhandlich. Es wäre nicht nur sehr groß, es wäre auch etwas schwierig, durch das Dokument zu navigieren, um etwa verschiedene Teile des Katalogs zu pflegen.

❑   Wir wollen mit extrem großen Dokumenten umgehen können und wir wollen Teile eines Dokuments unabhängig voneinander bearbeiten können.

Parallelität der Bearbeitung

Genau so, wie wir Teile eines Dokuments einfach und schnell bearbeiten können sollten, sollte es möglich sein, dass verschiedene Personen gleichzeitig verschiedene Teile bearbeiten. Vielleicht pflegen die Lektoren die neuen Bücher in den Katalog ein, während ein anderer Angestellter sich um die Verlage kümmert.

Mit nur einem Dokument in einer Datei kann nur eine Person zu einem Zeitpunkt an dem Dokument arbeiten. So müsste zum Beispiel ein Angestellter mit der Bearbeitung der Verlagsdaten warten, bis ein anderer Angestellter mit seiner Arbeit an der Datei fertig ist. Es kann auch vorkommen, das zwei Personen gleichzeitig an einem Dokument arbeiten und so ein Satz an Änderungen dann völlig verloren geht.

❏ Es sollen mehrere Personen gleichzeitig an einem Dokument arbeiten können.

Das richtige Werkzeug finden

Es kann auch sein, dass ein XML-Editor nicht immer die richtige Wahl für alle Dokumentteile ist. Es könnte sein, dass die Buchhaltung die Daten der Autoren bearbeiten will, ohne durch andere Teile des XML-Dokuments verwirrt zu werden. In einem solchen Fall wäre vielleicht ein Formular das richtige Tool. Ein solches Formular könnte andere Merkmale haben, zum Beispiel könnte es die Suche in den Daten unterstützen oder automatisch Telefonnummern wählen. Auf der anderen Seite könnte ein Tool zur Bearbeitung der Bücher auch mit den Entwürfen der Manuskripte selbst arbeiten.

❏ Wir wollen Teile eines Dokuments, je nach enthaltenen Daten, auch mit den geeigneten Tools für diese Daten behandeln können.

Versionierung

Ein wichtiges und oft übersehenes Thema im Umgang mit Dokumenten ist die Kontrolle über die verschiedenen Versionen eines Dokuments.

❏ Wir wollen die verschiedenen Versionen eines Dokuments nachhalten können.

Sicherheit

Die Anwendung von verschiedenen Tools für die einzelnen Teile eines Dokuments und eine große Anzahl an Benutzern, die Zugriff auf ein Dokument haben, wirft einige Sicherheitsfragen auf.

❏ Wir wollen den Zugriff auf Teile des Dokuments kontrollieren können.

Integration: Zentralisierung und Redundanz

Es gibt auch einige Probleme mit der Zentralisierung und Redundanz von Daten. Die Buchhaltung hat vielleicht schon eine Datenbank mit Autoren, die zur Abrechnung der Vergütung verwendet wird. Müssen all diese Informationen reproduziert werden, wennwir Autoren in den Katalog eintragen, oder sollten wir XML-Dokumente verwenden können, deren Daten aus verschiedenen Quellen stammen?

❏ Wir wollen einfach und transparent externe Daten in ein Dokument eingliedern können.

Das Problem neu bewerten

Mit einem normalen Dateisystem lassen sich diese Probleme kaum lösen. Auch wenn viele Betriebssysteme es zulassen, dass Dateien von mehreren Benutzern gleichzeitig geöffnet werden können, so bieten die meisten Text- und XML-Editoren nicht die Mittel, um Dokumente sinnvoll parallel zu bearbeiten. Auch die Sicherheitsmechanismen eines Betriebssystems beziehen sich meist direkt auf die ganze Datei. Man kann so zwar verschiedenen Personen Zugriff auf verschiedene Dokumente erteilen, aber nicht den Zugriff auf verschiedene Dokumentteile.

Damit wir mit der Lösung unserer Probleme beginnen können, müssen wir uns eine andere Sicht auf ein XML-Dokuments aneignen. Wir müssen weg von der Vorstellung, eine elementare XML-Einheit sei ein Dokument, sondern wir müssen uns an den Gedanken der Bearbeitung einzelner Knoten gewöhnen.

Dokumente und Knoten

Eines der Missverständnisse bei XML-Anfängern ist oft, dass eine elementare Einheit, die gespeichert werden kann, eine Text-Datei mit einem Dokument ist. Da ein Dokument von Menschen gelesen werden muss, wird angenommen, ein Dokument müsse in einer Text-Datei oder in einem Feld einer Datenbank-Tabelle gespeichert werden. Das ist eine Missinterpretation der XML-1.0-Spezifikation.

Eine **Applikation** – ein Programm von Ihnen oder mir– muss nicht eine XML-Datei direkt lesen können, sondern kommuniziert über einen Parser oder **XML-Prozessor**. Die Einleitung der XML-1.0-Spezifikation sagt:

*Ein Software-Modul, genannt **XML-Prozessor**, dient dazu, XML-Dokumente zu lesen und den Zugriff auf ihren Inhalt und ihre Struktur zu erlauben. Es wird angenommen, dass ein XML-Prozessor seine Arbeit als Teil eines anderen Moduls, genannt **Anwendung**, erledigt. Diese Spezifikation beschreibt das notwendige Verhalten eines XML-Prozessors, soweit es die Frage betrifft, wie er XML-Daten einlesen muss und welche Informationen er an die Anwendung weiterreichen muss.*

Mit anderen Worten haben wir die ganze Zeit das XML-Dokument selbst und seine Struktur bewundert, hätten aber lieber von einem Dokument als einer Struktur von Knoten denken sollen. Die Aufgabe von DOM ist es, egal ob in Java oder Visual Basic geschrieben, die Basisstruktur vor uns zu verbergen und uns die Arbeit mit einem Baum von Knoten zu ermöglichen. Wenn man natürlich über die Daten schreibt oder sie darstellen muss, so wie in diesem Buch, dann ist es sehr einfach, die Syntax der XML-Tags zu verwenden. Wir sollten jedoch immer die folgende Trennung im Kopf behalten:

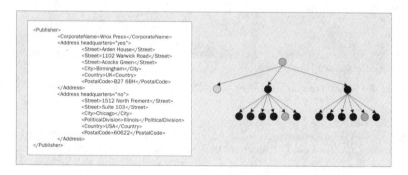

Nichts von dem ist jedoch neu für Sie. In Kapitel 5 haben wir bereits besprochen, wie man mit Hilfe von DOM durch den Baum navigiert. Wieso wiederhole ich dann alles an dieser Stelle? Nun, an dieser Stelle hat sich unser Verständnis über die Speicherung von XML-Dokumenten schon etwas geändert. Nun benötigen wir nicht nur Mechanismen, die mit Text arbeiten, wie Dateien, sondern wir müssen lernen, wie verschiedene Tools mit hierarchischen Knotenstrukturen umgehen. XML in der Form von Text dient nur als bequemes Transportmittel für Daten zwischen Systemen:

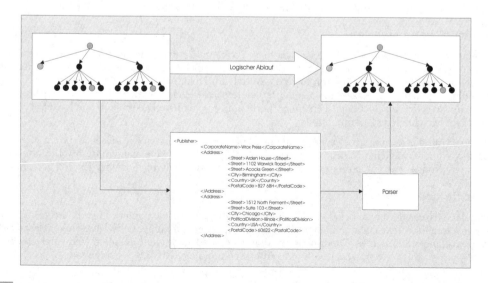

Das Transportmittel für unsere Knoten ist immer noch das XML-Dokument; jedoch betrachten wir ein Dokument nur noch als Eingabeeinheit für einen Parser. Nehmen wir das Dokument aus den früheren Diagrammen:

```
<Publisher>
    <CorporateName>Wrox Press</CorporateName>
    <Address headquarters="yes">
        <Street>Arden House</Street>
        <Street>1102 Warwick Road</Street>
        <Street>Acocks Green</Street>
        <City>Birmingham</City>
        <Country>UK</Country>
        <PostalCode>B27 6BH</PostalCode>
    </Address>
    <Address headquarters="no">
        <Street>1512 North Frement</Street>
        <Street>Suite 103</Street>
        <City>Chicago</City>
        <PoliticalDivision>Illinois</PoliticalDivision>
        <Country>USA</Country>
        <PostalCode>60622</PostalCode>
    </Address>
</Publisher>
```

Es gibt keinen Grund, warum wir nicht die Adressen aus dem Dokument entfernen sollten und aus diesen Daten zwei weitere, absolut gültige XML-Dokumente erzeugen sollten. So etwas macht man oft instinktiv, wenn man über XML-Daten spricht. Zum Beispiel wollen wir ausdrücken, dass die Anschrift von Wrox Press in Großbritannien so aussieht:

```
<Address headquarters="yes">
    <Street>Arden House</Street>
    <Street>1102 Warwick Road</Street>
    <Street>Acocks Green</Street>
    <City>Birmingham</City>
    <Country>UK</Country>
    <PostalCode>B27 6BH</PostalCode>
</Address>
```

Die Anschrift in den USA sieht dagegen so aus:

```
<Address headquarters="no">
    <Street>1512 North Frement</Street>
    <Street>Suite 103</Street>
    <City>Chicago</City>
    <PoliticalDivision>Illinois</PoliticalDivision>
    <Country>USA</Country>
    <PostalCode>60622</PostalCode>
</Address>
```

Auch wenn wir die Details nicht geklärt haben, so können wir uns nun doch vorstellen, wie man durch *Knoten* in der Lage ist, auch parallel an einem XML-Dokument zu arbeiten. Vorausgesetzt, wir können ein System erstellen, das die Kontrolle über einzelne Knoten erlaubt, dann können wir auch ein System erstellen, das scheinbar die Kontrolle über einzelne Dokumentteile ermöglicht. So können unterschiedliche Benutzer auch unterschiedliche Knoten zur Bearbeitung erhalten, immer in der Form gültiger XML-Dokumente. Die Arbeit an den zwei Anschriften würde dann so aussehen:

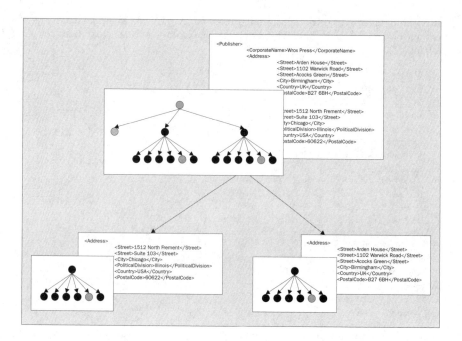

Ein Server, der die Knoten auf diese Weise zur Verfügung stellt oder sogar ganze XML-Dokumente, die wiederum Teile größerer XML-Dokumente sein können, nennen wir einen **XML-Server**. Es ist wichtig, dieses Konzept gegenwärtig zu haben, wenn man Anwendungen begutachtet. Schließlich behaupten viele Anwendungen, mit XML umgehen zu können, aber nur wenige erlauben die von uns geforderten Möglichkeiten. Wir werden einige dieser Anwendungen später kennen lernen.

Einige Leute sagen, dieses »Knoten-Modell« ginge nicht weit genug, da die Knoten selbst nicht eng genug mit den Elementen, die sie beschreiben, verwandt sind. Will man zum Beispiel das Attribut headquarters *des Elements* <Address> *auslesen, dann können wir Folgendes tun:*

```
var hq = n.headquarters;
```

aber in DOM muss man Folgendes tun:

```
var hq = n.attributes.getNamedItem("headquarters").value;
```

Jeder Knoten sollte an sich ein Objekt mit eigenen, fest definierten Methoden und Attributen sein. Diesen Vorschlag nennt man das **Grove-Paradigma**. *Auf der Web-Site von Robin Cover finden Sie mehr Details dazu unter* http://www.oasis-open.org/cover/topics.html#groves. *Auch wenn dieser Vorschlag einige wichtige Themen anspricht, wird er dennoch kontrovers diskutiert und vermutlich noch einige Zeit keinerlei Bedeutung haben.*

Zusammenfassung

Um wirklich die Kontrolle über XML-Dokumente zu haben, benötigt man eine Lösung für alle angesprochenen Probleme, die wir im Zusammenhang mit Dateisystemen besprochen haben:

❏ Wir wollen mit extrem großen Dokumenten umgehen können und wir wollen Teile eines Dokuments unabhängig voneinander bearbeiten können.

❏ Es sollen mehrere Personen gleichzeitig an einem Dokument arbeiten können.

❏ Wir wollen Teile eines Dokuments, je nach enthaltenen Daten, auch mit den geeigneten Tools für diese Daten behandeln können.

❏ Wir wollen die verschiedenen Versionen eines Dokuments nachhalten können.

❏ Wir wollen den Zugriff auf Teile des Dokuments kontrollieren können.

❏ Wir wollen einfach und transparent externe Daten in ein Dokument eingliedern können.

Wir haben daher im Zusammenhang mit diesen Fragen festgelegt, dass wir uns die Möglichkeit wünschen, einzelne Knoten in einem Dokument bearbeiten zu können.

Dokument-Management

Bevor wir uns der Bearbeitung von Knoten widmen, lohnt es sich, eine ähnliche Technologie anzusehen, die Speicherung von Dokumenten in Datenbanken. Nur zur Wiederholung: Wir haben festgestellt, dass allein das Dateisystem nicht mächtig genug ist, um Dokumente vernünftig zu verwalten, besonders was den Themenkomplex Sicherheit angeht. Wir haben auch gesehen, dass die Arbeit auf der Ebene von Knoten statt auf der Ebene von Dokumenten das Problem lösen könnte. Bevor wir uns dem konkreten Problem nähern, möchte ich eine Zwischenlösung ansprechen, die den Umgang mit Dokumenten durch eine Technik erleichtert, die flexibler als das Dateisystem ist.

Es kann gut sein, dass für Ihre Zwecke alle XML-Daten als eine Serie von XML-Dateien behandelt werden können. Vielleicht benötigen Sie etwas, dass nur etwas besser ist als eine einfache Datei, aber keine selektive Zugriffsberechtigung für Knoten anbieten muss. Wir sehen uns daher einige Tools an, die das Speichern und Bearbeiten von XML-Dokumenten regeln. Einige der Produkte erfüllen zum Teil unsere Anforderungen für Arbeit in Gruppen und der Versionierung, aber da sie mit Dokumenten als Basis-Einheiten arbeiten, können sie nicht alle unsere Wünsche befriedigen. Indem wir uns einige der Unzulänglichkeiten ansehen, sollte klar werden, warum wir etwas Fortschrittlicheres als diese Tools benötigen.

RDBMS-Lösungen

Ein XML-Dokument in einem Textfeld eines relationalen Datenbank-Management-System (RDBMS) zu speichern, ist eine einfache Lösung. Es sollte mit jeder Datenbank möglich sein. Einmal gespeichert, ist das Dokument nur noch ein großer String. Die XML-Daten werden so gespeichert, wie man auch Bilder und Texte in einer Datenbank speichert. Oracle hat seinem Produkt *8i* ein Feature hinzugefügt, das es erlaubt, XML-Dokumente, die in einem Textfeld gespeichert waren, als XML zu durchsuchen. Das wird durch ein erweitertes SELECT-Statement möglich. Dadurch ergibt sich eine schnelle Möglichkeit, das Dokument zu speichern. Ein Datensatz in einer Tabelle könnte dann ein XML-Dokument aufnehmen und andere Felder könnten dann Metadaten über das Dokument enthalten, so zum Beispiel, ob es gerade bearbeitet wird oder von wem es bearbeitet wird.

Ein solches Feature ist für Entwickler von XML-Servern nützlich, weniger für eher durchschnittliche Projekte. Da es ein Mix aus zwei Datenmodellen ist, dem relationalen Modell und einem hierarchischen Modell, kann man sowohl einen XML-Dokument-Server als auch einen XML-Server (Knoten-Server) damit erstellen. Solche Applikationen auf Systemen wie Oracle aufzubauen ist sicher leichter als auf RDBMS, die keine XML-Unterstützung bieten.

> *Weitere Information gibt es unter* `http://technet.oracle.com/tech/xml/xsql_servlet/`*. Es gibt auch ein Servlet, das gewöhnliche SQL-Anfragen in XML transformiert. Microsoft hat auch eine Technologie-Studie angekündigt, mit der Datenbank-Anfragen in XML konvertiert werden können. Mehr dazu unter* `http://msdn.microsoft.com/workshop/xml/articles/xmlsql/default.asp`*.*

OODBMS-Lösungen

Objektorientierte Datenbank-Management-Systeme (OODBMS) gibt es schon länger und sie bieten viele Features, die wir gerne in unserem idealen XML-Server hätten. Die meisten Hersteller jedoch haben zunächst ihre Datenbanken als sehr mächtiges Ablagesystem für XML-Dokumente genutzt. Sehen wir uns einige dieser Systeme an:

Inso Corporation DynaBase 3.1

DynaBase basiert auf *ObjectStore 4.0,* scheint aber nichts Besonderes mit XML-Dokumenten anstellen zu können. Dokumente werden wie Bilder oder andere Dateien gespeichert, auch wenn man den Vorteil hat, dass eine objektorientierte Datenbank diese Dateien verwaltet. Wir stellen eine Applikation, die *ObjectStore* nutzt, etwas später vor. Mehr Informationen gibt es unter `http://www.inso.com/` and `http://www.ebt.com/dynabase/`.

Chrystal Astoria 3.0

Astoria erlaubt es, Komponenten zu speichern, die Dokumente beliebigen Typs sein können. Eigentlich eine Sammlung von Editoren und Tools, die XML/SGML-fähig sind, kann *Astoria* auch mit anderen Tools verwendet werden. Dabei können auch Gruppen auf die Komponenten zugreifen. Unterstützt werden Suchoperationen, das Erstellen und Editieren von Dokumenten, Kontrolle und Überarbeitung und die Produktion von multimedialen Datenträgern (CDs). Mehr Informationen gibt es bei `http://www.chrystal.com/`.

DataChannel Rio 3.2

Rio speichert XML-Dokumente in Ordnern, zu denen Benutzer unterschiedliche Zugriffsberechtigungen haben. Die Dokumente können auch Microsoft-Office-Dateien sein und es wird ebenfalls eine automatische Konvertierung vorgenommen. *Rio* wurde entwickelt, um Benutzer über Änderungen von Dateien im Intranet zu informieren. Die letzte Version verwendet *X-Machine* der Software AG (siehe *Tamino,* etwas später. Beachten Sie auch, dass DataChannel den Begriff *Xstore* verwendet, den man auf der Seite der Software AG vergeblich sucht. Die Beschreibung von *X-Machine* trifft jedoch voll auf das, was DataChannel *Xstore* nennt zu). Die Web-Seite von DataChannel finden Sie unter `http://www.datachannel.com/`.

Vignette StoryServer

Dieses Produkt generiert dynamisch Inhalte und kann auch XML-Dokumente ausliefern. Der kürzlich angekündigte *SyndicationServer* erlaubt es, Stories, die in dem System gespeichert sind, auch im ICE-Format (Information & Content Exchange – mehr zu ICE in Kapitel 12) zu exportieren, einer XML-basierten Sprache. Eine weitere wichtige Entwicklung für alle, die XML im Publishing einsetzten wollen, ist Vignettes Kooperation mit Quark. Quark produziert das allgegenwärtige *QuarkXPress.* Siehe `http://www.vignette.com/` für weitere Informationen.

Fazit

Dokument-Management-Systeme beheben schon einige der Schwächen von reinen Dateien. RDBMS- und OODBMS-Produkte erlauben es, große Mengen von Informationen zu speichern, während die objektorientierten Datenbanken auch noch die Kontrolle über verschiedene Dokumente erlauben. Für viele Projekte mag das genügen, aber am häufigsten werden diese Produkte als Basis für einen XML-Server genutzt.

Speichern von XML-Daten und Datenbanken

Gehen wir noch einmal zu den Grenzen des Dateisystems zurück, die wir im Rahmen der Diskussion über die Speicherung von XML-Dokumenten aufgezeigt hatten. Sehen wir uns einige Merkmale von Datenbanken an, die uns helfen könnten, eine Lösung zu finden:

❏ **Größe**: Datenbanken kommen gewöhnlich mit sehr großen Mengen von Informationen zurecht. Diese Informationen können einzeln angesprochen werden. Wenn wir ein Buch oder einen Autor ansprechen können, dann können wir leicht navigieren.

❏ **Nebenläufigkeit**: Datenbanken erlauben mehr als einem Benutzer, zur selben Zeit auf die Daten zuzugreifen. Die meisten Produkte würden einem Benutzer den Zugriff auf Autorendaten erlauben, während ein anderer Benutzer die Bücher bearbeitet. Es könnten sogar verschiedene einzelne Autoren von verschiedenen Benutzern gleichzeitig editiert werden.

❏ **Das richtige Tool** : Datenbanken sind normalerweise nicht direkt zu verwenden, sondern arbeiten im Hintergrund. Es gibt aber immer verschiedene Applikationen, die Daten der Datenbank lesen und schreiben. Die Schnittstellen zu einer Datenbank können Microsoft-Access-Formulare, Web-Formulare oder auch andere Datenbank-Server sein.

❏ **Versionierung**: Relationale Datenbanken haben für gewöhnlich keine Unterstützung für Versionierung, aber viele objektorientierte Datenbanken bieten dieses Feature an.

❏ **Sicherheit**: Genau wie Datenbanken eine sehr genaue Kontrolle darüber anbieten, wann gespeicherte Informationen gelesen werden können, bieten sie meist auch verschiedene Ebenen des Zugriffs. Ein Anwender darf vielleicht die Tabelle der Autoren sehen, aber nicht bearbeiten, während ein anderer Benutzer neue Bücher anlegen, aber keine löschen darf.

❏ **Integration**: Datenbanken sind ideal für die gemeinsame Nutzung oft benötigter Informationen. Die Daten der Autoren könnten aus der Buchhaltung kommen und gemeinsam mit den Daten aus dem Katalog verwendet werden.

Es scheint klar zu sein, dass Datenbanken für unsere Bedürfnisse ideal sind. Sowohl relationale, als auch objektorientierte Datenbanken bieten die Kontrolle über kleine Bestandteile von Informationen. RDBMS- und OODBMS-Produkte erlauben es zwei Personen gleichzeitig, verschiedene Informationen zu bearbeiten. Objekt-Datenbanken bieten obendrein die Möglichkeit, einzelne Objekte vor Zugriff zu schützen. Relationale Datenbanken kontrollieren gewöhnlich alle Objekte eines bestimmten Typs.

In diesem Abschnitt sehen wir uns verschiedene Datenbanken an und prüfen, wie gut man damit Hierarchien von Knoten modellieren und speichern kann.

Objektorientierte Datenbanken

Es gibt nun schon seit einigen Jahren Datenbanken, die Informationen aus der realen Welt in der Form von Objekten darstellen. Auch wenn diese Datenbanken selten schneller Informationen liefern als relationale Datenbanken, so haben sie doch den Vorteil, leichter durch objektorientierte Sprachen gesteuert werden zu können. Aus unserer Sicht ist ihr größter Vorteil, dass sie ein direktes Modell unserer Knotenhierarchie verwenden.

Wir sehen uns kurz einige Konzepte der Objektorientierung an, bevor wir erörtern, wie Objekte bei der Erstellung von XML-Dokumenten helfen können.

Objektorientierte Programmierung

Objektorientierte Programmierung – oder **OOP** – bietet eine effiziente und zuverlässige Methode zur Erstellung gut strukturierter Programme. Ein **Objekt** kann alles sein, was der Programmierer möchte. Es kann physische Objekte wie Autos oder Rechnungen repräsentieren oder auch abstrakte Dinge wie eine Liste. Eine **Klasse** definiert, wie jedes Objekt aussehen soll, zum Beispiel welche Attribute es hat und ob andere Objekte enthalten sein dürfen.

Eine Klassen-Definition für Autoren würde zum Beispiel angeben, dass ein Autor einen Vor- und Nachnamen hat und eine Liste der Bücher, die er geschrieben hat. Ein Objekt vom Typ Autor jedoch hätte einen realen Wert für den Namen so wie »Stephen« und »Mohr«. Wenn ein Objekt erzeugt wird, dann wird eine Klasse **instanziiert**.

Ein Vorteil der OO ist, dass die Informationen eines Objekt von diesem **gekapselt werden**. So sieht jeder nur die Informationen, die er benötigt. Da Klassen voneinander **erben** können, kann die Kapselung dazu dienen, auf getestetem und zuverlässigem Code aufzubauen. Zum Beispiel nehmen wir an, die Java-Klasse Person sei so definiert:

```
public class Person
{
    public String FirstName;
    public String MI;
    public String LastName;

    public Person(String FirstName, String MI, String LastName)
```

```
    {
        this.FirstName = FirstName;
        this.MI = MI;
        this.LastName = LastName;
    }

    public String fullName ()
    {
        return this.FirstName + " " + this.MI + ". " + this.LastName;
    }
}
```

die Methode `fullName()` sei genau getestet worden und arbeite absolut verlässlich. Das können wir ausnutzen. Sobald wir eine `Author`-Klasse definieren müssen, erben wir von der Klasse `Person`:

```
public class Author extends Person
{
    public int authorCiteID;
    public DCollection books;

    public Author(int authorCiteID, String FirstName, String MI,
                  String LastName)
    {
        super(FirstName, MI, LastName);
        this.authorCiteID = authorCiteID;
    }
    public void printBooks()
    {
        Enumeration elements;
        System.out.println("Books written by " + this.fullName() + ":");
        for (elements = books.elements(); books.hasMoreElements();)
        {
            System.out.println(elements.nextElement());
        }
    }
}
```

Nun können wir uns auf den Code für die `Author`-Klasse konzentrieren und verlassen uns auf die Arbeit der Entwickler der Klasse `Person`. Ohne dass wir neuen Code schreiben mussten, erbt jedes `Author`-Objekt, das wir erzeugen, alle Eigenschaften von `Person`. Wir können daher den Namen eines Autors so ausgeben:

```
Author a = new Author(1, "Stephen", "", "Mohr")
System.out.println(a.fullName());
```

OO und XML

Es ist Ihnen sicher schnell die Ähnlichkeit von Objekten und XML-Elementen aufgefallen. Erinnern Sie sich an das Schema aus Kapitel 7, bei dem ein Autor etwa so definiert wurde:

```
<Author authorCiteID="4">
    <FirstName>Frank</FirstName>
    <MI />
    <LastName>Boumphrey</LastName>
    <Biographical>
        Frank Boumphrey currently works for Cormorant Consulting, a firm that
        specializes in medical and legal documentation. His main objective at
```

```
        the present is to help XML to become the language of choice in web
        documents.
    </Biographical>
    <Portrait
        picLink="http://webdev.wrox.co.uk/resources/authors/boumphreyf.gif" />
</Author>
```

So ein Element mit Hilfe von DOM zu erstellen, bedürfte einiger Aufrufe von `createElement()` und
`setAttribute()` mit einer Menge Möglichkeiten, Fehler zu machen. Die Anwendung der einfachen Objekt-Techniken, die wir gerade kennen gelernt haben, zeigt, dass es sicherer ist, *Objekte* vom Typ Autor zu
erzeugen. Das folgende JavaScript-Fragment erzeugt den ersten Teil des gerade gezeigten Autor-Dokuments:

```
oNode = oParser.createElement("Author");
oNode.setAttribute("authorCiteID", "4");

oTemp = oParser.createElement("FirstName");
oTemp.text = "Frank";
oNode.appendChild(oTemp);

oTemp = oParser.createElement("LastName");
oTemp.text = "Boumphrey";
oNode.appendChild(oTemp);
```

Natürlich könnte man diesen Code mit einigen Funktionen besser strukturieren. Der Vorteil der Objekte
ist jedoch, dass man direkt mit dem Modell der Daten arbeitet statt nur mit Knoten. In dem Java-Beispiel
haben wir gesehen, dass wir direkt einen Autor (Objekt) einfügen konnten, nicht nur einen Knoten mit
dem Namen »Autor«.

Persistenz

OO-Datenbanken dienen auch als Speicher für persistente Objekte aus Java-Programmen, wie wir sie
gerade gesehen haben. Es ist zwar möglich, unser `Author`-Objekt durch eine Datei oder in einer relationalen Datenbank zu repräsentieren, aber die erste Lösung ist unzureichend und die zweite Lösung zwingt
Entwickler, ständig in zwei Datenmodellen zu denken. Es gibt viele Tools, die eine Abbildung von Objekten der Sprachen Java und C++ auf relationale Datenbanken vornehmen. Aber die Modellierung von
hierarchischen Daten in einer relationalen Datenbank erfordert viele Joins auf Tabellen. Wenn der Objektbaum eine große Tiefe besitzt, dann müssen viele Tabellen benutzt werden und dann wird die Sache langsam.

Vorteile

ODBMS haben dann Vorteile, wenn man es mit echten Objekten zu tun hat, die komplexe Beziehungen
haben und tief verschachtelt sind. Da sie aber immer etwas langsamer als RDBMS sind, können auch relationale Datenbanken zur Modellierung von Objekt-Strukturen dienen, falls diese nicht zu komplex sind.
Wir sehen uns gleich noch zwei Produkte an, die Objekt-Technologie verwenden, um die fortschrittlichste
Technik anzubieten.

Objektorientierte Datenbanken - Produkte

Sehen wir uns zwei dieser Datenbanken an:

Object Design – eXcelon 1.1

Das Produkt *eXcelon* ist eine respektierte OO-Datenbank, die erst kürzlich auch Unterstützung für XML
erhalten hat. Während *ObjectStore 4.0* – die zugrunde liegende Datenbank von *eXcelon* – ganze Dokumente
in der Objekt-Hierarchie speichern würde, analysiert *eXcelon* die XML-Eingaben und erzeugt neue

Objekte. Also statt ganze Dokumente als Objekte in der Datenbank zu haben, hat man die Knoten (Elemente) des Dokuments. Diese Knoten können durch XQL-Queries (siehe Kapitel 8) angesprochen werden:

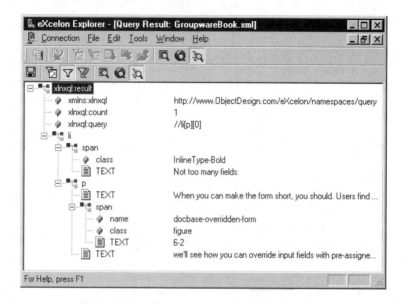

Da jeder Knoten einzeln analysiert und in einem eigenen Objekt gespeichert wird, ist *eXcelon* allen anderen Produkten weit voraus. Diese Knoten können mit dem vollen Funktionsumfang der OO-Technologie von *ObjectStore* bearbeitet werden. Eine seltsame Nachlässigkeit ist, dass die Dokumente beim Lesen nicht validiert werden können, was sich aber bald ändern sollte. Siehe dazu http://www.odi.com/excelon/.

POET – Content Management System 2.0

CMS basiert auf der *Object Server Suite (OSS) 6.0*, POETs eigener Objekt-Datenbank. Ähnlich wie *eXcelon* transformiert *CMS* Eingaben in Knoten und erlaubt es, Knoten auf jeder Ebene als »Komponenten« zu bezeichnen. Diese Komponenten können unabhängig voneinander aus dem System zur Bearbeitung entnommen werden. Auch die anderen Features lassen sich auf einzelne Komponenten anwenden. So können zwei verschiedenen Menschen zwei Knoten in dem Dokument zur gleichen Zeit bearbeiten.

In der Struktur kann auf zwei Arten gesucht werden. Entweder als normale Volltext-Suche oder aber mit Tags. Die letztere Methode unterscheidet nicht, auf welcher Ebene man sich befindet. Sucht man nach <Title>, dann werden alle Vorkommen, egal in welchem Element, gefunden. Diese Methode lässt sich mit XPath, wozu wir gleich noch kommen, sicher nicht vergleichen.

Ein wichtiges Merkmal ist die Wiederverwendung von Komponenten. Eine Komponente kann von anderen Stellen aus referenziert werden, muss aber nur einmal existieren. Die Komponente verhält sich so, als wäre sie tatsächlich an der jeweiligen Position:

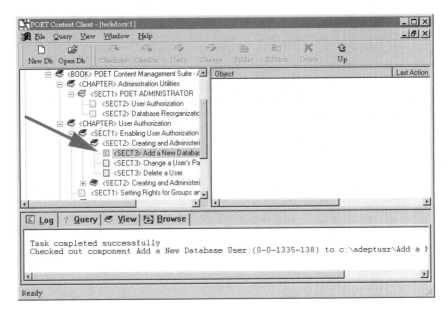

Wie andere Produkte auch, kann das *CMS* Komponenten ein- und auschecken, bietet Versionierung und Transformationen. Mehr Informationen unter `http://www.poet.com/`.

Zusammenfassung

Die nativen Fähigkeiten der OO-Datenbanken machen sie zu sehr aussichtsreichen Kandidaten für die flexible Bearbeitung von XML-Dokumenten. Die Fähigkeit, einzelne Knoten zu manipulieren, egal ob Locking (Sperrung für Zugriffe), Sichern oder Versionierung, gibt ihnen das Potenzial, alle Forderungen zu erfüllen, die wir vorhin aufgestellt haben. Jeder der gerade vorgestellten Kandidaten würde eine gute Basis für XML-basierte Projekte bieten, die auf fortschrittliche Speicher- und Retrieval-Mechanismen angewiesen sind.

Wenn alles so perfekt ist, wo ist der Haken an der Sache? Das Problem ist eher kultureller als technischer Natur. Nur ein Bruchteil aller Datenbanken sind OO-Datenbanken und das wird sich in Zukunft kaum ändern. Produkte, wie die gerade beschriebenen, werden sicher ihren Weg machen, da sie XML-Daten sehr gut verwalten, aber Verkaufszahlen haben weniger mit der OO-Technologie zu tun als mit der Leichtigkeit, mit der XML-Dokumente gespeichert werden können.

Natürlich gibt es auch technische Gründe. OO-Datenbanken eignen sich am besten für Objekt-Daten. Sie sind oft nicht so effizient wie relationale Datenbanken, wenn es darum geht, andere Strukturen zu modellieren oder wenn die Struktur sehr flach ist.

Auch wenn wir eine vielversprechende Lösung in den OO-Datenbanken gefunden haben, müssen wir doch unsere Suche fortsetzen, weil wir es mehrheitlich mit relationalen Speichermedien zu tun haben werden.

Relationale Datenbanken

Relationale Datenbank-Management-Systeme – oder **RDBMS** – verwenden **Zeilen** und **Spalten** für die Aufbewahrung von Daten:

authorCiteID	FirstName	MI	LastName	Biographical	Portrait
1	Stephen	<NULL>	Mohr	Stephen began pro	http://webdev.wro
2	Kathie	<NULL>	Kingsley-Hughes	Kathie is the MD of	<NULL>
3	Alex	<NULL>	Homer	Alex is a software (	http://webdev.wro
4	Frank	<NULL>	Boumphrey	Frank Boumphrey c	http://webdev.wro

Die Abbildung zeigt eine **Tabelle** mit Daten von Autoren. Jeder Autor wird durch eine Zeile dargestellt und jedes Attribut eines Autors besitzt eine Spalte.

Trotz der vielen Vorteile von OO-Datenbanken sind RDBMSs weiterhin weit beliebter, weil sie viele reale Probleme modellieren und gute Antwortzeiten liefern. Nehmen wir als Beispiel eine Rechnung. Diese passt als eine Ansammlung von zweidimensionalen Arrays gut in das Modell, so wie viele andere Konzepte auch:

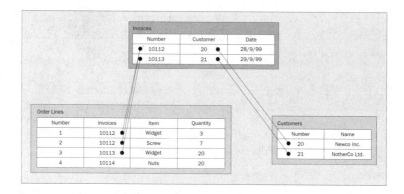

Die grundlegenden Konzepte einer relationale Datenbank sind:

❏ Tabellen

❏ Anfragen (Queries)

❏ Joins

Die folgenden Abschnitte führen diese Konzepte ein und können daher übersprungen werden, wenn Sie schon versierter Anwender relationaler Datenbanken sind. Nach den Grundlagen sehen wir uns an, wie wir die relationalen Datenbanken verwenden können, um Hierarchien von Knoten zu modellieren und wie wir einige Konvertierungen vielleicht automatisieren können. Sie müssen mit den Konzepten vertraut sein, um den Modellierungsprozess zu verstehen.

Tabellen

Eine einfache **Tabelle**, die Autoren von Büchern speichert, könnte so aussehen:

AuthorCiteID	FirstName	MI	LastName	Biographical
1	Stephen		Mohr	Stephen begann in der High School zu programmieren und ist nun leitender Software-Entwickler bei Omicron Consulting.
2	Kathie		Kingsley-Hughes	Kathie ist der MD der Kingsley-Hughes Development Ltd., einer Schulungs- und Consulting-Firma, die sich auf Web-Anwendungen spezialisiert hat.
3	Frank		Boumphrey	Frank Boumphrey arbeitet für Cormorant Consulting.

Jeder Autor hat eine eigene **Zeile** in der Tabelle. Jede dieser Zeilen besteht aus **Feldern**, die jedem Autor gemeinsam sind. Jeder Autor hat ein Feld für den Vornamen und ein Feld für den Nachnamen. Auch wenn ein Feld leer ist, wie hier das Feld MI, so existiert es doch in jeder Zeile.

Die Überschriften der Tabelle entsprechen den **Spalten** in den Tabellen-Definition. Eine Definition könnte so aussehen:

Column Name	Data Type	Allow Null
AuthorCiteID	Integer	No
FirstName	String	Yes
MI	String	Yes
LastName	String	No
Biography	String	Yes

Mit dieser Definition haben wir alle Eigenschaften festgelegt, die wir für einen Autor festhalten wollen. Außerdem haben wir festgelegt, welche Eigenschaften vorgeschrieben und welche optional sind. Da ein Autor ohne eine eindeutige Bezeichnung und einen Nachnamen wenig nutzt, sind das die Mindestanforderungen an den Datensatz.

Nun wissen wir, wie gespeichert wird. Jetzt brauchen wir einen Mechanismus, um die Daten auch zu lesen.

Anfragen

Die verbreitetste Methode, auf Daten in relationalen Datenbanken zuzugreifen, ist die **Structured Query Language** oder **SQL**. Auch wenn es viele Verbesserungen und Erweiterungen für SQL in den letzten Jahren gab, ist das SELECT-Statement immer noch das wichtigste. Ein Statement, das an den RDBMS-Server gesandt wird und alle Autoren in der Datenbank heraussucht, sieht so aus:

```
SELECT * FROM Author;
```

Ein häufiger Anfängerfehler ist es, den Stern (asterisk) als »Bitte hole alle Datensätze« zu interpretieren. Ein verständlicher Fehler, wenn man die Rolle des Sterns (asterisk) in anderen Zusammenhängen kennt. In SQL bedeutet er: »Bitte alle Spalten holen«.

In diesem Fall hätte die Tabelle aus dem letzten Abschnitt fünf Spalten, deren Daten zurückgeliefert würden. Eine Anfrage, die nur die angegebenen Spalten zurückliefert, sieht so aus:

```
SELECT FirstName, LastName FROM Author;
```

Das Ergebnis eines SELECT-Statements bildet einen **Datensatz**, eine Liste von Ergebnissen, die einzeln abgearbeitet werden kann, eine Spalte nach der anderen. In dem Beispiel sähe das Ergebnis so aus:

FirstName	LastName
Stephen	Mohr
Kathie	Kingsley-Hughes
Frank	Boumphrey

Sie sehen, durch den Asterisk haben wir alle Spalten der Datenbank erhalten, da dies das vorgegebene Verhalten des SELECT-Statements ist. Eine Möglichkeit, die Anzahl der Datensätze zu beschränken, ist, eine WHERE-Klausel anzugeben. Wenn wir Stephen Mohrs Biographie lesen wollten, dann ginge das durch folgende Anfrage:

```
SELECT Biographical FROM Author WHERE LastName = 'Mohr';
```

In diesem Fall fragen wir die Datenbank nach allen Datensätzen mit dem Wert Mohr für das Feld Last-Name ab und wollen dann das Feld Biographical haben. Die WHERE-Klausel bietet einige interessante Möglichkeiten. Das folgende Beispiel liefert die Biographien von Kathie und Stephen:

```
SELECT Biographical FROM Author WHERE LastName > 'K';
```

Joins

Relationale Datenbanken heißen so, weil sie Relationen beschreiben. Das Ziel eines Joins ist es, eine Beziehung zwischen Tabellen einer Datenbank zu etablieren. Auch wenn es möglich wäre, alle Daten in einer großen Tabelle ohne Joins zu speichern, so würde dies schnell ineffizient werden, da zum Beispiel die Antwortzeit drastisch steigen würde. Nichts hält uns davon ab, unsere Datenbank so anzulegen:

FirstName	LastName	Biographical	Title	ISBN
Stephen	Mohr	Stephen begann ...	XML Applications	1-861001-52-5
Stephen	Mohr	Stephen begann ...	Designing Distributed Applications with XML, ASP, IE5, LDAP and MSMQ	1-861002-27-0
Kathie	Kingsley-Hughes	Kathie is der MD von ...	XML Applications	1-861001-52-5
Frank	Boumphrey	Frank Boumphrey arbeitet ...	Professional Style Sheets for HTML and XML	1-861001-65-7
Frank	Boumphrey	Frank Boumphrey arbeitet ...	XML Applications	1-861001-52-5

Es sollte jedoch klar sein, dass es unnötig ist, den Namen und die Biographie des Autors für jedes Buch, das er schreibt, zu wiederholen. Genau so ist es unnötig, alle Daten eines Buches für jeden Co-Autor zu wiederholen. Es wäre nicht nur ineffizient, Daten zu wiederholen, es erschwert auch die Pflege der Daten, da alle Änderungen immer kopiert werden müssten.

Damit wir effizientere Beziehungen zwischen den Büchern und Autoren aufbauen können, etablieren wir eine Viele-zu-viele-Beziehung. Dazu benötigen wir eine Technik, die ich gleich vorstellen werde. Vorher sehen wir uns an, wie Eins-zu-eins- und Eins-zu-viele-Relationen etabliert werden.

Eins-zu-eins- und Eins-zu-viele-Joins

Sie werden aus dem Katalog noch in Erinnerung haben, dass jedes Buch einen Preis hat und jeder Preis eine Währung:

```
<AttributeType name="currency" dt:type="enumeration" dt:values="USD GBF CD"
               required="yes" />

<ElementType name="Price" dt:type="fixed.14.4" content="textOnly">
   <attribute Type="currency" />
</ElementType>
```

Würden wir die oben beschriebene Vorgehensweise anwenden, dann könnten wir alle Daten in eine große Tabelle stecken und die Datenbank sähe so aus:

Title	ISBN	Currency	Price
XML Applications	1-861001-52-5	USD	49.99
Designing Distributed Applications with XML, ASP, IE5, LDAP and MSMQ	1-861002-27-0	USD	49.99
Professional Style Sheets for HTML and XML	1-861001-65-7	GBF	45.99

Das Schema jedoch sagt, dass es nur drei Währungen gibt, die verwendet werden können. Jeder Preis hat nur genau eine Währung, auch wenn eine Währung für viele Preise verwendet werden kann. Wir könnten daher eine Eins-zu-viele-Beziehung zwischen einem Objekt `Book` und einem neuen Objekt `Currency` anlegen. Diesen Prozess nennt man **Normalisierung** und wir besprechen ihn weiter unten ausführlich. Die Währung in eine eigene Tabelle auszulagern, gibt uns einige Vorteile:

❑ Wir können zusätzliche Informationen über die Währung speichern, zum Beispiel den vollen Namen oder Wechselkurse.

❑ Wir können sicherstellen, dass nur gültige Währungen in eine Buch-Tabelle eingetragen werden können.

Wir erzeugen also eine neue Tabelle für die Währung:

CurrencyID	ShortName	LongName
1	USD	United States Dollars
2	GBF	British Pounds
3	CD	Canadian Dollars

Die Spalte `CurrencyID` ist der **Schlüssel** der Tabelle. Er sorgt dafür, dass jede Zeile einzigartig bleibt, und dient der Adressierung von Datensätzen aus anderen Tabellen. Wir hätten hier auch das Attribut `Short-Name` als Schlüssel verwenden können und hätten so eine Spalte gespart. Es ist üblich, Tabellen über Integer-Werte zu verknüpfen, da sie kompakt sind und Vergleiche schnell durchgeführt werden können.

Nach diesem Schritt ändern wir unsere Bücher-Tabelle, damit sie auf die Tabelle mit den Währungen verweist:

Title	ISBN	CurrencyID	Price
XML Applications	1-861001-52-5	1	49.99
Designing Distributed Applications with XML, ASP, IE5, LDAP and MSMQ	1-861002-27-0	1	49.99
Professional Style Sheets for HTML and XML	1-861001-65-7	2	45.99

Hier sehen wir eine Referenz durch die Verwendung des Schlüssels. Da das `CurrencyID` in der Bücher-Tabelle auf den Schlüssel der Währungs-Tabelle zeigt, nennen wir diese ID einen **Fremdschlüssel**. In einigen Datenbanksystemen ist es möglich, diese Beziehung zwischen Schlüssel und Fremdschlüssel zu erzwingen, so dass man zum Beispiel nicht die Zahl 10.000 in so ein Feld schreiben kann, da es keinen entsprechenden Eintrag in der Währungs-Tabelle gibt. Spalten anzulegen, die als Werte Fremdschlüssel tragen, ist eine wichtige Methode, Daten konsistent zu halten.

Nun können wir einen Datensatz mit den Büchern und ihren Währungen selektieren:

```
SELECT Title, ShortName, Price
   FROM Book, Currency
   WHERE Book.CurrencyID = Currency.CurrencyID;
```

Wie zuvor werden die gewünschten Spalten zwischen SELECT und FROM aufgelistet, nur dieses Mal fragen wir nach Daten aus zwei verschiedenen Tabellen. Damit jede Zeile einen Sinn ergibt, verlangen wir, dass jede Zeile der Buch-Tabelle mit einer Zeile aus der Währungs-Tabelle übereinstimmt. Wir wollen aber nicht alle Zeilen, sondern nur die Zeilen mit der gleichen Währungsnummer wie in der Bücher-Tabelle. Tatsächlich führt die CurrencyID–Spalte in der Buch-Tabelle einen **look-up** in die Währungstabelle aus, um alle benötigten Werte zu erhalten. Das Ergebnis sieht dann so aus:

Title	ShortName	Price
XML Applications	USD	49.99
Designing Distributed Applications with XML, ASP, IE5, LDAP and MSMQ	USD	49.99
Professional Style Sheets for HTML and XML	GBP	45.99

Auch wenn wir die Daten in verschiedene Tabellen getrennt haben, so können wir diese immer noch jederzeit durch eine Join-Operation vereinen.

Die Währungstabelle modelliert eine Eins-zu-viele-Beziehung, da eine Währung für viele Bücher verwendet werden kann. Dieselbe Technik wird für Eins-zu-eins-Relationen verwendet. Wir könnten zum Beispiel den Preis und die Währung in einer Tabelle realisieren. Dann würden wir aus der Buch-Tabelle auf den Preis verweisen. So hätte jedes Buch einen Preis.

Viele-zu-viele-Joins

Die gerade beschriebene Methode, eine Spalte von Referenzen auf eine Spalte in einer anderen Tabelle zu haben, ist gut für Eins-zu-eins- oder Eins-zu-viele-Beziehungen. Wir können jedoch nicht Viele-zu-viele-Beziehungen ausdrücken, die wir für unser Bücher-zu-Autoren-Szenario benötigen. Nur zur Erinnerung, ein Buch kann viele Autoren haben und ein Autor kann viele Bücher geschrieben haben. Für diesen Zweck werden wir Tabellen benötigen, die nichts anderes enthalten als Beziehungen.

Gehen wir von folgender Autoren-Tabelle aus:

AuthorCiteID	FirstName	LastName	Biographical
1	Stephen	Mohr	Stephen began ...
2	Kathie	Kingsley-Hughes	Kathie is the MD of ...
3	Frank	Boumphrey	Frank Boumphrey currently ...

Jeder Autor hat eine eindeutige Nummer – oder Schlüssel – die den Autor identifiziert. Die Tabelle enthält keine Referenzen auf Bücher. Sehen wir uns nun die Buch-Tabelle an. Auch hier gibt es eine ID für jedes Buch:

BookID	Title	ISBN
1	XML Applications	1-861001-52-5
2	Designing Distributed Applications with XML, ASP, IE5, LDAP and MSMQ	1-861002-27-0
3	Professional Style Sheets for HTML and XML	1-861001-65-7

Keine der beiden Tabellen enthält Verweise auf die jeweils andere Tabelle. In diesem Fall benötigen wir eine dritte Tabelle, die alle Joins enthält. Die Tabelle sieht so aus:

BookID	AuthorCiteID
1	1
1	2
1	3
2	1
3	3

Diese Tabelle enthält nur die Relationen zwischen den beiden anderen Tabellen. Diese Technik kann ausgeweitet werden, um Verknüpfungen zwischen mehr Tabellen herstellen, falls das nötig sein sollte. Wie holen wir diese Informationen aus der Datenbank? Um alle Bücher von Stephen Mohr zu finden, verwenden wir das folgende SQL-Statement:

```
SELECT * FROM Author, Book, BookAuthor
    WHERE BookAuthor.authorCiteID = Author.authorCiteID
    AND Author.LastName = 'Mohr'
    AND Book.BookID = BookAuthor.BookID;
```

Alle Autoren von »XML Applications« sucht das folgende Statement heraus:

```
SELECT * FROM Author, Book, BookAuthor
    WHERE BookAuthor.BookID = Book.BookID
    AND Book.Title = 'XML Applications'
    AND Author.authorCiteID = BookAuthor.authorCiteID;
```

Diese Anfragen verbinden alle drei Tabellen miteinander. Die erste Anfrage funktioniert wie folgt:

❏ Der Teil aus der WHERE-Klausel, der BookAuthor.authorCiteID auf Author.authorCiteID abbildet, holt alle Autoren aus der Tabelle BookAuthor.

❏ Der Vergleich der Nachnamen mit dem Text »Mohr« schränkt die Liste auf Stephen Mohr ein.

❏ Der Vergleich zwischen den beiden BookID-Feldern findet die Bücher von Stephen Mohr.

Mit diesem Join können wir Anfragen zu den Büchern und deren Beziehungen zu Autoren stellen. Die vollständige Situation der Tabellen sieht so aus:

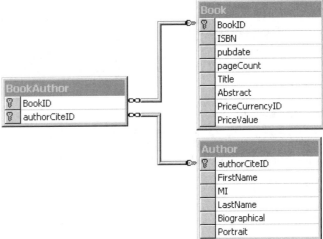

RDBMS und XML

Kehren wir nun zu der zentralen Frage dieses Abschnitts zurück. Wie gut können die Merkmale einer relationalen Datenbank uns helfen, die geforderten Möglichkeiten zur Bearbeitung von XML-Dokumenten zu implementieren? Um das zu klären, müssen wir feststellen, wie gut relationale Datenbanken Knoten modellieren können.

Wir wissen nun, dass eine Zeile einer Tabelle leicht ein Element repräsentieren kann, wobei die Spalten einer Tabelle die Attribute nachbildet. Zum Beispiel könnte die Tabelle Author in dem obigen Konfigurationsdiagramm sehr gut Elemente von Typ <Author> aufnehmen.

Einige Elemente enthalten Texte und haben Attribute. Das können wir durch eine zusätzliche Spalte mit einem bekannten Namen lösen, zum Beispiel PCDATA. Da wir den Namen kennen, können wir bei der Ausgabe die Daten in ein Element schreiben.

Das <Imprint>-Element aus dem Katalog ist ein gutes Beispiel für so ein Element:

```
<Imprint shortImprintName="XMLAPP">XML Applications</Imprint>
```

Die Tabelle für Imprint könnte so aussehen:

attr_id_shortImprintName	pcdata
DDA	Designing Distributed Applications
XMLAPP	XML Applications
PROXML	Professional XML

Die Abbildung von Elementen auf Zeilen einer Tabelle ist recht einfach einzusehen. Leider ist die Schlacht noch nicht geschlagen. Wir müssen noch Beziehungen zwischen den Knoten ausdrücken. Dazu müssen wir die verschiedenen Joins aus dem letzten Abschnitt verwenden. Wir können eine Eltern/Kind-Relation einfach durch einen Join von einem Fremdschlüssel in der Tabelle des Kindes auf den Schlüssel der Eltern-Tabelle modellieren. Die Imprint-Table könnte etwa so erweitert werden:

pk_Imprint	fk_Imprints	attr_id_shortImprintName	pcdata
1	1	DDA	Designing Distributed Applications
2	1	XMLAPP	XML Applications
3	1	PROXML	Professional XML

Das Feld fk_Imprints ist eine Referenz – oder Fremdschlüssel – auf den Schlüssel der Eltern-Tabelle Imprints. Diese Tabelle wiederum verweist auf den Verlag:

pk_Imprints	fk_Publisher
1	1

Grenzen der RDBMS

Das sieht auf den ersten Blick alles brauchbar aus. Die Eltern/Kind-Hierarchie kann also durch Referenzen in der Kind-Tabelle auf die Eltern-Tabelle angezeigt werden. Diese Eltern/Kind-Beziehung ist jedoch zu rigide. Mit der obigen Methode ließe sich folgendes Szenario nicht umsetzen:

```
<A>
    <B>
        <C>
            <D />
        </C>
    </B>
    <C>
        <D />
    </C>
</A>
```

Der Grund ist die Beziehung von C zu seinen Eltern. Dieses Element kann Kind von A oder von B sein. Mit der oben beschriebenen Technik, durch Verweise mittels Schlüssel und Fremdschlüssel Beziehungen auszudrücken, müsste man C an eines der Elemente A oder B fest binden. Elemente vom Typ C hätten Fremdschlüssel auf die Tabelle von A oder die Tabelle von B – nie auf beide.

Auch wenn RDBMS Knoten gut genug durch Tabellen modellieren kann, so scheint es doch ein Problem mit den Relationen zu geben. Trotzdem sollten wir RDBMS als Mechanismus zur Speicherung von XML-Knoten nicht verwerfen. Es gibt viele Szenarien, in denen eine solche Datenbank absolut angemessen ist.

Wie wir später noch sehen werden, ist das Katalog-Szenario durch sein Schema gut geeignet, durch eine solche Datenbank beschrieben zu werden. Das geht aber nur, weil in dem Schema keiner der kritischen Fälle erlaubt ist.

Später sehen wir noch genau, wie wir ein Schema in eine Reihe von Tabellen und Relationen umwandeln.

Produkte

Auch wenn es eine Menge installierter RDBMS gibt, so existiert hier jedoch nichts, was sich mit *POET* oder *eXcelon* vergleichen ließe. Das folgende Produkt ist sicher das bestentwickelte unter der Konkurrenz. Danach listen wir einige interessante Werkzeuge und Helferlein auf.

LivePage Corporation LivePage Enterprise 3.0

LivePage konvertiert zwischen XML und einer relationalen Datenbank. Das erreicht man durch eine Software-Schicht über der relationalen Datenbank, die alle Konvertierungen (ein- und ausgehend) vornimmt. *LivePage* ist selbst keine Datenbank, sondern arbeitet auf einer der folgenden:

- ❏ IBM DB2 2.1 oder später
- ❏ Microsoft SQL Server 6.0 oder später
- ❏ Oracle SQL 7 oder später
- ❏ Sybase SQL Server 10 and 11
- ❏ Sybase SQL Anywhere 5.0 oder später

Dieses Produkt wird nicht als XML-Server angeboten oder vermarktet, da es weit mehr kann, als nur Teile von XML-Dokumenten zu speichern und auszuliefern. Es ist jedoch wichtig, es zu erwähnen, da es zeigt, wie einige der Grenzen von RDBMS-Produkten umgangen werden können, um ein industriell einsetzbares Produkt zu schaffen. Siehe `http://www.livepage.com/` für weitere Informationen.

Utilities

Die folgenden Tools könnten von Nutzen sein, wenn Sie mit bestehenden Datenbanken an einem XML-Projekt arbeiten. Hilfe bei großen Projekten bieten sie jedoch kaum.

Cerium Component Software Incorporated – XMLDB und XML Servlet

XMLDB nimmt ein XML-Dokument, generiert Anweisungen zur Erstellung der nötigen Tabellen und trägt die Daten ein. *XML Servlet* ist Template-gesteuert und verwendet eine XML-basierte Sprache zur Spezifikation von SQL-Anfragen und HTML-Formularen. Siehe `http://ceriumworks.com/tech.html`.

IBM – DataCraft

Nach eigener Auskunft: »...ein Tool zur Generierung von Applikationen für RDF/XML in dem Kontext von Web-Commerce-Applikationen. *DataCraft*, kann visuelle Query-Schablonen erzeugen und diese gegen eine *DB2* anwenden. Es ist ein exzellentes Tool für die Erstellung von Web-Datenbank-Applikation mit XML. *DataCraft* stellt Client-Tools zur Verfügung, mit denen man visuell durch ein Ressourcen-Schema navigieren kann und bietet eine Query-Sprache, mit der man visuell Anfragen aus einem auf XML und RDF basierten Schema erstellen kann. *DataCraft* verwendet RDF und XML zur Beschreibung der Strukturen von Datenverbünden und zum Austausch von Ressource-Schemata und Anfragen zwischen Server und Client.« Siehe `http://www.alphaworks.ibm.com/formula/datacraft`.

Intelligent Systems Research – ODBC2XML

Ein Tool zum Transfer von Daten aus einer ODBC-Datenbank in ein XML-Dokument. Es sind SELECT-Statements als PIs in ein Template eingebettet. Siehe `http://members.xoom.com/gvaughan/odbc2xml.htm`.

Mey & Westphal RIPOSTE Software – XOSL

Eine Windows-DLL zur Transformation von Daten aus einer Datenbank in ein XML-Dokument. Die Anwendung ist Template-gesteuert und verwendet XOSL-spezifische Elemente, um Queries einzubetten. Siehe `http://www.riposte.com/xosl/`.

Ronald Bourret – XML-DBMS

Java-Klassen zur Transformation von Daten zwischen relationalen Datenbanken und einem XML-Dokument. Es wird eine Abbildungssprache verwendet, um festzulegen, welche Spalten Attribute und welche Elemente sind. Siehe auch `http://www.informatik.tu-darmstadt.de/DVS1/staff/bourret/xmldbms/xmldbms.htm`.

Stonebroom – ASP2XML

Eine OLE-COM-Komponente für die Transformation von Daten zwischen XML-Dokumenten und einer beliebigen ODBC- oder OLE-DB-Datenquelle. Das Produkt ist Modell-gesteuert, aber beide XML-Datenströme (Ein- und Ausgabe) müssen ASP2XML-spezifische Tags enthalten. Siehe auch `http://www.stonebroom.com/`.

Volker Turau – DB2XML

Das sind Java-Klassen zur Transformation von relationalen Daten in ein XML-Dokument, das als Datei, Stream oder DOM-Objekt ausgegeben werden kann. Siehe `http://www.informatik.fh-wiesbaden.de/~turau/DB2XML/index.html`.

Fazit

Im Moment sind OO-Datenbanken das Mittel der Wahl zur Repräsentation und Pflege von XML-Dokumenten. Ihre hierarchische Struktur entspricht der Hierarchie in XML-Dokumenten und noch wichtiger ist, dass individuelle Knoten eines Dokuments als Objekte einer Datenbank repräsentiert werden können.

Die Beliebtheit von relationalen Datenbanken und von XML bedeutet jedoch, dass der Kampf noch lange nicht ausgestanden ist. Hersteller relationaler Datenbanken werden weiterhin immer bessere XML-Features anbieten, während Drittanbieter XML-Server auf dieser Basis anbieten werden. Betrachtet man die Datenmenge, die Unternehmen in relationalen Systemen liegen haben, so werden Lösungen, die eine XML-Schicht über diesen Informationen platzieren, so wie *LivePage*, immer wichtiger und rentabler.

Bevor wir weitermachen, möchte ich erwähnen, dass die folgenden Produkte nicht so leicht in die obigen Kategorien einzuordnen waren. Sie alle werden als »XML servers« angepriesen:

Bluestone – XML Suite

Dieses Produkt baut auf Java auf und erlaubt, XML-Dokumente zwischen Servern auszutauschen. Bei jedem Server wird ein Dokument-Handler auf der Basis des Dokumenttyps aufgerufen. Diese Methode ist sehr mächtig, besonders im Umgang mit schon bestehenden Daten. Der XML-Server dieser Suite verwendet DSIMs (Data Source Integration Modules), wodurch XML-Dokumente von anderen Systemen empfangen werden können oder auf anderen Systemen gespeichert werden können. In dem Lieferumfang ist Folgendes enthalten:

- ❏ ODBC
- ❏ JDBC
- ❏ XML
- ❏ LDAP
- ❏ SMTP e-mail
- ❏ FTP

Die folgenden Produkte können einzeln bezogen werden:

- ❏ SAP R/3
- ❏ PeopleSoft
- ❏ Tuxedo
- ❏ CICS
- ❏ MQSeries

Mehr Informationen finden Sie unter `http://www.bluestone.com/xml/`.

Software AG – Tamino

Tamino speichert XML-Dokumente als XML. Ein wichtiges Feature ist die zusätzliche Abstraktionsschicht über bestehenden Datenbanken, die eine Abbildung der Datenbank von und nach XML vornimmt. Das entsprechende Modul heißt *X-Node*. Siehe unter `http://www.softwareag.com/`.

UserLand Software – Frontier

Frontier kann Webseiten auf der Basis der Daten in seinem objektorientierten Managementsystems ausliefern. Das System kann auch XML-Daten lesen und schreiben. Siehe `http://frontier.userland.com/`.

XML als Austauschmedium

Da das Thema der bestehenden Datenbanken sehr wichtig ist, werden wir uns nun ansehen, wie diese Daten extrahiert und als XML dargestellt werden können. In diesem Abschnitt sehen wir, wie man mit XML:

- ❏ einen standardisierten Weg findet, Daten zwischen verschiedenen Systemen auszutauschen
- ❏ einen standardisierten Weg findet, Daten von verschiedenen Systemen abzufragen
- ❏ der Client/Server-Technologie neues Leben einhaucht

Standards für Daten

Wie schon erwähnt, haben viele Anwender Probleme, sich von der Dokument-Sicht auf XML zu verabschieden und stattdessen XML wie eine Datenstruktur zu betrachten. Auch wenn XML oft als mächtige Sprache zur Auszeichnung von Dokumenten bezeichnet wird, sollte man nicht vergessen, dass die XML-1.0-Spezifikation mit »XML-Dokumenten« etwas anderes meint als Text-Dokumente.

Dokumente einer Textverarbeitung und Tabellen einer Tabellenkalkulation liegen offen als Datei auf Ihrer Festplatte in einem Verzeichnis. Auch ein XML-Dokument kann diese Form annehmen und es gibt auch viele Anwendungen, die mit diesem Format etwas anfangen können. Jedoch sind diese Anwendungen immer auf ein bestimmtes Gebiet beschränkt und beschäftigen sich fast immer in irgendeiner Form mit der Auszeichnung von Dokumenten.

Ein XML-Dokument muss jedoch nicht in einer festen Form existieren. Es kann auch im Bedarfsfall erzeugt werden, zum Beispiel von einem Webserver. Es ist dann möglich, dass zwei Anfragen nach dem »gleichen« Dokument unterschiedliche Ergebnisse produzieren. Zum Beispiel könnte ein XML-Dokument mit einer Liste aller Autoren eines Verlages heute so aussehen und morgen schon anders, weil ein neuer Autor hinzugekommen ist.

Wir erzeugen ein einfaches ASP-Skript, mit der wir die Liste der Autoren in ein einfaches XML-Dokument wandeln:

```
<%@ Language=VBScript %>
<%
   Response.ContentType = "text/xml"
   Dim dbConn
   Set dbConn = CreateObject("ADODB.Connection")
   dbConn.Open "DSN=XMLPRO;"

   Dim rs
   Set rs = Server.CreateObject("ADODB.Recordset")
   rs.Open "Select * from Author", dbConn, 0, 3
%>
<?xml version="1.0" encoding="UTF-8"?>
<Authors>
<%
   Do While Not rs.EOF
%>
   <Author authorCiteID="<%=rs("authorCiteID")%>">
      <FirstName><%=rs("FirstName")%></FirstName>
      <MI><%=rs("MI")%></MI>
      <LastName><%=rs("LastName")%></LastName>
      <Biographical><%=rs("Biographical")%></Biographical>
      <Portrait picLink="<%=rs("Portrait")%>" />
   </Author><%=vbCrLf%>
<%
      rs.MoveNext
   Loop
%>
</Authors>
<%
   rs.Close
   dbConn.Close
%>
```

Das resultierende XML-Dokument sieht so aus:

```
<?xml version="1.0" encoding="UTF-8"?>
<Authors>
   <Author authorCiteID="1">
      <FirstName>Stephen</FirstName>
      <MI></MI>
      <LastName>Mohr</LastName>
      <Biographical>
         Stephen began programming in high school and is now a senior software
         systems architect with Omicron Consulting, he designs and develops
         systems using C++, Java, JavaScript, COM, and various internetworking
         standards and protocols.
      </Biographical>
      <Portrait picLink =
         "http://webdev.wrox.co.uk/resources/authors/mohrs.gif" />
   </Author>
   <Author authorCiteID="2">
      <FirstName>Kathie</FirstName>
      <MI></MI>
      <LastName>Kingsley-Hughes</LastName>
      <Biographical>
         Kathie is the MD of Kingsley-Hughes Development Ltd, a Training and
```

```
                  Consultancy firm specialising in Web Development and visual
                  programming languages, first going into CDF channels with The Dragon
                  Channel.
              </Biographical>
              <Portrait picLink="" />
          </Author>
          <Author authorCiteID="3">
              <FirstName>Alex</FirstName>
              <MI></MI>
              <LastName>Homer</LastName>
              <Biographical>
                  Alex is a software consultant and developer whose company, Stonebroom
                  Software, specialises in office integration and Internet-related
                  development. He works regularly with Wrox Press on a range of
                  projects.
              </Biographical>
              <Portrait picLink =
                  "http://webdev.wrox.co.uk/resources/authors/homera.gif" />
          </Author>
          <Author authorCiteID="4">
              <FirstName>Frank</FirstName>
              <MI></MI>
              <LastName>Boumphrey</LastName>
              <Biographical>
                  Frank Boumphrey currently works for Cormorant Consulting, a firm that
                  specializes in medical and legal documentation. His main objective at
                  the present is to help XML to become the language of choice in web
                  documents.
              </Biographical>
              <Portrait picLink =
                  "http://webdev.wrox.co.uk/resources/authors/boumphreyf.gif" />
          </Author>
      </Authors>
```

Da wir relationale Daten als eine Reihe von Knoten dargestellt haben, können wir diese Daten an andere Systeme verteilen, vorausgesetzt, das System kann XML konvertieren. Zum Beispiel können wir eine Autorenliste aus *Oracle* exportieren, um diese in eine *POET*-Datenbank zu importieren. Dafür muss niemand einen Oracle-nach-POET-Konverter programmieren. Es muss auch kein Konverter von relationalen Strukturen in Objekt-Strukturen erstellt werden. Wir müssen nur sicherstellen, dass beide Seiten dieselbe XML-Grammatik verwenden. Es ist bemerkenswert, dass ODBC seinerzeit entwickelt wurde, um die Lücke zwischen den Datenbank-Systemen zu überwinden. Der Mechanismus mit XML ist weit fortschrittlicher.

Eine Anwendung, die direkt die Daten der Datenbank nutzt, so wie ein Microsoft-Access-Formular oder eine Java-Applikation, kann die folgende Struktur nutzen, wenn die Kommunikation über das Internet läuft:

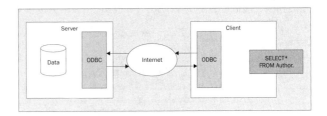

Diese Methode hat jedoch einige Nachteile:

❑ Nur Systeme, die ODBC unterstützen, können Informationen abrufen

❑ Viele Firewalls erlauben keine ODBC-Transaktionen

❑ ODBC ist anfällig für Angriffe durch Hacker, die nicht autorisierte Transaktionen senden, die dann durch den Server geprüft werden müssen

Durch eine XML-Schnittstelle auf beiden Seiten des Kommunikationskanals heben wir die Abhängigkeit von ODBC auf:

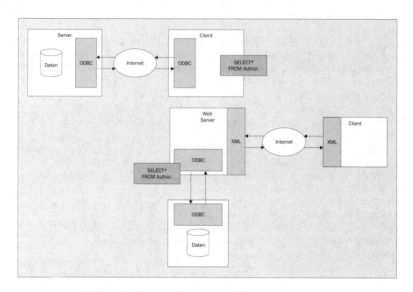

Wenn wir die XML-Daten kapseln und diese über den Port 80 (HTTP-Port) versenden, können wir die Blockade durch eine Firewall umgehen. Microsoft hat eine neue Technologie, SOAP (Simple Object Access Protocol), die genau das macht. Mehr zu SOAP finden Sie in Kapitel 11.

Ein Standard für das Querying

Das ASP-Skript von vorhin erstellte ein XML-Dokument mit allen Autorem in der Datenbank. Auch wenn uns das nutzt, könnte es sein, dass man die Netzwert-Last und die Antwortzeiten verringern möchte und nur nach einer Teilmenge der Daten sucht.

Zu Beginn modifizieren wir unser Autoren-nach-XML-Skript, so dass es als Parameter eine WHERE-Klausel akzeptiert. Vieles am Code ändert sich nicht, also zeigen wir nur die neuen Zeilen:

```
Set rs = Server.CreateObject("ADODB.Recordset")
Dim sQuery
Dim sWhere
sQuery = "SELECT * FROM Author"
sWhere = Request.QueryString("WHERE")
If Not IsEmpty(sWhere) Then
    sQuery = sQuery & " WHERE " & sWhere
End If
rs.Open sQuery, dbConn, 0, 3
%>
```

So erhalten wir die XML-Darstellung verschiedener Autorendaten, indem wir einen Parameter im URL angeben. Nehmen wir an, wir wollten, dass die XML-Daten in einer Dateninsel in einem HTML-Dokument liegen sollten, dann sieht das wie folgt aus:

```
<H1>Wrox Authors</H1>
        <HR>
        <XML ID="authors" SRC="xmlAuthor.asp?WHERE=LastName='Mohr'"></XML>
        <TABLE BORDER=1 DATASRC="#authors">
            <THEAD>
                <TH>authorCiteID</TH>
```

Dateninseln werden zurzeit nur von Microsoft unterstützt, aber das spielt für dieses Beispiel keine wesentliche Rolle. Ich möchte nur illustrieren, wie ein URL aussieht, der ein XML-Dokument für einen einzigen Autor anfordert. So könnten alle Autoren-Daten oder nur die Daten weniger Autoren angefordert werden.

Querying in XML versus Querying für Datenbanken

Nun haben wir eine interessante Stelle erreicht. Wir formulieren Anfragen, die speziell auf relationale Datenbanken zugeschnitten sind, bekommen aber XML zurückgeliefert. Da es sehr wichtig ist, dass wir die Daten unabhängig von der verwendeten Datenquelle präsentieren, sollte es doch auch wichtig sein, eine Möglichkeit zu haben, Anfragen unabhängig von der Datenquelle formulieren zu können. Nehmen wir an, wir ersetzen die relationale Datenbank durch eine objektorientierte Datenbank. Die bisherige Syntax für Anfragen könnte nun völlig sinnlos sein. Es wäre ideal, wenn das Format der Anfrage sich nicht ändern müsste.

Auch wenn wir eine Abstraktionsschicht über unsere Datenbank gelegt haben, so formulieren wir dennoch Anfragen, als hätten wir direkten Zugriff auf die Datenbank. Die Struktur unserer Anwendung sieht also so aus:

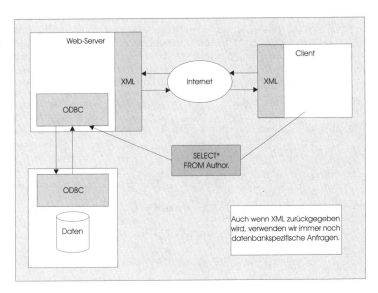

Microsoft hat inzwischen eine Abstraktionsschicht für den SQL Server 7 entwickelt, die genau das tut und Anfragen durch ein SELECT-Statement als XML zurückliefert.

Query-Sprachen für XML

Rekapitulieren wir an dieser Stelle das bisher Gesagte. Wir haben eine simple Methode für das Auslesen der Daten aus einer relationalen Datenbank und die Umwandlung nach XML kennen gelernt. Wir haben also die Daten in der relationalen Datenbank auf eine Knoten-Struktur eines XML-Dokuments abgebildet. Was die Außenwelt angeht, könnte unsere Datenbank auch direkt XML-Daten enthalten, nur wenn man Daten in der aktuellen Implementation über Datenbank-Anfragen bekommen möchte, müssen wir das genaue Format der Daten kennen. In diesem Fall ist es eine relationale Datenbank und wir müssen in der Lage sein, einzelne Knoten abzufragen.

Zurzeit wird sehr emsig an Querying für XML gearbeitet, das haben wir schon in Kapitel 8 gesehen. Da wir dort zu keiner konkreten Einigung gekommen sind, verwenden wir für dieses Beispiel die XSL-Syntax. Wir behandeln die gesamte Datenbank als ein großes XML-Dokument für unser Beispiel.

Die Query-Syntax von XSL wurde als XPath eigenständig spezifiziert und findet sich unter `http://www.w3.org/TR/xpath`.

Ich ziehe XPath allen anderen Vorschlägen vor, da eine Anfrage als URL formuliert werden kann. Dies ist eine wichtige Überlegung in der Welt des datenfixierten Internets.

Wir verwenden also XPath für unsere Queries. Wie aber stellen wir das genau an? Der beste und effizienteste Weg wäre, eine Anwendung zu erstellen, die unsere XPath-Queries für den verwendeten Datenbanktyp übersetzt. Die Einzelheiten hängen daher von dem Datenbanksystem ab, aber wir werden einige der wichtigen Punkte in dem folgenden Beispiel ansprechen.

Für den Augenblick machen wir es uns einfacher und verfrachten unsere Autorenliste in ein XML-DOM (Document Object Model) und verwenden dann XSL zur Selektion der Knoten. In diesem Fall könnte die verwendete Datenbank wechseln, während die Syntax der Anfragen konstant bliebe. Modifizieren wir das Skript so, dass statt des WHERE-Teils einer SELECT-Anfrage nun ein XPath-Ausdruck verwendet wird:

```
http://www.wrox.com/xmlAuthors.asp?xsl=//Author[LastName='Mohr']
```

Mit DOM XML erzeugen

Als Erstes müssen wir unser Skript so verändern, dass es die Informationen aus der Datenbank in einem XML-DOM speichert. Wir hätten dies ohnehin schon machen sollen, aber für einige Dokumente ist es einfacher, die Tag-Namen direkt ins Skript einzubetten. Die Anwendung von DOM garantiert Wohlgeformtheit und eine korrekte Syntax für Attribute und Namensräume. Wir könnten den Parser sogar unser Dokument prüfen lassen, damit wir nur korrekte Dokumente ausliefern.

Zuerst deklarieren wir die nötigen Variablen und dann erzeugen wir ein DOM-Objekt für die Ergebnisse. Sie benötigen den Internet Explorer 5 auf ihrem IIS-Server, damit dieses Skript funktioniert. Sie können es aber auch abändern, damit es mit einem anderen Parser funktioniert:

```
<%@ Language=VBScript %>
<%
   Response.ContentType = "text/xml"
   Dim dbConn
   Set dbConn = CreateObject("ADODB.Connection")
   dbConn.Open "DSN=WroxBookCatalog;"

   Dim oParser
   Set oParser = Server.CreateObject("Microsoft.XMLDOM")
```

Dieses Objekt dient als Schnittstelle zu allen DOM-Funktionen. Nun starten wir die Anfrage auf der Datenbank und holen alle Autorendaten:

```
   Dim rsAuthors
   Dim sQuery
   sQuery = "SELECT * FROM Author"
   Set rsAuthors = Server.CreateObject("ADODB.Recordset")
   rsAuthors.Open sQuery, dbConn, 0, 3
```

Nun haben wir wieder alle Datensätze wie auch zuvor und können diese bearbeiten. Statt direkt Tags zu erzeugen, verwenden wir dieses Mal das DOM. Als Nächstes erzeugen wir ein Element <Authors> für die Daten der Autoren:

```
Dim oAuthors
Set oAuthors = oParser.createElement("Authors")
```

Dieses Element-Objekt zu erzeugen ist einfacher, als die Tags <Authors> und </Authors> direkt zu schreiben, da DOM uns eine wohlgeformte Struktur garantiert. Nun können wir durch die Daten iterieren. Für jeden Datensatz aus der Datenbank erzeugen wir ein neues Element im DOM. Dieses Mal ist es das Element <Author>:

```
Do While Not rsAuthors.EOF
    Dim oAuthor
    Set oAuthor = oParser.createElement("Author")
```

Ein beliebter Anfängerfehler im Umgang mit DOM ist, anzunehmen, der eben erzeugte Knoten sei bereits irgendwo in der Struktur verankert. Das ist er nicht! Auch wenn man eine Methode des Parsers verwendet, um das Objekt zu erzeugen, so hängt das Element noch frei in der Luft. Wir hängen es als Kind-Element von <Authors> am Ende der Schleife ein, sobald alle Bearbeitungen vorgenommen sind.

Zuerst setzen wir für das Element <Author> das Attribut authorCiteID. Die setAttribute()-Funktion wird einen Fehler melden, falls der Wert NULL ist. Daher sollten wir vorher diesen Wert abprüfen. Da wir aber wissen, dass es in diesem Fall der Schlüssel der Tabelle ist, wird immer ein gültiger Wert vorhanden sein:

```
oAuthor.setAttribute "authorCiteID", rsAuthors("authorCiteID")
```

Die nächsten vier Felder des Datensatzes werden durch Elemente im XML-Dokument dargestellt. Damit wir einfacher Elemente in den <Author>-Knoten einfügen können, verwenden wir eine Funktion FieldToElement(), die unten genau aufgeführt ist:

```
FieldToElement oAuthor, rsAuthors, "FirstName"
FieldToElement oAuthor, rsAuthors, "MI"
FieldToElement oAuthor, rsAuthors, "LastName"
FieldToElement oAuthor, rsAuthors, "Biographical"
```

Das Feld Portrait in der Datenbank entspricht einem Attribut picLink in einem leeren Element <Portrait>. Im Gegensatz zum authorCiteID-Attribut müssen wir hier in der Datenbank prüfen, ob der Wert nicht NULL ist, weil sonst die Schleife abbricht. Ist der Wert NULL, erzeugen wir erst gar kein <Portrait>-Element:

```
If Not IsNull(rsAuthors("Portrait")) Then
    Dim oNode

    Set oNode = oParser.createElement("Portrait")
    oNode.setAttribute "picLink", rsAuthors("Portrait")
    oAuthor.appendChild(oNode)
    Set oNode = Nothing
End If
```

Bevor wir die Schleife beenden und den nächsten Datensatz bearbeiten, fügen wir das Element <Author> noch dem Knoten von <Authors> hinzu:

```
oAuthors.appendChild(oAuthor)
rsAuthors.MoveNext
Set oAuthor = Nothing
Loop
```

Fügen wir keine Elemente mehr in den Knoten für <Authors> ein, können wir die Knotenliste in einen XML-Dokument-Container kopieren. Wir müssen das tun, da zurzeit noch das oAuthors-Objekt ein Element mit Kind-Elementen ist, kein ganzes XML-Dokument:

```
    rsAuthors.Close
    dbConn.Close
    Set oParser.documentElement = oAuthors
```

Nun, da wir unser DOM erstellt haben, müssen wir es nur noch an den Browser senden. Wir geben alle nötigen Informationen an, die anzeigen, dass es sich um ein XML-Dokument handelt. Dann verwenden wir die DOM-Eigenschaft `xml`, um die Text-Datei zu erzeugen. Das DOM kümmert sich dabei um alle Aspekte der Syntax:

```
%>
<?xml version="1.0" encoding="UTF-8"?>
<%

    Response.Write oParser.xml
```

Hier nun noch die Funktion, die ich vorhin erwähnt hatte. Sie unterstützt die Erstellung von Knoten aus den Feldern eines Datensatzes. Wie bei dem `picLink`-Attribut interessieren wir uns nicht für den Wert `NULL`. Dieses Vorgehen lohnt sich besonders, wenn der Datensatz groß ist, da sonst viele leere Elemente Speicher verbrauchen. Man kann allerdings nur so vorgehen, wenn die DTD es erlaubt, dass das leere Element entfallen darf. In diesem Fall ist das so:

```
    Sub FieldToElement(oTargetNode, rs, sField)
        If Not IsNull(rs(sField)) Then
            Dim oTempNode : Set oTempNode = oParser.createElement(sField)
            oTempNode.text = rs(sField)
            oTargetNode.appendChild(oTempNode)
            Set oTempNode = Nothing
        End If
    End Sub
%>
```

Die Anfrage hinzufügen

Bisher erzeugt unser Skript wieder nur ein XML-Dokument, dieses Mal aber mit DOM. Wir haben bisher also keine neuen Funktionen implementiert, nur den alten Stand erhalten. Da nun die Daten im DOM vorliegen, können wir mit ihnen all das tun, was wir auch mit einem Dokument tun könnten. Im Besonderen können wir nun unsere XSL-Anfrage einfügen.

Der zusätzliche Code ist hervorgehoben und folgt dem Code, der die Daten aus der Datenbank ins DOM überführt. Nur an dieser Stelle können wir XSL-Statements anbringen:

```
<?xml version="1.0" encoding="UTF-8"?>
<%
    Dim sXSL
    sXSL = Request.QueryString("xsl")
    If IsEmpty(sXSL) Then
        Response.Write oParser.xml
    Else
        Set oNodeList = oParser.documentElement.selectNodes(sXSL)
```

Wurde vom aufrufenden Client keine Anfrage übergeben, dann liefern wie alle Daten zurück. Gab es jedoch eine Anfrage, dann verwenden wir das `selectNodes`-Statement und filtern die Knoten. Das `selectNodes`-Statement kann auf beliebige Knoten angewandt werden. Wir hätte auch Folgendes schreiben können:

```
    Set oNodeList = oAuthors.selectNodes(sXSL)
```

Da der `<Authors>`-Knoten kein echtes XML-Dokument darstellt und keinen Wurzel-Knoten hat, hätten wir ein Problem. Die Anfrage beginnt mit einem `/`, was bedeutet, dass man an der Wurzel beginnen und sich dann weiterarbeiten soll. Ohne eine Wurzel gibt es aber kein Ergebnis. Daher läuft die Anfrage auf dem Dokument-Element des DOM-Objekts, in das wir den Knoten `<Authors>` vorher eingefügt haben.

Ergebnisse ausgeben

Das Ergebnis einer Selektion in XSL ist nicht notwendigerweise ein gültiges XML-Dokument. Als Beispiel soll folgende Anfrage dienen:

```
/Authors/Author/LastName
```

Diese gibt folgende Knoten zurück:

```
<LastName>Mohr</LastName>
<LastName>Kingsley-Hughes</LastName>
<LastName>Boumphrey</LastName>
```

Das wäre natürlich kein gültiges XML-Dokument, da kein Wurzel-Element existiert. Man könnte auch sagen, es existieren mehrere Wurzeln, je nach Sicht der Dinge!

Wir können aber alles in einen `<Authors>`-Knoten stecken, da das Ergebnis niemals das Element `<Authors>` enthalten wird. Das letzte Ergebnis würde dann in einem `<Authors>`-Element so aussehen:

```
<Authors>
    <LastName>Mohr</LastName>
    <LastName>Kingsley-Hughes</LastName>
    <LastName>Boumphrey</LastName>
</Authors>
```

Damit würden wir aber die DTD oder das Schema verletzen, da `<LastName>` ein Kind von `<Author>` ist, nicht aber von `<Authors>`. Natürlich könnten wir stur bleiben und sagen, dass eine Suche nur Autoren liefert, und bleiben dabei, alle Ergebnisse in das `<Authors>`-Element zu stecken. Das würde aber die Möglichkeiten unseres Skripts einschränken. Wenn jemand zum Beispiel alle Referenzen auf die Bilder in der Datenbank sucht, damit man alle Portraits in einer Galerie ansehen kann, dann könnte das so gehen:

```
/Authors/Author/Portrait[@picLink]
```

Diese Anfrage sucht nach allen `<Portrait>`-Elementen, die ein Attribut `picLink` haben, das einen Wert ungleich NULL hat. Zusätzlich muss jedes `<Portrait>`-Element, das zurückgeliefert wird, ein Kind von einem `<Author>`-Element sein, das wiederum ein Kind von `<Authors>` sein muss. Dabei käme dann folgendes Ergebnis heraus:

```
<Portrait picLink =
    "http://webdev.wrox.co.uk/resources/authors/mohrs.gif"/>
<Portrait picLink =
    "http://webdev.wrox.co.uk/resources/authors/boumphreyf.gif"/>
```

Nun können wir das Ergebnis nicht einfach in das Element `<Authors>` stecken und wir können auch kein neues Container-Element wie `<LastNames>` und `<Portraits>` erfinden. Wir könnten versuchen, die Daten in etwas Allgemeineres zu kleiden. Wir führen ein eigenes Element ein und geben an, wie das Ergebnis zustande gekommen ist:

```
<wr:ResultsWrapper wr:query="/Authors/Author/LastName"
                   xmlns:wr="wroxresultsnamespace">
  <LastName>Mohr</LastName>
  <LastName>Kingsley-Hughes</LastName>
  <LastName>Boumphrey</LastName>
</wr:ResultsWrapper>
```

Wir können auch weitere Meta-Informationen wie Zeitstempel und hilfreiche Informationen zur Verarbeitung der Daten angeben. Im nächsten Abschnitt werden wir uns einige Methoden zur Verpackung solcher Daten kurz ansehen. Zunächst geben wir aber nur die gewünschten Daten zurück, was dazu führen kann, dass wir nicht nur typische XML-Dokumente zurückgeben. Es kann zum Beispiel mehr als ein Wurzel-Element geben. Beenden wir das Skript, indem wir die Ergebnisse der XSL-Anfrage ausgeben:

```
Else
    Set oNodeList = oParser.documentElement.selectNodes(sXSL)
    Dim ix
    For ix = 0 To oNodeList.length - 1
        Response.Write oNodeList.item(ix).xml
    Next
End if
```

```
Sub FieldToElement(oTargetNode, rs, sField)
```

Beachten Sie die Verwendung der Schleife. Da wir mehrere Knoten auf der obersten Ebene haben können, müssen wir eine Liste der Knoten abarbeiten und die Ausgabe für jeden Knoten einzeln vornehmen, statt den ganzen Baum in ein XML-Dokument zu schreiben.

Optimierungen

Die vorgestellte Technik ist extrem ineffizient. Es müssen zunächst alle Autoren gesammelt werden, bevor wir eigentlich wissen, was wir von ihnen wollen. In diesem Fall ist das kein Problem, aber in einer Datenbank mit Tausenden von Datensätzen könnte das alles recht langsam werden.

Damit das Ganze etwas effizienter wird, können wir die Querying-Fähigkeiten der verwendeten Datenbank wieder nutzen und eine Kombination von XSLT und XPath verwenden. Wir gehen davon aus, dass wir uns hauptsächlich mit relationalen Datenbanken beschäftigen, und sehen uns an, wie XPath-Ausdrücke auf SQL-Statements abgebildet werden können. Hier ein Beispiel:

```
Author[@MI]
```

sucht nach allen Autoren mit einem Attribut MI. Das kann man direkt in Folgendes übersetzen:

```
SELECT * FROM Author WHERE MI <> "";
```

Einen einzelnen Autor würde man wie folgt auswählen:

```
Author[LastName = 'Mohr']
```

Das entspräche:

```
SELECT * FROM Author WHERE LastName = 'Mohr';
```

XPath erlaubt die Selektion von Knoten auf der Basis von Werten anderer Knoten in Baum. Mit dem Schema aus Kapitel 7 als Beispiel würde man alle Bücher eines einzelnen Verlages wie folgt suchen:

```
/Catalog/Book[imprint/@ID=/Catalog/Publisher[CorporateName="Wrox Press Ltd."]/
Imprints/Imprint/@shortImprintName]
```

Die Anfrage besagt, dass wir alle Elemente <Book> haben wollen, deren imprint/@ID denselben Wert hat wie das shortImprintName-Attribut des <Imprint>-Elements. Dabei interessiert uns der Wert »Wrox Press Ltd.«.

Die Modellierung der hierarchischen Strukturen ist in SQL ganz einfach. Bedenken Sie, dass wir Join-Statements verwenden können, um Eltern/Kind-Beziehungen auszudrücken. So würde aus /Catalog/Book Folgendes:

```
SELECT *
    FROM Catalog, Book
    WHERE pk_Catalog = fk_Catalog
```

Der Teil für den Verlag:

```
/Catalog/Publisher[CorporateName="Wrox Press Ltd."]
```

ist schon etwas komplexer:

```
SELECT *
    FROM Catalog, Publisher
    WHERE pk_Catalog = fk_Catalog
    AND CorporateName = "Wrox Press Ltd."
```

(Hier gehen wir davon aus, dass das Text-Element `<CorporateName>` in einer Spalte steht, nicht in einer eigenen Tabelle. Wir sehen uns das später noch genau an.)

Der Filter für `Catalog/Book` ist schon schwieriger. Dafür benötigen wir ein weiteres Feature des SELECT-Statements, die **subqueries**. Subqueries erlauben es, das Ergebnis einer Anfrage als Eingabe für eine weitere Anfrage zu verwenden. In unserem Fall wollen wir eine Liste aller `shortImprintName`-Werte und wollen dann prüfen, welche mit dem ID-Wert des Elements `<Imprint>` übereinstimmen, bevor wir *diese* List verwenden, um alle Bücher zu finden, die auf das Element `<Imprint>` verweisen. Das realisieren wir so:

```
SELECT *
    FROM Book
    WHERE imprint IN (
        SELECT *
        FROM Imprint
        WHERE ID IN (
            SELECT shortImprintName
            FROM Imprint
        )
    )
```

Ich habe aus Gründen der Bequemlichkeit den anderen Filter weggelassen, der nur alle Verlage selektiert. Ich denke jedoch, Sie haben erkannt, dass man XPath-Anfragen auch durch SQL-Anfragen ausdrücken kann. Es gibt jedoch zwei Probleme. Zum einen ist XPath noch kein Standard, daher kann sich noch einiges ändern. Zum anderen müsste man den XPath-Ausdruck analysieren. Wie diese Themen befriedigend gelöst werden, ist noch nicht klar, aber wir werden sehen, dass es XPath-Parser geben wird, die auf einer Datenbank-Schicht sitzen, so wie ODBC andere Datenformate kapselt.

Fazit

XML bietet eine extrem mächtige Methode zum Austausch von Daten zwischen verschiedenen Systemen. Das ist besonders nützlich für Datenbanken, da der Austausch zwischen völlig verschiedenen Systemen stattfinden kann.

Während Daten in einem gemeinsamen Format dargestellt werden können, gibt es noch keinen Standard für das Retrieval von Daten. Auch wenn XPath nicht so flexibel ist, wie man es sich wünscht, so illustriert es doch das Potenzial der Verwendung eines Querying-Standards.

Nützliche Standards

Wir haben schon über mögliche Query-Sprachen und deren Syntax gesprochen. Neben der Frage nach einem Standard für Anfragen haben wir auch erörtert, wie das Ergebnis einer Anfrage aussehen sollte. Einige Standards geben Hinweise darauf, wie so etwas aussehen könnte.

Austausch von Fragmenten

Der einfachste und wahrscheinlich auch stärkste Vorschlag für den Austausch von Fragmenten findet sich unter http://www.w3.org/TR/WD-xml-fragment. Dieser Vorschlag bietet einen Mechanismus an, mit dem »freie Knoten« einen Kontext zugeordnet bekommen können. Wir haben das schon in Kapitel 8 gesehen, aber wir wollen hier mal eine Anwendung betrachten. Wir suchen die Bibliographie eines Autors. Wir haben den entsprechenden Code schon vorgestellt, also können wir folgende Syntax verwenden:

```
http://www.wrox.com/xmlAuthors.asp?xsl=//Author[LastName='Mohr']/Biographical
```

und erhalten:

```
<Biographical>
    Stephen began programming in high school and is now a senior software
    systems architect with Omicron Consulting, he designs and develops systems
    using C++, Java, JavaScript, COM, and various internetworking standards and
    protocols.
</Biographical>
```

Die Fragment Interchange-Spezifikation schlägt vor, zwei getrennte Dokumente zu erzeugen und bietet folgende Informationen über den Kontext:

```
<f:fcs xmlns:f="http://www.w3.org/XML/Fragment/1.0"
       xmlns="http://www.wrox.com/authors.xdr">
    <Authors>
        <Author authorCiteID="1">
            <FirstName />
            <MI />
            <LastName />
            <f:fragbody fragbodyref="xmlAuthors.asp?xsl=//Author
                                    [LastName='Mohr']/Biographical"/>
            <Portrait />
        </Author>
        <Author authorCiteID="2" />
        <Author authorCiteID="3" />
    </Authors>
</f:fcs>
```

Beachten Sie, dass dieses Dokument alle Elemente enthält, die für den Kontext benötigt werden, nicht aber deren vollen Inhalt. Sie sehen also, dass alle relevanten Kind-Elemente <Author> genannt werden, aber keine Daten enthalten. Genauso werden die anderen <Author>-Elemente in der Datenbank durch Platzhalter ohne Inhalt repräsentiert. Dennoch werden alle Attribute immer mit übergeben, egal an welcher Position das Element sich befindet. Das Ergebnis der Anfrage wird durch einen URI im Element <fragbody> referenziert. Damit dieser Mechanismus funktioniert, muss man ein Skript erstellen, das XML in dem obigen Format erzeugt, und darauf verweisen mittels:

```
http://www.wrox.com/fcsAuthors.asp?xsl=//Author[LastName='Mohr']/Biographical
```

Dieses Fragment wiederum verweist dann auf das <xmlAuthors>-Skript, das wir schon kennen.

Frühere Fassungen der Spezifikation für das Fragment Interchange Proposal erlaubten, dass Fragment und Kontext in einem XML-Dokument ausgeliefert wurden. Das kann man auch weiterhin tun, nur gibt es dafür keinen vorgeschriebenen Weg mehr. Es wird jedoch gesagt, dass eine Arbeitsgruppe sich mit diesem Thema beschäftigt.

SOAP und XML-RPC

Ein anderer Weg zur Übermittlung von Suchergebnissen kann SOAP oder XML-RPC verwenden. Diese Themen werden im Kapitel 11 genau beleuchtet. Beide Protokolle bieten Methoden, um Ergebnisse von Anfragen an einen Server zu übermitteln. Diese Antworten enthalten jedoch nicht inherent Informationen über den Kontext. Es ist jedoch einfach, einen Kontext für diese Ergebnisse den Antworten beizufügen.

Katalog-Beispiel

Genug der Theorie! Wir wissen nun, dass Datenbanken XML-Daten speichern können and wir können auch Daten zwischen Datenbanken mit XML austauschen. Wir wollen nun unseren Katalog von Büchern in eine einfache Datenbank konvertieren.

Das folgende Beispiel geht davon aus, dass Wrox Press bereits eine relationale Datenbank mit Informationen über Autoren hat. Aber wir benötigen noch eine neue Datenbank für die Daten über Verlage und Bücher. Für den letzteren Zweck nutzen wir das Schema, um eine relationale Datenbank zu erzeugen.

Bestehende Daten und Applikationen nutzen

Lange bevor XML ein Glitzern in dem Auge von SGML war, gab es schon eine Datenbank mit den Namen und Adressen der Autoren. Nur zur Illustration habe ich eine einfache Adress-Datenbank für Microsoft Access erzeugt. Das Formular für die Beispieldaten hat zwei Formular-Fenster:

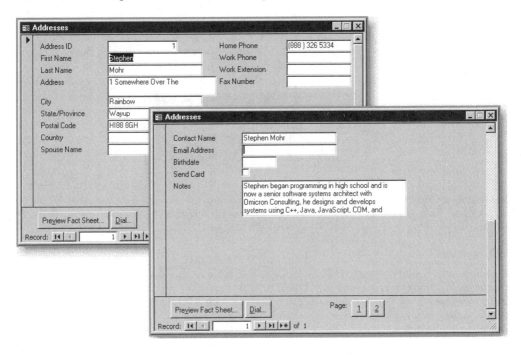

Es gibt einige Punkte in diesem Szenario, die ich ansprechen möchte. Zunächst gibt es immer Daten, die *schon existieren*. Es ist wichtig, diesen Punkt zu beachten, wenn man ein Projekt mit Anwendung von XML plant. Der Versuch, alle Mitarbeiter Ihrer Firma davon zu überzeugen, auf XML umzusteigen und ihre bisherige Methode der Datenverwaltung zu vergessen, könnte scheitern. Besonders wenn es für die bestehende Datenbank eine Menge nützlicher Anwendungen gibt. Wegen dieser Anwendungen könnte XML vielleicht auch nicht die geeignete Methode zur Behandlung der Daten sein. In diesem Fall haben wir ein einfaches Formular, in das neue Datensätze eingegeben werden können und in dem bestehende Daten editiert werden können. Sollte man dem Benutzer da zumuten, Folgendes zu editieren?

```
<authors>
    <Author authorCiteID="1">
        <FirstName>Stephen</FirstName>
        <LastName>Mohr</LastName>
        <Address>1 Somewhere Over The</Address>
        <City>Rainbow</City>
        <State>WayUp</State>
        <PostalCode>HI88 8GH</PostalCode>
        <HomePhone>(888) 326 5334</HomePhone>
        <Notes>
            Stephen began programming in high school and is now a senior software
            systems architect with Omicron Consulting, he designs and develops
            systems using C++, Java, JavaScript, COM, and various internetworking
            standards and protocols.
        </Notes>
    </Author>
    <Author authorCiteID="2">
        <FirstName>Kathie</FirstName>
        <LastName>Kingsley-Hughes</LastName>
        ...
        <Notes>Kathie is the MD of Kingsley-Hughes Development Ltd, a...</Notes>
</authors>
```

Selbst wenn man den Anwendern einen guten XML-Editor an die Hand gibt - und es gibt einige sehr gute auf dem Markt –, damit er seine Daten warten kann, so hat dieser Editor doch kaum die breite Palette an Möglichkeiten, die selbst das einfache Formular von Access hat. Klickt man auf den Button `dial`, während der Cursor in einem Feld für eine Telefonnummer steht, dann erscheint folgender Dialog:

Würde man die Daten nach XML transformieren, dann würde das die eigene Anwendung schwächen, nicht stärken. Kurz gesagt, man hat bereits eine adäquate Lösung und ein gutes Speichermedium. Sehen wir nun, ob wir diese Daten als XML-Daten erhalten können.

XML-Datensätze

Wenn man bestehende Daten als XML exportieren will, sollte man zuerst das Format genau festlegen. Wir haben vorhin schon gesehen, dass einige Datenbanken so erweitert wurden, dass Sie Daten als relationale Datensätze exportieren können. Die Daten sind nun in einem XML-Dokument, aber die Struktur reflektiert die Anordnung der Daten in der Datenbank. Das folgende Beispiel zeigt, wie die Adress-Informationen exportiert werden könnten:

```
<RecordSet name="authors">
   <Record name="Author">
      <Column name="authorCiteID" value="1" />
      <Column name="FirstName" value="Stephen" />
      <Column name="LastName" value="Mohr" />
      <Column name="Address" value="1 Somewhere Over The" />
      <Column name="City" value="Rainbow" />
      <Column name="State" value="WayUp" />
      <Column name="PostalCode" value="HI88 8GH" />
      <Column name="HomePhone" value="(888) 326 5334" />
      <Column name="Notes" value="Stephen began..." />
   </Record>
   <Record name="Author">
      <Column name="authorCiteID" value="2" />
      <Column name="FirstName" value="Kathie" />
      <Column name="LastName" value="Kingsley-Hughes" />
      ...
      <Column name="Notes" value="Kathie is..." />
   </Record>
</RecordSet>
```

Um diese Form des Exports von einem XML-Export nach einem Schema abzugrenzen, nenne ich diese Struktur einen **XML-Datensatz**. Dieses Format nutzt uns hauptsächlich etwas, weil es schon XML ist. Da es schon fast das richtige Format ist, können wir alles Wissen hernehmen und dieses XML-Dokument modifizieren. Wir könnten mit XSLT eine Transformation in eine Reihe von HTML-Tabellen vornehmen oder könnten die Namen der Spalten ändern, damit die Daten in eine andere Datenbank importiert werden können.

Lassen Sie uns ehrlich sein. Dieser Ansatz hat einen großen Schwachpunkt. Die einzige Form der Gültigkeitsprüfung besteht darin, zu prüfen, ob das Element <RecordSet> nur Elemente vom Typ <Record> enthält, die wiederum nur <Column>-Elemente enthalten dürfen. Wenn wir diese Informationen zu einem anderen Datenbank-Server schaffen wollten, damit diese Daten in eine andere Datenbank importiert werden, dann hätte diese Anwendung es schwer zu erkennen, dass die grau unterlegte Zeile unten nicht dort stehen dürfte:

```
<Record name="Author">
   <Column name="authorCiteID" value="1" />
   <Column name="FirstName" value="Stephen" />
   <Column name="LastName" value="Mohr" />
   <Column name="Address" value="1 Somewhere Over The" />
   <Column name="City" value="Rainbow" />
   <Column name="State" value="WayUp" />
   <Column name="PostalCode" value="HI88 8GH" />
   <Column name="HomePhone" value="(888) 326 5334" />
   <Column name="InvoiceNumber" value="1223" />
   <Column name="Notes" value="Stephen began..." />
</Record>
```

Natürlich könnten wir diesen Daten Informationen hinzufügen, die ankündigen, welche Daten zu erwarten sind. Microsofts Active Data Objects (ADO) gehen diesen Weg. Das folgende Beispiel zeigt, wie die Daten aus unserer Access-Datenbank exportiert würden, wenn man ADO verwendet hätte:

Microsofts ADO gibt es nun in der Version 2.5. Mehr Informationen gibt es unter `http://www.micro-soft.com/data/ado`.

```
<xml xmlns:s='uuid:BDC6E3F0-6DA3-11d1-A2A3-00AA00C14882'
     xmlns:dt='uuid:C2F41010-65B3-11d1-A29F-00AA00C14882'
```

```
        xmlns:rs='urn:schemas-microsoft-com:rowset'
        xmlns:z='#RowsetSchema'>
<s:Schema id='RowsetSchema'>
    <s:ElementType name='row' content='eltOnly'>
        <s:attribute type="authorCiteID" />
        <s:attribute type="FirstName" />
        <s:attribute type="LastName" />
        <s:attribute type="Address" />
        <s:attribute type="City" />
        <s:attribute type="State" />
        <s:attribute type="PostalCode" />
        <s:attribute type="HomePhone" />
        <s:attribute type="Notes" />
        <s:extends type='rs:rowbase'/>
    </s:ElementType>
    <s:AttributeType name='authorCiteID' rs:number='1' rs:nullable='true'
                    rs:write='true'>
        <s:datatype dt:type='string' dt:maxLength='255'/>
    </s:AttributeType>
    <s:AttributeType name='FirstName' rs:number='2' rs:nullable='true'
                    rs:write='true'>
        <s:datatype dt:type='string' dt:maxLength='255'/>
    </s:AttributeType>
    <s:AttributeType name='LastName' rs:number='3' rs:nullable='true'
                    rs:write='true'>
        <s:datatype dt:type='string' dt:maxLength='255'/>
    </s:AttributeType>
    <s:AttributeType name='Address' rs:number='4' rs:nullable='true'
                    rs:write='true'>
        <s:datatype dt:type='string' dt:maxLength='255'/>
    </s:AttributeType>
    <s:AttributeType name='City' rs:number='5' rs:nullable='true'
                    rs:write='true'>
        <s:datatype dt:type='string' dt:maxLength='255'/>
    </s:AttributeType>
    <s:AttributeType name='State' rs:number='6' rs:nullable='true'
                    rs:write='true'>
        <s:datatype dt:type='string' dt:maxLength='255'/>
    </s:AttributeType>
    <s:AttributeType name='PostalCode' rs:number='7' rs:nullable='true'
                    rs:write='true'>
        <s:datatype dt:type='string' dt:maxLength='255'/>
    </s:AttributeType>
    <s:AttributeType name='HomePhone' rs:number='8' rs:nullable='true'
                    rs:write='true'>
        <s:datatype dt:type='string' dt:maxLength='255'/>
    </s:AttributeType>
    <s:AttributeType name='Notes' rs:number='9' rs:nullable='true'
                    rs:write='true'>
        <s:datatype dt:type='string' dt:maxLength='255'/>
    </s:AttributeType>
</s:Schema>
<rs:data>
    <z:row authorCiteID="1" FirstName="Stephen" LastName="Mohr"
          Address="1 Somewhere Over The" City="Rainbow" State="WayUp"
          PostalCode="HI88 8GH" HomePhone="(888) 326 5334"
```

```
                 Notes="Stephen began..." />
    </rs:data>
    </xml>
```

Aber selbst mit diesen zusätzlichen Informationen haben wir immer noch eine »flache« Version der Daten in der Datenbank. Wir haben nur die Datensätze, aber keine Struktur. Diese Technik wird aber da Anwendung finden, wo es um den Transfer von Daten zu anderen relationalen Datenbanken geht. Da alle RDBMSs mit den Begriffen Tabelle, Zeile und Spalte arbeiten, werden sie dieses Format verstehen. Durch die zusätzlichen Information in einem Schema-Element darüber, wie eine Spalte definiert ist, ergibt sich eine recht mächtige Methode zum Austausch von Daten. Der Code zur Erstellung der obigen Ausgabe mit ADO ist auch recht simpel (hier Visual Basic):

```
Set con = New ADODB.Connection
con.ConnectionString = "DSN=XMLPRO;"
con.Open
Set rs = con.Execute("Select * FROM Addresses")

rs.save "AuthorsRS", adPersistXML
```

Die Vorteile dieser Einfachheit könnten der Weg zur Lösung für Ihre Anwendung sein.

XML-Daten: Anwendung von Transformationen

Wir nehmen jedoch an, wir müssen diese flachen Daten etwas mehr strukturieren. Der einfachste Weg, Struktur in die Sache zu bekommen, ist, die Ausgabe zu transformieren. Das folgende XSLT-Stylesheet würde das flache Format der Datenbank für ein Buch aus dem Katalog in einen strukturierten Katalog, wie wir ihn kennen, transformieren:

```
<xsl:stylesheet version="1.0"
                xmlns:xsl="http://www.w3.org/1999/XSL/Transform"
                xmlns:z='#RowsetSchema'>
    <xsl:template match="z:row">
        <xsl:element name="Author">
            <xsl:attribute name="authorCiteID">
                <xsl:value-of select="@authorCiteID" />
            </xsl:attribute>
            <xsl:element name="FirstName">
                <xsl:value-of select="@FirstName" />
            </xsl:element>
            <xsl:element name="LastName">
                <xsl:value-of select="@LastName" />
            </xsl:element>
            <xsl:element name="Biographical">
                <xsl:value-of select="@Notes" />
            </xsl:element>
        </xsl:element>
    </xsl:template>
</xsl:stylesheet>
```

Das Stylesheet nimmt lediglich die Attribute von `<z:row>` und gibt sie als Elemente wieder aus, jedoch mit anderen Elementnamen. Das Ergebnis ist dann die folgende XML-Datei:

```
<Author authorCiteID="1">
    <FirstName>Stephen</FirstName>
    <LastName>Mohr</LastName>
    <Biographical>Stephen began...</Biographical>
</Author>
```

Bei kleinen Systemen gibt es wenig Auswahl zwischen dieser Methode und dem Erstellen eines neuen Skripts für jedes neue Ausgabeformat. Dabei würde man jedoch den Zwischenschritt über die XML-Datensätze sparen. Bei größeren Systemen, die Daten in vielen Formaten anbieten müssen, könnte die Transformation sehr nützlich sein. Wenn man die Daten für ein völlig anderes System exportieren wollte, dann könnte man die flache Struktur erzeugen und die andere Seite mit dem Problem allein lassen, oder aber man erzeugt ein weiteres Stylesheet und transformiert diese flache Struktur erneut.

Da diese Typen von Abbildungen immer Eins-zu-eins-Abildungen sind, wäre es sogar möglich, eine Dokumentstruktur zu entwerfen, die genau angibt, wie man Datensätze und Felder auf das Format eines Schemas abbilden muss. Stylesheets wie das obige könnten dann automatisch generiert werden und sogar Informationen bereitstellen, die es erlauben würden, die verwendete Datenbank zu modifizieren.

XML-Daten: Skripts

Eine andere Möglichkeit, strukturiertes XML zu erhalten, ist die Erstellung einer Autorenliste als eine XML-Seite auf einem Webserver. Wie das geht, haben wir schon gesehen, daher zeigen wir hier nur die wichtigste Schleife mit einer kleinen Änderung, damit die bestehende Autoren-Datenbank verwendet wird:

```
<Authors>
<%
   Do While Not rs.EOF
%>
   <Author authorCiteID="<%=rs("authorCiteID")%>">
      <FirstName><%=rs("FirstName")%></FirstName>
      <MI><%=rs("MI")%></MI>
      <LastName><%=rs("LastName")%></LastName>
      <Biographical><%=rs("Notes")%></Biographical>
      <Portrait picLink="<%=rs("Portrait")%>" />
   </Author>
<%
      rs.MoveNext
   Loop
%>
</Authors>
```

Fazit

Die Extraktion von Daten aus bestehenden Systemen bringt allerlei Probleme mit sich. Auch wenn die beste Lösung wäre, die Daten in einem bekannten Format zu bekommen – einer XML-Darstellung der relationalen Struktur –, um diese dann zu transformieren, könnte das doch zu Problemen bei der Performance führen. Gibt es nur wenige Zielformate, dann ist man mit speziellen Skripts besser bedient. Gibt es eine Vielzahl von Ziel-Formaten, dann fährt man mit einer Zwischenform in XML besser, da die Daten nur einmal geholt werden müssen und dann immer wieder transformiert werden können.

Das Katalog-Schema

Wir wissen nun, wie wir bestehende Daten über Autoren nutzen können. Wir müssen aber noch immer den Rest des Katalogs in einer Datenbank repräsentieren. In diesem Abschnitt werden wir die wichtigsten Teile des Katalogs und der Schema-Definitionen für dessen Elemente betrachten und werden Kriterien dafür erarbeiten, wie man die Daten, die einem Schema entsprechen, auf eine relationale Datenbank abbildet. Im Verlaufe dieser Betrachtungen werden wir auch Regeln etablieren, die uns später den Prozess der automatischen Erstellung einer relationalen Datenbank aus einem Schema erleichtern werden. Schließlich werden wir noch die wichtigsten Features des Codes erklären, der die automatische Konvertierung vornimmt. Den vollständigen Source-Code finden Sie unter http://www.wrox.com.

Definition der Katalog-Datenbank

*Im Verlauf der Diskussion werden wir jede
Definition in dem Schema in eine Knoten-
Struktur umwandeln. Ich werde diese Knoten-
Strukturen nach der folgenden Konvention
darstellen:*

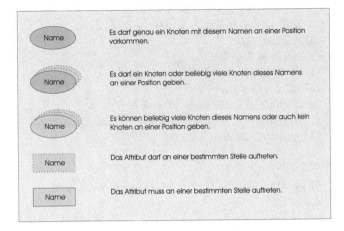

*Die Struktur wird durch die Positionen der Knoten im Diagramm angezeigt. Das
nebenstehende Beispiel zeigt einen Knoten A mit einem verbindlichen Attribut B, genau einem
Kind-Element C und beliebig vielen Elementen D:*

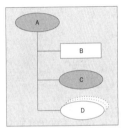

Folgende XML-Dokumente würden dieser Struktur entsprechen:

```
<A B="xyz">
   <C />
</A>
```

```
<A B="xyz">
   <C />
   <D />
</A>
```

```
<A B="xyz">
   <C />
   <D />
   <D />
   <D />
   <D />
   <D />
</A>
```

Wir beginnen die Konvertierung des Schemas in eine relationale Datenbank damit, dass wir einige der
wichtigsten Merkmale der Schemata und natürlich auch anderer XML-Dokumente herausstellen:

- ❑ Hierarchien
- ❑ Attribute
- ❑ Reine Text-Elemente
- ❑ Mehrfaches Auftreten von reinen Text-Elementen
- ❑ Aufzählungen
- ❑ Attribute vom Typ id
- ❑ Container-Elemente
- ❑ MinOccurs-Attribut
- ❑ Attribute mit spezifischen Datentypen
- ❑ Attribute vom Typ idref
- ❑ Attribute vom Typ idrefs

Hierarchien

Das Katalog-Schema aus Kapitel 7 beginnt wie folgt:

```
<?xml version="1.0"?>
<Schema name="PubCatalog.xdr"
        xmlns="urn:schemas-microsoft-com:xml-data"
        xmlns:dt="urn:schemas-microsoft-com:datatypes"
        xmlns:athr="x-schema:authors.xml">

    <ElementType name="Catalog" content="eltOnly" order="seq">
        <element type="Publisher" minOccurs="1" maxOccurs="*"/>
        <element type="Thread" minOccurs="0" maxOccurs="*"/>
        <element type="Book" minOccurs="1" maxOccurs="*"/>
    </ElementType>
```

Diese Definition beschreibt das <Catalog>-Element, das nur andere Elemente enthalten darf. Das heißt, in dem Element selbst darf kein Text stehen, lediglich in den Nachfahren dürfen Texte vorkommen. Das Element <Catalog> darf also keinen gemischten Inhalt enthalten. Das macht die Definition der Datenbank sehr viel einfacher.

Die Kind-Elemente von <Catalog> sind <Publisher>, <Thread> und <Book>. Alle diese Elemente dürfen beliebig oft auftreten, aber es muss mindestens ein Element <Publisher> und ein Element <Book> vorhanden sein. Die folgenden Dokumente wären nach diesem Schema gültig:

```
<Catalog>
    <Publisher />
    <Book />
</Catalog>
```

```
<Catalog>
    <Publisher />
    <Publisher />
    <Thread />
    <Thread />
    <Book />
    <Book />
</Catalog>
```

```
<Catalog>
    <Publisher />
    <Thread />
    <Thread />
    <Thread />
```

```
      <Book />
      <Book />
      <Book />
      <Book />
      <Book />
   </Catalog>
```

Die Knoten-Struktur sieht dann so aus:

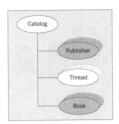

Sie werden noch aus der Vorstellung der Merkmale relationaler Datenbanken wissen, dass wir die obige Struktur durch vier Tabellen darstellen können. Sie werden zu Recht fragen: »Warum nicht nur drei Tabellen?« Da ja stets nur ein <Catalog>-Element vorhanden ist, könnte man die Relation der Tabellen zum Katalog einfach implizit annehmen. Da wir aber eine Lösung haben wollen, die sich leicht allgemein anwenden lässt, werden wir eine Tabelle Catalog erzeugen. Außerdem könnte die Datenbank ja auch noch wachsen

Die hierarchische Beziehung zwischen den Tabellen kann durch eine Join-Operation zwischen den untergeordneten Tabellen und der enthaltenden Tabelle ausgedrückt werden. Will man zum Beispiel eine Verbindung zwischen einem Publisher-Datensatz in der Tabelle Publisher und einem Catalog-Datensatz anlegen, sähe das so aus:

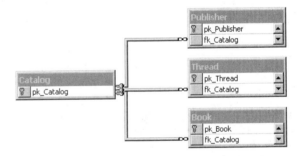

Damit wir alle Elemente <Book> in einem <Catalog>-Element finden, würden wir einfach eine Anfrage auf die Tabelle Book starten, wobei alle Zeilen gesucht werden, bei der die Spalte fk_Catalog den Schlüssel für unseren Katalog enthält.

Nun können wir schon unsere ersten Regeln formulieren. Regel 1 dient nur dazu, uns im Folgenden weniger zu wiederholen:

❑ **Regel 1**: Sobald eine neue Tabelle erstellt wird, soll auch ein Schlüssel mit demselben Namen erstellt werden, der das *Präfix* »pk_« trägt. Diese Spalte sollte ein Datentyp automatically-incremented Integer sein.

❑ **Regel 2**: Für jeden Elementtyp-Knoten erzeugen wir eine eigene Tabelle mit dem Namen des Elements. Anschließend bleibt noch Folgendes zu tun:

   ❑ Ist der Element-Knoten ein Kind-Knoten, dann erzeugen wir eine Spalte mit dem gleichen Namen und dem *Präfix* »fk_« in der Tabelle des Eltern-Elements.

   ❑ Wir erzeugen eine Beziehung über einen Fremdschlüssel zwischen dieser aktuell erzeugten Spalte und der Spalte in der Tabelle für das Eltern-Element, die den Namen des Eltern-Elements trägt und das *Präfix* »pk_« hat.

Attribute

Die erste der drei Tabellen, die wir benötigen, ist die Tabelle `Publisher`. Das Schema gibt uns alle Informationen, die wir für die Tabelle benötigen:

```
<AttributeType name="isbn" required="yes"/>
<ElementType name="Publisher" content="eltOnly" order="seq">
    <description>Publisher section</description>
    <attribute type="isbn"/>
    <element type="CorporateName"/>
    <element type="Address" minOccurs="1" maxOccurs="*"/>
    <element type="Imprints"/>
    <element type="athr:Author" minOccurs="0" maxOccurs="*"/>
</ElementType>
```

*Genau wie das Element <Catalog> kann auch das <Publisher>-Element keinen
gemischten Inhalt haben, sondern nur andere Elemente enthalten. Diese Elemente sind
<CorporateName>, <Address>, <Imprints> und <Author>:*

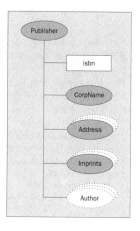

Wir wenden die Regel über die Hierarchien an, erzeugen eine neue Tabelle und definieren Beziehungen zu den bestehenden Tabellen. Das Element <Publisher> hat aber auch ein Attribut mit dem Namen isbn. Dieses Attribut kann leicht als eine Spalte in der Tabelle `Publisher` dargestellt werden und daher erstellen wir eine Spalte mit dem Namen des Attributs. Das Attribut ist verbindlich und daher sollte diese Verbindlichkeit auch in der Tabelle zum Ausdruck kommen. Das erreichen wir, in dem wir NULL-Werte in dieser Spalte verbieten:

Column Name	Datatype	Length	Precision	Scale	Allow Nulls	Default Value
isbn	varchar	255	0	0	☐	

Nun können wir eine weitere Regel festlegen:

❏ **Regel 3**:Für jeden Attribut-Knoten:

   ❏ Erzeuge eine Spalte mit dem Namen des Attribut-Knotens.

   ❏ Ist das Attribut zwingend vorgeschrieben, dann darf die Spalte keine NULL-Werte enthalten.

Text-Elemente

Das nächste Kind von `<Publisher>` ist das Element `<CorporateName>`:

```
<ElementType name="CorporateName" content="textOnly"/>
```

Nach der ersten Regel sollten wir einfach eine Tabelle mit dem Namen `CorporateName` erzeugen. Nachdem die Schlüssel gesetzt worden sind, existiert eine Eins-zu-eins-Beziehung zwischen `Publisher` und `CorporateName` wie in der folgenden Abbildung:

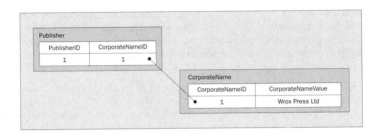

Vom Standpunkt der Datenbank ist diese Tabelle für `CorporateName` unnötig und nicht **normalisiert**. Das bedeutet, man holt Daten aus einer anderen Tabelle, die aber auch leicht in einer Spalte der eigenen Tabelle liegen könnten. Daher könnte der Wert von `<CorporateName>` auch als Spalte in der `Publisher`–Tabelle stehen. Auch aus der Sicht von XML ist diese separate Tabelle überflüssig. Der Inhalt von `<CorporateName>` besteht aus Text und es kommen keine weiteren Kinder vor, also kann man den Wert ruhig als Spalte in der `Publisher`-Tabelle realisieren. Die `Publisher`-Tabelle kann daher effizienter so gestaltet werden:

	Column Name	Datatype	Length	Precision	Scale	Allow Nulls	Default Value	Identity	Identity Seed	Identity Increment
🔑	pk_Publisher	int	4	10	0			✓	1	1
	fk_Catalog	int	4	10	0					
	isbn	varchar	255	0	0					
	CorporateName	varchar	255	0	0	✓				

Auf diese Weise steigern wir die Leistungsfähigkeit unserer Datenbank, da nun nicht mehr so viele Joins nötig sind, um an die Daten zu kommen. Um an die Informationen des Elements `<Publisher>` zu gelangen, genügt folgende Anfrage

```
SELECT isbn, CorporateName FROM Publisher;
```

Mit einer eigenen Tabelle für Firmennamen sähe das Ganze dann so aus:

```
SELECT p.isbn AS isbn, cn.CorporateName AS CorporateName
    FROM Publisher AS p, CorporateName AS cn
    WHERE p.CorporateNameID = cn.CorporateNameID;
```

Das sieht noch nicht nach viel Mehrarbeit aus, wenn wir aber auf die Definition von Adressen vorgreifen, dann sehen wir, wie viel komplexer und möglicherweise auch langsamer eine so komplexe Anfrage sein könnte.

Eine der wichtigen Entscheidungen bei der Realisierung einer relationalen Datenbank für XML-Daten ist es, zu klären, welches Feld in der Tabelle als Attribut und welches als Text-Element dargestellt werden kann. So wie die Tabelle definiert ist, könnte `Publisher` durch das folgende Element mit Kind-Elementen beschrieben werden:

```
<Publisher>
    <isbn>1-86100</isbn>
    <CorporateName>Wrox Press Ltd.</CorporateName>
</Publisher>
```

oder aber als Element mit Attributen:

```
<Publisher isbn="1-86100"
            CorporateName="Wrox Press Ltd."/>
```

Wir können nicht ahnen, welche der beiden Formen die richtige ist. Daher ist es wichtig, die Repräsentation der Datenbank so optimal wie möglich zu halten, aber ohne die Informationen über die ursprüngliche Struktur zu verlieren. Eine Möglichkeit wäre es, das Schema zu analysieren, bevor die Daten als XML-Dokumente geschrieben werden. Eine weitere Möglichkeit wäre eine Transformation der Daten, nachdem sie aus der Datenbank kommen.

Beide Methoden können in unterschiedlichen Situationen gut funktionieren und werden auch von einigen der oben vorgestellten Tools verwendet. Eine einfache Methode, die wir hier verwenden werden, ist die Benennung von Spalten in der Datenbank nach einem Schema, das verlorene Informationen ausgleicht. Wenn Attribute mit einem *Präfix* »attr_« und Text-Elemente mit »elem_« beginnen, dann können wir leicht den Unterschied erkennen. Nun modifizieren wir die Regel 3, so dass das *Präfix* »attr_« berücksichtigt wird.

❑ **Regel 3**: Für jeden Attribut-Knoten:

  ❑ Erzeuge eine Spalte mit dem Namen des Attribut-Knotens *mit dem Präfix* »attr_«.

  ❑ Ist das Attribut zwingend vorgeschrieben, dann darf die Spalte keine NULL-Werte enthalten.

Außerdem haben wir eine weitere Regel gefunden:

❑ **Regel 4**: Enthält ein Element nur Text, dann erstellen wir eine Spalte in der Tabelle des Eltern-Elements und geben der Spalte den Namen des Elements und das *Präfix* »elem_«.

Mehrfache Vorkommen von Text-Elementen

Auch wenn Regel 4 uns bei der Optimierung hilft, so gibt es Fälle, in denen sie nicht angewandt werden kann. Ein solcher Fall ist das mehrfache Auftreten eines solchen Elements. Wenn wir mit dem Schema fortfahren, dann sehen wir beim Element <Street>, dass es möglich ist, dass esmehrfach vorkommen kann, da ein Straßenname mehrere Anteile haben kann:

```
<ElementType name="Address" content="eltOnly" order="seq">
    <attribute type="headquarters"/>
    <element type="Street" minOccurs="1" maxOccurs="*"/>
    <element type="City"/>
    <element type="PoliticalDivision"/>
    <element type="Country"/>
    <element type="PostalCode"/>
</ElementType>

<AttributeType name="headquarters"
                dt:type="enumeration"
                dt:values="yes no" />
<ElementType name="Street" content="textOnly"/>
```

Auch wenn <Street> keine Kinder hat, ist es eine Tatsache, dass verschiedene Werte, die auftreten können, nicht in einer Spalte einer Tabelle ausgedrückt werden können. Wir brauchen also hier eine Tabelle für die verschiedenen Werte von <Street>. Aber zunächst aktualisieren wir **Regel 4**:

❑ **Regel 4**: Ist ein Element ein Text-Element *und tritt nur ein Mal auf*, dann erzeugen wir eine Spalte in der Tabelle des Eltern-Elements und geben der Spalte den Namen des Elements und das *Präfix* »elem_«.

Damit haben wir alle Regeln, um das Element `Address` in eine Tabelle zu verwandeln. Die Tabelle sieht so aus:

Column Name	Datatype	Length	Precision	Scale	Allow Nulls	Default Value	Identity	Identity Seed	Identity Increment
pk_Address	int	4	10	0			✓	1	1
fk_Publisher	int	4	10	0					
attr_headquarters	varchar	255	0	0	✓				
elem_City	varchar	255	0	0	✓				
elem_PoliticalDivision	varchar	255	0	0	✓				
elem_Country	varchar	255	0	0	✓				
elem_PostalCode	varchar	255	0	0	✓				

Es gibt jedoch noch einen Punkt, den wir berücksichtigen müssen, bevor wir die Tabelle `Street` erzeugen. Bisher hatten alle Tabellen, die wir erzeugt haben, um einen Elementtyp aufzunehmen, lediglich auf das Eltern-Element verwiesen und hatten möglicherweise Attribute. Das Element <Street> jedoch hat keine Attribute, darf aber selbst Daten enthalten. Es wird also eine entsprechende Spalte inder Tabelle benötigt, um die Daten aufzunehmen. Da diesen Daten nicht durch ein Attribut oder durch ein Text-Element dargestellt werden, haben wir keinen Namen für Spalte. In einer relationalen Datenbank muss jedoch jede Spalte einen Namen besitzen. Daher verwenden wir als Namen für die Spalte `pcdata`. Der Name ist gut gewählt, denn schließlich beschreibt er den Inhalt korrekt und wir können die Daten so leicht erfassen, wenn wir die Daten wieder nach XML exportieren.

Die Tabelle für `Street` kann so definiert werden:

Column Name	Datatype	Length	Precision	Scale	Allow Nulls	Default Value	Identity	Identity Seed	Identity Increment
pk_Street	int	4	10	0			✓	1	1
fk_Address	int	4	10	0					
pcdata	varchar	255	0	0					

Mit der obigen Tabelle könnten die Straßendaten dann so aussehen:

pk_Street	fk_Address	pcdata
1	1	Arden House
2	1	1102 Warwick Road
3	1	Acocks Green
4	2	1512 North Fremont
5	2	Suite 103

In diesem Beispiel gibt es zwei Adressen. Die erste verwendet die Datensätze 1, 2 und 3, während die zweite Adresse die Datensätze 4 und 5 belegt. Wir müssen nun Regel 2 aktualisieren, damit Elemente mit eigenem Text-Inhalt berücksichtigt werden:

❑ **Regel 2**: Für jeden Elementtypen-Knoten erstellen wir eine Tabelle mit dem Namen des Elements und beachten dabei Folgendes:

  ❑ Ist der Knoten ein Kind-Knoten, dann erzeuge eine Spalte mit dem Namen des Eltern-Knotens und dem Präfix »fk_« für den Fremdschlüssel

  ❑ Erstelle eine Beziehung über einen Fremdschlüssel, zwischen der gerade erzeugten Spalte und der Spalte mit dem Namen des Eltern-Knotens, wobei der Name das Präfix »pk_« haben muss.

  ❑ *Hat der Element-Knoten nur Text als Inhalt, dann erzeuge eine Spalte mit dem Namen* `pcdata`.

Mehrfache Vorkommen eines Elements gibt es auch innerhalb des Elements <RecSubjCategories>:

```
<ElementType name="RecSubjCategories" content="eltOnly" order="seq">
    <element type="Category"/>
    <element type="Category"/>
    <element type="Category"/>
</ElementType>
<ElementType name="Category" content="textOnly"/>
```

Das <RecSubjCategories>-Element selbst lässt sich leicht modellieren, man erzeugt schlicht eine neue Tabelle. Es gibt aber eine Redundanz, da in dieser Situation das Element <Category> nur zu einem Buch gehören kann. Dennoch behalten wir diese Tabelle, damit wir die ursprüngliche Struktur des XML-Dokuments bei Bedarf herstellen können.

Etwas schwieriger ist es mit den drei Vorkommen des Elements <Category>. Hierfür haben wir noch keine Regel, da wir nicht drei Tabellen mit dem gleichen Namen erzeugen dürfen. Wäre Category kein Text-Element, könnten wir drei Spalten mit dem Namen Category in der Tabelle RecSubjCategories erzeugen.

Wir haben aber eine Regel, die besagt, dass ein Element, das mehrfach auftritt, seine eigene Tabelle haben muss. Also erzeugen wir eine Tabelle Category. Wenn wir jedoch den entsprechenden Code schreiben, sehen wir noch, dass wir Folgendes erledigen müssen:

❑ Zählen, wie oft das bearbeitete Element in dieser Hierarchie-Ebene auftritt
❑ Man darf keine neue Tabelle für wiederholte Vorkommen eines Elements erzeugen

Die resultierende Tabelle sieht so aus, als wäre man von folgender Deklaration ausgegangen:

```
<ElementType name="RecSubjCategories" content="eltOnly" order="seq">
    <element type="Category" minOccurs="1" maxOccurs="*"/>
</ElementType>
<ElementType name="Category" content="textOnly"/>
```

Man könnte die Tatsache, dass drei Vorkommen des Elements vorhanden sein müssen, durch einen Trigger erzwingen.

Diese Regel geht davon aus, dass die Sequenz der Elemente keine Rolle spielt. Würde die Position eine Rolle spielen, müssten wir einen Positionsindikator zu unserer SQL-DDL hinzufügen, der die Reihenfolge im Dokument regelt.

Auszählungen

Während wir das Schema nach Adressen durchsucht haben, haben Sie vielleicht das Attribut headquarters bemerkt, das nur zwei Werte annehmen kann, yes oder no. Wir könnten headquarters als ein boolesches Feld einer Tabelle anlegen. Das könnte jedoch später zu Problemen führen, wenn es noch einen anderen Wert für das Attribut geben könnte. Stattdessen etablieren wir einige allgemeine Anforderungen für Aufzählungen, die wir immer anwenden können.

Zunächst erzeugen wir die Tabelle, die später die Werte aufnimmt. Wir nennen die Tabelle enum_headquarters und versuchen, so die Konflikte mit anderen Elementnamen zu verhindern:

	Column Name	Datatype	Length	Precision	Scale	Allow Nulls	Default Value	Identity	Identity Seed	Identity Increment
🔑	pk_enum_headquarters	varchar	50	0	0	☐		☐		

Diese Tabelle kommt mit einer Spalte aus, da nur die möglichen Werte des Attributs headquarters in Frage kommen. Da die Werte immer eindeutig sind, können diese Werte auch als Schlüssel dienen. Die Daten würden dann so in der Tabelle aussehen:

Damit haben wir eine Regel für Aufzählungen:

❑ **Regel 5**: Für jeden Attribut-Knoten, der eine Aufzählung darstellt, erstellen wir eine Tabelle mit dem Namen des Attribut-Knotens und dem *Präfix* »enum_«. Außerdem bekommt diese Tabelle eine Spalte vom Typ String mit variabler Länge. Diese Spalte hat denselben Namen wie der Attribut-Knoten und bekommt das *Präfix* »pk_enum_«. Die Werte der Aufzählung werden dann in diese Spalte eingetragen.

Wir benötigen also wieder Regel 3, damit wir die Informationen über die Aufzählung nicht verlieren:

❑ **Regel 3**: Für jeden Attribut-Knoten:
   ❑ Erzeuge eine Spalte mit dem Namen des Attribut-Knotens:
      – Mit dem Präfix attr_, falls es ein normales Attribut ist.
      – *Mit dem Präfix* attr_enum_ *, falls das Attribut eine Aufzählung ist.*
   ❑ Ist das Attribut zwingend vorgeschrieben, dann darf die Spalte keine NULL-Werte enthalten.

An dieser Stelle sind wir immer noch nicht mit Regel 3 fertig! Wir müssen später noch die Regel weiter verfeinern.

Attribute vom Typ id

Der nächste Teil der Definition eines Verlages umfasst die Liste aller Imprint-Elemente:

```
<ElementType name="Imprints" content="eltOnly" order="seq">
    <element type="Imprint" minOccurs="1" maxOccurs="*"/>
</ElementType>
<ElementType name="Imprint" content="textOnly">
    <AttributeType name="shortImprintName" dt:type="id"/>
    <attribute type="shortImprintName"/>
</ElementType>
```

Jedes <Publisher>-Element hat ein Element <Imprints>, das wiederum Elemente vom Typ <Imprint> enthält. Jedes dieser Elemente hat einen Text als Inhalt und ein Attribut mit dem Namen shortImprintName von dem Typ id.

Nach Anwendung von Regel 2 haben wir nun zwei neue Tabellen Imprints und Imprint. Jede der Tabellen verweist auf das Eltern-Element. Die erste Tabelle sieht so aus:

	Column Name	Datatype	Length	Precision	Scale	Allow Nulls	Default Value	Identity	Identity Seed	Identity Increment
🔑	pk_Imprints	int	4	10	0			✓	1	1
	fk_Publisher	int	4	10	0					

Die zweite Tabelle – `Imprint` – hat als Inhalt Text und benötigt eine `pcdata`-Spalte. Dieser Fall wird ebenfalls durch Regel 2 abgedeckt. Wir müssen uns lediglich noch um das Attribut `shortImprintName` kümmern. Dieses Attribut hat den Typ `id` und wird daher in einem anderen Teil des XML-Dokuments als Referenz verwendet werden. Das Schema ist so definiert, dass ein `<Thread>`-Element, das wir gleich noch sehen werden, auf ein `Imprint`-Element verweisen kann. Genau wie bei der Aufzählung wollen wir auch hier diese Informationen nicht verlieren, also versehen wir den Spaltennamen mit einem *Präfix* »`attr_id_`«. Nun passen wir Regel 3 noch an:

- ❏ **Regel 3**: Für jeden Attribut-Knoten:
    - ❏ Erzeuge eine Spalte mit dem Namen des Attribut-Knotens:
        - Mit dem Präfix `attr_`, falls es ein normales Attribut ist.
        - Mit dem Präfix `attr_enum_`, falls das Attribut eine Aufzählung ist.
        - *Mit dem Präfix `attr_id_`, falls das Attribut den Typ `id` hat.*
    - ❏ Ist das Attribut zwingend vorgeschrieben, dann darf die Spalte keine NULL-Werte enthalten.

Die Tabelle für `Imprint` würde dann so aussehen:

Column Name	Datatype	Length	Precision	Scale	Allow Nulls	Default Value	Identity	Identity Seed	Identity Increment
pk_Imprint	int	4	10	0			✓	1	1
fk_Imprints	int	4	10	0					
attr_id_shortImprintName	varchar	255	0	0					
pcdata	varchar	255	0	0					

Elemente als Container

Hier haben wir eine Redundanz eingeführt, die wir nicht vermeiden konnten. Würden wir die Datenbank ohne eine View zum Export von Daten als XML erstellen, dann gäbe es keinen Bedarf für die Tabelle `Imprints`, da diese nur Verbindungen zwischen der `Imprint`-Tabelle und der `Publisher`-Tabelle erlaubt. Eine solche Tabellenstruktur würde man sonst nur verwenden, wenn jeder Verlag eine Reihe von Buchreihen hätte. In unserem Schema hat aber jeder Verlag nur eine Buchreihe. Wenn man diese Struktur als Knoten darstellt, gibt es fast keinen Unterschied zwischen den folgenden zwei Strukturen:

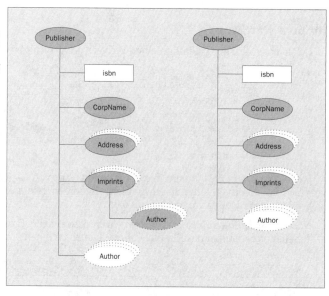

Da `Imprints` keine eigenen Daten hat, dient es nur als Container für andere Daten. Auch wenn wir unsere Datenbank so effizient wie möglich gestalten wollen, lassen wir diese Tabelle doch bestehen und leben mit dem zusätzlichen Join. Ohne die Tabelle hätten wir beim Export der Daten nach XML keine Möglichkeit festzustellen, dass es ein verbindendes Element für `<Publisher>` und jeden `<Imprint>` gibt.

Das minOccurs-Attribut

In dem Element `<Author>` kann das Element MI entfallen (Wert Null in der Tabelle), da in dem Schema das Attribut `minOccurs` den Wert Null hat. Elemente, die nicht entfallen dürfen, bekommen als Vorgabewert einen leeren String, der sich von NULL unterscheidet. Wenn wir unsere Daten exportieren, können wir prüfen, ob der Wert NULL ist. Ist dies der Fall, können wir das Element entfallen lassen. Anderenfalls sollte, auch wenn das Tabellenfeld leer ist, dennoch eine Ausgabe erfolgen. Die entsprechende Regel sieht so aus:

❑ **Regel 6**: Ein Element, das für `minOccurs` den Wert Null hat, darf in seiner Spalte auch NULL-Werte enthalten.

Attribute mit spezifischem Datentyp

Das letzte der übergeordneten Elemente unterhalb von `<Catalog>` ist das Element `<Book>`. Die Definition beginnt mit den Attributtypen, die wir schon kennen, mit einer Ausnahme:

```
<AttributeType name="pageCount" dt:type="int" required="yes"/>
```

Hier wird der Typ des Attributs spezifiziert und ist nicht mehr als Text, wie sonst immer, anzusehen. Ein anderes Beispiel bietet das Element `<Price>`:

```
<ElementType name="Price" dt:type="fixed.14.4" content="textOnly">
    <attribute type="currency"/>
</ElementType>
```

Wir werden daher eine Spalte mit dem korrekten Typ für das Element `<Price>` erzeugen müssen. Daher müssen wir Regel 3 ergänzen:

❑ **Regel 3**: Für jeden Attribut-Knoten:
  ❑ Erzeuge eine Spalte mit dem Namen des Attribut-Knotens:
    – Mit dem Präfix `attr_`, falls das Attribut ein normales Attribut ist.
    – Mit dem Präfix `attr_enum_`, falls das Attribut eine Aufzählung ist.
    – Mit dem Präfix `attr_id_`, falls das Attribut vom Typ id ist.
  ❑ *Der Datentyp sollte ein String vom Typ `variable-length` der Länge 255 sein, es sei denn, es ist ein Typ durch das Attribut `dt:type` spezifiziert.*
  ❑ Ist das Attribut verbindlich, dann sollte die Spalte keine NULL-Werte erlauben.

Attribute vom Typ idrefs

Der nächste Satz von Attributen hat auch einen Typ, den wir bisher noch nicht hatten. Dieser Typ kann auch nicht einfach durch die Typen einer Datenbank modelliert werden:

```
<AttributeType name="authors" dt:type="idrefs"/>
<AttributeType name="threads" dt:type="idrefs"/>
```

Diese zwei Attribute bieten eine durch Leerzeichen getrennte Liste von Referenzen auf Elemente vom Typ `<Author>` und `<Thread>`. Solche Daten kann man nicht einfach in einer Tabellenspalte darstellen. Daher werden wir diese Beziehung modellieren, indem wir Tabellen verwenden, die den Namen der Attribute tragen und Fremdschlüssel besitzen, die auf die Tabellen für Author und Thread zeigen. Diese Tabelle wird genau wie eine Tabelle für ein Element erzeugt, also sieht die Tabelle authors so aus:

Column Name	Datatype	Length	Precision	Scale	Allow Nulls	Default Value	Identity	Identity Seed	Identity Increment
pk_authors	int	4	10	0			✓	1	1
fk_Book	int	4	10	0					
attr_idref_Author	varchar	255	0	0					

Und für threads *sieht die Sache so aus:*

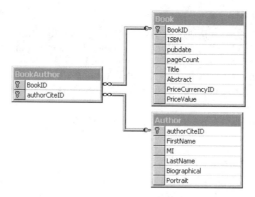

Die zu erstellende Regel ist etwas konstruiert, erfüllt aber die Aufgabe:

❏ **Regel 7**: Hat ein Attribut den Typ `idrefs`, dann:

  ❏ Erstelle eine Tabelle mit dem Namen des Attributs.

  ❏ Füge in die Tabelle eine Spalte ein, die den Namen des Elements (im Singular) trägt, mit einem Großbuchstaben beginnt und das Präfix »`attr_idref_`« hat.

  ❏ Erzeuge einen Fremdschlüssel auf die Tabelle, die denselben Namen trägt, wie die Spalte (ohne Präfix) und verwende die Spalte mit dem Präfix »`attr_id_`« in der Ziel-Tabelle.

Da dies eine etwas schwierige Regel ist, gehen wir sie anhand des Attributs `authors` durch. Zunächst erzeugen wir eine Tabelle mit dem Namen `authors`. Dann fügen wir der Tabelle eine Spalte hinzu. Der Name der Spalte ist der Singular von `authors` und beginnt mit einem Großbuchstaben: `Author`. Der Name bekommt noch das Präfix »`attr_idref_`«. Schließlich erzeugen wir noch einen Fremdschlüssel, der eine Verbindung zur Spalte mit dem Präfix »`attr_id_`« in der Zieltabelle herstellt. In diesem Fall ist es die Spalte `attr_id_authorCiteID` in der Tabelle `Author`. Diese Regel geht davon aus, dass die Namen der `idrefs`-Attribute immer dem Plural des Elements entsprechen, dessen IDs referenziert werden. Das ist eine häufig angewandte Praxis beim Design von XML-Schemata.

Hier ein Beispiel für die Schema-Definition der Daten, die wir bisher betrachtet haben:

```
<Book ISBN="1-861001-52-5"
      Level="Experienced"
      pubdate="1/10/99"
      pageCount="458"
      authors="1 2 4"
      threads="1 3 6"/>
```

Sie sehen, dass die Attribute `authors` und `threads` schlicht Listen von IDs sind, die an anderen Stellen im Dokument vorkommen.

Wenn die erzeugte Tabellenstruktur Ihnen bekannt vorkommt, dann liegen Sie richtig. Wir hätten die gleichen Tabellen und Beziehungen generiert, wenn wir folgendes XML-Fragment generieren wollten:

```
<Book ISBN="1-861001-52-5"
      Level="Experienced"
      pubdate="1/10/99"
      pageCount="458">
   <authors>
      <Author authorCiteID="1">
         <FirstName>Stephen</FirstName>
         <LastName>Mohr</LastName>
         <Biographical>
```

```
                    Stephen began programming in high school and is now a senior
                    software systems architect with Omicron Consulting, he designs and
                    develops systems using C++, Java, JavaScript, COM, and various
                    internetworking standards and protocols.
                </Biographical>
                <Portrait picLink="http://webdev.wrox.co.uk/resources/
                                   authors/mohrs.gif" />
            </Author>
            <Author authorCiteID="2">
                <FirstName>Kathie</FirstName>
                <LastName>Kingsley-Hughes</LastName>
                <Biographical>
                    Kathie is the MD of Kingsley-Hughes Development Ltd, a Training
                    and Consultancy firm specialising in Web Development and visual
                    programming languages, first going into CDF channels with The
                    Dragon Channel.
                </Biographical>
                <Portrait picLink="" />
            </Author>
        </authors>
        <threads>
            <Thread threadID="1">Internet</Thread>
            <Thread threadID="3">Programming</Thread>
            <Thread threadID="6">XML</Thread>
        </threads>
    </Book>
```

Da jedes Buch die Autoren »enthält«, gibt es mit dieser Methode eine Menge Redundanz. Hat ein Autor zwei Bücher geschrieben, dann erscheinen die Daten auch zwei Mal, für jedes Buch ein Mal. Die Verwendung von idrefs-Attributen erlaubt es Elementen, Daten *scheinbar* zu enthalten, jedoch ohne die lästigen und unnötigen Wiederholungen.

Attribute vom Typ idref

Ein anderer Typ von Attributen, für den wir noch keine Regel haben, ist der Typ idref. Dieser Typ wird zum Beispiel benutzt, um auf die Buchreihe, in der das Buch erschienen ist, zu verweisen:

```
<AttributeType name="imprint" dt:type="idref"/>
```

Im Gegensatz zu idrefs kann nun nur eine Referenz in dem Attribut auftauchen und wir benötigen keine zusätzliche Tabelle. Wir benötigen nur eine Spalte mit einem passenden Namen und erzeugen dann einen Fremdschlüssel, der diese Spalte mit der Imprint-Tabelle verbindet. Unsere Regel sieht nun so aus:

❏ **Regel 8**: Hat ein Attribut den Typ idref, dann:
   ❏ erzeuge eine Spalte mit dem Namen des Attributs und dem Präfix »attr_idref_«.
   ❏ erzeuge eine Relation über einen Fremdschlüssel zwischen dieser Spalte und der attr_id_column-Spalte der Tabelle mit dem Namen des Attributs, wobei der Name mit einem Großbuchstaben beginnen muss.

In diesem Fall erzeugen wir einen Fremdschlüssel zwischen der Spalte attr_idref_imprint der Tabelle Book und der Spalte attr_id_shortImprintName der Imprint-Tabelle. Auch diese Regel geht davon aus, dass ein idref-Attribut denselben Namen trägt wie das Element, auf dessen id es verweist. Auch das ist eine oft verwendete Konvention für XML-Schemata.

Strukturen

Die nächste Abbildung zeigt die Tabellen und Beziehungen, die aus den Regeln für das Element `Publisher` hervorgehen:

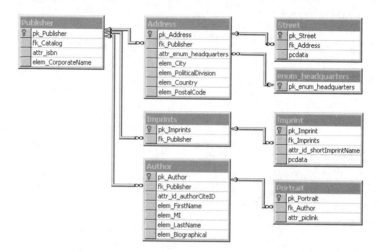

Die folgende Abbildung zeigt die Tabellen und Relationen, die wir durch die Regeln für das Element `Book` erzeugen würden:

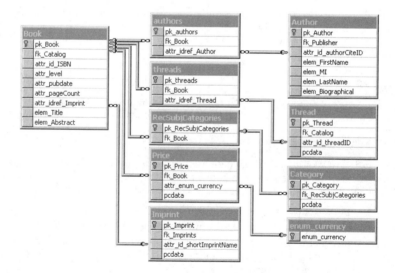

Zusammenfassung

Der Vorteil in der Anwendung von XML zur Definition von XML-Dokumenten – durch XML-Schemata – liegt in der Automatisierung vieler Aufgaben. In diesem Fall haben wir einen Satz von Regeln erstellt, der uns erlaubt, aus einem Schema eine relationale Datenbank zu erstellen.

Wir fassen die bisher gefundenen Regeln zusammen und sehen uns dann erst den Programmcode an. Beachten Sie bitte, dass ich den Regeln 2 und 3 noch Klauseln hinzugefügt habe, die explizit die Prioritäten der Regeln angeben. Einige der späteren Regeln haben unter Umständen einen Vorrang vor anderen Regeln. Diese Regeln sind kursiv dargestellt:

❑ **Regel 1**: Für jede neu erstellte Tabelle wird ein Schlüssel mit dem Namen der Tabelle und dem Präfix »pk_« erzeugt. Diese Spalte sollte ein `automatically-incremented` Integer-Wert sein.

❑ **Regel 2**: Für jeden Typ eines Element-Knotens, der *nicht der Regel 4 entspricht*, erzeugt man eine Tabelle mit dem Namen des Elements. Anschließend prüft man:

  ❑ Ist der Knoten ein Kind-Knoten, dann erzeuge eine Spalte mit dem Namen des Eltern-Knotens und dem Präfix »fk_« für den Fremdschlüssel.

  ❑ Erstelle eine Beziehung über einen Fremdschlüssel zwischen der gerade erzeugten Spalte und der Spalte mit dem Namen des Eltern-Knotens, wobei der Name das Präfix »pk_« haben muss.

  ❑ Hat der Element-Knoten nur Text als Inhalt, dann erzeuge eine Spalte mit dem Namen `pcdata`.

❑ **Regel 3**: Für jeden Attribut-Knoten, der *nicht die Regeln 5, 7 oder 8* erfüllt, tue Folgendes:

  ❑ Erzeuge eine Spalte mit den Namen des Attribut-Knotens:
    – mit dem Präfix `attr_`, falls das Attribut ein normales Attribut ist.
    – mit dem Präfix `attr_enum_`, falls das Attribut eine Aufzählung ist.
    – mit dem Präfix `attr_id_`, falls das Attribut den Typ id hat.

  ❑ Der Datentyp sollte ein String vom Typ `variable-length` der Länge 255 sein, falls kein Datentyp durch das Attribut `dt:type` definiert wurde.

  ❑ Ist das Attribut vorgeschrieben, sollte die Spalte keine `NULL`-Werte zulassen.

❑ **Regel 4**: Kann ein Element-Knoten nur Texte enthalten und darf das Element höchstens ein Mal auftreten, dann erzeugt man eine Spalte in der Tabelle des Eltern-Knotens. Die Spalte bekommt den Namen des Elements mit dem Präfix »elem_«.

❑ **Regel 5**: Für jeden Attribut-Knoten, der eine Aufzählung ist, erzeuge eine Tabelle mit dem Namen des Knotens und dem Präfix »enum_«. Diese Tabelle enthält eine Spalte vom Typ String mit variabler Länge, und die Spalte bekommt den Namen des Knotens mit dem Präfix »pk_enum_«. Die Tabelle bekommt als Einträge die einzelnen Werte der Aufzählung.

❑ **Regel 6**: Ein Element, das für `minOccurs` den Wert Null hat, darf in seiner Spalte auch NULL-Werte enthalten.

❑ **Regel 7**: Hat ein Attribut den Typ `idrefs`, dann:

  ❑ erzeuge eine Tabelle mit dem Namen des Attributs.

  ❑ erzeuge in der Tabelle eine Spalte mit dem Namen des Attributs. Der Name sollte jedoch mit einem Großbuchstaben beginnen und dem Singular des Attributs entsprechen. Schließlich bekommt die Spalte das Präfix »attr_idref_«.

  ❑ Erzeuge einen Fremdschlüssel auf die Tabelle, die den Namen trägt, der sich aus dem großgeschriebenen Namen des Attributs ergibt, und verwende für die Beziehung die Spalte mit dem Präfix »attr_id_« in der Ziel-Tabelle.

❑ **Regel 8**: Hat ein Attribut den Typ `idref`, dann:

  ❑ erzeuge eine Spalte mit dem Namen des Attributs und dem Präfix »attr_idref_«.

  ❑ erzeuge eine Beziehung über einen Fremdschlüssel zwischen dieser Spalte und der Spalte mit dem Präfix »attr_id_column« der Tabelle mit dem Namen des Attributs, wobei der erste Buchstabe ein Großbuchstabe sein muss.

Automatische Erstellung von Datenbanken

Das folgende Skript verwendet die Regeln, die wir in dem letzten Abschnitt abgeleitet haben und erzeugt einen Baum, der eine Sammlung von Anweisungen zur Erstellung einer Datenbank enthält. Wir haben uns für ein Skript zur Durchführung der Transformation entschieden, da ein äquivalentes XSLT-Stylesheet zur Konvertierung eines XML-DR-Schemas sehr komplex werden würde oder gar nicht zu erstellen wäre. Das große Problem bei der Definition von Beziehungen in relationalen Datenbanken ist, dass nicht nur die Tabellen existieren müssen, sondern auch die Schlüssel für die referenzierte Tabelle vorhanden sein müssen. Damit wir diese Voraussetzungen immer erfüllt haben, dürfen wir die Relationen erst definieren, nachdem die Tabellen und Schlüssel erzeugt wurden. Die sicherste Methode dafür ist, einen Baum aus Knoten aufzubauen, der solche Anweisungen repräsentiert, da wir an jeder beliebigen Stelle in der Hierarchie zu jeder Zeit in der Verarbeitung neue Anweisungen hinzufügen können.

Ein weiterer Vorteil der Knoten-Struktur von Anweisungen ist, dass man eine Gelegenheit bekommt, diese Anweisungen zu optimieren. Nachdem man zum Beispiel ein Kommando für die Erstellung einer Tabelle für ein Element erstellt hat, könnte man die Kommandos für alle Elemente entfernen, die sich auch als Spalten einer Tabelle darstellen lassen.

Das Skript (schematordb.asp) beginnt mit einem Form zur Identifizierung des zu bearbeitenden Schemas und zwei DIVs, die dann die Ergebnisse aufnehmen werden. Der erste DIV stellt eine schnelle Ansicht der erzeugten Tabellen und Spalten bereit, während der zweite DIV die eigentlichen SQL-Kommandos enthalten wird:

```
<HTML>
<HEAD>
<TITLE>Schema nach RDBMS-Konverter</TITLE>
</HEAD>
<BODY>
<TABLE>
    <TR>
        <TD><FONT face=Verdana>Schema: </FONT></TD>
        <TD>
            <INPUT id="loadfile"
                   name="loadfile"
                   style="HEIGHT: 22px; WIDTH: 230px"
                   value="file:c:/PubCatalog.xml">
        </TD>
        <TD>
            <FONT face=Verdana>
                <INPUT id="GenerateBtn"
                       name="GenerateBtn"
                       type="button"
                       value="Generate"
                       OnClick="OnGenerateClick()">
            </FONT>
        </TD>
    </TR>
</TABLE>
<HR>
<TABLE>
    <TR>
        <TD valign="TOP"><DIV id="infoResult"></DIV></TD>
        <TD valign="TOP"><XMP id="sqlResult"></XMP></TD>
    </TD>
</TABLE>
```

Das Skript selbst beginnt mit der Erzeugung von XML-DOMs zur Verarbeitung des eingegebenen XML-Schemas und zur Aufnahme der SQL-DDL-Ausgabe und einzelnen Stylesheets. Es sind zwei Stylesheets an diesem Prozess beteiligt. Das erste transformiert eine Liste der erzeugten Kommandos in eine Zusammenfassung der Eigenschaften jeder Zeile, geordnet nach den Tabellen. Auch die Schlüssel und Fremdschlüssel werden angezeigt.

Das zweite Stylesheet konvertiert die gleichen Knoten in echte SQL-Statements, die dann eine Datenbank erzeugen, die das Schema widerspiegelt.

Zunächst deklarieren wir einige Variablen, die einzelne Teile der Ausgabe auffangen:

```
<SCRIPT language="Javascript">
<!--
var COMPLETED = 4;
```

```
var parser = new ActiveXObject("microsoft.xmldom");
var oParsOut = new ActiveXObject("microsoft.xmldom");
var oStyle = new ActiveXObject("microsoft.xmldom");

var oDB, oDBT, oDBPK, oDBID, oDBFK, oDBDAT;
```

Die Funktion, die nach dem Klick auf den Button ausgeführt wird, macht die ganze Arbeit:

```
function OnGenerateClick()
{
    parser.async = "false";
    oParsOut.async = "false";
    oStyle.async = "false";
```

Zuerst wird das Schema-Dokument geladen und es wird geprüft, ob tatsächlich ein Schema-Knoten enthalten ist:

```
parser.load(document.all("loadfile").value);
if (parser.readyState == COMPLETED && parser.parseError == 0)
{
    oDE = parser.documentElement;
    // Minimal check for XML-DR validity
    if (oDE.nodeName == "Schema")
    {
```

Als Nächstes werden alle Elemente erzeugt, die Ergebnisse der Analyse des Schemas speichern sollen:

```
        oDB = oParsOut.createElement("DB");
        oDBT = oParsOut.createElement("Tables");
        oDBPK = oParsOut.createElement("PrimaryKeys");
        oDBID = oParsOut.createElement("IDs");
        oDBFK = oParsOut.createElement("ForeignKeys");
        oDBDAT = oParsOut.createElement("Data");
```

Der erste Durchlauf durch das Schema versucht, eine Liste aller potenzieller Tabellen zu erstellen. Für jeden Elementtyp ist das eine Tabelle und eine weitere Tabelle für jeden Attributtyp vom Typ idrefs, der eine Aufzählung von Werten enthält. In den ersten beiden Fällen wird die Tabelle nach dem Element- oder Attributtyp benannt, dessen Daten die Tabelle speichert:

```
        // First we create a list of all the tables we might need.
        //  We will optimise this later, so some may get deleted.
        //  We need a table for:
        //  - each ElementType
        //  - each AttributeType which has a type of 'idrefs'
        oNL = oDE.selectNodes(
            "//ElementType | //AttributeType[@dt:type='idrefs']"
        );
        for (var i = 0; i < oNL.length; i++)
        {
            sTable = oNL(i).attributes.getNamedItem("name").value;
            CreateTABLE(sTable, true);
        }
```

Die Tabellennamen für Aufzählungen erhalten das Präfix »enum_«, damit keine Namenskonflikte entstehen. Wir müssen auch noch die Anweisungen erzeugen, mit denen die Werte einer Aufzählung in die entsprechende Tabelle eingetragen werden:

```
//  - each AttributeType which has a type of 'enumeration'
oNL = oDE.selectNodes("//AttributeType[@dt:type='enumeration']");
for (var i = 0; i < oNL.length; i++)
{
    sTable =
        "enum_" + oNL(i).attributes.getNamedItem("name").value;
    CreateTABLE(sTable, false);
    CreateDATA(
        sTable,
        oNL(i).attributes.getNamedItem("dt:values").value
    );
}
```

Auch wenn wir jetzt eine Tabelle pro Elementtyp haben, wissen wir noch nichts über die hierarchischen Beziehungen zwischen den Elementen. Als Nächstes müssen also alle Elemente durchsucht werden und deren Definition muss ermittelt werden:

```
// Next step through all the elements:
// - elements that are not text only, get attached to their parent
// - elements that are text only, but can occur more than once or
//    have attributes also get attached to their parent
// - other elements become columns
oNL = oDE.selectNodes("//element");
for (i = 0; i < oNL.length; i++)
{
    sType = getAttr(oNL(i), "type");
    bMulti = (getAttr(oNL(i), "maxOccurs") == "*");
    // Get the definition of the element (the ElementType)
    oET = oDE.selectSingleNode(
        "//ElementType[@name='" + sType+ "']"
    );
    if (oET != null)
    {
        // We leave the table intact and link to the parent if the
        //element is NOT text only
        //   OR there is more than one occurrence of the element
        bHasAttr = (oET.selectNodes("attribute").length != 0);
```

Ist das Element *kein* reines Text-Element oder kann es mehrfach auftreten und hat es einige Attribute, dann belassen wir das Element in seiner Tabelle und erzeugen einen Join. Hat das Element nur Text als Inhalt oder darf es nur ein Mal auftreten und besitzt keine Attribute, dann kann es auch eine Spalte in der Tabelle seines Eltern-Elements sein:

```
        if ((getAttr(oET, "content") != "textOnly") || bMulti ||
            bHasAttr)
        {
            CreateLookup(sType, getAttr(oNL(i).parentNode, "name"));
        }
        // Otherwise mark the table for deletion from our create
        // table list, and add the
        // element as a column instead
        else
            {
            oTemp = oDBT.selectSingleNode("Table[@name='" + sType
                                        + "']");
            oTemp.setAttribute("Delete", "yes");
```

```
                    NewColumnDEF(getAttr(oNL(i).parentNode, "name"),
                                 "elem_" + sType);
            }
        }
    }
```

Da wir nun mit den Elementen fertig sind, können wir die Attribute bearbeiten:

```
        // Now put the attributes on. Those that refer to enumerations have a
        //  special syntax
        oNL = oDE.selectNodes("//attribute");
        for (i = 0; i < oNL.length; i++)
        {
```

Wir holen für jedes Attribut die Definition des Attributtyps:

```
            sType = getAttr(oNL(i), "type");
            // Get the definition of the attribute (the AttributeType)
            oAT = oDE.selectSingleNode("//AttributeType[@name='" + sType
                                       + "']")
            if (oAT != null)
            {
```

Unabhängig vom Typ brauchen wir die Eltern-Tabelle, also ermitteln wir den Namen der Tabelle:

```
                // Get information about the table that contains the attribute
                sContainer = getAttr(oNL(i).parentNode, "name");
```

Was wir mit den Attributen machen, hängt vom Typ ab:

```
                switch (getAttr(oAT, "dt:type"))
                {
```

Aufzählungen werden als Spalten in der Tabelle des Elements gespeichert, das auf die Aufzählungstabelle verweist. Die Aufzählungstabelle sollte dann schon vorher erzeugt worden sein:

```
                case "enumeration":
                    CreateLookup(sContainer, "enum_" + sType);
                    break;
```

Ein IDREF erzeugt ebenfalls eine Spalte in der Tabelle des Eltern-Elements:

```
                case "idref":
                    CreateIDREF(sContainer, CapFirst(sType));
                    break;
```

IDREFs erzingen die Definition eines Join:

```
                case "idrefs":
                    CreateIDREFS(sContainer, sType);
                    break;
```

Eine ID bedeutet, dass eine Spalte zur Tabelle des Eltern-Elements hinzugefügt wird:

```
                case "id":
                    CreateID(sContainer, sType);
                    break;
```

Spezifische Typen erwingen die Erstellung einer Spalte mit einem spezifischen Datentyp:

```
            case "fixed.14.4":
                NewColumnMONEY(sContainer, "attr_" + sType);
                break;

            case "int":
                NewColumnINT(sContainer, "attr_" + sType);
                break;

            default:
                NewColumnDEF(sContainer, "attr_" + sType);
                break;
            }
        }
    }
```

Nun können wir durch die Liste der Tabellen iterieren und die Tabellen erzeugen oder solche löschen, die wegoptimiert wurden. Beachten Sie bitte, dass man auch die entsprechende Anweisung zur Erstellung des Schlüssels für die Tabelle entfernen muss, falls man eine Anweisung zur Erstellung einer Tabelle löscht:

```
// Finally, delete the tables we no longer need
oNL = oDBT.selectNodes("Table[@Delete='yes']");
for (i = 0; i < oNL.length; i++)
{
    oTemp = oDBT.removeChild(oNL(i));
    // If we delete a table we should delete its primary key too
    oCL = oDBPK.selectNodes("PK[@table='" + getAttr(oTemp, "name") +
                            "']");
    for (j = 0; j < oCL.length; j++)
    {
        oTemp = oDBPK.removeChild(oCL(j));
    }
}
```

Mit der Liste sind wir nun fertig und können diese dem Sammelknoten hinzufügen:

```
        oDB.appendChild(oDBT);
```

Alle Randbedingungen – Schlüssel, Fremdschlüssel etc.– kommen in einen anderen Container, der ebenfalls in den Sammelknoten kommt:

```
        oNode = oParsOut.createElement("Constraints");
        oNode.appendChild(oDBPK);
        oNode.appendChild(oDBID);
        oNode.appendChild(oDBFK);
        oDB.appendChild(oNode);
```

Nun fügen wir noch die Liste der Anweisungen hinzu, die einige der Tabellen mit Daten beschreibt:

```
        oDB.appendChild(oDBDAT);
```

Schließlich speichern wir das Dokument für die Transformation und laden das entsprechende Stylesheet (DBCreateView.xsl). Sie müssen wahrscheinlich den URL ändern, damit er zur Lage des Stylesheets auf Ihrem System passt. Ist das Laden erfolgreich und das Dokument fehlerfrei, dann führen wir die Transformation durch und speichern das Ergebnis an der richtigen Stelle der Webseite:

```
        oParsOut.documentElement = oDB;

        oStyle.load("http://server/DBCreateView.xsl");
        if (oStyle.parseError.errorCode != 0)
        {
            sResult = reportParseError(oStyle.parseError);
        }
        else
        {
            try
            {
                sResult = oParsOut.transformNode(oStyle);
            }
            catch (exception)
            {
                sResult = reportRuntimeError(exception);
            }
        }
        infoResult.innerHTML = sResult;
```

Die erste Transformation erzeugt eine Zusammenfassung der erzeugten Objekte in der Datenbank, wobei alle Tabellen und Spalten aufgeführt werden. Die nächste Transformation wird dann tatsächlich eine Reihe von SQL-Kommandos an eine SQL-Datenbank senden, die dann die Tabellen erzeugt:

```
        oStyle.load("http://server/DBCreateSQL.xsl");
        if (oStyle.parseError.errorCode != 0)
        {
            sResult = reportParseError(oStyle.parseError);
        }
        else
        {
            try
            {
                sResult = oParsOut.transformNode(oStyle);
            }
            catch (exception)
            {
                sResult = reportRuntimeError(exception);
            }
        }
        sqlResult.innerText = sResult;
    }
    else
        alert("The URL doesn't designate a schema file under XML-DR rules.");
    }
    else
        alert("Parser detects error: " + parser.parseError.reason);
}
```

Der restliche Code bietet alle Funktionen, die benötigt werden, um die Kommando-Instruktionen zu erzeugen. Die erste Funktion erstellt eine Tabelle und gibt den Schlüssel zurück:

```
function CreateTABLE(s, bAuto)
{
    var oTemp = oParsOut.createElement("Table");
    oTemp.setAttribute("name", s);
```

```
    oDBT.appendChild(oTemp);
    CreatePK(s, bAuto);
}
```

Die nächste Funktion erstellt eine ID-Spalte für eine Tabelle:

```
function CreateID(s, c)
{
    var oTemp = oParsOut.createElement("ID");
    c = "attr_id_" + c;
    oTemp.setAttribute("table", s);
    oTemp.setAttribute("name", c);
    oDBID.appendChild(oTemp);

    // Add the column to the create table node
    NewColumnDEF(s, c);
}
```

Anfallende Daten zwingen uns, existierende Tabellen zu beschreiben (insert-Operation):

```
function CreateDATA(sT, s)
{
    var ar = s.split(" ");
    for (var i = 0; i < ar.length; i++)
    {
        var oTemp = oParsOut.createElement("Insert");
        oTemp.setAttribute("table", sT);
        oTemp.setAttribute("value", ar[i]);
        oDBDAT.appendChild(oTemp);
    }
}
```

Diese Funktion erzeugt Schlüssel. Soll ein Schlüssel als Endpunkt einer Referenz dienen, dann sollte der Parameter bAuto gesetzt werden. Das erzeugt einen Schlüssel, der aus einer Zahl besteht, die einfach immer weiter für jeden Schlüssel hochgezählt wird:

```
function CreatePK(s, bAuto)
{
    var oTemp = oParsOut.createElement("PK");
    oTemp.setAttribute("table", s);
    oTemp.setAttribute("name", "pk_" + s);
    oDBPK.appendChild(oTemp);
    if (bAuto)
    {
        NewColumnAUTOINC(s, "pk_" + s);
    }
    else
    {
        NewColumnDEF(s, "pk_" + s);
    }
}
```

Ein Lookup wird erzeugt, indem man einen Fremdschlüssel auf eine Tabelle setzt und damit einen Schlüssel einer Tabelle referenziert:

```
function CreateLookup(sT1, sT2)
{
```

```
    // Creating a lookup between one table and another requires the primary key
    //  of the second table
    var oTemp = oDBPK.selectSingleNode("PK[@table='" + sT2 + "']");
    CreateRel(sT1, "fk_" + sT2, sT2, getAttr(oTemp, "name"));
}
```

Eine IDREF-Spalte erzeugt ebenfalls eine Relation zwischen zwei Tabellen, jedoch nicht zwingend zum Schlüssel einer angegebenen Tabelle:

```
function CreateIDREF(sT1, sT2)
{
    // Creating an ID lookup between one table and another requires the
    // attribute that has a property of 'id' from the second table. We've
    // already created these in the 'unique values' list, so just look it up
    var oTemp = oDBID.selectSingleNode("ID[@table='" + sT2 + "']");
    CreateRel(sT1, "fk_attr_idref_" + sT2, sT2, getAttr(oTemp, "name"));
}
```

Ein IDREFS-Attribut würde eine temporäre Tabelle oder einen Join erzeugen. Diese Tabelle muss man finden und von beiden Tabellen, die diese Tabelle verbindet, auf die Tabelle verweisen :

```
function CreateIDREFS(sT1, sT2)
{
    // Creating an IDREFS lookup involves an intermediate table.
    //The instruction to
    //  create this will already be in our list, so find that first
    var oTemp = oDBT.selectSingleNode("Table[@name='" + sT2 + "']");
    CreateLookup(sT2, sT1);
    sT1 = sT2;
    sT2 = CapFirstSingular(sT2);
    CreateIDREF(sT1, sT2);
}
```

Eine Relation wird erzeugt, indem man eine Instruktion in die Liste der zu erzeugenden Fremdschlüssel einfügt:

```
function CreateRel(sT1, sFK, sT2, sPK)
{
    // Create an instruction to generate a foreign key
    var oTemp = oParsOut.createElement("FK");
    oTemp.setAttribute("table1", sT1);
    oTemp.setAttribute("src", sFK);
    oTemp.setAttribute("table2", sT2);
    oTemp.setAttribute("dest", sPK);
    oDBFK.appendChild(oTemp);

    NewColumnDEF(sT1, sFK);
}
```

Diese Funktion sucht bereits bestehende Anweisungen zur Erstellung von Tabellen:

```
function getCreateTable(s)
{
    return oDBT.selectSingleNode("Table[@name='" + s + "']");
}
```

Diese Funktionen erlauben die Modifikation von Wörtern wie author in ein Wort Author (CapFirst) und die Wandlung von authors in Author (CapFirstSingular). Diese Funktionen werden verwendet, wenn Tabellen erzeugt werden, die durch Attribute vom Typ IDREF und IDREFS angesprochen werden können:

```
function CapFirst(s)
{
    return s.substr(0, 1).toUpperCase() + s.substr(1);
}

function CapFirstSingular(s)
{
    return CapFirst(s).substr(0, s.length-1);
}
```

Diese Funktion fügt eine Spalte eines bestimmten Typs ein:

```
function NewColumn(sT, s, sType, bNull)
{
    var oTemp = oParsOut.createElement("Column");
    oTemp.setAttribute("name", s);
    oTemp.setAttribute("type", sType);
    oTemp.setAttribute("null", bNull ? "yes" : "no");
    getCreateTable(sT).appendChild(oTemp);
}
```

Die gerade beschriebene Funktion wird oft im Zusammenhang mit folgenden Funktionen verwendet:

```
function NewColumnDEF(sT, s)
{
    NewColumn(sT, s, "varchar(255)", false);
}

function NewColumnINT(sT, s)
{
    NewColumn(sT, s, "int", true);
}

function NewColumnAUTOINC(sT, s)
{
    NewColumn(sT, s, "int identity(1, 1)", false);
}

function NewColumnMONEY(sT, s)
{
    NewColumn(sT, s, "money", true);
}
```

Diese Funktion holt den Wert eines Attributes aus einem Knoten und gibt einen leeren String zurück, falls das Element kein Attribut besitzt:

```
function getAttr(o, s)
{
    var sRet = "";
    if (o != null)
    {
        var n = o.attributes.getNamedItem(s);
```

```
        if (n != null)
        {
            sRet = n.value;
        }
    }
    return sRet;
}
```

Schließlich noch die Routinen zu Ausgabe der möglichen Fehler. Die erste Funktion berichtet alle Parser-Fehler beim Laden eines XML-Dokuments. Die zweite Funktion berichtet alle Laufzeitfehler:

```
// Parse error formatting function
function reportParseError(error)
{
    var s = "";
    for (var i=1; i<error.linepos; i++)
    {
        s += " ";
    }
    r = "<font face=Verdana size=2><font size=4>XML Error loading '" +
        error.url + "'</font>" +
        "<P><B>" + error.reason +
        "</B></P></font>";
    if (error.line > 0)
        r += "<font size=3><XMP>" +
            "at line " + error.line + ", character " + error.linepos +
            "\n" + error.srcText +
            "\n" + s + "^" +
            "</XMP></font>";
    return r;
}

// Runtime error formatting function
function reportRuntimeError(exception)
{
    return "<font face=Verdana size=2><font size=4>XSL Runtime Error</font>" +
        "<P><B>" + exception.description + "</B></P></font>";
}
//-->
</SCRIPT>

</BODY>
</HTML>
```

Die Liste der Kommandos wird zuerst erstellt, erst dann werden die spezifischen Datenbank-Anweisungen tatsächlich generiert, da man die Kommandos besser anordnen und optimieren kann. Nachdem man zum Beispiel eine Liste aller Tabellen erstellt hat, kann man diese Liste nach Tabellen, die nur Text als Inhalt haben, durchforsten und diese Tabellen löschen. Wir können so auch prüfen, ob alle Tabellen vorhanden sind, bevor wir Beziehungen zwischen Tabellen festlegen.

Haben wir erst diese Liste der Kommandos, dann transformiert ein Stylesheet diese Kommandos in echte SQL-Statements. Dieses zweistufige Vorgehen hat den Vorteil, dass es die Verarbeitung der Eingabe (Schema) und die Erzeugung der Ausgabe (SQL) entkoppelt. Sind bei einem anderen System die Anweisungen für die Erstellung von Tabellen anders, dann kann man einfach das Stylesheet ändern, aber am Prozess selbst ändert sich nichts. Ändert sich die Syntax für die verwendeten Schemata, dann kann der Code für die Verarbeitung angepasst werden.

Die folgende Ausgabe entsteht, wenn man das Skript auf das Katalog-Schema ansetzt:

Auf der linken Seite stehen die Anweisungen, die noch auszuführen sind, und auf der rechten Seite stehen diese Anweisungen in der Form von SQL-Statements, die direkt ausgeführt werden können.

Schlussfolgerung

XML und Datenbanken sind immer noch zwei recht unterschiedliche Welten. Wir wissen nun aber, dass es verschiedene, manchmal auch zu viele Methoden gibt, wie ein Problem gelöst werden kann. Die frühen Implementierungen von Datenbank-Herstellern zeigen jedoch, dass diese bemüht sind, die Möglichkeiten von XML und Datenbanken zu vereinen.

XML wird immer mehr zur Basis für den Austausch von Daten werden. Außerdem eignet es sich gut für die Darstellung und Indizierung von Dokumenten. XML wird seinen Weg in die meisten Anwendungen und Geräte finden, die wir heute schon verwenden. Die Palette wird von Mobiltelefonen über Anwender- und Unterhaltungselektronik bis hin zu Satellitensystemen reichen. All diese Geräte und Systeme werden XML-basierte Auszeichnungssprachen verwenden, um eine störungsfreie und effiziente Kommunikation zu gewährleisten.

Zur selben Zeit, da immer mehr Kommunikation auf XML basiert, muss auch die allgegenwärtige Einheit für den Austausch und die Speicherung von Daten - das Dokument - XML als Format nutzen. Bilder, Faxe, Musik, Video-Clips und Tabellen, nur um einige zu nennen, werden immer öfter XML als natives Format verwenden. Unternehmen wie Macromedia und Quark haben bereits angekündigt, dass für ihre bekannten Anwendungen in Zukunft XML als Dateiformat dienen soll. Microsoft hat mit dem Office 2000 auch bewiesen, dass man in diese Richtung gehen möchte.

Betrachtet man die verbreitete Anwendung von XML, ist es eine Pflicht für Programmierer und System-Designer, ihre Anwendungen so zu planen, dass auch XML-Dokumente, in großer Anzahl und streng kontrolliert, dynamisch erzeugt werden können. Für diesen Zweck werden Entwickler sicher einen Blick auf die Datenbank-Technologie werfen müssen.

11

Kommunikation zwischen Servern

Die traditionelle, verteilte Kommunikation, auch zwischen Servern, ist von stark gekoppelten Komponentenmodellen wie COM oder CORBA abhängig. Diese Technologien sind nicht wirklich für das Internet geeignet und können ein gewisses Maß an Problemen aufwerfen, die Abhängigkeiten und/oder Plattformen betreffen. Selbst in einem Intranet muss man sich hin und wieder Informationen darüber beschaffen, in welcher Komponentenarchitektur ein entferntes Objekt entwickelt wurde und auf welcher Plattform es gerade läuft. Wäre es nicht einfacher, man könnte seine Client-Applikation erstellen, ohne auch nur irgendetwas über die Architektur der beteiligten, verteilten Objekte zu wissen? In einer Umgebung wie dem Internet hat man diesbezüglich sicherlich keine Wahl.

Verwendet man XML als verteiltes Komponentensystem, kann man viele der Probleme überwinden, auf die man durch die heterogenen Architekturen und Plattformen stößt. Auf das Notwendigste reduziert ist XML nichts weiter als einfacher Text und wird somit von jeder existierenden Plattform und Sprache akzeptiert. Man kann demnach XML verwenden, um zwischen beliebigen Umgebungen Anfrage- und Antwortnachrichten weiterzureichen.

Dieses Kapitel wird sich mit den verschiedenen Technologien und Verfahren befassen, die man bei der Kommunikation zwischen Servern verwenden kann, mit anschaulichen Beispielen für deren Anwendung und wie wir sie auf unser Buchkatalogbeispiel anwenden können.

XML-Transport

Als Erstes liefern wir einen Überblick über eine praktische Anwendung, bei der der XML-Transport mit verschiedenen Verfahren, herkömmlichen und neuen, bewerkstelligt wird. Wir werden uns im Einzelnen den XML-Transport über FTP, MSMQ, HTTP und SMTP ansehen.

Das folgende Diagramm veranschaulicht ein Szenario, das aus einem zentralen Buchverlag besteht, der viele Tausend Bücher verwaltet, einem einzelnen Händler, der in der Woche einige Hundert Buchtitel vom Verleger kauft, und Endverbrauchern, die wiederum einzelne Titel vom Händler kaufen:

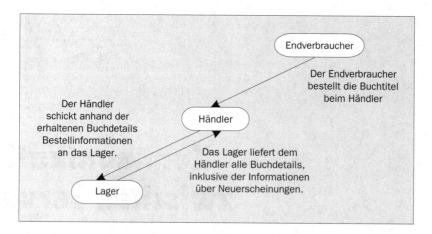

Bis jetzt haben wir nur den Gesamtprozess, der bei dieser Bestellkette abläuft, beschrieben. Wie passt XML dort hinein? Das unten stehende Diagramm umreisst die Transfermethoden zum Informationsaustausch zwischen den verschiedenen Servern. Die nachfolgenden Abschnitte kommentieren die Verwendung von XML in jedem dieser Schritte.

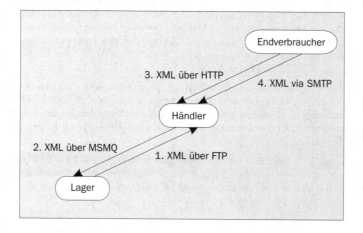

1. XML über FTP

In einem automatisierten Prozess wird in regelmäßigen Abständen ein XML-Dokument, das die aktuellsten Buchinformationen über sämtliche Titel aus der Datenbank enthält, vom Lager zum Händler geschickt. Dieses Dokument enthält alle Einzelinformationen wie Titel, Thema, eine kurze Zusammenfassung, Preis etc. Es liegt auf der Hand, dass im Lauf der Zeit die Zahl der Buchtitel in die Tausende geht und das XML-Dokument sehr umfangreich werden kann. FTP schien für den Transfer der Daten das effizienteste Verfahren darzustellen, da es sich gut für den Transport großer Datenmengen eignet.

Da es sich hierbei im Grunde um einen automatischen und asynchronen Vorgang handelt, der im Hintergrund abläuft, muss auf dem Zielserver des Händlers ein Serverprozess laufen, der ein Zielverzeichnis auf die Ankunft des XML-Dokuments überprüft und geeignete Vorgänge, wie die Indexerstellung oder das Eintragen der Informationen in die Buchdatenbank, anstößt.

Die Grafik unten zeigt, wie dieser Vorgang ablaufen kann.

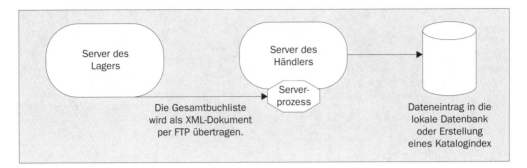

2. XML über Warteschlangenverfahren

Die konkrete Buchbestellung des Händlers beim Lager verläuft ebenfalls asynchron und ist, was die Datenmengen angeht, verglichen mit dem FTP-Transport des XML-Dokuments ein Leichtgewicht. Die Bestellung sollte relativ zügig ausgeliefert werden und es ist sehr wichtig, dass die Servernachrichten auf jeden Fall ihr Ziel erreichen. Am besten verwendet man dafür ein Verfahren, dass die ausgetauschten Nachrichten in eine Warteschlange zur Bearbeitung steckt (engl. message queueing), beispielsweise die Microsoft Message Queue (MSMQ) oder die MQSeries von IBM.

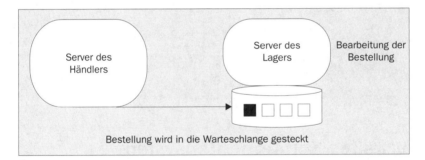

Anstelle einer direkten Weiterleitung der Bestellung an die Server-Anwendung werden die Informationen in die Warteschlange gestellt und erst zu einem späteren Zeitpunkt bearbeitet. Man kann die Bestellanforderung in einem XML-Format übergeben, das man von einem XML-Dokument ableitet, das alle verfügbaren Bücher enthält. Dabei könnte man genau das Dokument verwenden, das vorher via FTP verschickt wurde.

3. XML über HTTP

Wenn ein Endverbraucher ein Buch bei einem Händler kaufen möchte, dann verwendet er seinen Webbrowser und überträgt damit ein XML-Dokument, das seiner Buchbestellung entspricht. Die Anforderung wird direkt bearbeitet und könnte zum Beispiel mit dem MSXML-POST-Befehl zum Webserver übertragen werden oder man verwendet eine angepasste Version der MSXML-Komponente, um darin versteckt die für die XML-Übertragung notwendigen HTTP-Kommandos auszuführen.

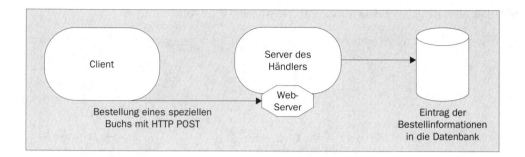

4. XML über SMTP

Schließlich bleibt noch die letzte Methode, die man als Verbraucher verwenden kann, um Buchtitel zu bestellen: SMTP (E-Mail). Ein XML-Dokument wird so verschickt, dass es einer gültigen Dokumentenvorlage entspricht. Ein Serverprozess prüft dann eine gesonderte POP3-Mailbox auf gültige XML-Dokumente, die der Vorlage für Bestellungen entsprechen. Damit ermöglicht man asynchrone Bestellvorgänge zwischen Endverbraucher und Händler.

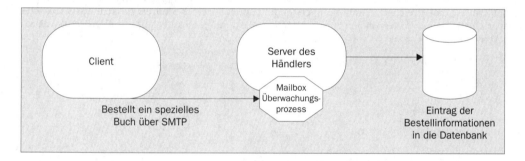

XML als verteiltes Komponentensystem

Wie der vorige Abschnitt zeigt, gibt es viele Möglichkeiten, XML zum Nachrichtenaustausch zwischen Systemen zu verwenden. Wir werden uns nun mit den populäreren Verfahren und Standards befassen, die im Hinblick auf die Übertragung von XML-Nachrichten entstanden sind.

Nachrichtenübertragung und Serialisierung

Ein typisches XML-Dokument wird erstellt, um damit eine strukturierte, für Menschen lesbare Darstellung der Daten zu erhalten und darauf irgendwelche Verarbeitungsschritte anwenden zu können. Wir erweitern das Konzept dahingehend, dass wir maschinenlesbare Daten erzeugen werden und (siehe nächste Seite) serialisierte Daten dazu verwenden, Nachrichten zu übermitteln, die genau definierten Standards folgen. Das reduziert Plattformabhängigkeiten und ermöglicht eine einfache Verarbeitung der Nachrichten mit Programmen.

Ein Austausch von Nachrichten umfasst einen Vorgang, der als **Serialisierung** bezeichnet wird, sowie dessen Umkehrprozess, die **Deserialisierung**. Die Serialisierung ist ein Prozess, bei dem ein Datenobjekt in ein eindimensionales Format umgewandelt wird, das für eine Übertragung über ein Netzwerk geeignet ist. Beispielsweise könnte man die Daten `Hallo, Welt!` in folgendem Format serialisieren:

```
<string>Hallo, Welt!</string>
```

In ähnlicher Weise würde man einen Datensatz mit den Daten

Spaltenbezeichnung	Wert
Vorname	Steven
Nachname	Livingstone
Stadt	Glasgow

folgendermaßen serialisieren:

```
<recordset>
    <column>
        <columnName>
            Vorname
        </columnName>
        <columnValue>
            Steven
        </columnValue>
    </column>
    <column>
        <columnName>
            Nachname
        </columnName>
        <columnValue>
            Livingstone
        </columnValue>
    </column>
    <column>
        <columnName>
            Stadt
        </columnName>
        <columnValue>
            Glasgow
        </columnValue>
    </column>
</recordset>
```

Liegen die Daten serialisiert vor, dann können wir sie ganz einfach als simplen Text an andere Systeme weiterreichen und sie am Zielort de-serialisieren und sie in das gewünschte Systemformat bringen. Es gibt viele Protokolle, die zur Weiterleitung serialisierter Daten verwendet werden können, die bekannteren davon sind HTTP, FTP und SMTP (das Protokoll der E-Mail-Übertragung).

Serialisierung mit XML-RPC und SOAP

Einer der Schwerpunkte dieses Kapitels liegt auf **XML-RPC** (**XML Remote Procedural Calling**; entfernter Prozeduraufruf), das, wie wir noch sehen werden, XML für die Serialisierung einfacher und komplexer Datentypen verwendet. Die von XML-RPC verfügbaren Implementationen ermöglichen die Serialisierung (und Deserialisierung) von Datentypen der verschiedensten Programmiersprachen. Man erreicht dadurch eine Verfügbarkeit dieser Datentypen auch auf anderen Plattformen. Ein Grundgedanke, der gut zum Internet passt. Eine komplexere, etwas ausgereiftere Variante von XML-RPC stellt **SOAP** dar, das **Simple Object Access Protocol** (Protokoll für den einfachen Objekt-Zugriff), auf das wir noch im Detail eingehen werden. Beide stellen (zum Zeitpunkt der Niederschrift) offene Standards dar, die schon auf verschiedenen Plattformen implementiert wurden.

Unter den auf XML basierenden, jetzt schon verfügbaren Protokollen, stellt XML-RPC sicher das bekannteste und für den Alltagseinsatz verwendbarste Protokoll dar. Auf lange Sicht wird aber wahrscheinlich SOAP die Nachfolge antreten – besonders im Hinblick auf komplexere Systeme.

Coins (Die Kombination von XML & Java)

JavaBeans sind für viele kein idealer Weg, um ein Komponentensystem mit Java umzusetzen, da sie stark von der Java-eigenen Serialisierung abhängen. **Coins** kombiniert XML und Java und ersetzt die Java-Serialisierung durch eine Serialisierung per XML, dabei wird allerdings nicht versucht, den kompletten Zustand eines Objekts zu bewahren. Coins hat sich nur zum Ziel gesetzt, den Informationsaustausch zwischen Programmen zu erleichtern.

Weiterhin wird eine Fehlersuche vereinfacht, da XML im Gegensatz zu den JavaBeans einen einfacheren Aufbau besitzt (der sich weitaus robuster gegenüber Änderungen verhält). Man ist bei der Weiterverarbeitung weniger eingeschränkt, da sich Daten, die im XML-Format vorliegen, leicht zwischen Anwendungen austauschen lassen. Da Coins auch Links zwischen Elementen in separaten Dokumenten unterstützt, kann man Coins sogar auf den Austausch von XML-Dokumenten reduzieren, die nur eine Referenz auf externe Komponenten beinhalten (im Gegensatz zu den traditionellen JavaBeans, die keine Unterstützung für Hyperlinks oder eine Aufteilung der Komponenten anbieten).

Anders als XML-RPC, das statische Schnittstellen in XML nachbildet, setzt Coins voraus, dass keine zu engen Abhängigkeiten zwischen den XML-Dokumenten und den Java-Objekten bestehen. Das hat zur Folge, dass Abhängigkeiten zwischen Programmen, die miteinander Informationen austauschen, wegfallen. Ein Programm kann in einer aktualisierten Version neue Datenelemente einführen, ohne dass die anderen Programme auf einen neuen Stand gebracht werden müssten.

Weitere Informationen zum Thema Coins sind unter `http://www.jxml.com/coins/index.html` *abrufbar.*

Serialisierung mit WDDX

Ein Mittelding stellt **WDDX** dar, der **Web Distributed Data eXchange** (Web-basierter Datenaustausch). Es handelt sich dabei um ein Verfahren, um komplexe Datenstrukturen zwischen unterschiedlichen Programmiersprachen auszutauschen. Im Wesentlichen stellt WDDX einen Standard für eine sprachunabhängige Darstellung von Daten in XML dar, der auch Module zur Serialisierung bzw. Deserialisierung beinhaltet. WDDX wurde bei Allaire entwickelt und umfasst im Moment Module für JavaScript 1.x, Cold-Fusion 4.0, COM, Perl und Java. WDDX legt zwar die XML-Darstellung verteilter Objekte fest, beschreibt aber im Gegensatz zu XML-RPC nicht, wie entfernte Funktionsaufrufe abzuwickeln sind.

Das WDDX-SDK steht auf `http://www.wddx.org/` *zum Download zur Verfügung. Dort findet man auch weitere ausführliche Informationen zum Thema WDDX.*

Eine WDDX-Anwendung erzeugt in einem Serialisierungsvorgang Pakete mit den Beschreibungen lokaler Objekte. Diese Pakete können dann zu entlegenen Servern übertragen werden, wo sie von einer Applikation wieder deserialisiert werden, damit die Anwendung an die Nutzinformationen gelangt, die sie weiterverarbeiten kann.

WDDX befasst sich nicht damit, auf welchem Weg die Daten übertragen werden; es kommt nur darauf an, dass die Daten mit der HTTP-POST-Methode an eine »aktive« Webseite übertragen werden, zum Beispiel ein CGI-Skript oder eine ASP-Seite, die Zugriff auf die in XML serialisierten Komponenten der Anfrage ermöglicht. Ein Beispiel-Paket für WDDX, das den Namen eines bestellten Buchs enthält, würde folgendermaßen aussehen:

```
<!DOCTYPE wddxPacket SYSTEM "wddx.dtd">
<wddxPacket version='0.9'>
   <header/>
   <data>
      <var name="title">
         <string>Professional XML</string>
      </var>
   </data>
</wddxPacket>
```

Wir erzeugen dieses Paket, indem wir die Informationen mit Hilfe eines Skripts serialisieren, so wie im folgenden Perl-Beispiel:

Die Perl-Bibliothek von WDDX ist im SDK verfügbar.

```
# Include WDDX library
use wddx;

# Include HTML-Encoding functions
use HTML::Entities;

# Set the $Title variable to the name of the book
$Title = "Professional XML";

# Create a new serializer "object"
$SerObj = new wddx();

# Serialize the $Title variable into a WDDX Packet
$BookPacket = $SerObj ->cfwddx
(
   "action" => 'perl2wddx',
   "input"  => {"string" => \$Title,}
);
```

Nun folgt ein JavaScript-Beispiel, das die gleiche Funktionalität bietet:

```
<!-- Include JavaScript / WDDX functionality -->
<SCRIPT LANGUAGE="JavaScript" SRC="Wddx.js"></SCRIPT>

<!--- Create a custom function that serializes our message --->
<SCRIPT LANGUAGE="JavaScript">
   function SerializeMsg()
   {
      var Book = new Object;
      Book.title = "Professional XML"

      // Create a new serializer "object"
      SerObj = new WddxSerializer;
      // Serialize the Message variable into a WDDX Packet
      BookPacket = SerObj.serialize(Book);

      // Return the new WDDX packet
      return BookPacket;
   }
</SCRIPT>
```

Die so serialisierte WDDX-Nachricht legen wir in einem HIDDEN-Element eines Formulars ab – nennen wir es "WddxContent" – so dass es bei einer Übertragung der Formulardaten per POST mit an den Server geschickt wird. Nachdem das Feld übertragen wurde, wollen wir es natürlich wieder deserialisieren, um an die ursprüngliche WDDX-Nachricht heranzukommen. Um diese Aufgabe zu erledigen, verwenden wir das Objekt zur Deserialisierung von WDDX.

```
<%@ LANGUAGE="Javascript" %>
<%
    strWDDXPacket = Request.Form("WDDXContent");

    // Create a new serializer "object"
    var ObjDeser = Server.CreateObject("WDDX.Deserializer.1");

    // Serialize the Message variable into a WDDX Packet
    Book = ObjDeser.deserialize(strWDDXPacket);

    //writes out our book title
    Response.write(Book.getProp("Title"));
%>
```

Die Theorie hinter WDDX scheint recht nützlich zu sein und mit vielen Sprachen zusammenzuarbeiten. Tatsächlich wird WDDX schon bei einigen Produkten von Allaire (den Entwicklern) eingesetzt. Allerdings ist die Spezifikation nicht so erweiterbar wie die von XML-RPC oder SOAP, und eine ähnliche Anhängerschaft wie diese beiden kann WDDX auch nicht aufweisen. WDDX ist (im Vergleich zu SOAP) eingeschränkt, funktioniert aber bei einfachen, verteilten Kommunikationsvorgängen recht gut.

Serialisierung mit XMOP

Das Ziel von **XMOP** (**XML Metadata Object Persistence**; Objektpersistenz durch XML-Metadaten) besteht darin, Komponententechnologien wie COM, Java oder CORBA eine Möglichkeit zur Zusammenarbeit an die Hand zu geben, indem formale Methoden zur Objektserialisierung angeboten werden, die nicht an ein spezielles Objektsystem gebunden sind. Man ermöglicht somit den Austausch von Objekten zwischen COM und Java und selbst zwischen den verschiedenen Implementierungen der Java Virtual Machine.

Es war/ist beabsichtigt, mit XMOP eine Ergänzung zu XML-RPC oder SOAP zu schaffen (beispielsweise als Verfahren, um die Schnittstellenparameter eines SOAP-Methodenaufrufs zu serialisieren).

Bei XMOP findet die **Simple Object Definition Language** (SODL auf http:// jabr.ne.mediaone.net/documents/sodl.htm; Vereinfachte Objektdefinitionssprache) Verwendung, eine als XML-DTD formulierte IDL (Interface Definition Language), mit der man, kompatibel zu den IDLs von COM oder CORBA, Objekte definieren kann. Tatsächlich verwendet XMOP die SODL-DTD in der Version 1.0.

Mehr Informationen über XMOP findet man unter http://jabr.ne.mediaone.net/documents/ xmop.htm..

Die KOALA-Serialisierung

Die **Koala Object Markup Language** (KOML; Koala-Auszeichnungssprache für Objekte) ist eine reine Java-Lösung, die beschreibt, wie Java-Objekte als XML-Dokumente, die zu den Standards XML 1.0 und SAX 1.0 konform sind, zu serialisieren sind. Diese 100prozentige Java-Lösung mag für viele nützlich sein, der Anwendungsbereich ist allerdings stark eingeschränkt, da die Serialisierung nur mit Java-Klassen möglich ist. So werden möglicherweise nicht alle Anforderungen erfüllt, besonders nicht im Hinblick auf das Internet.

Die Integration von Koala in die Java-Klassen erfolgt dabei über das Java-Interface Serializable. Auf diese Weise fügt sich Koala direkt in den Ausgabestrom der serialisierten Daten ein.

Ein mit KOML serialisierbares Objekt muss das Java-Interface `java.io.Serializable` implementieren. Folglich würde eine Klasse `Book`, die mit folgendem Java-Code erzeugt wird

```java
public class Book implements Serializable
{
    int id = 1642;
}
```

von KOML als folgendes XML-Dokument dargestellt:

```xml
<?xml version='1.0' encoding='UTF-8'?>
<!DOCTYPE koml SYSTEM "http://www.inria.fr/koala/XML/koml12.dtd">
<koml version='1.2'>
    <classes>
        <class name='Book' uid='-5510978188925784084'>
            <field name='i' type='int'/>
        </class>
    </classes>
    <object class='Book' id='i1'>
        <value type='int' name='id'>1642</value>
    </object>
</koml>
```

Der Namensraum eines KOML-Dokuments sollte auf den URL `http://www.inria.fr/koala/XML/koml11.dtd` *verweisen. Weitere Informationen über KOML findet man unter* `http://www.inria.fr/koala/XML/serialization/`.

Stark versus schwach gekoppelte Systeme

Wir werden uns nun mit den Vor- und Nachteilen beschäftigen, die schwach gekoppelte Systeme, so wie sie mit XML ermöglicht werden, im Vergleich zu den herkömmlichen, stark gekoppelten System aufweisen. Viele der heutigen Anwendungen beruhen auf Systemen mit starker Kopplung, bei denen das Nachrichtenformat der ausgetauschten Nachrichten genau bekannt sein muss. Es ist zum Beispiel wichtig zu wissen, ob DCOM oder CORBA (IIOP) verwendet wurde. Im Gegensatz dazu verlassen sich schwach gekoppelte Systeme nicht auf dieses strikte Formatverständnis zwischen den Systemkomponenten. Im Falle von XML wird sogar nur einfacher Text zwischen den Systemen ausgetauscht.

Nachteile schwach gekoppelter Systeme

Die beiden möglicherweise größten Nachteile bei einer Verwendung von XML für ein schwach gekoppeltes, verteiltes Komponentensystem betreffen Bandbreite und Geschwindigkeit. Zum Beispiel wird die Erstellung von Nachrichten im XML-Format zwar immer weiter vereinfacht, jede Nachricht wird aber zuerst von einem Parser überprüft, bevor sie an die eigentliche Anwendung weitergereicht wird. Dieser Mehraufwand der Validierung kann sich deutlich bemerkbar machen. Weiterhin spielen auch die XML-Meta-Daten, die dem Inhalt bei Konstruktion eines XML-Dokuments hinzugefügt werden, eine Rolle. Sie erhöhen zusätzlich den Netzverkehr bei der Übertragung (obwohl die verwendeten Übertragungsmethoden Kompressionstechniken nutzen könnten, um die Netzlast zu reduzieren).

Stark gekoppelte Systeme bestehen auf einem strikten Format der Nachrichten, die zwischen ihnen ausgetauscht werden. Das kann im Vergleich zu XML-Nachrichten, die noch einen Parser durchlaufen müssen, Netzwerkkosten sparen. Natürlich erfordern herkömmliche, stark gekoppelte Systeme vor einem Datentransfer oftmals Handshake-Verfahren, und sie versagen auch leicht, wenn entweder Server oder Client aktualisiert wurden und nur noch ein neues Nachrichtenformat verstehen.

Vorteile schwach gekoppelter Systeme

Ein XML-basiertes Komponentensystem kann tatsächlich sehr skalierbar sein, da man, im Gegensatz zum herkömmlichen Client-Server-Modell, wo für jeden Methodenaufruf eine Netzwerkanfrage erfolgen muss, mehrere Methodenaufrufe in einer Anfrage zusammenfassen kann.

Die Grafik unten veranschaulicht den herkömmlichen Prozess eines entfernten Funktionsaufrufs:

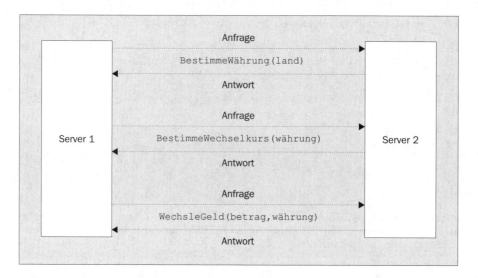

Die nächste Grafik zeigt die Vorgänge bei Verwendung von XML für die entfernten Methodenaufrufe:

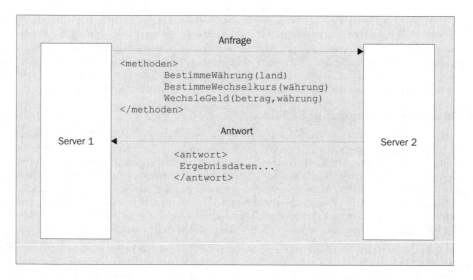

Bei Anwendungen, die eine hohe Zuverlässigkeit erfordern, ist es üblich, eine Serie von Methodenaufrufen in einer so genannten Transaktion zusammenzufassen. Man garantiert mit diesem Verfahren, dass entweder alle oder keiner der Funktionsaufrufe ausgeführt wird. Möchte man in einer eigenen Anwendung Transaktionen nutzen und verwendet zum Beispiel das XML-RPC-Protokoll, dann muss man die Transaktionsbehandlung selber implementieren. Das neuere SOAP-Protokoll hingegen (und viele der kommerziellen XML-Serverprodukte) sieht schon Möglichkeiten vor, auf Wunsch transaktionsfähige Anwendungen zu erstellen.

Weiterhin kann man eine Art Versionskontrolle zwischen den verschiedenen Servern einer verteilten Anwendung erzwingen. Da jedes XML-»Dokument« gegen eine geeignete DTD oder ein geeignetes Schema geprüft werden kann, kann man neue Funktionalität hinzufügen oder Änderungen vornehmen, die nicht zu Konflikten führen. Für den Fall, dass ein Server trotzdem einen Konflikt entdeckt, sollte die Behandlung dann sehr fehlertolerant erfolgen. So lange keine XML-Tags entfernt werden, kann der gesamte Funktionsumfang zwischen den verteilten Komponenten erhalten bleiben. Die Datenstrukturen des Clients müssen noch nicht einmal in einem festgeschriebenen XML-Format vorliegen, da man mit den verfügbaren Transformationssprachen leicht Umwandlungen vornehmen kann. Nur die wirklich notwendigen Daten müssen immer enthalten sein.

In schwach gekoppelten Systemen ist es relativ einfach, auch Dokumente, die aus verschiedenen Protokollspezifikationen hervorgegangen sind, zwecks gegenseitigem Nachrichtenaustausch zu verwenden. Wir werden uns beispielsweise noch mit den Protokollen von XML-RPC und SOAP auseinander setzen, die beide eine verteilte Kommunikation mit XML ermöglichen. Diese Systeme beruhen zwar auf verschiedenen XML-Spezifikationen, es gibt aber keinen Grund (es wird vielmehr schon darüber diskutiert), warum man ein Verfahren wie XSLT nicht einsetzen sollte, um ein konkretes Dokument von der einen Spezifikation in die andere zu »übersetzen«.

Kommunikationsverfahren

Server, die unter der Verwendung von XML Daten austauschen, können auf eine Vielzahl von Protokollen und Standards zurückgreifen, mit denen sie die Brücken zwischen den verteilten Komponenten schlagen können. Der populärste Standard ist sicherlich HTTP, da es unter den heutzutage verwendeten Protokollen das wohl gebräuchlichste Standardprotokoll darstellt, obwohl auch SMTP und FTP ein ähnliches Maß an Standardisierung aufweisen, um einen plattformunabhängigen Transport von XML-Nachrichten zu gewährleisten. Bei den vielen dynamischen XML-Anwendungsservern kommen jedoch weitaus speziellere Netzwerk-Schnittstellen zur Anwendung, beispielsweise CORBA/IIOP, Java RMI (Remote Method Invocation; entfernter Methodenaufruf) und Microsoft DCOM/COM.

In diesem Kapitel werden wir uns auf HTTP als Kommunikationsprotokoll verteilter Anwendungen konzentrieren, weil es das einfachste und unabhängigste der verfügbaren Protokolle ist. Wir werden aber am Ende des Kapitels auch auf einige der Produkte eingehen, die alternative Transportmethoden umgesetzt haben.

Aufruf entfernter Prozeduren

Das erste Verfahren der Server-Server Kommunikation mit XML ähnelt den traditionellen Methoden, wie sich verteilte Anwendungen gegenseitig ansprechen: Eine Prozedur oder Methode wird aufgerufen, bekommt die Parameter übergeben und liefert ein Ergebnis zurück. Der spezifische Unterschied besteht nun darin, dass die Funktionsaufrufe über reines HTTP abgewickelt werden, und dass die Informationen, welche Prozeduren auf dem entlegenen Server aufzurufen sind, als XML-Nachrichten verpackt werden.

Wir werden später im Kapitel noch einen Blick auf XML-RPC und SOAP werfen. SOAP bietet genau die Funktionalität, die wir oben ausgeführt haben und kann zusätzlich bei verteilten, heterogenen Anwendungen sehr effektiv eingesetzt werden – zudem stellt es die wahrscheinlich spannendste Entwicklung auf dem Gebiet der Serverkommunikation dar.

Datenaustausch

Der reine Austausch von Daten, der zum Beispiel bei WDDX (Web Distributed Data Exchange, oben kurz ausgeführt) im Vordergrund steht, unterscheidet sich von der Methode des entfernten Prozeduraufrufs dadurch, dass er häufig nicht auf einem bestimmten Übertragungsprotokoll aufbaut und nur Unterstützung bei der Darstellung eigener Daten im XML-Format anbietet und nicht Funktionsaufrufe und

Parameter für die Verwendung auf verteilten Rechnern kapselt. Es gibt Ansätze, die einen Datenaustausch ausschließlich über HTTP ermöglichen wollen, hierbei wird ein spezieller URL auf einem entfernten Server angesprochen und die zu übertragenen Daten werden mit dem POST-Kommando im XML-Format gesendet. Andere Verfahren erlauben den Datenaustausch von XML-Daten via COM, CORBA SMTP und noch vielen weiteren Transportverfahren.

XML-RPC

XML-RPC (eXtensible Mark-up Language Remote Procedural Call) ist ein relativ junges Verfahren, um Prozeduren in einem System verteilter Rechner auszuführen und Informationen zurückzuerhalten. XML wird dazu verwendet, strukturierte Nachrichten zu verschicken, in denen die Funktionsaufrufe gekapselt sind, die auf den entfernten Systemen ausgeführt werden. Diese Systeme integrieren sich somit nahtlos in eine lokale Systemlandschaft. Tatsächlich liegt mit XML-RPC eine Spezifikation vor, die von den verwendeten Programmiersprachen vollkommen unabhängig ist, da sie auf purem HTTP aufsetzt und XML (also einfachen Text) für den Nachrichtenaustausch verwendet.

Die Tatsache, dass schon wieder ein System Plattformunabhängigkeit für sich beansprucht, mag verdächtig erscheinen. Man sollte sich dabei aber vor Augen halten, dass die beiden Hauptkomponenten, nämlich HTTP und XML, einfache und effektive Standards darstellen, die von der gesamten Industrie akzeptiert sind und auf praktisch allen Plattformen zur Verfügung stehen. Sicher, XML-RPC ist einfach aufgebaut, doch trotzdem könnte es sich dabei um eins der einflussreichsten Verfahren handeln, die in den letzten Jahren auf dem Gebiet neuer XML-Techniken entstanden sind.

Die aktuelle Spezifikation von XML-RPC (zu finden unter `http://www.xmlrpc.com`) definiert, wie man, unter Verwendung von Parameterlisten, die ein entfernter Rechner festlegt, den Rückgabewert einer speziellen Funktion dieses Servers erhält. XML-RPC kann dazu verwendet werden, die Methoden eines Servers von einem Client aber auch von einem anderen Server aus aufzurufen. Den letzteren Fall werden wir noch genauer bei der Erörterung der Serverkommunikation betrachten.

Mittlerweile sind interessante Anwendungen von XML-RPC aufgetaucht, beispielsweise bei `http://www.mailtothefuture.com`, auf der eine XML-RPC-Schnittstelle zu einem Server angeboten wird, über den man sich selber, zu einem zukünftigen Zeitpunkt, E-Mails schicken lassen kann – so wie bei einer Art Terminkalender. Der Server stellt Methoden zur Verfügung, mit denen man neue Nachrichten erstellt, alte Nachrichten löscht oder die Anzahl der noch ausstehenden Nachrichten abfragt. Die folgende Grafik veranschaulicht die Funktionsweise:

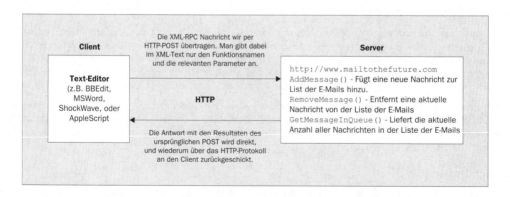

In letzter Zeit sind auf den verschiedensten Plattformen wie Frontier, Apple Macintosh, Unix oder Windows (unter anderen) Editoren für Diskussionsforen entstanden, die es den Benutzern ermöglichen, auf den entfernt liegenden Foren Beiträge hinzuzufügen oder abzuändern. Man kann dies mit einem Webbrowser aber auch mit anderen Client-Anwendungen (zum Beispiel Microsoft Word) erledigen. Die Verwendung der XML-RPC-Schnittstelle begünstigt also die Entwicklung von PC-Editoren, die nicht auf Browsern basieren. Somit hat man gegenüber den Editoren, die in den Browsern integriert sind, mächtigere Werkzeuge zur Erstellung und Pflege von Beiträgen zur Verfügung.

Über XML-RPC kann man einen neuen Beitrag in das Diskussionforum stellen, schon existierende Nachrichten editieren und abspeichern. Dies alles kann von *jedem* System aus erfolgen, vorausgesetzt es unterstützt HTTP und irgendeinen Texteditor.

Wöchentlich kommen neue Möglichkeiten dazu und Dave Winer von `http://www.xmlrpc.com` tut sein Möglichstes, um XML-RPC kontinuierlich weiter voranzutreiben.

Warum XML-RPC verwenden?

Die herkömmlichen Verfahren zur Kommunikation in verteilten Systemen verwenden Methoden von COM oder CORBA (zum Beispiel DCOM oder IIOP), die auch in der Welt der Anwendungsentwickler breite Unterstützung erfahren. Obwohl die Verfahren in stark gekoppelten Systemen zweifellos populär bleiben werden, stehen sie in der sich immer weiter entwickelnden Welt der verteilten Computersysteme vor schwierigen Aufgaben. Systeme, die auf XML-RPC basieren, sind, im Gegensatz dazu, wesentlich anpassungsfähiger an sehr weit verteilte Netzwerke. Zum Beispiel ist es für ein XML-System nicht erforderlich, die genaue Identität eines Servers vor einem Prozeduraufruf zu kennen. Stattdessen kann man den Server, der verwendet werden soll, innerhalb der Parameter des Aufrufs oder, bei der Verwendung eines Verfahrens mit dynamischem Lastausgleich, sogar erst nach dem Aufruf festlegen.

Üblicherweise müssen wir uns doch mit den speziellen Eigenschaften der beteiligten Verfahren beschäftigen, welche Plattformen beteiligt sind, ob COM oder CORBA verwendet wird, ob sich Systeme hinter einer Firewall befinden (sehr viele Systeme haben damit Probleme), etc. etc.

Die folgende Abbildung veranschaulicht, dass die entfernten Funktionsaufrufe mit XML-RPC im Gegensatz zu den herkömmlichen Verfahren keine Probleme mit einer Firewall haben, besonders im Hinblick auf ein Internet-Szenario.

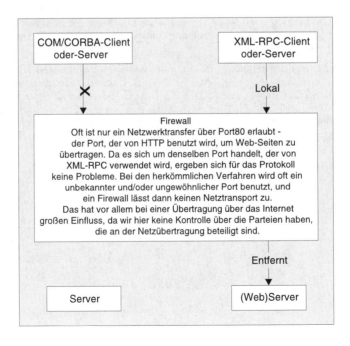

Bei XML-RPC erfolgt die gesamte Kommunikation über das HTTP-Protokoll, man hat also keine Probleme damit, die Informationen durch eine Firewall zu übertragen (da fast jede Firewall HTTP durchlässt). Da XML die Daten zusammen mit der Schnittstellenbeschreibung liefert, gibt es im Vergleich mit den traditionellen unflexiblen Systemen weniger Probleme bei der Integration. Man benötigt wirklich nur einen URL, die Beschreibung der Schnittstellen und den Typ des Rückgabewerts – es ist wirklich so einfach.

Ein aktuelles Beispiel von XMLRPC.com veranschaulicht dies vielleicht am besten. Die Website Userland.com (die auf einem Frontier-System läuft) ermöglicht den Zugriff auf Prozeduren, mit denen man die Beiträge eines Diskussionsforums manipulieren kann. Man ermöglicht den Entwicklern den entfernten Aufruf von Prozeduren, die neue Beiträge für das Diskussionsforum erstellen, oder schon existierende Nachrichten verändern – und zwar alles über XML-RPC von jedem entlegenen Client-System aus, das HTTP unterstützt.

Userland bietet nur eine relativ kurze Schnittstellenbeschreibung an, die alle Prozedurnamen enthält, die erwarteten Parameter, den Typ des Rückgabewerts und eine kurze Beschreibung der Prozedur. Innerhalb einiger Tage gab es Editoren für Plattformen wie Apple Macintosh, Windows und Unix in einer Vielzahl von Programmiersprachen wie ASP, COM, PHP, Lingo, Java und Applescript, um nur ein paar zu nennen.

Es gab nur sehr wenige Probleme. In einer der amüsanteren E-Mails von Dave Winer vermutete dieser bei sich technische Probleme, da 24 Stunden, nachdem die Spezifikation des Diskussionsforum veröffentlicht war, noch keine »Erfolgs«-Nachrichten in das Forum gestellt worden waren. Ich frage mich, ob irgendeiner der Leser erwartet hätte, dass mit den traditionellen Verfahren die Integration verschiedener Plattformen und Programmiersprachen in 24 Stunden möglich gewesen wäre? Man kann daran erkennen, welche großen Möglichkeiten XML-RPC zugeschrieben werden.

Es ist wichtig, sich vor Augen zu halten, dass XML-RPC nicht in jedem Fall für ein verteiltes System angemessen ist. Es ist langsamer als die herkömmlichen Verfahren, die aus den oben ausgeführten Gründen am häufigsten in abgeschlossenen Netzen zur Anwendung kommen. Das Internet ist allerdings langsamer als die meisten abgeschlossenen Netze. Somit bemerkt man eine Verzögerung auf Grund von XML-RPC nicht (da die Verzögerung durch das Netzwerk längere Wartezeiten verursacht als die Verarbeitung der XML-Nachrichten). Bleibt man allerdings im firmeneigenen Netz und kommt es auf die Geschwindigkeit an, ohne dass man sich darüber Sorgen machen muss, dass die Anwendungsschnittstellen für entfernte Rechner offen stehen, dann sollte man besser auf die Verfahren von COM oder CORBA zurückgreifen, etwa DCOM oder IIOP. Wie wir noch sehen werden, kann man viele der Methoden einer COM/CORBA-Anwendung über XML-RPC zur Verfügung stellen, indem man den Umweg über einen HTTP-Umsetzer (HTTP wrapper) -Webserver wählt.

Die folgende Abbildung zeigt die mögliche Struktur eines verteilten Systems, das XML-RPC verwendet. Die Grafik soll veranschaulichen, wie jeder XML-RPC-fähige Client die Methoden eines XML-RPC-Servers aufrufen kann und dass dabei verschiedene XML-RPC-Server zum Einsatz kommen können, die zusätzlich noch auf unterschiedlichen Plattformen laufen – es gibt viele mögliche Konfigurationen. Man kann erkennen, dass die Server die Methoden anderer Server verwenden, aber auch den Clients ihre Dienste zur Verfügung stellen. Im Wesentlichen gibt es keinen Unterschied, ob ein Client einen Prozeduraufruf ausführt oder ob ein Server dieselbe Prozedur aufruft.

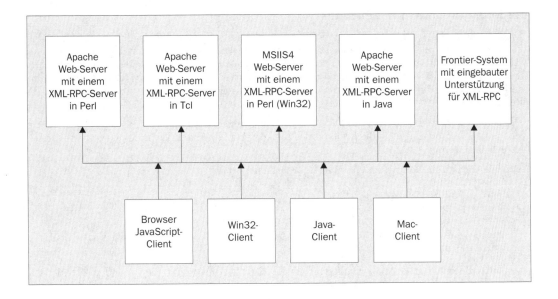

Wie passt XML-RPC ins Bild?

Die vorherigen Kapitel haben XML und die damit verbunden Verfahren recht ausführlich behandelt. Es mag daher überraschen, dass XML-RPC nur die grundlegendsten Komponenten XMLs, nämlich den XML-1.0-Standard und das XML Document Object Model, verwendet.

Diese Grundeigenschaften XMLs werden auf praktisch jeder Plattform unterstützt und stellen sicher, dass die XML-RPC-Spezifikation durchweg überall unterstützt werden kann. Vielleicht finden in Zukunft noch weitere Teile von XML ihren Weg in die XML-RPC-Spezifikation.

Die XML-RPC-Spezifikation – ein technischer Überblick

Die XML-RPC-Implementation basiert auf dem HTTP-POST-Befehl. Der übertragene Dokumentenrumpf liegt dabei im XML-Format vor und enthält die Prozedur, die auf dem entfernten Rechner ausgeführt werden soll sowie alle benötigten Parameter. Die Antwort wird ebenfalls als XML-Dokument zurückgeliefert.

Parameter und Rückgabewerte besitzen entweder einfache Datentypen wie Boolean (Wahrheitswerte), Integer (ganze Zahlen), String (Zeichenkette), Float (Fließkommazahl) oder Date (Datum), oder man verwendet die Typen Array und Structure, um auch komplexere Datenstrukturen wie Records und Listen abzubilden. Man kann sogar, über eine Codierung im Base64-Format, binäre Daten verwenden, um zum Beispiel ein Bild als Ergebnis eines Prozeduraufrufs zurückzuliefern.

Base64 wird verwendet, um binäre Daten in ASCII-Text umzuwandeln, um den Transport über SMTP-Server oder andere textbasierte Protokolle zu ermöglichen und eine eventuelle Fehlinterpretation der Daten zu verhindern. Base64 stellt weiterhin den Standard dar, der einen Transport binärcodierter Information wie zum Beispiel von GIF- oder JPEG-Bildern, über XML-RPC ermöglicht. Wir werden uns damit noch später im Kapitel auseinander setzen.

Ein wichtiger Aspekt der Spezifikation ist, dass es nur einen Rückgabewert geben darf, obwohl dieser eine Struktur aus Teilresultaten sein kann.

Die Spezifikation besteht aus den Anforderungen an den HTTP-Header und den Formatbeschreibung für die XML-RPC-Anforderung und die XML-RPC-Antwort.

Anforderungen an den HTTP-Header

Das Format des URI (Universal Resource Identifier) in der ersten Zeile des Headers ist nicht festgelegt. Sie kann leer bleiben oder aus einem einzelnen Schrägstrich (slash) bestehen, wenn der Server ausschließlich XML-RPC-Aufrufe verarbeitet. Verarbeitet der Server jedoch einen Mix verschiedener HTTP-Anfragen, dann sollte der URI verwendet werden, um anzuzeigen, dass jetzt eine Anfrage kommt, die von einem anderen Servermodul bearbeitet werden muss. Eine XML-RPC-Anfrage muss über den HTTP-POST-Befehl erfolgen.

Die Header-Zeilen User-Agent und Host müssen angegeben werden, Content-Type sollte auf text/xml gesetzt werden und schließlich sollte noch die korrekte Länge der Nachricht in Content-length festgehalten werden.

Schauen wir uns ein Beispiel an, das alle Anforderungen erfüllt:

```
POST /RPC2 HTTP/1.0
User-Agent: Frontier/5.1.2 (WinNT)
Host: betty.userland.com
Content-Type: text/xml
Content-length: 181
```

Das obige Beispiel legt RPC2 als Empfänger der XML-RPC-Anfrage fest, die von einem Frontier-Client, der auf Windows NT läuft, an einen Server namens betty.userland.com gestellt wird. Content-Type und Content-length sind korrekterweise auf die Werte text/xml bzw. 181 gesetzt werden. Wir haben hier eine gültige XML-RPC-Anfrage vorliegen.

Anfrageformat

Die Spezifikation legt fest, dass eine Anfrage ein XML-Dokument sein muss und dass für die Struktur die XML-Spezifikation in der Version 1.0 verwendet werden soll. Der gesamte Nutzinhalt der Anfrage findet sich im Element <methodCall>, das ein Unterelement <methodName> enthalten muss, das den Bezeichner der aufzurufenden Funktion zum Inhalt hat. Es ist Sache des Servers die Zeichen, aus denen der Prozedurname besteht, richtig zu interpretieren, gültige Zeichen sind: a-z, A-Z, 0-9, Unterstrich, Punkt, Doppelpunkt und Schrägstrich (dabei gelten die üblichen XML-Beschränkungen bezüglich des ersten Buchstabens).

Wenn eine Prozedur Parameter hat, muss das <methodCall>-Element ein Element vom Typ <params> enthalten, das wiederum ein oder mehrere <param>-Elemente enthält. Jedes dieser Elemente enthält dann ein <value>-Element, und zwar in genau der Reihenfolge wie in der Schnittstelle für die Prozedur festgelegt.

```
<?xml version="1.0"?>
<methodCall>
    <methodName>meinprozedurname</methodName>
    <params>
        <param>
            <value><string>meinParameter</string></value>
        </param>
    </params>
</methodCall>
```

Angabe von Parametern

Parameterwerte können entweder einfache Datentypen, Felder (arrays) oder komplexe Strukturen (structures) darstellen. Die einfachen Datentypen sind:

❏ Ganze Zahl (Integer)
❏ Wahrheitswert (Boolean)
❏ Zeichenkette (String)

❏ Fließkommazahl (Double)
❏ Datums-, Zeitangabe (Date/Time)
❏ Binärcodierung (Base 64)

Wir werden uns jeden dieser Typen einzeln anschauen.

Ganze Zahlen (Integer)

Ganze Zahlen sind in XML-RPC genau vier Byte lang und vorzeichenbehaftet. Sie werden mit den Elementen `<i4>` oder `<int>` definiert. Führende Nullen werden entfernt, Leerzeichen oder Tabulatoren sind nicht erlaubt. Ein Beispiel:

```
<?xml version="1.0"?>
<methodCall>
    <methodName>BerechneCelsius</methodName>
    <params>
        <param>
            <value><int>-5</int></value>
        </param>
    </params>
</methodCall>
```

Man mag es ungewöhnlich finden, dass der Datentyp nicht in Form eines XML-Attributs ausgedrückt wird, ja dass es in der XML-Spezifikation grundsätzlich an Attributen mangelt. Es gibt dafür allerdings keinen echten Grund, außer der Entscheidung des Autors der Spezifikation, keine Attribute zu verwenden.

Es gibt unter den XML-RPC-Interessierten heftige Diskussionen, ob Attribute sinnvoller als Element-Definitionen sind, es wurden aber bisher noch keine Anstalten gemacht, diese zu verwenden.

Wahrheitswert (Boolean)

Ein Wahrheitswert wird mit dem Element `<boolean>` definiert und kann die Werte 0 für falsch und 1 für wahr annehmen. Ein Beispiel:

```
<?xml version="1.0"?>
<methodCall>
    <methodName>SetzeProduktVerfügbarkeit</methodName>
    <params>
        <param>
            <value><boolean>1</boolean></value>
        </param>
    </params>
</methodCall>
```

Zeichenkette (String)

Eine Zeichenkette wird durch ein `<string>`-Element eingeschlossen. Sie kann jedes gültige ASCII-Zeichen enthalten, Sonderzeichen wie < und & müssen allerdings, da XML-RPC korrektes XML darstellt, als < bzw. & codiert werden. Die Zeichencodierung ist in XML-RPC im Moment noch nicht festgelegt, also findet die voreingestellte Codierung des Parsers Verwendung. Eine Festlegung auf einen Codierungstyp wird von der XML-RPC-Spezifikation auch gar nicht erwartet, obwohl das Thema in den XML-RPC-Diskussionsgruppen schon zu Diskussionen geführt hat. Demnach wird die in XML übliche UTF-8-Codierung verwendet, die für fast jeden Nachrichtenaustausch genügt. Das folgende Beispiel zeigt die Verwendung des Zeichenkettentyps:

```
<?xml version="1.0"?>
<methodCall>
    <methodName>HoleFirmenNummer</methodName>
    <params>
```

```
    <param>
        <value><string>Wrox Press</string></value>
    </param>
  </params>
</methodCall>
```

Fließkommazahl (Double)

Das Element <double> definiert in XML-RPC eine vorzeichenbehaftete Fließkommazahl doppelter Genauigkeit. Eine Fließkommazahl darf keine Leerzeichen oder Tabulatoren enthalten und sollte aus einem Plus- oder Minus-Zeichen bestehen, auf das eine beliebige Anzahl Ziffern folgt, ein Punkt und dann wieder eine beliebige Anzahl Ziffern. (Der erlaubte Bereich für die Zahl hängt von der Implementation ab und ist nicht festgelegt). Ein Beispiel für diesen Datentyp folgt unten:

```
<?xml version="1.0"?>
<methodCall>
    <methodName>SetzeMeinenKontostand</methodName>
    <params>
        <param>
            <value><double>-23435.87</<double></value>
        </param>
    </params>
</methodCall>
```

Datums-, Zeitangabe (Date/Time)

Die Typen für Datum und Zeit, die man durch das Element <dateTime.iso8601> angibt, bilden eine Untermenge des ISO8601-Standards für die Zeitdarstellung ab und sind für viele Geschäftsprozesse im Internet äußerst wichtig. Das Format einer Zeitangabe sieht folgendermaßen aus: YYYYMMDDTHH24:MM:SS. Der Transfer von zeit- und datumsspezifischen Informationen via XML-RPC wird dadurch sehr vereinfacht. Die Information über die Zeitzone wird nicht im Element festgehalten und sollte vom Server oder in der Anwendungsdokumentation festgelegt werden. Es folgt ein Beispiel:

```
<?xml version="1.0"?>
<methodCall>
    <methodName>HoleLagerstand</methodName>
    <params>
        <param>
            <value>
                <dateTime.iso8601>19990912T13:54:12<dateTime.iso8601>
            </value>
        </param>
    </params>
</methodCall>
```

Binärcodierung (Base 64)

Das Base64-Verfahren ermöglicht einen Transfer binärcodierter Informationen, zum Beispiel GIF- oder JPEG-Grafiken, über XML-RPC, in dem wir die Binärdatei in ein umgebendes Element einschließen (wie in dem folgenden Beispiel). Mit dem <base64>-Element legt man fest, dass codierte Daten folgen. Im Beispiel ist kein echtes, codiertes Bild angegeben.

```
<?xml version="1.0"?>
<methodCall>
    <methodName>FügeDiagrammEin</methodName>
    <params>
        <param>
            <value>
                <base64>Wk964jkf0skamllp97Okmk<base64>
```

```
        </value>
      </param>
    </params>
</methodCall>
```

Felder (Arrays)

Das `<array>`-Element von XML-RPC besteht aus einem einzelnen `<data>`-Element, das eine beliebige Anzahl von `<value>`-Elementen mit parametrisierten Daten enthalten kann. Innerhalb eines Felds können verschiedene Datentypen gemischt vorkommen. Wird ein `<value>`-Element verwendet, das ein Feld oder eine Struktur enthält, sind auf diese Weise auch verschachtelte Strukturen möglich. Felder sind dann von Vorteil, wenn man Informationen übertragen möchte (zum Beispiel Zustandsinformationen eines Objekts), die als Folge von Werten vorliegen, über deren Anzahl man zum Zeitpunkt des Anwendungsentwurfs noch keine Aussagen machen kann bzw. deren Anzahl sich im Ablauf der Anwendung verändert. Es kann sich auch bei der Übergabe sehr vieler Parameter als sinnvoll erweisen, ein Feld anstelle vieler einzelner Werte zu verwenden. Hier noch ein Beispiel:

```
<?xml version="1.0"?>
<methodCall>
    <methodName>FügeFirmenInfoEin</methodName>
    <params>
      <param>
        <array>
          <data>
            <value><string>Deltabiz GmbH</string></value>
            <value><int>8878</int></value>
            <value><boolean>1</boolean></value>
            <value>
              <array>
                <data>
                  <value><int>674</int></value>
                  <value><string>Nirgendweg</string></value>
                  <value><string>Hamburg</string></value>
                </data>
              </array>
            </value>
          </data>
        </array>
      </param>
    </params>
</methodCall>
```

Strukturen

Eine Struktur ermöglicht es, anders als das rein sequenzielle Feld, auch in der Anordnung der verschiedenen Werte noch Informationen unterzubringen. Strukturen werden mit dem `<struct>`-Element definiert, das aus einem oder mehreren Elementen des Typs `<member>` besteht (die Anzahl der `<member>`-Elemente ist nicht beschränkt). Diese wiederum bestehen aus den Elementen `<name>` und `<value>`, die die Daten aufnehmen. Wie Felder können Strukturen ebenfalls verschachtelt werden und wieder Felder beinhalten. Das folgende Beispiel veranschaulicht eine XML-RPC-Struktur:

```
<?xml version="1.0"?>
<methodCall>
    <methodName>ErzeugeKaufvorgang</methodName>
    <params>
      <param>
        <struct>
          <member>
```

```
            <name>Produkt</name>
            <value><string>silberne Uhr</string></value>
        </member>
        <member>
            <name>Preis</name>
            <value><i4>87</i4></value>
        </member>
        <member>
            <name>Kaufdatum</name>
            <value>
                <dateTime.iso8601>19990912T02:53:02</dateTime.iso8601>
            </value>
        </member>
        <member>
            <name>Auftrags-Nr.</name>
            <value><double>384793</double></value>
        </member>
        </struct>
    </param>
  </params>
</methodCall>
```

Wenn man sich obigen XML-Code genauer anschaut, könnte man auf die Idee kommen, das meiste der dort vorhandenen Redundanz mit einer anderen XML-Formulierung zu beseitigen, so wie im folgenden Abschnitt:

```
<struct>
    <Produkt><string>silberne Uhr</string></Produkt>
    <Preis><i4>87</i4></Preis>
    ...
</struct>
```

Es gibt sicher viele Gründe dafür, dass die XML-RPC-Spezifikation nicht in dieser Weise vorgeht. Einer davon ist möglicherweise, dass die Art und Weise, in der die XML-RPC-Struktur definiert ist, einigen Strukturen konventioneller Programmiersprachen ähnelt, die auch explizite Name/Wert-Paare verwenden.

Der Antwort-Header

Die erste Zeile der Antwort sollte eine gültige HTTP-Headerzeile mit dem Inhalt 200 OK sein (soweit kein grundlegender Serverfehler auftrat). Darauf sollte die Content-Type-Zeile, mit dem Inhalt text/xml sowie die korrekte Content-Length folgen. Ein Beispiel folgt unten (Date und Server sind optionale Headerzeilen):

```
HTTP/1.0 200 OK
Connection: close
Content-length: 342
Content-Type: text/xml
Date: Fri, 17 Jul 1998 19:55:08 GMT
Server: Userland Frontier/5.1.2-WinNT
```

Antwortformat

Eine Antwort besteht aus einem <methodResponse>-Element, das ein einzelnes <params>-Element enthält, das wiederum ein <param>-Element mit einem einzelnen <value>-Element kapselt.

```
<?xml version="1.0"?>
<methodResponse>
    <params>
        <value>
            <array>
                <data>
                    <value><string>www.deltabiz.com</string></value>
                    <value><double>-76570</double></value>
                </data>
            </array>
        </value>
    </params>
</methodResponse>
```

Im Falle eines Problems kann eine Antwort auch Fehlerinformationen enthalten, auf die wir jetzt näher eingehen werden.

Antwortfehler

Alternativ zum Format einer erfolgreichen Antwort kann sie auch Fehlerinformationen enthalten. In diesem Fall besteht das `<methodResponse>`-Element aus einem `<fault>`-Element, mit einem `<value>`-Element. Das `<value>`-Element enthält ein `<struct>`-Element aus zwei Komponenten. Eine davon ist der `faultCode`, ein `<int>`-Wert, die andere Komponente heißt `faultString` und ist eine Zeichenkette, die die Fehlerursache beschreibt.

Ein Beispiel folgt unten:

```
<?xml version="1.0"?>
<methodResponse>
    <fault>
        <value>
            <struct>
                <member>
                    <name>faultCode</name>
                    <value><int>873</int></value>
                </member>
                <member>
                    <name>faultString</name>
                    <value><string>Eine Fehlernachricht</string></value>
                </member>
            </struct>
        </value>
    </fault>
</methodResponse>
```

XML-RPC einsetzen

XML-RPC kann man in zwei Komponenten aufspalten, die Client- und die Serverkomponenten. Der Client ist vom Server vollkommen unabhängig, so dass ein COM-Client auf einem Windows-NT-Server die in Perl geschriebenen Prozeduren eines Apache-Servers unter Unix aufrufen kann.

XML-RPC-Implementierungen sind für Python, Java, Perl, Tcl, ASP, COM und PHP verfügbar. Weitere Informationen, wie man an die Umsetzungen gelangt, findet man im Abschnitt *»Wie geht's weiter?«*

Ein einfaches Beispiel

Das folgende Beispiel stellt einige der oben erwähnten Sprachen vor und veranschaulicht, wie man eine entfernte Funktion aufruft, die den aktuellen Kontostand eines Sparbuchs zurückliefert. Wir teilen das Beispiel in die XML-Anfrage, also die Implementierung des Clients, und in die XML-Antwort, der Implementierung des Serverteils, auf.

Das Beispiel beruht auf ASP und dem MS IIS, obwohl auch andere Technologien zur Implementierung von Client und Server verwendet werden können – solange die Schnittstellendefinition fest bleibt, gibt es keine Probleme. Hierin liegt die Eleganz von XML-RPC.

Bevor wir mit den Beispielen anfangen, kopieren Sie sich bitte die Beispieldateien in das Verzeichnis `<root>/xmlrpc/client/` Ihres Webservers. Besorgen Sie sich auch die ASP-Dateien für den Client und Server unter dem URL, den Sie im Abschnitt »Wie geht's weiter?« finden, und vergewissern Sie sich, dass die Datei `xmlrpc.asp` ebenfalls unter `<root>/xmlrpc/client/` zu finden ist.

Weiterhin muss noch die Registrierung der COM-Komponenten, so wie unter demselben URL beschrieben, mit dem Tool RegSvr32 erfolgen. Folgen Sie allen Anweisungen auf der Website (Internet Explorer 5 installieren etc.) um sicherzugehen, dass die RPC-Programme erfolgreich installiert werden.

Tippen Sie einfach Folgendes ein, um eine Komponente zu registrieren:

```
RegSvr32 <Komponentenname>.dll
```

Darauf erscheint ein Bildschirmdialog, mit dem Sie darauf hingewiesen werden, dass die Komponente erfolgreich registriert wurde.

XML-Anfrage

Der folgende Code ist die XML-RPC-Anfrage für unser Beispiel. Wir wollen hier die Funktion `GetCurrentBalance()` aufrufen, die eine Kontonummer (account number) als Parameter benötigt.

```
<?xml version="1.0"?>
<methodCall>
    <methodName>GetCurrentBalance</methodName>
    <params>
        <param>
            <value>
                <double>873214</double>
            </value>
        </param>
    </params>
</methodCall>
```

Man kann erkennen, dass die Prozedur, die wir aufrufen wollen, `GetCurrentBalance()` heißt und dass die Kontonummer als Fließkommazahl (`double`) übergeben wird.

Um die XML-RPC-Prozeduren auf den Zielplattformen zu verwenden, muss der Schnittstellenentwickler nur die Prozedurnamen und ihre Parameter liefern. Der eigentliche XML-Code wird natürlich erst beim eigentlichen Funktionsaufruf automatisch erzeugt und für den Benutzer per HTTP-POST-Kommando übermittelt. Schauen wir uns an, wie dieses Vorgehen in den vier Programmiersprachen ASP, COM (VB), Java und PHP umgesetzt wird.

Hinweis: Wer diese Beispiele ausprobieren möchte, sollte einen Blick auf den Abschnitt »Wie geht's weiter?« werfen, in dem beschrieben wird, wie man die entsprechenden XML-RPC-Implementationen findet.

Active Server Pages

```
<!--#include file="xmlrpc.asp" -->
<%
    ReDim paramList(1)
    paramList(0)=873214

    myresp = xmlRPC("http://localhost /xmlrpc/server.asp", _
                    "GetCurrentBalance", paramList)

    response.write(myresp & "<p>")
%>
```

COM (Visual Basic)

```
Dim obj As deltabiz.XMLRPCclient
Set obj = CreateObject("deltabiz.xmlrpcClient")

ReDim param(1)
Dim strArr
param(0) = 873214

retval = obj.xmlRPC("http://localhost/xmlrpc/server.asp", "", _
                    "", "", "GetCurrentBalance", param)

MsgBox retval
```

Java

```
XmlRpcClient xmlrpc =
    new XmlRpcClient("http://www.localhost.com/xmlrpc/server.asp");
Vector params = new Vector();

params.addElement(873214);
Integer retVal = (Integer) xmlrpc.execute("GetCurrentBalance", params);
```

PHP

```
$xclient=new xmlrpc_client("/xmlrpc/server.asp", .
                           "localhost",80);
$ret=$xclient->send(new xmlrpcmsg("GetCurrentBalance", .
                         array(new xmlrpcval("873214","double"))));

$returnval=$ret->value();
$retVal=$returnval->scalarval();
```

XML-Antwort

Die Antwort auf die obige Anfrage sollte folgende XML-Struktur aufweisen:

```
<?xml version="1.0"?>
<methodResponse>
    <params>
        <param>
            <value>
```

```
            <int>7635</int>
          </value>
       </param>
    </params>
 </methodResponse>
```

Hätte es beim Prozeduraufruf Probleme gegeben, hätten wir eine Antwortnachricht wie unten erhalten. Das folgende XML-Dokument macht klar, dass die Probleme darin bestanden, den Server zu erreichen:

```
<?xml version="1.0"?>
<methodResponse>
    <fault>
       <value>
          <struct>
             <member>
                <name>faultCode</name>
                <value><int>345</int></value>
             </member>
             <member>
                <name>faultString</name>
                <value>
                 <string>The server name or address could not be resolved.</string>
                </value>
             </member>
          </struct>
       </value>
    </fault>
 </methodResponse>
```

Man sollte beachten, dass die Original-Fehlercodes und Fehlerbeschreibungen des Windows-System zurückgeliefert werden. Ein Prozeduraufruf sollte also immer in einer Routine zur Fehlerbehandlung gekapselt werden, die die spezifischen Eigenheiten der jeweiligen XML-RPC-Implementation beachtet.

Ein Prozeduraufruf mit Fehlerbehandlung wäre zum Beispiel:

```
<!--#include file="xmlrpc.asp" -->
<%
    ReDim paramList(1)
    paramList(0)=876

    On Error Resume Next

    myresp = xmlRPC("http://localhost/xmlrpc/server.asp", _
                "GetCurrentBalance", paramList)
```

```
    If Err.Number<>0 Then
       response.write("Error Number: " & Err.Number & "<BR/>")
       response.write("Error Detail: " & Err.Description & "<P>")
    Else
       response.write(myresp & "<p>")
    End If
 %>
```

Betrachen wir nun den Server-Code für die Prozeduren. An dieser Stelle sei nochmals darauf hingewiesen, dass der Server nicht in derselben Programmiersprache wie der Client implementiert sein muss (sogar noch nicht mal auf derselben Plattform). Wir werden aber, genau wie beim Client, äquivalente Umsetzungen in verschiedenen Sprachen betrachten.

Active Server Pages

```
<!--#include file="xmlrpc.asp" -->
<%
    rpcserver
%>

<SCRIPT LANGUAGE=JAVASCRIPT RUNAT=SERVER>
    function GetCurrentBalance(AccNumber)
    {
        var intBalance=7635;

        //return the amount to the client
        return intBalance;
    }
</SCRIPT>
```

Java

```
XmlRpcServer xmlrpc = new XmlRpcServer();
xmlrpc.addHandler("GetCurrentBalance", new BalanceHandler());

Integer result = xmlrpc.execute(request.getInputStream());
response.setContentType("text/xml");
response.setContentLength(result.length());
PrintWriter writer = response.getWriter();
writer.write(result);
writer.flush();
```

PHP

```
<?php
include("xmlrpc.inc"); include("xmlrpcs.inc");

function GetCurrentBalanceImpl($params)
{
    return new xmlrpcresp(new rpcval("873214","integer"));
}

$s = new xmlrpc_server(array("GetCurrentBalance" =>
                              "GetCurrentBalanceImpl"));
?>
```

Beispielanwendung: Buchkatalog

Die folgende Beispielanwendung (die, wie der Rest der Codebeispiele, auf der Wrox-Website verfügbar ist) veranschaulicht, wie man Prozeduren auf entfernten Servern dazu verwenden kann, um Informationen abzurufen, aber auch um Daten auf entfernten Servern zu aktualisieren. Der Wrox-Verlag verfügt über fünf Webserver in verschiedenen Teilen der Welt, die ihre Buchinformationen lokal in einer XML-Datei ablegen. Diese Dateien sollen aber über den Webserver in Birmingham aktualisierbar sein (wir nehmen an, dass von dort aus die Pflege des Buchkatalogs zentral geschieht). Der Benutzer soll dann die freie Wahl des Servers haben, von dem er eine Liste aller Themen, zu denen Buchtitel verfügbar sind, anfordern kann. Liegt die Liste dann vor, kann der Benutzer eins der Themen auswählen und erhält ausführliche Informationen über die Buchtitel, die auf dem gewählten Server erhältlich sind.

Schauen wir uns eine schematische Darstellung des Vorgangs an:

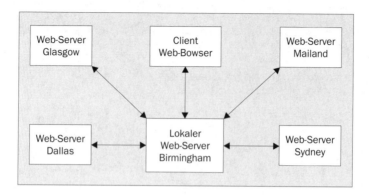

Ein Benutzer, der von einem oder mehreren Servern Buchinformationen abfragen will, bekommt folgenden Bildschirm angezeigt, auf dem er die Server auswählen kann, die ihm eine Liste der verfügbaren Themen zuschicken sollen.

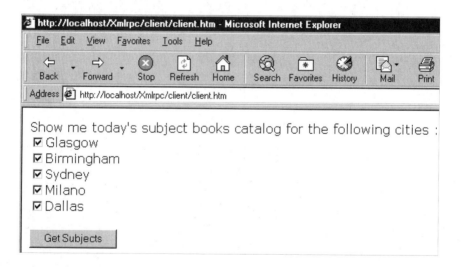

Der HTML-Code, um diese Ausgabe zu erzeugen, sieht folgendermaßen aus (Datei `client.htm`):

```
<HTML>
<HEAD>
   <META NAME="GENERATOR" Content="Microsoft Visual Studio 6.0">
</HEAD>
<BODY>
   <form method="post" action="Subjects.asp" name=form1>
      Show me today's subject books catalog for the following cities :
      <BR/>
      <INPUT name="city" type=checkbox value="Glasgow"
            CHECKED>Glasgow
      <BR/>
      <INPUT name="city" type=checkbox value="Birmingham"
```

```
              CHECKED>Birmingham
       <BR/>
       <INPUT name="city" type=checkbox value="Sydney"
              CHECKED>Sydney
       <BR/>
       <INPUT name="city" type=checkbox value="Milano"
              CHECKED>Milano
       <BR/>
       <INPUT name="city" type=checkbox value="Dallas"
              CHECKED>Dallas
       <P/>
       <input type="hidden" name="Function" VALUE="GetSubjects">
       <input type="submit" value="Get Subjects">
     </form>
   </BODY>
 </HTML>
```

Die Antwort auf die Anfrage liefert eine Liste der ausgewählten Städte, gefolgt von einer Auswahlbox mit den verfügbaren Buchthemen.

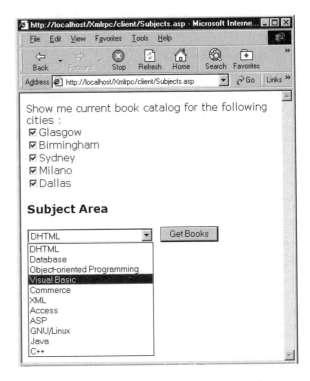

Die Detailinformationen über die Bücher, die an einer konkreten Site verfügbar sind, werden in einer lokalen XML-Datei auf den jeweiligen Servern abgelegt. Der Name dieser Datei lautet `CityName-Books.xml`. In Abhängigkeit der Städte, die ein Benutzer ausgewählt hat, wird jede dieser Dateien nach den verfügbaren Themen durchsucht. Die XML-Dateien mit den Buchdaten einer Stadt sind also alle unterschiedlich und immer auf dem aktuellsten Stand.

Das Beispiel veranschaulicht sehr schön die großen Möglichkeiten von XML-RPC. Die XML-Daten können über die ganze Welt auf unterschiedliche Server verteilt sein. Um dieses Beispiel auszuprobieren, können Sie die XML-Daten in unterschiedlichen Verzeichnissen Ihres eigenen Webservers ablegen oder Sie lassen eine Anzahl virtueller Webserver auf unterschiedlichen Ports laufen. Sollten Sie so vorgehen, dann greifen Sie auf XML-Daten über den URL `http://meinserver:port/<StadtDaten>.xml` *zu. Die Adresse, an der die Daten zu finden sind, wird vor den Clients vollständig verborgen.*

Eine genaue Beschreibung, an welcher Stelle man die Adresse der XML-Daten spezifiziert, folgt später im Kapitel.

Die folgende XML-Datei stellt die Buchliste des Lagers in Glasgow dar. Es gibt eine Vielzahl von Büchern und für jedes Buch existiert ein Listeneintrag, der aus einer Buch-ID, dem Veröffentlichungsdatum, dem Buchtitel, den Buchautoren und schließlich dem Themengebiet des Buches besteht. Das Veröffentlichungsdatum (`pubdate`) liegt in einem Format vor, das in Großbritannien verwendet wird, denn die gesamte Verarbeitung findet ja schließlich auf dem Webserver in Birmingham statt. Würde die Datei auf verschiedenen internationalen Servern bearbeitet, wäre eine Verwendung des ISO-601-Formats (das von XML-RPC intern zur Datumsdarstellung genutzt wird) offensichtlich von Vorteil.

```
<?xml version="1.0"?>
<books>
    <book bookid="1" pubdate="01/03/1999">
        <title>
            Instant Netscape Dynamic HTML Programmer's Reference NC4
            Edition
        </title>
        <authors>
            <author>Alex Homer</author>
            <author>Chris Ullman</author>
        </authors>
        <subject>DHTML</subject>
    </book>
    <book bookid="2" pubdate="11/10/2000">
        <title>Professional Visual Basic 6 Distributed Objects</title>
        <authors>
            <author>Rockford Lhotka</author>
        </authors>
        <subject>Visual Basic</subject>
    </book>
    <book bookid="3" pubdate="11/12/1999">
        <title>Beginning Active Server Pages 2.0</title>
        <authors>
            <author>Brian Francis</author>
            <author>John Kauffman</author>
            <author>Juan T Llibre</author>
            <author>David Sussman</author>
            <author>Chris Ullman</author>
        </authors>
        <subject>ASP</subject>
    </book>
    <book bookid="4" pubdate="11/10/2000">
        <title>Beginner's Guide to Access 2.0</title>
        <authors>
            <author>Wrox Author Team</author>
        </authors>
        <subject>Access</subject>
    </book>
    <book bookid="5" pubdate="11/12/1999">
        <title>Beginning Java 2</title>
        <authors>
            <author>Ivor Horton</author>
```

```
        </authors>
        <subject>Java</subject>
      </book>
  </books>
```

Anforderung der Themenliste

Die folgende Grafik veranschaulicht den Prozess, der stattfindet, wenn aus den XML-Daten die Gesamtliste der verfügbaren Themen erzeugt wird.

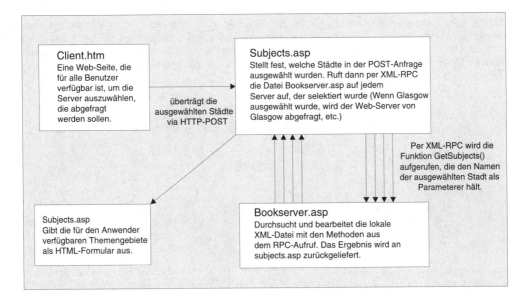

Die Daten des ersten Formulars werden an die Web-Adresse `subjects.asp` übertragen, die hauptsächlich aus VBScript-Anweisungen besteht. Zuerst wird auf dieser Seite eine XML-RPC-spezifische Datei eingebunden, die die Funktionen zur Umwandlung der Funktionsaufrufe gemäß der XML-RPC-Spezifikation enthält (im Falle von ASP sind die Funktionen in VBScript programmiert).

```
<!--#include file="xmlrpc.asp"-->
```

Dann folgt etwas HTML-Code, der genau wie im ersten Formular die Stadtnamen und Auswahlboxen ausgibt – dieses Formular leitet allerdings die eingegebenen Daten an die Adresse `proxy.asp` weiter, wo die Anfrage nach Büchern des gewählten Themenbereichs ausgeführt wird.

```
<HTML>
<HEAD>
    <META NAME="GENERATOR" Content="Microsoft Visual Studio 6.0">
</HEAD>
<BODY>
    <form method="post" action="proxy.asp" id=form1 name=form1>
        Show me current book catalog for the following cities :
        <BR/>
        <INPUT name="city" type=checkbox value="Glasgow"
               CHECKED>Glasgow
        <BR/>
        <INPUT name="city" type=checkbox value="Birmingham"
               CHECKED>Birmingham
```

```
        <BR/>
        <INPUT name="city" type=checkbox value="Sydney"
               CHECKED>Sydney
        <BR/>
        <INPUT name="city" type=checkbox value="Milano"
               CHECKED>Milano
        <BR/>
        <INPUT name="city" type=checkbox value="Dallas"
               CHECKED>Dallas
        <P/>
```

Wir erzeugen dann eine Instanz eines Dictionary-Objekts, das zur Speicherung der zurückgelieferten Themengebiete verwendet wird. Das Objekt wird auch in der Funktion CheckDuplicate() benutzt, mit der wir überprüfen, ob ein Themengebiet schon vorhanden ist. Nur wenn ein Thema noch nicht gefunden wurde, wird es der Themenliste hinzugefügt – man verhindert so, dass ein Benutzer wiederholt dieselben Themen angezeigt bekommt.

```
<%
    Dim objDict
    Set objDict = Server.CreateObject("Scripting.Dictionary")

    Function CheckDuplicate(strValue)
        If objDict.Exists(strValue) Then
            CheckDuplicate="TRUE"
        Else
            objDict.Add strValue,strValue
            CheckDuplicate="FALSE"
        End If
    End Function
```

Wir besorgen uns dann den Inhalt des versteckten Formularelements Function, das auf der vorherigen Seite client.htm zu finden ist und das auf die XML-RPC-Prozedur verweist, die aufgerufen werden soll. Der Name dieser Funktion lautet in diesem Fall GetSubjects() und sie erwartet als Parameter den Namen der gewünschten Stadt. Wir deklarieren zur Parameterübergabe das einelementige (VBScript-)Feld paramList (Die XML-RPC-Funktionen von ASP erwarten die XML-RPC-Parameter in Form eines VBScript-Felds).

```
    strFunction=Request.Form("Function")
    Dim paramList(1)
    Dim intNumCities
    intNumCities=0
    Dim intCounter
    intCounter=0
```

Die Rückgabewerte sollen in einem Recordset-Objekt, einer Art Miniaturtabelle, abgelegt werden. Dieses Objekt ermöglicht es, die von den verteilten Rechnern eingeholten Daten auf einfache Weise mit der save()-Methode abzuspeichern.

```
    'Create a local ADO RecordSet to store our data for manipulation
    Set objRS = Server.CreateObject("ADODB.RecordSet")
    objRS.CursorLocation=3
```

Als Nächstes erzeugen wir die Datenfelder des Recordset. Wir wollen einen Buchtitel über seinen Standort und eine eindeutige ID an diesem Standort identifizieren. Wir fügen dem Recordset also drei neue Felder hinzu: eine ID vom Typ Integer (wird für das ADO-Recordset mit dem Wert »3« festgelegt), sowie die zwei Zeichenkettenfelder City und Title für den Stadtnamen und den Buchtitel (beides Typ »8« in einem ADO-Recordset). Nach Anwendung der Methode open() können wir Veränderungen am Recordset vornehmen.

```
'Create the Fields
objRS.Fields.Append "ID",3
objRS.Fields.Append "Title",8
objRS.Fields.Append "City",8
objRS.Open
```

Für jede Stadt, in der ein Server steht, wird anschließend ein XML-RPC-Aufruf ausgeführt, um die Gesamtliste der verfügbaren Buchthemen zu erhalten. Zuerst testen wir, ob der Anwender die Datenbank in Glasgow durchsuchen möchte. Dazu überprüfen wir die Formulardaten des Anwenders mit der Instr()-Funktion, die einen Wert größer als 0 zurückliefert, wenn die zweite Zeichenkette in der zuerst angegebenen enthalten ist (in unserem Fall also »Glasgow«). Wenn dies der Fall ist, dann wird der XML-RPC-Parameter auf den Wert Glasgow gesetzt (die Prozedur GetSubjects() erwartet ja einen Parameter). Der XML-RPC-Aufruf des entfernten Servers erfolgt dann in folgender Weise:

```
returnValue = xmlRPC(URL,MethodName,ParameterArray)
```

Um die Anwendung auch denjenigen von uns zugänglich zu machen, die nur einen einzelnen Rechner zur Verfügung haben, erfolgen in der Voreinstellung sämtliche Anfragen an den lokalen Server. Man kann jedoch den URL im XML-RPC-Aufruf auf jeden anderen, nicht lokalen Server abändern, der die XML-RPC-Schnittstelle unserer Anwendung unterstützt.

Ein einfaches Verfahren, um das auf einem einzelnen Rechner zu testen, besteht darin, fünf Webserver auf unterschiedlichen Ports zu starten und die URLs in den XML-RPC-Aufrufen entsprechend anzupassen.

Der Rückgabewert des XML-RPC-Aufrufs ist eine Zeichenkette, die, durch Kommata getrennt, alle Themengebiete enthält, die der aufgerufene Server kennt. Die Funktion split() wandelt diese Zeichenkette dann in ein eindimensionales Feld. Wir durchlaufen dieses Feld und ergänzen unser Recordset um die Informationen über ID, Themenbereich und Stadt. Der XML-RPC-Aufruf wird dann für jede Stadt wiederholt, die der Benutzer im Formular angegeben hat.

```
If Instr(1,Request.Form("City"),"Glasgow")>0 Then
    paramList(0)="Glasgow"
    strGlas = _
        xmlRPC("http://LOCALHOST/xmlrpc/client/BookServer.asp", _
            "GetSubjects", paramList)
    arrTemp=split(strGlas,",")

    For k=0 To UBOUND(arrTemp)
        objRS.AddNew
        objRS.Fields("ID").Value=k
        objRS.Fields("Title").Value=arrTemp(k)
        objRS.Fields("City").Value=paramList(0)
        objRS.Update
        intCounter=intCounter+1
    Next
End If

If Instr(1,Request.Form("City"),"Birmingham")>0 Then
    paramList(0)="Birmingham"
    strBirm = _
        xmlRPC("http://LOCALHOST/xmlrpc/client/BookServer.asp", _
            strFunction, paramList)
    arrTemp=split(strBirm,",")
    For k=0 To UBOUND(arrTemp)
        objRS.AddNew
```

```
            objRS.Fields("ID").Value=k
            objRS.Fields("Title").Value=arrTemp(k)
            objRS.Fields("City").Value=paramList(0)
            objRS.Update
            intCounter=intCounter+1
      Next
   End If

   If Instr(1,Request.Form("City"),"Sydney")>0 Then
      paramList(0)="Sydney"
      strSyd = _
         xmlRPC("http://LOCALHOST/xmlrpc/client/BookServer.asp", _
               strFunction, paramList)
      arrTemp=split(strSyd,",")

      For k=0 To UBOUND(arrTemp)
         objRS.AddNew
         objRS.Fields("ID").Value=k
         objRS.Fields("Title").Value=arrTemp(k)
         objRS.Fields("City").Value=paramList(0)
         objRS.Update
         intCounter=intCounter+1
      Next
   End If

   If Instr(1,Request.Form("City"),"Milano")>0 Then
      paramList(0)="Milano"
      strMil = _
         xmlRPC("http://LOCALHOST/xmlrpc/client/BookServer.asp", _
               strFunction, paramList)
      arrTemp=split(strMil,",")

      For k=0 To UBOUND(arrTemp)
         objRS.AddNew
         objRS.Fields("ID").Value=k
         objRS.Fields("Title").Value=arrTemp(k)
         objRS.Fields("City").Value=paramList(0)
         objRS.Update
         intCounter=intCounter+1
      Next
   End If

   If Instr(1,Request.Form("City"),"Dallas")>0 Then
      paramList(0)="Dallas"
      strDal = _
         xmlRPC("http://LOCALHOST/xmlrpc/client/BookServer.asp", _
               strFunction, paramList)
      arrTemp=split(strDal,",")

      For k=0 To UBOUND(arrTemp)
         objRS.AddNew
         objRS.Fields("ID").Value=k
         objRS.Fields("Title").Value=arrTemp(k)
         objRS.Fields("City").Value=paramList(0)
         objRS.Update
```

```
              intCounter=intCounter+1
        Next
    End If
```

Nachdem wir alle zurückgelieferten Themengebiete durchgegangen sind, liegt uns ein Recordset-Objekt vor, das die vollständigen Informationen über die auf den ausgewählten Servern verfügbaren Buchthemen enthält. Wenn das Recordset nicht leer ist, durchlaufen wir dessen Einträge und erzeugen damit die Auswahlmöglichkeiten eines HTML-SELECT-Elements. Während dieses Vorgangs rufen wir die CheckDuplicate()-Funktion auf, um sicherzustellen, dass kein Themengebiet zweimal ausgegeben wird. Wir werden uns diese Funktion im nächsten Abschnitt noch genauer anschauen. Wurden überhaupt keine Themen gefunden (was bedeutet, dass die ausgewählte Stadt keine Bücher auf Lager hat), dann wird dem Benutzer ein entsprechender Hinweis präsentiert.

```
    'get the values in Ascending order
    objRS.MoveFirst

    Response.Write "<h3>Subject Area</h3>"

    If NOT objRS.EOF Then
        Response.Write "<SELECT Name='Subject'>"
        Dim strValue
        strValue=""

        Do While NOT objRS.EOF
            If CheckDuplicate(objRS.Fields(1).Value)="FALSE" Then
                Response.Write "<OPTION VALUE='" & objRS.Fields(1).Value _
                            & "'>" & objRS.Fields(1).Value & vbNewLine
            End If

            objRS.MoveNext
        Loop
        Response.Write "</SELECT>"
    Else
        Response.Write "<H4>There are currently no subject(s) at " & _
                        "your chosen locations(s).</H4>"
    End If

    objRS.Close
    Set objRS = Nothing
%>
```

Zum Schluss legen wir noch die Funktion fest, die aufgerufen wird, nachdem der Anwender einen Themenbereich ausgewählt und den Knopf zur Übertragung betätigt. Die Daten dieses Formulars werden per POST an die Datei proxy.asp übermittelt, auf die wir als Nächstes eingehen werden.

```
        <input type="hidden" name="Function" VALUE="GetBooks">
        <input type="submit" value="Get Books" id=submit1 name=submit1>
    </form>
</BODY>
</HTML>
```

Abfrage von Buchinformationen

Bis jetzt haben wir die Liste der Buchthemen vorliegen, zu denen in den ausgewählten Städten Bücher verfügbar sind. Nun wollen wir einen Themenbereich aussuchen und alle zu diesem Thema lieferbaren Bücher inklusive der Autoren anzeigen lassen. Die Ausgabe soll beispielsweise wie in der Abbildung unten aussehen. Der Anwender hat in diesem Fall den Themenbereich »Commerce« und die Städte Glasgow und Birmingham zur Darstellung ausgewählt:

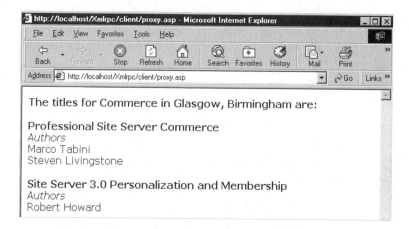

> »Markup« ist eine Methode zur Übermittlung von Metadaten, d.h. Daten über Daten. Auszeichnungssprachen benutzen Literale oder so genannte Tags, um Metadaten zu beschreiben und vom eigentlichen Inhalt zu trennen.

Die folgende Abbildung verdeutlicht die Verbindung zwischen diesem Teil des Systems und dem vorherigen, in dem der Anwender eine Stadt auswählen musste.

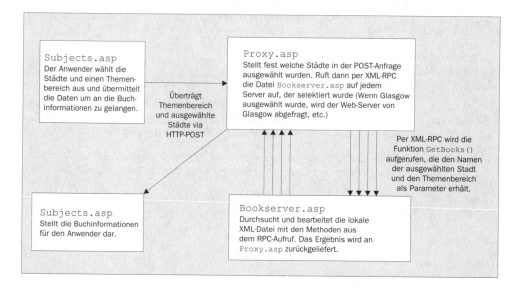

Das Skript, mit dem wir die oben dargestellte Seite erzeugen (proxy.asp), besteht fast ausschließlich aus JavaScript-Code. Da die aktuelle XML-RPC-Implementation für ASP allerdings nur die Verwendung von VBScript vorsieht, fügen wir eine VBScript-Funktion ein, um das VBArray-Objekt zu erzeugen, das wir an die XML-RPC-Funktion übergeben können. Das ist notwendig, da, wie schon weiter oben beschrieben, die XML-RPC-Funktion die Parameter für den XML-RPC-Aufruf als VBScript-Array erwartet. Der erste Abschnitt von proxy.asp sieht also folgendermaßen aus:

```
<!--#include file="xmlrpc.asp"-->

<SCRIPT LANGUAGE=vbscript RUNAT=Server>
    Function CreateVBArray(a)
        Dim i, j, k
        Dim arr(2)
        arr(0)=Request.Form("Subject")
        arr(1)=a
        CreateVBArray = arr
    End Function
</SCRIPT>
```

Ab dieser Stelle wechseln wir zu JavaScript. Zuerst implementieren wir auch hier die CheckDuplicate()-Funktion, die wir schon in der Datei subjects.asp in VBScript erstellt hatten. Die Funktion überprüft (mit der Exists()-Methode des Objekts), ob ein Wert, der zum Dictionary-Objekt hinzugefügt werden soll, schon existiert – ist das nicht der Fall, dann wird er hinzugefügt.

```
<SCRIPT LANGUAGE=JAVASCRIPT RUNAT=SERVER>
    var objDict = Server.CreateObject("Scripting.Dictionary")

    function CheckDuplicate(strValue)
    {
        var strRet="";

        if (objDict.Exists(strValue))
            strRet="TRUE";
        else
        {
            objDict.Add(strValue,strValue);
            strRet="FALSE";
        }

        return strRet;
    }
```

Die Funktion DrawScreen() kapselt den XML-RPC-Code ein, der die HTML-Seite mit den Ergebnissen erzeugt. Wir deklarieren wiederum ein Feld für die Parameter und ein Dictionary-Objekt, um die Daten der Bücher aufzunehmen. Wir erzeugen auch ein Recordset und fügen die Felder hinzu, in denen wir die Ergebnisse der XML-RPC-Aufrufe abspeichern werden. Der untenstehende Code soll zum Vergleich mit der VBScript-Variante in subjects.asp dienen.

```
    function DrawScreen()
    {
        var strFunction=Request.Form("Function");
        var paramList = new Array(2);
        var intNumCities=0;
        var arrBookList = new Array(1);
        var intCounter=0;
        var objDictList=Server.CreateObject("Scripting.Dictionary");
```

```
//Create a local ADO RecordSet to store our data for manipulation
var objRS = Server.CreateObject("ADODB.RecordSet");
objRS.CursorLocation=3;

//Create the Fields
objRS.Fields.Append("ID",3);
objRS.Fields.Append("Title",8);
objRS.Fields.Append("City",8);
objRS.Open();
```

Der Abschnitt, in dem die entfernte Prozedur aufgerufen wird, sieht geringfügig anders aus. Wir überprüfen zuerst, ob mindestens eine Stadt ausgewählt wurde, und wenn ja, welche:

```
if (Request.Form("City").Count>0 &&
    Request.Form("City").Item(1).indexOf("Glasgow")!=-1)
{
```

Dann verwenden wir die Funktion CreateVBArray(), um ein VBArray-Objekt zu erhalten, das die Parameter für die entfernte Methode aufnimmt. Jetzt wird der XML-RPC-Aufruf ausgeführt: Die Datei BookServer.asp wird über den entsprechenden URL aufgerufen, dabei werden der Name der Funktion, die ausgeführt werden soll (GetBooks()), und die Parameter, die diese benötigt, mit übergeben. Die Parameter (in diesem Fall der Stadtname und der Themenbereich) liegen als VBScript-Array vor. Als Resultat werden alle Bücher inklusive ihrer Detailinformationen (zusammengefasst in der Datenstruktur BookRecord) durch Kommata getrennt zurückgeliefert (also in der Form: BookRecord1, BookRecord2, BookRecord3 etc.) und in das Recordset-Objekt eingefügt.

Jede ID wird an Hand des nur einmal vorkommenden Index k vergeben. Über diesen Index erreicht man im Recordset einen eindeutig bestimmten Datensatz, der die Buchdaten wie Titel oder Autorennamen enthält.

```
paramList=CreateVBArray(Request.Form("City").Item(1));
strGlas =
    xmlRPC("http://LOCALHOST/xmlrpc/client/BookServer.asp",
           strFunction, paramList);
arrTemp = strGlas.split(",");

for (k=0;k<arrTemp.length;k++)
{
    objRS.AddNew();
    objRS.Fields("ID").Value=k;
    objRS.Fields("Title").Value=arrTemp[k];
    objRS.Fields("City").Value=Request.Form("City").Item(1);
    objRS.Update();
    intCounter++;
}
}

// code repeating this for each city (as before) not shown.
```

Zuerst geben wir die Überschrift der Seite aus, die aus dem gewählten Themenbereich und den abgefragten Städten besteht. Dann durchlaufen wir das Recordset und überprüfen bei jedem Datensatz, ob es sich um einen gültigen Eintrag handelt (es kann nämlich der Buchtitel »no title« vorkommen, der zurückgeliefert wird, wenn auf dem Server kein Buch zu diesem Thema vorhanden war) und ob der Titel schon ausgegeben wurde. Wenn der Datensatz noch nicht ausgegeben wurde, wird das erste Datenfeld ausgelesen und mit der Split()-Funktion in ein Array umgewandelt. Dabei dient das Doppelkreuz # als Trennzeichen. Man muss wissen, dass bei Erstellung einer BookRecord-Struktur im Verlauf des XML-RPC-

Aufrufs der Buchtitel und die Autorennamen in einem Feld durch ein # getrennt zusammengefasst werden. Wenn wir also das Feld an genau diesen Stellen aufteilen, stellen wir sicher, dass das erste Element des Resultat-Arrays den Buchtitel enthält und der Rest die Buchautoren.

```
Response.Write("<h4>The titles for " + Request.Form("Subject") +
               " in " + Request.Form("City") + " is : </h4>");

//get the values in Ascending order
if (!objRS.EOF)
{
    while (!objRS.EOF)
    {
        if (objRS.Fields(1).Value!="no titles")
        { //we should write it out
            if (CheckDuplicate(objRS.Fields(1).Value)=="FALSE")
            {
                str = objRS.Fields(1).Value.split("#");
                Response.Write("<P><B>" + str[0] + "</B>");
                Response.Write("<BR><I>Authors</I><BR>");
                for (i=1;i<str.length;i++)
                    Response.Write(str[i] + "<BR>");
            }
        }
        j++;
        objRS.MoveNext();
    }
}
```

Wenn keine Bücher verfügbar sind, bekommt der Anwender eine entsprechende Nachricht angezeigt und die Ressourcen, die das Recordset-Objekt belegt, werden freigegeben.

```
    else
        Response.Write("<h4>There are currently no books for this "
                       + "subject at your chosen locations(s).</H4>");

    objRS.Close();
    var objRS = null;
}
</SCRIPT>

<HTML>
<HEAD>
</HEAD>

<%DrawScreen()%>

</HTML>
```

Katalogaktualisierung

Ein wichtiger Aspekt bei dieser Art von verteiltem System ist die Möglichkeit zur Katalogaktualisierung über einen zentralen Server. Die Aktualisierung sollte unabhängig von der verwendeten Serversoftware möglich sein. Eine HTML-Schnittstelle für die Katalogaktualisierung ist weiter unten dargestellt. Die Datei, mit der man diese Ausgabe erzeugen kann, findet man als AddNew.asp bei den Beispieldateien.

Beachten Sie, dass in diesem Abschnitt vorausgesetzt wird, dass man als Anwender eingeloggt ist, der Schreibbe-rechtigung für Dateien besitzt, denn wir wollen Manipulationen an den physischen XML-Dateien vornehmen. Die notwendigen Einstellungen können Sie in der Management Console des Microsoft IIS vornehmen.

Add a new Book

Choose a City and enter the appropriate details
○ Glasgow
○ Birmingham
○ Sydney
○ Milano
◉ Dallas

Publication Date
```
05/08/1999
```

Title
```
Professional Active Serv
```

Authors
```
Alex Homer
```
```
David Sussman
```
```
Brian Francis
```
```

```
```

```
```

```
```

```

Subject
```
ASP
```

[Add Book]

Die folgende Abbildung veranschaulicht den Aktualisierungsvorgang.

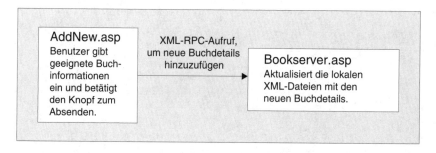

Die Datei `AddNew.asp` enthält sowohl den HTML-Code für die obige Ausgabe als auch den Skript-Code, um die XML-RPC-Anfragen abzusetzen. Die XML-RPC-Prozedur, die wir hier verwenden wollen, bietet folgende Schnittstelle:

Funktionsname	Parameter
AddNewBook()	city – Name der Stadt PubDate – Datum der Veröffentlichung Title – Buchtitel Authors – Liste der Buchautoren Subject – Themengebiet des Buchs

Die Webseite für den Client, AddNew.asp, bindet als Erstes wieder die Datei mit den RPC-Funktionen ein und fährt dann mit dem HTML-Header fort:

```
<!--#include file="xmlrpc.asp" -->
<HTML>
<HEAD>
<META NAME="GENERATOR" Content="Microsoft Visual Studio 6.0">
<TITLE></TITLE>
</HEAD>
<BODY>
```

Wir überprüfen dann, ob bei der Formulareingabe ein Autor angegeben wurde (was bei einem Buch unbedingt erforderlich ist). Sollte das der Fall sein, dann wird der Parameter-Array mit den Werten aus dem Formular gefüllt:

```
<P>
<%
    If NOT Request.form("auth") = "" then
        Dim paramList(5)
        paramList(0)=Request.form("city")
        paramList(1)=Request.form("pubdate")
        paramList(2)=Request.form("title")
        paramList(3)=Request.form("auth")
        paramList(4)=Request.form("subject")
```

Jetzt sind die Parameter für den Prozeduraufruf definiert und wir können das COM-Objekt, das für die XML-RPC-Kommunikation verantwortlich ist, dazu verwenden, die Funktion auszuführen und die ID zurückzuliefern, die dem neu hinzugefügten Buch zugewiesen wurde. (Weitere Informationen über die COM-Implementation von XML-RPC kann man im Abschnitt »Wie geht's weiter?« finden). Wir erzeugen dazu eine Instanz des xmlrpcClient-Objekts und übergeben diesem die Funktion AddNewBook() zusammen mit dem oben definierten Parameter-Array. Der Client bekommt dann die ID des neuen Buchs zurückgeliefert.

Als Übung kann man versuchen, die Funktionalität so zu erweitern, dass die ID nicht an Hand der lokalen XML-Datei vergeben wird, sondern dass eine ID-Zuweisung von zentraler Stelle erfolgt, zum Beispiel über einen XML-RPC-Aufruf der BookServer.asp-Datei.

```
        Set objDB = Server.CreateObject("deltabiz.xmlrpcClient")
        myresp = _
            objDB.xmlRPC("http://LOCALHOST/xmlrpc/client/BookServer.asp", _
                    "","","","AddNewBook", paramList)

        Response.Write "<P><STRONG>The new book has been added to "
        Response.Write Request.form("city") & ".</STRONG></P>"
        Response.write(" The book has been given an ID of " & myresp & "<P>")
    Else
%>
```

Zum Schluss folgt der Dokumentabschnitt, mit dem die Anfrage tatsächlich ausgeführt wird. Wir finden hier Eingabemöglichkeiten für die Stadt, das Veröffentlichungsdatum, den Buchtitel, die Autoren und das Themengebiet des Buchs. Ein Verweis auf die AddBook()-Funktion wird als verstecktes Element hinzugefügt.

```
<P><STRONG>Add a new Book</STRONG></P>
<FORM action=AddNew.asp id=form1 method=post name=form1>
Choose a City and enter the appropriate details
<BR>
```

```
<INPUT CHECKED name=city type=radio value=Glasgow>Glasgow<BR>
<INPUT name=city type=radio value=Birmingham>Birmingham<BR>
<INPUT name=city type=radio value=Sydney>Sydney<BR>
<INPUT name=city type=radio value=Milano>Milano<BR>
<INPUT name=city type=radio value=Dallas>Dallas</P>
<P>
<P>Publication Date<BR><INPUT name="pubdate"></P>
<P> Title<BR><INPUT name="title"></P>
<P> Authors<BR>
<INPUT name="auth"><BR>
<INPUT name="auth"><BR>
<INPUT name="auth"><BR>
<INPUT name="auth"><BR>
<INPUT name="auth"><BR>
<INPUT name="auth"><BR>
<INPUT name="auth">
</P>
<P>Subject<BR><INPUT name="subject"></P>
<% End If%>
<INPUT name=Function type=hidden value=AddBook>
<INPUT id=submit1 name=submit1 type=submit value="Add Book">
</FORM></P>
</BODY>
</HTML>
```

Der Wrox-Buchserver

Der einzige Teil der Anwendung, mit der wir uns noch nicht befasst haben, ist die Implementierung der Serverkomponente in der Datei BookServer.asp. Das ist typisch für die XML-RPC-Anwendungen, die man im Internet findet. Man besitzt keinen direkten Zugriff auf den Server-Code, sondern bekommt lediglich eine Beschreibung der Schnittstellen angeboten und einen Überblick über die Funktionssemantik. Dieser Abschnitt soll aber auch einen Einblick in die andere Seite einer RPC-Anwendung liefern, insbesondere wollen wir hier eine Hilfestellung für die Erstellung eigener RPC-Serveranwendungen anbieten.

Wir werden an dieser Stelle endlich die Funktionen implementieren, die wir bisher in der Applikation aufgerufen haben.

In der ASP-Version von XML-RPC sind die Funktionen für den Client und den Server in der gleichen Datei definiert, obwohl wir jetzt die Prozedur rpcserver() aufrufen, um den XML-Server zu starten. Diese Zeilen, die zu Beginn des Dokuments stehen müssen, sind für jede Implementation eines XML-RPC-Servers erforderlich – an dieser Stelle findet nämlich die Initialisierung des Servers mit den Daten statt, die vom Client mit dem XML-RPC-Aufruf an den Server übertragen wurden.

```
<!--#include file="xmlrpc.asp" -->
<%
   rpcserver
%>
```

Der Rest des Servers wurde, mit Ausnahme der schon betrachteten Funktion für das VBArray, in Java-Script entwickelt.

```
<SCRIPT LANGUAGE=vbscript RUNAT=Server>
   Function CreateVBArrayAddNewBook(a)
      Dim i, j, k
      Dim arr(1)
      arr(0) = a
```

```
            CreateVBArrayAddNewBook = arr
      End Function
</SCRIPT>
```

Die erste Funktion liefert die Buchthemen, die in einer bestimmten Stadt verfügbar sind. Wir erzeugen eine Instanz eines MSXML-DOM-Objekts und öffnen die XML-Datei mit den Buchtiteln der jeweiligen Stadt. Wir erzeugen dann mit der Funktion getElementsByTagName() ein NodeList-Objekt und erhalten so ein eindimensionales Array mit den verfügbaren Themengebieten (das Buchthema ist das dritte Kind-Element eines Elements vom Typ book).

```
<SCRIPT LANGUAGE=JAVASCRIPT RUNAT=SERVER>
    function GetSubjects(city)
    {
        var arrTitles = new Array();

        //'load the XML document
        var objXML = Server.CreateObject("Microsoft.XMLDOM");
        objXML.async = false;
        objXML.load(Server.MapPath(city + "books.xml"));

        //'get all the book titles in a Nodelist
        var objNodeList = objXML.getElementsByTagName("book");

        for (var i=0;i<objNodeList.length;i++)
        {
            arrTitles[i]=objNodeList.item(i).childNodes(2).text;
        }

        return arrTitles;
    }
```

Wir haben jetzt die Liste aller Buchthemen zusammen und suchen nach einem Weg, eine Liste aller Bücher zu bekommen, die in einer bestimmten Stadt zu diesem Thema verfügbar sind. Diese Aufgabe wird von der Funktion GetBooks() erledigt, die, wie schon gesehen, zuerst einmal das Gesamtdokument aller Bücher öffnet.

```
    function GetBooks(subject,city)
    {
        var arrTitles = new Array();

        //'load the XML document
        var objXML = Server.CreateObject("Microsoft.XMLDOM");
        objXML.async = false;
        objXML.load(Server.MapPath(city+"books.xml"));
```

Wir holen uns dann mit Hilfe eines nodeList-Objekts eine Liste aller <book>-Elemente, gehen diese einzeln durch und vergleichen, ob das Thema eines Buchs (das dritte Kind-Element des Buchelements) mit dem Thema, das der Client angegeben hat, übereinstimmt. Wenn der Themenbereich passt, wird der Buchtitel als neues Array-Element hinzugefügt. Dann wird das Element <authors> (das zweite Kind-Element des <book>-Elements), das selbst wieder aus Kind-Elementen des Typs <author> besteht, durchlaufen. Die Buchautoren werden an das schon vorhandene Array-Element mit dem Buchtitel angehängt. Als Trennzeichen findet dabei das Doppelkreuz (#) Verwendung. Jedes weitere passende Buch erzeugt auch ein weiteres Element des Array und so weiter. Am Ende liegt uns dann ein Array vor, der folgendermaßen aussieht:

```
arrTitles[0]="BookTitleA#Author1"
arrTitles[1]="BookTitleB#Author1# Author2# Author3"
arrTitles[2]="BookTitleC#Author1# Author2"
...
```

Der Code dafür lautet:

```
//'get all the book titles in a Nodelist
var objNodeList = objXML.getElementsByTagName("book");

var j=0;
for (var i=0;i<objNodeList.length;i++)
{
    if (objNodeList.item(i).childNodes.length>0)
    {
        if (subject==objNodeList.item(i).childNodes(2).text)
        {
            arrTitles[j]=objNodeList.item(i).childNodes(0).text;

            for (k=0;
              k<objNodeList.item(i).childNodes(1).childNodes.length;
              k++)
            {
                if (k==0)
                    arrTitles[j]+="#" +
                objNodeList.item(i).childNodes(1).childNodes(k).text;
                else
                    arrTitles[j]+="#" +
                objNodeList.item(i).childNodes(1).childNodes(k).text;
            }

            j++;
        }
    }
}
```

Wenn in einer speziellen Stadt kein Buchtitel erhältlich ist, geben wir einfach den Text »no titles« zurück.

```
if (arrTitles.length==0)
{
    arrTitles[0]="no titles";
    return arrTitles;
}
else
{
    return arrTitles;
}
}
```

Um die Buchliste einer Stadt zu aktualisieren, rufen wir die Funktion AddNewBook() auf, die folgende Parameter erhält: den Namen der Stadt, den Buchtitel, ein Array mit den Autorennamen und das Thema des Buchs. Wir erzeugen dann eine Instanz eines MSXML-DOM-Objekts und greifen mit der Methode documentElement() auf das Wurzel-Element der XML-Datei zu:

```
//This function adds a new book to the specified city xml file
//Authors is a list of authors separated by a |
function AddNewBook(city,pubDate,title,Authors,subject)
```

```
{
   var ret="";
   var arrTitles = new Array();

   //load the XML document
   var objXML = Server.CreateObject("Microsoft.XMLDOM");
   objXML.async = false;
   objXML.load(Server.MapPath(city+"books.xml"));
   var objRoot = objXML.documentElement;
```

Wir verwenden die lastChild()-Methode, um auf das letzte <book>-Element des Dokuments zuzugreifen. Wir erhalten die ID des neuen Buchs, indem wir die ID des letzten Buchs, die im Elementattribut bookid festgehalten wird, um eins erhöhen.

```
   var objLastBookNode = objRoot.lastChild;

   //Get the next available ID number for a book
   var intNextNum =
      parseInt(objLastBookNode.getAttribute("bookid"))+1;
```

Jetzt fügen wir mit der Methode createElement() ein neues <book>-Element ein, und setzen dessen ID-Attribut auf den Wert, den wir gerade berechnet haben. Das Veröffentlichungsdatum wird mit dem entsprechenden Parameter des RPC-Aufrufs gefüllt.

Dann wird auch das <title>-Element erzeugt und als Kind-Element unseres neuen <book>-Elements eingefügt. Der Elementinhalt des <title>-Elements wird ebenfalls vom Parameter des XML-RPC-Aufrufs übernommen.

```
   //Create a new book element and add attributes
   var objBookEl = objXML.createElement("book");

   //Add the Book Element Attributes
   objBookEl.setAttribute("bookid",intNextNum)
   objBookEl.setAttribute("pubdate",pubDate)
   //Add the Title Element
   var objTitleEl = objXML.createElement("title");
   objBookEl.appendChild(objTitleEl);
   objTitleEl.text=title;
```

Wir erzeugen ein Element vom Typ <authors> und hängen jeden der Autoren, die in den Parametern, durch Kommata getrennt, übergeben wurden, als <author>-Element an. Das resultierende <authors>-Element wird dann zum Eltern-Element <book> hinzugefügt.

```
   //Add the Authors of the book Element
   var objAuthorsEl = objXML.createElement("authors");

   var arrAuthList = new Array();
   arrAuthList=Authors.split(",");

   for (var i=0;i<arrAuthList.length;i++)
   {
      if (arrAuthList[i].length>1)
      {
         var objAuthorEl = objXML.createElement("author");
         objAuthorEl.text=arrAuthList[i];
         objAuthorsEl.appendChild(objAuthorEl);
      }
   }
```

```
    }

    objBookEl.appendChild(objAuthorsEl);
```

Schließlich wird das <subject>-Element generiert und an das <book>-Element angehängt, das Thema wird dabei aus dem XML-RPC-Aufrufparameter übernommen. Danach wird das komplette <book>-Element als neues Buch im Wurzel-Element des Dokuments angefügt.

```
    //Add the Subject Element
    var objSubjectEl = objXML.createElement("subject");
    objBookEl.appendChild(objSubjectEl);
    objSubjectEl.text=subject;


    objRoot.appendChild(objBookEl);
```

Zu guter Letzt speichern wir das in seiner Struktur aktualisierte XML-Dokument mit der save()-Methode der Microsoft-XML-Implementation und geben die ID des hinzugefügten Buchs als Resultat des XML-RPC-Aufrufs zurück:

```
    //persist the new document
    var xmldoc = Server.CreateObject("Microsoft.XMLDOM");
    xmldoc.async = false;
    xmldoc.load(objXML);
    xmldoc.save(Server.MapPath(city+"books.xml"));

    var objXML = null;
    var xmldoc = null;

    return intNextNum;
    }
</SCRIPT>
```

Wie geht's weiter?

Die folgende Liste gibt eine Übersicht über die verschiedenen Implementationen, die von XML-RPC existieren, und wo man diese bekommen kann:

❏ **XML-RPC Client für Python**, von PythonWare – http://www.pythonware.com/products/xmlrpc/

❏ **XML-RPC Client/Server für Java**, von Hannes Wallnöfer – http://helma.at/hannes/xmlrpc/

❏ **XML-RPC Client für Java**, von Josh Lucas – http://www.stonecottage.com/josh/rpcClient.html

❏ **XML-RPC Client/Server für Perl**, von Ken MacLeod – http://bitsko.slc.ut.us/~ken/xml-rpc/

❏ **XML-RPC in Tcl**, von Steve Ball – http://www.zveno.com/zm.cgi/in-tclxml/in-xml-rpc.tml

❏ **XML-RPC Client/Server für ASP**, von David Carter-Tod – http://www.wc.cc.va.us/dtod/XMLRPC/

❏ **XML-RPC Client für COM**, von Steven Livingstone – http://www.deltabiz.com/xmlrpc/default.asp

❏ **XML-RPC Client/Server für PHP**, von Useful Inc – http://usefulinc.com/xmlrpc/

Frontier und Zope 2.0 verfügen schon über eine eingebaute XML-RPC-Unterstützung

(http://www.zope.org/Download/Releases/Zope-2.0.0/).

ASP

Alle Dateien, die beim Aufruf von XML-RPC-Prozeduren beteiligt sind, müssen, unabhängig davon, ob es sich um Client- oder Serverdateien handelt, in der ersten Zeile die Datei `xmlrpc.asp` einbinden. Der Prozeduraufruf über XML-RPC erfolgt dann gemäß folgender Syntax:

```
xmlRPC("Server URI", "Prozedur- oder Funktionsname ", Argumentenfeld)
```

Die aktuelle Implementation setzt den MS Internet Explorer 5 und die frei verfügbare Komponente Softwing ASPTear (`http://www.alphasierrapapa.com/IisDev/Components/`) voraus. Die frei verfügbare Base64-Bibliothek von Alvaro Redondo muss ebenfalls im System registriert sein (was mit dem Programm regsvr32 erfolgen kann).

COM

Die Implementation des XML-RPC-COM-Clients ist von mir selbst (Steven Livingstone) entwickelt worden. Sie wird im Moment von der ganzen XML-RPC-Gemeinschaft getestet. Man kann die DLL umsonst von `http://www.deltabiz.com/xmlrpc/default.asp` herunterladen und sollte sie vor der Benutzung mit dem Programm regsvr32 im System registrieren.

Im Moment lautet die ProgID des COM-Objekts `deltabiz.xmlrpcClient`. Ein XML-RPC-Aufruf sieht in VBScript wie folgt aus:

```
Set objDB = Server.CreateObject("deltabiz.xmlrpcClient")
myresp = objDB.xmlRPC(URL, ProxyURL, ProxyUserName, ProxyPassword, _
                 methodName, ParameterArray)
```

Parameter	Bedeutung
URL	Die Adresse des XML-RPC-Servers.
ProxyURL	Der URL eines Proxy-Servers. Wird kein Proxy verwendet, sollte der Wert `""` betragen.
ProxyUserName	Der User-Name für den Proxy-Zugriff. Sollte `""` sein, wenn kein Proxy verwendet wird.
ProxyPassword	Das Kennwort für den Proxy-Zugriff. Sollte `""` sein, wenn kein Proxy verwendet wird.
methodName	Name der entfernten Prozedur, die aufgerufen werden soll.
parameterArray	Feld mit den Parametern der Prozedur.

Soll ein Proxy eingesetzt werden, dann ist die kommerzielle Version von ASPTear notwendig. Im anderen Fall ist die frei verfügbare Version ausreichend.

Java

Es gibt zwei Java-Implementationen, eine Client/Server-Implementation von Hannes Wallnöfer und eine reine Client-Implementation von Josh Lucas.

Die erste Implementation beinhaltet einen eingebauten HTTP-Server. Man benötigt einen XML-Parser und sollte, da die XML-RPC-Bibliothek SAX verwendet, auch einen der Parser verwenden, die auf den Webseiten vorgeschlagen werden. Der allseits beliebte XT-Parser von James Clark ist allerdings auch hier die Voreinstellung. Die API-Dokumentation und eine Mailing-Liste sind ebenfalls über die Website verfügbar.

Josh Lucas entwickelte einen Java-XML-RPC-Client. Die Klassendateien sollten im Java-Classpath aufzufinden sein und der Import von `com.barista.*` ermöglicht die Nutzung der XML-RPC-Klassen.

Weiterhin gibt es noch Implementationen in Python, Perl, Tcl und PHP – sie alle sind über die XML-RPC-Webseite `http://www.xmlrpc.com/` zu erreichen.

SOAP

Der Erfolg von XML-RPC und die breite Unterstützung durch die Entwickler liegen in seiner einfachen Struktur begründet. Man kann mit wenigem sehr viel erreichen. Ein wenig Programmcode, in fast jeder Programmiersprache formuliert und auf vielen Plattformen lauffähig, ermöglicht die Ausführung von Vorgängen auf weit entfernten Servern. Da viele Web-Entwickler ohnehin damit vertraut sind, Daten per POST-Anweisung an Server-Skripts oder Gateway-Anwendungen zu übertragen, sind die meisten sehr schnell in der Lage, Programmcode zu erzeugen, der die leistungsfähigen Verfahren wie XML-RPC nutzt.

In diesem Abschnitt betrachten wir mögliche Erweiterungen und Verbesserungen für XML-RPC. Viele dieser Verbesserungsvorschläge liegen zusammengefasst als Vorschlag für einen neuen Standard, dem Simple Object Access Protocol (SOAP), vor. Wir klären zuerst, was SOAP eigentlich ist, warum es entwickelt wurde und wie es die Unzulänglichkeiten von XML-RPC beheben kann. Wir sehen uns dann eine einfache SOAP-Implementation mit ASP-Skripts an – obwohl eine SOAP-Schnittstelle, wie schon bei XML-RPC gesehen, in jeder Programmiersprache erstellt werden kann – bevor wir auf ein konkretes Beispiel eingehen. Zum Schluss befassen wir uns noch damit, welche Problemklassen sich mit SOAP gut lösen lassen und welche nicht.

> *Zum Zeitpunkt der Drucklegung war die aktuellste Fassung der SOAP-Spezifikation an der Adresse* http:// msdn.microsoft.com/xml/general/slapspec-v1.asp *zu finden. Beachten Sie aber, dass sich viele Artikel – selbst auf der Website von Microsoft! – immer noch auf die Version 0.9 des Standards beziehen, der sich von der endgültigen Fassung doch sehr unterscheidet.*

XML-RPC++

Die Ausführung von entfernten Prozeduren über das HTTP-Protokoll – unter Verwendung von XML, um die Funktionen und Funktionsparameter zu beschreiben – ist sowohl flexibel als auch leistungsfähig, da man auf zwei weitverbreitete Standards aufbaut. Dieses Buch sollte Sie bisher davon überzeugt haben, dass die Stärke von XML darin liegt, Daten in einem sinnvollen Format zu speichern und den Datentransport zwischen oder innerhalb vieler verschiedener Systeme zu ermöglichen. Wenn es aber um die Zusammenarbeit und den Datenaustausch zwischen Systemen geht, dann stellt HTTP den Urahn aller Standards dar. Es gibt mittlerweile nur noch sehr wenige Plattformen, auf denen man keine Software zum Betrieb eines Webservers findet.

Die Einschränkungen, die wir in Bezug auf XML-RPC behandeln werden, liegen also nicht in den grundsätzlichen Konzepten begründet; von diesen sind wir 110%ig überzeugt. Vielmehr stellt man bei näherer Betrachtung der *Umsetzungen* dieser Konzepte fest, dass man noch einen Schritt weiter gehen muss, als XML-RPC vorsieht. Wir brauchen ein XML-RPC++. Wir brauchen SOAP.

> *Die aufmerksameren Leser werden natürlich bemerken, dass hier keine echte »plus plus«-Erweiterung im Sinne der C++-Definition von B.Stroustrup vorliegt.*

Wo genau ist XML-RPC denn verbesserungswürdig? Ein sehr breites Problemgebiet hängt mit der Art und Weise zusammen, in der XML-RPC die Informationen mit Metadaten versieht. Wir befassen uns also zuerst mit der Weitschweifigkeit, die XML-RPC bei der Darstellung der Daten an den Tag legt, betrachten dabei auch, wie Daten im Allgemeinen behandelt werden, und schauen uns dann an, wie SOAP diese Aspekte angeht. Das zweite Gebiet für Verbesserungen betrifft die Kontrolle, die ein Administrator darüber hat, was und was nicht in das von ihm verwaltete System gelangen kann. Nach der Beschäftigung mit der Datenproblematik untersuchen wir also, wie man den »Alles oder Nichts«-Ansatz für den Zugriff auf den Server unter Kontrolle bekommt.

> *Man könnte fragen, warum wir uns denn überhaupt mit XML-RPC beschäftigt haben, wenn SOAP doch so viel besser ist. Der Grund dafür liegt darin, dass XML-RPC trotz seiner kurzen Lebensdauer schon überall eine Menge Interesse geweckt hat – und das aus gutem Grund. Beispielsweise kommunizieren Entwickler auf der ganzen Welt mit Dave Winers UserLand-Site via XML-RPC. Und wie wir in diesem Kapitel noch sehen wer-*

den, ist XML-RPC wesentlich einfacher zu implementieren als SOAP. Es ist also wahrscheinlich, dass XML-RPC auch in Zukunft noch eine Rolle spielen wird.

Ich empfehle allerdings jedem, der ein neues RPC-System entwickelt, XML-RPC nur dann zu verwenden, wenn man wirklich kein SOAP-Modul für die eigene Plattform finden oder selber entwickeln kann. Die Entwicklung professioneller Anwendungen ist, trotz der vielen Anhänger, mit XML-RPC eher unwahrscheinlich. Microsoft, bei der Konzipierung von SOAP sehr engagiert, legte noch größeres Interesse an den Tag, als es darum ging, die Technologie voranzutreiben, und wird sehr wahrscheinlich versuchen, alle anderen Verfahren zur Server-Server-Kommunikation mit SOAP in den Hintergrund zu drängen – oder zumindest zu bewirken, dass SOAP die Verbindungsschicht zwischen diesen Verfahren darstellt.

Daten

Verwendet man XML-RPC für den Datentransfer, so liegen dessen Hauptschwächen in dessen Weitschweifigkeit, also der Menge an überflüssigen Daten, die bei einem Transfer übermittelt werden, und in der Behandlung der Datentypen. Zuerst werfen wir einen Blick auf den Umfang der XML-Daten, die man benötigt, um Informationen via XML-RPC zu übermitteln. Dann betrachten wir, wie Datentypen festgelegt werden – das heißt mit welchen Mitteln wir festlegen, dass wir zwei unterschiedliche Arten von Daten, beispielsweise eine ganze Zahl oder eine Zeichenkette vorliegen haben. Dann werden wir besprechen, wie es SOAP ermöglicht, komplexe Strukturen und Datenfelder (Arrays) zu übermitteln, bevor wir einen kurzen Überblick über die weiteren Möglichkeiten von SOAP geben, zu denen es keine Parallelen in XML-RPC gibt.

Weitschweifigkeit (Verbosity)

Die (engl.) Definition des Wortes verbosity (Weitschweifigkeit) lautet wie folgt:

> ***verbosity*** *– The quality or state of being verbose; the use of more words than are necessary; prolixity; swordiness; verbiage. (Source: Webster's Revised Unabridged Dictionary, © 1996, 1998 MICRA, Inc.)*

(in etwa: Weitschweifigkeit – die Verwendung von mehr Wörtern als unbedingt notwendig)

Das beschreibt genau das Problem der XML-RPC – der eigentliche Inhalt einer XML-RPC-Nachricht würde nicht verloren gehen, wenn wir andere (weniger) Metazeichen zur Formatierung der Nachricht verwenden würden.

In XML-RPC wird, wie im vorigen Abschnitt erklärt wurde, jeder Wert durch ein `<value>`-Element abgegrenzt. Innerhalb dieses Elements befindet sich ein weiteres Element, das den Typ des Werts festlegt, und dieses Element beinhaltet dann erst den eigentlichen Inhalt

```
<value><int>7</int></value>
```

Das wirft zwei Probleme auf. Das erste rührt daher, dass in der XML-Sichtweise Daten über keinen Typ verfügen. Wir haben einfach nur ein Element vorliegen, das ein anderes enthält, das wiederum eine Zeichenkette zum Inhalt hat. Die Tatsache, dass es sich bei den Daten um ganze Zahlen handelt, ist so lange nicht von Belang, bis wir das Dokument vom XML-RPC-Modul untersuchen lassen – ganz gewiss ist aber, dass das DOM keinen Zugriff auf den Typ besitzt, alles, auf das wir zugreifen können, ist ein Element namens `<int>` ist. Vieles, was in dem Bereich der XML-Datentypen erarbeitet wurde, ist noch sehr frisch und war darum den ursprünglichen Entwicklern von XML-RPC nicht bekannt. Seit jedoch auch Datentypen innerhalb von XML feste Gestalt annehmen, sollte man diese auch nutzen. Wir befassen uns gleich mit diesem Problem.

Das zweite Problem besteht darin, dass das Codierverfahren zwar für ein oder zwei Informationshappen angemessen ist, die Codierung größerer Datenmengen hingegen eine Menge Platz beansprucht:

```
<value>
   <array>
      <data>
         <value><int>4</int></value>
```

```
            <value><int>5</int></value>
            <value><int>6</int></value>
            <value><int>7</int></value>
        </data>
    </array>
</value>
```

Da die Bedeutung der verwendbaren Elemente - `<int>`, `<string>`, `<array>` usw. – bereits im Voraus bekannt ist, erfüllen die Elemente `<value>` und `<data>` hier keinen Zweck. Es gibt beispielsweise keinen Grund, warum man ein Datenfeld nicht folgendermaßen darstellen könnte:

```
<array>
    <int>4</int>
    <int>5</int>
    <int>6</int>
    <int>7</int>
</array>
```

Strukturen

Das XML-RPC-Problem der Weitschweifigkeit bei der Darstellung der Daten verschlimmert sich noch mehr, wenn wir uns die Codierung ganzer *Datenstrukturen* anschauen. Erinnern wir uns daran, wie im Abschnitt über XML-RPC das `<struct>`-Element verwendet wurde, um eine Struktur zu erzeugen, und dass jede Komponente der Struktur mit einem Paar aus Name und Werte festgelegt wurde, zum Beispiel:

```
<value>
    <struct>
        <member>
            <name>Produkt</name>
            <value><string>silberne Uhr </string></value>
        </member>
        <member>
            <name>Preis</name>
            <value><i4>87</i4></value>
        </member>
        <member>
            <name>Kaufdatum</name>
            <value>
                <dateTime.iso8601>19990912T02:53:02<dateTime.iso8601>
            </value>
        </member>
        <member>
            <name>Auftrags-Nr.</name>
            <value><double>384793</double></value>
        </member>
    </struct>
</value>
```

Man könnte die gleiche Information auch in dieser Form ausdrücken (wenn wir für den Moment davon ausgehen, dass wir einzelne Datentypen immer noch in der ausführlichen Form angeben):

```
<Bestellung>
    <Produkt><string>silberne Uhr </string></Produkt>
    <Preis><int>87</int></Preis>

    <KaufDatum><dateTime.iso8601>19990912T02:53:02</dateTime.iso8601></KaufDatum>
```

```
    <AuftragsNr><double>384793</double></AuftragsNr>
</Bestellung>
```

Während wir immer noch Elemente wie `<string>` und `<int>` um die Daten platzieren, um den Datentyp anzuzeigen – was als Nächstes untersucht werden wird – haben wir hier den Vorteil, dass die Struktur direkt auf XML abgebildet wird. Wenn wir also XML-RPC um diese Syntax erweitern würden, könnten wir die XML-Daten direkt zwischen Client und Server austauschen. Auf dem heutigen Stand ermöglicht XML-RPC allerdings nur den Datenaustausch von Strukturen über das `<struct>`-Element, das die eigentliche Struktur der Daten versteckt. SOAP bietet auch auf diesem Gebiet Lösungen an, mit denen wir uns aber am besten erst befassen, wenn wir die Datentypisierung betrachten.

Datentypisierung

SOAP macht regen Gebrauch von einem aktuellen Arbeitsentwurf des W3C – XML Schema Teil 2 –, um mehr Informationen über die übertragenen Daten anzubieten. Wie wir schon in Kapitel 7 sahen, legt der Entwurf für die Daten eine Anzahl eingebauter Typen fest und bietet Vorgehensweisen an, um neue Datentypen hinzuzufügen. SOAP verwendet diese Möglichkeit im Entwurf, um neue Datentypen wie Varianten oder Datenfelder hinzuzufügen, zu denen wir als Nächstes kommen.

Verwendet man SOAP und die Datentypen des W3C-Entwurfs, so würde die endgültige Struktur so aussehen:

```
<Bestellung xsd:xmlns="W3C-Schemas-URI">
    <Produkt xsd:type="string">silberne Uhr</Produkt>
    <Preis xsd:type="integer">87</Preis>
    <KaufDatum xsd:type="timeInstant">19990912T02:53:02</KaufDatum>
    <AuftragsNr xsd:type="integer">384793</AuftragsNr>
</Bestellung>
```

Das ähnelt schon eher dem ursprünglichen XML-Code, den wir an unsere entfernte Prozedur übertragen, und ist bei weitem besser als die ausschweifenden Datenmengen, die XML-RPC überträgt.

Ein Problem, das auftaucht, wenn wir Strukturen wie diese automatisch generieren wollen, besteht darin, dass keine Informationen über den Objektnamen oder die Parameter bekannt sind, oder dass evtl. der Objektname für den Aufruf irrelevant sein kann. SOAP ermöglicht deshalb eine weitere Abkürzungsmethode, die uns wieder an die Strukturen von XML-RPC erinnert:

```
<Bestellung>
    <string>silberne Uhr</string>
    <integer>87</integer>
    <timeInstant>19990912T02:53:02</timeInstant>
    <integer>384793</integer>
</Bestellung>
```

Die Entscheidung, ob man dieses Verfahren anwenden soll oder doch das Typ-Attribut verwendet, liegt klar auf der Hand. In den meisten Fällen kann man die Methode verwenden, die man bevorzugt; die SOAP-Spezifikation sagt nur, dass immer dann das type-Attribut verwendet werden soll, wenn der Name eines Elements nicht ausreicht, um den *Datentyp* eindeutig zu bestimmen. Zur Erläuterung: Im ersten Fall liegt der Wert als Fließkommazahl vor,

```
<geschwindigkeit xsd:type="float">15.5</geschwindigkeit>
```

während wir hier nur eine Zeichenkette vorliegen haben:

```
<geschwindigkeit>15.5</geschwindigkeit>
```

Obwohl beide Methoden – Setzen des Datentyps über den Elementnamen oder durch Verwendung des `xsd:type`-Attributs – auf dasselbe hinauslaufen, hat die Verwendung des Attributs den Vorteil, dass wir vom Parser nur noch Daten zurückbekommen, die über einen definierten Datentyp verfügen. Wenn wir zum Beispiel den Parser nach dem Inhalt des Elements `<AuftragsNr>` abfragen, bekommen wir einen Wert vom Typ Datum/Zeit zurückgeliefert und nicht nur eine einfache Zeichenkette. Das setzt natürlich voraus, dass der XML-Parser getypte Elementeinhalte zur Verfügung stellt, wie in Kapitel 7 ausgeführt.

XML Schema Teil 2 (Erweiterung)

Die gültigen Elementtypen – wie `string` und `integer` – sind dieselben, die im Arbeitsentwurf »XML Schema Teil 2« aufgelistet werden. SOAP fügt einen weiteren Typ – `variant` – hinzu, mit dem man Elemente definiert, die einen Typ aus einer Auswahl möglicher Datentypen annehmen können. Obwohl Microsoft Visual Basic von diesen Variantentypen umfassend Gebrauch macht – in VBScript ist gar kein anderer Datentyp bekannt – sind sie im SOAP-Standard nur für die Datenfelder sinnvoll, die unterschiedliche Wertetypen aufnehmen sollen. Folgendes Beispiel beschreibt ein zweidimensionales Datenfeld, das in Element 0 eine ganze Zahl und in Element 1 eine Zeichenkette enthält:

```
<ArrayOfvariant xsd:type="u:variant[2]">
    <variant xsd:type="int">23</variant>
    <variant xsd:type="string">eine zeichenkette </variant>
</ArrayOfvariant>
```

SOAP erweitert den W3C-Entwurf auch um Datenfelder. Es werden sogar zwei Wege angeboten, wie man Datenfelder darstellen kann. Der erste Weg setzt voraus, dass die Information über den Datenfeldtyp mit den Elementnamen festgelegt wird, beispielsweise so:

```
<ArrayOfinteger xsd:type"u:int[4]">
    <integer>4</integer>
    <integer>5</integer>
    <integer>6</integer>
    <integer>7</integer>
</ArrayOfinteger>
```

Dieses Beispiel wurde aus der SOAP-Spezifikation entnommen, es gibt allerdings in der Spezifikation keinen Datentyp namens int. Beim int-Typ handelt es sich also um einen benutzerdefinierten Typ. Die Spezifikation lässt sich nicht genau darüber aus, wie Informationen über benutzerdefinierte Typen festzuhalten sind, da ausdrücklich ausgesagt wird, dass die SOAP-Strukturen über keine Schemata verfügen werden. Zusätzlich wird es in den meisten praktischen Anwendungen notwendig sein, die Schemata dynamisch mit Datenpaketen zu erzeugen, da die Datentypen auch komplexe Objekte sein können.

Der Elementname des gesamten Datenfelds wird auf den Ausdruck `ArrayOf` gesetzt, gefolgt vom dem primitiven Datentyp der Datenfeld-Elemente. Das Element besitzt zusätzlich noch das Attribut `type`, mit dem die Größe des Datenfelds angegeben wird, in diesem Fall `u:int[4]`. Das bedeutet einfach, das hier ein Datenfeld aus vier Ganzzahlwerten vorliegt.

Die zweite Methode, ein Datenfeld anzugeben, verwendet benannte Elemente:

```
<Authors xsd:type="u:author[4]">
    <author>Stephen</author>
    <author>Kathie</author>
    <author>Eric</author>
    <author>Peter</author>
</Authors>
```

Hier treffen wir die Aussage, dass jedes Feld-Element einen Autor bezeichnet. Beachten Sie, dass die Auswahl des Verfahrens in keiner Weise von den Datenfeld*inhalten* abhängt; es ist also vollkommen legitim, das Datenfeld

```
<ArrayOfauthor xsd:type="u:author[4]">
    <author>Stephen</author>
    <author>Kathie</author>
    <author>Eric</author>
    <author>Peter</author>
</ArrayOfauthor>
```

zu erzeugen, das auch für die Daten vom Typ author die ArrayOf-Methode verwendet. Welches Verfahren man verwendet, hängt davon ab, zu welchem Verwendungszweck das Datenfeld in den Kontext der übertragenen Information integriert wurde. Da das auch Informationstypen betrifft, kommen wir auf dieses Thema in einem anderen Abschnitt zurück – für den Moment halten wir einfach fest, dass die verwendete Methode davon abhängt, ob man auf den Inhalt des Datenfelds von mehr als einer Stelle innerhalb der übertragenen Daten zugreifen kann.

Bevor wir die Datenfelder jedoch verlassen, liefere ich noch schnell ein paar Beispiele, damit Sie ein Gefühl für die Flexibilität der Erweiterungen bekommen, die SOAP in XML-RPC eingebracht hat.

Dies ist ein zweidimensionales Datenfeld aus lauter Zeichenketten:

```
<ArrayOfstring xsd:type="u:string[2,3]">
    <string>zeile 1 spalte 1</string>
    <string>zeile 1 spalte 2</string>
    <string>zeile 1 spalte 3</string>
    <string>zeile 2 spalte 1</string>
    <string>zeile 2 spalte 2</string>
    <string>zeile 2 spalte 3</string>
</ArrayOfstring>
```

Obwohl die Feld-Elemente im Text eins nach dem anderen aufgelistet sind, werden sie behandelt, als ob es sich um zwei Zeilen mit jeweils drei Spalten handelt. Ein zweidimensionales Datenfeld wie dieses unterscheidet sich von einem Datenfeld aus Datenfeldern, das wir folgendermaßen darstellen:

```
<ArrayOfArrayOfstring xsd:type="u:string[][2]">
    <ArrayOfstring xsd:type="u:string[3]">
        <string>eins</string>
        <string>zwei</string>
        <string>drei</string>
    </ArrayOfstring>
    <ArrayOfstring xsd:type="u:string[2]">
        <string>eins</string>
        <string>zwei</string>
    </ArrayOfstring>
</ArrayOfArrayOfstring>
```

Beachten Sie, dass es absolut korrekt ist, dass die Datenfelder unterschiedlich groß sind, da die zwei Datenfelder voneinander unabhängig sind.

Man kann für Feld-Elemente auch die Position angeben, die sie innerhalb des Datenfelds einnehmen sollen. In diesem Beispiel fügen wir die Datenfeld-Elemente nicht an den Positionen ein, an denen sie im Code auftreten:

```
<ArrayOfstring xsd:type="u:string[3]">
    <string position="[1]">two</string>
    <string position="[2]">three</string>
    <string position="[0]">one</string>
</ArrayOfstring>
```

Die Eigenschaft, eine Position im Datenfeld festzulegen, ermöglicht es, nur Teile eines Datenfelds anzugeben. Im folgenden Beispiel lassen wir ein Element aus:

```
<ArrayOfstring xsd:type="u:string[3]">
    <string position="[0]">one</string>
    <string position="[2]">three</string>
</ArrayOfstring>
```

Will man einige fortlaufende Feld-Elemente erst ab einer bestimmten Stelle im Datenfeld platzieren und möchte aber vermeiden, die ersten Elemente bis hin zu dieser Position angeben zu müssen, dann kann man eine Startposition festlegen, ab der Elemente in das Datenfeld eingefügt werden.

```
<ArrayOfstring xsd:type="u:string[3]" offset="[1]">
    <string>zwei</string>
    <string>drei</string>
</ArrayOfstring>
```

Wer findet, dass das nicht korrekt aussieht, sollte sich daran erinnern, dass die Nummerierung der Datenfeld-Elemente mit 0 beginnt, was natürlich ebenfalls für die Startposition gilt.

Weitere Verbesserungen

SOAP hat also das Problem der Datentypen gelöst, es wurde eine komfortablere Behandlung der Datenfelder ermöglicht und wir können XML auch als XML und nicht in komplizierten Strukturen versteckt, übertragen. Kommt da etwa noch mehr?

Die nächste, nette Eigenschaft, die SOAP hinzufügt, ist eine Methode, die es uns erlaubt, auf einen Wert an verschiedenen Stellen der Datenstruktur zu verweisen. Obwohl es auf den ersten Blick nichts daran auszusetzen gibt, die folgende Datenstruktur so zu übermitteln,

```
<Autoren>
    <autor>
        <name>Steve</name>
        <stadt>Birmingham</stadt>
    </autor>
    <autor>
        <name>Fred</name>
        <stadt>Birmingham</stadt>
    </autor>
</Autoren>
```

kann man daran erkennen, dass eine beträchtliche Menge an überflüssiger Information übermittelt würde, wenn ein paar hundert Autoren aus Birmingham kommen würden. SOAP ermöglicht die **Mehrfach-Referenzierung** von Elementen wie im folgenden Beispiel:

```
<Autoren>
<autor>
        <name>Steve</name>
        <stadt href="#1" />
    </autor>
    <autor>
        <name>Fred</name>
        <stadt href="#1" />
    </autor>
</Autoren>

<stadt id="1">Birmingham</stadt>
```

Daten, auf die man nur einmal verweisen kann, werden als **einfach-referenzierbar** bezeichnet. Im Wesentlichen sind das alle Elemente, die über kein `id`-Attribut verfügen. Das Verfahren der Mehrfach-Referenzierung ermöglicht viele Anwendungen. Beispielsweise würde eine andere Art und Weise, das schon betrachtete Datenfeld aus Datenfeldern zu definieren, so aussehen:

```
<ArrayOfArrayOfstring xsd:type="u:string[][2]">
    <ArrayOfstring href="#array-1"/>
    <ArrayOfstring href="#array-2"/>
</ArrayOfArrayOfstring>

<ArrayOfstring id="array-1" xsd:type="u:string[3]">
    <string>eins</string>
    <string>zwei</string>
    <string>drei</string>
</ArrayOfstring>

<ArrayOfstring id="array-2" xsd:type="u:string[2]">
    <string>eins</string>
    <string>zwei</string>
</ArrayOfstring>
```

Beachten Sie, dass mehrfach-referenzierte Datenfelder immer die `ArrayOf`-Syntax verwenden müssen und dass es sich um Top-Level-Elemente der XML-Struktur handeln muss. (In der SOAP-Spezifikation werden Top-Level-Elemente als **unabhängige** Elemente bezeichnet, die in anderen Elementen enthalten sind, als **eingebettete** Elemente bezeichnet. Genau wie XML-RPC gibt es bei SOAP die so genannten Nutzdaten, die die Information beinhalten, die an eine Prozedur übergeben bzw. von ihr zurückgeliefert werden. Diese SOAP-Nutzdaten werden von den Top-Level-Elementen gebildet.)

Die folgende Konstruktion ist nicht erlaubt, da sie beide Regeln verletzt:

```
<ArrayOfArrayOfstring xsd:type="u:string[][2]">
    <ArrayOfstring href="#array-1"/>
    <ArrayOfstring href="#array-2"/>
    <!--Dies Element sollte sich auf dem Top-Level befinden -->
    <ArrayOfstring id="array-1" xsd:type="u:string[3]">
        <string>eins</string>
        <string>zwei</string>
        <string>drei</string>
    </ArrayOfstring>
</ArrayOfArrayOfstring>

<!-- Hier sollte ArrayOf verwendet werden -->
<MyArray id="array-2" xsd:type="u:string[2]">
    <string>eins</string>
    <string>zwei</string>
</MyArray>
```

Um zu wiederholen: `array-1` ist ungültig, da es sich hierbei nicht um ein Top-Level-Element handelt, und `array-2` ist nicht korrekt, da es von anderer Stelle referenziert wird und demnach die `ArrayOf`-Syntax verwenden muss.

Zusammenfassung der Erweiterungen zur Datenbehandlung

Mit SOAP wurden einige ausgeklügelte Fähigkeiten zur Datenbehandlung in XML-RPC integriert. Das Verfahren zur Datentypisierung verspricht ein übergreifender Standard für alle XML-Anwendungen zu werden und stellt SOAP somit auf eine solide Basis. Die anderen Verfahren wie die Behandlung von unvollständig besetzten Datenfeldern und mehrfach referenzierbaren Elementen tragen dazu bei, das Ausmaß an Information zu verringern, die übertragen werden muss. Schließlich bietet die Möglichkeit, XML direkt und nicht in Form von Name/Werte-Paaren zu übertragen, Datenformaten eine größere Flexibilität.

Jetzt, da wir die Erweiterungen zur Datenbehandlung eingeführt haben, schauen wir uns an, wie Prozeduren aufgerufen werden.

Prozeduraufruf

SOAP erweitert die Art und Weise, wie Prozeduraufrufe ausgeführt werden, um neue Möglichkeiten. Im Einzelnen werden die HTTP-Header um Informationen ergänzt und es wird flexiblere Behandlung der HTTP-Kommandos ermöglicht. Das ermöglicht den Administratoren von Websites, eine größere Kontrolle darüber zu erlangen, welche Vorgänge auf den Servern in ihrer Verantwortung erlaubt sind und welche nicht.

Ein Problem bei der Verwendung des Standardprotokolls HTTP als Transportverfahren für entfernte Prozeduraufrufe besteht darin, dass es schwierig ist, eine Unterscheidung zu treffen, ob eine HTTP-Anfrage Teil eines komplexen Kommunikationsvorgang ist oder einfach nur fehlerhaft oder sogar bösartig. Wie wir schon bei XML-RPC sahen, wird das POST-Kommando verwendet, Informationen darüber zu übertragen, welche Prozedur ausgeführt werden soll. POST wird aber auch verwendet, zum Beispiel um Formulardaten zu übertragen, die von Kreditkarteninformationen bis hin zum Lieblingsschauspieler alles enthalten können. Mit dem POST-Verfahren werden sogar Dateien übertragen.

In manchen Situationen spielt es keine Rolle, ob man das POST-Kommando für RPC verwendet. Beispielsweise könnte die Zugriffssicherheit kein Problem darstellen, oder – und das ist wahrscheinlicher – es könnte die Situation vorliegen, dass ein Entwickler auf einem Server RPC-Funktionalität anbieten will, aber keine neuen HTTP-Kommandos oder Ergänzungen der HTTP Header-Informationen des Servers vornehmen kann. Aus diesem Grund sollten wir versuchen, die RPC-Informationen über das herkömmliche HTTP-POST-Verfahren zu übertragen.

Man stelle sich aber andererseits die Situation vor, dass aus den verschiedensten Gründen ein verantwortlicher Administrator mit einer Firewall verhindert, dass einen Server POST-Anfragen erreichen. Obwohl er RPC-Prozeduraufrufe erlauben möchte, sollen andere POSTs nicht möglich sein. Die einzige Möglichkeit herauszufinden, ob es sich bei dem POST-Kommando um einen XML-RPC-Prozeduraufruf handelt – im Gegensatz zu den Nicht-RPC-POSTS – besteht darin, die übertragenen Daten zu untersuchen. Das ist aber viel mehr Arbeit, als eine Firewall erledigen sollte, da das ja bedeutet, das die Firewall den Inhalt verstehen und demnach die XML-Daten analysieren muss. Wenn die Firewall aber das alles für SOAP vornimmt, warum dann nicht auch für Protokolle wie BizTalk oder WebDAV? So wäre die Pflege einer Firewall unmöglich, man müsste ständig die Sofware in dem Umfang aktualisieren, in dem neue Standards zum Datenaustausch auftauchen. In dieser Situation ziehen wir es eher vor, ein neues HTTP-Kommando einzuführen, das wir vom POST-Kommando unterscheiden können.

Rekapitulieren wir noch einmal. Die *Leistungsfähigkeit* von XML-RPC besteht darin, dass es HTTP als Transportverfahren verwendet. Das ist großartig, weil es bedeutet, dass fast jede Firewall unsere Prozeduraufrufe passieren lässt – wir müssen keine speziellen Ports freigeben, wie für CORBA oder DCOM. Allerdings besteht ein *Problem* der XML-RPC-Aufrufe darin, dass sie nicht besonders gut »von weitem zu erkennen« sind. XML-RPC verwendet das einfache POST-Kommando und den Inhaltstyp (content-type) »text/xml«, was die abgestufte Zugangskontrolle sehr schwierig macht.

Jetzt aber genug der Probleme – wie sehen die Lösungen aus? Irgendwie müssen wir die Firewall mit mehr Informationen versorgen.

Die HTTP-Erweiterung

Es ist weder möglich noch besonders wünschenswert, HTTP einfach nur um neue Befehle zu ergänzen. Man stelle sich nur vor, jeder Entwickler würde, wenn ihm gerade danach wäre, einfach neue Kommandos einführen. Die Administratoren für Server und Firewall hätten keine Möglichkeit, den Zweck einer konkreten Anfrage festzustellen, und könnten so auch keine zuverlässige Filterung der Anfragen vornehmen. Was würde passieren, wenn zwei unterschiedliche Anwendungen beide das neue Kommando RENAME einführen? Wie würde man die beiden unterscheiden können?

Anstatt neue Befehle einzufügen, wann immer man sie braucht, wollen wir mehr Informationen in den HTTP-Header stecken. Das *HTTP Extension Framework* liefert uns eine Vorgehensweise, wie wir den HTTP-Anfragen zusätzliche Header- und Befehlsinformationen hinzufügen, so dass man die Beschaffenheit der übertragenen Informationen ableiten kann, ohne die Anfrage im Detail untersuchen zu müssen.

Eine vollständige Beschreibung des HTTP Extension Framework findet man unter `http://www.w3.org/ Protocols/HTTP/ietf-http-ext/`.

Das Extension Framework ermöglicht es, eine Liste von Headerzeilen einzuführen, die von einem Server oder Proxy-Server untersucht werden *müssen*, bevor die Nachricht verarbeitet werden kann. Man stelle sich das auf die gleiche Weise vor, in der man die notwendigen Parameter eines Funktionsaufrufs festlegt. Wenn eine Funktion eine Linie zeichnen soll, dann erwartet sie einen Parameter für den Start- und einen für den Endpunkt. Fehlt auch nur einer der beiden, dann kann die Funktion nicht ausgeführt werden. Mit dem Extension Framework können wir etwas Ähnliches bewirken. Wenn der verarbeitende Server einige der zwingend erforderlichen Parameter nicht versteht, sollte er den gesamten Funktionsaufruf abbrechen und nicht versuchen, mit den verfügbaren Daten auszukommen.

Wie wird nun diese Information angegeben? Die erste Anforderung besteht darin, dass man jedes HTTP-Kommando, das verwendet wird und bestimmte Headerzeilen erwartet, durch das Präfix M- ergänzt werden muss. Die zweite Anforderung besteht darin, dass die erforderlichen Headerzeilen mit einem Verfahren gruppiert werden, das so ähnlich auch bei den XML-Namensräumen verwendet wird. Ein Beispiel aus dem Extension Framework sollte alles klären:

```
M-PUT /a-resource HTTP/1.1
Man: "http://www.copyright.org/rights-management"; ns=16
16-copyright: http://www.copyright.org/COPYRIGHT.html
16-contributions: http://www.copyright.org/PATCHES.html
Host: www.w3.org
Content-Length: 1203
Content-Type: text/html
```

Bevor wir uns die Erweiterungen anschauen, hier noch eine Auffrischung der Standardbestandteile eines HTTP-Headers:

❏ Das Ende der ersten Zeile legt fest, dass wir eine HTTP-Anfrage der Version 1.1 ausführen.
❏ Die Headerzeile `Host` legt fest, dass der Zielserver für die Anfrage `www.w3.org` ist
❏ Der Mittelteil der ersten Zeile besteht aus dem URL der Anfrage, `/a-resource`.
❏ Die Länge der Anfrage ist 1203 Bytes (`Content-Length`) und der MIME-Typ der Anfrage (`Content-Type`) ist HTML

Jetzt befassen wir uns mit der zusätzliche Information des Extension Framework:

❏ Da der HTTP-Befehl in Zeile 1 das Präfix M- besitzt, muss die Headerzeile `Man:` vorhanden sein
❏ Nach Abtrennung des Präfixes M- stellen wir fest, dass tatsächlich das HTTP-PUT-Kommando ausgeführt werden soll
❏ Die Headerzeile `Man:` verwendet einen URI, um einen Namensraum anzugeben, und den Wert 16, um diesen anzugeben (Zeile 2)
❏ Die 16 kann verwendet werden, um alle Headerzeilen zu identifizieren, die bei diesem PUT-Kommando zwingend erforderlich sind.
❏ Also haben wir zwei notwendige Headerzeilen – `copyright` und `contributions`.

Wie man sieht, ermöglicht das Verfahren, dass jeder Entwickler eine eigene Headerzeile namens `copyright` für die eigenen Belange einfügen kann, solange ein eindeutiger Bezeichner für einen Namensraum verwendet wird, um eine Verwechslung zwischen den verschiedenen `copyright`-Headerzeilen auszuschließen.

Notwendige Headerzeilen für SOAP

Werfen wir jetzt einen Blick auf die Headerzeilen, die für SOAP notwendig sind. Laut der letzten Spezifikation gibt es nur eine einzige, und diese gibt die Funktion an, die man ausführen möchte. Vorhergehende Fassungen von SOAP verlangten im Header sowohl einen Schnittstellen- als auch einen Methodennamen. Die Tatsache, dass der Prozedurname mit einem Namensraumpräfix versehen wird – in diesem Fall mit `some-Namespace-URI#GetLastTradePrice` – ließ die Entwickler von SOAP auf die Idee kommen, dass der Name der Schnittstelle wohl überflüssig sei.

Ein richtig formatierter HTTP-Header für eine SOAP-Anfrage könnte so ausschauen:

```
M-POST /StockQuote HTTP/1.1
Host: www.stockquoteserver.com
Content-Type: text/xml
Content-Length: nnnn
Man: "urn:schemas-xmlsoap-org:soap.v1", ns=01
01-SOAPMethodName: Some-Namespace-URI#GetLastTradePrice
```

Wie erwartet, liegt das Präfix M- vor, mit dem wir anzeigen, dass notwendige Headerzeilen vorhanden sind. Und wie wir ja schon wissen, bewirkt das bei einem Server (oder vielleicht einer Firewall), der das *HTTP Extension Framework* versteht, die Suche nach der Headerzeile `Man:`. Wird diese gefunden, erkennt das bearbeitende Modul, dass ein eindeutiger Namensraum deklariert wurde – der Namensraum wird, wie im Beispiel, auf `urn:schemas-xmlsoap-org:soap.v1`, gesetzt – und dass dieser Namensraum mit dem Präfix `01` verknüpft wird. Wir haben demnach die zwingend notwendige Headerzeile `SOAPMethodName` aus dem Namensraum `urn:schemas-xmlsoap-org:soap.v1` vorliegen, und kein Server sollte diese Anfrage bearbeiten, wenn er diesen Header nicht deuten kann.

Wir haben hiermit einem Administrator die Möglichkeit gegeben, Anfragen auszufiltern. Wenn der Administrator verhindern will, dass eine SOAP-Anfrage die Server in seiner Zuständigkeit erreicht, dann konfiguriert er seine Systeme so, dass sie keine Nachricht weiterleiten, die Headerzeilen aus dem Namensraum `urn:schemas-xmlsoap-org:soap.v1` enthalten. Wenn nur bestimmte Anfragen ausgefiltert werden sollen, könnte man die Konfiguration so anpassen, dass nach der Headerzeile `urn:schemas-xmlsoap-org:soap.v1:SOAPMethodName` gesucht wird, die zusätzlich einen bestimmten Wert besitzt. Es ist sicher einfach zu verstehen, dass es nicht reicht, nach einer Headerzeile namens `SOAPMethodName` zu suchen, da jemand anderes den gleichen Bezeichner für etwas vollkommen anderes verwendet haben könnte. Zusammen mit den Namensraum gibt es allerdings keine Doppeldeutigkeit.

Was wurde aus der einfachen Struktur von XML-RPC?

Wenn wir nicht vorsichtig sind, dann verlieren wir die eine Sache, die XML-RPC so erfolgreich machte – nämlich dass man nur in der Lage sein muss, POST-Kommandos abzusetzen oder zu verarbeiten, um Kontrolle über einen entfernt stehenden Rechner zu bekommen. Es wäre also wünschenswert, dass wir in der Lage wären, Prozeduraufrufe über die herkömmlichen POST-Komandos auszuführen und uns dann, wenn notwendig, an komplexere Gegebenheiten anzupassen. Der gleiche Aufruf wie gerade kann auch folgendermaßen aussehen:

```
POST /StockQuote HTTP/1.1
Host: www.stockquoteserver.com
Content-Type: text/xml
Content-Length: nnnn
SOAPMethodName: Some-Namespace-URI#GetLastTradePrice
```

Der Präfix vor dem HTTP-Befehl ist verschwunden, genauso wie der Präfix vor der SOAP-Headerzeile, in der wir festlegen, welche Funktion ausgeführt werden soll.

Die SOAP-Spezifikation sagt aus, dass eine Client-Software zuerst das gerade gezeigte Format verwenden soll – also ein direktes POST-Kommando mit dem Namen der auszuführenden Funktion in der Headerzeile `SOAPMethodName`. Wenn dies von einem Server akzeptiert wird, dann unterscheidet sich der Aufruf nicht sehr von einem XML-RPC-Aufruf. Die einzige Änderung besteht darin, dass nun im Header festgelegt wird, welche Prozedur ausgeführt werden soll.

*Man beachte, dass die SOAP-Spezifikation diese Headerzeile nicht **ausdrücklich verlangt**, man könnte also ein einfaches POST-Kommando absetzen, so wie wir es bei XML-RPC verwendet haben. Deshalb würde ein Administrator einer Firewall das System so konfigurieren, dass jede POST-Anfrage mit dem Content-Type XML abgelehnt wird. Würden Sie nur auf die Präsenz der Headerzeile SOAPMethodName prüfen, könnte Ihnen eine SOAP-Anfrage entwischen.*

Wünscht ein Administrator noch mehr Kontrolle, dann sollte er seine Proxy-Rechner so konfigurieren, dass sie die SOAP-Anfragen per POST anhand der Headerzeile SOAPMethodName ablehnen. Natürlich werden auf diese Weise auch Nicht-SOAP-Anfragen abgelehnt, die einfach zufälligerweise SOAPMethodName im Header stehen haben, doch daran kann man leider nichts ändern. Ein Server, der so konfiguriert ist, dass er die Anfragen ablehnt, sollte allerdings dem Client gegenüber anzeigen, dass diese Funktion nicht erlaubt ist, indem er den Rückgabewerte 405 Method Not Allowed zurückliefert.

Wenn ein Client diesen Fehlercode erhält, sollte er nicht automatisch annehmen, dass SOAP nicht unterstützt wird, denn wie schon bemerkt, könnte es sein, dass der Server noch mehr Informationen benötigt, bevor er einen Prozeduraufruf erlaubt. Im Fall des Fehlers 405 sollte der Client die Anfrage erneut stellen und diesmal das M-POST-Format verwenden – inklusive aller notwendigen Headerzeilen.

Wer mit den Version 0.9 von SOAP vertraut ist, wird bemerken, dass die Reihenfolge, in der man die POST- und M-POST-Verfahren anwenden soll, vertauscht wurde.

Zusammenfassung des Prozeduraufrufs

Hoffentlich kann ich all das an Hand einiger Beispiele klären. Das erste kommt direkt aus der SOAP-Spezifikation und zeigt einen Prozeduraufruf mit einem gewöhnlichen POST-Befehl, so wie wir es mit XML-RPC ausgeführt hätten. Ich werde die Struktur der übertragenen Daten im nächsten Abschnitt erklären, wenn ich mich mit der Implementation eines SOAP-Servers befasse. Im Moment sind wir nur an den Header-Informationen interessiert:

```
POST /StockQuote HTTP/1.1
Host: www.stockquoteserver.com
Content-Type: text/xml
Content-Length: nnnn

<SOAP:Envelope xmlns:SOAP="urn:schemas-xmlsoap-org:soap.v1">
   <SOAP:Body>
      <m:GetLastTradePrice xmlns:m="Some-Namespace-URI">
         <symbol>DIS</symbol>
      </m:GetLastTradePrice>
   </SOAP:Body>
</SOAP:Envelope>
```

Was die SOAP-Spezifikation betrifft, haben wir hier eine gültige Anfrage vorliegen, denn der Header muss den Namen der Prozedur nicht enthalten (obwohl er es sollte). Das ist für eine Firewall recht unglücklich, denn sie kann nicht feststellen, welche Funktion aufgerufen werden soll, da sie nur Zugriff auf den Header und nicht auf den Rumpf der Anfrage hat. Die Firewall könnte natürlich einfach den Zugriff auf alle Prozeduren erlauben oder sie könnte auf bestimmte Header-Informationen bestehen. Wie wir schon sahen, ist das Ziel der M-XXX-Erweiterungen, innerhalb des *HTTP Extension Framework* einen Mechanismus anzubieten, der genau das ermöglicht – die Anforderung erforderlicher Headerzeilen. Das Framework ermöglicht so die Erstellung anderer Versionen aller HTTP-Kommandos, die grundsätzlich die gleichen Funktionen erfüllen, aber nur ausgeführt werden, wenn die erforderlichen Header-Informationen vorliegen.

Wiederholen wir, wie unsere Anfrage aussehen würde, wenn wir gezwungen wären, sie nochmals mit einem M-POST-Kommando zu übertragen – was genau dann passieren würde, wenn ein Server oder Proxy-Server so konfiguriert wäre, dass er einfache POST-Befehle mit XML-Inhalt ignoriert. Unsere zweite Anfrage würde folgendermaßen ausschauen (die zusätzlichen Header-Informationen sind hervorgehoben):

```
M-POST /StockQuote HTTP/1.1
Host: www.stockquoteserver.com
Content-Type: text/xml
Content-Length: nnnn
Man: "urn:schemas-xmlsoap-org:soap.v1", ns=01
01-SOAPMethodName: Some-Namespace-URI#GetLastTradePrice

<SOAP:Envelope xmlns:SOAP="urn:schemas-xmlsoap-org:soap.v1">
    ...
</SOAP:Envelope>
```

Die Headerzeile `Man:` ist Teil des Extension Framework und zeigt an, dass ein Präfix verwendet wird, um die Headerzeilen zusammenzufassen, die Teil der notwendigen Voraussetzung sind. In diesem Fall legen wir fest, dass jede Headerzeile, die mit »1-« beginnt, Teil der erforderlichen Headerzeilengruppe ist. Wie schon erwähnt, funktioniert das »01« wie ein Namensraum-Präfix in XML. Es muss auch tatsächlich den gleichen Werte besitzen wie der URI des SOAP-Namensraums im Inneren der SOAP-Anfrage.

Nun ist die Firewall wesentlich zufriedener. Sie kann feststellen, was wir mit unserer Anfrage bezwecken, und eine Entscheidung treffen, ob sie sie weiterleiten soll. Wenn wir die Firewall so konfigurieren, dass sie alle einfachen POST-Befehle mit dem Inhaltstyp »text/xml« ablehnt, kann man einen SOAP-Client dazu bringen, alle Prozeduraufrufe im M-POST-Format auszuführen. Von diesen Anfragen wissen wir dann bestimmt, dass sie die notwendigen Header-Informationen enthalten, an Hand dessen eine Firewall entscheiden kann, was sie durchlässt und was ablehnt.

*Die SOAP-Spezifikation beschreibt die Dinge nicht in der Weise, in der ich das tue. Sie präsentiert vielmehr ein Szenario, in der eine Firewall dazu konfiguriert wurde, POST-Befehle abzulehnen, die den Inhalts-Typ »text/xml« und eine Headerzeile `SOAPMethodName` aufweisen. Da die Spezifikation aber auch ausführt, dass die Headerzeile `SOAPMethodName` nur angegeben werden **soll** und nicht **muss**, scheint das keine sinnvolle Konfiguration darzustellen, da Anfragen ohne jede `SOAPMethodName`-Headerzeile passieren könnten.*

Das bedeutet, dass wirklich jeder XML-POST von einer Firewall abgelehnt werden müsste, um die Verwendung des M-POST-Verfahrens durchzusetzen. Dies könnte sich in der Zukunft als Problem erweisen, da diese Kombination nicht nur auf SOAP-Anfragen beschränkt ist. Beispielsweise könnte ein Server BizTalk oder WebDAV parallel zu SOAP unterstützen und beide könnten das POST-Kommando zusammen mit einem Inhalts-Typ »text/xml« zur Übertragung verwenden. Eine Firewall könnte in ihrem Versuch, für SOAP die Syntax mit den obligatorischen Headerzeilen durchzusetzen, vollkommen korrekte WebDAV-Anfragen ablehnen.

Version 0.9 von SOAP benutzte noch den Inhalts-Typ »text/xml-SOAP«, um die Doppeldeutigkeit aufzulösen, dies wurde aber aus dem Standard entfernt. Obwohl diese Methode der Unterscheidung sinnvoll war, war es meiner Meinung nach eine korrekte Entscheidung, da der Sinn von Inhalts-Typen nicht darin lag, immer neue zu erschaffen, wenn man sie gerade benötigt. In Version 0.9 gab es noch einen weiteren Lösungsansatz, bei dem die Headerzeile mit der SOAP-Funktion zwingend erforderlich war. Das wurde ebenfalls aus der endgültigen Fassung gestrichen. Es mag sich dabei um ein Eingeständnis an die Anhänger von XML-RPC gehandelt haben, denn man ermöglichte so, SOAP-Requests mit nichts als einer HTTP-POST-Anfrage abzusenden. Aber wie ich schon sagte, haben wir jetzt die unglückliche Situation, dass es keine Möglichkeit gibt herauszufinden, ob eine Anfrage ohne Zweifel zu SOAP konform ist.

Implementation

Wir haben die Verbesserungen betrachtet, die SOAP im Gegensatz zu XML-RPC anbietet. Jetzt werden wir, anstelle einer isolierten Betrachtung der SOAP-Spezifikation, schrittweise einen SOAP-Client und einen SOAP-Server entwickeln.

Den Programmcode dieses Abschnitts können Sie zusammen mit dem Programmcode für den Rest des Buchs herunterladen.

Modulstruktur

Wir müssen zwei Hauptmodule entwickeln – eins für Client- und eins für Server-Systeme. Da bestimmte Funktionen auf beiden Seiten, Client wie Server, benötigt werden – zum Beispiel die Funktionen zur Codierung der Inhalte – werden wir auch ein Modul mit gemeinsam benötigen Prozeduren erstellen.

Das Client-Modul

Wir starten mit dem Code, der den Prozeduraufruf zusammenstellt. Obwohl die Idee eines entfernten Prozeduraufrufs darin besteht, eine Funktion auf einem entfernten Server auszuführen, wollen wir schließlich doch, dass der Aufruf so weit wie möglich einem normalen, lokalen Prozeduraufruf ähnelt. Beispielsweise würde ein lokaler Funktionsaufruf, der uns den Namen des ersten Autors in einer Datenbank liefert, so aussehen:

```
name = getAuthorName(1)
```

Wir hätten weiterhin gerne, dass der entfernte Prozeduraufruf ungefähr so aussieht:

```
name = RemoteCall("ServerName", "getAuthorName", 1)
```

Wer seinen SOAP-Client und –Server in Sprachen wie C oder C++ (die Fallstudie einer Implementation mit C++ folgt später im Buch) erstellt, für den ist es einfach, mit Funktionsaufrufen umzugehen, die eine variable Anzahl von Parametern besitzen können. Wir werden uns aber mit einer SOAP-Umsetzung in ASP befassen, bei der die Zahl der Parameter immer festgelegt ist. Um diese Einschränkungen zu umgehen, übergeben wir immer nur einen Parameter, ein Datenfeld. Dieses Datenfeld enthält dann die eigentlichen Parameter – und folglich können wir auch hier so viele haben, wie wir wollen.

Die Beispielanfrage eines Clients könnte so aussehen:

```
<!--#include virtual="X-Port/SOAP/SOAP.asp" -->
<!--#include virtual="X-Port/SOAP/SOAPClient.asp" -->

Dim paramList(2), oRet

if not Request.form("iAuthor") = "" then
    paramList(0) = CInt(Request.form("iAuthor"))
    paramList(1) = 1
    iRet = SOAP("http://server/SOAP/myServer.asp", _
            "myNamespace", _
            "getAuthor", _
            paramList, _
            oRet)
'
' Check the return status and then maybe do something with the returned value
'
end if
```

In diesem Beispiel übergeben wir zwei Parameter an die entfernte Prozedur getAuthor(). Alle Werte, die der Aufruf zurückliefert, werden in der Variable oRet abgelegt und jede Statusinformation über Erfolg oder Misserfolg des Aufrufs findet sich in iRet. Die entfernte Prozedur wird mit der Funktion SOAP() aufgerufen, obwohl man bei Implementierung eines eigenen Systems offensichtlich jeden Namen verwenden sollte, der einem sinnvoll erscheint.

Wer sich fragt, was diese Prozedur auf dem entfernten Server bewerkstelligt: Sie liefert die Anzahl der Autoren zurück, deren ID *größer oder gleich* dem Wert des ersten Parameters ist. In unserem Beispiel holen wir diesen Wert aus einem Formularfeld. Der zweite Parameter wird dann den zurückgelieferten Wert – in diesem Fall 1 – enthalten. Wir werden die Routine später im Beispiel verwenden.

Sie haben vielleicht bemerkt, dass am Anfang zwei Dateien eingeladen werden und sich gefragt, warum wir das Basis-Modul – SOAP.asp – nicht innerhalb des anderen – SOAPClient.asp – einbinden, um auf diese Weise nur eine Datei einladen zu müssen. In den meisten Situationen könnten wir dies tun, ich werde jedoch später noch ein Szenario vorführen, in dem wir eine Anwendung entwickeln, die sowohl Client als auch Server ist. In dieser Situation würde unser Basis-Modul zweifach eingebunden werden, also ist es am besten, das Basis-Modul aus Server- und Client-Modul herauszulassen und es ganz speziell anzufordern.

Der Aufruf

Schauen wir uns an, was passiert, wenn wir den Prozeduraufruf ausführen. Den folgenden Code findet man als Teil von in SOAPClient.asp:

```
function SOAP(sURL, sNamespace, sMethod, arrParam, ByRef oRet)
On Error Resume Next
    '
    'Create and send the XML request
    '
    Dim oSOAP : Set oSOAP = doRemoteCall(sURL, sNamespace, sMethod, arrParam)
    If Err.Number <> 0 Then
        Dim sTemp : sTemp = Err.Number & ": " & Err.Description
        Err.Clear
        Err.Raise 999, "SOAP", "Failed to call remote server (" & sTemp & ")"
    Else
        ...
    End If
end function
```

Der Aufruf wird an eine andere Funktion weitergereicht – doCall() –, die die eigentliche Verarbeitung vornimmt. Die Funktion SOAP() setzt die aufrufende Funktion darüber in Kenntnis, ob die Verarbeitung erfolgreich war oder nicht.

Was geschieht denn eigentlich beim entfernten Funktionsaufruf? Hier der Anfang der entsprechenden Programmroutine. Wie man sehen kann, besteht die erste Aufgabe darin, die SOAP-Nutzdaten (zum Beispiel Parameter) mit der Funktion CreateCallPayload() vorzubereiten.

```
function doRemoteCall(sU, sNS, sM, arP)
    On Error Resume Next
    '
    ' Create the request body from the method name and array of parameters
    '
    Dim oPL : Set oPL = CreateCallPayload(sNS, sM, arP)
    If Err.Number <> 0 Then
        Dim sTemp : sTemp = Err.Number & ": " & Err.Description
        Err.Clear
        Err.Raise 999, "SOAP", "Failed to create payload (" & sTemp & ")"
    Else
        ...
```

```
      End If
  end function
```

Prozedurinhalte

Die Erzeugung der SOAP-Nutzdaten, die bei einem Prozeduraufruf übertragen werden, ist eine Aufgabe, die sowohl auf Client- als auch auf Serverseite vollzogen werden muss, deshalb finden wir die Nutzdaten-funktionen auch im gemeinsam benutzten Modul – SOAP.asp.

Wie bei XML-RPC bestehen die Nutzdaten aus den Daten, die wir eigentlich übertragen wollen, und die in einem striktem Format verpackt ist, das gewährleistet, dass wir sie auch wieder korrekt auspacken kön-nen. Das tatsächlich verwende Format des Nutzdaten unterscheidet sich leicht in Abhängigkeit von den unterschiedlichen Situationen, in denen sie übertragen werden. Beispielsweise sehen die Nutzdaten eines Prozeduraufrufs anders aus als Daten, die einen Ergebniswert enthalten. SOAP bietet verschiedene Nutz-datenformate für Aufrufe, Rückgaben und Fehlermeldungen an.

Obwohl es drei Arten von Nutzdaten gibt, verfügen sie auch über einige gemeinsame Aspekte:

❑ Die Nutzdaten finden sich alle innerhalb eines <Envelope>-Elements. Dieses Element muss zum SOAP-Namensraum gehören.

❑ Das <Envelope>-Element enthält wiederum ein <Body>-Element, das ebenfalls zum SOAP-Namens-raum gehört.

Diese Bedingungen bewirken, dass wir *immer* zumindest diese Struktur haben:

```
<SOAP:Envelope xmlns:SOAP="urn:schemas-xmlsoap-org:soap.v1">
  <SOAP:Body>
    ...
  </SOAP:Body>
</SOAP:Envelope>
```

Wir können nun eine Funktion für die Nutzdaten erstellen, die ein beliebiges Unterelement in die oben aufgeführte Struktur presst, egal ob damit ein Prozeduraufruf, eine Antwort oder eine Fehlermeldung übertragen werden soll:

```
function CreatePayload(oSubElem)
    Dim oPL : Set oPL = Server.CreateObject("Microsoft.XMLDOM")
    oPL.async = false

    Dim oRoot : Set oRoot = oPL.createNode(1, "SOAP:Envelope", NS_SOAP)
    oRoot.setAttribute "xmlns:xsd", NS_DATATYPES
    oRoot.setAttribute "xmlns:dt", NS_DATATYPES

    Dim oBody : Set oBody = oPL.createNode(1, "SOAP:Body", NS_SOAP)

    Dim oPI : Set oPI = oPL.createProcessingInstruction("xml", "version=""1.0""")

    oPL.appendChild(oPI)
    oBody.appendChild(oSubElem)
    oRoot.appendChild(oBody)
    oPL.appendChild(oRoot)

    Set CreatePayload = oPL
end function
```

Beachten Sie, dass das <Envelope>-Element, wie schon besprochen, auch die Namensraumdefinition für die Datentypen enthält. Normalerweise würden wir nur den xsd-Namensraum einbinden, aber als Über-gangslösung habe ich auch den Namensraum für XML-DR eingebunden, damit wir auch vom Microsoft-

XML-DOM (siehe Kapitel 7 für eine ausführliche Erklärung) getypte Daten geliefert bekommen können. Das <Envelope>-Element kann, wenn wir wollen, eine beliebige Anzahl von Namensraumdefinitionen enthalten, zusammen mit weiteren Attributen, vorausgesetzt sie können über einen Namensraum identifiziert werden.

Da wir nun eine Funktion haben, die jedes Unterelement als Prozedurdatum verpacken kann, benötigen wir Routinen, um diese Unterelemente zu erzeugen. Wir benötigen eine Routine für den Prozeduraufruf, eine für die Prozedurantworten und eine für die Fehlermeldungen.

Prozeduraufrufe und –antworten

Die Namen der Prozeduraufrufe und die Antworten, umfassen immer auch den Namensraum, in dem sie deklariert wurden. Prozedurantworten bekommen im Namen noch ein »Response« angehängt. Wir könnten einen Prozeduraufruf also auf folgende Weise ausführen:

```
<SOAP:Envelope xmlns:SOAP="urn:schemas-xmlsoap-org:soap.v1">
    <SOAP:Body>
        <m:getAuthor xmlns:m="Some-Namespace">
            ...
        </m:getAuthor>
    </SOAP:Body>
</SOAP:Envelope>
```

und erhielten eine Antwort so wie diese zurück:

```
<SOAP:Envelope xmlns:SOAP="urn:schemas-xmlsoap-org:soap.v1">
    <SOAP:Body>
        <m:getAuthorResponse xmlns:m="Some-Namespace">
            ...
        </m:getAuthorResponse>
    </SOAP:Body>
</SOAP:Envelope>
```

Die Funktion, die die SOAP-Nutzdaten erzeugt, lautet folgendermaßen :

```
function CreateCallPayload(sNamespace, sMethod, arP)
    Dim oSubElem, i
    Set oSubElem = oDOM.createNode(1, "m:" & sMethod, sNamespace)
    for i = 0 to UBound(arP) - 1
        addChild oSubElem, "", arP(i)
    next
    Set CreateCallPayload = CreatePayload(oSubElem)
end function
```

Die Funktion, die eine Antwort für einen Prozeduraufruf erzeugt, kann die Funktion für den Prozeduraufruf verwenden und muss nur den Funktionsnamen verändern:

```
function CreateCallResponsePayload(sNamespace, sMethod, arP)
    Set CreateCallResponsePayload = CreateCallPayload(sNamespace, _
                                    sMethod & "Response", arP)
end function
```

Die Daten eines Prozeduraufrufs bestehen aus einer Liste der Parameter. Die addChild()-Funktion ist auch im allgemeinen Modul SOAP.asp zu finden und wird dazu verwendet, Knoten in die Ausgabe einzufügen. Der zweite Parameter von addChild() ist im Allgemeinen der Name, der dem Knoten gegeben werden soll. In diesem Fall lassen wir ihn aber leer, um anzuzeigen, dass der Datentyp als Name des Knotens verwendet werden soll (die addChild()-Funktion wird später noch ausführlich besprochen):

Beachten Sie, dass wir jeden Parameter nur aus Bequemlichkeit »anonym« lassen; die SOAP-Spezifikation erfordert diese Vorgehensweise nicht. Das folgende Beispiel aus der Spezifikationen zeigt eine andere Art, in der der Aufruf codiert werden kann, diesmal mit benannten Parametern:

```
<SOAP:Envelope xmlns:SOAP="urn:schemas-xmlsoap-org:soap.v1">
    <SOAP:Body>
        <m:GetLastTradePriceDetails xmlns:m="Some-Namespace-URI">
            <Symbol>DEF</Symbol>
            <Company>DEF Corp</Company>
            <Price>34.1</Price>
        </m:GetLastTradePriceDetails>
    </SOAP:Body>
</SOAP:Envelope>
```

Bei einer einfachen ASP-Umsetzung, so wie die, die wir hier entwickeln, lohnt sich der Aufwand nicht, den Parametern extra Namen zuzuweisen. Wir benennen deshalb aus Gründen der Einfachheit die Parameter an Hand ihrer Typen. Wenn wir in unserem System ein Datenfeld mit drei Elementen hätten, die dieselben Werte wie im obigen Beispiel besitzen, würden wir folgende Struktur erhalten:

```
<SOAP:Envelope xmlns:SOAP="urn:schemas-xmlsoap-org:soap.v1"
               xmlns:xsd="Some-Schema-Namespace-URI">
    <SOAP:Body>
        <m:GetLastTradePriceDetails xmlns:m="Some-Namespace-URI">
            <String xsd:type="string">DEF</String>
            <String xsd:type="string">DEF Corp</String>
            <Float xsd:type="float">34.1</Float>
        </m:GetLastTradePriceDetails>
    </SOAP:Body>
</SOAP:Envelope>
```

Funktionsparameter

Die SOAP-Spezifikation legt fest, dass Parameter entweder zur Eingabe oder zur Ein- und Ausgabe genutzt werden können, was bedeutet, dass sie Werte bezeichnen, die entweder verwendet werden, um ausschließlich Informationen an die Programmroutine zu übermitteln, oder sie beschreiben Werte, die zusätzlich die Aufgabe haben, die Ergebnisse der Funktion zurückzuliefern. Es ist allerdings nirgendwo in der Spezifikation von SOAP eine Vorgehensweise beschrieben, welche Parameter zur Eingabe und welche zur Ausgabe verwendet werden sollen.

Das heißt aber, dass es für die Implementation eines Clients keinen Weg gibt, im Voraus festzustellen, welche Parameter für einen Funktionsaufruf notwendig sind, und es gibt auch für einen Server keine Möglichkeit, Überprüfungsprozesse der Parameter zu verallgemeinern, man muss warten, bis der Prozeduraufruf erfolgt ist. Natürlich kann man die Parameter in jeder einzelnen Funktion überprüfen, um zu sehen, ob man das auch übermittelt bekommt, was man erwartet hat, idealerweise sollte aber ein SOAP-Servermodul diese Tests vor den Funktionen verbergen.

Obwohl diese Überprüfung sehr sinnvoll wäre, sollte sie aus zwei Gründen nicht Teil des SOAP-Standards werden. Zum einen würde man die Anhänger von XML-RPC wirklich verärgern! Sie wären nicht mehr in der Lage, auf die Schnelle Client- oder Servermodule für eine neue Plattform zu erstellen; man müsste sich nun auch mit der Überprüfung von Parameternamen und den Datentypen dieser Parameter beschäftigen. Wenn aber sowohl Client- als auch Server-Modul unter einer Aufsicht entwickelt werden, kann man davon ausgehen, dass die Parameter korrekt übertragen werden, ohne dass man diesen Zusatzaufwand benötigt.

Der zweite Grund liegt darin, dass es schon eine Anzahl von anderen Ansätzen gibt, mit denen man diesen »Fingerabdruck« einer Funktion definieren kann. Einige davon kommen aus der Welt der Software-Entwicklung, in der es Werkzeuge gibt, die Objekte und ihre Methoden automatisch erzeugen. Andere sind neu und zielen speziell auf die XML-basierenden Protokolle wie SOAP und XML-RPC ab. Einer dieser Ansätze ist die **Component Description Language (DDL)** von DevelopMentor (`http://www.develop.com/soap.cdl.htm`), die es ermöglicht, die Parametertypen und Rückgabewerte von Funktionen festzulegen.

Fehlermeldungen

Der letzte Nutzdatentyp befasst sich mit Fehlermeldungen. Eine SOAP-Fehlermeldung wird dann zurückgeliefert, wenn das SOAP-Modul in der Lage war, festzustellen, dass irgendetwas schief gelaufen ist. Ein Fehler kann auf verschiedenen Stufen der Übertragung erfolgen; es kann ein Problem mit dem Datenpaket geben oder mit den übertragenen XML-Daten oder der Funktionsname innerhalb der Nutzdaten stimmt nicht mit dem aus dem HTTP-Header überein. Es ist allerdings für das SOAP-Modul selbst nicht immer möglich, diese Fehler zu entdecken. Wenn zum Beispiel ein Fehler im übertragenen XML vorliegt, oder das M-POST-Verfahren verwendet wird, aber nicht alle erforderlichen Parameter angegeben wurden, dann erreicht diese Nachricht das SOAP-Mdul vielleicht gar nicht. Andererseits kann ein SOAP-Modul durchaus reagieren, wenn der falsche Namensraum verwendet wurde, um SOAP-Elemente zu definieren.

SOAP liefert Meldungen über Fehler, die es entdeckt, in folgender Weise:

```
<SOAP:Envelope xmlns:SOAP="urn:schemas-xmlsoap-org:soap.v1">
    <SOAP:Body>
        <SOAP:Fault>
            <SOAP:faultcode>200</SOAP:faultcode>
            <SOAP:faultstring>SOAP Must Understand Error</SOAP:faultstring>
            <SOAP:runcode>1</SOAP:runcode>
        </SOAP:Fault>
    </SOAP:Body>
</SOAP:Envelope>
```

Das Beispiel ist aus der SOAP-Spezifikation entnommen. Der einzige Unterschied besteht darin, dass wir den Namensraum der Elemente `<faultcode>`, `<faultstring>` und `<runcode>` explizit angegeben haben. Die Spezifikation neigt dazu, die Namensraumpräfixe wegzulassen, sobald es sich um Unterelemente handelt – so wie in diesem Fall `<SOAP:Fault>` – in unserem Code soll aber alles, was mit SOAP zu tun hat, auch über SOAP-Präfixe gekennzeichnet sein.

Die Bedeutung der unterschiedlichen Komponenten einer `<fault>`-Struktur lautet wie folgt:

❏ `<faultcode>` ist die Codenummer des Fehlers. Beispielsweise zeigt ein Wert von 100 an, dass der Aufruf mit einer nicht unterstützten Version von SOAP generiert wurde

❏ `<faultstring>` ist die ausgeschriebene Fassung des Fehlers, beispielsweise »Versionskonflikt« für den Fehler Nummer 100

❏ `<runcode>` wird verwendet, um anzuzeigen, dass – trotz der Fehlermeldung – der Funktionsaufruf an die Anwendung weitergeleitet wurde. Die erlaubten Werte betragen im Moment 0, 1 und 2 mit der Bedeutung »möglicherweise«, »Nein« und »Ja«

Diese drei Element sind notwendig, ein viertes Element – `<detail>` – ist optional und kann alles enthalten, was die Anwendung zurückliefern möchte, zum Beispiel detailliertere Informationen darüber, warum der Aufruf fehlgeschlagen ist. Wenn eine aufgerufene Funktion also fehlschlägt, sollte der SOAP-Fehler 400 zurückgeliefert werden, was dem Client aber nicht sonderlich weiterhilft; die Anwendung könnte also noch weitere Informationen über den Fehler anbieten wollen:

```
<SOAP:Envelope xmlns:SOAP="urn:schemas-xmlsoap-org:soap.v1">
    <SOAP:Body>
        <SOAP:Fault>
            <SOAP:faultcode>400</SOAP:faultcode>
            <SOAP:faultstring>SOAP Application Failed Error</SOAP:faultstring>
            <SOAP:runcode>1</SOAP:runcode>
            <SOAP:detail>
                <errorcode>1001</errorcode>
                <message>No such record</message>
```

```
            </SOAP:detail>
        </SOAP:Fault>
    </SOAP:Body>
</SOAP:Envelope>
```

Die Nutzdaten einer Fehlermeldung werden mit der folgenden Funktion vorbereitet:

```
function CreateFaultPayload(iFaultcode, sDetail)
    Dim oSubElem
    Set oSubElem = oDOM.createNode(1, "SOAP:Fault", NS_SOAP)
    addChild oSubElem, "faultcode", iFaultcode
    Select Case iFaultcode
        Case 100
            sFaultstring = "Version Mismatch"
        Case 200
            sFaultstring = "Must Understand"
        Case 300
            sFaultstring = "Invalid Request"
        Case 400
            sFaultstring = "Application Faulted"
    End Select
    addChild oSubElem, "faultstring", sFaultstring
    addChild oSubElem, "runcode", iRuncode
    if sDetail <> "" then
        addChild oSubElem, "detail", sDetail
    end if
    Set CreateFaultPayload = CreatePayload(oSubElem)
end function
```

Die Funktion benötigt nur den Fehlercode und die zusätzliche Fehlerbeschreibung, um eine <Fault>-Struktur zu erzeugen. Die Standard-Fehlerbeschreibung wird an Hand des Fehlercodes generiert und den Inhalt des <runcode>-Elements legen wir mit Hilfe einer globalen Variable fest. Man beachte, dass die Zeichenkette mit der zusätzlichen Beschreibung nur dann verwendet wird, wenn hier wirklich ein Wert angegeben wurde.

Genau wie bei den Funktionen für die SOAP-Nutzdaten wird hier addChild() verwendet, um Knoten für den Elementbaum zu erzeugen. Wenden wir uns jetzt dieser Funktion zu.

addChild()

Wir sind der addchild()-Funktion schon kurz im vorherigen Abschnitt begegnet, jetzt befassen wir uns aber noch ausführlich mit ihr, da sie einen zentralen Punkt unseres SOAP-Systems darstellt. Die Aufgabe von addChild() besteht darin, Knoten in einen XML-Elementbaum einzubauen, und zwar gemäß der Regeln, die in der SOAP-Spezifikation für die Datendarstellung festgelegt sind. Wenn wir beispielsweise eine ganz Zahl mit dem Wert 7 vorliegen haben, dann wollen wir folgenden Knoten erzeugen:

```
<integer>7</integer>
```

oder so:

```
<score xsd:type="int">7</score>
```

Die Funktion ist sehr flexibel und kann zum Beispiel auch Datenfelder behandeln. Da sie rekursiv zu verwenden ist, kann sie auch mit Datenfeldern aus Datenfeldern und anderen komplexen Strukturen umgehen. Sie kann auch einige Visual-Basic-Objekte, zum Beispiel Recordsets, die man als Ergebnis von Datenbankabfragen erhält, ins XML-Format bringen. Die Funktion ist recht umfangreich, wer sich für sie interessiert, sei daher auf die Beispieldateien verwiesen. An dieser Stelle zeige ich nur einen kleinen Ausschnitt der Programmroutine.

Als Parameter bekommt sie den Knoten, in den wir etwas einfügen wollen, den Namen, den der neue Knoten bekommen soll, und das eigentliche Datenelement, das wir in einen Knoten umsetzen wollen. Wenn der Name des Knotens leer ist, dann wird der Typ des übergebenen Datenelements als Name verwendet:

```
Function addChild(oEl, sName, vItem)
    Dim bRet : bRet = False
    If sName = "" Then
        sName = TypeName(vItem)
    End If
```

Wir erzeugen jetzt den Knoten, der die Daten aufnehmen wird. Beachten Sie, dass bei einem Datenfeld vom Typ Variant die `ArrayOf`-Syntax verwendet wird:

```
    If sName = "Variant()" Then
        sName = "ArrayOfvariant"
    End If
    Dim oTemp : Set oTemp = oDOM.createElement(sName)
```

In Abhängigkeit vom Datentyp wird das neue Element entsprechend aufbereitet:

```
    Select Case TypeName(vItem)
        Case "Null"
            oTemp.setAttribute "xsd:null", "1"
        Case "Boolean"
            setTypedData oTemp, "boolean", vItem
        Case "Integer"
            setTypedData oTemp, "integer", vItem
        Case "Long"
            setTypedData oTemp, "integer", vItem
        Case "Single"
            setTypedData oTemp, "float", vItem
        Case "Double"
            setTypedData oTemp, "float", vItem
        Case "String"
            vItem = Replace(vItem, "&", "&amp;", 1, -1, 1)
            vItem = Replace(vItem, "<", "&lt;", 1, -1, 1)
            setTypedData oTemp, "string", vItem
```

Die `addChild()`-Funktion ist vor allen Dingen deshalb sehr leistungsfähig, da sie die Möglichkeit besitzt, ein Recordset als Parameter zu verwenden. Beachten Sie, dass wir für jedes Feld `addChild()` rekursiv aufrufen, um den korrekten Datentyp des Eintrags zu erhalten. Als Nebenprodukt können wir also auch mit verschachtelten Recordsets umgehen:

```
        Case "Recordset"
            Do While Not vItem.EOF
                Dim oRec : Set oRec = oDOM.createElement("Record")
                Dim oField, oNodeField
                for each oField in vItem.fields
                    Set oNodeField = oDOM.createElement(oField.name)

                    addChild oTemp, oField.name, oField.value
                next
                oTemp.appendChild(oRec)
                vItem.MoveNext
            Loop
```

Alles, was bis jetzt nicht verarbeitet wurde, ist entweder gänzlich unbekannt oder ein Datenfeld. Handelt es sich um ein Datenfeld, dann wird es als Datenfeld aus Varianttypen behandelt:

```
        Case Else
            If VarType(vItem) > vbArray Then
                Set oTemp = Nothing
                Set oTemp = oDOM.createElement("ArrayOfvariant")
                oTemp.setAttribute "xsd:type", "u:variant[" & UBound(vItem) & "]"
                for i = 0 to UBound(vItem) - 1
                    addChild oTemp, "variant", vItem(i)
                next
            Else
                setTypedData oTemp, "string", "Unrecognised: " & TypeName(vItem) & _
                            " [" & VarType(vItem) & "]"
            End If
        End Select
    oEl.appendChild(oTemp)
    addChild = bRet
end function
```

Den abschließenden Teil der Nutzdaten-Funktionen bildet eine Basis-Routine, die einem Knoten einen bestimmten Datentyp zuordnet:

```
function setTypedData(ByRef oNode, sType, vData)
on error resume next
    oNode.setAttribute "xsd:type", sType
    oNode.dataType = sType
    oNode.nodeTypedValue = vData
    If Err Then
        oNode.setAttribute "xsd:type", "string"
        oNode.dataType = "string"
        oNode.nodeTypedValue = _
            "Error setting '" & oNode.nodeName & "' " & "(type " & sType & ") to " _
            & "'" & vData & "' " & "(type " & VarTypeText(vData) & "). " _
            & "[" & err.number & "-" & err.description& "-" & err.source & "]"
        Err.Clear
    End If
end function
```

Um auch aus den XML-DR-Fähigkeiten des Microsoft-XML-DOM Vorteile zu ziehen, habe ich die Typinformationen zusätzlich zum xsd:type-Attribut, so wie es die Spezifikation »XML Schema Teil 2« erfordert, auch in das nodeTypedValue-Attribut gesteckt. Ich nehme an, dass Microsoft nach der Veröffentlichung der nächsten Version des XML-DOM die dt:dt-Syntax durch die xsd:type-Konstruktion ersetzen wird. In diesem Fall kann die erste Zeile der Funktion entfernt werden.

Übertragen der Nutzdaten

Nachdem wir gezeigt haben, wie die Nutzdaten generiert werden, wollen wir zum eigentlichen Aufruf der entfernten Prozedur zurückkehren. Hier noch einmal der bisher vorhandene Programmcode:

```
function doRemoteCall(sU, sNS, sM, arP)
    On Error Resume Next
    '
    ' Create the request body from the method name and array of parameters
    '
    Dim oPL : Set oPL = CreateCallPayload(sNS, sM, arP)
    If Err.Number <> 0 Then
```

```
            Dim sTemp : sTemp = Err.Number & ": " & Err.Description
            Err.Clear
            Err.Raise 999, "SOAP", "Failed to create payload (" & sTemp & ")"
        Else
            ...
        End If
    end function
```

Vorausgesetzt, dass die Nutzdaten erfolgreich erstellt wurden, sind wir nun in der Lage, die Daten an den entfernten Server zu übertragen. Wie wir schon in der Diskussion um die Erweiterungen von SOAP bemerkten, sollte man zuerst das herkömmliche POST-Verfahren zur Übertragung verwenden, bevor wir eine M-POST-Übertragung versuchen. Hier also der erste Abschnitt des Programmcodes:

```
            Err.Raise 999, "SOAP", "Failed to create payload (" & sTemp & ")"
        Else
            sM = sNS & "#" & sM
            Dim oHTTP : Set oHTTP = Server.CreateObject("Microsoft.XMLHTTP")
            iStatus = doPost("POST", oHTTP, sU, sNS, sM, oPL)
            If iStatus = 405 Then
                iStatus = doPost("M-POST", oHTTP, sU, sNS, sM, oPL)
            End If
```

Wer seine eigenen SOAP-Module schreibt, sollte im Hinterkopf behalten, dass die SOAP-Spezifikation noch einige andere HTTP-Rückgabecodes auflistet, die behandelt werden sollten. Zum Beispiel müssen Redirections (Weiterleitungen), die mit dem Code 302 gekennzeichnet werden, verarbeitet werden. Einige der verfügbaren HTTP-Softwarekomponenten erledigen dies zwar schon ohne eigenes Zutun, man sollte aber immer überprüfen, ob dem wirklich so ist.

Nach Ausführung des POST- (oder M-POST-) Befehls können wir den Rückgabewert überprüfen. Wenn wir den Code 200 erhalten, können wir zumindest sagen, dass unser Proceduraufruf über HTTP übertragen wurde – obwohl es immer noch auf Ebenen des SOAP-Moduls zu Fehler gekommen sein kann. Jeder andere Code außer 200 ist ein Fehler. Die am häufigsten auftretenden Fehlermeldungen sind 501 Not Implemented und 510 Not Extended:

```
        '
        ' A 200 means that the HTTP layer is all OK
        '
        If iStatus <> 200 Then
            Err.Raise 999, "SOAP", "HTTP error: " & iStatus
        Else
            Set doRemoteCall = oHTTP.responseXML
        End If
    End If
end function
```

Die Funktion, die die POST- oder M-POST-Operation ausführt, lautet wie folgt:

```
function doPost(sType, oHTTP, sURL, sNS, sMN, oB)
On Error Resume Next
    Dim sMethod : sMethod = sMN
    If sNS <> "" Then
        sMethod = sNS & "#" & sMethod
    End If
    oHTTP.open sType, sURL, false
    oHTTP.setRequestHeader "Content-Type", "text/xml"
    If sType = "M-POST" Then
        oHTTP.setRequestHeader "Man", """" & NS_SOAP & """,ns=01"
        oHTTP.setRequestHeader "01-SOAPMethodName", sMethod
```

```
    Else
        oHTTP.setRequestHeader "SOAPMethodName", sMethod
    End If
    oHTTP.send(oB.xml)
    doPost = oHTTP.status
end function
```

Wenn ein M-POST ausgeführt wird, müssen wir noch sicherstellen, dass alle erforderlichen Headerzeilen vorhanden sind.

Die einzige Aufgabe, die wir noch zu erledigen haben, ist es, die Daten zu überprüfen, die zurückgeliefert wurden. Die CheckPayload()-Funktion ist dafür verantwortlich, die SOAP-Nutzdaten zu überprüfen. Sie gewährleistet, dass die Funktionsnamen innerhalb der Nutzdaten und in den Headerzeilen konsistent verwendet werden, dass die Namensräume korrekt sind usw. Die Funktion wird Client-seitig dazu benutzt, die Rückgabewerte zu überprüfen, und Server-seitig, um die Nutzdaten zu überprüfen, die den Aufruf begleiten. Die Funktion gibt entweder im Parameter oSOAP die interessanten Knoten zurück oder Parameter dom: eine Fehlerstruktur

```
        Err.Raise 999, "SOAP", "Failed to call remote server (" & sTemp & ")"
    Else
        Dim dom
        Dim iOK : iOK = CheckPayload(oSOAP, dom, sNamespace, sMethod & _
                        "Response", 1)
        If iOK = False Then
            Set oSOAP = dom
        End If
```

Beachten Sie, dass die Auswahl am Wurzelknoten beginnt. Das erfolgt deshalb, weil hier zwei Situationen auftreten können; die eine liegt vor, wenn der aktuelle Wurzel-Knoten ein <SOAP:Fault>-Element ist. Das kann auftreten, wenn der entfernte Server uns tatsächlich ein Element namens <SOAP:Fault> zurücklieferte und die Überprüfung durch CheckPayload() schon vollzogen wurde. Die zweite Situation tritt auf, wenn CheckPayload() in der zurückgelieferten Nutzdatenstruktur einen Fehler entdeckt hat. In diesem Fall ist das Wurzel-Element vom Typ <SOAP:Envelope>. Wenn wir ein <SOAP:Fault>-Element vorfinden, sollten wir den Fehlercode und die restliche Information herausholen und anzeigen:

```
        Dim oTemp : Set oTemp = oSOAP.selectSingleNode("//SOAP:Fault")
        If Not IsNull(oTemp) Then
            Set oSOAP = oTemp
            Dim iFC : iFC = oSOAP.selectSingleNode("faultcode").nodeTypedValue
            Dim sFS : sFS = oSOAP.selectSingleNode("faultstring").nodeTypedValue
            Dim sDet : sDet = oSOAP.selectSingleNode("detail").nodeTypedValue
            Err.Clear
            Err.Raise 999, sNamespace & "#" & sMethod, sFS & ": (" & sDet & ")"
        Else
```

Wenn alles korrekt verlaufen ist, können wir das zurückgelieferte XML wieder mit der Funktion XMLTo-Value() in gewöhnliche Variablen umwandeln – und damit die Wirkung der addChild()-Funktion umkehren.

```
            SOAP = True
            oRet = XMLToValue(oSOAP)
        End If
    End If
End If
```

Server-Modul

Betrachten wir nun die Server-Seite. Die erste Sache, die wir hier zu erledigen haben, besteht darin, ein XML-DOM-Objekt zu erzeugen und es mit den Daten zu füllen, die uns übertragen wurden:

```
<%
On Error Resume Next
Set oXML = Server.CreateObject("Microsoft.XMLDOM")
oXML.async = false
oXML.load(Request)
```

Als Nächstes überprüfen wir die Methode, die zur Übertragung verwendet wurde. Wenn das M-POST-Kommando vorliegt, müssen wir die Man-Headerzeile betrachten, die den Namensraum enthält, an dem wir die anderen notwendigen Headerzeilen erkennen können. Der Namensraum wird von Anführungszeichen eingeschlossen, also entfernen wir diese:

```
sMethod = Request.ServerVariables("REQUEST_METHOD")
Dim oBody
If sMethod = "M-POST" Then
    sMan = Request.ServerVariables("HTTP_Man")
    sMan = Trim(Replace(sMan, """", ""))
```

Wir sollten überprüfen, dass es sich um denselben Namensraum handelt, der in der SOAP-Spezifikation definiert wird, für den Moment lassen wir das aus:

```
    iPos = Instr(sMan, ";")
    If Left(sMan, iPos - 1) <> NS_SOAP Then
    End If
```

Der tatsächliche Bezeichner für den Namensraum – der ähnlich wie das Präfix in XML zu verstehen ist – folgt dem Ausdruck "ns=". Ist dieser Bezeichner einmal festgesetzt, dann können wir die Headerzeile finden, die den Funktionsnamen enthält:

```
    iPos = Instr(sMan, "ns=")
    sManID = Mid(sMan, iPos + 1)

    sMethodName = Request.ServerVariables("HTTP_" & sManID & "-SOAPMethodName")
Else
    sMethodName = Request.ServerVariables("HTTP_SOAPMethodName")
End If
```

Haben wir den Prozedurnamen einmal vorliegen, dann trennen wir den Bezeichner des Namensraums wieder ab, da wir diesen Prozedurnamen noch mit dem Namen der Prozedur vergleichen wollen, die in den Nutzdaten angegeben ist:

```
'
' Get the namespace and method
'

sNamespace = ""
iPos = Instr(sMethodName, "#")
if iPos <> 0 then
    sNamespace = Left(sMethodName, iPos - 1)
    sMethodName = Mid(sMethodName, iPos + 1)
end if
```

Der folgende Codeabschnitt ist nicht aus der SOAP-Spezifikation, eignet sich aber sehr gut zu Testzwecken. Wenn die Übertragungsmethode (HTTP-)ECHO und der Namensraum SOAP gewählt wurde, dann liefert diese Funktion exakt die Daten zurück, die der Client geschickt hat.

```
'
' If the namespace is "SOAP" and the method is "ECHO" then just send it
' all straight back as XML to help testing
'
If sNamespace = "SOAP" and sMethodName = "ECHO" Then
    Response.ContentType = "text/xml"
    Response.Write oXML.xml
Else
```

Bevor wir die angeforderte Funktion jetzt wirklich ausführen, müssen wir überprüfen, dass mit den Nutzdaten alles stimmt:

```
    Dim vRet
    Dim domServer
    iOK = CheckPayload(oXML, domServer, sNamespace, sMethodName)
    If iOK Then
```

Wenn die Nutzdaten korrekt sind, dann enthält die Variable oXML die Parameterknoten. Wir wandeln diese Knoten in normale Variablen um, bevor wir sie an eine spezielle Call-Back-Routine übergeben:

```
        param = XMLToValue(oXML)
        SOAPCallback(param)
        Set oXML = Nothing
```

Wenn der Aufruf erfolgreich ausgeführt wurde, können wir die Nutzdaten für die Antwort erzeugen, die an den Aufrufer zurückgeliefert wird. Haben wir andererseits einen Fehler vorliegen, dann werden die Nutzdaten für eine Fehlermeldung erstellt.

```
        If Err Then
            Set domServer = CreateFaultPayload(400, err.number & ": " & _
                            err.description)
            Err.Clear
        Else
            Set domServer = CreateCallResponsePayload(sNamespace, sMethodName, vRet)
        End If
    End If
    Response.ContentType = "text/xml"
    Response.Write domServer.xml
    Set domServer = Nothing
End If
%>
```

Das letzte Stück des Puzzles besteht aus den Programmroutinen des lokalen Systems, die wir tatsächlich ausführen wollen. Erinnern wir uns, dass die Syntax für den Aufruf folgendermaßen lautete:

```
if not Request.form("iAuthor") = "" then
    paramList(0) = CInt(Request.form("iAuthor"))
    paramList(1) = 1
    iRet = SOAP("http://server/SOAP/myServer.asp", _
                "myNamespace", _
                "getAuthor", _
                paramList, _
                oRet)
    '
    ' Check the return status and then maybe do something with the returned value
    '
end if
```

Wir müssen nun das Modul `myServer.asp` erstellen. Das SOAP-Servermodul wird wieder eingebunden, um uns den Zugriff auf die Hilfsfunktionen für die Datenbehandlung und den Umgang mit den Nutzdaten zu ermöglichen. Um die Verbindung zu den tatsächlichen, lokalen Funktionen zu schaffen, verwenden wir eine einzelne Funktion, die von SOAP aufgerufen wird. Innerhalb dieser Funktion verwenden wir eine Fallunterscheidung (case statement), mit der wir zwischen den verschiedenen Namensräumen und Funktionsnamen unterscheiden. Auf diese Weise können wir ein und dieselbe Funktion auch für verschiedene Namensräume verwenden. Beachten Sie, dass die Werte für Namensraum und Funktionsname als globale Variable vorliegen, obwohl man sie auch als Parameter übergeben kann. Die Funktion muss ihren Rückgabewert immer in der ebenfalls globalen Variable `vRet` platzieren:

```
<!--#include virtual="/X-Port/SOAP/SOAP.asp" -->
<!--#include virtual="/X-Port/SOAP/SOAPServer.asp" -->
<%
'
' The main code calls a user-defined function and then wraps up the results.
' The results are then returned to the caller
'


Function SOAPCallback(param)
    '
    ' First check the namespace
    '
    Select Case sNamespace
       Case "myNamespace"
          '
          ' Can now check the method name
          '
          Select Case sMethodName
             Case "getAuthor"
                vRet = getAuthor(param(0), param(1))
             Case Else
                Err.Raise 1000, "Namespace '" & sNamespace & "' _
                          has no method called '" _
                       & sMethodName & "'"
          End Select
       Case Else
          Err.Raise 1002, "There is no namespace called '" & sNamespace & "'"
    End Select
End Function
```

Letztlich erreichen wir die eigentliche Funktion. Die Programmroutine erstellt eine Abfrage der Tabelle `Author` (siehe letztes Kapitel), mit der sie die Anzahl der Autoren (`iCount`) zurückerhält, die eine `ID` besitzen, die größer als der Vergleichswert `iID` ist. Das Abfrageergebnis wird in einem Datenfeld abgelegt, dessen Elemente aus den Zeilen der Datenbanktabelle besteht:

```
function getAuthor(iID, iCount)
    Set dbConn = CreateObject("ADODB.Connection")
    dbConn.Provider = "MSDataShape"
    dbConn.Open "Data Provider=MSDASQL;DSN=SSMembership;user=sa;pwd=1998;"
    Dim rs : Set rs = Server.CreateObject("ADODB.Recordset")
    Dim sQuery
    sQuery = "SELECT * FROM Author WHERE pk_Author > " & iID
    rs.Open sQuery, dbConn, 0, 3
    If Err = 0 Then
       Dim a
       a = rs.GetRows(iCount)
       Dim aRow()
```

```
      ReDim aRow(UBound(a, 1) + 1)
      Dim aRows()
      ReDim aRows(UBound(a, 2) + 1)
      for i = 0 to UBound(a, 2)
         for j = 0 to UBound(a, 1)
            aRow(j) = a(j, i)
         next
         aRows(i) = aRow
      next
      getAuthor = aRows
   End If
end function
%>
```

Abschließende Bemerkung

Obwohl XML-RPC seine Popularität verdientermaßen durch die einfache Struktur erlangt hat, ist es doch für viele Anwendungen zu simpel. XML-RPC wurde nicht so gut erarbeitet, als dass man es für professionelle Server-Server-Anwendungen verwenden könnte. SOAP stellt aber als verbesserte Version der XML-RPC einen vernünftigere Wahl dar, die aber immer noch, wie bei XML-RPC, einfach zu implementieren ist.

WebDAV

SOAP bietet eine wichtige Grundlage für die Entwicklung weiterer RPC-Anwendungen und es ist wahrscheinlich, dass in Zukunft andere RPC-Standards mit unterschiedlichen Verwendungszwecken entwickelt werden, die auf der Grundlage von SOAP aufbauen.

Während wir also die Möglichkeit haben, ein *Standardformat* festzulegen, mit dem die auszuführenden Funktionen beschrieben werden, gibt es noch keinen Standard dafür, welche Methoden wir verwenden können. In vielen Fällen ist das auch unmöglich. Die Spannbreite der Anwendungen ist so groß, dass man unmöglich eine Verallgemeinerung darüber treffen kann, welche Funktionen verwendet werden dürfen. Allerdings stellt ein bestimmter Anwendungstyp, den wir sehr häufig im Internet finden, eine Ausnahme dar – die Bearbeitung und Übertragung von Dateien.

Einen großen Teil seiner Popularität verdankt XML-RPC seiner einfallsreichen Verwendung durch die Betreiber der UserLand-Website. Eine der vielen spannenden Applikationen, die sie sich ausgedacht haben, ist ein Verfahren, mit dem Benutzer Nachrichten an ein elektronisches schwarzes Brett anbringen und auch wieder bearbeiten können. Eine andere Anwendung sieht eine Pflege von Nachrichtenartikeln vor. Beide Programme verwenden XML-RPC, um auch entfernten Anwendern den Zugriff auf die Daten zu ermöglichen, ohne dass der Server damit befasst ist, mit welchen Editor die Daten im Einzelnen bearbeitet werden.

Obwohl das schon eine beeindruckende Anwendung der Verfahren darstellt, besteht das Problem einfach darin, dass die Funktionen zur Aktualisierung der Daten nicht standardisiert sind. Mit anderen Worten, eine Client-Anwendung, mit der man die Informationen auf der UserLand-Site bearbeiten kann, kann man an anderer Stelle nicht wiederverwenden. Im gleichen Maße können Anwendungen, die eine Dokumentenbearbeitung mit anderen Protokollen ermöglichen, zum Beispiel Microsoft FrontPage, die Daten auf der UserLand-Site nicht pflegen.

WebDAV bedeutet *Web Document Authoring and Versioning* (Web-basierte Dokumenterstellung und Versionsverwaltung) und bietet Funktionen, die speziell auf die Kontrolle und Bearbeitung von Daten abzielen, auf die man mit dem HTTP-Protokoll zugreifen kann. WebDAV definiert Funktionen zum Hinzufügen von Daten, zur Bearbeitung und zum Suchen in Datenbeständen. Während wir SOAP verwenden, um festzulegen, wie Funktionen *transportiert* werden sollen, definiert WebDAV, welche Funktionen vorhanden sind.

Natürlich ist es möglich, einfach einen Satz von Standardfunktionen festzulegen und die Schnittstelle zu beschreiben, die man über SOAP verwenden kann, genau so, wie man das API für ein Softwarepaket veröffentlicht. Das wird bei Systemen, die eine Entwicklung von Internetanwendungen erlauben, auch immer mehr Verbreitung finden.

Obwohl WebDAV die richtige Lösung zu Bearbeitung entfernter Datenbestände darstellt, ist die Erstellung eines Clients oder eines Servers keine simple Wochenendaufgabe wie bei XML-RPC oder SOAP. Man eröffnet sich jedoch einige wichtige Möglichkeiten. Beispielsweise verfügt der Microsoft-Webserver über eine WebDAV-kompatible Schnittstelle, die die gleiche Funktionalität wie die FrontPage-Erweiterungen anbietet, aber diesmal in einer Weise, die durch einen Standard abgesichert ist. Das bedeutet auch, dass jede Software, die WebDAV versteht, verwendet werden kann, um auf diesen Servern Dokumente zu bearbeiten. Es sind zwar noch weitere Softwarewerkzeuge in der Entwicklung, aber im Moment kann man nur über Frontpage und die Microsoft-WebFolder (eine Zusatzkomponente des Internet Explorer 5) mit den WebDAV-Servern kommunizieren. Microsoft hat zudem angekündigt, dass sie die nächste Version des Exchange-Servers um einen WebDAV-Schnittstelle erweitern werden.

Weitere Informationen zu WebDAV findet man unter http://www.ietf.cnri.reston.va.us/rfc/ rfc2518.txt. *Auch andere Firmen arbeiten an WebDAV-Schnittstellen. Ein gutes Beispiel für den sinnvollen Einsatz dieses Verfahren findet man auf* http://www.sharemation.com/.

Zusammenfassung

Wir haben in diesem Kapitel verschiedenen Arten der Server-Server-Kommunikation betrachtet, die alle in irgendeiner Form XML verwenden. Wir befassten uns zuerst mit den Situationen, in denen dieses Kommunikationsverfahren notwendig ist, und betrachteten kurz einige der Möglichkeiten, die Entwicklern zur Verfügung stehen. Wir hatten in diesem Abschnitt den ersten Kontakt mit XML-RPC und SOAP und lieferten zusätzlich kurze Einführungen in Coins, WDDX, XMOP und KOALA.

Als Nächstes befassten wir uns intensiv mit XML-RPC – warum es entwickelt wurde, was es leisten kann, wie die Syntax aussieht und in welchen Situationen man sich nach anderen Kommunikationslösungen umschauen sollte. Wir betrachteten weiterhin einige Beispiele, die die Verwendung von XML-RPC verdeutlichen sollten, angefangen von einem einfachen Prozeduraufruf bis hin zur Verwendung von XML-RPC in einer komplizierteren Umgebung – nämlich bei der Verwaltung des Buchkatalogs, den wir im ganzen Buch als Beispiel verwenden. Dann folgte noch eine Liste von URLs mit Verweisen auf Softwarewerkzeuge und weiterführende Literatur.

Im weiteren Verlauf führten wir SOAP als erweiterte Version der XML-RPC ein. Wir sahen, wie dieses Verfahren – obwohl es zum Zeitpunkt dieser Niederschrift noch in den Kinderschuhen steckt – die Art und Weise ändern könnte, in der wir verteilte Computersysteme betrachten. Die Vorteile von SOAP sind offensichtlich – SOAP ist ein einfaches Protokoll, mit dem wir die vorhandene HTTP-Infrastruktur in neuer, leistungsfähiger Form nutzen können, ohne jedoch Daten in überflüssige Konstrukte zu verpacken wie bei XML-RPC. Wiederum führten wir uns den praktischen Einsatz von SOAP an Hand eines Lehrbeispiels vor Augen.

Zu guter Letzt sahen wir, wie man mit WebDAV den Versuch unternimmt, Funktionen, die im Web sehr häufig benötigt werden, zu standardisieren. WebDAV scheint dazu ein sehr viel versprechendes Verfahren darzustellen, also gaben wir noch Links an, unter denen man aktuellere Informationen finden kann.

12

E-Business und XML

Obwohl das World Wide Web ursprünglich für den Austausch und die Anzeige statischer, von Menschen lesbarer Dokumente geschaffen wurde, hat es sich schnell für Organisationen jeder Größe auf der ganzen Welt zu einem wesentlichen Kanal für die Kommunikation, die Werbung und den Verkauf entwickelt.

Die Funktionen des Web, die sich mit dem Kaufen und Verkaufen befassen, werden typischerweise in die Kategorie des *Electronic Commerce* (dt. *elektronischer Handel*), besser bekannt als **E-Commerce**, eingeordnet. Weil der Fachbegriff *E-Commerce* überstrapaziert und häufig falsch verwendet wird, präsentiere ich hier meine Definition dieses Begriffs:

E-Commerce ist der Austausch von Gütern oder Dienstleistungen gegen Geld zwischen zwei oder mehr Wirtschaftseinheiten über das Web.

Das Web hat sich sehr schnell von einem Medium für den Austausch wissenschaftlicher Dokumente zu einer Plattform für den Handel mit Gütern und Dienstleistungen entwickelt. Das Thema, E-Commerce-Sites einzurichten, verdient ein eigenes Buch, und dieses Kapitel versucht nicht, Ihnen beizubringen, wie Sie E-Commerce-Lösungen erstellen können. Es gibt jedoch viele Missverständnisse, was die Verwendung von XML beim E-Commerce angeht, und das Ziel dieses Kapitels besteht darin, einige der zentralen Themen zu erklären, welche die Rolle von XML beim E-Commerce betreffen. Leider ist E-Commerce außergewöhnlich schwierig, arbeitsintensiv und teuer. Tatsächlich dauert es in vielen Marktsegmenten sehr lange, bis echte Gewinne erzielt werden. XML macht die Entwicklung von E-Commerce-Anwendungen nicht viel einfacher, obwohl es zweifellos die Art und Weise ändern wird, wie E-Commerce-Anwendungen entwickelt werden, und dies ist das Thema dieses Kapitels.

Das Kapitel besteht aus zwei Teilen. Der erste Teil beschäftigt sich mehr mit der Theorie und stellt den traditionellen EDI-Ansatz des E-Commerce vor. Dabei wird gezeigt, dass Lösungen, die mit Hilfe von XML implementiert wurden, tatsächlich vorhandenen EDI-Anwendungen ähneln – obwohl das Kapitel die Vorteile von und die Gründe für den wachsenden Einsatz von XML hervorhebt.

Dabei werden wir uns damit befassen, wie einige der zentralen Themen mit Hilfe der XML-Syntax bearbeitet werden, sowie einige häufige Missverständnisse klären. Der erste Teil endet mit einem Blick auf die zukünftigen Richtungen, die XML im E-Commerce-Bereich einschlagen kann, und wie es sehr viel mehr als die vorhandenen EDI-Standards bieten kann. Im zweiten Teil des Kapitels wenden wir uns verstärkt der Praxis zu. Dieser Abschnitt beschäftigt sich mit einigen der vorhandenen DTDs und Schemata, die für den Einsatz in horizontalen Branchen entwickelt wurden. Außerdem lernen Sie mehr Beispiele für Nachrichten kennen. Danach folgt ein Blick auf Lösungen zur Implementierung dieser neuen Ära des E-Commerce einschließlich eines Blicks auf das BizTalk-Framework von Microsoft.

Dieses Kapitel behandelt demnach die folgenden Themen:

❏ Wie vorhandene EDI-E-Commerce-Lösungen funktionieren

❏ Wie XML einen Mechanismus für die Definition von Geschäftsvokabularen bereitstellt, mit dem wir Geschäftsdaten zwischen verschiedenen Anwendungen und sogar zwischen verschiedenen Plattformen austauschen können

❏ Missverständnisse, Wahrnehmungen und Motive hinter dem Einsatz von XML im E-Commerce

❏ Einige Richtungen, die der E-Commerce wahrscheinlich in Zukunft nehmen wird

❏ Beispiele für Implementierungen von XML in vertikalen Industrien

❏ Beispiele für Lösungen in horizontalen Industrien

❏ Eine Einführung in das BizTalk-Framework von Microsoft

Die Menschen wollen wissen, wie XML zu ihren Bemühungen passt, wie sie das meiste aus dem gegenwärtigen Stand der Dinge machen können und in welche Richtung sich die Technik entwickelt. Dieses Kapitel versucht die Ziele, Trends, Missverständnisse, Visionen und Initiativen zu beschreiben, die an der Realisierung von globalen E-Commerce-Lösungen beteiligt sind.

Was ist E-Commerce?

Wenn wir den E-Commerce auf seine reine Essenz reduzieren, stellen wir fest, dass es dabei einfach darum geht, dass zwei oder mehr Parteien bestimmte Informationen elektronisch gegen Geld austauschen. Dabei spielt es keine Rolle, was verkauft wird – CDs, Autoteile, Lizenzen. Das zugrunde liegende Ziel besteht darin, eine bestimmte Nachricht von einer Partei zu einer anderen in einer Form zu übermitteln, die für beide Parteien eine Bedeutung hat.

Großunternehmen und Banken führen bereits seit Jahrzehnten elektronische Transaktionen dieser Art aus: Sie waren mit Geschäften verbunden, die Kreditkartenverkäufe abwickelten, sie unterhielten Bankautomaten und sie tauschten Buchungsdaten zwischen Niederlassungen aus usw. Traditionell mussten Unternehmen für diese Dienstleistungen so genannte **Value Added Networks** (**VANs**) benutzen, um diese Daten auszutauschen. Seit 1994 vollzieht sich jedoch ein Paradigmenwechsel, weil die Beliebtheit des Internets zu neuen Geschäftsmodellen geführt hat. Der elektronische Austausch von Informationen ist nicht mehr den Großunternehmen vorbehalten, sondern er liegt jetzt in Reichweite von kleineren und mittelgroßen Unternehmen (so genannten **SMEs**, von engl. *small and medium sized enterprises*). Damit wurden auch die Anwendungsmöglichkeiten für den elektronischen Informationsaustausch erweitert.

Die traditionelle Methode der Kommunikation für große Firmen, die auf dem Gebiet des elektronischen Informationsaustausches Pionierarbeit geleistet haben, bestand aus einer Lösung, die als **EDI** (Abkürzung für *Electronic Data Interchange*) bezeichnet wird. Generell sind EDI-Systeme jedoch teuer und schwierig zu implementieren, wodurch die Hürde für den EDI-Einsatz ziemlich hoch gelegt wird. Deshalb werden wir in diesem Kapitel einen kurzen Blick darauf werfen, wie der Informationsaustausch per EDI funktioniert. Dann werden wir uns damit befassen, wie das Internet und XML die Form dieser Kommunikation ändern werden.

Wir haben gerade erst angefangen zu lernen, wie XML-Daten, die über das Internet übertragen werden, die Art und Weise ändern können, wie Unternehmen Geschäfte untereinander abwickeln. Man erwartet, dass sich der Trend zu XML ausweiten und diversifizieren wird, wenn die verfügbaren Techniken in größerem Umfang eingesetzt werden, um im Zeitalter der elektronischen Informationen Wettbewerbsvorteile zu erzielen. Zusätzlich zum E-Commerce zeichnet sich ein weiterer Haupttrend ab, der das Geschäftsleben um eine andere Dimension erweitert: den Austausch einer wachsenden Menge und Vielzahl anderer Informationen über das Unternehmen. Dieser Bereich wird gegenwärtig neben den neuen E-Commerce-Anwendungen definiert und implementiert. Der Oberbegriff für diese Bemühungen, der den E-Commerce sowie eine Reihe ergänzender Nachrichten umfasst, heißt **E-Business**.

Die bisherigen Entwicklungen haben einige vielversprechende Ergebnisse gezeigt. Jetzt ist es an der Zeit, diese Werkzeuge und Lektionen zu nutzen, und die Vorteile, die uns unsere neuen Geschäftssprachen bieten, auf die globale Zielgruppe der Unternehmen in der gesamten Welt auszuweiten. Viele dieser Unternehmen hatten schon länger den Wunsch, ihre Prozesse zu automatisieren, verfügten aber bis jetzt nicht über die Ressourcen oder Werkzeuge, um ihr Geschäftsvokabular effizient auszudrücken, um ihre Geschäftsprozesse darzustellen oder zu verbessern oder um Geschäftsdokumente auszutauschen. Jetzt sind diese Möglichkeiten gegeben.

Viele Menschen verbinden den Begriff E-Commerce automatisch mit Websites, die Produkte und Dienstleistungen öffentlich verkaufen. Jedoch sind die Back-Ends vieler großer Websites automatisiert und verarbeiten Bestellungen per EDI oder mit proprietären Protokollen und Formaten. Zusätzlich gibt es auch große Geschäftsbereiche, die per E-Commerce ihre Geschäfte mit anderen Unternehmen in einer **Supply-Chain** (**Wertschöpfungskette**; eine Wertschöpfungskette besteht aus logistischen Mitteln und Maßnahmen, die den regelmäßigen und rechtzeitigen Zufluss von Rohstoffen und Halbfabrikaten von – möglicherweise unabhängigen – Zulieferern sicherstellen soll) abwickeln. Außerdem gibt es einen stärker werdenden Trend, mehr Informationen zwischen Abteilungen und unabhängigen Unternehmen auszutauschen. Wir wollen jetzt einen Blick auf drei Modelle und ihren Bezug zum E-Business werfen.

❏ Direktverkauf an Kunden
❏ Geschäft-zu-Geschäft-Transaktionen (so genannte B2B-Transaktionen, typisch amerikanische Wortbildung: B2B = Business-two(= to)-Business)
❏ Informationsaustausch und das Bilden von Inhaltensyndikaten (Aufbau eines Pools von Inhalten, der von mehreren Unternehmen gleichzeitig genutzt wird, z.B. eine Presseagentur, A.d.Ü.)

Es gibt viele Varianten dieser Modelle, die jedoch XML als gemeinsamen Nenner haben, um ihr E-Business abzuwickeln.

Direktverkaufen an Kunden

Mit dem folgenden Modell sind wir alle vertraut. Viele Menschen denken zuerst an dieses Modell, wenn das Gespräch auf E-Commerce kommt. Typische Beispiele sind Sites wie *Amazon.com* und *Dell Direkt*. Mit einem Standard-Webbrowser können wir die Websites besuchen und dort das Angebot studieren. Wenn wir etwas Passendes finden, können wir die Artikel direkt per Kreditkarte kaufen und uns liefern lassen.

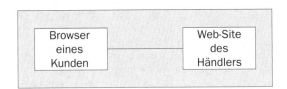

Dieses Modell hat nicht nur großen Unternehmen geholfen, sondern es kann auch vielen kleinen Firmen, die Spezialprodukte für enge Märkte mit kleinen Zielgruppen verkaufen, einen Verkaufskanal öffnen. Trotz der Bilder, die in den Werbesendungen von Firmen wie Microsoft und IBM verbreitet werden, nutzen immer noch nur wenige kleine Unternehmen das Internet als direkten Verkaufskanal. Später in diesem Kapitel werden wir neue Werkzeuge kennen lernen, mit denen Klein- und Mittelbetriebe die Vorteile des Internets nutzen können.

Der Prozess, bei dem traditionelle Hersteller ihre Ware potenziellen Kunden direkt online anbieten und dabei Zwischenhändler umgehen, um höhere Gewinne zu machen, wird als **Disintermediation** bezeichnet. Dabei stehen diese Unternehmen vor einer Reihe von Problemen: Endkunden-Direktmarketing, Konsumentenverhalten, Bearbeitung kleiner Bestellmengen und – nicht zu vergessen – die Entfremdung der herkömmlichen Vertriebskanäle. Einige Hersteller wählen jedoch eine andere Form der Disintermediation und gehen Partnerschaften mit Online-Händlern ein, um sie als Vertriebs- und Erfüllungszentren zu verwenden.

Geschäft-zu-Geschäft-Transaktionen

Die Idee hinter den Geschäft-zu-Geschäft-Transaktionen (auch **B2B-Transaktionen** genannt) ähnelt dem Direktverkauf an die Öffentlichkeit, doch die Transaktionen finden zwischen Handelspartnern statt. Jedoch zücken diese großen Firmen nicht bei jeder Bestellung ihre Kreditkarte, sondern haben wahrscheinlich Konten bei ihren Lieferanten, und ihre Transaktionen erfolgen häufig mittels einer vordefinierten, gemeinsamen Sprache.

Einer der Hauptvorteile für Unternehmen, die diese Modelle verwenden, besteht darin, dass weniger Papierarbeit anfällt und dass Bestellungen schneller abgewickelt werden können. Bei einigen Prozessen kann sogar ein automatischer Abgleich mit den Lagerbeständen erfolgen, wodurch Just-in-time-Bestellungen erleichtert werden. In einigen Fällen wird sogar die Notwendigkeit manueller Bestellungen ganz ausgeschaltet. Wenn automatisierte Prozesse die regelmäßigen, täglichen Bestellungen abwickeln, können sich die Erfüllungsmanager auf die Ausnahmen (Fehler, Abweichungen) des Prozesses konzentrieren.

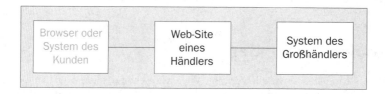

Wenn Unternehmen damit beginnen, ihre Transaktionsverarbeitung entweder aus eigenem Antrieb oder als Reaktion auf Kundenanforderungen zu automatisieren, pflanzen sich die Auswirkungen typischerweise durch alle Prozesse der Bestellabteilung fort. Organisationen, die ihre Geschäftsprozesse ändern, können echte Kosteneinsparungen erzielen. Aber die Automation hat ihren Preis: Die Integration kann hohe Investitionen erfordern und Arbeitsplätze vernichten. Außerdem ist ein Apparat zur Betreuung und Wartung erforderlich. Einige Unternehmen führen in der Folge ein neues Abwicklungsverfahren für Transaktionen ein: **Computer zu Fuß**. Dabei wird eine elektronisch eingegangene Bestellung zunächst ausgedruckt und das Papier wird dann an die zuständige Abteilung weitergeleitet oder manuell in den Computer des Unternehmens eingetippt. Dies gibt es nicht nur bei kleineren Unternehmen. Einige der größten Unternehmen arbeiten in einigen Unternehmensbereichen auf diese Weise. Eins der Versprechen von XML im E-Business besteht darin, Unternehmen die Werkzeuge an die Hand zu geben, mit denen es möglich ist, Prozesse zu automatisieren, die Komplexität von Arbeitsabläufen zu reduzieren und die Notwendigkeit von »Computer zu Fuß« auszuschalten.

Informationsaustausch und Bildung von Inhaltssyndikaten

Das letzte Modell, das wir uns ansehen wollen, betrifft den Informationsaustausch. Dieser Austausch kann viele Formen annehmen: Es kann sich einfach um die Zusammenfassung von Verkaufsdaten handeln, die von verschiedenen Zweigstellen an das Hauptquartier gesendet werden, oder es geht um eine Agentur, die mit geistigem Eigentum – Musik, Videos, Nachrichten – handelt, oder es handelt sich um ein Börsenunternehmen, das Berichte von Börsenanalytikern vertreibt. Die Metapher der Wertschöpfungskette kann auf Dienstleistungen ebenso angewendet werden wie auf physische Güter – was in Bereichen wie dem Marketing gezeigt wird.

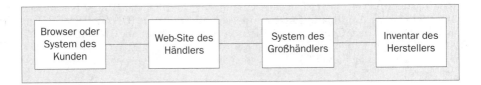

Die 90er-Jahre waren das Jahrzehnt, in dem der Schwerpunkt in den Unternehmen auf dem **Enterprise Resource Planning** (**ERP** – integrierte Software-Anwendungen für die geschäftlichen Produktions-, Vertriebs- und Finanzfunktionen, mit den Unternehmen ihre Geschäftsprozesse optimieren können und welche die analytischen Daten für die Vorbereitung von Managemententscheidungen liefern) lag. Das Hauptaugenmerk in der kommenden Dekade wird auf der Ausweitung und Optimierung der unternehmensinternen Prozesse liegen. Die Automatisierung des Informationsaustauschs wird Unternehmen merkliche Vorteile den Mitbewerbern gegenüber verschaffen, die sich diesen Anstrengungen verschließen; denn der Informationsaustausch ermöglicht es aggressiven Organisationen, Partnerschaften und neue Geschäftsmodelle zu entwickeln.

Durch den Informationsaustausch wird auch das Entstehen von **Informationsmediatoren** oder -Brokern begünstigt, die Vermittlungsdienstleistungen anbieten, indem sie Informationen über das Angebot, die Preise, die Verfügbarkeit usw. von Waren von mehreren Lieferanten zusammentragen und – beispielsweise für Online-Auktionen - zur Verfügung stellen.

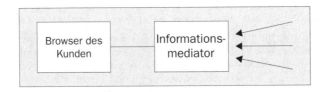

Um zu verstehen, wie XML die Landschaft des E-Commerce ändern wird, sollten wir einen Blick darauf werfen, wie EDI den Weg für den E-Commerce ebnete.

EDI – Electronic Data Interchange

EDI gibt es in der einen oder anderen Form bereits seit mehr als 30 Jahren. EDI war ein Wegbereiter für den anstehenden Durchbruch des E-Business. Schon lange bevor das Web oder das Internet in seiner jetzigen Form existierten, haben Firmen Daten elektronisch ausgetauscht und dabei standardisierte, branchenspezifische Transaktionsverfahren verwendet. Durch den Einsatz von EDI haben beispielsweise viele Firmen in der Automobilbranche, im Handel und in der Elektronik bedeutsame Einsparungen und eine Verbesserung ihrer Geschäftsprozesse erzielt. In den frühen 80er Jahren hat das American National Standards Institute (ANSI), nachdem es die Vorteile von Standards im elektronischen Geschäftsverkehr erkannt hatte, ein Standardisierungskomitee für EDI gegründet. Es erhielt die Bezeichnung **X12**.

Niemand kennt die genaue Zahl von Unternehmen, die mit EDI arbeiten, aber wahrscheinlich liegt die Zahl über 100.000 und nimmt weiter zu. Dabei liegt jedoch, wie wir sehen werden, der Schwerpunkt bei neuen EDI-Systemen darauf, die **Zusammenarbeit** zwischen verschiedenen Systemen mit Hilfe von XML herzustellen.

Seit den frühen 70er Jahren sind EDI-Standards in Nordamerika und in Europa von Großunternehmen und öffentlichen Einrichtungen verwendet worden, um technische Daten sowie Informationen über die Finanzen, die Produktion, die Lagerbestände und den Transport auszutauschen. Der verbreitetste Standard ist X12, der gegenwärtig von der nonprofit **Data Interchange Standards Association** (**DISA**) verwaltet wird (`http://www.disa.org`).

Der große Teil der restlichen Welt ist an einer UN-Initiative beteiligt, der **United Nations Electronic Data Interchange for Administration, Commerce and Transport (UN/EDIFACT)**. Die EDIFACT-Standards werden von dem **Centre for Facilitation of Administration, Commerce and Trade (CEFACT)** bei der **UN Economic Commission for Europe (UNECE)** in Genf in der Schweiz verwaltet. Nähere Informationen über UN/EDIFACT finden Sie unter http://www.unece.org/trade/untdid/welcome.htm.

Außerdem entstanden in der Vergangenheit zahlreiche De-facto-Standards für B2B-Transaktionen, wie beispielsweise die Finanzprotokolle für den Datenaustausch zwischen Banken (»Wire Transfer«) und Protokolle, welche die internationalen Netzwerke der Bankautomaten und der Terminals zur Verifikation von Kreditkarten steuern. Verschiedene Unternehmenskonsortien haben X12 und UN/EDIFACT als Basis für branchenspezifische EDI-Standards verwendet. Beispielsweise tauschen viele Krankenhäuser und Krankenversicherungen auf der ganzen Welt medizinische Informationen mit Hilfe des Standards **Health Level Seven (HL7)** aus.

Da die EDI-Technik vor der kommerziellen Nutzung des Internets entstanden ist, umfasst EDI nicht nur Spezifikationen für Nachrichtenformate, sondern definiert auch Kommunikationsprotokolle und sogar einige Hardware-Anforderungen. Die Kosten für den Einsatz dieser Systeme hat den Markt für diese Technik begrenzt. Es wurde sehr viel Geld für Systeme ausgegeben, die mit proprietärer Software und Hardware arbeiten und die häufig EDI mit anderen proprietären Lösungen innerhalb des Unternehmens mischen. Praktisch verfügten nur öffentliche Ämter und Großunternehmen über die Ressourcen, um den Nutzen von EDI voll auszuschöpfen. Die Explosion des kommerziellen Einsatzes des Internets in den 90er Jahren schuf jedoch den Bedarf an moderneren und leichter einsetzbaren E-Business-Standards. Deshalb werden gegenwärtig fast alle bestehenden EDI-Standards in XML umgeschrieben, das als neue Basis für den Nachrichtenaustausch und die Abwicklung von Transaktionen dienen soll.

Aber wie hat EDI den Weg für diese neue Ära des E-Business bereitet? Um diese wichtige Frage zu beantworten, müssen wir wissen, was EDI vor XML leistete, damit wir beurteilen können, wo die Vorteile von XML liegen. EDI stellte bereits Standardverfahren zur Auszeichnung von Daten für den elektronischen Nachrichtenaustausch zwischen Unternehmen zur Verfügung, bevor überhaupt jemand an XML dachte. Weil die Bandbreite der traditionellen VANs sehr begrenzt war, verwendeten diese Nachrichten eine kompakte und schwer verständliche Syntax. Außerdem wurden die Nachrichten mittels proprietärer Protokolle übertragen. Jedoch umfassen EDI-Systeme Funktionen wie beispielsweise eine ausgereifte Transaktionsverarbeitung, Verwaltung von Handelsprofilen, Protokollierung und Archivierung, Verwaltung von unternehmerischen und rechtlichen Anforderungen sowie Fehlerbearbeitung. Aufbauend auf dieser Infrastruktur werden APIs für die Integration von Anwendungen, die Versionskontrolle und die Ausnahmebearbeitung angeboten. Wir brauchen uns hier nicht mit der Software und Hardware zu befassen, die EDI verwendet, sondern wir werden einen kurzen Blick auf den Aufbau einer EDI-Transaktion, eines so genannten **Geschäftsaustausches**, werfen.

Geschäftsaustausche

EDI stellt die Sprache zur Verfügung, um Geschäftsinformationen formulieren und maschinell austauschen zu können. So wie Branchen XML-DTDs oder -Schemata verwenden, um Daten auszutauschen, enthalten die EDI-Spezifikationen Standards für den Austausch von Geschäftsinformationen.

Die vorhandenen EDI-Standards basieren auf dem Konzept der **Transaktion**, die aus **Nachrichten** bestehen. Diese werden in vordefinierten, veröffentlichten und allgemein bekannten **Formaten** formuliert und mit vordefinierten Kommunikationsprotokollen übertragen. Während die Protokolle eher statisch sind und häufig direkt in der Hardware implementiert werden, sind Nachrichtenformate dynamischer. Sie müssen zwischen mehreren Organisationen vereinbart und ausgetauscht werden. Dabei werden gemeinsam zugängliche **Schemata** verwendet, die normalerweise in so genannten **Repositorien** gespeichert werden. Die Schemata enthalten ausführliche Beschreibungen der Formate von Datenobjekten, auf die sich die Parteien, die an den Transaktionen beteiligt sind, gemeinsam geeinigt und festgelegt haben. Die meisten EDI-Repositorien werden von Nonprofit-Organisationen oder Branchenverbänden verwaltet, um zu verhindern, dass einzelne Unternehmen einen zu großen Einfluss auf den Entwurf und die Implementierung dieser wichtigen Daten für den Informationsaustausch ausüben.

Dieses Verfahren hat sehr viel mit der Definition von DTDs oder anderen Schemata zur Auszeichnung von Daten in XML gemeinsam: Gruppen von Nachrichten in EDI entsprechen XML-Dokumenten, und EDI-Schemata sind mit standardisierten DTDs oder anderen XML-Schemata vergleichbar. Außerdem ist eine Reihe von XML-Repositorien im Entstehen begriffen, die den Austausch von XML-Schemata ermöglichen wollen. Sie werden später in diesem Kapitel mehr darüber erfahren. Jetzt wollen wir uns mit dem Ablauf einer EDI-Transaktion befassen.

EDI verfügt über einen umfangreichen Satz von Standardnachrichten, die in Transaktionen verwendet werden können. Das folgende Diagramm zeigt ein Austauschszenario zwischen einem Käufer und einem Lieferanten mittels X12-Transaktionen. Jede Zahl repräsentiert den Nachrichtentyp, der ausgetauscht wird.

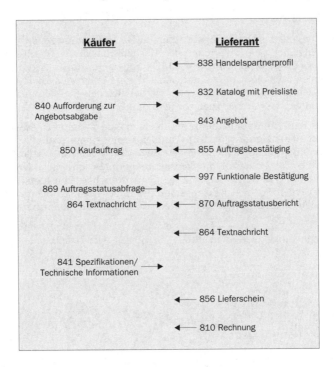

EDI stellt diese standardisierten Nachrichtentypen zur Verfügung, die durch ihre Nummern oder **Codes** identifiziert werden. Eine Mustertransaktion läuft folgendermaßen ab: Der Lieferant sendet ein `Handels-partnerprofil (838)` sowie seinen `Katalog mit Preisliste (832)`. Der Käufer weiß dann, welche Produkte und/oder Dienstleistungen angeboten werden und wie der Geschäftsverkehr mit diesem Lieferanten abgewickelt wird, und kann eine `Aufforderung zur Angebotsabgabe (840)` an den Lieferanten senden, der mit einem `Angebot (843)` antworten kann. In diesem Beispiel wird daraufhin ein `Kaufauftrag (850)` erteilt. Und so geht es weiter, bis der Käufer eine `Rechnung (810)` erhält.

EDI umfasst Hunderte solcher Standardnachrichten, die jeweils einen bestimmten Zweck haben und sowohl in X12 als auch in EDIFACT durch einen Code identifiziert werden, der die Kommunikation zwischen den Parteien ermöglicht. Einige dieser Nachrichten sind branchenspezifisch und umfassen Nachrichten, die speziell für das Automobilgeschäft, für Krankenversicherungen, für das Transportwesen, für die Vergabe von Hypotheken, für Studiendarlehen usw. entwickelt wurden. Die Entwicklung der Nachrichten und Vokabulare ist jedoch außergewöhnlich teuer und bildet eine der höchsten Barrieren für die Einführung dieser Verfahren.

Häufig werden diese Standardnachrichten durch branchenspezifische Nachrichten über die beteiligten Handelspartner ergänzt, wodurch ein weiterer Entwicklungsaufwand erforderlich wird. Diese Ergänzungen können benutzerdefinierte Inhalte umfassen, die von den Handelspartnern gemeinsam definiert werden. Es kann sich auch um temporäre Bezeichner handeln, die gemäß den EDI-Spezifikationen definiert werden können. Idealerweise sollten solche Erweiterungen einem Standardisierungskomitee vorgelegt werden, damit sie in eine künftige Version des Standards aufgenommen werden können. Aber Sie können sich vorstellen, dass der materielle Anreiz nicht sehr groß ist, zu diesem Zweck zusätzliche Ressourcen einzusetzen, nachdem der Informationsaustausch mit dem temporären Code implementiert wurde und funktioniert. Deshalb arbeiten viele Systeme in der Praxis mit einer nicht dem Standard entsprechenden Syntax.

Wir wollen jetzt einen kurzen Blick auf die Struktur einer EDI-Nachricht werfen und uns dabei Beispiele von zwei Kaufaufträgen in X12 anschauen.

Struktur einer EDI-Nachricht

Eine EDI-Nachricht besteht aus Daten-**Segmenten** und Daten-**Elementen**, die interpretiert werden müssen. Wie wir bereits angemerkt haben, erinnert der Mechanismus für die Spezifikation der Reihenfolge der Daten-Segmente an die Funktion von XML-DTDs. Segmente können erforderlich, optional oder bedingt sein. Sie können auch eine vordefinierte Anzahl von Malen wiederholt werden. Die EDI-Elemente, die in den einzelnen Segmenten verwendet werden, werden ebenfalls in dem Datenstandard spezifiziert. Die Spezifikation umfasst Datentypen sowie minimale und maximale Werte.

Das folgende Beispiel zeigt einen Kaufauftrag, der in einen **Umschlag** (engl. **envelope**) gepackt ist. Der Umschlag beginnt mit einem **Header** (dt. **Kopf**) und endet mit einem **Trailer** (dt. **Fuß**). Der Austausch-Header enthält die Routing-Informationen, die Version des verwendeten Standards, Kontrollzahlen, einen Zeitstempel und ein Flag, das anzeigt, ob die Transaktion normal verarbeitet oder ob sie als Test behandelt werden soll. Innerhalb des Umschlags befinden sich Steuerumschläge zur Identifizierung funktionaler Gruppen (Transaktionstypen) sowie des Beginns und des Endes des Dokuments. Der Fuß enthält die Anzahl der funktionalen Gruppen in der Transaktion sowie den Transaktionsbezeichner, der dem Bezeichner im Kopf entspricht.

Die folgende Nachricht enthält zwei Kaufaufträge über jeweils vier Positionen:

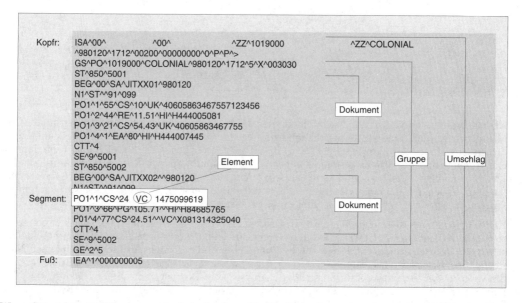

Wenn Sie nicht mit X12 vertraut sind, ergibt diese Nachricht für Sie wahrscheinlich keinen Sinn – Sie können sicher nicht erkennen, dass es sich hierbei um einen Kaufauftrag handelt, und noch weniger, welche Artikel bestellt werden. Das Erlernen der Struktur und Syntax dieser Nachrichten wird häufig mit dem Erlernen einer Fremdsprache verglichen. Die Endbenutzer bekommen den Austausch jedoch nicht in dieser Form zu sehen. Sie verfügen über eine Geschäftsanwendung mit einer reichhaltigen Benutzeroberfläche, so dass wir uns hier nicht weiter mit den Details dieser Syntax beschäftigen müssen, sondern sie einfach nur als Beispiel stehen lassen können. Dabei ist jedoch die folgende Tatsache bemerkenswert: Firmen, die EDI-Systeme für den Datenaustausch mit der Außenwelt verwenden, benutzen im Allgemeinen innerhalb des Unternehmens andere Sprachen. Das bedeutet, dass beim EDI zusätzliche Werkzeuge, so genannte **Mapper**, eingesetzt werden, um die Standardnachrichten, die zwischen den Partnern ausgetauscht werden, automatisch in die und aus den internen Formaten des Unternehmens zu übersetzen.

Von der EDI-Syntax zu XML übergehen

Wir wollen uns jetzt ein Segment dieser X12-Nachricht, den *Interchange Control Header*, näher anschauen und sehen, wie wir ihn in XML realisieren können. Der Interchange Control Header (abgekürzt ISA) dient dazu, den Anfang und das Ende eines Austauschs zu identifizieren. Wir haben ihn als Beispiel gewählt, weil er durch den Einsatz von XML erheblich verbessert werden kann. Dieses Beispiel verwendet die Kontrollnummer als ISA-Wert. Diese Nummer wird einfach vom Absender der Transaktion vergeben. Der ISA ist das einzige Segment mit einer festen Länge und mit Begrenzern, die durch ihre Position bestimmt werden. In X12 können die Begrenzer vom Benutzer definiert werden.

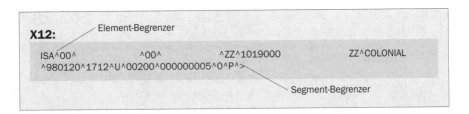

Das folgende Beispiel zeigt, wie wir die gleichen Daten in XML implementieren könnten:

```
<ISA AuthorizationQual= '00' Authorisierung= '' SecurityQual = '00' Security= ''
SenderQual= 'ZZ' Sender=' 1019000' ReceiverQual= 'ZZ' Receiver=' COLONIAL '
XchgDate=' 980120' XchgTime=' 1712' StdAgency ='U' StdVersion =' 00200'
AckReq='0' Usage='P' >000000005</ISA>
```

Im Vergleich können Sie erkennen, dass die X12-Syntax ziemlich kompakt ist. Dies entsprach den Anforderungen, die durch eine geringe Bandbreite und durch hohe Kosten gestellt wurden. Bei wachsender Bandbreite und sinkenden Kosten ist dieser Aspekt nicht mehr so wichtig. Sie können ebenfalls erkennen, dass die XML-Version erheblich einfacher zu lesen und zu verstehen ist, wodurch es leichter wird, dieses Vokabular zu erlernen, als sich die X12-Syntax einzuprägen.

Anmerkung: Bei XML müssen Attribut-Tags, die Null-Werte enthalten, nicht aufgeführt werden. Sie werden hier der Klarheit halber angezeigt, um die Entsprechung zwischen X12 und XML zu verdeutlichen.

Die folgende Tabelle erläutert die Bedeutung der Attribute in der XML-Version. Sie entsprechen den langen Namen in der X12-Syntax:

Attribut	Langer Name	Funktion
AuthorizationQual	Autorisierung Information Qualifier	Den Typ der Informationen in den Autorisierungsinformationen identifizieren
Authorization	Autorisierung Information	Zusätzliche Identifizierung oder Autorisierung des Austauschsenders oder der Daten in dem Austausch
SecurityQual	Sicherheitsinformation Qualifier	Den Typ der Informationen in der Sicherheitsinformation identifizieren
Security	Sicherheitsinformation	Identifizierung der Sicherheitsinformationen über den Austauschsender oder die Daten in dem Austausch

Attribut	Langer Name	Funktion
SenderQual	Interchange ID Qualifier	Das System/die Methode der Code-Struktur angeben, die zur Angabe des angewendeten Sender-ID-Elements verwendet wird
Sender	Interchange Sender ID	Identifizierungscode, der von dem Sender veröffentlicht wurde und den andere Parteien als Empfänger-ID des Senders verwenden können, um Nachrichten an ihn zu senden
ReceiverQual	Interchange ID Qualifier	Das System/die Methode der Code-Struktur angeben, die zur Angabe des angewendeten Empfänger-ID-Elements verwendet wird
Receiver	Interchange Receiver	Identifizierungscode, der vom Empfänger der Daten veröffentlicht wurde
XchgDate	Interchange Datum	Datum des Austauschs
XchgTime	Interchange Zeit	Zeit des Austauschs
StdAgency	Interchange Control Standards Identifier	Code zur Identifizierung der Organisation, die für den Kontrollstandard zuständig ist, der in der Nachricht verwendet wird und der im Kopf und im Fuß des Austauschs angegeben ist
StdVersion	Interchange Control Version Number	Version der Austausch-Kontrollsegmente
AckReq	Acknowledgment Requested	Code, der von dem Sender gesendet wird, um eine Empfangsbestätigung vom Empfänger anzufordern
Usage	Usage Indicator	Flag, das anzeigt, ob es sich bei den Daten in diesem Austauschumschlag um Testdaten, Produktionsdaten oder Informationen handelt

Es ist ratsam, die heutigen EDI-Standards nicht immer wie in diesem Beispiel so direkt in XML-Befehle zu übersetzen, sondern das wichtige Ziel besteht darin, die reichhaltige Semantik des Standards mit der verfügbaren XML-Technik zu kombinieren.

> **E-Business-Lösungen, die in XML implementiert werden, werden als XML/EDI bezeichnet.**

Egal ob Sie die EDI-Syntax verstehen oder nicht, Sie können sich sicher vorstellen, dass der Beschaffungsprozess in XML sehr viel lesbarer ausgedrückt werden kann als in der EDI-Syntax. Die Anwendung von XML auf EDI-Nachrichten bietet einen weiteren Vorteil: Mit XML können wir Hooks zu Programmfunktionen (Skripts, Komponenten usw.) definieren, mit denen wir die Prozesse, für die unsere Geschäftsregeln gelten, besser steuern können.

> **Die Syntax der XML-Tags ist viel wortreicher, aber sie vereinfacht die Integration von Nachrichten und ermöglicht die Konstruktion intelligenterer Systeme. Bei diesen Prozessen können neben den eigentlichen Daten zusätzliche Informationen verwendet werden.**

Aber warum ist eine einfache Syntax so wichtig? Mit XML/EDI versuchen wir, Methoden zu entwickeln, um Informationen so auszuzeichnen, dass die Übersetzung zwischen internen Formaten und den Standards für den Informationsaustausch überflüssig wird.

> **Mit XML können wir Vokabulare entwickeln, die sowohl innerhalb einer Organisation, angefangen vom Workflow bis zum Durchsuchen von Datenbanken, als auch für den Austausch zwischen Handelspartnern verwendet werden können.**

Anstatt interne Repräsentationen nur für den Zweck des Datenaustauschs in die EDI-Syntax zu übersetzen, können wir mit XML reichhaltige Vokabulare erstellen, die sowohl intern als auch für den Datenaustausch mit externen Handelspartnern gleichermaßen nützlich sind, so dass es nicht mehr notwendig ist, XML/EDI-Formate zu übersetzen.

So gesehen besteht der wahrscheinlich aufregendste Aspekt von XML/EDI in der Möglichkeit, ein globales Rahmenwerk mit gemeinsamen Mechanismen zu schaffen, das die verschiedenen EDI- und Workflow-Standards in einer einheitlichen XML-Syntax zusammenführt. In den nächsten Jahren müssen einige schwierige Entscheidungen gefällt werden, und Visionäre aller Seiten müssen am selben »virtuellen« Tisch zusammenkommen und einen einheitlichen Kopf und Umschlag, ein Repositorium für den Datenaustausch usw. entwickeln. Es wird wohl noch einige Jahre dauern, bis das Ziel einer einzigen globalen Methode für die Übertragung von E-Business-Informationen und -Komponenten erreicht ist, aber die Anstrengung lohnt sich.

XML im E-Business anwenden

Wie wir bereits gesehen haben, bietet XML eine Standardsyntax, um Daten auszuzeichnen, und gibt uns die Möglichkeit, zusätzliche Informationen in Nachrichten einzufügen, so dass wir Skripts und Geschäftsregeln einfügen oder aufrufen können. Damit können wir sowohl die Syntax als auch die Nachrichtenstruktur validieren. Wir wollen uns diese Vorteile und die Anwendung von XML im E-Business anhand eines weiteren Beispiels für eine E-Business-Nachricht veranschaulichen.

Selbst wenn Sie sich nie näher mit dem Einsatz von XML im E-Business beschäftigt haben, können Sie sich wahrscheinlich denken, dass dabei XML-Daten zwischen einem Kunden und einem Lieferanten ausgetauscht werden. Aber woraus müssen diese XML-Daten bestehen? Wir werden hier die XML-Daten, die zwischen den Handelspartnern ausgetauscht werden, als **Nachricht** bezeichnen, obwohl wir diesen Begriff hier unabhängig von der Methode verwenden, wie die Informationen übertragen werden (nicht unbedingt als E-Mail-Nachricht oder als Nachricht in einer Anwendung, die auf einer Message-Queue basiert).

Dieser Abschnitt scheint eher Personen anzusprechen, die XML-Dokumente zwischen Teilnehmern austauschen. Wenn Sie ein HTML-Formular ausfüllen, senden Sie nicht immer ein XML-Dokument. Es ist jedoch häufig vorteilhaft, auf dem Client ein XML-Dokument zu konstruieren, wenn dies möglich ist; denn wenn Sie sich entscheiden, die Anwendung auf der Empfängerseite der Nachricht umzuschreiben, kann diese immer noch dieselbe Client-Anwendung verwenden. Tatsächlich müssen Sie, wenn Sie eine Bestellung über ein Web-basiertes Formular erhalten haben, die Bestellinformationen zur Abwicklung weiterleiten; deshalb ist es sinnvoll, in jeder Phase dieses Prozesses XML zu verwenden, angefangen vom Ursprung bis zur Erledigung des Auftrags.

Sie können auf die folgende Beispielnachricht zurückgreifen, wenn Sie diesen Abschnitt lesen. Es handelt sich um eine Beispielnachricht des BizTalk-Frameworks von Microsoft. Wir werden das BizTalk-Framework am Ende des Kapitels näher beschreiben. Es umfasst einen Satz von Richtlinien für die Veröffentlichung von Schemata in XML sowie den Einsatz von XML-Nachrichten bei der Integration in Anwendungen und im E-Commerce und verfolgt das Ziel, die rasche Verbreitung von XML im E-Business zu fördern.

Beachten Sie, dass das Wurzel-Element <BizTalk> zwei direkte Abkömmlinge hat: das Element <Route> mit den Header-Informationen und das Element <Body> mit der Nachricht, die übertragen werden soll.

```
<?XML-Version="1.0"?>
<BizTalk xmlns:="urn:schemas-biztalk.org:BizTalk/biztalk-0.8xml">
<Route>
   <From Location ID="value" LocationType="value" Prozess="value"
         Path="value" Handle="value" />
   <To Location ID="value" LocationType="value" Address="value"
```

```
         Path="value" Handle="value" />
   </Route>
   <Body xmlns:= "urn:your-Namensraum-goes-here">
      <MessageType>
         -- Your XML document data goes hier --
      </MessageType>
   </Body>
</BizTalk>
```

Dieses Beispiel zeigt einen der Hauptpunkte bei XML-Nachrichten: Unter den Aspekten der Ablaufsteuerung, des Debugging und der Kontrolle ist es sehr anzuraten, zusätzlich zu den Daten Header-Informationen in eine XML-Nachricht einzufügen. Die beiden Abschnitte werden häufig als **Header** und **Body** bezeichnet. Wir werden sie nacheinander behandeln.

> **Einer der Hauptunterschiede zwischen XML und EDI beim Datenaustausch zwischen Parteien besteht darin, dass die Nachrichten bei EDI sehr eng gekoppelt sind, während die Architektur von XML sehr viel lockerer und damit flexibler und eher erweiterbar ist.**

Nachrichten-Header

Die Header-Informationen – manchmal als **Umschlag** bezeichnet – umfassen die zusätzlichen Informationen, die benötigt werden, um den Austausch durchzuführen (natürlich abgesehen von den eigentlichen Daten). Es gibt (bis jetzt) noch keinen einheitlichen Satz von Informationen oder Definitionen, der festlegt, was in den Header eingeschlossen werden sollte, obwohl er häufig Informationen über die folgende Aspekte enthält:

❑ Routing
❑ Sicherheit
❑ Batch-Bildung
❑ Anzeige von Fehler
❑ Identifizierung der Transaktion
❑ Information, die aus rechtlichen Gründen erforderlich ist, wie beispielsweise Informationen, die eine Nachverfolgung von Nachrichten ermöglichen

Die Fähigkeit, Transaktionen in standardisierter Form zwischen XML-Servern auszutauschen und an XML-Server weiterzuleiten, ist ein kritischer Faktor für den Erfolg des globalen E-Business.

Bei einigen Anwendungen werden diese Header-Informationen nicht immer als XML gespeichert. Wenn Sie beispielsweise eine CD mit einem HTML-Formular online aus einem Browser heraus bestellen, werden die Header-Informationen mit der Zieladresse der Bestellinformationen in den HTTP-Headern gespeichert. Wenn Sie dagegen ein System verwenden, das einfach ein XML-Dokument mit den Informationen erstellt, müssen Sie Informationen hinzufügen, die angeben, von wem das Dokument stammt und wohin es gehen soll. Je nach Anwendung müssen diese Informationen ebenfalls in XML oder in anderer Form als Header abgefasst werden, damit sie von der empfangenden Anwendung verarbeitet werden können.

Wir wollen uns ein Beispiel dieser Art von Header-Informationen näher anschauen. ICE (Information and Content Exchange, dt. Informations- und Inhaltsaustausch) ist eine XML-Anwendung für die Bereitstellung von Inhalten. Dabei handelt es sich um einen wachsenden Geschäftszweig. Die Anbieter der entsprechenden Software haben sich sehr viele Gedanken darüber gemacht, wie die Header der Dateien gestaltet werden sollen, die die Multimediadaten, Kataloge und anderen Lösungen enthalten. Die folgende Abbildung zeigt die Header-Elemente der Nachricht. Anmerkung: Bei ICE wurde der Ansatz gewählt, eine einzige DTD für den gesamten Datenaustausch mit dem Abonnenten zu definieren.

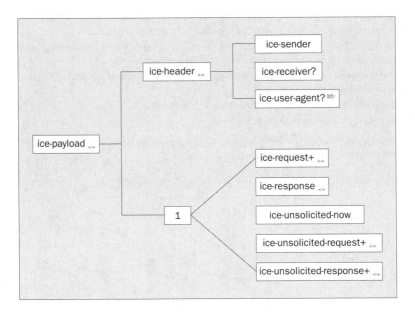

Das DTD-Header-Fragment sieht folgendermaßen aus:

```
<!ELEMENT ice-Header    (ice-sender , ice-receiver? , ice-Benutzer-agent? )>
<!ELEMENT ice-sender EMPTY>
<!ELEMENT ice-receiver EMPTY>
<!ELEMENT ice-Benutzer-agent  (#PCDATA )>
```

sender hat die Attribute: name, role, sender-id

receiver hat die Attribute: name, receiver-id

Dieses Beispiel zeigt, wie leistungsstark ein einfacher Mechanismus sein kann und wie er eine allgemeine Lösung bereitstellen kann, die in vielen E-Business-Szenarios anwendbar ist.

Mehrschichtige Routing-Probleme

Ein wichtiger Aspekt dieser Nachrichten befasst sich damit, wie **lokale Informationen** oder **Ressourcen** während eines Austauschs mit einem Handelspartner in einer Nachricht referenziert werden sollen. Lokale Informationen werden nicht in der Nachricht gespeichert, sie werden jedoch von der verarbeitenden Anwendung benötigt, so dass wir **Hooks** bereitstellen müssen, mit denen die Anwendung arbeiten kann. Wie Sie weiter oben in diesem Kapitel gesehen haben, haben wir es beim E-Business mit geschäftlichen Transaktionen zu tun, deren einzelne »Stränge« und »Sitzungsinformationen« einen Mechanismus erforderlich machen, der die Informationen zusammenhält. Wenn wir beispielsweise eine Rechnung von einem Handelspartner erhalten, müssen wir in der Lage sein, diese Informationen dem Kaufauftrag, der Transaktionsdatei des Handelspartners usw. zuzuordnen. Wie wir weiter oben angemerkt haben, ist dies ein Bereich, in dem die XML-Syntax den Anwendungsentwicklern helfend zur Seite steht. Manchmal ist es ebenfalls erforderlich, Informationen hinzuzufügen, wenn Ihr Handelspartner die Nachricht zur weiteren Bearbeitung weiterleiten muss. Gegenwärtig gibt es keine Standardlösung für dieses Problem. Der Nutzen einer solchen Lösung wäre erheblich. Generell sollte ein allgemein verbindliches Verfahren für die Auszeichnung von Ressourcen die folgenden Ziele erfüllen:

❑ Unterstützung von verketteten und verschachtelten Arbeitsabläufen

❑ Möglichkeit der Persistenz von Datensatzverknüpfungen (Schlüssel) für die Lebensdauer einer Transaktion

❏ Erstellung von Transaktionen, die innerhalb einer Organisation existieren (Workflow) und/oder extern zwischen Handelspartnern ausgetauscht werden können (Internet, EDI)

❏ Definition individueller Systemschlüssel zur Verfolgung und Wiedergewinnung von Informationen, die in hierarchischer (XML) oder relationaler Form gespeichert sind

❏ Möglichkeit, dass Vermittler, Broker, VANs und anderen Parteien die Nachricht leicht, schnell und genau weiterleiten können

❏ Standardsprache für Definition des Zugriffs auf Datensätze

❏ Unabhängigkeit vom Transportmedium

Das folgende Diagramm zeigt die Persistenz von Informationen in den verschiedenen Phasen einer E-Business-Transaktion:

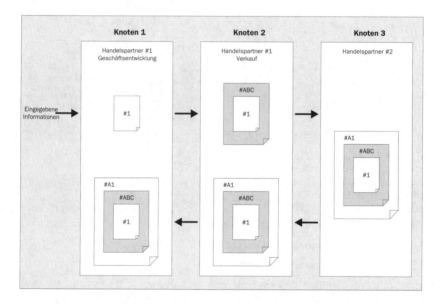

Dieses Diagramm zeigt: Wenn die Informationen in das System eintreten und zur Geschäftsentwicklungsabteilung des ersten Handelspartners gelangen, werden in den Nachrichten-Header (angezeigt durch #1) Elemente eingefügt. Diese Informationen helfen, die Informationen zu identifizieren, die sich in der Nachricht befunden haben und die jetzt lokal in dem ersten Knoten gespeichert sind (falls die Nachricht zu einem späteren Zeitpunkt im Arbeitsablauf zurückkehrt oder falls eine Abfrage dieser Nachricht erfolgt). Die Information kann auch als Hook für eine Verarbeitungsroutine in diesem Knoten verwendet werden. Die Nachricht wird dann – mit ihrem Zusatz – an den Knoten 2 weitergeleitet, wo weitere Element in den Header eingefügt werden (dieses Mal angezeigt durch #ABC). Wenn die Informationen den Handelspartner bei Knoten 3 erreichen, wird ein dritter Satz von Elementen zu dem Nachrichten-Header hinzugefügt. Jetzt hat jeder Knoten einige Schlüsselinformationen hinzugefügt, mit denen die Informationen in der lokal gespeicherten Nachricht identifiziert werden können oder über die ein Prozess auf die Informationen in der Nachricht zugreifen kann, wenn diese bei einem Knoten ankommt.

Die folgende Absätze beschreiben einen möglichen Ausgangspunkt, an dem eine Branche ihre Arbeit in diesem Bereich aufnehmen kann, obwohl noch viel Arbeit erforderlich ist, um dieses Probleme zu lösen und sicherzustellen, dass alle Anforderungen von allen Seiten berücksichtigt werden.

Die zusätzlichen Informationen über *lokale Informationen* oder *Ressourcen* können aus einem beliebigen Satz von Elementen bestehen. Im folgenden Beispiel fügen wir für jeden Knoten (oder Handelspartner) während der Lebenszeit der Ressource Echo-Elemente hinzu. Außerdem können wir für jeden Prozess innerhalb dieses Knotens neue Elemente hinzufügen. Diese Hooks ermöglichen eine Rückwärtsverknüpfung –

jedes Element verfügt über einen Bezeichner, der angibt, welcher Knoten und Prozess den Hook hinzugefügt hat. Die Echo-Elemente werden optional nur auf der Stufe der logischen Ressourcen hinzugefügt (beispielsweise für jede Nachricht) und sind nicht für jedes Element bestimmt. Der Einsatz eines Echo-Elements dient nicht dem Informationsaustausch mit Handelspartnern *per se*, sondern es handelt sich um einen Mechanismus, der es dem Eigentümer eines speziellen Knotens erlaubt, auf die persistent gespeicherten Daten zuzugreifen – die Bedeutung dieser Elemente geht nur den Eigentümer etwas an und ist für die anderen Handelspartner oder Knoten irrelevant (beachten Sie, dass jeder Knoten andere Elementnamen verwenden könnte). Echo-Elemente dienen dazu, den Ressourceneigentümer, die Version des Ressourcenprozesses, den Ort der Ressource und den Schlüssel zu identifizieren. Mit EchoItems-Elementen, die unterhalb des Echo-Elements eingeordnet oder verschachtelt werden, können zusätzliche Elemente als untergeordnete Ressourcen des Echo-Elements hinzugefügt werden. Die Struktur von EchoItems ist rekursiv, so dass zu der Ressource Baumstrukturen hinzugefügt werden können, falls der Eigentümer des Knotens dies fordert. Das folgende Beispiel zeigt die Verschachtelung von EchoItems in einem Echo-Element, so dass jede Ressource die verschiedenen Prozesse innerhalb seines Echo-Elements sehen kann. Wir werden diese Struktur im Folgenden mit Beispielen füllen.

```
<Resource biz='placeholder'>placeholder</Resource>
<Echo>placeholder</Echo>
<EchoItems>
    <Item>placeholder</Item>
    ...
    <EchoItems>
        <Item>placeholder</Item>
        ...
    </EchoItems>
</EchoItems>
...
```

Echo-Elemente enthalten die ID des Eigentümers. Das öffnende ID-Element kann beispielsweise die folgenden Attribut enthalten:

Attribut	Voller Name	Bedeutung
q	Qualifier	Zeigt die ID der zuständigen Körperschaft an; abgeleitet von den entsprechenden X12-Werten
t	Token	Enthält eine Zeichenkette mit Informationen, die von dem Prozess des Knotens verwendet werden und vom Eigentümer unabhängig sind. Das Token enthält eine Zeichenkette und kann Indexreferenzen usw. einschließen, wobei ein beliebiges, unternehmensspezifisches Format zur Auswahl einer Tabelle (eines Baums) und eines Datensatzes (eines Unterbaums) verwendet werden kann.
c	Configuration	Zeigt die Version des Prozesses und Informationsspeichers zum Zeitpunkt der Speicherung des Tokens an; typischerweise handelt es sich dabei um einen Zeitstempel. Die Konfiguration kann dazu verwendet werden, ältere Tokens zu interpretieren, wenn Prozesse und der Speicher aktualisiert werden.

Beispiel für Routing-Probleme

Wir werden den obigen Ansatz verwenden, um zu zeigen, wie Echo-Elemente repräsentiert werden können. Das folgende Szenario enthält fünf Echo-Referenzen, die einer Ressource zugeordnet sind. Der erste Eintrag zeigt die minimale Datenmenge, die überhaupt zugewiesen werden kann. Der Qualifier (in diesem Fall q="01") zeigt Folgendes an: 109872721 ist eine DUNS-Nummer des Eigentümers (eine Nummer, die von *Dunn and Bradstreet* für Firmen außerhalb von Europa vergeben wird). Der Eigentümer speichert einen Referenzschlüssel (ABC353) als Token.

```
<Resource.2 biz='43432432432'>
    <Echo q='01' t='ABC353'>109872721</Echo>
```

Während der Verarbeitung der Ressource werden die folgenden Schritte ausgeführt:

❏ Das System prüft, ob es ein oder mehrere Echo-Elemente gibt, deren Inhalt mit seinem Bezeichner übereinstimmt.

❏ Falls es mehr als einen Wert gibt, wird der Wert des q-Attributs geprüft, um das Echo-Element zu ermitteln, das mit Ihrem Unternehmen/Prozess übereinstimmt.

❏ Dann wird der Wert des t-Attributs dazu verwendet, um den Datensatz, der verarbeitet werden soll, aus einem persistenten Speicher (Datenbank oder Datei) wiederzugewinnen.

Das zweite Beispiel zeigt eine Situation, in der der Knoteneigentümer das c-Attribut als Zeitstempel des Tokens verwendet hat. Zusätzlich enthält es ein Benutzer-Item, das dazu dient, die speziellen Informationen über den Knoten zu identifizieren, die intern in der Organisation verwendet wird, die durch die DUNS-Nummer 109872721 identifiziert wird. Der Eigentümer verfügt ebenfalls über ein Anchor-Token, das typischerweise einen Verweis auf die ursprüngliche Nachricht des Dialogs zwischen den Handelspartnern enthält, um den Verlauf leichter nachvollziehen zu können.

```
<Echo q='01' c='19991126:3443' t='345434'>109872721</Echo>
<EchoItems>
    <Item value='JonesGeorge@mycompany.com'>Benutzer</Item>
    <Item value='333444'>Anchor</Item>
</EchoItems>
```

Das dritte, das vierte und das fünfte Echo-Element-Beispiel zeigen jeweils einen anderen wahrscheinlichen Wert für das t-Attribut. Wie Sie sehen können, enthält das Attribut Teile von Abfragen verschiedener Datenquellen, weil mit diesem Attribut die ursprünglichen Datensätze wiedergewonnen werden. Diese Informationen hängen stark von dem Knoteneigentümer ab:

```
<Echo q='01' t='WHERE
    <CustProfile><UniqueID>ABCD123456789</UniqueID>
    <CustProfile>'>
    139878721
</Echo>
```

```
<Echo q='01' t='WHERE <CustProfile><GivenName>George</GivenName>
                <Phone>2233332222</Phone><CustProfile>'>
    6134478721
</Echo>
```

```
<Echo q='01' t='SELECT KEY(Record) FROM Travel_Header ch, Cust_Body csp
                WHERE csp.Approver='EDI' AND
                CONTAINS (Customer, "George Smith WITHIN Contact") > 0'>
    4137778721
</Echo>
...
```

Mit dieser Art von Informationen können Hooks in Nachrichten eingefügt werden, die von Anwendungen zur weiteren Verarbeitung verwendet werden können. Nachdem wir uns mit dem Header beschäftigt haben, wollen wir uns jetzt dem Hauptteil der Nachricht zuwenden.

Nachrichten-Body

Der Body (Körper) enthält den Hauptinhalt der Nachricht, die das Ziel erreichen muss, das im Header angegeben ist. Dabei kann es sich um einen Auftrag, eine Bestätigung, wichtige Informationen, Verkaufsdaten oder andere Daten handeln. Der Body der Nachricht kann in einem beliebigen existierenden XML-Vokabular abgefasst sein. Alternativ können Sie auch ein eigenes Vokabular für diese spezielle Aufgabe entwickeln (wie Sie Informationen modellieren können, haben Sie in Kapitel 4 erfahren).

Bei der wachsenden Anzahl der bereits verfügbaren branchenspezifischen XML-Standards ist es durchaus möglich, dass sich darunter einer befindet, der Ihre Anforderungen erfüllt oder Ihnen zumindest so nahe kommt, dass Sie ihn als Basis für die Entwicklung Ihres eigenen Schemas verwenden können. Aber wie finden Sie den passenden Standard? Fragen Sie zunächst Ihren Handelspartner. Vielleicht verfügt er über ein passendes Schema oder kann Ihnen eine Website nennen, wo Sie ein solches Schema finden können. Dort finden Sie möglicherweise auch einen Verweis auf eins der XML-**Repositorien** (Sites, die eine Reihe von DTDs und andere Komponenten-Schemata, Codelisten und Skripts zur allgemeinen Verwendung bereitstellen), mit denen wir uns später in diesem Kapitel näher beschäftigen werden.

Vorhandene Schemata verwenden

Wenn Sie sich daran erinnern, dass die Definition eines passenden Vokabulars für EDI-Transaktionen einer der Hauptkostenfaktoren bei der Einführung eines EDI-Systems war, erkennen Sie, wie wertvoll das Studium eines Vokabulars sein kann, das bereits für Ihren Problembereich existiert. Im Idealfall erfüllt es bereits Ihren Zweck und erspart Ihnen, Ihr eigenes XML-Vokabular zu entwickeln. Wahrscheinlich haben die Leute, die dieses Vokabular entwickelt haben, bereits sehr viel Aufwand getrieben, um herauszufinden, welche Informationen zwischen den Parteien ausgetauscht werden müssen. Sie können entweder überlegen, ob Sie den Branchenstandard direkt übernehmen wollen oder ob Sie Ihren eigenen davon ableiten wollen. Wenn Sie Ihr Vokabular nur von einem vorhandenen Standard ableiten wollen, sollten Sie überlegen, ob Sie seine Funktionalität replizieren oder ob Sie tatsächlich einen Teil des Standards verwenden wollen, um seinen Namensraum mit Ihrem eigenen zu vereinigen (wir haben dieses Konzept in Kapitel 7 über Namensräume und Schemata behandelt).

Bevor wir anfangen, diese Schemata zu verwenden, sollten Sie sich an ein verbreitetes Missverständnis erinnern, das wir bereits früher kennen gelernt haben:

Wenn eine Gemeinschaft eine Standarddefinition erstellt, die es allen erlaubt, dieselbe Seite zu lesen, dann sind unsere Systeme sicher fähig zusammenzuarbeiten.

EDI hat bewiesen, dass dies nicht der Fall ist. EDI-Standards sind einfach nur definierte Transaktionsstrukturen, auf die sich Branchen geeignet haben – gemeinsame Sichten von Geschäftsdokumenten. Die Standards repräsentieren die geringstmöglichen Einschränkungen zur Beschreibung des Austauschs – sie sind einfach nur eine Obermenge aller Nachrichten, die von den Organisationen entwickelt wurden, die an der Formulierung der Standards beteiligt waren. Um den Geschäftsverkehr auf der Basis dieser Standards abwickeln zu können, werden ergänzende Vereinbarungen getroffen, um die konkreten Einzelheiten des Austauschs auszuarbeiten. Dabei werden auch Einzelheiten der Beziehungen zwischen den Handelspartnern berücksichtigt. Das Ergebnis ist die Definition eines so genannten **Subsets** des Standards sowie der ausführlichen Verwendung der Elemente.

Registries und Repositorien

Es gibt zahlreiche Registries und Repositorien, die branchenspezifische Informationen zum allgemeinen Gebrauch durch die Benutzer speichern und die sich durch den Umfang der angebotenen Informationen unterscheiden. Registries enthalten einfach DTDs und andere Schemata, während Repositorien auch andere Informationen enthalten – beispielsweise Datenbank-Schemata, Softwarecode oder -Routinen und andere Objekte, die benötigt werden, um Geschäfte abzuwickeln – ein Repositorium indiziert Geschäftsobjekte sowie Transaktionen, Registries speichern nur Elemente, die auf der Transaktionsebene benötigt werden. Sowohl Registries als auch Repositorien liefern Organisationen, insbesondere kleineren Firmen, Informationen, die ihnen helfen, Systeme zu entwickeln oder ihre Fähigkeiten ausweiten, ihren Geschäftsverkehr per elektronischem Datenaustausch schneller abzuwickeln, indem sie die Erfahrung und den Code anderer Unternehmen der gleichen Branche zur Verfügung stellen. Die beiden folgenden Registries gehörten zum Zeitpunkt, als dieses Buch geschrieben wurde, zu den Haupt-Registries:

❏ **BizTalk.org** – ist eine Brancheninitiative, die von Microsoft ins Leben gerufen wurde und die von Anwendern des XML-Standards unterstützt wird. Im Rest dieses Kapitels werden wir immer wieder auf Einzelheiten von BizTalk zurückkommen (`http://www.biztalk.org`).

❏ **OASIS** – die *Organization for the Advancement of Strukturierter Information Standards* ist ein internationales Nonprofit-Konsortium, das von XML.org (einem herstellerneutralen Konsortium) gesteuert wird und das sich für die beschleunigte Einführung von produktunabhängigen Formaten (XML) einsetzt, die auf öffentlichen Standards basieren (`http://www.oasis-open.org/cover` und `http://www.oasis-open.org/html/rrpublic.htm`).

Viele Unternehmen arbeiten selten nur in einer einzigen Branche und benutzen deshalb die verschiedenen Sätze von Informationen in den Repositorien. Beispielsweise kann ein Unternehmen, das Ersatzteile für Autos herstellt, über die Website `BizTalk.org` auf Informationen über AIAG zugreifen, um Geschäfte mit Automobilherstellern abzuwickeln, auf VICS, um Waren an Autoersatzteilläden zu verkaufen, und auf die Defense Logistics Agency, um Angebote für Beschaffungs-Ausschreibungen des Verteidigungsministeriums abzugeben.

Die natürliche Weiterentwicklung für Registries besteht darin, nicht nur den Zugriff auf DTDs und Schemata zu ermöglichen, sondern auch standardisierte Teile von Geschäftsprozessen anzubieten, die bei Bedarf dynamisch von Geschäftseinheiten abgerufen werden können (siehe *Repositorien* unter *Ein Blick in die Zukunft*).

Internationalisierung

Heutzutage gibt es nur wenige globale Nachrichtenprotokolle. Um global E-Business betreiben zu können, müssen die Systeme flexibel genug sein, um mit den Unterschieden zwischen verschiedenen Regionen umgehen zu können. Unternehmen, die Datenaustausch mit Anbietern und Kunden in allen Ländern betreiben wollen, müssen die dort herrschenden gesetzlichen, beruflichen und steuerlichen Vorschriften und die Richtlinien für die Gewinnermittlung und für den Schutz der Privatsphäre verstehen.

Damit ist unser kurzer Überblick darüber beendet, wie EDI mit XML implementiert werden kann. Wir wollen uns jetzt mit einigen Aspekten des Einsatzes von XML im E-Business befassen. Dabei beginnen wir mit einigen Missverständnissen, bevor wir untersuchen, warum XML wirklich so wichtig ist und welche Möglichkeiten es bietet.

Häufige Missverständnisse

Es gibt viele Missverständnisse, was die Rolle von XML im E-Business angeht. Beispielsweise vertreten viele Menschen die folgende Ansicht:

> *»Es ist ganz einfach: Mit XML können wir Sprachen erstellen, die viel einfacher zu lesen sind, die mit einem einfachen Stylesheet in einem Browser angezeigt werden können, die über das Internet ausgetauscht werden können und die relativ preiswerte, untereinander kompatible Software benutzen. Und das ist die einfache Antwort auf die Frage, warum XML im E-Commerce so wichtig ist.«*

Sie vergessen jedoch dabei, dass wir all dies bereits jetzt in der Form von HTML und dem Web haben und dass dadurch der E-Commerce bereits geändert wurde. Sicher, XML kann Webentwickler dabei unterstützen, Back-Ends einzuführen, die mit den Internet-E-Commerce-Sites zusammenarbeiten, aber das Front-End wird immer noch von HTML dominiert. Dies wird sich auch für eine absehbare Zeit nicht ändern (bis Browser, die XML unterstützen, weit verbreitet sind). Andere sind folgender Meinung:

> *»Es spielt keine Rolle, welche Informationen Sie austauschen wollen. Solange Ihr Partner die Auszeichnungen versteht, die Sie verwenden, werden Sie in der Lage sein, die Daten einfach und leicht auszutauschen.«*

Diese Leute müssen sich fragen, welcher Unterschied zwischen ihrem Kommentar und den heutigen EDI-Standards besteht. Die Antwort, warum man XML im E-Commerce verwenden sollte, ist in diesen beiden Aussagen nicht zu finden.

Wir wollen uns einige weitere Begriffe anschauen, die heutzutage auf Hunderten von Konferenzen, in Büchern und in anderen Lehrmitteln propagiert werden. Sie gehen alle von falschen Annahmen über den Einsatz von XML bei der Kommunikation mit Handelspartnern aus.

Wenn wir uns auf eine DTD oder ein Schema verständigen, können wir Dokumente austauschen

Viele XML-Entwickler hängen dem folgenden Missverständnis an: Wenn wir uns auf eine DTD oder ein Schema verständigen, dann können wir untereinander Dokumente austauschen. Dies ist ein hübsches, verdauliches Konzept, das jeder verstehen kann. Die Gemeinschaft erstellt eine Standarddefinition, die es uns erlaubt, alle dieselbe Seite zu lesen, und dann können unsere Systeme mit Sicherheit Daten untereinander austauschen. Leider hat EDI bewiesen, dass dies nicht der Fall ist. Die EDI-Standards stellen bereits definierte Transaktionsmengen zur Verfügung, auf die sich bestimmte Branchen geeinigt haben – gemeinsame Ansichten von Geschäftsdokumenten. In der wirklichen Welt wurden und werden jedoch selbst diese Standards durch zusätzliche Vereinbarungen ergänzt, die die Einzelheiten des Datenaustauschs weiter konkretisieren und dabei die spezifischen Anforderungen der Handelspartner berücksichtigen. Auf diese Weise entstehen Lösungen, die mit den Standards nicht mehr kompatibel sind.

Es gibt einen triftigen Geschäftsgrund, warum »Standards« erweiterbar sein müssen. Um gegenüber den Mitbewerbern Wettbewerbsvorteile zu erzielen, werden Lösungsanbieter weiterhin nach Mitteln und Wegen suchen, um ihre Produkte oder Dienstleistungen von ihren Mitbewerbern abzuheben. Deshalb müssen auch unsere Nachrichten in der Lage sein, neue Angebote zu beschreiben; andernfalls werden für diesen Zweck nicht standardmäßige Methoden entwickelt werden.

Aber wie erweitert man heutzutage eine DTD? Es gibt mehrere Optionen, die unten beschrieben werden:

1. Kopieren und modifizieren Sie den Standard für jeden Handelspartner (eine schlechte Wahl, da wir dadurch zu viele DTDs erhalten).
2. Verwenden Sie einen rekursiven Baum. Beispielsweise ermöglichen es die rekursiven Elemente `ice-item-group`, `ice-item` und `ice-item-ref` (siehe Abbildung), dass ICE erweitert werden und Pakkages aufnehmen kann, die später zwischen Handelspartnern definiert werden. Um das Package zu erweitern, wird ein Eintrag durch eine eindeutige Referenz-`id` qualifiziert. Da der Baum über die Fähigkeit verfügt, sich selbst aufzurufen (Rekursion!), können komplette Zweige an ausgewählten Punkten in das geschlossene Modell einer DTD eingefügt und bei Bedarf validiert werden. Auf diese Weise können Handelspartner Codes austauschen, um die Nachricht zu erweitern.

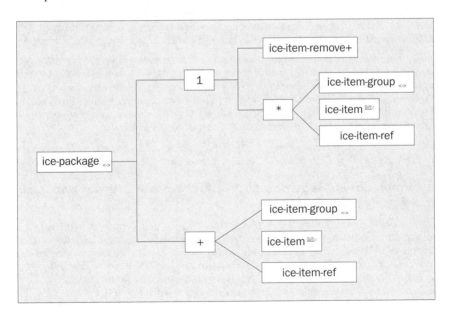

Weitere Informationen über die ICE-Initiative finden Sie unter: `http://www.gca.org/ice/default.htm`

3. Verwenden Sie einen DTD-Stubbing-Mechanismus. Die Standard-DTD umfasst einen mit Parameter-Entities arbeitenden Callout zu einem DTD-Fragment, das lokal gespeichert ist oder das sich auf dem Server des Empfängers befindet oder das in einem von beiden Handelspartnern gemeinsam genutzten Repositorium abgelegt ist. Falls nur der Standard benötigt wird, dann umfasst der Stub eine leere DTD. Falls der Standard aus irgendeinem Grund erweitert werden muss, werden Elemente an den definierten zulässigen Stellen in die Stub-DTD eingefügt.

Die Gemeinschaft wartet darauf, dass das W3C-XML-Schemata (siehe Kapitel 7) veröffentlicht, die die Definition eines offenen Modells für solche Ergänzungen eines »Standardschemas« ermöglichen.

Beachten Sie, dass im Falle von Hersteller-Implementierungen immer wieder abgebrochene Nachrichten und entsprechende Reparaturmechanismen eine Rolle gespielt haben. Wenn ein Unternehmen ein Problem beheben muss, erzielt das Produkt dadurch einen Vorteil, weil es den Kunden einen besonderen Dienst bietet. In einigen Fällen kann dadurch sogar die Konkurrenz ausgeschaltet werden. Dies gibt Firmen, die an dem Standard mitarbeiten, einen Wettbewerbsvorteil; gerissene Anbieter versuchen, den Standardisierungsprozess zu ihrem Vorteil zu beeinflussen. Es treten immer wieder Fälle auf, in denen der Standard so festgelegt wird, dass er mit dem Produkt eines speziellen Anbieters kompatibel ist, anstatt der Branche insgesamt zu dienen. Dieses Taktieren oder die absichtliche Verlangsamung des Prozesses müssen beobachtet und überwacht werden. Jedoch sind die Vorteile, die die Beteiligung der Hersteller bietet, höher zu werten, da die Anbieter Wissen, Ressourcen und Marketingaufwendungen in die Gruppen einbringen.

Wir können Prozesse auf der Basis von DOM erstellen

Die meisten XML-Entwickler lernen das DOM (Document Object Model) früh kennen, wenn sie beginnen, mit XML zu programmieren, und betrachten es als einfache und ideale Methode, um bei E-Business-Lösungen mit XML-Dokumenten zu arbeiten. Jedoch können E-Business-Nachrichten viele Megabytes lang sein. Es ist nicht ungewöhnlich, dass Organisationen mit über fünfzig Gigabytes Informationen pro Monat umgehen müssen. Während das DOM für kleine Nachrichten gut geeignet ist, können sich Probleme ergeben, wenn Sie es mit größeren Dokumenten zu tun haben.

Weil das DOM XML-Dokumente ausschließlich im Hauptspeicher bearbeitet, benötigt es zu viele Systemressourcen, wenn es für größere Dateien verwendet wird, und ist deshalb nur für kleinere Nachrichten geeignet. Natürlich hängt der tatsächliche Speicherumfang, den das DOM benötigt, von dem Parser ab, aber in vielen Fällen belegt ein 100 KB langes Dokument wenigstens 1 MB Hauptspeicher.

Es gibt einen besseren Ansatz für den Empfang größerer Dokumente: den Einsatz des ereignisgesteuerten Prozesses von SAX, dem *Simple API for XML*, das wir in Kapitel 6 kennen gelernt haben, da SAX nicht dazu neigt, Anwendungen Probleme bei der Speicherverwaltung zu bereiten. Viele EDI-Anwendungen hatten Probleme mit der Speicherwaltung und zwangen Firmen immer wieder, ihre Programme umzuschreiben. Damit soll nicht gesagt werden, dass Sie das DOM vermeiden sollten, sondern nur, dass Sie sich der damit verbundenen potenziellen Probleme bewusst sein sollten.

Beachten Sie, dass eine SAX-Anwendung, die die Repräsentation des Dokuments im Hauptspeicher aufbaut, wahrscheinlich genauso viel Hauptspeicher benötigt, wie der Parser für diesen Zweck belegen würde.

EDI ist ein Format, das im Gegensatz zu XML für Menschen schwer lesbar ist; deshalb ist es leichter, XML zu verwenden

Heutige und wohl auch zukünftige E-Business-Systeme zeigen den Benutzern keine rohen Tags an und brauchen nur von den Systementwicklern verstanden zu werden. Tagging-Mechanismen, die zu wortreich sind, verlangsamen den automatisierten Produktionsprozess. Tatsächlich besteht ein großer Teil der übermittelten Informationen aus Schlüsseln, die das System für den Zugriff auf lokale Daten benötigt. Wie wir bereits erwähnt haben, liegt die Stärke von XML darin, dass es den Einsatz zusätzlicher Informationen ermöglicht, die neben den eigentlichen Daten übertragen werden können, und dass die Tags die Definition von Hooks ermöglichen, die mit Prozessen zur Durchsetzung von Geschäftsregeln verbunden werden können.

Unser Hauptziel besteht darin, Prozesse und Inhalte zu trennen

Beim Einsatz von XML werden wir häufig ermahnt, in der XML-Datei nur Inhalte zu speichern und die Stilregeln für die Anzeige der XML-Daten in einem separaten Stylesheet abzulegen. Dies ist zwar ein nobles Ziel, das allgemein beachtet werden sollte, aber die Wahrheit ist, dass Nachrichten im transaktionsorientierten E-Business neben den Inhalten auch die ursprünglichen Direktiven, wie beispielsweise add, change, delete usw., mit einschließen müssen. Aus Gründen der Verarbeitung ist es einfacher, wenn diese Direktiven in der Form `<substantiv.verb>` ausgezeichnet werden. Eine Anwendung kann nur dann die richtigen Prozesse ausführen, wenn sie sowohl das Subjekt als auch die gewünschte Aktion versteht.

Wir können unsere Dokumente mit einem validierenden Parser validieren

Um die Integrität eines Systems sicherzustellen, ist es unbedingt erforderlich, dass die Nachrichten, die bei einer Anwendung ankommen, erfolgreich verarbeitet werden können. Jede eingehende Nachricht von einem Handelspartner muss komplett geprüft werden, bevor sie in das Produktionssystem des Unternehmens übernommen wird. Diese **Validierung** (Gültigkeitsprüfung) umfasst drei Schritte:

❏ Die Informationen müssen entsprechend der passenden DTD oder des passenden Schemas ausgezeichnet sein.

❏ Die Werte von Elementen und Zeichendaten müssen möglicherweise daraufhin geprüft werden, ob sie gültig sind und/oder ob sie mit den Geschäftsregeln übereinstimmen, die für den Inhalt gelten (mehr darüber folgt weiter unten). Der Inhalt der Prüfung hängt von den Geschäftsregeln des Unternehmens ab (beispielsweise dass der Mindestbestellwert 1.000 DM betragen muss und dass von Privatpersonen keine Bestellungen über 10.000 DM angenommen werden).

❏ Möglicherweise gibt es einen zusätzlichen Prozess, der die XML/EDI-Daten in ein älteres EDI-Format oder in ein anderes internes Nachrichtenformat umwandelt. Dabei können weitere Gültigkeitsprüfungen erforderlich sein.

Eine XML-Dokument auf Gültigkeit zu prüfen, ist unbedingt erforderlich, um sicherzustellen, dass die eingehenden Daten die Anforderungen der Anwendung erfüllen. Durch die Validierung des Dokuments anhand einer DTD oder eines Schemas können Sie sicherstellen, dass das Vokabular und die Grammatik korrekt sind und dass es die erforderlichen Elemente enthält. Bei EDI war es jedoch üblich, die Gültigkeitsprüfung auf der Anwendungsebene durchzuführen.

> Bei der Gültigkeitsprüfung ist es wichtig, zwischen der Prüfung der Syntax und der Struktur und der Prüfung der Anwendungstauglichkeit zu unterscheiden. Diese umfasst die Einhaltung der Geschäftsregeln und muss auf der Anwendungsebene erfolgen, weil nur auf dieser Ebene das volle Verständnis der Geschäftsziele gegeben ist.

Mit Hilfe der Prüfung auf der Anwendungsebene kann ein Systemdesigner sicherstellen, dass bestimmte Geschäftsregeln eingehalten und die Vereinbarungen mit verschiedenen Handelspartnern beachtet werden. Alle Nachrichten, die in ein E-Business-System hereinkommen, müssen sorgfältig geprüft werden, weil jeder Wert, den das System nicht verarbeiten kann, zu einem Absturz des Systems führen kann.

Wegen dieser strengen Anforderung können nicht alle Gültigkeitsprüfungen für das E-Business von einem Standard-Parser ausgeführt werden. Selbst wenn die angekündigten XML-Schemata, die die Verarbeitung von Einschränkungen ermöglichen, zur Verfügung stehen werden, werden Firmen spezielle Parser einsetzen, um Geschäftsregeln und Sicherheitsmechanismen durchzusetzen. Anstatt die Anwendung mit der Gültigkeitsprüfung zu belasten, können Sie alternativ eine separate Listener-Dispatcher-Anwendung einsetzen, deren Aufgabe darin besteht, eingehende Nachrichten zu überwachen und zu validieren und sie dann, wenn sie gültig sind, an die Anwendung weiterzugeben.

Einige dieser Missverständnisse mögen Ihnen vertraut vorkommen, da sie bei vielen Gelegenheiten immer wieder geäußert werden. Doch jetzt wollen wir uns mit den wahren Vorteilen von XML befassen.

Wie XML im E-Business eingeschätzt wird

Viele Leute sind der Ansicht, dass die Anwendung von XML im E-Business einfach nur bedeutet, alten Wein in neue Schläuche zu füllen. Die vorangegangenen Ausführungen haben hoffentlich deutlich gemacht, dass XML im E-Business eine ähnliche Rolle spielt wie EDI, diesem gegenüber aber zwei Hauptvorteile hat:

❏ Die XML-Syntax gibt Ihnen eine größere Kontrolle über Ihre Anwendungen.

❏ Die XML-Vokabulare können es uns ersparen, verschiedene Formate für den Datenaustausch und für die interne Repräsentation unserer Daten zu verwenden.

Was ist sonst noch in einer E-Business-Welt anders, die XML verwendet? Um diese Frage zu beantworten, wollen wir untersuchen, warum EDI nicht von mehr Unternehmen übernommen wurde. Die folgende Liste nennt die fünf Hauptbarrieren für den Einsatz von EDI:

❏ Systemkosten

❏ Fehlende Standards

❏ Fehlende Ausbildung

❏ Einstellung der Unternehmen

❏ Sicherheit

Wir wollen uns der Reihe nach mit diesen Hindernissen befassen.

Systemkosten

Wir haben bereits gesagt, dass der Einsatz von EDI teuer ist, aber dass der Prozess, der mit den größten Kosten verbunden ist, in ähnlicher Form auch in der XML-Welt bewältigt werden muss. Ein großer Teil der Kosten für den Einsatz eines EDI-Systems wird dadurch verursacht, dass es sehr schwierig ist, einen Problembereich adäquat zu beschreiben. Die erstmalige Definition der Standards für die Nachrichten benötigt sehr viel Zeit und hohe Investitionen. Außerdem ist es erforderlich, mit jedem Handelspartner Zuordnungen zwischen den internen Daten und den Nachrichten zu vereinbaren. Tatsächlich machen die Arbeitskosten für die Ausbildung und die Entwicklungswerkzeuge nur einen Bruchteil der Gesamtkosten für die Einführung eines EDI-System in einem Unternehmen aus. Aber es ist wichtig anzumerken, dass die bloße Änderung der Syntax unserer Nachrichten in XML nicht unbedingt die Entwicklungskosten für Schemata senkt – und die traditionellen EDI-Standards können erweitert werden, um alle Mechanismen von XML einzuschließen. Wo also liegen die Kosteneinsparungen bei XML/EDI? Der folgende alte Kalauer kann uns weiterhelfen:

> »Wenn wir mit Verlust verkaufen, muss es eben die Menge bringen.«

Mit XML/EDI können Unternehmen in Marktnischen eindringen, die es ihnen ermöglichen, die Entwicklungskosten bei fast jedem Aspekt ihrer Infrastruktur in Gewinne umzumünzen. Deswegen sehen große Software-Unternehmen, die den EDI-Markt als zu klein und zu arbeitsintensiv einschätzten, jetzt ein echtes Wachstumspotenzial darin, Verkauf und Service auf breiter Basis zu integrieren. Die Einbindung von XML in Produkte ist ein Hauptgrund für die Stärke von XML im E-Business.

Unter diesem Aspekt der Software-Entwicklung ist der Geist aus der Flasche: Die Tage des Verkaufs von Backend-Systemen, Datenbanken, Messaging-Systemen usw., die nicht über Komponenten verfügen, die die Zusammenarbeit mit anderen Systemen ermöglichen, sind vorbei.

Benutzer und Kunden erwarten heute, das Systeme zusammenarbeiten können. XML bietet diese Möglichkeit, und Anbieter haben erkannt, dass sie durch die Nutzung von XML Wettbewerbsvorteile gegenüber ihren Mitbewerbern erzielen können.

Fehlende Standards

Wegen der wachsenden Nachfrage nach Systemen, die zur Zusammenarbeit mit anderen Systemen fähig sind, und wegen des wachsenden Einsatzes von XML bei Unternehmensanwendungen entwickeln immer mehr Firmen branchenspezifische DTDs und Schemata für den Datenaustausch per XML, obwohl diese Entwicklung zeitaufwendig ist. Zusätzlich gibt es eine Reihe von Brancheninitiativen mit dem Ziel, Repositorien für Schemata zu erstellen (wir werden uns weiter unten mit solchen Repositorien beschäftigen). Tatsächlich gehört es zur BizTalk-Strategie von Microsoft, Firmen bei der Definition von Schemata für den Datenaustausch per XML zu unterstützen.

Fehlende Ausbildung

Je weiter sich XML sowohl bei Handelsunternehmen als auch bei Herstellern verbreitet, desto eher zahlen sich die Investitionen für die Ausbildung der Mitarbeiter im Gebrauch von XML und XML-Werkzeugen aus. Vielleicht wird es gar nicht lange dauern, bis XML neben HTML an Schulen gelehrt wird. Diese Faktoren verringern das Risiko für Firmen und schützen ihre Investitionen. Deshalb ist es kein Wunder, dass sich die Einstellung der Unternehmen XML/EDI gegenüber ändert.

Einstellung der Unternehmen

Während EDI nur in großen Unternehmen und in öffentlichen Institutionen Verbreitung fand, erkennen heute immer mehr kleinere Unternehmen die Stärke des Webs und den Nutzen des Internets. Der Druck auf Firmen, im Internet präsent zu sein, nimmt zu, und der Schneeballeffekt, dessen Anfänge wir gerade erleben, gewinnt an Kraft und ermutigt immer mehr Unternehmen, das neue Verkaufspotenzial zu erschließen.

Sicherheit

Je umfassender die Unterstützung von XML in die Software eingebaut wird, desto geringer wird der Bedarf an benutzerdefinierten Sicherheitsmechanismen. Außerdem werden gegenwärtig Spezifikationen entwickelt, die die Integrität von Daten sicherstellen sowie die Authentifizierung von Nachrichten und/oder Unterschriften ermöglichen sollen. Ein Beispiel dafür ist die Arbeitsgruppe für XML-Unterschriften, die vom W3C und von der IETF getragen wird (weitere Informationen über XML-Unterschriften finden Sie unter http://www.w3.org/Signature).

Wie wir gesehen haben, bietet bereits EDI die erforderliche Funktionalität für elektronische Transaktionen. Dieser Punkt geht oft in dem Marktgeschrei unter, von dem XML umgeben ist. Die Schnelligkeit, mit der sich XML in allen möglichen Geschäftbereichen verbreitet hat, ist erstaunlich. Diese schnelle Akzeptanz hat zu einer Verbreitung geführt, die von EDI nie erreicht wurde. XML wird heute bereits zur Repräsentation von Daten in vielen unterschiedlichen Gebieten verwendet – von DNA-Sequenzen bis hin zu astronomischen Daten. Dies unterstützt indirekt auch die XML/EDI-Anstrengungen. Wenn XML in vielen Geschäftsbereichen eingesetzt wird, werden sich schnell gemeinsame Wissensbasen und ein Standardrepertoire von Werkzeugen entwickeln, die branchenunabhängig eingesetzt werden können. Zusammenfassend lauten einige der Hauptgründe für Einsatz von XML im E-Business folgendermaßen:

❏ Die XML-Syntax bietet eine größere Kontrolle über Ihre Anwendungen.
❏ Die XML-Vokabulare bewahren uns vor unterschiedlichen Formaten für den Datenaustausch und für die interne Repräsentation von Daten.
❏ Die Unterstützung von XML wird in Software-Anwendungen eingebaut, was die Zusammenarbeit verschiedener Produkte erleichtert.
❏ Die unternehmensinterne Verwendung von XML nimmt zu.
❏ Interne Repräsentationen von Daten müssen nicht mehr in Standards für den Datenaustausch übersetzt werden.
❏ Die Zahl der Programmierer, die XML beherrschen, nimmt zu.
❏ Das Marktgeschrei, das XML und das E-Business umgibt, führt dazu, dass sich immer mehr Unternehmen für XML und seine Vorteile im E-Business interessieren.

Dies sind zweifellos einige der Hauptgründe für den Einsatz von XML im E-Business. In der Zukunft wird XML noch weitere Vorteile bringen. Um diese Vorteile deutlich zu machen, wollen wir zunächst klarstellen, dass die Zusammenarbeit von XML und EDI mehr als die Summe seiner Teile ergibt. Sie öffnet neue Möglichkeiten, E-Business abzuwickeln, und ist nicht nur ein Aufwärmen von Konzepten aus den 70er Jahren, die mit XML angereichert sind.

Wir können aus den EDI-Anstrengungen viel lernen und es wäre dumm, die dort gewonnenen Erfahrungen nicht zu nutzen. Das Erbe von EDI umfasst eine reichhaltige Geschäftssprache, Geschäftsprozesse, die Verwaltung von Handelspartnern, Mechanismen für die Protokollierung und Bestätigung von Transaktionen u.a. Wir können auf diese Erfahrungen zurückgreifen, wenn wir XML für E-Business-Lösungen einsetzen wollen.

Ein Blick in die Zukunft

Wir haben einige Schlüsselfaktoren für den Einsatz von XML und EDI kennen gelernt und wollen jetzt einen Blick auf einige in der Entwicklung begriffene Strategien werfen, die den E-Commerce bereichern werden, indem sie den Benutzern und Entwicklern einfachere und flexiblere Mechanismen zur Verfügung stellen:

❏ Einfache Auszeichnungssprache
❏ Entdeckung & Vermittlung
❏ Repositorien
❏ Bizcodes
❏ Agenten
❏ Vorlagen

Einfache Auszeichnungssprache

Der Erfolg von HTML gründet sich zu einem großen Teil darauf, dass die Sprache breit verfügbar und leicht zu benutzen ist. Die wachsende Beliebtheit von XML ist teilweise auf die Begrenzungen der HTML-Syntax zurückzuführen. Während die Versuchung besteht, immer mehr Funktionen zu XML und den zugehörigen Standards hinzuzufügen, um XML noch flexibler zu machen, sollten wir darauf achten, dass XML nicht zu kompliziert wird. Der Grund dafür ist einfach: Komplexität macht es für Anbieter schwieriger, an der Welt des E-Business teilzunehmen, und Implementierungen sind wichtig, um Akzeptanz und Beliebtheit zu gewinnen. Außerdem ist es wichtig, dass allgemeine Benutzer mit XML genauso leicht und konsistent Ergebnisse wie mit HTML erzielen können.

Aufgrund dieser Erkenntnis haben einige Firmen, die gegenwärtig in E-Commerce investieren, damit begonnen, Lobbyarbeit bei den verschiedenen Regulierungs- und Standardisierungsgremien zu leisten, um sicherzustellen, dass die Standards der XML-Familie so einfach und kompakt wie möglich bleiben und nicht von der »Featureritis«, der schleichenden Vermehrung der Funktionen, befallen werden. Einer dieser E-Business-Anbieter drückte diese Position bei einem W3C-Treffen der *XML-Schema*-Arbeitsgruppe im November 1999 folgendermaßen als Faustregel aus: »Falls Zweifel bestehen, weglassen!« Dieser Standpunkt ist inzwischen von vielen Anbietern aufgegriffen worden, die Produkte erstellen, die die offiziellen Empfehlungen und Standards unterstützen. Die Anbieter wissen, dass Erfolg leichter zu erzielen ist, wenn das Produkt kleiner, leichter, schneller, billiger, einfacher und unkomplizierter ist, und wollen ihre Investitionen in die XML-Technik schützen.

Warum gibt es diese Featureritis? Die einschlägigen XML-Gremien definieren gegenwärtig den Bedarf (1) für In-house-Systeme – Veröffentlichung von Dokumenten, CD-Vertrieb und Informationsverwaltung – und (2) für externe Systeme für den E-Commerce. Die Anforderungen der beiden Lager sind häufig nicht miteinander vereinbar. Grob gesagt, verlangen die Entwickler von In-house-Systemen mehr Flexibilität und zusätzliche Funktionen in den Standards, während die Entwickler, die sich mit der Zusammenarbeit von Systemen befassen, die Standards einfacher halten wollen. Dies hat zu einem noch einfacheren Standard geführt, einer abgespeckten Variante von XML namens **Simple Markup Language (SML)**, dt. **einfache Auszeichnungssprache**.

Weil es eine starke umgekehrte Korrelation zwischen Komplexität und allgemeiner Akzeptanz gibt, ist es nicht unbedingt sicher, ob wir in einer Welt von XML und SML leben werden. Jede zusätzliche Funktion, die den XML-Empfehlungen hinzugefügt wird, belastet auch die Verarbeitungs- und Speicherkapazitäten einer Anwendung. Deshalb kann man SML als eine extrahierte, einfachere, eindeutige Untermenge der umfangreicheren XML-Empfehlungen definieren, obwohl sie möglicherweise mit ergänzenden Transaktionsmechanismen gekoppelt werden kann. Viele Entwickler betrachten diese Entwicklung skeptisch, aber möglicherweise ist dies der einzige Weg, der Entwicklern geboten wird, die an der Definition der XML-Syntax für den direkten Datenaustausch zwischen Maschinen arbeiten.

Entdeckung & Vermittlung

Typischerweise kennen die Austauschmechanismen, die heute in E-Business-Lösungen verwendet werden, den Prozess im Voraus und haben Zugriff auf gemeinsame Informationen, wie beispielsweise Codelisten, Standards, Einschränkungen usw. Es gibt jedoch eine Reihe von Situationen, in denen die Endbenutzer oder Programme selbst entdecken müssen, welche Art von Ressourcen auf einer Site zur Verfügung stehen und welche Vokabulare ein Handelspartner verwendet. Anwendungen, die dazu in der Lage sind, erschließen einen weiten Bereich neuer Geschäftsmöglichkeiten – angefangen vom automatischen Geschäftsaustausch mit neuen Handelspartnern bis hin zur Erstellung von Einkaufsanwendungen, die automatisch Produkte oder Dienstleistungen für uns suchen, die Preise vergleichen und die günstigsten Anbieter auswählen.

Zusätzlich zur Definition »branchenspezifischer« Nachrichten müssen wir Standardmethoden definieren, um auch derartige Infrastruktur-Informationen austauschen zu können. Wir müssen in die Lage versetzt werden, Informationen über die verwendeten Sprachen und die Produkte und/oder Dienstleistungen abzufragen, die von einem Handelspartner angeboten werden. Damit ist das Aufgabengebiet der Entdeckung und Vermittlung (engl. *Mediation*) umrissen. Die Arbeit auf diesem Gebiet hat gerade erst begonnen, und es gibt mehrere mögliche Entwicklungsrichtungen.

Man braucht keine besondere Vorstellungskraft, um sich eine Infrastruktur für den geschäftlichen Nachrichtenaustausch zu wünschen, die einfach fragt: »Das Übliche?«, um die Antwort dann in einigen wenigen Parametern zu übertragen. Tatsächlich sollten wir in der Lage sein, eine Aufforderung zur Abgabe eines Angebots für bestimmte Güter und Dienstleistungen zu veröffentlichen und automatisch die Angebote entgegenzunehmen, ohne dass ein menschlicher Eingriff erforderlich ist. Deshalb benötigen wir ein Verfahren, um logische Geschäftseinheiten zusammenzubringen. Wir werden in Kürze sehen, wie diese Arbeit zur Entwicklung von so genannten Agenten führt, die in Ihrem Namen tätig werden.

Anwendbarkeit auf die Suche von Ressourcen

Mit Hilfe von Entdeckungsmechanismen kann ein Prozess (Anwendung, Handelspartner usw.) – über einen Handelspartner – herausfinden, welches Format und welche Version des Vokabulars der Handelspartner unterstützt. Tatsächlich könnte der Handelspartner im Verlauf dieses Entdeckungsprozesses, wenn ein Kunde nach Informationen über die Sprache des Handelspartners fragt, eine Vorlage anbieten, die in einem Vokabular seiner Wahl verfasst ist, in die der Kunde nur noch die Details seiner Anfrage oder Suche eingeben muss.

Wenn Sie beispielsweise Einzelheiten über einen Ansprechpartner bei einem Handelspartner herausfinden wollen, könnte Ihnen der Handelspartner die folgende Vorlage senden, die die Informationen enthält, die Sie benötigen, um eine Abfrage auszuführen und die gesuchten Informationen wiederzugewinnen:

```
WHERE
        <CustProfile>
            <GivenName>$a</GivenName>
            <Contact><Phone>$b</Phone></Contact>
        </CustProfile>
```

```
IN "www.orgname.com/custprofile.xml",
$y >
```

Hier muss der Handelspartner dem Kunden nur mitteilen, was die Parameter $a und $b repräsentieren. Der Kunde kann dann die Einzelheiten eingeben, die die Abfrage ausführen und ein Ergebnis zurückmelden.

Nachdem wir gesehen haben, wie E-Business normal ablaufen sollte, wollen wir uns fragen, was passiert, wenn etwas schief geht. Die Entdeckungssoftware sollte den Handelspartnern auch die zur jeweiligen Situation und den jeweiligen Bedingungen passenden Strategien und Ressourcen für Notfälle mitteilen. Das eCo-Framework von CommerceNet stellt einen frühen Versuch dar, diesen Bereich abzudecken.

eCo-Framework

Das eCo-Framework ist eine empfohlene Blaupause für Entdeckungsprozesse. Es wurde von dem CommerceNet-Konsortium veröffentlicht. In einem White-Paper werden die Grundanforderungen an ein solches System beschrieben:

»Die eCo-Arbeitsgruppe hat herausgefunden, dass zur Förderung von Business-to-Business-Transaktionen (B2B) zwischen heterogenen E-Commerce-Systemen im Internet gewisse Grundanforderungen erfüllt sein müssen. Dazu zählt, dass die Handelspartner in der Lage sein müssen, die folgenden Funktionen auszuführen:

❏ Andere Unternehmen im Internet entdecken

❏ Feststellen, ob sie Geschäfte abschließen wollen und wie sie an einem Markt teilnehmen können

❏ Feststellen, welche Dienstleistungen von anderen Unternehmen angeboten und in Anspruch genommen werden

❏ Feststellen, welche Interaktionen dafür erforderlich sind und welche Dokumente und Daten bei diesen Interaktionen verwendet werden

❏ Feststellen, ob und wie ihre E-Commerce-Systeme miteinander kommunizieren können

❏ Falls notwendig, feststellen, welche Änderungen durchgeführt werden müssen, um die Zusammenarbeit zwischen ihren Systemen sicherzustellen

❏ Falls gewünscht, eine Kommunikation über andere Kanäle als das Internet herstellen.«

Diese Erkenntnisse und das Bemühen, die Entdeckungsprozesse zu verfeinern, stellen einen Schritt in die richtige Richtung dar und bilden ein ausgezeichnetes Framework (Rahmenwerk) für die weitere Arbeit. Um einem Handelspartner, einem Webbenutzer oder einem Suchroboter die Möglichkeit zu geben festzustellen, was auf einer Site angeboten wird, wurde ein Verfahren, das so genannte **Bootstrapping** (dt. **Urladen**) definiert, um die Entdeckung von eCo-Schnittstellen anzustoßen. Die Bezeichnung Bootstrapping soll zum Ausdruck bringen, dass nur minimale Systemanforderungen erfüllt sein müssen, während die komplexeren Mechanismen untersucht und identifiziert werden. Das eCo-Framework ruft ein Dokument namens eco.xml auf, das verwendet wird, um die unterstützten Schnittstellen und Eigenschaften der Site abzufragen und zu entdecken. Die Architektur stellt auch Mechanismen zur Verfügung, um vorhandene E-Commerce-Systeme in eCo-konformen Begriffen zu beschreiben. Um vorhandene E-Commerce-Systeme zu unterstützen, die nicht mit der eCo-Spezifikation im Hintergrund entwickelt wurden, gibt es einen Mechanismus, um die Systeme zu beschreiben und um Informationen zu liefern, wie die Verbindung zu ihnen hergestellt werden kann.

Näheres über die eCo-Spezifikation finden Sie unter http://eco.commerce.net/specs/index.cfm.

eCo-Framework-Beispiel

Wenn sich ein Unternehmen, das die eCo-Geschäftsumgebung einsetzt, als eCo-konformes Unternehmen ausweisen will, könnte es die folgende XML-Datei im Wurzel-Verzeichnis seiner Website speichern. Dieses Beispiel beschreibt ein Unternehmen, das Katalogdienste anbietet:

```
<?XML-Version="1.0"?>
<EcoInterfaces xmlns = 'http://www.commerce.net/eco'>

    <Head>
        <Identifier>http://www.my_company.com/...</Identifier>
        <Creator>http://www.my_company.com/~BillSmith</Creator>
        <Date>19991118</Date>
        <Version>1.0</Version>
        <TimeToLive>86000</TimeToLive>
        <Description>...</Description>
        <Label>...</Label>
    </Head>

    <Schnittstelle type="Business">
        <Identifier>http://www.my_company.com.com/business</Identifier>
        <Creator>http://www.my_company.com.com/~WillSmith </Creator>
        <Version>1.0</Version>
        <Date>19991118</Date>
        <TimeToLive>86000</TimeToLive>
        <Description>Catalog Business</Description>
        <Label>My Company</Label>
    </Schnittstelle>

<Schnittstelle type="Service">
        <Identifier>http://www.my_company.com.com/eco/OrderService</Identifier>
        <Creator>http://www.my_company.com.com /~JillSmith</Creator>
        <Version>1.0</Version>
        <Date>19991118</Date>
        <TimeToLive>86000</TimeToLive>
        <Description>My order service Schnittstelle description.</Description>
        <Label>My company Order Service</Label>
    </Schnittstelle>

<Schnittstelle type="Service">
        <Identifier>
            http://www.my_company.com.com/eco/CatalogService
        </Identifier>
        <Creator>http://www.my_company.com.com/~GillSmith</Creator>
        ...

    </Schnittstelle>

</EcoInterfaces>
```

Vergleichendes Einkaufen

Ein weiterer Bereich, in dem das Entdecken wichtig sein wird, ist das vergleichende Einkaufen. Wenn wir unsere Produkte und Dienstleistungen in XML auszeichnen, ist es möglich, Suchmaschinen zu erstellen, die die Preise dieser Produkte und Dienstleistungen vergleichen und dem Endbenutzer eine Reihe von Alternativen mit dem günstigsten Anbietern präsentieren. Anfangs werden diese Sites wahrscheinlich nur Preisvergleiche anbieten und Ihnen mitteilen, wo Sie die betreffenden Produkte und/oder Dienstleistungen am günstigsten kaufen können. In Zukunft wird erwartet, dass sie auch andere Kriterien, beispielsweise die Garantie, die Lieferzeit usw., in den Vergleich einbeziehen. Generell beseitigen diesen Anwendungen jedoch die Notwendigkeit, in Läden zu gehen und E-Commerce-Sites manuell zu besuchen, um mehrere Einkaufsquellen zu finden.

Repositorien

Es gibt einen wachsenden Bedarf an kompatiblen Prozessen und Vokabularen, um Ad-hoc-Lösungen und redundante Anwendungen zu reduzieren. Ad-hoc-Lösungen sind Anwendungen, die für interne Anforderungen und einmalige Aufgaben geschrieben wurden. Damit Branchen, Verbände und einzelne Unternehmen XML für den Informationsaustausch verwenden können, müssen sie Standardmechanismen einführen, mit denen sie ihre Vokabulare austauschen können.

Repositorien sind Speicher, in denen Ressourcen zum allgemeinen Gebrauch abgelegt werden. Einfache Repositorien beschränken sich auf verschiedene DTDs und Schemata, komplexere bieten auch noch andere Informationen an, beispielsweise XML-basierte Verzeichnismechanismen, Werkzeuge für das Konfigurationsmanagement, Themenübersichten, Datenbankstrukturen, UML-Modellierungswerkzeuge und mehr. Sie können auch Glossare enthalten, die Beziehungen zwischen generischen und konkreten Elementen beschreiben, Synonyme nennen und die kontextabhängigen Bedeutungen von Begriffen erläutern. Sie können sogar Software enthalten, die von Anwendern des betreffenden Vokabulars verwendet werden kann. Wenn sich die Repositorien weiterentwickeln, werden sie wahrscheinlich mehr Informationen zur Verfügung stellen. Treibende Kraft kann dabei das Bemühen sein, den Repositorien mehr Einfluss zu verschaffen und/oder bei konkurrierenden Lösungen in einer Branche aufgrund der Anzahl der Benutzer De-facto-Standards durchzusetzen.

In diesem Zusammenhang sollte man sich die folgenden Tatsachen vergegenwärtigen: Unternehmen haben (1) interne Begriffe, (2) Begriffe, die sie gemeinsam mit anderen Unternehmen derselben Branche verwenden, (3) Begriffe, die länderspezifisch sind und die in den Ländern gelten, in denen die Unternehmen Niederlassungen unterhalten, und (4) Begriffe, die global gelten. Per Definition werden Bereiche der Typen 1, 2 und 3 in jedem Unternehmen mit unterschiedlichen Begriffen beschrieben und definiert. Der Grund dafür kann in verschiedenen Geschäftszielen oder in den unterschiedlichen unternehmerischen Aktivitäten liegen. Unsere XML-E-Business-Systeme müssen diese Unterschiede berücksichtigen und die sprachlichen Differenzen auf eine standardisierte Weise bewältigen. Mögliche Verfahren sind Verhandlungen, Replizierung von Querverweisen und Mechanismen zur bereichsspezifischen Umstrukturierung der Begriffshierarchien usw.

Ein anderes Problem hat mit dem optimalen Umgang mit der Version unserer Geschäftssprache zu tun. Auf welcher Ebene ist der Austausch am sinnvollsten – auf der Schema- oder auf der DTD-Ebene? Sollen alle Unternehmen einen einzigen Kaufauftrag verwenden, der eine Sammlung von generischen Elementen enthält, die durch mehrere zusätzliche Schichten an einzelne Branchen angepasst werden? Oder sollen wir ein Repositorium schaffen, das zahllose definierte Kaufaufträge für verschiedene Brachen enthält, einen für den Verkauf von Flugzeugen, einen für den Verkauf von Bleistiften usw.? Wie viele solcher Kaufaufträge würde es geben? Tausende, und dann wären immer noch nicht alle Situationen berücksichtigt. Kein Szenario ist ideal. Wie also lautet die Antwort? Historisch hat sich die Entwicklung eines vollständigen Standards als kostenaufwendig erwiesen. Es gibt Verzögerungen bei der Einführung vorgeschlagener Aktualisierungen. Für den Einsatz einer komplett neuen Version des Standards werden Programmierer benötigt. Diese Wartungsprobleme können erheblich reduziert werden, wenn wir ein geeignetes Konfigurationsmanagement in unsere Prozesse einbauen – möglichst auf der Ebene der logischen Einheiten.

XML-Repositorien bieten deshalb wahrscheinlich die folgenden Mittel und Lösungen an:

❏ Zugriff auf Branchenkomponenten und die Branchennomenklatur, die Richtlinien für die Modellierung (mit UML), die Entwicklung und das Testen von Systemen während ihres Lebenszyklusses bieten.

❏ Ausweitung des elektronischen Zugriffs auf die Geschäftssysteme des Unternehmens mit der Möglichkeit, Zuordnungen zwischen eigenen und Fremddaten zu schaffen und Daten direkt zu verarbeiten.

❏ Ausweitung der Art der Interaktionen zwischen Handelspartnern, wie beispielsweise den Real-time-Datenaustausch.

❏ Nutzung der Vorteile der nächsten Generation von Anwendungssoftware, die Daten, die von Handelspartnern übertragen wurden, direkt verarbeiten kann.

Die Entwicklung der Repositorien wird dahin gehen, dass sie letztlich Sammlungen standardisierter Tags, Geschäftskomponenten (Programmcode – sowohl als Quellcode als auch kompiliert), Objekte, Stylesheets und branchenspezifische Begriffe und Codes enthalten.

Um in Repositorien zu navigieren und die passenden Informationen für Ihre Branche zu finden, werden **Glossare** (Informationsbäume) benötigt, die eine Navigation anhand einer hierarchischen Struktur ermöglichen. Dabei werden bestimmten Themen (Geschäftsbereiche) oder Geschäftsfunktionen nach sachlichen Kriterien hierarchisch aufgeschlüsselt. Ein Endbenutzer kann sich – ähnlich wie bei einem Verzeichnisbaum einer Festplatte – zu einem speziellen Thema vorarbeiten, indem er auf der allgemeinen Ebene beginnt und schrittweise zu den immer konkreter werdenden Ebenen fortschreitet. Diese themenspezifischen Entscheidungsbäume bilden eine zusätzliche Schnittstelle zu den traditionellen Suchfunktionen oder linearen, alphabetischen Wörterbüchern.

Das Verfahren kann folgendermaßen beschrieben werden: »Wählen Sie in dem Glossar ein Thema aus, über das Sie Näheres wissen wollen, dann werden nur die logischen Einheiten angezeigt, die mit dem Thema zu tun haben. Wählen Sie eine Einheit, gehen Sie eine Stufe tiefer und wiederholen Sie den Prozess, bis Sie die gewünschte Detailinformation lokalisiert haben.« Beispielsweise kann ein Benutzer in einer Baumstruktur navigieren, um spezielle Informationen in einem Repositorium zu lokalisieren. Das Navigieren in dem Baum entspricht dem Durchlaufen eines Zugriffspfads, der vom Allgemeinen zum Besonderen fortschreitet, zum Beispiel: Angebote – Produkte – Hardware – Computer – (einzelne Marken; Komponenten; Spezifikationen usw.). Die Glossare schlüsseln die Informationen bis auf die Ebene der einzelnen Datenelemente auf und beschreiben ihre Beziehungen zu anderen Elementen sowohl innerhalb als auch außerhalb ihrer Branchen.

Es gibt auch eine Reihe anderer Initiativen, die ebenfalls die Entwicklung von Repositorien unterstützen:

❏ **Directory Services Markup Language** (**DSML**) -- Verwaltung von Daten über Personen, Ressourcen und Prozesse; im Zusammenhang mit LDAP können Synergie-Effekte erzielt werden. http://www.dsml.org

❏ **UDEF** -- Universal Data Element Framework, ein Versuch, verschiedene Datenstandards (CALS, STEP, X12 EDI, usw.) in ein einzelnes Rahmenwerk einzubinden, wobei Mengen von Objektklassen und -Eigenschaften verwendet werden, um Datenelemente zu definieren. http://www.udef.com

❏ **BSR** -- Basic Semantic Register, eine Initiative der International Standards Organisation (ISO), mit Wurzeln im BSI/Beacon-Projekt. http://www.iso.ch/BSR

❏ **ISO/IEC 11179-1** -- Ein Framework der International Standards Organisation (ISO) für die Spezifikation und Standardisierung des Aufbaus von Datenelementen, einschließlich von Metadaten. http://www.sdct.itl.nist.gov/~ftp/l8/other/coalition/Ovr11179.html

❏ **UREP** – Das Universal-Repositorium von UNISYS ist ein auf XML basierendes, erweiterbares Informationssystem, das Metadaten und Geschäftsdaten definiert, integriert und verwaltet. http://www.unisys.com/marketplace/urep

❏ **XML-Metadaten-Interchange-Format** (**XMI**) – »spezifiziert ein Modell für den offenen Informationsaustausch, das dazu dient, Entwicklern, die mit objektorientierten Techniken arbeiten, die Möglichkeit zu geben, in standardisierter Form Programmierdaten über das Internet auszutauschen«. http://www.omg.org

❏ **DII COE XML Registry** – Eine Initiative des amerikanischen DOD (Verteidigungsministerium), um den Austausch von Daten zwischen DOD-Gemeinschaften zu verbessern; die abfragbaren Informationen erfüllen die System- oder Datenbankanforderungen des DOD. http://di-ides.ncr.disa.mil/xmlreg/index.cfm

Bizcodes

Wir sind mit Barcodes vertraut: Sie enthalten einen Bezeichner, mit dem ein Artikel oder ein Produkt identifiziert und referenziert wird. Dieser Barcode kann mit entsprechenden Lesegeräten gescannt werden. Der eingelesene Wert wird für den Zugriff auf eine Backend-Datenbank mit Detailinformationen über den Artikel verwendet. Zu den Anwendungen, die Barcodes verwenden, gehören beispielsweise Lagerwaltungen, die Identifizierung von Protokolldaten, Auftragserfassungen und das Ablesen von Messgeräten und Parkscheinen, um nur einige wenige zu nennen. Barcodes werden sowohl bei der Sammlung von Daten als auch für die Abfrage von Preisdaten und für andere geschäftliche Standardoperationen verwendet. Barcodes wurden immer schon im EDI verwendet, um Informationen zu sammeln und Metadaten auszutauschen.

Bizcodes erweitern Barcodes. Sie bauen auf deren Erfolg auf und nutzen die damit gesammelten Erfahrungen. Ihr Anwendungsbereich ist weiter und umfasst alle Referenzen auf alle Metadaten in der E-Business-Gemeinschaft. Bizcodes wurden von der XML/EDI-Gruppe vorgeschlagen (`http://www.xmledi.com/`). Sie könnten zum Schlüssel für XML-Repositorien werden, indem Sie die Abfrage diverser Informationen ermöglichen: Objekte, Bildmasken, zulässige Werte, Standardwerte, Hilfe, Definitionen, Verknüpfungen zu Prüfungsklassen und Einschränkungen. Bizcodes stellen auch einen einfachen Mechanismus zur Verfügung, mit dem eine automatisierte Zuordnung zwischen XML-Vokabularen, Dialekten, Schemata und verschiedenen Standards zum Zweck der Wiederverwendung ermöglicht wird.

Weitere Informationen über Bizcodes und die Verknüpfung von Repositorien mittels der XLink- und XPointer-Empfehlung finden Sie in einem Whitepaper der XML/EDI-Gruppe unter `http://www.xmledi.com/Repositorium/`.

So wie die vertrauten UPC/EAN-Barcodes den Herstellern und den Groß- und Einzelhändlern einfache, semantisch neutrale Nummern für Produkte und Artikel zum Zweck der Lagerverwaltung zur Verfügung stellen, bieten Bizcodes neutrale Bezeichner für die Verknüpfung von Datenelementen mit E-Business-Metadaten und den zugehörigen Prozessen.

Der Einsatz von Bizcodes bietet die folgenden Hauptvorteile:

❑ Informationen mit Querverweisen werden in den XML/EDI-Repositorien gespeichert.

❑ Transformationen werden durch einen Verknüpfungsprozess vereinfacht.

❑ Logische Einheiten können effizient wiederverwendet werden.

❑ Übersetzungsmöglichkeiten für eine globales E-Business werden angeboten.

❑ Einfache Verknüpfungsmechanismen in der DTD oder in XML; Schema-Archetypen.

❑ Angehängte Informationen können verwaltet und erweitert werden, wodurch zusätzliches Wissen hinzugefügt werden kann.

❑ Attribute und Beziehungen können eingehender abgefragt werden.

❑ Einheitliche Mechanismen für Branchen, für internationale Standards und für Unternehmens-Vokabulare; Umwandlung von »price« in Deutsch, Japanisch und Indisch, ein sehr dringend benötigtes Attribut für ein globales E-Business.

❑ Möglichkeit temporärer Definitionen für die Dauer einzelner Transaktionen.

❑ Möglichkeit, die Verwendung von Geschäftssprachen zu analysieren.

❑ Ermöglicht dem Repositorium, schnell Geschäftssprachen zu lernen und Standards zu übernehmen.

Agenten

Agenten sind Programme, die unabhängig tätig werden, um für einen Benutzer oder für ein anderes Programm bestimmte Aufgaben zu erledigen. Solche Programme sind bereits heute im Einsatz. Sie ermöglichen es, den Datenaustausch besser zu skalieren und verbessern seine Wartung. Agenten werden XML/EDI-Systeme in die Lage versetzen, sich selbst an eine erhebliche Ausweitung des Datenaustauschs anzupassen, ohne dass dazu menschliche Eingriffe erforderlich wären.

Wie kann man Software-Agenten in XML-Systeme integrieren? Dabei geht es nicht um künstliche Intelligenz, wie sie in Science-Fiction-Filmen gezeigt wird, sondern um einfache Funktionen, wie beispielsweise die Verbindung mit überkommen Informationssystemen, die nur mit zwei Adresszeilen oder nur mit einer begrenzten Anzahl von Positionen pro Auftrag arbeiten können. Dabei würde der Agent die Bearbeitung des Dokuments übernehmen, sobald ein Auftrag die definierte Anzahl von Positionen überschreitet oder eine Adresse drei oder mehr Adresszeilen enthält. Auf diese Weise können Agenten dazu verwendet werden, Geschäftsregeln durchzusetzen und Situationen zu bearbeiten, in denen gegen diese Regeln verstoßen wird. Zu diesem Zweck werden Metadatenregeln verwendet, die in XML formuliert werden (mehr darüber in Kürze).

Der Einsatz von Agenten macht es überflüssig, Einschränkungen fest in Programme einzubauen, so dass es viel einfacher wird, Geschäftsregeln anzupassen. Dies bedeutet, dass Entwickler, die neue XML-Implementierungen entwickeln, fest einprogrammierte Einschränkungen in dem XML-Inhalt vermeiden sollten, um derartige Probleme in Prozessmodellen zu vermeiden, und stattdessen mit anpassbaren Automaten arbeiten sollten, die durch Metadaten gesteuert werden.

Die Metadaten können in vielen verschiedenen Situationen verwendet werden, angefangen von Rule Based Development Environments (RBDE; *regelbasierte Entwicklungsumbungen*) bis zu Mechanismen, die gleichartige Objekte suchen und vergleichen. Beispielsweise zeigt das folgende Diagramm, wie wir Agenten für einen Produktvergleich verwenden können, wenn wir etwas kaufen wollen. In diesem Beispiel suchen wir Reisezubehör (engl. *travel goods*). Der Agent wird ausgeschickt, um Einzelheiten über das gesuchte Reisezubehör zusammenzutragen. Er gibt bekannt, was er sucht, und kommt mit Informationen über die Anbieter zurück, die passende Produkte anbieten. Dann zeigt er diese in einem geeigneten Auszeichnungsformat an. Wenn Sie zusätzlich bestimmte Parameter, wie beispielsweise Preis, Lieferzeit oder Garantiedauer, angegeben haben, kann der Agent sogar die Produkte vergleichen und ein bestimmtes Produkt empfehlen.

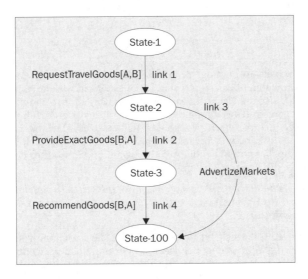

Das vielleicht naheliegendste Einsatzgebiet für Agenten ist die Überwachung der Inhalte von XML-Transaktionen, um potenzielle Fehler, insbesondere auch falsche Versionen, in den Informationen zu entdecken und gegebenenfalls die zuständigen Mitarbeiter zu verständigen. Traditionelle EDI-Entwickler waren sich schon lange darüber klar, wie wichtig die Verwaltung der Versionen ist, die die Handelspartner verwenden. In einer Welt, die durch XML gesteuert wird, muss die Versionskontrolle auf der konzeptionellen Ebene erfolgen, um Aktualisierungen der Sprache zu ermöglichen. Unsere Agententechnik wird hier die Mechanismen zur Verfügung stellen, um Aktualisierungen auf dieser Ebene der Auflösung von Transaktionsinhalten und -strukturen durchzuführen.

Business Rules Markup Language (BRML)

Objektorientierte Entwickler arbeiten zunehmend daran, die Geschäftslogik von dem Datenzugriff und der Anwendungslogik zu trennen. Dadurch wird es möglich, dieselbe Geschäftslogik in verschiedenen Anwendungen zu verwenden und separat vom Rest des Anwendungscodes zu aktualisieren. Beispielsweise umfasst **CommonRules**, Version 1.0, von IBM APIs für Entwickler, mit denen diese ausführbare Geschäftsregeln in Anwendungen, die in Java oder in einer anderen Sprachen geschrieben sind, einbauen und über das Web mit Unternehmen austauschen können, die ein heterogenes Regelsystem verwenden. Auf diese Weise fördert CommonRules die Zusammenarbeit und verbessert die Konfliktbearbeitung. Es ist gewissermaßen eine gemeinsame **Interlingua** (internationale Sprache für die Kommunikation), in der die Regeln für den Austausch ausgedrückt werden können. Diese Interlingua basiert auf einer XML-Anwendung namens **Business Rules Markup Language** (**BRML**). Die Regeln können als XML-Code, direkt als Java-Objekte oder in anderen String-Formaten ausgetauscht werden.

Mit CommonRules kann eine Anbieter-Website oder -Anwendung einem Kunden, einer Anwendung oder einem Agenten ihre Geschäftsregeln hinsichtlich der Preise, der Verkaufsförderungen, der Erstattungen und Stornopraktiken, der Lieferzeiten und anderer vertragsrelevanter Begriffe und Bedingungen mitteilen, selbst wenn die Regeln des Anbieters mit einem anderen Regelsystem formuliert sind. Auf diese Weise vergrößert CommonRules die Funktionalität vorhandener regelbasierter Systeme. Wenn ein Konflikt zwischen Regeln entdeckt wird, kann eine diesbezügliche Nachricht an den zuständigen Sachbearbeiter gesendet werden.

Regeln stellen ein leistungsstarkes System zur Spezifikation der Geschäftslogik dar, da sie die automatische Ausführbarkeit mit einer relativ einfachen Syntax verbinden, indem sie anstelle einer rein prozeduralen eine *deklarative Semantik* verwenden. Sie ermöglichen es Programmierern sogar, die Geschäftsregeln zur Laufzeit zu modifizieren.

Weitere Informationen finden Sie unter: `http://www.research.ibm.com/rules/home.html`.

Vorlagen

Wenn wir Daten in Geschäftsanwendungen mit neuen Vokabularen austauschen, müssen wir uns darum kümmern, wie die Nachrichten übersetzt werden. Die meisten Entwickler stimmen darin überein, dass es für einen Kunden leichter ist, die Nachricht in dem Vokabular zu formatieren, das der Empfänger benötigt, anstatt der empfangenden Anwendung die Last aufzubürden, herauszufinden, was eine Anfrage bedeuten soll, und sie dann in das eigene Vokabular zu übersetzen. Das weiter oben beschriebene Beispiel einer Vorlage bei der Entdeckung und Vermittlung gibt einen guten Eindruck von der Leistungsstärke von Vorlagen. Wenn der Empfänger dem Sender mitteilt, wohin und in welcher Form die Informationen gesendet werden soll, ist die Aufgabe viel einfacher.

Wenn Sie Einzelheiten über die Sprache angeben, in der Sie Transaktionen ausführen, erleichtern Sie deren Abwicklung. Einige größere Unternehmen, die es sich finanziell leisten können, arbeiten mit Systemen, die mehrere Vokabulare verstehen.

Das Arbeiten mit Vorlagen stützt sich auf Konzepte, die bei der Erstellung von Repositorien, bei den Verfahren der Entdeckung und Vermittlung, bei den Bizcodes und bei den Agenten entwickelt wurden. Der Leitgedanke besteht darin, dass es möglich ist, ein allgemeines Verhandlungsprotokoll auf Geschäftsebene zu formulieren. Das Konzept der Vorlagen erweitert das Beispiel, das wir bereits kennen gelernt haben. Es sollte möglich sein, Vorlagen mit Hilfe von Agenten dynamisch zu erstellen. Weil geschäftliche Interaktionen ziemlich komplex sein können und möglicherweise Spezialwissen erfordern, können Agenten zur Manipulation von XML/EDI-Daten sicherstellen, dass Benutzer ihre Anforderungen in einer natürlichen Hochsprache ausdrücken können, die durch Vorlagen und möglicherweise eine Interlingua, vergleichbar mit CommonRules von IBM, ergänzt wird. Wenn eine Anwendung eine Transaktion anstößt, erstellen die Komponenten der E-Business-Infrastruktur automatisch die passenden Regelvorlagen und die XML-Syntax für die Benutzeranfrage. Der Anfragende muss dann diese Vorlagen ergänzen und/oder ausfüllen und an den Lieferanten zurücksenden. Dieselben Agenten könnten auch den kompletten Austausch abwickeln.

Das Fazit der Theorie

Mit dem Blick in die Zukunft haben wir das Ende des ersten Teils dieses Kapitels erreicht. Bis jetzt haben wir gesehen, dass das Internet die Methoden geändert hat, mit denen wir Daten elektronisch austauschen können. Für diesen Zweck benötigen wir keine kostspieligen VANs mehr, obwohl sich der gegenwärtige Einsatz von XML in E-Business nicht so radikal von vorhandenen EDI-Anwendungen unterscheidet, wie einige Leute vielleicht denken. Wir haben einige verbreitete Mythen entlarvt, die mit der Verwendung von XML im E-Commerce verbunden sind, und haben gezeigt, wie die Integration von XML in Anbieterprodukte und in die in diesem Bereich vorhandenen Fähigkeiten die eigentliche Ursache für den Erfolg von XML als bevorzugte Sprache für E-Business-Transaktionen bildet. Wir haben einige Probleme diskutiert, die beim Einsatz von XML-basierten E-Commerce-Anwendungen auftreten können. Obwohl dieses Thema zu umfangreich ist, um hier in die Details gehen zu können, sollte klar geworden sein, worin einige der Schlüsselvorteile von XML bestehen.

Ein letzter Punkt muss noch erwähnt werden: Große Unternehmen, die sehr viel Geld in EDI-Anwendungen investiert haben, werden diese wahrscheinlich nicht über Nacht hinauswerfen. Viele haben mit dem traditionellen EDI jahrelang erfolgreich gearbeitet und werden dies auch weiterhin tun. Jedoch wird das wachsende Interesse an den Möglichkeiten der Zusammenarbeit im Laufe der Zeit auch Einfluss auf ihre Systeme ausüben, beispielsweise wenn die Software aktualisiert wird oder die für die Zukunft versprochenen Vorteile realisiert werden sollen.

Einige Dinge, die wir im letzten Abschnitt vorgestellt haben, beispielsweise die Abfrage von Metadaten sowie Repositorien, gibt es bereits heute, obwohl sie sich zweifellos in Zukunft wandeln werden. Dagegen befinden sich Agentenverfahren sowie Vorlagen noch in einem frühen Entwicklungsstadium. Jedoch breitet sich XML im E-Business in immer neue Richtungen immer weiter aus, und möglicherweise ist der Zeitpunkt gar nicht mehr so weit entfernt, an dem ein Programm in das Web gehen, ein gewünschtes Produkt finden, die Sprache des Lieferanten entdecken und den Auftrag direkt abwickeln kann ...

E-Business-Lösungen

Nachdem wir uns mit der Theorie des Einsatzes von XML im E-Business befasst haben, wollen wir jetzt einen Blick auf einige Branchenlösungen werfen, die in XML realisiert wurden. Wir werden uns einige der vielen Branchen-DTDs anschauen, die in letzter Zeit entwickelt wurden und von denen wir viel lernen können. Da wir aus verständlichen Gründen nicht alle Branchen-Schemata behandeln können, wollen wir uns auf einige Schlüsselbeispiele konzentrieren, die uns wichtige Funktionen verdeutlichen, die in diesen Branchen modelliert wurden. Unsere Beispiele stammen aus den folgenden Bereichen: Touristik, Finanzsektor und Gesundheitswesen.

Zusätzlich werden uns mit Verfahren befassen, die einige der Konzepte implementieren, die bis jetzt in diesem Kapitel vorgestellt wurden. Insbesondere werden wir uns mit BizTalk befassen und dabei schwerpunktmäßig die Website http://www.BizTalk.org unter dem Aspekt eines Schema-Repositoriums und unter dem Aspekt einer Initiative für die Erstellung von XML-Schemata behandeln. Das Schema-Repositorium ist jedoch nur ein Teil des größeren BizTalk-Frameworks, das auch Produkte und Dienstleistungen umfasst. Leider war die Erklärung des Gesamtkonzepts des BizTalk-Frameworks in der Anfangsphase ziemlich unklar. Wir möchten gern das Zusammenspiel der Komponenten ein wenig erhellen.

Wir werden uns mit den folgenden Themen befassen:

❑ Einige Auszeichnungsinitiativen für vertikale Branchen
❑ Der Umgang mit horizontalen Branchen
❑ Das BizTalk-Framework

Branchenlösungen

Die meisten E-Business-Lösungen, die bereits entwickelt wurden, gehören zum Bereich der Business-to-Business-Transaktionen. Wir können diese Transaktionen in zwei Hauptbereiche untergliedern:

❏ **Vertikale Märkte:** Die beteiligten Firmen sind Teilnehmer desselben Prozesses, an dessen Ende ein bestimmtes Endprodukt oder eine Dienstleistung steht. Unternehmen am Anfang oder in der Mitte des Prozesses liefern Rohstoffe und Halbfabrikate zur weiteren Verarbeitung an Unternehmen, die ihnen in der Prozesskette nachfolgen, beispielsweise Reifenhersteller und Automobilfabrikanten oder Luftfahrtunternehmen, Touristikunternehmen und Reisebüros.

❏ **Horizontale Märkte:** Die Produkte und Dienstleistungen der beteiligten Firmen ergänzen sich, hängen aber bei der Produktion der Produkte oder Dienstleistungen nicht voneinander ab, beispielsweise Pharmahersteller und Ärzte, die Medikamente verschreiben.

Wir werden uns jetzt einige Lösungen für vertikale Märkte anschauen.

Wichtige Lösungen vertikaler Branchen

Gegenwärtig ist es für Lieferanten, Zwischenhändler und Kunden schwierig, Informationen gemeinsam zu nutzen und auszutauschen. Diese Schwierigkeit begrenzt die Vertriebsmöglichkeiten und -kanäle, die den Lieferanten zur Verfügung stehen. Viele Verkaufs- und Marketingspezialisten sind sich bewusst, dass die gegenwärtigen Vertriebskanäle es für Lieferanten sehr schwer machen, ihre Dienstleistungen zu differenzieren, neue Kundenkategorien anzusprechen und innovative Angebote zu machen. Die Beziehungen zwischen Lieferanten und Kunden werden von den Kanälen selbst definiert.

Die Kunden verfügen nur über beschränkte Möglichkeiten, Dienstleistungen von Lieferanten zu kombinieren, Dienstleistungen auszusuchen, die ihre Anforderungen am besten erfüllen, und Dienstleistungen verschiedener Anbieter zu vergleichen. Um die gewünschten Dienstleistungen zusammenzustellen, müssen die Kunden ein komplexes Netz von Beziehungen durchsuchen, was sie in meisten Fällen nicht tun.

Viele Experten betrachten das Internet und XML als eine Möglichkeit, die Einschränkungen der traditionellen Vertriebskanäle zu überwinden. Mehrere Branchen, die sich dieser Technik zugewendet und erste XML-Lösungen entwickelt haben, zählen zu den größten Teilnehmern des E-Commerce. Leider setzen viele noch die ältere Methode ein, die mit festgelegten Transaktionssets arbeitet und damit nur aufgewärmte Ideen in XML-Syntax verwendet, anstatt sie zu erweitern, um das volle Potenzial der neuen Verfahren auszuschöpfen. Aber nachdem sie den Übergang zu XML vollzogen haben, ist die Chance größer, dass sie irgendwann auch die Möglichkeiten nutzen werden, die am Ende des letzten Abschnitts beschrieben wurden.

Die aktuellen Initiativen beschäftigen sich jede auf ihre eigene Weise mit verschiedenen Aspekten des Einsatzes von XML im E-Business. Aber da es so viele XML- und E-Business-Standardisierungsinitiativen gibt, müssen wir uns fragen, welchen wir uns anschließen sollten. Viele Unternehmen stellen sich gegenwärtig die folgenden Fragen:

❏ Welche Bemühung(en) unterstützen wir?

❏ Welche Bemühung(en) beobachten wir?

❏ Welche Auswirkungen hat es, wenn wir die falschen Bemühungen unterstützen?

❏ Welche Auswirkungen hat es, wenn wir warten, bis sich der Wirbel gelegt hat?

❏ In welche Richtung entwickelt sich meine Branche?

❏ In welche Richtung entwickeln sich meine Geschäftspartner (und Konkurrenten)?

Einer der Vorteile von XML besteht darin, dass es die Transformation von Informationen ermöglicht. Wenn Firmen die Anstrengung auf sich nehmen, ein robustes Datenmodell zur Unterstützung ihrer eigenen internen und externen Prozesse zu entwickeln, sollten sie auch keine Problem damit haben, mit anderen führenden Initiativen zusammenzuarbeiten. Dabei bilden sie ihre internen Strukturen auf andere

Brancheninitiativen ab, indem sie die Strukturen in ein austauschbares Format umwandeln. Wir haben uns in Kapitel 9 mit XSLT beschäftigt (obwohl XSLT in Geschäftssituationen nicht immer die beste Lösung ist – siehe die Fallstudie 3). Im Moment liegt die größte Gefahr für Organisationen darin, eine bestimmte Architektur zu übernehmen, die ihre internen Anforderungen nicht erfüllt, um mit externen Organisationen arbeiten zu können.

In den letzen beiden Jahren haben sich Unternehmen gleicher Branchen zusammengesetzt, um die Szenarios, Nachrichten, Inhaltsmodelle und Datenelemente zu entwickeln, die für den elektronischen Geschäftsverkehr benötigt werden. Diese Gruppen können die Firmen ihrer eigenen Branchen repräsentieren oder branchenübergreifend arbeiten. Wenn man sich jedoch die Teilnehmer der Hauptbemühungen (RosettaNet, BizTalk, ebXML usw.) anschaut, stößt man immer wieder auf dieselben großen Mitspieler. Kleine und mittlere Unternehmen (SMEs) können sich diese Art der Teilnahme und/oder Bemühung nicht leisten und sind etwas im Nachteil, es sei denn, sie organisieren sich mittels Web-basierter Werkzeuge zur Zusammenarbeit, Websites, Internet-Listserver und Mitglieder-E-Mail. Wo es bereits ältere EDI-Standards gibt, können die Konsortien auf dieser wertvollen Erfahrung aufbauen, dabei aber auch versuchen, über die gegenwärtigen EDI-Handelspartner hinauszugehen und die Lücken zu schließen, die die vordefinierten EDI-Transaktionen gelassen haben.

Wir wollen jetzt einen kurzen Blick auf einige Initiativen aus der Touristik-Branche, aus dem Personalwesen und aus dem Gesundheitswesen werfen. Es handelt sich um Beispiele für vertikale Industrien, die eigene XML-Anwendungen entwickelt haben. Sie zeigen die Vielfalt der Informationen, die mit XML ausgetauscht werden und die nicht nur die traditionellen EDI-Transaktionssets, sondern auch Dokumente und andere Daten umfassen. Dann werden wir uns näher mit einem weiteren Beispiel, cXML, befassen. Dieser Abschnitt dient nicht dazu, Ihnen beizubringen, wie Sie Informationen für Ihre spezielle Branche auszeichnen sollen, denn dazu wären mehrere umfangreiche Bücher erforderlich und außerdem wären die Informationen zum Zeitpunkt der Veröffentlichung zweifellos schon überholt. Jedoch zeigt dieser Abschnitt Beispiele für einige Initiativen und für den Code, so dass Sie sehen können, welche Art von Informationen ausgetauscht wird und wie der Austausch programmtechnisch realisiert wird.

Touristik

Touristik ist die größte Branche der Welt. Sie arbeitet global und ist vielfach vernetzt. Diese Eigenschaften ermöglichen es Reisenden, komplexe Reiserouten zusammenzustellen, die mehrere Zwischenstationen umfassen können, die Hunderte oder Tausende von Kilometern voneinander entfernt sein können.

Die Touristikbranche umfasst Luftfahrtgesellschaften, Hotels, Autoverleiher, globale Vertriebssysteme und Reiseagenturen sowie viele andere Unternehmen, die Produkte und Dienstleistungen für Reisende anbieten. Die Touristikbranche ist aufgrund diverser Transportmöglichkeiten (Flugzeug, Auto, Eisenbahn, Schiff), aufgrund verschiedener Dienstleister (Hotels, Reisebüros, Vertriebssysteme) und sogar aufgrund verschiedener Kundentypen (Geschäftsreisende, Urlauber) stark zersplittert. Vielleicht erinnern Sie sich an einige Probleme, die bei der Auszeichnung von Daten für Reiseunternehmen im Kapitel über die Datenmodellierung (Kapitel 4) erwähnt wurden. Als Folge dieser Fragmentierung haben viele Segmente der Touristikbranche eigene Identitäten und separate Körperschaften gebildet, die für die Entwicklung von Standards, Prozessen und Prozeduren für Reservierungen zuständig sind.

Open Travel Alliance (OTA)

Die OTA definiert die Zukunft der Touristikbranche, indem sie eine bessere Strategie für einen kostengünstigen Austausch von reisespezifischen Informationen entwickelt.

Die Open Travel Alliance möchte einen Standard entwickeln, mit dem ein fast universeller Zugriff auf die preiswerte, schnelle Kommunikationsinfrastruktur möglich ist, die sich mit dem Internet entwickelt hat. Wenn der Standard implementiert ist, wird er den Austausch von reisespezifischen Informationen zwischen allen Branchenteilnehmern ermöglichen, egal wie diese miteinander verbunden sind.

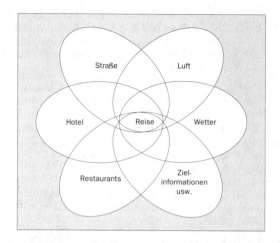

Die OTA erstellt eine *reisezentrierte* Definition der Branche. Um für den Reisenden wirklich nützlich zu sein, überschreiten die Nachrichten die Grenzen der traditionellen Segmente der Branche und bieten dem Reisenden selbst eine umfassende, kostengünstige Lösung.

Um sicherzustellen, dass die Ziele der Allianz effizient erreicht werden, hat die OTA das *Collaborative Services Program* der Data Interchange Standard Association (DISA) übernommen. Dieses Programm stellt auf allen Ebenen Dienstleistungen zur Verfügung. um Branchenverbände dabei zu unterstützen, Glossare und Nachrichtenkataloge aufzubauen. Die Partnerschaft dieser beiden Gruppen hat einen erheblichen Einfluss auf die XML-Modellierung sowie auf die detaillierte Gestaltung von Mechanismen für den Datenaustausch gewonnen. Das Konzept soll in der ersten Jahreshälfte 2000 vorgestellt werden. Weitere Nachrichten sollen im Laufe des Jahres hinzugefügt werden.

Weitere Informationen über die OTA finden Sie unter: `http://www.opentravel.com/`.

Dieses Beispiel zeigt, wie vertikale Branchen zusammenarbeiten können, um Sprachen zu entwickeln, mit denen sich die verschiedenen Segmente der größten Branche der Welt verständigen können. Dies hilft nicht nur den Reiseveranstaltern, Reisen zu verkaufen, sondern auch den kleineren Anbietern, komplette Pakete zu schnüren (so dass sie mit größeren Anbietern konkurrieren können) und den Kunden, ihre komplette Reise ohne großen Aufwand online zu buchen.

Personalverwaltung

Es gibt mehrere Firmen, die XML-basierte Personalverwaltungssysteme einsetzen, um Lebensläufe und Arbeitszeiten zu erfassen und damit Tausende von Mitarbeitern mehrerer Firmen weltweit zu verwalten. Das Einstellungsverfahren von Mitarbeitern bildet einen natürlichen Workflow, der eine Station umfasst, bei der die Zustimmung von Vorgesetzen erforderlich ist. Deshalb muss es eine Methode geben, die Zugriffsrechte der verschiedenen beteiligten Parteien auf die Personaldaten zu definieren. Im Gegensatz zur Touristikbranche scheint es im Bereich der Personalverwaltung keinen Konsens über den Einsatz von XML oder die Bildung von Nachrichtensets zu geben. Deshalb werden für die absehbare Zukunft mehrere »Standards« existieren.

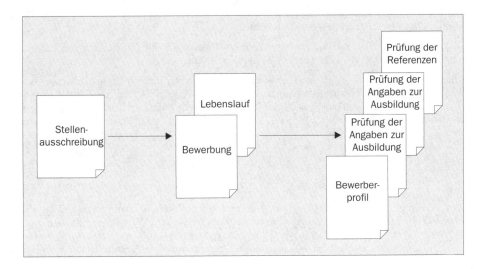

In diesem Abschnitt werden wir uns die Syntax einiger Nachrichten anschauen, die in einer der Auszeichnungssprachen übertragen werden können, die in der Personalverwaltung eingesetzt werden: HR-XML (HR = Human Resources = Menschliche Ressourcen oder Personal). Die Beispiele sollen Ihnen einen Eindruck vom Aufbau dieser Nachrichten vermitteln.

HR-XML

Das HR-XML-Konsortium ist eine Nonprofit-Organisation, die sich die Entwicklung und Förderung von standardisierten XML-Vokabularen für die Personalverwaltung zum Ziel gesetzt hat, um den Austausch von Personaldaten im E-Commerce zu fördern und zu automatisieren. Zu den Mitgliedern des Konsortiums gehören Firmen wie Icarian Inc., SAP, IBM, Skills Village Inc., jobs.com Inc., Personic Software Inc., Lawson, Structured Methods und J.D. Edwards (als dieses Buch geschrieben wurde, erwogen auch People-Soft und Oracle ihren Beitritt). Das HR-XML-Konsortium hat drei vorläufige Schemata entwickelt, die jeweils als DTD oder als XML-Schema gemäß der BizTalk-Spezifikation zur Verfügung stehen:

❏ Stellenausschreibungen
❏ Lebensläufe
❏ Bewerberprofile

Wir werden diesen drei Schritten folgen und einige Einsatzbeispiele besprechen.

> **Beachten Sie, dass die Beispiele einige der längeren und ausführlicheren Standards zeigen sollen, die in den HR-XML-Schemata verfügbar sind. Sie sollten sich diese Schemata genauer anschauen, wenn Sie einen umfassenden Überblick über die Möglichkeiten gewinnen wollen.**
>
> **Die Dokumentation für alle Standards des HR-XML-Konsortiums finden Sie unter:**
> `http://www.hr-xml.org/`.

Stellenausschreibung

Der Prozess beginnt mit der Ausschreibung einer Stelle mittels des Stellenausschreibungsschemas, in dem die verfügbare Stelle genauer beschrieben wird. Diese Informationen können leicht zwischen Arbeitgebern, Headhuntern, Karriere-Websites und Personalvermittlern ausgetauscht werden. Das Stellenausschreibungsdokument beschreibt die anstellende Organisation, den Ansprechpartner und die angebotene Stelle sowie Details über das Bewerbungsverfahren.

Das Beispieldokument kann zusammen mit dem restlichen Code für dieses Buch von http:// http:// www.wrox.com heruntergeladen werden. Es heißt posting.xml.

Um die Anwendung des Job-Schemas zu illustrieren, wollen wir uns ein Beispiel anschauen. Zunächst definieren wir den BizTalk-Header-Abschnitt, wobei wir der Version 0.81 der BizTalk-Framework-Spezifikation für den Einsatz des JobPosting-Schemas folgen (als dieses Buch geschrieben wurde, waren diese Schemata noch nicht auf die Versionsnummer 1.0 der freigegebenen Spezifikation aktualisiert worden).

```
<?XML-Version="1.0" ?>
<BizTalk xmlns="urn:schemas-biztalk-org/biztalk-0.81.xml">
    <Body>
        <JobPosting xmlns="urn:schemas-biztalk-org:HR-XML-org/JobPosting">
```

Zuerst deklarieren wir in dem HiringOrg-Element Informationen über die Organisation, die die Stelle ausschreibt. Wir benutzen dafür ein Attribut namens type mit dem Wert agent (das Schema definiert diesen Wert als Aufzählungstyp mit den Werten agent, principal oder unspecified). Anfänglich geben wir einige allgemeine Details über die anstellende Organisation. Die Agentur in unserem Beispiel heißt Citix Agents Co.

```
<HiringOrg type="agent">
    <OrgName>Citix Agents Co.</OrgName>
    <Website>http://www.citix.com</Website>
    <BusType>Technical Staff Provider
        <SIC>99371234</SIC>
    </BusType>
    <EmployerDesc>Provide contract staff for international XML
                        positions.
    </EmployerDesc>
```

Dann vervollständigen wir die Informationen mit einigen Details über den Ansprechpartner, einschließlich seines Namens (Mit freundlichem Gruß!) sowie seiner Adresse (bitte senden Sie an diese Adresse keine Briefe, da diese nie ankommen werden), seiner Telefonnummer und E-Mail-Adresse.

```
<Contact>
    <Name><First>Steven</First><Last>Livingstone</Last></Name>
    <JobTitle>Technical Director</JobTitle>
    <Address>
        <AddressLine>1022 Brinlow Avenue</AddressLine>
        <AddressLine>Yoker</AddressLine>
        <City>Glasgow</City>
        <PostalCode>G13A 999</PostalCode>
        <Country>Scotland</Country>
    </Address>
    <PhoneNumbers>
        <Voice>
            <AreaCode>001</AreaCode>
            <TelNumber>100000</TelNumber>
        </Voice>
    </PhoneNumbers>
    <Email>ceo@citix.com</Email>
</Contact>
</HiringOrg>
```

Wir haben gesagt, dass die einstellende Organisation eine Agentur ist, die für einen Auftraggeber tätig wird. Das Schema definiert diesen als den `PrincipalEmployer` und verlangt einige grundlegende Informationen über die Organisation, die die Stelle ausschreibt. Unser Unternehmen heißt `Global XML Inc.` Es handelt sich um ein Software-Entwicklungsunternehmen. Hier ist der entsprechende Code-Abschnitt:

```
<PrincipalEmployer>
    <OrgName>Global XML Inc.</OrgName>
    <Website>http://www.global-xml-inc.com</Website>
    <BusType>Software Development
        <SIC>83648236</SIC>
    </BusType>
    <EmployerDesc>Global Software company specialising in
                  E-Commerce Internet Content Development.
    </EmployerDesc>
</PrincipalEmployer>
```

Der letzte Abschnitt des Stellenausschreibungsdokuments enthält Details über die ausgeschriebene Stelle. Die Stelle in unserem Beispiel unten ist für einen XML-Entwickler bestimmt und wird in Glasgow angeboten. Dann werden in dem `JobPurpose`-Element einige Gründe genannt, warum die Stelle angeboten wird (als ungeordnete Liste). In dem `QualifRequired`-Element können wir auch die geforderten Qualifikationen für die Stelle angeben, beispielsweise die Software, die der Bewerber kennen sollte, oder seine allgemeine Erfahrung. Schließlich enthält das `HowToApply`-Element weitere Informationen, die ein Stellenbewerber angeben sollte.

```
<JobInformation>
    <JobTitle>XML Developer</JobTitle>
    <Location>Glasgow, Scotland</Location>
    <Description>
        <JobPurpose>
        <ul>
            <li>Develop XML Schema's representing the business
                processes of our E-Commerce partners;
            </li>
            <li>To aid Software developer with their
                implementation of XML techniques;
            </li>
            <li>Advise of the  implementation and progression of
                XML techniques;
            </li>
        </ul>
        </JobPurpose>
        <QualifRequired>
        <SoftwareRequired>XML Wizard '99</SoftwareRequired>
        <ExperienceRequired YearsOfExperience="1">
            You muss have some commercial experience of XML.
        </ExperienceRequired>
        </QualifRequired>
        <Preferences>
            <p>Prefer candidate with prior experience in the
               banking or financial industry.
            </p>
        </Preferences>
        <Compensation>
            <p>You'll make a mint!</p>
        </Compensation>
```

```
                    </Description>
                    <HowToApply>
                        <p>Send in a full CV and some examples of your work.</p>
                    </HowToApply>
                </JobInformation>
            </JobPosting>
        </Body>
    </BizTalk>
```

Jetzt haben Sie erfahren, wie eine Stelle ausgeschrieben wird. Wie wollen uns jetzt einen Beispiel-Lebenslauf anschauen, den ein Bewerber als Antwort auf die oben ausgeschriebene Position eingeschickt hat.

Lebensläufe

Mit dem Lebenslauf-Schema kann ein Bewerber einen reichhaltigen Lebenslauf erstellen, der in Datenbanken verwendet werden kann und eine leichte Suche ermöglicht. Persönliche Daten können auf Tag-Ebene gesichert werden. Die Lebenslauf-Dokumente können dann an Unternehmen oder Agenturen gesendet werden, die Bewerber suchen, die bestimmte Suchkriterien erfüllen.

Das Beispieldokument befindet sich in der Datei resume.xml in den Download-Dateien. Unser Beispiel-Lebenslauf beginnt mit den üblichen, erforderlichen BizTalk-Header-Tags.

```
<?XML-Version="1.0"?>
<BizTalk xmlns="urn:schemas-biztalk-org/biztalk-0.81.xml">
<Body>
<Resume xmlns="urn:schemas-biztalk-org:HR-XML-org/Resume">
```

In dem ResumeProlog-Abschnitt kann der Bewerber Bedingungen seiner Anstellung angeben, beispielsweise das mögliche Antrittsdatum und Gehaltsinformationen, etwa das gegenwärtige und das erwartete Stundenhonorar.

```
    <ResumeProlog>
        <RevisionDate>
          <Date><Day>5</Day><Month>January</Month><Year>1999</Year></Date>
        </RevisionDate>
        <AvailabilityDate>
          <StartDate><Day>15</Day><Month>January</Month>
                            <Year>2000</Year></StartDate>
          <EndDate><Day>5</Day><Month>Febuary</Month>
                            <Year>2000</Year></EndDate>
        </AvailabilityDate>
        <CompensationDetail>
          <Rate>
           <Current>£45 per hour</Current>
           <Required>£50 per hour</Required>
          </Rate>
          <Benefits>
             <Required>Travel Expenses and Lunch coupon desired.</Required>
          </Benefits>
        </CompensationDetail>
    </ResumeProlog>
```

Der letzte Abschnitt ist ResumeBody. Er sollte innerhalb der Tags PersonalData und ResumeSection weitere Informationen enthalten. Das PersonalData-Tag enthält, wie sein Name nahe legt, Kontaktinformationen über die Person in dem Lebenslauf, beispielsweise Namen, Adresse, Telefon und E-Mail-Adressen.

```
        <ResumeBody>
            <PersonalData>
                <Name><First>Jane</First><Last>Doe</Last></Name>
                <JobTitle>Primary Web Developer</JobTitle>
                <Address>
                    <AddressLine>973 FunnyName Road</AddressLine>
                    <AddressLine>Anderton Place</AddressLine>
                    <City>SaddleWich</City>
                    <PostalCode>H77 8I9</PostalCode>
                </Address>
                <Email>ntw_uk@hotmail.com</Email>
                <Voice>
                    <AreaCode>09772</AreaCode>
                    <TelNumber>980-0283</TelNumber>
                </Voice>
                <EmployeName>InterCo Internet Consultants Ltd.</EmployeName>
            </PersonalData>
        </ResumeBody>
    </Resume>
  </Body>
</BizTalk>
```

Jedes Abschnittstyp-Attribut (`SecType`) kann mehrere `ResumeSection`-Abschnitte enthalten, die jeweils aus einem der folgenden Aufzählungstypen bestehen können, die in dem Schema definiert sind:

- ❏ `Objective` (Ziele)
- ❏ `Experience` (Erfahrung)
- ❏ `Personal` (Persönliches)
- ❏ `References` (Referenzen)
- ❏ `Education` (Ausbildung)
- ❏ `Certifications` (Zeugnisse)
- ❏ `Licenses` (Lizenzen)
- ❏ `QualifSummary` (Zusammenfassung der Qualifikationen)
- ❏ `Skills` (Fähigkeiten)
- ❏ `ProfAssociations` (Mitgliedschaften in Berufsverbänden)
- ❏ `Unspecified` (Nicht spezifiziert)

Diese Abschnitte werden dazu verwendet, Einzelheiten über die Qualifikation, die Fähigkeiten und die Erfahrung anzugeben. Im Allgemeinen sind diese Informationen öffentlich zugänglich und stehen für eine Suche zur Verfügung, während die persönlichen Daten geschützt sind. Jeder Abschnitt enthält einen `SectionTitle` und die passenden Details, wie beispielsweise die Zusammenfassung der Qualifikationen (`QualifSummary`; siehe unten).

```
        ...
        <ResumeSection SecType="QualifSummary">
          <SectionTitle>University Qualifications</SectionTitle>
          <SecBody>
                <P>BSc in Physics and a MSc in Information Technology Systems
                at Strathclyde University.</P>
          </SecBody>
        </ResumeSection>

        <ResumeSection SecType="Experience">
            <SectionTitle>Working with
            <EmployerName>InterCo Internet Consultants Ltd.</EmployerName> as the
```

```
                     <JobTitle>Development Lead</JobTitle> which also involved bag a
                     <JobTitle>Technical Documenter</JobTitle> and
                  <JobTitle>System Tester</JobTitle>.
                  <StartDate>
                    <Date><Month>June</Month><Year>1998</Year></Date>
                  </StartDate>
                  to present. Also gained my <CertificationQualif>Level 2 International
                  Certification in XML</CertificationQualif>.
               </SectionTitle>
            </ResumeSection>
         </ResumeBody>
      </Resume>
   </Body>
</BizTalk>
```

Der Lebenslaufsabschnitt ist ähnlich wie das Bewerberprofil-Schema aufgebaut, das wir unten behandeln werden, aber letzteres ist knapper und hat eine konsistentere Struktur. Wir wollen jetzt einen Blick auf das letzte HR-XML-Standardschema werfen, das ein Bewerberprofil beschreibt.

Bewerberprofil

Das Bewerberprofil (CandidateProfile) ermöglicht den Austausch von Informationen über Bewerber zwischen Arbeitgebern, Headhuntern, Karriere-Websites und Personalvermittlern. Es kann Daten über die beruflichen Ziele des Bewerbers, seine Qualifikationen und seinen beruflichen Werdegang enthalten. Diese verknüpften Daten können

❑ mit einem lexikalischen Parser aus einem nicht strukturierten Lebenslauf abgeleitet werden,

❑ von dem Bewerber in einem Online-Bewerbungsformular veröffentlicht werden,

❑ von einem Headhunter während eines Telefongesprächs abgefragt werden, oder

❑ direkt aus einem mit XML ausgezeichneten Lebenslauf herausgefiltert werden.

Das Beispieldokument befindet sich unter dem Namen profile.xml unter den Download-Dateien. Unser unten stehendes Beispiel zeigt die anfänglichen, erforderlichen Elemente für ein BizTalk-konformes Bewerberprofil-Dokument.

```
<?XML-Version="1.0"?>
<BizTalk xmlns="urn:schemas-biztalk-org/biztalk-0.81.xml">
<Body>
<CandidateProfile xmlns="urn:schemas-biztalk-org:HR-XML-org/CandidateProfile">
```

Die PostDetail-Elemente können dann Informationen über den Gültigkeitszeitraum dieses Bewerberprofils enthalten:

```
<PostDetail>
    <StartDate>
        <Date><Month>January</Month><Day>05</Day><Year>2000</Year></Date>
    </StartDate>
    <EndDate>
        <Date><Month>Febuary</Month><Day>25</Day><Year>2001</Year></Date>
    </EndDate>
</PostDetail>
```

Das JobCandidateContact-Element enthält Kontaktinformationen über den Bewerber, beispielsweise seinen Namen, seine Adresse, seine Telefonnummer und seine E-Mail-Adressen.

```
<JobCandidateContact>
<Name>
    <First>Steven</First>
```

```
        <Last>Livingstone</Last>
    </Name>
    <Address>
        <AddressLine>973 FunnyName Road</AddressLine>
        <AddressLine>Anderton Place</AddressLine>
        <City>SaddleWich</City>
        <PostalCode>H77 8I9</PostalCode>
    </Address>
    <PhoneNumbers>
        <Voice>
            <AreaCode>09772</AreaCode>
            <TelNumber>980-0283</TelNumber>
        </Voice>
    </PhoneNumbers>
    <Email>ntw_uk@hotmail.com</Email>
    </JobCandidateContact>
```

Das `Objective`-Element kann dazu verwendet werden, Informationen über die speziellen Präferenzen des Bewerbers hinsichtlich der potenziellen Stelle zu erfassen. In dem folgenden Beispiel soll der gewünschte Ort in den USA liegen und die Arbeitszeit 37 Stunden pro Woche betragen.

```
<Objective>
    <Location>US</Location>
    <Industry>Software Consulting</Industry>
    <Schedule>
        <FullTime>
            <HoursPerWeek>37</HoursPerWeek>
        </FullTime>
    </Schedule>
    <AvailabilityDate>
        <Date><Day>15</Day><Month>1</Month><Year>2000</Year></Date>
        <Comment>4 weeks notice ist needed to my current employer.</Comment>
    </AvailabilityDate>
</Objective>
```

Dann führen wir die Qualifikationen auf: Fähigkeiten, Berufserfahrung, Software-Erfahrung, Programmiersprachen, Lizenzen, Zeugnisse, Kenntnisse bestimmter Ausrüstungsgegenstände, Hardware- und Betriebssystemkenntnisse.

Jedes Element kann Attribute haben, die die Anzahl der Jahre der Erfahrung (`YearsOfExperience`), den Kenntnisgrad des Elements (ein Wert einer Skala von 0 bis 5) und den Grad des Interesses für das Element oder den genannten Bereich angibt.

```
<Qualifications>
    <CertificationQualif>
        Level 2 International Certification in XML
    </CertificationQualif>
    <ExperienceQualif YearsOfExperience="2" level="4" interest="4">
        XML Commercial Development
    </ExperienceQualif>
    <PrgmLangQualif level="4" YearsOfExperience="6" interest="3">
        Visual Basic
    </PrgmLangQualif>
    <PrgmLangQualif YearsOfExperience="6" level="3" interest="2">
        C++
    </PrgmLangQualif>
    <SkillsQualif YearsOfExperience="2" level="3" interest="4">
```

```
            Development Lead
        </SkillsQualif>
        <SkillsQualif YearsOfExperience="4" level="4" interest="2">
            Technical Documenter
        </SkillsQualif>
        <SkillsQualif YearsOfExperience="7" level="3" interest="1">
            System Tester
        </SkillsQualif>
    </Qualifications>
```

Schließlich geben wir in unserem Beispiel den Werdegang (History) des Bewerbers an, einschließlich seines Ausbildungsprofils (Education) und seines Berufsprofils (Position). Das Ausbildungsprofil sollte Details über die besuchten Universitäten, die erlangten Abschlüsse und die Dauer der Ausbildung enthalten.

```
<History>
    <Education>
        <School>Strathclyde University</School>
        <Location>Glasgow, Scotland.</Location>
        <Degree>BSc Physics</Degree>
        <StartDate>
          <Date><Year>1992</Year></Date>
        </StartDate>
        <EndDate>
          <Date><Year>1996</Year></Date>
        </EndDate>
    </Education>
```

Wir beschließen das Bewerberprofil mit einer Auflistung der bisherigen Tätigkeiten des Bewerbers, einschließlich Details über die früheren Arbeitgeber, ausgeübte Funktionen und einen Überblick über die erledigten Aufgaben.

```
    <Position>
        <EmployerName>InterCo Internet Consultants Ltd.</EmployerName>
        <Location>Milan, Italy.</Location>
        <JobTitle>Development Lead</JobTitle>
        <Industry>Software Development</Industry>
        <StartDate>
          <Date><Month>June</Month><Year>1998</Year></Date>
        </StartDate>
        <EndDate>
          <Date><Month>January</Month><Year>2000</Year></Date>
        </EndDate>
        <Summary>
          <p>Developed XML Software applications for the company Intranet.</p>
        </Summary>
    </Position>
  </History>
 </CandidateProfile>
 </Body>
 </BizTalk>
```

Dieses Beispiel sollte ihnen einen guten Eindruck von den HR-XML-Standards und von der Bedeutung von XML vermitteln. Sie ermöglichen es vielen Arbeitgebern, Angestellten und Agenturen, Informationen über Bewerber und Stellen auszutauschen. Sie sollten die Schemata genauer studieren, um die gesamten Fähigkeiten der Standards kennen zu lernen. Jedoch zeigt schon das Beispiel, wie die verschiedenen

Nachrichten aufgeteilt werden und wie XML die Beschreibung der Informationen erleichtert. Sie sollten auch nicht vergessen, dass Sie Schemata jederzeit erweitern können, wenn Sie weitere Informationen erfassen müssen, obwohl diese zusätzlichen Informationen nur von Empfängern verstanden werden können, die Ihre Erweiterungen nachvollziehen.

Die Standards stehen sowohl als DTDs als auch als Microsoft-BizTalk-konforme Schemata zur Verfügung. Sie ermöglichen es, Dokumente, die mit Hilfe der oben genannten Schemata erstellt wurden, nahtlos zwischen Angestellten und Arbeitgebern auszutauschen.

Weitere Informationen finden Sie unter: `http://www.hr-xml.org/`.

Dies ist jedoch nicht die einzige Initiative im Bereich der Personalverwaltung. Andere Aktivitäten umfassen die *WorkForce Markup Language* (WFML), entwickelt von AppliedTheory Communications (ATC), und die *America's Job Bank* (AJB). AJB ist eine Agentur der US-Bundesregierung. Die Agentur vereinheitlicht und speichert die Lebensläufe und Stellenangebote staatlicher Arbeitsämter. Zweck der Initiative ist die Mitarbeit bei der Erstellung und der Standardisierung von XML-Definitionen im Personalwesen und bei der elektronischen Arbeitsvermittlung. Weitere Informationen finden Sie unter: `http://www.xml-hr.org`. Außerdem gibt es die Human Resources Markup Language (HRML), die von Datamain, Inc., erstellt wurde. Der Fokus von HRML bleiben Stellenausschreibungen. HRML wurde bei Datamain in großem Umfang für die interne Repräsentation von Stellenangeboten und Lebensläufen eingesetzt. Eine neue Version, die auf der Website veröffentlicht wurde, ermöglicht auch Umschläge (envelopes), private Tags und Tags für Stellenkategorien. Weitere Informationen über HRML finden sie unter: `http://www.hrml.com`.

Gesundheitswesen

Wenn man den *e-Healthcare Market*-Reportern glauben darf, drängen sich Anbieter Web-basierter Anwendungen für das Gesundheitswesen danach, XML-Lösungen anzubieten. Dieser Trend wird durch die XML-Werbung von Firmen wie Microsoft und Computer Sciences kräftig unterstützt, die XML als Methode propagieren, um durch einen verbesserten Arbeitsfluss und die E-Commerce-Fähigkeiten Zeit und Kosten zu sparen. Während der jährlichen Konferenz der Microsoft Healthcare User Group, Windows on Healthcare V, in San Diego, sagte das Unternehmen, dass es unter dem Namen *Windows DNA for Healthcare* eine Version seiner Windows Distributed Internet Architecture (DNA) speziell für das Gesundheitswesen entwickelt. Die Computer Sciences Corporation (CSC) hat ein XML-Tagging-Produkt auf den Markt gebracht, das das Unternehmen in Zusammenarbeit mit dem Programm-Manager des Büros für Joint Computer-Aided Acquisition and Logistics Support (JCALS) des amerikanischen Verteidigungsministeriums entwickelt hat. XML hat der Gesundheitsbranche, in der Multimedia eine wichtige Anforderung ist, viel zu bieten.

HL7 SGML/XML Special Interest Group

Der Name der *Healthcare Level 7 SGML/XML Special Interest Group* bringt zum Ausdruck, dass diese Gruppe mit der XML-Technik gereift ist. Die SIG hat sich mit vielen Problemen der Gesundheitsbranche auseinander gesetzt, wie beispielsweise Verschreibungen, Grundsätze und Verfahrensweisen, klinische Daten und Electronic Patient Records (EPR, elektronische Patientendatensätze) sowie die Umsetzung traditioneller HL7-Nachrichten in die XML-Syntax.

HL7 – Health Level Seven – ist eine von mehreren vom ANSI anerkannten Standards Developing Organisations (SDOs), Organisationen zur Entwicklung von Standards, die im Gesundheitswesen tätig sind. Die meisten SDOs entwickeln Standards (manchmal auch Spezifikationen oder Protokolle genannt) *für einen bestimmten Bereich des Gesundheitswesens, beispielsweise Pharmazie, medizinische Geräte, Bildverarbeitung oder Versicherungtransaktionen (Bearbeitung von Ansprüchen). Der Bereich von Healthcare Level Seven sind klinische und administrative Daten. Aus klinischen Basisdokumenten werden durch Extrahieren, Kopieren, Verknüpfen oder Kombinieren andere Dokumente abgeleitet, beispielsweise Rechnungssummenstatistiken, Versicherungsansprüche, epidemiologische Berichte oder komplette Patientengeschichten von der Geburt bis zum Tod.*

Die Corporate Research Group (New Rochelle, NY) berichtet, dass das Internet-Pharma-Geschäft im Jahre 2001 ein Umsatzvolumen zwischen 2,8 und 5,6 Milliarden DM erreichen wird. Irgendwann werden Ärzte Rezepte per Internet über ein sicheres System ausstellen, das über die folgenden Eigenschaften verfügt:

❏ Die Identität des Arztes verifizieren

❏ Die Übereinstimmung mit den Verordnungen für den Patienten prüfen

❏ Die persönliche Geschichte des Patienten auf Kontraindikationen prüfen

❏ Den Patienten für ein anwendbares Krankheitsmanagementprogramm einschreiben

❏ Die Medikamente zum besten verfügbaren Preis einkaufen

❏ Die Lieferung der Medikamente an den Patienten veranlassen

❏ Den Betrag des Patientenbeitrags von seinem Konto abbuchen

❏ Die Behandlungsrechnung erstellen

❏ Den Lagerbestand im Laden anpassen

Das folgende Beispiel zeigt ein Rezept in XML:

```
<PRESCRIPTION>Viagra
    <FORM>50 mg. capsule</FORM>
    <DISPENSE>6</DISPENSE>
    <DOSAGE>1 cap(s)po</DOSAGE>
    <INSTRUCTIONS>As desired</INSTRUCTIONS>
    <REFILL>1</REFILL>
    <SUBSTITUTE>may substitute</SUBSTITUTE>
    <NUMBER NOTYPE="DEA">AB1234567</NUMBER>
</PRESCRIPTION>
```

Die Struktur zur Beschreibung der Daten, die von der SIG entwickelt wurde, ist gut durchdacht und implementiert sehr detailliert aufgeschlüsselte (granuläre oder atomare) Begriffe, wie beispielsweise Rechnungscodes oder Begriffe eines kontrollierten Vokabulars, die auf allen Ebenen der Struktur in Form von Auszeichnungen in den Text eingefügt werden können. Beispielsweise stellt die HL7 Patient Record Proposal die Struktur und die Codierung für weit aufgeschlüsselte Auszeichnungen zur Verfügung. Der Vorschlag unterscheidet drei Ebenen oder **Level**, die jeweils in einer eigenen DTD definiert sind:

❏ **Level 1 – codierter Kopf.** Konformität mit Level 1 bietet eine komplette Nutzung der von Menschen lesbaren Inhalte, aber spezifiziert – abgesehen vom Kopf – keine Codierungen für den maschinellen Datenaustausch.

❏ **Level 2 – codierter Kontext.** Der Dokument-Körper wird in Abschnitte strukturiert, um eine minimale Verarbeitung zu ermöglichen, wie beispielsweise die Eingabe in Formulare oder die Gewährleistung des richtigen Kontextes klinischer Inhalte. Der Level enthält denselben codierten Kopf wie Level 1.

❏ **Level 3 – codierter Inhalt.** Der Dokument-Körper muss XML-Code mit einer hinreichenden Struktur und Spezifizierung enthalten, um mit dem HL7 Reference Information Modell (RIM) konform zu sein. Außerdem muss das Dokument mit Level 1 (codierter Kopf) und Level 2 (codierter Kontext) konform sein.

Weitere Informationen finden Sie unter: http://www.mcis.duke.edu/Standards/ HL7/sigs/sgml/index.htm.

Nachdem Sie diese drei Beispiele kennen gelernt haben, sollten Sie einen ersten Eindruck davon haben, wie XML in vertikalen Branchen eingesetzt werden kann. Wir haben gezeigt, wie die Open Travel Alliance XML einsetzt, um Dienstleistungen verschiedener Segmente der Touristikbranche zu integrieren. Firmen, die ihre Daten gemäß der OTA-Schemata auszeichnen, können ihre Informationen an jeden senden, der diese Auszeichnungen versteht. Die Beispiele für die Syntax und für Nachrichten in HR-XML haben gezeigt, wie Geschäftsinformationen ausgezeichnet werden können. Außerdem haben Sie gesehen, wie HL7-Initiativen dazu führen werden, dass wir Informationen im Gesundheitsbereich mit einem größeren

Publikum austauschen können. Dadurch könnte nicht nur unser Leben einfacher werden, wenn wir verschreibungspflichtige Medikamente bestellen wollen, sondern die Initiativen können auch dazu beitragen, Leben zu retten, indem sie in Notfällen den Zugriff auf medizinische Datensätze ermöglichen. Das soll nicht heißen, dass viele dieser Aufgaben nicht auch ohne XML gelöst werden können, jedoch sorgt die gegenwärtig wachsende Popularität und das Engagement der Software-Anbieter dafür, dass diese Möglichkeiten Wirklichkeit werden.

RosettaNet

Das Ziel von RosettaNet besteht darin, einen Satz von industrieweiten Standards für den elektronischen Geschäftsverkehr entwikkeln, die auch das gesprochene Wort einschließen. Das Modell von RosettaNet dreht sich um den Begriff der **Sprache** und die Anforderungen, die an gesprochene Sprachen gestellt werden müssen, um damit geschäftliche Transaktionen abwickeln zu können. Wenn wir darüber nachdenken, wie Menschen am Telefon Bestellungen aufgeben, finden wir einen Weg, das Modell zu verstehen. Damit ein Gespräch stattfinden kann, müssen wir in der Lage sein, **Töne** zu produzieren und zu hören. Wenn wir diese Metapher fortführen, benötigen wir ein **Alphabet**, um **Wörter** zu bilden. Wenn wir eine **Grammatik** auf die Wörter anwenden, können wir einen **Dialog** erstellen. Dieser Dialog kann einen Geschäftsprozess bilden, der über einen Apparat wie das **Telefon** übertragen wird.

Dieses Modell mag auf den ersten Blick einfach aussehen, aber es beschreibt genau, was passiert, und es funktioniert. Wenn Sie sich das folgende Diagramm anschauen, sehen Sie, wie RosettaNet das Modell der Sprache im E-Commerce anwendet.

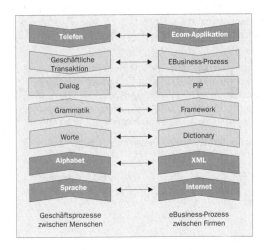

Die Abbildung zeigt links den Ablauf einer geschäftlichen Transaktion zwischen zwei menschlichen Geschäftspartnern am Telefon und rechts die Entsprechungen einer elektronischen E-Business-Transaktion über das Internet.

Das Internet wird mit dem Erzeugen der Töne verglichen. XML übernimmt in diesem Modell die Funktion des Alphabets, und die E-Commerce-Anwendung ist das Instrument für die Übertragung eines elektronischen Geschäftsverkehrprozesses.

Damit E-Business sein Potenzial entfalten kann, werden diverse Komponenten benötigt: Wörterbücher, das Rahmenwerk (Framework), die Partner-Schnittstelle-Prozesse (PIPs) und die E-Business-Prozesse. RosettaNet versucht, Lücken durch den Versuch zu schließen, ein Master-Dictionary (dt. Wörterbuch) zu definieren, das zur Definition der Eigenschaften von Produkten, Partnern und Geschäftstransaktionen verwendet werden. Dieses Master-Dictionary wird in Verbindung mit einem etablierten Implementierungs-Framework (das die Methode des Austauschs festlegt) verwendet, um den Dialog, den so genannten *Partner-Schnittstelle-Prozess* oder PIP, zu unterstützen.

RosettaNet hat bereits die folgenden Aufgaben identifiziert und arbeitet gegenwärtig daran, sie mit Substanz zu füllen:

❏ **Modellierung von Geschäftsprozessen** – die einzelnen Elemente existierender Geschäftsprozesse auf jeder Ebene der Wertschöpfungskette identifizieren und quantifizieren und sie dann analysieren, um Fehler im Ablauf oder einen ineffizienten Ressourceneinsatz aufzudecken.

❏ Durch eine **Geschäftsprozessanalyse** des ausführlichen Ist-Modells schält sich ein generischer Soll-Prozess heraus, der die Möglichkeiten von Restrukturierungen zeigt und der als so genannter **Partner-Schnittstelle-Prozess (PIP)** in einer Zielliste festgehalten wird, die auch den Einfluss der Einführung des PIP auf das Geschäft abschätzt (Einsparungen als Funktion von Zeit und Geld).

❏ Anhand dieses Soll-Prozesses wird eine **PIP-Blaupause** erstellt, die angibt, wie die Partnerrollen (Käufer, Verkäufer, Montage, Katalogveröffentlichung usw.) zusammenarbeiten, um ein Geschäftsziel zu erreichen. Dabei werden die PIP-Dienste, die Transaktionen und die Nachrichten spezifiziert. Diese Spezifikation umfasst Eigenschaften aus dem Dictionary sowie Klassen- und Ablaufdiagramme in UML.

❏ Für die PIP-Blaupause wird ein **PIP-Protokoll** erstellt. Das Protokoll spezifiziert, wie vernetzte Anwendungen, die mit dem Implementierungs-Framework von RosettaNet konform sind, zusammenarbeiten müssen, um den Prozess auszuführen, der in einer PIP-Blaupause spezifiziert wurde. Das Protokoll umfasst eins oder mehrere XML-Dokumente, die auf DTDs des Implementierungs-Frameworks basieren, ein Werkzeug zur Validierung sowie Richtlinien für die Implementierung jeder Schnittstelle.

❏ Parallel dazu werden zwei **Data Dictionaries** entwickelt, um einen gemeinsamen Satz von Eigenschaften zu definieren, die für die PIPs benötigt werden. Das erste Dictionary definiert technische Eigenschaften (technische Spezifikationen für alle Produktkategorien), das zweite definiert geschäftsbezogene Eigenschaften und umfasst Katalogeigenschaften, Partnereigenschaften (Attribute, mit denen Partnerfirmen in der Wertschöpfungskette beschrieben werden) und Eigenschaften der Geschäftstransaktionen.

Im Vergleich zu den Codelisten, Segmenten und Elementen von X12 und EDIFACT, die als Hauptquelle für die Dictionaries verwendet wurden, haben sich die sprachspezifischen Elemente während der Entwicklung der Data Dictionaries mehr als verdreifacht. Der Schlüssel dazu, die Fähigkeit der Prozesse zur Zusammenarbeit zu verbessern, liegt darin, die Sprache an die Anforderungen der beteiligten Organisationen anzupassen, anstatt zu versuchen, allgemein verwendbare Datendefinitionen zu verwenden.

Weitere Informationen über RosettaNet finden Sie unter: `http://www.rosettanet.org/general/ index_general.html`.

RosettaNet produziert echte Ergebnisse – die Website enthält zahlreiche PIPs und verweist auf mehrere erfolgreiche Pilotprojekte zwischen diversen RosettaNet-Partnern, was die Brauchbarkeit des methodischen Ansatzes unterstreicht.

cXML – ein ausführliches Beispiel für vertikale Branchen

cXML, Version 1.0, ist ein Protokoll, das XML-basierende B2B-E-Commerce-Transaktionen über das Internet ermöglicht. Es stellt zwei Mechanismen für den Anwendungsaustausch zur Verfügung: Request-Response-basierte Transaktionen (Anforderung und Antwort) mit Hilfe des HTTP-Protokolls oder nur in eine Richtung gehende Übertragungen, die nicht auf eine bestimmte Methode beschränkt sind. Als dieses Buch geschrieben wurde, gab es Pläne, cXML auch als BizTalk-kompatibles Schema zur Verfügung zu stellen.

Warum cXML?

Die Globalisierung der Endkundengeschäfte und der B2B-Geschäfte macht eine Integration weltweit verteilter E-Commerce-Anwendungen erforderlich. Bis vor kurzem war es relativ schwierig und teuer, solche Anwendungen zu integrieren, aber mit Initiativen wie BizTalk und cXML sollte diese Aufgabe in Zukunft sehr viel einfacher und kostengünstiger zu lösen sein.

Dieser Abschnitt beschreibt ausführlich, was cXML ist und wie es bereits heute für Ihre E-Commerce-Anwendungen verwendet werden kann, um ein offenes und sehr effizientes System zu schaffen.

> **Sie können die cXML-Spezifikation von der folgenden Adresse herunterladen: http://www.cXML.org.**

Die cXML-Protokollspezifikation

Die cXML-Spezifikation bietet drei Hauptoptionen für die Struktur eines XML-Dokuments an. Die ersten beiden trennen das Dokument in zwei logische Abschnitte (was wir weiter oben in diesem Kapitel beschrieben haben) – den Header-Abschnitt innerhalb des `<Header>`-Elements und den Body-Abschnitt innerhalb eines `<Message>`- oder eines `<Request>`-Elements. Die dritte Option besteht aus einem einzelnen `<Reponse>`-Element. Der Header-Abschnitt enthält hauptsächlich Transportinformationen. Der Body kann aus einem beliebigen XML-Code bestehen, enthält aber gewöhnlich eine cXML-Geschäftsdokumentdefinition, die wir in Kürze beschreiben werden.

Das folgende praktische Beispiel zeigt Ihnen, wie ein cXML-Dokument aussieht. Danach werden wir die Begriffe erklären, die in dem Dokument verwendet werden. Das cXML-Dokument zeigt eine Nachricht (innerhalb des `Request`-Elements), die durch ihre `payloadID` eindeutig identifiziert wird. Sie wird von `steven@somewhere.com` an die Empfänger `donna@anotherplace.com` und `kod@anotherplace.com` gesendet.

```
<cXML-Version="1.0" payloadID="19991001.8263.872344@somewhere.com"
timestamp="1999-10-01T01:11:03-05:35">
<Header>
    <From>
        <Credential domain="SomeUserIDForDomain">
            <Identity>steven@somewhere.com</Identity>
        </Credential>
    </From>
    <To>
        <Credential domain="RemoteDomainUserID">
            <Identity>donna@anotherplace.com</Identity>
        </Credential>
        <Credential domain="AnotherRemoteDomainUserID">
            <Identity>kod@anotherplace.com</Identity>
        </Credential>
    </To>
    <Sender>
        <Credential domain="SomeUserIDForDomain">
            <Identity>steven@somewhere.com</Identity>
            <DigitalSignature type="PK7 self-contained"
                    encoding="Base64">
            </DigitalSignature>
        </Credential>
        <UserAgent>Ariba ORMS 6.0</UserAgent>
    </Sender>
</Header>
<Request deploymentMode="test">
        cXML Business Document Definition ...
```

```
        </Request>
    </cXML>
```

Die folgenden Abschnitte beschreiben die wichtigen Teile dieses Dokuments und ihre Funktion innerhalb der cXML-Spezifikation.

Der cXML-Umschlag

Der cXML-Umschlag ist ein erforderlicher Abschnitt eines cXML-Dokuments. Er schließt die Header- und die Body-Informationen ein, um ein eindeutiges Wurzel-Element zu erstellen – in Falle von cXML ist dies <cXML>. Die DTD-Repräsentation des cXML-Wurzel-Elements lautet:

```
<!ELEMENT cXML ((Header, Message) |
                (Header, Request) |
                (Response))>

<!ATTLIST cXML
    Version     %uint;          "1.0"
    payloadID   %string;        #REQUIRED
    timestamp   %datetime.tz;   #REQUIRED
>
```

Im cXML-Wurzel-Element können drei Attribute angegeben werden:

Attribut	Beschreibung	Werte
Version	Gibt die Version des cXML-Protokolls an. Als dieses Buch geschrieben wurde, war die Version 1.0 aktuell.	"1.0"
PayloadID	Ein eindeutiger Bezeichner, mit dem Nachrichten bei Bedarf verfolgt und identifiziert werden können. Die empfohlene Form dieses Bezeichners wird angezeigt.	Datetime.Prozess id.random number@hostname
timestamp	Das Zeitstempel-Attribut enthält das Datum und die Zeit des Nachrichtenversands im ISO-8601-Format. Dies bedeutet, dass unser Zeitstempel das nebenstehende Format haben muss.	YYYY-MM-DDThh:mm:ssTZD

Der Zeitstempel wird folgendermaßen interpretiert:

YYYY = vier-stelliges Jahr

MM = zwei-stelliger Monat (01=Januar, usw.)

DD = zwei-stelliger Tag des Monats (01 bis 31)

hh = zwei-stellige Stundenangabe (00 bis 23) (am/pm sind NICHT erlaubt)

mm = zwei-stellige Minutenangabe (00 bis 59)

ss = zwei-stellige Sekundenangabe (00 bis 59)

TZD = Zeitzonenbezeichner

Der Zeitzonenbezeichner kann folgende Werte annehmen:

Z - zeigt die UTC (Koordinierte Universal-Zeit) an. Die Angabe muss als Großbuchstabe erfolgen.

+hh:mm - zeigt an, dass es sich um eine lokale Zeit handelt, die der UTC um hh Stunden und mm Minuten vorgeht.

–hh:mm - zeigt an, dass es sich um eine lokale Zeit handelt, die der UTC um hh Stunden und mm Minuten nachgeht.

Weitere Informationen über ISO 8601 finden Sie unter:

```
http://www.w3.org/TR/PR-html40/types.html#h-6.11
http://www.saqqara.demon.co.uk/datefmt.htm.
```

In unserem obigen Beispiel haben wir das Wurzel-Tag folgendermaßen definiert:

```
<cXML-Version="1.0" payloadID="19991001.8263.872344@somewhere.com"
timestamp="1999-10-01T01:11:03-05:30">
```

Das Dokument wird durch das Datum (1. Oktober 1999), eine Prozess-ID (8263), eine Zufallsnummer (872344) und den Host-Namen (somewhere.com) identifiziert.

Der Header-Abschnitt

Der Header-Abschnitt muss drei wichtige Abschnitte enthalten:

- ❏ From
- ❏ To
- ❏ Sender

Seine DTD sieht folgendermaßen aus:

```
<!ELEMENT Header (From, To, Sender)>

<!ELEMENT From (Credential+)>
<!ELEMENT To (Credential+)>
<!ELEMENT Sender (Credential, UserAgent)>
<!ELEMENT UserAgent (#PCDATA)>
```

Beachten Sie, dass der gesamte Header-Abschnitt von dem Element-Umschlag (dem cXML-Element) eingeschlossen ist, das mehrere Kind-Elemente enthält, um den Transport des Dokuments zu beschreiben. Die folgenden Abschnitte beschreiben die Funktionen dieser Unterelemente in dem cXML-Dokument.

From

Das From-Element entspricht dem Absender einer E-Mail – es identifiziert einfach die Quelle der Anfrage. Es kann ein oder mehrere Credential-Elemente enthalten, mit denen sich der Anfrager ausweisen kann.

In unserem Beispiel identifiziert das From-Element den Benutzer mit der E-Mail-Adresse steven@somewhere.com und der Domänen-ID SomeUserIDForDomain als Absender der Nachricht.

```
<From>
<Credential domain="SomeUserIDForDomain">
<Identity>steven@somewhere.com</Identity>
</Credential>
</From>
```

Das Credential-Element wird in Kürze näher beschrieben.

To

Analog zu dem From-Element, das den Absender identifiziert, gibt das To-Element den oder die Empfänger der Nachricht an. In unserem Fall wird der Empfänger durch zwei Domänen-IDs und die zugehörigen E-Mail-Adressen identifiziert.

```
<To>
<Credential domain="RemoteDomainUserID">
    <Identity>donna@anotherplace.com</Identity>
</Credential>
```

```
<Credential domain="AnotherRemoteDomainUserID">
    <Identity>rambo@anotherplace.com</Identity>
</Credential>
</To>
```

Sender

Das Sender-Element spielt eine wichtige Rolle bei der Authentifizierung des Übermittlers des cXML-Dokuments. Es ist die einzige Komponente des Headers, die sich auf dem Weg durch das System ändert. Im Allgemeinen enthält es dieselben Daten wie das From-Element, obwohl das Sender-Element häufig Credential-Elemente enthält, um den Absender zu authentifizieren.

In unserem Beispiel wird der Benutzer mit der Domänen-ID SomeUserIDForDomain und der E-Mail-Adresse steven@somewhere.com als Sender des Dokuments identifiziert.

```
<Sender>
    <Credential domain="SomeUserIDForDomain">
        <Identity>steven@somewhere.com</Identity>
        <DigitalSignature type="PK7 self-contained" encoding="Base64">
        </DigitalSignature>
    </Credential>
    <UserAgent>Ariba ORMS 6.0</UserAgent>
</Sender>
```

Beachten Sie, dass wir in unserem Beispiel innerhalb des Credential-Elements das Identity-Tag verwenden, um die E-Mail-Adresse des Senders anzugeben, und dass wir ein DigitalSignature-Element verwenden, das dieselbe Funktion als Authentifizierungsmechanismus ausübt wie ein Kennwort bei konventionellen Systemen. Anstelle der DigitalSignature-Methode könnten wir auch ein SharedSecret-Element verwenden, wenn der Sender über eine Benutzername-Kennwort-Kombination verfügte, die der Anfrager am anderen Ende der HTTP-Verbindung verstehen kann.

Beachten Sie auch, dass wir innerhalb des Sender-Elements ein UserAgent-Element definieren, dessen Verwendung wir weiter unten beschreiben werden.

Credential

Mit dem Credential-Element können sich Benutzer selbst auf dieselbe Weise identifizieren, wie es das From-Feld bei dem SMTP (E-Mail) leistet. Dieses Element verfügt über ein Attribut namens domain, mit dem wir das Dokument mit einem bestimmten Sender einer Domäne verknüpfen können. Falls notwendig, können mehrere Credential-Elemente verwendet werden, um den Sender auf mehrere Weisen zu identifizieren (dies entspricht der Übertragung sowohl der SMTP- als auch der X.400-E-Mail-Adressen bei einer E-Mail-Nachricht).

Das folgende Listing zeigt einen Ausschnitt der kompletten DTD des Credential–Elements. Der Ausschnitt wird in dem From-Element verwendet:

```
<!ELEMENT Identity ANY>
<!ELEMENT Credential (Identity, (%cxml.Authentifizierung;)?)>
<!ATTLIST Credential
    domain  %string;  #REQUIRED
>
```

Dieser DTD-Abschnitt reicht üblicherweise für das From-Element des cXML-Headers aus.

Bei dem Sender-Element ist es jedoch üblich, neben den Benutzerinformationen auch Authentifizierungsinformationen anzugeben. Dies bringt uns zu der kompletten DTD des Credential-Elements:

```
<!ELEMENT DigitalSignature ANY>
<!ATTLIST DigitalSignature
    type       %string;   "PK7 self-contained"
    encoding   %string;   "Base64"
>


<!ELEMENT SharedSecret ANY>
<!ELEMENT Identity ANY>
<!ENTITY % cxml.Authentifizierung  "SharedSecret | DigitalSignature">
<!ELEMENT Credential (Identity, (%cxml.Authentifizierung;)?)>
<!ATTLIST Credential
    domain %string;   #REQUIRED
>
```

Das DigitalSignature-Element kann die folgenden beiden Attribute haben:

Attribut	Beschreibung	Wert
type	Der Typ der verwendeten digitalen Unterschrift; nebenstehend wird das empfohlene Format gezeigt.	Vorschlag: PK7 self-contained kann anders lauten
encoding	Verschlüsselungsverfahren für die Unterschrift zum Zweck der Übertragung per HTTP. Im Web ist der Standardwert base64 sehr beliebt, obwohl Sie auch ein anderes Verschlüsselungsformat wählen können.	Standardwert: base64 kann anders lauten

Das DigitalSignature-Element wird eingesetzt, wenn sich die Geschäftspartner auf ein gemeinsames Zertifikatformat und eine Zertifizierungsstelle verständigen. Die entsprechenden Informationen werden dann in dem Typ-Attribut definiert.

Die andere Authentifizierungsmethode arbeitet mit dem SharedSecrect-Element. In Verbindung mit einem Benutzernamen kann dieses Element die Rolle der Benutzername-Kennwort-Kombination traditioneller Systeme übernehmen. Typischerweise würden diese Informationen mit einer sicheren Methode ausgetauscht werden, bevor die eigentlichen Dokumente übertragen werden.

UserAgent

Das UserAgent-Element entspricht dem UserAgent in HTTP. Es sollte einfach nur die String-Repräsentation des UserAgent enthalten, der das cXML-Dokument empfängt.

Damit ist unser Blick auf den Header und den Umschlag eines cXML-Dokuments abgeschlossen. Wir wollen uns jetzt mit den verschiedenen Methoden der Nachrichtenübertragung befassen.

Nachrichtenübertragung

In cXML sind zwei Verfahren für die Nachrichtenübertragung implementiert:

❑ Request-Response-Messaging
❑ Asynchrone oder Einwegübertragung

Request-Response-Messaging

Das folgende Diagramm zeigt ein Request-Response-Szenario in cXML. Ein Client sendet eine cXML-Anfrage an einen Server. Er stellt dabei sicher, dass jeder Umschlag nur eine einzige Anfrage enthält, was die Server-Implementierung vereinfacht. Die übertragenen XML-Daten können fast jeden Typ haben, aber der Hauptzweck von cXML besteht darin, Anfragetypen zu verwenden, die in der cXML-Implementierung spezifiziert sind.

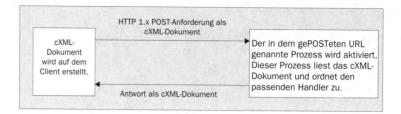

Request

Eine XML-Anforderung würde das folgende Framework verwenden:

```
<cXML>
    <Header>
        Our Header details here
    </Header>
    <Request>
        Our Request details here
    </Request>
</cXML>
```

Dieses Framework hat die folgende DTD:

```
<!ENTITY % cxml.requests   "OrderRequest |
                            PunchOutSetupRequest |
                            GetPendingRequest |
                            SubscriptionListRequest |
                            SubscriptionContentRequest |
                            SupplierListRequest |
                            SupplierDataRequest"
>

<!ELEMENT Request (%cxml.requests;)>
<!ATTLIST Request
    deploymentMode   (production | test)   "production"
>
```

Das `Request`-Element verfügt über ein Attribut namens `deploymentMode` mit den möglichen Werten `production` oder `test`, je nachdem, ob das System getestet oder produktiv eingesetzt wird. Die `Request`-Werte werden in der cXML-Spezifikation definiert und sollen einen offenen Nachrichtenaustausch ermöglichen.

Der folgende Code zeigt ein Beispiel für ein `Request`-Element in der Testphase eines Prozesses, bei dem ein Käufer eine Liste möglicher Lieferanten anfordert:

```
<Request deploymentMode="test">
    <SupplierListRequest/>
</Request>
```

Response

Das `Response`-Element (*Response* = dt. *Antwort*) wird an den Client zurückgeschickt und enthält das Ergebnis der Anfrage, selbst wenn dieses keine Daten erbracht hat. Das Framework eines erfolgreich verarbeiteten cXML-Dokuments sieht folgendermaßen aus:

```
<cXML>
    <Header>
        Our Header details here
    </Header>
    <Response>
        <Status code="200" text="OK"/>
        Our Request details here
    </Response>
</cXML>
```

Die zugehörige DTD für eine Antwort lautet:

```
<!ELEMENT Status (#PCDATA)>
<!ATTLIST Status
    code    %uint;      #REQUIRED
    text    %string;    #REQUIRED
>
<!ENTITY % cxml.responses   "OrderResponse |
                            PunchOutSetupResponse |
                            GetPendingResponse |
                            SubscriptionListResponse |
                            SubscriptionContentResponse |
                            SupplierListResponse |
                            SupplierDataResponse"
>

<!ELEMENT Response (Status, (%cxml.responses;)?)>
```

Das Response-Element muss ein Status-Kind-Element enthalten, das anzeigt, ob das Dokument erfolg-reich verarbeitet wurde, wenn auch nicht den Grund, warum. Dieses Element verfügt über die Attribute code und text, wobei der Wert des code-Attributs einem ähnlichen Modell wie die HTTP-Codes folgt und das text-Attribut die textliche Repräsentation des Codes (für Protokolle usw.) enthält. Beispielsweise würde der Fehlercode 500 einen Fehler anzeigen. Der entsprechende XML-Parse-Fehler oder Anwen-dungsfehler sollte in dem zurückgegebenen XML-Kontext beschrieben werden, um das Debuggen zu unterstützen.

Das Response-Element kann auch einer der cXML-DTD-Spezifikationen entsprechen, die wir in Kürze beschreiben werden. Eine Antwort auf unser vorangegangenes SupplierListRequest-Beispiel könnte folgendermaßen aussehen:

```
<Response>
    <Status code="200" text="OK"/>
    <SupplierListResponse>
        <Supplier corporateURL="http://www.citix.com"
                storeFrontURL="http://www.deltabiz.com">
            <Name xml:lang="en-US">Citix Co</Name>
            <Comments xml:lang="en-US">Our biggest customer</Comments>
            <SupplierID domain="DUNS">475435</SupplierID>
        </Supplier>
    </SupplierListResponse>
</Response>
```

Die SupplierListResponse-DTD befindet sich in der Datei supplier.mod der cXML-Spezifikation, die Sie unter folgender Adresse herunterladen können: http://www.cxml.org.

Die andere Art der Nachrichtenübertragung, die in cXML verfügbar ist, ist die asynchrone oder Einweg-übertragung.

Asynchrone Nachrichtenübertragung

Die asynchrone Nachrichtenübertragung ist für Situationen gedacht, in denen ein synchroner Austausch (wie beispielsweise HTTP) nicht möglich ist und es deshalb nicht garantiert werden kann, dass wir eine Antwort auf unsere Anfrage bekommen werden. Das folgende Diagramm zeigt, wie eine asynchrone Antwort logisch aussehen könnte.

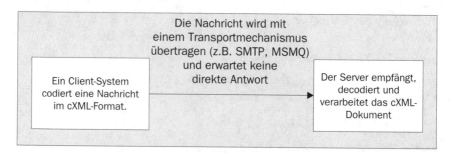

Die Struktur einer asynchronen cXML-Nachricht unterscheidet sich nicht komplett von dem Request-Response-Format.

```
<cXML>
    <Header>
        Our Header details
    </Header>
    <Message>
        Our Message details
    </Message>
</cXML>
```

Tatsächlich kann die Struktur eines asynchronen cXML-Dokuments nur daran von einem Request-Response-Dokument unterschieden werden, dass es ein Message-Element anstatt eines Request- oder Response-Elements enthält. Die DTD dieses Nachrichtenelements sieht folgendermaßen aus:

```
<!ENTITY % cxml.Nachrichten   "PunchOutOrderMessage |
                               PunchOutOrderAckMessage |
                               SubscriptionChangeMessage |
                               SupplierChangeMessage"
>

<!ELEMENT Message (Status?, (%cxml.Nachrichten;))>
<!ATTLIST Message
    deploymentMode  (production | test)  "production"
    inReplyTo       %string;  #IMPLIED
>
```

Das Message-Element kann optional ein status-Kind-Element und eine cXML-Nachricht enthalten (siehe oben). Dabei können ebenfalls zwei Attribute angewendet werden – das deploymentMode-Attribut, das wir oben beschrieben haben, und das optionale inReplyTo-Attribut.

Wenn bei der asynchronen Übertragung versucht werden soll, die Request-Response-Funktionalität nachzubilden, kann in dem inReplyTo-Attribut die Nachricht angeben werden, auf die die gegenwärtige Nachricht antwortet, indem dem Attribut der payloadID-Wert der ursprünglichen Nachricht zugewiesen wird.

Der folgende Code zeigt ein Beispiel für eine asynchrone Request-Response-Aktion, die die Inhaltsbeschreibung eines Käufers ändert.

```
<Message inReplyTo="19991001.8263.872344@somewhere.com">
    <SubscriptionChangeMessage type="update">
        <Subscription>
            <InternalID>6235</InternalID>
            <Name xml:lang="en-US">Annual Cost</Name>
            <Changetime>2000-01-13T11:33:01-28:10</Changetime>
            <SupplierID domain="DUNS">82735236</SupplierID>
            <Format Version="2.1">CIF</Format>
        </Subscription>
    </SubscriptionChangeMessage>
</Message>
```

Das SubscriptionChangeMessage-cXML-Modul befindet sich in der Datei Subscription.mod des cXML-Downloads unter: http://www.cxml.org.

Asynchroner Transport

Gegenwärtig werden asynchrone Nachrichten in der cXML-Spezifikation meistens per HTTP (falls möglich) oder URL-Form-Encoding übertragen, obwohl es keinen Grund gibt, warum nicht auch andere Methoden wie SMTP oder MSMQ unterstützt werden sollten.

Bei einer HTTP-Einwegübertragung veröffentlicht (POSTet) der Client die cXML-Nachricht auf dem Server und beendet die Verbindung, ohne auf eine irgendwie geartete Antwort zu warten. Beim URL-Encoding wird das cXML-Dokument dagegen nicht direkt an den Server gesendet, sondern stattdessen als verborgenes HTML-Formularfeld codiert, so dass die Server-Webseite dem Benutzer einige Informationen anzeigen kann. Weitere Einzelheiten über diese Methode des Transports finden Sie in der cXML-Dokumentation.

Grundlegende und gemeinsame Elemente

Die cXML-Komponenten übernehmen einige Standards:

❑ Der isoLangCode repräsentiert den ISO-Sprachencode 639.
❑ Die unitOfMeasure-Komponente folgt der UN/CEFACT-Empfehlung.
❑ Der HTTP/1.1-Standard wird für URL-Definitionen verwendet.

cXML-Definitionen

Die cXML-Spezifikation definiert mehrere Standarddokumente, die unter den folgenden allgemeinen Überschriften angeboten werden:

❑ Order-Definitionen
❑ PunchOut-Definitionen
❑ Catalog-Definitionen
❑ Subscription Management-Definitionen
❑ Message Retrieval-Definitionen

Die cXML-1.0-Spezifikation definiert alle cXML-Dokumente sehr ausführlich, aber wir werden hier nur kurz den jeweiligen Gegenstand der oben genannten Abschnitte beschreiben.

Order-Definitionen

Diese Definitionen umfassen die Dokumente OrderRequest und OrderResponse. OrderRequest beschreibt einen Kaufauftrag, und OrderResponse beschreibt eine Auftragsbestätigung.

PunchOut-Definitionen

Die PunchOut-Dokumente innerhalb von cXML ermöglichen es Käufern, Artikel in einem Online-Katalog auszuwählen und in einen »Einkaufswagen« zu legen, ohne dass sie ihren »State« (»Zustand«) zu verlieren. Das PunchOutSetUp-Dokument ermöglicht es Benutzern, sich einem Remote-System gegenüber zu identifizieren, und es bietet die Möglichkeit, die aktuelle Sitzung zu einem Remote-Browser umzulenken.

Damit ist es möglich, verteilte Kataloge mehrerer Partner zu unterstützen, ohne mehrere Systeme kaufen zu müssen.

Catalog-Definitionen

Die cXML-Catalog-Definitionen enthalten die drei Elemente Supplier, Index und Contract, um dauerhaft oder im Cache gespeicherte Daten eines Käufersystems zu beschreiben. Der Käufer verwendet Supplier-Elemente, um mehr Informationen über den Lieferanten abzufragen, wie beispielsweise seine Kontaktadresse und Bestelldaten.

Index-Elemente beschreiben Güter und Dienstleistungen sowie Lagerinformationen des Lieferanten. Schließlich beschreiben Contract-Elemente änderbare Aspekte des Vertrags zwischen dem Konsumenten und dem Lieferanten, wie beispielsweise die Kosten eines bestimmten Artikels.

Subscription-Management-Definitionen

Die Subscription-Management-Definitionen ermöglichen es einem Zwischenhändler oder einer dritten Partei, Lieferanteninformationen und Kataloginhalte zwischen Käufern und Lieferanten zu vermitteln.

Message-Retrieval-Definitionen

Dieser Abschnitt zählt zu den interessanteren Definitionen. Er beschreibt, wie ein System Nachrichten in eine Warteschlange stellen kann, wenn der Server – möglicherweise wegen einer Firewall oder eines Proxy – nicht in der Lage ist, die Nachrichten direkt entgegenzunehmen.

cXML-Definitionsdokumente

Zusätzlich zu den oben genannten Definitionen gibt es eine Reihe von Dokumenten, die den cXML-Standard bilden, unter dem auch die oben genannten Dokumente zu finden sind. Sie stehen als .mod-Dateien in dem cXML-Download zur Verfügung und spezifizieren, wie man cXML-1.0-konforme Anwendungen entwickelt und einsetzt.

Die folgende Aufzählung enthält diese Dokumente sowie eine kurze Zusammenfassung ihre Zwecks. Nähere Informationen finden Sie in der cXML-Dokumentation.

❏ cxml.dtd
  Die DTD, auf der alle cXML-Dokumente basieren.
❏ Base.mod
  Definiert die Basiselemente, die zur Erstellung der höher angesiedelten Konstrukte in cXML verwendet werden.
❏ Common.mod
  Die gemeinsamen Typen, die in der ganzen cXML-Definiton verwendet werden.
❏ Contract.mod
  Ein Vertrag zwischen einem Lieferanten und eine Liste von Artikeln.
❏ Index.mod
  Ermöglicht die Aktualisierung der Liste von Gütern und/oder Dienstleistungen, die von dem System verwaltet werden.
❏ Item.mod
  Enthält ausführliche Informationen über einen Artikel.

❏ `Pending.mod`
Die Datenelemente, die in der Antwort zurückgegeben werden. Dabei handelt es sich um voll ausgeformte cXML-Nachrichten, die über den Request-Response-Kanal übertragen werden.

❏ `Subscription.mod`
Zeigt an, dass sich etwas in dem Inhaltsabonnement (content subscription) eines Käufers geändert hat. Dabei handelt es sich um eine Nachricht, die jederzeit, auch ohne ausdrückliche Anforderung, ankommen kann.

❏ `Supplier.mod`
Lieferanten von Gütern und Dienstleistungen. Enthält eine Liste von SupplierIDs, mit denen die Lieferanten identifiziert werden.

❏ `Transaktion.mod`
Definition von Transaktionselementen, die in cXML zur Verfügung stehen.

❏ `Transport.mod`
Beschreibt den Umschlagtransport, der in cXML verwendet wird.

CatXML des DoD

Um DoD-Zulieferer zu unterstützen, entwickelt das Joint Program Electronic Commerce Program Office (JECPO) des amerikanischen Verteidigungsministeriums (DoD = Department of Defense) gegenwärtig CatXML, das einen nahtlosen elektronischen Austausch verteilter Katalogabfragen und -antworten mit Lieferanten ermöglichen soll. Diese Initiative ist ein Beispiel dafür, wie eine große Organisation cXML als Schlüsselkomponente für die Entwicklung eines anderen Systems, in diesem Fall CatXML, einsetzt. CatXML definiert, wie sich Anbieter selbst online präsentieren und ihre Güter und Dienstleistungen über gemeinsame Kataloge (*collaborative catalogs*) anbieten können. Gemeinsame Kataloge stellen die aktuelle Generation von Katalogen dar. Sie basieren auf hoch skalierbaren Architekturen, die es Lieferanten ermöglichen, ihre Waren über sehr große Beschaffungsgemeinschaften, beispielsweise Portale, zu vertreiben. Das JECPO verfolgt mit CatXML das Ziel, eine Austauschspezifikation zu definieren, die es den Teile- und Kataloganbietern leicht macht, die heutigen E-Commerce-Mechanismen für ihre Geschäfte zu nutzen.

Firmen, die über elektronische Online-Kataloge verfügen, können an der DoD-EMall teilnehmen. Das DoD trifft mit ihnen eine Rahmenvereinbarung, die es den Firmen erlaubt, ihre Produkte und Dienstleistungen den DoD-EMall-Kunden anzubieten. Die Kunden können über die EMall Artikel bestellen und per Kreditkarte oder mit Einkaufsberechtigungen der US-Regierung bezahlen.

Damit beenden wir unseren Blick auf cXML als Beispiel einer Sprache, die für den Einsatz in vertikalen Branchen geschaffen wurde, und wenden uns den horizontalen Branchen zu.

Erste Schritte – Horizontale Branchen

Heutzutage werden diverse Anstrengungen unternommen, um mit Hilfe von EDI, XML, kollaborativen Repositorien und Agentenverfahren XML/EDI-Frameworks zu erstellen, mit denen die beteiligten Prozesse vereinfacht werden können. Dieser Abschnitt gibt einen Überblick über den Einsatz dieser Frameworks für E-Business-Anwendungen.

ASC X12

Bei dem letzten X12-Trimestertreffen im Jahre 1999 wurde ein spezielles XML-Steuerkomitee namens *X12CTG3* eingesetzt, das die möglichen Einflüsse von XML auf alle Ebenen des X12-Standards und der X12-Prozesse und die damit verbundenen Probleme untersuchen soll. Die Arbeit soll den Technischen Report Type 1 ergänzen (*X12-XML: Representation of X12 Semantics in XML-Syntax* des *X12C Subcommittee on XML*).

> **Weitere Informationen finden Sie unter:** `http://www.disa.org/x12/x12c/X12CTG3/x12ctg3.htm.`

Der Schwerpunkt der Arbeit des X12CTG3-Subkomitees liegt auf den Konstrukten, die erforderlich sind, um die Semantik des reichhaltigen X12-Standard zu bewahren – und dabei nicht einfach X12 in der XML-Syntax zu duplizieren. Dies verschafft auch den X12-Entwicklern zusätzliche Arbeit; denn beispielsweise müssen die Daten transformiert werden. Bei der Entwicklung der Verfahren wurde festgestellt, dass die einfache Umwandlung von X12 in XML/EDI nicht die effizienteste Lösung darstellt und dass die geleistete Arbeit auch in die nächste Version von X12 selbst einfließen sollte. Wie zu erwarten war, wurden diejenigen enttäuscht, die nach einfachen Umwandlungsalgorithmen suchten. Die laufenden Bemühungen des X12CTG3 haben dem X12-Lager bereits eine Liste von »gelernten Lektionen« beschert, die übernommen werden müssen, um den X12-Standard anpassungsfähiger zu machen.

Beispielsweise ist ein zu großer Teil der Semantik einer X12-Nachricht in Code-Listen vergraben. Ein Beispiel dafür ist der Ort, an dem das MEA (Measure Segment) in einer X12-Nachricht ein Gewicht angibt – aber das Gewicht wovon? Wenn ihm ein HL–Segment (HL = heirarchical loop = hierarchische Schleife) voransteht, teilt der Inhalt des HL03-Elements der Anwendung mit, dass es sich um das Gewicht der Sendung, des Lastwagens oder der Kiste handelt.

Es wurde sehr viel Arbeit aufgewendet, um festzulegen, was in XML/EDI übernommen werden soll, und das Verfahren herauszufinden, das am sinnvollsten ist. Für die Definition spezieller Metadaten-Container oder zusätzlicher Routing- und Steuer-Mechanismen wurde wenig Aufwand getrieben, weil die Beteiligten der Auffassung waren, dass dieser Bereich noch nicht ausgereift sei und bei einer zweiten Runde sowieso ausgemustert werden würde.

Der folgende Code zeigt ein Beispiel aus dem technischen Report einer XML-Repräsentation des 850 `Purchase Order transaction set`. Einige Teile sind aus Gründen der Klarheit und Kürze weggelassen. Hier ist die X12-Definition:

```
BEG*00*SA*1513339**19990621~
N1*ST**11*001786664W101~
PO1**10*CA*24.48**UI*XYZ05879000032~
PO4*72~
```

Und hier ist die Version in der XML-Syntax:

```
<PurchaseOrder X12:PROMOTEDQUAL="Original" >
<Header>
    <BEG-BegSegPurchaseOrder>
        ...
    </BEG-BegSegPurchaseOrder >

    <Loop-H310-N1-Name X12:PROMOTEDQUAL="ShipTo">
        ...
    </Loop-H310-N1-Name >

    <Detail>
        < Loop-PO1-BaselineItemData >
            ...
        </Loop-PO1-BaselineItemData >

        < Loop-PO1-BaselineItemData >
            ...
        </Loop-PO1-BaselineItemData >
    </Detail>
</Header>
```

```
< Summary>
    < CTT-TransTotals>
    ...
    < AMT-MonetaryAmt>
    ...
</Summary>
```

Und was ist mit der anderen Haupt-EDI-Sprache, UN/EDIFACT?

XML-EDIFACT

Die XML-EDIFACT-Initiative hat sich zum Ziel gesetzt, Verfahren zu entwickeln, um UN/EDIFACT in die Welt von XML/EDI zu bringen. Ein Ergebnis dieser Bemühungen ist das kostenlose Perl-Modul **XML::Edifact**, das unter der GNU-GPL (General Public Licence) verwendet werden darf. Es kann jede wohlgeformte UN/EDIFACT-Nachricht in von Menschen lesbaren XML-Code und umgekehrt übersetzen. Dabei werden die Originalbezeichnungen der UN/EDIFACT-Batch-Verzeichnisse als Auszeichnungen und das definierende Dokument als Namensraum verwendet.

Das folgende Beispiel zeigt ein Nachrichtfragment für eine Position:

```
<?XML-Version="1.0"?>
<!DOCTYPE teleord:message
    SYSTEM "http://www.xml-edifact.org/LIB/xml-edifact-03/teleord.dtd">

<!-- XML Message produced by edi2xml.pl (c) Kraehe@Bakunin.North.De -->

<teleord:Message
    xmlns:teleord='http://www.xml-edifact.org/LIB/xml-edifact-03/teleord.rdf'
    xmlns:trsd='http://www.xml-edifact.org/LIB/xml-edifact-03/trsd.rdf'
    xmlns:trcd='http://www.xml-edifact.org/LIB/xml-edifact-03/trcd.rdf'
    xmlns:tred='http://www.xml-edifact.org/LIB/xml-edifact-03/tred.rdf'
    xmlns:uncl='http://www.xml-edifact.org/LIB/xml-edifact-03/uncl.rdf'
    xmlns:anxs='http://www.xml-edifact.org/LIB/xml-edifact-03/anxe.rdf'
    xmlns:anxc='http://www.xml-edifact.org/LIB/xml-edifact-03/anxc.rdf'
    xmlns:anxe='http://www.xml-edifact.org/LIB/xml-edifact-03/anxe.rdf'
    xmlns:unsl='http://www.xml-edifact.org/LIB/xml-edifact-03/unsl.rdf'
    xmlns:unknown='http://www.xml-edifact.org/LIB/xml-edifact-03/unknown.rdf' >

<!-- SEGMENT LIN+16 -->
<trsd:line.item>
    <tred:line.item.number>16</tred:line.item.number>
</trsd:line.item>

<!-- SEGMENT PIA+5+1861081383:IB -->
<trsd:additional.Produkt.id>
    <tred:Produkt.id.function.qualifier uncl:code="4347:5">Produkt identification
    </tred:Produkt.id.function.qualifier>
    <trcd:item.number.identification>
        <tred:item.number>1861081383</tred:item.number>
        <tred:item.number.type.coded uncl:code="7143:IB">ISBN (International
                        Standard Book Number)</tred:item.number.type.coded>
    </trcd:item.number.identification>
</trsd:additional.Produkt.id>

<!-- SEGMENT IMD+F+BPU+:::CASS -->
<teleord:item.description>
```

```
    <tred:item.description.type.coded uncl:code="7077:F">Free-form
    </tred:item.description.type.coded>
    <teleord:item.characteristic.coded teleord:code="7081:BPU">Book Publisher
    </teleord:item.characteristic.coded>
    <trcd:item.description>
    <tred:item.description>CASS</tred:item.description>
    </trcd:item.description>
    </teleord:item.description>
<!-- SEGMENT QTY+21:3 -->
<trsd:quantity>
    <trcd:quantity.details>
      <tred:quantity.qualifier uncl:code="6063:21">Ordered quantity
      </tred:quantity.qualifier>
      <tred:quantity>3</tred:quantity>
    </trcd:quantity.details>
</trsd:quantity>

<!-- SEGMENT PRI+AAA:12.5:SR:DPR::LBR -->
<trsd:price.details>
   <trcd:price.Informationen>
      <tred:price.qualifier uncl:code="5125:AAA">Calculation net
      </tred:price.qualifier>
      <tred:price>12.5</tred:price>
      <tred:price.type.coded uncl:code="5375:SR">Suggested retail
      </tred:price.type.coded>
      <tred:price.type.qualifier uncl:code="5387:DPR">DiscountPrice
      </tred:price.type.qualifier>          <tred:measure.unit.qualifier>LBR<
tred:measure.unit.qualifier>
   </trcd:price.Informationen>
</trsd:price.details>

</teleord:Message>
```

Weitere Informationen finden Sie unter: http://www.xml-edifact.org

Electronic Business XML Working Group (ebXML)

Anfang Dezember 1999 wurde eine auf 18 Monate angesetzte Initiative des United Nations body for Trade Facilitation and Electronic Business (UN/CEFACT) und der Organisation for the Advancement of Structured Information Standards (OASIS) gestartet, um ein weltweites Projekt zu Standardisierung von XML-Geschäftsspezifikationen anzustoßen. UN/CEFACT und OASIS haben die Electronic Business XML Working Group (ebXML) eingesetzt, um ein technisches Framework zu entwickeln, das es ermöglichen soll, XML auf konsistente Weise für den Austausch aller elektronischen Geschäftsdaten zu verwenden. Die Ergebnisse der ebXML werden der Public Domain übergeben und auf der Website XML.org sowie den UNECE/CEFACT-Sites veröffentlicht.

Zusätzlich zu Marketing, Awareness & Education wurden die folgenden technischen Projektteams vorgeschlagen:

ebXML Anforderungen – Kurz- und langfristige Ziele:

Verfahren für Geschäftsprozesse – Framework und Zusammenarbeit; Modellaustausch (UML in XML-Schemata und umgekehrt), und Entwurfsmuster für ebXML. Das *XMI Toolkit* von IBM (verfügbar unter: http://www.alphaworks.ibm.com/tech/xmitoolkit) unterstützt die gemeinsame Nutzung von sowie die Umwandlung zwischen Java, Rational Rose und UML-Modellen und umfasst ein API, um XMI-1.0-Dateien zu lesen und zu schreiben. XMI ist ein gutes Beispiel für die Arbeit in diesem Bereich.

Transport/Routing und Packaging – Umschläge für die Weiterleitung von Nachrichteninhalten, Sicherheit, garantierte Nachrichtenauslieferung, Batch-Verarbeitung, zusammengehörige Nachrichten in einer Sammlung, Servicequalität. Die Ergebnisse sollen in Form von technischen Regeln und Richtlinien für das E-Business veröffentlicht werden.

Schlüsselkomponenten – Vorhandene Semantiken in einheitlicher Weise verwenden, vorhandene Elemente oder Komponenten wiederverwenden oder zusammenstellen, vorhandene Nachrichten erweitern, um neue Anwendungen abzudecken, Schlüsselbegriffe identifizieren und definieren. Die Ergebnisse werden als Regeln für den Nachrichtenentwurf der ebXML- und der EDIFACT-Working-Group-D-Gruppe veröffentlicht.

Technische Architektur – Semantische Entsprechungen zwischen Datenelementen, Transformation von Semantiken und Internationalisierung. Die Ergebnisse werden als Zuordnungsregeln und Richtlinien zur Umwandlung von EDIFACT-Nachrichten in XML-Nachrichten der ebXML- und der EDIFACT-Working-Group-D-Gruppe veröffentlicht

Registry und Repositorium – Versionskontrolle, Werkzeug zu Werkzeug, Repositorium zu Repositorium, Werkzeug zu Repositorium und umgekehrt. Die Ergebnisse bestehen aus der Registry-Architektur, aus physikalischen Repositorien und aus Richtlinien für die Zusammenarbeit.

Technische Koordination & Unterstützung – Verwaltung der ebXML-Website, Zertifizierung, Testumgebungen, Entwickler-Starter-Kits und die Veröffentlichung von Konformitätskriterien.

Die bestätigten Mitglieder stammen aus anderen XML-Initiativen, Branchengruppen, Standardisierungsorganisationen, Herstellerverbänden und einzelnen Unternehmen. Diese Zusammenstellung von Teilnehmern ist unbedingt erforderlich, falls es eine Chance geben soll, auf allen Ebenen einen Konsens über die Zusammenarbeit herzustellen.

Als Nächstes wollen wir uns mit einer weiteren Initiative ausführlicher befassen: Microsoft BizTalk.

Erste horizontale Schritte

Das **BizTalk-Framework** wurde von Microsoft in Zusammenarbeit mit vielen führenden Organisationen aus einer Vielzahl von Branchen ins Leben gerufen, um die Erstellung und Wartung von XML-Datenschemata für den E-Commerce und die Anwendungsintegration zu fördern. Diese Schemata werden unter http://www.biztalk.org innerhalb der BizTalk-Bibliothek gespeichert und stehen für jeden zur Verfügung, der sie verwenden will, um seine Systeme mit anderen Systemen zu integrieren, die dieselben Schemata benutzen. Die Schemata sind schreibgeschützt, so dass Sie, nachdem Sie begonnen haben, ein bestimmtes Schema zur Integration Ihrer Systeme zu verwenden, dieses nicht mehr ändern können, obwohl es über den Versionsmechanismus möglich ist, Schemata bei Bedarf zu aktualisieren.

Das Ziel besteht darin, für jede Branche eine Bibliothek von Schemata zu erstellen und damit ein Maximum an Wiederverwendung und Zusammenarbeit bei einem Minimum an Offline-Kommunikation zu erreichen. Handelspartner sollten generell in der Lage sein, Nachrichten auszutauschen, so lange sie sich an die Schemata halten, die in der Bibliothek veröffentlicht sind. Theoretisch soll sich ein möglicher Partner einfach dadurch auf den Datenaustausch mit einer Organisation vorbereiten können, dass er sich an das Schema hält, das die Organisation in der Bibliothek veröffentlicht hat. Zwischen den beiden Parteien soll keine vorherige Kommunikation erforderlich sein. In der Praxis wird jedoch wahrscheinlich vor dem elektronischen Austausch eine gewisse Offline-Kommunikation erforderlich sein, um bestimmte Handelsvereinbarungen zu treffen. Die Bibliothek bietet jedoch schon dadurch einen praktischen Nutzen, dass sie Nachrichtenschemata propagiert, die Geschäftspartner für die Kommunikation benötigen und potenziellen Handelspartnern helfen, den Austausch ihrer Dokumente ohne langwierige gegenseitige Abstimmung vorzubereiten.

Im Gegensatz zu traditionellen Initiativen wie EDI unternimmt das BizTalk-Framework keine Anstrengungen, um Handelspartnern eine bestimmte Geschäftssemantik aufzuzwingen. Die Begrenzungen, die es fordert, beschränken sich nur auf die Tags, die den Nachrichtenaustausch fördern. Der Kerninhalt einer BizTalk-Nachricht wird den Handelspartnern überlassen. Dies lässt einem BizTalk-Schemadesigner die Freiheit, seine Anforderungen an den Datenaustausch so detailliert zu spezifizieren, wie es für sein Geschäft erforderlich ist.

Die BizTalk-Bibliothek enthält bereits Schemata für den Low-level-Datenaustausch, beispielsweise einzelne Kaufaufträge, sowie Schemata für geschäftsspezifische High-level-Inhalte, beispielsweise architektonische Konstruktionen. Zu jedem Schema in der Bibliothek gibt es eine Beispielnachricht sowie eine für menschliche Anwender bestimmte Dokumentation. Dahinter steht die Absicht, einem potenziellen Handelspartner die Möglichkeit zu geben, seine Software auf das neue Schema vorzubereiten, ohne die Organisation einzubeziehen, die das Schema veröffentlicht hat. BizTalk.org ist nicht nur ein Schema-Repositorium. Es stellt auch einen Mechanismus zur Verfügung, mit dem Sie Ihr Interesse an einem bestimmten Schema kundtun können. Diese Funktion verfolgt einen doppelten Zweck: Sie können benachrichtigt werden, wenn sich das Schema ändert, und die Repositorium-Browser können die Beliebtheit und Akzeptanz eines bestimmten Schemas mittels eines Zählers anzeigen.

Nachdem wir uns einen Überblick über BizTalk verschafft haben, wollen wir einen Blick auf die Spezifikation werfen.

Die BizTalk-Tag-Spezifikation

Die Tag-Spezifikation des BizTalk-Frameworks hatte zum Zeitpunkt, als das Buch geschrieben wurde, die Versionsnummer 1.0. Die Schemata, die in der Bibliothek veröffentlicht sind, verwenden das XML-Data-Reduced-Schema (XML-DR) von Microsoft, bei dem es sich um eine abgespeckte Version der *XML Data proposal for schemas in XML syntax* handelt. Diese Implementierung folgte dem W3C-Schema-Entwurf seit seiner Einführung Anfang 1999. Seit damals hat sich die W3C-Schema-Initiative weiterentwickelt und ist etwas von XML-DR abgewichen. Es ist jedoch wichtig anzumerken, dass das BizTalk-Team klar herausgestellt hat, dass BizTalk die XML-Schema-Spezifikation verwenden wird, wenn diese als Standard formalisiert und zu einer W3C-Empfehlung wird. Schemata, die der XML-DR-Implementierung entsprechen, sollen für eine unbegrenzte Zeit unterstützt werden. Darüber hinaus sollen Werkzeuge zur Verfügung gestellt werden, die den Übergang vereinfachen.

Die Spezifikation umfasst folgende Bereiche:

❏ Dokumentstruktur
❏ Dokumentidentität
❏ Konformität mit dem BizTalk-Framework
❏ Dokument-Routing-Information

Ziele und aktuelle Einschränkungen der Spezifikation

Die BizTalk-Spezifikation hat das Ziel, Firmen, Geschäften oder Entwicklern die Gelegenheit zu verschaffen, Tags für den Austausch von Informationen zu verwenden, ohne sich auf bestimmte Verfahren der Programmierung oder der verteilten Datenverarbeitung festzulegen. Sie erreicht dieses Ziel, indem sie nur einen minimalen Satz von Tags für alle Austauschnachrichten benötigt. Diese Tags sollen die Identifizierung und die Weiterleitung von BizTalk-Nachrichten erleichtern.

Innerhalb der erforderlichen Tags ist ein Element eingebettet, das als Container für benutzerdefinierte XML-Dokumente dient. Damit können Organisationen Dokumenttypen definieren, die den gewünschten Geschäftsaustausch angemessen beschreiben. Weil der Entwurf von Nachrichten nie zu Ende ist, müssen Organisationen über ein Mittel oder eine Methode verfügen, um die Schemata ihrer Handelspartner zu entdecken – und dies ist genau der Dienst, der von der öffentlichen Bibliothek der Nachrichtenschemata auf der BizTalk.org-Website zur Verfügung gestellt wird. Dadurch wird es den Handelspartnern ermöglicht, die Bibliothek nach Schemata zu durchsuchen, die von ihren Handelspartnern veröffentlicht wurden. Entwickler können, wenn sie wollen, vorhandene Schemata für ihre eigenen Entwicklungen verwenden, wodurch die Gemeinsamkeiten innerhalb von Branchen gefördert werden.

Die Bibliothek der gemeinsamen Tags und Schemata trägt dazu bei, das Problem der Herstellung einer gemeinsamen Kommunikationsbasis zu lösen. Jetzt muss nur noch die Aufgabe gelöst werden, die Kommunikation zwischen zwei oder mehr Anwendungen herzustellen. Um BizTalk-Dokumente zwischen Computern auszutauschen, können wir offene Protokolle für den Nachrichttransport verwenden, wie beispielsweise HTTP, SMTP und Software zur Verwaltung von Nachrichtenwarteschlangen – und dies sind nur die gebräuchlichsten Formen der Interprozess-Kommunikation. Sie reichen sicher aus, um XML-Dokumente auf einer lockeren Basis zwischen Prozessen zu übertragen. Die Kombination einer nahezu universalen Syntax – XML – und einem leicht zugänglichen Vokabular (mittels der Schema-Bibliothek), sowie eine lockere, asynchrone Kommunikation bildet eine Kommunikationsbasis, die für den automatisierten Austausch von Geschäftsinformationen ausreicht. Während dieser Austausch, gemessen an normalen Computerstandards, langsam erfolgt, ist der um viele Größenordnungen schneller als eine manuelle Geschäftskommunikation.

Dokumentstruktur

Alle Dokumente und Nachrichten verwenden Dokumentschemata, die dem *XML-Data Reduced format* entsprechen, das von Microsoft entwickelt und in ihrem MSXML-Parser implementiert wurde. Die BizTalk-Tag-Spezifikation definiert eine generalisierte Struktur, die aus einem Satz notwendiger Elemente besteht, die alle dem XML-1.0-Standard des World-Wide-Web-Konsortiums entsprechen. Die notwendigen Elemente sollen über einen Satz von Definitionen, von Codes und von einer Struktur Methoden zur Verfügung stellen, um die Identität von Dokumenten zu verifizieren und die Dokumente weiterzuleiten.

Ein Dokument, das die BizTalk-Spezifikation erfüllt, kann folgende Abschnitte enthalten:

❑ Die BizTalk-Dokument-Wurzel – erforderlich

❑ Das BizTalk-Header-Element – optional

❑ Das Dokument-Body-Element – erforderlich

Der folgende Code zeigt ein generisches Beispiel für ein BizTalk-Dokument:

```
<?XML-Version="1.0"?>
<bizTalk_1 xmlns:="urn:schemas-biztalk-org/biztalk_1.xml">
    <Header>
      <delivery>
        <Message>
            <messageID>12346</messageID>
            <sent>1999-12-31T23:59:59-05:00</sent>
            <subject>Generic Sample</subject>
        </Message>
        <to>
            <address>http://www.generic_co.com/recv.asp</address>
            <state>
               <referenceID>1</referenceID>
               <handle>1</handle>
               <Prozess>receiveProcess</Prozess>
            </state>
        </to>
        <from>
            <address>
               http://www.bland_co.com/send.asp
            </address>
            <state>
               <referenceID>23</referenceID>
```

```
                    <handle>2</handle>
                    <Prozess>orderProcess</Prozess>
                </state>
            </from>
        </delivery>
        <manifest>
            <document>
                <name>bland_co_order</name>
                <description>Bland Sample Order Document</description>
            </document>
            <attachment>
                <index>1</index>
                <filename>whatIwant.jpg</filename>
                <description>picture of what I want</description>
                <type>jpg</type>
            </attachment>
        </manifest>
    </Header>
    <body >
        <bland_co_order
            xmlns:= "x-schema:http://www.bland_co.com/schemas/order.xml">
            -- Your XML document data goes here --
        </bland_co_order>
    </body>
</bizTalk_1>
```

Dieses Beispiel mag auf den ersten Blick imponierend aussehen. Es besteht jedoch hauptsächlich aus Header-Informationen und Ihrer Nachricht. Der Header, der für die Komplexität in dem obigen Beispiel verantwortlich ist, legt dem Verfasser der Nachrichten tatsächlich wenige Einschränkungen auf. BizTalk-Header stellen eine Reihe optionaler Elemente zur Verfügung, um Informationen an den Empfänger der Nachricht zu übertragen. Die Werte, die in diesen Elementen enthalten sind, liegen im Ermessen der implementierenden Anwendungen. Das gezeigte Beispiel enthält alle optionalen Elemente. Je nach Ihren speziellen Anwendungsanforderungen können Ihre Dokumente erheblich einfacher sein.

Zwei interessante Eigenschaften der BizTalk-Tag-Spezifikation sollten erwähnt werden. Erstens: Obwohl XML-DR-Schemata Datentypen unterstützen, die in XML 1.0 nicht enthalten sind, arbeitet das BizTalk-1.0-Schema nicht mit einer starken Typisierung. Der XML-Parser von Microsoft, MSXML, unterstützt diese Typen in der Version, die mit dem Internet Explorer 5.0 ausgeliefert wird, aber das Framework ist ausdrücklich Plattform-unabhängig. Wenn man diese Typen nicht verwendet, ist das Schema auch für nicht von Microsoft stammende Plattformen zugänglich. Natürlich ist die Schema-Implementierung selbst plattformspezifisch, aber dies ist unvermeidlich. Wenn das W3C eine XML-Schema-Empfehlung verabschiedet, werden starke Datentypen auf allen XML-Plattformen zur Verfügung stehen. Zweitens: Abgesehen von Namensraumdeklarationen sind mit den BizTalk-Elementen keine Attribute verbunden, sondern die Informationen werden mit Hilfe von XML-Elementen übermittelt.

Die BizTalk-Dokument-Wurzel

Alle BizTalk-Dokumente müssen in das folgende XML-Wurzel-Element eingeschlossen werden:

```
<bizTalk_1 xmlns:="urn:schemas-biztalk.org:bizTalk/biztalk_1.xml">
</bizTalk_1>
```

Dieses Element definiert den BizTalk-Namensraum und gibt an, dass es sich um ein Dokument der Biz-Talk-Version 1.0 handelt, das Elemente des BizTalk-Namensraums verwendet. Der gezeigte Namensraum-Bezeichner ist der bekannte URN (Universal Resource Name), der für BizTalk 1.0 erforderlich ist, damit ein Client das Dokument bei Bedarf anhand der dortigen Informationen validieren kann. Dieses Wurzel-Element muss den Nachrichten-Header und die Body-Elemente aufführen.

Der Dokument-Header

Eine BizTalk-konforme Nachricht kann aus der Dokument-Wurzel und dem Dokument-Body bestehen. Bevor wir uns mit dem Dokument-Body befassen, wollen wir einen Blick auf das optionale `Header`-Element werfen. Der Header dient dazu, eine Reihe von Informationen anzugeben, die die Weiterleitung, die Verwaltung und die Verarbeitung des Dokuments erleichtern. Ein Dokument enthält maximal ein Header-Element.

Das `Header`-Element kann die folgenden Elemente enthalten:

Element	Häufigkeit	Funktion
delivery	0 oder ein Mal	Beschreibt die Nachricht und ihre Weiterleitung (Routing)
manifest	0 oder ein Mal	Beschreibt den Inhalt der Nachricht und ihre Anlagen

Das `delivery`-Element beschreibt die Nachricht in allgemeinen Begriffen, woher sie stammt und wohin sie geht. Das `manifest`-Element beschreibt den Inhalt der Nachricht sowie möglicher zugehöriger Dateien. Die meisten Informationen, die in den Elementen eines Headers enthalten sind, sind für die sendende und die empfangende Anwendung bestimmt. Für das Framework sind die meisten Elemente innerhalb des Headers einfach nur Platzhalter. Sie übermitteln Informationen an Anwendungen, haben aber innerhalb des Frameworks selbst keine spezielle Funktion.

Das `manifest`-Element beschreibt den Inhalt des Dokument ausführlicher. Es stellt Elemente für die Benennung des Dokuments zur Verfügung und verknüpft eine oder mehrere Nicht-XML-Dateien in der Form von Anlagen mit der Nachricht.

Das delivery-Element

Dieses Element identifiziert die Nachricht, ihren Absender und ihren Empfänger. Das folgende Codefragment zeigt den Rahmen des `delivery`-Elements mit seinen unmittelbaren Kind-Elementen:

```
<delivery>
    <Message>. . .</Message>
    <to>. . .</to>
    <from>. . .</from>
</delivery>
```

Mehr formal, die folgenden Elemente sind innerhalb des `delivery` Elements erlaubt:

Element	Häufigkeit	Funktion
Message	ein Mal	Stellt einen Bezeichner, einen Zeitstempel und ein von Menschen lesbares Label für die Nachricht zur Verfügung
to	ein Mal	Stellt den Quell-URL und Informationen über den internen Status für den empfangenden Prozess zur Verfügung
from	ein Mal	Stellt den Quell-URL und Informationen über den internen Status für den sendenden Prozess zur Verfügung

Das `Message`-Element kann für die Verfolgung einer Reihe von BizTalk-Nachrichten verwendet werden. Das Framework selbst nutzt die Informationen in diesem Element nicht. Es erleichtert jedoch die Konstruktion von Geschäftsprozessen, die mehrere BizTalk- Nachrichten umfassen, oder die Implementierung von Funktionen zur Prüfung von Prozessen, die mit BizTalk arbeiten. Das Inhaltsmodell des `Message`-Elements sieht folgendermaßen aus:

Element	Häufigkeit	Funktion
messageID	ein Mal	Sequenzielle Nachrichtennummer, Typ GUID, wird von der Anwendung zugewiesen
sent	ein Mal	Zeitstempel, der den Zeitpunkt der Entstehung der Nachricht angibt
subject	0 oder ein Mal	Von Menschen lesbares Label, das den Typ der Nachricht beschreibt

Beachten Sie Folgendes: Obwohl im BizTalk-Framework keine starke Typisierung der Daten erfolgt, sollte das Format des sent-Elements dem Datentyp dateTime.tz von XML-DR (einer Untermenge des ISO-8601-Formats) entsprechen und deshalb im Format YYYY-MM-DDTHH:MM:SS[+|-]HH:MM angegeben werden. Ein Beispiel für dieses Nachrichten-Element:

```
<Message>
    <messageID>12346</messageID>
    <sent>1999-12-31T23:59:59-05:00</sent>
    <subject>Generic Sample</subject>
</Message>
```

In diesem Fall besteht der Nachrichtenbezeichner (messageID) aus einer sequenziellen Nummer, die von dem Nachrichtenersteller generiert wurde. Sie kann beispielsweise für die Sortierung einer Reihe von Biz-Talk-Nachrichten oder für Entwicklung einer Prüfspur (*audit trail*) verwendet werden. Die Nachricht wurde zwei Sekunden vor Mitternacht am 31. Dezember 1999 in der Zeitzone gesendet, die fünf Stunden hinter der mittleren Greenwich-Zeit zurückliegt (Ostküste der USA). So weit es BizTalk angeht, kann das subject-Element vollkommen beliebig verwendet werden. Beispielsweise kann es beim Debuggen zur Identifizierung des Nachrichtentyps verwendet werden.

Die Elemente to und from arbeiten mit demselben Inhaltsmodell. Dieses besteht aus dem URL des sendenden oder des empfangenden Prozesses und einem state-Element. Das state-Element stellt drei Komponenten zur Verfügung, die eine Anwendung verwenden kann, um die Nachricht eindeutig mit Informationen über einen internen Status zu verknüpfen. Ehe wir in die Einzelheiten gehen, betrachten Sie die folgende Tabelle mit dem Inhaltsmodell der Elemente to und from:

Element	Häufigkeit	Funktion
address	ein Mal	URL des sendenden (empfangenden) Prozesses
state	0 oder ein Mal	Behälter für Informationen, mit denen eine Nachricht mit Informationen über einen internen Status des sendenden oder empfangenden Prozesses verknüpft werden kann

Das address-Element ist ein URI. Es muss ausreichen, die logische Adresse der Nachricht anzugeben, aber es muss sich nicht um einen URL handeln. Das heißt, wenn ein logischer URI, wie beispielsweise trading-partner-supplies:purchasing, gegeben ist, könnte eine Implementierung des BizTalk-Servers diesen URI dem URL zuordnen, der in dem Kaufprozess des Handelspartners angegeben wird, der in dem URI genannt ist. Üblicherweise ist der URL jedoch bekannt und wird von dem sendenden Prozess zur Verfügung gestellt.

Status-Informationen werden benutzt, wenn ein bestimmter Geschäftsaustausch aus einer Reihe zusammengehöriger BizTalk-Nachrichten besteht. In solchen Fällen muss ein Prozess in der Lage sein, eine bestimmte Nachricht mit internen Daten zu verknüpfen, so wie beispielsweise eine Sitzungsvariable von Active Server Pages (ASP) eine Liste von Eigenschaften enthalten kann. Es ist schwierig, für diese Aufgabe einen generischen Mechanismus vorzugeben, aber BizTalk stellt in seinem Inhaltsmodell drei Stufen der Konkretisierung zur Verfügung:

Element	Häufigkeit	Funktion
referenceID	ein Mal	Eindeutiger Bezeichner für den Geschäftsaustausch
handle	0 oder ein Mal	Verfeinert die referenceID, um einen speziellen Teil eines Austauschs, beispielsweise einen Schritt in einem Arbeitsfluss, zu identifizieren
process	0 oder ein Mal	Verfeinert handle, um für dieses Element einen Kontext zur Verfügung zu stellen, beispielsweise einen Sicherheitskontext

Jetzt kennen wir den gesamten Inhalt des delivery-Elements. Der folgende Code zeigt ein Beispiel für dieses Element:

```
<delivery>
    <Message>
        <messageID>12346</messageID>
        <sent>1999-12-31T23:59:59-05:00</sent>
        <subject>Generic Sample</subject>
    </Message>
    <to>
        <address>http://www.generic_co.com/recv.asp</address>
        <state>
            <referenceID>1</referenceID>
            <handle>1</handle>
            <Prozess>receiveProcess</Prozess>
        </state>
    </to>
    <from>
        <address>http://www.bland_co.com/send.asp</address>
        <state>
            <referenceID>23</referenceID>
            <handle>2</handle>
            <Prozess>orderProcess</Prozess>
        </state>
    </from>
</delivery>
```

Wir haben das message-Element bereits durchgearbeitet und wollen uns deshalb auf die to- und from-Elemente konzentrieren. Die Nachricht, der dieses delivery-Element entnommen wurde, wird von einem Prozess generiert, der als ASP-Seite implementiert wurde, die von der **Bland Company** erstellt und unter http://www.bland_co.com/send.asp veröffentlicht wurde. Die Status-Informationen, die in diesem Prozess mit dieser Nachricht verbunden sind, werden in dem orderProcess-Modul in Schritt 2 des Austauschs mit der referenceID 23 identifiziert. Für den Empfänger sind diese Informationen nutzlos, aber sie können und sollten von dem empfangenden Prozess in eine Antwortnachricht kopiert werden. Der Empfänger dieser Nachricht ist der **Generic Company**-Prozess, der als eine weitere ASP-Seite implementiert ist (http://www.generic_co.com/recv.asp). Diese Nachricht gehört zu einer erweiterten Folge von BizTalk-Nachrichten, so dass dieser Prozess einige Status-Informationen für uns speichert. Mit Hilfe der Informationen in referenceID, handle und process kann der Empfänger die passenden lokalen Daten für die Verarbeitung dieser Nachricht wiedergewinnen.

Wie Sie sehen können, hängt die Komplexität des delivery-Elements in Ihren BizTalk-Nachrichten von der Komplexität Ihres Geschäftsaustauschs ab. Ein einfacher Datenaustausch kann auf die state-Elemente verzichten.

Das manifest-Element

Dieses Element stellt einer empfangenden Anwendung Hinweise auf den Inhalt der Übertragung zur Verfügung. Das Element selbst ist optional. Es wird verwendet, wenn mehrere Dokumente mit dem Austausch verbunden werden müssen. Es gibt zwei Arten von Dokumenten, die übertragen werden können:

BizTalk-Nachrichten und Nicht-XML-Anlagen (*Attachments*). Dementsprechend verfügt das Inhaltsmodell für manifest über zwei Kind-Elemente:

Element	Häufigkeit	Funktion
document	ein Mal oder mehr	Beschreibt ein einzelne XML-Nachricht des Austauschs
attachment	0 oder mehr	Beschreibt eine einzelne Nicht-BizTalk-Nachricht des Austauschs

Wenn Sie Ihre Geschäftsabläufe so strukturiert haben, dass mehrere XML-Nachrichten im <body> einer BizTalk-Nachricht zusammengefasst werden müssen, kann der <body> eines einzelnen Austauschs mehrere BizTalk-Nachrichten (d.h. mehr als eine Instanz des Teils des Austauschs, der in ihrem gewählten Vokabular abgefasst ist) enthalten. Eine solche BizTalk-Nachricht wird als **Boxcar-Dokument** (*boxcar* = dt. *Güterwagen*) bezeichnet. Unser Beispiel ist kein Boxcar-Dokument. Nehmen wir jedoch beispielsweise an, dass unsere Nachricht dazu dienen soll, Zubehör für eine Konferenz zu bestellen. In dieser Situation könnte es wünschenswert sein, alle zusammengehörigen Kaufaufträge in einer einzigen BizTalk-Nachricht zusammenzufassen. In diesem Fall würden wir ein Boxcar-Dokument verwenden, das aus mehreren Kaufaufträgen bestünde, die mit Hilfe von document-Elementen beschrieben werden. Das Inhaltsmodell für ein solches Element sieht folgendermaßen aus:

Element	Häufigkeit	Funktion
name	ein Mal	Elementname der Wurzel des eingeschlossenen Dokuments
description	0 oder ein Mal	Für Menschen bestimmte Beschreibung des Dokuments

Dagegen ist eine Anlage (*Attachement*) eine mit der Nachricht verknüpfte Datei, die nicht in den Body des BizTalk-Dokuments eingeschlossen wird. Auf diese Weise können beispielsweise Binärdaten wie Bilder oder Datendateien in einem proprietären Format übertragen werden. Im Allgemeinen werden mehrteilige MIME-Übertragungen verwendet, um Dokumente mit Anlagen zu übertragen. Das Inhaltsmodell für das attachment-Element sieht folgendermaßen aus:

Element	Häufigkeit	Funktion
index	ein Mal	Bezeichner für diese Anlage
filename	ein Mal	Name der Anlagedatei
description	0 oder ein Mal	Für Menschen bestimmte Beschreibung der Anlage
type	0 oder ein Mal	Schlüsselwort, das den Dokumenttyp angibt

Wir wollen noch einen weiteren Blick auf das manifest-Element in unserem Beispiel werfen:

```
<manifest>
    <document>
        <name>bland_co_order</name>
        <description>Bland Sample Order Document</description>
    </document>
    <attachment>
        <index>1</index>
        <filename>whatIwant.jpg</filename>
        <description>picture of what I want</description>
        <type>jpg</type>
    </attachment>
</manifest>
```

In diesem Fall sendet die Bland Company im Body der BizTalk-Nachricht ein Auftragsdokument. Dieses Dokument hat ein Wurzel-Element namens bland_co_order. Es verfügt über eine einzelne Anlage, eine JPEG-Datei namens whatIwant.jpg.

Der Dokument-Body

Der Dokument-Body ist erforderlich. An dieser Stelle kommen die Schema-Entwickler ins Spiel. Falls Sie noch nicht über Schemata für Ihre Geschäftsprozesse verfügen, müssen Sie diese entwickeln. Falls Sie über Schemata verfügen, diese aber nicht für Ihre Zwecke geeignet sind, müssen Sie sie anpassen. XML-Dokumente, die diesen Schemata entsprechend aufgebaut sind, werden als Kind-Elemente des body-Elements eingeschlossen. Das Header-Element wurde dafür benötigt, das Dokument zu dem angegebenen Zielort zu übertragen, das body-Element jedoch ist der eigentliche Grund für die Existenz der Nachricht. Das body-Element verfügt über ein oder mehrere Kind-Elemente. Jedes Kind-Element ist ein Dokument, dessen Aufbau einem BizTalk-Schema entspricht. Ein Boxcar-Dokument verfügt über mehrere solcher Kind-Elemente. Das Schema, das für den Austausch entwickelt wurde, bestimmt den Inhalt dieser Elemente.

Hier ist der Body unseres Beispiels:

```
<body >
   <bland_co_order
        xmlns:= "x-schema:http://www.bland_co.com/schemas/order.xml">
      -- Your XML document data goes here --
   </bland_co_order>
</body>
```

In dem Manifest dieser Nachricht haben wir gesehen, dass unser Beispiel ein einziges Dokument mit dem Wurzel-Element bland_co_order enthält. Wir haben einen Namensraum deklariert, um es BizTalk zu ermöglichen, den Body zu validieren. Normalerweise würden Sie erwarten, das Schema in der BizTalk-Bibliothek zu finden, aber die Bland Company hat das Schema auf ihrem eigenen Server veröffentlicht.

Ein BizTalk-Dokument für Wrox-Bücher

Wir werden jetzt ein XML-Beispieldokument definieren, das den Regeln der Version 0.81 des BizTalk-Frameworks entspricht. Zuerst definieren wir ein Dokument-Schema, das dem XML-Data-Reduced-Schema (XML-DR) entspricht und das in der BizTalk-Bibliothek gespeichert werden könnte, um Firmen die Möglichkeit zu geben, Daten über Bücher auszutauschen.

Das Schema könnte dazu verwendet werden, von der Website eines Handelsunternehmens oder von einem Remote-Server aus für einen Kunden Informationen über ein spezielles Buch abzufragen. Es kann auch von einem Administrator oder einem Remote-Server dazu benutzt werden, Informationen über ein Buch zu aktualisieren oder zu speichern. Das ist folgendermaßen aufgebaut:

```
<?XML-Version="1.0"?>
<Schema name="BookInfo"
    xmlns="urn:schemas-microsoft-com:xml-Daten"
    xmlns:dt="urn:schemas-microsoft-com:datatypes">

<!--A book has a cost defined by both a currency and price-->
<ElementType name="Currency" content="textOnly" model="open" dt:type="string"/>
<ElementType name="Price" content="textOnly" model="open" dt:type="number"/>
<ElementType name="BookCost" content="eltOnly" model="closed">
   <Element type="Currency"/>
   <Element type="Price"/>
</ElementType>

<!--Information about the book-->
<ElementType name="Title" content="textOnly" model="open" dt:type="string"/>
<ElementType name="Author" content="textOnly" model="open" dt:type="string"/>
<ElementType name="ISBN" content="textOnly" model="open" dt:type="number"/>
<ElementType name="Subject" content="textOnly" model="open" dt:type="string"/>
<ElementType name="PubDate" content="textOnly" model="open" dt:type="date"/>
```

```
<ElementType name="RefURL" content="textOnly" model="open" dt:type="uri"/>
<ElementType name="TitleData" content="eltOnly" model="open">
   <Element type="Title"/>
   <Element type="Author" minOccurs="1" maxOccurs="*"/>
   <Element type="ISBN"/>
   <Element type="Subject"/>
   <Element type="PubDate"/>
   <Element type="RefURL"/>
</ElementType>

<!--General Information about the book-->
<ElementType name="BookNumber" content="textOnly" model="open" dt:type="string"/>
<ElementType name="Summary" content="textOnly" model="open" dt:type="string"/>
<ElementType name="BookInfo" content="eltOnly" model="open">
   <Element type="BookNumber"/>
   <Element type="Description"/>
   <Element type="TitleData"/>
   <Element type="BookCost"/>
</ElementType>

</Schema>
```

Wir wollen uns dieses Schema etwas näher anschauen. Alle BizTalk-Framework-Dokumente müssen den aktuellen XML-DR-Schema-Entwurf verwenden. Deshalb geben wir den Namensraum der XML-DR-Implementierung von Microsoft sowie den Namensraum der Schema-Datentypen an, die in BizTalk-Dokumenten häufig verwendet werden.

```
<?XML-Version="1.0"?>
<Schema name="BookInfo"
   xmlns="urn:schemas-microsoft-com:xml-Daten"
   xmlns:dt="urn:schemas-microsoft-com:datatypes">
```

Beachten Sie, dass die BizTalk-Spezifikation zwar die Typisierung von Daten vermeidet, Sie aber nicht davon abhält, Daten im Body der Nachricht zu typisieren.

Unser veröffentlichtes Dokument sollte es ermöglichen, den Preis des Buches anzugeben, damit Kunden und Wiederverkäufer die jeweiligen Preise ersehen können. Zunächst definieren wir einen Currency-String, um die Währung anzugeben, in der der Preis angegeben wird – auf Wunsch könnte hier auch eine Aufzählung mehrerer Währungen erfolgen. Dann definieren wir ein Element als Zahlentyp, das den Preis des Buches enthalten soll.

Dann deklarieren wir ein ElementType-Element namens <BookCost>, das die Elemente <Currency> und <Price> enthält, und legen fest, dass dies alles ist, was unter diesem Element erfasst werden kann, indem wir das model auf closed setzen.

```
<!--A book has a cost defined by both a currency and price-->
<ElementType name="Currency" content="textOnly" model="open" dt:type="string"/>
<ElementType name="Price" content="textOnly" model="open" dt:type="number"/>
<ElementType name="BookCost" content="eltOnly" model="closed">
   <Element type="Currency"/>
   <Element type="Price"/>
</ElementType>
```

Der nächste wichtige Abschnitt unseres Schema definiert den Abschnitt für die Einzelheiten über das Buch. Wir definieren ein ElementType namens <Title> als String für die Buchtitel, des weiteren die Elemente <Author>, <ISBN> und <Subject>, deren Verwendung selbsterklärend ist.

```
<!--Information about the book-->
<ElementType name="Title" content="textOnly" model="open" dt:type="string"/>
<ElementType name="Author" content="textOnly" model="open" dt:type="string"/>
<ElementType name="ISBN" content="textOnly" model="open" dt:type="number"/>
<ElementType name="Subject" content="textOnly" model="open" dt:type="string"/>
```

Für das Veröffentlichungsdatum definieren wir ein Element mit dem Datentyp `date`, der das ISO-8601-Format verwendet. Dies bedeutet, dass das Datum in der Form `YYYY-MM-DD` (dt. `JJJJ-MM-TT`) angegeben werden sollte.

```
<ElementType name="PubDate" content="textOnly" model="open" dt:type="date"/>
```

Bei der Definition eines Buches wird häufig ein Referenz-URL angegeben. Wir benutzen zu diesem Zweck das <RefURL>-Element mit dem Datentyp `uri` – Universal Resource Identifier.

```
<ElementType name="RefURL" content="textOnly" model="open" dt:type="uri"/>
```

Dann definieren wir das Eltern-Element <TitleData>, das diese Elemente enthalten soll. Beachten Sie, dass ein Buch mehrere Autoren haben kann, weshalb wir mehrere <Author>-Elemente zulassen.

```
<ElementType name="TitleData" content="eltOnly" model="open">
    <Element type="Title"/>
    <Element type="Author" minOccurs="1" maxOccurs="*"/>
    <Element type="ISBN"/>
    <Element type="Subject"/>
    <Element type="PubDate"/>
    <Element type="RefURL"/>
</ElementType>
```

Um unser Dokument-Schema zu vervollständigen, definieren wir ein Wurzel-Element namens <Book-Info>, das unsere zuvor definierten Elemente sowie zwei neue Elemente namens <BookNumber> (für eine interne ID des Buches) und <Summary> (für eine Zusammenfassung des Buchinhalts) enthalten soll.

```
<!-General Information about the book-->
<ElementType name="BookNumber" content="textOnly" model="open" dt:type="string"/>
<ElementType name="Summary" content="textOnly" model="open" dt:type="string"/>
<ElementType name="BookInfo" content="eltOnly" model="open">
    <Element type="BookNumber"/>
    <Element type="Summary"/>
    <Element type="TitleData"/>
    <Element type="BookCost"/>
</ElementType>
</Schema>
```

Ein XML-Beispieldokument, das diesem Schema entspricht, kann folgendermaßen aussehen:

```
<?XML-Version="1.0"?>
<BookInfo xmlns="x-schema:books.xml">
<BookNumber>423423</BookNumber>
<Summary>
    this book details Site Server Commerce 3.0 and can be used by beginners and
    experienced developer alike.
</Summary>
<TitleData>
    <Title>Professional Site Server Commerce 3.0</Title>
    <Author>Marco Tabini</Author>
    <Author>Steven Livingstone</Author>
    <ISBN>983479387</ISBN>
```

```
   <Subject>Commerce</Subject>
   <PubDate>1999-11-20</PubDate>
   <RefURL>http://www.wrox.com/</RefURL>
</TitleData>
<BookCost>
   <Currency>US$</Currency>
   <Price>59.76</Price>
</BookCost>
</BookInfo>
```

Wir haben weiter oben in diesem Abschnitt beschrieben, dass wir, um unser Dokument den Regeln des BizTalk-Schemas entsprechend transportieren zu können, einige zusätzliche Tags hinzufügen müssen. Der BizTalk-Code wird unten gezeigt. Beachten Sie, wie wir unser Dokument-Schema in die BizTalk-Tags einschließen und wie wir unsere Routing-Details definieren.

```
<biztalk_1 xmlns="urn:schemas-biztalk-org:biztalk/biztalk-1.0.xml">
<Header>
   <Header>
      <delivery>
         <Message>
            <messageID>1</messageID>
            <sent>1999-12-31T18:24:00-05:00</sent>
            <subject>Book Information</subject>
         </Message>
         <to>
            <address>http://www.deltabiz.com/biztalk/book.asp</address>
         </to>
         <from>
            <address>http://www.citix.com/biztalk/info.asp</address>
         </from>
      </delivery>
      <manifest>
         <document>
            <name>BookInfo</name>
            <description>Book Summary Information</description>
         </document>
      </manifest>
   </Header>
</Header>
<body>
   <BookInfo xmlns="urn:schemas-biztalk.org:deltabiz.com/books.xml">
      <BookNumber>423423</BookNumber>
         <Summary>
            this book details Site Server Commerce 3.0 and can be used by
            beginners and experienced developer alike.
         </Summary>
         <TitleData>
            <Title>Professional Site Server Commerce 3.0</Title>
            <Author>Marco Tabini</Author>
            <Author>Steven Livingstone</Author>
            <ISBN>983479387</ISBN>
            <Subject>Commerce</Subject>
            <PubDate>1999-11-20</PubDate>
            <RefURL>http://www.wrox.com/</RefURL>
         </TitleData>
         <BookCost>
```

```
          <Currency>US$</Currency>
          <Price>59.76</Price>
        </BookCost>
      </BookInfo>
    </body>
  </biztalk_1>
```

Beachten Sie, dass wir das `state`-Element innerhalb der `to`- und `from`-Elemente ausgelassen haben. Diese Transaktion ist ziemlich einfach. Sie besteht nur aus einer informellen Antwort auf eine Informationsanfrage, so dass kein Austausch von Statusinformationen erfolgt.

BizTalk-Lösungen implementieren

Gegenwärtig wird der BizTalk-Server, der mit dem BizTalk-Framework arbeitet (auf der Server-Seite) noch entwickelt. Deshalb wurde ein Jumpstart-Kit herausgegeben, das es Ihnen ermöglicht, mit BizTalk-Dokumenten zu arbeiten und einen Eindruck von der Leistungsstärke dieser Art der gemeinsam Schemanutzung zu gewinnen. Es unterstützt gegenwärtig sowohl COM- als auch Perl-Implementierungen.

Das Kit befindet sich gegenwärtig in einem frühen Implementierungsstadium und Sie müssen mit einigen Problemen rechnen, aber es lohnt sich, das Kit auszuprobieren. Sie benötigen bestimmte Software auf Ihrer Workstation und Sie müssen die Werkzeuge mit Hilfe der zur Verfügung gestellten Build-Dateien erstellen. Wir werden wegen seiner Größe und Komplexität nicht das komplette Kit besprechen (das würde einige separate Kapitel erfordern!), aber ein Überblick über seine Komponenten soll Ihnen zum Start verhelfen.

Das Jumpstart Kit kann von folgender Adresse kostenlos heruntergeladen werden: `http://www.biztalk.org/Resources/tools.asp`.
Diese komprimierte Datei enthält Anweisungen für die Erstellung von Werkzeugen sowie eine Liste aller Software-Voraussetzungen für das Kit.

Überblick über das BizTalk-JumpStart Kit

Das Framework ist einfach eine Spezifikation für die Schnittstellen zwischen zwei oder mehr Programmen. Für die Implementierung des Frameworks wird ein Server benötigt, der als Vermittler zwischen den Programmen dient. Der Server muss eine Nachricht von einem Programm empfangen, ihren Inhalt anhand der Tags untersuchen, die von dem Framework gefordert werden und die Nachricht an die empfangende Anwendung weiterleiten. Wenn das Framework ohne einen solchen vermittelnden Server arbeiten würde, wären wir wieder beim aktuellen Stand der Dinge, bei dem die gesamte Integration in den Code der teilnehmenden Anwendungen eingebettet werden muss. Microsoft entwickelt unter dem Namen *Microsoft BizTalk Server* tatsächlich einen solchen Server für die Windows-Plattform (Stand Winter 1999). Da das BizTalk-Framework beträchtlich früher als der BizTalk Server freigegeben wurde, wurde eine Software benötigt, die es Entwicklern ermöglicht, das Framework auszuprobieren. Diese Software ist das *BizTalk Jumpstart Kit*. Damit können Entwickler Anwendungsadapter schreiben, um Anwendungen mit der Jumpstart-Server-Software zu verbinden.

Während der BizTalk Server Windows 2000 benötigt, läuft das Jumpstart Kit auch unter Windows NT4.

Das Kit umfasst die folgenden Komponenten:

❑ Selector – eine COM-Komponente, die Nachrichten empfängt und sie an den passenden Anwendungsadapter weiterleitet

❑ Timer-Utility – ein Programm, mit dem Entwickler asynchrone Übertragungen testen können, indem die Nachrichten zum Zweck einer späteren Auslieferung in eine Warteschlange gestellt werden

❑ Persistence-Utility – ein Werkzeug zur Verwaltung von Status-Informationen, das den Arbeitsfluss mehrerer Nachrichten umfasst

❑ PlugIn-Generator – ein Add-In für Visual Basic, das ein Schema liest und ein Geschäftsobjekt generiert und dabei die Details der XML-DOM-Manipulation vor dem Programmierer verbirgt

❑ Message-Component – eine COM-Komponente, die die XML-DOM-Details der Konstruktion von BizTalk-Tags vor dem Programmierer verbirgt

❑ Application-Adapter-Projekttyp – eine Projekt-Shell, die Programmierer dabei unterstützt, Komponenten zu schreiben, die Anwendungen mit den BizTalk-Jumpstart-Komponenten integrieren

❑ Namensraum-Server – eine Anwendung, die wie ein Verzeichnis von Nachrichtentypen funktioniert und die Nachrichtennamen mit dem Anwendungsadapter abgleicht, der Nachrichten dieses Typs verarbeitet

❑ Property-Manager – ein Konfigurations-Utility für das Jumpstart Kit

Anwendungen verwenden die Nachrichtenkomponenten und die Klassen, die von dem PlugIn-Generator generiert wurden, um BizTalk-Nachrichten zu erstellen. Die Anwendung verwendet dann einen Adapter, um die Nachricht an den Selector weiterzugeben. Der Selector untersucht seinerseits die Nachricht und ermittelt ihren Typ. Der Typ der Nachricht wird als Schlüssel für eine Tabelle verwendet, die von dem Namensraum-Server verwaltet wird, um den Empfänger der Nachricht zu identifizieren. Nachdem der Selector den beabsichtigten Empfänger ermittelt hat, ruft er den passenden Adapter auf, um die Nachricht an die empfangende Anwendung weiterzuleiten. Diese Anwendung verwendet dann Komponenten, um die Nachricht zu lesen. Einige Komponenten – insbesondere der Selector, der Namensraum-Server und der Property-Manager – haben die Funktion der entsprechenden BizTalk-Server-Runtime-Komponenten und sind deshalb für BizTalk Server-Benutzer generell nicht brauchbar. Das Timer-Utility ist ein Testwerkzeug und eng mit dem Jumpstart Kit verbunden. Das Persistenz-Utility könnte nützlich sein, aber eine Anwendung industrieller Stärke arbeitet wahrscheinlich mit anderen Methoden. Diese Variante ist eine leicht gewichtige Version der Anforderungen, die an einem robusten, produktionsreifen BizTalk-Server gestellt werden müssten. In der vorliegenden Form eignen sich die Jumpstart-Komponenten dazu, Prototypen von BizTalk-Integrationsprojekten zu erstellen, sie reichen aber für einen produktiven Einsatz nicht aus. Trotzdem können sich Organisationen mit dem Jumpstart Kit auf Integrationsprojekte vorbereiten, während BizTalk Server entwickelt wird.

BizTalk Server

BizTalk Server von Microsoft ist Microsofts Implementierung des BizTalk-Frameworks für die Windows-Plattform. Es handelt sich um ein Produkt, das die unternehmensweite Anwendungsintegration durch den Austausch strukturierter Geschäftsdokumente mittels gemeinsamer Interprozess-Protokolle wie HTTP unterstützt. Wie das Framework stützt sich BizTalk Server auf den Fluss strukturierter Geschäftsdokumente zwischen Anwendungen. Das Arbeiten mit BizTalk Server umfasst mehrere Aufgaben:

❑ Definition strukturierter Nachrichtenformate

❑ Spezifikation der Zuordnung zwischen verschiedenen Formaten, falls erforderlich

❑ Organisation der Partner- und Arbeitsflussvereinbarungen

❑ Verwaltung und Konfiguration des Server-Prozesses

BizTalk Server verwendet die Spezifikationen und Vereinbarungen, um Dokumente mittels passender Protokolle zwischen Partnern auszutauschen. Es gibt ein API für BizTalk, aber der Server kann auch mit ungeänderten älteren Anwendungen arbeiten. Der Hauptvorteil für Programmierer beim Arbeiten mit BizTalk Server besteht darin, dass der größte Teil der erforderlichen Arbeit zur Integration zweier Anwendungen bei passender Konfiguration von dem Server geleistet wird. Dies stellt gegenüber dem gegenwärtigen Verfahren eine erhebliche Verbesserung dar, bei dem die Programme die Arbeit selbst in ihrem Code leisten müssen.

BizTalk Editor

Der Schlüssel zur Anwendungsintegration mit BizTalk liegt im Austausch strukturierter Nachrichten. Egal ob diese Nachrichten XML oder ein anderes geparstes Textschema verwenden, die Programmierer müssen in der Lage sein, die Struktur von Nachrichten zu spezifizieren. Dies ist die Funktion von BizTalk Editor. Der Editor ist ein grafisches Werkzeug, das mit der Metapher der Baumstruktur arbeitet, um Dateien mit Nachrichtenspezifikationen oder einfach nur Spezifikationen zu erstellen und zu editieren. BizTalk Editor ist von der Datenbankterminologie beeinflusst. Dies ist ein sinnvoller Ansatz, wenn man bedenkt, dass ein großer Teil der Informationen, aus denen die Nachrichten gebildet werden, aus Datenbanken stammen.

Programmierer arbeiten mit Datensätzen und Feldern. Ein Datensatz entspricht einem Objekt oder einer Entität, während Felder die Eigenschaften des Objekts repräsentieren. Diese Einteilung passt gut zu der datenbankartigen Tabellenstruktur, in der die Zeilen einzelne Objekte darstellen, die durch die Werte in den Feldern der Zeilen beschrieben werden. Im Gegensatz zu einer relationalen Tabelle kann eine Spezifikation jedoch Datensätze verschachteln (Datensätze in andere Datensätze einfügen). Dadurch können wir Eltern-Kind-Beziehungen beschreiben, die beispielsweise bei einem Datenbank-Join entstehen. Der Baum, der in BizTalk Editor eine Spezifikation repräsentiert, ähnelt auch der Struktur eines Dateiverzeichnisses, wobei Datensätze den Ordnern und Felder den Dateien entsprechen.

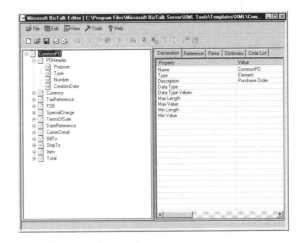

Wenn ein Programmierer eine XML-basierte Spezifikation schreibt, kann er Datensätze und Felder als grundlegende XML-Datentypen oder als abgeleitete Typen beschreiben, die unter den XML-DR-Schemata zulässig sind. Alle Optionen, die in einem Schema verfügbar sind, können von den Spezifikationsentwicklern verwendet werden. BizTalk Editor ermöglicht es Programmierern, die Vorteile von XML voll zu nutzen, ohne sie zu zwingen, XML-Experten zu werden. Weil der Editor die Verwendung von anderen Formaten als XML ermöglicht, wurde seine Schnittstelle sorgfältig so konstruiert, dass die XML-Terminologie nicht dominiert.

Programmierer müssen nicht ganz von vorn anfangen, wenn sie Spezifikationen definieren. Es gibt mehrere Initiativen, um Nachrichtenformate aus dem EDI-Bereich und aus dem Gesundheitswesen (Health Level 7) in XML zu übersetzen. BizTalk Server umfasst eine Sammlung von grundlegenden XML-Vorlagenspezifikationen für gebräuchliche Geschäftsnachrichten, wie beispielsweise Kaufaufträge oder Rechnungen. ADO, die weit verbreitete Datenbankzugriffstechnik von Microsoft, bietet seit Version 2.0 die Möglichkeit, Recordsets dauerhaft im XML-Format zu speichern. Programmierer können diese Funktion benutzen, um ihre Spezifikationen nach ihren vorhandenen Datenbanktabellen und -schemata zu modellieren.

Viele ältere Nachrichtenformate liegen in anderen Formen als XML vor. Die beiden EDI-Formate X12 und EDIFACT benutzen Nachrichtenformate, die mit Begrenzern arbeiten. Nachrichten, die mit Hilfe von Mainframe-Systemen ausgetauscht und verwaltet werden, werden häufig durch bestimmte Zeichen begrenzt oder haben Formate mit festen Feldlängen. BizTalk Editor unterstützt die Verwendung dieser Formate. Beispielsweise umfasst BizTalk Spezifikationen für X12 und EDIFACT. Ein Programmierer kann diese Spezifikationen laden und nach Bedarf modifizieren. Was noch wichtiger ist: BizTalk Editor ermöglicht es Programmierern, alle Aspekte der Formate flacher Dateien zu definieren, egal ob sie mit Zeichenbegrenzungen oder mit festen Feldlängen arbeiten. Diese Informationen werden gespeichert und von BizTalk Server verwendet, um eingehende Nachrichten korrekt zu parsen.

BizTalk Mapper

Die Zuordnung Ihrer eigenen Nachrichtenformate zu den Formaten eines Partners ist eine entscheidende Aufgabe bei der Anwendungsintegration. Das BizTalk-Mapper-Werkzeug soll Programmierern bei dieser Aufgabe helfen. Es handelt sich um einen grafischen Editor, der zwei Spezifikationen lädt und dem Programmierer die Möglichkeit gibt, die Zuordnungen von Datensätzen und Feldern festzulegen. Dabei kann es sich um einfache Eins-zu-eins-, Eins-zu-viele- oder Viele-zu-eins-Beziehungen handeln. Die Zuordnungen können auch Funktionen oder Skript-basierte Umwandlungen verwenden.

Die Schnittstelle besteht aus zwei Fensterabschnitten für Spezifikationen und ein Zuordnungsgitter zwischen den Spezifikationen. Der Spezifikationsfensterabschnitt auf der linken Seite enthält die Quellspezifikation. Dies ist die eingehende Nachricht, die einem neuen Format zugeordnet werden muss. Das neue Format ist die Zielspezifikation, die in dem anderen Spezifikationsfensterabschnitt angezeigt wird. Das Zuordnungsgitter zeigt Beziehungen und Zwischenschritte der Verarbeitung an, die erforderlich sind, um die Zuordnung durchzuführen. Einfache Beziehungen werden dadurch zugeordnet, dass ein Datensatz oder ein Feld in einer Spezifikation zu dem passenden Datensatz oder Feld in der anderen Spezifikation gezogen wird. In solchen Fällen führt BizTalk Server die Übersetzung einer eingehenden Nachricht in den entsprechenden lokalen Nachrichtentyp durch, indem er den Inhalt eines Datensatzes oder Felds in der eingehenden Nachricht in den zugeordneten Datensatz oder in das zugeordnete Feld in der anderen Nachrichtenspezifikation kopiert. Manchmal gibt es jedoch keine einfache Übersetzung. Einige Inhalte müssen möglicherweise kombiniert werden, um den Inhalt des neuen Felds zu bilden. Möglicherweise muss der Inhalt eines Felds der Quellspezifikation auch bearbeitet werden, um den erforderlichen Inhalt des Zielfelds zu erstellen.

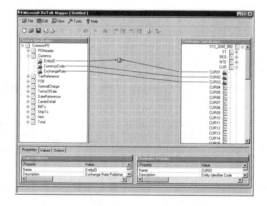

Beim Übergang zwischen zwei Spezifikationen können Verarbeitungsschritte ausgeführt werden. Dazu werden vordefinierte Funktionen oder Operatoren verwendet, die von BizTalk zur Verfügung gestellt werden. Wenn der Benutzer umfangreichere Verarbeitungsprozesse ausführen will, kann er einen Abschnitt mit Skript-Code, ein so genanntes **Funktoid**, erstellen. Funktoide werden als Skript-Funktionen innerhalb des XSL-Stylesheets implementiert und bei der Zuordnung auf die Quellfelder angewendet, um das Zielfeld zu erstellen.

Wenn die gewünschte Zuordnung vollständig ist, kompiliert ein Programmierer die Zuordnung mit dem Mapper. Das Ergebnis ist ein XSL-Stylesheet. Der Runtime-Server-Prozess wendet dieses Stylesheet auf eine eingehende Nachrichteninstanz an, um eine Nachrichteninstanz zu erstellen, die der Zielspezifikation entspricht.

Workflow konfigurieren

Zusätzlich zur Entwicklung von Spezifikationen und Zuordnungen muss ein Entwickler, der mit BizTalk arbeitet, die Partner und Vereinbarungen konfigurieren, die für die Arbeit von BizTalk erforderlich sind. Zu diesem Zweck muss er das Format der Nachrichten spezifizieren, die zwischen den Organisationen ausgetauscht werden, und festlegen, was passieren soll, wenn eine Nachricht bei einem Server eintrifft, die von einer bestimmten Quelle kommt und ein bestimmtes Ziel erreichen soll. Das passende Werkzeug für diesen Zweck ist BizDesk, mit dem Sie die Beziehungen Ihrer Geschäftsprozesse verwalten können, die insgesamt Ihren Arbeitsfluss definieren.

BizTalk Server verwendet die Vereinbarungen, die der Entwickler spezifiziert hat, um Nachrichten zur Laufzeit weiterzuleiten. Der Server bildet das Zwischenglied zwischen den Nachrichten und ihrem Ziel. Anwendungen können mit BizTalk integriert werden, indem ein COM-API eingesetzt wird oder indem ein gebräuchliches Protokoll und ein bekannter Standort spezifiziert werden. Im letzteren Fall überwachen die BizTalk-Komponenten das Protokoll und den Standort, um Nachrichten abzufangen, die von älteren Anwendungen stammen. Dieses Verfahren ermöglicht es dem Programmierer, mit Anwendungen zu arbeiten, die nicht geändert werden können.

Leider hat Microsoft anfangs nicht deutlich herausgestellt, welchen Sinn und Zweck BizTalk verfolgte. Wie Sie gesehen haben, enthält BizTalk viele Ideen, die wir bereits vorher in diesem Kapitel kennen gelernt haben. Es umfasst Komponenten wie beispielsweise das *BizTalk Repositorium of XML schemas and DTDs*, mit seiner Hilfe können Benutzer beim Geschäftsaustausch gemeinsame Vokabulare benutzen, und es kann sogar Nachrichten in andere Formate umwandeln, falls der Empfänger ein anderes Vokabular erfordert. Insgesamt sollte sich BizTalk als leistungsstarkes Werkzeug erweisen, das vielen kleineren und mittleren Unternehmen den Weg zur Teilnahme am E-Commerce ebnet.

Zusammenfassung

In diesem Kapitel haben wir einen großen Bereich abgedeckt, angefangen von einem kurzen Blick auf die Arbeitsweise vorhandener EDI-Anwendungen bis hin zu der Nutzung von XML in Anwendungen. Wir haben gesehen, dass ein erfolgreicher Einsatz von XML im E-Business nicht einfach darin besteht, ein Schema gemeinsam zu benutzen und Nachrichten in diesem Schema zwischen Partnern auszutauschen. Zum Beispiel gibt es viele Situationen, in denen wir eine DTD anpassen oder ein anderes Schema benutzen müssen, um Regeln für bestimmte Handelspartner einzuschließen. Wir werden nicht immer in der Lage sein, unterstützende Verfahren (wie DOM oder XSLT) so einfach einzusetzen, wie wir vielleicht gehofft haben, und wir müssen bedenken, was passiert, wenn wir Hooks für das Arbeiten mit Anwendungen zur Verfügung stellen müssen.

Obwohl es mehr Probleme gibt, als einige Leute gehofft haben, hat die Verbreitung von XML bei Werkzeugen der Hersteller und bei Software-Anwendungen (die darauf abzielen, Möglichkeiten der Zusammenarbeit zu schaffen) dazu beigetragen, das Interesse an diesem Bereich und die Anzahl der Leute zu steigern, die an den Prozessen arbeiten, die für den Einsatz von XML im E-Business benötigt werden.

Wir haben dann einige vertikale Branchen betrachtet, die XML zu ihrem Vorteil einsetzen, und Beispiele für ihre Nachrichten kennen gelernt. Die Anzahl der Branchen, die an der Erstellung von XML-Schemata zur Beschreibung ihrer Geschäftsprozesse arbeiten, nimmt laufend zu. Gleichzeitig helfen andere Dinge, wie beispielsweise UML-Diagramme, Datenbank-Schemata und spezielle Software, den Anwendern dabei, Lösungen zu implementieren.

Schließlich haben wir einige Firmen betrachtet, die den Märkten helfen, miteinander zu kommunizieren. Das BizTalk-Framework von Microsoft unterstützt nicht nur vertikale, sondern auch horizontale Märkte sowie B2B-Transaktionen. Es zeigt, wie leistungsstark XML in diesen Situationen sein kann. Und hoffentlich sehen alle genannten Beispiele sehr viel einfacher aus als vergleichbare, vorhandene EDI-Lösungen. Denken Sie daran, dass der Schlüssel zum Erlernen einer neuen XML-Sprache darin liegt, die Grundlagen gründlich verstanden zu haben. Wenn Sie XML-Dokumente lesen und schreiben können, haben Sie den halben Weg bereits hinter sich, um eine beliebige neue XML-Sprache für ein beliebiges Geschäftsfeld zu verstehen.

Wir verfügen über brauchbare Methoden, um Millionen von Unternehmen im E-Business zu einer Online-Präsenz zu verhelfen. Natürlich sind noch Hindernisse zu überwinden und Schwachstellen zu beseitigen. In Jahr 1998 hat ein angesehener Branchenanalyst behauptet, die Wahrscheinlichkeit betrage 0,8, dass im Jahre 2002 die Mehrzahl neuer Geschäfte mit Hilfe von XML angebahnt werden.

Die Technik ist im Begriff, diese Vorhersage Wirklichkeit werden zu lassen. Dazu müssen wir uns auf unsere Visionen eines globalen E-Business konzentrieren und sicherstellen, dass die wachsende Komplexität, die in den neuen Arbeitsentwürfen von XML-Erweiterungen zu finden ist, nicht den Prozess, einfache, konsistente, schlanke, leicht erlernbare und wartungsfreundliche E-Business-Systeme zu schaffen, in die falsche Richtung lenkt. Diese E-Commerce-Systeme werden im Gegensatz zu ihren Vorgängern eng mit Sprachen (Java, VB usw.), Datenbanken (alle) und Betriebssystemen (Windows 2000) integriert sein, und wir müssen uns bei unserer Arbeit mit XML zusätzlich zu dem traditionellen Datenaustausch auch mit diesen Bereichen auseinandersetzen.

Wir müssen an lokalen E-Commerce-Benutzergruppen und an unseren Brancheninitiativen teilnehmen. Wenn Sie bereits einer Vereinigung angehören und sicherstellen wollen, dass Sie die Standards jetzt und in der Zukunft einhalten, nehmen Sie an Programmen wie dem Daten Interchange Standards Association's Collaborative Services teil. Wenn Ihr Unternehmen XML-Werkzeuge anbietet, treten Sie einer Herstellervereinigung bei, wie beispielsweise OASIS, RosettaNet oder vielen anderen. Das Problem für viele Anbieter und kleine und mittlere Unternehmen besteht darin, dass sie es sich nicht leisten können, an einer großen nationalen oder gar internationalen Initiative teilzunehmen. Die Technik kann uns in dieser Hinsicht helfen: Werkzeuge zur Zusammenarbeit über das Internet können uns dabei helfen, unsere knappe Zeit und unsere begrenzten Ressourcen zu nutzen, um unsere Ideen und Anstrengungen hinsichtlich gemeinsamer Probleme untereinander auszutauschen.

Die Konsequenz daraus ist: Beginnen Sie jetzt mit der Aufklärung und Ausbildung Ihrer Mitarbeiter, definieren Sie unklare Geschäftssubstantive (Informationen) und -verben (Prozesse), definieren Sie eine Unternehmensarchitektur, die Ihren Anforderungen gerecht wird, besorgen Sie sich einige Werkzeuge, und fangen Sie an. Es gibt keinen besseren Zeitpunkt als jetzt, um diese zentrale Technik für das E-Business zu nutzen.

Hilfreiche Links:

XML/EDI-Gruppe: `http://www.xmledi.org/`

Bizcodes: `http://www.bizcodes.org/`

Data Interchange Standards Association: `http://www.disa.org/`

The World Wide Web Consortium (W3C): `http://www.w3c.org/`

Interactive Financial Exchange: `http://www.ifxforum.org/`

Open Travel Alliance: `http://www.disa.org/opentravel.com/index.htm`

RosettaNet: `http://www.rosettanet.org`

Electronic Business XML: `http://www.ebxml.org/index.html`

13

XML-Formatierung

Menschen verwenden, wenn sie miteinander kommunizieren, hauptsächlich zwei Sinneskanäle: das **Gehör** und das **Sehvermögen**. XML trennt, wie schon gesehen, die Daten von den Regeln zu ihrer Darstellung. Folglich müssen Formatierungssprachen (style languages) für XML das ursprüngliche XML-Dokument in eine Reihe von **Darstellungsobjekten** für unser visuelles oder akustisches Wahrnehmungssystem übertragen. Sobald die Anwendungen im Web auch für andere Ausgabegeräte als den traditionellen Browser auf einem PC zur Verfügung stehen sollen, wird es einen Bedarf an flexibleren Gestaltungsmechanismen geben als die, die HTML anbietet. Wir werden uns in diesem Kapitel nicht nur damit beschäftigen, wie man XML für traditionelle Browser formatieren kann; wir werden uns auch anschauen, wie man Stylesheets für andere Formate erstellt, beispielsweise für die Druckausgabe oder für akustische Browser.

Formatierungssprachen sind merkwürdige Zeitgenossen. Ihnen liegt das Prinzip der **deklarativen** Programmierung zugrunde, bei der man in erster Linie festlegt, »was man will«, anstatt dem System klarzumachen, »wie es das Ergebnis erlangt, das man will«. Es steht hier ein wahrer Überfluss an Werkzeugen zur Verfügung, von denen einige auf proprietären Sprachen wie Balise oder Omnimark basieren und andere auf standardisierten Spezifikationen wie den Cascading Style Sheets (CSS), der eXtensible Stylesheet Language (XSL) oder der Document Style Semantic and Specification Language (DSSSL).

Wir werden in diesem Kapitel die Formatierung von XML-Dokumenten mit zwei unterschiedlichen Stilbeschreibungssprachen untersuchen:

❏ CSS
❏ XSL

Weiterhin werden wir am Ende des Kapitels einen kurzen Blick auf DSSSL und Omnimark werfen, da beide schon jetzt in Zusammenhang mit XML benutzt werden. CSS und XSL sind Produkte des W3C, und DSSSL ist ein Ergebnis der International Standards Organization (ISO). Omnimark ist, obwohl frei über das Web verfügbar, eine proprietäre Sprache. Bei der Betrachtung von XSL werden wir uns damit beschäftigen, wie man es benutzt, um XML-Dokumente in HTML, VOXML oder (zu Druckzwecken) in XSL-Formatierungsobjekte (XSL formatting objects) umzuwandeln. VOXML wird vom VOXML-Konsortium gepflegt, das sich der Entwicklung von Browsern widmet, die man per Stimme steuern kann – wer sich nun fragt, warum man so etwas benötigen könnte, der soll sich einfach mal sein Autoradio oder sein Mobiltelefon als potenziellen Stimm-gesteuerten Browser vorstellen. Bevor wir aber unser Augenmerk auf eine dieser Sprachen lenken, beschäftigen wir uns mit der ihnen zugrunde liegenden Theorie.

Wo wird formatiert?

Die Web-Architektur beruht eigentlich auf einem Client-Server-System. Die erste Generation der Web-Clients wurde von HTML-Browsern dominiert, mittlerweile erreicht aber schon die nächste Generation den Markt. Diese neue Art von Browsern ist XML-fähig: Der Internet Explorer (Version 5 oder höher) ist ein Browser für XML-Dokumente. Im Mozilla-Projekt (ein Abkömmling des Browsers von Netscape, der von der Open-Source-Gemeinschaft weiterentwickelt wird) wird ebenfalls an einem XML-Browser gearbeitet.

Die Formatierung eines XML-Dokuments kann entweder auf Seite des Servers oder Client-seitig stattfinden. Ist der Browser des Clients ein XML-fähiger Browser, dann hat der HTTP-Server die wirklich einfache Aufgabe, dem Dokument das richtige Stylesheet zuzuordnen (möglicherweise enthält das Dokument auch schon einen Verweis auf das richtige Stylesheet) und dem Browser zuzuschicken.

Ist der Client-Browser jedoch nicht XML-fähig, dann muss das Dokument in ein darstellbares Dokument umgewandelt werden, bevor es versandt wird. Man sieht also, dass die Umwandlung eines XML-Dokuments in ein Objekt, das ein Browser darstellen kann, entweder durch den XML-fähigen Browser oder den HTTP-Server durchgeführt werden kann.

Server-seitige XML-Transformation

HTTP-Server kann man sich wie Fileserver vorstellen, aber anders als bei den einfachen Fileservern kann man ihre Funktionalität mit Zusatzmodulen erweitern. Diese Erweiterungen sind in den meisten Fällen skriptgesteuert. Die populärsten unter ihnen wie ASP, JSP, PHP oder Cold Fusion benutzen Vorlagen für die Dokumente.

Um XML zu verarbeiten, benötigt ein HTTP-Server Zusatzmodule zur XML-Bearbeitung – im allereinfachsten Fall müsste das Modul fähig sein, eine XML-Datei in ein HTML-Dokument umzuwandeln und dieses dann dem Browser zuzuschicken, der die eigentliche Formatierung übernimmt (beispielsweise ein XSLT-Modul). Die komplexeren Server-Erweiterungen sind dann schon vollständige Ablagesysteme für XML-Dokumente. Wie schon in Kapitel 9 angesprochen, wird das XML-Dokument zuerst durch einen Parser syntaktisch analysiert und in eine interne Struktur überführt, ein Formatierungsmodul wandelt dann, unter Zuhilfenahme von Dokumentvorlagen, diese interne Struktur in ein HTML-Dokument um. Im Falle des ausgefeilteren XML-Ablagesystems ist die syntaktische Analyse unnötig, da das Dokument schon analysiert und in der internen Form abgelegt wurde; das Formatierungsmodul führt seine Aufgaben direkt auf den internen Strukturen aus. Üblicherweise sind Server, die ein komplettes XML-Ablagesystem beinhalten, leistungsfähiger als einfache, die nur mit Dateien arbeiten. Dateibasierte Systeme können allerdings ihre Leistungsfähigkeit durch Pufferung (engl. Caching) der XML-Dokumente, die schon nach HTML gewandelt wurden, steigern.

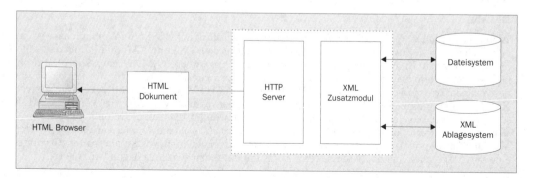

Client-seitige XML-Transformation

Handelt es sich bei dem Client um einen XML-fähigen Browser, dann ist die Aufgabe um vieles einfacher. Eigentlich kann fast jeder Webserver XML-Dokumente liefern, die von diesen Browsern dargestellt werden können.

Der Vorgang ist sehr simpel; der HTTP-Server schickt das XML-Dokument zum Browser. Dieser durchsucht das erhaltene Dokument nach einem bestimmten Ausdruck, der »processing-instruction« (Verarbeitungs-Anweisung). Wie wir noch sehen werden, ermöglicht diese Verarbeitungs-Anweisung dem Browser, das mit dem XML-Dokument verknüpfte Stylesheet zu holen und die Formatierung des Dokuments vorzunehmen.

Natürlich wird die Wahl der Stilbeschreibungssprache von den Fähigkeiten des Browsers bestimmt. Einige XML-Browser sind möglicherweise nur in der Lage, XML-Dokumente mit CSS-Stylesheets zu bearbeiten, andere nur mit XSL.

Formatierungsmodelle

Die zwei Formatierungsmodelle, die wir in diesem Kapitel betrachten, sind das der akustischen und der visuellen Formatierung. Das Modell einer akustischen Formatierung setzt eine sequenzielle Anordnung der darzustellenden Objekte voraus, und impliziert deshalb auch, dass ein akustischer Browser zeitabhängig arbeitet. Demgegenüber weisen beim visuellen Formatierungsmodell die darzustellenden Objekte eine räumliche Anordnung auf, ein visueller Browser ist folglich von dem ihm zur Verfügung stehenden Platz abhängig. Werfen wir nun einen Blick auf einige Unterschiede zwischen diesen beiden Modellen.

Visuelle Formatierung

Heutzutage ist das gebräuchlichste Informationsmedium , das man mit sich herumtragen kann, ein einfaches Blatt Papier. Denkt man jedoch an all die Informationen, die einen jeden Tag erreichen, so stellt man fest, dass der Browser als Instrument, um Informationen mitzuteilen, beständig an Beliebtheit gewinnt. Trotz der Tatsache, dass auch ein Browser Informationen elektronisch auf einem Bildschirm darstellt, gibt es noch einen großen Unterschied zwischen ihm und dem Blatt Papier. Auf Papier haben die Seiten immer eine feste Größe, während ein Browser Seiten unterschiedlicher Größe anzeigen kann und man immer nur einen **Ausschnitt** (engl. Viewport) einer Seite sehen kann.

Browser mit der Fähigkeit, XML-Dokumente darzustellen wie der Microsoft Internet Explorer 5 (der frei per Download verfügbar ist), sind leicht erhältlich. Der Internet Explorer 5.0 unterstützt sowohl CSS als auch XSL.

> Hinweis: Die CSS-Unterstützung im Internet Explorer 5.0 ist unvollständig und die Implementation von XSLT geht nicht mit der W3C-Empfehlung konform.

Anmerkung des Übersetzers: Die Empfehlungen (engl. recommendations) des W3C haben trotz ihres Namens den Status von Standarddokumenten und können als Vorlage zur Implementierung dienen.

Außerdem wird gerade ein Ableger der Netscape-Browser-Familie in Form eines Open-Source-Projekts weiterentwickelt (http://www.Mozilla.org/). Dieser wird CSS und XSL unterstützen.

Sowohl das Papier als auch der Browser bilden das Fundament für eine visuelle Formatierung. Sie sind sozusagen der Haupt-**Behälter** für die visuellen **Formatierungsobjekte**. Die kleinste Einheit der Formatierungssprachen ist das **Gebiet**. In den Standard-Formatierungssprachen ist ein Gebiet eine rechteckige Fläche. Mit dieser Betrachtungsweise ist eine Seite ein Gebiet, das andere Gebiete umschließt. Diese rechteckigen Gebiete, die wiederum andere rechteckige Gebiete beinhalten, bilden eine Baumstruktur. Folglich stellt sich ein visuelles Layout als Baum von Formatierungsobjekten (rechteckigen Flächen) dar, an dessen Baumwurzel sich die gesamte Seite befindet und dessen Knoten durch die Formatierungsobjekte der tieferen Ebenen gebildet werden.

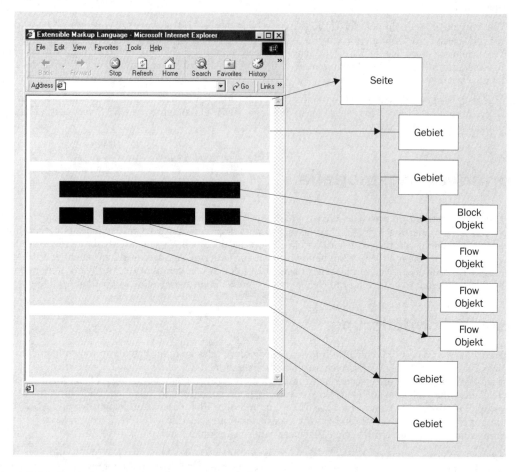

Je nach Mächtigkeit der Formatierungssprache werden meist zwei Modelle für das Layout, also die Anordnung der Formatierungsobjekte, angeboten:

Fließendes Layout (Flow Layout)

Festes Layout (Fixed Layout)

Beim **fließenden** Layout werden die Formatierungsobjekte eines nach dem anderen auf der Schreibunterlage (zum Beispiel dem Blatt Papier) angeordnet. Verläuft die Schreibrichtung von oben nach unten und von links nach rechts, dann werden die Objekte auf die gleiche Weise angeordnet – von oben nach unten und von links nach rechts. Absätze werden beispielsweise übereinander platziert, Wörter/Sätze nebeneinander. Meistens dürfen die Formatierungsobjekte nur vertikal oder horizontal platziert werden. Beispielsweise erlaubt die Formatierungssprache CSS für so genannte Block-Objekte eine vertikale Anordnung, so dass sie sich im Grunde wie Absätze eines Textes verhalten. Die so genannten Inline-Objekte werden hingegen ähnlich wie Wörter oder Sätze nur horizontal angeordnet. Weiterhin gilt im Allgemeinen (jedenfalls für die westlichen Schriftsprachen), dass die Formatierungsobjekte, die im Formatierungsfluss horizontal nebeneinander angeordnet werden, in die vertikal angeordneten Formatierungsobjekte eingebettet werden.

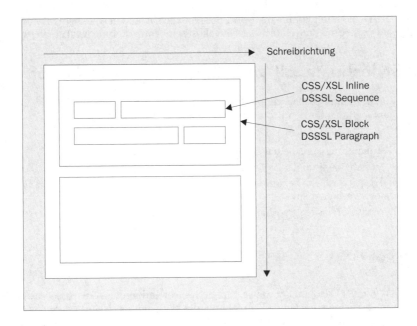

Beim **festen** Layout wird den Formatierungsobjekten eine Position auf einer Seite zugewiesen. Die Fläche, die das gesamte Dokument verkörpern soll, verhält sich wie ein Cartesisches Universum, in dem jede Stelle eindeutig durch ihre Koordinaten bestimmt werden kann. In der Formatierungssprache CSS gibt es beispielsweise bestimmte Formatierungsobjekte, die in Abhängigkeit von der Position des sie einschließenden Formatierungsobjekts platziert werden. Man weist den eingebetteten Objekten über die Eigenschaften `left` und `top` eine feste Position, bezogen auf die linke bzw. obere Kante des umgebenden Objekts zu. Handelt es sich bei diesem Objekt um das gesamte Dokument, so bezieht sich diese feste Position auf die linke, obere Kante des Gesamtdokuments. Ist das umschließende Objekt ein weiteres, normales Formatierungsobjekt, dann erfolgt die feste Positionierung bezogen auf die linke obere Kante der Fläche dieses Objekts. Unser ursprüngliches Objekt hat also nur bezogen auf das einbettende Formatierungsobjekt eine feste Position. Dessen Position kann sich wiederum mit dem ganz normalen Formatierungsfluss ändern.

Akustische Formatierung

Akustische Browser sind weit weniger bekannt als ihre visuellen Gegenstücke und werden größtenteils noch in den Forschungslaboren ausgebrütet. Das am häufigsten verwendete akustische Modell ähnelt dem, das in der Musik verwendet wird. Man betrachtet dabei Klänge, die sequenziell angeordnet sind und eine **zeitliche Dauer** aufweisen. Anders als in der Musik sind diese Klänge aber komplexer, da es sich dabei um gesprochene Worte handelt. Die kleinste Einheit für einen akustischen Browser wird deshalb üblicherweise auch als **Spracheinheit** bezeichnet. Eine Spracheinheit besteht aus einer Folge von Wörtern, die voneinander durch Stillephasen getrennt sind. Die Charakteristika solch einer Spracheinheit sind dann Tonfall, Geschlecht des Sprechers, Satzrhythmus etc.

Akustische Browser sind erst seit kurzem in der Entwicklungslandschaft aufgetaucht, hervorzuheben sind:

Hewlett Packards SpeechML-Browser

IBMs VoiceXML-Browser

Aber sind denn akustische Browser nicht nur ein Labor-Spielzeug? Wir beantworten diese Fragen mal mit einer Gegenfrage: Würden Sie lesen, während Sie Auto fahren? Man könnte einen akustischen Browser, der gesprochene Befehle entgegennimmt, nutzen, um XML-Dokumente für den Einsatz in ihrem Wagen akustisch aufzubereiten. Damit könnte man zum Beispiel auch aktuellen Nachrichten, wenn sie einmal als XML-Dokumente vorliegen, ganz einfach für eine akustische Formatierung im Auto verwenden.

Wie man Stylesheets mit XML-Dokumenten verknüpft

XML-Dokumente werden über eine Verarbeitungs-Anweisung mit einem Stylesheet verknüpft. Mit diesem Meta-Element legt man für den Browser oder das Formatierungsmodul fest:

❏ Wo das Stylesheet zu finden ist

❏ In welcher Formatierungssprache das Stylesheet geschrieben wurde

❏ Für welches Ausgabemedium das Stylesheet gedacht ist

❏ Welchen Titel das Stylesheets bekommen soll (zum Beispiel zur Auswahl aus einem Menü, wenn alternative Stylesheets verfügbar sind)

❏ Ob noch alternative Stylesheets vorhanden sind

Beispiel:

```
<?xml-stylesheet href="meinStyleSheet.css" type="text/css"
title="CSS style" media="screen"?>
```

Das Element, das ein XML-Dokument mit seinem Stylesheet verknüpft, ist die `xml-stylesheet`-Verarbeitungs-Anweisung. Die entsprechende Empfehlung des W3C mit dem Titel *Associating Style Sheets with XML Documents Version 1.0* findet man unter `http://www.w3.org/TR/xml-stylesheet/`.

Die Attribute dieser Verarbeitungs-Anweisung lauten wie folgt:

Attribut	Beschreibung
href	Die Adresse des Stylesheets. Als Wert ist ein URI erlaubt, üblicherweise wird ein URL angegeben.
type	Der MIME-Typ der Formatierungssprache, die verwendet wird. Die MIME-Typen sind beispielsweise "text/css" für CSS, "text/dsssl" für DSSSL und "text/xsl" für XSL.
media	Das Ausgabeformat des Stylesheets. Erlaubte Werte sind screen, print, aural etc. für die Ausgabe auf dem Bildschirm, den Ausdruck oder die akustische Wiedergabe.
title	Ein Titel für das Stylesheet. Der Titel kann von einem Formatierungsmodul benutzt werden, um in einem Menü zur Auswahl zwischen alternativen Ausgabeformaten angeboten zu werden.
alternate	Erlaubte Werte: yes oder no. An diesem Attribut kann das Formatierungsmodul erkennen, ob alternative Stylesheets für dasselbe Ausgabemedium vorhanden sind.

Regelbasierte Sprachen

Die meisten Formatierungssprachen sind regelbasiert. Doch was verstehen wir unter Regeln? Eine Regel besteht aus zwei Teilen:

❏ Dem Vergleichsmuster-Teil

❏ Dem Aktions-Teil

Im Teil mit dem Vergleichmuster steht ein formaler Ausdruck, über den man den Meta-Elementen des XML-Dokuments eine irgendwie geartete Aktion zuordnen kann. Im Aktions-Teil findet man entweder eine kurze auszuführende Prozedur oder eine Schablone, also eine Vorlage für die Ausgabe, die die Regel für das Element produzieren soll.

Wie schon im Kapitel über die XML-Transformation behandelt, umfasst der Prozess, der bei regelbasierten Formatierungssprachen abläuft, zuerst die Umwandlung der ursprünglichen XML-Dokumente in eine Baumstruktur. Die Baumknoten werden dann, einer nach dem anderen, durchlaufen und es wird überprüft, ob das Vergleichsmuster irgendeiner Regel passt. Wenn der Vergleich erfolgreich verläuft, wird die zugehörige Prozedur ausgeführt. Wenn im Aktions-Teil der Regel allerdings eine Schablone für eine Ausgabe vorliegt, dann erfolgt der implizite Aufruf einer Regel oder Prozedur, die diese Vorlage bearbeitet. Die Schablone wird auf syntaktische Korrektheit überprüft und die Ausgabe wird anhand der Vorlage und dem auszugebenden Element erzeugt. Da es sich bei der so erzeugten Ausgabe ja wiederum um ein XML-(Teil-)Dokument handeln kann, ist es evtl. notwendig, das Formatierungsmodul erneut auf die Ausgabe anzusetzen, um die neu erzeugten Elemente zu formatieren. Beispiel: Man generiert bei der Formatierung aus den Kapitelüberschriften automatisch ein Inhaltsverzeichnis. Damit haben wir ein neues XML-Teildokument erzeugt, das dann aber auch noch visuell formatiert (Zeichensatz, Schriftgröße etc.) werden muss. Dieser gesamte Prozess ist, wie gerade beschrieben, die gängige Vorgehensweise eines XML-Formatierungsmoduls.

Nachdem wir nun die Aspekte betrachtet haben, die allen Formatierungssprachen gemein sind, wird es Zeit, sich der ersten Sprache zuzuwenden, auf die wir uns in diesem Kapitel konzentrieren wollen: CSS.

Wir werden hier nur einen Sprachüberblick anbieten, eine komplette Liste aller Eigenschaften der Formatierungsobjekte in CSS1 und CSS2 findet sich in Anhang F auf der CD.

CSS

Wer HTML benutzt, ist sicherlich schon den Cascading Style Sheets begegnet. Einige Browser beherrschen schon jetzt eine vollständige oder zumindest teilweise Implementierung der CSS Level 1 (CSS1). Implementierungen von CSS Level 2 (CSS2) finden sich seltener und sind dann auch unvollständig. CSS1 und CSS2 liegen beide als Empfehlung des W3C vor. Man findet diese unter `http://www.w3.org/TR/REC-CSS1` bzw. `http://www.w3.org/TR/REC-CSS2`. Die Sprache ähnelt den Formatierungsanweisungen in HTML und die Spezifikation ist leicht zu verstehen.

Das CSS-Atom: der Kasten

Würde man heutzutage Demokrit (griech. Philosoph 460 - 370 vor Christus) treffen und mit ihm über CSS reden, dann würde er sicher fragen: »Wo sind denn die Atome bei den CSS?« Um seine Frage zu beantworten, würde man schnell erwidern: »Bei den CSS wird ja jedes Objekt in einen Kasten gesteckt – das Atom im CSS-Modell ist also der Kasten«. In der CSS-Spezifikation wird dieses Konzept auch als Kastenmodell bezeichnet.

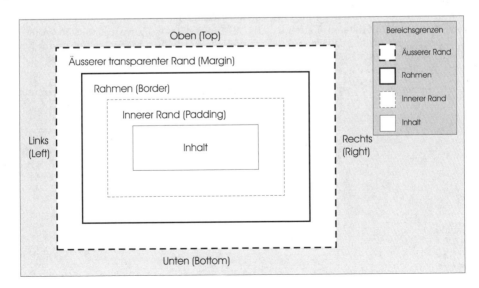

In der Welt der CSS ist ein Kasten eine rechteckige Fläche mit bestimmten Grundeigenschaften wie dem **Randabstand** (margin dimension) oder der Ausdehnung des umgebenden **Rahmens** (border dimension). Alle Kästen werden ineinander geschachtelt wie russische Babuschka-Puppen. Einige Kästen bilden so den Behälter für andere Kästen, andere sind gewissermaßen nur Füllung. Diese Struktur kann man sich wieder gut als einen Baum von Kästen bzw. rechteckigen Flächen vorstellen. Die gesamte Baumstruktur ist dann in einem weiteren Kasten enthalten, der entweder ein kontinuierliches Ausgabemedium darstellt (so wie in Browsern, bei dem man bildschirmweise blättern kann) oder ein Druck-Erzeugnis (bei dem die Dimensionen der Ausgabefläche fest sind).

Wie Elemente eines XML-Dokuments mit den CSS-Regeln verknüpft werden

Wir wissen jetzt, dass in der CSS-Sichtweise die Welt nur aus Kästen besteht, jetzt müssen wir uns damit beschäftigen, wie wir eine Verknüpfung zwischen den XML-Elementen und diesen Kästen hinbekommen. Die Antwort darauf lautet: mit den Regeln. Eine Regel besteht aus einem Satz von Eigenschaften, die einem oder mehreren Elementtypen des Dokuments zugeordnet werden. Jede Regel besteht aus einer **Vergleichsmusterkomponente** und einem **Prozedur-** oder **Aktionsteil**. Im Vokabular der CSS heißt die Vergleichskomponente auch **Selektor** und den Prozedurteil bezeichnet man als Satz von **Eigenschaften** (properties). CSS ist also regelbasiert. Schauen wir uns das folgende Beispiel einer CSS-Regel an:

```
Vergleichsmuster              Prozedur
    oder                        oder
  Selektor                  Eigenschaften

   title           {
                     font-family: Arial, Helvetica;
                     color: blue;
                     display: block;
                     padding-bottom: 0.5px;
                     padding-top: 0.5px;
                   }
```

Links haben wir den Abschnitt mit dem Vergleichsmuster (also den Selektor), der den Elementnamen spezifiziert. Rechts finden wir die Beschreibung, wie dieser Kasten dargestellt werden soll (die Eigenschaften). Wir werden uns mit der Syntax bald eingehender befassen.

Die Formatierung per CSS hängt sehr stark von der Dokumentenstruktur ab. Der Baum der Formatierungsobjekte stimmt oft mit dem Baum der XML-Elemente überein. Im Wesentlichen ordnet man jedem XML-Element ein CSS-Formatierungsobjekt mit seinen spezifischen Eigenschaften zu. Im Beispiel unten wird beispielsweise dem <ITEM>-Element ein Formatierungsobjekt des Typs Block zugeordnet, das <DESCRIPTION>-Element wird ebenfalls als Block-Objekt dargestellt usw.:

Doch jetzt wollen wir uns mal genauer ansehen, was denn Block- bzw. Inline-Objekte eigentlich sind.

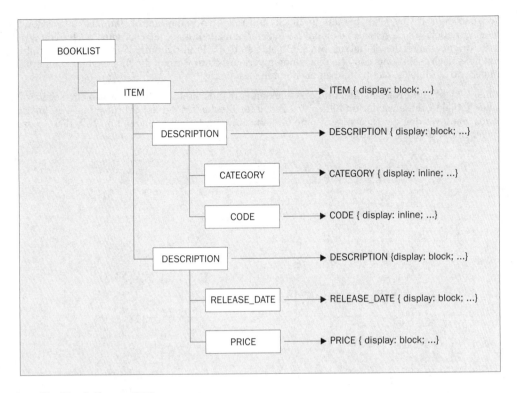

Das visuelle Modell von CSS

Es gibt zwei grundlegende Formatierungsobjekte der CSS:

Das Block-Objekt

Das Inline-Objekt

Nimmt man jedoch eine Sichtweise ein, aus der man nur Objekte betrachtet, die bei der Darstellung eine Einheit bilden, dann gibt es auch CSS-Formatierungselemente wie:

Das Float-Objekt (Gleitobjekt)

Die Liste

Die Tabelle

Eine Tabelle im Detail betrachtet weist wiederum noch speziellere Eigenschaften auf; sie besteht zum Beispiel aus Objekten wie Kopfzeilen, Zellen, Zeilen und Spalten. Für die CSS gibt es jedoch kein einheitliches Modell für diese Objekte, da die Art und Weise, in der ein Objekt definiert wird, auf unterschiedliche Arten erfolgen kann. Während man zum Beispiel Block- und Inline-Objekte darüber festlegt, dass die `display`-Eigenschaft einen bestimmten Wert hat, wird ein Float-Objekt über die bloße Existenz der `float`-Eigenschaft definiert, die zudem auch noch unterschiedliche Werte annehmen kann. Die Syntax der CSS spiegelt also nicht das visuelle Modell wider.

Block: Wert (der Eigenschaft display)

Inline: Wert (der Eigenschaft display)

Tabelle: Wert (der Eigenschaft display)

Liste: Eigenschaft

Float: Eigenschaft

Konzentrieren wir uns jetzt aber auf die Block- und Inline-Formatierungsobjekte. Blöcke werden übereinander gestapelt. Im Gegensatz zu einem normalen Stapel, den man nur von unten nach oben errichten kann, orientiert sich der Stapel der Block-Objekte an der Schreibrichtung. Wenn also die Schreibrichtung von links nach rechts und von oben nach unten verläuft, dann werden die Block-Objekte innerhalb ihres umgebenden Objekts auch von oben nach unten gestapelt.

Inline-Objekte sind Kästen, die in Block-Objekten enthalten sind. Ein Block ist also ein Behälter für Inline-Objekte, diese wiederum bilden den Inhalt für Blöcke. Erfolgt der Schriftverlauf von links nach rechts, dann werden die Kästen der Inline-Objekte einer nach dem anderen innerhalb der Grenzen des umgebenden Blocks angeordnet:

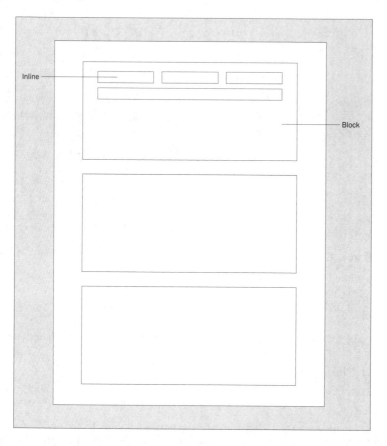

Die meisten Formatierungssprachen verwenden das Modell eines Formatierungsflusses. In diesem Modell werden die Formatierungsobjekte eins nach dem anderen ausgegeben, und die Formatierung orientiert sich an den Konventionen zur Darstellung der gewählten Schriftsprache. CSS unterstützt dieses Modell, erlaubt aber auch eine absolute Positionierung. Man hat die Wahl: Ein Kasten kann an einer genau festgelegten Position platziert werden, oder aber man positioniert ihn an Hand der Schreibkonvention, nach dem zuletzt ausgegebenen Kasten. Eine gebräuchliche Anwendung von Dokumenten mit absolut positionierten Elementen stellen Formulare dar, bei denen man die Eingabefelder an fixen Positionen vorfindet:

Um auf einer Seite Randbemerkungen oder Bilder hinzuzufügen, kann man die `float`-Eigenschaft eines Elements setzen. Sie bewirkt, dass für das Element ein spezieller Kasten erzeugt wird, der dann links oder

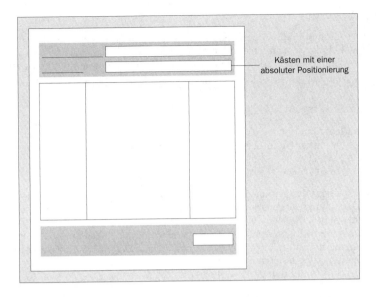

Kästen mit einer
absoluter Positionierung

rechts an den ihm umgebenden Kasten »angeklebt« wird. Die Formatierung erfolgt, wie weiter unten dargestellt, um dieses Float-Objekt herum:

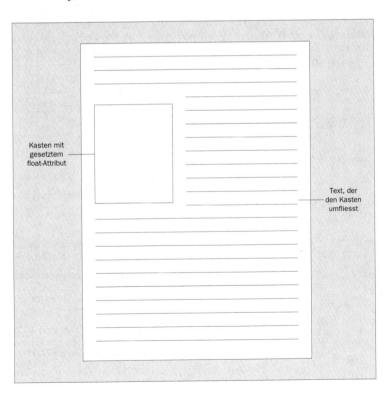

Kasten mit
gesetztem
float-Attribut

Text, der
den Kasten
umfliesst

Aufbau einer CSS-Regel

Wer schon die Programmiersprachen C oder C++ kennt, dem könnte der Aufbau von CSS bekannt erscheinen, obwohl sich die Ähnlichkeit darauf beschränkt, dass die Regeln durch geschweifte Klammern »{}« getrennt werden, und dass jede Zeile der Attributliste durch ein Semikolon beendet werden muss.

Ein Stylesheet besteht aus einer Anzahl Regeln. Für jede Regel gilt folgende Syntax:

```
Selektor { Eigenschaften }
```

Mit dem Selektor legt man fest, welchen Elementen des Dokuments die Eigenschaften zugewiesen werden sollen. In den geschweiften Klammern steht die Liste der Eigenschaften gemäß folgender Syntax:

```
Eigenschaft = Attribut: Wert;
```

Man beachte, dass sogar der grundlegende Typ des Formatierungsobjekts, also ob es in Block-, Inline- oder Tabellen-Darstellung ausgegeben werden soll, über solch ein Attribut-Wert-Paar bestimmt wird. Dies muss für jedes Element festgelegt werden. Wir halten fest: Bei Verwendung von CSS weisen wir den Elementen eines Dokuments Eigenschaften zu. Der Selektor, also der Teil einer CSS-Regel, der das Vergleichsmuster angibt, bestimmt, auf welches Element bzw. welche Elemente diese Regel angewandt werden soll. Die Eigenschaften hingegen, die dem Element – über den Selektor – zugewiesen werden sollen, findet man eingeschlossen in den geschweiften Klammern.

Der Vergleichsmuster-Selektor

Jede Regel eines CSS beginnt also mit einem Selektor. Der Selektor ist ein Vergleichsmuster, über den man ausgewählte XML-Elemente mit konkreten Regeln verknüpft. Trifft ein CSS-Formatierungsmodul auf ein Element, auf das der Selektor passt, dann wird die zugehörige Regel abgearbeitet. Das Abarbeiten einer Regel bedeutet, dass ein Formatierungsobjekt für die Ausgabe erzeugt und mit den Eigenschaften versehen wird, die man im Rumpf der Regel findet. Die folgende Tabelle stellt alle Arten von Selektoren dar, die in CSS2 unterstützt werden:

Muster	Bedeutung
*	Passt auf jedes Element
E	Passt auf jedes Element vom Typ E
E,F	Passt auf jedes Element vom Typ E **oder** F
E F	Passt auf jedes Element vom Typ F, das ein Nachfolger eines Elements vom Typ E ist
E > F	Passt auf jedes Element vom Typ F, das direkter Nachfolger eines Elements vom Typ E ist
E:first-child	Passt auf ein Element vom Typ E nur dann, wenn das Element E das erste Kind seines Eltern-Elements ist
E:link E:visited	Passt auf ein Element vom Typ E, falls es sich dabei um den Anker eines Hyperlinks handelt, dessen Ziel noch nicht angewählt (:link) oder schon besucht (:visited) wurde
E:active E:hover E:focus	Passt auf ein Element vom Typ E, wenn der Benutzer bestimmte Aktionen ausführt. (Beispiel: :hover (engl. für Schweben) passt, wenn der Benutzer den Mauszeiger über einem schon dargestellten Objekt »schweben« lässt. Daraufhin könnte sich die Formatierung des Objekts ändern, zum Beispiel in Fettdruck erscheinen.)
E:lang(c)	Passt auf ein Element vom Typ E, wenn der Inhalt des Elements in der (natürlichen) Sprache c verfasst wurde. (Ob und wie man die Sprache eines Elementinhalts festlegen kann, wird über die benutzte Auszeichnungssprache, also die DTD, festgelegt.)
E + F	Passt auf ein Element vom Typ F, das direkt auf ein Element vom Typ E folgt

Muster	Bedeutung
E[foo]	Passt auf jedes Element vom Typ E, bei dem das Attribut foo gesetzt wurde (der Wert des Attributs ist dabei unerheblich)
E[foo="warnung"]	Passt auf jedes Element vom Typ E, bei dem das Attribut foo genau den Wert "warnung" hat
E[foo~="warnung"]	Passt auf jedes Element vom Typ E, für das gilt: Der Inhalt des Attributs foo ist eine Liste von Werten, die durch Leerzeichen getrennt sind, und von denen einer genau der Zeichenkette "warnung" entspricht
E[lang|="de"]	Passt auf jedes Element vom Typ E, für das gilt: Der Inhalt des Attributs lang besteht aus einer Liste von Werten, die durch Bindestriche getrennt werden. Die ersten beiden Zeichen (von links) müssen "de" lauten
E#meineid	Passt auf jedes Element vom Typ E mit der ID meineid

Ein CSS-Selektor besteht aus einem oder mehreren primitiven Selektoren. In der CSS2-Spezifikation wird dazu festgehalten:

> »Ein primitiver Selektor ist entweder ein **Typ-Selektor** oder der **universelle Selektor**, dem unmittelbar und in beliebiger Reihenfolge keiner oder mehrere **Attribut-Selektoren**, **ID-Selektoren** oder **Pseudo-Klassen** folgen können. Ein primitiver Selektor passt auf ein Element, wenn jede seiner Komponenten passt.«

Ein **Typ-Selektor** ist einfach der Name eines XML-Elements, der bei jedem Vorkommen dieses Elements im Elementbaum des Dokuments passt. Das Zeichen * ist der **universelle Selektor**, der auf jedes Element passt.

Attribut-Selektoren erlauben einen feineren Zugriff auf Elemente und somit einen detaillierteren Mustervergleich, da sie eine präzise Auswahl der Elemente anhand ihrer Attribute und sogar ihrer Attributwerte erlauben. Wenn beispielsweise ein Element namens <TITLE> das Attribut language mit dem Wert »English« besitzt, würden folgende Regeln bei diesem Element abgearbeitet werden:

```
TITLE {display: block;}
TITLE[language] {display: block;}
TITLE[language="English"] {display: block;}
```

Die erste Regel passt auf alle Elemente des Typs <TITLE>, selbst auf die, die das Attribut language nicht gesetzt haben, und legt die Formatierung als Block-Element fest. Die zweite Regel passt auf jedes Element, das das Attribut language gesetzt hat, unabhängig vom Wert der Eigenschaft. Zu guter Letzt passt die letzte Regel genau auf die Elemente des Typs <TITLE>, deren Attribut language genau den Wert »English« hat.

Noch feinere Vergleichsmöglichkeiten erreicht man mit dem **ID-Selektor**, bei dem eine Regel nur auf ein einzelnes Element mit einer ganz bestimmten ID passt.

Normalerweise findet die Zuordnung der CSS-Regeln zu einem Element anhand dessen Position im Dokumentenbaum statt. Verwendet man jedoch eine **Pseudo-Klasse** als Selektor, erlaubt das den Zugriff auf andersartige Knotentypen innerhalb eines Dokumentenbaums. Mit der Pseudo-Klasse first-child erhält man zum Beispiel die Möglichkeit, das erste Kind-Element eines bestimmten Knotens anzusprechen und diesem eine Regel zuzuordnen:

```
TITLE: first-child {...}
```

Man kann auf diese Weise einem Objekt des Elementbaums eigene CSS-Regeln zuordnen, ohne dessen Namen explizit angeben zu müssen.

Pseudo-Elemente sind ein weiterer interessanter Selektortyp. Es könnte beispielsweise wichtig sein, die erste Zeile eines Absatzes unterschiedlich auszugeben oder den ersten Buchstaben eines Kapitels in einer größeren Schriftart zu setzen. Im folgenden Beispiel wird nur die erste Zeile des Inhalts eines Elements vom Typ <DESCRIPTION> ausgewählt und dann gemäß der Attributliste dieser Regel formatiert.

```
DESCRIPTION: first-line {...}
```

Im folgenden Code-Abschnitt hingegen wird nur dem ersten Buchstaben des Elementinhalts die Eigenschaften der Regel zugewiesen:

```
DESCRIPTION: first-letter {...}
```

Man kann primitive Selektoren zu einem einzelnen Selektorausdruck verketten. Man muss sie dazu durch ein Leerzeichen, »>«, »,« oder »+« trennen.

Ein Ausdruck der Art:

```
ITEM,TITLE
```

entspricht einem Selektor, der auf Elemente des Typs <ITEM> oder <TITLE> passt. Man kann also das Komma als logische Oder-Verknüpfung ansehen.

Bei einem Ausdruck wie:

```
ITEM > TITLE
```

passen ausschließlich die <TITLE>-Elemente auf die Regel, die Kind-Elemente eines <ITEM>-Elements sind. Kommt ein <TITLE>-Element an einer anderen Stelle in der Dokumentenstruktur vor, wird der Regel nicht genügt. Beispielsweise würde ein Element des Typs <TITLE>, das als Kind eines <DOCUMENT>-Elements vorkommt, auf eine Regel mit einem derartigen Selektor nicht passen.

Ein Selektor wie:

```
ITEM + TITLE
```

passt schließlich nur auf ein <TITLE>-Element, dem ein Element des Typs <ITEM> unmittelbar vorangeht. Findet man zum Beispiel vor dem <TITLE>-Element den Elementtyp <CATEGORY>, dann würde die Regel nicht passen.

Indem man die Selektoren, durch Kommata getrennt, gruppiert, kann man eine einzelne Regel auch für mehrere Elementtypen verwenden:

```
TITLE[language="English"], ITEM, DOCUMENT > BOOK
{
    ...
}
```

> Der Vergleich der CSS-Selektoren mit den Elementnamen verläuft bei HTML-Dokumenten unabhängig von deren Groß- bzw. Kleinschreibung. Bei XML-Dokumenten hingegen spielt die Schreibweise sehr wohl eine Rolle. Dieses unterschiedliche Verhalten der Selektoren hängt also vom Kontext der verwendeten Dokumentenbeschreibungssprache ab.

Um sämtliche CSS-Attribute einzeln aufzuzählen, fehlt in diesem Kapitel der Platz, eine Liste findet sich jedoch in Anhang F auf der CD.

Ausgabeformate und modulare Stylesheets

Ein Hauptcharakteristikum, das man mit XML-Dokumenten in Verbindung bringt, ist die Trennung von Daten und ihrer Darstellung. CSS-Stylesheets sind ein Weg, um XML für eine Ausgabe aufzubereiten. Es erlaubt uns die Formatierung für verschiedene Ausgabeformate:

Ausgabeformat	Beschreibung
screen	Ausgabe auf einem Bildschirm, beispielsweise im Browser
print	Ausgabe auf einem Drucker, zum Beispiel für den Buchdruck
aural	Ausgabe auf einem akustischen Gerät, zum Beispiel einem Sprachsynthesizer
braille	Ausgabe auf einem Gerät zur Darstellung von Braille (Blindenschrift), das aber die Möglichkeit eines direkten, sensorischen Feedbacks bietet (zum Beispiel Braille-Telefone)
embossed	Ausgabe auf einem Drucker, der Seiten in Braille erzeugen (prägen) kann.
projection	Ausgabe auf einem Projektor (zum Beispiel Video-Beamer)
tty	Ausgabe auf einem Fernschreiber
tv	Ausgabe auf einem Fernseher

Ein CSS-Stylesheet kann Formatierungsanweisungen für mehrere Ausgabeformate enthalten, beispielsweise für Browser, Drucker und Sprachausgabegeräte. Jedes Gerät, für das eine Ausgabe erzeugt werden soll, wird mit einem @media-Abschnitt im Stylesheet spezifiziert. Der folgende Ausdruck verbindet die CSS-Regel mit einem Gerät für die Bildschirmausgabe (üblicherweise einem Browser):

```
@media screen { BOOKLIST {display :block;} }
```

Wie man sehen kann, sind alle Regeln, die auf ein bestimmtes Ausgabeformat abzielen, in der entsprechenden @media-Anweisung enthalten. Um mit den Selektoren mehrere Ausgabeformate auf einmal zu spezifizieren, geht man auf die gleiche Art und Weise vor, mit der man mehreren Elementtypen eine Regel zugewiesen hat.

```
@media screen, print { BOOKLIST {display: block;} }
```

Manchmal ist es notwendig, ein Stylesheet auf mehrere Dateien zu verteilen. So kann man diese oft komplexe Beschreibung des Formatierungsvorgangs weiter modularisieren, indem man beispielsweise das Stylesheet für die Druckausgabe in der einen Datei speichert und das für die akustische Ausgabe in einer anderen.

Die @import-Anweisung ermöglicht es, Regeln aus anderen Stylesheets zu importieren. In einem Stylesheet sollten die @import-Anweisungen vor allen anderen Anweisungen stehen. Man kann auf importierte Stylesheets auch mit einem URL verweisen:

```
@import url(booklist_aural.css);
```

Es ist weiterhin möglich, die @media- und die @import-Anweisung im selben Ausdruck zusammenzufassen wie im folgenden Beispiel:

```
@import url(booklist1.css) aural;
```

Bei dem oberen Ausdruck wurde das Stylesheet booklist1.css importiert und in eine hier nicht ausdrücklich erwähnte @media-Anweisung des Typs aural eingebettet. Möchte man das Ausgabeformat für ein importiertes Stylesheet explizit angeben, so wird es einfach an die Import-Anweisung angefügt.

Die @import-Anweisung	Ausgabeformat
@import url(booklist2.css)	tv, projection

Beispiel für ein CSS Stylesheet

Genug der Theorie, jetzt wird's Zeit für ein konkretes Beispiel. Wir werden im Verlauf des Kapitels immer dasselbe XML-Dokument mit CSS, DSSSL und XSL formatieren. Es handelt sich bei dem Dokument (booklist.xml) um eine Variante des Buchkatalogs, den wir schon im Rest des Buchs verwendet haben.

```
<?xml version="1.0"?>
<BOOKLIST>
    <ITEM>
        <CODE>16-048</CODE>
        <CATEGORY>Scripting</CATEGORY>
        <RELEASE_DATE>1998-04-21</RELEASE_DATE>
        <TITLE>Instant JavaScript</TITLE>
        <PRICE>$49.34</PRICE>
    </ITEM>
    <ITEM>
    <CODE>16-105</CODE>
        <CATEGORY>ASP</CATEGORY>
        <RELEASE_DATE>1998-05-10</RELEASE_DATE>
        <TITLE>Instant Active Server Pages</TITLE>
        <PRICE>$23.45</PRICE>
    </ITEM>
    <ITEM>
        <CODE>16-041</CODE>
        <CATEGORY>HTML</CATEGORY>
        <RELEASE_DATE>1998-03-07</RELEASE_DATE>
        <TITLE>Instant HTML</TITLE>
        <PRICE>$34.23</PRICE>
    </ITEM>
</BOOKLIST>
```

Wir werden in diesem Kapitel immer die gleiche Art der Formatierung für die Ausgabe auf dem Bildschirm verwenden. Das Resultat aller Formatierungsskripts sollte identisch sein, und wie folgt aussehen:

Es ist für unser Katalogbeispiel nicht möglich, diese Ausgabe ohne jede Abänderung des Originaldokuments zu erhalten. Das hat zwei Gründe:

❑ Wir müssen die Elemente des Dokuments umsortieren

❏ Wir müssen zusätzliche Informationen für die Formatierung hinzufügen

Beispielsweise sollte der Titel eines Buchs am Anfang jedes Katalogeintrags stehen. Zur Ausgabe sollten weiterhin die erläuternden Texte Category, Release und Price hinzugefügt werden, die es dem Leser erleichtern, diese Informationen zu finden.

Mit CSS können wir leider die ursprünglichen XML-Dokumente nicht verändern, um die gewünschte Ausgabe zu erzielen. Die Dokumente müssen einer echten XML-Transformation unterworfen werden, bevor sie für die Ausgabe formatiert werden können. Das schließt das Umordnen der Dokumententeile und das Einfügen der gewünschten Bildschirmtexte zum Inhalt mit ein. Eine perfekte Aufgabe für die Transformationsfähigkeiten von XSLT.

Der Einfachheit halber nehmen wir an, dass unser Dokument, wie in Kapitel 9 erklärt, in das nun folgende XML-Dokument (trans_booklist.xml) transformiert wurde:

```xml
<?xml version="1.0"?>
<?xml-stylesheet
    type="text/css"
    href="booklist.css"
    media="screen"?>
<BOOKLIST>
    <ITEM>
        <TITLE>Instant JavaScript</TITLE>
        <DESCRIPTION>
            <CATEGORY>Category: </CATEGORY>
            <CODE>(16-048)</CODE>
        </DESCRIPTION>
        <DESCRIPTION>
            <RELEASE_DATE>Release date: 1998-04-21</RELEASE_DATE>
            <PRICE>Price: $49.34</PRICE>
        </DESCRIPTION>
    </ITEM>
    <ITEM>
        <TITLE>Instant Active Server Pages</TITLE>
        <DESCRIPTION>
            <CATEGORY>Category: ASP</CATEGORY>
            <CODE>(16-105)</CODE>
        </DESCRIPTION>
        <DESCRIPTION>
            <RELEASE_DATE>release date: 1998-05-10</RELEASE_DATE>
            <PRICE>Price: $23.45</PRICE>
        </DESCRIPTION>
    </ITEM>
    <ITEM>
        <TITLE>Instant HTML</TITLE>
        <DESCRIPTION>
            <CATEGORY>Category: HTML</CATEGORY>
            <CODE>(16-041)</CODE>
        </DESCRIPTION>
        <DESCRIPTION>
            <RELEASE_DATE>release date: 1998-03-07</RELEASE_DATE>
            <PRICE>Price: $34.23</PRICE>
        </DESCRIPTION>
    </ITEM>
</BOOKLIST>
```

Zu Beginn des Dokuments stellt die Verarbeitungs-Anweisung `xml-stylesheet` die Verbindung zwischen dem CSS-Stylesheet und dem XML-Dokument her:

```
<?xml-stylesheet type="text/css" href="booklist.css" media="screen"?>
```

Das erste Attribut, `type`, legt den Typ des Stylesheets fest und sollte im Falle von CSS auf den entsprechenden MIME-Typ »text/css«gesetzt werden. Im zweiten Attribut, `href`, steht der Verweis auf die Adresse, unter der das Stylesheet zu finden ist. Hier sollte ein URI stehen (in den meisten Fällen steht hier ein URL). Das letzte Attribut liefert dem Modul, das für die Formatierung gemäß CSS zuständig ist, den Hinweis, dass es sich bei dem Ausgabegerät um einen Bildschirm (`screen`) handelt. Bei einem Drucker hätten wir das Attribut `media` auf den Wert »print« gesetzt.

Da der Microsoft Internet Explorer 5 die Formatierung von XML-Dokumenten mit CSS unterstützt, kann man die Darstellung unseres Beispieldokuments an Hand des folgenden CSS-Stylesheets überprüfen und wird sehen, dass man das gleiche Resultat erhält wie im oben dargestellten Screenshot. Hier nun die CSS-Datei, die wir zur Formatierung der Daten verwenden. Die Datei heißt `booklist.css` und ist, wie die restlichen Codezeilen aus diesem Buch, unter `http://www.wrox.com/` zum Download verfügbar:

```css
@media screen, print
{
    ITEM
    {
        display: block;
        margin-left: 40pt;
        font-family: Times New Roman;
        font-size: 12pt;
        font-weight: 500;
        margin-bottom: 15pt;
        text-align: left;
        line-height: 12pt;
        text-indent: 0pt;
    }

    TITLE
    {
        display: block;
        font-family: Arial;
        font-weight: 700;
        font-size: 14pt;
    }

    DESCRIPTION
    {
        display: block;
    }

    CATEGORY
    {
        display: inline;
    }

    CODE
    {
        display: inline;
    }

    RELEASE_DATE
```

```
      {
         display: inline;
      }

   PRICE
      {
         display: inline;
      }
}
```

Da die Verarbeitungs-Anweisung, mit der wir das Stylesheet für unser XML-Dokument festlegen, genau auf dieses CSS-Stylesheet verwies und der XML-Code im Rahmen der Transformation schon um die zusätzlichen, gewünschten Textstücke erweitert wurde, erhalten wir als Ergebnis genau die Ausgabe, die wir am Beginn dieses Abschnitts vorgestellt hatten. Schauen wir uns nun noch ein wenig mehr CSS-Syntax an.

Die display-Eigenschaft

Die display-Eigenschaft legt für einen CSS-Interpreter fest, ob das formatierte Objekt, das hier erzeugt wird, ein Block-, Inline- oder Tabellen-Objekt ist. Für das Formatierungsobjekt wird damit automatisch ein Standardverhalten festgelegt. Hat beispielsweise die display-Eigenschaft den Wert block, dann verhält sich dieses Element wie ein Absatz in einem gedruckten Text und es erfolgt nach Ausgabe des Elements ein Bruch im Formatierungsfluss, bei einer Ausgabe in gedruckter Forma also zum Beispiel ein Zeilenumbruch. Setzen wir jedoch die display-Eigenschaft auf inline, dann verhält sich das Element bei der Ausgabe wie ein Satz oder ein Wort innerhalb eines Absatzes und führt nicht zwangsläufig zu einem Bruch des Formatierungsflusses. Wurde für die display-Eigenschaft eines Elements der Wert table benutzt, dann wird damit für das Element ein Tabellenverhalten festgelegt. Eine Tabelle kann, aber muss nicht, zu einem Bruch im Formatierungsfluss führen. Wir fassen zusammen: Die drei Werte, die display grundsätzlich annehmen kann, sind:

❏ block – das Element verhält sich wie ein Absatz und verursacht einen Bruch im normalen Formatierungsfluss.

❏ inline – das Element verhält sich wie ein Wort oder ein Satz. Inline-Objekte werden eins nach dem anderen (horizontal) aneinander gehängt und verursachen normalerweise keinen Bruch des Formatierungsflusses.

❏ table – das Element ist eine Tabelle. Ein Bruch im Darstellungsfluss ist möglich.

Das Tabellenmodell, das bei CSS verwendet wird, beruht auf dem Tabellenmodell von HTML 4.0. Es ist ein zeilenorientiertes Modell, was bedeutet, dass eine Tabelle zwar aus Zeilen und Spalten besteht, die Spalten aber nicht extra definiert, sondern aus den Zeilen abgeleitet werden. Eine Tabellenzeile ist in Zellen unterteilt. Während der Definition der einzelnen Tabellenzeilen legt man mit diesen Zellen die Spalten der Tabelle fest: Die erste Zelle entspricht der ersten Spalte, die zweite Zelle der zweiten Spalte usw.

Um die Ausgabe von Elementen als Tabellen oder als Teile von Tabellen zu erzwingen, kann die display-Eigenschaft folgende Werte annehmen:

Wert	Beschreibung
table	Erzeugt eine Tabelle mit dem Verhalten eines Block-Objekts. Erzeugt einen Bruch im Formatierungsfluss.
table-inline	Erzeugt eine Tabelle mit dem Verhalten eines Inline-Objekts. Der Fluss der Formatierung wird nicht gestört.
table-row	Legt fest, dass dieses Element eine Tabellenzeile darstellen soll.
table-row-group	Legt fest, dass dieses Element eine Gruppe einer oder mehrerer Tabellenzeilen darstellen soll.

Wert	Beschreibung
`table-header-group`	Erzeugt eine Kopfzeile für die Tabelle. Die Kopfzeile wird vor jeder anderen Tabellenzeile dargestellt.
`table-footer-group`	Erzeugt eine Fußzeile. Die Fußzeile wird nach jeder anderen Tabellenzeile dargestellt.
`table-cell`	Legt fest, dass dieses Element eine einzelne Zelle einer Tabelle darstellen soll.
`table-caption`	Legt fest, dass dieses Element als Tabellenunterschrift genutzt werden soll.

Um den Formatierungsvorgang für Tabellen zu veranschaulichen, werden wir die Dokumententeile unseres ursprünglichen XML-Beispieldokuments in Tabellenform anordnen.

Zum Zeitpunkt der Niederschrift war leider kein Browser in der Lage, die Formatierung und Platzierung von Tabellen-Elementen so auszuführen, wie sie von CSS-Level-2 vorgesehen ist. Die Abbildung unten liefert aber einen Eindruck davon, wie die Darstellung des Dokuments aussehen würde, nachdem unser Stylesheet-Beispiel angewandt wurde. (Da das Tabellenmodell sehr ähnlich ist, konnte die Ausgabe mit HTML 4.0 erzeugt werden; den HTML-Text finden sie direkt nach dem CSS-Stylesheet.)

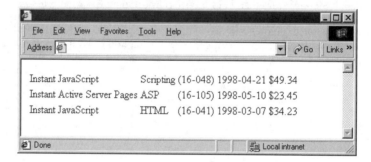

Hier das Stylesheet, mit dem diese Tabelle erzeugt wurde:

```
@media screen
{
    BOOKLIST       {display: table;}
    ITEM           {display: table-row;}
    TITLE          {display: table-cell;}
    CATEGORY       {display: table-cell;}
    CODE           {display: table-cell;}
    RELEASE_DATE   {display: table-cell;}
    PRICE          {display: table-cell;}
}
```

Das obige CSS-Stylesheet erzeugt eine Tabelle, die aus drei Zeilen und fünf Spalten besteht.

Das Verhalten bzw. Aussehen eines Elements wird über die Attribut-Wert-Paare in der CSS-Regel bestimmt, die zu diesem Element gehört. Das grundlegende Verhalten wird mit dem Attribut-Wert-Paar des `display`-Attributs festgelegt. Zum `<BOOKLIST>`-Element gehört zum Beispiel das Paar `display: table`, das dafür sorgt, dass mit diesem Element eine Tabelle als Formatierungsobjekt in die Ausgabe eingefügt wird. Das `<ITEM>`-Element (Attribut `display: table-row`) sorgt bei jedem Auftreten im Dokument dafür, dass eine neue Zeile eingefügt wird. Diese Zeilen werden nun mit Zellen aufgefüllt, was dadurch geschieht, dass den hier auftauchenden `<TITLE>`-, `<CATEGORY>`-, `<CODE>`-, `<RELEASE_DATE>`- und `<PRICE>`-Elementen in den passenden Regeln das Attribut-Wert-Paar `display: table-cell` zugewiesen wird.

Es fällt schnell auf, dass das Tabellenmodell von CSS dem Modell von HTML 4.0 sehr ähnlich ist. Die gleiche Tabelle formuliert man in HTML folgendermaßen:

```
<HTML>
<BODY>
    <TABLE>
        <TR>
            <TD>Instant JavaScript</TD>
            <TD>Scripting</TD>
            <TD>(16-048)</TD>
            <TD>1998-04-21</TD>
            <TD>$49.34</TD>
        </TR>
        <TR>
            <TD>Instant Active Server Pages</TD>
            <TD>ASP</TD>
            <TD>(16-105)</TD>
            <TD>1998-05-10</TD>
            <TD>$23.45</TD>
        </TR>
        <TR>
            <TD>Instant JavaScript</TD>
            <TD>HTML</TD>
            <TD>(16-041)</TD>
            <TD>1998-03-07</TD>
            <TD>$34.23</TD>
        </TR>
    </TABLE>
</BODY>
</HTML>
```

Die position-Eigenschaft

Die Eigenschaft position erzwingt für einen Kasten eine feste Ausgabeposition. Sobald diese Eigenschaft einen anderen Wert als static aufweist, erfolgt die Ausgabe dieses Kastens nicht mehr gemäß dem normalen Formatierungsflusses. Die Ausgabe des Objekts erfolgt dann an einer festen Position relativ zum umschließenden Kasten und nicht bezogen auf den im Formatierungsvorgang zuletzt ausgegebenen Kasten – das Standardverhalten eines Blocks wird damit einfach übergangen.

Die Eigenschaft position darf folgende Werte annehmen:

Wert	Beschreibung
static	Standardverhalten; Positionierung folgt dem normalen Formatierungsfluss.
relative	Die Platzierung des Kastens wird zuerst gemäß des normalen Formatierungsflusses berechnet. Es ist aber noch eine Verschiebung des Ausgabekastens möglich. In welchem Maß der Kasten noch verschoben wird, wird mit den Eigenschaften left, right, top und bottom festgelegt.
absolute	Die Position des Kastens wird mit den Eigenschaften left, right, top und bottom bestimmt. Kästen mit diesem Attributwert werden aus dem normalen Formatierungsfluss herausgelassen. Die Positionierung findet in Abhängigkeit des Kastens statt, der das Objekt einschließt.
fixed	Gleiches Verhalten wie bei absolute, mit dem Unterschied, dass der Kasten sich nicht bewegen kann. Bei der Ausgabe auf einem Bildschirm etwa bleibt der Kasten immer an der gleichen Stelle im Browser-Fenster stehen, unabhängig davon, ob die Seite etwa weitergeblättert wird.

Man beachte aber: Die Verwendung von absoluten Platzierungsangaben bedeutet nicht, dass sich der Textfluss des umgebenden Blocks an das fest positionierte Objekt anpasst und dieses automatisch umfließt. Das folgende Beispiel veranschaulicht dies:

```
<?xml version="1.0"?>
<?xml-stylesheet href="beispiel_position.css" type="text/css" media="screen"?>
<BEISPIEL_POSITION>
    <TEXT>Die Eigenschaft position erzwingt fuer einen Kasten eine feste
        Ausgabeposition. Sobald diese Eigenschaft einen anderen Wert als static
        aufweist, erfolgt die Ausgabe dieses Kastens nicht mehr gemaess dem
        normalen Formatierungsfluss. Die Ausgabe des Objekts erfolgt dann an
        einer festen Position relativ zum umschliessenden Kasten und nicht
        bezogen auf den im Formatierungsvorgang zuletzt ausgegebenen
        Kasten - das Standardverhalten eines Blocks wird damit einfach
        uebergangen.
    </TEXT>
    <UEBERLAPPEN>
        Beispiel position: absolute
    </UEBERLAPPEN>
</BEISPIEL_POSITION>
```

Hier das entsprechende Stylesheet, `beispiel_position.css`:

```
TEXT
{
    display: block;
    font-family: Arial;
    font-size: 10pt;
}
UEBERLAPPEN
{
    position: absolute;
    left: 60pt;
    top: 30pt;
    background-color: white;
    font-weight: 700;
    font-size: 18 pt;
}
```

Es ist zwar kein besonders spannendes Beispiel, aber trotzdem kann man an der folgenden Abbildung gut die absolute Positionierung mit Hilfe der CSS ausmachen. Der Elementinhalt des <OVERLAP>-Elements wird an einer festen Position relativ zur oberen und linken Kante des Browsers ausgegeben:

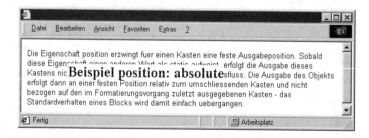

Selbst wenn im Dokument beispiel_position.xml das <TEXT>-Element vor dem <OVERLAP>-Element stehen würde, würde dessen Elementinhalt über dem Inhalt des <TEXT>-Elements dargestellt werden. Der Kasten des <OVERLAP>-Elements wird vollkommen unabhängig vom Formatierungsfluss an einer fixen Position ausgegeben. Bei der Ausgabe in einem Browser bedeutet dies, dass die genaue Position des Kastens mit den Eigenschaften top und left festgelegt wird, die den Abstand von der oberen und linken Kante des Gesamtdokuments beschreiben.

Hätten wir stattdessen den Eigenschaftswert für eine relative Positionierung verwendet, dann wäre der Inhalt des <OVERLAP>-Elements relativ zur linken, unteren Kante des <TEXT>-Elementinhalts (nachdem dieser mit einer CSS-Regel in ein Block-Objekt gewandelt wurde) ausgegeben worden. Noch mal zum Verständnis: Statt einer Ausgabe des <TEXT>-Elementinhalts inmitten des Inhalts von <OVERLAP>, erfolgt die Darstellung nach diesem Element, und zwar mit einem Versatz, den wir mit den Eigenschaften left und top festlegen.

Wir haben die Verarbeitungs-Anweisung für das Stylesheet im vorigen XML-Dokument angepasst und die Datei in beispiel_position2.xml umbenannt:

```
<?xml version="1.0"?>
<?xml-stylesheet href="beispiel_position2.css" type="text/css" media="screen"?>
<BEISPIEL_POSITION>
    <TEXT>Die Eigenschaft position erzwingt fuer einen Kasten eine feste
        Ausgabeposition. Sobald diese Eigenschaft einen anderen Wert als static
        aufweist, erfolgt die Ausgabe dieses Kastens nicht mehr gemaess dem
        normalen Formatierungsfluss. Die Ausgabe des Objekts erfolgt dann an
        einer festen Position relativ zum umschliessenden Kasten und nicht
        bezogen auf den im Formatierungsvorgang zuletzt ausgegebenen
        Kasten - das Standardverhalten eines Blocks wird damit einfach
        uebergangen.
    </TEXT>
    <UEBERLAPPEN>
        Beispiel position: relative
    </UEBERLAPPEN>
</BEISPIEL_POSITION>
```

Hier das dazugehörige Stylesheet, beispiel_position2.css:

```
TEXT
{
    display: block;
    font-family: Arial;
    font-size: 10pt;
}
UEBERLAPPEN
{
    position: relative;
    left: 60pt;
    top: 20pt;
    background-color: white;
    font-weight: 700;
    font-size: 18 pt;
}
```

mit dem wir folgendes Ergebnis erzielen:

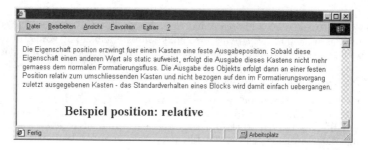

Die nun folgenden drei Abbildungen veranschaulichen die drei Arten der Positionierung.

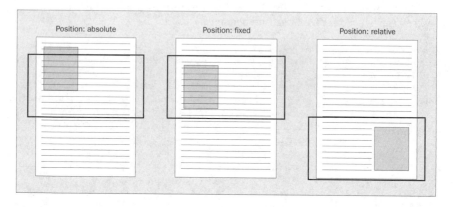

In der ersten Abbildung (links) stellt das graue Gebiet ein Element eines Dokuments dar, dessen zugehöriges Formatierungsobjekt absolut, also mit dem Attributwert `position: absolute` platziert wurde. Seine Position auf der Seite ist damit fest, und zwar bezogen auf den Beginn des Gesamtdokuments, das in diesem Fall unseren umgebenden Block darstellt. Das überlappende Rechteck soll den Bildschirmausschnitt darstellen, der gerade vom Browser angezeigt wird. Das Element wird nur teilweise angezeigt, man sieht nämlich nur den Teil, der auch gerade im Bildschirmausschnitt vorhanden ist. Wird durch das Dokument geblättert und somit der angezeigte Bildschirmausschnitt verändert, bekommt man mal mehr und mal weniger von unserem Element zu sehen.

In der zweiten Abbildung (Mitte) ist die Positionierung des Elementes vollkommen fest (`position: fixed`). Folglich hängt die Position dieses Elements nicht von der linken und oberen Ecke des Dokuments, sondern von den Begrenzungen unseres Bildschirmausschnitts, hier also des Browser-Fensters, ab. Auch wenn wir durch das Dokument blättern, bleibt das graue Gebiet immer an der gleichen Stelle im Fenster.

Die letzte Abbildung (rechts) veranschaulicht die relative Positionierung (`position: relative`) eines Objekts. Das graue Gebiet wird relativ zu den linken und unteren Grenzen des direkt zuvor ausgegebenen Blocks dargestellt.

Die Z–Achse

Die Elemente eines Dokuments kann man nicht nur im 2-Dimensionalen, sondern sogar im 3-Dimensionalen exakt platzieren. An dieser Stelle wär's wohl ganz gut, wenn wir mal ein paar Worte über **Ebenen** (layers) verlieren.

Man stelle sich einfach mal vor, dass ein fertig formatiertes Dokument aus mehreren Folienschichten besteht. Wir erweitern diese Vorstellung darum, dass auf jeder der Folien unsere Kästen platziert sind. Der Folienstapel stellt unsere dritte Dimension dar. Aus der Sicht dieser Z-Dimension weist unser Dokument eine Schichtdarstellung auf, in der sich Kästen überlappen können. Jeder dieser Kästen verhält sich dann so, als ob er sich in einem Kastenstapel befindet. Jeder Kasten aus so einem Stapel-Kontext bekommt eine ganze Zahl (die negativ sein darf) zugewiesen, den so genannten Stack-Level. Dieser Wert repräsentiert die Position des Kastens relativ zu den anderen Kästen des Stapels. Kästen mit einem höheren Stack-Level werden vor Kästen mit einem niedrigeren Wert dargestellt. Beispielsweise ist ein Kasten mit einem Stack-Level von 15 näher am oberen Ende unseres Folienstapels zu platzieren als ein Kasten mit dem Stack-Level 2.

Ebenen sind besonders dann von Nutzen, wenn man bewegte Objekte darstellen will. Mit Skripts, die das DOM und die Eigenschaften der dargestellten Dokument-Elemente manipulieren können, kann man animierte Dokumente erstellen, bei denen sich Dokumentteile vor anderen Elementen hin- und herbewegen. Beispielsweise könnte man bei einer Dia-Show, die als XML-Dokument vorliegt und mit CSS formatiert ist, einige Dokumentteile animieren, zum Beispiel Bildunterschriften, die in das Bild hineingleiten, und so die Präsentation etwas aufpeppen. Die Position auf der Z-Achse wird mit der z-index-Eigenschaft festgelegt, zum Beispiel:

```
UEBERLAPPEN
{
    display: block;
    z-index:-1;
    font-size: 10pt;
}
```

Wird keine Hintergrundfarbe festgelegt, dann sind die überlappenden Kästen transparent, d.h., man sieht auch den Inhalt tiefer liegender Kästen. Will man eine Hintergrundfarbe für Kästen einstellen, dann geschieht dies mit der background-color-Eigenschaft.

Die float-Eigenschaft

Eine weitere, interessante Eigenschaft eines Kasten ist das Attribut float, mit dem man Kästen rechts oder links vom umgebenden Block positionieren kann. Setzt man die float-Eigenschaft eines Elements, dann wird es an die linke bzw. rechte Seite des umgebenden Kastens angeheftet. In der folgenden Abbildung werden zwei Elemente als Float-Kästen formatiert. Diese beiden werden relativ zum Kasten des direkt umgebenden Blocks dargestellt und nicht relativ zum Kasten des Gesamtdokuments. Im Gegensatz zu Elementen mit der Eigenschaft position: absolute, die Elemente mit den Attributen float: right bzw. float: left relativ zu der sie unmittelbar umgebenden Box positioniert:

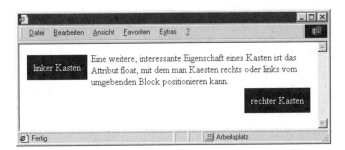

Man kann Kästen drei Haupteigenschaften zuordnen: margin, border und padding.

Jeder Kasten hat einen Rahmen (border) – auch wenn dieser nicht sichtbar ist – der den Kasten vom Rand des umgebenden Dokument oder von den benachbarten Kästen trennt. Die Distanz zwischen Rahmen und den äußeren Begrenzungen des nächsten Kastens, oder zwischen Rahmen und dem umgebenden Kasten, heißt Randabstand (margin). Den Abstand zwischen dem eigentlichen Inhalt des Kastens und seinem Rahmen nennt man inneren Randabstand (padding).

Der XML-Code, den wir für unser Beispiel float_beispiel.xml benötigen, sieht folgendermaßen aus:

```
<?xml version="1.0"?>
<?xml-stylesheet type="text/css" href="float_beispiel.css" media="screen"?>
<FLOAT_BEISPIEL>
   <ABSATZ>
      <LINKER_KASTEN >
         linker Kasten
      </LINKER_KASTEN>
      Eine weitere, interessante Eigenschaft eines Kastens ist das Attribut
      float, mit dem man Kaesten rechts oder links vom umgebenden Block
      positionieren kann.
      <RECHTER_KASTEN>
         rechter Kasten
      </RECHTER_KASTEN>
   </ABSATZ>
</FLOAT_BEISPIEL>
```

Und hier noch das begleitende Stylesheet float_beispiel.css:

```
LINKER_KASTEN
{
   float: left;
   margin-left:2pt;
   margin-top: 2pt;
   margin-right: 2pt;
   margin-bottom: 2pt;
   padding-top: 8pt;
```

```
    padding-left: 8pt;
    padding-right: 8pt;
    padding-bottom: 8pt;
    background-color: black;
    color: white;
}


RECHTER_KASTEN
{
    float: right;
    margin-left:2pt;
    margin-top: 2pt;
    margin-right: 2pt;
    margin-bottom: 2pt;
    padding-top: 8pt;
    padding-left: 8pt;
    padding-right: 8pt;
    padding-bottom: 8pt;
    background-color: black;
    color: white;
}


ABSATZ
{
    display: block;
}
```

Die Darstellung läuft in folgenden Schritten ab:

Das CSS-Formatierungsmodul trifft auf das Absatz-Element und findet die passende Regel über den Selektor ABSATZ. Für den Absatz wird der Darstellungskontext eines Block-Objekts mit Rand festgelegt, eine Ausgabe des Inhalts erfolgt aber noch nicht sofort.

Das Erste, worauf das CSS-Modul im <ABSATZ>-Element trifft, ist das Element <LINKER_KASTEN>. Die passende Regel wird mit dem Selektor LINKER_KASTEN gefunden. Diese Regel weist dem Element den grafischen Kontext eines Float-Kastens mit Randabstand zu. Dieser Kasten wird, wie in der float-Eigenschaft festgelegt, nach links verschoben. Die Randbreite um das Float-Objekt wird mit den Eigenschaften margin-top, margin-left, margin-right und margin-bottom festgesetzt. Der Platz um das eigentlich darzustellende Objekt (den Text) wird mit den padding-Eigenschaften (padding-top, padding-left, padding-right, padding-bottom) freigehalten. Der Float-Kasten wird relativ zur linken, oberen Kante des umgebenden Kastens (ein Block-Objekt, das gerade erst durch das <ABSATZ>-Element erzeugt wurde) ausgegeben.

Dann greift das CSS-Formatierungsmodul auf den Elementinhalt des <ABSATZ>-Elements zu. Bei der Ausgabe umfließt der Inhalt das Float-Objekt. Der Abstand zwischen Float-Kasten und Text wird mit den Eigenschaften margin-right und margin-bottom festgesetzt.

Interaktives Verhalten

Microsoft führte mit dem Internet Explorer Version 5 so genannte Verhaltens-Erweiterungen ein (engl. behavioral extensions). Dieser Zusatz fügt den CSS Interaktivitätsmöglichkeiten hinzu, zum Beispiel die kurzzeitige Hervorhebung von Text. Zum Zeitpunkt der Niederschrift ist ein Entwurf dieser Erweiterungen unter http://www.w3.org/TR/becss verfügbar. Jedem XML-Element kann hierbei ein Verhalten zugeordnet werden. Anders als bei DHTML-Dokumenten, enthalten XML-Dokumente allerdings keine Programmskripts, da sich das nicht mit dem Konzept verträgt, Inhalt von der Präsentation (oder der Interaktion) zu trennen. Um einem schon ausgegebenen Dokument noch ein interaktives Verhalten hinzuzufügen, besteht die Möglichkeit, jedem XML-Element ein Verhalten zuzuweisen. Um beispielsweise das

\<TITLE\>-Element hervorzuheben, wenn sich die Maus über dem ausgegebenen Titeltext befindet, könnte man dem Element ein Verhalten zuordnen, das wie folgt aussieht:

```
@media screen { TITLE {behavior: url(highlight.htc); }
```

In diesem Fall wird das Verhalten in Form einer **HTML-Komponente** definiert, die einige Zeilen JavaScript enthält.

Der @script-Befehl ist eine interessante Erweiterung, die in den neueren Entwürfen zu den Verhaltens-Erweiterungen auftaucht. Man kann mit der Anweisung Programmskripts in Stylesheets einbinden. Dabei hat man es mit einem sehr mächtigen Konstrukt zu tun, was für die Entwickler hilfreich sein könnte, die schon Erfahrung mit prozeduralen Programmiersprachen wie JavaScript, PerlScript, PythonScript oder VBScript gesammelt haben. Welche Vorteile bringen die Skripts? Nun, Skripts können eine Menge nützlicher Dinge erledigen, zum Beispiel Manipulationen am DOM vornehmen oder die Behandlung der Ereignisse, die von DOM-Knoten ausgelöst werden können. Browser, die nur zu DOM Level 1 kompatibel sind, lassen sich dazu noch nicht verwenden, aber die Unterstützung einer Ereignisbehandlung ist schon jetzt Teil der Entwürfe von DOM Level 2. Die Ausführungen zur DOM-Ereignisschnittstelle kann man unter http://www.w3.org/TR/WD-DOM-Level-2/events.html finden. Die Einführung einer Behandlung von Ereignissen über DOM-Schnittstellen (Level 2) kann sich als recht schwierig erweisen, mit der CSS-Anweisung @script wird aber vieles einfacher.Das Skript, auf das in der @script-Anweisung verwiesen wird oder das sogar komplett darin enthalten ist, ist vergleichbar mit dem Inhalt des \<SCRIPT\>-Elements in HTML. Programmcode, der nicht innerhalb einer Funktion oder Prozedur (oder eines Objekts) steht, wird implizit der Funktion »main« zugeordnet. Diese Funktion wird ausgeführt, wenn das Stylesheet erstmalig geladen und analysiert wird. Programmroutinen zur Ereignisbehandlung können sowohl Funktionen als auch Prozeduren sein, ihre Bezeichner beginnen üblicherweise mit On_. Eine Routine zur Ereignisbehandlung eines \<TITLE\>-Elements könnte zum Beispiel On_TitleClick() heißen. Wie ordnet man denn jetzt die Ereignisse den entsprechenden Programmroutinen zu? Indem wir der Regel, die wir bei einem Element abarbeiten, ein neues Attribut hinzufügen. Um dem \<TITLE\>-Element eine Ereignisbehandlungsprozedur zuzuordnen, verwendet man zum Beispiel folgende Regelanweisungen:

```
TITLE
{
    display: block;
    color: red;
    OnClick:   "On_TitleClick(event)";
}
```

Hier verweist die OnClick-Eigenschaft des \<TITLE\>-Elements auf eine Funktion namens On_TitleClick(), die in der @script-Anweisung definiert sein könnte.

Obwohl wir gesagt hatten, dass CSS die Struktur eines XML-Dokuments nicht verändern kann, muss das nicht mehr gelten, wenn die @script-Anweisung zur Verfügung steht. Warum? Weil ein Browser zulassen könnte, dass ein Skript Manipulationen am DOM vornimmt, was zu Änderungen in der Dokumentstruktur führen kann. Hier die Arbeitsschritte, die ein Browser mit den Verhaltens-Erweiterungen ausführt:

❏ Der Browser analysiert das XML-Dokument syntaktisch und baut eine hierarchische Struktur auf (diese Struktur kann über das DOM angesprochen werden).

❏ Das CSS-Stylesheet wird geladen und analysiert.

❏ Der Inhalt der @script-Anweisung wird extrahiert und an ein Modul zur Skriptbehandlung weitergegeben (zum Beispiel ein JavaScript-Interpreter), das eine weitere Analyse und die Ausführung des Skripts vornimmt.

❏ Der Skript-Interpreter führt zuerst die »main«-Prozedur aus (die eventuell implizit definiert wurde). Der Programmcode hat Zugriff auf das DOM, was ihm die Manipulation jedes Elements der Dokumentstruktur ermöglicht.

❏ Jedem Element der Struktur wird ein Satz Eigenschaften zugeordnet. Die Zuordnung erfolgt über einen Mustervergleich mit den Selektoren.

❑ Der Benutzer interagiert mit dem schon ausgegebenen Dokument, Ereignisse werden ausgelöst und die zugehörigen Behandlungsroutinen aufgerufen – das bedeutet, dass Funktionen oder Prozeduren aus der @script-Anweisung aufgerufen werden. Die Verbindung zwischen einem Element und einer Ereignisroutine erfolgt über die speziellen Attribute zur Ereignisbehandlung wie OnClick.

CSS wird, unterstützt durch die noch kommenden Erweiterungen, in Zukunft immer interessanter werden. Das liegt vor allem an Eigenschaften wie

❑ den Verhaltens-Erweiterungen, die Interaktivität mit einem Dokument oder die Manipulation an dessen Dokumentstruktur ermöglichen, was auf ähnliche Weise wie bei XSL erfolgt, aber mit prozeduralen Programmiersprachen wie JavaScript, VBScript, PerlScript, PythonScript oder der Sprache, die der Browser gerade anbietet, umgesetzt wird.

❑ dem einfachen Grundprinzip der Zuordnung von Eigenschaften zu Elementen.

❑ der einfachen Syntax.

Abschließende Überlegungen zu den CSS

CSS ist eine sehr einfache Formatierungssprache, die man schnell lernen und anwenden kann. Ihr größter Vorteil ist die Einfachheit. Wer ein XML-Dokument einfach nur ausgeben muss, ohne jede Element-Transformation vorzunehmen, für den sind die CSS das Richtige. Die Hauptnachteile sind der Mangel an einem komplexeren Darstellungsmodell und die Abhängigkeit von der Struktur des bearbeiteten XML-Dokuments. Das bedeutet weiterhin, dass die verarbeitende Anwendung XML verstehen muss – was bei den meisten Browsern nicht der Fall ist. Wer eine größere Unabhängigkeit zwischen der Dokumentenstruktur und der formatierten Ausgabe benötigt (so wie wir in unserem Beispiel), für den sind XSL und DSSSL die besseren Kandidaten. Aber die voranschreitende Arbeit an den CSS scheint noch viel versprechende neue Eigenschaften und Erweiterungen zu offerieren.

Wenden wir jetzt unsere Aufmerksamkeit der anderen wichtigen Formatierungssprache zu, die wir in diesem Kapitel benutzen wollen: XSL.

XSL

Verglichen mit CSS bedient sich die Extensible Stylesheet Language eines gänzlich anderen Wegs, um ein XML-Dokument in darstellbare Einheiten zu übertragen. Sie ist um vieles flexibler und kann dazu benutzt werden, um XML in Ausgabesprachen für unterschiedliche Ausgabeformate zu übertragen. In Kapitel 9 sind wir schon auf XSLT getroffen, als wir die XML-Transformation vorgestellt haben. In jenem Kapitel wurde veranschaulicht, wie man XSLT benutzt, um ein XML-Dokument in HTML oder andere XML-Dokumentstrukturen zu transformieren.

Die Übertragung von XML nach HTML ist ein effektiver Weg, um XML-Daten für die Darstellung im Web aufzubereiten, da es bedeutet, dass wir nicht darauf beschränkt sind, unsere Webseiten nur den Clients anzubieten, die die allerneuesten Browser benutzen. Diese Operation kann auf dem Server ausgeführt werden. Und, wie wir schon früher im Kapitel sahen, geschieht es manchmal, dass wir ein XML-Dokument vollkommen neu erstellen müssen, und zwar mit einem anderen Dokumenttyp oder veränderter Dokumentenstruktur; wiederum sind dafür die Fähigkeiten von XSL zur Transformation die idealen Kandidaten. Wir benutzten XSLT sogar, um die Elemente unseres Beispieldokuments aus diesem Kapitel so umzuordnen, dass wir sie mit einem CSS-Stylesheet darstellen konnten. Im Rest dieses Kapitel werden wir uns damit befassen, wie man XSL verwenden kann, um unterschiedliche Ausgabeformate zu erzeugen.

Wie schon zu Beginn des Kapitels erwähnt, geht es bei der Formatierung nicht nur darum, ein Dokument für die visuelle Darstellung im Web aufzubereiten. Wenn wir unseren in XML vorliegenden Inhalt für verschiedene Anwendungen benutzen, dann müssen wir in der Lage sein, aus denselben Ursprungsdateien unterschiedliche Ausgabeformate zu erzeugen. Wir werden uns also damit beschäftigen, wie man XSL nutzt, um unser XML-Dokumentenbeispiel für die Online-Darstellung, den Druck und einen akustischen Browser aufzubereiten.

Im Moment ist XSL in drei unterschiedliche Spezifikationen aufgeteilt:

❑ XPath – `http://www.w3.org/TR/xpath`

❑ XSLT – `http://www.w3.org/TR/xslt`

❑ XSLF – `http://www.w3.org/TR/xsl`

Die XSLT-Spezifikation konzentriert sich auf XML-Dokumenten-Transformation, die XSLF-Spezifikation befasst sich mit Formatierungsobjekten, und XPath beschreibt, wie man bestimmte Knoten aus der hierarchischen XML-Struktur erreichen kann. Als ein absolutes Minimum sollte ein XSL-Formatierungsmodul den Transformationsteil (XSLT) und XPath unterstützen. XSLT wird in Browsern (wie dem Internet Explorer 5.0) wahrscheinlich populärer als XSLF werden, da man HTML-Elemente als Formatierungsobjekte benutzen kann. XSLT kann auch mit akustischen Browsern benutzt werden, da deren Dokumentensprachen XML-basiert sind. Implementierungen der XSL-Formatierungsobjekte findet man in Formatiersystemen für die Druckausgabe, wie FOP (`http://www.jtauber.com/fop/`) oder RenderX (`http://www.renderx.com`), die beide eine Umsetzung von XML-Dokumenten nach PDF (Portable Document Format) ermöglichen. Diese Implementierungen sind im Kontext der Dokumentenaufbereitung für Druckmedien nützlich.

Wie wir am Anfang des Kapitels schon erwähnten, geht es bei der XML-Formatierung nicht nur um eine visuelle Aufbereitung der Dokumente für das Web. Im Moment existieren auf Seiten von XSL Vorkehrungen für Druck- und Online-Ausgabe und man kann es weiterhin dazu verwenden, XML-Dokumente in andere Auszeichnungssprachen, wie VOXML für akustische Browser, zu transformieren. Schauen wir mal, wann wir jeden dieser Ansätze anwenden können:

XSL-Transformationen

In Kapitel 9 sahen wir, wie man ein XML-Dokument in HTML oder in eine andere XML-Dokumentstruktur (wie XHTML, dessen Spezifikation man unter `http://www.w3.org/TR/xhtml1/` findet) **transformieren** kann. Die Formatierung mit XSLT hängt nicht von der Struktur des Dokuments ab. Um noch ein anderes Beispiel zu betrachten: Wenn ein Datenbankserver ein XML-Dokument als Ergebnis einer Abfrage zurückliefert, könnte ein Stylesheet entweder Objekte zur direkten Ausgabe erzeugen oder die Dokument-Elemente vor einer konkreten Darstellung noch umordnen.

Zusätzlich kann man noch die gleichen Transformationsprinzipien zur Erzeugung von HTML und anderer XML-Dokumentstrukturen dazu nutzen, um das Ursprungsdokument in eine Vielzahl anderer Sprachen zu übertragen, beispielsweise VOXML (`http://www.voxml.com`), eine XML-Anwendung, die für eine akustische Darstellung verwendet wird. Diese Transformationsvorgänge werden im XSLT-Teil der XSL-Spezifikation beschrieben. Man findet sie unter `http://www.w3.org/TR/xslt/`.

XSL-Formatierungsobjekte

Befassen wir uns mit einer Druckausgabe, dann kann man eine Wandlung des XML-Dokuments in XSL-**Formatierungsobjekte** vollziehen. In den eigentlichen Implementierungen werden diese Objekte in einem separaten Prozess in ein anderes Format, beispielsweise PDF, umgesetzt. Dies geschieht unter Benutzung einer anderen Komponente von XSL: XSLF. Wir sollten hier erwähnen, das die XSL-Formatierungsobjekte nicht nur in PDF umgewandelt werden können, andere Implementierungen können auch noch andere, neue Ausgabeformate hinzufügen, mit denen man die Resultate der Transformation darstellen kann, beispielsweise TeX, RTF, MIF etc. Die XSLF-Formatierungsobjekte sind, genauso wie es bei den DSSSL-Formatierungsobjekten der Fall ist, unabhängig von einer bestimmten Darstellungs- oder Formatierungs-Implementation. Folglich kann ein XSLF-Formatiermodul, genau wie ein DSSSL-Formatiermodul, theoretisch mit einem einzelnen Stylesheet ein XML-Dokument in verschiedene Ausgabeformate umwandeln.

XSL ist, wie der Name schon sagt, erweiterbar (extensible). Das bedeutet, dass neue Formatierungsobjekte auf einfache Weise zu den schon vorhandenen hinzugefügt werden können, womit im Gegensatz zu CSS die Beschränkung auf einen festen Satz von Formatierungsobjekten aufgehoben ist. Das Themengebiet der XSL-Formatierungsobjekte wird immer noch stark überarbeitet, und zum Zeitpunkt der Niederschrift dieses Kapitels gibt es noch keine formale Spezifikation in Form einer W3C-Empfehlung. Der aktuellste Entwurf für die XSL-Spezifikation ist unter `http://www.w3.org/TR/WD-xsl/` verfügbar.

Wie XSLF funktioniert

Genauso wie andere regelbasierte Sprachen besteht ein XSL-Dokument (egal ob XSLT oder XSLF) aus einer Anzahl von Regeln, die aus einem Vergleichsmuster und den zugehörigen Aktionen bestehen. In XSL werden diese Regeln als **Vorlagen** (templates) bezeichnet, die kleinste Einheit eines XSL-Stylesheets ist also eine Vorlage. Der Vergleichsmuster-Teil einer XSL-Vorlage ist das, was wir schon als **XPath**-Ausdruck (siehe Kapitel 8 und 9) kennen gelernt haben.

Wenn man mittels des XPath-Ausdrucks einen Knoten des Dokuments ermittelt hat, dann wird diesem der Inhalt der Vorlage zugewiesen. Da ein XML-Dokument in eine Baumstruktur aus XSL-Formatierungsobjekten übertragen wird, ist es notwendig, jedem Element des ursprünglichen XML-Dokuments eine konkrete Vorlage zuzuordnen. Wenn eine Transformation des Original-Dokuments notwendig ist, dann werden mehrere XSLT-Anweisungen in Verbindung mit XPath-Ausdrücken benötigt, um jeden Knoten des XML-Dokuments zu erreichen und in die neue hierarchische Struktur umzusetzen.

Ein XPath-Ausdruck erlaubt es uns, jeden Knoten eines Dokuments zu erreichen. XSLT-Anweisungen erlauben es uns, die zu einem Knoten passende Vorlage zu finden, in der dann die zu erzeugenden XSL-Formatierungsobjekte beschrieben sind.

Um den Prozess besser zu verstehen, wollen wir jetzt die internen Gegebenheiten eines XSL-Formatierers untersuchen:

Wie wir schon in Kapitel 9 sahen, erzeugt ein XSL-Prozessor bei der Benutzung des DOM drei Baumstrukturen:

- ❏ Ein Ursprungsbaum, der aus den Elementen des ursprünglichen XML-Dokuments besteht, das ausgegeben werden soll
- ❏ Ein Baum, der das XSL-Stylesheet darstellt
- ❏ Ein Ergebnisbaum, der das resultierende Dokument darstellen soll

Für jede Vorlage im Stylesheet-Baum, oder wenn implizit oder explizit eine `apply-template`-Anweisung aufgerufen wird, sucht der XSL-Prozessor einen passenden Knoten im ursprünglichen Elementbaum. Wird ein passender Knoten gefunden, dann wird der Inhalt der Vorlage als Grundlage für das Ergebnis verwendet, das in den Ergebnisbaum geschrieben wird. Ist es zum Beispiel das Ziel, das Dokument in einem gewöhnlichen Browser darzustellen, dann könnte die Vorlage HTML-Anweisungen enthalten. Bei gedrucktem Material wird der Ergebnisbaum aus XSL-Formatierungsobjekten bestehen. Diese können dann mit speziellen XSL-Formatierern für eine Druckausgabe, zum Beispiel FOP, in wiederum andere grafische Einheiten gewandelt werden. Der schon erwähnte FOP zum Beispiel wandelt die XSL-Formatierungsobjekte in PDF-Objekte.

XML-Formatierung mit XSL

In diesem Abschnitt werden wir uns anschauen, wie wir unser Buchlistenbeispiel in eine HTML-Fassung, in eine akustische Version mit VOXML und in eine visuelle Repräsentation als PDF umwandeln. Wir haben uns den Prozess der XML-Transformation mit XSLT in Kapitel 9 schon intensiver angesehen, dieser Abschnitt konzentriert sich deshalb nur darauf, wie wir vorgehen müssen, um das XML dem Benutzer zu präsentieren, und nicht auf den Transformationsvorgang.

Für die drei folgenden Beispiele benutzen wir das folgende XML-Dokument:

```
<?xml version="1.0"?>
<BOOKLIST>
    <ITEM>
        <CODE>16-048</CODE>
        <CATEGORY>Scripting</CATEGORY>
        <RELEASE_DATE>1998-04-21</RELEASE_DATE>
        <TITLE>Instant JavaScript</TITLE>
        <PRICE>$49.34</PRICE>
```

```
      </ITEM>
      <ITEM>
         <CODE>16-105</CODE>
         <CATEGORY>ASP</CATEGORY>
         <RELEASE_DATE>1998-05-10</RELEASE_DATE>
         <TITLE>Instant Active Server Pages</TITLE>
         <PRICE>$23.45</PRICE>
      </ITEM>
      <ITEM>
         <CODE>16-041</CODE>
         <CATEGORY>HTML</CATEGORY>
         <RELEASE_DATE>1998-03-07</RELEASE_DATE>
         <TITLE>Instant HTML</TITLE>
         <PRICE>$34.23</PRICE>
      </ITEM>
   </BOOKLIST>
```

Fangen wir jetzt einfach mal damit an, eine HTML-Version dieses XML-Dokuments zu generieren, die für einen Browser formatiert ist:

Ein XSLT-Stylesheet zur visuellen Formatierung mit HTML

Wir haben uns in Kapitel 9, in dem es um Transformationen ging, damit beschäftigt, wie man XSLT nutzt, um XHTML-Dokumente auszugeben. Hier werden wir noch mal einen kurzen Blick auf die Erzeugung eines HTML-Dokuments werfen. Dabei ist der Weg, XML in HTML umzuwandeln, ganz einfach, und das Verfahren kann Server-seitig dazu genutzt werden, auch die Clients zu unterstützen, die kein XML verstehen können. Das löst ein Problem der CSS, die man nur dazu verwenden kann, um XML-Dokumente in XML-fähigen Browsern darzustellen.

Eine interessante Eigenschaft von XSL ist die Fähigkeit, die Dokument-Elemente in unterschiedlicher Reihenfolge auszugeben (etwas, das wir schon im Kapitel über Transformationen kennen gelernt haben). Im Beispiel unten wird das <TITLE>-Element aufgrund der XSLT-Transformation als erstes dargestellt, auch wenn es nicht das erste Kind des <ITEM>-Elements ist. Hier das Beispiel booklist.xsl:

```
<?xml version="1.0"?>
<xsl:stylesheet xmlns:xsl="http://www.w3.org/TR/WD-xsl">

<xsl:template match="/">
   <html xmlns="http://www.w3.org/TR/xhtml1/strict">
      <head>
         <title>The book catalog</title>
      </head>
      <body>
         <xsl:apply-templates select="BOOKLIST/ITEM" />
      </body>
   </html>
</xsl:template>

<xsl:template match="ITEM">
   <xsl:apply-templates select="TITLE" />
      <DIV style="margin-left: 40pt;
         font-family: Times New Roman;
         font-size: 12pt;
         font-weight: 500;
         margin-bottom: 15pt;
         text-align: left;
         line-height: 12pt;
```

```
                    text-indent: 0pt;" >
              <DIV>
                 <SPAN>Category: </SPAN>
                 <SPAN>
                    <xsl:value-of select="CATEGORY"/>
                 </SPAN>
                 <SPAN> (</SPAN>
                 <SPAN>
                    <xsl:value-of select="CODE"/>
                 </SPAN>
                 <SPAN>)</SPAN>
              </DIV>
              <DIV>
                 <SPAN>Release date: </SPAN>
                 <SPAN>
                    <xsl:value-of select="RELEASE_DATE"/>
                 </SPAN>
                 <SPAN>  -  Price: </SPAN>
                 <SPAN>
                    <xsl:value-of select="PRICE"/>
                 </SPAN>
              </DIV>
           </DIV>
        </xsl:template>

        <xsl:template match="TITLE">
           <DIV style="margin-left: 40pt;
              font-family: Arial;
              font-weight: 700;
              font-size: 14pt;" >
              <SPAN>
                 <xsl:value-of select="." />
              </SPAN>
           </DIV>
        </xsl:template>

     </xsl:stylesheet>
```

Das obige XSLT-Stylesheet kann man im Internet Explorer 5.0 überprüfen, indem man die Verarbeitungs-Anweisung in unser XML-Dokument direkt nach der Deklaration <?xml version="1.0"?> einfügt. Nimmt man folgende Verarbeitungs-Anweisung in die Datei booklist.xml auf:

```
<?xml-stylesheet type="text/xsl" href="booklist.xsl" media="screen"?>
```

dann sollte man im Internet Explorer 5.0 folgendes Resultat erhalten:

Beachten Sie bitte, dass, obwohl das Stylesheet im Internet Explorer 5.0 funktioniert, die Version der XSL, die der Internet Explorer 5.0 unterstützt, nicht der Version des aktuellen Arbeitsentwurfs des W3C entspricht, unsere Beispiele aber immer diesem Entwurf folgen. Schauen wir uns nun mal an, wie das Stylesheet funktioniert. Das Stylesheet-Dokument besteht aus einer Anzahl von Vorlagen, die alle mit dem Start-

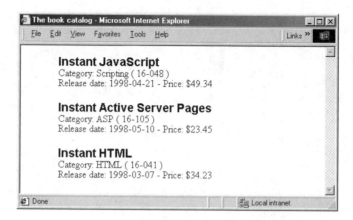

Tag <xsl:template> beginnen und mit dem End-Tag </xsl:template> enden. Der xsl:-Teil des Tags bezeichnet den Namensraum, der für XSL benutzt wird. So wird verhindert, dass die Anwendung, die das Dokument bearbeitet, ein <template>-Tag mit irgendeinem anderen Element, das möglicherweise den gleichen Namen besitzt, verwechselt. Alle XSL-Elemente benutzen diesen Namensraum.

Das erste Element der Vorlage besitzt das Attribut match, mit dem die Elemente festgelegt werden, auf die diese Vorlage angewendet werden soll: Das ist der Selektor. Der Wert dieses Attributs ist in diesem Fall das Wurzel-Element des XML-Dokuments, was mit dem Schrägstrich (Slash) angezeigt wird:

```
<xsl:template match="/">
```

Hierbei handelt es sich um einen korrekten XPath-Ausdruck, so wie im Arbeitsentwurf zu XPath beschrieben.

Innerhalb dieser Vorlage wird damit angefangen, die Elemente des resultierenden HTML-Dokuments auszugeben, bis wir auf die xsl:apply-templates-Anweisung treffen:

```
<html xmlns="http://www.w3.org/TR/xhtml1/strict">
    <head>
        <title>The book catalog</title>
    </head>
    <body>
        <xsl:apply-templates select="BOOKLIST/ITEM" />
```

Die Anweisung in der letzten Zeile dieses Code-Abschnitts wird dazu benutzt, noch weitere Vorlagen anzugeben, die an dieser Position in der Ausgabe angewendet werden sollen. Der XPath-Ausdruck "BOO-KLIST/ITEM" bedeutet hier, dass noch all jene Vorlagen benutzt werden sollen, die für die <ITEM>-Elemente, die Kinder eines <BOOKLIST>-Elements sind, existieren. Wenn man sich noch den Rest der ersten Vorlage anschaut

```
    </body>
    </html>
</xsl:template>
```

stellt man fest, das die restlichen HTML-Elemente sicherlich noch ausgegeben werden sollen, bevor wir die Ausgabe des HTML-Dokuments beenden. Wenn also der XSL-Prozessor auf eine <xsl:apply-templates /> Anweisung trifft, wissen wir, dass die Ausgabe der angegebenen Vorlagen an dieser Stelle in die Gesamtausgabe eingefügt werden soll. Diese XSL-Anweisung soll mit dem Inhalt, der von den Vorlagen erzeugt wird, ersetzt werden.

Die zweite Vorlage passt auf alle <ITEM>-Elemente (so wie durch den Wert des match-Attributs in der template-Anweisung festgelegt); dadurch, dass wir die apply-templates-Anweisung in das Stylesheet eingetragen haben, werden alle <ITEM>-Elemente angesprochen und die zugehörigen Vorlagen ausgeführt:

```
<xsl:template match="ITEM">
    <xsl:apply-templates select="TITLE" />
```

Als Allererstes wird das <TITLE>-Element dargestellt, selbst wenn es im ursprünglichen Dokument das vierte Kind des <ITEM>-Elements ist. Um die tatsächliche Ausgabe des <TITLE>-Elements vorzunehmen, wird die entsprechend passende Vorlage für das Element angewendet. Die Vorlage für das <TITLE>-Element findet sich am Ende unseres Stylesheets:

```
<xsl:template match="TITLE">
    <DIV style="margin-left: 40pt;
        font-family: Arial;
        font-weight: 700;
        font-size: 14pt;" >
    <SPAN>
        <xsl:value-of select ="." />
    </SPAN>
    </DIV>
</xsl:template>
```

Diese Vorlage hat den Effekt, dass ein <DIV>-Element, mit CSS-Eigenschaften versehen, eingefügt wird. Dieses <DIV>-Element enthält nur ein einzelnes Element vom Typ <SPAN>. Dessen Inhalt besteht aus dem Elementinhalt des <TITLE>-Elements, den wir mit der Anweisung <xsl:value-of /> erhalten haben. Mit der Anweisung <xsl:value-of select = "." /> extrahiert man den Elementinhalt des Elements, das auf das select-Attribut passt. Der Ausdruck "." als Wert für diese Eigenschaft bedeutet, dass wir den Wert des gerade aktuell passenden Knotens (in diesem Fall den Elementinhalt des <TITLE>-Elements) auswählen wollen. Also erzeugt diese ganze Vorlage die erste Zeile unserer Ausgabe (und zwar in genau der gleichen Formatierung wie alle anderen Beispiele in diesem Kapitel) .

Nach Ausführung dieser Vorlage fährt der XSL-Prozessor fort, den Rest der zuletzt behandelten Vorlage auszuführen, und zwar von der Position an, ab der die <apply-templates />-Anweisung ausgeführt wurde.

```
<xsl:apply-templates select="TITLE" />
<DIV style="margin-left: 40pt;
    font-family: Times New Roman;
    font-size: 12pt;
    font-weight: 500;
    margin-bottom: 15pt;
    text-align: left;
    line-height: 12pt;
    text-indent: 0pt;" >
<DIV>
    <SPAN>Category: </SPAN>
    <SPAN>
        <xsl:value-of select="CATEGORY"/>
    </SPAN>
```

Die restliche Vorlage erzeugt ein <DIV>-Element – und wir sind hier immer noch in der Vorlage, die auf das <ITEM>-Element passte und nicht in irgendeiner anderen. Dieses letzte <DIV> enthält weitere eingebettete HTML-Elemente (wie <SPAN>). Bei einigen handelt es sich um einfache Zeichenketten, die in die resultierende Ausgabe eingefügt werden, andere werden wieder mit der XSL-Anweisung <xsl:value-of /> erzeugt.

```
<SPAN>
   <xsl:value-of select="CATEGORY"/>
</SPAN>
```

Hier wird der Elementinhalt des <CATEGORY>-Elements herausgeholt und mit diesem dann das <SPAN>-Element geformt. In der Zeile davor wird die Beschriftung für den Elementinhalt ausgegeben, hier Category:

```
<SPAN>Category: </SPAN>
```

Das Gleiche führen wir noch mit dem Code eines Buchs durch, nur das wir diesen in runde Klammern setzen, und wir fügen mit der gleichen Strategie noch ein <DIV>-Element hinzu. Dessen Elementinhalt erzeugen wir wieder mit der <xsl:value-of>-Anweisung aus dem Inhalt des <RELEASE_DATE>- und des <PRICE>-Elements.

Im Gegensatz zu unserem CSS-Skript konnten wir die XML-Dokument-Elemente unseres ursprünglichen Dokuments für die Ausgabe umsortieren, ohne das XML-Dokument selbst umstellen zu müssen. XSL erlaubt uns somit eine größere Freiheit bei der Formatierung und liefert eine größere Unabhängigkeit zwischen Inhalt und Ansicht.

Als Nächstes wollen wir uns damit beschäftigen, wie wir eine Fassung dieses Dokuments schaffen können, die wir akustisch ausgeben können.

Ein XSLT-Stylesheet zur akustischen Formatierung mit VOXML

Das VOXML-Konsortium, angeführt von Motorola, bietet den Prototypen eines akustischen Browsers sowie ein VOXML-SDK (Source Development Kit) an, mit dem Entwickler herumspielen können. Das SDK und Informationen über das VOXML-Projekt findet man bei http://www.voxml.com. Das VOXML-Projekt wurde durch den Bedarf nach einer einheitlichen Herangehensweise und einer gut unterstützten Plattform für Sprach-Anwendungen motiviert, also nach dem, was HTML jetzt für Web-Anwendungen darstellt. VOXML-Anwendungen sind dialogorientiert. Navigation und Dateneingabe erfolgt über Spracherkennung der Stimme des Benutzers. Die Ausgabe wird mit einem Sprachsynthesizer, der geschriebenen Text in Sprache umsetzen kann, oder in Form von vorher aufgenommen Audiodateien erzeugt.

Die VOXML ist XML-basiert, man könnte folglich ein XSLT-Dokument dazu benutzen, ein in XML verfasstes Dokument für eine Anwendung, die VOXML verwendet, umzuwandeln. Die Entwicklung einer VOXML-Anwendung könnte so einfach werden wie die einer Web-Anwendung. Ein HTTP-Server kann die VOXML-Dokumente zum akustischen Browser des Benutzers senden. Die Analyse und Interpretation der VOXML-Daten findet lokal statt. Der Benutzer interagiert mit der Anwendung über ein Mikrofon und Kopfhörer oder Lautsprecherboxen, die an einen PC angeschlossen sind. Ein Server für VOXML-Anwendungen kann sich also genau wie ein HTTP-Server bei der Verteilung von XML-Dokumenten verhalten. Der akustische Browser befasst sich mit der Spracherkennung und dem Prozess der Umwandlung von geschriebenem Text in Sprache.

Anwendungen für VOXML sind nicht ausschließlich für spezielle akustische Client-Programme gedacht, man könnte sich auch VOXML-Browser vorstellen, die das gute alte Telefonsystem mitnutzen. In diesem Fall wäre unser Ein- und Ausgabegerät dann das Telefon.

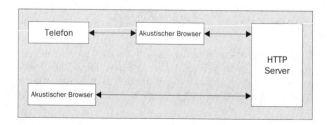

Ein Thesenpapier, das diese Architektur und ein einfaches Beispiel beschreibt, ist unter `http://www.voxml.com/downloads/VoxMLwp.pdf` verfügbar.

Nun ist's aber an der Zeit, einen Sprach-Dialog zwischen unserem potenziellen Benutzer und dem stimmgesteuerten Browser anzufangen. Die Sprach-Anwendung, die wir hier entwickeln, kann man mit dem VOXML-SDK testen und sicherlich auch noch verbessern. Das SDK ist über die Entwickler-Website des VOXML-Konsortiums frei verfügbar (`http://www.voxml.com/login.asp`).

Die Transformation des Original-Dokuments kann mit XT erfolgen, einem XSLT-Prozessor von James Clark, den man bei `http://www.jclark.com/xml/xt.html` bekommen kann (XT wurde schon in Kapitel 9 benutzt, im Anhang G auf der CD kann man nachlesen, wie man ihn installiert). Das resultierende VOXML-Dokument kann dann mit dem VOXML-Simulator betrachtet werden.

Die Abbildung unten zeigt den Dialog, der vom VOXML-Simulator angezeigt wird. Nach der Transformation Ihres XML-Dokuments in VOXML geben Sie den URL ein, unter dem das umgewandelte Dokument zu finden ist. Das Dokument sollte die Dateiendung `.vml` besitzen. Sie klicken den Eingabe-Knopf und sofort fängt Merlin an, mit Ihnen zu sprechen, und er wartet danach auch auf eine Antwort von Ihnen. Sie können Merlin über ein Mikrofon oder mit Eingabe eines Textes am unteren Ende des Dialogs antworten. Das Texteingabefeld wird für den Fall angeboten, dass man kein Mikrofon besitzt.

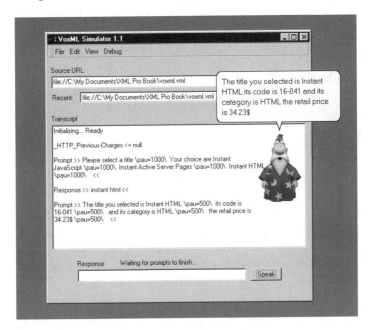

Das folgende Dokument ist das VOXML-Dokument, das bei einer Transformation von XML nach VOXML mit dem XT-Prozessor erzeugt wurde. Das Stylesheet sehen wir uns einen Augenblick später an:

```
<?xml version="1.0"?>
<DIALOG>
    <STEP NAME="init">
        <PROMPT>
            Please select a title<BREAK MSECS="1000"/>
        </PROMPT>
        <PROMPT>
            Your choices are: Instant JavaScript<BREAK MSECS="1000"/>
            Instant Active Server Pages<BREAK MSECS="1000"/>
            Instant HTML<BREAK MSECS="1000"/>
```

```
            </PROMPT>
        <INPUT TYPE="OPTIONLIST">
            <OPTION NEXT="#code:16-048">
                Instant JavaScript
            </OPTION>
            <OPTION NEXT="#code:16-105">
                Instant Active Server Pages
            </OPTION>
            <OPTION NEXT="#code:16-041">
                Instant HTML
            </OPTION>
        </INPUT>
    </STEP>
    <STEP NAME="code:16-048">
        <PROMPT>
            The title you selected is Instant JavaScript
            <BREAK MSECS="500"/>
        </PROMPT>
        <PROMPT>
            its code is 16-048<BREAK MSECS="500"/>
        </PROMPT>
        <PROMPT>
            its category is Scripting<BREAK MSECS="500"/>
        </PROMPT>
        <PROMPT>
            and the retail price is $49.34<BREAK MSECS="500"/>
        </PROMPT>
    </STEP>
    <STEP NAME="code:16-105">
        <PROMPT>
            The title you selected is Instant Active Server Pages
            <BREAK MSECS="500"/>
        </PROMPT>
        <PROMPT>
            its code is 16-105<BREAK MSECS="500"/>
        </PROMPT>
        <PROMPT>
            its category is ASP<BREAK MSECS="500"/>
        </PROMPT>
        <PROMPT>
            and the retail price is $23.45<BREAK MSECS="500"/>
        </PROMPT>
    </STEP>
    <STEP NAME="code:16-041">
        <PROMPT>
            The title you selected is Instant HTML
            <BREAK MSECS="500"/>
        </PROMPT>
        <PROMPT>
            its code is 16-041<BREAK MSECS="500"/>
        </PROMPT>
        <PROMPT>
            its category is HTML<BREAK MSECS="500"/>
        </PROMPT>
        <PROMPT>
            and the retail price is $34.23<BREAK MSECS="500"/>
```

```
        </PROMPT>
    </STEP>
</DIALOG>
```

Das Dokument ermöglicht dem Benutzer die Auswahl aus drei Büchern; sucht er eins aus, so wird ihm der Titel des ausgewählten Buchs mitgeteilt.

Wir werden uns jetzt nicht in den Details von VOXML verlieren. Die Einzelheiten werden im VOXML-SDK abgedeckt. Stattdessen konzentrieren wir uns auf das XSLT-Stylesheet, `booklist_aural.xsl`:

```
<xsl:stylesheet version="1.0"
    xmlns:xsl="http://www.w3.org/1999/XSL/Transform">

<xsl:output method="xml"/>
<xsl:template match="/">
    <xsl:processing-instruction name="xml">
        version="1.0"
    </xsl:processing-instruction>
    <DIALOG>
        <xsl:apply-templates/>
    </DIALOG>
</xsl:template>

<xsl:template match ="BOOKLIST">
    <STEP NAME="init">
        <PROMPT>Please select a title<BREAK MSECS="1000" /></PROMPT>
        <PROMPT>
            Your choices are
            <xsl:for-each select="ITEM">
                <xsl:value-of select="TITLE"/><BREAK MSECS="1000" />
            </xsl:for-each>
        </PROMPT>
        <INPUT TYPE="OPTIONLIST">
            <xsl:for-each select="ITEM">
                <xsl:element name="OPTION">
                    <xsl:attribute name="NEXT">
                        #code:<xsl:value-of select="CODE"/>
                    </xsl:attribute>
                    <xsl:value-of select="TITLE"/>
                </xsl:element>
            </xsl:for-each>
        </INPUT>
    </STEP>
    <xsl:apply-templates/>
</xsl:template>

<xsl:template match="ITEM">
    <xsl:element name="STEP">
        <xsl:attribute name="NAME">code:<xsl:value-of select="CODE"/>
        </xsl:attribute>
        <PROMPT>
            The title you selected is
            <xsl:value-of select="TITLE"/>
            <BREAK MSECS="500" />
        </PROMPT>
        <PROMPT>
            its code is
```

```
                <xsl:value-of select = "CODE"/>
                <BREAK MSECS="500" />
        </PROMPT>
        <PROMPT>
            its category is
            <xsl:value-of select="CATEGORY" />
            <BREAK MSECS="500" />
        </PROMPT>
        <PROMPT>
            and the retail price is
            <xsl:value-of select="PRICE" />
            <BREAK MSECS="500" />
        </PROMPT>
    </xsl:element>
  </xsl:template>

  </xsl:stylesheet>
```

Zuerst teilen wir dem XSLT-Modul über die `xsl:output`-Anweisung mit, dass wir beabsichtigen, XML zu erzeugen. Der XT-Prozessor lässt als Ausgabeformat entweder XML oder HTML zu.

Als Nächstes passt unsere erste Vorlage auf den Wurzelknoten, also den Knoten, der das gesamte Dokument repräsentiert. Da wir an dieser Stelle keine weitere XML-Verarbeitungs-Anweisung einfügen können, verwenden wir das Element `xsl:processing-instruction`, um in der Ausgabe die Verarbeitungs-Anweisung `<?xml version ="1.0"?>` zu erzeugen.

Hinweis: Gemäß den Empfehlungen des W3C zu XSLT sollte eine XML-Deklaration nicht mit der XSL-Anweisung `processing-instruction` erzeugt werden. Die Anweisung `xsl:output` mit einem auf den Wert »xml« gesetzten `method`-Attribut sollte ausreichen, um eine geeignete XML-Deklaration auszugeben. Aufgrund von Beschränkungen, denen XT im Moment noch unterliegt, haben wir trotzdem die Anweisung mit der `processing-instruction` in unsere Beispielvorlage aufgenommen.

Wir betten die Anweisung `xsl:apply-templates` in ein `<DIALOG>`-Element, wir wollen ja VOXML-konforme Ausgabe erzeugen (im vorherigen Beispiel hatten wir dementsprechend die Anweisung in das `<HTML>`-Element eingeschlossen). Das XSLT-Modul hingegen wird dadurch gezwungen, alle Kind-Knoten der Wurzel abzuarbeiten.

```
<DIALOG>
    <xsl:apply-templates/>
</DIALOG>
```

Die zweite Vorlage passt auf das `<BOOKLIST>`-Element. Die Vorlage enthält ein `<STEP>`-Element, das einen einzelnen Dialog für das VOXML-Modul erzeugt. Der Elementinhalt der `<PROMPT>`-Elemente wird als Sprache ausgegeben. Mit diesen Elementen werden die verfügbaren Titel aus dem Buchkatalog aufgezählt. Die Aufzählung wird mit Hilfe einer `xsl:for-each`-Schleife bewirkt, die für all die Elemente ausgeführt wird, die zum einen vom Typ `<ITEM>` sind und zum anderen Kinder des Elements, dessen Vorlage gerade aktuell ist (hier also des `<BOOKLIST>`-Elements). Für jedes Vorkommen eines `<ITEM>`-Elements wird mit der XSL-Anweisung `xsl:value-of` der Elementinhalt des `<TITLE>`-Elements herausgeholt und dann als Inhalt eines `<PROMPT>`-Elements in die Ausgabe eingefügt. Vor dem End-Tag des `<PROMPT>`-Elements wird weiterhin noch ein `<BREAK>`-Element eingefügt:

```
<PROMPT>
    Your choices are
    <xsl:for-each select="ITEM">
        <xsl:value-of select="TITLE"/><BREAK MSECS="1000" />
    </xsl:for-each>
</PROMPT>
```

Dieselbe Technik wird bei den <INPUT>-Elementen angewandt. Mit einer xsl:for-each-Schleife wird für jedes gefundene <ITEM>-Element ein <OPTION>-Element in die Ausgabe eingefügt. Da wir die <OP-TION>-Elemente erst mit Daten erzeugen können, die wir aus dem ursprünglichen XML-Dokument herausziehen, benutzen wir die XSL-Anweisung xsl:element in Verbindung mit der xsl:attribute-Anweisung:

```
<xsl:for-each select="ITEM">
    <xsl:element name="OPTION">
        <xsl:attribute name="NEXT">
            #code:
            <xsl:value-of select="CODE"/>
        </xsl:attribute>
        <xsl:value-of select="TITLE"/>
    </xsl:element>
</xsl:for-each>
```

Die Schleife produziert die folgende Ausgabe:

```
<OPTION NEXT="#code:16-048">Instant JavaScript</OPTION>
<OPTION NEXT="#code:16-105">Instant Active Server Pages</OPTION>
<OPTION NEXT="#code:16-041">Instant HTML</OPTION>
```

Wie üblich enthält die Vorlage ein xsl:apply-templates, um den XSLT-Formatierer dazu anzuhalten, die Kind-Knoten weiterzuverarbeiten.

Die dritte Vorlage passt auf das <ITEM>-Element. Die Vorlage erzeugt ein <STEP>-Element mit der Anweisung xsl:element und dann das zum Element gehörige Attribut name mit xsl:attribute. Der Wert dieses Attributs wird vom XML-Dokument mit der xsl-value-of-Anweisung geholt, die noch den Elementinhalt des <CODE>-Elements an die direkt ausgegebenen Zeichenkette "code:" anfügt.

```
<xsl:element name="STEP">
    <xsl:attribute name="NAME">
        code:
        <xsl:value-of select="CODE"/>
    </xsl:attribute>
```

Die noch folgenden <PROMPT>-Elemente werden mit Elementinhalten generiert, die mit der XSL-Anweisung xsl:value-of aus dem Dokument extrahiert werden:

```
<PROMPT>
    The title you selected is
    <xsl:value-of select="TITLE"/>
    <BREAK MSECS="500" />
</PROMPT>
```

Die obigen Anweisungen erzeugen folgende Ausgabe:

```
<PROMPT>
    The title you selected is Instant JavaScript
    <BREAK MSECS="500"/>
</PROMPT>
```

Man kann das VOXML-Beispiel testen, indem man mit XT zuerst eine Transformation des XML-Dokuments nach VOXML vornimmt und dann das VOXML-Dokument mit dem Simulator auswertet, der dem VOXML-SDK beiliegt.

Ein XSLT-Stylesheet mit XSL-Formatierungsobjekten

James Tauber entwickelte FOP, um eine Transformation von XML nach PDF über XSL-Formatierungs-objekte zu implementieren. Das FOP-Softwarepaket gibt es als Gratis-Download, den man unter `http://www.jtauber.com/fop/` findet. Ein kommerzielles Softwarepaket für XSLF, das bald veröffentlicht werden soll, kann man bei `http://www.renderx.com` finden.

Das Modell des PDF-Ausgabeformats basiert auf Seiten. Eine Seite kann mit dem Adobe-PDF-Viewer oder über ein PDF-PlugIn ausgedruckt oder am Bildschirm dargestellt werden.

Die generelle Struktur eines XSLF-Dokuments (man kann solch ein Dokument auch mit einem XSLT-Transformationsmodul erzeugen,da XSLF auch nur eine XML-Anwendung ist) beginnt mit einem Wurzel-Element namens `<root>`. Dieses hat zwei Unterelemente, ein einzelnes Element `<fo:layout-master-set>` und ein oder mehrere Elemente des Typs `<fo:page-sequence>`:

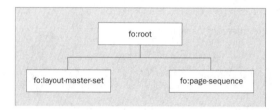

Das `<fo:layout-master-set>`-Element enthält eine oder mehrere Elemente des Typs `<fo:simple-page-master>`, die als Vorlage für das Seitenlayout dienen, während die Elemente vom Typ `<fo:page-sequence>` den Inhalt des Dokuments darstellen. Diese Elemente unterteilen eine Seite in fünf verschiedene Gebiete:

❑ Den Dokumentrumpf (`xsl-body`)

❑ Das Davor-Gebiet (region-before) oder Kopfzeile (`xsl-before`)

❑ Das Danach-Gebiet (region-after) oder Fußzeile (`xsl-after`)

❑ Das Start-Gebiet (region-start) oder linker seitlicher Balken (`xsl-start`)

❑ Das End-Gebiet (region-end) oder rechter seitlicher Balken (`xsl-end`)

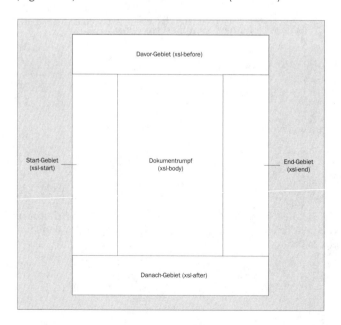

Das Element `fo:simple-page-master` hat folgende Eigenschaften:

Eigenschaft	Beschreibung
id	Ein einmaliger Elementbezeichner.
margin-top	identisch zur `margin-top`-Eigenschaft der CSS.
margin-bottom	identisch zur `margin-bottom`-Eigenschaft der CSS.
margin-left	identisch zur `margin-left`-Eigenschaft der CSS.
margin-right	identisch zur `margin-right`-Eigenschaft der CSS.
margin	Abkürzung, um die Eigenschaften `margin-top`, `margin-right`, `margin-bottom` und `margin-left` eines Block- oder Inline-Objekts zu setzen.
page-master-name	Legt einen Bezeichner für eine Hauptlayoutvorlage fest. Dieser Name wird von: `fo:sequence-specifier-single`, `fo:sequence-specifier-repeating` und `fo:sequence-specifier-alternating` bei der Erzeugung neuer Seiteninstanzen verwendet.
page-height	Legt die Höhe einer Seite fest. Für ein A4-Format würde dieser Wert beispielsweise auf 29,7 cm gesetzt werden.
page-width	Legt die Breite einer Seite fest. Für ein A4-Format würde dieser Wert auf 21 cm gesetzt werden.
reference-orientation	Der Inhalt eines Elements könnte sich an der Ausrichtung der Seite orientieren oder vor der Ausgabe gedreht werden. Zum Beispiel würde ein Wert von 90 den Inhalt eines Elements um 90 Grad gegen die `reference-orientation` des ihn einschließenden Gebiets drehen (gegen den Uhrzeigersinn).
size	Dieses Attribut legt Größe und Ausrichtung des umgebenden Kastens einer ganzen Seite fest. Wird der Wert beispielsweise auf `landscape` gesetzt, dann ist der Kasten, der die Seite verkörpert, genau so groß wie das Ausgabemedium, und die längeren Seiten bilden die Horizontale.
writing-mode	Gibt die Schreibrichtung an. Kann zum Beispiel auf einen Modus für den nahen Osten gesetzt werden, in dem die Schrift von rechts nach links verläuft.

Hier ist das Beispiel-Stylesheet `booklist_FO.xsl`, mit dem wir den Buchkatalog in eine Reihe von XSL-Formatierungsobjekte umwandeln:

```
<xsl:stylesheet version="1.0"
   xmlns:xsl="http://www.w3.org/1999/XSL/Transform">

<xsl:template match="/">
   <fo:root xmlns:fo=http://www.w3.org/XSL/Format/1.0>

      <fo:layout-master-set>
         <fo:simple-page-master page-master-name="pagemaster-1">
            <fo:region-body
               column-count="1"
               reference-orientation="0"
               margin="1in" />
         </fo:simple-page-master>
      </fo:layout-master set>

      <fo:page-sequence>
         <fo:sequence-specification>
            <fo:sequence-specifier-single
               page-master-name="pagemaster-1"/>
         </fo:sequence-specification>
```

```
            <fo:static-content flow-name="xsl-before">
               <fo:block text-align="centered"
                  font=36pt Times"
                  font-weight="bold"
                  space-after.optimum="6pt"
                  color="red">Book Catalog</fo:block>
            <fo:static-content>

            <fo:static-content flow-name="xsl-after">
               <fo:block>
                  <fo:block text-align="centered" font="10pt Times">
                     <fo:page-number/>
                  </fo:block>
               </fo:block>
            </fo:static-content>

            <fo:flow flow-name="xsl-body">
               <fo:block>
                  <fo:display-sequence
                     text-align="justified"
                     font="1pica Times">
                     <xsl:apply-templates/>
                  </fo:display-sequence>
               </fo:block>
            </fo:flow>
         </fo:page-sequence>
      </fo:root>
</xsl:template>

<xsl:template match="ITEM">
   <fo:block space-before.optimum="9pt">
      <xsl:apply-templates select="TITLE" />
      <fo:block>
         <fo:inline-sequence>Category: </fo:inline-sequence>
         <fo:inline-sequence>
           <xsl:value-of select="CATEGORY"/>
         </fo:inline-sequence>
         <fo:inline-sequence> (</fo:inline-sequence>
         <fo:inline-sequence>
           <xsl:value-of select="CODE"/>
         </fo:inline-sequence>
         <fo:inline-sequence> )</fo:inline-sequence>
         <fo:block>
           <fo:inline-sequence>Release date: </fo:inline-sequence>
           <fo:inline-sequence>
             <xsl:value-of select="RELEASE_DATE"/>
           </fo:inline-sequence>
           <fo:inline-sequence>- Price: </fo:inline-sequence>
           <fo:inline-sequence>
             <xsl:value-of select="PRICE"/>
           </fo:inline-sequence>
         </fo:block>
      </fo:block>
   </fo:block>
</xsl:template>
```

```
<xsl:template match="TITLE">
   <fo:block
      font=14pt Arial"
      font-weight="bold">
      <fo:inline-sequence>
         <xsl:value-of select ="." />
      </fo:inline-sequence>
   </fo:block>
</xsl:template>
```

Die Vorlage, die auf den Wurzel-Knoten angewendet wird, erzeugt eine Hauptseite mit einem Seiten-rumpf, der aus einer einzelnen Spalte besteht. Die Orientierung dieses Gebiets, die mit der Eigenschaft `reference-orientation` festgelegt wird, stimmt mit der Orientierung der gesamten Seite überein (`portrait`) und um den gesamten Dokumentenrumpf beträgt der Randabstand 1 Zoll.

```
<fo:layout-master-set>
   <fo:simple-page-master page-master-name="pagemaster-1">
      <fo:region-body
         column-count="1"
         reference-orientation="0"
         margin="1in" />
   </fo:simple-page-master>
</fo:layout-master set>
```

Nachdem ein Hauptlayout für die Seiten erzeugt wurde, besteht der nächste Schritt darin, eine Reihe von Seiten zu erzeugen. Das Element `<fo:page-sequence>` besteht aus einem Element des Typs `<fo:sequence-specification>`, keinem, einem oder mehreren `<fo:static-content>`-Elementen und einem `<fo:flow>`-Element.

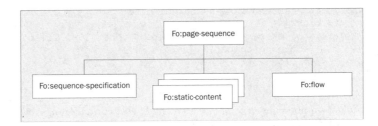

Im Wesentlichen legt dieses Element für einen XSL-Formatierer das Erscheinungsbild der Seiten fest. Man kann sich das so vorstellen, dass mit diesem Element die Randbedingungen für alle nachfolgend ausgege-benen Seiten festgelegt werden.

Das Element `<fo:sequence-specification>` enthält ein oder mehrere Elemente der Typen `<fo:sequence-specifier-single>`, `<fo:sequence-specifier-repeating>` und `<fo:sequence-specifier-alternating>`.

In unserem Beispiel benutzten wir das Element `<fo:sequence-specifier-single>`, um dem XSL-Formatierer anzuzeigen, dass wir das Hauptseitenlayout namens »pagemaster-1« verwenden wollen, das wir vorher mit dem `<fo:simple-page-master>`-Element definiert hatten. Damit stellen wir eine Vor-lage für die darzustellenden Seiten zur Verfügung. In unserem Beispiel haben dann alle Seiten einen Rand-abstand von 1 Zoll, genau wie beim `page-master`-Formatierungsobjekt festgelegt. Das Standardverhalten sieht vor, dass dann alle Seiten auf die gleiche Art und Weise formatiert werden.

```
<fo:sequence-specification>
   <fo:sequence-specifier-single
      page-master-name="pagemaster-1"/>
</fo:sequence-specification>
```

Das Element <fo:sequence-specifier-alternative> erlaubt uns, für Dokumente, deren Seiten unterschiedlich formatiert werden (zum Beispiel Bücher), unterschiedliche Layouts festzulegen. Ein Hauptlayout kann dann für die geraden, ein anderes für ungerade Seiten genutzt werden. Mit dem <fo:sequence-specifier-repeating>-Element legt man ein Layout für eine Titelseite und eine sich wiederholende Reihe von Seiten fest.

Wir werden auf unseren Seiten zwei Formatierungsobjekte mit statischem Inhalt einbauen: den Titel und die Seitennummer. Statischer Inhalt bedeutet, dass Elemente festen Inhalts auf jeder Seite eingefügt werden, ohne dass eine Verbindung zum aktuellen Inhalt des XML-Dokuments bestehen muss. Es verhält sich so, wie die Definition von Konstanten in einem Programm.

Als Erstes erzeugen wir den statischen Inhalt für den Titel. Der Titel wird vor dem Dokumentenrumpf dargestellt. Das legen wir dadurch fest, dass die Eigenschaft flow-name auf den Wert xsl-before gesetzt wird. Der Titel selber wird mit einem <fo:block>-Element erzeugt, das rot, zentriert, im Fettdruck, mit einer 36-Punkt-Times-Schriftart und einem 6-Punkt-Abstand am Ende ausgegeben wird. Ein XSL-Block ist wie ein CSS-Block-Objekt zu behandeln, die Eigenschaften stimmen fast alle überein.

```
<fo:static-content flow-name="xsl-before">
    <fo:block text-align="centered"
        font=36pt Times"
        font-weight="bold"
        space-after.optimum="6pt"
        color="red">Book Catalog</fo:block>
<fo:static-content>
```

Im Beispiel wollen wir, dass die Seitennummer unterhalb des Dokumentenrumpfs dargestellt wird. Das wird dadurch festgelegt, dass das flow-name-Attribut auf den Wert xsl-after gesetzt wird. Ein weiteres Block-Formatierungsobjekt wird dazu benutzt, um die Seitennummer darzustellen, die zentriert und mit in einer 10-Punkt-Times-Schriftart ausgegeben wird.

```
<fo:static-content flow-name="xsl-after">
    <fo:block>
        <fo:block text-align="centered" font="10pt Times">
            <fo:page-number/>
        </fo:block>
    </fo:block>
</fo:static-content>
```

Zum Schluss erzeugen wir noch das <fo:flow>-Element. Dieses Formatierungsobjekt enthält den eigentlichen Inhalt des XML-Dokuments. Festgelegt wird es durch die Eigenschaft flow-name mit dem Wert xsl-body:

```
<fo:flow flow-name="xsl-body">
```

In diesem Element sind alle Formatierungsobjekte enthalten, die für das XML-Dokument erzeugt werden. Es beinhaltet den Dokumentenrumpf.

Wir haben also ein grundlegendes Layout für jede Seite in Form des Hauptlayouts festgelegt. Dieses wird als Vorlage in den <fo:sequence-specification>-Elementen verwendet. Wir haben dann mit dem <fo:static-content>-Element eine Seitennummer am Ende jeder Seite hinzugefügt. Zum Schluss haben wir noch den Dokumentrumpf definiert, auf dem alle Flow-Objekte des XML-Dokuments platziert werden.

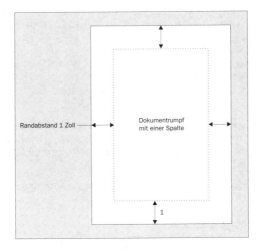

Alle Elemente, die im Dokumentenrumpf enthalten sind, erben ihre Eigenschaften vom `<fo:display-sequence>`-Element. Es legt einen Satz von Eigenschaften fest, der von allen enthaltenen Elementen geerbt wird. Da wir das Element `<xsl:apply-templates>` in den Inhalt von `<fo:display-sequence>` aufgenommen haben und weil diese Anweisung in der Vorlage für das Wurzel-Element enthalten ist, werden alle noch folgenden Vorlagen die `xsl:apply-template`-Anweisung ausführen, ersetzen und die voreingestellten Eigenschaften vom `display-sequence`-Element erben.

```
<fo:block>
    <fo:display-sequence
        text-align="justified"
        font="1pica Times">
        <xsl:apply-templates/>
    </fo:display-sequence>
</fo:block>
```

Die Vorlage für ein `<ITEM>`-Element erzeugt für jedes Vorkommen dieses Elements ein Block-Objekt. Bei der Ausgabe wird vor diesem Block etwas Platz gelassen (9 Punkt). Mit dem Schlüsselwert `optimum` wird für das XSL-Formatierungsmodul festgesetzt, dass wir hier den optimalen Wert für diesen Leerraum angeben – wir hätten diesen Wert auch als Maximal- oder Minimal-Wert angeben können.

```
<fo:block space-before.optimum="9pt">
```

Der Hauptcontainer-Block enthält drei weitere Blöcke:

❏ Den Titel
❏ Die Kategorie und den Code des Buchs
❏ Das Erscheinungsdatum und den Preis des Buchs

Der Titel wird durch die Abarbeitung der Vorlage eingefügt, die mit dem `<TITLE>`-Element verknüpft ist. Diese Vorlage enthält ein `<fo:block>`-Element, das einige der Eigenschaftswerte des `<display-sequence>`-Elements überschreibt:

```
<xsl:template match="ITEM">
    <fo:block space-before.optimum="9pt">
        <xsl:apply-templates select="TITLE" />

    ...

<xsl:template match="TITLE">
```

```
<fo:block
    font=14pt Arial"
    font-weight="bold">
    <fo:inline-sequence>
        <xsl:value-of  select ="."/>
    </fo:inline-sequence>
    </fo:block>
</xsl:template>
```

Die anderen zwei Block-Formatierungsobjekte, die nach dem Titel ausgegeben werden sollen, enthalten Formatierungsobjekte des Typs `<fo:inline-sequence>`, deren Elementinhalt aus dem XML-Dokument mit dem XSL-Element `<xsl:value-of>` herausgeholt wurde. Ein Inline-Sequence-Formatierungsobjekt entspricht weitgehend dem Inline-Objekt der CSS.

Hat man einmal das transformierte Dokument erzeugt, dann kann man Anwendungen wie FOP nutzen, um eine PDF-Version des Dokuments zu generieren.

Abschließende Überlegungen zu XSL

XSLT ist ein eindeutiger Gewinner, die Version 5 des Internet Explorers fügte XSLT zu den schon vorhandenen Fähigkeiten der HTML- und CSS-Transformation hinzu, und die XSLT-Unterstützung innerhalb des Mozilla-Browsers ist zum Zeitpunkt der Niederschrift in Arbeit. Wenn also schon Browser eine Formatierungssprache unterstützen und diese auch in ihren Ausdrucksmöglichkeiten noch sehr mächtig ist, dann hat man alle Zutaten für den Erfolg.

Ich kann dasselbe nicht über XSLF (die Formatierungskomponente von XSL) sagen. Deren Zukunft hängt davon ab, inwiefern XML-Autorenwerkzeuge sie unterstützen werden. Aber auch wenn das der Fall sein sollte, wird sie nicht sehr populär werden, wenn die Browser diese Sprache nicht unterstützen. Sie könnte jedoch in der gleichen Nische wie DSSSL (das wir als Nächstes anschauen werden) einen Platz finden, nämlich als Formatierungssprache für Druckerzeugnisse.

XSLT bietet eine Menge Potenzial für Server-seitige Transformationen, da man ein XML-Dokument in eine Kombination aus HTML und CSS für PC-Browser, in VOXML für akustische Browser und in WML für Mobiltelefone und PDAs (Personal Digital Assistants) wandeln kann.

Nachdem wir nun einen Blick auf CSS und XSL geworfen haben, werden wir uns kurz mit zwei anderen Sprachen auseinander setzen, über die der eine oder andere evtl. noch mehr erfahren möchte: DSSSL und Omnimark. Wir werden beide jeweils kurz vorstellen und dann ein Code-Beispiel zeigen, das auf unser Buchlistenbeispiel angewandt werden kann, so dass man eine ungefähre Vorstellung von der Syntax dieser Sprachen bekommt. – Wir haben nicht genug Platz, um auch nur eine der beiden erschöpfend zu behandeln, man sollte jedoch eine ungefähre Vorstellung davon erhalten können, ob es sich lohnt, noch mehr Zeit zu investieren, um mehr über die Sprachen in Erfahrung zu bringen.

DSSSL

Schon seit 1996 ist DSSSL ein ISO-Standard. Die Sprache besteht hauptsächlich aus zwei Teilen:

❏ Formatierungssprache
❏ Transformationssprache

Die Formatierungssprache ist stark skalierbar, man kann sie auf einer einfachen Ebene wie CSS benutzen oder als ausdrucksstarke, vollwertige, **funktionale** Programmiersprache. Diese Programmiersprache erlaubt es, Verarbeitungsvorgänge auf dem hierarchischen XML-Dokumentenmodell auszuführen. Das visuelle Modell beruht auf so genannten *flow objects* (Gleitobjekten) und ist unabhängig von einer konkreten Implementierung. Beispielsweise könnte man das DSSSL-flow object für einen Absatz in HTML als `<P>`-Element ausdrücken und in RTF als /par-Objekt. Es handelt sich um eine regelbasierte Sprache, mit der man SGML- und XML-Dokumente verarbeiten kann. Eine Vielzahl der Merkmale von DSSSL wurden in XSL übernommen.

Es wird oft behauptet, DSSSL sei komplex und schwer zu lernen. Das liegt an der mächtigen funktionalen Programmiersprache, die in DSSSL integriert ist. Diese Sprache, **Scheme**, ist eine Untermenge von LISP. Programmierer, die an prozedurale Sprachen wie C, C++, Basic, Pascal usw. gewohnt sind, haben möglicherweise Schwierigkeiten damit, sie zu lernen. DSSSL kann jedoch auch ohne diesen ausdrucksstarken Teil der Sprache benutzt werden, in diesem Fall ist der Schwierigkeitsgrad von DSSSL ungefähr derselbe wie bei CSS.

Die funktionale Programmiersprache von DSSSL eignet sich gut zur Symbolmanipulation. Mit den DSSSL-Formatierungsobjekten und der auf Scheme beruhenden funktionalen Sprache kann man sehr mächtige Stylesheets konstruieren. Eigentlich wird DSSSL üblicherweise für die Publikation von Druckerzeugnissen benutzt und nicht so sehr für eine Online-Darstellung. Es gibt jedoch mehrere Server-seitige Implementierungen, die SGML- oder XML-Dokumente nach HTML wandeln.

Ein DSSSL-**Skript** verarbeitet ein XML-Dokument, indem es zuerst eine Transformation des Dokuments in einen **GROVE** (engl. für Wäldchen) vornimmt. Der GROVE ist ungefähr das ISO-Äquivalent zum DOM des W3C. Eigentlich handelt es sich jedoch um ein abstrakteres Modell eines Dokuments, wohingegen das DOM ein API (Application Programmers Interface) verkörpert. Ein GROVE liegt inhaltlich näher an den W3C Information-Sets als am DOM. Der GROVE ist das Datenmodell und das DOM stellt eine Schnittstelle zu diesem Datenmodell dar. Nachdem nun der GROVE bzw. diese Dokumentdatenstruktur erzeugt wurde, findet der Mustervergleich zwischen den DSSSL-Regeln und den XML-Dokument-Elementen statt. Das DSSSL-Regelmodell ist komplexer als das bei XSL verwendete. Es umfasst verschiedene Arten von Regeln – in XSL reicht ein einziger Typ aus.

DSSSL könnte man auch nutzen, um XML-Dokumenttransformationen vorzunehmen. Das Modell zur Darstellung ist genauso mächtig wie das von XSL und bietet die Unabhängigkeit zwischen der Struktur des XML-Dokuments und seiner Darstellung. Es ist auch möglich, neue Dokument-Elemente und Zeichenketten hinzuzufügen und die Elemente für die endgültige Ausgabe umzuordnen.

Im Gegensatz zu XSLF, an dem jedenfalls zum Zeitpunkt dieser Niederschrift noch gearbeitet wurde, wird DSSSL schon Tag für Tag bei der Verarbeitung elektronischer Dokumente eingesetzt. Die erste Implementierung stellte James Clark mit dem Programm Jade zur Verfügung. Mittlerweile werden die Programmquellen von einer internationalen Gruppe Programmierer gepflegt, und aus Jade wurde OpenJade, ein Open-Source-Projekt. OpenJade steht zum freien Download unter http://www.netfolder.com/DSSSL zur Verfügung. Man kann damit SGML- oder XML-Dokumente nach HTML, SGML, XML, PDF, MIF, TeX, RTF oder Braille wandeln.

Beispiel für ein Formatierungsskript

Mit dem folgenden Beispiel könnten wir das gleiche Resultat wie mit XSL erzielen, aber ohne das Dokument noch vor der Formatierung zu transformieren, wie bei CSS erforderlich. Wir werden dieses Skript nicht im Detail betrachten, stattdessen werden wir kurz die wichtigsten Konzepte von DSSL streifen:

```
<!doctype style-sheet
    PUBLIC "-//Netfolder//DTD DSSSL library//EN" >
(root
    (make scroll
        (process-children)
    )
)

(element ITEM
    (make paragraph
        start-indent: 40pt
        font-family-name: "Times New Roman"
        font-size: 12pt
        font-weight: 'medium
        space-after: 15pt
        (process-matching-children "TITLE")
```

```
            (make paragraph
                font-weight: 'medium
                (literal "Category: ")
                (process-matching-children "CATEGORY")
                (literal " (")
                (process-matching-children "CODE")
                (literal ")")
            )
            (make paragraph
                (literal "Release date: ")
                (process-matching-children "RELEASE_DATE")
                (literal " - Price: ")
                (process-matching-children "PRICE")
            )
        )
    )
)

(element TITLE
    (make paragraph
        font-family-name: "Arial"
        font-size: 14pt
        font-weight: 'bold
    )
)

(element CATEGORY
    (make sequence)
)

(element CODE
    (make sequence)
)
(element RELEASE_DATE
    (make sequence)
)

(element PRICE
    (make sequence)
)
```

Die erste Regel erzeugt ein Formatierungsobjekt des Typs scroll (Schriftrolle). Dieses stellt den Ausschnitt im Browser dar, in dem man auf- und abblättern kann. Das mit root bezeichnete Element in diesem Teil des Stylesheets verkörpert hier das gesamte XML-Dokument und nicht nur das Wurzel-Element. Hätten wir das Dokument in gedruckter Form ausgeben wollen, dann hätten wir das Formatierungsobjekt simple-page-sequence (einfache Folge von Seiten) verwendet.

Die Regel, die auf das <ITEM>-Element passt, erledigt die Hauptarbeit. Zuerst wird ein paragraph-Objekt generiert. Ein paragraph beschreibt eine rechteckige Fläche, in der sequence-Objekte enthalten sein können. Paragraphs entsprechen ungefähr den CSS-Kästen, und sequence-Objekte verhalten sich ähnlich wie Inline-Objekte.

Die Eigenschaften eines Absatzes werden hier characteristics genannt, die Ähnlichkeit mit den Bezeichnungen der CSS-Attribute fällt sofort auf. Die DSSSL-Anweisung

```
(process-matching-children "TITLE")
```

sorgt dafür, dass das Formatierungsmodul die Regel abarbeitet, die mit dem <TITLE>-Element verknüpft ist. Diese sorgt dafür, dass ein paragraph-Objekt als Kind-Knoten des schon vorhandenen Paragrafen eingefügt wird. Nach diesem werden noch zwei weitere angehängt.

Wie schon bei der HTML-Transformation mit XSLT fügen wir auch noch neue Inhalte hinzu, die im Originaldokument nicht vorhanden sind. Das wird mit dem Formatierungsobjekt literal erreicht, das einer Zeichenkette entspricht. Der Inhalt wird vor dem Formatierungsobjekt eingefügt, das durch das <CATEGORY>-Element erzeugt wird:

```
(literal "Category: ")
(process-matching-children "CATEGORY")
```

Teilen sich Elemente einen gemeinsamen Regelrumpf, dann ist es praktischer, die folgende Schreibweise zu verwenden:

```
(element CATEGORY CODE RELEASE_DATE PRICE
    (make sequence)
)
```

Diese Schreibweise ist zwar nicht Teil des DSSSL-ISO-Standards, wurde aber im OpenJade-Softwarepaket zur Vereinfachung implementiert.

Die DSSSL-Spezifikation ist kein unveränderbarer Klotz und begibt sich im Moment in eine Phase der Überarbeitung. Das so genannte DSSSL-2-Projekt stellt eine Erweiterung von DSSSL dar, die auf Grundlage der existierenden Spezifikation Verbesserungen bringen soll. Die tatsächlich verabschiedeten Spezifikationen werden allerdings weiter gepflegt, um die Einsetzbarkeit existierender Stylesheets zu gewährleisten.

Abschließende Überlegungen zu DSSSL

Wie Ihnen sicher schon aufgefallen ist, ist DSSSL nicht zwangsläufig schwerer zu lernen als XSLF; nach bestimmten Gesichtspunkten könnte es sogar einfacher sein. Natürlich ist die funktionale Sprache »Scheme« für Leute, die an prozedurale Sprachen wie JavaScript gewohnt sind, nicht unbedingt einfach zu verstehen. Der Mechanismus zur Erzeugung von Formatierungsobjekten ist jedoch recht simpel und die DSSSL-Stylesheets sind gut zu lesen, vielleicht sogar besser als XSL. Andererseits ist der Zugriff auf die Knoten eines GROVE kostenaufwendiger, also komplizierter, als bei der Benutzung eines XPath-Ausdrucks.

Insgesamt betrachtet ist DSSSL eine sehr mächtige Sprache, die wahrscheinlich eher an den Dokumentverarbeitungsvorgang für gedrucktes Material angepasst ist als an eine Online-Darstellung. In der Welt der Druckmedien erfährt DSSSL hingegen große Unterstützung.

Omnimark

Erst kürzlich wurde die Formatierungssprache Omnimark (erdacht und implementiert von Omnimark Technologies) in Form eines freien Software-Pakets verfügbar. Man kann es von der Website http://www.omnimark.com herunterladen. Da es mittlerweile frei zu bekommen ist und man damit aus XML-Dokumenten HTML-Dokumente erstellen kann, werden wir einen sehr kurzen Blick auf diese einfache Sprache werfen.

Genauso wie die bisher erwähnten Sprachen, ist Omnimark regelbasiert. Die zu einem XML-Element passende Regel wird mit der Omnimark-Anweisung element ermittelt. Im Gegensatz zu DSSSL, CSS oder XSL gibt es bei Omnimark keine visuellen Formatierungsobjekte, vielmehr wird zur Ausgabe die Prozedur output() benutzt. Die output()-Prozedur bekommt eine Zeichenkette als Parameter. Diese Zeichenkette kann jede Art von Ausdruck beinhalten und man kann sie nutzen, um Dokumente für textbasierte Formatierungssprachen wie VOXML, HTML, TeX usw. zu erzeugen.

Genau wie bei DSSSL oder XSL gibt es Kommandos, die man in die Ausgabe einfügen kann und die als Platzhalter für die Ausgabe anderer Regeln dienen. Die Anweisung %c bedeutet content (Inhalt) und wird mit der Ausgabe der Regeln ersetzt, die für die Kind-Elemente des gerade bearbeiteten Elements bearbeitet werden. Beispielsweise sei ein <ITEM>-Element das Kind eines <BOOKLIST>-Elements. Wenn nun die zum <BOOKLIST>-Element gehörende Regel in ihrer Ausgabe die Anweisung %c enthält, dann wird diese Anweisung durch die Ausgabe der <ITEM>-Regel ersetzt.

Ein einfaches Omnimark-Skript

Das folgende Skript sieht ein wenig anders aus als die der anderen Formatierungssprachen, obwohl es immer noch regelbasiert ist. Die Elemente des XML-Dokuments werden mit den Omnimark-Regeln verglichen. In der einfachsten Form enthält eine Regel eine oder mehrere output-Anweisungen. Das gewünschte Resultat wird als Zeichenkette angegeben:

```
down-translate with xml

element BOOKLIST
    output "<html>%n<head>%n" ||
        "<title>Transform with Omnimark<title>%n" ||
        "</head>%n<body>%c</body>%n</html>"

element ITEM
    output "<DIV style="margin-left: 40pt;%n" ||
        "font-family: Times New Roman;%n" ||
        "font-size: 12pt;%n" ||
        "font-weight: 500;%n" ||
        "margin-bottom: 15pt;%n" ||
        "text-align: left;%n" ||
        "line-height: 12pt;%n" ||
        "text-indent: 0pt;" >%n"

element TITLE
    output "<DIV style="margin-left: 40pt;%n" ||
        "font-family: Arial;%n" ||
        "font-weight: 700;%n" ||
        "font-size: 14pt;" >%n » ||
        "<SPAN>%c</SPAN>%n</DIV>%n"

element DESCRIPTION
    output "<DIV>%n%c%n</DIV>%n"

element ( CATEGORY | CODE | RELEASE_DATE | PRICE )
    output "<SPAN>%c</SPAN>"
```

Es ist Ihnen sicher sofort aufgefallen, dass in den Ausgabeausdrücken Zeichen enthalten sind, die von %-Zeichen begrenzt werden. Es handelt sich dabei um Anweisungen für das Formatiermodul, die man in die Ausgabe einbauen kann. Die %c-Anweisung in der Regel

```
element BOOKLIST
    output "<html>%n<head>%n" ||
        "<title>Transform with Omnimark<title>%n" ||
        "</head>%n<body>%c</body>%n</html>"
```

entspricht der apply-templates-Anweisung in XSLT. Es zeigt dem Omnimark-Formatierungsmodul an, dass an dieser Position die Regeln der Kinder des <BOOKLIST>-Elements ausgeführt und deren Ausgabe an dieser Stelle in die Gesamtausgabe eingefügt werden sollen.

Eine andere Anweisung, %n, sorgt dafür, dass hier ein Zeilen-Ende-Zeichen (anstelle der Zeichen für Wagenrücklauf/Zeilenvorschub) eingefügt wird, um die Ausgabe lesbarer zu gestalten.

Abschließende Überlegungen zu Omnimark

Mal abgesehen von Transformationen ist Omnimark eine einfach anzuwendende Sprache, sollten aber doch XML-Transformationen verlangt werden, dann glänzt XSLT. Trotzdem verdient Omnimark eine Erwähnung, wenn man nur mal die übliche Transformation von XML nach HTML hinbekommen will oder für Leute, die mehr an prozedurale als an deklarative Sprachen gewohnt sind.

Zusammenfassung

In diesem Kapitel haben wir uns gründlich mit zwei Formatierungssprachen, nämlich CSS und XSL, beschäftigt, die man beide nutzen kann, um XML für eine Präsentation aufzubereiten. Dann haben wir einen kurzen Blick auf DSSSL und Omnimark geworfen, die auch in Verbindung mit XML verwendet werden können.

Wir konnten festhalten, dass die Standarddokumente, die die Cascading Style Sheets 1 und 2 beschreiben, in Form von fertigen Empfehlungen des W3C vorliegen und dass Teile davon schon im Internet Explorer 5.0 und im zukünftig verfügbaren Mozilla-Browser implementiert sind. Weiterhin ist CSS3 schon auf dem Weg, das existierende CSS-Modell weiter zu verbessern. Im Moment sind die beiden CSS-Varianten ideal, um XML-Dokumente in entsprechend XML- und CSS-fähigen Browsern zur Ansicht zu bringen. Zusätzlich ist die Sprache einfach zu lernen und anzuwenden und jedem HTML-User ist sie schon vertraut.

Dann ging es weiter zu XSL. Zum Zeitpunkt der Niederschrift sind die endgültigen W3C- Empfehlungen zu XSLT und XPath noch recht jung. Die großen Browserhersteller werden die neuen Standards also erst mit zeitlicher Verzögerung einbauen. In der Zwischenzeit muss man sich anderer Werkzeuge bedienen, die XSLT-Unterstützung anbieten. Zusätzlich zu alledem wurden die Bemühungen auf dem Bereich der XSL-Formatierungsobjekte fortgesetzt, um eine bessere Unterstützung für den Ausdruck zu verwirklichen. XSLT ein sehr mächtiges Allround-Werkzeug zur Transformation von XML-Dokumenten. Es ermöglicht die Ausgabe einer Reihe von Formaten, die nicht notwendigerweise einen XML-fähigen Browser erfordern.

Wir haben uns weiterhin einen Ausblick auf die sehr mächtige Sprache DSSSL verschafft, die sowohl SGML- als auch XML-Dokumente verarbeiten kann. Sie basiert auf einem internationalen Standard, der seiner bald fälligen Überarbeitung harrt. Wir erwarten im Laufe der Überarbeitung ein DSSSL der zweiten Generation, das (so hoffen wir) neue Eigenschaften beinhalten wird, die aus dem Wissen der letzten Jahren gewonnen wurden. Zu guter Letzt haben wir einen kurzen Blick auf die Formatierungssprache Omnimark geworfen. Obwohl es sich um eine proprietäre Sprache handelt, wird sie jeden Tag in einer Vielzahl von Situationen eingesetzt und hat sich schon als nützliches Werkzeug erwiesen. Im Gegensatz zu den meisten proprietären Sprachen gibt es eine Version, die umsonst zum Download zur Verfügung steht, und Leute, die an prozedurale Sprachen gewohnt sind, werden sich bei dieser Sprache wie zu Hause fühlen.

Die meisten dieser Softwarewerkzeuge stehen umsonst zum Download bereit, man kann also selbst einmal mit all ihren Möglichkeiten und Einschränkungen herumexperimentieren:

❏ CSS: verfügbar im Internet Explorer 5.0 (`http://www.microsoft.ie/`) und Mozilla (`http://www.mozilla.org`)

❏ XSLT: verfügbar im Internet Explorer 5.0, James Clarks XT (`http://www.jclark.com/xml/xt.html`) und SAXON (`http://users.iclway.co.uk/mhkay/saxon`)

❏ XSLF: James Taubers FOP (`http://www.jtauber.com/fop/`)

❏ DSSSL: OpenJade (`http://www.netfolder.com/DSSSL`)

❏ Omnimark: Omnimark Corp. (`http://www.omnimark.com`)

14

Wireless Application Protocol

Denkt man über die Art und Weise nach, in der man das Web nach Informationen durchstöbert, beinhaltet das üblicherweise immer die Vorstellung eines Browser-Programms auf einem Standard-PC. Neuerdings beginnt sich diese Sichtweise jedoch zu verändern, da Endgeräte für den Konsumentenbereich wie Mobiltelefone oder die so genannten. persönlichen digitalen Assistenten (PDA, personal digital assistant), beispielsweise der Palm Pilot und der Psion Organizer, ebenfalls einen Zugang zum Web ermöglichen. Da diese Geräte nur über eine schmale Bandbreite und winzige Displays verfügen, müssen wir die Verfahren überdenken, mit denen Web-Angebote erzeugt und verteilt werden. Obwohl dieser Markt im Moment noch heranreift, tauchen neue Standardverfahren auf, deren Vorgehensweise um Web-Dienstleistungenzu erbringen, sich von der traditionellen Form des »Surfens« im Netz unterscheidet.

Die Verkaufszahl von Mobiltelefonen übertraf die Anzahl der im Jahre 1998 verkauften PCs und man erwartet, dass sich dieser Trend noch weiterhin fortsetzen wird. Durch die große Anzahl von Endgeräten, mit ihren vollkommen anderen Möglichkeiten als ein Büro-Computer, wird das Internet noch inhomogener werden und für Web-Angebote, die sich längerfristig durchsetzen wollen, wird die Fähigkeit, die eigenen Dienstleistungen an das breite Spektrum von Kunden anzupassen, das essenzielle Element darstellen.

In diesem Kapitel schauen wir uns die Probleme an, die die neuen Technologien für Web-Designer aufwerfen sowie eine noch entstehende Sammlung von Standards, die man üblicherweise unter dem Begriff **Wireless Application Protocol** (WAP), in etwa: Protokoll für drahtlose Anwendungen oder Dienstleistungen, zusammenfasst. Diese Standards wurden im Hinblick auf eine Nutzung in Web-fähigen Mobiltelefonen oder PDAs entwickelt. Die Webseiten, die sich mit der Weiterentwicklung von WAP beschäftigen, findet man unter `http://www.wapforum.org/`. Weiterhin werden wir uns auch mit den Technologien rund um WAP beschäftigen, insbesondere damit, wie man mittels XML eine solide Grundlage schaffen kann, um eine Versorgung dieser »Zukunftsplattformen« mit Inhalten zu ermöglichen. Mit diesen neuen Geräten ist eine Nutzung von Netzwerkdiensten nicht mehr nur auf den Arbeitsplatz beschränkt.

Um zu sehen, wie man die zukünftigen Endgeräte ansprechen kann, werden wir eine Einführung in eine XML-Anwendung namens **Wireless Markup Language** (WML) geben. Als Teil von WAP dient diese Auszeichnungssprache dazu, die Dateninhalte für die Endgeräte aufzubereiten, sie also in ein XML-Format zu übertragen.

Im Einzelnen werden wir in diesem Kapitel Folgendes anschauen:

❏ Welche Herausforderungen die neuen Endgeräte für Konsumenten für die Web-Entwickler darstellen

❏ Wie es WAP ermöglicht, schon vorhandene Web-Inhalte für diese Geräte aufzubereiten

❏ Eine Einführung in die Wireless Markup Language

❑ Eine Nutzeroberfläche, mit der man den Buchkatalog der Firma Wrox mit einem Mobiltelefon durchsuchen kann

❑ Wie es XML als Format für die Inhalte ermöglicht, Dokumente für die ganze Vielfalt der unterschiedlichen Plattformen zu generieren, ohne etwa mehrere Websites gleichzeitig pflegen zu müssen.

❑ Eine Einführung in WMLScript, der Skriptsprache von WAP

Die neuen Endgeräte werden auf jeden Fall einen großen Einfluss auf die Zukunft des Webs ausüben. Hat man das erst mal akzeptiert, kann man weiter gehen und sich anschauen, welchen Herausforderungen wir in der drahtlosen Welt gegenüberstehen.

Vorstellung der neuen Clients

Im Vergleich zu Standard-PCs verfügen die neuen, Web-fähigen Geräte über begrenzte Hardware-, Software- und Netzwerkressourcen. Um Dienste anzubieten, die für alle im Internet anzutreffenden Clients geeignet sind – also für Mobiltelefone genauso wie für normale PCs – müssen die Webserver ihre Angebote an die gebotenen Möglichkeiten der Endgeräte anpassen.

Heutzutage sieht das Angebot der meisten Webserver im Grunde für alle Browser identisch aus. Einige wenige unter den Servern passen ausgewählte Teile ihrer Website an die unterschiedlichen Browser an, erstellen also Browser-abhängige Kopien, etwa eine für den aktuellen Internet Explorer, eine für den Netscape Navigator 4 und wieder eine für ältere Browser. Wer sich schon mal den Kopf darüber zerbrechen musste, wie man Webseiten gestaltet, die die gleiche Funktionalität für die verschiedenen Versionen der Standard-Browser anbieten, für den hört sich die Vorstellung, bei der Gestaltung einer Site auch noch auf die neue Generation von Endgeräten Rücksicht nehmen zu müssen, nach einem Desaster an. Wie wir im nächsten Abschnitt *Websites, von Grund auf richtig* sehen werden, muss dies aber nicht der Fall sein.

In dem Maße, in dem die Vielfalt im Internet zunimmt, müssen Webserver in ihrer Art und Weise, Informationen auszuliefern, intelligenter werden und einem Client nur die Information anbieten, die er wirklich benötigt, was auch von den technischen Möglichkeiten des Endgeräts abhängt. Auch wenn Ressourcen wie Speicher und Prozessorleistung im Lauf der Zeit immer zunehmen, da sich die Mobiltelefone und PDAs parallel zu unseren Standard-PCs weiterentwickeln, wird es immer einen Leistungsunterschied zwischen diesen beiden Arten von Endgeräten geben. Das bedeutet aber, dass eine Anpassung von Web-Diensten an das breitgefächerte Spektrum unterschiedlicher Clients nicht nur eine vorübergehende Bemühung sein wird; im Web der Zukunft wird das die Realität sein.

Die gemeinsamen Eigenschaften der neuen Endgeräte sind (unter anderem):

❑ Kleinere Bildschirme mit niedriger Auflösung

❑ Wenig Speicher und Prozessorleistung, um Software auszuführen bzw. um Anwendungen zu speichern

❑ Niedrige Netzbandbreite, verglichen mit kabelgestützten Netzen

Aufgrund der Unterschiede in den Darstellungsfähigkeiten und der Netzwerkbandbreite müssen wir mehr als nur die Formatierungssprache für das spezielle Gerät anpassen; es ist sehr wahrscheinlich, dass sowohl Struktur als auch Inhalt unseres Angebots unterschiedlich sein werden. Man wird zum Beispiel in einem Formular einen Abfragetext wie »Bitte geben Sie Ihren Namen ein« in der Variante für Mobiltelefone auf »Namen eingeben« verkürzen müssen.

Zusätzlich haben sich auch noch andere Interessensgebiete ergeben; die vollkommen unterschiedlichen Darstellungsmöglichkeiten auf den sehr kompakten Bildschirmen haben dazu geführt, dass man sich neue Ansätze für die Benutzung von Web-Diensten überlegen muss und sich mit anderen Prinzipien zur Gestaltung von Benutzeroberflächen auseinander setzen wird. Weiterhin haben die verschiedenen Technologien, die hinter den mobilen Endgeräten stecken, den Web-Anwendungen neue Wege eröffnet. Angefangen von Anwendungen, die, unterwegs genutzt, ortsabhängig arbeiten und auf die lokalen Gegebenheiten angepasste Informationen liefern, bis hin zu ganz neuen Anwendungen, die Push-Technologien verwenden oder mit Sprachtechnologien arbeiten.

Der Markt für die Konsumenten-Endgeräte wächst in einer beeindruckenden Geschwindigkeit, folglich wird es auch eine große Anzahl von »geerbten«, also technologisch schon überholten Geräten geben. Um den ganzen Bereich dieser Geräte abzudecken, müssen Inhalte in einem Format vorliegen, das sowohl von der schnellen Entwicklung der Formatierungssprachen als auch von den Fähigkeiten der Endgeräte unabhängig ist.

Wie kann man das Problem angehen, eine Website in verschiedenen Versionen für die verschiedenen Geräte anbieten zu müssen? Die Antwort liegt darin, schon bei der Erstellung einer Website einen anderen Weg einzuschlagen.

Websites, von Grund auf richtig

Bis vor kurzem sind Webseiten einzig und allein zur Darstellung auf Standard-Browsern in HTML verfasst worden, also in einer Sprache, mit der man effektiv die Formatierung einer Seite für Standard-Web-Browser beschreibt. Der Schwerpunkt, den HTML auf die Darstellung bzw. Präsentation der Daten – im Gegensatz zu deren Inhalt – legt, verdeutlicht einen der Hauptvorteile von XML für die Entwicklung von Web-Diensten.

Betrachten wir eine Website unter dem Aspekt »Inhalt« und stellen unsere Daten entsprechend den inhaltlichen Gesichtspunkten als XML-Dokumente dar, können wir dieselben Daten in verschiedene Ausgabeformate umwandeln. Das bedeutet, dass wir effektiv den Anwendungszweck unserer Daten ändern und ihn für die verschiedenen Clients anpassen können, indem wir auswählen, welche Teile unserer Daten dargestellt werden sollen und wie diese formatiert werden. Genau wie in Kapitel 9, Bearbeitung von Dokumenten, beschrieben, kann man mittels XSL die Daten einer Website, deren Inhalte in XML vorliegen, in die unterschiedlichen HTML-Versionen übertragen oder in weiteren Formatierungssprachen ausgeben. Dies ist ein idealer Ansatz für Webserver, die mehr als nur die traditionellen Web-Browser unterstützen wollen. Die Problemstellung, das Web-Angebot an die unterschiedlichen Endgeräte anzupassen, wird damit zur Aufgabe, XML-Dokumente zu verarbeiten. (Wir werden in Fallstudie 3 noch eine andere Anpassungstechnik untersuchen, die bei großen Dokumenten eher angebracht ist.)

Benutzt man XML, um den Inhalt einer Website festzuhalten, kann man Dokumentvorlagen nutzen, um das Web-Angebot für die unterschiedlichen Clients anzupassen. Wir bauen die Site von Grund neu auf: Zuerst formulieren wir den Inhalt (das Herz unserer Site), und dann formen wir den Inhalt je nach Anwendungszweck um. Um einen neuen Gerätetyp oder eine neue Sprache für die Präsentation der Daten zu unterstützen, ist es dann nur noch nötig, neue Dokumentvorlagen hinzuzufügen. Es ist nicht mehr erforderlich, große Teile der Dokumente mehrfach in verschiedenen Versionen für die unterschiedlichen Präsentationssprachen vorzuhalten. Das bedeutet, dass wir einfach den Inhalt anbieten können, der für den jeweiligen Anwendungszweck angemessen ist – dabei berücksichtigt man die Beschränkungen und neuen Möglichkeiten, die in den neuen portablen Geräten stecken, unterstützt aber auch weiterhin die Clients auf den Schreibtischen, obwohl die Daten für diese in einer andern Form vorliegen müssen.

Stellen wir uns eine Auswahlliste von Restaurants vor. Mobile Geräte werden nie in der Lage sein, die gleiche Menge an Informationen zur Auswahl auf dem Bildschirm anzuzeigen wie auf einem PC-Bildschirm. Also wird die Art und Weise, in der ein Benutzer durch die Daten zu den gewünschten Informationen findet, möglicherweise einer anderen Vorgehensweise folgen. Man könnte den Dienst auch darum erweitern, dass man den kürzesten Weg zum Restaurant angezeigt bekommen kann – in Abhängigkeit vom Aufenthaltsort unseres mobilen Benutzers. Um all dies zu ermöglichen, besteht aber immer noch die Notwendigkeit, die Detailinformationen über die Restaurants sinnvoll in XML zu formulieren und damit die Nutzung für jedwede Form von Client zu ermöglichen.

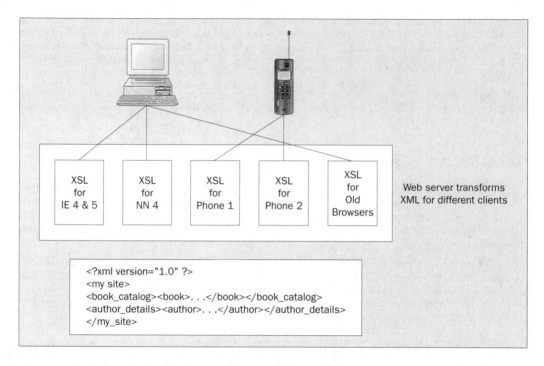

XSL
for
IE 4 & 5

XSL
for
NN 4

XSL
for
Phone 1

XSL
for
Phone 2

XSL
for
Old
Browsers

Web server transforms
XML for different clients

```
<?xml version="1.0" ?>
<my site>
<book_catalog><book>. . .</book></book_catalog>
<author_details><author>. . .</author></author_details>
</my_site>
```

Der Weg der Daten zum Telefon

Dieses Kapitel wird zeigen, wie man das Web mit Hilfe von XML um drahtlose Netze und Geräte erweitern kann. Der existierende, sehr reichhaltige Funktionsumfang von HTML 4.0 ist nicht perfekt an diese Geräte angepasst und hat die Standardsprache zur Web-Präsentation bisher von Mobiltelefonen und PDAs ferngehalten. Heutzutage gibt es die folgenden Auszeichnungssprachen für tragbare Clients:

❑ Verschiedene, proprietäre Sprachen, oft Teilmengen von HTML (einige davon mit proprietären Erweiterungen)
❑ Die Handheld Devices Markup Language (HDML) (Auszeichnungssprache für tragbare Geräte)
❑ Die Wireless Markup Language (WML) (Auszeichnungssprache für drahtlose Datenübertragung)

Von den oberen drei Sprachen erfuhr WML die meiste Unterstützung durch die Hersteller von Mobiltelefonen. WML ist eine Entwicklung des WAP-Forums, das 1997 von Ericsson, Nokia, Motorola und Phone.com gegründet wurde. Mit über 250 Mitgliedern stellt das WAP-Forum die erfolgreichste Initiative dar, das Web um die drahtlosen Netze zu erweitern. WAP bietet den Anbietern und Entwicklern von Web-Inhalten eine einheitliche Schnittstelle zu Mobiltelefonen auf der ganzen Welt und zu allen verschiedenen Netzwerkstandards.

HDML ist eine proprietäre Sprache, die bei Phone.com entwickelt wurde, und ausschließlich von Mobiltelefonen mit einem speziellen Phone.com-Browser unterstützt wird. Eine der Sprachen, die aus HTML hervorgingen, ist das »kompakte HTML« (compact HTML), das dem W3C im Jahr 1998 vorgelegt wurde. Es war in Japan als Teil des »I-Mode«-Dienstes der Firma NTT DoCoMo (einer der weltgrößten Netzwerkbetreiber) sehr erfolgreich. Auf Grund der Unterstützung durch alle großen Mobiltelefonhersteller und der Tatsache, dass es sich um eine XML-Anwendung handelt, werden wir uns jedoch in diesem Kapitel auf WML konzentrieren. Das »kompakte HTML« enthält auf jeden Fall nichts, das nicht schon in HTML vorhanden ist. Hingegen erhält man mit WML eine Werkzeugkiste voller interessanter und neuer Möglichkeiten, die HTML nicht bietet.

Obwohl XML die Netzwerke nicht schneller und Mobiltelefon-Bildschirme nicht größer machen kann, kann man ein und denselben Service, wenn man ihn denn XML- und nicht beispielsweise HTML-basiert anbietet, in einer unbegrenzten Anzahl von Varianten bieten, die nur von den Fähigkeiten des Endgeräts (die das Gerät bei der Anfrage an den Server festlegt) abhängig sind. Um diese Aufgabe gut zu erledigen, benötigt man allerdings nicht nur einen guten Einblick in XML, sondern auch ein gutes Verständnis der speziellen Eigenschaften, die Mobiltelefone in ihrer Rolle als Clients für das Internet aufweisen.

Dieses Kapitel beschreibt zum einen die Aspekte drahtloser Netzwerke, die sich die Entwickler und Autoren der Web-Inhalte bewusst machen sollten und zum anderen die Auszeichnungssprache WML. Diese XML-Anwendung stellt, genauso wie HTML für die Standard-PCs, die Schnittstelle zum Bildschirm des Mobiltelefons dar.

Rettung durch WAP

WAP besteht nicht nur aus einer, sondern aus einer Reihe von Spezifikationen, die im Laufe der Zeit und mit fortschreitender Technik noch erweitert werden wird. Die gleich folgenden Spezifikationen gehören offiziell zur WAP-1.1-Suite. Lassen Sie sich nicht durch die Länge der Liste abschrecken, Entwickler für Web-Inhalte müssen nicht alle kennen, denn WAP bewahrt die meisten Web-Autoren davor, sich mit den Details der Anforderungen beschäftigen zu müssen, die an das unterliegende Netzwerk und die Netzwerkdienste gestellt werden. Nichtsdestotrotz liegen auch hierfür Spezifikationen vor, die garantieren sollen, dass Softwarehersteller geeignete Software entwickeln können. Wir werden uns nicht mit allen auseinander setzen, sondern nur die ansprechen, die man benötigt, um WAP-fähige Geräte mit Dokumenten zu versorgen.

- ❏ **Wireless Application Environment (WAE) Spezifikation** – Überblick über das gesamte Anwendungsumfeld
- ❏ **Wireless Markup Language (WML) Spezifikation** – die Sprache, in die wir die XML-Dokumente umwandeln, um sie an Mobiltelefone auszuliefern
- ❏ **Binary XML Content Format Spezifikation** – ein Verfahren zur Kompression von XML- resp. WML-Dokumenten
- ❏ **WMLScript Spezifikation** – eine optimierte Skriptsprache, ähnlich JavaScript, die sehr geringe Anforderungen an Speicher und Prozessor stellt
- ❏ **WMLScript Standard Libraries Spezifikation** – die Standard-Bibliotheken für WMLScript, die alle Clients anbieten
- ❏ **WAP Caching Model Spezifikation** – Das Verhalten des Pufferspeichers (Cache) eines Browsers in Zusammenhang mit den schon besuchten Seiten
- ❏ **Wireless Session Protocol (WSP) Spezifikation** – die binäre Variante des Internet-Protokolls HTTP
- ❏ **Wireless Transaction Protocol (WTP) Spezifikation** – das Hilfsprotokoll zu WSP, mit dem man einzelne Anfrage-Antwort-Transaktionen behandeln kann
- ❏ **Wireless Datagram Protocol (WDP) Spezifikation** – die im Allgemeinen verwendete Schnittstelle zu den verschiedenen drahtlosen Transportdiensten
- ❏ **WAP over GSM USSD Spezifikation** – Wie man das WDP auf USSD abbilden kann. USSD ist der Transportdienst, der in GSM-Netzwerken genutzt wird
- ❏ **Wireless Control Message Protocol (WCMP) Spezifikation** – wird zur Meldung von Fehlern in Netzwerken genutzt, die das Internet Control Message Protocol (ICMP) nicht unterstützen
- ❏ **Wireless Transport Layer Security (WTLS) Spezifikation** – zur Authentisierung und Verschlüsselung
- ❏ **Wireless Telephony Application (WTA) Spezifikation** – beschreibt, wie Anrufe mit WML bzw. WMLScript behandelt werden können. Vertrauenswürdigen Anbietern, zum Beispiel den Telefonnetzbetreibern, wird es so möglich, die traditionellen Sprachübertragungsdienste und die neuen Internet-Dienstleistungen zu kombinieren. Anwendungen dafür wären zum Beispiel die automatische Wahl einer Telefonnummer, die man über eine (Web-)Suche in den Gelben Seiten gefunden hat, oder die Schaffung von visuellen Schnittstellen zu Voicemail Systemen
- ❏ **Wireless Telephony Application Interface (WATI) Spezifikation** – die WML-Skript-Bibliothek für Telephonie-Fähigkeiten enthält zum Beispiel ein Telefonbuch oder Unterstützung für eine Telefongesprächsprotokollierung

Wir werden uns die Umsetzung von WAP anschauen, nachdem wir uns mit einigen Gegebenheiten befasst haben, mit denen sich Web-Entwickler auseinander setzen müssen, um an die neue Umgebung angepasste Anwendungen zu gestalten.

Grundlagen der drahtlosen Welt

Das enorme Wachstum bei der Verwendung drahtloser Geräte hat in den ca. letzten zehn Jahren zu bemerkenswerten Fortschritten im Halbleiterbereich geführt. Das resultierte in immer kleineren und leichteren Telefonen und PDAs. Dieser Trend wird sich wahrscheinlich mit unverminderter Geschwindigkeit weiter fortsetzen, bis zu einem Punkt, an dem Display und Tastenfeld nicht kleiner werden können.

Hinzu kommt, dass die Bandbreite, die mobile Geräte zur Verfügung stellen, niedriger ist als die, an die wir von unseren **leitungsgestützten** Verbindungen (Verbindungen, die Kabelleitungen nutzen, um Daten zu übertragen) ins Internet gewohnt sind. Die Übertragungsrate kann bei Übertragung von Daten über ein Mobiltelefon in Einzelfällen bis auf 9.600 bps heruntergehen. Die **Latenzzeit** – die Zeit, die ein Datenpaket benötigt, um von einem Punkt zum anderen zu gelangen – trägt auch zu den eher unerwünschten Erfahrungen bei der Benutzung einer Web-Anwendung bei, besonders dann, wenn die Anwendung ein sehr interaktives Verhalten aufweist, man also eine häufige Abfolge von Benutzereingaben und Serverantworten vorfindet und so häufig auf eine Bestätigung warten muss.

Für den Entwickler von Web-Anwendungen bedeutet dies, dass die große Mehrzahl aller Benutzer nur sehr kleine Mobiltelefone mit begrenztem Speicher und ebenso begrenzter Prozessorleistung nutzen werden. Kleine Telefone haben aber auch kleinere Tastenfelder und kleinere Bildschirme. Erfolgreiche Angebote müssen diese Eigenschaften berücksichtigen. Um es einem Benutzer zu ermöglichen, sein Ziel schnell und mit möglichst wenigen »Klicks« zu erreichen, müssen wenigstens die folgenden Parameter so klein wie möglich gehalten werden: die Menge an Text, die ein Benutzer per Hand eintippen muss, die Menge an Information, die ausgegeben wird, die Anzahl von Netzwerkanfragen an den Server, die Größe von Grafiken. Parallel dazu erwartet man auf dem PDA-Markt, dass die Geräte immer größere Fähigkeiten aufweisen werden, was zum Beispiel Prozessorleistung oder den Speicher angeht. Der Unterschied bei den verschiedenen Endgeräten wird also größer werden. Ein Endanwender, der Anfang 2000 ein WAP-fähiges Mobiltelefon erwirbt, wird sicher erwarten, dass er den eingebauten WML-Browser noch mindestens drei Jahre, also bis 2003, benutzen kann, um WAP-Dienste zu nutzen. Es wird aber jetzt schon erwartet, dass im Jahr 2003 wesentlich leistungsfähigere Mobiltelefone und Netzwerke zur Verfügung stehen, mit denen das Jahr-2000-Mobiltelefon dann nur noch schwer mitkommt. Diese »Altlasten« existieren auch im klassischen Web – ein HTML-Browser von 1995 wird nicht in der Lage sein, viele der heutigen Websites darzustellen – aber da man sich aktuelle Browser umsonst aus dem Netz herunterladen und installieren kann, ist das Problem in diesem Fall nicht so riesig.

Web-Entwickler stehen vor der Herausforderung, auf vielen Gebieten einer immer größer werdenden Vielfalt an Möglichkeiten gegenüberzustehen: Bildschirmgröße, verfügbare Bandbreite, Grafikauflösung, Prozessorleistung, Tastatur-Layout, Sprachen, Programmversionen, etc.

Dienste

Welche Art von Diensten erwarten wir in Zukunft auf den mobilen Clients? Die Möglichkeiten sind offensichtlich schier endlos – WAP kann man zur Informationsbeschaffung für unterwegs nutzen, aber auch als Ersatz aller schon vorhandenen Dienste übers Telefon. Einige der häufigsten Beispiele von Web-Anwendungen für Mobiltelefone und PDAs sind:

- ❏ Gelbe Seiten
- ❏ Börsenkurse
- ❏ Flugbuchungen
- ❏ Home- oder Tele-Banking

- ❏ Groupware-Anwendungen
- ❏ Adressbuch
- ❏ Restaurantreservierungen

Diese Dienste unterscheiden sich vom herkömmlichen, etwas ziellosen »Surfen«, so wie wir es kennen, da der Benutzer im Allgemeinen den Typ der Informationen, die er in Erfahrung bringen will, genau kennt.

> **Der Schlüssel zu einer maximal erfolgreichen Anwendung für drahtlose Clients (die so genannten Killer-Application) besteht in einem schnellen und einfachen Zugang zu den gewünschten Informationen.**

Für Entwickler bedeutet dies, dass sich ein guter Web-Dienst durch Einfachheit und eine minimale Nutzung von Netzressourcen auszeichnet.

Online-Demonstrationen von WAP-Diensten sind über die meisten Hersteller von WAP-Browsern verfügbar, Verweise finden sich am Ende des Kapitels

Später im Kapitel werden wir eine Anwendung entwickeln, die es dem Nutzer ermöglichen soll, nach Autoren im Wrox-Buchkatalog zu suchen. Hier schon mal ein Screenshot der Anwendung, die wir später entwickeln werden:

Wie man sehen kann, sind die verfügbaren Informationen einfach gehalten, und auch nur aufs Nötigste reduziert. Im Kern soll der Benutzer genau die Information bekommen, die er verlangt – Multimedia-Präsentationen stellen vielleicht den Benutzer zufrieden, der an seinem Arbeitsplatz über einen Hochgeschwindigkeitszugang ins Netz verfügt. Der mobile Benutzer hingegen, der nur eine Verbindung sehr geringer Bandbreite zur Verfügung hat, wird das nicht gleichermaßen schätzen. Hinzu kommt noch, dass Bandbreite, die über drahtlose Verfahren zur Verfügung gestellt wird, oft sehr viel teurer ist als die entsprechende kabelbasierte Bandbreite. Wenn man also Web-Dienste für Mobiltelefone entwickeln will, sollte man besonders darauf achten, wie der Bedarf an Bandbreite aussieht. Anwendungen, die sparsam mit der verfügbaren Bandbreite umgehen, sind nicht nur schneller, sie sparen dem Benutzer auch noch Geld!

Wir haben hier die aktuellen Beschränkungen der drahtlosen Technologien besonders hervorgehoben. Wie aber schon in anderen Bereichen der Internet-Entwicklung wird es auch hier Lösungen geben, wir werden zweifelsohne eine Verbesserung der Dienste und eine Senkung der Telefonkosten erleben.

Wie schon erwähnt, müssen wir nicht alle WAP-Spezifikationen kennen lernen, da WAP die Web-Autoren vor den Details der unterschiedlichen Netzwerktechnologien abschirmt. Eine Anwendung ist aber nicht ganz von den grundlegenden Eigenschaften eines drahtlosen Netzwerks losgelöst. Diese Charakteristika wollen wir uns als Nächstes anschauen.

Drahtlose Netzwerke

Um zu verstehen, wie WAP hinter den Kulissen funktioniert, müssen wir uns zuerst einmal mit dem traditionellen, auf Leitungen basierenden Internet befassen. Wir beschäftigen uns dann mit den Problemen, denen man begegnet, wenn man sich in Richtung drahtloser Technologien bewegt und werden dann kennen lernen, welche Lösungen WAP hier anbietet.

Datenübertragung im Internet

Im Laufe der Entwicklung des Internets wurde eine Reihe von Protokollen spezifiziert, die parallel in einem Netzwerk laufen und zusammenwirken können. Diese Protokolle sind als die Internet Protocol Suite bekannt. Die zwei bekanntesten Protokolle aus dieser Suite sind das Transmission Control Protocol (TCP) und das Internet Protocol (IP). Der vom TCP angebotene Dienst besteht in einer verbindungsorientierten, zuverlässigen Übertragung eines Bytestroms, bei der eine korrekte Übertragung der Daten vom Ursprung zum Ziel gewährleistet ist. IP sorgt für korrekte Wegfindung und Weiterleitung von kleineren Einheiten, den so geannnten **Paketen** (packets).

Statt die kompletten Daten als Datenstrom zu übertragen, verschickt IP tatsächlich kleinere Informationshäppchen, die so genannten **Datagramme**. Dadurch besteht keine Notwendigkeit einer dauerhaften Verbindung zum Internet, die Verbindung wird nur geöffnet, wenn ein Datenpaket übertragen werden muss. Sollte ein Paket nicht zum Ziel durchkommen, so kann das innerhalb von TCP festgestellt und entsprechend behandelt werden.

Man kann in einem drahtlosen Netz, genau wie in einem kabelgestützten, ein Modem verwenden. Ein Modem richtet einen durchgängigen Übertragungskanal ein, auf dem man IP-Datagramme übertragen kann. Auch wenn es während einer Verbindung oft lange Zeitabschnitte gibt, in der keine Daten übertragen werden (zum Beispiel wenn der Benutzer ein Dokument liest, das er gerade heruntergeladen hat), muss das Modem doch diesen Kanal aufrechterhalten. In einem sehr teuren, drahtlosen Netzwerk ist das nicht effizient, und folglich werden Netze immer populärer, in denen Daten auch nur dann übertragen werden, wenn es notwendig ist. Die gebräuchlichsten drahtlosen Netzwerke, die mit Datenpaketen arbeiten, sind **CDPD (cellular digital packet data)** und **GPRS (general packet radio service)**. CDPD wird in den USA und Neuseeland eingesetzt, während das GPRS-System als Erweiterung des **Global System for Mobile Communication** (GSM)-Standards entwickelt wurde und das vorherrschende digitale Mobiltelefonsystem in Europa, Asien und Teilen der USA ist.

Wie Daten per Funk übertragen werden

Im Laufe der Jahre hat sich die drahtlose Industrie verschiedene, inkompatible Technologien angeeignet. Zuerst einmal gibt es analoge und digitale Systeme. Eins der gebräuchlichsten analogen System der USA ist AMPS, das analoge Standardtelefonsystem. Analoge Systeme werden aber immer schneller durch neue digitale Systeme ersetzt. In analogen Netzwerken bekommt jeder Nutzer eine bestimmte Funkfrequenz zugeteilt. Da die Anzahl der Frequenzen für die Netzwerkbetreiber begrenzt ist, ist diese Vorgehensweise ein verschwenderischer Umgang mit Ressourcen. Einer der Vorteile digitaler Systeme besteht darin, dass mehrere Benutzer die gleiche Funkfrequenz parallel benutzen können, und dies dem Netzbetreiber ermöglicht, das Netz besser auszulasten und mehr Sprach- und Datenkapazität anzubieten. Es gibt zwei unterschiedliche Methoden, mit der Benutzer auf die gleiche Frequenzen zugreifen können:

❑ **Time division multiple access (TDMA)**
Ein Zeitscheibenverfahren. Eine Funkübertragung wird in Zeitschlitze eingeteilt. Ein Mobiltelefon bekommt einen Zeitschlitz zugewiesen und empfängt seine Daten zu festen, wiederkehrenden Zeitpunkten

❑ **Code division multiple access (CDMA)**
Ein erweitertes Zeitscheibenverfahren. Jeder Zeitschlitz bekommt zusätzlich noch einen Code zugewiesen. Mit dem Code legt man fest, welches Mobiltelefon die Daten empfangen soll. Man kann so die Bandbreite flexibel auf die Teilnehmer verteilen.

Bei GSM handelt es sich um ein TDMA-System. In den Teilen der Welt, in denen GSM nicht verwendet wird, werden CDMA-Systeme immer wichtiger. Wir müssen nicht in die Details der Funktionsweise dieser Systeme gehen; vielmehr war ja genau die Abschirmung der Anwendungsentwickler vor den verschiedenen Netzen die Hauptmotivation für die Entwicklung von WAP. Ein Entwickler benötigt eigentlich nur die Aussage, dass ein gegebenes Telefon und Netz WAP-Unterstützung anbietet. Das darunter liegende »Transport-« oder »Überbringernetzwerk«, das verwendet wird, um die Daten von und zu den Mobiltelefonen zu übertragen, muss einfach nur entsprechend der WAP-Standards von den Herstellern aufgebaut worden sein. Greift der Benutzer dann über seinen Browser auf das Web zu, stellt das Telefon automatisch eine Netzwerkverbindung über die besprochenen Funkverfahren her.

Wie wir später noch sehen werden, bedient sich WAP eines ähnlichen Anwendungsmodells, wie wir es schon vom Web kennen und das es uns ermöglicht, genau so einfach Anwendungen für drahtlos kommunizierende Endgeräte zu entwickeln wie für Standard-PCs, die fest mit dem Internet verbunden sind. Vor der Einführung von WAP mussten Netzdienste, je nach Funknetz, mit den unterschiedlichsten technischen Verfahren entwickelt werden. In einigen Netzen war es sogar gänzlich unmöglich, zusätzlich zur Sprachübertragung noch andere Dienste anzubieten. Viele GSM-Anwendungen werden beispielsweise mit dem SIM Application Toolkit erstellt. Eine auf diese Weise erstellte Applikation wird auf der Smart Card (SIM card) installiert, über die jedes GSM-Telefon verfügt. Für bestimmte Arten von Anwendungen ist diese Vorgehensweise angemessen. Allerdings funktionieren diese Anwendungen ausschließlich in GSM-Netzwerken, sind schwierig zu entwickeln und in Umlauf zu bringen und können nicht mit einer ausgeklügelten Bedienoberfläche wie ein WAP-Browser dienen.

Zusätzliche Dienstleistungen in Funknetzwerken

In Funknetzen findet man zusätzlich noch Dienste zur Datenübertragung, die sich deutlich von den üblichen Protokollen im Internet unterscheiden, beispielsweise GSM-SMS (short message service; Kurznachrichtendienst) oder die Pager-Dienste, die man zur Personenbenachrichtigung nutzt. SMS war zwar ursprünglich als Pager-Dienst innerhalb von GSM gedacht, wird aber heutzutage, dank einiger besonders innovativer Firmen, als vollwertiger, paketorientierter, Datentransferdienst verwendet. Ein SMS-»Paket« ist maximal 140 Bytes lang und seine **Latenzzeit** kann alles von 2 Sekunden bis zu einigen Stunden betragen. Diese lange Verzögerung resultiert aus der Tatsache, dass SMS niemals als vollständiger paketvermittelnder Netzwerkdienst gedacht war, sondern nur zum Versand von Kurznachrichten wie bei einem Pager-System dienen sollte.

Probleme bei der Verwendung von TCP/IP über drahtlose Netzwerke

TCP/IP – die Standardprotokollsuite im Internet – lässt sich mit einem modernen Mobiltelefon über ein drahtloses Netz verwenden; allerdings ist (wie schon gesehen) die verfügbare Bandbreite um vieles geringer als bei leitungsbasierten Netzwerken. Das stellt uns vor ein Problem, denn die Mobilität des Benutzers und nicht vorhersagbare Funkempfangsbedingungen haben oft eine schlechte Funkverbindung zur Folge und führen schließlich dazu, dass die Verbindung zeitweise ganz abbricht. Beispielsweise kann schon eine Fahrt durch einen Tunnel bewirken, dass ein Anwender den Funkkontakt verliert. Während dies die Qualität eines reinen Telefongesprächs nicht grundsätzlich beeinflusst, wird die Leistungsfähigkeit eines Protokolls wie TCP, das vor dem Hintergrund kabelgebundener Netzwerke mit einer stabilen Verbindung entwickelt wurde, stark vermindert. Wenn die Funkverbindung abbricht, nimmt TCP als Ursache einen Stau, also eine Überlast, im Netzwerkverkehr an, und reagiert darauf mit einer deutlich spürbaren Verringerung der Transferrate; wenn die Verbindung dann wieder etabliert wurde, bedarf es einiger Zeit, bevor TCP die ursprüngliche, hohe Datentransferrate wiederhergestellt hat. Die Leistungsfähigkeit von TCP ist also in drahtlosen Netzwerken nicht so hoch wie in leitungsgebundenen. Die Optimierung von TCP für Funknetzwerke hat in den letzten Jahren viele Entwicklungslabore beschäftigt. Trotz einiger Erfolge gibt es noch kein »drahtloses TCP«, das den Standard ersetzen könnte, denn die weite Verbreitung der Standard-TCP/IP-Software und die Tatsache, dass es keine signifikanten Verbesserungen in den Bereichen Geschwindigkeit und Zuverlässigkeit gegeben hat, haben dies verhindert.

Neue Netzwerktechnologien versprechen dem Endanwender größere Bandbreiten. Es ist aber noch unsicher, wie groß diese sein werden, und wie viel Geld das kosten wird. Es bleibt abzuwarten, ob das Bandbreitenparadies, das uns die nächste Generation der Netzwerktechniken verspricht, für jedermann und zu einem vernünftigen Preis verfügbar sein wird, oder ob es sich nur die wenigen werden erlauben können, die ihr Mobiltelefon beruflich nutzen. Um Daten in drahtlosen Netzwerken zu übertragen, werden Radiofrequenzen benötigt. Sollen mehr Daten transportiert werden, dann braucht man auch weitere Radiofrequenzen. Funkfrequenzen stellen allerdings ein begrenztes, natürliches Vorkommen dar, was ein Problem aufwirft, das so in der Welt der Kabel nicht auftritt, in der man einfach weitere Leitungen hinzufügen kann.

Fassen wir zusammen, was die Entwicklung von Anwendungen für Funknetze erschwert:

❑ Viele unterschiedliche Netzwerktechnologien bedienen sich unterschiedlicher und inkompatibler Verfahren, mit denen man Netzdienste entwickelt

❑ Sowohl eine inhärente, lange Latenzzeit als auch die begrenzte Verfügbarkeit von Radiofrequenzen führen zu Problemen bei der Bandbreite

❑ Die enge Verzahnung von übertragenen Datenmengen und verwendeten Funkfrequenzen führt dazu, dass bandbreitenhungrige Web-Dienste dazu tendieren, teuer zu sein und sich nicht einfach an die eingeschränkten Gegebenheiten in Funknetzen anpassen zu lassen.

❑ In Abhängigkeit vom Betreiber des Funknetzes und der verwendeten Funktechnologie können Netzdienste sehr unterschiedlich ausfallen.

Wie WAP die Probleme drahtloser Netzwerke löst

Der Sinn des WAP-Forums bestand darin, die proprietären Technologien der Mitgliedsfirmen für den mobilen Webzugriff zu vereinheitlichen. Wie schon erwähnt, wurde das WAP-Forum 1997 von Ericsson, Nokia, Motorola und Phone.com gegründet. Heute (Anfang 2000) besitzt das WAP-Forum mehr als 250 Mitglieder.

Vor der Gründung des WAP-Forums hatten die Web-Technologien auf dem Gebiet drahtloser Netze wenig Erfolg. Wie wir schon erklärten, sind viele der klassischen Web-Technologien für Mobiltelefone schwer zu verdauen. Aber die Anzahl der Mobiltelefone nimmt auf der Welt, genau wie die im Web verfügbare Information, rapide zu. Damit ergibt sich ganz natürlich der nächste Schritt, die beiden Märkte zusammenbringen zu wollen. Wie ermöglicht es WAP nun den Benutzern mobiler Endgeräte, trotz der Einschränkungen durch die Empfangstechnik, auf die Informationen aus dem Web zuzugreifen?

Web-Protokolle wie HTTP und Sprachen wie XML sind auch unter dem Gesichtspunkt entwickelt worden, für Menschen lesbar zu sein. Das vereinfacht Entwicklung und Tests und erklärt den Erfolg dieser Protokolle. Unglücklicherweise belasten sie ein Netzwerk sehr stark und die Verarbeitung textbasierter Protokolle erfordert eine große Anzahl von Vergleichen und Manipulationen der Zeichenketten. Beträgt beispielsweise die Größe einer Web-Anwendung 10k und die HTTP-Metainformationen sind ungefähr 100 oder 200 Bytes groß, dann spielt das im drahtgebundenen Internet keine große Rolle. Betrachtet man jedoch die abgespeckten Anwendungen eines drahtlosen Netzes, bei denen eine vergleichbare Anwendung insgesamt unter 500 Bytes groß sein kann, dann fallen die 200 Bytes an Meta-Informationen stärker ins Gewicht.

Um diese Probleme – niedrige Bandbreite, Latenzzeiten, etc. – zu überwinden und die unterschiedlichen Charakteristika der verschiedenen drahtlosen Netze vor einem Webserver zu verstecken, wird bei WAP ein System eingeführt, das zwischen Mobiltelefon und dem Webserver vermittelt, das Gateway. Zwischen dem WAP-Gateway und dem Webserver finden die üblichen Web-Protokolle Verwendung (XML, HTTP und TCP/IP). Zwischen dem Mobiltelefon und dem Gateway werden die vom WAP-Forum verwendeten Protokolle benutzt. Es handelt sich dabei um binäre Varianten der Web-Protokolle, die mit Hilfe von Datenkompression den Web-Zugriff von Mobiltelefonen erst möglich machen. Das Gateway ist für die Umsetzung zwischen den Protokollen verantwortlich, wie folgendes Diagramm zeigt:

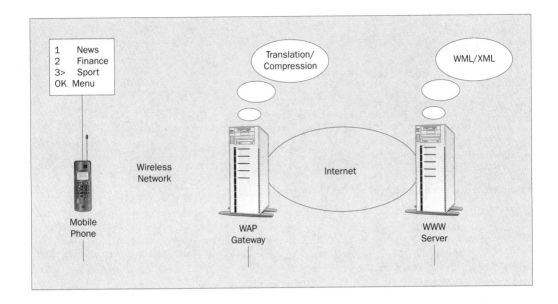

WAP besteht aus mehr als den binären Web-Protokollen, die die Dienstleistungen zwischen WAP-Gateway und Mobiltelefon ermöglichen. Wir werden uns noch anschauen, wie man Daten innerhalb der WAP-Umgebung anbieten kann, wenn wir mit der Betrachtung der angebotenen Protokolle fertig sind.

Ein Gateway bietet eventuell noch mehr Funktionen, zum Beispiel die Übersetzung von Zeichen mit verschiedener Zeichencodierung. Mit einer Zeichencodierung legt man eine Zuordnung eines Zahlenwerts zu jedem Textzeichen des Alphabets fest. Beispielsweise könnte der Wert 84 das Zeichen T repräsentieren. In unterschiedlichen Sprachen und Ländern können allerdings auch unterschiedliche Zeichencodierungen verwendet werden.

Die bei WAP verwendete Variante von HTTP heißt **Wireless Session Protocol** (WSP) und benutzt zum Datentransport ein binäres und kein textbasiertes Format. Im Gegensatz zu HTTP, das nur auf einem verbindungsorientierten Protokoll (TCP) aufbaut, funktioniert WSP über jeden Netzdienst, mit dem man Datagramme verschickt, zum Beispiel SMS oder UDP (ein Internet-Protokoll zum Versenden von Datagrammen). Da Datagramm-Dienste nicht zuverlässig sind, verwendet WSP ein transaktionsorientiertes Protokoll, WTP, um die einzelnen Transaktionen, also Anfrage-Antwort-Vorgänge, zu verwalten und, falls notwendig, zu wiederholen. Der Unterschied zwischen einem binären Protokoll wie WSP und einem textbasierten Protokoll wie HTTP besteht darin, dass die Meta-Informationen in HTTP so aussehen:

```
Accept-Language: en;q=0.7
```

man also eine Zeichenkette aus 25 ASCII-Zeichen vorliegen hat. Während die entsprechenden Informationen in WSP so aussehen:

```
0x83 0x02 0x99 0x47
```

Wir haben hier also nur vier Oktette vorliegen. Die Zuordnung von binärem Wert zur Textdarstellung findet man in den Tabellen der WSP-Spezifikation. Die Datenmenge, die zwischen WAP-Gateway und dem anfragenden Client übertragen werden muss, ist also um vieles kleiner. Das WAP-Gateway ist für die Konvertierung zwischen den beiden Formaten verantwortlich. Als Anwendungsentwickler auf dem Ursprungs-Server sollte man sich nicht mit diesen Fragen beschäftigen müssen; das ist alles Teil eines WAP-Gateway. Eine ähnliche Transformation wird mit dem tatsächlichen von uns verfassten WML-Text vollzogen. Das folgende Beispiel

```
<wml>
<card id="abc" ordered="true">
   <p>
      <do type="accept">
         <go href="http://xyz.org/s"/>
      </do>
      X: $(X)<br/>
      Y: $(&#x59;)<br/>
      Enter name: <input type="text" name="N"/>
   </p>
</card>
</wml>
```

wird im WAP-Gateway folgendermaßen übersetzt::

```
02 08 6A 04 'X' 00 'Y' 00 7F E7 55 03 'a' 'b' 'c' 00
33 01 60 E8 38 01 AB 4B 03 'x' 'y' 'z' 00 88 03
's' 00 01 01 03 ' ' 'X' ':' ' ' 00 82 00 26 03 ' ' 'Y'
':' ' ' 00 82 02 26 03 ' ' 'E' 'n' 't' 'e' 'r' ' ' 'n'
'a' 'm' 'e' ':' ' ' 00 AF 48 21 03 'N' 00 01 01 01 01
```

Alle XML-Tags und ihre Eigenschaften wurden durch ihre binären Repräsentationen ersetzt. Ein Mobiltelefon bekommt also das echte XML-Dokument nicht zu sehen, es erhält nur eine Folge von Binärwerten, die das XML-Dokument darstellen, das vom WAP-Gateway empfangen wurde.

Das WAP-Gateway bietet zusätzlich zur Umwandlung aller HTTP-Meta-Informationen der ein- und ausgehenden Nachrichten noch weitere Vorteile. Viele Teile der Meta-Informationen von HTTP sind bei jeder Nachricht identisch. Das Gateway kann die Bestandteile, die sich nicht ändern, abspeichern, so dass der Browser sie nicht wieder und wieder übertragen muss, und folglich Bandbreite einsparen. Das Gateway kann auch Datenübertragung nach dem »push«-Modell anbieten, d.h., dass ein Gateway einem Mobiltelefon Daten zusendet, ohne dass eine explizite Anforderung des Endgeräts notwendig ist. Das läuft dann wie bei Pager-Diensten ab, die Schlagzeilen oder Sportergebnisse an den Benutzer übertragen.

Nachdem wir gesehen haben, wie man Daten zu den mobilen Geräten schaffen kann und uns mit der Problemstellung bei der Einführung eines Dienstleistungsangebots für diese Clients befasst haben, sollten wir uns die Auszeichnungssprache ansehen, mit der wir die Informationen an den Benutzer übermitteln.

Einführung in WML

Die XML-Anwendung WML umfasst eine Teilmenge der Elemente von XHTML und bietet zusätzlich die Unterstützung für Variablen und die Verwaltung eines Anwendungsstatus für die Gültigkeitskontrolle von Benutzereingaben und für ein allgemeines Ereignismodell.

WML weist im Vergleich zu HTML 4.0 einen kleinen Sprachumfang auf, der aber für die Geräte, für die wir entwickeln werden, vollkommen ausreicht. Da wir es hier mit Bildschirmen zu tun bekommen, die kleiner sind und eine niedrigere Auflösung haben als ihre Äquivalente auf dem Schreibtisch, sind viele der Optionen von HTML überflüssig. WML bietet dafür aber zusätzliche Möglichkeiten, die man in HTML nicht finden kann, zum Beispiel Variablen, um Dokumente zu parametrisieren oder den Anwendungsstatus zu kontrollieren. Auf diese Weise wird ein ein effizienterer Umgang mit Netzwerkressourcen ermöglicht.

Da WML speziell für die schon besprochenen Endgeräte entworfen wurde, bezog man die Einschränkungen bei der Entwicklung der Spezifikation mit ein:

❑ Kleiner Bildschirm und begrenzte Möglichkeiten für den Benutzer

❏ Schmalbandige Netzwerkverbindungen
❏ Begrenzter Speicher und eingeschränkte Rechenleistung

In diesen Beschränkungen spiegeln sich genau die Probleme wider, auf die wir schon früher im Kapitel gestoßen sind.

Dieser Abschnitt bietet einen Überblick über die Möglichkeiten von WML, insbesondere über die, die man in HTML nicht finden kann. Obwohl die erste Version von WAP stabil ist, steuert man rasant auf die nächste Version zu, um mit dem immer schneller voranschreitenden Markt mitzuhalten. In diesem Abschnitt beschreiben wir die WML-Version 1.1. Weiterhin ist noch Folgendes zu beachten: Baut man eine Website mit XML-Dokumenten auf, wie im Abschnitt *Websites, von Grund auf richtig* beschrieben, wird man wahrscheinlich selber keine Seiten in WML verfassen; man wird eher die existierenden Daten mit einer Transformationssprache wie XSLT nach WML konvertieren. In jeden Fall wird man WML beherrschen müssen, um die Transformation der XML-Daten nach WML zu vollziehen.

Wie das erste Dokument zum Telefon gelangt

Genau wie alle anderen Web-Ressourcen, fordert man WML-Dokumente über ihren URL an. Und genau wie bei allen HTML-Browsern muss ein WML-Browser irgendwie die Eingabe dieser URLs ermöglichen. Die exakte Vorgehensweise hängt dabei vom Browser ab. Da das Eintippen langer URLs über eine Tastatur bei einem Telefon sehr lästig ist, werden die Browser-Hersteller andere Mechanismen zur Browserbedienung anbieten. Jedenfalls bedeutet die Tatsache, dass es sich bei dem Web-Browser um ein Telefon handelt, noch lange nicht, dass man eine Website extra »anrufen« müsste, um an deren Inhalte zu gelangen. Es funktioniert alles genauso wie im WWW – es ist ja tatsächlich auch nichts ànderes.

Die WML-Dokumentstruktur

Anstelle der in `<head>` und `<body>` aufgeteilten Dokumentstruktur von HTML, bei der das gesamte Dokument auf einen Schlag als eine einzige Webseite ausgegeben wird, sind die Informationen bei WML in Form von Karteikarten auf einem Stapel organisiert. Ein **Kartenstapel** (engl. deck) besteht aus **Karteikarten** (engl. card), und stellt die Informationseinheit dar, die man über einen URL ansprechen kann (genauso wie eine HTML-Seite wird hier also ein Stapel adressiert). Eine oder mehrere Karteikarten werden im gleichen Dokument in ein `<wml>`-Element eingeschlossen. (Dabei unterscheiden sich die Karteikarten von den HTML-Frames dadurch, dass die Karteikarten normalerweise nicht gleichzeitig auf einem Bildschirm dargestellt werden.) Das Zusammenfassen der Karteikarten zu einem Stapel bedeutet eine Verringerung der Netzwerkzugriffe, jedenfalls im Vergleich dazu, dass man jedes kleine Dokument einzeln überträgt. Das folgende Beispiel zeigt den grundsätzlichen Aufbau eines WML-Dokuments:

```
<!DOCTYPE wml PUBLIC "-//WAPFORUM//DTD WML 1.1//EN"
        "http://www.wapforum.org/DTD/wml_1.1.xml">
<wml>

    <head>
    ...
    </head>

    <template>
    ...
    </template>

    <card>
      <p>
      ...
      </p>
```

```
    </card>

    <card>
        <p>
            ...
        </p>
    </card>
</wml>
```

Betrachten wir die einzelnen Abschnitte etwas genauer. Wir beginnen mit dem Prolog des Dokuments. Das WAP-Gateway überprüft das Dokument auf seine Gültigkeit, bevor es zum Mobiltelefon weitergeleitet wird, es muss also ein Dokumentenprolog vorhanden sein, wenn das Dokument am Gateway ankommt:

```
<!DOCTYPE wml PUBLIC "-//WAPFORUM//DTD WML 1.1//EN"
            "http://www.wapforum.org/DTD/wml_1.1.xml">
```

Um alles ein wenig abzukürzen, werden wir den Prolog in den folgenden Beispielen weglassen, seine Existenz wird aber immer vorausgesetzt. Da das Gateway die Dokumente überprüft, werden ungültige oder nicht wohlgeformte Dokumente abgelehnt und erst gar nicht zum Client weiterbefördert. Es ist also immer eine gute Idee, Dokumente selbst zu überprüfen, bevor man sie ins drahtlose Web stellt.

Auf den Prolog folgt das Wurzel-Element <wml>. Die folgenden Elemente <head> und <template> sind optional, ein minimales WML-Dokument kann also aus einem einzigen Element des Typs <card> bestehen.

Das <head>-Element besitzt die gleiche Funktion wie das <head>-Element in HTML und enthält Meta-Information über das Dokument. Die Meta-Information selbst ist im HTML-Element <meta> enthalten. Das Element <template> wird für Dokumentteile benutzt, die sich alle Karteikarten eines Dokuments teilen sollen. Man kann hier zum Beispiel die Aktionen für Ereignisse wie do oder onevent (mit denen wir uns in Kürze befassen werden) definieren, die dann für alle Karteikarten des Stapels gültig sind. Man kann die hier getroffenen Definitionen aber in den einzelnen Karteikarten überschreiben.

Das <card>-Element ist das wichtigste Element in WML. Die Karteikarten enthalten den Text und die Eingabe-Elemente, die den Inhalt des Dokuments ausmachen. In Abhängigkeit von der Bildschirmgröße wird jede Karte auf einer oder bei kleinen Bildschirmen auf mehreren Bildschirmseiten dargestellt. Die nun folgende Karteikarte enthält zwei Formularfelder, die ein Browser in Abhängigkeit seiner Möglichkeiten entweder auf einer Bildschirmseite mit zwei Formularfeldern oder auf zwei Bildschirmseiten mit jeweils einem Formularfeld darstellen kann:

```
<card id="author" title="Author search" newcontext="true" >
    <p mode="nowrap">
        <fieldset>
            First name:
            <input name="fname" type="text" title="Enter name"/>
        </fieldset>
        <fieldset>
            Last name:
            <input name="lname" type="text" title="Enter name" />
        </fieldset>
        <anchor>Done
            <go method="post" href="search">
                <postfield name="fname" value="$fname" />
                <postfield name="lname" value="$lname" />
            </go>
        </anchor>
    </p>
</card>
```

Jedes <card>-Element wird mit dem Attribut id versehen, das dem Benutzer eine Navigation zwischen den Karten eines Stapels ermöglicht. Wenn ein Kartenstapel über einen URL angefordert wird, dann fällt dem id-Attribut die Rolle des **Fragment-Identifiers** zu, also dem Teil eines URLs, den man hinter dem Doppelkreuz # finden kann. Zum Beispiel würde der URL http://www.wrox.com/wap/ main.wml#author zur Anzeige der Karte mit dem id-Wert author führen. Gibt es in einem Dokument mehr als eine Karteikarte und wurde kein Fragment-Identifier angegeben, dann wird vom Browser die erste Karte des Dokuments bearbeitet.

Die Karten werden oft folgendermaßen verwendet: Eine Karteikarte, meist die erste, ist die Hauptkarte, während der Rest der Karteikarten Hilfsinformationen enthält oder Untermenüs darstellt, die nur auf Benutzerwunsch angezeigt werden. Auf einer in HTML verfassten Webseite hätte man entweder diese ganzen Informationen zusammen auf einer Seite platziert oder die Daten auf mehrere Seiten verteilt und damit zusätzliche Netzwerkzugriffe bewirkt. Ein Kartenstapel stellt also eigentlich einen Behälter für mehrere kleine Webseiten, nämlich die Karten, dar.

Mit der title-Eigenschaft des <card>-Elements legt man den Titel der Karteikarte fest. Einige Browser stellen den Inhalt des title-Attributs wie das HTML-Element <title> am oberen Rand der Seite dar. Andere Browser wiederum behandeln dieses Eigenschaft ähnlich dem HTML-Attribut title nur als Eigenschaft des Elements selbst und geben es beispielsweise als Tool-Tip aus. Man sollte die title-Eigenschaft aber auf jeden Fall verwenden, denn unabhängig davon, wie die Darstellung erfolgt, wird sie dem Benutzer helfen. Der obige Programmcode erzeugt die folgende Ausgabe (die exakte Darstellung hängt vom verwendeten Telefonmodell ab).

Auf Telefonen mit sehr kleinen Anzeigen kann ein Browser eine Karteikarte in kleinere Abschnitte aufteilen, die man als **Felder** bezeichnet. Es gibt zwar keine WML-Elemente, die Felder repräsentieren, aber man findet in der Spezifikation zum Beispiel, dass, wenn <input>- oder <select>-Elemente vorkommen, der Text unmittelbar vor dem Element zusammen mit dem Element selbst ein Feld darstellt. Um sicherzugehen, dass ein Browser eine Karte nur an inhaltlich passenden Stellen auseinander bricht, kann man das <fieldset>-Element verwenden, um zusammengehörigen Text und Eingabefelder zu kapseln. Mit der Eigenschaft ordered kann man eine Reihenfolge unter den Feldern einer Karte festlegen, die der Browser bei der Darstellung nutzen kann (dieses Attribut wird allerdings von den meisten Browsern ignoriert).

Die folgende Tabelle zeigt die Elemente und deren Eigenschaften für die XML-Dokumentstruktur:

Element	Erforderlich	Eigenschaften
<wml>	ja	id class xml:lang
<head>	optional	id class
<template>	optional	id class onenterforward onenterbackward ontimer

Element	Erforderlich	Eigenschaften

`<card>`	ja	`id`
		`class`
		`xml:lang`
		`title`
		`newcontext=(true|false)`
		`ordered=(true|false)`
		`onenterforward`
		`onenterbackward`
		`ontimer`

Gemeinsame Eigenschaften

Wie bei anderen XML-Anwendungen auch, existieren bei WML gemeinschaftliche Attribute, die für die meisten Elemente definiert sind. Für WML sind das die Eigenschaften `id`, `class` und `xml:lang`. Das `id`-Attribut verhält sich, wie der Name vermuten lässt, wie ein XML-ID-Attribut, mit dem man einem Element aus dem Kartenstapel einen unverwechselbaren Namen zuweist. Die Eigenschaft `class` verbindet ein Element mit einer oder mehrere Klassen. Man kann vielen Elementen denselben Klassennamen geben und alle Elemente, die den gleichen Klassennamen aufweisen, als Mitglieder einer Klasse betrachten. Das geschieht genauso wie in HTML und kann dazu benutzt werden, die Formatierungsanweisungen eines Stylesheet mit der Dokumentstruktur zu verknüpfen, indem zum Beispiel alle Elemente gleicher Klasse, aber evtl. verschiedenen Typs, einheitlich formatiert werden. Allerdings liegt bisher keine Definition von Stylesheets im Rahmen der WAP-Spezifikationen vor. Ein WAP-Browser könnte natürlich trotzdem Stylesheets unterstützen, aber die meisten Mobiltelefone verfügen heutzutage noch über so eingeschränkte Anzeigemöglichkeiten, dass da ein Stylesheet auch nichts ausrichten kann. Das `class`-Attribut wird also erst in Zukunft eine Rolle spielen. `xml:lang` ist die schon wohlbekannte XML-Eigenschaft. Wir werden in den folgenden Abschnitten auf diese gemeinsamen Eigenschaften nicht mehr eingehen.

Was steckt alles in WML?

Bevor wir anfangen, geben wir hier einen Überblick der Funktionen, die WML abdeckt:

❏ Meta-Information
❏ Text-, Tabellendarstellung und Layout
❏ Zeitgeber
❏ Ereignisbehandlung
❏ Variablen
❏ TASKS und Menüs
❏ Dokumentvorlagen
❏ Formulare
❏ Grafiken

Für HTML-Autoren sind die Behandlung von Meta-Information, Text, Tabellen, Layout, Formularen und Bildern wohlbekannte Konzepte. In WML ist das HTML-Element `<a>` für die Kennzeichnung von Hyperlinks verfügbar, das `<p>`-Element, um Text zu strukturieren, und auch die gebräuchlichsten Formularelemente (`<input>` und `<select>`) sind mit der gleichen Funktionalität vorhanden.

Zu den neuen Funktionen, die WML bietet, gehört auch die Möglichkeit, Variablen zu verwenden. Damit ermöglicht man einerseits einen einfachen, Client-seitigen Mechanismus für Dokumentvorlagen, andererseits kann man sich damit aber auch den Status der Web-Anwendung zwischen zwei Karteikarten merken. Eine Dokumentvorlage ist ein Dokument, dessen Struktur man wiederverwenden, aber mit unterschiedlichem Inhalt füllen kann. Die Verwaltung des Anwendungsstatus ermöglicht beispielsweise, dass eine Karteikarte die Eingaben darstellen kann, die der Benutzer auf einer anderen Karte des gleichen Stapels eingegeben hat. Das kann man sehr gut dazu nutzen, um Benutzereingaben bestätigen zu lassen, bevor man sie zum Server überträgt. Weiterhin neu, und in HTML unbekannt, sind die Kontrollaufgaben (tasks), Zeitgeber (timer) und die generelle Behandlung von Ereignissen (event handling). Das W3C wird aber in Zukunft auch auf diesen Gebieten neue Standards herausbringen, die ähnliche oder sogar noch mächtigere Möglichkeiten bieten werden.

Meta-Information

Die Meta-Information über ein WML-Dokument wird mit dem <meta>-Element festgelegt. Das geschieht in gleicher Weise wie bei HTML und sollte gleichermaßen vorsichtig verwendet werden. Browsern steht es frei, die Meta-Informationen zu ignorieren. Wenn man sich also nicht sicher ist, dass ein spezieller Browser mit dem Inhalt dieses Elements etwas anfangen kann, kann es passieren, dass man sein Dokument mit unnötigen Daten voll stopft. In HTML wird das <meta>-Element unter anderem dazu genutzt, die Zeichencodierung des Dokuments festzulegen. Bei der XML-Anwendung WML sollte man zu diesem Zweck die XML-Deklaration verwenden.

Es gibt weiterhin noch das Element <access>, mit dem man den Zugriff auf Seiten einschränken kann. Die folgende Tabelle zeigt alle Elemente, mit denen man Meta-Information festlegt:

Element	Eigenschaft
<meta>	id class http-equiv name forua=(true|false) "false" content scheme
<access>	id class domain path

Einer der Verwendungszwecke des HTML-Elements <meta> besteht darin, über die Anweisung refresh festzulegen, wann eine Seite aktualisiert werden soll, in WML hingegen sollte man diese Aufgabe mit einem <timer>-Element erledigen (wie wir noch im Abschnitt über Ereignisbehandlung sehen werden).

Mit der Eigenschaft forua (For User-Agent, also etwa »nur für das Endgerät, nur für den Benutzer«) kann man einem vermittelnden System (beispielsweise dem WAP-Gateway) Anweisungen geben. In HTML ist dieses Attribut des <meta>-Elements übrigens nicht verfügbar. Einige Informationen sind nur für ein Gateway interessant. Steht also der Wert des Attributs auf »false« (falsch, entspricht der Vorgabe), dann kann das vermittelnde System das <meta>-Element entfernen und erst gar nicht an den Client ausliefern. Weiterhin verwenden einige Browserhersteller die Eigenschaften name und content, um eigene, proprietäre Funktionen anzubieten.

Das <access>-Element wird verwendet, um den Zugriff auf ein Dokument zu beschränken. Ist kein <access>-Element vorhanden, dann kann jeder auf das Dokument zugreifen. Bei Verwendung des Elements wird ein Dokument nur dann weiter bearbeitet, wenn der bezugnehmende URL – also der URL, der in einem Link-Element für die Anforderung unseres Dokuments verantwortlich war – mit den Werten der Elementeigenschaften domain und path im <access>-Element übereinstimmt. Dabei wird das domain-Attribut von rechts her und das path-Attribut von links mit den entsprechenden Teilen des bezugnehmenden URLs verglichen. Liegen beispielsweise folgende Eigenschaftswerte zur Zugriffskontrolle vor,

```
domain="wrox.com"
path="/books"
```

dann erhält man mit dem URL http://wrox.com/books/xml Zugriff auf den Kartenstapel, mit dem URL http://www.wapforum.org/books hingegen nicht, auch wenn beides Alias-Namen für dasselbe Dokument sind. Das <access>-Element ist kein Ersatz für Sicherheitsmechanismen wie die HTTP-Autorisierung, kann jedoch dazu genutzt werden, den Zugriff auf eine Web-Anwendung nur an bestimmten Einstiegs-Seiten zu erlauben und somit die Anwendung in einem fest definierten Status zu starten.

Text, Tabellen und Layout

In WML wurden grundlegende Text- und Layout-Elemente von HTML übernommen. Die Eigenschaften der Elemente wurden größtenteils weggelassen. Hier die Elemente zur Gestaltung des Fließtextes und des Layouts.

Element	Eigenschaft
Links	
<a>	id class xml:lang href title
Tabellen	
<table>	id class xml:lang title align columns
<tr>	id class
<td>	id class
Text-Struktur	
<p>	id class xml:lang align mode
 	id class
Formatierung	
<b>	id class
<u>	id class
<big>	id class
<small>	id class

Hervorgehobener Text	
`<em>`	id
	class
`<strong>`	id
	class

Die meisten dieser Elemente sollten bekannt sein, wir werden uns nur mit denen befassen, die Unterschiede zu HTML aufweisen. Eins davon ist das `<table>`-Element, dessen Eigenschaften `align` und `columns` WML-spezifisch sind. Die `align`-Eigenschaft wird dazu verwendet, für alle Tabellenspalten die Ausrichtung festzulegen. Die Eigenschaft `column`, die vorhanden sein muss, gibt an, aus wie vielen Spalten die Tabelle besteht. Der Wert des `align`-Attributs besteht aus einer Folge von Buchstaben, von denen jeder die Ausrichtung einer Spalte repräsentiert.

Wert von `align`	Bedeutung
`"L"`	links
`"R"`	rechts
`"C"`	zentriert

Beispielsweise bedeutet `"LLR"`, dass der Text in den ersten beiden Spalten nach links und in der letzten Spalte nach rechts ausgerichtet werden soll.

Beim `<p>`-Element ist die Eigenschaft `mode` WML-spezifisch. Man gibt damit an, in welcher Weise der Absatztext dargestellt werden soll, wenn er nicht vollständig in die Anzeige des Telefons passt. Beträgt der Eigenschaftswert `"nowrap"`, dann ermöglichen einige Browser das horizontale Blättern im Text, um so den Text ohne einen Zeilenumbruch darstellen zu können. Steht der Wert auf `"wrap"`, dann wird der Text wie ein normaler HTML-Absatz angezeigt; ein Zeilenumbruch erfolgt da, wo er notwendig wird. Beachten Sie, dass für die `align`-Eigenschaft des `<p>`-Elements die Werte `left`, `right` und `center` erlaubt sind, um den Text eines Absatzes auszurichten (anders als beim `<table>`-Element).

In WML sind Elemente verfügbar, die zur Formatierung dienen wie `<b>`, `<i>` und `<u>`. Überschriften hingegen, (die HTML-Elemente des Typs `<hn>`) findet man in WML nicht. Um Inhalte als Titelzeilen zu markieren, muss man die Formatierungselemente oder die Elemente für besonders hervorgehobenen Text verwenden. Obwohl heutzutage die meisten Mobiltelefone mit einem WAP-Browser fett oder kursiv gedruckten Text ausgeben können und auch in Zukunft immer mehr dazu fähig sein werden, sollte man sich nicht darauf verlassen, dass ein Browser diese Elemente bei der Darstellung beachtet. Genauso wenig sollte man sich darauf verlassen, mit den Formatierungselementen semantische Information zu übermitteln. Verwendet man beispielsweise `<big>` zur Kennzeichnung von Titelzeilen und fehlen dem Browser die Möglichkeiten, Text groß darzustellen, dann wird er das Element übergehen und man weiß nicht, dass der Text eine *Überschrift* ist. Man sollte ebenfalls unterstrichenen Text vermeiden, da dies in einigen Browsern mit einem Hyperlink verwechselt werden könnte.

Navigation

Eine der schwierigsten Aufgaben bei der Entwicklung von Anwendungen für kleine Geräte besteht darin, die Navigation richtig hinzubekommen. Hier einige nützliche Tipps:

❏ Nutzen Sie die Elemente `<a>` und `<br/>`, um eine Auswahlliste zur Navigation zu erstellen.Gibt es mehr als neun Auswahlmöglichkeiten, dann bieten Sie einen »Mehr…«-Link an, um auf einer weiteren Liste fortzufahren.

❏ Sorgen Sie immer dafür, dass ein Benutzer auf jeder Karteikarte immer zu der vorherigen Karte oder zu einem gut bekannten Startpunkt zurücknavigieren kann. Zum Beispiel sollte in einer komplexen Menühierarchie für den Benutzer immer die Möglichkeit bestehen, ins »Hauptmenü« zu kommen.

❏ Bieten Sie dem Benutzer abkürzende Links (quick-links) an, die zurück an gut bekannte Punkte in der Anwendung führen. Ein Benutzer sollte nicht zehnmal »zurück« drücken müssen, um ins »Hauptmenü« zu gelangen.

❏ Verwenden Sie für Links kurze Bezeichnungen und vermeiden Sie zu viele Leerzeichen.

Das folgende Beispiel veranschaulicht einen Auswahlliste für die Navigation; aus diesem Karteikartentyp bestehen die meisten Anwendungen:

```
<card id="main" title="WROX">
    <do type="prev" label="Back">
        <prev/>
    </do>
    <p mode="nowrap">
        <a href="#author">Search Author</a><br/>
        <a href="#title">Search Title</a><br/>
        <a href="#about">About</a><br/>
        <anchor>Done
            <go href="http://www.wrox.com/wap/index.wml" />
        </anchor>
    </p>
</card>
```

Verwendung von Zeitgebern

Zeitgeber (timer) kann man verwenden, um Benutzer bei der Navigation zwischen den Karten zu unterstützen. Man nutzt das <timer>-Element, um nach einer angegebenen Zeit ein ontimer-Ereignis zu generieren. Das Element hat folgenden Aufbau:

```
<timer name="V" value="Time" />
```

Mit der Eigenschaft name gibt man einen Variablennamen an. Der Zeitgeber wird auf den Wert der Variable v gesetzt. Wenn keine Variable angegeben wurde oder die Variable keinen Wert besitzt, dann wird der Zeitgeber auf den Wert des value-Attributs, *Time*, gesetzt. Die Zeiträume werden in Zehntelsekunden angegeben

Das <timer>-Element eignet sich ideal dazu, um für eine kurze Zeit Werbenachrichten auf einer separaten Karte oder einem separaten Dokument einzublenden, bevor die Anwendung startet. Wenn der Benutzer beispielsweise einen Link aktiviert, der eine Liste von Restaurants anzeigt, die im Moment geöffnet haben, dann enthält die erste heruntergeladene Karte das Logo eines Restaurants, einige Sekunden später wird dann die gesamte Liste der Restaurants geladen und dargestellt. Das funktioniert genau wie bei den Hinweisbildschirmen (splash screens), die man angezeigt bekommt, während ein Programm lädt. Es wird aber hier dazu genutzt, um Produkte oder Dienstleistungen zu bewerben. Andere Möglichkeiten der Verwendung des <timer>-Elements sind zum Beispiel:

❏ Darstellung eines Hilfetexts nach einer festgelegten Zeit. Dieses Merkmal ist bei Mobiltelefonen verbreitet; wenn der Benutzer einige Zeit lang inaktiv ist, wird automatisch ein Hilfetext ausgegeben.

❏ Automatisches Weiterblättern in einer Kartenfolge. Betrachten wir zum Beispiel einen Nachrichtentext. Wenn der Benutzer nicht aktiv ist – also keine Tasten drückt – lädt die Anwendung automatisch den nächsten Teil der Nachrichten auf der nächsten Karte, und zwar den Teil, von dem wir erwarten, dass ihn der Benutzer als Nächstes auswählt. Faktisch ermöglicht man so »freihändiges« Surfen

Ereignisbehandlung

Um ein `ontimer`-Ereignis abzufangen und zu verarbeiten, muss entweder das `ontimer`-Attribut mit einer Ereignisbehandlungsroutine oder das `<onevent>`-Element vorhanden sein. Die Eigenschaft `ontimer` ist für das Kartenelement definiert. Der Eigenschaftswert kann entweder ein URL oder ein Fragment-Identifier sein. Im folgenden Beispiel bewirkt das `ontimer`-Ereignis das Laden der nächsten Karteikarte:

```
<card id="about" title="WROX" ontimer="#about2">
    <timer value="100"/>
    <p mode="nowrap">
        <a href="#main">Done</a><br/>
Wrox Press aims to make programmers successful by sharing with them the
knowledge and experience of their professional peers.
    </p>
    <p>
        <a href="#main">Done</a>
        <a href="#about2">More</a>
    </p>
</card>

<card id="about2" title="WROX">
    <p mode="nowrap">
        <a href="#main">Home</a><br/>
        <a href="allbooks.wml">All Books</a><br/>
        <a href="http://www.wroxconferences.com">Conferences</a><br/>
        <a href="allauthors.wml">Authors</a><br/>
        <a href="support.wml">Support</a><br/>
        <a href="membership.wml">Membership</a><br/>
        <a href="contacts.wml">Contact Us</a><br/>
    </p>
</card>
```

In diesem Beispiel wird das `ontimer`-Ereignis ungefähr zehn Sekunden, nachdem die erste Karte aktiviert wurde, ausgelöst. Viele Entwickler finden es bequem, das `ontimer`-Attribut der Kartenelemente zu verwenden, um die Ereignisbehandlung festzulegen. Man kann jedoch auch das `<onevent>`-Element benutzen, um jedes benannte Ereignis abzufangen. Im folgenden Beispiel befindet sich das `<onevent>`- innerhalb des `<card>`-Elements und wird dazu benutzt, ein Ereignis vom Typ `ontimer` abzufangen:

```
    ...
    <onevent type="ontimer">
        <go href="#about2" />
    </onevent>
    <timer value="100" />
    ...
```

Diese Ereignisbindung zwischen einem Ereignis und seiner Behandlungsroutine kann mit einem Element (`<onevent>`) erfolgen oder über das schon erwähnte Elementattribut. Beide Arten kann man sowohl innerhalb eines `<card>`- als auch innerhalb eines `<template>`-Elements verwenden. Eine Ereignisbindung, die in einem `<card>`-Element festgelegt wurde, hat immer Vorrang vor einer Ereignisbindung des gleichen Ereignistyps im `<template>`-Element. Ähnliche Regeln für diese Art der Überschneidung sind auch auf das `<do>`-Element anwendbar, wie wir in einem späteren Abschnitt sehen werden.

Ereignis	
Element	**Eigenschaften**
`<timer>`	id
	class
	name
	value
`<onevent>`	id
	class
	type

Im Abschnitt über *Kontrollaufgaben und Menüs* werden wir auf das `onevent`-Element zurückkommen, da es hauptsächlich dazu verwendet wird, die Bindung zwischen einer Kontrollaufgabe und einem Ereignistyp herzustellen.

Umgang mit Variablen

Variablen werden verwendet, um Informationen über den Anwendungszustand über Dokumentengrenzen hinweg verfügbar zu halten. Eine Variable ist ein Bezeichner, der mit einem Wert verknüpft ist. Um einer Variable einen Wert zuzuweisen, benutzt man das `<setvar>`-Element:

```
<setvar name="N" value="V" />
```

Die Eigenschaft `name` legt den Variablenbezeichner, das `value`-Attribut den Wert der Variablen fest. Das `<setvar>`-Element kann innerhalb der Elemente `<onevent>` und `<do>` auftauchen. Zusätzlich kann man Variablen auch über die Elemente `<input>` und `<select>` Werte zuweisen.

Um den Wert einer Variable als Dokumentinhalt auszugeben, benutzt man die Schreibweise `$varname` oder `$(varname)` (vorzugsweise die Letztere).

```
The timer is $(Timer).
```

Der Sichtbarkeitsbereich einer Variablen, also der Teil des Dokuments, in dem eine Variable bekannt ist, wird als Kontext bezeichnet. Mit der `newcontext`-Eigenschaft des `card`-Elements kann man einen neuen Kontext erschaffen. Die Erzeugung eines neuen Kontextes bewirkt, dass alle Variablen und die Liste der schon besuchten Seiten gelöscht werden. Man kann also die `newcontext`-Eigenschaft (wie im obigen Beispiel) verwenden, um sicherzustellen, dass sich alte Variablen, die schon von anderen Teilen der Anwendung verwendet wurden, und die eigenen Variablen nicht gegenseitig stören.

Das folgende Beispiel erläutert, wie man den Anwendungszustand zwischen Karten mit Variablen verfügbar hält:

```
<wml>
   <card id="card1" title="$title" >
      <onevent type="onenterforward">
         <refresh>
            <setvar name="title" value="Variables" />
         </refresh>
      </onevent>
      <onevent type="onenterbackward">
         <refresh>
            <setvar name="title" value="Try again" />
         </refresh>
      </onevent>
      <p>
         Name <input type="text" name="fname" title="Enter name" />
```

```
            <anchor>Done
                <go href="#card2"/>
            </anchor>
        </p>
    </card>

    <card id="card2" title="Variables" >
        <p>
        Your name is $(fname)?
        <anchor>Yes
            <go href="next.wml" />
        </anchor>
        <anchor>No
            <prev />
        </anchor>
        </p>
    </card>
</wml>
```

Der Titel der ersten Karteikarte wird mit der Variablen `title` festgelegt. Wenn der Benutzer auf die erste Karte zugreift, besitzt die `title`-Variable den Wert `"Variables"`. Der Benutzer wird zur Eingabe eines Namens aufgefordert. Der eingegebene Name wird in der Variable `fname` gespeichert. Wenn der Benutzer auf die zweite Karte geht, findet er den Wert der Variablen `fname` als Teil des Dokumentinhalts vor und wird zu einer Bestätigung des in der vorherigen Karte eingegebenen Namens aufgefordert. Wählt der Benutzer no, dann stellt der Browser wieder die erste Karteikarte dar. Allerdings wird bei der Navigation von der zweiten Karte zurück zur ersten mit dem `<prev>`-Element ein Ereignis vom Typ `onenterbackward` ausgelöst. Das wird in der ersten Karte abgefangen, ausgewertet und sorgt dafür, dass die `title`-Variable auf den Wert `"Try again"` gesetzt wird. Diese Fallstudie wird durch die folgenden Bilder veranschaulicht:

Da man sich mit Variablen den Anwendungszustand unabhängig von Karteikarten merken kann, benutzen wir die Variablen, um eine Benutzerbestätigung einzuholen, bevor Daten zum Server geschickt werden. Auf diese Weise kann man dieselbe Karte mit einem etwas anderen Aussehen wiederverwenden, ohne ein Skript oder zusätzliche Netzwerkzugriffe zu benötigen.

Im folgenden Beispiel wird das `<setvar>`-Element dazu verwendet, den Time-Out-Wert für einen Zeitgeber anzugeben. Der Wert des Zeitgebers wird in der Variable `T`, der aktuelle Zustand des Zeitgebers in der Variable `Timer` gespeichert. Die Variablen werden verändert, wenn der Benutzer die Karte aufruft, die vom Zeitgeber vorgegebene Zeit abgelaufen ist oder der Benutzer `Restart` auswählt:

```
<card title="Timer">
<onevent type="onenterforward">
    <refresh>
        <setvar name="Timer" value="Running" />
        <setvar name="T" value="10" />
    </refresh>
</onevent>
```

```
<onevent type="ontimer">
  <refresh>
    <setvar name="Timer" value="Timeout" />
    <setvar name="T" value="0" />
  </refresh>
</onevent>
<timer name="T" value="10" />
<do label="Restart" type="accept" >
  <refresh>
    <setvar name="Timer" value="Running" />
    <setvar name="T" value="10" />
  </refresh>
</do>
<p>
The timer is $(Timer).
</p>
</card>
```

Bei den Variablenbezeichnern wird zwischen Groß- und Kleinschreibung unterschieden. Variablennamen fangen mit einem Unterstrich oder einem Zeichen des US-ASCII-Zeichensatzes an, auf die noch weitere Buchstaben, Ziffern oder Unterstriche folgen dürfen. Der Wert einer Variablen wird wie CDATA behandelt (darf also keine XML-Metadaten enthalten).

Variablen können innerhalb von Elementen verwendet werden, die reinen Text enthalten dürfen (PCDATA), und als Werte in den folgenden Eigenschaften:

❑ In jeder title-Eigenschaft
❑ In jeder value- und ivalue-Eigenschaft
❑ In jeder href- und src-Eigenschaft
❑ In der Eigenschaft label des <do>-Elements
❑ In der Eigenschaft name der Elemente <postfield> und <setvar>
❑ In den Eigenschaften alt und localsrc des <img>-Elements
❑ In den Eigenschaften zur Ereignisbehandlung: onpick, ontimer, onenterforward und onenterbackward

Durch Anfügen einer Anweisung an den Variablenbezeichner kann man festlegen, ob der Inhalt der Variablen vor dem Einfügen ins Dokument in die URL-konforme Codierung umgewandelt, aus dem URL-Format decodiert oder unverändert gelassen werden soll.

❑ Wert unverändert lassen $(varname:noesc)
❑ Wert in das URL-Format umwandeln $(varname:escape)
❑ Wert aus dem URL-Format umwandeln $(varname:unesc)

Da das $-Zeichen dazu verwendet wird, Variablen zu kennzeichnen, muss man es vor dieser Interpretation schützen, um es im Klartext innerhalb des Texts oder von Attributwerten verwenden zu können. Dazu dient die Zeichenkette $$, die durch ein einzelnes $-Zeichen ersetzt wird, bevor der Text ausgegeben oder der Attributwert verarbeitet wird.

```
Dies ist das Dollar-Zeichen $$.
Dies ist der Wert der Variable N $(N)
```

Kontrollaufgaben und Menüs

Ein Entwickler besitzt in WML ein gewisses Maß an Kontrolle über die Softkeys und Menüs des Browsers. Mit Softkey bezeichnet man ein frei programmierbares Kontroll-Element, das vom Browser als abgetrenntes Menü, als separate Taste oder als Teil des Browsermenüs dargestellt wird. Mit dem Element <do> kann man den Softkeys und Menüs eines Browsers Kontrollaufgaben (engl. tasks) zuweisen, beispielsweise zur Browsernavigation oder um Variablen zu aktualisieren. Die Ausführung von Kontrollaufgaben kann man auch im Text über das <anchor>-Element anbieten. Die folgenden Elemente dienen zur Erzeugung der Kontrollaufgaben und Menüs:

Kontrollaufgaben	
Element	**Eigenschaften**
<anchor>	id
	class
	title
<do>	id
	class
	type
	label
	name
	optional= (true|false) "false"
<go>	id
	class
	href
	sendreferer
	method= (post|get) "get"
	accept-charset
<prev>	id
	class
<refresh>	id
	class
<noop>	id
	class

Erstellung von Menüs und Softkeys – Das <do>-Element

Mit dem <do>-Element kann ein Anwendungsentwickler auf einer Karteikarte Menüs erstellen. Wie das Menü konkret dargestellt wird, hängt vom Browser ab. Bei einigen Browsern wird ein Verweis unter dem Namen menu oder options dargestellt, über den die <do>-Elemente mit dem Inhalt verbunden sind, in anderen Browsern wird das Menü als Popup-Dialog oder Liste von Knöpfen angezeigt.

Das Element <do> stellt eine Kontrollaufgabe dar, und die Eigenschaft label legt deren Namen fest. Wir empfehlen kurze Namen mit weniger als zwölf Zeichen zu verwenden und Leerzeichen zu vermeiden. Wenn das Element ausgewählt wird, dann wird die Kontrollaufgabe ausgeführt. Das Element <do> kann, genau wie <onevent>, die Elemente <go>, <prev>, <refresh> und <noop> für den Umgang mit Kontrollaufgaben enthalten.

Im folgenden Beispiel wird ein Menü mit zwei Einträgen erstellt:

```
<card id="form" title="Author search" newcontext="true">
    <do type="prev" label="Back">
        <prev/>
    </do>
    <do type="accept" label="Done" >
```

```
            <go method="post" href="search">
                <postfield name="type" value="bio" />
                <postfield name="fname" value="$fname" />
                <postfield name="lname" value="$lname" />
            </go>
    </do>
    <p>


<fieldset>
        First name:
        <input name="fname" type="text" title="Enter name"/>
    </fieldset>
    <fieldset>
        Last name:
        <input name="lname" type="text" title="Enter name" />
    </fieldset>
    </p>
</card>
```

Siehe auch die folgenden Abschnitte für Beschreibungen der Elemente <go> und <prev>.

Und so könnte das Such-Formular auf der Anzeige aussehen:

Die Elemente <input> und <fieldset> verhalten sich genau wie in HTML; wir werden uns die beiden im nächsten Abschnitt ansehen. Der Zweck der type-Eigenschaft eines <do>-Elements besteht darin, einem Browser bei der Wahl einer geeigneten Elementdarstellung zu helfen. Man sollte das Attribut type immer angeben. Die möglichen Werte für type findet man in der WML-Spezifikation:

Typ	Beschreibung
accept	Positive Bestätigung (Akzeptieren)
prev	Navigation zu schon besuchten Seiten
help	Hilfeanforderung, möglicherweise kontextsensitiv
reset	Status löschen oder zurücksetzen
options	Kontextsensitive Anfrage nach Optionen oder zusätzlichen Operationen
delete	Löschen eines Eintrags oder einer Auswahl

Die Kontrollaufgabe <go>

Das Kontrollaufgaben-Element <go> wird dazu verwendet, mit dem Browser zu einer anderen Adresse zu navigieren oder um Daten an einen Webserver abzuschicken. Es wird für viele Funktionen genutzt, die in HTML das Element <form> erledigt. Das Beispiel veranschaulicht, wie man mit dem <go>-Element eine Datenübertragung zu einem Webserver ausführt, wenn der Benutzer den Menüeintrag Done gewählt hat:

```
<do type="accept" label="Done" >
    <go method="post" href="search">
        <postfield name="fname" value="$fname" />
        <postfield name="lname" value="$lname" />
    </go>
</do>
```

Das `<postfield>`-Element ist in `<go>` enthalten, da wir eine Datenübertragung per HTTP erreichen wollen (HTTP post request). Es ist weiterhin möglich, wenn auch im obigen Beispiel nicht aufgeführt, eine oder mehrere `<setvar>`-Elemente im `<go>`-Element einzufügen – auf diese Weise kann man die Variablen auch am Zielort zur Verfügung stellen.

Bei Aktivierung des `<go>`-Elements wird für das Ziel-Element ein Ereignis vom Typ onenterforward ausgelöst.

Die Kontrollaufgabe <prev>

Das Element `<prev>` dient dazu, mit dem Browser auf die letzte Seite zu springen, die sich auf der Liste der schon besuchten Seiten befindet. Diese Liste verhält sich ein wenig anders als in HTML-Browsern. In WML besteht die Liste aus den kompletten, alten HTTP-Anfragen, (URL, Übertragungsmethode (GET, PUT), Daten die zum Server gingen (postdata), Metadaten (header)) und ist nicht nur wie in HTML eine Liste der fertigen Seiten, so wie sie dem Benutzer präsentiert wurden. Wenn man in WML auf dieser Liste zurückgeht, dann werden die Anfragen erneut gestellt und das Dokument wird entweder aus dem Netz oder dem lokalen Cache geholt. Das folgende Beispiel erzeugt einen Menüeintrag, der sich wie die Zurück-Taste eines HTML-Browsers verhält:

```
<do label="Back" type="prev">
    <prev/>
</do>
```

Das Element `<prev>` darf `<setvar>`-Elemente enthalten. Folglich kann man auf schon besuchte Seiten zurückgehen und dabei den Variablen neue Werte zuweisen.

Bei Aktivierung des `<prev>`-Elements wird für das Zielelement ein Ereignis vom Typ onenterbackward ausgelöst.

Die Kontrollaufgabe <noop>

Das Element `<noop>` bewirkt absolut nichts. Es existiert nur aus dem Grund, um `<do>`-Elemente, die innerhalb von `<template>` definiert wurden, mit den `<do>`-Elementen einer Karteikarte überschreiben zu können. Das folgende Beispiel veranschaulicht dies:

```
<wml>
<template>
    <do label="Back" name="prev" type="prev">
        <prev/>
    </do>
</template>
<card>
    <do name="prev" type="prev">
        <noop/>
    </do>
    <!-- This card will not display the "Back" key -->
</card>
<card>
    <!-- This card will display the "Back" key from the template -->
</card>
</wml>
```

Wenn das <do>-Element eines <card>-Elements das Kontrollaufgabenelement <noop> enthält, dann
überlagert das <do>-Element der Karte jedes <do>-Element gleichen Namens aus dem <template>-Ele-
ment. Da das <noop>-Element nichts bewirkt, wird das <do>-Element aus dem template-Abschnitt
effektiv überschrieben. Die <noop>-Kontrollaufgabe kann in gleicher Weise beim <onevent>-Element
für Ereignisbindungen verwendet werden.

Die Kontrollaufgabe <refresh>

Das Element <refresh> bietet einen Mechanismus an, um Variablen mit neuen Werten zu versehen. Im
folgenden Beispiel aus dem Abschnitt über Variablen werden den Variablen T und Timer neue Werte zugewiesen, wenn die Option Restart ausgewählt wird:

```
<do label="Restart" type="accept" >
  <refresh>
    <setvar name="Timer" value="Running" />
    <setvar name="T" value="10" />
  </refresh>
</do>
```

Das <do>-Element kann innerhalb der Elemente <card> oder <template> platziert werden. Wenn die
Karteikarte bearbeitet wird, dann werden die <do>-Elemente aus dem <template>-Abschnitt an die
<do>-Elemente der Karte angehängt. Das findet natürlich nicht statt, wenn <do>-Elemente wie oben
beschrieben mit <noop> überschrieben wurden.

Zugriff auf Kontrollaufgaben im Text – das <anchor>-Element

Da die Darstellung eines <do>-Elements dem Browser überlassen wird – einige stellen es als Softkeys,
andere in Form eines Menü dar – kann es schwer sein, Anwendungen zu erstellen, die auf den verschiedenen Browsern identisch aussehen. Als Alternative bzw. Ergänzung kann man das <anchor>-Element dazu
verwenden, eine Kontrollaufgabe über einen Link im Dokumentinhalt aufrufbar zu machen.

Im Beispiel wird das <anchor>-Element verwendet, um Daten an den Server zu übertragen:

```
<card id="author" title="Author search" newcontext="true" >
  <p mode="nowrap">
    <fieldset>
      First name:
      <input name="fname" type="text" title="Enter name"/>
    </fieldset>
    <fieldset>
      Last name:
      <input name="lname" type="text" title="Enter name" />
    </fieldset>
    <anchor>Done
      <go method="post" href="search">
        <postfield name="type" value="bio" />
        <postfield name="fname" value="$fname" />
        <postfield name="lname" value="$lname" />
      </go>
    </anchor>
  </p>
</card>
```

Der Vorteil des <anchor>-Elements gegenüber dem <do>-Element besteht bei der obigen Karte darin, dass der Entwickler genau weiß, dass die Option Done ganz am Ende der Karte angezeigt wird. Hätte man ein <do>-Element verwendet, dann hätte der Browser über die Anzeige der Done-Option entschieden und die Darstellung wäre auf jedem Gerät anders ausgefallen. Um ganz sicher zu gehen, kann man sowohl ein <do>- als auch ein <anchor>-Element verwenden.

Dokumentvorlagen für Clients

Die Verwendung von Variablen ermöglicht es, WML-Dokumente als lokal verfügbare Dokumentvorlagen im Mobiltelefon zu nutzen. Diese Vorgehensweise ähnelt der von Webservern, die Vorlagen benutzen, um Dokumente dynamisch zu generieren. Eine Dokumentvorlage kann lokal im Endgerät gespeichert und von vielen Anwendungen mitgenutzt werden. Zum Beispiel kann bei einem Suchdienst das Dokument, mit dem man die Suchergebnisse des Servers darstellt, eine Dokumentvorlage sein. Die Vorlage enthält sämtliche Informationen zur Dokumentstruktur, zur Formatierung, Links und Texte mit Hilfestellungen, die dem Benutzer dann zusammen mit dem eigentlichen Ergebnis präsentiert wird. Die Karteikarte, die dann als Anfrageergebnis vom Server zurückgeschickt wird, muss dann nur noch die tatsächlichen Daten enthalten. Und so funktioniert`s.

Zuerst erzeugen wir die Karte mit dem Suchformular, author, das die ganze Struktur, Formatierung und zusätzlichen Links enthält, die wir dem Benutzer als Resultat anbieten wollen. Beachten Sie, dass dieser Kartenstapel auch die Karte bio enthält, mit der wir das Resultat ausgeben:

```
<wml>
...
<card id="author" title="Author search" newcontext="true" >
    <p mode="nowrap">
        <fieldset>
            First name:
            <input name="fname" type="text" title="Enter name" />
        </fieldset>
        <fieldset>
            Last name:
            <input name="lname" type="text" title="Enter name" />
        </fieldset>
        <anchor>Done
            <go method="post" href="search">
                <postfield name="fname" value="$fname" />
                <postfield name="lname" value="$lname" />
            </go>
        </anchor>
    </p>
</card>

<card id="bio" title="Biography">
    <p mode="nowrap">
    <a href="#main" >Done</a>
    $(bio)
    <a href="#main" >Done</a>
    </p>
</card>
...
</wml>
```

Diese Vorlage enthält eine Variable: bio. Wenn die bio-Karteikarte ausgegeben wird, wollen wir, dass der Variablenbezeichner mit den Daten ersetzt wird, die vom Server zurückgeschickt wurden.

Nachdem der Server die angeforderten Daten gefunden hat, schickt er auf dem Funkweg folgende Karte, die nur die Ergebnisdaten und keine Textstruktur oder Formatierungsanweisungen enthält, an den Client zurück:

```
<card newcontext="true">
    <onevent type="onenterforward">
        <go href="main.wml#bio">
            <setvar name="bio" value="Peter Stark works as architect at Phone.com,
                Redwood City, Ca, and represents his company in the WAP Forum." />
        </go>
    </onevent>
</card>
```

Die Karteikarte oben funktioniert wie ein Trampolin. Bei der Verarbeitung durch das Endgerät wird die Variable gesetzt, und die Verarbeitung fährt bei der Karte mit der Dokumentvorlage bio fort. Das bedeutet, dass die vom Server per Funk zurückgesendete Karte von minimaler Größe sein kann und auch ausschließlich aus Daten bestehen kann; die gesamte Strukturinformation liegt dem Client schon vor. Das Ereignis onenterforward wurde durch das Link-Element ausgelöst, das auf diese Karte verwiesen hat. Wir werden zu den Ereignissen und Kontrollaufgaben noch später zurückkehren.

Nachdem die Karteikarte bearbeitet und die bio-Variable durch ihren Wert ersetzt wurde, sieht die bio-Karteikarte folgendermaßen aus:

```
<card id="bio" title="Biography">
    <p mode="nowrap">
        <a href="#main" >Done</a>
            Peter Stark works as architect at Phone.com, Redwood City, Ca, and
            represents his company in the WAP Forum.
        <a href="#main" >Done</a>
    </p>
</card>
```

Beachten Sie, dass die oben erwähnte »Trampolin«-Karte überhaupt keine Ausgabe produziert. Sie wird aber dennoch in die Liste der zuletzt besuchten Seiten aufgenommen. Das kann sich als Problem erweisen, wenn der Benutzer seitenweise zurückgeht; er bekommt dann eine leere Karteikarte angezeigt. Man kann diesem Problem aus dem Weg gehen, indem man kein Kontrollelement, das ein Zurückgehen ermöglicht, in der folgenden Karte zulässt.

Formulare

Die HTML-Formularelemente <input>, <select>, <option>, <optgroup> und <fieldset> sind auch alle in WML vorhanden und funktionieren in gleicher Weise. Nicht alle Eigenschaften der HTML-Elemente sind verfügbar, dafür wurden andere Attribute hinzugefügt. Wir haben uns schon damit beschäftigt, wie man die Elemente <go> und <postfield> benutzt, um Daten an den Server zu übertragen, und dass man das <go>-Element anstelle des HTML-Elements <form> verwendet. In diesem Abschnitt beschreiben wir die Unterschiede zwischen WML- und HTML-Formularen. Zuerst einmal eine Auflistung aller WML-Formularelemente und ihrer Eigenschaften:

Formularfelder

Element	Eigenschaften

`<select>`	`title`
	`name`
	`value`
	`iname`
	`ivalue`
	`multiple=(true|false) "false"`
	`tabindex`

`<input>`	`name`
	`type=(text|password) "text"`
	`value`
	`format`
	`emptyok=(true|false) "false"`
	`size`
	`maxlength`
	`tabindex`
	`title`

`<option>`	`value`
	`title`
	`onpick`

`<optgroup>`	`title`
`<fieldset>`	`title`

Das `<input>`-Element

Das HTML-Element `<input>` wurde um zwei Eigenschaften erweitert, um die Überprüfung von Benutzereingaben zu verbessern. Mit dem Attribut `emptyok` spezifiziert man, ob für das Eingabeelement eine Werteingabe notwendig ist oder ob es leer bleiben kann, wenn die Daten zum Server geschickt werden. Im folgenden Beispiel wird vom Benutzer die Eingabe eines Namens erwartet, bevor die Daten zum Server übermittelt werden:

```
Name<input name="N" emptyok="false" type="text" title="Enter name" />
```

Ohne die `emptyok`-Eigenschaft überließe man dem Server die Überprüfung, ob überhaupt Daten eingetippt wurden. Verwendet man aber das `emptyok`-Attribut, dann findet dieser Test schon beim Client statt und man kann Netzwerkzugriffe einsparen.

Über das Attribut `format` legt man fest, in welchem Format die Daten vom Benutzer erwartet werden. Im folgenden Beispiel wird vom Benutzer verlangt, dass er Daten in der Form `12345-123` eingibt:

```
Name<input name="N" format="NNNNN\-3N" type="text" title="Enter name" />
```

Die magischen Zeichenfolgen, die man im `format`-Attribut vorfindet, werden in der WML-Spezifikation definiert und sind hier als Referenz aufgeführt:

Wert	Beschreibung
`A`	Eingabe eines großgeschriebenen Buchstabens oder eines Satzzeichens (nicht numerisches Zeichen in Großschreibung).
`a`	Eingabe eines kleingeschriebenen Buchstaben oder eines Satzzeichens (nicht numerisches Zeichen in Kleinschreibung).
`N`	Eingabe eines beliebigen numerischen Zeichens.
`X`	Eingabe eines beliebigen großgeschriebenen Zeichens.

Wert	Beschreibung
x	Eingabe eines beliebigen kleingeschriebenen Zeichens.
M	Eingabe eines beliebigen Zeichens; das Client-Programm darf zum Zweck einer einfach gehaltenen Dateneingabe die Annahme treffen, dass das Zeichen großgeschrieben vorliegt, muss aber die Eingabe jedes Zeichens zulassen.
m	Eingabe eines beliebigen Zeichens; das Client-Programm darf zum Zweck einer einfach gehaltenen Dateneingabe die Annahme treffen, dass das Zeichen kleingeschrieben vorliegt, muss aber die Eingabe jedes Zeichens zulassen.
*f	Eingabe einer beliebigen Anzahl von Zeichen: f ist eine der oben genannten Formatbeschreibungen und legt fest, welche Art von Zeichen eingegeben werden darf. Hinweis: Diese Formatbeschreibung darf nur einmal angegeben werden und muss am Ende der Format-Zeichenkette stehen.
nf	Eingabe von bis zu n Zeichen, wobei n Werte von 1 bis 9 annehmen darf; f ist eine der oben genannten Formatbeschreibungen (ausgenommen *f) und legt fest, welche Art von Zeichen eingegeben werden darf. Hinweis: Diese Formatbeschreibung darf nur einmal angegeben werden und muss am Ende der Format-Zeichenkette stehen.
\c	Gibt das Zeichen c im Eingabefeld aus; damit wird eine Ausgabe von normalen Zeichen im Eingabefeld möglich und man kann die Interpretation der obigen Zeichen als Formatbeschreibung verhindern. Die eingefügten Zeichen gelten als Teil des eingegebenen Werts und sollten vom Client-Programm geschützt werden. Zum Beispiel beträgt der gespeicherte Wert der Eingabe "12345-123" und der Eingabemaske "NNNNN\-3N" "12345-123" und nicht "12345123". Entsprechend muss, wenn der Wert einer Variable "12345123" beträgt und die entsprechende Eingabemaske "NNNNN\-3N" lautet, der Client die Variable löschen, da sie nicht mit der Maske übereinstimmt.

Das <select>-Element

Ein weiteres HTML-Formularfeld, das von WML adoptiert wurde, ist das Element <select>. Es verhält sich so wie in HTML und kann <option>- und <optgroup>-Elemente enthalten.

Man kann die onpick-Eigenschaft dazu verwenden, aus dem <option>-Element ein Linkelement zu machen; wenn der Benutzer eine Option auswählt, springt der Browser zu dem URL, der im Attribut festgelegt wurde. Man sollte diese Nutzung jedoch vermeiden, da man damit den Benutzer überraschen kann (der ja erwartet, dass die Auswahlliste wirklich eine Auswahlliste ist und keine Liste von Links), außerdem ist bei einigen Browsern die Darstellungsweise des <select>-Elements für eine Navigationsauswahl ungeeignet.

Im folgenden Beispiel verwenden wir das <select>-Element, um den Benutzer eine Buchkategorie auswählen zu lassen:

```
<card id="title" title="Title search" newcontext="true" >
   <p mode="nowrap">
      <fieldset>
      Word in title:
      <input name="title" type="text" title="Enter title"/>
      </fieldset>
      <fieldset>
      Category:
      <select name="cat" title="Select cat.">
      <option value="none">-none-</option>
      <option value="asp">ASP</option>
      <option value="cpp">C++</option>
      <option value="com">COM</option>
      <option value="dbs">Database</option>
      <option value="gnu">GNU/Linux</option>
      <option value="java">Java</option>
      <option value="vb">VB</option>
```

```
            <option value="xml">XML</option>
        </select>
    </fieldset>
    <anchor>Done
        <go method="post" href="search">
            <postfield name="type" value="books" />
            <postfield name="title" value="$title" />
            <postfield name="cat" value="$cat" />
        </go>
    </anchor>
  </p>
</card>
```

Beachten Sie, dass wir die Option none verwenden, falls der Benutzer keine Kategorie auswählen will.

Formulare stehen bei drahtlosen Anwendungen im Mittelpunkt. Fast jede Anwendung folgt dem gleichen Schema: Der Benutzer wird nach bestimmten Informationen gefragt und die Resultate werden von einer Datenbank zurückgeschickt. Die populären Anwendungen für Mobiltelefone bestehen fast immer aus dynamisch erzeugten Inhalten und selten aus statischen Dokumenten wie den »Homepages«, die im traditionellen Web so beliebt sind.

Grafiken

Obwohl Grafiken so ziemliche das Letzte sind, was man auf einem Mobiltelefon erwarten würde, unterstützen die meisten WAP-Browser zumindest einfache WAP-Rastergrafiken, die WBMPs (WAP-Bitmaps). Die WBMP-Spezifikation ist zwar auf den Webseiten des WAP-Forums unter http://www.wap-form.org/ verfügbar, sie ist jedoch schwer zu finden, da sie aus nur zwei Seiten besteht und in der WAE-Spezifikation enthalten ist. Manche Browser unterstützen zusätzlich zu WBMP noch andere Grafikformate des Web wie zum Beispiel GIF (Graphics Interchange Format).

Um eine Grafik in ein Dokument einzubinden, verwendet man das HTML-ähnliche <img>-Element. Man fügt eine WML-eigene Eigenschaft hinzu, und zwar das Attribut localsrc. Man benutzt diese Eigenschaft, um eine lokal verfügbare Grafik einzubauen und holt die Grafik nicht von einem Server übers Netzwerk. Die Bezeichnungen für die lokalen Grafiken wurden jedoch in der WAP-Spezifikation noch nicht genau festgelegt. Die Namen der Grafiken sind im Moment noch proprietär, obwohl an einer einheitlichen Namensgebung gearbeitet wird. Möchte man im Moment die localsrc-Eigenschaft verwenden, dann muss man kontrollieren, welche Grafiken der WAP-Browser-Hersteller unterstützt. Im folgenden Beispiel wird die lokale Grafik book eingebunden. Falls diese nicht verfügbar ist, wird die Grafik book.wbmp vom Webserver angefordert. Der Vorteil in der Verwendung lokaler Grafiken liegt darin, dass der Browser keine Netzwerkzugriffe benötigt, und dass die Grafik für die Benutzeroberfläche des Endgeräts optimiert werden kann.

```
<img localsrc="book" alt="A Book" src="/images/book.wbmp"/>
```

Alle anderen Eigenschaften alt, src, vspace, hspace, align, height und width verhalten sich genauso wie die HTML-Attribute mit denselben Bezeichnungen. Die folgenden Elemente und Attribute sind für Grafiken definiert:

Grafiken

Element	Eigenschaft
`<img>`	alt src localsrc vspace hspace align height width

WML-Erzeugung auf dem Server

Aus verschiedenen Gründen sind die Dienstangebote für die kleinen Endgeräte oft dynamisch. Folglich wird man keine statischen WML-Dokumente verfassen, stattdessen wird man die WML-Karteikarten fast immer dynamisch erzeugen.

Natürlich könnten wir jede Technik zur dynamischen Erzeugung von HTML oder XML verwenden, sei es ASP, JSP, CGI-Skripts etc., aber das eine Werkzeug, das sich perfekt zur Erzeugung der WML-Dokumente eignet, ist die Transformationssprache XSLT.

Mit XSLT können wir serverseitig aus jedem XML-Ursprungsdokument ein WML-Dokument erzeugen. Betrachten wir das Resultat einer Datenbankabfrage, das als XML-Dokument zurückgeliefert wird und folgenden Inhalt hat:

```
<Author>
   <FirstName>Peter</FirstName>
   <MI>M</MI>
   <LastName>Stark</LastName>
   <Biographical>
      Peter Stark works as architect at Phone.com, Redwood City, Ca, and
      represents his company in the WAP Forum.
   </Biographical>
   <Portrait type="image/jpeg" href="stark.jpg"/>
   <Portrait type="image/vnd.wap.wbmp" href="stark.wbmp"/>
</Author>
```

Unter der Annahme, dass das Dokument `main.wml` schon zum Mobiltelefon übertragen wurde – ansonsten müsste es noch heruntergeladen und in den lokalen Puffer gesteckt werden – müssen wir nur ein minimales Dokument durch die Luft schicken, mit dem wir die Variable `bio` setzen. Wir haben uns dieses Dokument schon bei der Demonstration zur Verwendung des `onenterforward`-Ereignisses angeschaut.

Hier das Transformationsskript, mit dem wir das WML-Dokument erzeugen:

```
<xsl:stylesheet xmlns:xsl="http://www.w3.org/1999/XSL/Transform">
<xsl:output method="xml" indent="yes"/>

<xsl:template match="Author">
<wml>
   <card newcontext="true">
      <onevent type="onenterforward">
         <go href="main.wml#bio">
            <setvar name="bio" value="{Biographical}" />
```

```
            </go>
        </onevent>
    </card>
</wml>
</xsl:template>

<xsl:template match="@*" >
    <xsl:apply-templates />
</xsl:template>

<xsl:template match="* | text()" >
    <xsl:apply-templates />
</xsl:template>

</xsl:stylesheet>
```

Die Grafik hätte, je nach Fähigkeiten des Mobiltelefons, in das WBMP- oder GIF-Format umgewandelt werden können. Dazu benötigt man natürlich eine Grafik-Bibliothek, die die Grafikkonvertierung vornehmen kann.

Nachdem wir uns die Theorie hinter WAP und WML, der Auszeichnungssprache für WAP-Geräte, angeschaut haben, wollen wir jetzt das Gelernte ausprobieren.

Die WROX-WML-Anwendung

Dieser Abschnitt fasst noch mal die Anwendungsbestandteile zusammen, die wir schon verwendet haben. Es handelt sich dabei um eine abgespeckte Ausgabe der WROX-Website, auf der ein Benutzer folgende Möglichkeiten hat:

❏ Zugriff auf allgemeine Informationen über WROX
❏ Suche einer Autorenbiografie über den Vor- und/oder den Nachnamen
❏ Suche eines Buchtitels über die Buchkategorie und/oder ein Wort des Titels

Hier der WML-Code:

```
<wml>

<template>
    <do type="prev" label="Back">
        <prev/>
    </do>
</template>

<card id="main" title="WROX">
    <onevent type="ontimer">
        <go href="#about" />
    </onevent>
    <timer value="100" />
    <p mode="nowrap">
        <a href="#author">Search Author</a><br/>
        <a href="#title">Search Title</a><br/>
        <a href="#about">About</a><br/>
    </p>
</card>
```

```
<card id="author" title="Author search" newcontext="true" >
   <p mode="nowrap">
      <fieldset>
         First name:
         <input name="fname" type="text" title="Enter name"/>
      </fieldset>
      <fieldset>
         Last name:
         <input name="lname" type="text" title="Enter name" />
      </fieldset>
      <anchor>Done
         <go method="post" href="search">
            <postfield name="type" value="bio" />
            <postfield name="fname" value="$fname" />
            <postfield name="lname" value="$lname" />
         </go>
      </anchor>
   </p>
</card>

<card id="bio" title="Biography">
   <do type="prev" >
      <noop/>
   </do>

   <p mode="nowrap">
      <a href="#main" >Done</a>
         $(bio)
      <a href="#main" >Done</a>
   </p>
</card>

<card id="title" title="Title search" newcontext="true" >
   <p mode="nowrap">
      <fieldset>
         Word in title:
         <input name="title" type="text" title="Enter title"/>
      </fieldset>
      <fieldset>
         Category:
         <select name="cat" title="Select cat.">
            <option value="none">-none-</option>
            <option value="asp">ASP</option>
            <option value="cpp">C++</option>
            <option value="com">COM</option>
            <option value="dbs">Database</option>
            <option value="gnu">GNU/Linux</option>
            <option value="java">Java</option>
            <option value="vb">VB</option>
            <option value="xml">XML</option>
         </select>
      </fieldset>
      <anchor>Done
         <go method="post" href="search">
            <postfield name="type" value="books" />
```

```
                        <postfield name="title" value="$title" />
                        <postfield name="cat" value="$cat" />
                </go>
            </anchor>
        </p>
</card>

<card id="book" title="Book">
    <p mode="nowrap">
        <a href="#main" >Done</a>
            $(book)
        <a href="#main" >Done</a>
    </p>
</card>


<card id="about" title="WROX" ontimer="#about2">
    <timer value="100"/>
    <p mode="nowrap">
        <a href="#main">Done</a><br/>

Wrox Press aims to make programmers successful by sharing with them the
        knowledge and experience of their professional peers.
    </p>
    <p>
        <a href="#main">Done</a>
        <a href="#about2">More</a>
    </p>
</card>

<card id="about2" title="WROX">
    <p mode="nowrap">
        <a href="#main">Home</a><br/>
        <a href="allbooks.wml">All Books</a><br/>
        <a href="http://www.wroxconferences.com">Conferences</a><br/>
        <a href="allauthors.wml">Authors</a><br/>
        <a href="support.wml">Support</a><br/>
        <a href="membership.wml">Membership</a><br/>
        <a href="contacts.wml">Contact Us</a><br/>
    </p>
</card>

</wml>
```

Bei der Autorensuche wird, wie schon gesehen, eine kurze Biografie zurückgeliefert und auf der Kartei-karte bio dargestellt. Wir deaktivieren das »Zurück«-Kontrollelement für diese Karte, denn wir wollen ein Zurückspringen des Benutzers auf eine leere Karte (die »Trampolin«-Karte, siehe auch Client-seitige Dokumentvorlagen) verhindern. Falls die Biografie lang ist, verfügen wir noch über den done-Anker, der sowohl am Anfang als auch am Ende der Karteikarte steht.

Verhält sich der Benutzer auf der ersten Karte inaktiv, dann springt die Anwendung automatisch auf die Karte about und liefert dem Benutzer einige Werbe-Informationen über WROX.

Fordert der Benutzer ein Buch an und gibt dazu ein Wort aus dem Titel an, dann besteht das Ergebnis aus einer Liste aller Treffer; zum Beispiel:

```
<!DOCTYPE wml PUBLIC "-//WAPFORUM//DTD WML 1.1//EN"
         "http://www.wapforum.org/DTD/wml_1.1.xml">
<wml>
<template>
   <do type="prev" label="Back">
      <prev/>
   </do>
</template>
```

```
<card id="first" title="XML/Scripting">
   <p mode="nowrap">

   <a href="Details.asp?ISBN=1861002718">VBScript Programmer&#39;s
      Reference</a><br/>
   <a href="Details.asp?ISBN=1861002645">Professional Visual Interdev 6
      Programming</a><br/>
   <a href="Details.asp?ISBN=186100270X">Professional JavaScript</a><br/>
   <a href="Details.asp?ISBN=1861001746">IE5 Dynamic HTML Programmer&#39;s
      Reference</a><br/>

<a href="Details.asp?ISBN=1861002270">Designing Distributed Applications with
      XML, ASP, IE5, LDAP and MSMQ</a><br/>
   <a href="Details.asp?ISBN=1861001576">XML in IE5 Programmer&#39;s
      Reference</a><br/>
   <a href="Details.asp?ISBN=1861002289">Professional XML Design and
      Implementation</a><br/>
   <a href="#second">More...</a>

   <anchor>Done
      <go href="http://www.wrox.com/wap/index.wml" />
   </anchor>

   </p>
</card>

<card id="second" title="XML/Scripting">
   <p mode="nowrap">

   <a href="Details.asp?ISBN=1861002211">Implementing LDAP</a><br/>
   <a href="Details.asp?ISBN=1861001525">XML Applications</a><br/>
   <a href="Details.asp?ISBN=1861001894">JavaScript Objects</a><br/>
   <a href="Details.asp?ISBN=1861001657">Professional Style Sheets for HTML and
      XML</a><br/>
   <a href="Details.asp?ISBN=186100138X">Instant DHTML Scriptlets</a><br/>
   <a href="Details.asp?ISBN=1861001274">Instant JavaScript</a><br/>
   <a href="Details.asp?ISBN=1861001568">Instant HTML Programmer&#39;s Reference,
      HTML 4.0 Edition</a><br/>
   <a href="Details.asp?ISBN=1861000707">Professional IE4 Programming</a><br/>
   <a href="Details.asp?ISBN=1861000685">Instant IE4 Dynamic HTML Programmer&#39;s
      Reference - IE4 Edition</a><br/>
   <a href="Details.asp?ISBN=1861001193">Instant Netscape Dynamic HTML
      Programmer&#39;s Reference NC4 Edition</a><br/>
```

```
<a href="Details.asp?ISBN=186100074X">Professional Web Site
    Optimization</a><br/>
<a href="Details.asp?ISBN=1861000766">Instant HTML Programmer&#39;s
    Reference</a><br/>

<anchor>Done
    <go href="http://www.wrox.com/wap/index.wml" />
</anchor>

</p>
</card>
</wml>
```

Die Liste wurde, um die Navigation zu vereinfachen, auf zwei Karten verteilt. Beachten Sie die Option `More...` am Ende der ersten Karte. Weiterhin bietet jede Karte dem Benutzer die Möglichkeit, zum Ausgangspunkt der Anwendung zurückzukehren. Im `template`-Abschnitt wird dafür gesorgt, dass auf jeder Karte ein Rücksprungknopf zu finden ist.

Nachdem wir uns damit beschäftigt haben, unsere Dokumente für die neue Generation mobiler Geräte XML-konform auszuzeichnen, werfen wir einen Blick auf die Skriptsprache, die wir auf diesen Clients verwenden wollen.

WMLScript

Während es uns WML gestattet, Dokumente für WAP-fähige Geräte zu gestalten, beinhalten die WAP-Spezifikationen noch eine Skriptsprache mit dem Namen WMLScript, mit der wir unseren Seiten weitere Funktionalität hinzufügen können. Es handelt sich dabei um einen Abkömmling von ECMAScript (besser bekannt als JavaScript oder JScript) und wird jedem vertraut vorkommen, der darin schon programmiert hat. Obwohl es keine richtige Untermenge von ECMAScript ist, handelt es sich um eine abgespeckte Variante dieser populären Skriptsprache, die die meisten Web-Entwickler schon gewohnt sind. Wir schauen uns zuerst die Grundlagen an und wie man Skriptfunktionen aufruft und wenden uns dann den Bibliotheken zu, die schon mitgeliefert werden.

Grundlagen

Im folgenden Abschnitt setzen wir Kenntnis von ECMAScript voraus. Die grundlegenden Konstrukte der Skriptsprache wie die `If`- und `For`-Anweisungen werden nicht erklärt. Stattdessen konzentrieren wir uns auf die Skript-Funktionsbibliotheken, die in WAP-Browsern vorhanden sind und wie Skripts und WML zusammenarbeiten.

WMLScript-Programme sind nicht in WML eingebettet (so wie das `<script>`-Element in HTML). Stattdessen werden die Skripts immer in separaten Dateien gespeichert und über einen URL angesprochen.

Funktionen

WMLScript-Programme arbeiten funktionsorientiert. Es kann innerhalb einer Datei mehrere Funktionen geben, diese benötigen eindeutige Bezeichner. Um eine spezielle Funktion innerhalb einer Datei aufzurufen, verwendet man den URL der Datei zusammen mit einem Fragment-Identifier, der einen Funktionsnamen beschreibt. Funktionen können nicht verschachtelt werden, die Definition einer Funktion innerhalb einer anderen ist also nicht möglich. Obwohl alle Variablen innerhalb einer Funktion lokal behandelt werden, werden Funktionen oft verwendet, um die globalen Variablen des WML-Browsers zu manipulieren.

Variablen

Der Datentyp einer Variable wird mit der letzten Wertzuweisung festgelegt. Um eine Variable zu deklarieren, benutzt man den `var`-Operator:

```
var wap = "Wireless Application Protocol";
```

Variablenbezeichner unterscheiden zwischen Groß- und Kleinschreibung und können aus Buchstaben, Ziffern und dem Unterstrich bestehen, allerdings nicht mit einer Ziffer beginnen. Wenn wie im obigen Beispiel ein Initialwert angegeben wird, dann wird der Datentyp dieses Werts als Initialdatentyp der Variablen verwendet. Variablen verfügen weiterhin über einen lokalen Sichtbarkeitsbereich.

Byte-Code

Wenn das Skript das WAP-Gateway auf dem Weg zum Mobiltelefon passiert, wird es in so genannten Byte-Code übersetzt und in dieser Form an das Telefon übertragen. Es handelt sich zwar nicht um denselben Byte-Code wie bei Java-Programmen, aber das Konzept und die Gründe für die Verwendung sind identisch. Byte-Code ist einfacher zu verarbeiten und benötigt weniger Funkbandbreite.

Wie man mit WML Skriptfunktionen aufruft

Da man die Skriptfunktionen über einen URL ansprechen kann, erfolgt der Aufruf mit den WML-Linkelementen: <go> oder <a>.

```
<do type="accept">
   <go href="http://www.wrox.com/wmlscript#calculate($result, $1)" />
</do>
```

Bei der Ausführung dieses Skripts im WML-Browser zeigt das <go>-Element auf eine Skriptfunktion. Das Skript wird aber in einem anderen Kontext als die WML-Karte ausgeführt, so dass sich Skript und WML-Dokument die Variablen nicht teilen müssen. Nach der Beendigung des Skripts wird die Kontrolle wieder an das WML-Dokument übergeben. Ein ganzes Skript liefert zwar kein Ergebnis, kann dafür aber Manipulationen an den WML-Dokumentenvariablen vornehmen, wie wir in Kürze sehen werden.

Hätten wir als Link-Ziel ein gewöhnliches WML-Dokument angegeben, dann wäre unser aktuelles Dokument ersetzt worden.

Beachten Sie bitte, dass die Seiten mit Skriptfunktionen nicht in die Liste der schon besuchten Seiten aufgenommen werden, und man deshalb auch nicht mit <prev> zu einer Skriptseite zurückkehren kann.

Programmbibliotheken

Ohne eingebaute Programmbibliotheken kann man in WMLScript nichts Sinnvolles produzieren, allerdings gibt es sechs Standardbibliotheken, die von jedem WAP-Browser unterstützt werden sollten: WML-Browser, Dialogs, Lang, Float, String und URL.

Mit den Skriptbibliotheken kann man:

❏ den Browserzustand manipulieren, indem man die Variablen des WML-Dokuments setzt oder ändert
❏ einfache Popup-Dialoge erzeugen, die es dem Benutzer ermöglichen, Eingaben zu machen, eine Auswahl aus Möglichkeiten zu treffen oder ein Ereignis zu bestätigen
❏ Zeichenketten, Fließkommazahlen und URLs manipulieren

❏ System-Eigenschaften herausfinden, ob zum Beispiel Fließkommazahlen unterstützt werden oder nicht

❏ Zufallszahlen erzeugen

❏ das Skript auf verschiedene Arten beenden

Ein Funktionsaufruf einer Bibliotheksfunktion setzt sich zusammen aus den Namen der Bibliothek, gefolgt von einem ».«, dem Namen der Funktion und den möglicherweise verlangten Funktionsparametern. Um zum Beispiel einen Alarm-Dialog anzuzeigen, verwendet man:

```
Dialogs.alert ("You have mail!");
```

Die Datentypen, die in Funktionen genutzt werden können, sind Boolean, Float, Integer, String und Invalid. Sind für eine Variable sowohl Integer- als auch Float-Werte verwendbar, dann nennt man den Datentyp Number. Spielt der Typ keine Rolle, dann wird der Datentyp Any verwendet. Alle Funktionen weisen eine ähnliche Fehlerbehandlung auf: Ist einer der Parameter ungültig (wenn beispielsweise der Datentyp nicht stimmt), liefert die Funktion den Wert Invalid zurück. Parameter werden als Werte übergeben.

Wir werden uns nun eingehender mit den Bibliotheken beschäftigen.

Änderungen am Browserstatus – Die Bibliothek WMLBrowser

Man kann die WMLBrowser-Bibliothek verwenden, um den Zustand des Browsers zu manipulieren. Der Browserzustand umfasst die aktuelle Liste aller Variablen, die aktuelle WML-Karte und die Liste der schon besuchten Seiten.

Umgang mit Variablen

Die Funktion setVar(name, value) dient dazu, der Variablen name den Wert value zuzuweisen. Die Funktion getVar(name) liefert den Inhalt der Variablen name. Liegt dem Browser keine Variable mit dem Bezeichner name vor, dann wird eine leere Zeichenkette zurückgegeben. Die Funktion refresh() aktualisiert die Anzeige. Damit macht man beispielsweise die Änderungen sichtbar, die man mit einer Reihe von setVar()-Funktionsaufrufen am gerade angezeigten Inhalt vorgenommen hat.

Mit dem folgenden Beispiel wird ein blinkendes Wrox-Logo implementiert. Die Funktion wird in regelmäßigen Abständen mit dem <timer>-Element ausgelöst:

```
extern function repaint()
{
    var text = WMLBrowser.getVar("text");
    if (text == "Wrox")
        WMLBrowser.setVar("text", "");
    else
        WMLBrowser.setVar("text", "Wrox");
    WMLBrowser.refresh();
}
```

Hier haben wir die WML-Karte, von der aus der Funktionsaufruf erfolgt:

```
<card id="card1" title="Intro" onenterforward="repaint.wmls#repaint()"
      ontimer="repaint.wmls#repaint()">
    <timer value="10" />
    <p align="center">
        <br/>
        <big>$text</big>
    </p>
</card>
```

Der Anwendungsstatus wird innerhalb des Browsers mit Variablen festgehalten. Das Skript führt Browser-Operationen aus, indem es Manipulationen an den Variablen vornimmt. Man hätte obiges Beispiel auch noch mit mehr Text, einfachen ASCII-Grafiken oder Animationen erweitern können. Durch den Einsatz weiterer Karten oder vielleicht von WBMP- oder GIF-Bildern kann man das Ergebnis des Skripts in eine richtig schöne »Multimedia«-Einführung unseres WAP-Dienstes verwandeln – selbst auf einem Mobiltelefon.

Die Lebensspanne der WML-Dokumentvariablen kontrolliert man mit einem Funktionsaufruf der Funktion `newontext()`, der alle Variablen löscht. Das ist besonders dann von Vorteil, wenn man sichergehen will, dass alle Variablen einen festen Anfangszustand haben, bevor ein Benutzer anfängt, eine Kartenfolge durchzugehen.

Navigation durch die Karteikarten und Zugriff auf schon besuchte Seiten

Um mit dem Browser eine andere Seite anzuwählen, kann man die Funktion `go(url)` benutzen, die auch mit URLs relativ zum aktuellen Dokument umgehen kann. Die im Ablauf vorhergehende Seite erreicht man mit der Funktion `prev()`. Aufeinander folgende Aufrufe von `go()` und `prev()` heben sich gegenseitig auf. Um den URL der gerade aktuell angezeigten Karte herauszufinden, verwendet man die `getCurrentCard()`-Funktion. Ist dieser URL relativ zum URL des aktiven Skripts, dann ist der Rückgabewert ebenfalls ein relativer URL, verweist der URL allerdings auf eine vollkommen andere Website, dann wird ein absoluter URL zurückgegeben.

Verwendung von Dialogen

Skriptfunktionen können unter Zuhilfenahme der `Dialogs`-Bibliothek Popup-Dialoge erzeugen, auf denen der Benutzer zu Eingaben aufgefordert wird oder die zu einem Ereignis eine Benutzerbestätigung erwarten. Die tatsächlich angezeigten Dialoge können auf den unterschiedlichen Telefonen verschieden aussehen. Einige Browser verwenden eventuell kurze WML-Karten als Dialoge, während andere gesonderte Dialog-Kästen ausgeben.

Um einen Benutzer über ein Ereignis zu benachrichtigen, beispielsweise ein Berechnungsergebnis, einen Fehler oder einen ungültigen Eingabewert, verwendet man die einfache `alert(text)`-Funktion. Soll der Benutzer aus zwei verschiedenen Möglichkeiten auswählen können, dann ist die Funktion `confirm(text, auswahlOK, auswahlNOK)` passend. Die Frage steht in der Variable `text`, die Auswahlmöglichkeiten in `auswahlOK` und `auswahlNOK`. Der Rückgabewert ist vom Typ `Boolean`.

Mit der Funktion `prompt(text, defaultValue)` kann man sogar Eingaben vom Benutzer anfordern. Die Variable `defaultValue` enthält dann die Angaben, die man auf `text` erwartet. Die Funktion liefert den eingegebenen Wert zurück und besitzt als Vorgabe den Wert der Variablen `defaultValue`. Die folgende Funktion fragt den Benutzer nach dem Namen eines Autors:

```
extern function setname()
{
    var result = Dialogs.prompt("Who is the author?");
    WMLBrowser.setVar("name", result);
    WMLBrowser.go("#author");
}
```

Die Antwort des Benutzers ist im Browser über die Variable "name" verfügbar. Wir verwenden zwei einfache WML-Karteikarten, um das Skript auszuführen und das Ergebnis auszugeben:

```
<card id="intro" onenterforward="check.wmls#setname()" />
<card id="author"><p>$(name)</p></card>
```

Sprachspezifische Funktionen

Die Lang-Bibliothek bietet eine Mischung hilfreicher Funktionen zur Konvertierung zwischen Datentypen, um auf System-Eigenschaften zuzugreifen und um Zufallszahlen zu erzeugen.

Manche WAP-Browser bieten keine Unterstützung für Fließkommazahlen. Man kann die Funktion float() aufrufen, um herauszufinden, ob das Gerät, auf dem das Skript ausgeführt wird, Fließkommazahlen kennt (die meisten Browser tun dies). Der Datentyp des Rückgabewerts ist vom Typ Boolean, der Wert true bedeutet, dass Fließkommazahlen unterstützt werden. Man interessiert sich vielleicht auch für den kleinsten und größten ganzzahligen Wert, den das Gerät darstellen kann. Die Funktion maxInt() liefert das Maximum, minInt() gibt das Minimum zurück. Um zu überprüfen, ob ein bestimmter Wert ganzzahlig ist oder in eine ganze Zahl konvertiert werden kann, benutzt man die isInt(zahl)-Funktion. Liefert die Funktion den Wert true zurück, kann man parseInt(zeichenkette) aufrufen, um den Wert in die entsprechende ganze Zahl zu wandeln. Ein Beispiel:

```
var y = isInt("13.13");    //liefert true
var y = parseInt("13.13"); //liefert "13"
```

Die Funktionen isFloat(wert) und parseFloat(zeichenkette) funktionieren in gleicher Weise für Fließkommazahlen.

Schließlich kann man noch die Zeichencodierung, die ein Gerät unterstützt, mit der Funktion characterSet() herausbekommen. Der Rückgabewert ist ein Wert vom Typ **MIBEnum**, wie er von der Internet Naming Authority (IANA) vergeben wird; die ISO-8859-1-Codierung hat zum Beispiel die Nummer 4, shift_JIS die Nummer 17.

Die Funktionen abs(zahl), max(zahl1, zahl2) und min(zahl1, zahl2) erfüllen genau das, wonach sie aussehen.

Weiterhin kann man mit der Funktion random(wert) positive Zufallszahlen erzeugen; die generierte Zahl liegt zwischen 0 und wert (inklusive). Um die Zufälligkeit zu vergrößern, kann man die Funktion seed(wert) mit einem geeigneten Startwert für die Zufallszahlen aufrufen.

Die letzten Funktionen in der Lang-Bibliothek sind abort(zeichenkette) und exit(wert). Diese Funktionen beenden das Skript in der vom Programmierer gewünschten Weise. Die Funktion exit(wert) sorgt für ein normales Skript-Ende, abort(zeichenkette) beendet das Skript mit einem Fehler. Fast alle Browser ignorieren die Parameter dieser Funktionen.

Fließkommazahlen

Die Float-Bibliothek ist bei Geräten verfügbar, die auch Unterstützung von Fließkommazahlen anbieten. Folgende Funktionen sind verfügbar:

❑ int(wert) ergibt den ganzzahligen Anteil der Zahl wert

❑ floor(wert) ergibt die größte ganze Zahl, die nicht größer als wert ist

❑ ceil(wert) ergibt die kleinste ganze Zahl, die nicht kleiner als wert ist

❑ round(wert) rundet wert auf die nächste ganze Zahl

❑ sqrt(wert) ergibt die Quadratwurzel von wert. Die Genauigkeit hängt von den Gerätemöglichkeiten ab

❑ pow(wert, wert) führt eine Exponentation durch. Der erste Wert ist die Basis, der zweite Wert der Exponent. Wenn der erste Wert negativ ist, muss der zweite Wert eine ganze Zahl sein

❑ maxFloat() ergibt den größten möglichen Wert für eine Fließkommazahl

❑ minFloat() ergibt den kleinsten möglichen Wert für eine Fließkommazahl

Das folgende Skript ruft die oben genannten Funktionen auf und zeigt die Ergebnisse in einer einfachen Tabelle auf einer WML-Karte an:

```
extern function Floatcheck()
{
    var a = Float.int("13.5");
    var b = Float.floor("13.5");
    var c = Float.ceil("13.5");
    var d = Float.round("13.5");
    var e = Float.sqrt("2,2");
    var f = Float.minFloat();
    var g = Float.maxFloat();

    WMLBrowser.setVar("a",a);
    WMLBrowser.setVar("b",b);
    WMLBrowser.setVar("c",c);
    WMLBrowser.setVar("d",d);
    WMLBrowser.setVar("e",f);
    WMLBrowser.setVar("g",g);
}
```

Das Skript kann von folgender Karteikarte aufgerufen werden:

```
<card id="card1" title="FloatCheck" >
    <onevent type="onenterforward">
        <go href="floatcheck.wmls#Floatcheck()" />
    </onevent>

    <p>
        <table columns="2" align="LR" >
            <tr><td>Float.int ("13.5")</td><td> => $a</td></tr>
            <tr><td>Float.floor ("13.5")</td><td> => $b</td></tr>
            <tr><td>Float.ceil ("13.5")</td><td> => $c</td></tr>
            <tr><td>Float.round ("13.5")</td><td> => $d</td></tr>
            <tr><td>Float.sqrt ("2,2")</td><td> => $e</td></tr>
            <tr><td>Float.minFloat ()</td><td> => $f</td></tr>
            <tr><td>Float.maxFloat ()</td><td> => $g</td></tr>
        </table>
    <p>
</card>
```

Zeichenketten

Die Programmierbibliothek `String` dient zur Manipulation von Zeichenketten.

Grundlagen

Die Länge einer Zeichenkette wird durch einen Aufruf von `length(zeichenkette)` zurückgeliefert. Die Funktion `isEmpty(zeichenkette)` liefert `True`, wenn die Zeichenkette leer ist, und ansonsten `False`. Man kann auf ein einzelnes Zeichen einer Zeichenkette mit der Funktion `charAt(zeichenkette, index)` zugreifen. Versucht man einen ungültigen Wert für `index` zu verwenden, dann bekommt man eine leere Zeichenkette zurück. Um auf mehr als ein Zeichen zuzugreifen , kann man die Funktion `subString(zeichenkette, startIndex, länge)` verwenden, die den Zeichenkettenteil ergibt, der an Position `startIndex` anfängt und `länge` Zeichen lang ist.

Suchen und Ersetzen

Manchmal muss man nach einer bestimmten Zeichenkette suchen. Die Funktion `find(zeichenkette, suchtext)` liefert die Position des ersten Zeichens in der `zeichenkette` zurück, die auf den verlangten `suchtext` passt. Der Wert −1 wird zurückgegeben, wenn `suchtext` nicht gefunden wurde. Mit der Funktion `replace(zeichenkette, alterText, neuerText)` kann man auch Text in Zeichenketten ersetzen. Als Ergebnis erhält man eine neue Zeichenkette, in der alle Vorkommnisse von `alterText` durch `neuerText` ersetzt wurden.

Elemente

Ein »Element« ist in diesem Zusammenhang nicht mit einem XML-Element gleichzusetzen – es handelt sich vielmehr um Teile eines Textes, die durch eine vorher festgelegte Zeichenkette voneinander getrennt werden. Die Funktion `elementAt(zeichenkette, index, trennzeichen)` liefert das Element an Position `index`. Die Zeichenkette, mit der die verschiedenen Elemente voneinander getrennt werden, nennt man `trennzeichen`. Das erste Element besitzt die Position 0. Um die Anzahl der Elemente eines Textes herauszufinden, ruft man die Funktion `elements(zeichenkette)` auf. Um ein Element in eine schon vorhandene Liste von Elementen einzufügen, kann man `insertAt(zeichenkette, element, position, trennzeichen)` verwenden. Man erhält eine Zeichenkette mit dem neuen Element zurück. Den Austausch eines Elements an einer bestimmten Position kann man mit der Funktion `replaceAt(string, element, position, trennzeichen)` vornehmen. Zu guter Letzt kann man mit der Funktion `removeAt(zeichenkette, position, trennzeichen)` Elemente löschen.

URLs

Die URL-Bibliothek wird dazu verwendet, URLs auf Gültigkeit zu überprüfen, bestimmte Teile eines URLs auszulesen, den Inhalt des URLs anzufordern und Zeichen für die Verwendung in URLs zu codieren.

Syntaxanalyse

Ein URL hat folgendes Format:

```
<scheme>://<host>:<port>/<path>;<params>?<query>#<fragment>
```

Folgende Zeile ist ein gültiger URL:

```
http://www.wrox.com:8080/wap/index.wml;3;2?author=peter#name
```

Die Funktion `isValid(url)` wird benutzt, um zu überprüfen, ob eine Zeichenkette einen gültigen URL beschreibt.

Es gibt auch einige Funktionen, mit denen man die verschiedenen Teile eines URL auslesen kann:

❏ Die Funktion `getScheme(url)` liefert das Protokoll, mit dem der Server angesprochen wird; im obigen Beispiel `"http"`. Wurde kein Protokoll angegeben, dann wird eine leere Zeichenkette zurückgegeben.

❏ Die Funktion `getHost(url)` liefert den Hostnamen des Servers; im obigen Beispiel also `"www.wrox.com"`. Wurde kein Hostname angegeben, dann wird eine leere Zeichenkette zurückgegeben.

❏ Die Funktion `getPort(url)` liefert die Portnummer des Servers; im obigen Beispiel `"8080"` Wurde kein Port angegeben, dann wird eine leere Zeichenkette zurückgegeben.

❏ Die Funktion `getPath(url)` liefert den Pfad zum Dokument (inklusive), also eine Datei- oder Verzeichnisangabe; im obigen Beispiel `"/wap/index.wml"`. Wurde kein Dokumentpfad angegeben, dann wird eine leere Zeichenkette zurückgegeben.

❑ Die Funktion getParameters(url) liefert die Parameter des URL (die kaum verwendet werden); im obigen Beispiel "3;2". Wurden keine Parameter angegeben, dann wird eine leere Zeichenkette zurückgegeben.

❑ Die Funktion getQuery(url) liefert den Abfrage-Teil eines URL; im obigen Beispiel "author=peter". Wenn keine Abfrage angegeben wurde, wird eine leere Zeichenkette zurückgegeben.

❑ Die Funktion getFragment(url) liefert den Fragment-Identifier; im obigen Beispiel "name". Wurde kein Fragment-Identifier angegeben, dann wird eine leere Zeichenkette zurückgegeben.

Ein Skript besitzt einen Base-URL, auf den man mit der Funktion getBase() zugreifen kann. Beispielsweise besäße ein Skript, das man bei "http://www.wrox.com/script.wmls" findet, genau diesen URL als Base-URL. Wird das Skript von einem WML-Dokument aus aufgerufen, so erlangt man den URL des bezugnehmenden Dokuments mit der Funktion getReferer() (engl. refer = verweisen auf).

Es gibt zwei Arten von URLs: absolute und relative. Ein absoluter URL ist ein vollständiger URL wie "http://www.wrox.com/index.wml". Als relativen URL bezeichnet man einen unvollständigen URL wie "/index.wml". Der URL, auf den sich der relative URL bezieht, wird als »Base-URL« bezeichnet. Mit der Funktion resolve(baseURL, relURL) kann man einen relativen URL und seinen Base-URL zu einem absoluten URL kombinieren. Beispielsweise liefert

```
var absoluteURL = URL.resolve("http://www.wrox.com","index.wml");
```

das Ergebnis "http://www.wrox.com/index.wml". Das folgende Beispiel erwartet vom Benutzer die Eingabe eines URL (mit dem Base-URL des Skripts als Vorgabe), analysiert den URL und setzt im WML-Browser einige Variablen:

```
extern function parseUrl()
{
    WMLBrowser.newContext();

    var base = URL.getBase();

    var aUrl = Dialogs.prompt("Enter URL:", base);

    if (URL.isValid(aUrl))
    {
        var scheme = URL.getScheme(aUrl);
        var host   = URL.getHost(aUrl);
        var port   = URL.getPort(aUrl);
        var file   = URL.getPath(aUrl);
        var para   = URL.getParameters(aUrl);
        var query  = URL.getQuery(aUrl);
        var frag   = URL.getFragment(aUrl);

        WMLBrowser.setVar("scheme", scheme);
        WMLBrowser.setVar("host", host);
        WMLBrowser.setVar("port", port);
        WMLBrowser.setVar("path", file);
        WMLBrowser.setVar("parameters", para);
        WMLBrowser.setVar("query", query);
        WMLBrowser.setVar("frag", frag);
    }
    else
        Dialogs.alert("Invalid URL");

    WMLBrowser.refresh();
}
```

Das WML-Dokument, das das Skript aufruft, könnte folgendermaßen aussehen:

```
<card id="show" onenterforward="parseurl.wmls#parseUrl" >
   <p>
      Scheme: $scheme <br/>
      Host: $host <br/>
      Port: $port <br/>
      Path: $path <br/>
      Parameters: $parameters<br/>
      Query: $query <br/>
      Fragment: $frag<br/>
   </p>
</card>
```

Datenanforderung von einem Server

Die Funktion `loadString(url, contentType)` findet dann Verwendung, wenn der Inhalt eines URL direkt in eine Zeichenkettenvariable gebracht werden soll. Dabei wird ausschließlich Text-Inhalt unterstützt (MIME-Medientypen, die mit `"text/"` anfangen). Im folgenden Beispiel lädt das Skript eine Datei herunter, die aus durch Semikolon getrennten Werten besteht:

```
extern function getData()
{
   WMLBrowser.newContext();

   var absoluteUrl = URL.resolve(URL.getBase(), "data.txt");
   var data = URL.loadString(absoluteUrl, "text/plain");

   var title = String.elementAt(data,0,";");
   var fname = String.elementAt(data,1,";");
   var lname = String.elementAt(data,2,";");

   WMLBrowser.setVar("title", title);
   WMLBrowser.setVar("fname", fname);
   WMLBrowser.setVar("lname", lname);

   WMLBrowser.refresh();
}
```

Die Datei `data.txt` enthält Zeilen wie:

```
WAP;Peter;Stark
```

Die Daten werden als Zeichenkette zurückgeliefert. Ereignet sich jedoch ein Fehler, dann wird ein ganzzahliger Wert zurückgegeben, der den HTTP-Fehlercode beschreibt.

Sonderbehandlung von Zeichen in URLs

Zum Abschluss behandeln wir noch zwei Funktionen, mit denen wir Zeichen des Zeichensatzes URL-konform codieren können. Obwohl ein URL jedes Zeichen aus dem ISO-Latin-1-Zeichensatz enthalten darf, kann man nur die druckbaren ASCII-Zeichen aus der unteren Hälfte des ISO-Latin-1-Zeichensatzes verwenden, um einen URL anzugeben. Um Zeichen darzustellen, die nicht aus dem ASCII-Zeichensatz stammen, verwendet man eine spezielle Codierung. Zusätzlich gibt es auch einige Zeichen aus dem ASCII-Zeichensatz, die in URLs nicht erlaubt sind, und die auch nur in codierter Form dargestellt werden dürfen. Glücklicherweise ist die Codierung sehr einfach:

```
%hh
```

Das Prozent-Zeichen markiert den Anfang eines codierten Zeichens und »hh« ist der Hexadezimalwert des gewünschten Zeichens aus dem Latin-1-Zeichensatz.

Die Funktion `escapeString(zeichenkette)` codiert eine Zeichenkette URL-konform. Die Funktion `unescapeString(zeichenkette)` macht das genaue Gegenteil; sie decodiert die Zeichenkette. Der folgende Funktionsaufruf:

```
URL.escapeString("http://www.wrox.com/index.wml?x=\u007f");
```

liefert `"http%3a%2f%2fwww.wrox.com%2fidex.wml%3fx%3d%7f"`.

Wo erhalte ich weitere Informationen?

Das WAP-Forum verfügt über eine eigene Website, `http://www.wapforum.org`, mit allen Spezifikationen, Neuigkeiten und Informationen über Ereignisse und Produkte, die in Zusammenhang mit WAP stehen. Eine weitere gute Site ist die WAP-Forum-Entwickler-Site, `http://www.wapdevelopers.org`, auf der man die eigenen WAP-Dienste überprüfen lassen und auch das WAP-Logo beziehen kann.

Andere gute Adressen, um Informationen über WAP zu finden, sind die Websites der Browserhersteller, beispielsweise:

Nokia, `http://www.nokia.com/`

Ericsson, `http://www.ericsson.se/WAP/`

Phone.com Inc., `http://www.phone.com/`

Abgesehen von Hilfsprogrammen, Spezifikation und Einführungstexten bieten die obigen Sites Entwicklungswerkzeuge für WAP an. Und genau wie es bei den Büro-Browsern wohlbekannte Unterschiede zwischen Internet Explorer und Netscape Navigator gibt, gibt es auch Unterschiede zwischen den verschiedenen WAP-Browsern. Wenn man dann nur das Entwicklungswerkzeug eines einzigen Herstellers verwendet, wird das nicht ausreichen, um die eigenen WML-Dokumente auf allen Mobiltelefonen gut aussehen zu lassen.

Zusammenfassung

Wir haben in diesem Kapitel die XML-Anwendung Wireless Application Protocol eingeführt, deren Ziel es ist, dem Web mobile Technologien näher zu bringen. Wir haben die Unterschiede betrachtet, die bei der Entwicklung von Seiten für diese Geräte aufgrund von Bildschirmgröße, verfügbarer Bandbreite und Prozessorleistung auftreten.

Wir haben uns mit WML beschäftigt, der Auszeichnungssprache, mit der man die Anwendungen für die mobilen Geräte erstellt. Wie wir feststellen konnten, gleicht WML in vielem einem zurechtgestutzten HTML. Weiterhin haben wir kurz WMLScript gestreift, eine Skriptsprache, die man in den WAP-Spezifikationen finden kann. Sie ist ECMAScript sehr ähnlich, das wiederum auf JavaScript basiert.

Wenn wir Seiten mit Hilfe von XML-Inhalten aufbauen, so haben wir gesehen, dass man dann die XML-Daten in eine Vielzahl anderer Sprachen umwandeln kann, zum Beispiel in die verschiedenen HTML-Versionen oder in die Sprachen anderer XML-Anwendungen. Statt nun verschiedene Versionen einer Website zu erstellen und zu pflegen, ist es möglich, das zugrunde liegende XML für andere Anwendungen auf vielen verschiedenen Clients zu transformieren.

Hoffentlich hat dies jetzt Ihren Appetit angeregt, um für die neue Generation von mobilen Geräten Anwendungen zu entwickeln. Geräte, die das Web mehr und mehr bevölkern werden.

15

Fallstudie 1 – Datendualität

In dieser Fallstudie geht es um das Thema »Datendualität«. Es gibt viele Arten von Daten, die wir auf verschiedene Weisen betrachten müssen. Denken Sie zum Beispiel an das Spreadsheet-Paradigma, wo wir Daten durch Klicken auf den Kopf einer Spalte sortieren und betrachten können. So etwas im Web zu erzeugen war in einer Vor-XML-Welt keine einfache Aufgabe. Mit XML dagegen können wir einfach XML-Daten auf dem Client speichern und die Daten umsortieren und ordnen, wie wir wollen.

Das in diesem Kapitel entwickelte Beispiel wurde ursprünglich für eine große Versicherungsgesellschaft geschrieben. Sie brauchten ein System, das dem Personal erlaubte, Details aus Formularen zu bearbeiten (dies waren Papierformulare wie zum Beispiel Schadensmeldungen, Versicherungsanträge etc., keine HTML-Formulare). Einige Leute bezogen sich durch Angabe der Bezeichnung auf diese Formulare, andere durch Angabe der Referenznummer. Wir sollten nun ein System aufbauen, dessen Einführung erstens nur minimales Training erforderte und zweitens den Benutzern erlaubte, die Liste der Formulare entweder über den Titel oder die Referenznummer zu betrachten, anstatt sie zu zwingen, sich einem Standardzugang zu den Formularen anzupassen.

Die Lösung demonstriert die folgenden Techniken:

❏ Die Verwendung von ASP, um XML aus einer SQL-Server-Datenbank zu erzeugen

❏ Die Verwendung von XSL, um XML dynamisch zu transformieren

❏ Die Verwendung von DHTML, um eine Outline zusammenzuziehen/zu erweitern

❏ Die Verwendung von Client-seitigem Scripting fürs XML-DOM, um Knoten hinzuzufügen/zu entfernen/zu aktualisieren

Benutzeranforderungen

In einer frühen Design-Phase wurde klar, dass die Benutzerschnittstelle eine größere Herausforderung darstellen würde. Es handelte sich um eine E-Commerce-Site, die Papierformulare als Produkte vertrieb. Das Problem war dabei eine Dualität der Formulare: Sie verwendeten sowohl Namen als auch Zahlen als Identifier.

Es gibt viele Wege, diese »Datendualität« mit Vor-XML-Techniken aufzulösen, einige davon eleganter als andere. Auf der Suche nach einer intuitiven und eleganten Lösung wandten wir uns jedoch XML zu.

Systemanforderungen

Wir legten die folgenden Design-Ziele fest:

❑ Verbesserung der Navigationsmethode
❑ Einführung der Möglichkeit, Produkte entweder nach Namen oder Nummern zu suchen
❑ Einführung einer außerordentlich intuitiven Benutzeroberfläche
❑ Elimination von Server-Round-Trips, wo immer möglich

Wir glaubten, dass das Projekt mit dem Erreichen dieser Ziele als erfolgreich angesehen werden konnte.

Design-Zeit: Lasst die Spiele beginnen

Die ursprüngliche Lösung wurde für ein Microsoft-basiertes System entwickelt, wobei die Site auf dem Microsoft Site Server aufgebaut wurde. Für die Veranschaulichung in diesem Buch werden wir jedoch eine SQL-Datenbank und ASP verwenden (das Beispiel wird sowohl mit PWS unter Windows 9x als auch mit dem Internet Information Server unter Windows NT perfekt laufen). Da die Benutzergruppe für diese Anwendung begrenzt war und alle Benutzer in der gleichen Firma arbeiteten, konnten wir uns den Luxus erlauben, die Browser-Anforderungen selbst festzulegen. Wir wählten Microsofts Internet Explorer 5, weil er zu dieser Zeit der aktuellste Browser war.

Wir wollten als Schnittstelle für die Site-Administratoren eine Standardoberfläche mit zwei Frames der Art »Inhaltsverzeichnis zur Linken, Daten zur Rechten« zur Verfügung stellen. Diese Administratoren könnten dann im linken Frame auf den benötigten Formulartyp klicken, woraufhin die im rechten Frame dargestellten Daten aktualisiert würden, um Details der ausgewählten Formulare anzuzeigen, wie zum Beispiel Formularnummer, Formularname, Formulartyp, Formularbeschreibungen etc. Der Administrator wäre in der Lage, diese Details im rechten Frame zu bearbeiten oder durch Anklicken im linken Frame zu einem anderen Formular überzugehen. Der folgende Screenshot zeigt das Aussehen der Benutzeroberfläche:

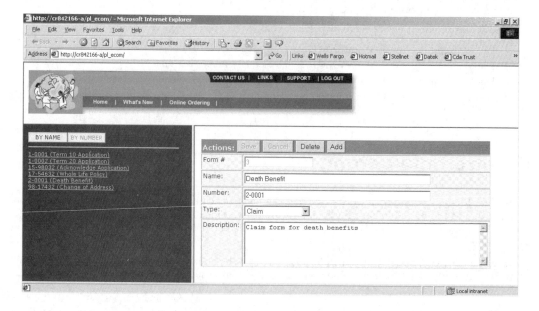

In Anbetracht der Dualität der Schlüsseldaten – die Benutzer sollten auf die Formulare sowohl über Namen als auch über Nummern zugreifen können – wären zwei verschiedene Inhaltsverzeichnisse erforderlich: eins für die Formularnummern und ein weiteres für die Formularbezeichnungen. Wir hätten den konventionellen Weg gehen und ASP auf der Server-Seite verwenden können. In diesem Szenario würde eine ASP-Seite die »Nach Namen«-Seite und eine andere die »Nach Nummern«-Seite erzeugen. Der Nachteil dieser Methode wäre, dass zwei Seiten gewartet werden müssten und ein Ändern der Ansicht einen Server-Round-Trip erfordern würde.

Eine Verbesserung dieser Möglichkeit wäre gewesen, beide Ansichten von einer einzigen Seite erzeugen und zum Client schicken zu lassen, aber durch Verwendung von DHTML eine der Ansichten auszublenden. Dies wäre zwar etwas eleganter als die erste Möglichkeit und würde den Server-Round-Trip ersparen, würde aber die Menge der Daten verdoppeln, die übers Netz verschickt werden müssen.

Auf der Suche nach einer besseren Lösung gelangten wir zu XML und XSL. Idealerweise würden wir die Daten nur einmal senden und die Art der Darstellung auf dem Client erledigen. XML ist ideal für dieses Szenario.

Übersicht über die Implementierung

In unserer XML-Lösung kann der Benutzer auf einen Button klicken, um von einer Ansicht in die andere zu wechseln, ohne dass Round-Trips zum Server nötig wären. Die Daten werden nur einmal zum Client gesendet. Wenn sie einmal dort sind, können sie durch Anwendung einer XSL-Transformation auf die XML-Daten in der benötigten Form neu dargestellt werden.

Dies sind in abstrakter Form die funktionalen Schritte im System:

1. ASP liest eine SQL-Server-Produkttabelle und konstruiert einen XML-Stream
2. Ein Client-seitiges Skript lädt das XML-Dokument
3. Ein Client-seitiges Skript lädt ein XSL-Dokument und wendet es an

Das folgende Diagramm stellt die Beziehungen der verschiedenen Teile dieser Lösung dar:

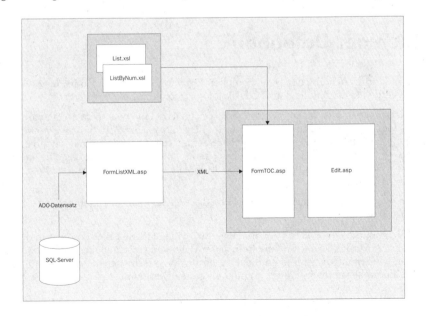

Wie wir gerade gesehen haben, bedeutet dies, dass wir zwei verschiedene Ansichten im linken Frame haben. Der folgende Screenshot zeigt beide Möglichkeiten:

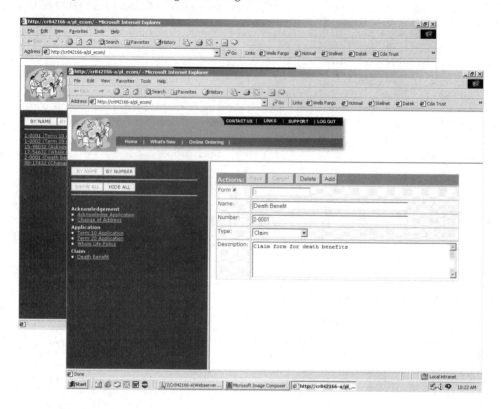

Einrichten der Datenbank

Die Datei, die zur Einrichtung der Datenbank benötigt wird, gehört zum Code, der zu diesem Buch heruntergeladen werden kann, und liegt als SQL-Skript vor: WroxProXMLForms.sql.

Um diese Datei verwenden zu können, müssen Sie zunächst eine neue Datenbank namens WroxProXML-Forms mit dem SQL Server Enterprise Manager anlegen. Falls Sie SQL Server 7 verwenden, wenden Sie das Skript mit Hilfe des SQL Server Query Analyzer auf die soeben erzeugte Datenbank an. Im SQL Server 6.5 verwenden Sie den Menüpunkt Tools | SQL Query Tool, um dasselbe zu erreichen. Zurück im Enterprise Manager sollten Sie sehen, dass die Tabellen ecom_form_type und ecom_product erzeugt worden sind.

Wenn Sie dies getan haben, müssen Sie mit Hilfe des ODBC-Control-Panels einen System-DSN namens WroxProXML erstellen.

Beachten Sie, dass die Datei edit.asp im Download völlig anders ist als das, was in der ursprünglichen Lösung realisiert wurde: Dort wurde die Rolle jener Datei von verschiedenen Site-Server-Seiten ausgefüllt. Diese Seiten wurden angepasst und enthielten Aufrufe der verschiedenen XML-Baum-Aktualisierungsfunktionen, die weiter unten in diesem Kapitel dargestellt werden.

XML-liefernde ASP

Der erste Schritt wird mit Hilfe der `FormListXML.asp`-ASP-Seite getan, die die Daten aus den SQL-Server-Tabellen liest und einen XML-Stream zurückliefert. Der Standard-Rückgabewert einer ASP-Seite ist HTML, daher müssen wir festlegen, dass die Antwort XML sein wird. Dies geschieht folgendermaßen:

```
<%Response.ContentType = "text/xml"%>
```

Sobald der Rückgabetyp gesetzt ist, wird alles außerhalb der ASP-Skript-Tags und alles, was durch ein ASP-`response.write` geschrieben wird, als XML angesehen und muss wohlgeformt sein. Nur um zu rekapitulieren, bedeutet dies, dass das erzeugte Dokument:

❏ mit der XML-Deklaration anfangen muss

❏ nur ein eindeutiges Wurzel-Element besitzt

❏ passende Start- und End-Tags enthalten muss

❏ korrekt verschachtelte Tags enthalten muss

Jede ASP-Seite, wie zum Beispiel unser `FormListXML.asp`, die einen XML-Stream zurückliefert, muss diesen Anforderungen genügen. Andernfalls wird Ihr Browser (IE5) einen Parser-Fehler melden.

Der XML-Code, den wir erzeugen, wird folgendes Format haben:

```
<?xml version="1.0"?>
<FORMLIST TYPE="Insurance Forms">
   <FORMS TYPE="3rd Party Booklets and Article Reprints">
      <FORM>
         <FORMTITLE>NAIC - "Life Insurance Buyer's Guide"</FORMTITLE>
         <SKU>Product140</SKU>
         <FORMNUMBER>15-11297</FORMNUMBER>
      </FORM>
      <FORM>
         ...
      </FORM>
   </FORMS>
</FORMLIST>
```

In diesem Fall enthält eine `<FORMLIST>` ein oder mehrere `<FORMS>`, um einen Gruppierungsmechanismus einzuführen, der die Formulare in bestimmte Gruppen unterteilt (zum Beispiel Antragsformulare). Innerhalb jedes `<FORMS>`-Astes können wir einen oder mehrere `<FORM>`-Einträge haben, die dann die Informationen über die tatsächlichen Formulare selbst enthalten. Die `<FORMTITLE>`- und `<FORMNUMBER>`-Elemente sind selbsterklärend und `<SKU>` ist ein eindeutiger Identifier; dieser ist nötig, weil die Formularnummer nicht immer eindeutig ist.

Lassen Sie uns also einen Blick auf den Code für `FormListXML.asp` werfen, der für uns diesen XML-Code erzeugt. Wir fangen, wie gesagt, damit an, dass wir die `ContentType`-Eigenschaft des ASP `Response`-Objekts auf `"text/xml"` setzen. Wir setzen außerdem das Verfalls-Attribut des `Response`-Objekts auf `-1`, um zu verhindern, dass es im Browser-Cache gespeichert wird.

```
<%
Response.ContentType = "text/xml"
Response.Expires = -1
%>
```

Nachdem wir dies getan haben, können wir unser XML zum Browser schicken. Die aufrufende Anwendung wird wissen, dass alles außerhalb der ASP-Begrenzungen XML ist, weil die `ContentType`-Eigenschaft ihr dies in den http-Headers mitgeteilt hat. Wir fangen damit an, dass wir das Wurzel-Element `<FORMLIST>` zusammen mit dem `TYPE`-Attribut ausschreiben.

```
<?xml version="1.0"?>
<FORMLIST TYPE="Insurance Forms">
```

Dadurch wird genau diese Zeile zurück an die aufrufende Anwendung geschickt, genau wie wir dies auch bei HTML-Tags außerhalb der ASP-Begrenzungen erwarten.

Nun müssen wir für eine Verbindung zur Datenbank sorgen; dazu verwenden wir ADO. Es ist einfach, eine Verbindung zum vorher erzeugten System-DSN herzustellen:

```
<?xml version="1.0"?>
<FORMLIST TYPE="Insurance Forms">
<%
' Set up connection...
Set cnEcom = Server.CreateObject("ADODB.Connection")
cnEcom.Open "DSN=WroxProXML", "sa", ""
```

Auf der einfachsten Ebene würden wir, um die Informationen zurückzugewinnen und XML zu erzeugen, einen Datensatz erstellen, uns durch diesen iterieren und XML-Tags und Inhalte ausschreiben. Allerdings kann ASP bei der String-Verarbeitung etwas träge sein, deshalb übergeben wir zur Optimierung die String-Verarbeitung an den SQL-Server. Dies führt zu einer etwas unübersichtlichen SQL-Anweisung, wie unten gezeigt:

```
sSQL = "SELECT '<FORM><FORMTITLE>' + RTRIM(ep.name) + '</FORMTITLE><SKU>' + " & _
       "RTRIM(ep.sku) + '</SKU><FORMNUMBER>' + RTRIM(ep.number) + " & _
       "'</FORMNUMBER></FORM>', ep.form_type AS form_type_group, " & _
       "eft.form_type FROM ecom_product ep, ecom_form_type eft " & _
       "WHERE ep.form_type = eft.type_id ORDER BY eft.form_type"

Set rsForms = cnEcom.execute(sSQL)
```

Zukünftige Versionen von ADO und SQL-Server sollen XML besser unterstützen, wodurch diese Art der String-Verknüpfung überflüssig würde. Im Moment jedoch liefern wir die XML-Tags für jedes einzelne Formular als Teil der Daten vom SQL-Server zurück.

Dies wird uns einen Datensatz liefern, den wir durchlaufen können, um unser XML-Dokument zu erzeugen. Jede Zeile des Datensatzes wird das vollständige XML-Tag für ein bestimmtes Formular ebenso wie den Formulartyp enthalten. Das `form_type` wird verwendet, um das resultierende XML zu ordnen und zu gruppieren und auch um das `"TYPE"`-Attribut des `<FORMS>`-Tags auszufüllen.

Sobald wir dies getan haben, durchlaufen wir die Ergebnisse in einer Schleife, um sie auszuschreiben – mit einem schließenden `</FORMS>`-Tag für jeden Eintrag – und ein neues öffnendes Tag mit gesetztem TYPE-Attribut einzufügen. Für jeden Eintrag durchlaufen wir den folgenden Prozess:

```
thisFormType = ""
init = true
Do While Not rsForms.eof
   If thisFormType <> rsForms.fields(1) Then
      '// moving on to a new one...
      If not init Then
         '// we've already done some, we have to close the tag
         Response.Write "</FORMS>" & vbLF
      else
         init = false
      End if
      thisFormType = rsForms.fields(1)
      Response.Write "<FORMS TYPE=""" & _
         Server.HTMLEncode(Trim(rsForms.fields(2))) & """>"
   End if
```

Wenn wir den XML-Code für den Eintrag erzeugt haben, gibt es noch einige Zeichen aus der SQL-Anweisung, die wir entfernen:

```
strThis = rsForms.fields(0)
strThis = replace(strThis,"""","""")
strThis = replace(strThis,"""","""")
strThis = replace(strThis,"&","&amp;")
strThis = replace(strThis,"'","'")
```

Anschließend schreiben wir den Eintrag zurück auf den Client und hangeln uns durch den Datensatz, um den nächsten zu finden:

```
    Response.Write strThis
    rsForms.moveNext
Loop
Response.Write "</FORMS>" & vbLF

Set rsForms = nothing
Set cnEcom = nothing
%>
</FORMLIST>
```

Das Folgende ist die Struktur der vollständigen XML-Datei, wenn sie mit dem Internet Explorer 5 betrachtet wird:

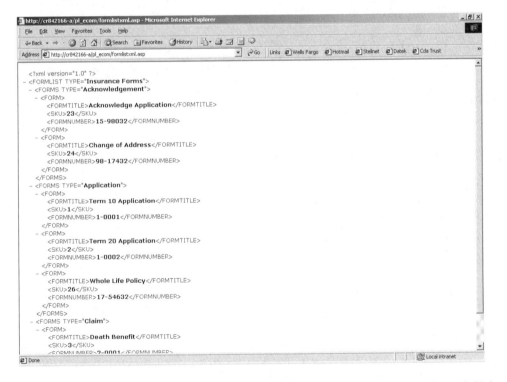

Ein bequemer Entwicklungstrick ist, das resultierende XML aus dem Browser heraus abzuspeichern, sobald die XML-erzeugenden ASPs richtig arbeiten. Dies erlaubt Ihnen, Testdaten zu erzeugen, wenn Sie andere Seiten testen, die XML-produzierende ASPs verwenden (dazu wählen Sie einfach Datei | Speichern *unter...,* wenn Sie die XML-Datei im Browser ansehen). Sie können diese Testdaten einfach mit dem *XML Notepad oder Ihrem Lieblings-ASCII-Editor bearbeiten. Indem Sie Testdaten aus einer XML-Datei speichern, können Sie mit einer Teilmenge Ihrer tatsächlichen Daten arbeiten; Sie haben eine mögliche Fehler-quelle aus dem Debugging-Prozess ausgeschlossen und wissen mit Sicherheit, wie Ihre Daten aussehen, ohne dass Sie sich um das möglicherweise komplexe SQL und die zugrunde liegende Tabelle kümmern müssen. Ich fand dies eine extrem nützliche und produktivitätssteigernde Technik.*

Aus praktischer Sicht ist es am einfachsten, XML-erzeugende ASPs separat zu debuggen, statt als Teil einer vollständigeren Anwendung. Eine angenehme Eigenschaft des Internet Explorers 5 ist das interne XSL-Stylesheet, das ein XML-Dokument hübsch übersetzt und einrückt, wenn kein XSL-Stylesheet zu seiner Darstellung explizit angegeben ist (so wie im obigen Screenshot). Es verfügt außerdem über Expand/Collapse-Fähigkeiten und ist ein großartiges Werkzeug, um zu überprüfen, ob Sie wirklich die gewünschten Ergebnisse erhalten.

Nachdem wir nun gesehen haben, wie wir den tatsächlichen XML-Code aus der Datenbank erzeugen können, sollten wir uns darum kümmern, wie wir ihn anfordern können und wie die Formulare anzuzeigen sind, die die Administratoren bearbeiten können.

Die Client-Seite

Die Client-seitige Startseite, `default.asp`, erzeugt ein Frameset, das zwei Frames enthält. Die linke Seite lädt die Seite `FormTOC.asp`, die das Inhaltsverzeichnis erzeugt, die rechte Seite lädt `edit.asp` für die Bearbeitung der Formulare.

```
<frameset FRAMEBORDER="0" rows="120,*">
  <frame SRC="banner.asp">
  <frameset name="container" FRAMEBORDER="1" cols="350,*">
    <frame name="toc" SRC="FormTOC.asp">
    <frame name="mainbody" id="mainbody" SRC="edit.asp">
  </frameset>
```

Der Inhaltsverzeichnis-Frame

`FormTOC.asp` ist die Seite, die unsere XML-Liste der Formulare enthält. In ihr steckt die Logik, die die Anwendung steuert, deshalb stellen wir diese Seite zuerst vor. Diese Seite ist im Wesentlichen eine »Shell«; die gesamte Arbeit wird über die Skripts ausgeführt, die sie enthält. Der Seitenkörper enthält nur zwei Buttons und ein `<div>`-Element. Das `xslresult` `<DIV>` ist ein Platzhalter; es wird die Resultate aus dem durch XSL transformierten XML erhalten:

```
<body>

  <button id="btnByName"
          onClick="changeXSL('<%=ByNameURL%>'); setButtons('<%=ByNameURL%>')"
          style="width:80">By Name</button>
  <button id="btnByNumber"
          onClick="changeXSL('<%=ByNumberURL%>'); setButtons('<%=ByNumberURL%>')"
          style="width:80">By Number</button>
  <hr>
  <div id="xslresult">
```

```
    <!-- resulting HTML will be inserted here -->
  </div>

</body>
```

Anzeige der beiden Ansichten

Wir haben gesehen, dass alle Formulare eine duale Natur haben (weil man sich sowohl über Namen als auch über Nummern auf sie beziehen kann). Um dem Benutzer zu erlauben, zwischen den beiden Ansichten des XML hin und her zu wechseln, transformieren wir es durch Verwendung eines von zwei XML-Stylesheets. Um diese Transformation zu ermöglichen, müssen wir mit Hilfe von MSXML zwei Instanzen des DOM erzeugen. Eine wird verwendet, um das durch `formlistxml.asp` erzeugte XML aufzunehmen, das andere enthält den transformierten Inhalt.

Das Erste, was geschehen muss, wenn das `OnLoad()`-Ereignis ausgelöst wird, ist, dass eine Funktion namens `init()` das gerade erzeugte XML lädt. Dies wird im `source` genannten XML-DOM aufbewahrt, das dann die Funktion `changeXSL()` aufruft, die die passende Struktur für die Ansicht auswählt, die wir wünschen. Das andere DOM heißt `style` und enthält die Resultate der Seite nach der Transformation.

Das transformierte XML wird dann zwischen die `<DIV>`-Platzhalter eingefügt, wo es den Darstellungsstil aus dem CSS-Stylesheet bezieht, das für den Rest des Dokuments verwendet wird.
Hier ist der vollständige Code der Seite; wir werden ihn in ein paar Augenblicken genauer untersuchen.

```
<%Response.Expires = -1%>

<%
Const ByNameURL = "list.xsl"
Const ByNumberURL = "listbynum.xsl"
%>

<html>
<head>
   <link REL="stylesheet" TYPE="text/css" HREF="list.css">
</head>

<script FOR="window" EVENT="onload">
   init();
</script>

<script>
var source;
var style;
var root;
var styleURL;

function init()
{
   // Do init stuff. Called by the parent frame.
   source = new ActiveXObject('Microsoft.XMLDOM');
   source.async = false;

   source.load('formlistxml.asp');

   // did the XML file load OK?
```

```
    if (source.parseError.errorCode != 0)
    {
        msg = 'Error loading data file.';
        msg += '\nDescription: ' + source.parseError.reason;
        msg += '\nSource text: ' + source.parseError.srcText;
    }

    root = source.documentElement;

    style = new ActiveXObject('Microsoft.XMLDOM');
    style.async = false;

    styleURL = ((typeof(styleURL)=='undefined') ? '<%=ByNumberURL%>' : styleURL );
    changeXSL(styleURL);
    setButtons('<%=ByNumberURL%>');
}

/*
*******************************
XML tree manipulation functions
*******************************
*/

function addBranch(sType)
{
    var newBranch = root.selectSingleNode("//FORMS").cloneNode(false);
    newBranch.setAttribute("TYPE", sType);
    root.selectSingleNode("//FORMLIST").appendChild(newBranch);

    return newBranch;
}

function addNode(oForm)
{
    // add a new node into the tree.
    // pick a node to use as a template...
    var newNode = root.selectSingleNode("//FORM").cloneNode(true);
    var insertPoint, newBranch;

    newNode.selectSingleNode("FORMTITLE").text = oForm.formTitle;
    newNode.selectSingleNode("FORMNUMBER").text = oForm.formNumber;
    newNode.selectSingleNode("SKU").text = oForm.sku;

    // find the node that corresponds to the parent for this form type
    insertPoint = root.selectSingleNode("//FORMS[@TYPE='" + oForm.formType + "']");

    if (insertPoint==null)
    {
        // couldn't find that form type, create a branch for it
        insertPoint = addBranch(oForm.formType);
    }
    insertPoint.appendChild(newNode);

    update();
}
```

```
function updateNode(oForm)
{
    // update an existing node
    var theNode = root.selectSingleNode('//FORM[SKU="' + oForm.sku + '"]');
    if (theNode==null)
    {
        // Should never get here. This would mean "node not found", so if
        // that happens just reload the tree
        parent.location.reload();
    }
    else
    {
        theNode.getElementsByTagName("FORMTITLE").item(0).text = oForm.formTitle;
        theNode.getElementsByTagName("FORMNUMBER").item(0).text = oForm.formNumber;

        var oldType = theNode.parentNode.attributes.item(0).text;
        var newType = oForm.formType;

        if (newType!=oldType)
        {
            // The form type has changed. We need to move it.

            // First create a clone...
            var theNewParent =
                root.selectSingleNode('//FORMS[@TYPE="' + newType + '"]');
            if (theNewParent==null)
            {
                // couldn't find that form type, create a branch for it
                theNewParent = addBranch(newType);
            }

            theNewParent.appendChild(theNode.cloneNode(true));

            // Now delete the original one...
            theNode.parentNode.removeChild(theNode);
        }
        update();
    }
}

function deleteNode(sFormno)
{
    // remove a node from the tree
    var theNode = root.selectSingleNode('//FORM[FORMNUMBER="' + sFormno + '"]');
    if (theNode==null)
    {
        // Should never get here. This would mean "node not found", so if
        // that happens just reload the tree
        document.location.reload();
    }
    else
    {
        theNode.parentNode.removeChild(theNode);
        update();
    }
}
```

```
/*
*********************
XSL-related Functions
*********************
*/

function update()
{
    // apply the XSL
    if (style.documentElement && source.documentElement)
    {
        document.all.item('xslresult').innerHTML = source.transformNode(style);
    }
}

function changeXSL(xsldoc)
{
    // load a new XSL
    styleURL = xsldoc;
    style.load(styleURL);
    update();

    if (xsldoc=='<%=ByNameURL%>')
    {
        hideAll('UL');
    }
}

/*
***************************************
Functions for the DHTML collapse/expand
***************************************
*/

function getChildElem(eSrc,sTagName)
{
    var cChildren = eSrc.children;
    var iLen = cChildren.length;
    for (var i=0; i < iLen; i++)
    {
        if (sTagName == cChildren[i].tagName)
        {
            return cChildren[i];
        }
    }
    return false;
}

function document.onclick()
{
    // expand/collapse
    var eSrc = window.event.srcElement;
    if ("clsHasChildren" == eSrc.className && (eChild = getChildElem(eSrc,"UL")))
    {
        eChild.style.display = ("block" == eChild.style.display ? "none" : "block");
```

```
   }
}

function showAll(sTagName)
{
   var cElems = document.all.tags(sTagName);
   var iNumElems = cElems.length;
   for (var i=1;i < iNumElems;i++) cElems[i].style.display = "block";
   document.all.btnShowAll.disabled = true;
   document.all.btnHideAll.disabled = false;
}

function hideAll(sTagName)
{
   var cElems = document.all.tags(sTagName);
   var iNumElems = cElems.length;
   for (var i=1;i < iNumElems;i++) cElems[i].style.display = "none";
   document.all.btnShowAll.disabled = false;
   document.all.btnHideAll.disabled = true;
}

/*
**************
Misc Functions
**************
*/

function setButtons(state)
{
   // set the disabled state of the buttons
   // ie: if already sorted by number, disable the button to allow you to do that
   document.all.btnByName.disabled = (state=='<%=ByNameURL%>');
   document.all.btnByNumber.disabled = (state=='<%=ByNumberURL%>');
}

function navigateTo(sSKU)
{
   // navigate to a new form
   var approved = true;
   if (window.parent.mainbody.dirty)
   {
      // the data has changed. Raise a warning.
      msg = 'You have made changes which have not been saved.';
      msg += '\n\nTo abort your changes, press OK.';
      msg += '\nTo resume editing, press Cancel.\n';
      if (!confirm(msg))
      {
         approved = false;
      }
   }

   if (approved)
   {
      // it's OK to move to another record
      sURL = 'edit.asp?sku='+sSKU;
      window.parent.mainbody.location.href = sURL;
```

```
      }
    }

  </script>

  <body>

    <button id="btnByName"
            onClick="changeXSL('<%=ByNameURL%>'); setButtons('<%=ByNameURL%>')"
            style="width:80">By Name</button>
    <button id="btnByNumber"
            onClick="changeXSL('<%=ByNumberURL%>'); setButtons('<%=ByNumberURL%>')"
            style="width:80">By Number</button>
    <hr>
    <div id="xslresult">
      <!-- resulting HTML will be inserted here -->
    </div>

  </body>

</html>
```

Nun, da wir die Seite gesehen haben, lassen Sie uns einen Blick auf die zentralen Funktionen werfen.

Funktionsliste

Die folgende Tabelle listet die Funktionen zur Bearbeitung von XML-Dokumenten mit ihrem Namen und ihrem Zweck auf:

Funktion	Beschreibung
init()	Initialisierungscode
addNode()	Fügt einen neuen Knoten in den XML-Baum ein
updateNode()	Aktualisiert einen existierenden Knoten im XML-Baum
deleteNode()	Entfernt einen Knoten aus dem XML-Baum
update()	Wendet die XSL-Transformation an und aktualisiert den Platzhalter <DIV>
changeXSL()	Lädt ein neues XSL-Dokument

Wir verwenden auch die folgenden sonstigen Funktionen:

Funktion	Beschreibung
setButtons()	Setzt den Aktiviert/Deaktiviert-Status der Buttons, die verwendet werden, um die by name- bzw. by number-Ansicht auszuwählen
navigateTo()	Übernimmt eine Formularnummer und lädt die Bearbeitungsseite mit den Details des ausgewählten Formulars neu

Zusätzlich zum XML-Rendering stellen wir auch ein erweiterbares DHTML-Outline der by name-Ansicht bereit. Dazu führen wir die folgenden Hilfsfunktionen ein:

Funktion	Beschreibung
showAll()	Erweitert alle Äste des Baums und zeigt alle Knoten
hideAll()	Zieht alle Äste zusammen und versteckt alle Knoten, bis auf die der ersten Ebene
getChildElements()	Sammelt die Kind-Knoten eines gegebenen Tags, falls vorhanden
document.onclick() (Ereignis-Handler)	Prüft die Klasse eines Knotens und zieht ihn zusammen/erweitert ihn, falls er Kind-Elemente hat

Wir werden hier nicht die DHTML-Collapse/Expand-Funktionen zum Erweitern oder Zusammenziehen besprechen, aber sie sind im Download-Quellcode enthalten. Ich werde nur diejenigen Funktionen vorstellen, die von zentraler Bedeutung für das XML-Rendering sind.

Laden der XML-Formularliste

Wie bereits erwähnt, wird der folgende Initialisierungs-Code ausgeführt, wenn das onload-Ereignis im Browser ausgelöst wird:

```
function init()
{
    // Do init stuff. Called by the parent frame.
    source = new ActiveXObject('Microsoft.XMLDOM');
    source.async = false;

    source.load('formlistxml.asp');

    // did the XML file load OK?
    if (source.parseError.errorCode != 0)
    {
        msg = 'Error loading data file.';
        msg += '\nDescription: ' + source.parseError.reason;
        msg += '\nSource text: ' + source.parseError.srcText;
    }

    root = source.documentElement;

    style = new ActiveXObject('Microsoft.XMLDOM');
    style.async = false;

    styleURL = ((typeof(styleURL)=='undefined') ? '<%=ByNumberURL%>' : styleURL );
    changeXSL(styleURL);
    setButtons('<%=ByNumberURL%>');
}
```

FormListXML.asp ist, wie wir gesehen haben, der Name der ASP-Seite, die das XML-Dokument aus der Datenbank erzeugt. Die init()-Funktion erzeugt eine neue Instanz des Microsoft-XML-DOM und lädt das durch FormListXML.asp erzeugte Dokument hinein.

Die FormTOC.asp-Seite verwendet die folgenden vier globalen, auf der ganzen Seite gültigen Variablen:

Variable	Beschreibung
Source	Das XML-DOM, das mit den Resultaten unser ASP-Ausführung geladen wurde
Style	Ein XML-DOM, das das gegenwärtig geladene XSL enthält
Root	Eine Referenz auf das source.documentElement
StyleURL	Verfolgt, welches XSL-Stylesheet zurzeit zum Rendern des XML verwendet wird

Bei der Ausführung der `init()`-Funktion wird `styleURL` auf `list.xsl` gesetzt, das das Standard-Stylesheet darstellt.

Bevor wir uns ansehen, wie wir XSL-Stylesheets anwenden, lassen Sie uns einen Blick auf die XSLs selbst werfen.

Darstellung des HTML

Der Zugang über Client-seitige Skripts ist sehr mächtig, hat aber den Nachteil, dass Sie nicht mehr einfach im Browser auf `Quelltext anzeigen` klicken können, um zu sehen, wie Ihr HTML aussieht. Wenn Sie Ihren HTML-Code während der Entwicklung anzeigen müssen, fügen Sie einfach den folgenden Button in die Seite ein:

```
<button onclick='alert(document.body.innerHTML);'>View Source</button>
```

Das »view-by-number«-XSL-Stylesheet

`ListByNum.xsl` ist die einfachere der beiden hier vorgestellten Dateien. Sie produziert eine Formularliste auf der Basis der ihrer Größe nach geordneten Formularnummern, zu erkennen am `order-by`-Attribut des `<xsl:for-each>`-Elements. Zur Bequemlichkeit zeigen wir hinter der Nummer auch in Klammern den Formularnamen an. Beachten Sie, dass die Nummer selbst in einen HTML-Hyperlink auf eine Java-Funktion eingebaut wird (wie unten dargestellt):

```
<xsl:stylesheet xmlns:xsl="http://www.w3.org/TR/WD-xsl">
    <xsl:template match="/">
        <xsl:for-each select="//FORM" order-by="FORMNUMBER">
            <a>
                <xsl:attribute name="HREF">
                    JavaScript:navigateTo('<xsl:value-of select="SKU" />');
                </xsl:attribute>
                <xsl:attribute name="TITLE">
                    <xsl:value-of select="FORMTITLE" />
                </xsl:attribute>
                <xsl:value-of select="FORMNUMBER" />
                <span style="color:silver">
                    (<xsl:value-of select="FORMTITLE" />)
                </span>
            </a>
            <br />
        </xsl:for-each>
    </xsl:template>
</xsl:stylesheet>
```

Der resultierende Link auf einer JavaScript-Funktion sieht so aus:

```
<a HREF="JavaScript:navigateTo('sku')" TITLE="title">formnumber</a><br />
```

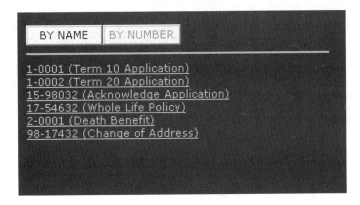

Die XSL-Dateien setzen URLs im gerenderten HTML, die die Bearbeitungsseite mit den Details des ausgewählten Formulars neu laden. Dies wird durch einen Aufruf der `navigateTo()`-Funktion erreicht, die die Formularnummer als Parameter durchreicht. Beide Stylesheets erzeugen dieselben Aufrufe von `navigateTo()`.

Dies bringt uns zu einer kleinen Designfrage, die sich nur in einer zustandsfreien Web-Anwendung stellen kann. Es kann sein, dass ein Benutzer im rechten Frame Details eines Formulars bearbeitet und dann versucht, zu einem anderen Formular zu navigieren, ohne vorher die Änderungen abgespeichert oder rückgängig gemacht zu haben. Um das Auftreten dieser Situation erkennen zu können, verwenden wir eine boolesche Flag-Variable (`"dirty"`) im Haupt-Bearbeitungs-Frame. Die Steuerelemente zur Bearbeitung in diesem Fenster werden in ihren `onKeyDown`- oder `onChange`-Methoden (welche Methode auch immer für dieses Steuerelement zuständig ist) auf `true` gesetzt, um anzuzeigen, dass der Benutzer die Daten geändert hat.

`sku` ist ein eindeutiger Identifier für ein Formular. Die gesamte Navigation geschieht über die Funktion `navigateTo()` aus `FormTOC.asp`. Wie wir gerade gesehen haben, richten die XSL-Dateien beim Durchgang durch das XML-Dokument Hyperlinks ein, die die `navigateTo()`-Funktion aufrufen und `sku` für den gerade verarbeiteten `<form>`-Knoten durchreichen.

Die Funktion `navigateTo()` ist auch dafür verantwortlich, zu überprüfen, ob die Daten im rechten Bearbeitungsfenster vor dem Übergang zu einem neuen Formular nicht durch den Benutzer verändert worden sind, und zwar indem sie den Wert der `dirty`-Variable im Eltern-Fenster abfragt. Falls die Daten nicht verändert worden sind oder der Benutzer bestätigt, dass er tatsächlich zu einem neuen Formular übergehen will, wird `navigateTo()` anhand des Parameters `sku` den neuen URL laden. Falls die Daten verändert worden sind, lassen wir einfach eine Warnung erscheinen, die dem Benutzer sagt, dass er seine Änderungen nicht abgespeichert hat. Damit hat der Benutzer die Wahl, die Änderungen zu verwerfen und fortzufahren, oder sie weiter zu bearbeiten.

```
function navigateTo(sSKU)
{
    // navigate to a new form
    var approved = true;
    if (window.parent.mainbody.dirty)
    {
        // the data has changed. Raise a warning.
        msg = 'You have made changes which have not been saved.';
        msg += '\n\nTo abort your changes, press OK.';
        msg += '\nTo resume editing, press Cancel.\n';
        if (!confirm(msg))
        {
            approved = false;
        }
    }
```

```
    }

    if (approved)
    {
        // it's OK to move to another record
        sURL =  'edit.asp?sku='+sSKU;
        window.parent.mainbody.location.href = sURL;
    }
```

Das »view by name«-XSL-Stylesheet

Diese Datei ist etwas komplexer, da sie die Gruppierungsebene form type enthält, um die sich das by-number-XSL-Stylesheet nicht zu kümmern brauchte. Tatsächlich sehen Sie, wenn Sie sich an die am Anfang dieser Fallstudie vorgestellte Struktur der XML-Datei erinnern, dass dies genau das Format ist, in dem wir die Daten darstellen wollen.

Wie wir in Kapitel 9 über das Transformieren von XML gesehen haben, können wir XSL verwenden, um Markup, sogar HTML-Tags, zu produzieren. Ich wollte durch DHTML die Möglichkeit integrieren, Outlines erweitern und zusammenziehen zu können. Dies ist nur für die by name-Ansicht von Bedeutung, die in list.xsl erstellt wird. Deshalb befindet sich der Code für die Collapse/Expand-Buttons in diesem Template. Das Template wird einmal angewendet, und zwar auf die Wurzel des XML-Dokuments:

```
<xsl:template match="/">
    <BUTTON id="btnShowAll" ONCLICK="showAll('UL')" style="width:80">
        Show All
    </BUTTON>
    <BUTTON id="btnHideAll" ONCLICK="hideAll('UL')" style="width:80">
        Hide All
    </BUTTON>
    <hr />
    <UL><xsl:apply-templates select="FORMLIST/FORMS" /></UL>
</xsl:template>
```

Das Resultat wird das folgende wohlgeformte HTML sein:

```
<BUTTON id="btnShowAll" ONCLICK="showAll('UL')" style="width:80">
    Show All
</BUTTON>
<BUTTON id="btnHideAll" ONCLICK="hideAll('UL')" style="width:80">
    Hide All
</BUTTON>
<hr />
<UL>the list of form generated by formListxml.asp</UL>
```

Im nächsten Template wird der Hauptteil der Arbeit erledigt. Es wird auf jeden <FORMS>-Knoten angewendet, der, wie Sie sich erinnern werden, den Formulartyp darstellt. Jeder Formulartyp wird im gerenderten HTML zu einem Eltern-Knoten für eine Liste von Formularen dieses Typs. Die Kind-Knoten werden als HTML-<LI>-Tags eingerichtet, wodurch sie im Browser auf ansprechende Weise mit Aufzählungszeichen versehen erscheinen.

Genau wie das erste Stylesheet richtet auch dieses einen Aufruf der navigateTo()-Funktion als Hyperlink ein:

```
<xsl:template match="FORMS">
    <LI CLASS="clsHasChildren">
        <xsl:value-of select="@TYPE" />
        <UL>
            <xsl:for-each select="FORM" order-by="FORMTITLE">
                <LI>
                    <A>
                        <xsl:attribute name="HREF">
                            JavaScript:navigateTo('<xsl:value-of select="SKU" />');
                        </xsl:attribute>
                        <xsl:value-of select="FORMTITLE" />
                    </A>
                </LI>
            </xsl:for-each>
            <xsl:if test="FORMS"><xsl:apply-templates /></xsl:if>
        </UL>
    </LI>
</xsl:template>
```

Anwendung der XSL-Stylesheets

Nun, da wir die XML-Dateien untersucht haben, lassen Sie uns einen Blick auf die Funktionen werfen, die diese aufrufen.

Durch Anklicken des by name- bzw. des by number-Buttons wird die Funktion changeXSL() aufgerufen. Diese Funktion erhält den Parameter xsldoc, durch den festgelegt wird welches Stylesheet zum Rendern der XML-Daten verwendet werden soll. Diese Funktion wird die load()-Methode der XML-DOM-Instanz aufrufen, die wir in der Style-Variablen gespeichert haben, wodurch schließlich die XSL-Datei geladen wird. Wenn wir zur by name-Ansicht wechseln, ziehen wir für den Anfang alle Eltern-Knoten zusammen:

```
function changeXSL(xsldoc)
{
    // load a new XSL
    styleURL = xsldoc;
    style.load(styleURL);
    update();

    if (xsldoc=='<%=ByNameURL%>')
    {
        hideAll('UL');
    }
}
```

Dies ist die Funktion, die die gesamte Arbeit erledigt, und die Stelle, an der wir tatsächlich die XSL-Transformation durchführen. Wir nehmen das XML-Dokument und transformieren es mit XSL. Der resultierende HTML-String wird in das xslresult <DIV> gepackt. Der Browser wird das soeben geänderte <div> neu rendern, wodurch der formatierte Inhalt unseres XML-Dokuments angezeigt wird.

```
function update()
{
    // apply the XSL
    if (style.documentElement && source.documentElement)
    {
```

```
            document.all.item('xslresult').innerHTML = source.transformNode(style);
        }
    }
```

Problem: Synchronisieren des Baums

Die bisher präsentierte Lösung funktioniert tadellos in einer Read-only-Situation, aber diese Anwendung dient der Pflege von Daten und wird als solche zu deren Bearbeitung herangezogen werden. Dies bedeutet, dass die Daten, die als Teil unseres XML-Dokuments vorliegen, geändert werden können und damit unser XML-Dokument veralten lassen.

Es gibt zwei Lösungen dieses Dilemmas: Entweder beschaffen wir uns eine neue Kopie der Daten und zwingen unsere ASP, das XML-Dokument neu zu erzeugen, oder wir nutzen die Stärken des XML-DOM, um unsere Kopie des XML-Dokuments auf dem Client zu aktualisieren.

Ich entschied mich für ein Client-seitiges Skript, um unsere Kopie des XML-Dokuments auf dem Client aktuell zu halten. Die Änderungen, um die wir uns kümmern müssen, sind:

❏ Hinzufügen (neuer Formulare)

❏ Löschen

❏ Änderungen an einem oder mehreren Feldern in unserem XML-Dokument

Sie erinnern sich, dass die Änderungen auf dem Client durchgeführt werden. Anschließend werden die Daten auf dem Server aktualisiert und schließlich benötigen wir ein Client-seitiges Skript, das jene Änderungen wiedergibt. Wir lösen die Client-seitigen Aktualisierungen aus, indem wir Site-Server-Aufrufe unserer Funktionen hinzufügen lassen, nachdem der Server die Datenänderungen in der vollen Anwendung gespeichert hat; hier wird dies in edit.asp erledigt.

Es besteht ein gewisses Risiko bei diesem Design, weil es sich nicht um ein Transaktionssystem handelt. Es ist möglich, dass Änderungen an den Daten vorgenommen, wir aber aus irgendwelchen Gründen nicht darüber informiert werden. Unsere XML-Daten wären dann nicht mehr mit der zugrunde liegenden Datenbank synchronisiert. Ich entschied, dass das Risiko in diesem Fall akzeptabel ist, denn es ist sehr unwahrscheinlich, dass dieser Fall überhaupt eintritt. Es handelt sich nicht um eine »Mission critical«-Anwendung, und falls eine Fehlsynchronisierung denn doch einmal auftreten sollte, könnte sie einfach durch Aktualisieren im Browser behoben werden.

Wir müssen drei neue Funktionen auf dem Client einführen, um das XML-Dokument zu aktualisieren, eine für jeden der oben aufgelisteten Fälle. Die Funktionen add() and change() übernehmen ein JavaScript-Objekt namens oForm, das ich als Transportvehikel für die Formularattribute eingeführt habe. Jedes oForm-Objekt hat die folgenden Attribute:

❏ FormTitle

❏ FormNumber

❏ SKU

Sie werden bemerken, dass dies dieselben Attribute sind, die wir auch in XML verwenden. Die oForm-Objekte werden durch den modifizierten Site-Server-Code erzeugt und als Parameter an unsere add()- und change()-Funktionen übergeben.

Die addNode()-Funktion fügt dem XML-Baum einen neuen Knoten hinzu, und zwar indem es einen existierenden Knoten klont und mit den neuen Werten aus dem übergebenen oForm-Objekt aktualisiert.

Der Pattern-Match-String //FORM selektiert den ersten <FORM>-Knoten:

```
function addNode(oForm)
{
    // add a new node into the tree.
```

```
// pick a node to use as a template...
var newNode = root.selectSingleNode("//FORM").cloneNode(true);
var insertPoint, newBranch;

newNode.selectSingleNode("FORMTITLE").text = oForm.formTitle;
newNode.selectSingleNode("FORMNUMBER").text = oForm.formNumber;
newNode.selectSingleNode("SKU").text = oForm.sku;
...
```

Nachdem wir dies getan haben, können wir anhand des Formulartyps den Punkt im Baum suchen, an dem der neue Knoten eingefügt werden soll. Im Fall, dass er nicht gefunden werden kann, müssen wir einen neuen Ast hinzufügen. Dies könnte passieren, wenn Formulartypen existieren, zu denen es beim Erstellen des XML keine Formulare gab (zum Beispiel gab es in der Typtabelle den Formulartyp Application, aber keines der Formulare wurde als Application ausgewiesen).

Nachdem wir den Einfügungspunkt gefunden haben, hängen wir den Knoten an dieser Stelle ein. Der Pattern-Match-String //FORM[@TYPE='"+oForm.formType+"'] findet den ersten <FORM>-Knoten, der ein Typ-Attribut mit dem Wert von oForm.formType besitzt:

```
...
// find the node that corresponds to the parent for this form type
insertPoint = root.selectSingleNode("//FORMS[@TYPE='" + oForm.formType + "']");

if (insertPoint==null)
{
    // couldn't find that form type, create a branch for it
    insertPoint = addBranch(oForm.formType);
}
insertPoint.appendChild(newNode);

update();
}
```

Die addBranch()-Funktion ist für das Einfügen eines neuen Astes in den XML-Baum verantwortlich. Es beginnt mit dem Erschaffen eines flachen Klons (der Knoten wird geklont, aber keines seiner Kind-Elemente) eines <FORMS>-Knotens (unser by type-Gruppierungsknoten). Als Nächstes setzen wir das TYPE –Attribut auf den übergebenen String und hängen den Ast dann ans FORMLIST-Wurzel-Element:

```
function addBranch(sType)
{
    var newBranch = root.selectSingleNode("//FORMS").cloneNode(false);
    newBranch.setAttribute("TYPE", sType);
    root.selectSingleNode("//FORMLIST").appendChild(newBranch);

    return newBranch;
}
```

Das Aktualisieren eines Knotens ist dem Hinzufügen sehr ähnlich, aber wir müssen einen neuen Fallstrick in der Logik beachten und umgehen. Es ist möglich, dass der Formulartyp geändert wurde. Falls das geschieht, müssen wir mehr tun, als nur den Knoten zu aktualisieren. Wir müssen den alten Knoten entfernen und ihn als Kind des neuen Eltern-Knotens neu im XML-Baum erzeugen:

```
function updateNode(oForm)
{
    // update an existing node
    var theNode = root.selectSingleNode('//FORM[SKU="' + oForm.sku + '"]');
    if (theNode==null)
    {
        // Should never get here. This would mean "node not found", so if
```

```
            // that happens just reload the tree
            parent.location.reload();
        }
        else
        {
            theNode.getElementsByTagName("FORMTITLE").item(0).text = oForm.formTitle;
            theNode.getElementsByTagName("FORMNUMBER").item(0).text = oForm.formNumber;

            var oldType = theNode.parentNode.attributes.item(0).text;
            var newType = oForm.formType;

            if (newType!=oldType)
            {
                // The form type has changed. We need to move it.

                // First create a clone...
                var theNewParent =
                    root.selectSingleNode('//FORMS[@TYPE="' + newType + '"]');

                if (theNewParent==null)
                {
                    // couldn't find that form type, create a branch for it
                    theNewParent = addBranch(newType);
                }

                theNewParent.appendChild(theNode.cloneNode(true));

                // Now delete the original one...
                theNode.parentNode.removeChild(theNode);
            }
            update();
        }
    }
```

Die einfachste Aktualisierungsfunktion ist die Löschfunktion. Alles was wir dafür tun müssen, ist, den Knoten zu finden und ihn aus dem Baum zu entfernen. Der Pattern-String //FORM[FORMNUMBER="' + sFormno + '"] bedeutet: »Beschaffe den FORM-Knoten, der ein FORMNUMBER-Kind-Element mit dem Wert von sFormno besitzt«:

```
function deleteNode(sFormno)
{
    // remove a node from the tree
    var theNode = root.selectSingleNode('//FORM[FORMNUMBER="' + sFormno + '"]');
    if (theNode==null)
    {
        // Should never get here. This would mean "node not found", so if
        // that happens just reload the tree
        document.location.reload();
    }

    else
    {
        theNode.parentNode.removeChild(theNode);
        update();
    }
}
```

Beachten Sie, dass die Funktionen, die den XML-Baum aktualisieren, nach getaner Arbeit auch die update()-Funktion aufrufen, die dann ihrerseits das aktuelle XSL-Stylesheet auf Ihr aktualisiertes XML-Dokument anwendet.

Zusammenfassung

In dieser Fallstudie haben wir XML verwendet, um den Endnutzer mit einer Schnittstelle mit verbesserter Funktionalität zu versorgen, was mit älteren Techniken nicht ohne weiteres erreichbar gewesen wäre.

Wir wurden mit dem Problem konfrontiert, eine Benutzeroberfläche zu schaffen, die dem Benutzer die Möglichkeit gibt, auf denselben Datenabschnitt wahlweise über einen von zwei Identifiern zuzugreifen: über einen Namen oder eine Nummer. Statt bei jeder Änderung der Ansicht einen Round-Trip zum Server durchzuführen, sendeten wir die Daten nur einmal als XML zum Client und ließen diesen dann das XML bearbeiten, um die von uns gewünschte Ansicht herzustellen.

Wir mussten dem Benutzer auch ermöglichen, die betrachteten Daten zu aktualisieren – wobei diese Aktualisierungen nicht nur auf dem Client galten, sondern auch vom Server übernommen werden mussten. Hierfür benutzten wir wiederum die Rechenleistung des Clients und aktualisierten das XML-Dokument in Realtime durch Hinzufügen, Löschen und Ändern von Knoten.

Insgesamt erreichten wir jedes unserer Designziele und das Projekt war ein Erfolg. Wenn Sie darüber nachdenken, sehen Sie vielleicht, dass es einige Situationen gibt, in denen diese Art Anwendungen sehr nützlich sein können. Vielleicht haben wir nicht verschiedene Arten, uns auf ein Objekt zu beziehen, möchten aber den Benutzern verschiedene Ansichten unserer Daten anbieten. Mit einer ähnlichen Technik können wir den Client diese Daten neu sortieren lassen – und es gibt viele Situationen, in denen so etwas wünschenswert ist, vom Sortieren unserer Bücher in den schon behandelten Beispielen (zum Beispiel nach Titel, Autor, ISBN etc.) bis zum Anbieten verschiedener Daten von Fußballspielern (Name, Spielernummer, Anzahl der Länderspiele etc.), nach denen der Leser sortieren kann, ohne dass es nötig wird, eine Verbindung zum Webserver herzustellen und die Daten erneut herunterzuladen.

16

Fallstudie 2 – XML und verteilte Anwendungen

XML eignet sich hervorragend zum Austausch von Daten zwischen Anwendungen. Dies ist besonders im Fall von locker verbundenen Anwendungen von Bedeutung – wie etwa den Web-basierten. HTTP überbrückt Plattformen, was Kommunikationsprotokolle angeht. XML lässt uns dasselbe auf dem Level der Anwendungsdaten tun. Lassen Sie uns mit diesem Gedanken im Hinterkopf eine Beispielanwendung konstruieren und sie als Fallstudie für die Verwendung von XML bei Web-Anwendungen benutzen.

Dieses Beispiel ist selbstverständlich von vorne bis hinten erfunden. Dennoch spiegeln die Entscheidungen, die bezüglich des Designs getroffen wurden, die Art wider, wie im wirklichen Leben bei der Software-Entwicklung Auswahlen getroffen werden. Wir werden eine Anwendung mit Hilfe der Actice Server Pages, dem Internet Information Server und dem Internet Explorer 5.0 konstruieren, und wir werden sehen, wie man XML und das DOM von einer Skriptsprache aus benutzt. Und, was noch wichtiger ist, wir werden einen Blick auf die Art Probleme werfen, die XML für uns löst.

Unsere Beispielanwendung ist ein Managementwerkzeug für ein Team von Programmierern. Wir wollen in der Lage sein, anhand des Namens nach einem bestimmten Programmierer zu suchen und eine Liste von Durchführungsberichten über die Projekte zu erhalten, an denen er mitgearbeitet hat. Ein Benutzer sollte Einträge über neue Programmierer und Leistungsberichte für existierende Programmierer hinzufügen können. Wir werden XML als das Mittel zur Datenübertragung zwischen dem Browser und dem Server benutzen. Eine Kombination von JavaScript auf einer Webseite und Server-seitigem ASP-JavaScript wird die Funktionalität der Anwendung implementieren.

Der springende Punkt bei einer neuen Technologie wie XML ist einfach der, dass sie einige Anforderungen erfüllt, mit der gegenwärtige Techniken aber nicht so richtig zurechtkommt. Anforderungen wie diese bringen Probleme da mit sich, wo unsere Vorstellungen davon, welche Eigenschaften eine Anwendung haben sollte, auf die heutigen Rechnerumgebungen treffen. Bevor wir in die Fallstudie eintauchen, lassen Sie uns daher einen Blick auf die Probleme werfen, mit denen Web-Entwickler konfrontiert werden. Ich werde Ihnen fünf Leitprinzipien präsentieren, die Ihnen dabei helfen sollen, diese Probleme bei Ihrer eigenen Arbeit zu lösen. Es wird Sie kaum überraschen, dass XML einen großen Teil dieser Lösung darstellt.

Ein großer Teil des Materials in dieser Fallstudie wurde von Designing Distributed Applications (*Wrox Press,* ISBN 1-861002-27-0) *übernommen und angepasst. Die Quellen und Hintergründe der Schwächen, die ich hier zusammenfasse, werden in diesem Buch im Detail besprochen. Die später in dieser Fallstudie präsentierte Beispielanwendung erscheint in diesem Buch in leicht abgewandelter Form; sie dient hier als Ausgangspunkt für eine ausgedehnte Fallstudie meiner Entwicklungsprinzipien. Diese Fallstudie ist vollständig in sich abgeschlossen. Sie werden zu einer Einschätzung von XML in ASP-Anwendungen gelangen können, ohne auf meine frühere Arbeit zurückgreifen zu müssen.*

Wo liegen unsere gegenwärtigen Schwächen?

Web-Anwendungen haben sich in den letzten Jahren als äußerst populär erwiesen. Viele, vielleicht sogar die meisten neuen Anwendungen werden mit Hilfe von Web-Protokollen und -Werkzeugen erstellt. Man sollte meinen, dass das Web eine ausgezeichnete Rechnerumgebung darstellt. Das stimmt zwar, aber es bringt auch einige neue Herausforderungen für Programmierer mit sich. Wenn wir diese Herausforderungen in unserer Planung nicht berücksichtigen, so werden sie uns größere Probleme bereiten und zu Schwächen führen, die unsere Fähigkeit lahm legen, widerstandsfähige Anwendungen zu schreiben. Worin bestehen also diese Schwächen?

Umgang mit der wachsenden Komplexität

Mächtige Sites, die ernsthafte Probleme angehen, geraten schnell so kompliziert wie eigenständige Anwendungen. Darüber hinaus haben sie jene zusätzlichen Komplexitäten, die den verteilten Systemen innewohnen. Unkontrollierte Komplexität ist eine Schwäche verteilter Systeme. Ressourcen verlieren mehr und mehr ihren Nutzen, während das Wissen um ihre Bedeutung und Fähigkeiten an später eingesetzte Clients verloren geht.

Weil Web-basierte Anwendungen leicht ins Rennen geschickt werden können, ohne dass irgendeine Erlaubnis eingeholt werden muss, sie dem Internet hinzuzufügen (abgesehen von der offensichtlichen Erfordernis eines Domainnamens), schießen Server und Dienste nur so aus dem Boden und verändern sich ständig. Vermutlich gibt es irgendjemanden, der versteht, was sie alles können, aber die große Masse der Clients, die sie benutzen, wird niemals die ganzen Fähigkeiten kennen lernen, die verfügbar sind. Funktionen werden völlig sinnlos immer und immer wieder reimplementiert, ganz einfach, weil kein Mechanismus definiert wurde, der anzeigt, was alles verfügbar ist. Dies ist schon im Fall des öffentlichen Internets kaum zu tolerieren, in einem Firmen-Intranet aber der kürzeste Weg ins Chaos und in die Verschwendung.

Unflexible Anwendungen

Anwendungen, auch Web-Anwendungen, werden oft mit Blick auf einen bestimmten Kunden geschrieben. Nun brauchen sich nur die Bedürfnisse dieses Kunden zu ändern, und schon müssen Sie den Server umschreiben oder einen ganz neuen, hochgradig ähnlichen Dienst entwickeln.

Duplizieren von Code

Neuere Anwendungen duplizieren oft große Stücke existierenden Codes auf Grund von kleineren Änderungen in den Anforderungen und Spezifikationen. Diese Codeverdoppelung kann als reine Verschwendung angesehen werden.

Automatisierung von Web-Aufgaben

Stellen Sie sich vor, wir hätten eine Web-Anwendung, die es einem Benutzer erlaubt, eine Aufgabe durch Interaktion mit einer Browser-basierten Schnittstelle durchzuführen. Dann wollen wir diesen Prozess automatisieren – die manuelle Intervention eliminieren und zwei Anwendungen direkt verbinden. Und schon haben wir ein Problem. Unser früherer Server erzeugte HTML für den menschlichen Gebrauch. In zunehmendem Maße wollen wir allerdings Anwendungen ohne manuelle Intervention verbinden. Ein Beispiel dafür ist der Web-taugliche Business-to-Business-Commerce (B2B). Das Lesen und Neueingeben der Ergebnisse eines jeden Schritts eines B2B-Prozesses durch einen menschlichen Benutzer würde viele der Vorteile des E-Commerce zunichte machen. Für solche automatisierten Prozesse ist es schwierig, HTML in einer Form zu verarbeiten, die den Inhalt der Daten unversehrt lässt. HTML ist in erster Linie für das visuelle Styling gedacht, eine Aufgabe von geringer Bedeutung für eine Anwendung, die ohne menschliche Eingriffe läuft.

Verteilte Entwicklungs- und Implementierungsteams

Die Katastrophe ist vorprogrammiert, wenn Dienstleistungen von einer Organisation angeboten werden, die sich nicht unter der Kontrolle des voraussichtlichen Clients befindet.

Für den Fall, dass Sie zum Beispiel eine Anwendung für eine Extranet-Lieferkette schreiben, sind Sie für einen Teil Ihrer Anwendungsdienste auf einen externen Partner angewiesen. Wenn es nur inoffizielle oder gar keine Koordination gibt, werden die Dienste sich verschieben, ändern und verschwinden. Der administrative Aufwand, um mit den Änderungen Schritt zu halten, wächst rapide an. Wir müssen Techniken und Dienste einführen, die uns erlauben, flexible, robuste und fehlertolerante verteilte Systeme zu bauen, die sich mit unseren Bedürfnissen ändern können. Und vor allem sollte es dazu keiner menschlichen Koordination mehr bedürfen.

Fünf Prinzipien für den Bau von Netzwerkanwendungen

Wir können jede der genannten Schwächen mit Hilfe wohlbekannter Techniken behandeln, so lange, wie sich alle an der Entwicklung Beteiligten über die zur Implementierung der Anwendung benötigten Werkzeuge und Techniken einig sind. Diese Art der Übereinkunft ist für das Web aber undurchführbar. Meiner Meinung nach liegt die Lösung darin, eine sehr kurze Liste allgemeiner Prinzipien aufzustellen. Die Liste muss kurz genug sein, dass jeder ihr zustimmen kann, ohne größere Änderungen vornehmen oder sich technologisch festlegen zu müssen. Ich habe eine Liste von fünf Kernprinzipien zusammengestellt.

Diese fünf Prinzipien umfassen die Ziele, die wir erreichen müssen, um Anwendungen entwickeln zu können, die die Wiederverwendung von Anwendungscode und die Realisierbarkeit von Anwendungen angesichts der Änderungen von Anforderungen und Anwendungen fördern.

Hier sind sie also, unsere fünf Prinzipien für den Bau kooperativer Netzwerkanwendungen:

1. **Anwendungen werden von grobkörnigen Diensten aufgebaut** – Anwendungen werden durch Koordination einzelner Ergebnisse implementiert, die von Server-basierten Modulen kommen, die verschiedene Komponenten benutzen, um ein bestimmtes Problem oder ein spezielle Aufgabe zu lösen.

2. **Dienste werden durch Abfragen von Verzeichnissen entdeckt** – Anwendungen werden den Ort und den Namen der Dienste finden, die sie zur Laufzeit benötigen, indem sie ein Verzeichnis abfragen. Dabei werden sie nicht nach einer bestimmten Implementierung fragen, sondern nach irgendeiner Dienst-Implementierung, die eine bestimmte Fragestellung, Aufgabe oder ein bestimmtes Problem angeht.

3. **Dienste werden als selbstbeschreibende Daten zur Verfügung gestellt** – Anwendungen werden mit Diensten durch den Austausch strukturierter Daten, die unter Verwendung einer vereinbarten Syntax geschrieben wurden, wechselwirken. Die Daten werden in einem Vokabular geschrieben, das für die Probleme oder Aufgaben definiert wurde, die der Dienst behandelt.

4. **Dienste werden auf vorübergehender Basis in Anspruch genommen** – Anwendungen werden Dienste in wenigen (vorzugsweise einem) Round-Trips finden und benutzen und es wird nicht erforderlich sein, Zustände zwischen den Round-Trips aufrechtzuerhalten. Weder die Anwendung noch der Dienst werden von einer längeren Verfügbarkeit des Austauschpartners ausgehen.

5. **Dienste müssen Erweiterungen und Spezialisierungen großzügig unterstützen** – Dienste müssen zukünftige Verbesserungen berücksichtigen, sowohl bei ihrer eigenen Logik und ihren eigenen Austauschformaten als auch bei denen anderer Anwendungen und Dienste. Wenn sie auf eine neue Version von Austauschdaten treffen, sollten sie so viel wie möglich aus diesen Daten machen. Anwendungen und Dienste dürfen niemals zusammenbrechen, wenn sie nicht genau das Format erhalten, das sie erwarten.

Natürlich müssen diese Prinzipien beachten, was überhaupt durchführbar ist, sowohl, was die gegenwärtige Technologie als auch, was die Wahrscheinlichkeit heterogener Plattformen im Netzwerk betrifft. Ein gewisser Grad an Koordination und Übereinkunft zwischen Partnern und Entwicklern wird erforderlich sein. Wir wollen uns auf die Implementierung von Anwendungen konzentrieren, die diese Prinzipien mit der gegenwärtig verfügbaren Technologie umsetzen. Lassen Sie sie uns also der Reihe nach durchgehen und erwägen, was zu tun ist, damit diese Ziele erreicht werden.

1. Anwendungen werden von grobkörnigen Diensten aufgebaut

Software-Komponenten wie COM-Komponenten und -Steuerelemente sind, obwohl nützliche Werkzeuge, nur in Anwendungen für Plattformen wiederverwendbar, die die Komponententechnologie unterstützen, in der sie gebaut wurden. Es hat keinen Sinn, eine COM-Komponente auf einer UNIX-Plattform auszuprobieren, oder ein JavaBean auf einem Nicht-Java-Server. (Natürlich haben einige UNIX-Plattformen für sie gebaute COM-Ports, aber im Allgemeinen ist COM eine Windows-Technologie.) In unserem Fall, wo ein Entwicklerteam nur einen Teil einer Anwendung kreieren soll oder wo neue Clients für existierende Server geschaffen werden, können wir nicht davon ausgehen, dass wir Komponenten auf eine Art benutzen können, die sich auf verschiedene Schichten unserer Anwendung erstreckt. Stattdessen wenden wir uns an **Dienste**. Ein Dienst ist eine beliebige Ansammlung von Anwendungscode, die auf eine Stufe beschränkt ist und eine wohldefinierte Aufgabe erfüllt. Er ist größer als eine Komponente; es ist sogar so, dass wir aus Gründen der Produktivität häufig Komponenten benutzen werden, um Dienste zu bauen. Ein Dienst ist kleiner als eine Anwendung. Dienste modellieren einen nützlichen Teil eines Problembereichs. Wenn sie zu klein sind, wird der Overhead an Daten, die von und in ein neutrales Datenformat übersetzt werden müssen, die Leistung beeinträchtigen. Wenn sie zu groß sind, drohen ihnen die Probleme von monolithischen Anwendungen.

> *Vergleichen Sie unsere Definition mit der von Diensten unter Windows DNA oder Windows NT. Die Dienste dort sind entweder Anwendungen, die unter Verwendung von Hooks ins Betriebssystem laufen – ein Windows-32-API-Dienst – oder Komponenten-Frameworks wie ActiveX-Data-Objekte (ADO) für die Beschaffung von Daten. Beide sind größer als eine einzelne Komponente. ADO passt nur deswegen nicht in unsere Definition, weil es über die Anwendungsgrenzen hinweg auf eine proprietäre Komponententechnologie aufbauen kann. Abgesehen davon würde es jedoch hineinpassen – es benutzt die Interaktion verschiedener Komponenten, um auf ein bestimmtes Problem zu reagieren: »Liefere mir eine Ergebnismenge aufgrund einer SQL-Abfrage«.*

Häufig modelliert ein Dienst ein größeres Objekt im zugrunde liegenden Geschäftsmodell – Kunden für eine Verkaufsanwendung oder ein Fließband für eine Herstellungsanwendung zum Beispiel.

Diese Art unseren Entwicklungsprinzipien entsprechende Dienste wird normalerweise als Server-seitige Seite oder kleine Gruppe kooperierender Seiten implementiert. Sie sind durch ein wohlbekanntes Datenformat charakterisiert, das den fortdauernden Status der Dienst-Objekte repräsentiert. Eine Sammlung verwandter Objekte könnte angeboten werden, um für eine große Bandbreite an Funktionalität zu sorgen. Ein Dienst könnte zum Beispiel zusätzlich zu seinen reinen Datenformaten HTML anbieten, um dessen Gebrauch durch Ultra-Thin-Clients wie Handhelds zu erlauben. Der Thin-Client würde den Vorteil der Möglichkeit der programmatischen Datenmanipulation gegen den Vorteil eintauschen, den Overhead der reinen Datenformate nicht unterstützen zu müssen. Während es vorstellbar ist, dass er HTML parsen und manipulieren könnte, so ist diese Sprache für die Präsentation, nicht für die semantische Bedeutung ausgezeichnet. Es wäre leichter, ein anderes Austauschformat zu unterstützen, als HTML als Basis für Ihre Datenformatierung auszuprobieren. Kurz gesagt, ermöglicht das Hinzufügen von HTML-Unterstützung, ein scheinbarer Rückschritt, in eingeschränkter Weise das Einbeziehen von einfachen Plattformen, vorausgesetzt, sie unterstützen einen Standard-Webbrowser. Auf Dienste wird immer über offene Protokolle zugegriffen. Indem wir ein größeres Objekt auf diese Weise abstrahieren, bewahren wir uns einige der Vorteile des objektorientierten Modells, während wir unsere Abhängigkeit von proprietären Komponententechnologien reduzieren.

Weil ein Dienst von einer einzelnen Organisation entwickelt und gewartet und auf einer Site unter der Kontrolle dieser Organisation betrieben wird, können wir mehr proprietäre Technologien innerhalb des

Dienstes benutzen, um unsere Produktivität zu vergrößern. Wir erwarten, innerhalb unserer Dienste Komponentensoftware zu benutzen. (Häufig werden wir einen Wrapper für irgendwelche veraltete Software oder Datenbank zur Verfügung stellen, um größeren Umschreibe-Aufwand zu vermeiden.) Wir können die volle Bandbreite der Möglichkeiten des Host-Betriebssystems und des Webservers nutzen, um aus unserer Site das Beste herauszuholen. Wenn wir die Grenze zu einem anderen Dienst oder zu einem Client überqueren, ist uns allerdings klar, dass wir Organisationsgrenzen überschreiten könnten, und wir ziehen uns auf offene Standards und Formate zurück.

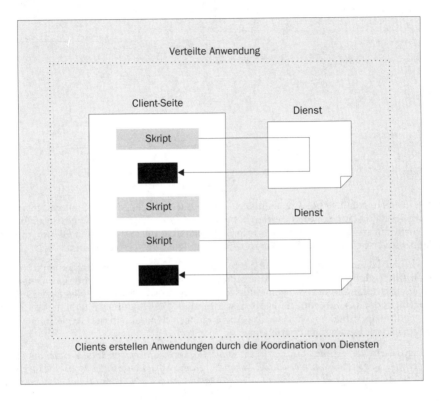

Unsere Anwendungen werden auf wiederverwendbaren Diensten aufgebaut werden. Innerhalb der Dienste werden wir auf Komponenten angewiesen sein. Anwendungen benutzen sorgfältig definierte Schnittstellen, um Dienste zu erreichen, und Dienste benutzen Schnittstellen, um die Komponenten in sich selbst zu erreichen. Aus diesem Grund werden wir die Vorteile der Kapselung und Delegation sowohl im Großen (Dienst) als auch im Kleinen (Komponente) genießen.

2. Dienste werden durch Abfragen von Verzeichnissen entdeckt

Die Netzwerkadressen unserer Dienste und die Datenformate, die sie anbieten, definieren den Zugriff auf unsere Dienste. Wir müssen diese von allen lokalen Konventionen trennen. Während Verzeichnisse immer noch weit davon entfernt sind, ausgereift zu sein oder in großem Umfang eingesetzt zu werden, werden wir sie zum Eckstein unserer Strategie zur Lokalisierung von Diensten machen. Sie haben die Schlüsselstellung bei der Implementierung von Lokalisierungsabstraktion und dynamischer Entdeckung von Ressourcen inne. Sie stellen eine Ressource dar, die nur dann von Nutzen ist, wenn sie für alle Benutzer des Netzwerks sichtbar ist. Daraus folgt, dass wir sicher sein können, dass diesem Dienst die Aufmerksamkeit der Geschäftsführung auf den höchsten Ebenen der Informationssystemorganisation zuteil werden wird. Seine Struktur und die Aufstellung seiner Server werden das Thema einer Menge Diskussionen und Konsensbildung innerhalb einer Organisation sein, und es ist der eine Bereich, wo wir mit Sicherheit globale Zustimmung und Verständnis innerhalb einer Organisation erwarten können.

Das Verzeichnis wird mehr als nur die Adressen unserer Dienste speichern. Es muss die Fähigkeiten der Dienste im Hinblick auf die geschäftlichen Probleme, auf die sie ausgerichtet sind, definieren.

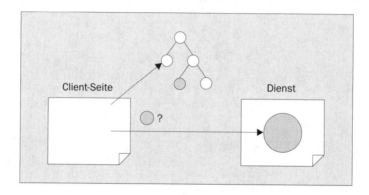

Wir müssen versuchen, nützliche Verzeichnisstrukturen und -werkzeuge zu definieren, mit denen unsere Verzeichnisse sorgfältig durchgelesen werden können. Jede Anwendung muss so geschrieben werden, dass sie unsere Verzeichnisse auf der Suche nach Informationen über die gewünschten Dienste durchsucht, und daher sollten wir versuchen, diese Aufgabe so weit wie möglich zu standardisieren.

Verzeichnisdienste lassen uns die physische Netzwerkaufstellung von Dienst-Implementierungen vor den benutzenden Anwendungen verstecken. Anwendungen können die Quelle benötigter Daten – einen Dienst – dynamisch während der Laufzeit entdecken. Auf diese Weise können Netzwerkdienste dem Netzwerk hinzugefügt oder aus ihm entfernt werden, während die Anwendung weiterläuft. Wenn Sie gewissenhaft an diesem Prinzip festhalten, werden Ihre Anwendungen flexibel sein und Änderungen der Lage und der Verfügbarkeit von Ressourcen überleben.

Designing Distributed Applications *stellt ein empfehlenswertes Schema zur Implementierung dieses Prinzips zur Verfügung, das die Namen von XML-Vokabeln heranzieht, um Dienste zu bezeichnen. Weil Verzeichnisdienste im Allgemeinen nicht in großem Umfang eingesetzt werden (und damit für die meisten Leser nicht verfügbar sind), habe ich eine Stub-Implementierung in der Beispielanwendung bereitgestellt.*

3. Dienste werden als selbstbeschreibende Daten zur Verfügung gestellt

Warum mache ich so viel Aufhebens um Datenaustauschformate? Schließlich halte ich an objektorientierten Methoden, wie sie in Komponentensoftware zum Ausdruck kommen, fest, und diese Methoden versuchen, den Datenkonsumenten von deren Format abzuschirmen, wo immer es möglich ist. Die Ausnahme, die wir machen müssen, geht auf die Tatsache zurück, dass wir Komponenten innerhalb eines Dienstes isolieren, so wie wir diesen Begriff definiert haben. Wenn wir die Plattformgrenzen zwischen den Seiten eines Dienstes und deren Clients überspringen, müssen wir das Objekt, das unser Dienst implementiert, in einer Form repräsentieren, die für *alle* Clients ohne weiteres zugänglich ist. Trotz der Fortschritte beim verteilten objektorientierten Computing in den letzten Jahren besteht diese Form weiterhin aus statischen Datenstrukturen.

Wir können die Merkmale von Objekten mit Hilfe von Metadaten definieren, und jede spezielle Objektinstanz wird durch eine Datenstruktur repräsentiert, die mit dieser Metadaten-Definition übereinstimmt. Weil wir außergewöhnliche Flexibilität und widerstandsfähiges Reagieren auf Fehler wollen (siehe unten

Prinzip 5), werden wir selbstbeschreibende Daten, nämlich XML, benutzen. Das bedeutet, dass jedes einzelne Datenelement als ein Element oder ein Attribut eines XML-Dokuments gekennzeichnet (getagged) wird. Ein Konsument dieser Daten wird immer wissen, welches Datenelement er gerade verarbeitet (ohne Rücksicht auf seine Erwartungen) und wo das Element endet, weil es mit Labeln getagged ist, die anzeigen, um welches Element es sich handelt. Jeder Konsument, der das Vokabular des Dienstes versteht, ist so in der Lage, zu verstehen, was der Provider der Daten mitzuteilen versucht.

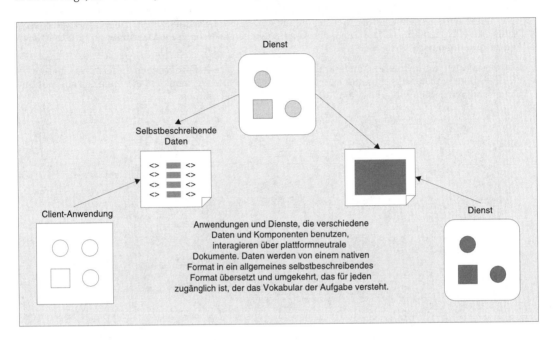

Traditionell werden Daten in einem Binärformat übergeben, wobei die Struktur der Daten implizit geteilt wird. Wenn also zwei an einer Kommunikation beteiligte Parteien dieselbe Nachricht oder Operation gemeinsam haben, so ist die natürliche Voraussetzung, dass sie beide das Binärformat der Daten verstehen. Die Größe, der Datentyp und die Reihenfolge der Felder innerhalb einer Datenstruktur sind durch das Design in hohem Maße festgelegt. Unkoordinierte Änderungen in der Datenorganisation auf dem Server lassen den Client zusammenbrechen. Vielleicht haben Sie zu einem Programmierteam gehört, das an einer großen Client-Server-Anwendung arbeitete, bei dem Teile der Anwendung verschiedenen Programmierern zugewiesen wurden. Nachdem der Client für den Umgang mit einer bestimmten Datenstruktur geschrieben worden war, brach Ihre Anwendung eines schönen Tages zusammen. Bei Ihren Nachforschungen stießen Sie auf einen anderen Programmierer, der, als Reaktion auf einen Verbesserungsvorschlag oder einen Fehlerbericht, ein Feld hinzugefügt oder die Länge eines bereits bestehenden modifiziert hatte, ohne Sie zu informieren. Ihr Programmteil brach zusammen wegen einer beliebigen Datenänderung. Und nun stellen Sie sich vor, wie der Server und seine Strukturen von vielen in alle Himmelsrichtungen verstreuten Programmierteams benutzt werden, und Ihnen wird klar, welches gewaltige Potenzial an Ärger darin steckt.

Die Verwendung von XML zur Datencodierung minimiert diese Art von Ärger und maximiert unsere Möglichkeiten, zu teilen, was zu teilen ist. Ein konsumierender Client oder Dienst kann Änderungen in einer Datenstruktur, die er nicht versteht, ignorieren. Während wir ein wohlbekanntes Vokabular haben werden, werden wir auch jedes Feld innerhalb der Struktur taggen. Jedes Feld ist durch seinen Namen klar abgegrenzt. Auf diese Weise werden wir immer in der Lage sein, feldweise auf Integrität hin zu überprüfen und sicherzustellen, dass unser Code auf die Daten reagiert, die er tatsächlich erhält, und nicht auf Daten, von denen er *annimmt*, dass er sie erhält.

4. Dienste werden auf vorübergehender Basis in Anspruch genommen

Wir müssen unsere Anwendungen so entwerfen, dass jeder anhaltende Zustand nur in der Schicht beibehalten wird, die an der Berechnung interessiert ist. Ein Einkaufsvertreter ist zum Beispiel die Partei, die sich für die Identität des Käufers und die Einkaufsliste interessiert, und daher sollte er diese Informationen unterhalten und nicht die Händlerdienste, auf die er zugreift. Dies funktioniert mit der zustandslosen Natur von HTML, und es erlaubt uns, die Abhängigkeiten zwischen den Maschinen in unseren Netzwerken zu minimieren.

Dienste können kommen und gehen, und Clients können ihre Anforderungen ändern. Aus diesem Grunde sollte ein Dienst, wo immer es möglich ist, so geschrieben sein, dass er einen Zustand nur für die Dauer einer einzelnen Interaktion mit einem Client beibehalten muss.

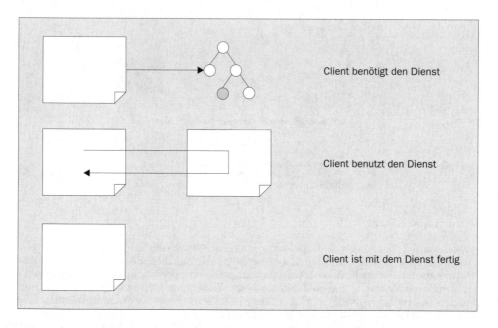

Dies wird nicht immer möglich sein, aber es ist das Ziel, nach dem Sie streben müssen. Anwendungen werden als Ansammlungen von Clients geschrieben werden, die Dienste in Anspruch nehmen, indem sie HTTP-Anfragen machen, um Daten zu erhalten. Wenn die Daten einmal abgeliefert sind, wird die Verbindung zwischen dem Dienst und dem Client als getrennt betrachtet. Anstatt also unsere Anstrengungen der ordnungsgemäßen Aufrechterhaltung des Zustands in einem verteilten System zu widmen, werden wir uns bemühen, sicherzustellen, dass der Zustand gar nicht erst aufrechterhalten werden muss. Ein Client wird einen Daten-Cache erhalten, der für seine Bedürfnisse ausreichend ist.

Vom organisatorischen Standpunkt aus erkennt dieses Prinzip an, dass verschiedene Entwicklerteams ihre Prioritäten mit der Zeit ändern werden. Eine heute getroffene Übereinkunft über die Beibehaltung eines Zustands kann morgen schon keine Gültigkeit mehr haben. Dieses Prinzip zielt darauf, solche Übereinkünfte überflüssig zu machen. Wir werden die Dauer, über die wir Ressourcen halten müssen, einschränken, um die Möglichkeit, sie zu verlieren, während wir sie noch brauchen, zu minimieren. Ein gutes Beispiel ist der Zugriff auf eine stark frequentierte Website, die abstürzen oder blockieren kann, während Sie mit einer Seite arbeiten. Wenn diese Seite ein Formular darstellt, in das Sie Informationen für einen Kauf eingeben, werden Sie ziemlich unglücklich sein, wenn Sie das Formular einreichen und keine Antwort erhalten. HTTP gibt keine Garantien für eine Ressource, aber die Anwendung dieser speziellen Site impliziert eine langanhaltende Verfügbarkeit.

5. Dienste müssen Erweiterungen und Spezialisierungen großzügig unterstützen

Erinnern Sie sich, dass eines der zugrunde liegenden Probleme war, dass unabhängige Entwicklerteams an der Arbeit sind. Zeit, räumliche Entfernung und Institutions-Grenzen trennen diese Teams voneinander. Wir müssen mit einigen Fehlern bei der Implementierung des Datenformats rechnen. Aber selbst ohne Fehler sind unterschiedliche Datenversionen in ausgedehnten Netzwerken an der Tagesordnung, wenn neue Implementierungen veröffentlicht werden. Die getaggte Natur der Daten in XML erlaubt uns, Code zu schreiben, der überprüft, was als Nächstes kommt, und angemessen darauf reagiert. Natürlich können wir, wenn wir einen validierenden Parser benutzen, diese Fehler aussieben, aber das ist möglicherweise nicht erstrebenswert. Unter gewissen Umständen wollen wir die Validierung vielleicht abschalten und wohlgeformtes XML mit kleineren Fehlern hinnehmen.

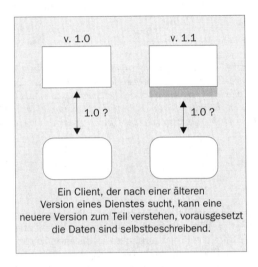

Ein Client, der nach einer älteren Version eines Dienstes sucht, kann eine neuere Version zum Teil verstehen, vorausgesetzt die Daten sind selbstbeschreibend.

Selbst wenn wir auf gültigen XML-Dokumenten bestehen, so ist dieses Prinzip immer noch von Interesse für uns. Weil unterschiedliche Organisationen unterschiedliche Ansichten von gemeinsamen Objekten haben, wollen wir unsere Daten auf eine Art ausdrücken, die beschreibt, welche Datenstücke allgemeingültig und welche typisch für die anbietende Organisation sind. Genauso entwickeln sich Datenformate mit der Zeit und deshalb wollen wir beschreiben, wie sich das Format geändert hat. Auf diese Weise kann ein Client, wenn er auf einen Dienst zugreift, der Daten anbietet, deren Form sich leicht von der unterscheidet, die er am liebsten sähe, trotzdem einige Informationen aus dem Austausch ziehen. Wir werden Gebrauch von der getaggten, selbstbeschreibenden Natur von XML machen, um unser Problemvokabular zu bezeichnen. Weil es ganz in Text geschrieben ist, können wir zuversichtlich annehmen, dass jede Rechnerplattform, auf die wir stoßen, in der Lage sein wird, unsere Datenstrukturen zu lesen. Es ist möglich, sich einige Konventionen auszudenken, um XML-Vokabeln festzulegen, die Ihnen erlauben, Kollektionen, Versions-Weiterentwicklungen und Spezialisierung eines allgemeinen Formats auszudrücken.
Diese Konventionen gehen über die Regeln für das Schreiben von DTDs und Schemata hinaus. Software, die mit dem Verständnis dieser Konventionen geschrieben wurde, kann Kollektionen von Datenstrukturen, die Geschäftsobjekte repräsentieren, implizit erkennen, Informationen mit der bestimmten Datenversion, die sie benötigt, in Einklang bringen und aus einem spezialisierten Format, das sie nicht erkennt, eine allgemeine Datenversion herausziehen.

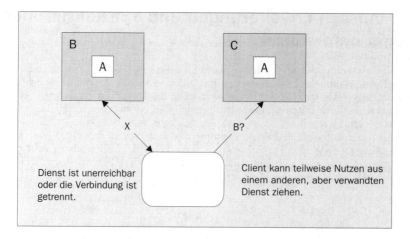

Dies sind ehrgeizige Ziele. Eine Fallstudie und ein grundlegendes Beispiel sind nicht genug, um die Verästelungen dieser Prinzipien zu verdeutlichen und sich durch sie hindurchzuarbeiten. Die Fallstudie, die wir in Angriff nehmen wollen, wird die fundamentalen Techniken der Verwendung von XML für den Datenaustausch in Web-Anwendungen illustrieren. Behalten Sie diese fünf Prinzipien immer im Hinterkopf und überlegen Sie, wie Sie Ihren Code mit deren Hilfe verbessern können. Unterwegs werde ich einige Vorschläge machen.

Das Beispiel

Stellen Sie sich vor, Sie managen eine kleine Abteilung von Programmierern. Jedem Programmierer werden im Laufe der Zeit mehrere Projekte zugewiesen. Wenn ein Projekt abgeschlossen ist, schreiben Sie eine kurze Notiz über die Leistung des Programmierers an diesem Projekt. Diese Notizen wollen Sie nun gerne periodisch überprüfen, um die berufliche Entwicklung Ihrer Programmierer einschätzen zu können. Sie wollen nicht viel Zeit und Mühe für die entsprechende Anwendung aufbringen und Sie würden gerne auf die Daten von jedem Computer im Netzwerk aus zugreifen können.

Eine Intranet-Anwendung erscheint ideal. Die Anwendung wird auf jedem System, das mit dem Firmen-Standard-Browser ausgestattet ist (von dem wir für unsere Zwecke annehmen, dass es Internet Explorer 5.0 ist), laufen können. ASP und Client-seitiges Scripting werden uns ermöglichen, schnell einen System-Prototypen zu entwickeln, der unseren Bedürfnissen entspricht. Diese Anwendung wird JavaScript als Skriptsprache benutzen.

Nachdem Sie gerade erst die fünf Entwicklungsprinzipien kennen gelernt haben, werden Sie begierig darauf sein, sie auszuprobieren und zu sehen, wie sie in der Praxis funktionieren. Wenn Sie aus der Entfernung auf die Daten mit Hilfe von ADO vom Client zugreifen, werden Sie Technologie-Abhängigkeiten in Ihre Daten einbauen. Wenn Sie ADO auf dem Server zur Datenrückholung benutzen und HTML erzeugen – die allgemeinste Web-Entwicklungstechnik für dieses Problem – werden Sie Ihren Servercode auf den Gebrauch durch menschliche Benutzer, die vor den Browsern sitzen, einschränken. Das bedeutet einen manuellen Schritt im Prozess. Sie entscheiden, ADO auf dem Server zu benutzen und es für die Übertragung an den Client in XML zu konvertieren. Auf diese Weise behalten Sie Ihre Daten bis zum letztmöglichen Moment als Daten, ohne visuelles Styling. Weil Sie XML für das Austauschformat benutzen, befinden sich die Daten in einem plattformneutralen Format. Ihr ASP wird die Form eines Dienstes annehmen. Ihr Client wird eine Anfrage (ein XML-Dokument) an den Server senden und eine Antwort (ein weiteres XML-Dokument) erhalten. Sie werden diesen Dienst lokalisieren, indem Sie seinen URL erhalten, jedes Mal, wenn Sie ihn abfragen wollen. In der Theorie könnte der Netzwerkadministrator den Dienst zwischen den Aufrufen verschieben oder ersetzen, ohne dass irgendeine Client-Anwendung die Änderung mitbekommt. Clients werden nach der Adresse des Dienstes fragen, indem sie den Namen des XML-Vokabulars angeben, das sie empfangen müssen.

Microsoft unterstützt seit kurzem XML sowohl im ADO- als auch im SQL-Server. Dennoch wird, solange das relationale Schema nicht zufällig zu unseren Konventionen passt, diese automatische Unterstützung nichts nützen. Wir werden XML in diesem Beispiel in Programmen zusammenstellen, um unsere Konventionen für die Bezeichnung von Kollektionen zu benutzen. Das ist ein allgemeines Problem. XML-Daten neigen dazu, hierarchisch zu sein, was für die meisten Geschäftsobjekte gut geeignet ist. Relationale Daten drücken Hierarchien jedoch trotz komplexer Verbindungen schlecht aus. Die XML-Unterstützung, die Microsoft anbietet, ist in vielen Fällen nützlich, in diesem Fall aber wenig hilfreich.

Anwendungsdesign

Der Schlüssel zu einer erfolgreichen Benutzeroberfläche für diese Anwendung ist die Minimierung der Seitenzahl, die der Verwalter des Dienstes sich ansehen muss. Im Zuge der Arbeit mit Kunden muss er die folgenden Aufgaben durchführen:

❑ Das System nach Informationen über den Programmierer abfragen (voller Name und Berufsbezeichnung)

❑ Neue Mitarbeiter hinzufügen und Aufzeichnungen existierender Programmierer aktualisieren

❑ Das System nach Beschreibungen zur Projektleistung abfragen

❑ Neue Leistungsbemerkungen hinzufügen

Wir sollten in der Lage sein, dies auf einer Seite unterzubringen, die wir mit einer horizontalen Linie unterteilen. Über dieser Linie haben wir ein datengebundenes Formular, das die Informationen für einen Programmierer enthält. Unterhalb der Linie haben wir eine Projekt-History-Tabelle, die für jedes Projekt den Projektnamen, die Projekt-ID und ein Textfeld mit der Leistungsbeschreibung anzeigt. Und so wird die Seite dann aussehen:

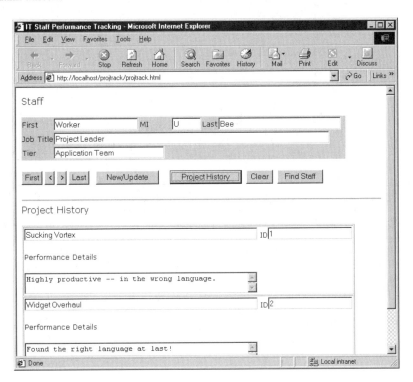

Die vier Buttons links unten in der oberen Hälfte der Seite erlauben dem Benutzer, durch mehrere Einträge zu navigieren, um den bestimmten Programmierer zu finden, dessen Leistung er sich noch einmal genauer ansehen will. Sie ermöglichen es dem Benutzer, entweder den ersten oder den letzten Programmierer auf der Liste anzeigen zu lassen oder sich in der Liste vor- oder zurückzubewegen. Die Elemente im Programmiererformular werden an das XML gebunden sein, das vom Server zurückgeliefert wird.

Die verbleibenden Buttons erlauben uns, die folgenden Funktionen durchzuführen:

❏ Neue Programmierer einzugeben

❏ Die existierenden Informationen über die Programmierer zu bearbeiten

❏ Die Projekt-History-Leistung für einen Programmierer abzurufen und unterhalb der horizontalen Linie anzeigen zu lassen

❏ Das Formular zu löschen, um eine Suche oder das Einfügen der Daten eines neuen Programmierers vorzubereiten

❏ Nach den Informationen über einen existierenden Programmierer zu suchen

Der untere Teil der Seite erlaubt Benutzern, sich die Leistungsbilanz für einen Programmierer anzusehen oder neue Leistungsberichte einzugeben:

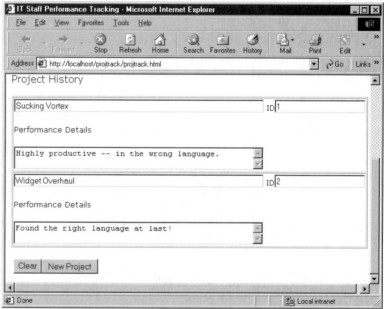

Diese Anwendung könnte so entworfen sein, dass sie direkt an die Datenbank mit den Informationen über die Programmierer angebunden ist. Unsere Prinzipien allerdings ermuntern uns dazu, die Details der Datenspeicherung vor der Anwendung zu verstecken. Stattdessen sollten wir die Elemente an Programmierer- und Programmierer-Leistungs-History-Dienste binden. Diese Dienste werden direkt mit der Datenbank zusammenarbeiten, aber Informationen mit Clients in Form von XML-Dokumenten austauschen. Dies gibt uns auf Seiten des Clients die Freiheit, andere Methoden als Datenbindung zu benutzen, und auf Seiten des Servers die Freiheit, Datenbanken und Datenbankschemata zu ändern.

Wenn Sie die Anwendung gerne ausprobieren würden, so können Sie den Code und die Beispieldatenbank gerne von unserer Website unter http://www.wrox.com/ *herunterladen. Die Datenbank umfasst Programmierer und die zugehörigen Leistungseinträge für Programmierer mit den Nachnamen Genius, Authority, Doe, Smith, Typhoid, Calamity, Sullivan, Bee und Greeley.*

Wie alles zusammenpasst

Hier ist nun der Überblick über unsere Anwendung. Wir haben eine Seite, `ProjTrack.html`, die zum Client heruntergeladen wird. Wenn ein Benutzer mit den Elementen einer Seite arbeitet, werden Skripts lokal ausgeführt. Diese Skripts bestimmen die Adresse der Dienste, die sie erfordern. Diese Dienste sind auf einem Webserver als die ASP-Seiten `Staff.asp` und `History.asp` implementiert. Anfragen werden als im passenden Anfragenvokabular geschriebenes XML-Dokument an den Dienst geschickt. Der Dienst parst die Anfrage, fragt die Datenbank `projects.mdb` ab und erzeugt, basierend auf den Ergebnissen der Abfrage, ein neues XML-Dokument im Antwortvokabular. Der Client nimmt die Antwort entgegen, parst sie und zeigt die Ergebnisse in einer datengebundenen DHTML-Form an. Beachten Sie, dass der Server die Details der Datenspeicherung und -rückholung vor dem Client versteckt und dass der Client die Vorgänge der Konsumierung und Übertragung der Daten vor dem Dienst versteckt. Unser Prinzip des Datenaustauschs auf plattformneutrale Weise bewahrt unsere Unabhängigkeit und erhöht infolgedessen die Wiederverwendungsmöglichkeiten. Sie könnten zum Beispiel den Client `ProjTrack.html` durch ein Programm, das Berichte schreibt und zusammenfasst, ersetzen, ohne dass irgendetwas auf dem Server verändert werden müsste.

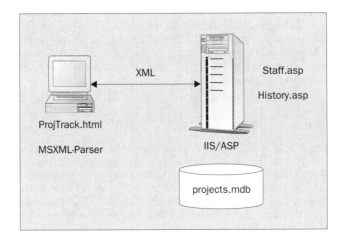

Der Programmierer-Dienst-Client

Die Client-Seite der Anwendung, die wir oben kennen gelernt haben, besteht aus einer einzelnen HTML-Seite. Ein Programmier-Manager, der die Anwendung benutzt, braucht diese Seite niemals zu verlassen. Dennoch gibt es einen hohen Grad von Interaktivität und Kommunikation mit dem Server. Der Client fragt jeden von zwei Diensten nach Daten über Programmierer und deren Leistungsbilanzen ab. Diese Daten sind in zwei XML-Daten-Vokabularen codiert. Jedes Vokabular ist mit einem Abfrage-Vokabular gepaart. Der Client nimmt Werte aus dem Formular, codiert eine passende Abfrage und überträgt sie an den passenden Dienst. Wenn die Daten zurückgeliefert werden, ist das XML an das Formular gebunden. Wenn ein Programmier-Manager die Daten eines neuen Programmierers eingibt oder einen neuen Leistungsbericht über einen bereits gespeicherten Programmierer schreibt, formatiert die Anwendung diese Informationen in dem Datenvokabular und überträgt sie an den Server.

Unser System benutzt zwei Klassen von Objekten: `ITStaffers` und `ProjReports`. `ITStaffers`, aus der Sicht des Programmier-Managers, ist eine Spezialisierung der allgemeinen Eltern-Klasse `Staffer` der Firma durch Hinzufügen einer `Tier`-Eigenschaft. Diese Eigenschaft zeigt an, ob der Programmierer in erster Linie für Client-, Anwendungslogik- oder Datendienstaufgaben eingesetzt wird. Idealerweise sollten die Programmierer, die den Dienst entwickeln, der `ITStaffer`-Objekte verwaltet, dann ihren Server so schreiben, dass er sowohl mit `ITStaffer`- als auch mit `Staffer`-Vokabeln umgehen kann. Auf diese Weise kann der Dienst die `Staffer`-Teilmenge von `ITStaffer`-Informationen mit jeder Anwendung teilen, die Informationen verarbeiten kann. Dies folgt aus Prinzip 5, das fordert, dass Dienste Spezialisierungen unterstützen sollten. Projektleistungsbericht-History ist einmalig für die IT-Abteilung und ihre Sichtweise von Programmierern. Weil diese Berichte eine Besonderheit von `ITStaffers` sind, ist es sinnvoll, diese Daten über einen anderen Dienst zu verwalten als durch den, der die `Staffers` abdeckt.

Selbstverständlich haben wir diese ganze Fallstudie nur erfunden und es gibt in Wirklichkeit gar keinen `Staffer`-*verarbeitenden Code. Außerdem ist der Grad der Spezialisierung gering. Überlegen Sie sich aber, wie in einem realen Code die Ansicht der Mitarbeiter aussähe. Sie enthielte ausgefeiltere Beschreibungen, sicher mehr als nur ihren Namen und ihre Berufsbezeichnung. Private Informationen wie Sozialversicherungsnummern wären speziell codiert, um sie vor unberechtigten Zugriffen zu schützen. Ähnlich würde die Spezialisierung des Vokabulars auf* `ITStaffers` *nichttrivialen Code erfordern. Wir könnten zum Beispiel eine Liste der Programmiersprachen führen, die ein Programmierer beherrscht, einschließlich der Informationen, wie gut er sie beherrscht. In diesem Fall würden wir im Code eine klare Unterscheidung zwischen* `Staffers` *und* `ITStaffers` *treffen.*

In jedem Fall wird der Client von den Server-seitigen Details des Datenmanagements isoliert. Solange der Client die Techniken verwendet, die wir in den früheren Kapiteln entwickelt haben, steht uns frei, welche Datenbank oder Dateimanagement-Technik wir auch immer benutzen. Wichtiger noch, jeder, der Kenntnis von den von uns definierten XML-Vokabularen hat, kann unsere Dienste verwenden. Umgekehrt sind auch die Server von den Techniken isoliert, die der Client benutzt. Obwohl wir Datenbindung verwenden, müssen die Dienste diese nicht unterstützen. Die Datenbindung, die wir auf dem Client verwenden, besteht zum zurückgelieferten XML, nicht zu einem ADO-Datensatz. Wir könnten die Dienste auf ein anderes System verschieben, das keine Windows-Datenmanagement-Techniken verwendet, und die Anwendung würde weiterlaufen.

Die Dienste

Die Dienste, die wir entwickeln, werden über ASPs implementiert. Wenig überraschend, verwenden diese ASPs ADO, um auf die Programmierer-Daten in einer Access-Datenbank zuzugreifen, was mit Abstand die einfachste Technik für unsere Zwecke ist. Wir entwickeln das ganze System von Grund auf, so dass uns freisteht, Techniken zu verwenden, die sich möglichst gut mit unserer Plattform vertragen und die die Systemanforderungen am effizientesten erfüllen können. Viele wirkliche Institutionen müssten sich dagegen mit alten, auf Mainframe-Systemen gelagerten Daten plagen. Sie könnten Messaging oder ein proprietäres API verwenden, um auf die Daten zuzugreifen.

Beide Dienste verwenden ähnliche Formate. Sie extrahieren die Werte, die durch ein Formularelement namens `XMLRequest` übergeben werden, parsen das XML und bestimmen, welches Vokabular übergeben wird. Programmierer und Projekt-Leistungsberichte werden unseren Konventionen entsprechend als Kollektionen übergeben. Obwohl unser besonderer Client immer nur einen Programmierer-Eintrag oder einen Leistungsbericht übergeben wird, ist es sinnvoll, Kollektionen dieser Daten zwischen Client und Server hin- und herzuversenden. Sobald der Server bestimmt hat, welches Vokabular er sieht, formatiert er eine SQL-Abfrage, führt sie aus und liefert die Daten als XML-Dokument an den Client zurück. Im Fall einer Suche wird dies eine Kollektion sein, die null oder mehr Programmierer oder Leistungsberichte enthält. Im Fall einer Übergabe durch den Client wird es eine positive oder negative Bestätigung an den Client sein.

Die ASPs sind reine Skripts und liefern nichts als XML zurück. Sie enthalten keine HTML, HEAD, oder BODY-Elemente. Sie machen großzügig Gebrauch von MSXML und ADO-Objekten, doch werden diese dynamisch erzeugt. Sie sind folglich eher kleine Programmfragmente als Webseiten.

Austausch-Vokabulare

Unsere Anwendungen werden vier XML-Vokabulare für den Datenaustausch zwischen Client und Server benötigen. Die Clients müssen in der Lage sein, den Server nach Programmierern zu fragen, die bestimmte Kriterien erfüllen, sowie nach Berichten über gewisse Programmierer. Der Server muss im Gegenzug mit Kollektionen von Programmierern oder Leistungsberichten antworten, die den entsprechenden Suchanfragen genügen. Zusätzlich wird der Client die Programmierer- und Berichtvokabulare verwenden, um dem Server neue Programmierer und Berichte zum Speichern zu übergeben.

Programmierersuche

Wir haben uns entschieden, den Anwendungen zu erlauben, den ITStaffer-Dienst anhand des Nachnamens des Programmierers und der Personalnummer zu durchsuchen. Da unsere Benutzeroberfläche keine Personalnummer anzeigt, wird dieser besondere Client immer ein leeres Element für dieses Kriterium übergeben. Hier ist die Hülle eines vollständigen StaffQuery-Dokuments:

```
<StaffQuery>
    <StaffID/>
    <LastName/>
</StaffQuery>
```

Obwohl wir keine DTD zur Validierung unserer Dokumente verwenden werden, können wir dies formaler so definieren:

```
<!ELEMENT   StaffQuery    (StaffID, LastName)>
<!ELEMENT   StaffID       #PCDATA>
<!ELEMENT   LastName      #PCDATA>
```

Projektleistungsanfrage

In einer großen Abteilung könnte eine Personal-Suchanfrage dazu führen, dass mehrere Einträge an die Client-Anwendung zurückgeliefert werden. Jede wird eine Personalnummer enthalten, so dass wir präziser werden können, wenn wir nach den Leistungsberichten eines bestimmten Programmierers suchen. Tatsächlich müssen wir präziser werden, damit nicht Berichte für verschiedene Programmierer vermischt werden. Dies ist die Hülle der ProjPerformanceQuery:

```
<ProjPerformanceQuery>
    <StaffID/>
</ProjPerformanceQuery>
```

Dies entspricht der folgenden DTD:

```
<!ELEMENT   ProjPerformanceQuery    StaffID>
<!ELEMENT   StaffID       #PCDATA>
```

Antwort auf eine Programmierersuche

Dokumente, die als Antwort auf eine StaffQuery zurückgeliefert werden, werden immer aus einer Collection von einem oder mehreren ITStaffer-Elementen bestehen. Wie vorher bemerkt, ist ITStaffer eine Spezialisierung von Staffer. Ein Staffer-Element enthält Elemente für Namen, Personalnummer und Berufsbezeichnung des Mitarbeiters. Das ITStaffer-Element enthält ein Element, das die Programmierebene beschreibt, auf der der Programmierer arbeitet, und das Staffer-Element. Alle Elemente sind obligatorisch. Hier ist die Hülle eines Dokuments, das ein ITStaffer-Element enthält:

```
<Collection>
   <ITStaffer>
      <Staffer>
         <StaffID/>
         <FirstName/>
         <MI/>
         <LastName/>
         <JobTitle/>
      </Staffer>
      <Tier/>
   </ITStaffer>
</Collection>
```

Die DTD dafür ist ein wenig ungewöhnlich. Wir wollen Collection als Dokumenttyp verwenden. Streng genommen sollte sich dies auch in einer DTD ausdrücken, doch wollen wir Collection als allgemeinen Container für eine Vielzahl enthaltener Objekte verwenden. Puristen würden sagen, dass wir einen Namensraum für jede Verwendung von Collection einführen müssen, aber wir wollen hier nicht so streng sein:

```
<!ELEMENT   Collection   (ITStaffer*)>
<!ELEMENT   ITStaffer    (Staffer, Tier)>
<!ELEMENT   Staffer      (StaffID, FirstName, MI, LastName, JobTitle)>
<!ELEMENT   StaffID      #PCDATA>
<!ELEMENT   FirstName    #PCDATA>
<!ELEMENT   MI           #PCDATA>
<!ELEMENT   LastName     #PCDATA>
<!ELEMENT   JobTitle     #PCDATA>
<!ELEMENT   Tier         #PCDATA>
```

Antwort auf eine Leistungsberichtanfrage

Antwortdokumente auf Leistungsberichtanfragen wie ITStaffer-Dokumente bestehen aus Kollektionen von null oder mehr ProjReport-Elementen, von denen jedes Elemente für Projektnamen und -nummern sowie ein formatfreies Element enthält, in dem der Programmier-Manager die Details als Text einträgt:

```
<Collection>
   <ProjReport>
      <ProjName/>
      <ProjID/>
      <PerformanceDetails/>
   </ProjReport>
</Collection>
```

Hier ist die Collection-Variante, die wir verwenden:

```
<!ELEMENT   Collection          (ProjReport*)>
<!ELEMENT   ProjReport          (ProjName, ProjID, PerformanceDetails)>
<!ELEMENT   ProjName            #PCDATA>
<!ELEMENT   ProjID              #PCDATA>
<!ELEMENT   PerformanceDetails  #PCDATA>
```

Implementierung

Das Programmierer-Team, dem die Aufgabe zugeteilt wurde, den Prototypen für diese Anwendung zu entwickeln, machte sich am Anfang mit unserer Entwicklungsphilosophie vertraut. Zusätzlich zur Einsicht in die Klassenarten im System und das XML-Vokabular, erwarb das Team Verständnis der Verwendung von Komponenten. Es entschied, für das Parsing und die Bearbeitung der Austauschdaten die MSXML-DOM-Schnittstellen einzusetzen; die IXMLHTTP-Schnittstelle von MSXML, um die Übertragung eines XML-Dokuments via HTTP zu erleichtern, ohne die Seite zu verlassen; und das XML-DSO, wiederum durch MSXML implementiert, zur Datenbindung. ADO wird fürs Einlesen, Einfügen und Aktualisieren relationaler Daten verwendet.

Lokalisierung der Dienste

Wie zuvor erwähnt, ist – im Sinne der fünf Prinzipien – der richtige Weg, den man zur Lokalisierung der Dienste gehen muss, ein Verzeichnis nach dem entsprechenden URL abzufragen, wenn der Client eine Anfrage an den Server senden muss. Vermutlich wird der Netzwerk-Administrator diese Dienste im Verzeichnis nach den Namen der von ihnen angesprochenen XML-Vokabulare auflisten. In unserem Fall würde `History.asp` mit `ProjPerformanceQuery` und `PerformanceReport` assoziiert. Weil dies kein Buch über LDAP-Verzeichnisse ist, habe ich beschlossen, einen Stub für diese Anfrage zu liefern. Der Client verfügt über eine Funktion, `GetASP()`, die einen Namen übernimmt und einen URL ohne `http://` zurückliefert:

```
function GetASP(svc)
{
   switch (svc)
   {
      case "Staff":
         return "localhost/ProjTrack/Staff.asp";
      case "StaffQuery":
         return "localhost/ProjTrack/Staff.asp";
      case "PerformanceReport":
         return "localhost/ProjTrack/History.asp";
      case "ProjPerformanceQuery":
         return "localhost/ProjTrack/History.asp";
   }
}
```

In diesem Code-Abschnitt wird angenommen, dass Sie ein virtuelles Verzeichnis namens `ProjTrack` *eingerichtet haben, um die Ressourcen der Anwendung aufzunehmen, und dass dieses Verzeichnis sich auf dem gleichen HTTP-Server befindet wie diese Seite. Beide Annahmen sind für die Zwecke dieses Beispiels bequem. Falls Sie den Code unter anderen Umständen laufen lassen, vergewissern Sie sich, dass dieser Code-Abschnitt entsprechend angepasst ist.*

Wenn wir einen Dienst-URL brauchen, rufen wir `GetASP()` mit dem Namen des benötigten Vokabulars als Parameter auf. Wir müssen dem von `GetASP()` zurückgelieferten Wert den Präfix `"http://"` voranstellen und das Resultat als URL für die `XMLHTTP`-Komponente verwenden. Um also eine Anfrage entsprechend dem `StaffQuery`-Vokabular abzusetzen, benötigen wir die folgenden zwei Code-Zeilen:

```
var sServer = "http://" + GetASP("StaffQuery");
xmlStaffd.Open("POST", sServer, false);
```

Da Designing Distributed Applications *das Thema* LDAP *im Allgemeinen und das Windows 2000 ActiveDirectory behandelte, sorgte ich für eine Konvention für die Auflistung von Diensten im Verzeichnis und zwei Komponenten, die mit dieser Konvention in* `GetASP()` *arbeiten. Wenn Sie mit abstrakter Lokalisierung*

*arbeiten wollen und nicht über ActiveDirectory oder einen anderen LDAP-Verzeichnis-Dienst verfügen, könnten
Sie versuchen, die URLs in einer Datenbank zu halten. Der Nachteil dieses Zugangs in einer wirklichen
Anwendung ist natürlich, dass jeder in der Lage sein muss, Verbindung zur gemeinsamen Datenbank aufzunehmen. Wenn dies schwierig ist, könnten Sie versuchen, den Zugriff auf die Datenbank in einer wohlbekannten ASP-Seite zu kapseln, die wie unsere* `GetASP()`*-Funktion arbeitet.*

Wir gehen davon aus, dass jeder Dienst, der ein gegebenes Daten-Vokabular, wie zum Beispiel `Staff`,
unterstützt, auch das komplementäre Anfrage-Vokabular versteht, in unserem Fall also `StaffQuery`. Die
Anfrage-Vokabulare sind nutzlos ohne ihre Daten-Vokabulare, und die Daten-Vokabulare sind ohne die
Anfrage-Vokabulare nur beim Übergeben von Daten von Nutzen. Mit dem Verständnis, dass Anfrage-
und Daten-Vokabulare miteinander verknüpft sind, steht uns frei, nach jedem von ihnen zu fragen, wenn
wir einen Dienst lokalisieren. Einige Programmierer werden es natürlich finden, prinzipiell nach dem
Daten-Vokabular zu fragen, denn das ist es, woran sie wirklich interessiert sind. Andere werden nach dem
jeweiligen Vokabular fragen, das sie an den Server senden wollen, denn das ist es, was der Dienst verarbeiten muss. Der Vorteil beim Fragen nach dem Daten-Vokabular ist, dass beiden Seiten sehr klar ist, was
zum Client zurückgeliefert wird. Die Frage nach dem Anfrage-Vokabular stellt dagegen sicher, dass der
Server auch verarbeiten kann, was Sie ihm zusenden wollen. Falls es einen Zweifel gibt, dass ein bestimmtes Anfrage-Vokabular immer mit einem bestimmten Daten-Vokabular verknüpft ist, sollten Sie nach dem
Anfrage-Vokabular fragen. Andernfalls sollten Clients um das Daten-Vokabular bitten. An dieser Stelle
bietet sich die Gelegenheit, die Dinge so locker zu fassen, dass neue Anwendungen ältere Dienste einfach
integrieren können.

Umgang mit der Datenbindung

Datenbindung ist ein wichtiger Punkt in `ProjTrack.html`. Wir verwenden die Techniken, um sowohl
Programmierer-Einträge als auch Leistungsberichte anzuzeigen, in zwei Formularen auf dieser Seite. Der
Leistungsbericht ist eine Tabelle, so dass wir durch die Datenbindung eine einzelne Template-Zeile so oft
replizieren, wie wir sie brauchen, um den vollständigen Leistungsverlauf eines bestimmten Programmierers anzuzeigen. Dies wird nicht nur einmal getan. In einer typischen Benutzersitzung wird ein Manager
mehrere Suchvorgänge nach Programmierern und Leistungsverläufen durchlaufen und zwischendurch
neue Programmierer- oder Berichtsdaten einfügen. Wir müssen einige Sorgfalt walten lassen, um sicherzustellen, dass die Datenbindung niemals gebrochen wird.

Um dies zu erreichen, enthält `ProjTrack.html` zwei Dateninseln, eine für jedes Formular. Dies sind
leere Hüllen im `BODY`-Element der Seite:

```
<XML id=xmlStaff>
<Collection>
    <ITStaffer>
        <Staffer>
            <StaffID></StaffID>
            <FirstName></FirstName>
            <MI></MI>
            <LastName></LastName>
            <JobTitle></JobTitle>
        </Staffer>
        <Tier></Tier>
    </ITStaffer>
</Collection>
</XML>
<XML id=xmlProjs>
<Collection>
    <ProjReport>
        <ProjName></ProjName>
        <ProjID></ProjID>
```

```
        <PerformanceDetails></PerformanceDetails>
    </ProjReport>
</Collection>
</XML>
```

Die Formularelemente werden zur Designzeit an die richtige Dateninsel gebunden. Dies ist das INPUT-Element für den Vornamen auf dem Kundenformular:

```
<INPUT id=firstNameText name=firstNameText dataFld=FirstName dataSrc=#xmlStaff>
```

Im Folgenden werden wir sehen, dass wir den Parse-Baum der Dateninseln manuell bearbeiten und für eine dynamische Verbindung mit den Daten sorgen müssen. Lassen Sie uns, dies im Hinterkopf behaltend, zu den Details unserer funktionalen Implementierung übergehen.

Eingabe und Bearbeitung von Programmierern

Zuerst untersuchen wir, was geschieht, wenn wir einen Dienst verwenden, um einen neuen Programmierer in die Datenbank aufzunehmen. Ausgehend von einem leeren Formular gibt der Manager die Informationen ein und klickt auf den Button New/Update. Die Dinge nehmen ihren Anfang auf der Client-Seite in der Button-Click-Handler-Funktion OnInsertClick(). Der Client beginnt, aus den vom Benutzer eingegebenen Daten ein Anfrage-Dokument aufzubauen.

Die Client-Seite

Egal, ob wir einen völlig neuen Kundeneintrag vornehmen oder einen alten modifizieren wollen, der Client wird genau dieselben Aktionen durchführen, um das Anfrage-Dokument aufzubauen. Wir wollen ein Collection-Dokument formatieren, das ein ITStaffer-Element enthält, das wiederum die Werte aus unseren Formularfeldern beinhaltet. Es gibt ein verborgenes INPUT-Element, staffIDText, das den gesamten Unterschied ausmacht. Wenn wir einen neuen Programmierer hinzufügen, steht nichts in diesem Feld. Wenn der Server keinen Text-Wert im StaffID-Element erhält, nimmt er an, dass dieses Dokument einen neuen Programmierer vorstellt, und weist ihm einen Wert zu. Dem Client ist dies jedoch egal. OnInsertClick() fängt mit dem Auslesen der Werte aus den Formularelementen an und setzt sie an die richtigen Stellen in einem XML-Dokument:

```
function OnInsertClick()
{
    var sReq = "";

    sReq = "<Collection><ITStaffer><Staffer><StaffID>"
        + staffIDText.value + "</StaffID>";
    sReq += "<FirstName>" + firstNameText.value +
        "</FirstName><MI>" + miText.value + "</MI>";
    sReq += "<LastName>" + lnameText.value +
        "</LastName><JobTitle>" + jobtitletext.value + "</JobTitle>";
    sReq += "</Staffer><Tier>" + tiertext.value +
        "</Tier></ITStaffer></Collection>";
```

Als Nächstes wollen wir eine Instanz der IXMLHTTP-Schnittstelle von MSXML erzeugen und sie verwenden, um das Dokument mittels POST an einen Dienst zu überreichen, der das ITStaffer-Vokabular unterstützt. Es gilt jedoch, einen kleinen Punkt zu beachten. Der Einfachheit halber verwenden wir die MIME-Codierung für HTML-Formulare. Dies bedeutet, dass in den gerade erzeugten Dokumenten vor dem Versenden die Leerzeichen durch das Literal %20 ersetzt werden müssen. Auch andere nicht alphanumerische Zeichen sind betroffen. Wir verwenden die `replace`-Methode der `String`-Objekte in JavaScript, um diese Konversion durchzuführen. Dies erfordert einen regulären Ausdruck als Parameter für das Zeichen, das wir finden und ersetzen wollen. Wir erzeugen eine solche Konstante und rufen `replace` auf:

```
var regExp = / /g;
sReq = sReq.replace(regExp, "%20");
```

Zur Vereinfachung habe ich die Konversion anderer atypischer Zeichen weggelassen. Die Formular-Codierung macht uns das Leben auf dem Server leichter, da das ASP-Request-Objekt das XML-Dokument in einem Stück zurückholen kann, wenn der Name des Formular-Elements gegeben ist, in unserem Fall XMLRequest, dessen Wert sich im Dokument befindet. In einigen realen Problemen werden nicht alphanumerische Zeichen sehr häufig vorkommen. In diesen Fällen kann es einfacher sein, eine andere MIME-Codierung zu benutzen.

Bis hierhin hat der Client keine Ahnung, wohin er die Informationen senden soll. Wie wir gesehen haben, erhalten wir mit Hilfe der `GetASP()`-Hilfsfunktion einen URL. Wir haben zuvor zwei Instanzen der `XMLHTTP`-Komponente mit globaler Gültigkeit eingerichtet. Wir verwenden eine von ihnen, `xmlStaffd`, um das Posting der Kundeninformationen abzuarbeiten. Wir vervollständigen den URL mit dem Protokoll-Identifier (`http://`) und führen die Schritte aus, die `XMLHTTP` benötigt, um ein `POST` von `xmlStaffd` auszulösen. Diese bestehen aus der Angabe der `POST`-Operation und dem URL, dem richtigen Setzen des Request-Header-`Content-Type` und dem Absenden der Anfrage:

```
var sServer = "http://" + GetASP("Staff");
xmlStaffd.Open("POST", sServer, false);
xmlStaffd.setRequestHeader("Content-Type",
                           "application/x-www-form-urlencoded");
xmlStaffd.Send("XMLRequest=" + sReq);
```

An dieser Stelle enthält `xmlStaffd` ein geparstes XML-Dokument vom Server. Falls der Einfügevorgang des Kunden korrekt abgelaufen ist, sollte dieses Dokument `<ACK/>` (für »acknowledged«) lauten. Andernfalls informieren wir den Benutzer über das Auftreten eines Fehlers:

```
if (xmlStaffd.responseXML.documentElement.nodeName != "ACK")
    alert("Staff update was not accomplished due to a server problem.");
}
```

Dieser antiklimatische Abschluss versteckt die gesamten Aktivitäten, die auf dem Server infolge unseres `POST` stattfanden.

Die Server-Seite

Unser Dienst für das `ITStaffer`-Vokabular ist ein ASP, `staff.asp`, das aus reinem Text besteht. Es fängt mit dem Auffinden des Wurzel-Knotens des Dokuments an, das es von der `XMLHTTP`-Komponente erhalten hat. Nun erfordern alle Vokabulare, auf die es vorbereitet ist, irgendeine Art von Datenbankzugriff. Deshalb bereiten wir eine ADO-Verbindung und Datensatz-Objekte vor:

```
<%@ Language=JavaScript %>
<%

var dbConn, dbRecordSet;

/* Create a parser object and retrieve the XML search request
   from the server's Request object. */

var parser = Server.CreateObject("microsoft.xmldom");
parser.loadXML(Request.Form("XMLRequest").Item);
```

```
if (parser.readyState == 4 && parser.parseError == 0)
{
    // Establish a global connection
    dbConn = Server.CreateObject("ADODB.Connection");
    dbConn.Open("ProjTrack", "", "");
    dbRecordSet = Server.CreateObject("ADODB.RecordSet");
```

Unter Windows 2000 und der letzten Version des MSXML-Parsers kann die load()*-Methode eine Referenz auf ein beliebiges Objekt übernehmen, das eine* Istream*-Schnittstelle unterstützt. Dies schließt bemerkenswerterweise ein XML-Dokument-Objekt in MSXML ein. Folglich kann der Aufruf von* loadXML() *mit dem Wert der XML-Request-Variablen effizienter durch das Folgende ersetzt werden:*

```
Parser.load(Request);
```

Windows und COM übernehmen für Sie die nötigen Konversionen. Das Ergebnis ist, dass Ihre Server-seitige Seite ein XML-Dokument-Objekt erhält und es auf der Empfängerseite laden kann.

Wenn Sie den Code von der Wrox-Website herunterladen, vergessen Sie nicht, einen System-DSN namens ProjTrack zu erzeugen, der auf projects.mdb verweist und weder Benutzernamen noch Kennwort hat.

Bestimmen, was zu tun ist

Der Dienst ist darauf vorbereitet, auf StaffQuery- und Collection-Vokabular-Dokumente zu antworten. Im letzten Fall müssen wir hineinsehen und prüfen, ob die Kollektion aus ITStaffer-Objekten besteht. Dies geschieht hier:

```
switch (parser.documentElement.nodeName)
{
    case "StaffQuery":
        ProcessStaffQuery(parser.documentElement);
        break;
    case "Collection":
        // Receiving an update to SvcCustomer
        switch (parser.documentElement.childNodes(0).nodeName)
        {
            case "ITStaffer":
                ProcessStafferInsertion(parser.documentElement);
                break;
        }
        break;

    default:
        // Lack of ACK will signal db error,
        // empty collection doesn't spoil data binding
        Response.Write("<Collection/>");
}
```

Aufnahme von Daten in die Datenbank

Egal, ob wir nun neue Programmierer hinzufügen oder die Daten eines alten aktualisieren, die ASP werden alle Spalten der Programmierer-Tabelle in der Datenbank erhalten. Von diesen gibt es sechs. Als Erstes müssen wir die Daten holen und sie in ein String-Array packen:

```
function ProcessStafferInsertion(collectionNode)
{
    var rsFrags = new Array("", "", "", "", "", "");

    // Assemble the values to insert or update
    for (var ni = 0; ni < collectionNode.childNodes.length; ni++)
    {
        switch (collectionNode.childNodes(ni).nodeName)
        {
            case "ITStaffer":
                // First child must be Staffer
                var staffNode = collectionNode.childNodes(ni).childNodes(0);
                for (var nk = 0; nk < staffNode.childNodes.length; nk++)
                {
                    var sFragVal = staffNode.childNodes(nk).text;
                    switch (staffNode.childNodes(nk).nodeName)
                    {
                        case "StaffID":
                            rsFrags[0] = sFragVal;
                            break;
                        case "FirstName":
                            rsFrags[1] = sFragVal;
                            break;
                        case "MI":
                            rsFrags[2] = sFragVal;
                            break;
                        case "LastName":
                            rsFrags[3] = sFragVal;
                            break;
                        case "JobTitle":
                            rsFrags[4] = sFragVal;
                            break;
                    }
                } // end of Staffer loop
                // second child will be the tier assignment
                var tierNode = collectionNode.childNodes(ni).childNodes(1);
                sFragVal = tierNode.childNodes(0).text;
                rsFrags[5] = sFragVal;
                break; // ITStaffer case

        } // end of master switch statement
    } // end of master for - next loop
```

Alle Spalten unserer einfachen Programmierer-Tabelle sind String-Werte. Wir halten die Dinge einfach, was den Datenbankzugriff angeht, und setzen unsere SQL-Abfragen einfach durch Aneinanderfügen von Strings zusammen. Falls Ihre Daten eine Vielzahl von Datentypen enthält, werden Sie eher eine SQL-Abfrage verwenden wollen, die Parameter-Platzhalter enthält, und dann das ADO-Parameter-Objekt benutzen, um die Dinge nach Datentyp zusammenzusetzen. Das Thema wird in ADO 2.0 Programmer's Reference, *Wrox Press (ISBN 1-861001-83-5) behandelt. In dieser Fallstudie konzentrieren wir uns auf die XML-Aspekte.*

Erinnern Sie sich an unsere Geschäftsregel bezüglich Programmierer-IDs? Wir weisen neuen Programmierern eine eindeutige Nummer zu. Hierfür können wir Gebrauch vom Datentyp Autonumber in Microsoft Access machen. Einmal zugewiesen, erlauben wir keine Änderungen der ID. Folglich sagt uns die Anwesenheit eines nicht leeren StaffID-Elements, dass wir die Daten eines bereits existierenden Programmierers aktualisieren. Seine Abwesenheit bedeutet, dass es sich um einen neuen Programmierer handelt. Jeder Fall erfordert eine andere SQL-Abfrage. Ein neuer Programmierer erfordert ein INSERT, zum Beispiel:

```
INSERT INTO members (FName, MI, LName, JobTitle, Tier) VALUES ("John", "A",
"Doe","Senior Programmer , "Client");
```

Ein existierender Programmierer erfordert ein UPDATE in einer existierenden Zeile:

```
UPDATE members SET FName="Jerome", MI="B", ..., Tier="Data" WHERE ID = "157";
```

Entsprechend überprüfen wir in ProcessStafferInsertion(), ob ein nicht leerer StaffID-Wert vorhanden ist und bereiten den entsprechenden SQL-Befehlstext vor:

```
if (rsFrags[0] == "")
{
    sCore = "INSERT INTO members (FName, MI, LName, JobTitle, Tier) VALUES (";
    sQuery = sCore + MakeStaffValues(rsFrags) + ");";
    DoQuery(sQuery);
}
else
{
    sCore = "UPDATE members SET ";
    var sConstraint = " WHERE ID = " + rsFrags[0];
    sQuery = sCore + MakeStaffSets(rsFrags) + sConstraint + ";";
    DoQuery(sQuery);
}
```

Der erste Feld-Eintrag, rsFrags[0], enthält den Wert des StaffID-Elements, falls vorhanden. MakeStaffValues() und MakeStaffSets() sind Hilfsfunktionen, die die spaltenbasierten Teile der jeweiligen SQL-Befehle anhand der Werte in rsFrags zusammensetzen. DoQuery() ist eine Hilfsfunktion, die wir einsetzen, um den SQL-Befehl auszuführen:

```
function DoQuery(sQuery)
{
    try
    {
        dbConn.Execute(sQuery);
        if (dbConn.Errors.Count > 0)
            Response.Write("<NACK/>");
        else
            Response.Write("<ACK/>");
    }
    catch(e)
    {
        Response.Write("<NACK/>");
    }
}
```

Im obigen Code verwenden wir einen try...catch-Block, um kritische Stopps durch von ADO ausgelöste Exceptions zu vermeiden. Die Errors-Kollektion des Verbindungsobjekts weist darauf hin, ob Probleme mit der Anweisung aufgetreten sind oder nicht. Falls keine Probleme erkannt wurden, erwarten wir, dass wir den Zeilensatz zurückliefern und schreiben einfach ein <ACK/> zurück an den Client, um die erfolgreiche Ausführung anzuzeigen. Falls ein Problem vorliegt, senden wir die negative Bestätigung, <NACK/>.

Das bringt uns zurück an den Punkt, an dem wir den Client verlassen haben. Der nächste Abschnitt zeigt den zusammengefassten Code für die Client- und Server-Teile.

Der vollständige Client-Code für das Einfügen eines neuen Programmierers

Die Aufgabe, einen neuen Programmierer einzufügen, führt uns durch Code, der sehr typisch für den Rest der Anwendung ist. Es lohnt sich, diesen Code eingehender zu betrachten. Aus Gründen der Bequemlichkeit folgt hier der vollständige Code für die Client-Seite dieser Aufgabe:

```
function OnInsertClick()
{
    var sReq = "";

    sReq = "<Collection><ITStaffer><Staffer><StaffID>" +
            staffIDText.value + "</StaffID>";
    sReq += "<FirstName>" + firstNameText.value + "</FirstName><MI>" +
            miText.value + "</MI>";
    sReq += "<LastName>" + lnameText.value + "</LastName><JobTitle>" +
            jobtitletext.value + "</JobTitle>";
    sReq += "</Staffer><Tier>" + tiertext.value +
            "</Tier></ITStaffer></Collection>";

    var regExp = / /g;
    sReq = sReq.replace(regExp, "%20");
    var sServer = "http://" + GetASP("Staff");
    xmlStaffd.Open("POST", sServer, false);
    xmlStaffd.setRequestHeader("Content-Type",
                                "application/x-www-form-urlencoded");
    xmlStaffd.Send("XMLRequest=" + sReq);
    if (xmlStaffd.responseXML.documentElement.nodeName != "ACK")
        alert("Staff update was not accomplished due to a server problem.");
}
```

Der vollständige Server-Code für das Einfügen eines neuen Programmierers

Der Hauptteil von `staff.asp` wird von allen Aufgaben geteilt, die diesen Dienst verwenden. Viele der Dinge, die wir bei der Implementierung des Einfügens von Programmierern erreicht haben, werden sich als charakteristisch für den Rest dieses Dienstes erweisen. Hier folgt also der vollständige Server-seitige Quellcode für das Einfügen eines neuen Programmierers:

```
<%@ Language=JavaScript %>
<%

var dbConn, dbRecordSet;

/* Create a parser object and retrieve the XML search request
   from the server's Request object. */

var parser = Server.CreateObject("microsoft.xmldom");
```

```
parser.loadXML(Request.Form("XMLRequest").Item);

// Configure the mime type to reflect XML
Response.ContentType="text/xml";

if (parser.readyState == 4 && parser.parseError == 0)
{
   // Establish a global connection
   dbConn = Server.CreateObject("ADODB.Connection");
   dbConn.Open("ProjTrack", "", "");
   dbRecordSet = Server.CreateObject("ADODB.RecordSet");

   // Check for the primary and secondary supported vocabularies
   switch (parser.documentElement.nodeName)
   {
      case "StaffQuery":
         ProcessStaffQuery(parser.documentElement);
         break;
      case "Collection":
         // Receiving an update to SvcCustomer
         switch (parser.documentElement.childNodes(0).nodeName)
         {
            case "ITStaffer":
               ProcessStafferInsertion(parser.documentElement);
               break;
         }
         break;

      default:
         // Lack of ACK will signal db error,
         // empty collection doesn't spoil data binding
         Response.Write("<Collection></Collection>");
   }
   // Clean up resources
   try
   {
      dbRecordSet.Close();
      dbConn.Close();
      dbConn = null;
      dbRecordSet = null;
   }
   catch (e)
   {
   }
}
else
   Response.Write("<Collection></Collection>");

parser = null;


function ProcessStafferInsertion(collectionNode)
{
   var rsFrags = new Array("", "", "", "", "", "");
```

```
    for (var ni = 0; ni < collectionNode.childNodes.length; ni++)
    {
        switch (collectionNode.childNodes(ni).nodeName)
        {
            case "ITStaffer":
                var staffNode = collectionNode.childNodes(ni).childNodes(0);
                for (var nk = 0; nk < staffNode.childNodes.length; nk++)
                {
                    var sFragVal = staffNode.childNodes(nk).text;
                    switch (staffNode.childNodes(nk).nodeName)
                    {
                        case "StaffID":
                            rsFrags[0] = sFragVal;
                            break;
                        case "FirstName":
                            rsFrags[1] = sFragVal;
                            break;
                        case "MI":
                            rsFrags[2] = sFragVal;
                            break;
                        case "LastName":
                            rsFrags[3] = sFragVal;
                            break;
                        case "JobTitle":
                            rsFrags[4] = sFragVal;
                            break;
                    }
                } // end of Staffer loop
                // second child will be the tier assignment
                var tierNode = collectionNode.childNodes(ni).childNodes(1);
                sFragVal = tierNode.childNodes(0).text;
                rsFrags[5] = sFragVal;
                break; // ITStaffer case

        } // end of master switch statement
    } // end of master for - next loop

    var sCore, sQuery;
    if (rsFrags[0] == "")
    {
        sCore = "INSERT INTO members (FName, MI, LName, JobTitle, Tier) VALUES (";
        sQuery = sCore + MakeStaffValues(rsFrags) + ");";
        DoQuery(sQuery);
    }
    else
    {
        sCore = "UPDATE members SET ";
        var sConstraint = " WHERE ID = " + rsFrags[0];
        sQuery = sCore + MakeStaffSets(rsFrags) + sConstraint + ";";
        DoQuery(sQuery);
    }
}
```

Suche nach Programmierern

Die Programmier-Manager werden nicht ständig bestehende Programmierereinträge modifizieren. Häufiger werden sie existierende Berichte über bereits bekannte Programmierer inspizieren wollen. Dies bedeutet, dass sie sich die Einträge vom ITStaffer-Dienst beschaffen müssen. Dies beginnt in ProjTrack.html, über die Button-Handler-Funktion OnFindClick().

Die Client-Seite

Wir erlauben Suchvorgänge durch eine Kombination aus Personalnummer und Nachnamen, unter Verwendung des StaffQuery-Vokabulars. Wir machen wiederum Gebrauch von der globalen XMLHTTP-Komponente xmlStaffd, ein POST eines Query-Dokuments durchzuführen:

```
function OnFindClick()
{
    var sReq = "";
    var sServer = "http://" + GetASP("StaffQuery");
    xmlStaffd.Open("POST", sServer, false);

    sReq = "XMLRequest=<StaffQuery><StaffID/><LastName>";
    sReq += lnameText.value + "</LastName>";
    sReq += "</StaffQuery>";

    var regExp = / /g;
    sReq = sReq.replace(regExp, "%20");
    xmlStaffd.setRequestHeader("Content-Type",
                                "application/x-www-form-urlencoded");
    xmlStaffd.Send(sReq);
    FixStaffBinding();
}
```

Dies ähnelt unserem Vorgehen, als wir einen Programmierer-Eintrag zum Server sandten. Wir erstellen ein XML-Dokument, führen die MIME-Codierung durch und verwenden dann die Komponente für ein POST. In diesem Fall erwarten wir jedoch, null oder mehr ITStaffer-Objekte in einem Collection-Dokument zu empfangen. Wir müssen die Datenbindung verwalten, was wir in FixStaffBinding() tun:

```
function FixStaffBinding()
{
    while (xmlStaff.documentElement.childNodes.length > 1)
    {

xmlStaff.documentElement.removeChild(xmlStaff.documentElement.childNodes(1));
    }
    for (var ni = 0;
         ni < xmlStaffd.responseXML.documentElement.childNodes.length;
         ni++)
        xmlStaff.documentElement.appendChild(
            xmlStaffd.responseXML.documentElement.childNodes(ni).cloneNode(true));

    if (xmlStaff.documentElement.childNodes.length > 1)
    {

        xmlStaff.documentElement.removeChild(
```

```
        xmlStaff.documentElement.childNodes(0));
    xmlStaff.recordset.moveFirst();

    stafftable.dataFld="Staffer";
    stafftable.dataSrc="#xmlStaff";
    firstNameText.dataFld="FirstName";
    firstNameText.dataSrc="#xmlStaff";
    miText.dataFld = "MI";
    miText.dataSrc = "#xmlStaff";
    lnameText.dataFld = "LastName";
    lnameText.dataSrc = "#xmlStaff";
    jobtitletext.dataFld = "JobTitle";
    jobtitletext.dataSrc = "#xmlStaff";
    staffIDText.dataFld = "StaffID";
    staffIDText.dataSrc = "#xmlStaff";
    tiertext.dataFld = "Tier";
    tiertext.dataSrc = "#xmlStaff";
}
```

Dies folgt einem Muster: Lösche alle Knoten, bis auf den ersten Kind-Knoten des Dateninsel-Wurzelknotens, hänge tiefe Kopien der zurückgelieferten ITStaffer-Elemente an und lösche dann den verbleibenden Knoten aus dem ursprünglichen Baum der Dateninsel. Geschieht dies nicht, versagt die Bindung, da wir dann die Daten aus dem XML-DSO ziehen würden, während es in Benutzung ist. Nachdem all dies getan ist, stoßen wir die Datenbindung durch Code an, der die dataFld- und dataSrc-Attribute jedes Formularelements setzt. An dieser Stelle zeigt das Kundenformular die neuen Werte an, die es vom Dienst erhalten hat. Schauen wir, was staff.asp tun musste, um diese Werte zu erhalten.

Die Server-Seite

Wir kehren zum Hauptteil von staff.asp zurück, um zu sehen, wohin wir als Antwort auf das erhaltene Dokument gehen:

```
if (parser.readyState == 4 && parser.parseError == 0)
{
    // Establish a global connection
    dbConn = Server.CreateObject("ADODB.Connection");
    dbConn.Open("ProjTrack", "", "");
    dbRecordSet = Server.CreateObject("ADODB.RecordSet");

    switch (parser.documentElement.nodeName)
    {
        case "StaffQuery":
            ProcessStaffQuery(parser.documentElement);
            break;
        case "Collection":
            switch (parser.documentElement.childNodes(0).nodeName)
            {
                case "ITStaffer":
                    ProcessStafferInsertion(parser.documentElement);
                    break;
            }
            break;

        default:
            Response.Write("<Collection></Collection>");
    }
```

Abrufen von Programmierern

Im betrachteten Fall erhält die ASP ein Dokument, das nach dem `StaffQuery`-Vokabular aufgebaut ist. Hier folgt nun, wie wir vorgehen, um das XML-Dokument in eine SQL-Abfrage zu verwandeln:

```
function ProcessStaffQuery(staffNode)
{
   var sSelectCore = "SELECT FName, MI, LName, ID, JobTitle, Tier FROM Members";

   var sConstraint = "";

   sConstraint = MakeStaffConstraint(staffNode);
   if (sConstraint != "")
      sConstraint = " WHERE " + sConstraint;

   var sQuery = sSelectCore + sConstraint + ';';

   dbRecordSet = dbConn.Execute(sQuery);

   if (!dbRecordSet.BOF)
      dbRecordSet.MoveFirst();

   if (dbRecordSet.EOF)
      Response.Write("<Collection></Collection>");

   Response.Write("<Collection>");
   while (!dbRecordSet.EOF)
   {
      WriteStafferBody(dbRecordSet);
      dbRecordSet.MoveNext();
   }
   Response.Write("</Collection>");
}
```

Wir bauen die Anfrage auf, führen sie aus und schreiben dann die gelieferten Daten als XML aus. Wie in unserem vorherigen Beispiel verwenden wir String-Verknüpfungen statt `Parameter`-Objekte, um die Anfrage zu konstruieren. Hier ist ein Beispiel einer vollständigen SQL-Anweisung, die einem `StaffQuery`-Dokument entspricht:

```
SELECT FName, MI, LNAME, ID, JobTitle, Tier FROM Members WHERE LName="Bee";
```

Um es möglichst allgemein verwendbar zu halten, erlaubt unser Anfrage-Vokabular die Einbeziehung der Personalnummer. In unserer Anwendung wird diese Nummer niemals angezeigt oder manuell eingegeben, so dass sie niemals in einer Client-Anfrage auftauchen wird. Dennoch wurde der Dienst ohne Kenntnis eines speziellen Clients aufgebaut, so dass wir bei der Konstruktion der SQL-Abfrage Code zur Verarbeitung dieses Suchparameters einbauen.

Zurückliefern von XML an den Client

Nun, da wir den Ergebnis-Datensatz haben, müssen wir die Werte als XML zurück an den Client schicken, damit sie dargestellt werden können. Dies geschieht in `WriteStafferBody()`, das als einzigen Parameter den soeben erhaltenen Datensatz übernimmt:

```
function WriteStafferBody(rsStaffers)
{
   Response.Write("<ITStaffer><Staffer>");
   Response.Write("<StaffID>" + rsStaffers("ID") + "</StaffID>");
   Response.Write("<FirstName>" + rsStaffers("FName") + "</FirstName>");
```

```
    Response.Write("<MI>" + rsStaffers("MI") + "</MI>");
    Response.Write("<LastName>" + rsStaffers("LName") + "</LastName>");
    Response.Write("<JobTitle>" + rsStaffers("JobTitle") + "</JobTitle>");
    Response.Write("</Staffer><Tier>" + rsStaffers("Tier") + "</Tier></
ITStaffer>");
}
```

Löschen des Programmierer-Formulars

Es ist nützlich, einen Button zu haben, der alle Einträge im Programmierer-Formular löscht – besonders, wenn ein Manager, der die Anwendung benutzt, eine grundsätzlich andere Suche durchführen oder einen völlig neuen Programmierer-Eintrag vornehmen will. Die Programmieraufgabe besteht darin, die Datenbindung auf ein leeres ITStaffer-Dokument zurückzusetzen. Wenn der Benutzer auf den Clear-Button klickt, lassen wir MSXML ein Dokument laden, das ausschließlich aus Elementen ohne Textinhalt besteht, und entfernen dann den letzten ursprünglichen Knoten aus dem Parse-Baum. Damit sind die Formular-Elemente an ein XML-Dokument gebunden, dessen Textelemente alle leer sind, so dass ein Blanko-Formular erscheint:

```
function OnClearClick()
{
    var parser = new ActiveXObject("microsoft.xmldom");
    parser.loadXML("<Collection><ITStaffer><Staffer><StaffID/><FirstName/>
                    <MI/><LastName/><JobTitle/></Staffer><Tier/>
                    </ITStaffer></Collection>");
    if (parser.readyState == 4 && parser.parseError == 0)
    {
        while (xmlStaff.documentElement.childNodes.length > 1)
        {
            xmlStaff.documentElement.removeChild(
                xmlStaff.documentElement.childNodes(1));
        }
        for (var ni = 0; ni < parser.documentElement.childNodes.length; ni++)
            xmlStaff.documentElement.appendChild(
                parser.documentElement.childNodes(ni).cloneNode(true));
        if (xmlStaff.documentElement.childNodes.length > 1)
        {
            xmlStaff.documentElement.removeChild(
                xmlStaff.documentElement.childNodes(0));
            xmlStaff.recordset.moveFirst();
        }
    }
    parser = null;
}
```

Eingeben von Programmierer-Leistungsberichten

Es muss uns möglich sein, kurze Berichte über die Leistung von Programmierern in Projekten einzugeben. `ProjTrack.html` erledigt diese Aufgabe von der Klick-Handler-Funktion `OnInsertProj()` aus.

Die Client-Seite

Wir fangen mit der Einführung einer wichtigen Regel an: Leistungsberichte können nicht existieren, ohne an einen Programmierer gebunden zu sein. Dies erzwingen wir, indem wir nach einer Personalnummer im verborgenen `INPUT`-Element namens `staffIDText` suchen. Falls diese nicht gefunden wird, ist das Formular entweder leer oder der Programmierer ist noch nicht in den Dienst aufgenommen worden. In beiden Fällen sollten wir den Leistungsbericht nicht übergeben. Wenn wir durch diese Kontrolle kommen, wollen wir ein Dokument im `PerformanceReport`-Vokabular erstellen und auf die gleiche Art wie die `ITStaffer`-Dokumente verschicken. Dieses Vokabular besteht aus einer `Collection`, die ein oder mehrere `PerformanceReport`-Elemente enthält. Unser Client wird immer nur jeweils einen Bericht übergeben, aber einige Clients mögen den Transfer stapelweise durchführen, so dass wir unserem Vokabular ermöglichen, auch diesen Fall zu behandeln. Lassen Sie uns die Funktion `OnInsertProj()` ansehen:

```
function OnInsertProj()
{
    var sRequest;

    if (staffIDText.value != "")
    {
        sRequest = "<Collection><PerformanceReport><StaffID>" +
                staffIDText.value + "</StaffID>";
        sRequest += "<ProjID>" + projIDText.value +
                "</ProjID><Comments>" + projDetail.value;
        sRequest += "</Comments></PerformanceReport></Collection>";
```

Falls eine Personalnummer vorhanden ist, sammeln wir die Werte aus dem Formular und machen ein XML-Dokument daraus. Lassen Sie uns zum Rest von `OnInsertProj()` weitergehen, wo wir das Dokument an die MIME-Codierung anpassen und ein http-Post durchführen:

```
        var regExp = / /g;
        sRequest = sRequest.replace(regExp, "%20");
        var sServer = "http://" + GetASP("PerformanceReport");
        xmlProjd.Open("POST", sServer, false);
        xmlProjd.setRequestHeader("Content-Type",
                "application/x-www-form-urlencoded");
        xmlProjd.Send("XMLRequest=" + sRequest);
        OnStaffHistory();
    }
    else
        alert("We cannot add a service incident report without a staff member
                search.");
}
```

Wir haben dies schon einmal gesehen. Dieser Code ist praktisch identisch mit dem, den wir verwendet haben, um die `ITStaffer`- und `StaffQuery`-Dokumente zu übergeben. Was bedeutet aber dieser Aufruf von `OnStaffHistory()`? Nachdem wir einen Leistungsbericht übergeben haben, ist der einfachste Weg zur Aktualisierung des Clients, den gesamten Leistungsberichtverlauf abzurufen. Das Abrufen von Leistungsberichten ist unsere nächste Aufgabe. Schauen wir uns zunächst an, was auf dem Server passiert.

Die Server-Seite

Eine kurze Kontrolle mit `GetASP()` zeigt, dass das `PerformanceReport`-Vokabular von einer ASP-Seite namens `History.asp` unterstützt wird. Der zentrale Teil dieses Skripts ist nahezu identisch mit `staff.asp`. Wir rufen das hereinkommende Dokument ab, setzen einige Datenbank-Ressourcen und verzweigen dann, dem Vokabular des Dokuments folgend. Ein `PerformanceReport`-Dokument ist, wie wir oben gesehen haben, Teil einer `Collection`. Hier befindet sich der relevante Teil der Switch-Anweisung im Rumpf von `History.asp`:

```
...
case "Collection":
    switch (parser.documentElement.childNodes(0).nodeName)
    {
        case "PerformanceReport":
            ProcessPerformanceReport(parser.documentElement);
            break;
        default:
            Response.Write("<Collection></Collection>");
            break;
    }
    break;
...
```

Behandlung von Leistungsberichten

`ProcessPerformanceReport` konstruiert wiederum eine SQL-Abfrage und übergibt sie an die Datenbank. Auch hier schließen wir die Möglichkeit ein, mehr als einen Bericht pro `Collection`-Dokument zu behandeln:

```
function ProcessPerformanceReport(collectionNode)
{
    var sDetails, sID, sProjID;

    for (var ni = 0; ni < collectionNode.childNodes.length; ni++)
    {
        switch (collectionNode.childNodes(ni).nodeName)
        {
            case "PerformanceReport":
                sDetails = collectionNode.childNodes(ni).childNodes(2).text;
                sProjID = collectionNode.childNodes(ni).childNodes(1).text;
                sID = collectionNode.childNodes(ni).childNodes(0).text;
                InsertPerfReport(sDetails, sID, sProjID);
                break;
        }
    }
}
```

Wir arbeiten uns durch jedes Kind-Element der `Collection`-Wurzel. Falls diese ein `PerformanceReport` ist – und wer weiß, welche verrückten Informationen ein gestörter Client senden mag – extrahieren wir den genauen Text, die Programmierer-Personalnummer und Projektnummer und senden diese an `InsertPerfReport()`. Diese Funktion kompiliert die SQL-Anweisung für eine Einfügung und führt sie aus.

Datenbank-Details für einen Leistungsbericht

Wir erlauben Managern nicht, bestehende Leistungsberichte zu bearbeiten – die Versuchung, Fehler wie zum Beispiel wohlwollende Gutachten für Projekte, die in der Folge gescheitert sind, zu vertuschen, wäre einfach zu groß! Dies hat den angenehmen Nebeneffekt, uns die Programmierung leichter zu machen. Wir müssen uns nicht darum kümmern, ob wir ein INSERT oder ein UPDATE brauchen. All unsere Befehle, die mit der Übergabe von Leistungsberichten zu tun haben, werden INSERTs sein. Ein Beispiel für das benötigte SQL sieht so aus:

```
INSERT INTO Details(ProjID, MemberID, Comments) VALUES ("6","157", "Worked hard,
had no clue.");
```

Damit sollte der restliche Code zum Einfügen eines neuen Berichts vertraut aussehen:

```
function InsertPerfReport(sComment, sStaffID, sProjID)
{
    var sCore = "INSERT INTO Details (ProjID, MemberID, Comments) VALUES ('";
    var sQuery = sCore + sProjID + "', '" + sStaffID + "', '" + sComment + "');";
    dbConn.Execute(sQuery);
    if (dbConn.Errors.Count > 0)
        Response.Write("<NACK/>");
    else
        Response.Write("<ACK/>");
}
```

Nach dem Aufbau des SQL-Texts führen wir die Anweisung aus und prüfen auf Fehler. Falls keine gefunden werden, liefern wir das sehr kurze XML-Dokument <ACK/> zurück.

Der aufmerksame Leser wird bemerken, dass dieses SQL-INSERT eine Referenz auf ein Objekt in die Details*-Tabelle einfügt, ohne sicherzustellen, dass sich in der* Projects *-Tabelle auch eine entsprechende Zeile befindet. Da wir uns auf XML konzentrieren, nicht auf Datenbankprobleme, nehme ich eine Abkürzung und verzichte auf die Darstellung der Pflege der Projektinformationen. Wenn Sie diesen Prototypen zu einer wirklichen Anwendung erweitern wollen, sollten Sie eine Seite konstruieren, die Ihnen dies ermöglicht. Sie werden dann auch Trigger und vielleicht auch gespeicherte Prozeduren schreiben wollen, die Ihnen helfen, die relationale Integrität der Datenbank aufrechtzuerhalten.*

Löschen des Leistungsverlauf-Formulars

Diese Aufgabe, die als Antwort auf das Anklicken des Clear-Buttons auf dem Leistungsverlaufs-Formular durchgeführt wird, ist funktional mit dem Vorgang identisch, den wir beim Löschen des Programmierer-Formulars durchlaufen haben. Wir setzen den Parse-Baum der Dateninsel namens xmlProjs auf ein Collection-Dokument zurück, das ein ProjReport-Element enthält. Das ProjReport-Element und seine Kinder enthalten keine Text-Werte, nur Elemente. Hier ist der Quellcode:

```
function OnClearProj()
{
    var parser = new ActiveXObject("microsoft.xmldom");
    parser.loadXML("<Collection><ProjReport><ProjName/>
                    <ProjID/><PerformanceDetails/></ProjReport></Collection>");
    if (parser.readyState == 4 && parser.parseError == 0)
    {
        while (xmlProjs.documentElement.childNodes.length > 1)

        {
            xmlProjs.documentElement.removeChild(
```

```
                xmlProjs.documentElement.childNodes(1));
        }
        for (var ni = 0; ni < parser.documentElement.childNodes.length; ni++)
            xmlProjs.documentElement.appendChild(
                parser.documentElement.childNodes(ni).cloneNode(true));
        if (xmlProjs.documentElement.childNodes.length > 1)
            xmlProjs.documentElement.removeChild(
                xmlProjs.documentElement.childNodes(0));
            xmlProjs.recordset.moveFirst();
        }
    }
}
```

Abrufen des Leistungsverlaufs eines Programmierers

Es bleibt nur noch ein Feature zu implementieren, nämlich das Abrufen aller existierenden Leistungsbe-richte des auf der Seite angezeigten Programmierers. Dies geschieht in `ProjTrack.html` im `OnStaffHi-story()`-Handler. In diesem Falle `POST`en wir ein `ProjPerformanceQuery`-Dokument zum Server und erhalten ein `Collection`-Dokument mit null oder mehr `ProjReport`-Elementen. Nachdem wir das Dokument vom Dienst erhalten haben, organisieren wir die Datenbindung.

Die Client-Seite

Der Aufbau des Query-Dokuments ist recht einfach, da wir nur den Wert des `StaffID`-Feldes senden müssen:

```
function OnStaffHistory()
{
    var sReq = "";
    if (staffIDText.value != "")
    {
        var sServer = "http://" + GetASP("ProjPerformanceQuery");
        xmlProjd.Open("POST", sServer, false);

        sReq = "XMLRequest=<ProjPerformanceQuery><StaffID>" +
            staffIDText.value + "</StaffID></ProjPerformanceQuery>";

        xmlProjd.setRequestHeader("Content-Type",
            "application/x-www-form-urlencoded");
        xmlProjd.Send(sReq);
        FixHistoryBinding();
    }
}
```

`FixHistoryBinding()` übernimmt die dynamische Anpassung, der wir in dieser Fallstudie schon mehr-fach begegnet sind. Das einzig Neue hier ist, dass wir an sich ein wiederholendes HTML-Element binden. Jede Zeile unserer Tabelle wird vom XML-DSO mit einem `ProjReport`-Element assoziiert. `Pro-jTrack.html` muss nur ein Template bereitstellen, das aus einer Zeile besteht. Dies ist die Tabelle, wie sie zur Design-Zeit existiert:

```
<TABLE border=1 cellPadding=1 cellSpacing=1 width="75%"
            id=projTable name = "projTable">
  <TR>
    <TD>
      <P>
         <INPUT id=projName name=projName style="HEIGHT: 22px; WIDTH: 422px">
          
         <FONT face=Verdana size=2>ID
            <INPUT id=projIDText name=projIDText>
         </FONT>
      </P>
      <P><FONT face=Verdana size=2 >Performance Details</FONT></P>
      <P>
         <TEXTAREA id=projDetail name=projDetail
                 style="HEIGHT: 38px; WIDTH: 422px">
         </TEXTAREA>
      </P>
    </TD>
  </TR>
</TABLE>
```

Die INPUT und TEXTAREA-Elemente, projName, projIDText und projDetail, werden dynamisch gebunden, sobald wir irgendwelche Daten abrufen. Wir entfernen alle bis auf den allerersten Knoten aus dem existierenden Dokument. Den ersten behalten wir, um das Versagen der Bindung zu verhindern. Als Nächstes hängen wir alle neuen Knoten an und löschen dann den verbleibenden Knoten aus dem alten Dokument:

```
function FixHistoryBinding()
{
   while (xmlProjs.documentElement.childNodes.length > 1)
   {
   xmlProjs.documentElement.removeChild(xmlProjs.documentElement.childNodes(1));
   }
   for (var ni = 0;
        ni < xmlProjd.responseXML.documentElement.childNodes.length;
        ni++)
      xmlProjs.documentElement.appendChild(
         xmlProjd.responseXML.documentElement.childNodes(ni).cloneNode(true));

      if (xmlProjs.documentElement.childNodes.length > 1)
         xmlProjs.documentElement.removeChild(
            xmlProjs.documentElement.childNodes(0));
      xmlProjs.recordset.moveFirst();

      projTable.dataSrc="#xmlProjs";
      projName.dataFld="ProjName";
      projIDText.dataFld = "ProjID";
      projDetail.dataFld="PerformanceDetails";
   }
```

Die Server-Seite

Sobald `History.asp` unser Query-Dokument erhält, wird die Funktion `ProcessHistoryQuery()` aufgerufen:

```
case "ProjPerformanceQuery":
    ProcessHistoryQuery(parser.documentElement);
    break;
```

`ProcessHistoryQuery()` ist für die Konvertierung unseres XML in eine SQL-SELECT-Anweisung verantwortlich. Eine Beispiel-SQL-Anweisung wäre die folgende:

```
SELECT Projects.ProjectName, Details.ProjID, Details.Comments FROM Details INNER
JOIN Projects ON Details.ProjID = Projects.ProjID WHERE Details.MemberID="6";
```

`ProcessHistoryQuery()` übergibt den Großteil des SQL-Textsatzes an eine Funktion namens `MakeHistConstraint()` (Details unten), bevor es die Anfrage ausführt:

```
function ProcessHistoryQuery(histQNode)
{
    var sSelectCore = "SELECT Projects.ProjectName, Details.ProjID,
                      Details.Comments FROM Details INNER JOIN Projects ON
                      Details.ProjID = Projects.ProjID";

    var sConstraint = "";

    sConstraint = MakeHistConstraint(histQNode);
    if (sConstraint != "")
        sConstraint = " WHERE " + sConstraint;

    var sQuery = sSelectCore + sConstraint + ';';
    dbRecordSet = dbConn.Execute(sQuery);
}
```

Sobald die Anfrage durchgeführt worden ist, muss die Funktion durch den Ergebnis-Datensatz laufen und jede Zeile als Element eines `Collection`-Dokuments ausschreiben:

```
if (!dbRecordSet.BOF)
    dbRecordSet.MoveFirst();

if (dbRecordSet.EOF)
    Response.Write("<Collection></Collection>");

// Write the collection root node and then the rest of the contents
Response.Write("<Collection>");
while (!dbRecordSet.EOF)
{
    WriteHistBody(dbRecordSet);
    dbRecordSet.MoveNext();
}
Response.Write("</Collection>");
}
```

Hier sind unsere zwei Hilfsfunktionen, `MakeHistConstraint()` und `WriteHistBody()`. `MakeHistConstraint()` extrahiert die im Query-Dokument enthaltene Personalnummer und baut den zentralen Teil der SQL-WHERE-Klausel. `WriteHistBody()` wird von `ProcessHistoryQuery()` aufgerufen, um die Ergebnisse der Datenbankabfrage in das XML-Dokument umzuwandeln, das an den Client gesendet wird:

```
function MakeHistConstraint(node)
{
    var sClause = "";
    var sID = "";
    for (var ni = 0; ni < node.childNodes.length; ni++)
    {
        switch (node.childNodes(ni).nodeName)
        {
            case "StaffID":
                if (node.childNodes(ni).text != "")
                    sID = "Details.MemberID = " + node.childNodes(ni).text;
                break;
        }
    }
    sClause = sID;
    return sClause;
}

function WriteHistBody(rsCalls)
{
    Response.Write("<ProjReport><ProjName>");
    Response.Write(rsCalls("ProjectName"));
    Response.Write("</ProjName><ProjID>");
    Response.Write(rsCalls("ProjID"));
    Response.Write("</ProjID><PerformanceDetails>");
    Response.Write(rsCalls("Comments"));
    Response.Write("</PerformanceDetails></ProjReport>");
}
```

Fazit

Nun, da wir das Pilotprojekt für die Programmier-Manager abgeschlossen haben, sollten wir unsere Arbeit nach den Maßstäben unserer Entwicklungsphilosophie bewerten. Die Anwendung erfüllt die funktionalen Anforderungen auf eine Art, die minimale besondere Programmierung zur Erhaltung der Plattformneutralität erfordert. Wir verwendeten plattformspezifische Techniken – Datenbindung zur reichen visuellen Darstellung – schirmten aber den Server-seitigen Code von dieser Implementierungsentscheidung ab. Ähnlich verwendete der Server ADO und eine relationale Datenbank, doch der Client wurde hiervon abgeschirmt. Dies gab uns die Möglichkeit, einen großen Teil des Codes für andere Zwecke wiederzuverwenden. Insbesondere die Server-Seiten könnten in dieser Form mit anderen Client-Anwendungen verwendet werden.

Unsere Arbeit ist jedoch nicht perfekt. Die Fehler, die wir gemacht haben, werden uns dazu dienen, den Wert unserer Entwicklungsprinzipien zu erläutern.

Verletzungen der Entwicklungsphilosophie

Die Datenbindung zwang unsere Programmierer dazu, das ITStaffer-Vokabular ziemlich fest mit dem Programmierer-Formular zu verknüpfen und das ProjReport-Vokabular mit der Leistungsverlauftabelle. Wir können dies nicht wirklich eine Verletzung unserer Prinzipien nennen, zumindest, solange ein akzeptierter Metadaten-Standard fehlt. Die Verwendung der Datenbindung erleichterte uns die Programmieraufgaben erheblich und führte zu einer kompakten Benutzeroberfläche auf dem Client. Dennoch könnte eine Änderung des Vokabulars die Client-Anwendung zusammenbrechen lassen.

Wir haben eine Gelegenheit verpasst, für eine bessere Wiederverwendbarkeit zu sorgen, indem wir in unserem Code nicht zwischen ITStaffer- und Staffer-Elementen unterschieden haben. In diesem Falle waren die Unterschiede zu gering, den zusätzlichen Code zu rechtfertigen. In einer realen Anwendung jedoch würden wir Funktionen bauen wollen, die das allgemeine Staffer-Vokabular behandeln, und dann andere Funktionen für das spezialisierte ITStaffer-Vokabular. Die spezialisierten Funktionen würden sich auf die Arbeit der bereits implementierten Funktion für den allgemeinen Fall verlassen, um diesen allgemeinen Teil eines ITStaffer-Dokuments (also das Staffer-Element) zu verarbeiten.

Komponenten

Die Entwicklung wurde durch die Verwendung von MSXML und seinen verwandten Schnittstellen, XML-DSO und IXMLHTTP, wesentlich erleichtert. Obwohl uns dies auf die Verwendung des Microsoft Internet Explorers 5.0 als Client-Browser einschränkt, lieferten uns diese Komponenten Schlüsselfunktionen, die selbst zu programmieren sehr aufwendig gewesen wäre. Unsere besondere Anwendung hätte mit HTML zurücklieferndem ASP vollständig auf dem Server ausgeführt werden können. Dieser Zugang hätte aber die Wiederverwendung der Dienst-Implementierung durch andere Anwendungen, insbesondere automatisierte Clients, verhindert. Wir haben die Wiederverwendbarkeit um den Preis signifikanter Client-seitiger Programmierung gefördert. Dabei haben wir jedoch etwas vergessen. Wir haben keine Komponente selbst erzeugt. Unsere Entwicklungsphilosophie fordert uns im Speziellen dazu auf, in jeder Schicht Komponenten zu verwenden, wobei die Komponentendaten in XML übersetzt werden, um den Transfer zwischen Plattformen zu überleben. Wo sind die Komponenten, die zu ITStaffer and ProjReport gehören?

Eine ITStaffer-Klasse könnte in JavaScript als Pilot für eine COM-Komponente erzeugt werden. Dies hätten wir zur Feldvalidierung oder zum Durchsetzen der Geschäftsregeln verwenden können. Wir könnten zum Beispiel Berufsbezeichnungen anhand einer offiziellen Datenbank mit Berufs-Klassifikationen überprüfen. Eine solche Komponente wäre wertvoll für die Server-Seite der Anwendung. Für unsere Illustrationszwecke wäre dies zu ablenkend und unnötig gewesen, aber in einer realen Anwendung wäre so etwas wichtig. So wie die Dinge stehen, hat keine andere unserer Anwendungen etwas, das als Code wiederverwendet werden kann, abgesehen von den Skripts selbst. Wir haben nichts produziert, das sich ohne Bearbeitung des Quell-Codes zur Wiederverwendung eignet.

Wiederverwendungsmöglichkeiten

Es gibt jedoch zwei großartige Ressourcen, die aus diesem Projekt hervorgehen und in Zukunft wiederverwendet werden können: die beiden Dienste, die durch History.asp and Staff.asp repräsentiert werden. Ihre Dienste sind allgemein und in Übereinstimmung mit unserer Design-Philosophie, so dass jede andere Anwendung, die diese Vokabulare braucht, in der Lage sein wird, auf sie aufzubauen. Dies ist der ganze Zweck kooperativer Netzwerkanwendungen. Sie entwickeln Dienste und machen ihre Verfügbarkeit durch eine Verzeichnis-Auflistung öffentlich. Client-Anwendungen können diese dann benutzen, da sie sich auf eine bekannte Schnittstelle verlassen können. In diesem Fall bestehen die Schnittstellen aus unseren XML-Vokabularen. Diese Vokabulare sind selbst wiederverwendbare Ressourcen, vorausgesetzt, sie modellieren getreu irgendeinen nützlichen Teil Ihrer Geschäfte.

Zusammenfassung

Wir haben ein Blick auf die Grundlagen der Verwendung von XML mit ASP geworfen. Wir haben gesehen, dass XML gut zu ASP und dynamischer Dokumenterzeugung passt. Unser Zugang basierte auf einigen plattformspezifischen Werkzeugen, hauptsächlich der IXMLHTTP-Schnittstelle von MSXML und Datenbindung. Wenn Plattformneutralität wichtig ist, müssen wir alle Prozesse auf den Server verschieben, plattformneutrale Komponenten finden oder unterschiedliche Versionen der Client-Seiten für verschiedene Browser produzieren.

Auf dem Weg haben wir die Probleme gesehen, die Intranet- und Internet-Anwendungen in die übliche Programmierpraxis bringen. Diese sind:

❏ Umgang mit erhöhter Komplexität
❏ Unflexible Anwendungen
❏ Duplikation von Code
❏ Schritte in Richtung automatisierter Web-Aufgaben
❏ Verteilte Entwicklungs- und Implementierungs-Teams

Ich habe kurz meine fünf Prinzipien erläutert, um diese Schwächen in der Web-Entwicklung zu überwinden:

❏ Anwendungen werden auf grobkörnigen Diensten aufgebaut
❏ Dienste werden durch Abfragen von Verzeichnissen entdeckt
❏ Dienste werden als selbstbeschreibende Daten zur Verfügung gestellt
❏ Dienste werden auf vorübergehender Basis in Anspruch genommen
❏ Dienste müssen Erweiterungen und Spezialisierungen großzügig unterstützen

Schließlich haben wir beides zusammengefügt. XML erweist sich als exzellente Technik, diese fünf Prinzipien umzusetzen. ASP ist ähnlich gut geeignet, um Web-basierte Dienste zu bauen. Insgesamt sind ASP und XML damit eine ausgezeichnete Wahl, um robuste Web-Anwendungen zu bauen, die die besonderen Anforderungen von locker gekoppelten Netzwerken und den auf ihnen laufenden Anwendungen zu erfüllen.

17

Fallstudie 3 – Buch-
Katalog-Informationsservice

In dieser Fallstudie werden wir auf der Grundlage von SAX und XPath einen leistungsfähigen Buch-Katalog-Informationsservice erstellen. Das System wird es Verlegern ermöglichen, XML-Katalogdateien hochzuladen, die ihre Bücher beschreiben, und deren Details filtern und im XML- oder HTML-Format an Abonnenten des Systems zuzustellen (per E-Mail). Beide Zustellungsformate werden URLs enthalten, über die die Bücher online bei Amazon.com angesehen und bestellt werden können. Diese URLs werden dynamisch erzeugt, auf der Grundlage der ISBN des Buchs und der aktuellen Website-Struktur von Amazon. Sie sind nicht im ursprünglichen Quelldokument enthalten, und das bedeutet, dass das BKIS-System (Buch-Katalog-Informationsservice) Links auf eine beliebige Anzahl von Online-Buchhandlungen enthalten könnte, möglicherweise auf der Grundlage von Abonnentenvorlieben.

Das BKIS muss skalierbar und in der Lage sein, XML-Katalogdateien *jeder* Größe zu verarbeiten, und daher benutzt es einen SAX-Parser für den Zugriff auf alle XML-Dateninhalte. Wie wir in den früheren Kapiteln dieses Buchs besprochen haben, entbinden SAX-Parser von der Notwendigkeit, ein ganzes XML-Dokument vor der Verarbeitung in den Speicher zu laden, und zu jedem beliebigen Zeitpunkt behalten sie nur einen kleinen Teil des Dokuments im Speicher – die exakte Menge benutzten Speichers hängt von der Elementverschachtelung innerhalb des Dokuments ab. Das bedeutet, dass es keine obere Grenze für die Größe der Dateien gibt, die verarbeitet werden können, und der während der Verarbeitung belegte Speicherplatz vernachlässigt werden kann. Beide Punkte sind wichtig. Wenn das System Dokumente in ein DOM laden würde, so wäre es normalerweise durch den verfügbaren Speicherplatz eingeschränkt oder würde einfach wegen des Pagings sehr langsam laufen.

Das BKIS basiert auf dem Publish/Subscribe-Push-Paradigma: Der Herausgeber (Server) liefert Details über Bücher direkt an den Abonnenten (Client), statt dass der Abonnent die Informationen vom Herausgeber erfragt. Abonnenten des BKIS können zwei Kategorien von Büchern auswählen (wie zum Beispiel Bücher über ASP, XML usw.), mit deren Hilfe die Informationen gefiltert werden. Wenn zum Beispiel ein Herausgeber eine Katalogdatei mit 8.000 Gartenbüchern, 25.000 Autobüchern und nur zwei Büchern über XML hochlädt, so wird ein Abonnent, der sein Interesse an XML hat registrieren lassen, nur die Informationen über die beiden XML-Bücher erhalten.

Das Publish/Subscribe-Push-Paradigma hat verschiedene Vorteile, die es zu einer attraktiven Option für viele Anwendungen machen:

❏ Es spart dem Client Zeit, weil er den Herausgeber nicht mehr nach Änderungen fragen muss.

❏ Es erlaubt dem Herausgeber der Informationen, wertvolle Ressourcen und Bandbreite zu sparen, weil die Server keine Informationsnachfragen mehr verarbeiten und bedienen müssen, die Clients sowieso einfach wegwerfen (weil sich nichts geändert hat).

❏ Der Herausgeber weiß, dass die Abonnenten sich die Informationen mit größerer Wahrscheinlichkeit anschauen und muss sich nicht mehr darauf verlassen, dass sie selbst auf die Idee kommen, zu den ursprünglich abonnierten Diensten zurückzukehren.

Die wahrscheinlich populärsten Anwendungen von Publish/Subsribe-Diensten sind aktuelle Newsletters und Benachrichtigungen über Updates von Websites. In beiden Fällen weiß der Herausgeber, dass der Client an der Information, die er anbietet, oder an bestimmten Diensten, die er zur Verfügung stellt, interessiert ist, und daher kann er dem Client Informationen zumailen, wenn relevante Ereignisse auftreten (wenn zum Beispiel neue Seiten zu einer Website hinzugefügt werden). Wenn der Client die Informationen erhält, kann er sie in Ruhe lesen und entscheiden, ob es sich lohnt, etwas zu unternehmen, wie etwa den Hyperlinks zu folgen, die vielleicht in der E-Mail enthalten sind. Beide Typen von Anwendungen können auch auf den Prinzipien der Filterung, der Umwandlung und des Verschiebens von XML-Daten von einem Server auf einen Client aufgebaut werden. Dies bedeutet, dass das BKIS auf eine Weise geschrieben wurde, die ihm eine leichte Anpassung ermöglicht, um jeden Typ von Informationen und Liefermechanismen zu unterstützen. Aus diesem Grund sieht das Design der Anwendung auf den ersten Blick vielleicht ein wenig überkompliziert aus, aber wir hoffen, dass Sie bis zum Ende die Argumentationsweise dahinter verstanden haben werden.

Am Ende dieses Kapitels werden wir gesehen haben:

❏ Wie man einen SAX-Parser in Visual Basic benutzt, um XML-Dateien jeder Größe zu verarbeiten, ohne allzu viel Speicher zu benutzen. Obwohl wir VB benutzen, will ich sichergehen, dass Sie verstehen, wie die Anwendung in jede anderen Sprache implementiert werden könnte, und aus diesem Grund werde ich jeden »VB-ismus« erklären, der ein wenig seltsam erscheint, wenn Sie zuvor immer nur in C/C++ oder Java programmiert haben.

❏ Eine interessante Alternative zu XSLT, die sehr leistungsfähige kompilierte Stylesheets durch die Verwendung von nativem Code für Templates ermöglicht.

❏ Wie man eine XML-basierte Push-Anwendung entwickelt, die für viele verschiedene Anwendungen angepasst werden kann.

Der Buch-Katalog-Informationsservice

Es gibt drei Zielgruppen für das BKIS:

❏ **Abonnenten** – Die den Dienst dazu benutzen, um mit Hilfe von zwei Kategorien gefilterte Informationen über Bücher zu erhalten. (Die Anzahl der Filter ist hier beliebig gewählt, um die Komplexität des Codeschreibens für die Zwecke dieser Fallstudie zu reduzieren.)

❏ **Herausgeber** – Firmen oder Einzelpersonen, die Informationen über ihre Bücher den Abonnenten zukommen lassen wollen.

❏ **Werbeleute** – Firmen wie Amazon.com, die Bücher online verkaufen und dafür bezahlen, dass die an die Abonnenten gelieferten Informationen Links auf ihre Websites enthalten. Es gibt natürlich keinen Grund, warum jemand, der Werbung betreibt, nicht gleichzeitig auch Herausgeber und/oder Abonnent sein könnte etc.

Wir werden uns in dieser Fallstudie nur wenig mit den Herausgebern befassen. Letztlich sind sie diejenigen, die die XML-Katalogdateien mit den Buchinformationen erzeugen, die vom System verarbeitet werden. Wie wir später sehen werden, erfordert die Interaktion zwischen dem BKIS und dem Abonnenten in dieser Fallstudie einfach das Kopieren der Katalogdatei in ein Verzeichnis. Diese Vorgehensweise erleichtert es Firmen, Informationen durch einfache FTP-Übertragung von XML-Dateien auf den BKIS-Server zu veröffentlichen, bedeutet aber offensichtlich, dass das System erweitert werden müsste, sollten Sie sich dazu entschließen, den Herausgebern jeden Buchtitel, den Sie an einen Abonnenten weitergeben, in Rechnung zu stellen.

Auch die Werbeleute werden kaum behandelt, und das System, das wir implementieren werden, wird nur einen einzigen Werber unterstützen, der im Transformationscode fest codiert ist. Dies sollten Sie natürlich erweitern und viele Firmen einschließen.

Diejenigen, auf die wir uns in dieser Fallstudie hauptsächlich konzentrieren, sind die Abonnenten; lassen Sie uns daher genauer ansehen, wie sie ins Gesamtbild passen.

Ein Überblick über das System

Der Systemüberblick für BKIS kann folgendermaßen visualisiert werden:

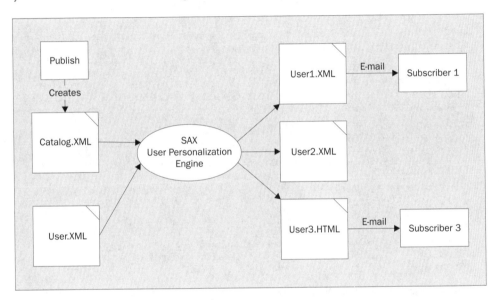

Ein Herausgeber erzeugt eine XML-Datei, die die gesamte Information über Bücher auflistet, die dann *gefiltert* und an die Abonnenten weitergeleitet wird (in der Abbildung `Catalog.XML`).

Die Abonnenten und ihre Personalisationsfilter sind in der Datei `Users.XML` gespeichert. Das in diesem Kapitel beschriebene System stellt keine Oberfläche zur Verwaltung dieser Datei zur Verfügung, so dass Sie sie manuell abändern und bearbeiten müssen (mit Hilfe von NotePad oder etwas Ähnlichem), um zusätzliche Details hinzuzufügen oder Profile zu ändern.

Die SAX-Benutzer-Personalisationsmaschine lädt die Benutzerinformationen und transformiert Buchinformationen für jeden Benutzer auf der Grundlage seiner Einstellungen, wobei für jeden Benutzer eine Output-Datei erzeugt wird. Die transformierten Dateien werden den Benutzern auf Wunsch per E-Mail zugestellt entsprechend dem Publish/Subscribe-Modell, von dem bereits die Rede war.

XML-Dateiformate

Die Informationen über den Abonnenten und die über die Bücher werden in verschiedenen (getrennten) XML-Dateien aufbewahrt. Das System verwendet weder DTD noch Schemata, um die Dateien zu validieren, weil der benutzte SAX-Parser keine Validierung unterstützt. Das hat auf unsere Fallstudie keinen wirklichen Einfluss, aber es bedeutet, dass Sie jegliche Validierung (wie etwa, sicherzustellen, dass der Wurzel-Elementname korrekt ist etc.) selbst durchführen müssten, wenn Sie dies in Systemen, die Sie von dieser Fallstudie ableiten, bräuchten.

Catalog.XML

Diese Fallstudie ist mit einem Beispiel-XML-Katalog namens `Catalog.xml` ausgestattet, der zum Herunterladen zusammen mit dem restlichen Code für das Buch unter http://www.wrox.com/ bereitliegt. Die in dieser Datei enthaltene Buchinformationsdatei verwendet das Format, das Ihnen aus diesem Buch hinlänglich bekannt ist:

```
<Catalog>
<Book>
    <Title>IE5 XML Programmer's Reference</Title>
    <Authors>
        <Author>Alex Homer</Author>
    </Authors>
    <Publisher>Wrox Press, Ltd.</Publisher>
    <PubDate>August 1999</PubDate>
    <Abstract>Reference of XML capabilities in IE5</Abstract>
    <Pages>480</Pages>
    <ISBN>1-861001-57-6</ISBN>
    <RecSubjCategories>
        <Category>Internet</Category>
        <Category>Web Publishing</Category>
        <Category>XML</Category>
    </RecSubjCategories>
    <Price>$49.99</Price>
</Book>
<Book>
    ...
</Book>
</Catalog>
```

Das XML-Dokument besitzt ein Wurzel-Element von `<Catalog>`, das jede beliebige Anzahl vom `<Book>`-Elementen enthalten kann. Jedes `<Book>`-Element hat verschiedene Kind-Elemente, die alle selbsterklärend sind und in vorhergehenden Kapiteln bereits behandelt wurden.

Users.XML

Die Fallstudie ist außerdem mit einer Beispiel-XML-Benutzerdatei namens `Users.XML` ausgestattet. Informationen über Abonnenten des BKIS werden wie folgt definiert:

```
<?xml version="1.0" ?>
<!-- This file defines the register users for the book notification service -->
<Users>

    <User>
        <Name>Richard Anderson</Name>
        <OutputFile>c:\proxml\RJA.HTML</OutputFile>
        <Email>rja@arpsolutions.demon.co.uk</Email>
```

```
        <DeliveryFormat>HTML</DeliveryFormat>
        <Category1>XML</Category1>
        <Category2>ATL</Category2>
    </User>

    <User>
        <Name>Jon Duckett</Name>
        <OutputFile>c:\proxml\JD.HTML</OutputFile>
        <Email>jond@wrox.com</Email>
        <DeliveryFormat>HTML</DeliveryFormat>
        <Category1>ASP</Category1>
        <Category2>XML</Category2>
    </User>

    <User>
        <Name>Karli Watson</Name>
        <OutputFile>c:\proxml\KW.XML</OutputFile>
        <DeliveryFormat>XML</DeliveryFormat>
        <Category1>Java</Category1>
        <Category2>Web Server</Category2>
    </User>

</Users>
```

Das XML-Dokument besitzt ein Wurzel-Element von `<Users>`, das jede beliebige Anzahl von `<User>`-Elementen enthalten kann. Jedes `<User>`-Element hat verschiedene Kind-Elemente (die nur Textinhalte enthalten können):

Kind-Element	Beschreibung
`<Name>`	Der Name des Abonnenten, benutzt für Zwecke der Protokollierung.
`<OutputFile>`	Der Name der Output-Datei, die erzeugt wird, wenn die Transformation stattfindet.
`<Email>` (optional)	Falls vorhanden, wird `<OutputFile>` über diese Adresse per E-Mail an den Benutzer gesendet.
`<DeliveryFormat>`	Legt die Transformations-Stylesheet-Klasse fest, die für den Benutzer verwendet werden sollte. Werte können entweder XML oder HTML sein.
`<Category1>`	Die erste Kategorie von Büchern, an denen der Benutzer interessiert ist. Sie wird mit Hilfe des XPath `/Catalog/Book/RecSubjCategories/Category` mit der Katalog-XML-Datei verglichen.
`<Category2>`	Die zweite Kategorie von Büchern, an denen der Benutzer interessiert ist. Verglichen wie bei `<Category1>`.

Eine Möglichkeit zur Erweiterung dieser Fallstudie ist, sie jede beliebige Anzahl von Kategorie-Elementen unterstützen zu lassen. Ich habe nur zwei implementiert, um den Code zu vereinfachen.

Die Zustellungsformate

Das BKIS erlaubt Abonnenten, Informationen über Bücher entweder im HTML- oder im XML-Format zu beziehen. Das HTML-Zustellungsformat für einen Abonnenten mit den Kategoriefiltern ASP und ASP+ wird hier gezeigt:

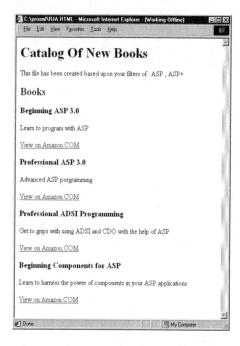

Die Transformation hat eine recht einfache HTML-Output-Datei erzeugt und zeigt wirklich nur zwei der Original-XML-Input-Felder (Titel und Abstrakt) an. Sie berechnet den Hyperlink zu Amazon auf der Grundlage eines simplen Algorithmus, bei dem alle Bindestriche aus der ISBN-Nummer entfernt werden und dem Ergebnis `http://www.amazon.com/exec/obidos/ASIN/` vorangestellt wird.

Das XML-Format ist genauso einfach:

```
<?xml version="1.0" ?>
- <Catalog>
    <Notes>Filters: Java , Web Server</Notes>
  - <Books>
    - <Book>
        <Title>Professional Java XML</Title>
        <AmazonURL>http://www.amazon.com/exec/obidos/ASIN/1861002858</AmazonURL>
        <Abstract>Learn to utilize the powerful combination of Java and XML</Abstract>
      </Book>
    - <Book>
        <Title>Professional Site Server 3.0</Title>
        <AmazonURL>http://www.amazon.com/exec/obidos/ASIN/1861002696</AmazonURL>
        <Abstract>The definitive resource for Site Server</Abstract>
      </Book>
    </Books>
  </Catalog>
```

Beide Transformationen werden mit Hilfe von VB-Klassenmodulen durchgeführt, die wir in Kürze besprechen werden.

Abonnenten/Benutzer

Wie wir bereits erwähnt haben, sind die Abonnenten die interessantesten Teilnehmer der BKIS-Fallstudie, weil sie die Filterung, die auf das XML-Katalog-Quelldokument angewandt wird, das Format, das für die Zustellung benutzt wird (HTML oder XML), und eine optionale E-Mail-Adresse definieren. Abonnenten werden mit Hilfe der Klasse CUser modelliert und als Gruppe mit Hilfe der Klasse CUserCollection verwaltet:

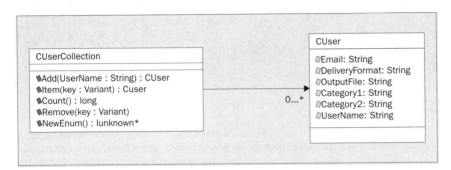

Die in dieser Abbildung (und in anderen Abbildungen dieses Kapitels) benutzte Notation ist UML. Um kurz zusammenzufassen: Eine Klasse wird repräsentiert durch einen Kasten, der in drei Abschnitte unterteilt ist. Der oberste Abschnitt zeigt den Namen der Klasse an, der mittlere die Eigenschaften (und deren Typen) und der unterste die Methoden (zusammen mit deren Parametern und Typen). Die Pfeile zwischen den Kästen können Beziehungen wie Eigentümerschaft und Inhalt anzeigen, zusammen mit Zahlen, die die Kardinalität dieser Beziehungen repräsentieren (Eins-zu-eins, Eins-zu-vielen etc.). In der Abbildung oben wird zum Beispiel gezeigt, dass CUserCollection 0 oder mehr CUser-Objekte enthält. Für weitere Informationen siehe Instant UML *(ISBN: 1-861000-87-1).*

Herausgeber und Werber werden nicht modelliert, weil das System sich nicht darum kümmert, wer die XML-Katalogdatei erzeugt, und, wie gesagt, nur Links zu Amazon ausgegeben werden. Wenn wir beschließen würden, das System zu erweitern und Herausgebern jeden Buchtitel, den sie an einen Abonnenten weitergeben, in Rechnung zu stellen, oder mehrere Werber zu unterstützen, würden wir sie modellieren, weil sie dann genauso wichtig wären.

Eine kurze Notiz über VB-Collections

Weil das BKIS mit VB geschrieben ist, wurden alle Collection-Klassen mit Hilfe des Class Builder Add-ins erzeugt.

Obwohl ich Class Builder benutzt habe, ändere ich im Allgemeinen die Variablennamen, die es erzeugt, indem ich m_ statt mvar verwende und den Variablen Vorsilben in der Ungarischen Notation voranstelle.

Ich werde keine der Collection-Klassen im Detail erklären, weil ihre Rolle im Leben einfach ist: Sie beinhalten null oder mehr Objekte derselben Klasse. Dennoch werde ich für diejenigen von Ihnen, die VB noch nicht benutzt haben, kurz die NewEnum()-Methode der Klasse CUserCollection vorstellen.

Diese Methode NewEnum() ermöglicht uns, Code unter Verwendung der For...Each-Syntax wie folgt zu schreiben:

```
Dim oUser as CUser
Dim oUserCollection as CUserCollection

For Each oUser in MyUserCollection
    MsgBox oUser.UserName
Next oUser
```

Dies ist eine recht nette Kurzschrift-Eigenschaft von VB, die in einer sehr gut lesbaren Codiermethode resultiert. Die zugrunde liegende Implementierung basiert auf der COM-Schnittstelle IEnumVARIANT und erspart uns im Wesentlichen den traditionell etwas längeren Weg des Zugriffs auf Einträge einer Collection mit Hilfe eines Indexes:

```
Dim oUser as CUser
Dim oUserCollection as CUserCollection
Dim lIndex as long

For lIndex = 0 to oUser.Count
    Set oUser = oUserCollection.Item(lIndex)
    MsgBox oUser.UserName
Next lIndex
```

Abonnenten-Informationen laden

Wie bereits erwähnt, ist die Abonnenten-Information in der Datei Users.XML gespeichert. Um diese Datei in Instanzen der Klasse CUser umzuwandeln, benutzen wir die Klasse CLoadUserInfo:

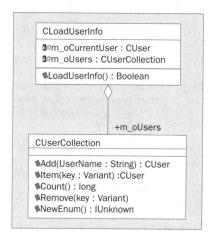

Indem wir die Methode LoadUserInfo() von CLoadUserInfo aufrufen, wird die Datei Users.XML in CUser-Objekte transformiert, die in die in m_oUsers gespeicherte CUserCollection gesteckt werden. XSLT kann für diese Transformation offensichtlich nicht benutzt werden, daher benutzen wir einen SAX-Parser und eine schlaue und doch simple Transformationsmaschine auf der Grundlage von SAX/XPath, mit deren Hilfe diese Umwandlung leicht zu implementieren ist. Die Transformationsmaschine wird durch die Klasse CSAXTransformEngine implementiert.

Weil die Transformationsmaschine auf SAX basiert, müssen wir die XML-Datei nicht in ein DOM laden. Wir reagieren einfach auf bestimmte Ereignisse im SAX-Ereignis-Stream und bauen unsere CUser-Objekte. Dies macht die Operationen der Erzeugung eines DOM für die XML-Datei, der Suche nach dem DOM für die Knoten und schließlich der Löschung aller DOM-Knoten überflüssig. Das hat zwei Hauptvorteile:

❏ Wir verschwenden keine Prozessorzeit und Speicherplatz durch das Erzeugen und die sofortige Wiedervernichtung der DOM-Knoten mehr, sobald wir die benötigten Daten abgerufen haben.

❏ Wir können XML-Dateien jeder Größe verarbeiten. Egal, wie groß die Datei des Benutzers ist, wir sind lediglich durch den von den CUser-Objekten benutzten Speicher eingeschränkt und nicht durch die DOM-Knoten. Wenn Sie jemals versucht haben, eine 20-Megabyte-Datei in einen DOM zu laden, werden Sie wissen, dass Sie für gewöhnlich drei- oder viermal so viel Speicherplatz dafür benötigen, in diesem Fall um die 80 Megabyte. Mit SAX beträgt der Speicher-Footprint normalerweise nur einige Kilobyte für das Parsen, in Abhängigkeit von der Elementverschachtelung und den Character-Daten innerhalb der Datei. Dies macht SAX überaus attraktiv für Systeme wie BKIS, die normalerweise keine obere Schranke für die Größe der zu verarbeitenden XML-Dateien haben.

Zwei wichtige Nachteile der Verwendung von SAX sind:

❏ Es gibt keinen wahlfreien Zugriff auf irgendwelche Daten innerhalb der XML-Datei abgesehen von dem, der von dem aktuellen Ereignis oder von Daten geliefert wird, die erst vor kurzem geparst wurden und in Variablen gespeichert sind.

❏ Es gibt keinen elementbezogenen Indikator für den Ort oder die Position von Ereignissen. Wenn zum Beispiel das Ereignis `startElement` empfangen wird und der Elementname `<Title>` ist, können wir nicht bestimmen, ob sich dieses Element innerhalb eines anderen Elements befindet (wie etwa `<Book>`), sofern wir nicht bei der Verarbeitung dieses Elements irgendeine Art Flag setzen, um die Verschachtelung anzuzeigen. Natürlich könnte die Beziehung zwischen einem `<Book>` und einem `<Title>` der von Eltern/Kind oder Vorfahre/Nachfahre entsprechen. Je komplexer die Verschachtelungen oder Beziehungen werden, desto mehr Flags müssen wir verwenden.

Weitere Einzelheiten über diesen Kompromiss finden Sie in den DOM- und SAX-Kapiteln (5 und 6) weiter vorne in diesem Buch.

Der erste dieser Nachteile ist nicht so leicht zu beheben und der Ansatz, den wir machen, besteht einfach darin, Informationen zu puffern. Vorausgesetzt, die XML-Datei ist nicht zu komplex, ist dies kein allzu großer Nachteil. Dennoch, sollten Sie auf Information am Ende der XML-Datei zugreifen müssen, bevor Sie diese am Beginn verarbeiten, werden Sie entweder die Datei zweimal parsen oder die Struktur der XML-Datei überdenken und jede Anwendung, die sie erzeugt, ändern müssen.

Das zweite Problem, das der relativen Lokalisierung, kann leicht durch das Schreiben eines SAX-Filters angegangen werden, der einen Element-Stack basierend auf Aufrufen von `startElement` und `endElement` wie folgt unterhält:

```
startDocument                        Stack = /

    startElement( "Books")           Stack = /Books
      startElement("Book")           Stack = /Books/Book
        startElement("Title")        Stack = /Books/Book/Title
          characters("ProXML")       Stack = /Books/Book/Title
        endElement("Title")          Stack = /Books/Book/Title
      endElement("Book")             Stack = /Books/Book
    endElement( "Books")             Stack = /Books

endDocument                          Stack = /
```

Wenn das SAX-Ereignis `startElement` auftritt, schieben wir den Elementnamen auf den Stack und bauen effektiv einen XPath auf. Wenn das SAX-Ereignis `endElement` auftritt, entfernen wir den Elementnamen. Der Stack enthält anfangs »/«, die Wurzel des Dokuments. Wenn die SAX-Ereignisse auftreten, wird der Stack aufgebaut, und die Ereignisse werden dann mit dem XPath erweitert und an den nächsten Handler weitergegeben. Der Endeffekt ist der, dass unsere Klassen einen Ereignis-Stream verarbeiten, der etwa folgendermaßen aussieht:

```
startDocument

    startElement("/Books")
      startElement("/Books/Book")
        startElement("/Books/Book/Title")
          characters("/Books/Book/Title", "ProXML")
        endElement("/Books/Book/Title")
```

```
      endElement("/Books/Book")
    endElement("/Books")

  endDocument
```

Sie könnten auf die Idee kommen, dass dies ein wenig DOM-artig aussieht, und in gewisser Hinsicht haben Sie Recht, aberworan Sie denken müssen, ist, dass wir im obigen Stack immer nur eine Instanz eines Buchs im Speicher haben werden, im Unterschied zum DOM, wo wir möglicherweise Tausende hätten – und aus diesem Grund sehr wenig freien Speicherplatz.

Das BKIS basiert auf einer schönen Transformationstechnik, die als Teil dieser Fallstudie zu einer generischen Transformationsmaschine entwickelt wurde. Statt Transformationen durch ein XSLT-Stylesheet durchzuführen, benutzt sie eine oder mehr Klassen, die aufgerufen werden, wenn die SAX-Ereignisse mit bestimmten Mustern (XPaths) im SAX-Ereignis-Stream gefunden werden. Dieser Ansatz sorgt für eine großartige Performance des BKIS, weil das Pseudo-Stylesheet kompiliert wird, und erleichtert die Transformation eines Dokuments mit Hilfe von SAX-Ereignis-Streams, weil Sie die Ereignisverschachtelung nicht selbst verfolgen müssen.

Dieser Ansatz bietet mehr Flexibilität als reines XSLT, weil Sie Transformationen mit Hilfe der Sprache, in der Sie am liebsten entwickeln, durchführen können, was dann solche Operationen wie Datenbankdurchsuchungen erlaubt (die in *Standard*-XSLT einfach nicht möglich sind). Ein weiterer Vorteil, den ich persönlich sehr gut finde, ist, dass Sie sich nicht selbst den Kopf über die etwas komplizierte XSLT-Syntax zerbrechen müssen, wenn Sie sich an komplexeren Transformationen versuchen, was Ihre Produktivität steigern sollte.

Um die Vorteile und die Arbeitsweise der Transformationsmaschine zu verstehen, betrachten Sie eine typische SAX-Anwendung:

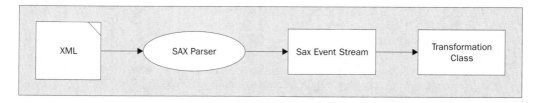

Eine XML-Datei wird geparst und SAX-Ereignisse werden von der Klasse verarbeitet, die die SAX-DocumentHandler-Klasse implementiert. Wenn der Handler-Code alle <Book>-Elemente innerhalb von <Books> lokalisieren würde, würde der Code folgendermaßen aussehen:

```
Bool m_bInBooks as Boolean

Private Sub m_oSAXParser_startElement(ByVal sName As String, _
                          ByVal pAttributeList As SAXLib.ISAXAttributeList)

    If sName = "Books" then
        m_bInBooks = true
    End if


    If sName = "Book" and m_bInBooks = true then
        MsgBox "We located a book"
    End if
End Sub

Private Sub m_oSAXParser_endElement(ByVal sName As String)
    If sName = "Books" then
```

```
        m_bInBooks = false
    End if
End Sub
```

Das SAX-Ereignis übergibt uns den Namen des Start-Tags in `sName`, zusammen mit `pAttributeList`, das uns Zugriff auf alle Attribute gewährt, die im Start-Tag definiert sind. Der Code ist nicht schrecklich schwierig, aber ein Element zu lokalisieren, das mehr als ein Verschachtelungslevel tief liegt, wird wahrscheinlich in einer Menge Zustands-Flags, chaotischem Code und Bugs resultieren. Das andere Problem ist, dass, wenn wir nach vielen Elementen suchen, der Ereignis-Handler recht schnell anwachsen und ein wenig monolithisch werden kann. Die Einführung eines zusätzlichen Layers/Filters, um einen XPath an Ereignisse anzuhängen, wie früher besprochen, vereinfacht das Programmmodell stark:

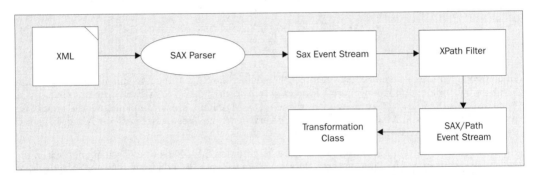

Weil jemand anders die Elementverschachtelung für uns überwacht (wenn wir den oben diskutierten Stack-Ansatz benutzen), können wir die Notwendigkeit für jegliche Flags vergessen und unseren Code wie folgt vereinfachen:

```
Private Sub m_oSAXParser_startElement(sXPath As String, _
                          sElementName As String, _
                          oAttribs As SAXLib.ISAXAttributeList)

    If sXPath = "/Books/Book" then
        MsgBox "We located a book"
    End if
End Sub
```

Mit diesem Code testen wir einfach gegen einen vollständigen XPath und brauchen uns nicht um das Setzen von Flags in `startElement()`und deren Schließen in `endElement ()`zu kümmern. Der Code ist viel einfacher und er ist die Grundlage, auf der die Transformationen in dieser Fallstudie durchgeführt werden. Dennoch, die Verwendung von XPaths löst nicht das Problem unserer Ereignis-Handler, die zu stark anwachsen, wenn wir nach einer großen Anzahl von Ereignissen suchen. Um dies zu lösen, erlauben wir verschiedenen Klassenmodulen, SAX-Ereignisse, die auf einem oder mehr XPaths basieren, zu behandeln:

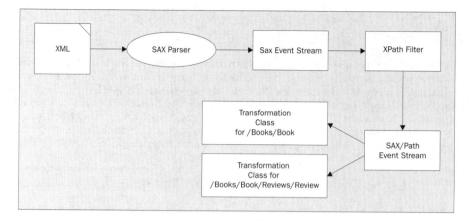

In diesem Diagramm ist eine Klasse verantwortlich dafür, alle SAX-Ereignisse mit einem XPath `/Books/Book` zu behandeln, und eine weitere Klasse ist verantwortlich dafür, SAX-Ereignisse mit einem XPath `/Books/Book/Reviews/Review` zu verarbeiten. Die Maschine, die wir implementieren, erlaubt uns, jede beliebige Zahl von XPaths von einer Klasse verarbeiten zu lassen, aber derselbe XPath kann nicht von mehr als einer Klasse verarbeitet werden.

An diesem Punkt werden wir ein wenig abschweifen und den SAX-Parser beschreiben, den wir in dieser Fallstudie benutzen werden, und unserer Hände mit ein wenig VB-Code beschmutzen. Sobald wir verstanden haben, wie der Parser benutzt wird, werden wir richtig loslegen und das BKIS erzeugen.

Der Visual-Basic-SAX-Parser

Der SAX-Parser, den wir in dieser Fallstudie benutzen, wurde von Vivid Creations (`http://www.vivid-creations.com`) entwickelt und wird **ActiveSAX** genannt. Vivid ist in der Welt von XML wohl etabliert und war eine der ersten Firmen, die SAX außerhalb von Java implementiert haben (in C/C++, VB etc.) – Mitte 1998. Der Parser ist frei für den kommerziellen und nichtkommerziellen Gebrauch, zeigt aber ein Nörgel-Fenster an, wenn die verarbeitete Datei 10 KB übersteigt. Für die Zwecke unserer Fallstudie stört diese Beschränkung nicht, aber wenn Sie beabsichtigen, SAX zur Verarbeitung größerer Dateien einzusetzen, müssen Sie eine vollständige Kopie erwerben (die zur Zeit der Entstehung dieses Buchs 149 US-Dollar kostete) oder sich einen anderen Parser suchen. Sie können den Parser von folgendem URL herunterladen: `http://www.vivid-creations.com/sax/index.htm`.

ActiveSAX benutzen

Wir werden eine einfache Anwendung schreiben, die den Gebrauch von ActiveSAX demonstriert, indem wir alle Elemente in einer XML-Datei auflisten. Beachten Sie, dass dieses Kapitel den ActiveSAX-Parser nicht im Detail behandelt.

Eine detailliertere Beschreibung von ActiveSAX findet sich auf der Vivid-Website. Beachten Sie, dass der Download eine Menge anderer Beispiele enthält (sowohl SAX als auch DOM), mit denen Sie sich befassen können, wenn Sie mehr lernen wollen.

Zuallererst müssen Sie den Vivid-ActiveSAX-Parser von dem oben angegebenen URL herunterladen und installieren, ein neues Standard-EXE-VB-Projekt erzeugen und der Typenbibliothek »Vivid Creations ActiveSAX« eine Referenz hinzufügen.

Als Nächstes setzen Sie ein Standard-`ListBox`-Steuerelement auf das Standardformular und deklarieren dann am oberen Ende des Code-Moduls für das Formular die Variable `m_oSAXParser` als vom Typ `SAXParser`:

```
Dim WithEvents m_oSAXParser As SAXParser
```

Sie werden bemerken, dass wir das `WithEvents`-Schlüsselwort benutzen, denn auf diese Weise können Ereignisse von einer Objektinstanz mit Hilfe von Verbindungspunkten behandelt werden: mit der COM-Implementierung des **Observer**-Patterns, das von Gamma *et al.* definiert wurde (*Design Patterns*, ISBN 0-201-63361-2). Dieses Muster ist so ziemlich dasselbe wie das Publish/Subscribe-Modell, das wir weiter oben vorgestellt haben, außer, dass der Herausgeber jetzt ein Objekt ist und der Abonnent irgendwelcher VB-Code.

Einmal definiert, wählen Sie den `m_oSAXParser` aus der Objekt-Combo, klicken auf die Methode in der Combobox und wählen nacheinander die Ereignisse `startElement`, `characters` und `endElement`, um dem Code-Modul die Subroutine-Prototypen hinzuzufügen:

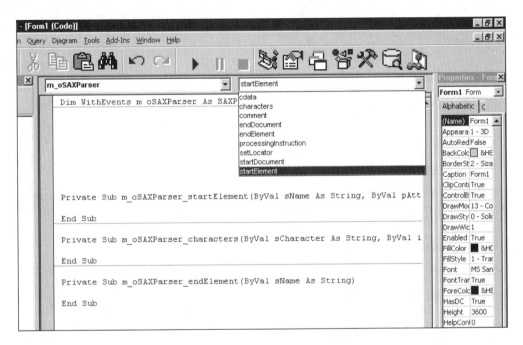

Modifizieren Sie die Implementierung der drei Ereignis-Handler folgendermaßen:

```
Private Sub m_oSAXParser_startElement(ByVal sName As String, _
                        ByVal pAttributeList As SAXLib.ISAXAttributeList)

    List1.AddItem "startElement:" & sName
End Sub

Private Sub m_oSAXParser_characters(ByVal sCharacters As String, _
                        ByVal iLength As Long)

    List1.AddItem "characters:" & sCharacters
End Sub

Private Sub m_oSAXParser_endElement(ByVal sName As String)
    List1.AddItem "endElement:" & sName
End Sub
```

Für jedes behandelte Ereignis schreiben wir den Ereignisnamen zum Listen-Steuerelement, zusammen mit dem Elementnamen oder Character-Daten.

Als Nächstes fügen Sie den Form-Load-Ereignis-Handler wie folgt hinzu:

```
Private Sub Form_Load()
    Set m_oSAXParser = New SAXParser
    m_oSAXParser.parseString "<ProXML>Enjoy!</ProXML>"
End Sub
```

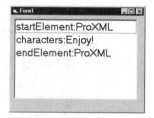

Dieser Code erzeugt eine Instanz des SAX-Parsers und fordert dann den Parser auf, den Text "<ProXML>Enjoy!</ProXML>" zu parsen. Wenn Sie den Code laufen lassen, sollte der Output ziemlich genauso wie hier gezeigt aussehen, abgesehen davon, dass ich die Schriftgröße meines Listensteuerelements vergrößert habe:

LoadUserInfo nimmt an, dass die Datei Users.XML sich im aktuellen Arbeitsverzeichnis befindet.

Wenn Sie wollen, können Sie den Parser eine Datei auch mit Hilfe der Methode parseFile() verarbeiten lassen, was wir später benutzen werden:

```
m_oSAXParser.parseFile "c:\proxml\users.xml"
```

Nun, da wir den Parser, den wir benutzen werden, in Aktion gesehen und die SAX/Filter/Transformations-Technik, mit deren Hilfe wir Transformationen durchführen werden, vorgestellt haben, lassen Sie uns einen genaueren Blick auf die anderen Klassen werfen, die tatsächlich alles implementieren.

Die Transformationsmaschine im Detail

Ein XSLT-Stylesheet ist aus Templates und Pattern komponiert. Jedes Template beschreibt effektiv den Markup- und Elementinhalt, der in der Zieldatei abgelegt werden soll, und enthält Muster, die einen XPath definieren, mit dessen Hilfe Informationen aus dem Quelldokument ins Ziel gezogen werden. Wenn wir die grundlegenden Konzepte von Templates und Patterns nehmen, können wir auf dieser Basis eine Transformationsmaschine bauen. Das Template besteht aus Code, der in einer Klasse enthalten ist, die aufgerufen wird, wenn ein gegebenes Pattern (XPath) mit dem erwähnten XPath/SAX-Ereignis-Stream verglichen wird. Zum Beispiel:

```
Private Sub m_oSAXParser_startElement(sXPath As String, _
                                      sElementName As String, _
                                      oAttribs As SAXLib.ISAXAttributeList)

    If sXPath = "/Books/Book" then
        SomeClass.startElement sXPath, sElementName, oAttribs
    End if

    If sXPath = "/Books/Book/Reviews/Review" then
        AnotherClass.startElement sXPath, sElementName, oAttribs
    End if
End Sub
```

Die Abbildung von Ereignissen auf Klassenmodule lässt sich auf alle SAX-Ereignisse, wie etwa endElement und characters, anwenden:

```
Private Sub m_oSAXParser_characters(sXPath as String, _
                                ByVal sCharacters As String, _
                                ByVal iLength As Long)

    If sXPath = "/Books/Book" then
        SomeClass.characters sXPath, sCharacters
    End if

    If sXPath = "/Books/Book/Reviews/Review" then
        AnotherClass.startElement sXPath, sElementName, oAttribs
    End if
End Sub
```

Offensichtlich wollen wir diesen sich im Muster wiederholenden Code nicht für jede unserer Anwendungen mit der Hand schreiben, daher bauen wir diese Funktion in die BKIS-Transformationsmaschine ein.

Nachdem wir nun die grundlegende Funktionsweise des BKIS kennen gelernt haben, lassen Sie uns mit dem Code beginnen, um das System zu implementieren.

Das BKIS erzeugen

Legen Sie los und erzeugen Sie ein neues Standard-EXE-Projekt und fügen Sie der **Vivid ActiveSAX-Typ-Bibliothek** eine Referenz hinzu.

SAX XPath-Filter-Schnittstelle – ITemplate

Damit die Transformationsmaschine in der Lage ist, unsere Template-Handler generisch aufzurufen, müssen wir eine Schnittstelle (ein VB-Klassenmodul, das Methoden definiert, aber keine Implementierung besitzt) definieren, die die ganzen Ereignisse definiert, die ein Klassenmodul, das als Template agiert, erwarten kann, zu empfangen. Die Transformationsmaschine wird diese Schnittstelle dazu benutzen, die Methoden des Template-Handlers aufzurufen, ohne zu wissen, welche konkrete Klasse die Schnittstelle tatsächlich implementiert.

Fügen Sie ein neues Klassenmodul hinzu, benennen Sie es in `Itemplate` um und fügen Sie den folgenden Code hinzu:

```
Option Explicit

' start of the XPath

Sub startElement(sXPath As String, _
            sElementName As String, _
            oAttribs As SAXAttributeList)

End Sub

' characters within the XPath

Sub characters(sXPath As String, _
            sData As String)

End Sub
' end of the XPath

Sub endElement(sXPath As String, _
```

```
                  sElementName As String)

End Sub

' start of document

Sub startDocument()

End Sub

' end of document

Sub endDocument()

End Sub
```

In Java oder C/C++ würden Sie hier einfach eine abstrakte Klasse definieren.

Fügen Sie als Nächstes ein Klassenmodul namens `CXMLCatalogTransform` hinzu und fügen Sie dem Code-Modul die folgende Zeile hinzu, um VB mitzuteilen, dass es die `ITemplate`-Schnittstelle implementiert:

```
Implements ITemplate
```

Nun, da wir das Klassenmodul deklariert haben, das eine Schnittstelle implementiert, enthält die Objekt-Combo einen Eintrag für `ITemplate`. Wählen Sie es aus und Sie werden die Ereignis-Combolisten all seiner Methoden sehen:

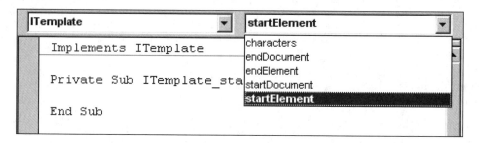

Wählen Sie irgendeine der Methoden in der Ereignis-Combo aus und VB sollte dem Klassenmodul den Subroutine-Prototyp hinzufügen:

```
Private Sub ITemplate_characters(sXPath As String, _
                                 sData As String)

End Sub

Private Sub ITemplate_endDocument()

End Sub

Private Sub ITemplate_endElement(sXPath As String, _
                                 sElementName As String)


End Sub
```

```
Private Sub ITemplate_startDocument()

End Sub

Private Sub ITemplate_startElement(sXPath As String, _
                                   sElementName As String, _
                                   oAttribs As SAXLib.ISAXAttributeList)

End Sub
```

Ändern Sie die `characters()`-Methode so ab, dass sie ein Nachrichtenfeld einschließt, das den Ereignisnamen und den passierten XPath anzeigt:

```
Private Sub ITemplate_characters(sXPath As String, _
                                 sData As String)
    MsgBox "CXMLCatalogTransform: xpath=" & sXPath & " data=" & sData
End Sub
```

Um zu demonstrieren, wie Polymorphismus und Schnittstellen in VB funktionieren, fügen Sie als Nächstes dem Code-Modul für `Form1` die folgende Subroutine hinzu::

```
Sub DummyCharactersEvent(oTemplate As ITemplate)
    oTemplate.characters "/Catalog/Book/Title", "ProXML"
End Sub
```

Dieser Routine wird eine Referenz auf die Schnittstelle übergeben, dann ruft sie das `characters`-Ereignis, das einen XPath `"/Catalog/Book/Title"` passiert, und einige Daten auf, in diesem Fall `"ProXML"`. Im wirklichen BKIS werden diese auf der Grundlage des XML-Quelldokuments gebaut, aber wir haben hier die Werte einfach einmal fest codiert, um die Arbeitsweise der Maschine zu demonstrieren. Der Code, der die `characters`-Methode aufruft, weiß nicht, welche Objektklasse die Schnittstelle implementiert hat, was bedeutet, dass er die `characters`-Methode jeder Objektklasse polymorph aufrufen kann. Das ist eine ganz tolle Sache, weil neue Klassenmodule für neue XPaths zu jeder Zeit hinzugefügt werden können, ohne den Code ändern zu müssen. Um dies zu demonstrieren, fügen Sie dem Formular einen Button hinzu, doppelklicken Sie darauf und ändern Sie den Ereignis-Handler wie folgt:

```
Private Sub Command1_Click()
    Dim oXMLCatalogTransform As New CXMLCatalogTransform
    DummyCharactersEvent oXMLCatalogTransform
End Sub
```

Der Code erzeugt eine Instanz unserer `CXMLCatalogTransform`-Klasse und ruft dann die Subroutinen dazu auf, die `characters`-Methode der `ITemplate`-Schnittstelle aufzurufen. Wenn Sie das Projekt laufen lassen und den Button anklicken, sollten Sie das folgende Nachrichtenfeld sehen, das von der Instanz der Klasse `CXMLCatalogTransform` erzeugt wird:

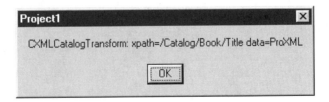

Der entscheidende Punkt ist der, dass, obwohl die Methode `DummyCharactersEvent()` einen Parameter vom Typ `Itemplate` annimmt, VB das `CXMLCatalogTransform`-Objekt nach der `ITemplate`-Schnittstelle fragt und dann die Funktion in unserem Auftrag aufruft. Um die Leistungsstärke zu verdeutlichen, die darin steckt, fügen Sie das Klassenmodul namens CHTMLCatalogTransform hinzu, kopieren den gesamten Code vom XMLCatalogTransform-Modul, ändern aber den Aufruf des Nachrichtenfelds in ITemplate_characters() folgendermaßen ab:

```
Private Sub ITemplate_characters(sXPath As String, _
                                 sData As String)
    MsgBox "CHTMLCatalogTransform: xpath=" & sXPath & " data=" & sData
End Sub
```

Gehen Sie zum Ereignis-Handler für den Button zurück, ändern Sie den Code, um eine Instanz dieser Klasse zu erzeugen, und rufen Sie DummyCharacterEvents() dazu auf, das neu erzeugte Objekt zu übergeben:

```
Private Sub Command1_Click()
    Dim oXMLCatalogTransform As New CXMLCatalogTransform
    DummyCharactersEvent oXMLCatalogTransform

    Dim oHTMLCatalogTransform As New CHTMLCatalogTransform
    DummyCharactersEvent oHTMLCatalogTransform
End Sub
```

Lassen Sie das Programm laufen, klicken Sie auf den Button und Sie sollten das ursprüngliche Nachrichtenfeld, gefolgt von dem Nachrichtenfeld sehen, das von der CHTMLCatalogTransform-Klasse erzeugt wurde:

Dies zeigt uns, dass unsere einfache Funktion dieselbe Funktion zweier verschiedener Objektklassen aufrufen kann, und demonstriert die grundlegenden Prinzipien, nach denen das Erweiterbarkeitsmodul für unsere Transformationsmaschine arbeiten wird. Natürlich ist die Transformationsmaschine nicht fest codiert, sondern erlaubt Ihnen stattdessen, einen XPath und einen zugehörigen Template-Handler zu registrieren, der aufgerufen wird, wenn der XPath innerhalb des SAX-Ereignis-Streams entdeckt wird.

Wenn wir es auch in dieser Fallstudie nicht tun, könnten Sie jedes Transformationsklassenmodul ziemlich leicht in sein eigenes ActiveX-DLL verschieben und dadurch ein wirklich erweiterbares System erzeugen.

Pattern Matching

Um XPaths mit Template-Handlers zu assoziieren, benutzen wir die Klassen CPattern und CPattern-Collection. CPattern enthält den XPath-String und außerdem eine Referenz auf den Template-Handler:

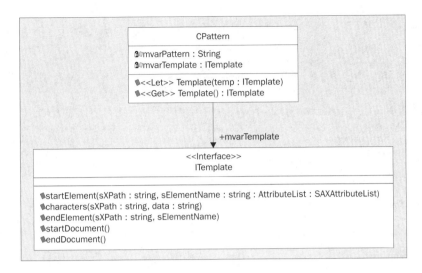

Es gibt keinen vernünftigen Grund, warum ein einzelner Template-Handler nicht dafür verantwortlich sein könnte, ein oder mehr Pattern zu verarbeiten, und umgekehrt, aber für diese Fallstudie wird ein Pattern nur mit einem Template assoziiert sein. Nur um zu rekapitulieren, die CPattern-Klasse ist assoziiert mit der Schnittstelle ITemplate, was jegliche Referenz auf eine konkrete Klasse überflüssig macht – und uns so große Erweiterungsmöglichkeiten verleiht.

Wie bei der CUser-Klasse, sind null oder mehr CPattern-Klassen in der CPatternCollection-Klasse enthalten:

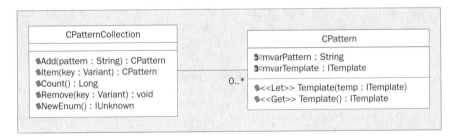

CPattern und CPatternCollection erzeugen

Um diese Klassen zu erzeugen, benötigen wir einen Class Builder.

Falls Sie diesem Werkzeug nie zuvor begegnet sind, es ist über das Add-Ins-Menü zugänglich – vielleicht müssen Sie das Add-In Manager-Menü benutzen, um es zu installieren. Der Class Builder ist ziemlich selbsterklärend und erlaubt Ihnen, sehr schnell Klassen mit festgelegten Eigenschaften und Methoden zu erzeugen – ohne sich allzu sehr um Tippfehler kümmern zu müssen. Er stellt noch eine ganze Reihe anderer nützlicher Funktionen zur Verfügung, wie etwa die schnelle Erzeugung von Collections, wie wir später sehen werden, aber die meisten von ihnen gehen über den Rahmen dieses Kapitels hinaus.

Fügen Sie das Klassenmodul für CPattern hinzu, und benutzen Sie den Class Builder, um die oben gezeigten Eigenschaften und Methoden hinzuzufügen. Aktualisieren Sie das Projekt mit Hilfe von *Ctrl-S* und Ihr Klassenmodul für CPattern sollte folgendermaßen aussehen (beachten Sie, dass dieser Code leicht reformatiert wurde, aber nur, was Einrückungen und Zeilenumbrüche betrifft):

```
Option Explicit

'local variable(s) to hold property value(s)
Private m_Pattern As String 'local copy
'local variable(s) to hold property value(s)
Private m_Template As ITemplate 'local copy

Public Property Set Template(ByVal vData As ITemplate)
    ' used when assigning an Object to the property, on the left side of a
    ' Set statement.
    ' Syntax: Set x.Template = Form1
    Set m_Template = vData
End Property

Public Property Get Template() As ITemplate
    ' used when retrieving value of a property, on the right side of an assignment.
    ' Syntax: Debug.Print X.Template
    Set Template = m_Template
End Property

Public Property Let Pattern(ByVal vData As String)
    ' used when assigning a value to the property, on the left side of
    ' an assignment.
    ' Syntax: X.Pattern = 5
    m_Pattern = vData
End Property

Public Property Get Pattern() As String
    ' used when retrieving value of a property, on the right side of an assignment.
    ' Syntax: Debug.Print X.Pattern
    Pattern = m_Pattern
End Property
```

Beachten Sie, dass ich allen VB-Klassenmodulen mit der Hand die Zeile Option Explicit *hinzugefügt habe. Durch das Hinzufügen dieser Zeile sorgt VB dafür, dass alle Variablen definiert werden, bevor sie referenziert/benutzt werden können. Das ist eine gute Praxis, weil andernfalls VB die Variablen dynamisch deklarieren wird, wenn sie zum ersten Mal benutzt werden, was zu Fehlern führen kann, die bis zur Laufzeit nicht entdeckt werden, und wenn Sie sich, wie ich, gerne mal verschreiben, ist es ein Alptraum!*

Erzeugen Sie die CPatternCollection-Klasse mit Hilfe der <u>F</u>ile | <u>N</u>ew | <u>C</u>ollection-Menüoption des Class Builders, wobei Sie CPattern als den Collection of-Parameter festlegen.

Die Transformationsmaschinen-Klasse wird die Pattern-Collection enthalten und eine AddPattern()-Methode bereitstellen, um diese zu füllen:

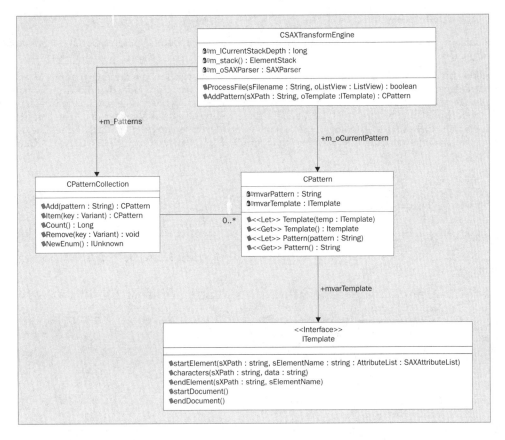

Fügen Sie das Klassenmodul `CSAXTransformEngine` und eine private Member-Variable namens `m_Patterns` vom Typ `CPatternCollection` hinzu, zusammen mit einer Methode `AddPattern` für deren indirekte Besetzung:

```
Private m_Patterns As New CPatternCollection

Function AddPattern(sXPath As String, oTemplate As ITemplate) As CPattern
    Set AddPattern = m_Patterns.Add(sXPath, oTemplate)
End Function
```

Diese Pattern-Collection wird von der Transformationsmaschine dazu benutzt werden, zu bestimmen, ob die verschiedenen SAX-Ereignisse, die während der Verarbeitung des XML-Quelldokuments auftreten, an einen Template-Handler weitergeleitet werden sollten.

Den SAX-Parser hinzufügen

Als Nächstes müssen wir den SAX-Parser in die Transformationsmaschinenklasse integrieren; deklarieren Sie also eine Instanz des SAX-Parsers wie zuvor:

```
Dim WithEvents m_oSAXParser As SAXParser
```

Um dem Benutzer Rückmeldung von der Transformationsmaschine geben zu lassen und Fehler anzuzeigen etc., werden wir außerdem eine Variable deklarieren, die eine Referenz auf eine Listenansicht enthält:

```
Dim m_oListView As ListView
```

Sie müssen für das ListView eine Komponentenreferenz zu Microsoft Windows Common Controls 6.0 hinzufügen.

Auf das ListView wird von einer Protokollier-Routine aus zugegriffen, die durchgehend im Maschinencode aufgerufen wird, um dem Benutzer Rückmeldung zu geben. Der Code, den die Transformationsmaschine benutzt, kann eine Referenz auf ein ListView, das es erzeugt, weitergeben, die dann von der Transformationsmaschine benutzt wird. Ich habe für diese Fallstudie ein ListView für den visuellen Eindruck ausgewählt, aber durch Kapselung der Protokollierung, die diese Funktion benutzt, können Sie es leicht in eine Datei oder etwas anderes Passendes umändern. Die Implementierung der LogLine()-Routine sieht so aus:

```
Sub LogLine(sLineToLog As String)
    If Not (m_oListView Is Nothing) Then
        m_oListView.ListItems.Add , , sLineToLog
    End If
End Sub
```

Als Nächstes fügen wir der CSAXTransformEngine-Klasse die ProcessFile()-Methode hinzu:

```
Function ProcessFile(sFilename As String, oListView As ListView) As Boolean
    Dim bRC As Boolean
    Set m_oListView = oListView
    Set m_oSAXParser = New SAXParser

    bRC = m_oSAXParser.parseFile(sFilename)

    If bRC = False Then
        LogLine "  File is not well formed"
        ProcessFile = False
    Else
        ProcessFile = True
    End If
End Function
```

Die ProcessFile()-Methode veranlasst die Transformationsmaschine, die festgelegte Datei zu parsen und all die Template-Handler aufzurufen, die auf den Pattern basieren, die zu CPatternCollection mit Hilfe der AddPattern()-Methode hinzugefügt wurden. Die Funktion speichert das ListView in unserer m_oListView-Variablen für den Zugriff durch die LogLine()-Subroutine (um dem Benutzer Rückmeldung zu geben), erzeugt eine Instanz des SAX-Parsers und fordert diesen dann auf, die Datei zu parsen. Falls das XML-Parsen aus irgendeinem Grund scheitert, teilen wir es dem Benutzer durch Aufruf unserer LogLine()-Routine mit, die wiederum einen Eintrag ins ListView macht, der im oListView-Parameter geliefert wird.

Um zu überprüfen, ob dieser Code funktioniert, lassen Sie uns unser Formular aktualisieren und ListView mit einbeziehen. An dieser Stelle werden wir all die Steuerelemente einfügen, die das endgültige GUI ausmachen werden, und daher müssen wir Komponentenreferenzen hinzufügen zu:

❏ Windows Tabbed Dialog Control 6.0
❏ Microsoft Internet Controls

Entfernen Sie den Befehls-Button, den wir weiter oben zusammen mit dem Ereignis-Handler-Code dem Formular hinzugefügt haben. Fügen Sie ein Register-Steuerelement hinzu (belassen Sie es bei dem Standardnamen, den VB ihm gibt), das etwa 2/3 der Höhe des Formulars einnimmt, und platzieren Sie zwei Befehls-Buttons und zwei Textbearbeitungsfelder wie folgt:

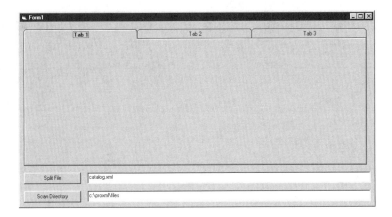

Beachten Sie, dass ich für beinahe alle Steuerelemente, die wir auf das Formular setzen, die Standardnamen benutze, die VB ihnen gibt; zerbrechen Sie sich also nicht den Kopf über deren Änderung, bevor es im Text angegeben wird.

Der Button mit der Aufschrift **Split File** sollte `SplitFile` genannt werden und das Textfeld daneben `FileToProcess`.

Der Button mit der Aufschrift **Scan Directory** sollte `ScanDirectoy`, das Textfeld daneben `ScanPath` genannt werden.

Betrachten Sie die Eigenschaften für das Register-Steuerelement, nennen Sie die erste Registerkarte **Web View**, die zweite **Log Messages** und löschen Sie die dritte, indem Sie die Eigenschaftenseite für Register-Steuerelemente zum Vorschein bringen und die Anzahl der Registerkarten auf 2 reduzieren. Wählen Sie die erste Karte und setzen Sie ein Webbrowser-Steuerelement darauf. Unter dieses Steuerelement platzieren Sie die Combobox mit der Style-Dropdown `List`:

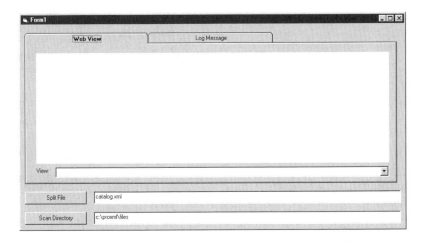

Das Webbrowser-Steuerelement wird dazu benutzt, die Transformationen anzusehen, die wir erzeugen, wobei die Combobox mit all den Dateinamen angefüllt sein wird, die von der Transformationsmaschine erzeugt werden.

Wählen Sie die zweite Registerkarte und setzen Sie ein `ListView`-Steuerelement darauf (keine `listbox`), dem Sie den Namen `LogWindow` geben:

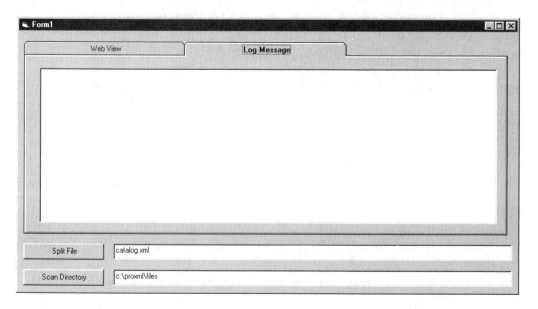

Das ist jetzt unsere vollständige Benutzeroberfläche. Der Button **Split File** wird uns erlauben, die Transformationsmaschine aufzufordern, eine einzelne XML-Datei zu verarbeiten. Der Button **Scan Directory** wird uns erlauben, ein Verzeichnis nach allen XML-Dateien zu durchsuchen und jede verarbeiten zu lassen.

Elementverschachtelung verfolgen, um XPaths zu erzeugen

Die SAX-Transformationsmaschine verfolgt die Ereignisverschachtelung innerhalb des SAX-Ereignis-Streams mit Hilfe eines einfachen Arrays von `ElementStack`-Strukturen:

```
Private Type ElementStack
    sName As String
End Type
```

Dieser Stack wird dazu benutzt werden, um einen XPath für jedes SAX-Ereignis zu bauen, das an einen Transformations-Klassenmodul-Handler weitergegeben wird.

Fügen Sie diese Definition zu dem Klassenmodul für `CSAXTransformEngine` hinzu und platzieren Sie diese beiden Variablen darunter:

```
Dim m_lCurrentStackDepth As Long
Dim m_stack(100) As ElementStack
```

Die Array-Größe von 100 ist einfach ein beliebig gewählter Wert, der vergrößert, verkleinert oder mit Hilfe von ReDim Ihren Bedürfnissen entsprechend ersetzt werden kann. 100 sollte für die meisten XML-Dokumente ausreichen.

Wenn die Maschine startet, wird die aktuelle Stack-Tiefe (`m_lCurrentStackDepth`) auf Null gesetzt und heraufgesetzt, wenn ein `startElement`-Ereignis auftritt:

```
Private Sub m_oSAXParser_startElement(ByVal sName As String, _
                            ByVal pAttributeList As SAXLib.ISAXAttributeList)
    ' Add this element to the stack

    m_stack(m_lCurrentStackDepth).sName = sName
    m_lCurrentStackDepth = m_lCurrentStackDepth + 1
End Sub
```

Unmittelbar bevor die Stack-Tiefe heraufgesetzt wird, wird der Name eines Elements auf dem Stack abgelegt.

Die Stack-Tiefe wird herabgesetzt, wenn ein endElement-Ereignis auftritt:

```
Private Sub m_oSAXParser_endElement(ByVal sName As String)
    m_lCurrentStackDepth = m_lCurrentStackDepth - 1
End Sub
```

An jedem Punkt im Ereignis-Stream kann der aktuelle XPath einfach dadurch gebaut werden, indem der Stack aufgezählt wird. Wir tun diese mit Hilfe der BuildXPath-Funktion, die den XPath in der Variablen m_sCurXPath ablegt:

```
Dim m_sCurXPath as String

' Builds an XPath based upon the current element nesting

Sub BuildXPath()
    Dim l As Long

    m_sCurXPath = "/"

    For l = 0 To m_lCurrentStackDepth - 1
        m_sCurXPath = m_sCurXPath + m_stack(l).sName
        If l <> m_lCurrentStackDepth - 1 Then
            m_sCurXPath = m_sCurXPath + "/"
        End If
    Next l
End Sub
```

m_sCurXPath wird als globale Variable definiert und dann benutzt, wenn Ereignisse wie characters *an Template-Handler weitergeleitet werden.*

Um die XPaths innerhalb des SAX-Ereignis-Streams im Protokollfenster zu sehen, während sie aufgebaut werden, müssen wir die BuildXPath()-Funktion aus dem Innern der m_oSAXParser_startElement()-Methode aufrufen und den m_sCurXPath mit Hilfe der Log-Line()-Funktion ins Protokollfenster schreiben:

```
Private Sub m_oSAXParser_startElement(ByVal sName As String, _
                    ByVal pAttributeList As SAXLib.ISAXAttributeList)
    ' Add this element to the stack

    m_stack(m_lCurrentStackDepth).sName = sName
    m_lCurrentStackDepth = m_lCurrentStackDepth + 1

    BuildXPath
    LogLine "Start: " & m_sCurXPath

End Sub
```

Um diesen Code in Aktion zu sehen, doppelklicken Sie auf den Button Split File und fügen dem Ereignis-Handler den folgenden Code hinzu:

```
Private Sub SplitFile_Click()
    Dim oFP As CSAXTransformEngine

    ' Create the Transform Engine
```

```
    Set oFP = New CSAXTransformEngine

    oFP.ProcessFile Me.FileToProcess.Text, Me.LogWindow
End Sub
```

Dies erzeugt eine Instanz der Transformationsklasse und ruft die `ProcessFile()`-Methode auf, wobei der im ersten Bearbeitungsfeld angegebene Dateiname übergeben wird, und eine Referenz auf das List-View, in das die Maschine die XPaths ausgeben wird. Um die Protokoll-Nachrichten, die von der Transformationsmaschine hinzugefügt werden, lesbar zu machen, müssen wir das `Form_Load()`-Ereignis so modifizieren, dass es die ListView-Ansicht auf `lvwReport` setzt und eine Zeile hinzufügt:

```
Private Sub Form_Load()
    LogWindow.View = lvwReport
    LogWindow.ColumnHeaders.Add , , "Message", Me.ScaleWidth
End Sub
```

Wenn wir dies nicht tun, wird die Standard-Symbolansicht benutzt, und der Text wird nicht sehr lesbar sein.

SAX+XPATH in Aktion!

Starten Sie das Formular, legen Sie den Pfad als `catalog.xml` fest (eingeschlossen in den Code für dieses Kapitel, der von http://www.wrox.com/ heruntergeladen werden kann), und klicken Sie auf den Split File-Button. Sie sollten alle XPaths aufgelistet sehen:

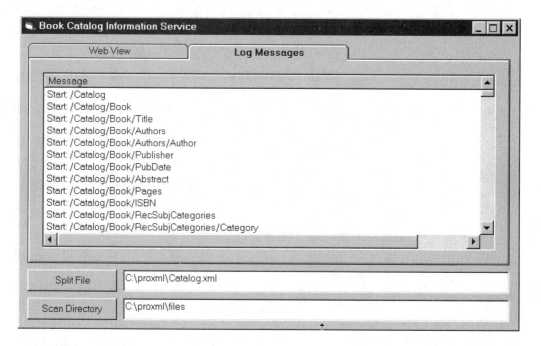

Um ein besseres Gefühl für den Ereignis-Stream zu bekommen, werden wir `m_oSAXParser_endElement()` modifizieren, so dass es den XPath für ein Element anzeigt, wenn dessen End-Tag erreicht ist:

```
Private Sub m_oSAXParser_endElement(ByVal sName As String)
    BuildXPath
    LogLine "End: " & m_sCurXPath

    m_lCurrentStackDepth = m_lCurrentStackDepth - 1
End Sub
```

Und wir werden außerdem den Character-Ereignis-Handler hinzufügen, um den XPath und die Character-Daten zu protokollieren:

```
Private Sub m_oSAXParser_characters(ByVal sCharacters As String, _
                                    ByVal iLength As Long)
    LogLine "characters: " & m_sCurXPath & " : " & sCharacters
End Sub
```

Wenn wir das Formular erneut starten und dieselbe Datei parsen, können wir ein vollständigeres Bild des SAX-Ereignis-Streams, der nun mit XPaths erweitert ist, sehen:

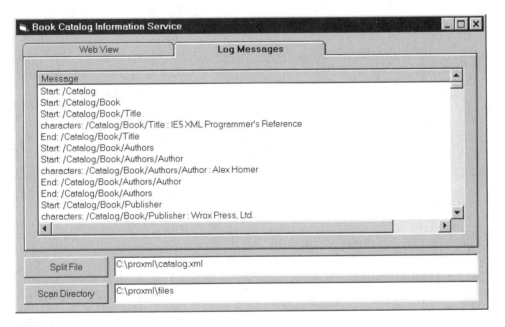

Kontrollpunkt

Wir haben nun gesehen:

❑ Wie die Template-Handler-Klassenmodul-Funktionen mit Hilfe der ITemplate-Schnittstelle ohne jegliche Kenntnis der konkreten Klasse aufgerufen werden können

❑ Wie wir die XPaths mit Hilfe von CPattern und CPatternCollection mit Template-Handlern assoziieren können

❑ Wie der SAX-Ereignis-Stream mit einem XPath erweitert wird

Nun ist es an der Zeit, alles zusammenzufügen.

MatchPatterns

Die MatchPatterns()-Methode ist dafür verantwortlich, XPaths mit Template-Handlern zu vergleichen, indem sie das in der m_Patterns-Variablen der CSAXTransformEngine enthaltene CPat-
ternCollection-Objekt sucht. Wenn ein Pattern gefunden wird, wird das CPattern-Objekt in der
Member-Variablen m_oCurrentPattern abgelegt. Jeder der SAX-Ereignis-Handler wird diese Variable
überprüfen, und solange der Wert nicht auf Nothing gesetzt ist, wird er diese Ereignisse an den assoziierten Template-Handler weiterleiten.

Der Pattern-Match-Code vergleicht einfach den aktuellen XPath mit der Pattern-Eigenschaft des
CPattern-Objekts. Wenn diese *exakt* zusammenpassen oder die Pattern-Eigenschaft »*« ist, was anzeigt,
dass sie zu *allen* XPaths passt, ist die Suche erfolgreich. Wenn Sie das »*«-Pattern benutzen, stellen Sie
sicher, dass es immer der letzte Eintrag in der Liste ist, weil die Suche stoppt, sobald eine Übereinstimmung gefunden ist. Der vollständige Code für diese Methode wird hier gezeigt und sollte der CSAX-
TransformEngine-Klasse hinzugefügt werden:

```
Sub MatchPatterns()
    Dim Pattern As CPattern

    ' Build the current XPath
    BuildXPath

    '
    ' Match current XPath against configured template handlers
    '

    For Each Pattern In m_Patterns
        If m_sCurXPath = Pattern.Pattern Or Pattern.Pattern = "*" Then
            Set m_oCurrentPattern = Pattern
            Exit Sub    ' Searching ends!
        End If
    Next Pattern

    ' Clear the current pattern

    Set m_oCurrentPattern = Nothing
End Sub
```

Der Code ruft die BuildXPath()-Funktion auf, die wir bereits gesehen haben, und zählt dann jedes ein-
zelne CPattern-Objekt in m_Patterns auf, um zu bestimmen, ob es zum aktuellen XPath passt. Wenn
eine Übereinstimmung gefunden wird, wird das Pattern vorgemerkt, und die Routine fährt fort. Falls keine
Übereinstimmung gefunden wird, wird die aktuelle Pattern-Variable gelöscht. Mit dieser Funktion ändern
Sie die existierenden Aufrufe von BuildXPath() in den startElement-und endElement-Ereignis-
Handlern wie folgt:

```
Private Sub m_oSAXParser_startElement(ByVal sName As String, _
                        ByVal pAttributeList As SAXLib.ISAXAttributeList)
    ' Add this element to the stack

    m_stack(m_lCurrentStackDepth).sName = sName
    m_lCurrentStackDepth = m_lCurrentStackDepth + 1

    MatchPatterns

    If Not (m_oCurrentPattern Is Nothing) Then
        m_oCurrentPattern.Template.startElement m_sCurXPath, sName, pAttributeList
    End If
End Sub
```

```
Private Sub m_oSAXParser_endElement(ByVal sName As String)
   MatchPatterns

   If Not (m_oCurrentPattern Is Nothing) Then
      m_oCurrentPattern.Template.endElement m_sCurXPath, sName
   End If
   m_lCurrentStackDepth = m_lCurrentStackDepth - 1
End Sub
```

Anstatt die XPaths zu protokollieren, leiten diese beiden Ereignis-Handler das Ereignis nun an den mit dem aktuellen Pattern assoziierten Template-Handler weiter, falls die `m_oCurrentPattern`-Objekt-Referenz gesetzt wurde. Falls das aktuelle Pattern nicht gesetzt ist, wird nichts unternommen. Eine ähnliche Änderung muss am Characters-Ereignis-Handler vorgenommen werden, außer dass die `MatchPatterns()`-Methode nicht aufgerufen werden muss, weil wir wissen, dass die Elementverschachtelung sich nur in den beiden vorhergehenden Ereignissen ändert, so dass der aktuelle Pfad bereits gesetzt worden sein wird:

```
Private Sub m_oSAXParser_characters(ByVal sCharacters As String, _
                                    ByVal iLength As Long)
   If Not (m_oCurrentPattern Is Nothing) Then
      m_oCurrentPattern.Template.characters m_sCurXPath, sCharacters
   End If
End Sub
```

Um diesen ganzen neuen Code zu kompilieren, müssen wir die `m_oCurrentPattern`-Variablendefinition zum `CSAXTransformClass`-Klassenmodul hinzufügen:

```
Dim m_stack(100) As ElementStack
Dim m_oListView As ListView
Dim m_oCurrentPattern As CPattern
Dim m_sCurXPath As String
```

Theoretisch haben wir nun die Grundlagen der Transformationsmaschine implementiert. Um zu sehen, ob sie funktioniert, ändern Sie `SplitFile_Click()` so, dass es eine Instanz der `CXMLCatalogTransform`-Klasse erzeugt, und fügen Sie der Transformationsmaschine mit Hilfe der `AddPattern()`-Methode ein XPath-Pattern von `"/Catalog/Book/Title"` hinzu, wobei Sie eine Referenz auf das `CXMLCatalogTransform`-Objekt als Template-Handler übergeben:

```
Private Sub SplitFile_Click()
   Dim oFP As CSAXTransformEngine

   ' Create the Transform Engine
   Set oFP = New CSAXTransformEngine

   ' Create the XML catalog transform
   Dim oTransform As New CXMLCatalogTransform

   oFP.AddPattern "/Catalog/Book/Title", oTransform
   oFP.ProcessFile Me.FileToProcess.Text, Me.LogWindow
End Sub
```

Als Nächstes modifizieren Sie den `CXMLCatalogTransform ITemplate_characters()`-Ereignis-Handler, so dass er nur die Daten und nicht den XPath anzeigt, weil wir ja wissen, dass der XPath immer `"/Catalog/Book/Title"` sein wird – weil wir eben das für den `AddPattern()`-Aufruf festgelegt haben:

```
Private Sub ITemplate_characters(sXPath As String, sData As String)
    MsgBox sData
End Sub
```

Lassen Sie das Projekt wie zuvor laufen und nun sollten Sie jeden Buchtitel aus der XML-Datei in einem Nachrichtenfeld angezeigt sehen. Die Transformationsmaschine versorgt uns mit der gesamten Filterung des XML-Quelldokuments und leitet nur Ereignisse mit einem bestimmten XPath an die von uns definierten Template-Handler weiter. Wie an den Characters-Ereignis-Handlern in der `CXMLCatalogTransform`-Klasse zu sehen ist, macht das unseren Code sehr einfach, und Sie werden wahrscheinlich anfangen, die Flexibilität dieser Technik zu erkennen.

startDocument und endDocument

Um die `CSAXTransformEngine` zu vollenden, werden wir die `startDocument`- und `endDocument`-SAX-Ereignisse implementieren und sie an den Template-Handler weiterleiten, genauso, wie wir es mit dem `startElement` etc. getan haben.

Der `startDocument`-Ereignis-Handler wird vom SAX-Parser aufgerufen, sobald die Verarbeitung des XML-Dokuments startet. Der Code ruft die `MatchPatterns()`-Methode auf, die `m_oCurrentPattern`-Variable zu setzen, falls eine Übereinstimmung gefunden wird. Wenn eine Übereinstimmung gefunden wird, wissen wir, dass es immer »/« (die Dokument-Wurzel) sein wird, weil der Stack noch keine Einträge enthält. Wenn ein Pattern gefunden wird, wird die assoziierte `startDocument`-Methode des Template-Handlers aufgerufen:

```
Private Sub m_oSAXParser_startDocument()
    MatchPatterns

    If Not (m_oCurrentPattern Is Nothing) Then
        If Not (m_oCurrentPattern.Template Is Nothing) Then
            m_oCurrentPattern.Template.startDocument
        End If
    End If
End Sub
```

Die `endDocument`-Methode ist im Prinzip identisch, außer dass die `endDocument`-Methode des Template-Handlers aufgerufen wird:

```
Private Sub m_oSAXParser_endDocument()
    MatchPatterns

    If Not (m_oCurrentPattern Is Nothing) Then
        If Not (m_oCurrentPattern.Template Is Nothing) Then
            m_oCurrentPattern.Template.endDocument
        End If
    End If
End Sub
```

Abonnenten-Informationen aus Users.XML laden

Was wir bis jetzt eigentlich geschafft haben, ist das grundlegende Design dessen, was das BKIS tun wird, und die Implementierung der Transformationsmaschine. Nun, da die Transformationsmaschine geschrieben ist, können wir das BKIS mit ihrer Hilfe recht schnell erzeugen, ohne großen Codieraufwand.

Was wir als Erstes tun müssen, ist, die Abonnenten-Informationen in den Speicher zu laden. Dies teilt dem BKIS mit, an wen es die Buch-Katalog-Informationen senden muss und an welchen Kategorien von Büchern jeder Abonnent interessiert ist. Um Ihr Gedächtnis aufzufrischen, die XML-Benutzerdatei (`users.xml`, kann mit dem restlichen Code heruntergeladen werden) sieht so aus:

```xml
<?xml version="1.0" ?>
<!-- This file defines the register users for the book notification service -->
<Users>

  <User>
    <Name>Richard Anderson</Name>
    <OutputFile>c:\proxml\RJA.HTML</OutputFile>
    <Email>rja@arpsolutions.demon.co.uk</Email>
    <DeliveryFormat>HTML</DeliveryFormat>
    <Category1>XML</Category1>
    <Category2>ATL</Category2>
  </User>
  ...

</Users>
```

Wie bereits besprochen, wird die CLoadUserInfo-Klasse diese Datei nach CUserCollection laden, und als Ergebnis wird jeder Benutzer durch ein CUser-Objekt repräsentiert:

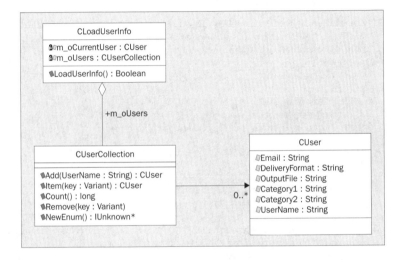

Fügen Sie die Klassenmodule für CUser und CUserCollection hinzu, genauso wie wir es mit CPattern und CPatternCollection mit Hilfe des Class Builders getan haben. Für das Benutzerklassenmodul werden Sie die String-Eigenschaften Email, DeliveryFormat, OutputFile, Category1, Category2 und UserName hinzufügen müssen, wie im vorhergehenden Diagramm gezeigt. Für das CUserCollection-Klassenmodul modifizieren Sie die Add()-Methode von CUserCollection, indem Sie die Category1-, Category2-, OutputFile-, DeliveryFormat- und Email-Parameter aus dem Funktionsprototyp entfernen, sowie alle Referenzen innerhalb der Funktion, so dass der Code schließlich folgendermaßen aussieht:

```vb
Public Function Add(UserName As String, Optional sKey As String) As CUser
    'create a new object
    Dim objNewMember As CUser
    Set objNewMember = New CUser

    'set the properties passed into the method
    objNewMember.UserName = UserName
    If Len(sKey) = 0 Then
        mCol.Add objNewMember
    Else
```

```
        mCol.Add objNewMember, sKey
    End If


    'return the object created
    Set Add = objNewMember
    Set objNewMember = Nothing
End Function
```

Wir haben die ganzen Parameter einfach deswegen entfernt, weil sie nicht alle verfügbar sein werden, wenn wir anfangs das `CUser`-Objekt erzeugen, aber Class Builder fügt sie hinzu, weil sie alle Eigenschaften von `CUser` sind. Jede Eigenschaft wird gesetzt, während XPaths in den Input-Stream innerhalb der `ITemplate_characters()`-Methode gematched werden. Wenn zum Beispiel der XPath `"/Users/User/Email"` gematched wird, werden wir die `Email`-Eigenschaft setzen. Das `CUser`-Objekt selbst wird erzeugt, wenn XPath `"/Users/User/Name"` ist, dann, wenn wir auch die `UserName`-Eigenschaft setzen.

Fügen Sie das Klassenmodul `CLoadUserInfo` hinzu, aber benutzen Sie nicht Class Builder, während wir diese Klasse erzeugen.

Zuerst fügen Sie oben im Klassenmodul die folgenden Zeilen hinzu, die deklarieren, dass es die `ITem`-`plate`-Schnittstelle implementiert, eine Sammlung von Benutzern enthält und verfolgt, wie das aktuelle Benutzerprofil (Abonnentenprofil) in `m_oCurrentUser` aufgebaut wird:

```
Option Explicit

Implements ITemplate
Dim m_oCurrentUser As CUser
Private m_oUsers As New CUserCollection
```

Fügen Sie als Nächstes die `LoadUserInfo()`-Methode hinzu:

```
Function LoadUserInfo() As Boolean
    Dim oFP As New CSAXTransformEngine
    Dim oPattern As CPattern

    ' Match all elements
    Set oPattern = oFP.AddPattern("*", Me)
    LoadUserInfo = oFP.ProcessFile("users.xml", Nothing)
End Function
```

Wie zuvor erzeugt dies die Transformationsmaschine, registriert ein Pattern und einen Template-Handler (der Template-Handler ist die `CLoadUserInfo`-Klasse selbst) und lässt dann die Datei `Users.XML` verarbeiten. Anders als bei dem vorhergehenden Template-Handler haben wir das Wildcard-Pattern »*« benutzt. Das bedeutet, dass jedem einzelnen SAX-Ereignis ein XPath angehängt und an den Template-Handler geleitet wird. Wir haben diesen Ansatz gewählt, weil die XML-Datei, die verarbeitet wird, recht einfach ist und mehrere Klassenmodule, nur um die Benutzerinformationen zu laden, mit Kanonen auf Spatzen geschossen wäre.

Als Nächstes fügen Sie alle leeren Ereignis-Handler für `ITemplate` hinzu, wie wir oben schon gesehen haben, und modifizieren die `ITemplate_characters()`-Methode wie folgt:

```
Private Sub ITemplate_characters(sXPath As String, sData As String)
    Select Case sXPath
        Case "/Users/User/Name"
            Set m_oCurrentUser = m_oUsers.Add(sData)

        Case "/Users/User/OutputFile"
            m_oCurrentUser.OutputFile = sData
```

```
        Case "/Users/User/Category1"
            m_oCurrentUser.Category1 = sData

        Case "/Users/User/Category2"
            m_oCurrentUser.Category2 = sData

        Case "/Users/User/Email"
            m_oCurrentUser.Email = sData

        Case "/Users/User/DeliveryFormat"
            m_oCurrentUser.DeliveryFormat = sData
    End Select
End Sub
```

Diese Methode erzeugt dann ein neues `CUser`-Objekt durch Aufruf der `Add()`-Methode von `CUser-Collection`, wenn der XPath `"/Users/User/Name"` gematched wird, wobei sie das Return-Objekt `m_oCurrentUser` zuweist. Für alle anderen gematchten XPaths werden die Character-Daten in die Datenelemente des aktuellen Benutzer-Objekts kopiert, wie es durch `m_oCurrentUser` repräsentiert wird.

Um anderen Objekten zu ermöglichen, auf die geladenen Benutzerinformationen zuzugreifen, fügen wir eine Eigenschaft namens `Users` hinzu:

```
Property Get Users() As CUserCollection
    Set Users = m_oUsers
End Property
```

Um die `CLoadUserInfo`-Klasse auszuprobieren, fügen Sie einen Ereignis-Handler für den Scan Directory-Button hinzu, sowie den folgenden Code:

```
Private Sub ScanDirectory_Click()
    Dim oUser As CUser
    Dim oLoadUsers As New CLoadUserInfo
    oLoadUsers.LoadUserInfo

    For Each oUser In oLoadUsers.Users
        Me.LogWindow.ListItems.Add , , "User=" & oUser.UserName
    Next oUser
End Sub
```

Starten Sie das Projekt, klicken Sie den Button an und Sie werden alle Benutzernamen im Protokollfenster folgendermaßen aufgelistet sehen:

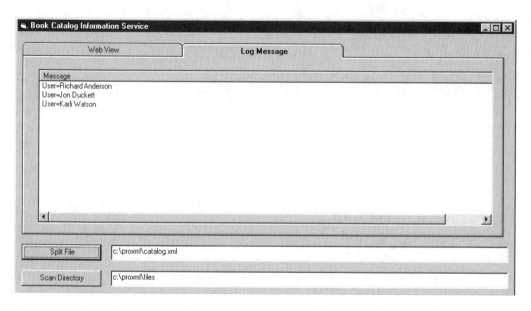

Wenn Sie eine Fehlermeldung bekommen, müssen Sie sich vergewissern, dass die von `CLoadUserInfo` geparste `Users.xml`-Datei sich im aktuellen Verzeichnis befindet, weil der Code einen relativen Pfad verwendet:

```
LoadUserInfo = oFP.ProcessFile("users.xml", Nothing)
```

Alternativ können Sie den Pfad auch wie unten näher bestimmen:

```
LoadUserInfo = oFP.ProcessFile("c:\proxml\users.xml", Nothing)
```

Nun, da wir die Benutzerinformationen geladen haben, ist der nächste Schritt, das XML-Quelldokument auf der Grundlage der Kategorien und des bevorzugten Output-Formats eines jeden Benutzers zu transformieren: XML oder HTML. Zu diesem Zweck müssen wir zurück zu den `CXMLCatalogTransform`- und `CHTMLCatalogTransform`-Klassen, die wir weiter oben implementiert haben, und dann wirklich den Code schreiben, um die Transformationen durchzuführen.

Die XML-in-XML-Transformation

Die XML-in-XML-Transformationsklasse, `CXMLCatalogTransform`, sieht folgendermaßen aus:

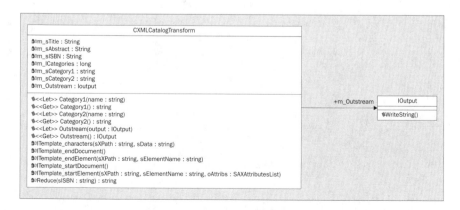

Die Eigenschaften `Category1` und `Category2` werden festgelegt, um der Transformationsklasse mitzuteilen, welche Bücherkategorien aus dem XML-Quelldokument ausgewählt werden sollen. Alle Bücher, die nicht in diese Kategorien passen, werden einfach ignoriert. Bücher, die passen, werden in den Output-Stream geschrieben.

Modifizieren Sie den Code in dem `CXMLCatalogTransform`-Modul, das wir weiter oben erzeugt haben, indem Sie die Member-Variablen und Eigenschafts-Zugriffsmethoden wie folgt deklarieren (Sie könnten dies auch mit dem Class Builder-Werkzeug tun):

```
Option Explicit

Implements ITemplate

'
' Define temporary storage for book info
'

Dim m_sTitle As String
Dim m_sAbstract As String
Dim m_sISBN As String
Dim m_lCategories As Long
Private m_sCategory1 As String
Private m_sCategory2 As String
Private m_Outstream As IOutput

Public Property Set Outstream(ByVal vData As IOutput)
    Set m_Outstream = vData
End Property

Public Property Get Outstream() As IOutput
    Set Outstream = m_Outstream
End Property

Public Property Let Category2(ByVal vData As String)
    m_sCategory2 = vData
End Property

Public Property Get Category2() As String
    Category2 = m_sCategory2
End Property

Public Property Let Category1(ByVal vData As String)
    m_sCategory1 = vData
End Property

Public Property Get Category1() As String
    Category1 = m_sCategory1
End Property
```

Die neuen Implementierungen der `ITemplate`-Methoden werden auf den folgenden Seiten gezeigt.

Die privaten Variablen `m_sTitle`, `m_sAbstract` und `m_sISBN` werden dazu benutzt, Details aus dem XML-Quelldokument zu speichern, wenn der `ITemplate_characters`-Ereignis-Handler aufgerufen wird:

```
Private Sub ITemplate_characters(sXPath As String, sData As String)
    ' Check filters
    If sXPath = "/Catalog/Book/RecSubjCategories/Category" Then
        If sData = m_sCategory1 Or sData = m_sCategory2 Then
            m_lCategories = m_lCategories + 1
        End If
    End If

    If sXPath = "/Catalog/Book/Title" Then
        m_sTitle = sData
    End If

    If sXPath = "/Catalog/Book/ISBN" Then
        m_sISBN = sData
    End If

    If sXPath = "/Catalog/Book/Abstract" Then
        m_sAbstract = sData
    End If
End Sub
```

Der erste XPath, der von der Routine geprüft wird, ist "`/Catalog/Book/RecSubjCategories/Ca-`
`tegory`". Wenn er gefunden wird, wird die empfohlene Kategorie für das Buch mit den aktuellen Filtern
verglichen. Wenn eine Übereinstimmung gefunden wird, wird die Variable `m_lCategories` um eins
heraufgesetzt. Jedes Buch kann viele empfohlene Kategorien haben und daher wird die Variable
`m_lCategories` dazu benutzt, zu bestimmen, wie viele Übereinstimmungen für das aktuelle Buch gefunden wurden. Wenn das Ende eines Buchs in der `ITemplate_endElement()`-Methode entdeckt
wird, wird diese Variable überprüft, und wenn sie ungleich null ist, werden die Buchinformationen in den
Output-Stream geschrieben:

```
Private Sub ITemplate_endElement(sXPath As String, sElementName As String)
    If sXPath = "/Catalog/Book" Then
        If m_lCategories <> 0 Then
            m_Outstream.WriteString "<Book>"
            m_Outstream.WriteString "<Title>" & m_sTitle & "</Title>"
            m_Outstream.WriteString "<AmazonURL>" & _
                "http://www.amazon.com/exec/obidos/ASIN/" & Reduce(m_sISBN) & _
                "</AmazonURL>"
            m_Outstream.WriteString "<Abstract>" & m_sAbstract & "</Abstract>"
            m_Outstream.WriteString "</Book>"
        End If
    End If
End Sub
```

Der erste wichtige Punkt, den es bei diesem Code zu beachten gilt, ist der, dass wir das Output-XML als
Text aufbauen, indem wir einfache `WriteString()`-Anweisungen benutzen. Weil wir zur Verarbeitung
des Quelldokuments einen SAX-Parser benutzen, ist dies sehr sinnvoll. Wenn wir das Output-Dokument
mit Hilfe von DOM-Objekten erzeugen wollten, würden wir bei größeren Output-Dateien möglicherweise Probleme mit dem Speicherplatz bekommen und gewiss sehr viel mehr Prozessorzeit brauchen, weil
das Erzeugen von DOM-Objekten immer mit einem Overhead verbunden ist. Alles in allem ist dieser
Ansatz weit besser für das BKIS und etwa dreimal schneller als mit der Benutzung von DOM-Objekten.

Dieser Code sucht nicht nach für XML reservierten Zeichen, wie etwa &; dies müssten Sie für Code, der im
wahren Leben zurechtkommen soll, nachholen.

Wir hätten für die Kategoriensuche auch einen `Boolean`-Wert anstelle eines `long` verwenden können, aber ich dachte, es könnte für den Benutzer ganz nett sein, eine minimale Anzahl von Vergleichskategorien definieren zu können. Die `Reduce()`-Funktion, die aufgerufen wird, wenn der URL für Amazon geschrieben wird, stellt einfach sicher, dass die ISBN keine Bindestriche enthält – diese existieren im Input-Stream, sind aber mit den Amazon-Website-URLs nicht kompatibel. Der Code geht einfach den Input-String durch und entfernt alle Bindestriche:

```
Function Reduce(ISBN As String) As String
    Dim l As Long
    Dim s As String

    For l = 1 To Len(ISBN)
        If Mid(ISBN, l, 1) <> "-" Then
            s = s + Mid(ISBN, l, 1)
        End If
    Next l

    Reduce = s
End Function
```

Der Link, der für Amazon hinzugefügt wird, könnte auf eine Subroutine verschoben werden. Hätten wir uns entschlossen, mehrere Werber zu unterstützen, hätte ich dies auch getan, aber für den einen Eintrag tut es auch der Inline-Code.

Wir müssen sicherstellen, dass die `m_lCategories`-Variable auf null zurückgesetzt wird, wenn ein neues Buch verarbeitet wird, daher setzen wir sie in der `ITemplate_startElement`-Methode zurück, wenn der XPath `"/Catalog/Book/RecSubjCategories"` entdeckt wird. Wenn wir vergäßen, den Zähler zurückzusetzen, würden alle Bücher nach der ersten erfolgreichen Übereinstimmung im Output-Stream erscheinen – was unsere Abonnenten nicht gerade glücklich machen würde! Weil alle Buchkategorien als Kind-Elemente des `<RecSubjCategories>`-Elements definiert sind, ist der hier gewählte Ansatz eine gute Methode, den Wert zurückzusetzen, obwohl wir den Wert auch im `endElement`-Ereignis-Handler zurücksetzen könnten. Und hier ist der Code zum Zurücksetzen des Werts:

```
Private Sub ITemplate_startElement(sXPath As String, _
                                   sElementName As String, _
                                   oAttribs As SAXLib.ISAXAttributeList)
    ' If recommended subject categories start element:
    ' reset matched catagories count

    If sXPath = "/Catalog/Book/RecSubjCategories" Then
        m_lCategories = 0
    End If
End Sub
```

Der Ansatz, verschiedene Datenelemente aus dem Input-Stream zu puffern und sie dann alle auf einmal auszugeben, ist die einzige Art, auf die SAX-basiertes *Filtern* von XML-Daten funktionieren kann. Es ist nicht möglich, in den Input-Stream zurückzugehen (auf Ereignisse zuzugreifen, die kürzlich aufgetreten sind), und wenn wir anfingen, Elemente in den Output-Stream zu schreiben, bevor wir überprüft haben, ob die Kategorien des Buchs mit dem Filter übereinstimmen, müssten wir irgendwie rückgängig machen, was wir bereits geschrieben haben – was kein guter Ansatz ist. Sie könnten den Output für jedes Buch erzeugen, diesen aber dann in temporäre Variablen (oder ein sehr kleines DOM) schreiben und es dann ausgeben, sobald Sie in der glücklichen Lage sind, dass es mit dem aktuellen Filter übereinstimmt, aber der hier gewählte Ansatz ist für diese Fallstudie völlig in Ordnung.

Die `m_Outstream`-Variable ist, wie weiter oben gezeigt wurde, eine Referenz auf die Schnittstelle `IOutput`, die eine einzige Methode namens `WriteString()` besitzt. Indem wir dasselbe polymorphe Verhalten produzieren, das wir auch bei `ITemplate` benutzten, können unsere Transformationsklassen Output in jegliche Medien schreiben: Dateien, Speicher, Sockets usw.

Fügen Sie ein Klassenmodul namens `IOutput` hinzu und ändern Sie das Code-Modul so, dass es folgendermaßen aussieht:

```
Option Explicit

Sub WriteString(sData As String)

End Sub
```

Wir werden diese Schnittstelle bald implementieren.

Alle XML-Dokumente können nur ein Wurzel-Element besitzen. Bis hierhin haben wir nur den Code zum Schreiben der `<Books>`-Elemente gesehen und daher müssen wir das Wurzel-Element erzeugen. Wir tun dies, indem wir die `startDocument`- und `endDocument`-Ereignis-Handler implementieren.

Der `startDocument`-Ereignis-Handler für `CXMLCatalogTransform` wird so geschrieben:

```
Private Sub ITemplate_startDocument()
    m_Outstream.WriteString "<?xml version='1.0' ?>"
    m_Outstream.WriteString "<Catalog>"
    m_Outstream.WriteString "<Notes>"
    m_Outstream.WriteString "Filters: " & m_sCategory1 & " , " & m_sCategory2
    m_Outstream.WriteString "</Notes>"
    m_Outstream.WriteString "<Books>"
End Sub
```

Das XML-Deklarations- und Wurzel-Start-Tag wird ausgegeben, zusammen mit dem `<Notes>`-Element, das die Filter zum Erzeugen der Datei einzeln aufführt. Die letzte Zeile schreibt das Start-Tag für das `<Books>`-Element, das alle in die Kategorien passenden Bücher enthält.

Der `endDocument`-Ereignis-Handler wird ausgelöst, wenn das Ende des XML-Quelldokuments erreicht ist, daher schließt der Code das `<Books>`-Element und das Wurzel-Element `<Catalog>`:

```
Private Sub ITemplate_endDocument()
    m_Outstream.WriteString "</Books>"
    m_Outstream.WriteString "</Catalog>"
End Sub
```

Jetzt, wo die XML-Transformationsklasse vollständig ist, können wir unserem Hauptformular eine Methode hinzufügen, die uns dabei hilft, die XML-in-XML-Transformation für einen gegebenen Benutzer aufzurufen, und zwar `PerformXMLToXMLTransform()`:

```
Sub PerformXMLToXMLTransform(oUser As CUser, sFilename As String)
    Dim oFP As CSAXTransformEngine
    Dim oPattern As CPattern
    Dim oTemplate As CXMLCatalogTransform
    Dim oFSO As New FileSystemObject

    ' Create the Transform Engine
    Set oFP = New CSAXTransformEngine

    ' Create the Template Class
    Set oTemplate = New CXMLCatalogTransform
    Set oTemplate.Outstream = Me

    ' Set the filters for this users transformation
    oTemplate.Category1 = oUser.Category1
    oTemplate.Category2 = oUser.Category2
```

```
    ' Match all elements
    Set oPattern = oFP.AddPattern("*", oTemplate)

    Set m_oOutStream = oFSO.CreateTextFile(oUser.OutputFile)
    oFP.ProcessFile sFilename, Me.LogWindow

    Me.Combo1.AddItem oUser.OutputFile

    m_oOutstream.Close
End Sub
```

Die Methode nimmt ein `CUser`-Objekt und die XML-Input-Datei und verarbeitet sie. Das `CUser`-Objekt liefert die Einzelheiten für die Transformation (wie etwa Format und Output-Dateiname). Zuerst wird die Code-Transformationsmaschine erzeugt, dann der Template-Handler, dem die weiter oben erläuterte Output-Schnittstelle (`IOutput`) übergeben wird, in die er den gesamten Output schreiben sollte:

```
    Set oTemplate.Outstream = Me
```

Wie der Code zeigt, wird die `IOutput`-Schnittstelle durch das Formular implementiert, und daher müssen wir oben im Hauptformular die folgende Zeile hinzufügen:

```
Implements IOutput
```

Und die Schreib-String-Methode implementieren:

```
Private Sub IOutput_WriteString(sData As String)
    m_oOutstream.Write sData
End Sub
```

Die `m_oOutstream`-Variable wird als ein `TextStream`-Objekt definiert, das Teil der Microsoft Scripting Runtime-Typ-Bibliothek ist. Sie müssen also eine Referenz auf diese Typ-Bibliothek für das Projekt einbauen. Sobald dies geschehen ist, deklarieren Sie dieses Objekt oben im Formular-Code-Modul:

```
Dim m_oOutstream As Scripting.TextStream
```

Dieses wird dann direkt vor den Aufruf der Verarbeitungsfunktion der Transformationsmaschine gesetzt:

```
    Set m_oOutStream = oFSO.CreateTextFile(oUser.OutputFile)
    oFP.ProcessFile sFilename, Me.ListView1
```

Beachten Sie, dass der Output-Dateiname vom Benutzerobjekt festgelegt wird und daher auf einer Per-User-Basis in der XML-Datei definiert wird.

Das letzte interessante Stück Code in `PerformXMLToXMLTransform()` richtet die Kategoriefilter für die XML-zu-XML-Transformationsklasse ein, indem es die Kategorien einfach vom Benutzerobjekt kopiert:

```
    oTemplate.Category1 = oUser.Category1
    oTemplate.Category2 = oUser.Category2
```

Mit der Fähigkeit, die XML-Transformation durch den Aufruf der `PerformXMLtoXMLTransform()`-Methode auf einer Per-User-Basis durchzuführen, können wir nun den `SplitFile`-Klick-Handler so ändern, dass er eine Transformation für jeden Abonnenten, der seine Daten im XML-Format empfangen will, durchführt:

```
Private Sub SplitFile_Click()
    Dim oUser As CUser

    Dim oLoadUsers As New CLoadUserInfo
    oLoadUsers.LoadUserInfo

    For Each oUser In oLoadUsers.Users
        Me.LogWindow.ListItems.Add , , "User=" & oUser.UserName
        If oUser.DeliveryFormat = "XML" Then
            PerformXMLToXMLTransform oUser, Me.FileToProcess.Text
        End If
    Next oUser
End Sub
```

Wenn Sie diesen Code laufen lassen, werden Sie sehen, dass die XML-Transformation für jene Abonnenten durchgeführt wird, die ihr Empfangsformat als XML angegeben haben, und Sie werden auch bemerken, dass die Web-View-Register-Combo die erzeugten Dateien auflistet:

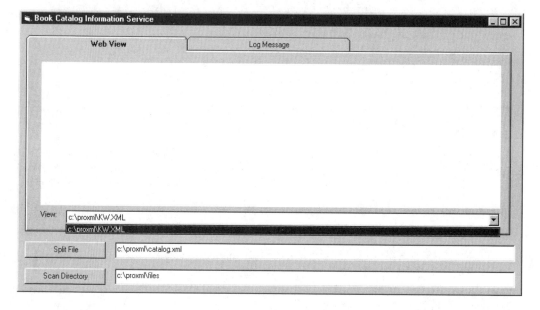

Diese Combo wird durch die `PerformXMLToXMLTransform()`-Funktion hinzugefügt:

```
Me.Combo1.AddItem oUser.OutputFile
```

Die angezeigten Output-Dateinamen werden durch das `OutputFile`-Element von `Users.XML` definiert:

```
<?xml version="1.0" ?>
<!-- This file defines the register users for the book notification service -->
<Users>

    <User>
        <Name>Richard Anderson</Name>
        <OutputFile>c:\proxml\RJA.HTML</OutputFile>
        <Email>rja@arpsolutions.demon.co.uk</Email>
```

```
    <DeliveryFormat>HTML</DeliveryFormat>
    <Category1>ASP</Category1>
    <Category2>ASP+</Category2>
</User>
```

Wie dem auch sei, wenn Sie einen Dateinamen aus der Combo wählen, wird nichts passieren, so lange wir den Change-Handler nicht implementiert haben. Zu diesem Zweck implementieren Sie den click-Handler für die combobox, indem Sie dem Formular den folgenden Code hinzufügen, der das web-browser-Steuerelement anweist, zu der Datei zu navigieren:

```
Private Sub Combo1_Click()
    Me.WebBrowser1.Navigate Me.Combo1.Text
End Sub
```

Wenn wir dann die Transformation erneut durchführen, indem wir den Split File-Button anklicken und den Eintrag KW.XML wählen, werden wir die XML-Datei im Webbrowser-Steuerelement sehen:

Die XML-in-HTML-Transformation

Die XML-in-HTML-Transformation wird fast genauso wie die XML-in-XML-Transformation implementiert, außer, dass das Output-Format HTML ist. Deswegen werde ich den Code hier einfach so zeigen, ohne ihn großartig zu erläutern.

Löschen Sie den existierenden Code in der Klasse CHTMLCatalogTransform und ersetzen Sie ihn durch den Code aus CXMLCatalogTransform. Die Zeilen in den startDocument-, endDocument-und endElement-Ereignis-Handlern, die geändert werden müssen, sind unten besonders hervorgehoben:

```
Private Sub ITemplate_endElement(sXPath As String, sElementName As String)
    If sXPath = "/Catalog/Book" Then
        If m_lCategories <> 0 Then
            m_Outstream.WriteString "<H3>" & m_sTitle & "</H3>"
            m_Outstream.WriteString "<P>" & m_sAbstract & "</P>"
```

```
                m_Outstream.WriteString "<A HREF=" & """" & _
                    "http://www.amazon.com/exec/obidos/ASIN/" & _
                    Reduce(m_sISBN) & """" & ">View on Amazon.com</A>"
            End If
        End If
End Sub

Private Sub ITemplate_startDocument()
    m_OutStream.WriteString "<HTML>"
    m_OutStream.WriteString "<H1>Catalog Of New Books</H1>"
    m_OutStream.WriteString "<P>"
    m_OutStream.WriteString "This file has been created based upon your " & _
                        "filters of : " & m_sCategory1 & " , " & m_sCategory2
    m_OutStream.WriteString "</P>"

    m_OutStream.WriteString "<H2>Books</H2>"
End Sub

Private Sub ITemplate_endDocument()
    m_OutStream.WriteString "</HTML>"
End Sub
```

Wie bei der XML-Transformation werden wir unserem Formular eine Helferfunktion zur Erzeugung der HTML-Output-Datei hinzufügen. Zu diesem Zweck kopieren Sie einfach die `PerformXML-toXMLTransform()`-Funktion, benennen sie in `PerformXMLtoHTMLTransform` um und ändern alle Referenzen auf `CXMLCatalogTransform` in Referenzen auf `CHTMLCatalogTransform` um, wie es unten gezeigt wird:

```
Sub PerformXMLToHTMLTransform(oUser As CUser, sFilename As String)
    Dim oFP As CSAXTransformEngine
    Dim oPattern As CPattern
    Dim oTemplate As CHTMLCatalogTransform
    Dim oFSO As New FileSystemObject

    ' Create the Transform Engine
    Set oFP = New CSAXTransformEngine

    ' Create the Template Class
    Set oTemplate = New CHTMLCatalogTransform
    Set oTemplate.OutStream = Me
    ' Set the filters for this users transformation
    oTemplate.Category1 = oUser.Category1
    oTemplate.Category2 = oUser.Category2

    ' Match all elements
    Set oPattern = oFP.AddPattern("*", oTemplate)

    Set m_oOutStream = oFSO.CreateTextFile(oUser.OutputFile)
    oFP.ProcessFile sFilename, Me.LogWindow

    Me.Combo1.AddItem oUser.OutputFile

    m_oOutStream.Close
End Sub
```

Nun, da wir beide Transformationsklassen und Helferfunktionen haben, können wir die
`SplitFile_Click()`-Methode so ändern, dass sie die jeweilige Transformation in Abhängigkeit von
unseren Abonnenten-Konfigurationsdetails durchführt:

```
Private Sub SplitFile_Click()
    Dim oUser As CUser
    Dim oLoadUsers As New CLoadUserInfo
    oLoadUsers.LoadUserInfo

    For Each oUser In oLoadUsers.Users
        Me.LogWindow.ListItems.Add , , "User=" & oUser.UserName

        If oUser.DeliveryFormat = "XML" Then
            PerformXMLToXMLTransform oUser, Me.FileToProcess.Text
        Else
            PerformXMLToHTMLTransform oUser, Me.FileToProcess.Text
        End If


        Next oUser

    End Sub
```

Wenn wir das Programm erneut starten, können wir uns den HTML-Output für unsere Abonnenten ansehen:

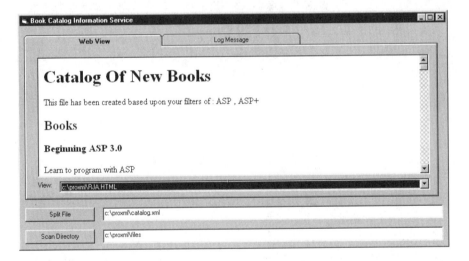

Mit der Transformation unter Dach und Fach brauchen wir nur noch die Mail-Komponente und das
Durchsuchen von Verzeichnissen zur automatischen Entdeckung und Verarbeitung mehrerer XML-
Dateien, um das BKIS zu vervollständigen,.

Suchverzeichnis-Funktionalität

Um die Suchverzeichnis-Funktionalität zu implementieren, werden wir die Komponenten benutzen, die
von der Microsoft Scripting Runtime zur Verfügung gestellt werden.

Doppelklicken Sie auf den Scan Directory-Button und ändern Sie den Click-Handler wie folgt ab:

```
Private Sub ScanDirectory_Click()
    Dim oFSO As New FileSystemObject
    Dim oFolder As Folder
```

```
      Set oFolder = oFSO.GetFolder(Me.ScanPath)

      Dim oFile As File
      Dim bRC As Boolean
      Dim sDestFile As String

      ' Process each file in the directory

      Me.LogWindow.ListItems.Add , , "Scanning directory " & Me.ScanPath

      For Each oFile In oFolder.Files
          If InStr(oFile.Name, ".xml") <> 0 Then
              Me.LogWindow.ListItems.Add , , oFile.Name
          End If
      Next oFile
   End Sub
```

Der Code ruft mit Hilfe der `GetFolder()`-Methode des `FileSystemObjects` ein `Folder`-Objekt ab, das auf dem aktuellen Suchverzeichnis basiert. Sobald es abgerufen ist, wird jede Datei in dem Ordner mit Hilfe der `For...Each`-Syntax aufgezählt. Wenn der Dateiname den Text (die Erweiterung) »`.xml`« enthält, listen wir ihn im ListView auf:

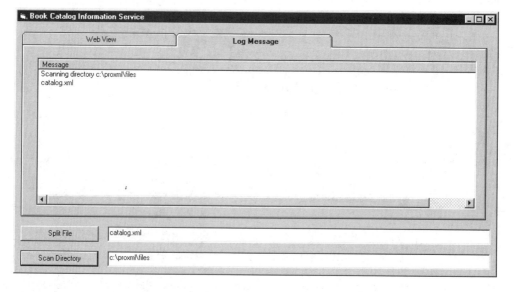

Jede der erfolgreich entdeckten Dateien muss nun verarbeitet werden. Zu diesem Zweck fügen wir dem Formular die Funktion `ProcessFile()` hinzu. Diese Funktion besteht aus dem Code des Split-File-Click-Handlers, der so umgearbeitet wird, dass er einen Dateinamen entgegennimmt, anstatt den Wert aus dem Bearbeitungsfeld zu benutzen:

```
Private Sub ProcessFile(sFilename As String)
   Dim oUser As CUser
   Dim oLoadUsers As New CLoadUserInfo
   oLoadUsers.LoadUserInfo

   For Each oUser In oLoadUsers.Users
```

```
        Me.LogWindow.ListItems.Add , , "User=" & oUser.UserName
        If oUser.DeliveryFormat = "XML" Then
            PerformXMLToXMLTransform oUser, sFilename
        Else
            PerformXMLToHTMLTransform oUser, sFilename
        End If
    Next oUser
End Sub
```

Wir können diese Funktion von unserem Scanning-Code aus aufrufen und veranlassen, dass jede Datei für jeden unserer Abonnenten verarbeitet wird:

```
For Each oFile In oFolder.Files
    If InStr(oFile.Name, ".xml") <> 0 Then
        Me.LogWindow.ListItems.Add , , oFile.Path
        ProcessFile oFile.Path
    End If
Next oFile
```

Wenn Sie Verzeichnisse durchsuchen, achten Sie darauf, dass nur gültige XML-Katalogdateien in ihnen enthalten sind, weil Ihre Abonnenten sonst leere XML- oder HTML-Dateien empfangen werden. In einem System des wirklichen Lebens müssten Sie die Transformationsklassenmodul-Schnittstelle dahingehend verbessern, dass sie eine Art Rückmeldung darüber liefert, ob Output erzeugt wurde oder nicht und ob es sich lohnt, ihn zu senden.

Wenn wir das Projekt laufen lassen und einen Ordner mit zehn XML-Katalogdateien angeben und unsere `Users.xml`-Datei definiert drei Abonnenten, werden insgesamt 30 Transformationen durchgeführt werden. Wir könnten den Code natürlich so umarbeiten, dass nur drei Transformationen durchgeführt werden, aber das soll als Übung für Sie bleiben, wenn Sie sich dazu entschließen, diesen Transformationsansatz zu übernehmen. Allerdings haben wir ein Problem, das noch nicht angesprochen wurde. Für jeden unserer drei Benutzer treten zehn Transformationen auf, aber jede Transformation benutzt dieselbe Output-Datei. Wir müssen etwas mit den Transformationen unternehmen, damit keine von ihnen verloren geht, bevor die nächste durchgeführt wird. Für das BKIS wird die Lösung dieses Problems sein, die Transformationen an den Benutzer zu mailen.

Die direkte Mail-Komponente

Um Buchinformationen an die Abonnenten zu liefern, habe ich die Microsoft-Collaboration-Data-Objects-Bibliothek benutzt. CDO-Unterstützung muss dem Projekt hinzugefügt werden, bevor der folgende Code kompiliert ist, wählen Sie also die Typ-Bibliothek »Microsoft CDO 1.21 Library« aus dem Project | References-Dialog. Wenn Sie die CDO-Typ-Bibliothek nicht finden können, müssen Sie die Outlook-Komponente von Ihren Office-CDs installieren. Fügen Sie die Klasse `CSimpleMailer` und die `SendFile()`-Subroutine wie folgt hinzu:

```
Option Explicit

' Send a file to the specified email address

Function SendFile(sTo As String, sFilename As String) As Boolean
    Dim oSession As New Session
    Dim oMessage As Message
    Dim oRecipient As Recipient
    Dim oAttachments As Attachments

    ' Simple catch all error
    On Error GoTo failed

    ' Establish mapi session. You need to adjust this to match your mail profile
```

```
    oSession.Logon "Microsoft Outlook"

    ' Create a new message setting subject, text and attachment
    Set oMessage = oSession.Outbox.Messages.Add
    oMessage.Subject = "Automated Catalog Update Delivery"
    oMessage.Text = "Please find attached the lastest catalog filtered " & _
                    "especially for you!"

    ' Set the attachment
    oMessage.Attachments.Add "Catalog", , CdoFileData, sFilename

    ' Set the recipient
    Set oRecipient = oMessage.Recipients.Add(Name:=sTo, Type:=CdoTo)
    oRecipient.Resolve False

    ' Send the message and log off
    oMessage.Send
    oSession.Logoff

    SendFile = True
    Exit Function

failed:
    SendFile = False
End Function
```

Sie sollten die Zeile:

```
    oSession.Logon "Microsoft Outlook"
```

durch einen passenden String für Ihren E-Mail-Account ersetzen, wie zum Beispiel:

```
    oSession.Logon "Karli Watson", "", True, True
```

Eine detailliertere Syntax für diesen Befehl ginge über den Rahmen dieses Kapitels hinaus.

Für weitere Informationen über CDO siehe Professional CDO Programming *(ISBN: 1-861002-06-8) oder* ADSI CDO Programming with ASP *(ISBN: 1-861001-90-8).*

Nachdem nun die Klasse zum Mailen von Dateien an Ihre Abonnenten erzeugt ist, gehen wir zurück zur `ProcessFile()`-Funktion im Hauptformular und ändern diese so ab, dass sie die Datei mit Hilfe der Mailer-Klasse versendet, falls für einen Abonnenten eine E-Mail-Adresse konfiguriert ist:

```
Private Sub ProcessFile(sFilename As String)
    Dim oUser As CUser
    Dim oMailer As New CSimpleMailer
    Dim bRC As Boolean
    Dim oLoadUsers As New CLoadUserInfo
    oLoadUsers.LoadUserInfo

    For Each oUser In oLoadUsers.Users
        Me.LogWindow.ListItems.Add , , "User=" & oUser.UserName
        If oUser.DeliveryFormat = "XML" Then
            PerformXMLToXMLTransform oUser, sFilename
        Else
            PerformXMLToHTMLTransform oUser, sFilename
        End If

        ' If an email address is present e-mail the file to the user
```

```
      If oUser.Email <> "" Then
          bRC = oMailer.SendFile(oUser.Email, oUser.OutputFile)
          If bRC = True Then
              Me.LogWindow.ListItems.Add , , "E-mailed file to " & oUser.Email
          Else
              Me.LogWindow.ListItems.Add , , "Failed to e-mail file to " & _
                  oUser.Email
          End If
      End If
   Next oUser
End Sub
```

Was sich am Code geändert hat, ist, dass wir eine Instanz der Mailer-Komponente deklariert haben und nach einer Transformation die `Email`-Eigenschaft des `CUser`-Objekts für den Abonnenten überprüfen. Wenn eine E-Mail-Adresse vorhanden ist, mailen wir den Output an den Abonnenten und zeichnen eine Erfolgs-/Misserfolgsnachricht in Abhängigkeit vom Return-Code von der `CSimpleMailer`-Klasse auf.

Wenn wir das nächste Mal das Projekt starten und den Scan-Directory-Button anklicken, um Daten zu verarbeiten, werden wir die abgeschickten E-Mails im Protokollfenster sehen:

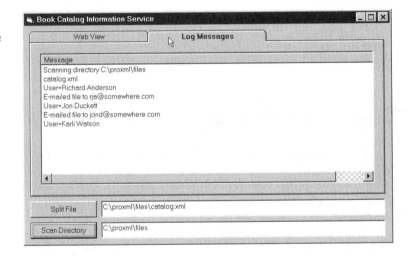

Und jeder der Abonnenten wird den Output in seinem Posteingang sehen:

Die meisten E-Mail-Clients wie Outlook werden automatisch den assoziierten Viewer starten, mit dem sich der HTML-Inhalt leicht anschauen lässt.

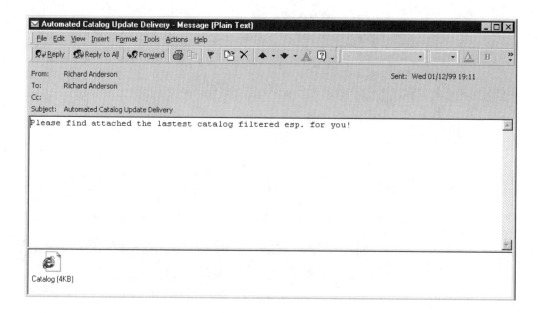

Zusammenfassung

In diesem Kapitel haben wir gesehen, wie sich XML-Daten mit Hilfe von VB-Klassenmodulen anstatt mit XSLT transformieren lassen. Der Ansatz ist der, auf den Prinzipien von XSLT aufzubauen, die nicht spezifisch für VB sind und in anderen Sprachen implementiert werden können.

Ob Sie nun beschließen, den hier vorgestellten Ansatz oder lieber XSLT zu benutzen, wird stark von den Anwendungen abhängen, die Sie schreiben wollen. XSLT ist eine ziemlich leistungsstarke Transformationssprache, die aber durch die aktuelle Spezifikation beschränkt ist und nicht so einfach Datenbankanfragen oder fortgeschrittene Transformationen, bei denen eine Datei in mehrere umgewandelt wird, durchführen kann.

18

Fallstudie 4 – SOAP

Das ist jetzt sehr schmerzlich für mich. Vor langer, langer Zeit (na gut, eigentlich waren es nur 18 Monate) in einer weit entfernten Galaxie schrieb ich ein Buch namens *Professional DCOM Application Development* (ISBN 1-861001-31-2). Trotz des Titels handelte das Buch nicht nur von DCOM. In Wirklichkeit war es eine ziemlich allgemeine Untersuchung darüber, wie man ernsthafte Anwendungen in Unternehmens-größe auf der Grundlage *all* der Technologien zusammenstellt, die Microsoft in den letzten Jahren hervor-gebracht hat, inklusive MTS, MSMQ, ADSI, Microsoft Clusters usw. Ach ja, und ein bisschen ging es auch um DCOM.

Ärgerlich war nur, das ganze Cover war mit DCOM zugepflastert (heutzutage würde sich ein riesengroßes Bild von mir darauf befinden, was – man muss es zugeben – noch schlimmer wäre). Und wann immer ich jemanden traf, der wusste, dass ich es geschrieben hatte, dauerte es für gewöhnlich nicht lange, bis ich in eine Diskussion darüber verwickelt war, wie praktikabel DCOM eigentlich war. Gelegentlich wurde diese durch eine höfliche Nachfrage ersetzt, warum ich für das Projekt, an dem ich gerade für den Betreffenden arbeitete, kein DCOM benutzte. Ganz schön fair!

Der Grund dafür ist natürlich, dass DCOM, wenn es in der Theorie auch ein wirklich schönes Konzept ist (nach dem Motto, »Hey Leute, warum bauen wir das System nicht einfach hier auf und entwickeln es dann überall, ohne irgendwelche Änderungen daran vorzunehmen?«), nicht das universelle Allheilmittel ist, als das es zuerst erschien. Es ist zum einen ein ganz schön schwer gewichtiges Wire-Protokoll und außerdem liegen die Versionen auf Nicht-Windows-Plattformen, sofern sie existieren, unvermeidbar hinter der wirk-lichen Sache zurück. Und vor allem können Sie DCOM nicht durch eine Firewall kriegen, ohne eine freundliche Unterhaltung mit den Netzwerkleuten führen zu müssen.

Aus diesem Grund war ich wirklich aufgeregt, als ich von SOAP hörte. Das Entscheidende bei SOAP ist, dass es nur ein Wire-Protokoll ist, das keine Verwendung irgendeiner ORB-Technologie (Microsoft oder andere) erfordert. Es ist auch ziemlich gut im Umgang mit Firewalls. SOAP wird genauer in Kapitel 11 behandelt, aber hier werden wir ein wenig mit ihm herumspielen, um zu sehen, wie es in der Praxis funk-tioniert. Was ich mir wirklich cool vorstellte, war, eines der Beispiele aus meinem früheren Buch zu neh-men und es mit Hilfe von SOAP zu reimplementieren, um zu sehen, was dabei herauskäme. In dieser Fall-studie werden wir COM lokal benutzen und SOAP hinzunehmen, um eine global orientierte Bestell-Anwendung zu implementieren. Wir werden die COM-Objekte mit Hilfe von Visual C++ 6.0 mit ATL 3.0 codieren; wenn Sie damit nicht vertraut sind, empfehle ich Ihnen *Beginning ATL 3 COM Programming* (ISBN 1-861001-20-7) und *Professional ATL COM Programming* (ISBN 1-861001-40-1) von Richard Grimes. Wir werden zwei alternative Server bauen – einen auf Windows NT (mit Visual Studio C++ 6.0 und MFC) und einen auf Linux (mit C) – nur um zu zeigen, dass es wirklich plattformübergreifend ist. Wo ver-fügbar, werden wir das DOM benutzen, um den SOAP-XML-Inhalt zu parsen, und dort, wo es nicht ver-fügbar ist, werden wir auch so zurechtkommen.

Bis zum Ende der Welt

Diejenigen von Ihnen, die *Professional DCOM Application Development* gelesen haben (und, wenn nicht, warum nicht?) erinnern sich vielleicht an ein ziemlich bizarres Beispiel, bei dem es um Plattensammler in Ulaanbaatar ging, die Secondhand-LPs mit Psychedelic-Rock der späten Sechziger bei einem Host in Tierra del Fuego bestellten, also so:

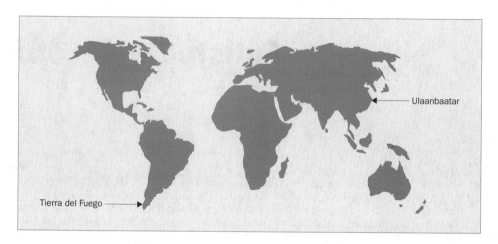

Dieses Beispiel tauchte tatsächlich in drei Versionen auf (oder vielleicht sogar vier – ich habe den Überblick verloren), die solche Dinge behandelten wie grundlegende Feld-für-Feld-Bestelleintragungen mit entfernter Validierung, Anordnen nach Wert für die lokale Validierung und schließlich Versenden eines Bestellobjekts über eine zuverlässige Nachrichtenschlange mit Hilfe von MSMQ. Was wir jetzt tun werden, ist, eine Version davon zu konstruieren, die SOAP benutzt.

Unser COM-Objekt zur Validierung und Eintragung von Bestellungen, Order, besitzt eine einzelne Schnittstelle, IOrder, die fünf Eigenschaften und eine Methode hat. Jede Eigenschaft entspricht einem Feld in der Bestellung und hat eine leicht unterschiedliche Validierungsanforderung, wie folgt:

Feld	Validierung
CustomerID	Muss vorhanden und alphabetisch sein
Artist	Muss vorhanden und alphabetisch sein
Title	Muss vorhanden und alphanumerisch sein
Label	Kann leer sein; muss alphabetisch sein, falls vorhanden
Price	Muss ein gültiger Dollar-Preis sein

Die einzige Methode, Submit(), schreibt einfach die Einzelheiten der Bestellung in eine strukturierte Datei (c:\order.dat). Der Code dafür befindet sich in dem Projekt namens SimpleOrder, und ich rate Ihnen davon ab, sich an dieser Stelle detaillierter damit zu befassen. Wenn Sie sich später noch dafür interessieren, so ist *Professional DCOM Application Development* immer noch in allen guten Buchhandlungen erhältlich.

Für den Fall der Schallplatten ist hier nun der Code, der die fünf Methoden und die eine Eigenschaft implementiert:

```
STDMETHODIMP COrder::put_CustomerID(BSTR newVal)
{
   HRESULT hResult = MandatoryAlphabetic(newVal);
   if (FAILED(hResult))
      return hResult;

   m_bstrCustomerID = newVal;
   return S_OK;
}

STDMETHODIMP COrder::put_Artist(BSTR newVal)
{
   HRESULT hResult = MandatoryAlphabetic(newVal);
   if (FAILED(hResult))
      return hResult;

   m_bstrArtist = newVal;
   return S_OK;
}

STDMETHODIMP COrder::put_Title(BSTR newVal)
{
   HRESULT hResult = MandatoryAlphanumeric(newVal);
   if (FAILED(hResult))
      return hResult;

   m_bstrTitle = newVal;
   return S_OK;
}

STDMETHODIMP COrder::put_Label(BSTR newVal)
{
   HRESULT hResult = OptionalAlphabetic(newVal);
   if (FAILED(hResult))
      return hResult;

   m_bstrLabel = newVal;
   return S_OK;
}

STDMETHODIMP COrder::put_Price(BSTR newVal)
{
   HRESULT hResult = MandatoryPrice(newVal);
   if (FAILED(hResult))
      return hResult;

   m_bstrPrice = newVal;
   return S_OK;
}

STDMETHODIMP COrder::Submit()
{
   CComPtr<IStorage> pStorage;
   HRESULT hResult = StgCreateDocfile(L"C:\\Order.dat",
                  STGM_SIMPLE| STGM_CREATE | STGM_READWRITE |
                  STGM_SHARE_EXCLUSIVE, 0, &pStorage);
```

```
    if (FAILED(hResult))
        return hResult;

    Write(pStorage, L"CustomerID", m_bstrCustomerID);
    Write(pStorage, L"Artist", m_bstrArtist);
    Write(pStorage, L"Title", m_bstrTitle);
    Write(pStorage, L"Label", m_bstrLabel);
    Write(pStorage, L"Price", m_bstrPrice);

    return S_OK;
}
```

Wie Sie sehen können, definiert jede der Eigenschaften ein einzelnes, validiertes Feld in der Bestellung und speichert es in einer lokalen Member-Variablen, und zwar in einer der folgenden:

```
private:
    CComBSTR m_bstrCustomerID;
    CComBSTR m_bstrArtist;
    CComBSTR m_bstrTitle;
    CComBSTR m_bstrLabel;
    CComBSTR m_bstrPrice;
```

wie es in Order.h definiert ist.

Als Nächstes schreibt die Submit()-Methode diese Eigenschaften in die Bestelldatei. Es gibt eine Anzahl von Helfermethoden, von denen jede eine leicht unterschiedliche Validierungsoption behandelt:

Methode	Zweck
MandatoryAlphabetic()	Überprüft, ob der Wert nicht leer und total alphabetisch ist
OptionalAlphabetic()	Überprüft, ob der Wert entweder leer oder total alphabetisch ist
MandatoryAlphanumeric()	Überprüft, ob der Wert nicht leer und total alphanumerisch ist
OptionalAlphanumeric()	Überprüft, ob der Wert entweder leer oder total alphanumerisch ist
MandatoryPrice()	Überprüft, ob der Wert nicht leer und ein korrekt formatierter Preis ist

Der Code für diese Methoden sieht folgendermaßen aus:

```
HRESULT COrder::MandatoryAlphabetic(BSTR bstrValue)
{
    int length = SysStringLen(bstrValue);
    if (length == 0)
        return E_INVALIDARG;

    return OptionalAlphabetic(bstrValue);
}

HRESULT COrder::OptionalAlphabetic(BSTR bstrValue)
{
    int length = SysStringLen(bstrValue);

    for (int iChar = 0; iChar < length; iChar++)
    {
        if (!iswspace(bstrValue[iChar]) &&
```

```
            !iswalpha(bstrValue[iChar]))
         return E_INVALIDARG;
   }

   return S_OK;
}

HRESULT COrder::MandatoryAlphanumeric(BSTR bstrValue)
{
   int length = SysStringLen(bstrValue);
   if (length == 0)
      return E_INVALIDARG;

   return OptionalAlphanumeric(bstrValue);
}

HRESULT COrder::OptionalAlphanumeric(BSTR bstrValue)
{
   int length = SysStringLen(bstrValue);

   for (int iChar = 0; iChar < length; iChar++)
   {
      if (!iswspace(bstrValue[iChar]) &&
          !iswalnum(bstrValue[iChar]))
         return E_INVALIDARG;
   }

   return S_OK;
}

HRESULT COrder::MandatoryPrice(BSTR bstrValue)
{
   // Get the locale ID for the US with default sorting
   LCID lcid = MAKELCID(MAKELANGID(LANG_ENGLISH, SUBLANG_ENGLISH_US),
                        SORT_DEFAULT);
   // Define a variable to hold the returned currency
   CURRENCY cy = {0};

   // Convert the string to a currency value
   HRESULT hr = VarCyFromStr(bstrValue, lcid, 0, &cy);

   // If the function failed, bstrValue is not a valid currency
   if (FAILED(hr))
      return E_INVALIDARG;

   // Finally, check that the currency value is positive
   if (cy.int64 < 0)
      return E_INVALIDARG;

   return S_OK;
}
```

Die letzte Helfermethode, Write(), schreibt genau ein Feld in die Datei hinein:

```
void COrder::Write(IStorage* pStorage, LPOLESTR lpszField, CComBSTR& bstr)
{
```

```
    CComPtr<IStream> pStream;
    pStorage->CreateStream(lpszField, STGM_READWRITE |
                        STGM_SHARE_EXCLUSIVE, 0, 0, &pStream);

    bstr.WriteToStream(pStream);
}
```

Im ursprünglichen Beispiel hatte ich einen einfachen Visual-Basic-Client, der dem Benutzer erlaubte, eine entfernte Instanz dieses Bestellobjekts zu erzeugen, die Felder auf gültige Weise auszufüllen und die Bestellung dann aufzugeben. Ich habe beschlossen, die Client-Anwendung dafür auf dem früheren Code aufbauen zu lassen, aus zwei Gründen: (1) Ich wollte zeigen, dass SOAP nicht nur für Web-basierte Anwendungen anwendbar ist, und (2) ich war zu faul und hatte den Code sowieso irgendwo rumliegen. (Jetzt können Sie raten, was wohl näher an der Wahrheit ist.)

Was brauchen wir also, wenn wir SOAP benutzen wollen?

Eine SOAP-Opera

Wir brauchen eine Art Infrastruktur, um all dies zu verwalten, und (und dies ist etwas, was ich wirklich mag) wir werden einen Namen dafür brauchen. Wie Sie sich vielleicht vorstellen können, wird SOAP sehr schnell zu einem Nährboden für Akronyme, die auf sehr schlechten Wortspielen basieren. Mein ursprünglicher Name zum Beispiel SUDS (für **S**imple **U**surper of **D**COM using **S**OAP = Einfacher Sich-Bemächtiger von DCOM, der SOAP benutzt) war schnell aus dem Rennen, aus Gründen, die klar werden, wenn die **S**OAP **U**niform **D**escription **S**emantics veröffentlicht werden. Genauso enthielt mein erster Entwurf einen Witz, dass die ersten »SOAP dispensers« (Seifenspender) wahrscheinlich bald auf dem Weg sein würden. Dann fand ich heraus, dass dies in der Tat der bevorzugte Ausdruck war. Und daher bin ich ein wenig aufgeregt, wenn ich nun der Welt SOAP OPERA enthülle. OPERA wird wohl für etwas wie »**O**bject **P**rotocol **E**nabling **R**emote **A**ccess« stehen, aber Leute, denkt dran, es ist nur ein Name!

Dies ist eine etwas vereinfachte Ansicht davon, wie das System aussieht, wenn wir reines DCOM benutzen:

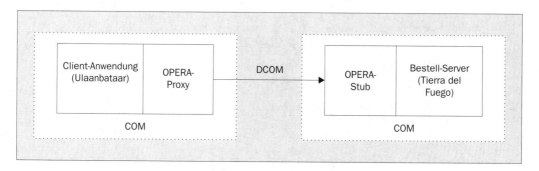

Wenn wir allerdings SOAP benutzen, werden wir Folgendes benötigen:

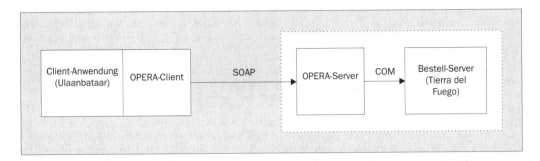

Hier muss die Client-Anwendung leicht abgeändert werden, so dass sie den OPERA-Client benutzt (obwohl es eigentlich keinen Grund gibt, warum wir sie nicht mit einem COM-Objekt versorgen könnten, das die IOrder-Schnittstelle implementiert hat, und so benutzen Sie sie ohne irgendwelche Änderungen). Der OPERA-Client ist ein In-Process-COM-Objekt, das eine neue Schnittstelle, IOpera implementiert. Wir werden uns diese in wenigen Minuten genauer ansehen. Er tauscht SOAP-Aufrufe mit dem OPERA-Server drüben in Tierra del Fuego aus. Der OPERA-Server instantiiert dann COM-Bestellobjekte und ruft Methoden auf unter der Verwendung der lokalen COM. Der Bestell-Server selbst bleibt genauso wie im Original-DCOM-Fall, mit dem Unterschied, dass dieses Mal nur lokal auf ihn zugegriffen wird.

Wenn wir die beiden Bilder vergleichen, können wir sehen, dass der COM-Bevollmächtigte durch den OPERA-Client ersetzt, das Wire-Protokoll von DCOM in SOAP geändert und der COM-Stub durch den OPERA-Server ersetzt wurde. (Streng genommen benutzt der OPERA-Server immer noch einen COM-Bevollmächtigten/Stub, um auf den Bestell-Server zuzugreifen, aber dies geschieht größtenteils aus Zwecken der Code-Wiederverwendung. Wenn wir den Bestell-Server in-process reimplementieren müssten, so wäre dies nicht länger der Fall.)

*Ein letzter Punkt: Erfahrene COM-Programmierer stehen an dieser Stelle jetzt vielleicht »**Custom Marshaling!**« schreiend auf ihren Stühlen. Es gibt natürlich keinen Grund, warum wir IMarshal nicht in unserem Bestellobjekt implementieren könnten, so dass jeder Aufruf einer IOrder-Methode als ein für die Anwendung vollständig transparenter SOAP-Aufruf hinüber zum Server geschickt wird. Allerdings geht **Custom Marshaling** über den Rahmen dieses Beispiels hinaus. Interessierte Leser seien aber auf Kapitel 3 von »Professional DCOM Application Development« verwiesen, wo es lang und breit diskutiert wird.*

Lassen Sie uns einen Blick darauf werfen, wie dies in der Praxis funktioniert.

Der OPERA-Client

Zuallererst brauchen wir am Client-Ende irgendetwas, das unsere SOAP-Aufrufe für uns konstruiert und an unseren Server sendet. Damit wollen wir uns jetzt befassen.

Definition unserer Schnittstelle

Unser Client wird ein sehr einfaches COM-Objekt sein, Opera, von dem wir *so tun*, als sei es vollständig generisch. Es hat eine einzige Schnittstelle, IOpera, die nur eine Methode enthält:

Methode	Parameter	Beschreibung
Exchange()	[in] BSTR URL [in] BSTR Method [in] VARIANT Argument	Austausch eines SOAP-Aufrufs mit dem Server

Was wir hier tun, ist den URL unseres SOAP-Servers, den Namen der Methode, die wir aufrufen werden, und ein Argument anzugeben. Für all unsere Methoden benötigen wir meistens nur ein einziges Argument, daher sollte dies ausreichen. Wir brauchen auch keinen Return-Wert. (Wie ich bereits sagte, es ist keine besonders generische Implementierung.)

Sie wundern sich vielleicht, warum diese Methode Exchange() genannt wird, wenn sie doch gar keinen Return-Wert besitzt. Doch wie es so geht, es steckt tatsächlich ein Frage/Antwort-Austausch hinter der ganzen Sache; allerdings ist das Einzige, das wirklich zurückgeliefert wird, das HRESULT des entfernten Methodenaufrufs, das dann als das HRESULT von Exchange() an die aufrufende Anwendung zurückgegeben wird. Es lohnt sich, darauf hinzuweisen, dass die V1.0-SOAP-Spezifikation eigentlich keine Frage/Antwort erfordert. Sie definiert eine Bindung an HTTP, klar, aber das eigentliche Protokoll ist transportunabhängig. Es gibt absolut keinen Grund, warum Sie SOAP nicht für Methodenaufrufe in eine Richtung benutzen sollten – was uns die interessante Möglichkeit eröffnet, es als Grundlage für ähnliche Dinge wie MSMQ zu liefern.

Bau des Clients

Lassen Sie uns einen Blick auf den zugrunde liegenden Code werfen. Wir werden ATL benutzen und es als ein In-Process-COM-Objekt implementieren. Wir benutzen den ATL-App-Wizard, um das Projekt zu erzeugen, und den Objekt-Wizard, um ein einfaches Objekt hinzuzufügen, wobei wir sicherstellen, dass das Feld mit der Aufschrift »Support ISupportErrorInfo« mit einem Häkchen versehen ist. Fügen Sie dann die Exchange()-Methode mit Hilfe von ClassView hinzu.

Hier ist die Opera.h-Header-Datei:

```
// Opera.h : Declaration of the COpera

#ifndef __OPERA_H_
#define __OPERA_H_

#include "resource.h"       // main symbols
#import "msxml.dll"

/////////////////////////////////////////////////////////////////////////////
// COpera
class ATL_NO_VTABLE COpera :
    public CComObjectRootEx<CComSingleThreadModel>,
    public CComCoClass<COpera, &CLSID_Opera>,
    public ISupportErrorInfo,
    public IDispatchImpl<IOpera, &IID_IOpera, &LIBID_OPERACLIENTLib>
{
protected:
    int m_sock;

    HRESULT ConnectToHost(LPSTR lpszURL);
    HRESULT DisconnectFromHost();
    HRESULT ProcessContent(int nChar, LPSTR lpszContent);

public:
    COpera() : m_sock(-1)
    {
    }

    ~COpera()
    {
        if (m_sock != -1)
            DisconnectFromHost();
    }
```

```
DECLARE_REGISTRY_RESOURCEID(IDR_OPERA)

DECLARE_PROTECT_FINAL_CONSTRUCT()

BEGIN_COM_MAP(COpera)
    COM_INTERFACE_ENTRY(IOpera)
    COM_INTERFACE_ENTRY(IDispatch)
    COM_INTERFACE_ENTRY(ISupportErrorInfo)
END_COM_MAP()

// ISupportsErrorInfo
    STDMETHOD(InterfaceSupportsErrorInfo)(REFIID riid);

// IOpera
public:
    STDMETHOD(Exchange)(/*[in]*/ BSTR URL, /*[in]*/ BSTR Method,
                        /*[in]*/ VARIANT Argument);
};


#endif //__OPERA_H_
```

Der hervorgehobene Code ist der, den Sie werden hinzufügen müssen, über und oberhalb von dem, der von den Wizards und Class View bereitgestellt wird. Wie Sie sehen können, habe ich eine oder zwei Helfermethoden hinzugefügt, plus einem int, um den TCP/IP-Socket-Identifier m_sock zu halten, und eine Referenz auf die MSXML-Bibliothek, um Microsofts DOM-Implementierung zu benutzen. Was mich daran erinnert: Wir müssen ein paar Zusätze zu DllMain in der OperaClient.cpp-Datei machen:

```
extern "C"
BOOL WINAPI DllMain(HINSTANCE hInstance, DWORD dwReason, LPVOID /*lpReserved*/)
{
    if (dwReason == DLL_PROCESS_ATTACH)
    {
        _Module.Init(ObjectMap, hInstance, &LIBID_OPERACLIENTLib);
        DisableThreadLibraryCalls(hInstance);
        WSADATA wsaData;
        if (WSAStartup (0x0101, &wsaData))
            return FALSE;
    }
    else if (dwReason == DLL_PROCESS_DETACH)
    {
        _Module.Term();
        WSACleanup();
    }
    return TRUE;    // ok
}
```

Wenn wir dies nicht tun, wird all unser TCP/IP-Zeug nicht funktionieren. Was wir hier tun, ist die Aufrufe auszugeben, um WinSock zu starten (wobei wir festlegen, dass wir Version 1.1 benötigen), wenn unsere Client-Anwendung anfängt, das DLL zu benutzen, und aufzuräumen, wenn sie aufhört. Eine Alternative zu WinSock wäre WinInet, wenn Sie damit glücklicher sind.

Die Exchange()-Methode ist, wie oben bereits erwähnt, diejenige, die den SOAP-Austausch mit dem Server durchführt. Ein typischer Austausch (sagen wir, die CustomerID-Eigenschaft festzusetzen) könnte erfordern, dass Folgendes vom Client an den Server geht:

```
POST /StockQuote HTTP/1.1
    Host: www.jpassoc.co.uk
    Content-Type: text/xml
    Content-Length: 300
    SOAPMethodName: www.jpassoc.co.uk/opera#put_CustomerID

    <SOAP:Envelope xmlns:SOAP="urn:schemas-xmlsoap-org:soap.v1">
        <SOAP:Body>
            <m:put_CustomerID xmlns:m="www.jpassoc.co.uk/opera">
                <argument>JMP</argument>
            </m:put_CustomerID>
        </SOAP:Body>
    </SOAP:Envelope>
```

und das Folgende vom Server zurück an den Client:

```
HTTP/1.1 200 OK
    Content-Type: text/xml
    Content-Length: 252

    <SOAP:Envelope xmlns:SOAP="urn:schemas-xmlsoap-org:soap.v1">
        <SOAP:Body>
            <m:put_CustomerIDResponse xmlns:m="www.jpassoc.co.uk/opera">
                <return>0</return>
            </m:put_CustomerIDResponse>
        </SOAP:Body>
    </SOAP:Envelope>
```

Die Exchange()-Methode

Und so legt die Exchange()-Methode los:

```
STDMETHODIMP COpera::Exchange(BSTR URL, BSTR Method, VARIANT Argument)
{
    size_t length = SysStringLen(URL);
    LPSTR lpszURL = new char[length + 1];
    wcstombs(lpszURL, URL, length);
    lpszURL[length] = 0;

    if (m_sock == -1)
    {
        HRESULT hResult = ConnectToHost(lpszURL);
        if (hResult != S_OK)
        {
            delete[] lpszURL;
            return hResult;
        }
    }
}
```

Hier benutzen wir eine unserer Helfermethoden, um eine Verbindung zum Server aufzubauen, wenn wir nicht bereits eine haben. Wir werden uns diese Methode später anschauen. Lassen Sie uns jetzt erst einmal fortfahren und sehen, welche Methoden unsere Anwendung aufruft, und dann das Argument aus der hereinkommenden VARIANT herausziehen, wobei wir den MessageType-Header aufbauen:

```
length = SysStringLen(Method);
LPSTR lpszMethod = new char[length + 1];
wcstombs(lpszMethod, Method, length);
lpszMethod[length] = 0;

char szCall[2000];

sprintf(szCall,
        "SOAPMethodName: www.jpassoc.co.uk/opera#%s\r\n\r\n", lpszMethod);
strcat(szCall,
       "<SOAP:Envelope xmlns:SOAP=\"urn:schemas-xmlsoap-org:soap.v1\">\r\n");
strcat(szCall, "<SOAP:Body>\r\n");

length = strlen(szCall);
sprintf(&szCall[length],
        "          <m:%s xmlns:m=\"www.jpassoc.co.uk/opera\">\r\n", lpszMethod);

char szArgument[100];

switch (Argument.vt)
{
   case VT_EMPTY:
      break;

   case VT_BSTR:
   {
      length = SysStringLen(Argument.bstrVal);
      wcstombs(szArgument, Argument.bstrVal, length);
      szArgument[length] = 0;
      length = strlen(szCall);
      sprintf(&szCall[length],
              "          <argument>%s</argument>\r\n", szArgument);

      break;
   }

   default:
      delete[] lpszURL;
      delete[] lpszMethod;

      return AtlReportError(CLSID_Opera, "Variant type not supported",
                            IID_IOpera, E_NOTIMPL);
}
```

Nun, Sie haben ja sicher keine vollständige Implementierung erwartet, oder doch? Empty und String reichen für unsere Zwecke vollkommen aus, vielen Dank. Lassen Sie uns die POST erledigen, indem wir all die anderen Header hinzufügen (inklusive dieses überaus wichtigen ContentType-Headers):

```
length = strlen(szCall);
sprintf(&szCall[length],
        "          </m:%s>\r\n      </SOAP:Body>\r\n</SOAP:Envelope>",
        lpszMethod);

length = strlen(szCall);

char szRequest[2000];
```

```
    sprintf(szRequest, "POST /OperaServer HTTP/1.1\r\nHost: %s\r\nContent-Type: "
            "text/xml\r\nContent-Length: %d\r\n%s", lpszURL, length, szCall);

    delete[] lpszURL;
    delete[] lpszMethod;
```

Und nun lassen Sie uns Frage und Antwort austauschen. Beachten Sie, dass wir bei einer richtigen Anwendung einen Timer für den Fall setzen müssten, dass die Verbindung zwischen uns und dem Server mittendrin abbricht.

```
    send(m_sock, szRequest, strlen(szRequest), 0);

    char szResponse[20000];
    int nChar = recv(m_sock, szResponse, sizeof(szResponse), 0);
```

Vergewissern Sie sich, dass der Socket nicht vom Server geschlossen wurde:

```
    if (nChar <= 0)
    {
        DisconnectFromHost();
        return AtlReportError(CLSID_Opera, "Connection to server lost",
                              IID_IOpera, E_FAIL);
    }
```

Werfen wir nun einen Blick auf die Antwort. Wir fangen an, indem wir die erste Zeile entfernen, weil wir nicht besonders an ihr interessiert sind:

```
    szResponse[nChar] = 0;
    LPSTR lpszReturn = strstr(szResponse, "\r\n");

    if (!lpszReturn)
        return AtlReportError(CLSID_Opera, "Incomplete response from server",
                              IID_IOpera, E_FAIL);

    *lpszReturn = 0;

    if (strcmp(szResponse, "HTTP/1.1 200 OK"))
        return AtlReportError(CLSID_Opera, "Bad response from server",
                              IID_IOpera, E_FAIL);
```

Hier sind ein paar interessante Flags. Das erste wird nur gesetzt, wenn wir alle Header haben, die wir für eine gültige SOAP-Aufruf-Antwort benötigen. Das zweite wird gesetzt, falls der Server einen Connection: close-Header zurückgeschickt hat. Wenn wir diesen nicht bekommen, halten wir die Verbindung offen. Dies deshalb, weil wir drüben in Patagonien eine Bestellung aufbauen, die wir nicht verlieren wollen. Eigentlich muss ich zugeben, dass das nicht so schön ist, und ich war schon nahe daran, die Anwendung so zu ändern, dass die Bestellung zuerst im Client aufgebaut wird, bevor sie am Ende der Transaktion hinüber zum Server geschickt wird. Auf diese Weise könnten wir die ganze Sache verbindungslos halten. Dennoch, mein Ziel hier war, meine ursprüngliche DCOM-Anwendung so weit wie möglich zu emulieren, mit Ausnahme der zusätzlichen Last des DCOM-Wire-Protokolls. Ich überlasse es Ihnen als Übung, das Ganze so zu ändern, dass es vollständig verbindungslos ist. Wenn die Nachfrage groß genug ist, könnte ich auch eine verbindungslose Version auf meiner Website, www.jpassoc.co.uk, ablegen.

```
    bool bSoap = false;
    bool bClose = true;

    HRESULT hResult = S_OK;
```

```
while (1)
{
    LPSTR lpszSegment = lpszReturn + 2;
    lpszReturn = strstr(lpszSegment, "\r\n");

    if (!lpszReturn)
    {
        hResult = AtlReportError(CLSID_Opera, "Non-SOAP response from server",
                                 IID_IOpera, E_FAIL);
        break;
    }

    *lpszReturn = 0;

    if (!strncmp(lpszSegment, "Content-Type: ", 14))
    {
        if (!strcmp(&lpszSegment[14], "text/xml"))
            bSoap = true;
        else
        {
            hResult = AtlReportError(CLSID_Opera, "Non-SOAP response from server",
                                     IID_IOpera, E_FAIL);
            break;
        }
    }
    else if (!strncmp(lpszSegment, "Connection: ", 12))
    {

        if (!strcmp(&lpszSegment[12], "Keep-Alive"))
            bClose = false;
    }
    else if (!strncmp(lpszSegment, "Content-Length: ", 16))
    {
        if (!bSoap)
            hResult = AtlReportError(CLSID_Opera, "Non-SOAP response from server",
                                     IID_IOpera, E_FAIL);
        else
        {
```

Dies ist nun die Stelle, an der wir Inhalt haben und eine echte SOAP-Antwort, also rufen wir eine unserer Helfermethoden auf, um sie zu verarbeiten:

```
            int nChar = atoi(&lpszSegment[16]);
            hResult = ProcessContent(nChar, lpszReturn + 2);
        }

        break;
    }
}
```

Wenn wir mit der Bestellung fertig sind, schließen Sie den Socket; andernfalls lassen Sie ihn offen für den nächsten Aufruf. (Wenn das Objekt freigegeben wird, wird er sowieso geschlossen.)

```
if (bClose)
    DisconnectFromHost();
```

```
        return hResult;
    }
```

Die Helfermethoden

Lassen Sie uns nun die Helfermethoden anschauen. Zuerst einmal ist hier die Verbindungsmethode:

```
HRESULT COpera::ConnectToHost(LPSTR lpszURL)
{
    m_sock = socket(AF_INET, SOCK_STREAM, 0);

    int on = 1;
    setsockopt(m_sock, SOL_SOCKET, SO_REUSEADDR, reinterpret_cast<char*> (&on),
              sizeof(on));

    struct sockaddr_in server;
    memset(&server, 0, sizeof(server));

    server.sin_family = AF_INET;
    server.sin_port = htons(80);

    struct hostent *pHost = gethostbyname(lpszURL);
    if (pHost)
        memcpy(&server.sin_addr, pHost->h_addr, pHost->h_length);
    else
    {
        server.sin_addr.s_addr = inet_addr(lpszURL);

        if (server.sin_addr.s_addr == 0)
        {
            DisconnectFromHost();
            return AtlReportError(CLSID_Opera, "Failed to translate host address",
                                  IID_IOpera, E_FAIL);
        }
    }

    if (connect(m_sock, reinterpret_cast<struct sockaddr *> (&server),
        sizeof(server)) == -1)
    {
        char szError[256];
        sprintf(szError, "Failed to connect to host, error = %d\n",
                WSAGetLastError());

        DisconnectFromHost();

        return AtlReportError(CLSID_Opera, szError, IID_IOpera, E_FAIL);
    }

    return S_OK;
}
```

Jeder, der mit TCP/IP-Programmierung vertraut ist, wird große Teile dieses Codes wiedererkennen. Den meisten Platz darin nimmt das Umwandeln des URL und der Port-Nummer in eine passende Server-Struktur in Anspruch, so dass man Verbindung damit herstellen kann. Beachten Sie, dass wir Verbindung mit Port 80 auf der Server-Maschine herstellen – dies ist ein Teil von SOAPs Versuch, die Firewall darüber hinwegzutäuschen, dass wir eigentlich Web-Zeugs machen. Wenn SOAP erst einmal die Akzeptanz der Massen erreicht haben wird, wird es sehr wahrscheinlich seinen eigenen Anschluss bekommen, so dass es von den Netzwerkleuten ausgesondert werden kann, aber im Moment bleiben wir noch bei Port 80.

Die Verbindungsmethode ist sogar noch einfacher:

```
HRESULT COpera::DisconnectFromHost()
{
    closesocket(m_sock);
    m_sock = -1;

    return S_OK;
}
```

Eine Helfermethode, `ProcessContent()`, müssen wir uns noch anschauen, bevor wir den OPERA-Client verlassen, und diese ist etwas interessanter. Es ist diejenige, die den Inhalt der Server-Antwort eigentlich verarbeitet.

Es ist selbstverständlich gar kein Thema, hier selbst zu parsen, weil zu diesem Zweck ein vollkommen zufrieden stellender Satz von COM-Objekten verfügbar ist, und zwar im Microsoft XML Document Object Model. Bevor wir uns dem zuwenden, lassen Sie uns einen Blick auf die Art Antwort werfen, die wir wahrscheinlich vorfinden werden: Hier ein Antwortbeispiel vom OPERA-Server:

```
<SOAP:Envelope xmlns:SOAP="urn:schemas-xmlsoap-org:soap.v1">
    <SOAP:Body>
        <m:put_CustomerIDResponse xmlns:m="www.jpassoc.co.uk/opera">
            <return>0</return>
        </m:put_CustomerIDResponse>
    </SOAP:Body>
</SOAP:Envelope>
```

Und nun lassen Sie es uns parsen:

```
HRESULT COpera::ProcessContent(int nChar, LPSTR lpszContent)
{
    CComPtr<MSXML::IXMLDOMDocument> pXML;
    pXML.CoCreateInstance(__uuidof(MSXML::DOMDocument));

    CComBSTR bstrXML = lpszContent;
    VARIANT_BOOL success;
    success = pXML->loadXML(bstrXML.m_str);

    if (success != VARIANT_TRUE)
        return AtlReportError(CLSID_Opera, "Failed to parse XML", IID_IOpera,
                              E_FAIL);

    CComPtr<MSXML::IXMLDOMElement> pElem;
    XML->get_documentElement(&pElem);
```

Übrigens, wenn die Performance eine Rolle spielen wird, könnten wir in Erwägung ziehen, den Gebrauch von DOM zu vermeiden, vor allem, wenn wir der Tatsache ins Auge sehen, dass wir hier keine besonders komplexe XML-Struktur vorliegen haben. Falls Sie wissen wollen, wie das verwirklicht werden könnte, die weiter unten beschriebene Linux-Implementierung zeigt es Ihnen.

Dies ist die Stelle, an der wir den Methodennamen herausziehen (obwohl wir in diesem Fall eigentlich keinen Gebrauch davon machen):

```
CComBSTR bstrMethod;
pElem->get_tagName(&bstrMethod);
```

Lassen Sie uns nun den ersten Kind-Knoten herausziehen:

```
CComPtr<IXMLDOMNode> pChild;
pElem->get_firstChild(&pChild);
```

Dort angekommen, interessieren wir uns nicht für das Tag (weil wir annehmen, dass es `return` ist) und gehen daher direkt weiter zum Text:

```
CComBSTR bstrReturn;
pChild->get_text(&bstrReturn);
```

Und das Ergebnis, das an die aufrufende Anwendung zurückgeliefert werden soll, ist genau das, was wir von der XML-Antwort bekommen:

```
HRESULT hResult = _wtol(bstrReturn);

return hResult;
}
```

Und das ist alles, was wir für unser Client-COM-Objekt tun müssen. Bevor wir uns mit der aufrufenden Anwendung befassen, lassen Sie uns ansehen, was der Server zu tun hat.

Der OPERA-Server

Unser Server muss HTTP-Befehle empfangen und übersetzen, die mit TCP/IP als Transportmechanismus gesendet wurden. Einfacher gesagt, er muss ziemlich genau wie ein Webserver aussehen. Also schreiben wir einen Webserver, stimmt's? Nun, ich denke, dies ist eines der Dinge, die jeder in seinem Leben mindestens einmal getan haben muss, und wenn es nur deswegen ist, weil es dabei hilft, die dem Web zugrunde liegenden Technologien besser zu verstehen. Sind Sie bereit? Dann los…

Erzeugen des Projekts

Eigentlich habe ich gelogen. Wir werden nicht wirklich einen Webserver schreiben. Wir werden etwas schreiben, das wie ein Webserver *aussieht*. Wir werden dies mit Hilfe des guten alten MFC tun, weil ich zufällig dessen Socket-Klassen mag und es eine Art Benutzeroberfläche benötigt; alternativ könnten wir das WinSock-Steuerelement in Visual Basic oder das rohe WinSock API von ATL benutzen. Bevor wir anfangen, sollten wir allerdings sicherstellen, dass wir den Internet Information Server oder Personal Web Server oder irgendetwas anderes mit vorrangigem Zugriff auf Port 80 auf unserer Maschine ausgeschaltet haben. Wenn wir dies nicht tun, werden wir unseren eigenen Server nicht auf Port 80 hören lassen können. Wie ich bereits erwähnte, ist es sehr wahrscheinlich, dass SOAP irgendwann einmal seinen eigenen Port haben wird, so dass Sie in der Lage sein werden, Webserver und SOAP Seite an Seite laufen zu lassen. Wenn Sie nicht glücklich damit sind, Ihren Webserver auszuschalten oder umzuleiten, können Sie natürlich einen anderen zugänglichen Port für SOAP auswählen. Sie werden damit anfangen müssen, ein dialogbasiertes Objekt mit Hilfe des MFC AppWizard zu erzeugen, wobei Sie sicherstellen müssen, dass die Socket-Checkbox mit einem Häkchen versehen ist.

Wir müssen ein paar Klassen für den Socket-Kram erzeugen: eine »Haupt«-Klasse und eine »Client«-Klasse. Die »Haupt«-Klasse, `COperaMainSocket`, ist diejenige, von der wir das Objekt ableiten, das an Port 80 auf eingehende Aufrufe hört. Wenn es einen Aufruf empfängt, erzeugt es ein `COperaClientSocket`-Objekt. Es gibt eigentlich keinen Grund, warum wir nicht alles, was jeder dieser Sockets tut, in eine Klasse stecken könnten, aber meines Erachtens macht dies die ganze Sache schlechter lesbar. Beide Klassen sind von der Standard-MFC-Klasse `CAsyncSocket` abgeleitet.

Die Haupt-Socket-Klasse

Die »Haupt«-Klasse überlagert eine Standardmethode: `OnAccept()`. Und so sieht die Klassendefinition aus. Wieder sind die hervorgehobenen Zeilen diejenigen, die hinzugefügt wurden, nachdem der MFC App-pWizard seine Arbeit getan hatte:

```
/////////////////////////////////////////////////////////////////////
// COperaMainSocket command target

class COperaMainSocket : public CAsyncSocket
{
// Attributes
public:

// Operations
public:
    COperaMainSocket();
    virtual ~COperaMainSocket();

// Overrides
public:
    // ClassWizard generated virtual function overrides
    //{{AFX_VIRTUAL(COperaMainSocket)
    //}}AFX_VIRTUAL

    // Generated message map functions
    //{{AFX_MSG(COperaMainSocket)
        // NOTE - the ClassWizard will add and remove member functions here.
    //}}AFX_MSG

// Implementation
protected:
    CObArray m_sockArray;

public:
    void Check();
};
```

Die eine neue Member-Variable ist ein Objekt-Array, das wir zum Speichern von Zeigern auf unsere Client-Socket-Objekte benutzen werden. Hier sind der Konstruktor und der Destruktor für die Klasse:

```
COperaMainSocket::COperaMainSocket()
{
}

COperaMainSocket::~COperaMainSocket()
{
    int nSock = m_sockArray.GetSize();

    for (int sock = 0; sock < nSock; sock++)
    {
        COperaClientSocket *pSocket =
            static_cast<COperaClientSocket *> (m_sockArray.GetAt(sock));
        delete pSocket;
    }

    m_sockArray.RemoveAll();
}
```

Alles, was wir hier tun, ist, das Client-Socket-Array zu löschen. Die wirkliche Aktion findet in der OnAccept()-Überlagerung statt, die Sie mit Hilfe des MFC Class Wizard hinzufügen sollten:

```
void COperaMainSocket::OnAccept(int nErrorCode)
{
    CWinApp *pWinApp = AfxGetApp();
    COperaServerDlg *pDialog = static_cast<COperaServerDlg *> (pWinApp-
>m_pMainWnd);

    int length = sizeof(SOCKADDR_IN);

    COperaClientSocket *pSocket = new COperaClientSocket();
    SOCKADDR_IN sockAddr;
    Accept(*pSocket, reinterpret_cast<SOCKADDR *> (&sockAddr), &length);

    m_sockArray.Add(pSocket);

    CString csAddress;
    unsigned int port;
    pSocket->GetPeerName(csAddress, port);

    CString csStatus;
    csStatus.Format("Accepting connection from %s", csAddress);
    pDialog->Status(csStatus);

    CAsyncSocket::OnAccept(nErrorCode);
}
```

Hier erzeugen wir einen Client-Socket, um den Verkehr zu regeln, mit Ausnahme des eingehenden TCP/IP-Aufrufs, und ihn unserem Array hinzuzufügen. Der Rest des Codes (von der Deklaration von csStatus an abwärts) ist einfach das Ausgeben einiger Status-Informationen an den Hauptdialog, COperaServerDlg, den wir ein Weilchen später sehen werden.

Jetzt gibt es nur noch eine weitere Methode in der Haupt-Socket-Klasse, und hier ist sie:

```
void COperaMainSocket::Check()
{
    int nSock = m_sockArray.GetSize();

    for (int sock = 0; sock < nSock; sock++)
    {
        COperaClientSocket *pSocket =
            static_cast<COperaClientSocket *> (m_sockArray.GetAt (sock));

        if (!pSocket->m_bActive)
        {
            delete pSocket;
            m_sockArray.RemoveAt(sock);

            sock--;
            nSock--;
        }
    }
}
```

Sie wird dazu benutzt, um zu überprüfen, ob irgendwelche Client-Sockets geschlossen wurden. Wenn dies der Fall ist, wird der betreffende Socket von der Liste entfernt. Das müssen wir tun, weil es der Client--

Socket und nicht der Haupt-Socket ist, der von der Schließung benachrichtigt wird. Diese Methode wird über einen Timer vom Hauptdialog aufgerufen. Auch das werden wir später sehen, wenn wir uns den Code für COperaServerDlg ansehen.

Die Client-Socket-Klasse

Sehen wir uns nun die Client-Socket-Klasse an. Erinnern Sie sich daran, dass dies die Klasse ist, die die Interaktionen mit einem einzelnen Client behandelt. Sie hat zwei Überlagerungen, die mit dem ClassView hinzugefügt werden können, OnClose() und OnReceive(). OnClose() wird aufgerufen, wenn die Sokket-Klasse geschlossen wird, und OnReceive() wird aufgerufen, wenn Daten vom Socket empfangen werden. Hier ist die Klassendefinition:

```
#include <comdef.h>

#define SMARTPTR_TYPEDEF(x) \
    typedef _com_ptr_t<_com_IIID<x, &IID_##x> > x##Ptr;

#include "..\SimpleOrder\SimpleOrder.h"

SMARTPTR_TYPEDEF(IOrder);

#import "msxml.dll"

//////////////////////////////////////////////////////////////////////
// COperaClientSocket command target

class COperaClientSocket : public CAsyncSocket
{
// Attributes
public:

// Operations
public:
    COperaClientSocket();
    virtual ~COperaClientSocket();

// Overrides
public:
    // ClassWizard generated virtual function overrides
    //{{AFX_VIRTUAL(COperaClientSocket)
    virtual void OnClose(int nErrorCode);
    virtual void OnReceive(int nErrorCode);
    //}}AFX_VIRTUAL

    // Generated message map functions
    //{{AFX_MSG(COperaClientSocket)
        // NOTE - the ClassWizard will add and remove member functions here.
    //}}AFX_MSG

// Implementation
protected:
    IOrderPtr m_pOrder;

    void ReplyUnsupported();
    void ReplyBadRequest();
    void ProcessContent(int nChar, LPSTR lpszContent);
```

```
public:
   bool m_bActive;
};
```

Beachten Sie das smarte Zeiger-Zeug unmittelbar vor der Definition (#define SMARTPTR_TYPEDEF(x) usw.) – wir werden es brauchen, um auf die Bestell-COM-Objekte zuzugreifen, ohne durch das langweilige Verfolgen von Referenz-Zählungen gehen zu müssen. Dieses wird nicht automatisch in MFC für uns erledigt, weil es in ATL ist, d.h., dass wir ein bisschen mehr Arbeit haben. Beachten Sie außerdem wieder, dass die #import-Zeile die smarten Zeiger einrichtet, die wir für den Zugriff auf die MSXML-COM-Objekte benötigen.

Konstruktor und Destruktor sind bemerkenswert unbemerkenswert:

```
COperaClientSocket::COperaClientSocket() : m_bActive(true)
{
}

COperaClientSocket::~COperaClientSocket()
{
}
```

Die OnClose()-Überlagerung ist ebenfalls ganz unkompliziert:

```
void COperaClientSocket::OnClose(int nErrorCode)
{
   CWinApp *pWinApp = AfxGetApp();
   COperaServerDlg *pDialog =
      static_cast<COperaServerDlg *> (pWinApp->m_pMainWnd);

   CString csStatus;

   if (nErrorCode)
      csStatus.Format("Closed with reason %d", nErrorCode);
   else
      csStatus.Format("Closed gracefully");

   pDialog->Status(csStatus);

   m_bActive = false;

   CAsyncSocket::OnClose(nErrorCode);
}
```

Dies gibt eine passende Nachricht an den Hauptdialog aus und setzt dann das aktive Flag auf false, so dass die Prüfmethode des Haupt-Sockets die Schließung das nächste Mal mitnimmt.

Wirklichen Spaß macht die OnReceive()-Überlagerung. Lassen Sie uns mal sehen:

```
void COperaClientSocket::OnReceive(int nErrorCode)
{
   CWinApp *pWinApp = AfxGetApp();
   COperaServerDlg *pDialog =
      static_cast<COperaServerDlg *> (pWinApp->m_pMainWnd);

   CString csStatus;

   if (nErrorCode)
```

```
    {
        csStatus.Format("OnReceive called with error code %d", nErrorCode);
        pDialog->Status(csStatus);
    }
    else
    {
```

Nachdem wir auf einen schlechten Fehlerstatus hin überprüft haben, lesen wir den Inhalt der Frage in einen Puffer. Streng genommen sollten wir diesen in einen anderen, zyklischen Puffer kopieren und diesen nur verarbeiten, wenn eine vollständige Zeile empfangen wurde. TCP/IP respektiert keine Nachrichtenbegrenzungen und es ist gut möglich, zuerst eine halbe Nachricht oder sogar anderthalb Nachrichten zu empfangen. Dennoch, der Einfachheit halber werden wir annehmen, dass eine und nur eine vollständige Nachricht empfangen worden ist. Das Parsen der Nachricht geht auf ziemlich ähnliche Weise wie beim `OperaClient`-COM-Objekt vor sich:

```
    char szRequest[20000];
    int nChar = Receive(szRequest, sizeof(szRequest), 0);

    if (nChar > 0)
    {
        szRequest[nChar] = 0;
        pDialog->Status("Data received:");

        LPSTR lpszReturn = strstr(szRequest, "\r\n");

        if (!lpszReturn)
        {
            ReplyBadRequest();
            CAsyncSocket::OnReceive(nErrorCode);
            return;
        }

        *lpszReturn = 0;

        csStatus.Format(" %s", szRequest);
        pDialog->Status(csStatus);

        if (strcmp(szRequest, "POST /OperaServer HTTP/1.1"))
        {
            ReplyUnsupported();
            CAsyncSocket::OnReceive(nErrorCode);
            return;
        }

        bool bSoap = false;

        while (1)
        {
            LPSTR lpszSegment = lpszReturn + 2;
            lpszReturn = strstr(lpszSegment, "\r\n");

            if (!lpszReturn)
            {
                ReplyUnsupported();
                break;
            }
```

```
            *lpszReturn = 0;

            csStatus.Format(" %s", lpszSegment);
            pDialog->Status(csStatus);
            if (!strncmp(lpszSegment, "Content-Type: ", 14))
            {
                if (!strcmp(&lpszSegment[14], "text/xml"))
                    bSoap = true;
                else
                {
                    ReplyUnsupported();
                    break;
                }
            }
            else if (!strncmp(lpszSegment, "Content-Length: ", 16))
            {
                if (!bSoap)
                {
                    ReplyBadRequest();
                    break;
                }
                int nChar = atoi(&lpszSegment[16]);
                ProcessContent(nChar, lpszReturn + 2);

                break;
            }
        }
    }
}

    CAsyncSocket::OnReceive(nErrorCode);
}
```

Der Hauptunterschied zwischen diesem Code und dem für das `OperaClient`-COM-Objekt ist, dass hier die Methode `Receive()` anstelle des rohen `recv()`-API-Aufrufs benutzt wird und dass Fehlerbedingungen mit Nachrichten behandelt werden, die an den aufrufenden Client zurückgesendet werden, anstatt dem Client mit Hilfe von `AtlReportError()` gemeldet zu werden.

Wie beim COM-Objekt ist der wahre Leckerbissen die `ProcessContent()`-Methode:

```
void COperaClientSocket::ProcessContent(int nChar, LPSTR lpszContent)
{
    if (strncmp(lpszContent, "SOAPMethodName: www.jpassoc.co.uk/opera#", 40))
    {
        ReplyBadRequest();
        return;
    }

    LPSTR lpszMethod = &lpszContent[40];
    LPSTR lpszReturn = strchr(lpszMethod, '\r');

    if (!lpszReturn)
    {
        ReplyBadRequest();
        return;
```

```
    }

    *lpszReturn = NULL;
```

Der erste Unterschied zwischen der Anforderung hier und der des `OperaClient`-COM-Objekts ist der, dass wir, wenn wir noch kein Bestellobjekt haben, eins erzeugen müssen. Also:

```
    if (m_pOrder == NULL)
        CoCreateInstance(CLSID_Order, NULL, CLSCTX_LOCAL_SERVER, IID_IOrder,
                         (void **) &m_pOrder);
```

Sobald dies erledigt ist, können wir den Inhalt mit Hilfe von XML DOM auf ähnliche Weise wie das letzte Mal parsen:

```
    MSXML::IXMLDOMDocumentPtr pXML;
    CoCreateInstance(__uuidof(MSXML::DOMDocument), NULL, CLSCTX_INPROC_SERVER,
                     __uuidof(MSXML::IXMLDOMDocument), (void **) &pXML);

    CString csXML = lpszReturn + 1;
    BSTR bstrXML = csXML.AllocSysString();

    VARIANT_BOOL success;
    success = pXML->loadXML(bstrXML);

    ::SysFreeString(bstrXML);

    MSXML::IXMLDOMElementPtr pElem;
    pXML->get_documentElement(&pElem);

    bool bClose = false;

    HRESULT hResult = S_OK;
```

Allerdings werden wir diesmal die Methoden wirklich so aufrufen, wie wir sie erhalten. Zuallererst haben wir da die eine ohne Argumente:

```
    if (!strcmp(lpszMethod, "Submit"))
    {
        hResult = m_pOrder->Submit();
        bClose = true;
    }
    else
    {
        MSXML::IXMLDOMNodePtr pChild;
        pElem->get_firstChild(&pChild);

        BSTR bstrArg;
        pChild->get_text(&bstrArg);
```

Und dann kommen all diejenigen mit einem einzigen Argument:

```
        if (!strcmp(lpszMethod, "put_CustomerID"))
            hResult = m_pOrder->put_CustomerID(bstrArg);
        else if (!strcmp(lpszMethod, "put_Title"))
            hResult = m_pOrder->put_Title(bstrArg);
        else if (!strcmp(lpszMethod, "put_Artist"))
```

```
            hResult = m_pOrder->put_Artist(bstrArg);
        else if (!strcmp(lpszMethod, "put_Label"))
            hResult = m_pOrder->put_Label(bstrArg);
        else if (!strcmp(lpszMethod, "put_Price"))
            hResult = m_pOrder->put_Price(bstrArg);

        SysFreeString(bstrArg);
    }
```

Schließlich ist alles, was wir zu tun haben, eine SOAP-Antwort zu konstruieren, die unser Resultat enthält, und sie zu senden:

```
    char szCallResponse[2000];

    strcpy(szCallResponse,
            "<SOAP:Envelope xmlns:SOAP=\"urn:schemas-xmlsoap-org:soap.v1\">\r\n");
    strcat(szCallResponse, "<SOAP:Body>\r\n");

    size_t length = strlen(szCallResponse);
    sprintf(&szCallResponse[length],
            "<m:%sResponse xmlns:m=\"www.jpassoc.co.uk/opera\">\r\n",
            lpszMethod);

    length = strlen (szCallResponse);
    sprintf(&szCallResponse[length], "            <return>%d</return>\r\n",
            hResult);

    length = strlen(szCallResponse);
    sprintf(&szCallResponse[length], "        </m:%sResponse>\r\n"
            "        </SOAP:Body>\r\n   </SOAP:Envelope>", lpszMethod);

    length = strlen(szCallResponse);

    char szResponse[2000];

    if (bClose)
        sprintf(szResponse, "HTTP/1.1 200 OK\r\nConnection: close\r\n"
                "Content-Type: text/xml\r\nContent-Length: %d\r\n%s",
                length, szCallResponse);
    else
        sprintf(szResponse, "HTTP/1.1 200 OK\r\nConnection: Keep-Alive\r\n"
                "Content-Type: text/xml\r\nContent-Length: %d\r\n%s",
                length, szCallResponse);

    Send(szResponse, strlen(szResponse), 0);
}
```

Es gibt noch zwei weitere Helfermethoden, die sich selbst erklären:

```
void COperaClientSocket::ReplyUnsupported()
{
    CWinApp *pWinApp = AfxGetApp();
    COperaServerDlg *pDialog =
        static_cast<COperaServerDlg *> (pWinApp->m_pMainWnd);
    pDialog->Status ("Replying \"Not supported\"");

    Send("HTTP/1.1 501 Not supported", 25, 0);
```

```
}

void COperaClientSocket::ReplyBadRequest()
{
    CWinApp *pWinApp = AfxGetApp();
    COperaServerDlg *pDialog =
        static_cast<COperaServerDlg *> (pWinApp->m_pMainWnd);
    pDialog->Status("Replying \"Bad request\"");

    Send("HTTP/1.1 400 Bad request", 23, 0);
}
```

Es gibt übrigens keinen Grund, warum ein ausgeklügelterer OPERA-Server die SOAP-Aufrufe, die für ihn von Interesse sind, nicht einfach ausfiltern und verarbeiten und den Rest an eine andere Maschine auf einem wirklichen Webserver weitergeben können sollte.

Der Hauptdialog

Zum Schluss müssen wir uns noch schnell den Hauptdialog ansehen. Abgesehen von OnInitDialog() gibt es noch eine zusätzliche Überlagerung: OnTimer().

Der Dialog selbst ist sehr einfach und besteht aus einem unsortierten Listenfeld namens IDC_STATUS und drei Buttons: IDC_START, IDC_STOP und IDOK:

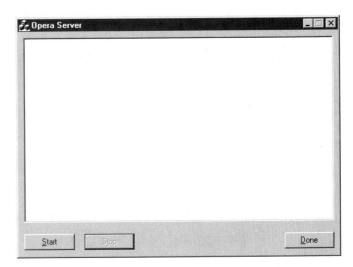

Die beiden ersten Buttons haben assoziierte BN_CLICKED-Methoden, OnStart() und OnStop(). Diese können durch das ClassView hinzugefügt werden, zusammen mit einem Handler für WM_TIMER (OnTimer()), der mit dem Hauptdialog assoziiert ist. Hier folgt die Klassendefinition:

```
#define MAX_STATUS 1000

class COperaMainSocket;

//////////////////////////////////////////////////////////////////////////
// COperaServerDlg dialog

class COperaServerDlg : public CDialog
{
// Construction
public:
```

```
        COperaServerDlg(CWnd* pParent = NULL);    // standard constructor

// Dialog Data
    //{{AFX_DATA(COperaServerDlg)
    enum { IDD = IDD_OPERASERVER_DIALOG };
        // NOTE: the ClassWizard will add data members here
    //}}AFX_DATA

    // ClassWizard generated virtual function overrides
    //{{AFX_VIRTUAL(COperaServerDlg)
    protected:
    virtual void DoDataExchange(CDataExchange* pDX);    // DDX/DDV support
    //}}AFX_VIRTUAL
// Implementation
public:
    void Status(CString csStatus);

    protected:
    HICON m_hIcon;

    COperaMainSocket *m_pSocket;

    void Enable(int nID, BOOL bEnable);

    // Generated message map functions
    //{{AFX_MSG(COperaServerDlg)
    virtual BOOL OnInitDialog();
    afx_msg void OnSysCommand(UINT nID, LPARAM lParam);
    afx_msg void OnPaint();
    afx_msg HCURSOR OnQueryDragIcon();
    afx_msg void OnStart();
    afx_msg void OnStop();
    afx_msg void OnTimer(UINT nIDEvent);
    //}}AFX_MSG
    DECLARE_MESSAGE_MAP()
};
```

Und nun wollen wir mal sehen, was die `OnInitDialog()`-Überlagerung zu bieten hat:

```
BOOL COperaServerDlg::OnInitDialog()
{
    CDialog::OnInitDialog();

    // Add "About..." menu item to system menu.

    // IDM_ABOUTBOX must be in the system command range.
    ASSERT((IDM_ABOUTBOX & 0xFFF0) == IDM_ABOUTBOX);
    ASSERT(IDM_ABOUTBOX < 0xF000);

    CMenu* pSysMenu = GetSystemMenu(FALSE);
    if (pSysMenu != NULL)
    {
        CString strAboutMenu;
        strAboutMenu.LoadString(IDS_ABOUTBOX);
        if (!strAboutMenu.IsEmpty())
        {
            pSysMenu->AppendMenu(MF_SEPARATOR);
            pSysMenu->AppendMenu(MF_STRING, IDM_ABOUTBOX, strAboutMenu);
```

```
    }
  }

  // Set the icon for this dialog.  The framework does this automatically
  //  when the application's main window is not a dialog
  SetIcon(m_hIcon, TRUE);          // Set big icon
  SetIcon(m_hIcon, FALSE);         // Set small icon

  CoInitialize(NULL);

  SetTimer(1, 1000, NULL);

  return TRUE;  // return TRUE  unless you set the focus to a control
}
```

Nicht viel, abgesehen davon, dass sichergestellt wird, dass wir COM initialisiert haben und dass der Timer gesetzt wird, der überprüfen wird, ob die Sockets immer noch aktiv sind. Erinnern Sie sich, als wir uns den Code für COperaMainSocket ansahen, hatten wir da eine Methode, die alle Client-Sockets auf ihre Aktivität überprüfte? Nun, das wird durch die OnTimer()-Überlagerung von COperaServerDlg aufgerufen:

```
void COperaServerDlg::OnTimer(UINT nIDEvent)
{
  if (m_pSocket)
     m_pSocket->Check();

  CDialog::OnTimer(nIDEvent);
}
```

Was passiert also, wenn wir den OPERA-Server durch Anklicken des Start-Buttons starten? Hier ist On-Start():

```
void COperaServerDlg::OnStart()
{
  CString csStatus;

  m_pSocket = new COperaMainSocket();
  if (!m_pSocket->Create(80))
  {
     csStatus.Format("Failed to create socket, reason code %d",
                  m_pSocket->GetLastError());
     Status(csStatus);

     delete m_pSocket;
     m_pSocket = NULL;

     return;
  }

  if (!m_pSocket->Listen())
  {
     csStatus.Format("Failed to create socket, reason code %d",
                  m_pSocket->GetLastError());
     Status(csStatus);

     delete m_pSocket;
     m_pSocket = NULL;
```

```
        return;
    }

    Enable(IDC_START, FALSE);
    Enable(IDC_STOP, TRUE);
}
```

Dies ist wieder recht unkompliziert, denn alles, was im Grunde getan wird, ist die Erzeugung eines Haupt-Sockets auf Port 80, gefolgt von einem Listen(). Sobald dies erledigt ist, wird jedes Mal, wenn ein neuer Client Verbindung aufnimmt, die OnAccept()-Überlagerung von COperaMainSocket aufgerufen. On-Stop() ist sogar noch einfacher:

```
void COperaServerDlg::OnStop()
{
    delete m_pSocket;
    m_pSocket = NULL;

    Enable(IDC_START, TRUE);
    Enable(IDC_STOP, FALSE);
}
```

Das ganze Enablen #Format?geschieht übrigens nur deshalb, damit jederzeit die richtigen Buttons verfügbar sind:

```
void COperaServerDlg::Enable(int nID, BOOL bEnable)
{
    CWnd *pWnd = GetDlgItem(nID);
    pWnd->EnableWindow(bEnable);
}
```

Und, der Vollständigkeit halber, ist hier noch die Methode, die Informationen an das Status-Listenfeld ausgibt:

```
void COperaServerDlg::Status(CString csStatus)
{
    CListBox *pStatus = static_cast<CListBox *> (GetDlgItem (IDC_STATUS));

    int count = pStatus->GetCount();
    if (count >= MAX_STATUS)
        pStatus->DeleteString(0);

    time_t now = time(NULL);
    struct tm *pTm = gmtime(&now);

    CString csFullStatus;
    csFullStatus.Format("%02d:%02d:%02d  %s", pTm->tm_hour, pTm->tm_min,
                    pTm->tm_sec, static_cast<LPCSTR> (csStatus));

    int index = pStatus->AddString(csFullStatus);
    pStatus->SetTopIndex(index);
}
```

Ein schneller Test

Bevor wir Verbindung mit dem Client aufnehmen, lassen sie uns ein wenig Spaß haben, indem wir es als eigenständige Anwendung testen, laufen lassen und mit Hilfe des Internet Explorers 5 Verbindung mit ihm aufnehmen. Das heißt, klicken Sie einfach auf `Start` *und, während der Server läuft, richten Sie Ihren Browser auf* `http://localhost/ test:`

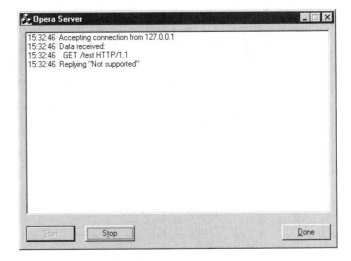

Wie wir sehen können, hat der Internet Explorer eine Verbindung mit dem lokalen Webserver aufgebaut (also mit dem Opera-Server) und hat ihm eine GET-Frage nach `"test"` geschickt. Das ist genau das, was wir erwartet haben und daher können wir den OPERA-Client ausprobieren. Wir lassen den Server laufen, bereit, einige echte Aufrufe zu empfangen.

Die Bestell-Anwendung

Unsere eigentliche Bestell-Anwendung werden wir ziemlich genau aus Professional DCOM Application Development übernehmen, mit einigen kleinen Änderungen. Sie wird mit Hilfe von Visual Basic erzeugt. Hier ist das eine und einzige Formular, `frmOrderEntry`*:*

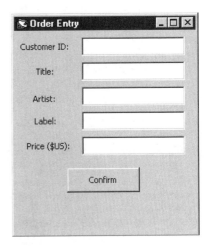

Wir haben fünf Textfelder: `txtCustomer`, `txtTitle`, `txtArtist`, `txtLabel` und `txtPrice`. Es gibt außerdem einen einzigen Befehls-Button, `cmdConfirm`, und (versteckt am unteren Rand des Formulars), ein Label, `lblError`.

Es folgt der Visual-Basic-Code, in dem die Änderungen im Vergleich zur ursprünglichen DCOM-orientierten Version hervorgehoben sind:

```
Option Explicit
Const conHost = "laa-laa"
'Dim m_order As SIMPLEORDERLib.Order
Dim m_opera As OPERACLIENTLib.Opera

Private Sub HandleError(ctrl As MSForms.Control)
    If (Err.Number = 5) Then
        lblError.Caption = "Invalid input - please re-enter"
    ElseIf (Err.Number = &H80004005) Then
        lblError.Caption = "This field is mandatory"
    Else
        lblError.Caption = Err.Description
    End If
    ctrl.Tag = False
End Sub

Private Sub HandleSuccess(ctrl As MSForms.Control)
    lblError.Caption = ""
    ctrl.Tag = True
End Sub

Private Sub UserForm_Initialize()
'    Set m_order = New SIMPLEORDERLib.Order
    Set m_opera = New OPERACLIENTLib.Opera
End Sub

Private Sub txtCustomerID_Exit(ByVal Cancel As MSForms.ReturnBoolean)
On Error GoTo TryAgain
'    m_order.CustomerID = txtCustomerID.Text
    Call m_opera.Exchange(conHost, "put_CustomerID", txtCustomerID.Text)
    HandleSuccess txtCustomerID
    Exit Sub

TryAgain:
    HandleError txtCustomerID
    Cancel = True
End Sub

Private Sub txtTitle_Exit(ByVal Cancel As MSForms.ReturnBoolean)
On Error GoTo TryAgain
'    m_order.Title = txtTitle.Text
    Call m_opera.Exchange(conHost, "put_Title", txtTitle.Text)
    HandleSuccess txtTitle
    Exit Sub

TryAgain:
    HandleError txtTitle
    Cancel = True
End Sub
Private Sub txtArtist_Exit(ByVal Cancel As MSForms.ReturnBoolean)
On Error GoTo TryAgain
'    m_order.Artist = txtArtist.Text
    Call m_opera.Exchange(conHost, "put_Artist", txtArtist.Text)
    HandleSuccess txtArtist
    Exit Sub
```

```
TryAgain:
    HandleError txtArtist
    Cancel = True
End Sub

Private Sub txtLabel_Exit(ByVal Cancel As MSForms.ReturnBoolean)
On Error GoTo TryAgain
'    m_order.Label = txtLabel.Text
    Call m_opera.Exchange(conHost, "put_Label", txtLabel.Text)
    HandleSuccess txtLabel
    Exit Sub

TryAgain:
    HandleError txtLabel
    Cancel = True
End Sub

Private Sub txtPrice_Exit(ByVal Cancel As MSForms.ReturnBoolean)
On Error GoTo TryAgain
'    m_order.Price = txtPrice.Text
    Call m_opera.Exchange(conHost, "put_Price", txtPrice.Text)
    HandleSuccess txtPrice
    Exit Sub

TryAgain:
    HandleError txtPrice
    Cancel = True
End Sub

Private Sub cmdConfirm_Click()

    ' Make sure that all mandatory controls have been filled
    Dim ctrl As MSForms.Control
    For Each ctrl In Me.Controls
        If InStr(1, ctrl.Name, "txt", vbBinaryCompare) = 1 Then
            If ctrl.Tag <> "True" Then
                lblError = "This field is mandatory"
                ctrl.SetFocus
                Exit Sub
            End If
        End If
    Next ctrl


'    m_order.Submit
    Call m_opera.Exchange(conHost, "Submit", Empty)
    Unload Me
End Sub
```

Offensichtlich werden Sie den Wert von conHost so ändern müssen, dass er mit dem Namen des Hosts, auf dem Ihr Server läuft, übereinstimmt (oder alternativ den Server in laa-laa umbenennen).

Wie Sie sehen können, haben wir einfach alle expliziten DCOM-Aufrufe durch SOAP-Aufrufe über den OPERA-Client ersetzt (obwohl wir nicht einmal das hätten tun müssen, wenn wir, wie zu Beginn dieses Kapitels erläutert, Custom Marshaling implementiert hätten). Lassen Sie uns sehen, was passiert, wenn einer unserer Clients in Ulaanbataar ernst macht, unter der Annahme, dass unser Server in Tierra del Fuego immer noch fröhlich am Laufen ist. Seit wir uns das letzte Mal damit beschäftigt haben, haben sich die Trends in der Mongolei gewandelt und Psychedelic Rock der späten Sechziger ist wirklich total aus der Mode. Stattdessen ist das, was in diesen Tagen einfach jeder haben muss, ein kompletter Satz der Limited-Edition-CDs, der nur für Mitglieder des King Crimson Collectors' Club erhältlich ist:

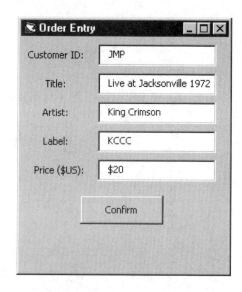

Nun, jedenfalls habe ich so viel dafür bezahlt.

Ich nehme mal an, dass der Server immer noch auf dem Host `laa-laa` läuft, als Folge unseres Experiments mit dem Internet Explorer. Was sehen wir also auf dem Server? Hier ist der Output:

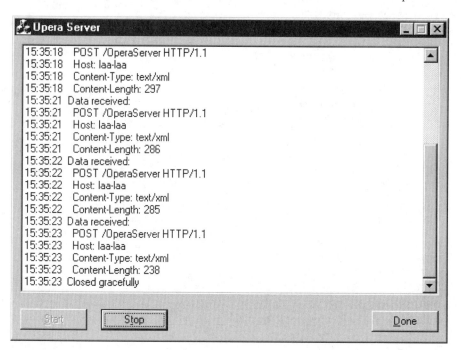

Was alles ziemlich cool aussieht.

Bevor wir fortfahren, werfen wir vielleicht besser einmal einen Blick auf die Bestelldatei. Wir können dafür **dfview** benutzen und werden Folgendes sehen:

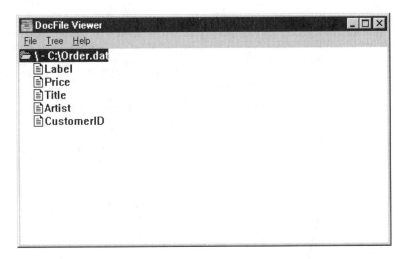

Doppelklicken Sie auf den Titel, und wir werden unseren Eintrag direkt vor Augen haben:

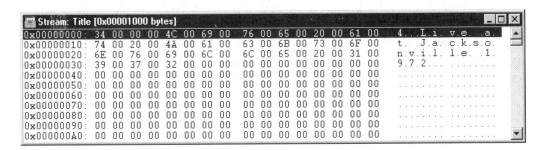

Wenn wir das alles von der Pike auf selber schreiben müssten, anstatt unsere alte Anwendung anzupassen, würden wir natürlich XML als Dateiformat wählen. Aber das müssen Sie nicht. SOAP lässt Sie gerne tun, was immer Sie wollen.

Das ist als SOAP in Aktion. Eine andere Sache...

Objekte? Welche Objekte?

Im Internet weiß niemand, dass Sie ein armer Hund sind. Mehr noch, niemand weiß, dass Ihr Server ebenfalls ein armer Hund ist. Was, wenn Sie keinen strahlend neuen, voll objektorientierten SOAP-Server haben? Was, wenn Sie nur ein wackeliges altes UNIX-Programm in schlichtem C haben? Nun, wenn Sie darüber nachdenken, so hat SOAP eigentlich überhaupt nicht so viel mit Objekten zu tun. Es ist einfach ein schöner Weg, Funktionsaufrufe durch eine Firewall zu senden. Warum fangen Sie diese SOAP-Aufrufe nicht ein und lenken Sie in Funktionsaufrufe in Ihrem alten C-Programm um?

Ja, Sie können Ihr altes System wirklich mit SOAP aufräumen. Nur zum Spaß dachte ich mir, könnten wir einmal einen Blick auf ein solches altes System werfen, das in gutem alten einfachen C codiert ist. (Nein, ich könnte es nicht ertragen, zu Fortran oder Cobol zurückzugehen, ich fürchte, das wäre ein zu großer Rückschritt für eines der ersten Bücher des neuen Milleniums.) Wie auch immer, ich denke, das hier hat immer noch genug Retro-Appeal. Baby, hol' die Schlaghosen raus, ich präsentiere den ScumServer. Wie das alte Sprichwort sagt, give a dog a bad name...

Diese kleine Schönheit wurde codiert, um auf einem alten HP/UX-System zu laufen, was sehr gut schon nicht mehr funktionieren könnte, wenn Sie dies hier lesen, weil ich nicht davon überzeugt bin, dass es Y2K-fähig ist. Als es dort funktionierte, habe ich es auf ein etwas trendgerechteres Linux-System übertragen, auf dem es genauso gut lief (nach einer Reihe von Änderungen, um einige lästige Compiler-Warnungen loszuwerden, und Hinzufügen eines Aufrufs von `htons()`, um die Port-Nummer von Host-Standard in Netzwerk-Standard zu ändern). Weiter geht's.

Wir starten wie immer, mit den üblichen C-Header-Dateien plus einigen Definitionen, die Unix nicht für uns parat hat:

```
#include <sys/socket.h>
#include <sys/time.h>
#include <netinet/in.h>
#include <errno.h>
#include <stdio.h>
#include <stdlib.h>
#include <string.h>

#define TRUE 1
#define FALSE 0

#define S_OK 0
#define E_INVALIDARG 0x80070057

#define FAILED(result) (result != S_OK)
```

Diese Struktur ist diejenige, die die Informationen über jeden eingehenden Client-Socket enthält (ist also etwa äquivalent zu `COperaClientSocket`). Zudem wird sie die aktuellen Details der Bestellung des Benutzers enthalten, hat also vielleicht mehr von einer Session-Struktur:

```
typedef struct tagSocket {
    struct tagSocket    *pNext;
    struct tagSocket    *pPrev;
    int             clientSock;
    char            *customerID;
    char            *artist;
    char            *title;
    char            *label;
    char            *price;
} SOCKET;
```

Dies ist der Beginn der verketteten Liste von Socket-Strukturen:

```
SOCKET        sockHead = {NULL, NULL};
```

Einige Funktionsprototypen (eigentlich unterstützt der Compiler auf dieser bestimmten Maschine keine ausgereiften Funktionsprototypen):

```
SOCKET* addSocket();
void    deleteSocket();
void    processRequest();
void    processContent();
void    replyUnsupported();
void    replyBadRequest();
int     put_CustomerID();
int     put_Artist();
int     put_Title();
```

```
int     put_Label();
int     put_Price();
int     submit();
int     isAlphabetic();
int     isAlphanumeric();
int     isPrice();
```

Und hier geht's los:

```
main(argc, argv)
int argc;
char **argv;
{
    int     mainSock;
    int     on;
    struct sockaddr_in address;
    struct timeval timeout;
    int     maxSock;
    fd_set readMask;
    int     addrLen;
    int     clientSock;
    int     nRead;
    char    buffer[2000];
    SOCKET *pSocket;
    SOCKET *pNextSock;
```

Wir fangen mit der Erzeugung des Sockets an, stellen eine Verbindung auf Port 80 mit ihm her und hören auf die eingehenden Aufrufe. Achten Sie auf die Verwendung von `htons`, um sicherzustellen, dass Linux die Port-Nummer im richtigen Format erhält:

```
mainSock = socket(AF_INET, SOCK_STREAM, 0);

on = 1;
setsockopt(mainSock,SOL_SOCKET, SO_REUSEADDR, (void *) &on,
        sizeof(on));

address.sin_family = AF_INET;
address.sin_addr.s_addr = INADDR_ANY;
address.sin_port = htons(80);

if (bind (mainSock, (struct sockaddr *) &address, sizeof(address)) < 0)
{
    perror("Failed to bind to socket");
    exit(0);
}

listen(mainSock, 5);

while (1)
{
```

Hier bereiten wir den überaus wichtigen `select`-Aufruf vor. Wir suchen nach einer Read-Benachrichtigung auf dem Haupt-Socket und auf jedem Client-Socket, das angeschlossen ist. Ein Read auf dem Haupt-Socket ist das Signal für einen eingehenden Aufruf.

```
    FD_ZERO(&readMask);
    FD_SET(mainSock, &readMask);

    maxSock = mainSock;

    pSocket = sockHead.pNext;

    while (pSocket)
    {
        FD_SET(pSocket->clientSock, &readMask);

        if (maxSock < pSocket->clientSock)
            maxSock = pSocket->clientSock;

        pSocket = pSocket->pNext;
    }

    timeout.tv_sec = 0;
    timeout.tv_usec = 100;

    select(maxSock + 1, &readMask, (fd_set *) 0, (fd_set *) 0,
            &timeout);
```

Hier suchen wir nach einem eingehenden Aufruf. Wenn wir einen haben, nehmen wir ihn entgegen, indem wir eine neue Socket-Struktur erzeugen und sie mit Hilfe der Helferfunktion addSocket zu unserer verketteten Liste hinzufügen:

```
    if (FD_ISSET(mainSock, &readMask))
    {
        addrLen = sizeof(struct sockaddr_in);
        clientSock = accept(mainSock, (struct sockaddr *) &address,
                            &addrLen);

        printf("Connection accepted\n");

        addSocket(clientSock);
    }
```

Nun suchen wir nach Reads auf unseren Client-Sockets, indem wir ein jedes auf der verketteten Liste überprüfen:

```
    pSocket = sockHead.pNext;

    while (pSocket)
    {
        pNextSock = pSocket->pNext;

        if (FD_ISSET(pSocket->clientSock, &readMask))
        {
            nRead = recv(pSocket->clientSock, buffer, sizeof(buffer), 0);
```

Wenn nichts zu finden ist, obwohl ein Read signalisiert wird, wurde entweder der Socket geschlossen oder ein Fehler ist aufgetreten, also löschen wir die Socket-Struktur. Andernfalls verarbeiten wir die Frage:

```
          if (nRead <= 0)
              deleteSocket(pSocket);

          else
          {
              buffer[nRead] = 0;
              processRequest(pSocket, buffer);
          }
       }

       pSocket = pNextSock;
     }
   }
}
```

Soweit zur `main()`-Funktion. Hier sind einige Helferfunktionen, die wir brauchen, um mit der verketteten Liste fertig zu werden:

```
SOCKET* addSocket(clientSock)
int clientSock;
{
   SOCKET *pSocket;

   printf("Adding new connection\n");

   pSocket = (SOCKET *) malloc(sizeof(SOCKET));
   memset(pSocket, 0, sizeof(SOCKET));

   pSocket->clientSock = clientSock;

   if (sockHead.pPrev)
   {
      pSocket->pPrev = sockHead.pPrev;
      (sockHead.pPrev)->pNext = pSocket;
   }
   else
   {
      pSocket->pPrev = &sockHead;
      sockHead.pNext = pSocket;
   }

   sockHead.pPrev = pSocket;

   return pSocket;
}

void deleteSocket(pSocket)
SOCKET *pSocket;
{
   printf("Deleting connection\n");
   (pSocket->pPrev)->pNext = pSocket->pNext;

   if (pSocket->pNext)
      (pSocket->pNext)->pPrev = pSocket->pPrev;
   else
```

```
        sockHead.pPrev = pSocket->pPrev;

    free(pSocket);
}
```

Nun zum eigentlichen ScumServer. Dieser Code wird Ihnen vielleicht ein wenig vertraut vorkommen, von COperaClientSocket. Tatsächlich ist er großenteils identisch.

```
void processRequest(pSocket, request)
SOCKET *pSocket;
char request[];
{
    char *pReturn;
    int  bSoap;
    char *pSegment;
    int  nChar;

    printf("Data received:\n");

    pReturn = strstr(request, "\r\n");

    if (!pReturn)
    {
        replyBadRequest(pSocket);
        return;
    }

    *pReturn = 0;

    printf("  %s\n", request);

    if (strcmp(request, "POST /OperaServer HTTP/1.1"))
    {
        replyUnsupported(pSocket);
        return;
    }

    bSoap = FALSE;

    while (1)
    {
        pSegment = pReturn + 2;
        pReturn = strstr(pSegment, "\r\n");

        if (!pReturn)
        {
            replyUnsupported(pSocket);
            return;
        }
        *pReturn = 0;

        printf("  %s\n", pSegment);

        if (!strncmp(pSegment, "Content-Type: ", 14))
        {
            if (!strcmp(&pSegment[14], "text/xml"))
```

```
            bSoap = TRUE;
        else
        {
            replyUnsupported(pSocket);
            break;
        }
    }
    else if (!strncmp(pSegment, "Content-Length: ", 16))
    {
        if (!bSoap)
        {
            replyBadRequest(pSocket);
            break;
        }
        nChar = atoi (&pSegment[16]);
        processContent (pSocket, nChar, pReturn + 2);

        break;
    }
  }
}
```

Allerdings wird die Funktion, die den XML-Inhalt verarbeitet, keinesfalls identisch sein, weil wir kein XML-DOM haben, das uns hilft. Wir werden das XML selber parsen müssen. Eigentlich ist das gar nicht so schrecklich, wie es scheint, weil wir eine ziemlich kleine Teilmenge von XML benutzen und es mit einer recht unkomplizierten SOAP-Nachrichtenstruktur zu tun haben.

```
void processContent(pSocket, nChar, content)
SOCKET *pSocket;
int nChar;
char content[];
{
    char    *pMethod;
    char    *pReturn;
    char    *pXML;
    int     bClose;
    int     result;
    int     bArgument;
    char    *pElement;
    char    *pValue;
    char    callResponse[2000];
    size_t  length;
    char    response[2000];
    if (strncmp (content, "SOAPMethodName: www.jpassoc.co.uk/opera#", 40))
    {
        replyBadRequest (pSocket);
        return;
    }

    pMethod = &content[40];
    pReturn = strchr (pMethod, '\r');

    if (!pReturn)
    {
        replyBadRequest (pSocket);
        return;
```

```
    }

    *pReturn = NULL;

    pXML = pReturn + 1;
```

Bis hierher ist der Code bemerkenswert ähnlich zu `COperaClientSocket::ProcessContent`. Von hier an allerdings weichen wir eine Zeit lang davon ab, weil dies der Punkt ist, an dem `OperaServer` auf das XML-DOM aufbaut:

```
    bClose = FALSE;
    result = S_OK;
```

Wenn die Methode, die per OPERA aufgerufen wird, `Submit()` ist, brauchen wir eigentlich nicht mehr weiter zu parsen:

```
    if (!strcmp(pMethod, "Submit"))
    {
        result = submit(pSocket);
        bClose = TRUE;
    }
    else
    {
```

Wenn allerdings eine der `put_`-Methoden aufgerufen wird, dann müssen wir den Wert des Arguments herausziehen. Lassen Sie uns `strtok()` benutzen, um die verschiedenen Elemente des XML herauszuziehen. Wir werden uns in einem von zwei Zuständen befinden: Wartend auf das Tag (»<argument>«) oder wartend auf das Argument selbst. Dieser Zustand wird mit Hilfe des Flag-`bArgument`s bestimmt:

```
        bArgument = FALSE;

        pElement = strtok(pXML, "<>\r\n");

        while (pElement)
        {
            if (bArgument)
            {
```

Wenn wir das Tag haben, müssen wir nur noch das Argument selbst herausziehen, vorausgesetzt, dass wir keinen Nullwert haben:

```
                if (!strcmp(pElement, "/argument"))
                    pValue = "";
                else
                    pValue = pElement;
```

Nun, das war's schon, wirklich. Wir haben jetzt unseren Argument-Wert, auf den mit `pValue` gezeigt wird. Lassen Sie uns also fortfahren und die `put_`-Methode aufrufen:

```
                if (!strcmp(pMethod, "put_CustomerID"))
                    result = put_CustomerID(pSocket, pValue);
                else if (!strcmp(pMethod, "put_Title"))
                    result = put_Title(pSocket, pValue);
                else if (!strcmp(pMethod, "put_Artist"))
                    result = put_Artist(pSocket, pValue);
                else if (!strcmp(pMethod, "put_Label"))
                    result = put_Label(pSocket, pValue);
```

```
            else if (!strcmp(pMethod, "put_Price"))
                result = put_Price(pSocket, pValue);
            break;
        }
```

Und falls wir immer noch auf unser Tag warten, lassen Sie uns doch mal sehen, wie wir es kriegen können:

```
        else if (!strcmp (pElement, "argument"))
            bArgument = TRUE;
```

Nun geht's weiter zum nächsten Element im XML:

```
        pElement = strtok(0, "<>\r\n");
    }
}

if (!pElement)
    replyBadRequest(pSocket);
```

War doch gar nicht so schlimm, oder? Von hier ab befinden wir uns wieder auf vertrautem Territorium. Das Folgende ist ziemlich genau identisch mit dem äquivalenten Code in COperaClientSocket::ProcessContent:

```
strcpy(callResponse,
    " <SOAP:Envelope xmlns:SOAP=\"urn:schemas-xmlsoap-org:soap.v1\">\r\n");
strcat(callResponse, "      <SOAP:Body>\r\n");

length = strlen(callResponse);
sprintf(&callResponse[length],
    "          <m:%sResponse xmlns:m=\"www.jpassoc.co.uk/opera\">\r\n",
    pMethod);
length = strlen(callResponse);
sprintf(&callResponse[length], "              <return>%d</return>\r\n",
    result);

length = strlen(callResponse);
sprintf(&callResponse[length], "          </m:%sResponse>\r\n"
    "      </SOAP:Body>\r\n   </SOAP:Envelope>",
    pMethod);

length = strlen(callResponse);

if (bClose)
    sprintf(response,
        "HTTP/1.1 200 OK\r\nConnection: close\r\n"
        "Content-Type: text/xml\r\nContent-Length: %d\r\n%s",
        length, callResponse);
else
    sprintf(response,
        "HTTP/1.1 200 OK\r\nConnection: Keep-Alive\r\n"
        "Content-Type: text/xml\r\nContent-Length: %d\r\n%s",
        length, callResponse);

send (pSocket->clientSock, response, strlen (response), 0);
}
```

Hier sind zwei uns bekannt vorkommende Helferfunktionen, die der aufrufenden Anwendung die Fehlerbedingungen zurückmelden:

```
void replyUnsupported(pSocket)
SOCKET *pSocket;
{
    send(pSocket->clientSock, "HTTP/1.1 501 Not supported", 25, 0);
}

void replyBadRequest(pSocket)
SOCKET *pSocket;
{
    send(pSocket->clientSock, "HTTP/1.1 400 Bad request", 23, 0);
}
```

Und nun befinden wir uns im Äquivalent zu SimpleOrder. Hier sind die Routinen, die die Felder in der Bestellung einrichten:

```
int put_CustomerID(pSocket, customerID)
SOCKET *pSocket;
char customerID[];
{
    int result;

    result = isAlphabetic(customerID);

    if (FAILED(result))
        return result;
    pSocket->customerID = malloc(strlen(customerID) + 1);
    strcpy(pSocket->customerID, customerID);

    return S_OK;
}

int put_Artist(pSocket, artist)
SOCKET *pSocket;
char artist[];
{
    int result;

    result = isAlphabetic(artist);

    if (FAILED(result))
        return result;

    pSocket->artist = malloc(strlen(artist) + 1);
    strcpy(pSocket->artist, artist);

    return S_OK;
}

int put_Title (pSocket, title)
SOCKET *pSocket;
char title[];
{
    int result;
```

```
        result = isAlphanumeric(title);

        if (FAILED(result))
            return result;

        pSocket->title = malloc(strlen(title) + 1);
        strcpy(pSocket->title, title);

        return S_OK;
}

int put_Label(pSocket, label)
SOCKET *pSocket;
char label[];
{
        int result;

        result = isAlphabetic(label);

        if (FAILED(result))
            return result;

        pSocket->label = malloc(strlen(label) + 1);
        strcpy(pSocket->label, label);
        return S_OK;
}

int put_Price(pSocket, price)
SOCKET *pSocket;
char price[];
{
        int result;

        result = isPrice(price);

        if (FAILED(result))
            return result;

        pSocket->price = malloc(strlen(price) + 1);
        strcpy(pSocket->price, price);

        return S_OK;
}
```

Dies ist die Routine, die die Bestellung aufgibt (was im Fall dieser Demo einfach erfordert, die Einzelheiten der Bestellung in eine Datei zu schreiben):

```
int submit(pSocket)
SOCKET *pSocket;
{
        FILE *pOrder;

        pOrder = fopen("order.dat", "w+");

        fprintf(pOrder, "CustomerID:\t%s\n", pSocket->customerID);
```

```
        fprintf(pOrder, "Artist:\t%s\n", pSocket->artist);
        fprintf(pOrder, "Title:\t%s\n", pSocket->title);
        fprintf(pOrder, "Label:\t%s\n", pSocket->label);
        fprintf(pOrder, "Price:\t%s\n", pSocket->price);

        fclose(pOrder);

        return S_OK;
}
```

Und hier sind schließlich die Validierungsroutinen:

```
int isAlphabetic (value)
char value[];
{
    size_t nChar;
    int iChar;

    nChar = strlen(value);
    for (iChar = 0; iChar < nChar; iChar++)
    {
        if (!isspace(value[iChar]) && !isalpha (value[iChar]))
            return E_INVALIDARG;
    }

    return S_OK;
}

int isAlphanumeric(value)
char value[];
{
    size_t nChar;
    int iChar;

    nChar = strlen(value);

    for (iChar = 0; iChar < nChar; iChar++)
    {
        if (!isspace (value[iChar]) && !isalnum (value[iChar]))
            return E_INVALIDARG;
    }

    return S_OK;
}

int isPrice(value)
char value[];
{
    size_t nChar;
    int iChar;

    if (value[0] != '$')
        return E_INVALIDARG;

    nChar = strlen(value);
```

```
    for (iChar = 1; iChar < nChar; iChar++)
    {
        if (!isdigit(value[iChar]) && (value[iChar] != '.'))
        return E_INVALIDARG;
    }

    return S_OK;
}
```

Wenn wir dies laufen lassen, werden wir sehen, dass es, soweit es den Client betrifft, nicht viel anders als unser schöner strahlend-neuer COM-basierter `OperaServer` aussieht. Wie zuvor müssen Sie sich vergewissern, dass Port 80 von nichts anderem besetzt ist. Das Folgende ist das, was wir auf dem Client sehen:

```
Connection accepted
Adding new connection
Data received:
  POST /OperaServer HTTP/1.1
  Host: po
  Content-Type: text/xml
  Content-Length: 300
Data received:
  POST /OperaServer HTTP/1.1
  Host: po
  Content-Type: text/xml
  Content-Length: 306
Data received:
  POST /OperaServer HTTP/1.1
  Host: po
  Content-Type: text/xml
  Content-Length: 297
Data received:
  POST /OperaServer HTTP/1.1
  Host: po
  Content-Type: text/xml
  Content-Length: 286
Data received:
  POST /OperaServer HTTP/1.1
  Host: po
  Content-Type: text/xml
  Content-Length: 285
Data received:
  POST /OperaServer HTTP/1.1
  Host: po
  Content-Type: text/xml
  Content-Length: 238
Deleting connection
```

Und dies sehen wir in der `order.dat`-Datei:

```
CustomerID:  JMP
Artist:   King Crimson
Title:   The VROOOM Sessions 1994
Label:   KCCC
Price:   $15
```

Lassen Sie sich also nicht durch das O in SOAP in die Irre führen. Es steht für Objekte im weitesten Sinne. Der Server hier ist in reinem C codiert, ohne irgendeine Referenz auf Objekte.

Zusammenfassung

Was haben wir also hier gesehen? SOAP ist ein Messaging-Protokoll, das dazu benutzt werden kann, Methodenaufrufe auf entfernte Objekte zu packen. Es ist in XML codiert und benutzt HTTP für seinen Transport (obwohl dies eigentlich durch die Spezifikation nicht vorgeschrieben ist, die lediglich eine Bindung an HTTP definiert). Dies macht es zu einem netten Instrument, um Firewalls zu durchdringen, besonders, wenn es einen wohlbekannten Port, wie etwa Port 80, benutzt. In der Zukunft wird ihm ziemlich sicher sein eigener Standard-Port zugewiesen werden.

Trotz seines Namens erfordert SOAP eigentlich nicht, dass der Server, mit dem es kommuniziert, in irgendeiner Weise objektorientiert ist. In Wirklichkeit erfordert es noch nicht einmal, dass der Server die eingehenden SOAP-Nachrichten überhaupt als entfernte Prozeduren-Aufrufe behandelt. Es bleibt dem Server total selbst überlassen, wie er mit jedem Aufruf umgeht.

Und was ist jetzt das Gute an SOAP? Nun, wirklich toll ist, dass es Gebrauch von existierenden weitverbreiteten Technologien macht, um das allgemeine Problem der Standardisierung von Nachrichten-Protokollen zu lösen. Wenn dies erst einmal etabliert ist, werden Implementierungen für alle Arten von Anwendungen aus dem Boden schießen, und wir können das ganze Messaging als ein weiteres erfolgreich gelöstes Problem zur Seite legen.

Stichwortverzeichnis

A

D

H

I

J

K

O

P

R

S

W

1216 Seiten
April 2000
75,- Euro, 146,69 DM, kart.
ISBN 3-8266-0604-3

Alex Homer, Dave Sussman, Brian Francis

ASP 3.0 Professionell

- Von Programmierern für Programmierer
- Alle Aspekte der ASP-Programmierung
- Professioneller Internetauftritt durch professionelle ASP-Anwendung

Das Buch behandelt alle wichtigen Aspekte der ASP-Programmierung und zeichnet sich durch seine umfassende und detaillierte Darstellung, große Praxisnähe und zahlreiche Tipps und Tricks aus.